# Der deutsche und europäische öffentliche Dienst zwischen rechtlicher und faktischer Gleichberechtigung der Geschlechter

# Recht der Arbeit und der sozialen Sicherheit

Herausgegeben von Wolfgang Däubler, Hagen Lichtenberg,
Ursula Rust, Roderich Wahsner

Band 21

## PETER LANG
Frankfurt am Main · Berlin · Bern · Bruxelles · New York · Oxford · Wien

Bettina Graue

# Der deutsche und europäische öffentliche Dienst zwischen rechtlicher und faktischer Gleichberechtigung der Geschlechter

Ein rechtssystematischer Vergleich
zur Frauenförderung
in beiden öffentlichen Diensten
unter besonderer Berücksichtigung
des Gemeinschaftsgrundrechts
der Gleichberechtigung von Männern
und Frauen

PETER LANG
Europäischer Verlag der Wissenschaften

**Bibliografische Information Der Deutschen Bibliothek**
Die Deutsche Bibliothek verzeichnet diese Publikation in der
Deutschen Nationalbibliografie; detaillierte bibliografische
Daten sind im Internet über <http://dnb.ddb.de> abrufbar.

Zugl.: Bremen, Univ., Diss., 2001

Gedruckt auf alterungsbeständigem,
säurefreiem Papier.

D 46
ISSN 0178-4285
ISBN 3-631-38746-6

© Peter Lang GmbH
Europäischer Verlag der Wissenschaften
Frankfurt am Main 2004
Alle Rechte vorbehalten.

Das Werk einschließlich aller seiner Teile ist urheberrechtlich
geschützt. Jede Verwertung außerhalb der engen Grenzen des
Urheberrechtsgesetzes ist ohne Zustimmung des Verlages
unzulässig und strafbar. Das gilt insbesondere für
Vervielfältigungen, Übersetzungen, Mikroverfilmungen und die
Einspeicherung und Verarbeitung in elektronischen Systemen.

Printed in Germany 1 2 3 4  6 7

www.peterlang.de

Für Leike und Gesche

Ausgeschieden von
Landtagsbibliothek
Magdeburg

am ..............................

04.0169

# Vorwort

Die Verwirklichung faktischer Gleichberechtigung der Geschlechter ist mit der zukünftigen Europäischen Verfassung einen weiteren Schritt vorangekommen. Frauenfördermaßnahmen und das gender mainstreaming stehen sowohl im deutschen als auch im europäischen öffentlichen Dienst nebeneinander, jedoch mit unterschiedlicher Schwerpunktsetzung. Anliegen dieser Arbeit war die Erkundung der Unterschiede und wechselseitigen Einflußnahme der beiden getrennt voneinander funktionierenden öffentlichen Dienste, um eine Antwort auf die Zukunft der Frauenförderung sowie den Stand der Gleichberechtigung von Frauen und Männern vor dem Hintergrund einer europäischen Gesellschaft zu bekommen.

Danken möchte ich an dieser Stelle meinem Mann und meinen Kindern, die mir oft schweren Herzens die Zeit für die umfangreiche Arbeit gegeben haben. Auch meiner Freundin Petra Wilken danke ich für die Durchsicht der Arbeit, den kritischen Bemerkungen und der tatkräftigen Unterstützung bei der EDV. Meinen Eltern danke ich für die Hilfe bei der Kinderbetreuung.

Lemwerder, im Juli 2003                                                                                              Bettina Graue

# Inhaltsverzeichnis

Literaturverzeichnis — 19

Abkürzungsverzeichnis — 37

Einleitung — 45

Gang der Untersuchung — 49

1. Kapitel
Voraussetzungen der Verwirklichung faktischer Gleichberechtigung in beiden öffentlichen Diensten — 53
1. Zwei unterschiedliche Dienstrechtsordnungen als Ausgangsbasis der Untersuchung — 53
2. Statistische Ungleichgewichte der Männer- und Frauenanteile im öffentlichen Dienst Deutschlands und der Europäischen Gemeinschaft — 56
   2.1. Der deutsche öffentliche Dienst — 57
   2.2. Der Europäische öffentliche Dienst — 59
      a) Überblick über die Verteilung von Männern und Frauen in den verschiedenen Laufbahngruppen der Gemeinschaftsorgane von 1990 bis 1999 — 59
      b) Die Veränderungen der Männer- und Frauenanteile bis 1999 in der Europäischen Kommission — 63
         aa) Personalstand in der Kommission am 31.12.1987 — 63
         bb) Bilanz der Kommission zur Verteilung der Männer und Frauen im Zweiten und Dritten Aktionsprogramm für die Chancengleichheit des weiblichen Personals — 64
         cc) Personalstand in der Kommission am 31.12.1999 — 66
      c) Zwischenergebnis — 68
   2.3. Zwischenergebnis — 69
3. Diskriminierung und faktische Gleichberechtigung — 70
   3.1. Der Diskriminierungsbegriff — 71
   3.2. Diskriminierungsformen — 73
   3.3. Das Verhältnis von struktureller Diskriminierung und faktischer Gleichberechtigung — 78

| | |
|---|---|
| 3.4. Zwischenergebnis | 79 |
| 4. Zwischenergebnis | 80 |

## 2. Kapitel
## Vergleichbarkeit des deutschen und des europäischen öffentlichen Dienstes

| | |
|---|---|
| Vergleichbarkeit des deutschen und des europäischen öffentlichen Dienstes | 83 |
| 1. Aufbau und Grundprinzipien | 83 |
|    1.1. Der deutsche öffentliche Dienst | 83 |
|       a) Aufbau | 83 |
|       b) Grundprinzipien | 85 |
|          aa) Das Leistungsprinzip | 87 |
|          bb) Sonstige Prinzipien | 92 |
|       c) Grundrechtsbindung | 93 |
|       d) Rechtsschutz | 95 |
|          aa) Die beamtenrechtliche Konkurrentenklage | 96 |
|          bb) Die arbeitsrechtliche Konkurrentenklage | 101 |
|          cc) Die Beweislastproblematik der im Auswahlverfahren übergangenen Bewerberin | 106 |
|       e) Zwischenergebnis | 114 |
|    1.2. Der europäische öffentliche Dienst | 115 |
|       a) Aufbau | 115 |
|       b) Grundprinzipien | 120 |
|          aa) Das Wettbewerbsprinzip | 121 |
|          bb) Sonstige Prinzipien | 129 |
|       c) Grundrechtsbindung | 133 |
|       d) Rechtsschutz | 139 |
|          aa) Die Konkurrentenklage im EÖD | 142 |
|          bb) Die Beweislastproblematik der im Auswahlverfahren übergangenen Bewerberin | 147 |
|       e) Zwischenergebnis | 151 |
| 2. Gemeinsamkeiten und Unterschiede des deutschen und europäischen öffentlichen Dienstes sowie Zwischenergebnis | 153 |

## 3. Kapitel
## Die rechtlichen Rahmenbedingungen der Frauenförderung

| | |
|---|---|
| Die rechtlichen Rahmenbedingungen der Frauenförderung | 157 |
| 1. Europarechtliche Rechtsgrundlagen | 157 |
|    1.1. Der (ungeschriebene) allgemeine Rechtsgrundsatz der Gleichbehandlung | 157 |
|       a) Entwicklung und Grundrechtsqualität | 157 |

b) Entwicklung der Grundrechte durch den EuGH und Geltungsgrund ... 159
c) Stellung der allgemeinen Rechtsgrundsätze als Gemeinschaftsrechtsnorm ... 161
d) Die Effektivierung des allgemeinen Rechtsgrundsatzes der Gleichbehandlung von Mann und Frau als Gemeinschaftsgrundrecht ... 165
    aa) Art. 14 EMRK ... 166
    bb) Die Europäische Sozialcharta und die Gemeinschaftscharta der sozialen Grundrechte der Arbeitnehmer ... 169
        aaa) Die ESC im einzelnen ... 170
        bbb) Die Gemeinschaftscharta der sozialen Grundrechte der Arbeitnehmer im einzelnen ... 174
    cc) Die gemeinsamen Verfassungsüberlieferungen der Mitgliedstaaten ... 178
    dd) Doppelcharakter des Primärrechts: Grundrechtseffektivierung und Ermächtigungsfunktion ... 183
        aaa) Art. 13, 137 Abs. 1 Spiegelstrich 5 und Art. 141 Abs. 3 EGV ... 185
        bbb) Art. 2, 3 Abs. 2 sowie Art. 141 Abs. 1, 2 und 4 EGV ... 189
            (1) Art. 2 und 3 Abs. 2 EGV ... 189
            (2) Art. 141 Abs. 1 und 2 EGV ... 193
            (3) Art. 141 Abs. 4 EGV ... 201
    ee) Doppelcharakter des verbindlichen Sekundärrechts: Grundrechtseffektivierung und Umsetzungsverpflichtung ... 212
        aaa) Die Richtlinie 75/117/EWG ... 213
        bbb) Die Richtlinie 76/207/EWG ... 215
        ccc) Zusammenfassung und Grundrechtseffektivierung ... 219
    ff) Doppelcharakter des unverbindlichen Sekundärrechts: Grundrechtseffektivierung und Empfehlung ... 222
        aaa) Die Empfehlung 84/635/EWG ... 223
        bbb) Das 5. Aktionsprogramm 2001-2005 ... 227
e) Zwischenergebnis ... 230
    aa) Zusammenfassung der effektivierenden Rechtserkenntnisquellen ... 230
    bb) Inhalt des Gemeinschaftsgrundrechts ... 236
    cc) Rang des Gemeinschaftsgrundrechts vor dem Hintergrund einer Europäischen Verfassung ... 239

| | | |
|---|---|---|
| 1.2. | Bindung der Mitgliedstaaten an das Gemeinschaftsrecht | 241 |
| | a) Vorrang des Gemeinschaftsrechts | 241 |
| | b) Der Vorrang des Gemeinschaftsrechts und die Rechtsprechung des BVerfG | 243 |
| | c) Bewertung | 248 |
| | d) Zwischenergebnis | 254 |
| 1.3. | Bindung des EÖD an das Gemeinschaftsgrundrecht der Gleichbehandlung von Männern und Frauen und mittelbare Geltung des Primär- und Sekundärrechts | 254 |
| | a) Art. 1a und Art. 27 Abs. 2 BSt: Eigenständige Rechtsgrundlage für Frauenförderung im EÖD und Beleg der Geltung des Grundsatzes der Gleichbehandlung der Geschlechter | 256 |
| | aa) Art. 1a Abs. 1 BSt | 256 |
| | bb) Art. 1a Abs. 2 BSt | 260 |
| | cc) Art. 1a Abs. 3 BSt | 265 |
| | dd) Art. 27 Abs. 2 BSt | 271 |
| | b) Die Dienstrechtsprechung des EuGH und des EuG zur Bindung des EÖD an den Gleichbehandlungsgrundsatz der Geschlechter | 273 |
| | aa) Der Gleichbehandlungsgrundsatz und das diskriminierende Kriterium „Familienvorstand" bei der Auslandszulage | 274 |
| | bb) Der Gleichbehandlungsgrundsatz und das diskriminierende Kriterium „Staatsangehörigkeit" bei der Auslandszulage | 277 |
| | cc) Der Gleichbehandlungsgrundsatz und das diskriminierende Kriterium „mangelnde körperliche Eignung" | 281 |
| | dd) Der Gleichbehandlungsgrundsatz und das Witwergeld | 285 |
| | ee) Der Gleichbehandlungsgrundsatz und die Beförderung | 287 |
| | ff) Zwischenergebnis | 294 |
| | c) Zwischenergebnis | 296 |
| 2. | Die deutschen Rechtsgrundlagen | 298 |
| 2.1. | Verfassungsrechtliche Rechtsgrundlagen | 299 |
| | a) Art. 3 Abs. 2 GG | 299 |
| | aa) Art. 3 Abs. 2 GG in der alten Fassung | 301 |
| | aaa) Art. 3 Abs. 2 a.F. in der Literatur unter Berücksichtigung von Art. 3 Abs. 3 GG | 302 |
| | bbb) Die Rechtsprechung des BVerfG zu Art. 3 Abs. 2 GG a.F. unter Berücksichtigung von Art. 3 Abs. 3 GG | 314 |

|     | bb) | Art. 3 Abs. 2 GG in der neuen Fassung | 328 |
| --- | --- | --- | --- |
|     |     | aaa) Die Meinungen zu Art. 3 Abs. 2 GG n.F. in der Sachverständigenanhörung der GVK | 329 |
|     |     | bbb) Die Literatur zu Art. 3 Abs. 2 GG n.F. unter Berücksichtigung von Art. 3 Abs. 3 GG | 334 |
|     |     | (1) Die restriktiven Meinungen | 335 |
|     |     | (2) Die gemäßigten Meinungen zu Art. 3 Abs. 2 GG n.F. unter Berücksichtigung von Art. 3 Abs. 3 GG | 346 |
|     |     | (3) Die progressiven Meinungen zu Art. 3 Abs. 2 GG n.F. unter Berücksichtigung von Art. 3 Abs. 3 GG | 356 |
|     |     | (4) Zusammenfassung | 367 |
|     |     | ccc) Die Rechtsprechung des BVerfG zu Art. 3 Abs. 2 GG n.F. unter Berücksichtigung von Art. 3 Abs. 3 GG | 369 |
|     |     | (1) Der Beschluß zur kommunalen Gleichstellungsbeauftragten | 369 |
|     |     | (2) Der Beschluß zur Feuerwehrabgabe | 374 |
|     | cc) | Eigene Stellungnahme | 379 |
|     |     | aaa) Würdigung des Art. 3 Abs. 2 GG n.F. unter Berücksichtigung von Art. 3 Abs. 3 GG vor dem Hintergrund der Literaturmeinungen und der Rechtsprechung des BVerfG | 380 |
|     |     | bbb) Inhaltsbestimmung des Art. 3 Abs. 2 GG n.F. unter Berücksichtigung des „gender mainstreaming" | 391 |
|     |     | (1) Das Verhältnis von Förderklausel und Nachteilsbeseitigungsklausel innerhalb der Staatszielbestimmung | 392 |
|     |     | (2) Mindestanforderungen zulässiger Frauenförderung | 395 |
|     |     | (3) Vorrangregelungen und Zielvorgaben | 399 |
|     |     | (4) Art. 3 Abs. 2 GG n.F. und das „gender mainstreaming" | 408 |
|     |     | ccc) Zwischenergebnis | 417 |
| 2.2. | Gesetzliche Grundlagen | | 420 |
|     | a) | §§ 7 BRRG, 8 Abs. 1 und 3 BBG | 420 |
|     | aa) | § 7 BRRG | 421 |
|     | bb) | § 8 Abs. 1 und 3 BBG | 424 |
|     |     | aaa) Allgemeiner Inhalt des § 8 Abs. 1 S. 1 BBG | 425 |

|  |  |  |  | bbb) § 8 Abs. 3 BBG unter Berücksichtigung von § 6 2. BGleiG | 429 |
|--|--|--|--|--|--|

        b) §§ 611a und 611b BGB   432
           aa) § 611a BGB   433
               aaa) Das Benachteiligungsverbot   433
               bbb) § 611a Abs. 1 BGB und Maßnahmen der Frauenförderung im öffentlichen Dienst   440
               ccc) Rechtsfolgen eines Verstoßes gegen § 611a Abs. 1 BGB   443
           bb) § 611b BGB   452
        c) Zwischenergebnis   457
3. Zwischenergebnis   459
    3.1. Zusammenfassung der europäischen Rechtsgrundlagen   459
    3.2. Zusammenfassung der deutschen Rechtsgrundlagen   464
    3.3. Konsequenz aus der Gegenüberstellung von europäischen und deutschen Rechtsgrundlagen   468

**4. Kapitel**
**Die rechtssystematische Entwicklung der Frauenförder- und Gleichstellungsgesetzgebung im deutschen und europäischen öffentlichen Dienst**   473
1. Überblick   473
    1.1. Der deutsche öffentliche Dienst   473
    1.2. Der europäische öffentliche Dienst   474
        a) Rechtsqualität der Aktionsprogramme des EÖD   475
        b) Zwischenergebnis   479
2. Die Struktur der deutschen Frauenförder- und Gleichstellungsgesetze   481
    2.1. Bundesebene   481
    2.2. Länderebene   483
        a) Baden-Württemberg   483
        b) Bayern   484
        c) Berlin   486
        d) Brandenburg   487
        e) Bremen   489
        f) Hamburg   490
        g) Hessen   491
        h) Mecklenburg-Vorpommern   494
        i) Niedersachsen   495
        j) Nordrhein-Westfalen   497
        k) Rheinland-Pfalz   498
        l) Saarland   500

| | |
|---|---|
| m) Sachsen | 504 |
| n) Sachsen-Anhalt | 506 |
| o) Schleswig-Holstein | 508 |
| p) Thüringen | 510 |
| 2.3. Zwischenergebnis | 513 |
| 3. Die Struktur der Verordnung Nr. 781/98 (Gleichbehandlungsverordnung) und des Dritten Aktionsprogrammes für die Chancengleichheit von Mann und Frau in der Europäischen Kommission | 515 |
| 3.1. Das rechtliche Verhältnis zwischen Gleichbehandlungsverordnung und 3. Aktionsprogramm unter Bezugnahme auf den EGV und die Gleichbehandlungsrichtlinie | 515 |
| 3.2. Der Entwicklungsprozess der Gleichbehandlungsverordnung Nr. 781/98 | 519 |
| a) Die Kommissionsvorschläge und die Änderungen durch das Europäische Parlament | 519 |
| aa) Die 1. Phase (1993) | 519 |
| bb) Die 2. Phase (1996-1997) | 522 |
| cc) Die 3. Phase (1998) | 526 |
| b) Bewertung | 527 |
| aa) Bewertung vor dem Hintergrund der Art. 250, 252 EGV | 527 |
| bb) Bewertung vor dem Hintergrund der Kalanke- und der Marschall-Entscheidung des EuGH | 530 |
| cc) Bewertung unter vergleichenden Strukturgesichtspunkten | 537 |
| c) Zwischenergebnis | 540 |
| 3.3. Die Entwicklung der Aktionsprogramme im EÖD | 543 |
| a) Vorgeschichte | 543 |
| aa) Die Entschließungen des Europäischen Parlaments | 543 |
| bb) Die Kommission und die Mittelfristigen Aktionsprogramme der Gemeinschaft | 547 |
| cc) Rechtliche Einordnung und Bewertung der Entschließungen des Parlaments und der Aktionsprogramme der Gemeinschaft | 551 |
| b) Die Aktionsprogramme für die Chancengleichheit von Mann und Frau in der Kommission und beim Europäischen Parlament | 554 |
| aa) Die Kommissionsebene | 554 |
| bb) Bewertung | 558 |
| cc) Die Parlamentsebene im Vergleich | 562 |
| c) Zwischenergebnis | 568 |

4. Zwischenergebnis  570

5. Kapitel
Vergleich spezifischer Frauenfördermaßnahmen der Gleichstellungsgesetze des Bundes und der Länder mit denen des 3. Aktionsprogramms der Kommission und des 2. Aktionsprogramms des Europäischen Parlaments  575
1. Zielsetzung und nicht berücksichtigte Frauenfördermaßnahmen  575
2. Detailvergleich der spezifischen Frauenfördermaßnahmen  577
   2.1. Vorrangregelungen/Zielvorgaben  577
      a) Rechtsqualität und Effektivität  577
      b) Auswertung im einzelnen  585
   2.2. Auswahlverfahren/Auswahlkriterien  594
      a) Grundsätze  594
      b) Auswertung im einzelnen  598
   2.3. Zwischenergebnis  607

6. Kapitel
Die Rechtsprechung des EuGH und der deutschen Verwaltungs- und Arbeitsgerichtsbarkeit zur Frauenförderung  611
1. Der Rechtsprechungszeitraum vor dem Marschall-Urteil des EuGH  612
   1.1. Ausgewählte Entscheidungen der deutschen Verwaltungs- und Arbeitsgerichtsbarkeit  612
      a) Die Verwaltungsgerichte  612
      b) Die Arbeitsgerichte  616
   1.2. Entscheidungen des EuGH zur bevorzugten Beförderung von Frauen im europäischen öffentlichen Dienst  622
      a) Die Entscheidung Bonino/Kommission  622
      b) Die Entscheidung Delauche/Kommission  630
      c) Die Entscheidung Frederiksen/Parlament  635
   1.3. Entscheidung des EuGH in der Rechtssache Kalanke/Freie Hansestadt Bremen  639
   1.4. Zwischenergebnis  646
2. Entscheidung des EuGH in der Rechtssache Marschall/Land Nordrhein-Westfalen  647
3. Der Rechtsprechungszeitraum im unmittelbaren Vorfeld und nach dem Marschall-Urteil des EuGH  658
   3.1. Ausgewählte Entscheidungen der deutschen Verwaltungs- und Arbeitsgerichtsbarkeit  659
      a) Die Verwaltungsgerichte  659

| | |
|---|---|
| aa) Die Beschlüsse des VG und OVG des Saarlandes unter Berücksichtigung des Vorlagebeschlusses des Hess.StGH an den EuGH in der Rechtssache Badeck u.a./Hess. Ministerpräsident | 659 |
| bb) Der Beschluß des VG Schleswig unter Berücksichtigung des Vorlagebeschlusses des Hess.StGH an den EuGH | 667 |
| cc) Der Beschluß des VG Berlin | 672 |
| dd) Folgebeschlüsse deutscher Verwaltungsgerichte | 675 |
| b) Die Arbeitsgerichte | 685 |
| c) Zwischenergebnis | 688 |
| 3.2. Entscheidung des EuGH in der Rechtssache Badeck u.a./Hess. Ministerpräsident | 691 |
| 3.3. Entscheidung des EuGH in der Rechtssache Abrahamsson, Anderson/Fogelqvist | 698 |
| 4. Zwischenergebnis | 704 |
| Gesamtergebnis und Perspektiven der Herstellung faktischer Gleichberechtigung | 709 |
| Anhang | 715 |

# Literaturverzeichnis

**Abele, Roland**: Anmerkung zu EuGH v. 11.11.1997, EuZW 1997, S. 758
**Alexy, Robert**: Grundrechte als subjektive Rechte und als objektive Normen, Der Staat 1990, S. 49
—: Theorie der Grundrechte, 2. Aufl. 1994, Frankfurt am Main
**Altvater, Lothar / Bacher, Eberhard / Hörter, Georg / Reiseler, Manfred / Sabottig, Giovanni / Schneider, Wolfgang / Vohs, Gerhard**: BPersVG, Kommentar für die Praxis, 4. Aufl. 1996, Köln
**Arioli, Kathrin**: Frauenförderungsmaßnahmen im Erwerbsleben unter besonderer Berücksichtigung der Verfassungsmäßigkeit von Quotenregelungen, 1992, Zürich
**Badura, Peter**: Die hoheitlichen Aufgaben des Staates und die Verantwortung des Berufsbeamtentums, ZBR 1996, S. 321
**Barth, Kuno**: Rechtswidrige Feuerwehrabgabe in Baden-Württemberg und Bayern, Ein Verfahren vor dem Europäischen Gerichtshof für Menschenrechte in Straßburg, BB 1994, S. 1474
**Battis, Ulrich**: Berufsbeamtentum und Leistungsprinzip, ZBR 1996, S. 193
—: BBG, Bundesbeamtengesetz mit Erläuterungen, 2. Aufl. 1997, München
**Battis, Ulrich / Schulte-Trux, Anke / Weber, Nicole**: „Frauenquoten" und Grundgesetz, DVBl. 1991, S. 1165
**Battis, Ulrich / Eisenhardt, Anne**: Neue Gesetzgebung zur Gleichberechtigung, ZRP 1994, S. 18
**Benda, Ernst**: Notwendigkeit und Möglichkeit positiver Aktionen zugunsten von Frauen im öffentlichen Dienst / Gutachten im Auftrag der Leitstelle Gleichstellung der Frau, 1986, Hamburg
**Berger-Delhey, Ulf**: Ein Zweites Gleichberechtigungsgesetz, ZTR 1993, S. 267
**Bergmann, Jan / Lenz, Christofer (Hrsg.)**: Der Amsterdamer Vertrag vom 2. Oktober 1997, Eine Kommentierung der Neuerungen des EU – und EG – Vertrages, 1. Aufl. 1998, Köln
**Bergwitz, Christoph**: Die neue EG – Richtlinie zur Beweislast bei geschlechterbedingter Diskriminierung, DB 1999, S. 94
**Berlit, Uwe**: Anmerkung zu BVerfG v. 26.10.1994, DVBl. 1995, S. 293
**Bertelsmann, Klaus / Pfarr, Heide**: Diskriminierung von Frauen bei der Einstellung und Beförderung – Zu den Urteilen des Europäischen Gerichtshofs vom 10.04.1984 – Rs. 14/83 und 79/83, DB 1984, S. 1297

**Bertelsmann, Klaus / Colneric, Ninon / Pfarr, Heide / Rust, Ursula:** Handbuch zur Frauenerwerbstätigkeit: Arbeitsrecht, Sozialrecht, Frauenförderung, Band 1 und Band 3 Stand 1998, Neuwied, Kriftel, Berlin

**Bertelsmann, Klaus:** Anmerkung zu ArbG Hamburg v. 22.05.1995, AuR 1995, S. 287

—: Anmerkung zu EuGH v. 17.10.1989, AuR 1991, S. 124

**Beutler, Bengt:** Die Erklärung des Europäischen Parlaments über Grundrechte und Grundfreiheiten vom 12. April 1989, EuGRZ 1989, S. 185

**Beutler, Bengt / Bieber, Roland / Pipkorn, Jörn / Streil, Jochen:** Die Europäische Union, Rechtsordnung und Politik, 5. Aufl. 2001, Baden-Baden

**Bieback, Karl-Jürgen:** Diskriminierungs- und Behinderungsverbote im europäischen Arbeits- und Sozialrecht in Eichenhofer, Eberhard / Zuleeg, Manfred (Hrsg.), Die Rechtsprechung des Europäischen Gerichtshofs zum Arbeits- und Sozialrecht im Streit, 1995, Köln

**Binkert, Gerhard:** Konzeptionelle Probleme bei arbeitsrechtlichen Teilreformen, Zum Entwurf eines Gesetzes über die Gleichbehandlung von Männern und Frauen am Arbeitsplatz und über die Erhaltung von Ansprüchen bei Betriebsübergang (Arbeitsrechtliches EG – Anpassungsgesetz), JZ 1979, S. 747

**Bleckmann, Albert:** Europarecht, 6. Aufl. 1997, Köln

—: Die Grundrechte im Europäischen Gemeinschaftsrecht, EuGRZ 1981, S. 257

—: Die Sozialrechts-Charta des Europa-Rates und die allgemeinen sozialen Rechtsgrundsätze der EG, in Ress, Georg / Stein, Torsten, Europäischer Sozialraum, 1. Aufl. 1995, Baden-Baden

—: Die Einheit der Europäischen Gemeinschaftsrechtsordnung, Einheit oder Mehrheit der Europäischen Gemeinschaften, EuR 1978, S. 95

—: Bundesverfassungsgericht versus Europäischer Gerichtshof für Menschenrechte, Innerstaatliche Rechtskraft der Urteile des EGMR und Gleichheit von Mann und Frau – Anmerkung zu den Feuerwehrabgabe-Entscheidungen des EGMR vom 18.07.1994 und des BVerfG vom 24.01.1995, EuGRZ 1995, S. 387

**Böckenförde, Ernst-Wolfgang:** Grundrechte als Grundsatznormen, Der Staat 1990, S. 1

**Borgschmidt, Kirsten:** Der Generalanwalt beim Europäischen Gerichtshof und einige vergleichbare Institutionen, EuR 1987, S. 162

**Bracher, Christian-Dietrich:** Vorläufiger Rechtsschutz im Streit um Beförderungsplanstellen und Beförderungsdienstposten, ZBR 1989, S. 139

**Brohm, Winfried:** Soziale Grundrechte und Staatszielbestimmungen in der Verfassung, JZ 1994, S. 213

**Brückner, Ernst:** Die Befugnis des Gerichtshofes der Europäischen Gemeinschaften zu „unbeschränkter Ermessensnachprüfung" nach Art. 91 Nr. 1 S. 2 des Beamtenstatuts der Europäischen Gemeinschaften, ZBR 1972, S. 44
**Bruns, Herbert:** Das Beamtenstatut der Europäischen Gemeinschaften (I) und (II), ZBR 1962, S. 310 und S. 341
**Büchner, Lutz Michael:** Die beamtenrechtliche Stellung der Frau seit 1919, RiA 1983, S. 2
**Büchner, Lutz Michael / Gramlich, Ludwig, Ludwig:** Das Beamtenrecht im Internationalen, vor allem Europäischen Kontext, RiA 1992, S. 110
**Buglass, Anke / Heilmann, Joachim:** Verbot der unmittelbaren und mittelbaren Diskriminierung bei beruflichem Aufstieg, AuR 1992, S. 353
**Bumke, Ulrike:** Art. 3 GG in der aktuellen Verfassungsreformdiskussion, Zur ergänzenden Änderung des Art. 3 Abs. 2 Grundgesetz, Der Staat 1993, S. 117
**Busch, Jost-Dietrich:** Anmerkung zu BVerfG vom 19.09.1989, DVBl. 1990, S. 107
**Buschmann, Rudolf / Dieball, Heike / Stevens-Bartol, Eckart:** TZA, Das Recht der Teilzeitarbeit, Kommentar für die Praxis, 2. Aufl. 2001, Köln
**Busshoff-Schuhl, Claudia:** Was lange währt, wird endlich gut?, Anmerkungen zum Landesgleichstellungsgesetz Nordrhein-Westfalen (LGG), ZTR 2000, S. 107
**Callies, Christian / Ruffert, Matthias (Hrsg.)** : Kommentar des Vertrages über die Europäische Union und des Vertrages zur Gründung der Europäischen Gemeinschaft, 2. Aufl. 2002, Neuwied, Kriftel
**Classen, Claus Dieter:** Wie viele Wege führen zur Gleichberechtigung von Männern und Frauen? Gemeinsamkeiten und Unterschiede von deutschem und europäischem Recht, JZ 1996, S. 921
**Coen, Michael:** Anmerkung zu EuGH v. 11.11.1997, EuroAS 1998, S. 13
**Colneric, Ninon:** Neue Entscheidungen des EuGH zur Gleichbehandlung von Männern und Frauen, EuZW 1991, S. 75
—: Frauenquoten auf dem Prüfstand des EG-Rechts, BB 1996, S. 265
—: Anmerkung zu EuGH v. 17.10.1995, Streit 1995, S. 168
**Creifelds, Carl/ Weber, Klaus (Hrsg.):** Rechtswörterbuch, 17. Aufl. 2002, München
**Crones, Christian:** Selbstbindungen der Verwaltung im Europäischen Gemeinschaftsrecht, 1.Aufl. 1997, Baden-Baden
**Däubler, Wolfgang:** Das Arbeitsrecht 2, Leitfaden für Arbeitnehmer, 11. Aufl. 1998, Reinbeck bei Hamburg

**Däubler, Wolfgang / Kittner, Michael / Lörcher, Klaus unter Mitarbeit von Adamy, Wilhelm und Bobke, Manfred**: Internationale Arbeits- und Sozialordnung, Dokumente, 2. Aufl. 1994, Köln

**Däubler-Gmelin, Herta**: Eine europäische Charta der Grundrechte – Beitrag zur gemeinsamen Identität, EuZW 2000, S. 1

**Deinert, Olaf**: Frauenförderung beim Zugang zu Ämtern: Beamtenrechtlicher Konkurrentenstreit als Möglichkeit des Rechtsschutzes für nichtberücksichtigte Bewerber?, RiA 1996, S. 5

**Delbrück, Jost**: Die Konvention der Vereinten Nationen zur Beseitigung jeder Form der Diskriminierung der Frau von 1979 im Kontext der Bemühungen um einen völkerrechtlichen Schutz der Menschenrechte in Festschrift für Hans-Jürgen Schlochauer, 1981, Berlin, New York, S. 247

**Dieball, Heike / Schiek, Dagmar**: Anmerkung (zu EuGH v. 17.10.1995): Bevorzugung ja – allerdings nicht automatisch, EuroAS 1995, S. 185

**Döring, Matthias**: Frauenquoten und Verfassungsrecht: die Rechtmäßigkeit „umgekehrter Diskriminierung" nach US-amerikanischem Verfassungsrecht und ihre Bedeutung für die Verfassungsmäßigkeit gesetzlicher Frauenquoten auf dem Arbeitsmarkt der deutschen Privatwirtschaft, 1996, Berlin

**Dötsch, Jochen**: Neues vom EuGH, AuA 1999, S. 122

**Dubischar, Roland**: Grundsätze der Beweislastverteilung im Zivil- und Verwaltungsprozeß, JuS 1971, S. 385

**Deutscher Juristinnenbund e.V. (Hrsg.)** : Dokumentation vom 32. Kongreß in Augsburg vom 11. - 13. September 1997

—: Juristinnen in Deutschland, Die Zeit von 1900 bis 1998, 3. Aufl. 1998, Baden-Baden

**Ebsen, Ingwer**: Leistungsbezogene Quotierung für den öffentlichen Dienst, Jura 1991, S. 515

—: Zur Koordinierung der Rechtsdogmatik beim Gebot der Gleichberechtigung von Männern und Frauen zwischen Europäischem Gemeinschaftsrecht und innerstaatlichem Verfassungsrecht, RdA 1993, S. 11

**Eckertz-Höfer, Marion**: Frauen kommen ... Art. 3 Abs. 2 GG in Verbindung mit dem Sozialstaatsgebot in Festschrift für Helmut Simon, 1. Aufl. 1987, Baden-Baden

**Ehricke, Ulrich**: Die richtlinienkonforme Auslegung nationalen Rechts vor Ende der Umsetzungsfrist einer Richtlinie, EuZW 1999, S. 553

**Eich, Rolf-Achim**: Gesetz über die Gleichbehandlung von Männern und Frauen am Arbeitsplatz, NJW 1980, S. 2329

**Epiney, Astrid**: Möglichkeiten und Grenzen „positiver Diskriminierung" im europäischen Gemeinschaftsrecht, Festschrift für Bernhard Schnyder, 1995, Freiburg Schweiz, S. 205

**Euler, August Martin**: Europäisches Beamtenstatut, Kommentar zum Beamtenstatut der EWG und EAG, Erster und Dritter Teilband, 1966, Köln, Berlin, Bonn, München

**Europäisches Parlament, Generaldirektion Wissenschaft (Hrsg.)**: Arbeitsdokument „Die Rechte der Frau und der Vertrag von Amsterdam", Reihe Rechte der Frau, Femm 104 DE, 1998, Luxemburg

**Everling, Ulrich**: Zur rechtlichen Wirkung von Beschlüssen, Entschließungen, Erklärungen und Vereinbarungen des Rates oder der Mitgliedstaaten der Europäischen Gemeinschaft in Gedächtnisschrift für Léontin-Jean Constantinesco, 1983, München, S. 133

**Feger, Dieter**: Grundrechtliche Aspekte des Rechts der Europäischen Gemeinschaften auf dem Gebiet der abhängigen Arbeit, RdA 1987, S. 13

—: Die Normsetzung auf dem Gebiet der Grundrechte in den Europäischen Gemeinschaften, DÖV 1987, S. 322

**Fehn, Bernd J./ Opfergelt, Wolfgang**: Rechtsschutz des abgewiesenen Bewerbers im Beamtenrecht, Jura 1985, S. 639

**Fisahn, Andreas**: Rechtmäßigkeit von „Quotenregelungen" nach Änderung des Art. 3 II GG, NJ 1995, S. 352

**Fischer, Klemens H.**: Der Vertrag von Nizza, Text und Kommentar, 1. Aufl. 2001, Baden-Baden

**Fleig, M.**: Das Gleichheitsprinzip im Grundgesetz, RiA 1994, S. 213

**Francke, Robert / Sokol, Bettina / Gurlit, Elke**: Frauenquoten in öffentlicher Ausbildung, Zur Verfassungsmäßigkeit von geschlechterbezogenen Quotenregelungen in öffentlichen Berufsausbildungen, 1. Aufl. 1991, Baden-Baden

**Franke, Dietmar**: Geschlechtsneutrale Stellenausschreibung gem. § 611 b BGB, Ein Beitrag zum neuen „Gleichbehandlungsgesetz", BB 1981, S. 1221

**Freis, Gerhild**: Das Gesetz zur Änderung des Bürgerlichen Gesetzbuchs und des Arbeitsgerichtsgesetzes, Zur Neugestaltung der Haftung des Arbeitgebers bei geschlechtsspezifischer Diskriminierung, NJW 1998, S. 2779

**Friauf, Karl-Heinrich**: Gleichberechtigung der Frau als Verfassungsauftrag, Rechtsgutachten im Auftrag des Bundesministers des Innern, Schriftenreihe des Bundesministers des Innern, Bd. 11, 1981, Bonn

—: Grundrechtsprobleme bei der Durchführung von Maßnahmen zur Gleichberechtigung, Rechtsgutachten erstattet im Auftrag des Bundesministers des Innern, Schriftenreihe des Bundesministers des Innern, Bd. 12, 1981, Bonn

**Frohn, Hansgeorg**: Frauenförderung im öffentlichen Dienst, DÖD 1990, S. 105

**Frowein, Jochen Abr. / Peukert, Wolfgang**: Europäische Menschenrechtskonvention, Kommentar, 2. Aufl. 1996, Kehl am Rhein

**Fuchsloch, Christine**: Das Verbot der mittelbaren Geschlechtsdiskriminierung, 1. Aufl. 1995, Baden-Baden

—: Erforderliche Beseitigung des Gleichberechtigungsdefizits oder verfassungswidrige Männerdiskriminierung, NVwZ 1991, S. 442
—: Kalanke und die Folgen, FuR 1996, S. 87
**Fuchsloch, Christine/ Weber, Ingrid**: Geschlechterquoten im öffentlichen Dienst, AuR 1994, S. 409
**Flynn, Pádraig**: „Mainstreaming" – eine grundlegend neue Angehensweise der Chancengleichheit im Rahmen der künftigen Strukturfonds, info Frauen Europas März April 1998, Nr. 78, Brüssel
**Germelmann, Claas-Hinrich / Matthes, Hans-Christoph / Prütting, Hanns**: Arbeitsgerichtsgesetz, Kommentar, 3. Aufl. 1999, München
**Gersdorf, Hubertus**: Das Kooperationsverhältnis zwischen deutscher Gerichtsbarkeit und EuGH, DVBl. 1994, S. 674
**Gerstner, Stephan / Goebel, Burkhart**: Grundrechtsschutz in Europa, Jura 1993, S. 626
**Glaesner, Hans-Joachim**: Das Verfahren der Zusammenarbeit (Art. 149 Abs. 2 EWGV), EuR 1988, S. 121
**Goergens, Dorothea**: Zur Zulässigkeit von Maßnahmen zur Frauenförderung – Jahrelanger Rechtsstreit zur Frauenquote vom EuGH frauenfreundlich entschieden, AiB 1998, S. 124
**Goerlich, Helmut**: Leistungsprinzip und Verzugsregeln, ZBR 1989, S. 240
**Götz, Volkmar**: Das Maastricht-Urteil des Bundesverfassungsgerichts, JZ 1993, S. 1081
**Götz, Walter**: Mitwirkungsrechte des Europäischen Parlaments bei der Rechtssetzung, JA 1997, S. 990
**Grabitz, Eberhard / Hilf, Meinhard (Hrsg.)**: Kommentar zur Europäischen Union, Stand 2/2002 München
**Graue, Bettina**: Das EuGH-Urteil vom 17.10.1995 zu leistungsabhängigen Quoten im öffentlichen Dienst des Landes Bremen, RiA 1996, S. 80
**Grimm, Dieter**: Europäischer Gerichtshof und nationale Arbeitsgerichte aus verfassungsrechtlicher Sicht, RdA 1996, S. 66
**Von der Groeben, Hans / Thiesing, Jochen / Ehlermann, Claus-Dieter (Hrsg.)**: Kommentar zum EU-/EG-Vertrag, 5. Aufl. 1997 (Band 1, Band 4, Band 5), 5. Aufl. 1999 (Band 2 I und II, Band 3, Annex), Baden-Baden
**Günther, Hellmuth**: - Beförderung - , ZBR 1979, S. 93
—: Ausschreibung, ZBR 1987, S. 321
—: Konkurrentenstreit und kein Ende? – Bestandsaufnahme zur Personalmaßnahme Beförderung -, ZBR 1990, S. 284
—: Einstweiliger Rechtsschutz im Vorfeld der Beförderung, NVwZ 1986, S. 697
—: „Konkurrenzklage" von Angestellten im öffentlichen Dienst um höherewertete Tätigkeit?, ZTR 1993, S. 281

**Hanau, Peter / Preis, Ulrich**: Zur mittelbaren Diskriminierung wegen des Geschlechts, ZfA 1988, S. 177

**Harms, Peter**: Frauenförderung im öffentlichen Dienst – rechtliche und personalwirtschaftliche Grenzen, DÖD 1991, S. 49

—: Vollzugsprobleme bei der Bestenauslese, Die Personalvertretung 1990, S. 510

**Hasselbach, Kai**: „Lex Kalanke"? – Die Vorschläge der EU-Kommission zur Änderung der Gleichbehandlungsrichtlinie, NZA 1996, S. 1308

**Von Hasseln, Sigrun**: Die Zulassung der Frau zum Richteramt – Thema des vierten Richtertages 1921, DRiZ 1984, S. 12

**Hatje, Armin**: Der Rechtsschutz der Stellenbewerber im Europäischen Beamtenrecht, Eine Untersuchung zur Rechtsprechung des EuGH in Beamtensachen, 1. Aufl. 1988, Baden-Baden

**Henrichs, Helmut**: Gemeinschaftsrecht und nationale Verfassungen – Eine Konfliktstudie, EuGRZ 1989, S. 237

—: Die Rechtsprechung des Europäischen Gerichtshofs in Personalsachen (im Anschluß an EuR 1980, 134 ff.), EuR 1982, S. 231

—: Die Rechtsprechung des Europäischen Gerichtshofs in Personalsachen (im Anschluß an EuR 1982, 231 ff.), EuR 1985, S. 171

—: Die Rechtsprechung des Europäischen Gerichtshofs in Personalsachen (im Anschluß an EuR 1985, 171 ff.), EuR 1988, S. 302

—: Die Vorrechte und Befreiungen der Beamten der Europäischen Gemeinschaften, EuR 1987, S. 75

—: Grenzen richterlicher Kontrollbefugnisse bei Individualentscheidungen im europäischen Beamtenrecht, EuR 1990, S. 289

**Herbst, Leonore**: Die lautlose Diskriminierung der Frau im Beamtenrecht, DÖV 1974, S. 547

**Herdegen, Matthias**: Europäisches Gemeinschaftsrecht und die Bindung deutscher Verfassungsorgane an das Grundgesetz, EuGRZ 1989, S. 309

**Herrmann, Elke**: Vereinbarkeit der Quotenregelung zur Frauenförderung mit nationalem und europäischem Recht, SAE 1995, S. 229

—: Die Abschlußfreiheit – ein gefährdetes Prinzip; Zugleich der Versuch einer dogmatischen Erfassung der vorvertraglichen Regelungen des § 611 a BGB, ZfA 1996, S. 19

**Hesse, Konrad**: Grundzüge des Verfassungsrechts der Bundesrepublik Deutschland, Neudruck der 20. Aufl. 1999, Heidelberg

**Hilger, Marie-Luise**: Zum Anspruch auf Gleichbehandlung im Arbeitsrecht, RdA 1975, S. 32

**Hirsch, Günter**: Europäischer Gerichtshof und Bundesverfassungsgericht – Kooperation oder Konfrontation, NJW 1996, S. 2457

—: Gemeinschaftsgrundrechte als Gestaltungsaufgabe in Kreuzer, Karl F. / Scheuing, Dieter H. / Sieber, Ulrich (Hrsg.), Europäischer Grundrechtsschutz, 1. Aufl. 1998, Baden-Baden

**Hilf, Meinhard**: Amsterdam – Ein Vertrag für die Bürger ?, EuR 1997, S. 347

—: Die Richtlinie der EG – ohne Richtung, ohne Linie ?, Hans Peter Ipsen zum 85. Geburtstag, EuR 1993, S. 1

—: Ein Grundrechtskatalog für die Europäische Gemeinschaft, EuR 1991, S. 19

**Hilf, Meinhard / Pache, Eckhard**: Der Vertrag von Amsterdam, NJW 1998, S. 705

**Hörburger, Hortense**: Strategien frauenorientierter Arbeitsmarktpolitik, Streit 1988, S. 65

**Hofmann, Hans**: Die tatsächliche Durchsetzung der Gleichberechtigung in dem neuen Art. 3 II S. 2 GG, FamRZ 1995, S. 257

**Hohmeister, Frank**: EuGH-konforme Gesetzesänderungen zu Geschlechtsdiskriminierung und Nachweisrichtlinie, BB 1998, S. 1790

**Hufen, Friedhelm**: Anmerkung zu BVerfG v. 19.09.1989, JuS 1990, S. 757

**Huster, Stefan**: Frauenförderung zwischen individueller Gerechtigkeit und Gruppenparität ; Zu einigen Grundfragen der Rechtfertigung von Quotenregelungen, AöR 1993, S. 109

**Iglesias, Gil Carlos Rodríguez**: Zur „Verfassung" der Europäischen Gemeinschaft, EuGRZ 1996, S. 125

—: Gedanken zum Entstehen einer Europäischen Rechtsordnung, NJW 1999, S. 1

**Ipsen, Hans Peter**: Das Bundesverfassungsgericht löst die Grundrechtsproblematik, EuR 1987, S. 1

—: Europäisches Gemeinschaftsrecht, 1972, Tübingen

**Isensee, Josef**: Mit blauem Auge davongekommen – das Grundgesetz, NJW 1993, S. 2583

**Jahn, Friedrich-Adolf**: Empfehlungen der Gemeinsamen Verfassungskommission zur Änderung und Ergänzung des Grundgesetzes, DVBl. 1994, S. 182

**Jarass, Hans / Pieroth, Bodo**: Grundgesetz für die Bundesrepublik Deutschland, Kommentar, 6. Aufl. 2002, München

**Jarass, Hans**: Bausteine einer umfassenden Grundrechtsdogmatik, AöR 1995, S. 345

**Kempen, Bernhard**: Die Gleichberechtigung von Mann und Frau und der nordrhein-westfälische Entwurf eines Frauenförderungsgesetzes, ZTR 1988, S. 287

**Kimmel, Adolf**: Die Verfassungen der EG-Mitgliedstaaten, Textausgabe, 4. Aufl. 1996, München

**Kischel, Uwe**: Zur Dogmatik des Gleichheitssatzes in der Europäischen Union, EuGRZ 1997, S. 1

**Kitschenberg, Helmut**: Grundzüge des Dienstrechts der internationalen Organisationen, ZBR 1980, S. 334

**Klein, Eckart**: Die Erweiterung des Grundrechtsschutzes auf die universelle Ebene – Auswirkungen auf den Grundrechtsschutz in Europa in Kreuzer, Karl F. / Scheuing, Dieter H. / Sieber, Ulrich (Hrsg.), Europäischer Grundrechtsschutz, 1. Aufl. 1998, Baden-Baden

**Knigge, Arnold**: Gesetzliche Neuregelung der Gleichbehandlung von Männern und Frauen am Arbeitsplatz, BB 1980, S. 1272

**Knöpfel, Gottfried**: Die Gleichberechtigung von Mann und Frau, NJW 1960, S. 553

**Kocher, Eva**: Verfassungsrechtliche Anforderungen an die Umsetzung des Gleichbehandlungsgebots – Zur Neuregelung des § 611 a BGB und Streichung des § 61 b ArbGG-, AuR 1998, S. 221

**Köbl, Ursula**: Welche Maßnahmen empfehlen sich, um die Vereinbarkeit von Berufstätigkeit und Familie zu verbessern ?, JZ 1994, S. 840

**Koenig, Christian**: EU-Grundrechtscharta – ein neuer supranationaler Kompetenztitel?, EuZW 2000, S. 417

**König, Doris**: Die Grundgesetzänderung in Art. 3 Abs. 2 GG – Ein Fortschritt auf dem Weg zur tatsächlichen Gleichberechtigung ?-, DÖV 1995, S. 837

**Kokott, Juliane**: Der Grundrechtsschutz im europäischen Gemeinschaftsrecht, AöR 1996, S. 599

—: Deutschland im Rahmen der Europäischen Union, AöR 1994, S. 207

—: Grund- und Menschenrechte als Inhalt eines internationalen ordre public, in: Coester-Waltjen / Kronke / Kokott – Die Wirkungskraft der Grundrechte bei Fällen mit Auslandsbezug – Berichte der Deutschen Gesellschaft für Völkerrecht, Bd. 38, 1998, Heidelberg, S. 71

—: Zur Gleichstellung von Mann und Frau, NJW 1995, S. 1049

**Kopp, Ferdinand / Schenke, Wolf-Rüdiger**: VwGO, Kommentar, 13. Aufl. 2003, München

**Kowal, Monica**: Frauenquotierungen beim Zugang zum Öffentlichen Dienst und Art. 3 II GG, ZRP 1989, S. 445

**Kravaritou, Yota**: Gleichheit von Männern und Frauen (Art. 23) in: Bercussion (Hrsg.), Europäisches Arbeitsrecht und die EU-Charta der Grundrechte – Kurzfassung – 2003, Brüssel

**Krimphove, Ludger**: Frauenförderung durch Gesetz, DÖD 1990, S. 164

**Kruse, Anne**: Verfassungsmäßigkeit von Frauenquoten im öffentlichen Dienst – Zugleich eine Anmerkung zum Vorlagebeschluß des OVG NW vom 23.10.1990, DöV 1991, S. 1002

**Kummer, Wolfgang**: Die Problematik der Auswahlverfahren bei der Ernennung europäischer Beamter und die Rechtsstellung entsandter deutscher Beamter, EuR 1976, S. 31

**Kuppe, Gerlinde/ Körner, Kristin**: Gender-Mainstreaming, Ein Beitrag zum Change Management in Politik und Verwaltung in Peters, Sibylle/Bensel, Norbert (Hrsg.), Frauen und Männer im Management, Diversity in Diskurs und Praxis, 1. Aufl. 2000, Wiesbaden

**Ladeur, Karl-Heinz**: Gleichberechtigung und „Gleichstellung" von Mann und Frau im öffentlichen Dienst, ZBR 1992, S. 39

—: Öffentliche Stellenausschreibung als Gewährleistung des Rechts auf gleichen Zugang zum öffentlichen Dienst, Jura 1992, S. 77

**Lange, Klaus**: Quote ohne Gesetz ?, NVwZ 1990, S. 135

**Langenfeld, Christine**: Die Gleichbehandlung von Mann und Frau im Europäischen Gemeinschaftsrecht, 1. Aufl. 1990, Baden-Baden

**Langguth, Gerd**: Grundrechtsschutz und Politische Union, EuZW 1991, S. 393

**Laubinger, Hans-Werner**: Die „Frauenquote" im öffentlichen Dienst, VerwArch 1996, S. 305 (Teil 1), S. 473 (Teil 2)

**Lecheler, Helmut**: Die Fortentwicklung des Rechts der Europäischen Union durch den Amsterdam – Vertrag, JuS 1998, S. 392

**Lenz, Carl Otto (Hrsg.)**: EG-Vertrag, Kommentar, 2. Aufl. 1999, Bundesanzeiger Köln

—: Der europäische Grundrechtsstandard in der Rechtsprechung des Europäischen Gerichtshofes, EuGRZ 1993, S. 585

—: Konsequent auf der Linie der Mehrheit: Zum Urteil Marschall des EuGH, NJW 1998, S. 1619

**Limbach, Jutta / Eckertz-Höfer, Marion (Hrsg.)**: Frauenrechte im Grundgesetz des geeinten Deutschland, 1. Aufl. 1993, Baden-Baden

**Limbach, Jutta**: Die Kooperation der Gerichte in der zukünftigen europäischen Grundrechtsarchitektur, Ein Beitrag zur Neubestimmung des Verhältnisses von Bundesverfassungsgericht, Gerichtshof der Europäischen Gemeinschaften und Europäischem Gerichtshof für Menschenrechte, EuGRZ 2000, S. 417

—: Geschlechtergerechtigkeit im 21. Jahrhundert in Peters, Sibylle/Bensel, Norbert (Hrsg.) Frauen und Männer im Management, Diversity in Diskurs und Praxis, 1. Aufl. 2000, Wiesbaden

—: Grußwort in Klein, Eckart (Hrsg.), 20 Jahre Übereinkommen zur Beseitigung jeder Form von Diskriminierung der Frau (CEDAW), Dokumentation der Tagung in Potsdam am 25./26.11.1999, Studien zu Grund- und Menschenrechten der Universität Potsdam, Heft 5, 2000

**Lindemann, Hans-Heinrich**: Allgemeine Rechtsgrundsätze und europäischer öffentlicher Dienst, Zur Rechtsprechung des Europäischen Gerichtshofs in Personalsachen, 1986, Berlin
**Loritz, Karl-Georg**: Anmerkung zu EuGH v. 17.10.1995, EuZW 1995, S. 763
**Maaß, Rainald**: Beamtenrechtliche Konkurrentenklage in Form der vorbeugenden Feststellungsklage?, NJW 1985, S. 303
**Maidowski, Ulrich**: Umgekehrte Diskriminierung, Quotenregelungen zur Frauenförderung im öffentlichen Dienst und in den politischen Parteien, 1989, Berlin
—: Anmerkung zu BAG v. 22.06.1993, AP Nr. 193 zu Art. 3 GG
**v. Mangoldt, Hermann / Klein, Friedrich**: Das Bonner Grundgesetz, Kommentar, Band 1: Präambel, Artikel 1 bis 19 herausgegeben von Starck, Christian, 4. Aufl. 1999, München
**Manssen, Gerrit**: Der Funktionsvorbehalt des Art. 33 Abs. 4 GG – Anmerkungen zu einem verfassungsrechtlichen Dauerproblem -, ZBR 1999, S. 253
**Manzanares, Henri**: Der europäische öffentliche Dienst, DÖV 1971, S. 73
**Mauer, Jutta**: Das zweite Gleichberechtigungsgesetz, BB 1994, S. 1283
—: Anmerkung zu EuGH v. 08.11.1990, BB 1991, S. 693
**Maunz, Theodor / Dürig, Günther**: Grundgesetz Kommentar, Loseblatt, Stand 2/2003, München
**Maurer, Hartmut**: Allgemeines Verwaltungsrecht, 12. Aufl. 1999, München
**Mayer, Ingrid Alice**: Die Rechtsstellung der kommunalen Frauenbeauftragten, NVwZ 1994, S. 1182
—: Die Rechte der kommunalen Frauenbeauftragten, RiA 1994, S. 224
**Meessen, Karl Matthias**: Zur Theorie der allgemeinen Rechtsgrundsätze: Der Nachweis allgemeiner Rechtsgrundsätze des Europäischen Gemeinschaftsrechts, JiR 1974, S. 283
—: Anmerkung zu EuGH v. 20.02.1975, DVBl. 1975, S. 776
**Merten, Detlef**: Über Staatsziele, DöV 1993, 368
**Metz-Göckel, Sigrid**: Frauenförderung und Quotierung an den Hochschulen – Fortschritt oder Rückschritt auf dem Weg zur Gleichstellung der Geschlechter in Bock-Rosenthal, Erika (Hrsg.), Frauenförderung in der Praxis, 1990, Frankfurt a.M./New York, S. 78
**Mittmann, Andreas**: Das Zweite Gleichberechtigungsgesetz – eine Übersicht, NJW 1994, S. 3048
**Mohn, Astrid Sybille**: Der Gleichheitssatz im Gemeinschaftsrecht: Differenzierungen im europäischen Gemeinschaftsrecht und ihre Vereinbarkeit mit dem Gleichheitssatz, 1990, Kehl am Rhein, Straßburg, Arlington
**Mohnen-Behlau, Elgin / Meixner, Hanns-Eberhard (Hrsg.)**: Frauenförderung in Verwaltung und Wirtschaft, 2. Aufl. 1993, Berlin, Bonn, Regensburg

**Müller, Peter:** Anmerkung zu BAG v. 12.11.1998, MDR 1999, S.750
**v. Münch, Ingo (Hrsg.):** Grundgesetz-Kommentar, Präambel bis Art. 20 (Band 1), 4. Aufl. 1992 sowie Art. 21 bis Art. 69 (Band 2), 3. Aufl. 1995, München
**Oetker, Hartmut:** Anmerkung zu EuGH v. 22.04.1997, ZiP 1997, S. 802
**Ophüls, Carl Friedrich:** Ein Problem des europäischen Beamtenrechts, Eignungsprinzip oder Nationalitätenproporz?, DÖV 1964, S. 588
**Oppermann, Thomas:** Europarecht, 2. Aufl. 1999, München
**Pabst, Franziska / Slupik, Vera:** Die geschlechtsneutrale Arbeitsplatzausschreibung gem. § 611b BGB, Zur Wirksamkeit arbeitsrechtlicher Sollvorschriften am Beispiel des Anzeigenmarktes für juristische Berufe, ZRP 1984, S. 178
**Palandt:** Bürgerliches Gesetzbuch, Kommentar, 62. Aufl. 2003, München
**Pape, Angela:** Von Kalanke zu Marschall – Ein Erfolg für die Gleichberechtigung, AuR 1998, S. 14
**Peine, Franz-Joseph / Heinlein, Dieter:** Beamtenrecht, 2. Aufl. 1999, Heidelberg
**Pernice, Ingolf:** Der Grundsatz der Gleichbehandlung von Männern und Frauen im Beruf – Soziale Grundrechtspolitik des EuGH mit neuen Akzenten –, EuR 1979, S.410
—: Gemeinschaftsverfassung und Grundrechtsschutz – Grundlagen, Bestand und Perspektiven, NJW 1990, S. 2409
**Pescatore, Pierre:** Bestand und Bedeutung der Grundrechte im Recht der europäischen Gemeinschaften, EuR 1979, S. 1
**Peter, Christoph:** Konkurrentenrechtsschutz im Beamtenrecht, JuS 1992, S. 1042
**Pfarr, Heide:** Mittelbare Diskriminierung von Frauen, NZA 1986, S. 585
—: Zur Kritik des Entwurfs eines Gesetzes über die Gleichbehandlung von Männern und Frauen am Arbeitsplatz, BlStSozArbR 1980, S. 17
**Pfarr, Heide / Bertelsmann, Klaus:** Gleichbehandlungsgesetz, Zum Verbot der unmittelbaren und der mittelbaren Diskriminierung von Frauen im Erwerbsleben, 1985, Wiesbaden
**Pfarr, Heide:** Quoten und Grundgesetz, Notwendigkeit und Verfassungsmäßigkeit von Frauenförderung, 1. Aufl. 1988, Baden-Baden
**Pfarr, Heide / Fuchsloch, Christine:** Verfassungsrechtliche Beurteilung von Frauenquoten, NJW 1988, S. 2201
**Pfarr, Heide:** Anmerkung zu BAG v. 22.06.1993, AP Nr. 193 zu Art. 3 GG
—: Das Zweite Gleichberechtigungsgesetz, RdA 1995, S. 204
—: Welche Maßnahmen empfehlen sich, um die Vereinbarkeit von Berufstätigkeit und Familie zu verbessern?, ZRP 1994, S. 309
**Pirstner, Renate:** Anm. zu EuGH v. 28.03.2000, EuZW 2000, S. 479

**Plett, Konstanze**: Rechtliche Hindernisse auf dem Weg zur Gleichberechtigung der Frauen, Ein Forschungsprojekt, ZERP-Diskussionspapier 7/1997, Universität Bremen

—: Den Frauen die Chance, den Männern das Recht – oder: Förderung ja, Beförderung nein?, Anmerkungen zur jüngsten Gleichberechtigungsrechtsprechung des EuGH, Ansprüche 1/1996, S. 10

**Priebe, Reinhard**: Die Aufgaben des Rechts in einer sich ausdifferenzierenden EG-Administration in Schmidt-Aßmann, Eberhard / Hoffmann-Riem, Wolfgang (Hrsg.), Strukturen des Europäischen Verwaltungsrechts, 1. Aufl. 1999, Baden-Baden

**Raasch, Sibylle**: Frauenquoten und Männerrechte, 1. Aufl. 1991, Baden-Baden

—: Der EuGH zur Frauenquote, KJ 1995, S. 493

**Ried, J.**: Das System der Besoldung der Beamten der Europäischen Gemeinschaften, ZBR 1984, S. 330

**Röthel, Anne**: Beweislast und Geschlechterdiskriminierung, NJW 1999, S. 611

**Röttinger, Moritz**: Die Europäischen Beamten in Röttinger, Moritz / Weyringer, Claudia (Hrsg.), Handbuch der europäischen Integration, 2. Aufl. 1996, Wien

**Rogalla, Dieter**: Dienstrecht der Europäischen Gemeinschaften, 2. Aufl. 1992, Köln, Berlin, Bonn, München

**Rohn, Stephan / Sannwald, Rüdiger**: Die Ergebnisse der Gemeinsamen Verfassungskommission, ZRP 1994, S. 65

**Ronellenfitsch, Michael**: Der vorläufige Rechtsschutz im beamtenrechtlichen Konkurrentenstreit, VerwArch 1991, S. 121

**Ruffert, Matthias**: Die Mitgliedstaaten der Europäischen Gemeinschaft als Verpflichtete der Gemeinschaftsgrundrechte, EuGRZ 1995, S. 518

**Rupp, Hans Heinrich**: Ausschaltung des Bundesverfassungsgerichts durch den Amsterdamer Vertrag?, JZ 1998, S. 213

**Rupp-v.Brünneck, Wiltraut**: Die Grundrechte im juristischen Alltag, Die Verwirklichung der freiheitlichen demokratischen Grundordnung in den Grundrechten, insbesondere durch die Rechtsprechung des Bundesverfassungsgerichts in: Verfassung und Verantwortung, herausgegeben von Schneider, Hans-Peter, 1. Aufl. 1983, Baden-Baden, S. 145

**Rust, Ursula**: Anmerkung zu EuGH v. 17.10.1995, NJ 1996, S. 102

**Sachs, Michael (Hrsg.)**: Grundgesetz, Kommentar, 3. Aufl. 2003, München

—: Anmerkung zu EuGH v. 11.11.1997, DVBl. 1998, S. 184

—: Zur Bedeutung der grundgesetzlichen Gleichheitssätze für das Recht des öffentlichen Dienstes, ZBR 1994, S. 133

—: Die Quotenregelung und der Rentenaltersbeschluß des BVerfG, NVwZ 1991, S. 437

—: Gleichberechtigung und Frauenquoten, NJW 1989, S. 553
—: Frauenquoten im öffentlichen Dienst, Jura 1989, S. 465
—: Anm. zu EuGH v. 28.03.2000, JuS 2000, S. 812
**Sacksofsky, Ute**: Das Grundrecht auf Gleichberechtigung, Eine rechtsdogmatische Untersuchung zu Art. 3 Absatz 2 des Grundgesetzes, 1. Aufl. 1991 sowie 2. Aufl.. 1996, Baden-Baden
**Sander, Gerald**: Europäischer Gerichtshof und nationale Verfassungsgerichtsbarkeit, DÖV 2000, S. 588
**Schaub, Günther**: Arbeitsrechtshandbuch, 10. Aufl. 2002, München
**Scherer, Joachim**: Öffentlich-rechtliche Konkurrentenklagen im Wirtschafts- und Beamtenrecht, Jura 1985, S. 11
**Schick, Walter**: Die „Konkurrentenklage" des Europäischen Beamtenrechts – Vorbild für das deutsche Recht?, Überlegungen anläßlich eines Urteils des Europäischen Gerichtshofs, DVBl. 1975, S. 741
**Schiek, Dagmar**: Beförderung und Frauenquote, Der Personalrat 1998, S. 96
—: Frauenförderung oder Diskriminierungsschutz ? Perspektiven der Frauenquote nach „Kalanke", WSi-Mitteilungen 1996, S. 341
—: „Kalanke" und die Folgen – Überlegungen zu EG-rechtlichen Anforderungen an betriebliche Gleichstellungspolitik, AuR 1996, S. 128
**Schiek, Dagmar / Dieball, Heike / Hortskötter, Inge / Seidel, Lore / Vieten, Ulrike M. / Wankel, Sibylle**: Frauengleichstellungsgesetze des Bundes und der Länder, Kommentar für die Praxis, 2. Aufl. 2002, Frankfurt am Main
—: Das Hessische Gleichberechtigungsgesetz, PersR 1994, S. 201
—: Europäisches Arbeitsrecht, 1. Aufl. 1997, Baden-Baden
—: Draehmpaehl und die Folgen, BB 1998, S. 586
**Schilling, Theodor**: In den Grenzen des Vorrangs des Gemeinschaftsrechts, Der Staat 1994, S. 555
**Schlachter, Monika**: Wege zur Gleichberechtigung, 1993, München
—: Berufliche Gleichberechtigung und Frauenförderung, JA 1994, S. 72
—: Richtlinie über die Beweislast bei Diskriminierung, RdA 1998, S. 321
**Schmidt, Marlene**: Die neue EG-Richtlinie zur Teilzeitarbeit, NZA 1998, S. 576
**Schmidt am Busch, Birgit**: Der Vertrag von Amsterdam im Hinblick auf die Chancengleichheit zwischen Frauen und Männern; Informelles Treffen der für die Gleichstellung zwischen Frauen und Männern zuständigen Ministerinnen und Minister am 14. und 15. Juni 1999 in Berlin
**Schmidt-Aßmann, Eberhard**: Leistungsgrundsatz des Art. 33 II GG und soziale Gesichtspunkte bei der Regelung des Zugangs zum Beamtenverhältnis, NJW 1980, S. 16

**Schmidt-Bleibtreu, Bruno / Klein, Franz**: Kommentar zum Grundgesetz, 9. Aufl. 1999, Neuwied und Kriftel

**Schmitt Glaeser, Walter**: Abbau des tatsächlichen Gleichberechtigungsdefizits der Frauen durch gesetzliche Quotenregelungen, Rechtsgutachten erstattet im Auftrag des Bundesministeriums des Innern, Schriftenreihe des Bundesministers des Innern, Bd. 16, 1982, Bonn

—: Die Sorge des Staates um die Gleichberechtigung der Frau, DÖV 1982, S. 381

**Schnapp, Friedrich E.**: Praktische Konkordanz von Grundrechten und Sonderstatusverhältnis des Beamten – Kritische Anmerkungen und Versuch einer Weiterführung -, ZBR 1977, S. 208

**Schnellenbach, Helmut**: Beamtenrecht in der Praxis, 4. Aufl. 1998, München

—: Konkurrentenrechtsschutz bei Stellenbesetzung im öffentlichen Dienst, DÖD 1990, S. 153

—: Das Gesetz zur Reform des öffentlichen Dienstrechts (Reformgesetz), NVwZ 1997, S. 521

**Schoden, Michael**: Die Neuregelung der Entschädigung bei Diskriminierung aufgrund des Geschlechts, AiB 1998, S.121

**Scholz, Rupert / Hofmann, Hans**: Anmerkung zu EuGH vom 17.10.1995, WiB 1995, S. 951

—: Der europäische Dienst im Spannungsfeld staatlicher und überstaatlicher Konzeptionen, ZBR 1974, S. 173

**Schütz**: Beamtenrecht des Bundes und der Länder herausgegeben von Maiwald, Joachim, Gesamtausgabe Kommentar, Ordner 1, 5. Aufl. 2000, Heidelberg

**Schumann, Jutta**: Faktische Gleichberechtigung – Die Grundgesetzerweiterung des Art. 3 II S. 2, 1997, Frankfurt am Main

**Schunter-Kleemann, Susanne**: Mainstreaming as an Innovative Approach of the EU Policy of Equal Opportunities?, discussion papers 3/1999, Wissenschaftliche Einheit Frauenstudien und Frauenforschung (WE-FF), Hochschule Bremen

**Schweitzer, Michael**: Zur neueren Entwicklung des Verhältnisses von EG – Recht und bundesdeutschen Grundrechten, JA 1982, S. 174

**Schweitzer, Michael/ Hummer, Waldemar**: Europarecht, 5. Aufl. 1996, Neuwied, Kriftel, Berlin

**Schweizer, Kerstin**: Der Gleichberechtigungssatz – neue Form, alter Inhalt?: Untersuchung zu Gehalt und Bedeutung des neugefaßten Art. 3 Abs. 2 GG unter Einbeziehung Europäischen Gemeinschaftsrechts, 1998, Berlin

**Schwidden, Frank**: Förderung von Behinderten im öffentlichen Dienst, RiA 1997, S. 70

**Seitz, Stefan**: Die arbeitsrechtliche Konkurrentenklage – Unter besonderer Berücksichtigung beamtenrechtlicher Grundsätze, 1995, Heidelberg

**Simon, Helmut**: „Die verfassungskonforme Gesetzesauslegung", EuGRZ 1974, S. 85

**Slupik, Vera**: Der Entwurf eines Gesetzes über die Gleichbehandlung von Männern und Frauen am Arbeitsplatz, Überlegungen zum geplanten arbeitsrechtlichen Diskriminierungsverbot, KJ 1980, S. 58

—: Die Entscheidung des Grundgesetzes für Parität im Geschlechterverhältnis – Zur Bedeutung von Art. 3 Abs. 2 und 3 in Recht und Wirklichkeit, 1988, Berlin

—: Gleichberechtigungsgrundsatz und Diskriminierungsverbot im Grundgesetz, JR 1990, S. 317

**Slupik, Vera / Holpner, Barbara**: § 611b BGB und die Bundesanstalt für Arbeit, Die Bindung der Verwaltung an zivilrechtliche Soll-Vorschriften, RdA 1990, S. 24

**Slupik, Vera**: Bewaffneter Dienst von Frauen in der Bundeswehr, ZRP 1990, S. 305

**Soergel**: Bürgerliches Gesetzbuch, Kommentar, Band 4 Schuldrecht, 12. Aufl. 1997-1998, Stuttgart

**Sokol, Bettina**: Anmerkung zu dem Urteil des Landesarbeitsgerichts Bremen vom 08.07.1992, RiA 1993, S. 87

**Spanner, Hans**: Die verfassungskonforme Auslegung in der Rechtsprechung des Bundesverfassungsgerichts, AöR 1966, S. 503

**Sporrer, Anna**: Europäische Grundrechte für Frauen?, Streit 1994, S. 3

—: Frauenbevorzugende Quotenregelungen widersprechen EU-Recht?, DRdA 1995, S. 442

**Starck, Christian**: Anmerkung zu EuGH v. 17.10.1995, JZ 1996, S. 197

**Statistisches Bundesamt (Hrsg.)**: Statistisches Jahrbuch 1999 und 2001, Stand September 1999 und 2001, Stuttgart

**Stober, Rolf**: Frauenquoten im öffentlichen Dienst, ZBR 1989, S. 289

**Stiegler, Barbara**: Wie Gender in den Mainstream kommt, Konzepte, Argumente und Praxisbeispiele zur EU-Strategie des Gender Mainstreaming, Wirtschafts- und sozialpolitisches Forschungs- und Beratungszentrum der Friedrich-Ebert-Stiftung, 2000, Bonn

**Streil, Jochen**: Grundrechtsverwirklichung am Beispiel des Grundsatzes der Gleichbehandlung von Mann und Frau, Die Urteile Sabbatini und Airola des Gerichtshofs der Europäischen Gemeinschaften, EuGRZ 1975, S. 321

**Suerbaum, Joachim**: Affirmative Action, Positive Diskriminierung im amerikanischen und im deutschen Recht, Der Staat 1989, S. 419

**Suhr, Oliver:** Grenzen der Gleichbehandlung: Zur Vereinbarkeit von Frauenquoten mit dem Gemeinschaftsrecht, EuGRZ 1998, S. 121

**Tietje, Christian:** Europäischer Grundrechtsschutz nach dem Maastricht-Urteil, „Solange III"?, JuS 1994, S. 197

**Tomuschat, Christian:** Die Europäische Union unter der Aufsicht des Bundesverfassungsgerichts, EuGRZ 1993, S. 489

**Treber, Jürgen:** Arbeitsrechtliche Neuerungen durch das „Gesetz zur Änderung des Bürgerlichen Gesetzbuches und des Arbeitsgerichtsgesetzes", NZA 1998, S. 856

**Trieschmann, Günther:** Gleichbehandlung von Frauen und Männern am Arbeitsplatz – Zur Umsetzung von EG-Richtlinien in der Bundesrepublik Deutschland -, RdA 1979, S. 407

**Ule, Carl Hermann:** Beamtenrecht, 1970, Köln, Berlin, Bonn, München

**Vogel, Hans-Jochen:** Verfassungsreform und Geschlechterverhältnis, Zur Ergänzung des Art. 3 Abs. 2 GG durch ein Staatsziel Frauenförderung, Festschrift für Ernst Benda, 1995, Heidelberg

**Vogg, Stefan:** Grundgesetzliche Bindung bei der Begründung von Arbeitsverhältnissen durch die öffentliche Hand, AuR 1993, S. 287

**Waas, Bernd:** Zur mittelbaren Diskriminierung von Frauen in der Rechtsprechung von EuGH und deutschen Gerichten, EuR 1994, S. 97

**Wagner, Fritjof:** Beamtenrecht, 7. Aufl. 2001, Heidelberg

**Weber, Albrecht:** Die Grundrechte im europäischen Beamtenrecht, ZBR 1978, S. 326

—: Die Europäische Grundrechtscharta – auf dem Weg zu einer europäischen Verfassung, NJW 2000, S. 537

**Weber, Ingrid:** Die Gleichstellung der Frau im Erwerbsleben – Neue Chancen durch Quotenregelungen? – Bestandsaufnahme der geltenden Rechtslage – Möglichkeiten zum Abbau des faktischen Gleichheitsdefizits –, DB 1988, S. 45

**Weber, Ingrid:** Erfolg in Luxemburg, Das hessische Gleichberechtigungsgesetz: Positive Frauenförderpläne unbedenklich, djb aktuelle Informationen 2/1999, S. 13

**Weg, Marianne:** Gender Mainstreaming als gleichstellungsfördernde Politikmethode, 2001, Wiesbaden, zu beziehen über: Hans-Böckler-Stiftung, Düsseldorf

**Wendeling-Schröder, Ulrike:** Der Wert des entgangenen Arbeitsplatzes – Anmerkungen zur gesetzlichen Neuregelung der Entschädigung im Fall einer geschlechtsspezifischen Diskriminierung beim Zugang zur Beschäftigung –, DB 1999, S. 1012

**Wiese, Walter:** Beamtenrecht, 3. Aufl. 1988, Köln

**Wisskirchen, Gerlind:** Mittelbare Diskriminierung von Frauen im Erwerbsleben, Die Rechtsprechung des Bundesarbeitsgerichts, des Europäischen Gerichtshofes und des U.S. Supreme Court, 1994, Berlin

**Wißmann, Hellmut:** EuGH: Neues zur Geschlechtsdiskriminierung – Anmerkung zum Urteil des EuGH vom 08.11.1990, DB 1991, S. 650

**Wittkowski, Bernd:** Die Konkurrentenklage im Beamtenrecht (unter besonderer Berücksichtigung des vorläufigen Rechtsschutzes), NJW 1993, S. 817

**Wittkowski, Ralf:** Das Maastricht-Urteil des Bundesverfassungsgerichts vom 12.10.1993 als „Solange III"-Entscheidung?, BayVBl. 1994, S. 359

**Wölker, Ulrich:** Grundrechtsschutz durch den Gerichtshof der Europäischen Gemeinschaften und nationale Gerichte nach Amsterdam, EuR 1999, S. 99

**Worzalla, Michael:** Die Haftung des Arbeitgebers wegen geschlechtsspezifischer Diskriminierung bei Einstellung nach der neuen Rechtsprechung des EuGH, NJW 1998, S. 1809

**Zieger, Gottfried:** Die Rechtsprechung des Europäischen Gerichtshofs, Eine Untersuchung der Allgemeinen Rechtsgrundsätze, JöR 1973, S. 299

**Zimmer, Maximilian:** Diskriminierung wegen des Geschlechts bei der Einstellung von Arbeitnehmern und Art. 3 II GG, NJW 1994, S. 1203

**Zuck, Rüdiger:** Die quotierte Frau, MDR 1988, S. 459

**Zuleeg, Manfred:** Gleicher Zugang von Männern und Frauen zu beruflicher Tätigkeit, Anmerkung zu den Urteilen des Europäischen Gerichtshofs in den Rechtssachen 14 und 79/83, RdA 1984, S. 325

—: Bananen und Grundrechte – Anlaß zum Konflikt zwischen europäischer und deutscher Gerichtsbarkeit, NJW 1997, S. 1201

—: Die Rolle der rechtsprechenden Gewalt in der europäischen Integration, JZ 1994, S. 1

—: Frauen in die Bundeswehr, DÖV 1997, S. 1017

**Zumstein, Monika:** „Das Quotenurteil" – Ein Interview mit Dr. Günter Hirsch, Richter am EuGH, DJB-aktuelle Informationen 4/1995, S. 1

**Zwanziger, Bertram:** Neuregelung des Verbots der Geschlechterdiskriminierung im Arbeitsrecht, DB 1998, S. 1330

# Abkürzungsverzeichnis

| | |
|---|---|
| a.A. | anderer Ansicht |
| ABl.EG | Amtsblatt der Europäischen Gemeinschaft |
| Abs. | Absatz |
| a.F. | alte Fassung |
| AiB | Arbeitsrecht im Betrieb |
| amtl. | amtlich |
| Anm. | Anmerkung |
| Ansprüche | Forum demokratischer Juristinnen und Juristen |
| AöR | Archiv für öffentliches Recht |
| AP | Arbeitsrechtliche Praxis (Entscheidungssammlung des BAG) |
| ArbG | Arbeitsgericht |
| ArbGG | Arbeitsgerichtsgesetz |
| ArbZG | Arbeitszeitgesetz |
| ArbZVO | Arbeitszeitverordnung |
| Art. | Artikel |
| ASP | Abkommen über die Sozialpolitik |
| AuA | Arbeit und Arbeitsrecht |
| Aufl. | Auflage |
| AuR | Arbeit und Recht |
| Az. | Aktenzeichen |
| BAG | Bundesdesarbeitsgericht |
| BAGE | Entscheidungssammlung der Rechtsprechung des BAG |
| BArbl. | Bundesarbeitsblatt |
| BAT | Bundesangestelltentarifvertrag |
| BayBG | Bayerisches Beamtengesetz |
| Bay.VBl. | Bayerisches Verwaltungsblatt |
| BaZ | Bedienstete auf Zeit |
| BB | Betriebs-Berater |
| BBesG | Bundesbesoldungsgesetz |
| BBG | Bundesbeamtengesetz |
| Bd. | Band |
| BDSG | Bundesdatenschutzgesetz |

37

| | |
|---|---|
| BeamtVG | Beamtenversorgungsgesetz |
| BErzGG | Bundeserziehungsgeldgesetz |
| BGB | Bürgerliches Gesetzbuch |
| BGBl. | Bundesgesetzblatt |
| BGH | Bundesgerichtshof |
| BGHZ | Entscheidungssammlung des BGH in Zivilsachen |
| BHO | Bundeshaushaltsordnung |
| BlfStSozArbR | Blätter für Steuerrecht, Sozialrecht und Arbeitsrecht |
| BLV | Bundeslaufbahnverordnung |
| BPolG | Bundespolizeigesetz |
| BRD | Bundesrepublik Deutschland |
| BR-Drs. | Bundesrats-Drucksache |
| Brem.StGH | Bremischer Staatsgerichtshof |
| BPersVG | Bundespersonalvertretungsgesetz |
| BremPersVG | Bremisches Personalvertretungsgesetz |
| BRRG | Beamtenrechtsrahmengesetz |
| BSB | Beschäftigungsbedingungen für die sonstigen Bediensteten |
| BSG | Bundessozialgericht |
| BSt | Beamtenstatut |
| BT-Drs. | Bundestags-Drucksache |
| BVerfG | Bundesverfassungsgericht |
| BVerfGE | Entscheidungen des Bundesverfassungsgerichts (amtliche Sammlung) |
| BVerwGE | Entscheidungen des Bundesverwaltungsgerichts (amtliche Sammlung) |
| bzw. | beziehungsweise |
| ca. | cirka |
| CEEP | Centre Européen de l'Entreprise Public (Europäischer Zentralverband der öffentlichen Wirtschaft) |
| DB | Der Betrieb |
| d.E. | des Entwurfs |
| Der Staat | Der Staat (Zeitschrift) |
| DGB | Deutscher Gewerkschaftsbund |
| d.h. | das heißt |
| DJB | Deutscher Juristinnenbund e.V. |
| DJT | Deutscher Juristentag |
| DÖD | Der öffentliche Dienst |

| | |
|---|---|
| DOK | Dokumente |
| DÖV | Die öffentliche Verwaltung |
| DRdA | Das Recht der Arbeit (Österreichische Zeitschrift) |
| DRiG | Deutsches Richtergesetz |
| DRiZ | Deutsche Richterzeitung |
| DVBl. | Deutsches Verwaltungsblatt |
| | |
| EFTA-Staaten | European Free Trade Association- Staaten |
| EG | Europäische Gemeinschaft |
| EGB | Europäischer Gewerkschaftsbund |
| EGKS | Europäische Gemeinschaft für Kohle und Stahl |
| EGMR | Europäischer Gerichtshof für Menschenrechte |
| EGV | Vertrag über die Europäische Gemeinschaft |
| Einf. | Einführung |
| Einl. | Einleitung |
| EMRK | Europäische Menschenrechtskonvention |
| endg. | endgültig |
| EÖD | Europäischer öffentlicher Dienst |
| EP | Europäisches Parlament |
| ErsK | Die Ersatzkasse (Zeitschrift) |
| ErzUrlVO | Erziehungsurlaubsverordnung |
| ESC | Europäische Sozialcharta |
| ESF | Europäische Strukturfonds/Europäische Sozialfonds |
| etc. | et cetera |
| EU | Europäische Union |
| EuGRZ | Europäische Grundrechtezeitschrift |
| EuG | Europäisches Gericht (Gericht 1. Instanz) |
| EuGH | Europäischer Gerichtshof |
| EuR | Europarecht |
| EURATOM | Europäische Atomgemeinschaft |
| EuroAS | Europäisches Arbeits- und Sozialrecht |
| EUV | Vertrag über die Europäische Union |
| EuZW | Europäische Zeitschrift für Wirtschaftsrecht |
| EWG | Europäische Wirtschaftsgemeinschaft |
| EWS | Europäisches Wirtschafts- und Steuerrecht |
| | |
| f. | folgende Seite |
| FamRZ | Familienrechtszeitung |
| ff. | folgende Seiten |
| FFG | Frauenfördergesetz |

| | |
|---|---|
| Fn. | Fußnote |
| FS | Festschrift |
| FuR | Familie und Recht |
| | |
| G | Gesetz |
| GA | Generalanwalt |
| GABl. | Gemeinsames Amtsblatt |
| GBl. | Gesetzblatt |
| GD | Generaldirektion |
| GG | Grundgesetz |
| GlG | Gleichberechtigungsgesetz |
| GMBl. | Gemeinsames Ministerialblatt |
| GO | Gemeindeordnung |
| GVBl. | Gesetz- und Verordnungsblatt |
| BGleiG | Gleichberechtigungsgesetz des Bundes vom 30.11.2001 |
| GstG | Gleichstellungsgesetz |
| | |
| Hess.StGH | Hessischer Staatsgerichtshof |
| Hess.VGH | Hessischer Verwaltungsgerichtshof |
| h.M. | herrschende Meinung |
| HRG | Hochschulrahmengesetz |
| Hrsg. | Herausgeber |
| Hs. | Halbsatz |
| HzF | Handbuch zur Frauenerwerbstätigkeit |
| | |
| i.d.F. | in der Fassung |
| i.d.F.v. | in der Fassung vom |
| ILO | Internationale Arbeitsorganisation |
| i.S.d./v. | im Sinne des, der/von |
| i.V.m. | in Verbindung mit |
| | |
| JA | Juristische Arbeitsblätter |
| JIR | Jahrbuch für Internationales Recht |
| JÖR | Jahrbuch für öffentliches Recht |
| JR | Juristische Rundschau |
| Jura | Juristische Ausbildung |
| JuS | Juristische Schulung |
| JZ | Juristen-Zeitung |

| | |
|---|---|
| KJ | Kritische Justiz |
| KJHG | Kinder- und Jugendhilfegesetz |
| KOM | Kommissionsdokumente |
| KSchG | Kündigungsschutzgesetz |
| | |
| LA | Sonderlaufbahn Sprachendienst |
| LAG | Landesarbeitsgericht |
| LBG | Landesbeamtengesetz |
| LBG NW | Landesbeamtengesetz Nordrhein-Westfalens |
| LG | Laufbahngruppe |
| LT-Drs. | Landtags-Drucksache |
| | |
| MDR | Monatsschrift für Deutsches Recht |
| MinBl. | Ministerialblatt |
| MittVw | Mitteilungen der Verwaltung |
| MTV | Manteltarifvertrag für die Arbeiter und Arbeiterinnen des Bundes und der Länder |
| m.w.N. | mit weiteren Nachweisen |
| | |
| NBG | Niedersächsisches Beamtengesetz |
| Nds.MBl. | Niedersächsisches Ministerialblatt |
| Nds.RPfl. | Niedersächsischer Rechtspfleger |
| Nds.VBl. | Niedersächsische Verwaltungsblätter |
| n.F. | neue Fassung |
| NJ | Neue Justiz |
| NJW | Neue Juristische Wochenschrift |
| Nr. | Nummer |
| NVwZ | Neue Zeitschrift für Verwaltungsrecht |
| NVwZ-RR | Neue Zeitschrift für Verwaltungsrecht-Rechtsprechungs-report |
| NZA | Neue Zeitschrift für Arbeits- und Sozialrecht |
| NZS | Neue Zeitschrift für Sozialrecht |
| | |
| o.ä. | oder ähnliches |
| o.g. | oben genannten |
| OLG | Oberlandesgericht |
| OVG | Oberverwaltungsgericht |
| | |
| PersR | Der Personalrat |
| PersV | Die Personalvertretung |

| | |
|---|---|
| RdA | Recht der Arbeit |
| RGBl. | Reichsgesetzblatt |
| RiA | Recht im Amt |
| Rn. | Randnummer |
| Rs. | Rechtssache |
| | |
| S.Satz/Seite | |
| SAE | Sammlung arbeitsrechtlicher Entscheidungen |
| SG | Soldatengesetz |
| SGB | Sozialgesetzbuch |
| Slg. | Sammlung der Entscheidungen des EuGH |
| Slg.ÖD | Sammlung der Entscheidungen des EuGH und EuG zum öffentlichen Dienstrecht |
| sog. | sogenannte/s |
| SonderUrlVO | Sonderurlaubsverordnung |
| StAnz. | Staatsanzeiger |
| Streit | Feministische Rechtszeitschrift |
| | |
| u.a. | unter anderem |
| UNICE | Union des Confédérations de l'Industrie et des Employeurs d'Europe (Europäischer Spitzenverband der branchenübergreifenden nationalen Spitzenverbände der Wirtschaft) |
| u.U. | unter Umständen |
| | |
| v. | vom |
| Verf. | Verfasserin |
| VerwArch | Verwaltungsarchiv |
| VG | Verwaltungsgericht |
| Vgl. | Vergleiche |
| VO | Verordnung |
| Vorbem. | Vorbemerkung |
| VwGO | Verwaltungsgerichtsordnung |
| VwVfG | Verwaltungsverfahrensgesetz |
| | |
| WSA | Wirtschafts- und Sozialausschuß |
| WSI-Mitteilungen | Monatszeitschrift des Wirtschafts- und Sozialwissenschaftlichen Instituts in der Hans-Böckler-Stiftung |
| WiB | Wirtschaftliche Beratung (Zeitschrift für Wirtschafts- und Unternehmensjuristen) |

| | |
|---|---|
| z.B. | zum Beispiel |
| ZBR | Zeitschrift für Beamtenrecht |
| ZERP | Zentrum für Europäische Rechtspolitik |
| ZfA | Zeitschrift für Arbeitsrecht |
| ZIP | Zeitschrift für Wirtschaftsrecht und Insolvenzpraxis |
| ZPO | Zivilprozeßordnung |
| ZTR | Zeitschrift für Tarifrecht |

# Einleitung

Mit der vorliegenden Arbeit wird ein noch weitgehend unbekanntes Gebiet betreten – die Verwirklichung faktischer Gleichberechtigung von Männern und Frauen im europäischen öffentlichen Dienst durch Frauenförderung. Aus deutscher Sicht konzentriert sich die Auseinandersetzung mit diesem Thema hauptsächlich auf die aus den Frauenförder- und Gleichstellungsgesetzen der Länder und des Bundes hervorgehenden Maßnahmen. Rechtsvergleiche beziehen sich zumeist auf den Vergleich der deutschen Rechtslage mit den U.S.-amerikanischen „affirmative-action" zugunsten von diskriminierten Gesellschaftsgruppen wie z.B. den Schwarzen oder aber auch den Frauen, wobei die Frage nach der Übertragbarkeit jeweils nach der rechtspolitischen Einstellung beantwortet wird. So tauchen Hinweise auf den europäischen öffentlichen Dienst lediglich selten und am Rande von Besprechungen einzelner EuGH-Urteile auf, ohne daß es zu einer eingehenderen Beschäftigung kommt, obwohl ein Vergleich zum deutschen öffentlichen Dienst aufgrund der Verzahnung europäischen und nationalen Rechts hier durchaus naheliegend ist. Auch die jüngere Rechtsprechung des EuGH zu leistungsabhängigen Vorrangregelungen ohne und mit Härtefallklausel zugunsten von Frauen in den Verfahren Kalanke/Freie Hansestadt Bremen und Marschall/Land Nordrhein-Westfalen aus den Jahren 1995 und 1997 sowie zu den Zielvorgabenregelungen innerhalb von Frauenförderplänen im Verfahren Badeck u.a./Hess.Ministerpräsident aus dem Jahr 2000 betrifft das nationale öffentliche Dienstrecht. Eine Untersuchung der Dienstrechtsprechung des EuGH zu gleichgelagerten Fällen im Dienst der Gemeinschaft steht bislang aus. Hinzu kommt, daß auch die Auswertung des Schrifttums der allgemeinen und recht umfangreichen Rechtsprechung des EuGH und des Gerichts 1. Instanz (EuG) zu Streitigkeiten zwischen den Bediensteten der Gemeinschaft und den Gemeinschaftsorganen zum Großteil älteren Datums sind.

Allerdings existiert seit dem 07.04.1998 die Verordnung (EG, EGKS, EURATOM) Nr. 781/98 des Rates zur Änderung des Statuts der Beamten der Europäischen Gemeinschaften und der Beschäftigungsbedingungen für die sonstigen Bediensteten dieser Gemeinschaften hinsichtlich der Gleichbehandlung (sog. Gleichbehandlungsverordnung), die in das europäische Dienstrecht erstmals über ein allgemeines geschlechtsbedingtes Diskriminierungsverbot bei Einstellungen hinaus den Organen der Europäischen Gemeinschaft die gesetzlich abgesicherte Möglichkeit eröffnet, im Hinblick auf die effektive Gewährleistung der vollen

Gleichstellung von Männern und Frauen im Arbeitsleben zur Erleichterung der Berufstätigkeit des unterrepräsentierten Geschlechts oder zur Verhinderung bzw. zum Ausgleich von Benachteiligungen in der beruflichen Laufbahn spezifische Vergünstigungen beizubehalten oder zu beschließen. Dies bildet die Basis der Untersuchung, wie weit die Gleichstellungsbemühungen im Dienst der Gemeinschaft tatsächlich gediehen sind und welche Konsequenzen sich daraus für beide Dienstrechtsordnungen ergeben, die grundsätzlich getrennt voneinander funktionieren.

So will diese Arbeit vor allem feststellen, wo die Gemeinsamkeiten und Unterschiede der beiden öffentlichen Dienste im Hinblick auf die Durchsetzung faktischer Gleichberechtigung durch Frauenförderung liegen und inwieweit bestimmte Entwicklungen bzw. Maßnahmen des europäischen öffentlichen Dienstes auf den deutschen öffentlichen Dienst übertragbar und umgekehrt sind. Vor dem Hintergrund des am 01.05.1999 ratifizierten Vertrags von Amsterdam, der die Verwirklichung der Gleichberechtigung von Männern und Frauen insbesondere im Arbeitsleben, aber auch in sonstigen gesellschaftlichen Bereichen, zu einer grundsätzlichen und vordringlichen Aufgabe und Zielsetzung der Europäischen Gemeinschaft und ihrer Mitgliedstaaten erklärt hat und der bereits im Jahr 1994 erfolgten Neufassung des Art. 3 Abs. 2 GG, der die Durchsetzung der tatsächlichen Gleichberechtigung der Geschlechter als Aufgabe des Staates noch einmal besonders betont hat, ist auch der Frage nachzugehen, ob dieses neue Möglichkeiten und Perspektiven für die Weiterentwicklung einer gleichberechtigten Teilhabe von Männern und Frauen im öffentlichen Dienst und speziell in Führungspositionen eröffnet. Dies umso mehr, da mit dem Vertrag von Amsterdam auch das Prinzip des gender mainstreaming Eingang in den EGV in Art. 3 Abs. 2 gefunden hat.

Schließlich bedarf es keiner weiteren Ausführungen, daß gesellschaftlicher und arbeitsmarktpolitischer Fortschritt ganz entscheidend von der Ausnutzung aller verfügbaren Humanressourcen sowie vorhandener Leistungspotentiale abhängt. Angesichts der sich in Zukunft noch weiter verstärkenden gravierenden demographischen Veränderungen wie z.B. die zunehmende Überalterung der Bevölkerung und andere als traditionelle Familienstrukturen (Familie mit nur einem Kind, alleinerziehende Eltern) sind die Mitgliedstaaten und die Europäische Gemeinschaft als solche massiv gefordert, dieser Entwicklung Rechnung zu tragen. Dazu gehört nicht zuletzt die Verstärkung der Anstrengungen auf dem Gebiet der Frauenförderung, für die der öffentliche Dienst sowohl auf Gemeinschaftsebene als auch im nationalen Rechtsraum und hier Deutschlands eine Vorreiterrolle übernimmt.

Immerhin handelt es sich bei der Forderung nach faktischer Gleichberechtigung zwischen Männern und Frauen und ihrer effektiven Durchsetzung in allen gesellschaftlichen Bereichen nicht nur um ein bloßes moralphilosophisches und ethisches Postulat, sondern vielmehr um eine reale Notwendigkeit, die bislang noch ihrer Verwirklichung harrt. Im Zusammenwirken von Frauenförderung in ihren verschiedenen Spielarten, interdisziplinären Forschungsarbeiten, die eine Verbindung zwischen Recht, Politik, Wirtschaft, Soziologie und Psychologie herzustellen versuchen und der Mobilisierung der Regierungen, Sozialpartner und der sonstigen beteiligten Stellen wie u.a. den öffentlichen Dienst kann eine entscheidende Bedeutung für die Zukunft und Lösung der Gleichberechtigungsproblematik gesehen werden – diese Überlegungen bilden die Grundlage der folgenden Untersuchung und aus der hiesigen Perspektive auch einen gangbaren und vielversprechenden Weg, zukünftig die Gleichberechtigung der Geschlechter tatsächlich einer Verwirklichung zuzuführen.

# Gang der Untersuchung

Die folgende Untersuchung stellt zunächst klar, daß sie sich auf zwei unterschiedliche Dienstrechtsordnungen bezieht, die sich nicht nur getrennt voneinander entwickelt haben, sondern auch auf verschiedenen Rechtsgrundlagen auf dem Gebiet der Gleichberechtigung der Geschlechter basieren. Dieser Ausgangspunkt stellt die Einleitung zur Gegenüberstellung der beiden öffentlichen Dienste dar, die im Ergebnis an den verschiedensten Stellen zusammengeführt werden können. So kann über die im 1. Kapitel behandelten statistischen Angaben zur Verteilung von Männern und Frauen auf die einzelnen Laufbahnen (und Besoldungsgruppen, sofern hierzu Zahlenmaterial erhältlich war) einerseits der Nachweis von Parallelentwicklungen im Hinblick auf die Unterrepräsentanz von Frauen in beiden öffentlichen Diensten geführt werden, andererseits aber auch ein und dieselbe Ursache für diese Übereinstimmungen gefunden werden: Die im statistischen Gruppenvergleich feststellbare Unterrepräsentanz ist Indiz für das Vorliegen struktureller Diskriminierung und begründet gleichzeitig die Notwendigkeit der Maßnahmen zur Förderung von Frauen.

Daran schließt sich im 2. Kapitel die Frage nach der Vergleichbarkeit des deutschen und europäischen öffentlichen Dienstes an, denn die positive Beantwortung erleichtert im Verlauf der Untersuchung ganz entscheidend das Verständnis für Funktionsweise und Handhabung z.B. der Einstellungs- und Beförderungsverfahren, an die geschlechtsspezifische Frauenförderung anknüpft.

Im 3. Kapitel werden die rechtlichen Rahmenbedingungen der Frauenförderung sowohl auf deutscher als auch auf Gemeinschaftsebene gegenübergestellt. Der bisher nur durch die Rechtsprechung des EuGH entwickelte gemeinschaftsrechtliche allgemeine Rechtsgrundsatz der Gleichbehandlung der Geschlechter erhält dabei durch die Verabschiedung der Europäischen Verfassung vom 13.06.2003, die die Europäische Grundrechte-Charta implementiert, nunmehr auch eine geschriebene Grundrechtskontur. Zu berücksichtigen ist hier ebenfalls die Bindungswirkung des Grundrechts nicht nur im Hinblick auf die Gemeinschaftsorgane im Verhältnis zu ihren Bediensteten, sondern auch hinsichtlich der Mitgliedstaaten als Verpflichtete der Europäischen Gemeinschaft, denn hier verdeutlicht sich schließlich die Klammerwirkung des Gemeinschaftsgrundrechts, die die beiden Rechtsordnungen miteinander verbindet und letztendlich eine entscheidende Brücke für die wechselseitige Einflußnahme der beiden Rechtsordnungen baut. Integrativer Bestandteil dieser Auseinandersetzung sind dabei auch die durch den Vertrag von Amsterdam neu in den EGV aufgenommenen Primärrechtsnormen sowie die verschiedenen Sekundärrechtsakte der Gemeinschaft im Bereich der Geschlechtergleichbehandlung wie die verbindlichen Richtlinien und die unverbindlichen Aktionsprogramme und Empfehlungen der Gemeinschaft. Auf deutscher Ebene ist neben einer verfassungsrechtlichen Untersuchung des Art. 3 Abs. 2 GG auch die Frage nach den gesetzlichen Grundlagen der Frauenförderung allgemeiner Art geboten, bevor im 4. Kapitel die rechtssystematische Entwicklung der Frauenförder- und Gleichstellungsgesetzgebung in beiden öffentlichen Diensten nachzuvollziehen ist.

Das 5. Kapitel ist darauf aufbauend dem konkreten Vergleich der geschlechtsspezifischen Maßnahmen zur Förderung von Frauen im europäischen und deutschen öffentlichen Dienst gewidmet, die direkten Einfluß auf die Stellenbesetzung zu nehmen versuchen, wie z.B. die leistungsabhängigen Vorrangregelungen mit Härtefallklausel und Zielvorgaben innerhalb eines Frauenförderplans. Hier sind Gemeinsamkeiten und Unterschiede besonders gut erkennbar, die durch die Zuordnung zu Gruppen, die sich u.a. an Bindungswirkung und inhaltlicher Präzision der jeweils in Rede stehenden Maßnahme orientieren, nochmals verstärkt wird.

Der Rechtsvergleich endet im 6. Kapitel, das gleichzeitig auch den Kreis zum 1. Kapitel der strukturellen Diskriminierung von Frauen als Basis und Voraussetzung für die Notwendigkeit der Frauenförderung schließt: Hier geht es um die Frage, inwieweit die Rechtsprechung der deutschen Verwaltungs- und Arbeitsgerichtsbarkeit, in deren Vordergrund überwiegend die Behandlung leistungsabhängiger Vorrangregelungen mit oder ohne Härtefallklausel steht, die Unterrepräsentanz von Frauen vor allem im höheren und gehobenen Dienst sowie in leitenden und Führungspositionen zum Anlaß genommen hat, sich mit strukturellen Diskriminierungsmechanismen als Ursache dieses Befundes zu beschäftigen. Immerhin vermittelt die Analyse einen Eindruck von der Akzeptanz und Bereitschaft der deutschen Gerichtsbarkeit, nicht nur die EuGH-Judikate umzusetzen und damit europarechtskonform zu verfahren, sondern auch tatsächlich einen Beitrag zur Verwirklichung faktischer Gleichberechtigung von Männern und Frauen zu leisten. Für den europäischen öffentlichen Dienst konnten zu dieser Thematik nur einige wenige Entscheidungen gefunden und ausgewertet werden. Dreh- und Angelpunkt des 6. Kapitels stellt somit die Entscheidung des EuGH in der Rechtssache Marschall/Land Nordrhein-Westfalen von 1997 dar, die ausschließlich aus dem Blickwinkel des faktischen und strukturell bedingten Gleichberechtigungsdefizits von Frauen argumentiert. Den bisherigen Endpunkt in dieser Rechtsprechungsentwicklung bilden die Urteile des EuGH in den Rechtssachen Badeck u.a./Hess. Ministerpräsident vom 28.03.2000 und Abrahamsson, Anderson/Fogelqvist vom 06.07.2000.

Am Ende des Vergleichs steht die Zusammenführung zweier Dienste, deren Unterschiede auf dem Gebiet der Geschlechtergleichbehandlung letztendlich marginal sind, weil sie an dieselben grundrechtlichen Normen und Judikate inhaltlich gebunden sind.

# 1. Kapitel
# Voraussetzungen der Verwirklichung faktischer Gleichberechtigung in beiden öffentlichen Diensten

## 1. Zwei unterschiedliche Dienstrechtsordnungen als Ausgangsbasis der Untersuchung

Die Beschäftigung mit der Frage, wie sich im deutschen und europäischen öffentlichen Dienst die Bemühungen um die Durchsetzung faktischer Gleichberechtigung zwischen männlichen und weiblichen Bediensteten entwickelt haben, bedarf zunächst der Feststellung, daß beide Dienste jeweils auf unterschiedliches Dienstrecht zurückgehen. Der EÖD ist dabei als internationale Administration zwar rechtlich autonom, kann sich allerdings den mitgliedstaatlichen Einflüssen nicht vollkommen entziehen[1]. Umgekehrt bewegt sich auch der deutsche öffentliche Dienst in rechtlicher Unabhängigkeit von den anderen öffentlichen Diensten der Mitgliedstaaten der Europäischen Gemeinschaft, unterliegt jedoch in vielfältiger Hinsicht ebenfalls den Auswirkungen des Europäischen Gemeinschaftsrechts.

So trifft das GG für den deutschen öffentlichen Dienst insbesondere in Art. 33 Abs. 2 bis 5 GG Aussagen zum Dienstrecht, die sich allerdings nicht auf die Frage der Verwirklichung faktischer Gleichberechtigung der Geschlechter in diesem Bereich beziehen. Dies ergibt sich erst aus Art. 1 Abs. 3 GG, der formuliert, daß die Gesetzgebung, die vollziehende Gewalt und die Rechtsprechung an die Grundrechte des GG gebunden sind, so daß daraus für den öffentlichen Dienst auch eine Bindung an Art. 3 Abs. 2 und 3 GG resultiert. Während nach Art. 3 Abs. 2 S. 1 GG Männer und Frauen gleichberechtigt sind und gemäß Satz 2 der Staat die tatsächliche Durchsetzung der Gleichberechtigung von Frauen und Männern fördert und auf die Beseitigung bestehender Nachteile hinwirkt, darf über Art. 3 Abs. 3 S. 1 GG niemand u.a. wegen seines Geschlechts benachteiligt oder bevorzugt werden. Schließlich verweist Art. 75 Abs. 1 Nr. 1 GG auf die Rahmengesetzgebung des Bundes, derzufolge der Bund Rahmenvorschriften für die Gesetzgebung der Länder auf dem Gebiet der Rechtsverhältnisse der im öffentlichen Dienst der Länder, Gemeinden und anderen Körperschaften des öffentlichen Rechts stehenden Personen erlassen kann. Dies führt zu einem Blick in das BRRG, das in § 7 BRRG rahmenrechtlich festlegt, daß Ernennungen nach

---

[1] Hatje, Der Rechtsschutz der Stellenbewerber im Europäischen Beamtenrecht, 1. Aufl. 1988, S. 17

Eignung, Befähigung und fachlicher Leistung ohne Rücksicht auf das Geschlecht u.a. vorzunehmen sind[2]. Für Beamte und Beamtinnen des Bundes stellt § 8 Abs. 1 S. 3 BBG n.F., der im Zuge der Schaffung des Bundesgleichstellungsgesetzes ebenfalls Änderungen erfahren hat[3], klar, daß gesetzliche Maßnahmen zur Förderung von Beamtinnen zur Durchsetzung der tatsächlichen Gleichstellung im Erwerbsleben, insbesondere Quotenregelungen mit Einzelfallprüfung, dem Leistungsprinzip und Grundsatz der Gleichbehandlung nicht entgegenstehen. Darüber hinaus haben sowohl der Bund als auch die Länder zur Förderung der weiblichen Beschäftigten im öffentlichen Dienst Frauenförder- und Gleichstellungsgesetze geschaffen, die im einzelnen die Maßnahmen festlegen, mit denen die Durchsetzung faktischer Gleichberechtigung zwischen den Geschlechtern erreicht werden soll. Hier läßt sich festhalten, daß das Spektrum der speziell auf den öffentlichen Dienst zugeschnittenen Rechtsvorschriften zur Gleichberechtigung von Mann und Frau in Deutschland nicht nur recht weitgefaßt, sondern vor allem auch einen eigenständigen Rechtskreis bildet.

Demgegenüber ist der EÖD durch die Gründung der Europäischen Gemeinschaft, d.h. die durch gemeinsame Organe verbundene Europäische Gemeinschaft für Kohle und Stahl (EGKS) vom 18.04.1951, die Europäische Wirtschaftsgemeinschaft (EWG) vom 25.03.1957[4] und die Europäische Atomgemeinschaft (EAG) vom 25.03.1957[5], und die Notwendigkeit der EG als staatsnaher Organisation mit weitgehenden Zuständigkeiten und Befugnissen mit einer Vielzahl von zu bewältigenden Aufgaben, geschaffen worden.

Im EGV findet sich lediglich in Art. 283 EGV eine Vorschrift, die sich auf die Rechtsverhältnisse der im EÖD beschäftigten Beamten und sonstigen Bediensteten der Gemeinschaft bezieht: Demnach erläßt der Rat auf Vorschlag der Kommission und nach Anhörung der anderen beteiligten Organe mit qualifizierter Mehrheit das Statut der Beamten der Europäischen Gemeinschaften und die Beschäftigungsbedingungen für die sonstigen Bediensteten dieser Gemein-

---

2  Vgl. auch § 8 Abs. 1 S. 2 BBG, der den § 7 BRRG für die Beamten und Beamtinnen in der Bundesverwaltung übernimmt sowie § 611a BGB, der mit dem Inkrafttreten des Bundesgleichstellungsgesetzes vom 30.11.2001 (BGBl. I, S. 3234) nicht mehr nur Geltung für die auf Arbeitsvertragsbasis tätigen Angestellten und Arbeiter/innen des öffentlichen Dienstes beansprucht, sondern gemäß seinem § 5 Abs. 2 nunmehr auch Beamtinnen und Beamte einbezieht.
3  BBG i.d.F.d. Bekanntmachung v. 31.03.1999, BGBl. I, S. 675, zuletzt geändert durch Art. 3 des Gesetzes v. 09.07.2001, BGBl.I, S. 1510
4  Der Name wurde durch den Vertrag von Maastricht in die Europäische Gemeinschaft umgewandelt, vgl. Schweizer/Hummer, Europarecht, 5. Aufl. 1996, S. 13 Rn. 31
5  Zur Entstehungsgeschichte der Europäischen Gemeinschaft vgl. Schweizer/Hummer, S. 9 ff. Rn. 22 ff. sowie Oppermann, Europarecht, 2. Aufl. 1999, S. 1 ff. Rn. 1 ff.

schaften[6]. Neben Art. 283 EGV haben allerdings auch Art. 85 EGKS-Vertrag und Art. 186 EAG-Vertrag der Einrichtung des EÖD als Rechtsgrundlagen zur Verfügung gestanden, so daß am 29.02.1968 mit der Verordnung (EWG, Euratom, EGKS) Nr. 259/68 des Rates das Statut der Beamten (BSt) und die Beschäftigungsbedingungen für die sonstigen Bediensteten der europäischen Gemeinschaften (BSB)[7] ein einheitliches europäisches Dienstrecht in Kraft treten konnte[8].

Das BSt und die BSB haben inzwischen eine ganze Reihe von Änderungen durchlaufen – die letzte und für die hier zu untersuchende Fragestellung der Frauenförderung im EÖD entscheidende Veränderung erfolgte am 07.04.1998 in Form der Verordnung (EWG, EGKS, Euratom) Nr. 781/98 des Rates zur Änderung des Statuts der Beamten der Europäischen Gemeinschaften und der Beschäftigungsbedingungen für die sonstigen Bediensteten dieser Gemeinschaften hinsichtlich der Gleichbehandlung[9]. Durch diese Gleichbehandlungsverordnung ist ein Art. 1a neu in das BSt eingefügt worden, der in Absatz 1 für die europäischen Beamten ein Recht auf Gleichbehandlung ohne unmittelbare oder mittelbare Diskriminierung u.a. aufgrund des Geschlechts enthält. Darüber hinaus stellt Absatz 2 des Art. 1a BSt klar, daß der Grundsatz der Gleichbehandlung die Organe der Europäischen Gemeinschaft nicht daran hindert, im Hinblick auf die effektive Gewährleistung der vollen Gleichstellung von Männern und Frauen im Arbeitsleben zur Erleichterung der Berufstätigkeit des unterrepräsentierten Geschlechts oder zur Verhinderung bzw. zum Ausgleich von Benachteiligungen in der beruflichen Laufbahn spezifische Vergünstigungen beizubehalten oder zu beschließen. Schließlich legt Art. 1a Abs. 3 BSt fest, daß die Organe einvernehmlich nach Stellungnahme des Statutsbeirats die Maßnahmen und Aktionen ergreifen, die zur Chancengleichheit von Männern und Frauen in den unter das

---

6   Nur in Art. 288 EGV ist ein weiterer Hinweis auf das Dienstrecht der Gemeinschaft enthalten, der sich auf die vertragliche und außervertragliche Haftung der Gemeinschaft und ihrer Bediensteten bezieht
7   ABl.EG Nr. L 56, S. 1 v. 04.03.1968
8   Rogalla in Grabitz/Hilf (Hrsg.), Kommentar zur Europäischen Union, Stand 7/2000, Art. 283 Rn. 5; Vorläufer des einheitlichen Dienstrechts waren die Verordnungen des Rates Nr. 11 und 31 vom 18.12.1961, die ein BSt und die BSB für die Bediensteten der EWG einerseits und der Euratom andererseits geschaffen hatten und zum 01.01.1962 in Kraft getreten waren, vgl. ABl.EG Nr. L 45, S. 1385 v. 14.06.1962. Das erste Personalstatut der EGKS vom 28.02.1957, das zum 01.07.1957 in Kraft getreten war, wurde ebenfalls mit Wirkung zum 01.01.1962 durch ein zweites entsprechendes Personalstatut ersetzt, vgl. dazu Bruns, ZBR 1962, S. 310 und S. 341 sowie Röttinger in Röttinger/Weyringer (Hrsg.), Handbuch der europäischen Integration, 2. Aufl. 1996, S. 291 (S. 292)
9   ABl.EG Nr. L 113, S. 4 v. 15.04.1998

Statut fallenden Bereichen beitragen; sie erlassen entsprechende Vorschriften, insbesondere um die faktischen Ungleichheiten, die die Chancen der Frauen in den unter das Statut fallenden Bereichen beeinträchtigen, zu beseitigen. Zu erwähnen ist außerdem noch Art. 27 Abs. 2 BSt, der durch die Gleichbehandlungsverordnung Nr. 781/98 ebenfalls eine Neufassung erhalten hat. Demnach werden die Beamten ohne Rücksicht u.a. auf ihr Geschlecht, ihren Personenstand und ihre familiären Verhältnisse ausgewählt.

Daneben haben auch die BSB eine Änderung erfahren, die sich jedoch im wesentlichen in einer Bezugnahme der Art. 10 Unterabsatz 1, 53 und 83 BSB auf Art. 1a BSt ausdrückt, der damit für die sonstigen Bediensteten zur Anwendung kommt. In Art. 12 Abs. 1 Unterabsatz 2 BSB findet sich außerdem wortgleich Art. 27 Abs. 2 BSt wieder.

Fazit aus diesen Vorschriften des BSt und der BSB in ihrer Neufassung durch die Gleichbehandlungsverordnung ist, daß der EÖD über ausdrückliche und eigenständige Regelungen in seinem Dienstrecht zur Verhinderung von Diskriminierungen aufgrund des Geschlechts einerseits verfügt und ihm andererseits auch die Möglichkeit eröffnet ist, auf dem Gebiet der effektiven Gewährleistung der vollen Gleichstellung von Männern und Frauen aktiv tätig zu werden.

Die Unterschiede und Gemeinsamkeiten des deutschen öffentlichen Dienstes und des EÖD sowie die Möglichkeiten der wechselseitigen Einflußnahme der grundsätzlich getrennt voneinander funktionierenden beiden Dienste sind im Verlauf der Arbeit zu untersuchen, denn erst eine Zusammenführung kann Aufschluß über die Zukunft der Frauenförderung geben, die in beiden Dienstrechtsordnungen positiv angelegt ist.

## 2. Statistische Ungleichgewichte der Männer- und Frauenanteile im öffentlichen Dienst Deutschlands und der Europäischen Gemeinschaft

Die Frage nach dem Stand und der Entwicklung der Verwirklichung faktischer Gleichberechtigung zwischen männlichen und weiblichen Beschäftigten des öffentlichen Dienstes kann nicht umhin, ebenfalls ein Wort über die Verteilung in den einzelnen Laufbahnen und Besoldungsgruppen zu verlieren. Nur aus bestehenden Ungleichgewichten folgt die generelle Notwendigkeit frauenfördernder Maßnahmen, ohne daß es an dieser Stelle schon auf eine Differenzierung ankommt, um welche Maßnahmen es sich im einzelnen handelt.

## 2.1. Der deutsche öffentliche Dienst

Zur Unterrepräsentanz von Frauen im deutschen öffentlichen Dienst werden sowohl in der einschlägigen Literatur als auch von Seiten des Bundes- und der Landesgesetzgeber Aussagen getroffen. Einigkeit herrscht dahingehend, daß Frauen in den Behörden, insbesondere im höheren Dienst und hier den Führungspositionen, stark unterrepräsentiert sind[10]. Ein exemplarischer Blick auf das Bundesland Nordrhein-Westfalen verdeutlicht, daß der Frauenanteil im Landesdienst von 1990 bis Ende 1997 zwar von 44,2 % auf 48,5 % insgesamt gesteigert werden konnte, dies aber hauptsächlich auf die Zunahme der Teilzeitbeschäftigung zurückzuführen gewesen ist[11]. Im höheren Dienst des Landes Nordrhein-Westfalen waren am 31.12.1997 lediglich 28,2 % Frauen wiederzufinden[12].

Die Bundesregierung hat im Vorfeld des Erlasses des neuen Bundesgleichstellungsgesetzes (BGleiG) vom 30.11.2001[13] in ihrem vierten Bericht zur Förderung der Frauen im Bundesdienst vom 13.12.2000[14] betont, daß auf der Gleichstellungsebene nach wie vor die Notwendigkeit einer gezielten und effektiven Frauenförderung existiert, denn der Frauenanteil im höheren Dienst betrug insgesamt im Berichtszeitraum 1995 bis 1998 nur 20,7 %. Gerade in den Leitungspositionen der obersten Bundesbehörden lag der Frauenanteil bei den Referatsleitungen bei 10,6 %, bei den Unterabteilungsleitungen bei 8,2 % und bei den Abteilungsleitungen nur noch bei 2,1 %. Ein Vergleich zum Jahr 1994 zeigt außerdem, daß der Anteil der weiblichen Beschäftigten nur unwesentlich gesteigert werden konnte. So lag der Prozentsatz im Jahr 1994 im höheren Dienst bei 17,5 %. Referatsleitungen hatten lediglich 8,7 % Frauen inne, Unterabteilungsleitungen nur 3,6 %. Diesen immerhin geringfügigen Steigerungen im Jahr 1998 steht auf der Ebene der Abteilungsleiterinnen jedoch eine durchaus ernstzunehmende Verringerung gegenüber, denn der Frauenanteil betrug hier 1994 noch

---

10 Vgl. für viele Pfarr, Quoten und Grundgesetz, 1. Aufl.1988, S. 15 ff.; Benda, Notwendigkeit und Möglichkeit positiver Aktionen zugunsten von Frauen im öffentlichen Dienst, 1986, S.12 ff.; Ebsen, Jura 1990, S. 515 (S. 518); Francke/Sokol/Gurlitt, Frauenquoten in öffentlicher Ausbildung, 1. Aufl. 1991, S. 11 ff. m.w.N.; Mohnen-Behlau in Mohnen-Behlau/Meixner (Hrsg.), Frauenförderung in Verwaltung und Wirtschaft, 2. Aufl. 1993, S. 16 ff.; Gesetzentwurf der Landesregierung Nordrhein-Westfalen für ein Landesgleichstellungsgesetz v 27.05.1999, Lt-Drs. 12/3959, S. 1
11 Vgl. Begründung des Gesetzentwurfs eines Landesgleichstellungsgesetzes NRW, Lt-Drs. 12/3959 v. 27.05.1999, S. 40
12 Ebenda
13 BGBl. I, S. 3234
14 BT-Drs. 14/5003 v. 15.12.2000

4,1 % und fiel bis 1998 auf 2,1 %[15]. Im Angestelltenverhältnis waren Frauen zu 27,38 % im höheren Dienst des Bundes beschäftigt, was die statistische Auswertung des Jahres 1999 ergibt[16].

Für den gehobenen Dienst in der Bundesverwaltung weist das Statistische Jahrbuch 1999 am 30.06.1997 einen Frauenanteil unter den Beamtinnen von lediglich 12,09 % aus[17]. Dem Statistischen Jahrbuch 2001 zufolge ergibt sich für den gehobenen Bundesdienst am 30.06.1999 eine leichte Steigerung des Frauenanteils auf 13,25 %[18]. Nur auf der Angestelltenebene des gehobenen Dienstes beim Bund erreicht der Frauenanteil im Jahr 1999 32,95 %[19].

Der Blick auf den mittleren Dienst in der Bundesverwaltung zeigt schließlich für 1999, daß ein Großteil der weiblichen Beschäftigten im Angestelltenverhältnis tätig ist, nämlich zu 62,79 %. Demgegenüber finden sich im mittleren Bundesdienst nur noch 7,17 % Beamtinnen wieder[20].

Auf der Ebene des einfachen Dienstes der Bundesverwaltung sind Frauen als Beamtinnen nur noch zu einem verschwindend geringen Prozentsatz vertreten: So kommen in 1999 etwa auf 40956 Beamte insgesamt nur 1224 Beamtinnen, was einem Prozentsatz von 2,99 % entspricht[21].

Auch auf der Länderebene ergeben sich kaum Abweichungen von diesem Befund, denn im höheren Dienst der Bundesländer waren Beamtinnen im Jahr 1999 zu 24,00 % vertreten, als Angestellte erreichten sie einen prozentualen Anteil von immerhin 39,54 %[22]. Allerdings sagt diese relativ hohe Prozentzahl nichts darüber aus, wie sich der Frauenanteil auf die Führungspositionen verteilt, denn das Statistische Jahrbuch hat hier keine Differenzierung vorgenommen. Im gehobenen Dienst der Länder finden sich im Jahr 1999 38,54 % Beamtinnen und 56,04 % weibliche Angestellte. Der mittlere Dienst weist am 30.06.1999 einen Frauenanteil unter den Beamtinnen von 26,27 % und unter den Angestellten von 74,43 % auf[23]. Im einfachen Dienst der Länder sind Beamtinnen mit 6,00 % und als Angestellte mit 61,12 % vertreten[24].

Als Ergebnis dieses exemplarischen Überblicks kann festgehalten werden, daß sowohl im Dienst für den Bund als auch innerhalb der Landesverwaltungen

---

15 Vgl. die Zahlenangaben bei Vieten in Schiek u.a., Frauengleichstellungsgesetze des Bundes und der Länder, Kommentar, 2. Aufl. 2002, S. 423 Rn. 1076
16 Vgl. Statistisches Bundesamt (Hrsg.), Statistisches Jahrbuch 2001, S. 540
17 Vgl. Statistisches Bundesamt (Hrsg.), Statistisches Jahrbuch 1999, S. 516
18 Vgl. Statistisches Bundesamt (Hrsg.), Statistisches Jahrbuch 2001, S. 540
19 Ebenda
20 Ebenda
21 Ebenda
22 Ebenda
23 Ebenda
24 Ebenda

Frauen im höheren Dienst deutlich unterrepräsentiert sind und zwar unabhängig davon, ob es sich um Beamten- oder Angestelltenverhältnisse handelt. Führungspositionen werden von ihnen nur in sehr geringem Umfang bekleidet. Frauen sind darüber hinaus überdurchschnittlich stark als Angestellte im öffentlichen Dienst beschäftigt. Während ihr Anteil an den Beamten im einfachen Dienst noch unter dem der Beamtinnen im höheren Dienst liegt, sind sie als Angestellte in dieser Laufbahn durchschnittlich mit über 60 % vertreten. Schließlich konzentriert sich die Mehrheit der im öffentlichen Dienst tätigen Frauen auf den mittleren Dienst im Angestelltenverhältnis. Insgesamt fällt besonders die Bundesverwaltung durch ihren äußerst niedrigen Beamtinnenanteil in allen vier Laufbahngruppen auf – die Länder schneiden hier im Vergleich zum Bund und den Gemeinden[25] noch gut ab. Trotz dieser recht klaren Tendenz, in welchen Laufbahnen Frauen als Beamtinnen oder Angestellte konzentriert anzutreffen sind, hätte eine Auswertung ihrer Verteilung auf die verschiedenen Besoldungsgruppen ähnlich wie im EÖD ein noch genaueres Bild vermitteln können. Damit wird die Aussagekraft einiger Durchschnittswerte z.B. für den höheren und gehobenen Dienst der Angestellten und Beamtinnen in den Ländern geschmälert, weil nur eine Aufschlüsselung nach Besoldungsstufen einen Eindruck über ihren Anteil an den Führungspositionen verschafft hätte.

## 2.2. Der Europäische öffentliche Dienst

*a) Überblick über die Verteilung von Männern und Frauen in den verschiedenen Laufbahngruppen der Gemeinschaftsorgane von 1990 bis 1999*

Für den EÖD konzentriert sich die Auswertung der Männer- und Frauenanteile in den einzelnen Laufbahn- und Besoldungsgruppen auf die Europäische Kommission. Dies liegt zum einen daran, daß die Kommission mit inzwischen über 20000 Stellen den eigentlichen Verwaltungsschwerpunkt der Europäischen Gemeinschaft bildet, da auf sie 2/3 aller Stellen des EÖD überhaupt entfallen[26]. Zum anderen verzichtet das Europäische Parlament in seinem Aktionsprogramm zur Herstellung von mehr Ausgewogenheit (PAR-PE) von Dezember 1990[27] zur

---

25 Vgl. Statistisches Bundesamt (Hrsg.), Statistisches Jahrbuch 2001, S. 540, das für die Gemeinden und Gemeindeverbände 1999 12,23 % Beamtinnen im höheren Dienst, 28,55 % im gehobenen Dienst, im mittleren Dienst 27,23 % und im einfachen Dienst 9,95 % Beamtinnen ausweist. Auch hier konzentriert sich weibliche Beschäftigung auf den mittleren Dienst im Angestelltenverhältnis mit fast 70 %, nämlich 69,59 %.
26 Vgl. Oppermann, Europarecht, 2. Aufl. 1999, S. 293, 295 Rn. 779, 784
27 Vgl. Anhang 1, S. I

Förderung der Chancengleichheit bei seinen Bediensteten auf eine genaue Aufschlüsselung der Verteilung von Männern und Frauen. Vielmehr stellt es lediglich allgemein fest, daß in den Laufbahngruppen A (höherer Dienst), C (mittlerer Dienst) und D (einfacher Dienst) ein Ungleichgewicht existiert, das es zu beheben gilt, weil in den Laufbahnen A und D die Anzahl der weiblichen Bediensteten deutlich geringer ist als die der männlichen Beamten und in der Laufbahn C umgekehrt die Zahl der männlichen Bediensteten sehr viel niedriger ist als die der Frauen. Auch im Zweiten Aktionsprogramm des Europäischen Parlaments für den Zeitraum 1997-2000 sind nur recht allgemein gehaltene Zahlenangaben zur Verteilung der weiblichen Bediensteten auf die verschiedenen Laufbahnen enthalten[28]: Demnach sind Frauen beim Parlament in der Mehrzahl, nämlich mit 54 % vertreten. Jedoch arbeiten fast zwei Drittel der Frauen in der Laufbahn C des mittleren Dienstes und je höher die Besoldungsstufen werden, umso geringer ist auch die Anzahl der Frauen. Unterrepräsentiert sind dem Parlament zufolge die Frauen nach wie vor in den Laufbahnen A und D. So lag der Frauenanteil in der Laufbahn A des höheren Dienstes 1975 bei insgesamt 9 %, 1981 bei 13 % und im Jahr 1995 schließlich bei 17,3 %. Allerdings konnte das Parlament für die drei höchsten Besoldungsstufen A 3, A 2 und A 1 feststellen, daß hier fast keine Frauen mehr auf entsprechenden Positionen zu finden waren. Das Ziel für die Laufbahn A formulierte das Zweite Aktionsprogramm des Europäischen Parlaments 1997-2000 mit 40 % Neueinstellungen von Frauen, so daß im Jahr 2000 ein Personalbestand von 30 % Frauen verteilt auf alle Besoldungsstufen des höheren Dienstes erreicht werden könnte[29].

Erst im Bericht über die Wahlperiode 1994 – 1999 und dem Bericht 1998 zieht das Europäische Parlament, respektive die Generaldirektion Personal und hier die Dienststelle Chancengleichheit, eine allgemeine Bilanz über die Verteilung der Männer und Frauen in seinen Dienststellen[30]: Demnach waren am 31.12.1998 54,4 % der beim Parlament insgesamt beschäftigten Personen Frauen. In der Laufbahngruppe A (höherer Dienst) befinden sich z.Z. rund 20 % Frauen, was einer Steigerungsrate von 19 % seit 1994 entspricht. Das Parlament stellte darüber hinaus fest, daß von zehn Neueinstellungen im Jahr 1998 in dieser Laufbahn vier auf Frauen entfielen. Allerdings waren diese Frauen in der Hauptsache in den Eingangsbesoldungsgruppen A8 und A7 wiederzufinden und in bezug auf Beförderungen zeigte sich, daß weniger beförderungsfähige Frauen als

---

28 Vgl. Anhang 2, S. 726 (S. 735, 739 ff.)
29 Vgl. Anhang 2, S. (S. 739)
30 Vgl. Europäisches Parlament, Generaldirektion Personal, Dienststelle Chancengleichheit, Chancengleichheit von Männern und Frauen beim Generalsekretariat des Europäischen Parlaments, Bericht über die Wahlperiode 1994 – 1999 und Bericht 1998, Januar 2000 (Bericht) zitiert nach Info Frauen Europas, März/April 2000, Nr. 93, S. 2

Männer tatsächlich befördert worden sind, nämlich 25 % gegenüber 42 %[31]. Auch im Bereich der Laufbahngruppe Sprachendienst (LA) waren durchschnittlich mehr Frauen als Männer vertreten (ca. 54 %). Aber auch hier wird nach den Feststellungen des Parlaments der Frauenanteil immer geringer, je höher die Besoldungsgruppen ansteigen. Damit korrespondiert im Berichtszeitraum ebenfalls, daß die Aufstiegschancen für Frauen geringer als für Männer ausfielen, was sich besonders in der Laufbahngruppe B verdeutlichte, da der Frauenanteil hier rückläufig war[32]. In der Laufbahngruppe C des mittleren Dienstes, in der im wesentlichen Sekretariatsaufgaben zu erfüllen sind[33], stellten Frauen demgegenüber einen Anteil von 70 %. Eine Erklärung für diesen Befund verortet das Parlament darin, daß die überwiegende Mehrheit der Bewerber für Tätigkeiten im Schreibdienst Frauen sind (über 90 %) und bei den Prüfungen im Auswahlverfahren besser abschneiden[34]. Umgekehrt verhält es sich dem Parlament zufolge in den Auswahlverfahren zur Besetzung von Stellen im technischen Dienst der Laufbahn D (einfacher Dienst), wo Frauen nach wie vor im Berichtszeitraum nur mit einem Anteil von 17 % vertreten waren[35].

Bei Rogalla findet sich schließlich eine Tabelle mit Stand aus dem Jahr 1991, die zumindest einen Eindruck über die Verteilung von Frauen und Männern in den verschiedenen Organen der Gemeinschaft mit Ausnahme des Europäischen Parlaments und der Kommission[36] zu vermitteln vermag, auch wenn ihre Aussagekraft dadurch geschmälert wird, daß hier keine Differenzierung nach den Besoldungsgruppen stattfindet[37].

Ohne an dieser Stelle schon eine Bewertung vornehmen zu wollen, zeigen die hier gegenübergestellten vier Gemeinschaftsorgane bereits deutlich, daß sich der niedrigste Frauenanteil in den Laufbahngruppen A und D wiederfindet, der höchste Frauenanteil dagegen in der Laufbahn C des mittleren Dienstes zu verzeichnen ist. Eine Ausnahme stellt dabei der Rat dar, in dessen Dienst die Sonderlaufbahn Sprachendienst den absolut höchsten Frauenanteil von über 90 % aufzuweisen hatte, der ansonsten nur noch vom Europäischen Rechnungshof in der Laufbahngruppe C erreicht werden konnte. In den übrigen Gemeinschaftsorganen schwankte der Frauenanteil in der Sonderlaufbahn Sprachendienst zwi-

---

31 Ebenda
32 Ebenda
33 Rogalla, Dienstrecht der Europäischen Gemeinschaften, 2. Aufl. 1992, S. 35
34 Bericht zitiert nach Info Frauen Europas, März/April 2000, Nr. 93, S. 2
35 Ebenda
36 Diese Organe wurden aus der Tabelle herausgenommen, da sie eine gesonderte und aktuellere Berücksichtigung erfahren
37 Vgl. Rogalla, S. 252

|        | A Zahl | % *  | B Zahl | % *  | C Zahl | % *  | D Zahl | % *  | LA Zahl | % *  |
|--------|--------|------|--------|------|--------|------|--------|------|---------|------|
| RAT    | 30     | 14,3 | 93     | 54,4 | 708    | 65,6 | 20     | 13,4 | 218     | 93,6 |
| EuGH u. 1. Instanz** | 24 | 21,0 | 95 | 79,8 | 208 | 82,2 | 2 | 3,1 | 64 | 31,5 |
| WSA    | 6      | 12,0 | 36     | 58,0 | 142    | 72,0 | 10     | 25,6 | 53      | 47,3 |
| ERH    | 6      | 6,6  | 16     | 25,0 | 77     | 95,0 | 2      | 8,3  | 26      | 59,0 |

\*   bezogen auf Gesamtzahl der Beamten jedes Organs in jeder Laufbahngruppe
\*\*  inklusive Bedienstete auf Zeit (BAZ) und Hilfskräfte

schen etwas über 30 % (EuGH und EuG) und knapp 60 % beim Europäischen Rechnungshof. In der Laufbahngruppe B konnte nur der EuGH und das Gericht 1. Instanz einen Prozentsatz von knapp 80 % erreichen, die anderen Organe bewegten sich hier zwischen 25 % (Europäischer Rechnungshof) und 58 % (Wirtschafts- und Sozialausschuß).

Obwohl die hier verkürzt wiedergegebene Tabelle von Rogalla zwölf Jahre alt ist, deckt sie sich mit der Bilanz des Europäischen Parlaments, denn auch in seinen Dienststellen ist der Frauenanteil in den Laufbahngruppen A und D am niedrigsten und in der Laufbahn C am höchsten. Auf dem Gebiet des Sprachendienstes (LA) liegt das Parlament im Vergleich zum Rat, EuGH und Gericht 1. Instanz (EuG), Wirtschafts- und Sozialausschuß sowie dem Europäischen Rechnungshof mit seinem Frauenanteil im Mittelfeld. Zur vom Parlament im wiedergegebenen Berichtszeitraum festgestellten Rückläufigkeit der weiblichen Bediensteten in der Laufbahngruppe B können dagegen keine Aussagen für die anderen vier Organe gemacht werden, da aktuelle Zahlen nicht zu erhalten waren.

Im Ergebnis zeigt diese Gegenüberstellung der fünf Gemeinschaftsorgane eindeutige Tendenzen, aus denen geschlußfolgert werden kann, daß nach wie vor Frauen in den Spitzenpositionen der Laufbahngruppe A nur gering vertreten sind, auch wenn das Europäische Parlament eine durchaus positive Bilanz für den Zeitraum 1994 – 1999 ziehen konnte. Konzentrationen des Frauenanteils liegen im mittleren Dienst der Laufbahn C. Da die Tabelle von Rogalla daran krankt, daß keine Aufschlüsselung nach den verschiedenen Besoldungsgruppen erfolgt ist, täuscht auch mit großer Wahrscheinlichkeit der hohe Frauenanteil in der Sonderlaufbahn Sprachendienst. Vielmehr ist davon auszugehen, daß die Feststellung des Parlaments, daß Frauen in den höheren Besoldungsgruppen der Laufbahn LA immer geringer vertreten sind, auch auf die übrigen hier untersuchten Gemeinschaftsorgane zutrifft. D.h. letztendlich, daß in den fünf dargestellten Organen nach wie vor von tatsächlichen und gravierenden Ungleichgewichten im Verhältnis der weiblichen und männlichen Bediensteten auszugehen ist, die sich insbesondere in den Führungspositionen, aber auch im einfachen technischen Dienst durch eine starke Unterrepräsentanz von Frauen ausdrücken. Lediglich im mittleren Dienst der Sekretariatsaufgaben kippt die weibliche Unterrepräsentanz um und verkehrt sich ins Gegenteil, denn in dieser Laufbahn sind Männer in der Minderheit.

*b) Die Veränderungen der Männer- und Frauenanteile bis 1999 in der Europäischen Kommission*

*aa) Personalstand in der Kommission am 31.12.1987*

Eine genaue statistische Aufschlüsselung der Verteilung von Männern und Frauen auf die einzelnen Laufbahn- und Besoldungsgruppen hatte die Kommission in ihrem Ersten Aktionsprogramm positiver Maßnahmen für die weiblichen Beschäftigten in der Kommission vom 08.03.1988 für einen Zeitraum von 1988 – 1990 vorgenommen[38]. Dabei zeigte die Tabelle 1 vom 02.02.1988 mit Stand vom 31.12.1987 anhand der im EÖD bestehenden fünf Laufbahngruppen[39], daß im höheren Dienst der Laufbahngruppe A das Mißverhältnis zwischen Männern und Frauen besonders gravierend war, denn hier waren Frauen nur mit 10,55 % vertreten. Die Laufbahngruppe Sprachendienst (LA) konnte demgegenüber einen Frauenanteil von 48,75 % aufweisen. Besonders hoch fiel der Anteil weiblicher Beamtinnen im mittleren Dienst der Laufbahngruppe C aus, denn hier lag er bei 80,25 %. Im gehobenen Dienst der Laufbahn B lag der Frauenanteil dagegen nur bei 37,98 % und im einfachen Dienst bei 21,18 %[40].

Noch deutlicher als die Tabelle 1 im Anhang des Ersten Aktionsprogramms positiver Maßnahmen für die weiblichen Bediensteten in der Kommission war schließlich die Tabelle 2 mit Stand vom 31.12.1987[41], die nicht nur nach der Verteilung auf die einzelnen Laufbahngruppen differenzierte, sondern auch nach den Besoldungsgruppen innerhalb einer Laufbahn.

Die Tabelle 2 zeigt, daß sich insbesondere in der Laufbahn A der ohnehin schon geringe Frauenanteil zusätzlich noch in den vier unteren Besoldungsgruppen konzentrierte – im Eingangsamt A8 dieser Laufbahn fand sich auch der

---

38 Vgl. Anhang 3, S. 741 ff.
39 Laufbahnen A (höherer Dienst), B (gehobener Dienst), C (mittlerer Dienst), D (einfacher Dienst) sowie LA (Sprachendienst); vgl. Rogalla, S. 34 f. und Röttinger in Röttinger/Weyringer (Hrsg.), S. 294
40 Vgl. Anhang 3, S. 753 (Tabelle 1)
41 Vgl. Anhang 3, S. 753 (Tabelle 2)

höchste Frauenanteil von 20 % wieder. In der Position der Generaldirektoren[42], der Besoldungsgruppe A1, waren dagegen nur 2 % Frauen zu verzeichnen. Auf der Direktorenebene der Besoldungsgruppe A2 wies die Tabelle 2 im übrigen überhaupt keine Frau aus. Dieser Befund setzte sich in der Laufbahngruppe D und B fort, denn z.b. in der höchsten Besoldungsgruppe B1 (Verwaltungsamtsrat) waren die wenigsten Frauen anzutreffen. Obwohl die Sonderlaufbahn Sprachendienst fast ein Gleichgewicht von Frauen und Männern enthielt, war auffällig, daß in den beiden obersten Besoldungsgruppen LA3 und LA4 der geringste Frauenanteil bestand. Hierbei handelt es sich um die Positionen des Leiters der Übersetzungs- bzw. Dolmetscherabteilung (LA3) sowie der Gruppenleiter im Übersetzungs- oder Dolmetscherdienst (LA4). Am höchsten war der Frauenanteil tatsächlich im Eingangsamt LA8 und entsprach in seiner Verteilung folglich der Laufbahngruppe A, die ebenfalls den höchsten Frauenanteil nur im Eingangsamt hatte. Lediglich in der Laufbahn C, die prozentual den höchsten Frauenanteil hatte, verteilten sich die Frauen in allen fünf Besoldungsgruppen ungefähr gleich, wobei in der höchsten Besoldungsgruppe C1 (Bürohauptsekretär, Verwaltungshauptsekretär) sogar der größte Frauenanteil von 83 % zu finden war.

Zusammen mit der Tabelle 3[43] kann im Ergebnis für die Laufbahn A des höheren Dienstes in der Kommission festgehalten werden, daß nur etwa jede fünfte Auswahlentscheidung auf eine Frau fiel und diese noch gute Chancen auf eine Beförderung nach A7 hatte. Ab den Besoldungsgruppen A6 und aufwärts wurde der Frauenanteil kontinuierlich geringer. Hinzuweisen ist in diesem Zusammenhang noch darauf, daß bei den Prozentsatzangaben nicht zwischen Beamten- und Arbeitsverhältnissen differenziert wurde, denn die letzteren machen nur etwa 10 % des Gesamtpersonals im EÖD aus[44].

*bb) Bilanz der Kommission zur Verteilung der Männer und Frauen im Zweiten und Dritten Aktionsprogramm für die Chancengleichheit des weiblichen Personals*

Im Zweiten Aktionsprogramm positiver Aktionen der Kommission zur Förderung ihrer weiblichen Bediensteten für den Zeitraum 1992 – 1996 vom 16.09.1992[45] hatte die Kommission u.a. auch eine Bilanz aus dem Ersten Aktionsprogramm vom 08.03.1988 gezogen, ohne dabei allerdings eine tabellari-

---

42 Die Amtsbezeichnungen sind im folgenden Rogalla, S. 34 ff. sowie Röttinger in Röttinger/Weyringer (Hrsg.), S. 294 entnommen
43 Vgl. Anhang 3, S. 754
44 Vgl. dazu Oppermann, S. 302 f. Rn. 801 ff.
45 Vgl. Anhang 4, S. 755 (S. 760)

sche Aufschlüsselung der Männer- und Frauenanteile vorzunehmen. Demnach betrug der Frauenanteil in der Laufbahngruppe A im Jahr 1990 insgesamt 11,6 % gegenüber 10,55 % am 31.12.1987.

Im Zusammenhang mit den Führungspositionen der Laufbahn A lag der Frauenanteil am 08.09.1992 bei 8,98 % gegenüber 2 % in der Besoldungsgruppe A1, 0 % in der Besoldungsgruppe A2 und 3 % in der Besoldungsgruppe A3 am 31.12.1987. Daraus folgt, daß in den Führungspositionen der Laufbahn A tatsächlich eine deutliche Steigerung zu verzeichnen gewesen ist.

Sowohl für die Laufbahngruppe D als auch die Laufbahngruppe B stellte das Zweite Aktionsprogramm einen so gut wie unveränderten Frauenanteil von etwa 23 % (D) bzw. 37,04 % (B) insgesamt fest. Für die Sonderlaufbahn Sprachendienst (LA) sowie in der Laufbahngruppe C verzichtete die Kommission dagegen auf konkrete Prozentsatzangaben.

In der Bilanz aus dem Zweiten Aktionsprogramm positiver Aktionen der Kommission zur Förderung ihrer weiblichen Bediensteten (1992 – 1996), die die Kommission in ihrem Dritten Aktionsprogramm für die Chancengleichheit von Mann und Frau in der Europäischen Kommission (1997 – 2000)[46] zog, lag der Frauenanteil in der Laufbahngruppe A Ende 1996 bei 17 % insgesamt. Im Jahr 1992 hatte er noch 11,6 % betragen. Der Frauenanteil von knapp 9 % in den Führungspositionen im Jahr 1992 konnte bis Ende 1996 jedoch auf 12,5 % gesteigert werden. Das Dritte Aktionsprogramm traf darüber hinaus noch eine konkrete Aussage zur Eingangsbesoldungsgruppe A8, auf die sie im Zweiten Aktionsprogramm nicht gesondert eingegangen war: Demnach betrug der Frauenanteil im Eingangsamt des höheren Dienstes Ende 1996 insgesamt 34,5 %, was auf die verstärkte Einstellung von Frauen in dieser Laufbahn zurückzuführen gewesen ist. Nach der Tabelle 2 mit Stand vom 31.12.1987 im Ersten Aktionsprogramm[47] lag der Frauenanteil in der Besoldungsgruppe A8 bei 20 %, so daß damit ein Anstieg von 14,5 % innerhalb eines Zeitraums von neun Jahren zu verzeichnen war.

Keine ausführlicheren Angaben machte das Dritte Aktionsprogramm allerdings im Hinblick auf die übrigen Laufbahngruppen. Es beschränkte sich hier im wesentlichen auf die Feststellung, daß das Zweite Aktionsprogramm für diese Laufbahnen kaum eine Wirkung gezeigt hatte. Hier fehlten die aussagekräftigen Angaben zu den Führungspositionen in der Sonderlaufbahn Sprachendienst.

---

46 Vgl. Anhang 5, S. 766 ff.
47 Vgl. Anhang 3, S. 753

*cc) Personalstand in der Kommission am 31.12.1999*

Mit Datum vom 31.12.1999 hat die Generaldirektion IX und hier das Referat „Nichtdiskriminierung und Chancengleichheit" eine aktuelle statistische Auswertung der Verteilung von Männern und Frauen in der Kommission geleistet, anhand derer sich die Entwicklung der Männer- und Frauenanteile im Dienst der Kommission in den fünf Laufbahngruppen und Besoldungsstufen bis zum 31.12.1999 nachvollziehen läßt[48].

Der Frauenanteil lag am 31.12.1999 im höheren Dienst der Laufbahngruppe A bei 19,4 % insgesamt. In der Sonderlaufbahn Sprachendienst LA befanden sich Ende 1999 56,3 % Frauen. Der gehobene Dienst (Laufbahngruppe B) konnte einen Frauenanteil von 39,5 % verzeichnen und im mittleren Dienst lagen die Frauen bei 81,2 %. Im einfachen Dienst der Laufbahngruppe D stagnierte demgegenüber der Frauenanteil bei 22,6 %.

Damit wird deutlich, daß Frauen in der Laufbahngruppe A und D immer noch am geringsten vertreten sind. Den höchsten Frauenanteil verzeichnet dabei nach wie vor die Laufbahn des mittleren Dienstes gefolgt von der Sonderlaufbahn Sprachendienst (mit über 50 % Frauen) und schließlich der Laufbahn B des gehobenen Dienstes mit einem Frauenanteil von knapp 40 %.

Eine zusätzliche Konkretisierung des prozentualen Verhältnisses der Männer- und Frauenanteile ergibt sich aus der Differenzierung der Kommission nach den einzelnen Besoldungsstufen: Demnach waren am 31.12.1999 in der höchsten Besoldungsstufe des höheren Dienstes A 1 nur 4,1 % Frauen vertreten. In den Besoldungsstufen A 2 bis A 4 lag der Frauenanteil im Durchschnitt bei 12 %. Erst in der Besoldungsgruppe A 8 (Eingangsamt) erreichten die Beamtinnen einen Prozentsatz von 33,8 %, um dann in den nächsthöheren Besoldungsstufen deutlich abzufallen[49].

Die weiteren Graphiken zu den Laufbahngruppen LA, B, C und D zeigen deutlich, daß sich bis zum 31.12.1999 keine grundsätzlichen Abweichungen von den Befunden in den drei Aktionsprogrammen der Kommission ergeben haben[50].

In der Sonderlaufbahn Sprachendienst (LA) fällt trotz des ansonsten sehr hohen Frauenanteils auf, daß in der höchsten Besoldungsgruppe LA3 nur 30,2 % Frauen wiederzufinden sind. Dieses Ergebnis läßt sich auch für die Laufbahn B erkennen, denn auch hier sind die Frauen in der höchsten Besoldungsstufe ledig-

---

48 Die folgenden Zahlenangaben sind dem Info Frauen Europas, März/April 2000, Nr. 93, S. 2 f. entnommen
49 Vgl. Info Frauen Europas März/April 2000, Nr. 93, S. 2
50 Vgl. Info Frauen Europas März/April 2000, Nr. 93, S. 2

lich mit 29,9 % vertreten, während sie in den übrigen Besoldungsstufen im Durchschnitt über 40 % liegen und im Eingangsamt sogar auf 51,1 % kommen. Der in der Laufbahn D des einfachen Dienstes anzutreffende hohe Männeranteil von durchschnittlich über 76 % manifestiert sich im übrigen auch in einem knapp über 20 % liegenden Frauenanteil in der höchsten Besoldungsgruppe D1. Nur die Laufbahn C zeigt, daß ihr hoher Frauenanteil von insgesamt über 80 % auch in den höchsten Besoldungsstufen eine Entsprechung findet.

Im Vergleich zum Personalstand der Kommission vom 31.12.1987 zeigen die aktuellen Prozentsatzangaben, daß sich das bereits herausgearbeitete Bild nicht grundsätzlich verändert, sondern nach wie vor Gültigkeit hat: Frauen sind nach wie vor in der Laufbahngruppe A und D am geringsten vertreten, auch wenn sich der höhere Dienst inzwischen durch eine Zunahme des Frauenanteils auszeichnet. Auffällig ist für das Eingangsamt A8 jedoch, daß die Kommission in ihrer Bilanz im Dritten Aktionsprogramm festgestellt hatte, daß der Frauenanteil in dieser Besoldungsgruppe Ende 1996 bei 34,5 % lag, am 31.12.1999 aber nur noch bei 33,8 %[51]. Damit relativiert sich zumindest in Ansätzen die von der Kommission selbst propagierte Erfolgsrate.

Auch in der Laufbahn C des mittleren Dienstes hat sich im Vergleich zu den vorangegangenen Jahren nichts wesentliches verändert, denn hier findet sich immer noch der höchste prozentuale Frauenanteil. Die Laufbahnen LA und B zeichnen sich schließlich dadurch aus, daß trotz eines hohen Gesamtanteils an Frauen die höchsten Besoldungsgruppen nur noch von knapp 30 % Frauen erreicht werden konnten.

Die Kommission hat darüber hinaus noch einmal eine gesonderte Auswertung ihres Frauenanteils in den Führungspositionen vorgenommen, die sich auf die Entwicklung des weiblichen Personals von 1994 bis 1999 bezieht und die tatsächliche Steigerungsrate in diesem Bereich hervorheben soll[52]. So hat sich der Frauenanteil unter den Direktorinnen von 2,0 % im Januar 1994 kontinuierlich auf 12,0 % im Dezember 1999 gesteigert. Im mittleren Management betrug der Frauenanteil 1994 9,9 % und Ende Dezember 1999 schon 14,9 %.

Für die Führungspositionen in der Kommission kann im Ergebnis festgehalten werden, daß es erkennbare und damit positive Steigerungen des Frauenanteils gibt, diese aber immer noch äußerst gering sind und bislang nicht über die 20 % Grenze hinauskommen konnten.

---

51 Vgl. Tabelle 2, S. 17 f.
52 Die Zahlen sind den Graphiken des Infos Frauen Europas, März/April 2000, Nr. 93, S. 3 entnommen

*c) Zwischenergebnis*

Festzuhalten ist, daß sich im Zeitraum 1987 bis 1999 für die Verteilung der Männer und Frauen im Dienst der Gemeinschaft ein klares Bild ergibt: Allen hier ausgewerteten Gemeinschaftsorganen ist gemeinsam, daß die Laufbahnen A und D[53] den niedrigsten Frauenanteil aufzuweisen haben. Gemeinsam ist den Gemeinschaftsorganen auch, daß der höchste Frauenanteil in der Laufbahngruppe C, ausgenommen des Europäischen Rates, erreicht wird.

Sowohl dem aktuellen Bericht des Parlaments über die Wahlperiode 1994 – 1999 von Januar 2000 als auch der Graphik zum Personalstand in der Kommission vom 31.12.1999 ist zu entnehmen, daß in der Sonderlaufbahn Sprachendienst (LA) durchschnittlich mehr als 50 % Frauen vertreten sind[54]. An dieser Stelle vermittelt erst eine Differenzierung nach den einzelnen Besoldungsstufen, daß Frauen gerade in den beiden höchsten Besoldungsgruppen deutlich unterrepräsentiert sind.

Ähnlich wie in der Sonderlaufbahn Sprachendienst gestaltet sich der gehobene Dienst der Laufbahn B, denn hier liegt der Frauenanteil in allen Gemeinschaftsorganen mit Ausnahme des Europäischen Rechnungshofes bei über 30 %. Wird allerdings nach den Besoldungsstufen differenziert, sinkt der Frauenanteil stark mit dem Anstieg der Besoldungsstufen. Obwohl keine aktuellen Zahlen für die übrigen Gemeinschaftsorgane zu erhalten waren, ist vor dem Hintergrund der Übereinstimmungen in den Laufbahnen A, D und C mit den aktuellen Angaben des Parlaments und der Kommission davon auszugehen, daß das Resultat der Laufbahnen LA und B beim Parlament und der Kommission auch für die anderen Organe Geltung beansprucht.

Schließlich muß noch einmal gesondert auf die Laufbahn A hingewiesen werden, der die Kommission ein besonderes Augenmerk in ihren drei Aktionsprogrammen für die Chancengleichheit von Männern und Frauen in ihrem Dienst gewidmet hat[55]. Die deutliche Steigerung des Frauenanteils im Zeitraum 1987 von 10,55 % auf insgesamt 19,4 % im Jahr 1999 konzentriert sich hier vor allem auf die Eingangsbesoldungsgruppen A7 und A8, was ebenfalls auf den höheren Dienst beim Parlament zutrifft. Gleichwohl darf diese positive Entwicklung nicht darüber hinwegtäuschen, daß der Frauenanteil im Vergleich zu den anderen Laufbahnen immer noch sehr gering ist und auf vier Männer lediglich eine Frau kommt. Tatsächlich kann sich hier erst auf Dauer zeigen, ob die

---

53 In der Laufbahn D stagniert der ohnehin geringe Frauenanteil, da am 31.12.1999 der Frauenanteil bei insgesamt 22,6 % lag, die Kommission jedoch in ihrer Bilanz eine Zielvorgabe von 30 % bis Ende der neunziger Jahre vorgesehen hatte
54 Vgl. Info Frauen Europas März/April 2000, Nr. 93, S. 2
55 Vgl. Anhang 3, 4 und 5

von der Kommission vorgezeichnete kontinuierliche Steigerung des Frauenanteils entwicklungsfähig ist bzw. stabil bleibt und letztendlich zu einer stärkeren Repräsentanz von Frauen in den obersten Besoldungsgruppen führt.

## 2.3. Zwischenergebnis

Die Gegenüberstellung der Männer- und Frauenanteile im deutschen und europäischen öffentlichen Dienst hat gezeigt, daß insbesondere im höheren Dienst und in den Führungspositionen der Frauenanteil (trotz erheblicher Steigerungen in der Laufbahngruppe A bei der Kommission) nach wie vor am geringsten ist. Konzentrationen liegen vor allem im Bereich des mittleren Dienstes vor, der sowohl auf deutscher als auch auf Gemeinschaftsebene durch typische Frauenarbeit gekennzeichnet ist, nämlich Büro- und Sekretariatsarbeiten. Der EÖD und der deutsche öffentliche Dienst zeigen aber auch Gemeinsamkeiten beim einfachen Dienst der Beamtenlaufbahn, da hier der prozentuale Frauenanteil äußerst gering ist.

Eine Sonderrolle nimmt im EÖD die Sonderlaufbahn Sprachendienst ein, die jedoch mit ihren sechs Besoldungsgruppen LA3 bis LA8 den Besoldungsgruppen A3 bis A8 des höheren Dienstes gleichgestellt ist[56]. Anders aber als im höheren Dienst der Laufbahngruppe A ist der prozentuale Anteil der Frauen hier sehr hoch, denn er liegt bei allen Gemeinschaftsorganen nicht unter 30 %[57] und hält sich im Durchschnitt mit dem Männeranteil ungefähr die Waage. Anhand der Aussagen der Kommission sowohl im Ersten und Dritten Aktionsprogramm für die Chancengleichheit von Mann und Frau in der Kommission als auch denen vom 31.12.1999[58] zur Verteilung auf die einzelnen Besoldungsgruppen konnte verdeutlicht werden, daß der Frauenanteil in den Führungspositionen der Sonderlaufbahn LA klar unter dem Durchschnittswert von ca. 50 % liegt.

Auf der Grundlage des hier ausgewerteten Zahlenmaterials ist demnach von einer faktischen Unterrepräsentanz der Frauen in beiden öffentlichen Diensten auszugehen, die insbesondere im höheren und einfachen Dienst zum Ausdruck kommt und sich darüber hinaus in den Führungspositionen manifestiert. Besonders gut nachvollziehen läßt sich dies an der Sonderlaufbahn Sprachendienst im EÖD, wo der überdurchschnittlich hohe Frauenanteil keine Entsprechung in den beiden höchsten Besoldungsgruppen findet. Die Konzentration des Frauenanteils

---

56 Röttinger in Röttinger/Weyringer (Hrsg.), S. 294
57 Vgl. Rogalla, S. 252; beim EP kommt er Ende 1999 durchschnittlich auf 54 %, bei der Kommission auf 56,3 %, vgl. Info Frauen Europas, März/April 2000, Nr. 93, S. 2
58 Info Frauen Europas März/April 2000, Nr. 93, S. 2

liegt demgegenüber im mittleren Dienst. Diese Gemeinsamkeiten im deutschen und europäischen öffentlichen Dienst bedürfen nicht nur einer Erklärung, sondern es läßt sich an der faktischen Unterrepräsentanz von Frauen bereits jetzt schon erkennen, daß der Einsatz frauenfördernder Maßnahmen sinnvoll und notwendig ist, um dem tatsächlichen Gleichberechtigungsdefizit entgegensteuern zu können und letztlich das Gleichberechtigungspostulat in beiden Rechtsordnungen zu verwirklichen.

### 3. Diskriminierung und faktische Gleichberechtigung

Vor dem Hintergrund des bestehenden, statistisch nachgewiesenen Ungleichgewichts von Männern und Frauen sowohl im deutschen als auch im europäischen öffentlichen Dienst ist der Frage nach den Ursachen für diesen Befund nachzugehen, die schließlich auch in der Forderung nach Herstellung faktischer Gleichberechtigung durch Frauenförderung münden. Die Beantwortung der aufgeworfenen Frage kann dabei nicht umhin, sich ebenfalls mit den verschiedenen Formen geschlechtsbedingter Diskriminierung zu beschäftigen. Eine Klarstellung ist jedoch schon an dieser Stelle angebracht: Mit der Unterrepräsentanz von Frauen im höheren Dienst und den Führungspositionen korrespondiert zwangsläufig ein niedrigerer Verdienst. Die Gründe liegen nicht in der fehlenden Qualifikation[59], oder etwa anderen Präferenzentscheidungen von Frauen im Unterschied zu Männern, eher auf eine berufliche Karriere zugunsten von Familie und Kindern verzichten und deshalb berufliche oder politische Führungspositionen nicht haben zu wollen[60], sondern vielmehr in diskriminierenden Strukturen innerhalb der Arbeitswelt und der Gesellschaft begründet. Immerhin existiert inzwischen in allen Mitgliedstaaten der Europäischen Gemeinschaft, aus denen sich schließlich auch die Bewerber/innen für den EÖD rekrutieren, die bestausgebildetste Frauengeneration überhaupt – gleichwohl dringen sie nicht oder nur sehr schwer in die Führungspositionen vor[61], wie es sich am Beispiel der Gemeinschaftsorgane und allen voran der Kommission gezeigt hat.

---

59 Siehe hierzu die weitergehenden Ausführungen zum Ausbildungsbereich von Francke/Sokol/Gurlit, Frauenquoten in öffentlicher Ausbildung, 1. Aufl. 1991, S. 3 ff. sowie Plett, Rechtliche Hindernisse auf dem Weg zur Gleichberechtigung der Frauen, ZERP-Diskussionspapier 7/1997, S. 8 f.
60 Sachs, NJW 1989, S. 553 (S. 557); Stober, ZBR 1989, S. 289 (S. 294); Ladeur, ZBR 1992, S. 39 (S. 41)
61 Hörburger, Streit 1988, S. 65

*3.1. Der Diskriminierungsbegriff*

Nach dem UN-Übereinkommen zur Beseitigung jeder Form der Diskriminierung der Frau[62], das der deutsche Gesetzgeber durch Gesetz vom 25.04.1985 in deutsches Recht umgesetzt hat[63], wird der Begriff der Diskriminierung der Frau als jede mit dem Geschlecht begründete Unterscheidung, Ausschließung oder Beschränkung bezeichnet, die zur Folge oder zum Ziel hat, daß die auf die Gleichberechtigung von Mann und Frau gegründete Anerkennung, Inanspruchnahme oder Ausübung der Menschenrechte und Grundfreiheiten durch die Frau unabhängig von ihrem Familienstand im politischen, wirtschaftlichen, sozialen, kulturellen, staatsbürgerlichen oder jedem sonstigen Bereich beeinträchtigt oder vereitelt wird[64].

Der Oberbegriff der Diskriminierung beinhaltet nach völkerrechtlichen Maßstäben die ungleiche Behandlung von Personen oder Gruppen in Anknüpfung an ein willkürliches Differenzierungskriterium[65]. Willkürliche Differenzierungskriterien in diesem Sinne sind u.a. die Rasse, das Geschlecht, die Sprache, die Religion[66], die sowohl durch die Rechtsordnung als auch durch gesellschaftliche und soziale Bedingungen aufgegriffen werden können[67]. Die Verwendung eines unsachlichen Merkmals wie das des Geschlechts in gesetzlichen Regelungen als geschlechtsbezogene Verweigerung rechtlicher Gleichheit von Mann und Frau[68] kann in der deutschen Rechtsordnung durch die Geltung von Art. 3 Abs. 2 und 3 GG inzwischen so gut wie ausgeschlossen werden[69]. Auch im europäischen Gemeinschaftsrecht sind aufgrund der Geltung allgemeiner bisher ungeschriebener Rechtsgrundsätze wie z.B. dem Gleichbehandlungsgrundsatz von Mann und Frau, dem Grundrechtscharakter zukommt[70], willkürliche bzw. unsachliche rechtliche Anknüpfungen an das Geschlechtsmerkmal, die zu einer Verhinderung rechtlicher Gleichbehandlung führen, soweit ersichtlich, nicht gegeben.

Die Grundrechtsgeltung im Gemeinschaftsrecht, die inzwischen mit der am 07.12.2000 vom Europäischen Parlament, dem Rat und der Kommission proklamierten Grundrechtscharta[71] einen deutlichen Fortschritt erzielt hat, darf aber

---

62 UN-Übereinkommen v. 18.12.1979, BT-Drs. 10/955
63 BGBl. II, S. 647
64 Vgl. Art.1 des Übereinkommens; ausführlich zu diesem Übereinkommen Delbrück in FS für Schlochauer, 1981, S. 247
65 Arioli, Frauenförderungsmaßnahmen im Erwerbsleben, 1992, S. 45 f.
66 Delbrück in FS für Schlochauer, S. 247 (S. 264 f.)
67 Maidowski, Umgekehrte Diskriminierung, 1989, S. 36
68 Ebenda
69 Ebenda
70 EuGH v.15.06.1978, Slg.1978, S. 1365 Rs. 149/77 Defrenne/Sabena (Defrenne III)
71 ABl.EG Nr. C 364/2000, S. 1

nicht darüber hinwegtäuschen, daß der Rechtsstatus der Charta unklar blieb und ein umfassend geltender Grundrechtskatalog wie in den meisten nationalen Verfassungen der Mitgliedstaaten nicht mit ihr verbunden gewesen ist, denn die Charta bezieht sich in der Hauptsache auf die Grundrechtskontrolle von Seiten der Europäischen Union[72]. Hier mag die Feststellung zunächst ausreichen, daß die Geltung der Grundrechte als allgemeine Rechtsgrundsätze sich aus den gemeinsamen Verfassungsüberlieferungen der Mitgliedstaaten und den von ihnen abgeschlossenen völkerrechtlichen Verträgen, insbesondere der EMRK, ergibt[73]. und mit der Grundrechtscharta eine weitere Vervollständigung erlangt hat, zumal diese als Teil II in die am 13.06.2003 verabschiedete Europäische Verfassung[74] Eingang gefunden hat.

Schließlich verhindern auch explizite Diskriminierungsverbote im öffentlichen Dienst wie z.B. § 7 BRRG, § 8 Abs. 1 S. 2 BBG oder für den EÖD in Art. 1a Abs. 1, 27 Abs. 2 BSt die Verwendung des Merkmals Geschlecht in rechtlichen Bestimmungen. Die in diesen Vorschriften zum Ausdruck kommende Rechtsgleichheit ist notwendige Voraussetzung, nicht aber das Ziel der Gleichberechtigung der Geschlechter[75].

Die inzwischen fehlende Verankerung spezifischer, Frauen über das Geschlechtsmerkmal benachteiligender Vorschriften in der Rechtsordnung Deutschlands und der Europäischen Gemeinschaft kann jedoch nicht über das weitere Bestehen sozialer, gesellschaftlicher Diskriminierung hinwegtäuschen[76].

Soziale Diskriminierung verdeutlicht sich in zahlenmäßiger, aber auch qualitativer Unterrepräsentation von Frauen[77], die sich vor allem in den höheren und besser besoldeten Laufbahngruppen sowie in Führungspositionen wiederspiegelt[78]. Darüber hinaus kann die soziale Diskriminierung einerseits als Vorgang, andererseits als Zustand beschrieben werden, wobei der Vorgang spezifische Verfahrens- und Behandlungsarten durch Rechtsnormen oder auch durch Akti-

---

72 Beutler/Bieber/Pipkorn/Streil, Die Europäische Union, 5. Aufl. 2001, S. 352 Rn. 638
73 Schweitzer/Hummer, S. 244 Rn. 797
74 Europäischer Konvent v. 27.05.2003, CONV 725/03
75 Limbach in Klein (Hrsg.), 20 Jahre Übereinkommen zur Beseitigung jeder Form von Diskriminierung der Frau (CEDAW), Dokumentation der Tagung in Potsdam am 25./26.11.1999, S. 11
76 Vgl. Epiney in FS für Schnyder, 1995, S. 205 (S. 206 f.), die in diesem Zusammenhang darauf hinweist, daß sowohl auf Gemeinschaftsebene als auch in den nationalen Rechtsordnungen zunächst eine Konzentration auf die Verbote direkter und indirekter Diskriminierung erfolgte, die zwar eine rechtliche Gleichstellung von Männern und Frauen, aber bislang keine tatsächliche Gleichstellung herbeiführen konnten
77 Maidowski, S. 36
78 Epiney in FS für Schnyder, S. 207

vitäten von Seiten Dritter[79], hier der Dienstherren bzw. der Anstellungsbehörden, umfaßt. Soziale Diskriminierung als Zustand beinhaltet demgegenüber die Situation faktischer, tatsächlicher Ungleichheit[80] von Frauen gegenüber Männern im öffentlichen Dienst. Die immer noch bestehenden tatsächlichen Ungleichheiten zwischen Männern und Frauen im Hinblick auf die Verteilung auf die verschiedenen Laufbahngruppen im öffentlichen Dienst sind nicht nur das Ergebnis konkreter benachteiligender Handlungen, sondern gehen auch auf gesellschaftliche Ursachen zurück[81]. Diskriminierung von Frauen ist demnach als ein Zusammenwirken von Verfahrens- und Behandlungsweisen mit der tatsächlichen Ausgangslage bestehender Ungleichheit zu begreifen – Vorgang und Zustand ergänzen sich im Rahmen sozialer Diskriminierung.

## 3.2. Diskriminierungsformen

Dieser Ansatz im Verständnis von Diskriminierung führt schließlich zur Unterscheidung verschiedener Diskriminierungsformen, die die direkten Bedingungen für die faktische Benachteiligung der Frau im Erwerbsleben geschaffen haben. Unterschieden werden sowohl in der Literatur als auch in der Rechtsprechung des EuGH und des BAG vier verschiedene Diskriminierungsformen, denen Frauen ausgesetzt sind: Es sind dies einerseits die unmittelbare und verdeckte Diskriminierung, andererseits die mittelbare und die sogenannte strukturelle Diskriminierung[82].

Inzwischen hat der Bundesgesetzgeber mit dem Bundesgleichstellungsgesetz vom 30.11.2001 in § 4 Abs. 7 die unmittelbare und mittelbare Diskriminierung definiert. Ein Rückgriff sowohl auf die Rechtsprechung als auch die Literatur, die diese Begriffe geprägt hat, ist damit nicht mehr nötig, da nach dem gesetzgeberischen Willen insbesondere das Europarecht und in Bezug auf die mittelbare Diskriminierung die entsprechende Definition aus Art. 2 Abs. 2 der Beweislastrichtlinie 97/80/EG vom 15.12.1997[83] in der Vorschrift aufgeht[84]. Auch Schiek sieht in der Positivierung der Definition der mittelbaren Diskriminierung in der Beweislastrichtlinie eine verbindliche Klärung der Frage, welche Voraussetzun-

---

79 Arioli, S. 49
80 Ebenda
81 Ebenda
82 Vgl. Benda, Notwendigkeit und Möglichkeit positiver Aktionen zugunsten von Frauen im öffentlichen Dienst, 1986, S. 5, 7 m.w.N.
83 ABl. EG Nr. L 14 v. 21.01.1998, S. 6
84 Vgl. Begründung zum BGleiG von Dezember 2001, Broschüre des Bundesministeriums Familie, Senioren, Frauen und Jugend (Hrsg.), S. 46 f.

gen an das Vorliegen einer mittelbaren Diskriminierung geknüpft sind[85]. Nach § 4 Abs. 7 S. 1 BGleiG liegt eine unmittelbare bzw. direkte Diskriminierung von Frauen vor, wenn Frauen wegen ihres Geschlechts bei einer Vereinbarung oder Maßnahme im Vergleich zu Männern unterschiedlich behandelt werden, soweit nicht die Vereinbarung oder Maßnahme die Art der auszuübenden Tätigkeit zum Gegenstand hat und ein Geschlecht unverzichtbare Voraussetzung für diese Tätigkeit ist[86]. Demgegenüber handelt es sich um eine mittelbare Diskriminierung von Frauen, wenn dem Anschein nach neutrale Vorschriften, Kriterien oder Verfahren einen wesentlich höheren Anteil von Frauen benachteiligen, es sei denn, die betreffenden Vorschriften, Kriterien oder Verfahren sind angemessen und notwendig und sie sind durch nicht auf das Geschlecht bezogene sachliche Gründe gerechtfertigt, § 4 Abs. 7 S. 2 BGleiG. Mit dieser Formulierung wiederholt die Regelung tatsächlich wörtlich den Art. 2 Abs. 2 der Richtlinie 97/80/EG.

Während es bei der unmittelbaren Diskriminierung weder auf das Motiv der Differenzierung, noch auf die Kausalität des Geschlechts für eine Diskriminierung ankommt[87] und sie damit als Ausdruck einer Forderung nach strikter Rechtsgleichheit sowie Rechtsanwendungsgleichheit begriffen werden kann[88], ist die verdeckte Diskriminierung nur ein Unterfall dieser Diskriminierungsform[89]. Nach Wank[90] und Pfarr[91] ist eine verdeckte Diskriminierung immer dann gegeben, wenn eine Regelung oder Maßnahme zwar geschlechtsneutral formuliert ist, im Ergebnis aber lediglich ein Geschlecht nachteilig betroffen ist. Fuchsloch definiert die verdeckte Diskriminierung schließlich am präzisisten: Ihr zufolge liegt eine verdeckte Diskriminierung vor, wenn eine Maßnahme materiell nur Männer oder Frauen treffen soll, dies jedoch nicht nach außen kenntlich gemacht wird, indem (vorgeschobene) geschlechtsneutrale Anknüpfungspunkte gewählt werden[92].

Allerdings ist weder das Rechtsinstitut der unmittelbaren und verdeckten Diskriminierung noch das der mittelbaren Diskriminierung allein geeignet, die gesellschaftlich und sozial begründbaren Defizite von Frauen im Erwerbsleben, hier dem öffentlichen Dienst der Europäischen Gemeinschaft sowie Deutsch-

---

85 Schiek in Schiek u.a., S. 80 f. Rn. 34 ff. m.w.N. auf die Rechtsprechung zur mittelbaren Diskriminierung
86 Vgl. auch die Formulierung in § 611a Abs. 1 S. 2 BGB
87 Slupik, Die Entscheidung des Grundgesetzes für Parität im Geschlechterverhältnis, 1988, S. 100
88 Ebenda
89 Pfarr/Bertelsmann, Gleichbehandlungsgesetz, 1985, S. 34 Rn. 46 f.
90 RdA 1985, S. 1 (S. 21)
91 NZA 1986, S. 586
92 Fuchsloch, Das Verbot der mittelbaren Geschlechtsdiskriminierung, 1. Aufl. 1995, S. 124 f.

lands, auszugleichen bzw. zu kompensieren[93], denn es handelt sich um Konzentrationen auf Verbotstatbestände[94].

Auch bieten die unmittelbare, die verdeckte und mittelbare Diskriminierung für die Beseitigung der Unterrepräsentanz von Frauen in beiden öffentlichen Diensten keinen Ansatzpunkt, da die Rechtsfolge auf die Sanktion des Schadensersatzes gerichtet ist[95]. Zwar ergibt sich in beiden öffentlichen Diensten die Möglichkeit, über eine sogenannte beamtenrechtliche Konkurrentenklage die Einstellung oder Beförderung zu erzwingen[96], was für Angestellte und Arbeiter des öffentlichen Dienstes durch eine arbeitsrechtliche Konkurrentenklage erfolgen kann[97], jedoch geht es hier im Hinblick auf Frauenfördermaßnahmen in ihrer Gesamtheit, die die Unterrepräsentanz von Frauen beseitigen (helfen) sollen, nicht um individualrechtliche Ansprüche aus einer Diskriminierung bzw. die Verhängung von Sanktionen gegen eine im Einzelfall diskriminierende Person oder Institution, sondern vielmehr um Maßnahmen der Gegensteuerung zum Ausgleich einer statistisch nachweisbaren, als Vorgang aber schwer erfaßbaren Diskriminierung[98].

Benda hat in diesem Zusammenhang den Begriff der strukturellen Diskriminierung geprägt, der die zahlenmäßige Unterrepräsentanz von Frauen gegenüber Männern in den höheren Laufbahngruppen sowie höheren Positionen mit Leitungsfunktion als Ergebnis einer Vielzahl von in der traditionellen Struktur des öffentlichen Dienstes als Institution begründeten Faktoren begreift[99].

Um bei dem unter 3.1. entwickelten Modell der sozialen Diskriminierung zu bleiben, läßt sich strukturelle Diskriminierung nicht als individuelle Diskriminierung durch einzelne einordnen, sondern es handelt sich vielmehr um einen Zustand faktischer Ungleichheit von Frauen[100], die sich in einer signifikanten, zahlenmäßigen Unterrepräsentanz in gehobenen Berufspositionen ausdrückt[101].

Unter dem Oberbegriff „strukturelle Diskriminierung" lassen sich eine Vielzahl von Diskriminierungsmechanismen zusammenfassen, denen Frauen in der Gesellschaft allgemein sowie im Berufsleben ausgesetzt sind. Francke/Sokol/

---

93  Hanau/Preis, ZfA 1988, S. 177 (S. 206)
94  Epiney in FS für Schnyder, S. 206
95  Benda, S. 7
96  Vgl. EuGH v. 19.03.1964, Slg. 1964, S. 271 Rs. 27/63 Raponi/Kommission zur Beförderung sowie EuGH v. 31.03.1965, Slg. 1965, S. 147 Rs. 12, 29/64 Ley/Kommission zur Einstellung; zur Problematik insgesamt Schick, DVBl. 1975, S. 741 und Seitz, Die arbeitsrechtliche Konkurrentenklage, 1995
97  Vgl. hierzu Seitz, S. 55 ff.
98  Benda, S. 7
99  Ebenda
100 Arioli, S. 49
101 Benda, S. 8

Gurlit bezeichnen die strukturelle Diskriminierung als ein gesellschaftliches Diskriminierungsgeflecht, in dem sich nicht nur gesellschaftliche Bedingungen, sondern auch individualpsychologische Entsprechungen bei den Frauen[102] zu einem Gesamtbild von Hindernissen an einer gleichberechtigten Teilhabe an Arbeitsplätzen u.a. im öffentlichen Dienst zusammenfügen. In der von Francke/Sokol/Gurlit aufgestellten Zusammenfassung finden sich verschiedene Elemente des Diskriminierungsgeflechts struktureller Diskriminierung wieder. Dazu gehören insbesondere geschlechtsspezifische Chancen auf dem Arbeitsmarkt, die bei Frauen trotz eines hohen Ausbildungs- und Leistungsniveaus keine adäquate Entsprechung in gehobenen Positionen findet[103].

Sowohl in Art. 33 Abs. 2 des GG als auch in Art. 27 Abs.1 BSt für die Bediensteten der Gemeinschaft ist der Leistungsgrundsatz bzw. Grundsatz der Bestenauslese für die Einstellung und Beförderung enthalten. Dieser ist unabhängig vom Geschlecht beim Personal als Maßstab für alle Personalentscheidungen und Beförderungen einzusetzen[104]. Art. 27 Abs. 2 BSt spricht in dieser Hinsicht ausdrücklich ein Diskriminierungsverbot aus. Für Art. 33 Abs. 2 GG gilt Gleiches, denn er wird durch die anderen im GG enthaltenen speziellen Gleichheitsrechte wie Art. 3 Abs. 2 und 3 GG ergänzt[105]. Gleichwohl hat der in beiden öffentlichen Diensten bestehende Leistungsgrundsatz gerade dann keine Auswirkung gezeigt, wenn es um die Einstellung von einem Mann oder einer Frau ging – auch Männer mit geringerer Qualifikation wurden und werden u.a. über sogenannte Hilfskriterien[106] bevorzugt eingestellt oder befördert[107].

Ein weiteres Element struktureller Diskriminierung sind geschlechtsspezifische Formen der Arbeitsteilung in Familie und Beruf. Hinzu kommt die geschlechtsspezifische Sozialisation in den Familien, in der Schule und in der Öffentlichkeit sowie geschlechtsspezifische Vorverständnisse, die in Personalentscheidungen als traditionelle Rollenerwartungen an Frauen miteinfließen[108]. Francke/Sokol/Gurlit benennen noch sozial-strukturelle Bedingungen in den meisten Organisationen und Institutionen, in denen nicht nur die Präsenz von Männern, sondern auch ihre lebensweltlichen Vorstellungen vorherrschend sind, so daß es zum Aufbau bzw. Ausbau sogenannter Männernetzwerke kommt, die

---

102 Francke/Sokol/Gurlit, S. 17
103 Francke/Sokol/Gurlit, S. 8, 17
104 BAGE 38, S. 141 (S. 145); BVerwGE 76, S. 243 (S. 251)
105 Pieroth in Jarass/Pieroth, GG Kommentar, 6. Aufl. 2001, Art. 33 Rn. 1, 3
106 Dienst- und Lebensalter, Zeitpunkt der letzten Beförderung, Familienstand, Einkommen des Partners oder der Partnerin etc.
107 Ähnlich auch Francke/Sokol/Gurlit, S. 10
108 Francke/Sokol/Gurlit, S. 17 f.

Frauen einerseits den Zugang erheblich erschweren, andererseits von ihnen auch die Anpassung an diese Vorstellungen erwarten[109].

Nach Arioli[110] setzt sich die strukturelle Diskriminierung hauptsächlich aus einem Zuschnitt des Erwerbslebens (und damit auch des öffentlichen Dienstes) auf eine männliche Erwerbsbiographie zusammen. Dazu gehört ihrer Auffassung nach auch die weibliche Antizipation traditioneller Rollen als Hausfrau und Mutter, die weniger bewußt als unbewußt Frauen an der Teilhabe an höheren Berufspositionen behindern[111]. Dies deckt sich auch mit dem von Francke/Sokol/Gurlit aufgezeigten Element der geschlechtsspezifischen Sozialisation von Frauen[112]. Hinzu kommen ebenfalls Schwierigkeiten bei der Vereinbarung von Berufstätigkeit und Familienarbeit[113], die in der Doppelbelastung von Frauen durch den Beruf und die Familie münden.

Sowohl Francke/Sokol/Gurlit[114] als auch Arioli[115] weisen anhand verschiedener Quellen nach, daß sich die geschlechtsspezifische Sozialisation von Frauen zusätzlich auch in der Berufswahl typischer Frauenberufe mit dienender, helfender und kommunikativer Ausrichtung wiederspiegelt. Frauenarbeit erfährt damit eine Konzentration auf bestimmte Bereiche des Arbeitsmarktes[116] - diese sehr unterschiedliche Verteilung von Frauen und Männern auf die einzelnen Tätigkeitsfelder, führt schließlich zu der geschlechtsspezifischen Arbeitsmarktsegregation[117].

Insgesamt ergibt sich über die hier dargestellten Elemente ein „Diskriminierungsgeflecht" der strukturellen Diskriminierung, das mit lediglich formalrechtlicher Gleichstellung von Frauen in beiden öffentlichen Diensten das Problem faktischer Unterrepräsentanz von Frauen in besonders qualifizierten und verantwortungsvollen Positionen nicht in den Griff bekommen kann[118].

Hinzu kommt, daß unmittelbare, verdeckte und mittelbare Diskriminierung als Vorgang ebenfalls Ausfluß der strukturellen Diskriminierung sind, denn individuell diskriminierendes Handeln basiert immer unabhängig von einer bewußten oder unbewußten Motivation z.B. auf geschlechtsspezifischen Vorverständnissen, die in Personalentscheidungen eingehen, geschlechtsspezifischer

---

109 Francke/Sokol/Gurlit, S. 18
110 Arioli, S. 50
111 Ebenda
112 Francke/Sokol/Gurlit, S. 17
113 Metz-Göckel in Bock-Rosenthal (Hrsg.), Frauenförderung in der Praxis, 1990, S. 78 (S. 89)
114 Francke/Sokol/Gurlit, S. 4, 7
115 Arioli, S. 12 f.
116 Francke/Sokol/Gurlit, S. 7 für den Bereich der Ausbildung; Arioli, S. 12
117 Arioli, S. 11
118 So auch Benda, S. 8

Arbeitsteilung, geschlechtsspezifischer Sozialisation, geschlechtsspezifischen sozial-strukturellen Bedingungen in Institutionen wie dem öffentlichen Dienst (Stichwort: Männernetzwerke) u.a.m. Hinzu kommt, daß der Vorgang einer Diskriminierung und der Zustand des faktischen Gleichberechtigungsdefizits, zu dem der Vorgang geführt hat, wechselseitig aufeinander bezogen sind, denn der Zustand beeinflußt bewußt oder unbewußt den Vorgang und umgekehrt. Eine Trennung beider Faktoren innerhalb des Modells sozialer Diskriminierung ist von daher nicht angebracht.

Die Benachteiligungen von Frauen im öffentlichen Dienst im Rahmen der strukturellen Diskriminierung beziehen sich nicht nur auf die einzelne Frau, sondern auch auf die Geschlechtsgruppe „Frauen"[119]. Frauenfördermaßnahmen, die zum Abbau struktureller Diskriminierungen beitragen sollen, können demnach als Mittel der Gegensteuerung und zum Ausgleich des statistisch nachweisbaren Ergebnisses faktischer Ungleichheiten von Frauen in höheren Positionen des öffentlichen Dienstes begriffen werden[120].

### 3.3. Das Verhältnis von struktureller Diskriminierung und faktischer Gleichberechtigung

Strukturelle Diskriminierung stellt sich als schwer nachweisbarer Vorgang dar, der nur über einen statistischen Gruppenvergleich beider Geschlechter feststellbar ist. Im Gegensatz zur unmittelbaren und mittelbaren Diskriminierung konzentriert sich die strukturelle Diskriminierung aber nicht auf einen Verbotstatbestand, sondern versucht Diskriminierung als aufeinander bezogenen Vorgang und Zustand in ihrer Gesamtheit zu erfassen. Die faktische Benachteiligung von Frauen, die ihren Ausdruck vor allem in weiblicher Unterrepräsentation in bestimmten Berufen sowie politischen und wirtschaftlichen Führungspositionen findet, beruht auf gesellschaftlichen und individuell-psychologischen Gegebenheiten, die mit negativen Maßnahmen (= Verboten) nicht gelöst werden können[121]. Sie macht vielmehr positive Maßnahmen zur Förderung von Frauen notwendig, die nicht nur die einzelne Frau, sondern die Gruppe der Frauen ins Blickfeld nimmt, um auf dieser umfassenden Grundlage eine faktische Neupositionierung der Gruppe aufzubauen und die tatsächliche Gleichberechtigung der Geschlechter zu verwirklichen.

---

119 Francke/Sokol/Gurlit, S. 20
120 Benda, S. 7 sowie Francke/Sokol/Gurlit, S. 19
121 Epiney in FS für Schnyder, S. 207

Das bedeutet aber auch, daß sich die Durchsetzung faktischer Gleichberechtigung der Geschlechter in Abhängigkeit von den in der Gesellschaft angelegten und sich entwickelnden Strukturen bewegt, also mit anderen Worten als Gegenpol zur strukturellen Diskriminierung von Frauen fungiert. Faktische Gleichberechtigung ist jedoch nicht ohne die Durchbrechung dieser Strukturen denkbar. In diesem Verständnis können Frauenfördermaßnahmen als Durchbrechungsmechanismen begriffen werden. Dabei dienen das unmittelbare und mittelbare Diskriminierungsverbot dem Erhalt der Rechtsgleichheit, die sich zwar als notwendiger Baustein, nicht aber als das Ziel oder Ergebnis der Gleichstellung von Männern und Frauen darstellt[122], denn dieses liegt in einer gleichberechtigten Teilhabe beider Geschlechter an allen gesellschaftlichen, politischen, kulturellen und wirtschaftlichen Positionen. Das Postulat der Gleichberechtigung sowohl auf deutscher als auch auf europäischer Ebene bedarf nach allem der gesellschaftlichen Dynamik, weil seine Aufgabe in der Korrektur der vorgefundenen (sozialen) Wirklichkeit liegt[123].

Demnach beinhaltet dieser umfassende Ansatz, daß Diskriminierungsgeflecht der strukturellen Diskriminierung einer Auflösung zuzuführen, im Ergebnis auch die Verbotstatbestände der unmittelbaren und mittelbaren Diskriminierung, denn sie laufen zusammengenommen auf das selbe Ziel hinaus und ergänzen sich gegenseitig[124]. Ein Verzicht ist deshalb weder auf die individual-rechtlich ansetzenden Diskriminierungsverbote noch auf die gruppenbezogene Lösung der strukturellen Diskriminierung durch positive Frauenfördermaßnahmen angezeigt.

### 3.4. Zwischenergebnis

Ursache des faktischen Gleichberechtigungsdefizits von Frauen insbesondere im höheren Dienst sowie den Führungspositionen des europäischen und deutschen öffentlichen Dienstes ist ein Konglomerat aus gesellschaftlich bedingten Strukturen und individuell-psychologischen Gegebenheiten, die ihre bewußte und unbewußte Entsprechung in jedem einzelnen Mann und jeder Frau finden. Benda hat dies in seinem Gutachten aus dem Jahr 1986 als strukturelle Diskriminierung bezeichnet, was mangels einer besseren Begrifflichkeit im Verlauf der Arbeit

---

122 Limbach in Klein (Hrsg.), S. 11
123 Limbach in Peters/Bensel (Hrsg.), Frauen und Männer im Management, 1. Aufl. 2000, S. 15 (S. 17)
124 Vgl. in diesem Zusammenhang auch GA Saggio, Schlußanträge v. 10.06.1999, Slg. 2000, S. 1877 Rn. 26 Rs. C-158/97 Badeck u.a./Hess. Ministerpräsident für das Verhältnis formeller und materieller Gleichheit der Geschlechter

beizubehalten ist. Es handelt sich dabei nicht um einen feststehenden Begriff, sondern vielmehr um einen dynamischen Prozeß, der in Wechselwirkung mit dem Grad der Verwirklichung faktischer Gleichberechtigung von Männern und Frauen steht. Diese Dynamik hat ebenfalls eine rechtliche Unbestimmtheit des Begriffs der strukturellen Diskriminierung zur Folge, die damit auch nicht zu einer konkreten Definition führt. Hier kann nur eine allgemeine Beschreibung helfen, wie sie der EuGH im Verfahren Marschall/Land Nordrhein-Westfalen[125] ansatzweise geleistet hat, ohne jedoch diesen Begriff zu verwenden: Das tatsächliche Gleichberechtigungsdefizit von Frauen ergibt sich demnach aus faktischen Ungleichheiten in der sozialen Wirklichkeit, die tendenziell eher Frauen treffen, weil sie auf einer Reihe von Vorurteilen und stereotypen Vorstellungen über die Rolle und Fähigkeiten der Frau, z.B. im Erwerbsleben, beruhen.

Zu vergegenwärtigen ist bei der Anwendung des Begriffs allerdings immer, daß seine rechtliche Unbestimmtheit ebenfalls einer gesetzlichen Fixierung entgegensteht, wie es etwa Art. 2 Abs. 2 der Beweislastrichtlinie 97/80/EG für die mittelbare Diskriminierung vorgenommen hat. Aufgrund des umfassenden Ansatzes und der Offenheit vereinigen sich aber auch die unmittelbare und mittelbare Diskriminierung als rechtlich greifbare Institute im strukturellen Diskriminierungsbegriff. Als Diskriminierungsverbote erhalten sie die Rechtsgleichheit, die wiederum ein Baustein faktischer Gleichberechtigung ist. Die Herstellung faktischer Gleichberechtigung zwischen den Geschlechtern ist folglich ein **Mehr** als die bloße Gewährleistung rechtlicher Gleichheit.

Diese Ausgangsüberlegungen bieten damit nicht nur eine Erklärung sowohl für die festgestellte Unterrepräsentanz von Frauen im höheren Dienst und den Führungspositionen fast aller Laufbahnen als auch die überdurchschnittlich gute Vertretung der Frauen im mittleren Dienst als traditioneller Frauenarbeitsdomäne. Sie bilden auch den Hintergrund und Ansatz von Frauenfördermaßnahmen, die das strukturelle Diskriminierungsgeflecht zu durchbrechen versuchen und eine faktische Neupositionierung der unterrepräsentierten Geschlechtsgruppe der Frauen i.S.d. tatsächlichen Gleichberechtigung herbeiführen sollen.

## 4. Zwischenergebnis

Unabhängig davon, daß sich deutscher und europäischer öffentlicher Dienst als zwei voneinander getrennte Dienstrechtsordnungen darstellen, sind gleichwohl hier wie dort dieselben statistischen Ungleichgewichte von Frauen und Männern zu finden, wobei das faktische Gleichberechtigungsdefizit von Frauen besonders

---

125  EuGH v. 11.11.1997, Slg. 1997, S. 6363 (S. 6391 f.) Rs. C-409/95

signifikant im höheren und einfachen Dienst zu Tage tritt. Die Ursache für diesen Befund liegt in beiden Diensten im strukturellen Diskriminierungsgeflecht, das zwar im deutschen Rechtsraum als Erklärungsansatz entwickelt, jedoch auch im Marschall-Urteil vom 17.11.1997 durch den EuGH aufgegriffen worden ist. Schließlich verorten sowohl das Europäische Parlament als auch die Kommission in ihrem Dritten Aktionsprogramm die gesellschaftlich bedingten Gründe für die Unterrepräsentanz ihrer weiblichen Bediensteten in mentalitätsbedingten Denkschemata, einer von Männern beherrschten Arbeitskultur sowie in einem Mangel an Engagement bei den für die Umsetzung der Gleichberechtigungspolitik verantwortlichen Personen[126]. Damit wird im Ergebnis in beiden öffentlichen Diensten das faktische Gleichberechtigungsdefizit von Frauen auf dieselben Ursachen zurückgeführt.

---

126 Vgl. Info Frauen Europas März/April 2000, Nr. 93, S. 2 sowie Anhang 5, S. 767

## 2. Kapitel
## Vergleichbarkeit des deutschen und des europäischen öffentlichen Dienstes

### 1. Aufbau und Grundprinzipien

Die Feststellung, daß in beiden öffentlichen Diensten ein faktisches Gleichberechtigungsdefizit von Frauen vorherrscht, läßt die weitergehende Frage zu, an welchen Stellen mit Bedeutung für die Durchsetzung faktischer Gleichberechtigung der Geschlechter sich deutscher und europäischer öffentlicher Dienst treffen bzw. unterscheiden. Dies erfordert ebenfalls einen exemplarischen Blick auf den allgemeinen Aufbau und verschiedene Grundprinzipien, die den Dienst sowohl für die Gemeinschaft als auch Deutschlands im wesentlichen prägen, denn von grundsätzlichen Übereinstimmungen hängt letztendlich auch die Vergleichbarkeit und Beurteilung der Wirkung frauenfördernder Maßnahmen zur Verwirklichung der Gleichberechtigung von Männern und Frauen ab.

*1.1. Der deutsche öffentliche Dienst*

*a) Aufbau*

Der deutsche öffentliche Dienst gliedert sich zunächst in zwei große Gruppen auf – er erfaßt einerseits die Beamten, andererseits die Angestellten und Arbeiter/innen. Hinzu kommen als besondere Berufsgruppen die Berufssoldaten und Richter, die eine durch das Soldatengesetz und das DRiG bedingte besondere Rechtsstellung genießen[127], auf die hier aber im folgenden nicht speziell einzugehen sein wird.

Während die Rechtsverhältnisse der Beamten durch das BRRG, das BBG und auf Länderebene durch die Landesbeamtengesetze geregelt werden, gilt für die Angestellten der BAT und für die Arbeiter Manteltarifverträge. Diese Tarifverträge, die die Rechtsverhältnisse der Angestellten und Arbeiter durch privatrechtliche Dienstverträge ausgestalten, haben jedoch einige beamtenrechtliche Grundsätze übernommen, wobei umgekehrt auch das Beamtenrecht sich dem Einfluß neuerer Entwicklungen im Arbeitsrecht nicht entziehen konnte[128].

---

127 Wagner, Beamtenrecht, 7. Aufl. 2001, S. 2 Rn. 2
128 Wagner, S. 4 Rn. 6

Das Beamtenverhältnis ist dabei in vier Laufbahngruppen aufgeteilt, die sich auf den einfachen, den mittleren, den gehobenen und den höheren Dienst beziehen und die den verschiedenen Qualifikationsebenen des deutschen Bildungssystems entsprechen[129]. Die Mindestvoraussetzungen in Bezug auf die Schulbildung ergeben sich aus den §§ 16 bis 19 BBG.

Neben diesen „regulären" Beamtenverhältnissen existieren nach § 20 Abs. 1 BBG aber auch Beamte besonderer Fachrichtungen, z.B. im technisch-naturwissenschaftlichen Verwaltungsbereich[130] oder im ärztlichen Dienst und Sprachendienst[131]. Besonderheit ist hier, daß der Vorbereitungsdienst und die Laufbahnprüfung i.S.v. §§ 16 bis 19 BBG als Voraussetzung für die jeweilige Laufbahn entfallen[132]. Nach § 21 BBG können auch andere als die Laufbahnbewerber in ein Beamtenverhältnis übernommen werden, ohne daß hierfür eine bestimmte Vorbildung gefordert werden darf. Diese anderen Bewerber haben ihre Laufbahnbefähigung durch Lebens- und Berufserfahrung nach Feststellung des Bundespersonalausschusses oder einem von ihm zu bestimmenden unabhängigen Ausschuß innerhalb oder außerhalb des öffentlichen Dienstes erworben[133], z.B. Freiberufler, Wissenschaftler oder bewährte Angestellte[134]. Dem letzteren trägt insbesondere auch § 39 BLV Rechnung, der die Durchlässigkeit des Laufbahnsystems im Verhältnis zum Arbeitnehmerbereich gewährleisten soll[135].

Eine Besonderheit liegt weiterhin in § 20a BBG begründet, demzufolge auch Bewerber/innen aus anderen Ländern der Europäischen Union sowie aus den gleichgestellten EFTA-Staaten über die Anerkennung der Gleichwertigkeit ihrer im Heimatland erworbenen Hochschuldiplome die Laufbahnbefähigung für den deutschen öffentlichen Dienst erwerben können.

Ein Vergleich zu den unter den BAT fallenden Angestellten zeigt, daß sich die vier Laufbahnen des einfachen, mittleren, gehobenen und höheren Dienstes für Beamte auch hier wiederfinden lassen. Maßgeblich für die jeweilige Tätigkeit eines Angestellten ist seine Eingruppierung in eine bestimmte Vergütungsgruppe, die sich im Unterschied zur beamtenrechtlichen Verknüpfung von Amt und Besoldung nach den Tätigkeitsmerkmalen seiner Arbeit richtet[136].

---

129 Wagner, S. 59 Rn. 113, 115
130 Battis, § 20 Rn. 3
131 Wagner, S. 63 Rn. 127
132 Battis, § 20 Rn. 2
133 Battis, § 21 Rn. 2
134 Wagner, S. 63 Rn. 128
135 Battis, § 21 Rn. 5
136 Richardi, S. XV

Die Verschiebung des zahlenmäßigen Verhältnisses von Beamten und Arbeitnehmern (ca. 40 % Beamten- und rund 60 % Arbeitsverhältnisse)[137] sowie die zunehmende Annäherung der beiden Bereiche, läßt insgesamt eine scharfe Trennung zwischen Beamten auf der einen Seite und Arbeitnehmern auf der anderen Seite, insbesondere auch mit Blick auf die verstärkte Wahrnehmung gleichartiger Funktionen, immer weniger zu[138].

*b) Grundprinzipien*

Art. 33 GG gewährleistet, daß ein öffentlicher Dienst mit einem Beamtentum überhaupt institutionell garantiert ist. Dabei enthält Art. 33 GG eine Vielzahl verfassungsrechtlicher Rechtsgrundsätze, die die Funktion des deutschen öffentlichen Dienstes festlegen[139].

So räumt Art. 33 Abs. 2 GG jedem Deutschen nach Eignung, Befähigung und fachlicher Leistung gleichen Zugang zu jedem öffentlichen Amt ein. Art. 33 Abs. 3 GG enthält zusätzlich ein Diskriminierungsverbot aus religiösen und weltanschaulichen Gründen, das sich grundsätzlich auch aus Art. 3 Abs. 3 GG ergeben würde[140]. In Art. 33 Abs. 4 GG wird die Ausübung hoheitlicher Befugnisse von der regelmäßigen Übertragung auf Angehörige des öffentlichen Dienstes abhängig gemacht, die in einem öffentlich-rechtlichen Dienst- und Treueverhältnis stehen. Schließlich ergibt sich aus Art. 33 Abs. 5 GG, daß das öffentliche Dienstrecht unter Berücksichtigung der hergebrachten Grundsätze des Berufsbeamtentums zu regeln ist.

Während Art. 33 GG unmittelbar auf die Beamtenverhältnisse einwirkt, kann er gegenüber den Angestellten, Arbeitern und Auszubildenden im öffentlichen Dienst keine direkte Geltung beanspruchen[141]. Gleichwohl kommt Art. 33 GG, insbesondere Absatz 2, der das sogenannte Leistungsprinzip oder auch den „Grundsatz der Bestenauslese"[142] beinhaltet, eine besondere Bedeutung im Zusammenhang mit den Maßnahmen zur Frauenförderung, respektive den leistungsabhängigen Vorrangregelungen zugunsten von Frauen, zu, die ebenfalls auf die privatrechtlichen Arbeitsverhältnisse der Arbeitnehmer Anwendung finden: Gestützt auf Art. 33 Abs. 2 GG haben verschiedene Bundesländer in ihren Gleichstellungs- oder Frauenfördergesetzen Vorrangregelungen zugunsten

---

137 Vgl. Däubler, S. 877 Rn. 1715
138 Vgl. auch die Kritik bei Wagner, S. 4 f. Rn 6
139 Vgl. Wiese, S. 1
140 Ebenda
141 Mohnen-Behlau in Mohnen-Behlau/Meixner (Hrsg.), Frauenförderung in Verwaltung und Wirtschaft, 2. Aufl. 1993, S. 20
142 BVerfGE 56, S. 146 (S. 163 f.) sowie BVerwGE 86, S. 169 (S. 171)

des unterrepräsentierten Geschlechts in der jeweiligen Laufbahn- und Vergütungsgruppe im Rahmen der Einstellung, Übertragung höherbewerteter Tätigkeiten und der Beförderung eingeführt, die erst dann zum Zuge kommen, wenn die jeweilige Bewerberin eine gleiche oder gleichwertige Qualifikation wie ihr männlicher Mitbewerber mitbringt[143] und kein Härtefall in der Person des Mannes begründet ist[144]. Auch wenn Art. 33 Abs. 2 GG grundsätzlich keinen Anspruch auf Übertragung eines öffentlichen Amtes hergibt[145] und hier nur ausnahmsweise ein Anspruch besteht, wenn jede andere Entscheidung als die Einstellung oder Beförderung des Bewerbers oder der Bewerberin rechtswidrig wäre[146], ist diese Verfassungsnorm und die in ihr verankerten Kriterien der Eignung, Befähigung und fachlichen Leistung maßgeblich für die Übernahme in ein öffentliches Amt oder Anstellungsverhältnis. Damit wird der „Grundsatz der Bestenauslese" nicht nur in das Beamtenverhältnis, sondern auch in die privatrechtlich zu beurteilenden Arbeitsverhältnisse des öffentlichen Dienstes implementiert.

Gleiches gilt auch für Art. 33 Abs. 3 GG, der eine (teilweise) Wiederholung der normativen Aussagen des Art. 3 Abs. 3, Art. 4 Abs. 1 und 2 sowie des Art. 33 Abs. 2 GG darstellt und ebenfalls auf den gesamten öffentlichen Dienst anzuwenden ist[147].

Demgegenüber ist Art. 33 Abs. 4 GG als Organisationsnorm zu verstehen[148], die als Funktionsvorbehalt für Beamte die Kontinuität der Ausübung hoheitlicher Aufgaben durch den Staat gewährleistet[149]. Aus diesem Grunde sind hoheitliche Befugnisse regelmäßig Beamten und nicht Arbeitnehmern vorbehalten – Ausnahmen sind nur in begründeten Einzelfällen zulässig[150]. Nach Ansicht des BVerfG verschließt sich aber Art. 33 Abs. 4 GG der Entwicklung nicht, demnach in der öffentlichen Verwaltung Beamte und Angestellte zunehmend

---

143 Vgl. u.a. § 4 BremLGG v. 20.11.1990, GBl. S. 433 i.d.F. v. 13.02.1998, GBl. S. 25; §§ 7 und 9 LGG Rheinland-Pfalz v. 11.07.1995, GVBl. S. 209; §§ 4, 5 und 6 GStG Schleswig-Holstein v. 13.12.1994, GVBl. S. 562
144 So ausdrücklich EuGH v. 11.11.1997, Slg. 1997, S. 6363 Rs. C-409/95 Marschall/ Land Nordrhein-Westfalen; starre leistungsabhängige Vorrangregelungen zugunsten eines Geschlechts ohne Öffnungs- oder Härtefallklausel sind demgegenüber nicht mit dem EG-Recht zu vereinbaren, vgl. EuGH v. 17.10.1995, Slg. 1995, S. 3151 Rs. C-450/93 Kalanke/Freie Hansestadt Bremen
145 BVerfGE 39, S. 334 (S. 354); BVerwGE 75, S. 133 (S. 135)
146 BAGE 53, S. 137 (S. 152)
147 Pieroth in Jarass/Pieroth, GG Kommentar, 6. Aufl. 2001, Art. 33 Rn. 8; so auch Wagner, S. 21
148 BVerfGE 35, S. 79 (S. 147)
149 BVerfGE 88, S. 103 (S. 114); zum Funktionsvorbehalt Manssen, ZBR 1999, S. 253
150 BVerwGE 57, S. 55 (S. 59)

dieselben Funktionen wahrnehmen, sondern trägt dieser vielmehr Rechnung durch seine Formulierung „in der Regel".
Nach Art. 33 Abs. 5 GG ist das Recht des öffentlichen Dienstes unter Berücksichtigung der hergebrachten Grundsätze des Berufsbeamtentums zu regeln. Diese Vorschrift ist im Gegensatz zu Art. 33 Abs. 2 und 3 GG, die ebenfalls auf Arbeitnehmer anwendbar sind, genau wie Art. 33 Abs. 4 GG lediglich auf Beamte bezogen und stellt zusammen mit dieser die institutionelle Garantie des Berufsbeamtentums dar[151].

*aa) Das Leistungsprinzip*

Das Leistungsprinzip als ein hergebrachter Grundsatz des Berufsbeamtentums i.S.v. Art. 33 Abs. 5 GG gilt nicht nur für die Einstellung, sondern bezieht sich auch auf die Beförderungsämter[152]. Mit seiner besonderen Regelung in Art. 33 Abs. 2 GG hebt es sich im übrigen aus dem Kreis der hergebrachten Grundsätze hervor und ist dem dispositiven Zugriff des Gesetzgebers entzogen, d.h., daß eine Änderung nur durch den Verfassungsgesetzgeber herbeigeführt werden könnte[153]. Nur die Eignung, Befähigung und fachliche Leistung, die als Auswahlkriterien gleichberechtigt nebeneinander stehen[154], sind der Vorschrift zufolge maßgeblich für die Einstellung und Beförderung. Für Bevorzugungen oder Benachteiligungen bietet Art. 33 Abs. 2 GG keinen Raum, denn Rücksichten auf das Geschlecht, die Abstammung, Rasse, Glauben, religiöse oder politische Anschauungen, Herkunft oder Beziehungen sind gemäß §§ 8 Abs. 1 S. 2 und 23 BBG unzulässig. Hier verdeutlicht sich u.a. auch die Doppelfunktion dieser Verfassungsnorm, die einerseits den Schutz des einzelnen vor ungerechtfertigten Benachteiligungen sicherstellen soll, andererseits aber auch dem Interesse der Allgemeinheit gerecht werden muß, lediglich den bestqualifiziertesten Bewerbern den Zugang zum öffentlichen Dienst zu ermöglichen[155]. Allerdings liegt der Leistungsbeurteilung immer eine Wertung des Dienstherrn zugrunde, so daß diese niemals das Resultat eines mechanischen oder etwa konkret berechenbaren Vorgangs sein kann[156]. Vielmehr handelt es sich um einen Akt wertender Erkenntnis des Dienstherrn, der deshalb auch nur einer begrenzten richterlichen Nachprüfung zugänglich ist[157]. Dieses kann insbesondere am Eignungskriterium

---

151 Wagner, S. 14 Rn. 19
152 Schmidt-Bleibtreu/Klein, Art. 33 Rn. 4a; Schmidt-Aßmann, NJW 1980, S. 16
153 Wiese, S. 16
154 Schmidt-Bleibtreu/Klein, Art. 33 Rn. 6
155 Pieroth in Jarass/Pieroth, Art. 33 Rn. 3
156 Vgl. auch Wagner, S. 70 Rn. 138
157 Wiese, S. 90

des Art. 33 Abs. 2 GG veranschaulicht werden, da die Eignung die gesamte Person mit ihren körperlichen, seelischen und charakterlichen Eigenschaften erfaßt[158] und damit der Verwaltung im Rahmen der Eignungsfeststellung ein erheblicher Beurteilungsspielraum eingeräumt ist[159]. Das Auswahlkriterium der Befähigung bezieht sich schließlich auf die Begabung, das Allgemeinwissen und die Lebenserfahrung, die für die dienstliche Verwendung von Bedeutung sein können und die sich i.S.v. § 1 Abs. 3 BLV auch auf motivierende Neigungen und Interessen des Beamten beziehen können[160]. Demgegenüber bezieht sich die fachliche Leistung auf die praxisorientierte Bewährung, also insbesondere das Fachwissen und das Fachkönnen[161], so daß deshalb ihre Bedeutung im wesentlichen bei Beförderungen zum Tragen kommt[162].

Die grundsätzlich abschließende Funktion der drei Auswahlkriterien Eignung, Befähigung und fachliche Leistung, die in ihrem Zusammenspiel die Qualifikation des Bewerbers bzw. der Bewerberin ergeben, muß aufgrund der sachgerechten Auswertung aller einschlägigen Erkenntnisquellen wie insbesondere der aktuellen dienstlichen Beurteilungen, aber auch der Prüfungsnoten, Zusatzqualifikationen, speziellen Berufserfahrungen (z.B. Auslandsaufenthalte o.ä.) oder früheren Beurteilungen erfolgen[163].

Gleichwohl wird das aus diesen drei Auswahlkriterien zusammengesetzte Leistungsprinzip teilweise überlagert durch gesetzliche Bestimmungen, die ihre Begründung im Sozialstaatsprinzip als einer der Grundwerte des GG finden[164]. Während sozialstaatliche Regelungen aus der Nachkriegszeit (§ 9a Heimkehrergesetz) als echte Durchbrechungen des Leistungsprinzips anzusehen sind und keine Bedeutung mehr haben, existieren Sonderregelungen als Ausprägung des Sozialstaatsprinzips nach wie vor für Wehrpflichtige, z.B. § 11a Abs. 2 ASG oder § 16a ASG bzw. für Zivildienstleistende § 78 Abs. 1 Nr. 1 und Abs. 2 ZDG[165]. Dagegen stellt die bevorzugte Einstellung von Schwerbehinderten keine Durchbrechung des Leistungsgrundsatzes dar, da die aus § 13 Abs. 1 BLV folgende Anforderung an einen schwerbehinderten Bewerber, lediglich das Mindestmaß an körperlicher Eignung im Zusammenhang mit der zu besetzenden

---

158 Pieroth in Jarass/Pieroth, Art. 33 Rn. 4
159 BVerfGE 39, S. 334 (S. 354); BVerwGE 86, S. 244 (S. 246) und BAGE 39, S. 180 (S. 186)
160 Battis in Sachs (Hrsg.), GG Kommentar, 2. Aufl. 1999, Art. 33 Rn. 30
161 Pieroth in Jarass/Pieroth, Art. 33 Rn. 4
162 Schmidt-Bleibtreu/Klein, Art. 33 Rn. 6a
163 VG Bremen v. 26.11.1987, NJW 1988, S. 3224; Hess.VGH v. 12.10.1987, ZBR 1989, S. 378
164 Battis in Sachs (Hrsg.), Art. 33 Rn. 38 sowie Schmidt-Aßmann, S. 19
165 Ebenda

Stelle zu verlangen, nur als Modifikation zu verstehen ist. Im übrigen sind Schwerbehinderte bezüglich der anderen Qualifikationsmerkmale dem normalen Stellenwettbewerb mit den gesunden Bewerbern ausgesetzt[166]. Das Leistungsprinzip darf hier auch keine Beeinträchtigung auf der Grundlage von Art. 3 Abs. 3 S. 2 GG oder dem Sozialstaatsgebot erfahren[167].

Im Zusammenhang mit der Geltung sozialer Gesichtspunkte, die Modifikationen bzw. sogar Durchbrechungen des Leistungsprinzips rechtfertigen können, muß auch auf die Frage der Frauenförderung, insbesondere der leistungsabhängigen Vorrangregelungen (Quotenregelungen) zugunsten von Frauen, eingegangen werden. Nach Art. 3 Abs. 2 S. 2 GG obliegt dem Staat die Verpflichtung, die tatsächliche Durchsetzung der Gleichberechtigung von Frauen und Männern zu fördern und auf die Beseitigung bestehender Nachteile hinzuwirken. Sowohl nach der alten Fassung des Art. 3 Abs. 2 GG, der lediglich bestimmte, daß Männer und Frauen gleichberechtigt sind, als auch nach der durch das Gesetz zur Änderung des GG vom 27.10.1994[168] zustande gekommenen Neufassung des Art. 3 Abs. 2 GG war umstritten, ob das Leistungsprinzip aus Art. 33 Abs. 2 GG im Verhältnis zu Art. 3 Abs. 2 GG als verfassungsrechtliche Grundlage für die Einführung bzw. Beibehaltung bereits bestehender spezifischer Frauenfördermaßnahmen gewahrt ist[169].

Mit den Entscheidungen des EuGH in den Verfahren Kalanke/Freie Hansestadt Bremen[170] und Marschall/Land Nordrhein-Westfalen[171] ist gemeinschaftsrechtlich klargestellt worden, daß leistungsabhängige Vorrangregelungen zugunsten des unterrepräsentierten Geschlechts, nach denen Frauen nicht automatisch und absolut vor männlichen Mitbewerbern einzustellen oder zu befördern sind, sondern den Männern in jedem Fall eine objektive Bewertung ihrer Qualifikation gewährleisten, sofern die hierfür verwendeten Kriterien ihrerseits keine Diskriminierung beinhalten, zulässig sind[172]. Im Rahmen des Vorlagebeschlusses an den EuGH zur Prüfung des Hessischen Gleichberechtigungsgesetzes[173] hat der Hess.StGH u.a. ausgeführt, daß das BRRG die Landesgesetzgeber nicht

---

166 Schmidt-Aßmann, S. 19
167 Schwidden, RiA 1997, S. 70
168 BGBl. I, S. 3146
169 Statt vieler Battis in Sachs (Hrsg.), Art. 33 Rn. 37
170 EuGH v. 17.10.1995, Slg. 1995, S. 3051 Rs. C-450/93
171 EuGH v. 11.11.1997, Slg. 1997, S. 6363 Rs. C-409/95
172 Einschränkend Schmidt-Bleibtreu/Klein, Art. 33 Rn. 7b, der die Frauenförderung und speziell die in Rede stehenden leistungsabhängigen Vorrangregelungen mit Härtefall- oder Öffnungsklausel i.S.d. Marschall-Urteils des EuGH nur als untergeordneten Hilfsmaßstab im Rahmen der Auswahlentscheidung ansieht; vgl. auch Sachs, Anm. zu EuGH v. 11.11.1997, DVBl. 1998, S. 184 (S. 185)
173 Hess.StGH v. 16.04.1997, P.St. 1202, S. 27 f. = EuGRZ 1997, S. 213

in ihrer Kompetenz beschneidet, Gleichstellungsgesetze mit Geltung auch für das Landesbeamtenrecht zu erlassen[174].

Hinzuweisen ist aber darauf, daß Berührungspunkte zwischen Leistungsprinzip und leistungsabhängigen Vorrangregelungen deshalb ausgeschlossen werden können, weil die Leistungsabhängigkeit dieser spezifischen Frauenfördermaßnahme gerade impliziert, daß eine Qualifikationsbeurteilung aufgrund von Eignung, Befähigung und fachlicher Leistung bereits stattgefunden hat, die jedoch zu einem „Qualifikationspatt" zwischen Bewerber und Bewerberin geführt hat – die das unterrepräsentierte Geschlecht bevorzugende Regelung setzt immer erst **nach** und nicht im Rahmen der Qualifikationsfeststellung ein[175].

Dies führt zu einem weiteren Gesichtspunkt innerhalb des Leistungsprinzips, nämlich den sogenannten Hilfskriterien, die im Falle gleicher Qualifikation zweier Bewerber im öffentlichen Dienst üblicherweise bei der Auswahlentscheidung zur Anwendung kommen. Sind zwei Bewerber nach Eignung, Befähigung und fachlicher Leistung im wesentlichen gleich zu beurteilen, so können das Lebens- und das Dienstalter im Rahmen der Auswahlentscheidung als ausschlaggebende Kriterien zum Tragen kommen[176]. Auch eine besondere soziale Situation, z.B. die familiären Verhältnisse oder die Einkommenssituation, konnten in diesem Zusammenhang als Hilfskriterien in die Auswahlentscheidung miteinfließen[177].

Die vom BVerwG in seinem Urteil vom 28.08.1986 vertretene Auffassung, daß das Dienstalter als ein außerhalb des Leistungsprinzips stehender Gesichtspunkt zu bewerten sei[178], wurde u.a. von Harms nicht geteilt[179]. Er war der Ansicht, daß das Leistungsprinzip und ein höheres Dienstalter aufgrund einer längeren Bewährungszeit im letzten Beförderungsamt durchaus aufeinander bezogen seien.

Unabhängig davon ist das BVerwG in einer späteren Entscheidung zumindest von einer Korrelation zwischen Leistungsprinzip und Dienstalter ausgegangen[180]. Buglass und Heilmann bescheinigten gerade der Beförderung nach Dienstalter eine mittelbar diskriminierende Wirkung, da wesentlich weniger Frauen als Männer in der Lage seien, ein gleich hohes Dienstalter wie ein ver-

---

174 Zustimmend Battis in Sachs (Hrsg.), Art. 33 Rn. 37
175 Pfarr/Fuchsloch, NJW 1988, S. 2201 (S. 2205); Pfarr, Quoten und Grundgesetz, 1988, S. 95; Fuchsloch, NVwZ 1991, S. 442 (S. 443)
176 Schmidt-Bleibtreu/Klein, Art. 33 Rn. 6b
177 Vgl. Harms, DöD 1991, S. 49 (S. 54)
178 BVerwG v. 28.08.1986, ZBR 1987, S. 45; so auch Günther, ZBR 1979, S. 93 (S. 97) und Schmidt-Aßmann, S. 18
179 Harms, S. 55
180 BVerwG v. 25.08.1988, NJW 1989, S. 538

gleichbarer Mann beizubringen, da sie häufiger wegen Geburten und anschließendem Erziehungsurlaub und/oder familienpolitischen Beurlaubungen Ausfallzeiten hätten, die in Abzug zum Dienstalter gebracht würden[181]. Sie sahen deshalb in der Verwendung des Dienstalterskriteriums eine nach Art. 2 Abs. 1 der Richtlinie 76/207/EWG[182] gemeinschaftsrechtlich verbotene mittelbare Diskriminierung, die der EuGH auch in seinen Entscheidungen Gerster/Freistaat Bayern[183] und Kording/Senator für Finanzen[184] bestätigt hat. Im Urteil des EuGH im Verfahren Marschall/Land Nordrhein-Westfalen war Generalanwalt Jacobs in seinen Schlußanträgen vom 15.05.1997 der Meinung, daß die im öffentlichen Dienst üblicherweise verwendeten Hilfskriterien im Rahmen einer Auswahlentscheidung wie das Dienst- oder Lebensalter, soziale Gesichtspunkte wie der alleinverdienende Familienvater etc., eine auf der Grundlage Art. 2 Abs. 1 und 3 Abs. 1 der Richtlinie 76/207/EWG verbotene mittelbare Diskriminierung von Frauen darstellten[185].

Festzuhalten ist[186], daß das Hilfskriterium des Dienstalters nur ganz ausnahmsweise tatsächlich mit einer höheren Leistungsfähigkeit einhergeht. Es ist vielmehr davon auszugehen, daß die größere Eignung für ein Beförderungsamt regelmäßig schon in einer besseren Dienstbeurteilung zum Ausdruck kommt[187]. Dem Lebens- und Dienstalter kommt damit keine selbständige qualitative Aussagekraft mehr zu – es handelt sich nur noch um eine quantitative Bedeutung, die als nicht leistungsbezogene Hilfskriterien zu werten sind[188].

---

181 Buglass/Heilmann, AuR 1992, S. 353 (S. 356)
182 Richtlinie 76/207/EWG des Rates v. 09.02.1976 zur Verwirklichung des Grundsatzes der Gleichbehandlung von Männern und Frauen hinsichtlich des Zugangs zur Beschäftigung, zur Berufsbildung und zum beruflichen Aufstieg sowie in bezug auf die Arbeitsbedingungen, ABl.EG Nr. L 39, S. 40 v. 14.02.1976 i.d.F. der Änderungsrichtlinie 2002/73/EG v. 23.09.2002, ABl.EG Nr. L 269, S. 15
183 EuGH v. 02.10.1997, Slg. 1997, S. 5253 Rs. C-1/95
184 EuGH v. 02.10.1997, Slg. 1997, S. 5289 Rs. C-100/95
185 GA Jacobs, Slg. 1997, S. 63365 (S. 6376 f.) Rs. C-409/95
186 Der EuGH hat in seinem Urteil v. 28.03.2000, Slg. 2000, S. 1902 Rn. 35, Rs. C-158/97 Badeck u.a./Hess. Ministerpräsident schließlich klargestellt, welche Hilfskriterien er noch für zulässig hält, die insbesondere auch den Aspekt der Frauenförderung zurückdrängen können: Es handelt sich dabei u.a. um Schwerbehinderungen, langanhaltende Arbeitslosigkeit, mindestens zwölfjährige Verpflichtung als Zeitsoldat, Rückkehr von familiär bedingter Teilzeitarbeit auf einen Vollzeitarbeitsplatz etc.
187 Schiek, Anm. zu BAG v. 05.03.1996, AP Nr. 226 zu Art. 3 GG
188 Buglass/Heilmann, S. 354

*bb) Sonstige Prinzipien*

Neben dem in Art. 33 Abs. 2 GG verankerten Leistungsprinzip existieren weitere Prinzipien als hergebrachte Grundsätze i.S.v. Art. 33 Abs. 5 GG wie das Laufbahn-, das Alimentations und das Lebenszeitprinzip. Auch sie bedürfen zumindest einer kurzen Erwähnung, da sie von grundsätzlicher Bedeutung für das Dienstrecht sind.

So beruht das Laufbahnprinzip auf dem Gedanken, daß ein hoher Leistungsstand der Verwaltung nur auf der Grundlage einer bestmöglichen Auslese auch erreicht werden kann und zwar durch eine den Aufgaben einer Laufbahn entsprechende Vorbildung und Ausbildung des Beamten, die dieser grundsätzlich durch Prüfungen und Bewährung, der sogenannten Laufbahnbefähigung, nachzuweisen hat[189]. Gleichzeitig erfüllt das Laufbahnprinzip auch die Funktion einer möglichst wirkungsvollen Steuerung des Personaleinsatzes und gewährleistet dabei auch den Leistungsgrundsatz[190]. An dieser Stelle ergeben sich damit auch (mittelbare) Berührungspunkte zur Frauenförderung im öffentlichen Dienst durch leistungsabhängige Vorrangregelungen. Darüber hinaus steht das Laufbahnprinzip im engen Zusammenhang mit dem Beamtenverhältnis als Lebensberuf[191], denn andere Ausgestaltungen, wie das Beamtenverhältnis auf Widerruf, auf Probe oder auf Zeit, sind nur in einem gesetzlich beschränkten Umfang zulässig[192].

Bei Wagner findet sich schließlich eine Zusammenstellung der verschiedenen laufbahnrechtlichen Grundsätze, die sich aus dem BBG (§§ 15 bis 22 BBG) und der BLV ergeben. Er rechnet u.a. auch den Bundespersonalausschuß zu den laufbahnrechtlichen Grundsätzen[193], dem auf der Länderebene die Landespersonalausschüsse entsprechen und die als unabhängige Stellen die richtige und gleichmäßige Anwendung der beamtenrechtlichen Vorschriften gewährleisten und unsachliche Einflüsse auf die Personalpolitik verhindern helfen sollen[194]. Ihre Einrichtung ergibt sich für die Bundesverwaltung aus § 95 BBG und für die Länder aus § 61 BRRG. Auch hier ist eine Schnittstelle mit Bezug zur Verwirklichung faktischer Gleichberechtigung der Geschlechter gegeben, denn § 98 Abs. 1 Nr. 6 BBG stellt ausdrücklich klar, daß zu den Aufgaben des Bundespersonalausschusses auch gehört, Vorschläge zur Durchsetzung der Chancen-

---

189 Wagner, S. 58 Rn. 111
190 Ebenda
191 Wiese, S. 15
192 Peine/Heinlein, S. 23
193 Wagner, S. 64 Rn. 129
194 Peine/Heinlein, S. 50 f.

gleichheit von Frauen und Männern sowie zur besseren Vereinbarkeit von Familie und Beruf zu machen.

Das Alimentationsprinzip wird auch als der Grundsatz der amtsangemessenen Besoldung und Versorgung des Beamten bezeichnet, der dem Beamten (und seiner Familie) nicht nur Dienstbezüge, sondern auch eine Alters- und Hinterbliebenenversorgung sichert, die sich an seinem Dienstrang, der Bedeutung und Verantwortung des ausgeübten Amtes sowie der entsprechenden Entwicklung der allgemeinen wirtschaftlichen und finanziellen Verhältnisse in Deutschland orientiert[195]. Hintergrund bildet hier die Überlegung, daß nur eine rechtliche und wirtschaftliche Absicherung des Beamten eine stabile Verwaltung als ausgleichenden Faktor für das politische Kräftespiel innerhalb des Staates darstellen kann[196].

Ein weiterer hier aufzugreifender hergebrachter Grundsatz des Berufsbeamtentums ist das Lebenszeitprinzip[197]. Zu beachten ist, daß das Berufsbeamtentum getragen und ausgerichtet ist auf den Lebenszeitbeamten, der auch Regelfall ist[198]. Auf diesen Status beziehen sich die aus Art. 33 Abs. 5 folgenden Garantien[199]. Neben der grundsätzlich lebenslangen Anstellung sind andere Ausgestaltungen des Beamtenverhältnisses, z.B. des Beamten auf Widerruf, auf Probe oder auf Zeit, nur in einem beschränkten und gesetzlich begrenzten Umfang zulässig[200]. Damit bietet der Lebenszeitstatus auch den stärksten Bestandsschutz für das Dienstverhältnis, das ausschließlich durch den Eintritt in den Ruhestand, die Dienstunfähigkeit und in den gesetzlich festgelegten Fällen der Entlassung und Entfernung aus dem Dienst beendet werden kann[201].

*c) Grundrechtsbindung*

Grundsätzlich beanspruchen auch die Grundrechte Geltung für das öffentlichrechtliche Dienst- und Treueverhältnis der Beamten[202]. Das sich die Frage nach der Geltung der Grundrechte im Unterschied zu den Arbeitnehmern des öffentlichen Dienstes überhaupt stellt, ist eine Folge des Sonderrechtsverhältnisses, das

---

195 Wiese, S. 14 sowie Wagner, S. 124 f. Rn. 263 f.; zur Anpassung der Besoldung an die Entwicklung der wirtschaftlichen und finanziellen Verhältnisse vgl. auch BVerfGE 56, S. 353 (S. 361)
196 BVerfGE 8, S. 1 (S. 16); vgl. auch BVerfGE 11, S. 203 (S. 216 f.)
197 BVerfGE 70, S. 251 (S. 267)
198 Wagner, S. 33 Rn. 50
199 BVerfGE 44, S. 249 (S. 262)
200 Peine/Heinlein, S. 23
201 Wagner, S. 33 Rn. 50
202 Wiese, S. 23 sowie Battis, BBG, § 2 Rn. 14

dem Beamten besondere Dienstpflichten abverlangt, die seine rechtlichen Möglichkeiten, von den Grundrechten Gebrauch zu machen, beschränken[203]. Allerdings ergibt sich aus der Normierung der Beamtenverhältnisse in der Verfassung neben den Grundrechten auch, daß dieser Sonderstatus zu den Bestandteilen der verfassungsmäßigen Ordnung genau wie die Grundrechte gehört[204]. Deshalb sind Grundrechtsbegrenzungen über die allgemeinen Beschränkungen hinaus hier nur unter der Voraussetzung möglich, daß das Sonderrechtsverhältnis seine Grundlagen in der Verfassung selbst findet und daß seine Eigenarten Grundrechtsbegrenzungen tatsächlich erforderlich machen[205].

Grundrechtseinschränkungen für Beamte werden insbesondere aus Art. 33 Abs. 5 GG abgeleitet, der gleichzeitig aber auch spezielle, grundrechtsähnliche Individualrechte des Beamten zur Verfügung stellt[206]. Eine weitere Begründung von Grundrechtsbeschränkungen wird ebenfalls in dem Funktionsvorbehalt des Art. 33 Abs. 4 GG gesehen im Zusammenspiel mit Art. 33 Abs. 5 GG[207].

Aus Art. 33 Abs. 5 GG resultierende Einschränkungen der Grundrechtsausübung haben allerdings nur dann Bestand, soweit im Einzelfall die Natur und der Zweck des konkreten Beamtenverhältnisses eine solche Begrenzung erforderlich machen[208], d.h., daß das Ausmaß der Grundrechtseinschränkung ausschließlich am jeweiligen Aufgabenbereich und der Dienststellung des betroffenen Beamten unter Beachtung des Verhältnismäßigkeitsgrundsatzes zu bestimmen ist[209].

Insgesamt ist für die Grundrechtsbindung des deutschen öffentlichen Dienstes festzuhalten, daß die Grundrechte im Beamtenverhältnis eine grundsätzliche Geltung beanspruchen. Grundrechtsbegrenzungen können nur aufgrund bestehender Schranken in der jeweiligen Verfassungsnorm oder aufgrund eines hergebrachten Grundsatzes des Berufsbeamtentums über die Herstellung praktischer Konkordanz im Verhältnis zu einem schrankenlosen Grundrecht akzeptiert werden.

---

203 Schnellenbach, Beamtenrecht in der Praxis, 4. Aufl. 1998, S. 129 Rn. 209
204 Hesse, Grundzüge des Verfassungsrechts der Bundesrepublik Deutschland, Neudruck der 20. Aufl. 1999, S. 146 Rn. 325
205 Hesse, S. 146 Rn. 326
206 Wiese, S. 23
207 Wagner, S. 130 Rn. 276
208 BVerfGE 19, S. 303 (S. 322)
209 Battis in Sachs (Hrsg.), Art. 33 Rn. 74

*d) Rechtsschutz*

Nach § 59 BRRG kann die rechtliche Stellung eines Beamten nur nach Maßgabe oder in den Formen, die das BRRG bestimmt oder zuläßt, verändert werden. Dieser Schutz der beamtenrechtlichen Rechtspositionen manifestiert sich vor allen Dingen in der Beschwerdemöglichkeit und einem umfassenden verwaltungsrechtlichen Schutz[210]. Außergerichtliche Rechtsbehelfe wie Anträge und formlose Beschwerden stehen den gerichtlichen Rechtsbehelfen beim Verwaltungsgericht nach § 172 BBG, § 126 BRRG gegenüber[211].

Für Klagen aus dem Beamtenverhältnis ist nach § 172 BBG i.V.m. §§ 126, 127 BRRG[212] der Verwaltungsrechtsweg eröffnet. In nicht erschöpfender Weise zählt dabei § 126 Abs. 1 BRRG den Personenkreis auf, dem eine Klageberechtigung zukommt[213], nämlich nicht nur aktive Beamte, Ruhestandsbeamte, frühere Beamte und die Hinterbliebenen eines Beamten, sondern bei weiter Auslegung von § 126 Abs. 1 BRRG auch Beamtenbewerber, die auf Einstellung etc. klagen können[214]. Der beamtenrechtlichen Konkurrentenklage[215] kommt dabei besondere Bedeutung zu.

Diese Bedeutung der beamtenrechtlichen Konkurrentenklage, bei der es nicht um eine eigenständige, von der VwGO vorgesehene Klageart geht, sondern vielmehr um die Frage, ob der im Rahmen eines Auswahlverfahrens bei Einstellungen oder Beförderungen bzw. bei der Übertragung eines höherwertigen Dienstpostens übergangene Bewerber die Ablehnung seiner Bewerbung gerichtlich überprüfen lassen kann[216], kommt vor allem bei Fragen der Frauenförderung zum Tragen. Der beamtenrechtlichen Konkurrentenklage steht auf Seiten der Arbeitnehmer die arbeitsrechtliche Konkurrentenklage gegenüber, die auf dieselben Konkurrenzschutzfragen ausgerichtet ist[217].

---

210 Peine/Heinlein, S. 105
211 Wagner, S. 143 Rn. 298
212 In § 127 BRRG ist das Revisionsverfahren für beamtenrechtliche Streitigkeiten geregelt
213 Wagner, S. 145 Rn. 306
214 Ebenda
215 Vgl. hierzu ausführlich Seitz, S. 6 ff.
216 Vgl. Wagner, S. 150 f. Rn. 317 ff., der im übrigen gegen die Zulässigkeit der Konkurrentenklage ist, dem nicht in das Auswahlverfahren gekommenen Bewerber aber die Möglichkeit seiner Einbeziehung über die einstweilige Anordnung i.S.v. § 123 VwGO zugesteht
217 Seitz, S. 55 ff.

*aa) Die beamtenrechtliche Konkurrentenklage*

Die Frage nach der Konkurrentenklage im deutschen öffentlichen Dienst ist nicht neu – vielmehr beschäftigt sich die Rechtsprechung ungefähr seit Beginn der achtziger Jahre mit dem Konkurrentenstreit, der sich fast ausschließlich auf die Beförderung bezieht[218]. Gleichwohl ist eine Konkurrenzsituation auch bei der Einstellung gegeben, die für den rechtswidrig übergangen Bewerber im Wege der Konkurrentenklage angegriffen werden kann[219]. Da sich die Konkurrenzsituationen sowohl im Einstellungs- als auch im Beförderungsverfahren in den wesentlichen Grundzügen decken[220], gelten die folgenden Ausführungen gleichermaßen beiden Verfahren.

Zu vergegenwärtigen ist zunächst, daß der Besetzung einer Beamtenstelle immer eine Wettbewerbssituation der Bewerber/innen um das jeweilige Amt vorausgeht[221]. Der beamtenrechtliche Konkurrentenstreit dreht sich immer um die Ernennung als rechtsgestaltender, formgebundener, bedingungsfeindlicher und mitwirkungsbedürftiger Verwaltungsakt. Dabei gliedert sich der beamtenrechtliche Konkurrentenstreit in zwei Unterfälle auf, die sich zum einen auf den Zeitraum vor der Ernennung des ausgewählten Beamten beziehen, zum anderen auf den Zeitpunkt, wenn bereits ein Bewerber ernannt ist[222].

Prämisse des Rechtsschutzes vor und nach der Ernennung ist zunächst das subjektive Recht des einzelnen Bewerbers auf eine fehlerfreie Behandlung seiner Bewerbung in der Auswahlentscheidung durch den Dienstherrn[223], die ihn in formeller und materieller Hinsicht in einem Recht verletzen kann[224].

In formeller Hinsicht geht der Auswahlentscheidung ein Stellenbesetzungsverfahren voraus, das regelmäßig mit der Stellenausschreibung gemäß § 8 Abs. 1 S. 1 BBG eingeleitet wird[225], wobei die Ausgestaltung des Verfahrens im ein-

---

218 Günther, ZBR 1990, S. 284; schon 1975 hatte sich allerdings Schick, DVBl. 1975, S. 741 mit der Möglichkeit einer Übertragung der Konkurrentenklage im europäischen Beamtenrecht auf den deutschen öffentlichen Dienst beschäftigt!
219 Schnellenbach, DöD 1990, S. 153; zur Konkurrentenklage bei Einstellungen Deinert, RiA 1996, S. 5 sowie Seitz, S. 6 Fn. 24
220 Vgl. Deinert, S. 6 Fn. 18
221 Seitz, S. 7 sowie Ronellenfitsch, VerwArch 1991, S. 121 (S. 128)
222 Seitz, S. 8 sowie Schnellenbach, DöD 1990, S. 153
223 Battis in Sachs (Hrsg.), Art. 33 Rn. 41
224 Peter, JuS 1992, S. 1042 (S. 1043)
225 Zu beachten ist hier jedoch, daß für Beförderungsverfahren keine Ausschreibungspflicht besteht, vgl. BVerwGE 49, S. 232; allerdings sollen freie oder freiwerdende Beförderungsdienstposten verwaltungsintern gemäß § 4 Abs. 2 S. 1 BLV ausgeschrieben werden, vgl. Battis, § 23 Rn. 7 sowie Wittkowski, NJW 1993, S. 817 (S. 820)

zelnen dem Dienstherrn im pflichtgemäßen Ermessen obliegt[226]. Auf der verfahrensrechtlichen Ebene hat in diesem Zusammenhang jedoch jeder im Rahmen des Auswahlverfahrens zu berücksichtigende Bewerber einen Anspruch auf ein faires und gleiches Verfahren, das wiederum die Grundlage für die spätere, die Bewerber vergleichende Eignungsbeurteilung bildet[227].

In materieller Hinsicht ist das Auswahlverfahren dagegen durch den in Art. 33 Abs.2 GG verankerten Grundsatz der Bestenauslese bzw. das Leistungsprinzip bestimmt. Bei der Eignungsbeurteilung verfügt der Dienstherr allerdings über einen Beurteilungsspielraum[228], der nur einer eingeschränkten gerichtlichen Kontrolle zugänglich ist[229]. So besteht demnach zwar kein unmittelbarer Anspruch auf Ernennung in ein bestimmtes Amt[230], wohl aber ein Anspruch auf eine fehlerfreie Anwendung der Verfahrensvorschriften und Ausübung des Auswahlermessens[231].

Liegt diesem Verfahrensanspruch der Bewerber/innen im öffentlichen Dienst[232] eine Verletzung zugrunde, so besteht regelmäßig ein Anspruch auf erneute Durchführung des Auswahlverfahrens, wobei das Ergebnis offen ist[233]. Bei der nach § 126 Abs. 1 BRRG beim Verwaltungsgericht zu erhebenden Klage handelt es sich um eine Verpflichtungsklage i.S.v. § 42 Abs. 1 VwGO auf Neubescheidung (aufgrund des Fehlens eines unmittelbaren Anspruchs auf Ernennung, ist regelmäßig ein Antrag auf Neubescheidung zu stellen, weil dies zu einer erneuten Auswahlentscheidung unter Beachtung der Rechtsauffassung des Gerichts gemäß § 113 Abs. 5 S. 2 VwGO führt)[234], da die Mitteilung der Auswahlentscheidung durch den Dienstherrn an den abgelehnten Bewerber als Verwaltungsakt nach § 35 VwVfG zu qualifizieren ist, weil dadurch eine abschließende Regelung bedingt durch die endgültige Entscheidung über die fragliche Bewerbung getroffen wird[235].

Die Verpflichtungsklage ist gemäß § 42 Abs. 2 VwGO nur zulässig, wenn der abgewiesene Bewerber die Verletzung eines subjektiven Rechts geltend

---

226 Peter, S. 1043
227 Ebenda
228 BVerfGE 39, S. 334 (S. 354) sowie BVerwGE 68, S. 109 (S. 110); BVerwGE 86, S. 244 (S. 246)
229 Peter, S. 1043
230 BVerwG v. 31.05.1990, NVwZ 1991, S. 375; BVerwG v. 29.04.1992, ZBR 1992, S. 243
231 BVerwGE 80, S. 123 (S. 124); vgl. auch Battis in Sachs (Hrsg.), Art. 33 Rn. 41
232 Sog. Bewerbungsverfahrensanspruch; vgl. Günther, NVwZ 1986, S. 697 (S. 703)
233 Schiek in Schiek u.a., S. 466 Rn. 810 sowie Bracher, ZBR 1989, S. 139 (S. 140)
234 Peter, S. 1044
235 Seitz, S. 10; BVerfGE 39, S. 334 (S. 354); BVerwGE 80, S. 127 (S. 129)

machen kann und eine solche Verletzung zumindest möglich ist[236]. Hier genügt es, wenn das Auswahlverfahren bzw. die Auswahlentscheidung wahrscheinlich fehlerhaft gewesen ist, nicht ausgeschlossen werden kann, daß sich der eventuelle Fehler zuungunsten des abgewiesenen Bewerbers ausgewirkt hat und das dieser in einem erneuten Auswahlverfahren nicht chancenlos ist[237]. Nach Beschluß des BVerfG vom 19.09.1989 ist der Dienstherr zur Mitteilung über den Ausgang des Auswahlverfahrens an die Bewerber/innen aus Art. 33 Abs. 2 i.V.m. Art. 19 Abs. 4 GG[238] verpflichtet, denn nur durch diese Kenntnis ist es einem abgewiesenen Bewerber möglich, Rechtsschutz gegenüber der Auswahlentscheidung in Anspruch zu nehmen[239]. Über die inhaltliche Ausgestaltung und den Umfang des Mitteilungsanspruchs hat das BVerfG jedoch keine Aussagen getroffen. Einzelheiten des Mitteilungsanspruchs hat überzeugend Seitz herausgearbeitet, z.B. zum Zeitpunkt der Mitteilung, zur Begründung der Ablehnung, zur Namensnennung des bevorzugten Konkurrenten, zur Mitteilung wesentlicher Qualifikationsmerkmale, zur Akteneinsicht und den Grenzen des Auskunftsanspruchs etc.[240].

Das BVerwG hat schließlich das noch fragliche Rechtsschutzbedürfnis des unterlegenen Bewerbers verneint, wenn der geltend gemachte Anspruch wegen der Ernennung des Konkurrenten nicht mehr erfüllt werden kann[241]. Ist dagegen der Konkurrent noch nicht wirksam ernannt und in das jeweilige Amt eingewiesen (die Einweisung in eine Planstelle gestaltet sich haushaltsrechtlich als Vollzug der Auswahlentscheidung gemäß § 49 BHO)[242], besteht in jedem Fall ein Rechtsschutzbedürfnis wegen des Anspruchs auf eine fehlerfreie Ermessensausübung bei der Auswahlentscheidung, da zu diesem Zeitpunkt auch das Argument der „Ämterstabilität", d.h., daß bei bereits vollzogener Ernennung des Konkurrenten keine dem abgewiesenen Bewerber entsprechende Entscheidung mangels verfügbarer Stelle mehr ergehen kann[243], nicht durchzugreifen vermag[244]. Daraus folgt, daß die Konkurrentenklage nach Ernennung des erfolgrei-

---

236 Kopp/Schenke, VwGO Kommentar, 12. Aufl. 2000, § 42 Rn. 66; Wagner, S. 153 f.
237 Bracher, S. 140 sowie Wittkowski, S. 819
238 BVerfG v. 19.09.1989, NJW 1990, S. 501; vgl. dazu die Anm. von Hufen, JuS 1990, S. 756 sowie Busch, DVBl. 1990, S. 106 (S. 107)
239 Seitz, S. 12; Wittkowski, S. 819
240 Seitz, S. 13 ff.
241 BVerwGE 80, S. 127 (S. 129)
242 Vgl. Günther, NVwZ 1986, S. 697 (S. 699)
243 BVerwGE 80, S. 127 (S. 130)
244 Ronellenfitsch, S. 132 sowie Battis, § 8 Rn. 20; kritisch dazu Scherer, Jura 1985, S. 11 (S. 16, 23)

chen Mitbewerbers ausgeschlossen ist[245], mithin auch das Rechtsschutzbedürfnis des unterlegenen Bewerbers fehlt.

Ob an dieser Stelle für den erfolglosen Bewerber ein Schadensersatzanspruch aus Art. 34 GG i.V.m. § 839 BGB folgen kann, ist nicht ohne weiteres zu beantworten, denn die unterbliebene Einstellung oder Beförderung scheitert zumeist am Verschuldens- und/oder Kausalitätsnachweis[246]. Dieser Nachweis hat nur dann Erfolg, wenn die Einstellung oder Beförderung des abgewiesenen Bewerbers die einzig richtige Entscheidung des Dienstherrn gewesen wäre[247] (sog. Ermessensreduzierung auf Null). Selbst das Vorhandensein eines gleich oder besser qualifizierten Mitbewerbers genügt hier nicht, wenn ein weniger hoch qualifizierter Mitbewerber ausgewählt worden ist[248]. Das BVerwG hat dies mit seinem Beschluß vom 13.04.1994 am Beurteilungsspielraum des Dienstherrn im Rahmen der Eignungsprüfung der Bewerber für den fraglichen Dienstposten festgemacht und eine geringfügig schlechtere Beurteilung des beförderten Bewerbers durchgehen lassen[249]. Hier bringt die Beweislastrichtlinie 97/80/EG speziell für abgewiesene Bewerberinnen Beweiserleichterungen, sofern die ablehnende Auswahlentscheidung auf eine geschlechtsbedingte Diskriminierung zurückzuführen gewesen ist. Durch die Bezugnahme des § 5 Abs. 2 des neuen Bundesgleichstellungsgesetzes auf die Geltung des § 611a BGB auch für Beamtinnen und Beamten bzw. Frauen und Männer, die sich für eine solche Tätigkeit bewerben, ist auf Bundesebene klargestellt, daß die dort verankerte Beweislastumkehr u.a. bedingt durch die Beweislastrichtlinie zwar im Beamtenverhältnis anwendbar ist, jedoch bezieht sich diese Vorschrift nur auf Verstöße gegen das Benachteiligungsverbot, nicht dagegen auf Verstöße gegen die Anwendung der leistungsabhängigen Vorrangregelung[250].

Die Zuschneidung der Konkurrentenklage auf den Zeitpunkt vor der Ernennung führt schließlich zur Frage des vorläufigen Rechtsschutzes, denn das BVerwG hat im Urteil vom 25.08.1988 hervorgehoben, daß ein Bewerber auch schon vor Erlaß des ablehnenden Verwaltungsakts durch die Inanspruchnahme des vorläufigen Rechtsschutzes verhindern könne, daß mit der Ernennung vollendete Tatsachen geschaffen würden[251]. Da die Auswahlentscheidung des Dienstherrn im Wege der Verpflichtungsklage auf Neubescheidung angegriffen

---

245 BVerfG v. 19.09.1989, NJW 1990, S. 501
246 Schnellenbach, DöD 1990, S. 153 (S. 154)
247 Ebenda
248 Ebenda; vgl. auch BVerwG v. 13.04.1994, RiA 1995, S. 135
249 BVerwG v. 13.04.1994, S. 136
250 Schiek in Schiek u.a., S. 375 Rn. 907
251 BVerwGE 80, S. 127 (S. 129)

werden kann, sind auch die Zulässigkeitserfordernisse der einstweiligen Anordnung erfüllt und sie ist somit statthaft[252].

Im Zusammenhang mit den zwei Formen der einstweiligen Anordnung (Sicherungsanordnung i.S.v. § 123 Abs. 1 S.1 VwGO und Regelungsanordnung nach § 123 Abs. 1 S. 2 VwGO) stellen sowohl Günther[253] als auch Seitz[254] klar, daß es auf eine Unterscheidung zwischen der Sicherungs- und der Regelungsanordnung nicht ankommt, da auch die Rechtsprechung insoweit keine grundsätzlichen Differenzierungen vornimmt[255].

Die Antragsbefugnis ergibt sich schließlich in analoger Anwendung der Klagebefugnis im Hauptsacheverfahren aus § 42 Abs. 2 VwGO, demnach ein Bewerbungsverfahrensanspruch auf ermessensfehlerfreie Entscheidung des Dienstherrn besteht[256]. Die Begründetheit des Antrags auf einstweilige Anordnung ist gegeben, wenn der Antragsteller neben einem Anordnungsanspruch auch einen Anordnungsgrund glaubhaft machen kann, was sich gemäß § 123 Abs. 3 VwGO nach §§ 920 Abs. 2, 294 ZPO richtet[257]. Der Anordnungsanspruch ergibt sich aus dem Bewerbungsverfahrensanspruch, denn der unterlegene Bewerber kann vom Dienstherrn verlangen, daß er nicht aus sachwidrigen Gründen in seinem beruflichen Fortkommen behindert bzw. bei der Einstellung übergangen wird[258]. Die Glaubhaftmachung erstreckt sich damit auf die konkrete Darlegung des betroffenen Bewerbers, daß das Auswahlverfahren oder die Auswahlentscheidung fehlerhaft gewesen sei und das er in einem erneuten Auswahlverfahren nicht chancenlos wäre[259].

Festzuhalten ist jedoch schon an dieser Stelle, daß der Nachweis der besseren oder einer gleichen Qualifikation die übergangenen Bewerber vor erhebliche Schwierigkeiten stellt, was mit der Mitteilungspflicht des Dienstherrn über den Ausgang des Auswahlverfahrens nur teilweise in den Griff zu bekommen ist[260]. Hier bietet die Beweislastumkehr eine Hilfestellung (vgl. cc)).

---

252 Seitz, S. 39 f.
253 Günther, NVwZ 1986, S. 697 (S. 702)
254 Seitz, S. 40
255 A.A. Deinert, S. 11, der auf eine Regelungsanordnung gemäß § 123 Abs. 1 S. 2 VwGO abstellt sowie Schnellenbach, DöD 1990, S. 153 (S. 156), der die Sicherungsanordnung nach § 123 Abs. 1 S. 1 VwGO als Grundlage seiner Prüfung nimmt
256 Statt vieler Seitz, S. 40
257 Ebenda
258 Wittkowski, S. 819
259 Wittkowski, S. 819; Seitz, S. 40 f.; Peter, S. 1046; Bracher, S. 140; Schnellenbach, DöD 1990, S. 153 (S. 156); Günther, NVwZ 1986, S. 697 (S. 703)
260 Allgemein in diese Richtung Seitz, S. 37, 80 (zur Beweislastverteilung gemäß § 611a BGB)

Der Anordnungsgrund, die Eilbedürftigkeit der gerichtlichen Anordnung, liegt in den Fällen, in denen die Besetzung der fraglichen Stelle unmittelbar bzw. demnächst bevorsteht, grundsätzlich vor. Dies folgt aus der Überlegung, daß nach der Ernennung der Einstellungs- oder Beförderungsakt im Hauptsacheverfahren nicht mehr rückgängig gemacht werden kann[261].

Die inhaltliche Konsequenz der einstweiligen Anordnung liegt für die Verwaltungsgerichte regelmäßig in der vorläufigen Untersagung einer Ernennung des ausgewählten Bewerbers, die auf eine Freihaltung der zu besetzenden Stelle hinausläuft, bis eine erneute Auswahlentscheidung durch den Dienstherrn erfolgt ist[262].

Im Ergebnis ist demnach festzuhalten, daß im einstweiligen Anordnungsverfahren die Stelle solange freizuhalten ist, bis die beanstandete Auswahlentscheidung fehlerfrei nachgeholt oder eine Neuauswahl getroffen worden ist. Dabei steht die einstweilige Anordnung ebenfalls nicht der zügigen Abhilfe durch den Dienstherrn entgegen, da dieser zumeist ein Interesse an einer schnellen Stellenbesetzung und besseren Personalplanung haben wird[263].

*bb) Die arbeitsrechtliche Konkurrentenklage*

Die arbeitsrechtliche Konkurrentenklage ist im Gegensatz zur beamtenrechtlichen Konkurrentenklage in sehr viel geringerem Umfang Gegenstand von Auseinandersetzungen in der Literatur und Rechtsprechung, obwohl hier ebenfalls das Leistungsprinzip gemäß Art. 33 Abs. 2 GG Geltung beansprucht und Konkurrenzsituationen in ähnlicher Weise um verfügbare Stellen im öffentlichen Dienst entstehen können[264]. Auch hier hat der Dienstherr nach Eignung, Befähigung und fachlicher Leistung zu entscheiden, was insbesondere im Rahmen von Beförderungen, aber auch beim beruflichen Aufstieg, Einstellungen, Zulassung zu Qualifizierungen u.ä. zum Tragen kommt[265]. Prinzipiell nachrangige Hilfskriterien können nur dann zur Anwendung kommen, wenn sich zwei gleich qualifizierte Bewerber gegenüberstehen und das jeweilige Kriterium seinerseits verfassungsrechtlich legitimierbar ist[266]. Daraus folgt in der Konsequenz, daß das Auswahlverfahren ähnlich wie bei Beamtenbewerbern dem effektiven Rechtsschutz hinsichtlich des Zugangs zur fraglichen Stelle gerecht zu werden

---

261 Wittkowski, S. 819
262 Peter, S. 1046
263 Günther, NVwZ 1986, S. 697 (S. 704)
264 Seitz, S. 55
265 Günther, ZTR 1993, S. 281 (S. 283)
266 Ebenda

hat[267], der sich auf den Zeitpunkt vor und nach der Einstellung des Konkurrenten zu beziehen hat[268].

Ausgangspunkt der Überlegungen ist zunächst, daß das Prinzip der Ämterstabilität nicht gilt und allein das Arbeitsvertragsrecht maßgeblich ist[269]. Günther ist jedoch der Auffassung, daß die Vertragsposition des einzelnen schutzlos wäre, wenn das zugrunde liegende Rechtsgeschäft, der Arbeitsvertrag, gemäß § 134 BGB wegen Verstoßes gegen ein gesetzliches Verbot nichtig wäre[270].

Seitz stellt demgegenüber fest, daß eine gegen den Leistungsgrundsatz verstoßende Auswahlentscheidung immer rechtswidrig ist und Art. 33 Abs. 2 GG als Verbotsgesetz i.S.v. § 134 BGB fungiere[271]. Er hält der von Günther vertretenen Auffassung, daß der Zweck des Leistungsprinzips im Interesse der Funktionsfähigkeit der Verwaltung durch Einstellung oder Beförderung des Bestqualifiziertesten optimal erfüllt werde, wenn die Folge der Mißachtung dieses Prinzips die Nichtigkeit wäre[272], entgegen, daß der Leistungsgrundsatz nur ein einseitiges Auswahlverbot beinhalte, das sich lediglich an die Behörde als Träger der öffentlichen Gewalt richte, nicht aber an den privaten Vertragspartner[273]. Mit der h.M. geht er davon aus, daß Rechtsgeschäfte, die gegen ein einseitiges Verbot verstoßen, als gültig anzusehen sind[274] und die Unterscheidung nach einseitigem und zweiseitigem Rechtsgeschäft auch angesichts des gesetzgeberischen Willens konsequent sei, demzufolge bei einseitigen Verboten nur eine Vertragspartei zu einer Beachtung des Verbots aufgefordert sei und vom Vertragsabschluß abgehalten werden solle, nicht aber das Rechtsgeschäft insgesamt ungültig werde, da anderenfalls dem nicht verbotswidrig handelnden Vertragspartner auch keine Ansprüche aus dem Rechtsgeschäft zuständen[275]. Damit resultiert für ihn aus dem Verstoß gegen Art. 33 Abs. 2 GG auch keine Nichtigkeit des mit dem ausgewählten Konkurrenten abgeschlossenen Arbeitsvertrages gemäß § 134 BGB[276].

Eine eventuelle Sittenwidrigkeit des Arbeitsvertrages mit dem rechtswidrig ausgewählten Konkurrenten nach § 138 Abs. 1 BGB schließt er aus, kommt aber sowohl wegen des grundsätzlich neutralen Vertragsinhalts als auch aufgrund der

---

267 Ebenda
268 Seitz, S. 55
269 Günther, ZTR 1993, S. 281 (S. 283)
270 Günther, ZTR 1993, S. 281 (S. 284)
271 Seitz, S. 56
272 Günther, ZTR 1993, S. 281 (S. 284)
273 Seitz, S. 57
274 Vgl. etwa BGHZ 89, S. 373; Heinrichs in Palandt, BGB Kommentar, 62. Aufl. 2003, § 134 Rn. 9
275 Seitz, S. 57 f.
276 Seitz, S. 58

Annahme, daß die Vertragsparteien regelmäßig nicht bewußt gegen den Leistungsgrundsatz aus Art. 33 Abs. 2 GG verstoßen wollen, zu der Schlußfolgerung, daß es für eine Sittenwidrigkeit solcher Arbeitsverträge keine Anhaltspunkte gibt[277].

Haushaltsrechtliche Gründe aus § 49 BHO stehen der Einstellung des benachteiligten Bewerbers nicht entgegen, da das Ämterstabilitätsprinzip im Arbeitsrecht nicht gilt[278]. Insgesamt ist Seitz mit dem LAG Hamm[279] der Auffassung, daß in Übertragung der Grundsätze zur beamtenrechtlichen Konkurrentenklage der öffentliche Arbeitgeber nach einer endgültig erfolgten wirksamen Übertragung der fraglichen Tätigkeit an einen Bewerber der Bewerbung des übergangenen Konkurrenten nicht mehr entsprechen könne[280]. Demgegenüber vertritt das LAG Berlin die Ansicht, daß die von den Verwaltungsgerichten entwickelten Grundsätze zur beamtenrechtlichen Konkurrentenklage nicht auf die privatrechtlich ausgestalteten Arbeitsverhältnisse des öffentlichen Dienstes übertragbar seien[281]. Denn wenn dem übergangenen Bewerber ein Anspruch auf Auswahl aufgrund einer vertraglichen Zusage oder aber wegen des Leistungsprinzips aus Art. 33 Abs. 2 GG zustehen sollte, wäre der öffentliche Arbeitgeber primär verpflichtet, diesen Anspruch zu erfüllen[282]. Dabei könnte er den eingestellten Bewerber entweder auf einen gleichwertigen Arbeitsplatz kraft Direktionsrecht oder mittels einer Änderungskündigung versetzen oder aber mit dem neu einzustellenden Konkurrenten eine einzelvertragliche Lösung vereinbaren[283].

Auch Günther äußert in diesem Zusammenhang die Meinung, daß der unterschiedlichen Interpretation von Beamten- und Arbeitsverhältnissen im öffentlichen Dienst nicht die Funktionsfähigkeit der Verwaltung entgegengehalten werden könne, da diese beim Einsatz von Angestellten erheblich weniger betroffen sei als bei Beamten[284]. Gerade Angestellte dürften in der Regel wegen des Funktionsvorbehaltes des Art. 33 Abs. 4 GG nicht ständig mit der Ausübung hoheitlicher Aufgaben betraut werden[285]. Auch das Arbeitsrecht könne hier keine Korrektur eines materiell-rechtlichen Verstoßes gegen das Leistungsprinzip im öffentlichen Dienst vornehmen, denn auch das geschlechtsbezogene Be-

---

277 Seitz, S. 58 f.
278 Seitz, S. 59 ff.
279 LAG Hamm v. 13.05.1993, NZA 1994, S. 528
280 Vgl. Seitz, S. 63
281 LAG Berlin v. 12.07.1993, NZA 1994, S. 526 (S. 527)
282 LAG Berlin v. 12.07.1993, S. 527 f.
283 LAG Berlin v. 12.07.1993, S. 528
284 Günther, ZTR 1993, S. 281 (S. 284)
285 Ebenda

nachteiligungsverbot des § 611a BGB, das keinen Einstellungsanspruch, sondern lediglich einen Ersatz des Vertrauensschadens hergebe, könne nicht so verstanden werden, daß es nur das Detail eines Prinzips sei, demnach die Verletzung von Bestimmungen zur Personalauswahl keine weitergehenden Folgen hätten[286]. Das Leistungsprinzip verbiete nicht nur Benachteiligungen, sondern auch die rechtswidrige Begünstigung[287]. Lediglich die Spezialität des Beamtenrechts bewirke, daß die schuldhafte Mißachtung des Bewerbungsverfahrensanspruchs nach erfolgter wirksamer Ernennung nicht mehr durchgesetzt werden könne – sie verhindere aber nicht den Ersatz des positiven Interesses auf Einstellung oder Beförderung desjenigen Bewerbers, der bei fehlerfreier Auswahl die in Rede stehende Stelle erhalten hätte[288].

Dem hält Seitz entgegen, daß dem Dienstherrn die Einstellung oder Beförderung des übergangenen Bewerbers gemäß § 275 BGB unmöglich sei, da niemand zur Erfüllung einer unmöglichen Leistung verpflichtet werden könne[289]. Hinzu kommt, daß der von Günther aktivierte Rückgriff auf den Funktionsvorbehalt des Art. 33 Abs. 4 GG so nicht akzeptabel ist, denn die Annäherung der auszuübenden Aufgaben von Beamten und Angestellten im öffentlichen Dienst ist kein gering zu veranschlagendes Phänomen, sondern vielmehr ein immer häufiger anzutreffender Aspekt, der durch die zunehmende Begründung von Arbeitsverhältnissen im öffentlichen Dienst noch verstärkt wird[290]. Es handelt sich bei der von Günther vorgenommenen Trennung zwischen Beamten- und Arbeitsverhältnissen folglich mehr um einen rechtstheoretischen als um einen praxisorientierten Gedanken. Auch vor diesem Hintergrund vermag eine unterschiedliche Behandlung von Beamten und Arbeitnehmern im öffentlichen Dienst im Hinblick auf die Rechtsschutzmöglichkeiten nicht zu überzeugen.

---

286 Ebenda
287 Ebenda
288 Ebenda
289 Seitz, S. 62 f.
290 Vgl. etwa Manssen, S. 253 sowie Lehngut, ZBR 1991, S. 266 f., die auf die zunehmende Privatisierung öffentlicher Bereiche wie der Deutschen Bundespost, der Deutschen Bahn AG und der Flugsicherung hinweisen, so daß damit auch eine tendenzielle Abnahme der Beamtenverhältnisse verbunden ist; auch Badura, ZBR 1996, S. 321(S. 327) stellt in Rechnung, daß der Funktionsvorbehalt aktuellen Privatisierungstendenzen nicht entgegensteht, da er, abgesehen von einem Kern hoheitlich auszuführender Staatsaufgaben, keine Aussage darüber treffe, welche Aufgaben durch Beamte und welche Tätigkeiten von Angestellten und Arbeitern wahrzunehmen seien; Battis/Schlenga, S. 258 ff., die einer „Entbeamtung" der Lehrer unter Hinweis auf Art. 33 Abs. 4 GG entschieden entgegentreten, räumen auf S. 257 ein, daß der Funktionsvorbehalt mit einer gewissen Flexibilität zugunsten von Angestellten ausgestattet ist

Festzuhalten ist deshalb, daß auch in bezug auf die öffentlich-rechtlichen Arbeitsverhältnisse nach der Einstellung oder Beförderung des Konkurrenten der Bewerbung des übergangenen Arbeitnehmers nicht mehr entsprochen werden kann[291].

Mit diesem Befund konzentriert sich der Rechtsschutz der Bewerber genau wie im Beamtenbereich auf den Zeitraum vor der Ernennung des Konkurrenten, denn nach der Ernennung können nur noch Schadensersatzansprüche wegen schuldhaften Verstoßes gegen die Auswahlgrundsätze des Art. 33 Abs. 2 GG gegenüber dem Dienstherrn geltend gemacht werden[292].

Seitz bejaht in diesem Zusammenhang zunächst die Zulässigkeit einer arbeitsgerichtlichen Klage auf Mitteilung der Auswahlentscheidung[293]. Ein Mitteilungsanspruch des übergangenen Bewerbers könne dabei sowohl aus Art. 33 Abs. 2 i.V.m. Art. 19 Abs. 4 GG als auch aus § 242 BGB erwachsen[294]. Für ihn ist die Klage nach § 2 Abs. 1 Nr. 3 a) ArbGG beim Arbeitsgericht auf die Erzwingung der eigenen Einstellung oder Beförderung gerichtet, d.h. auf die Abgabe einer Willenserklärung gemäß § 894 ZPO[295]. Der Anspruch auf Einstellung oder Beförderung ist dann begründet, wenn i.S.v. Art. 33 Abs. 2 GG jede andere Entscheidung des Dienstherrn als die Auswahl des Bewerbers rechtswidrig oder mit einem Ermessensfehler behaftet ist[296]. Die arbeitsrechtliche Beurteilung der Eignung der Bewerber richtet sich, abgesehen von der für Arbeitnehmer geltenden abgestuften politischen Treuepflicht nach denselben Gesichtspunkten wie im Beamtenverhältnis – auch hier gilt aufgrund des Beurteilungsspielraums der Verwaltung ein begrenzter gerichtlicher Kontrollmaßstab[297]. Beweislastfragen, insbesondere in dem hier interessierenden Bereich der Konkurrenzsituation einer weiblichen Bewerberin und einem männlichen Bewerber um einen Arbeitsplatz im öffentlichen Dienst, sind unter cc) behandelt.

---

291 So auch LAG Hamm v. 13.05.1993, S. 528
292 Ebenda
293 Seitz, S. 64 ff.
294 Seitz, S. 66 ff.
295 Seitz, S. 71
296 Vgl. BAG v. 31.03.1976, NJW 1976, S. 1708
297 Seitz, S. 79; auf die Beschlüsse des BVerfG v. 17.04.1991, NJW 1991, S. 2005 f. zu behördlichen Prüfungsentscheidungen, in denen das Gericht festgestellt hatte, daß Verwaltungsentscheidungen auf der Grundlage unbestimmter Rechtsbegriffe der Konkretisierung durch die Gerichte zugänglich sind, denen damit auch ein uneingeschränktes Nachprüfungsrecht der Rechtsanwendung durch die Behörden im Bereich der unbestimmten Rechtsbegriffe zukommt, kann nur hingewiesen werden; für eine Übertragung dieser Rechtsprechung auf die Eignungsbeurteilung spricht sich insbesondere Seitz, S. 35 m.w.N. aus

Schließlich hat auch der vorläufige Rechtsschutz im Vorfeld der Besetzung der fraglichen Stelle mit dem ausgewählten Bewerber im Rahmen der arbeitsgerichtlichen Konkurrentenklage eine erhebliche Bedeutung, denn im Arbeitnehmerbereich des öffentlichen Dienstes besteht nach wirksam erfolgter Einstellung keine Rechtsschutzmöglichkeit mehr[298]. Gemäß § 940 ZPO muß der in der Auswahlentscheidung übergangene Bewerber beim Arbeitsgericht eine einstweilige Verfügung auf Nichteinstellung des ausgewählten Konkurrenten beantragen[299]. Da sich die Anforderungen an den Verfügungsanspruch und den Verfügungsgrund im arbeitsgerichtlichen vorläufigen Rechtsschutzverfahren mit denen des Anordnungsanspruchs und Anordnungsgrundes im vorläufigen Rechtsschutzverfahren nach § 123 Abs. 1 VwGO decken [300], kann auf die Ausführungen unter aa) verwiesen werden.

Im Ergebnis gelten damit keine Besonderheiten bezüglich der arbeitsgerichtlichen Konkurrentenklage gegenüber der beamtenrechtlichen Konkurrentenklage. Nach der wirksamen Einstellung des Konkurrenten ist der Arbeitnehmerbewerber genau wie der Beamtenbewerber auf die Geltendmachung von Schadensersatzansprüchen zu verweisen[301].

*cc) Die Beweislastproblematik der im Auswahlverfahren übergangenen Bewerberin*

Im Zusammenhang mit der beamtenrechtlichen und der arbeitsgerichtlichen Konkurrentenklage ist bereits die Frage aufgeworfen worden, welche Möglichkeiten eine im Auswahlverfahren übergangene Bewerberin vor der Einstellung oder Beförderung des männlichen Konkurrenten hat, zu beweisen, daß sie eine gleiche, gleichwertige oder bessere Qualifikation als der Mitbewerber hat. Dies ist deshalb wichtig, weil sie im Falle des Bestehens einer leistungsabhängigen Vorrangregelung mit Härtefallklausel im jeweiligen Frauenförder- oder Gleichstellungsgesetz unter der Voraussetzung der gleichen Qualifikation i.S.v. Art. 33 Abs. 2 GG und Bestehens einer Unterrepräsentation von Frauen im fraglichen Amt der jeweiligen Laufbahn- und Besoldungsgruppe (entsprechendes gilt für Arbeitnehmerbewerberinnen, da die einschlägigen Gesetze grundsätzlich nicht nach Arbeits- und Beamtenverhältnissen differenzieren) einen Anspruch auf bevorzugte Berücksichtigung aufgrund ihres Geschlechts hat, sofern die in Betracht kommende Vorrangregelung der Behörde einen auf etwaige Härtefall-

---

298 Seitz, S. 83
299 Harms, PersV 1990, S. 510
300 Seitz, S. 84
301 Vgl. Seitz, S. 85 ff.

gründe in der Person des männlichen Mitbewerbers begrenzten Ermessensspielraum einräumt. Im Fall der besseren Qualifikation als der ausgewählte Mann ist die Beweisbarkeit entscheidend, denn hier könnte vor allen Dingen eine geschlechtsbedingte (mittelbare) Diskriminierung vorliegen.

Grundsätzlich ist festzustellen, daß die Beweislast, die als verfahrensrechtlicher Begriff im Zivilprozeß entwickelt wurde, in ihren Grundregeln im Zivil- und Verwaltungsprozeß übereinstimmt[302]. So trägt regelmäßig jede Partei die Beweislast für das Vorliegen der tatsächlichen Voraussetzungen für die ihr günstige Rechtsnorm. Allerdings ist der Verwaltungs- im Gegensatz zum Zivilprozeß dadurch gekennzeichnet, daß in ihm der Untersuchungsgrundsatz gemäß § 86 Abs. 3 VwGO gilt, der durch den Grundsatz der freien Beweiswürdigung ergänzt wird (§ 108 Abs. 1 S. 1 VwGO) und hier keine Behauptungslast sowie Beweisführungspflicht besteht[303]. Es geht im Verwaltungsprozeß folglich nur um die materielle Beweislast, d.h., daß die die Beweislast tragende Partei unabhängig von ihrer Rolle als Klägerin oder Beklagte ist und sich diese in der Regel nach den gesetzlichen Bestimmungen richtet[304].

Für die beamtenrechtliche Konkurrentenklage einer Bewerberin folgt aus diesen Grundzügen prinzipiell, daß sie auch die anspruchsbegründenden Tatsachen vorzutragen hat und die beklagte Behörde demgegenüber die dem Anspruch entgegenstehenden Gründe[305]. Die tatsächlichen Schwierigkeiten des Beweises der Bestqualifikation bzw. der gleichen Qualifikation werden damit aber nicht ausgeräumt. Da sich die Mitteilungspflicht des Dienstherrn nicht nur schlicht auf den Ausgang des Auswahlverfahrens bezieht, sondern auch auf die Begründung der Ablehnung nach § 39 Abs. 1 S. 2 VwVfG, die Namensnennung des ausgewählten Konkurrenten, die Mitteilung der wesentlichen Qualifikationsmerkmale sowie das Akteneinsichtsrecht, ist hiermit schon eine gewisse Beweiserleichterung verbunden[306]. Fraglich ist an dieser Stelle, ob insoweit die Richtlinie 97/80/EG des Rates vom 15.12.1997 über die Beweislast bei Diskriminierung aufgrund des Geschlechts[307] eine weitergehende Beweiserleichterung für rechtsfehlerhaft übergangene Bewerberinnen zur Verfügung stellt.

Im Zusammenhang mit der arbeitsrechtlichen Konkurrentenklage gelten zwar generell dieselben Maßstäbe der Beweisverteilung sowie des Mitteilungs-

---

302 Dubischar, JuS 1971, S. 385 sowie Kopp/Schenke, § 108 Rn. 12
303 Kopp/Schenke, § 108 Rn. 4, 11
304 Kopp/Schenke, § 108 Rn. 11 f. sowie BVerwGE 19, S. 87 (S. 94)
305 Vgl. auch Seitz, S. 21, 30 f., der sich im Ergebnis gegen die Zulässigkeit einer leistungsabhängigen Vorrangregelung zugunsten von Frauen als anspruchsbegründenden Gesichtspunkt ausspricht
306 Seitz, S. 37
307 ABl.EG Nr. L 14, S. 6 v. 20.01.1998

anspruchs, jedoch verschafft hier speziell die Vorschrift des § 611a Abs. 1 S. 3 BGB eine Beweiserleichterung für übergangene Bewerberinnen, da der Arbeitgeber die Beweislast dafür zu tragen hat, daß im Fall der Einstellung oder Beförderung eines Mannes keine unsachlichen Gründe ausschlaggebend gewesen sind oder die Voraussetzungen einer Ausnahme i.S.v. § 611a Abs. 1 S. 2 BGB vorgelegen haben, wenn die Arbeitnehmerin im Streitfall Tatsachen glaubhaft machen kann, die eine verbotene Diskriminierung aufgrund des Geschlechts vermuten lassen.

Bislang hat nur das neue Bundesgleichstellungsgesetz aus dem Jahr 2001 ausdrücklich in seinem § 5 Abs. 2 Bezug auf die Geltung des § 611a BGB auch im Beamtenverhältnis genommen, so daß sich die Frage noch nicht erübrigt hat. Das saarländische Landesgleichstellungsgesetz sieht demgegenüber in seinem § 14 in enger Anlehnung an § 611a BGB eine Beweislastumkehr vor, die allerdings günstiger ausgestaltet ist als § 611a Abs. 1 S. 3 BGB, weil sie sich explizit auch auf die Qualifikationsbewertung bezieht[308] und nicht nur auf das Benachteiligungsverbot wie § 5 Abs. 2 des BGleiG klarstellt, der zudem nicht auf die leistungsabhängigen Vorrangregelungen anwendbar ist[309]. Beide Vorschriften beantworten aber nicht die Frage, ob die Beweislastrichtlinie nicht weitergehende Möglichkeiten für eine Beweislastumkehr eröffnet.

Ziel der Richtlinie ist eine wirksamere Durchführung der Maßnahmen zu gewährleisten, die die Mitgliedstaaten in Anwendung des Gleichbehandlungsgrundsatzes getroffen haben, damit jeder, der sich wegen der Nichtanwendung des Gleichbehandlungsgrundsatzes für beschwert hält, seine Rechte nach etwaiger Befassung anderer zuständiger Stellen gerichtlich geltend machen kann (Art. 1 der Richtlinie). Nach Art. 3 Abs. 1 b) findet die Richtlinie 97/80/EG Anwendung auf alle zivil- und verwaltungsrechtlichen Verfahren im öffentlichen und privaten Sektor, die Rechtsbehelfe nach innerstaatlichem Recht bei der Anwendung der Vorschriften des Buchstabens a) vorsehen. Art. 3 Abs. 1 a) der Richtlinie bezieht die Anwendung dabei auf die Situationen, die von Art. 141 EGV (Art. 119 EGV a.F.) angesprochen sind. Fraglich ist hier, ob es sich bei der beamtenrechtlichen oder arbeitsrechtlichen Konkurrentenklage um eine Situation des Art. 141 EGV[310] handelt.

---

308 Schiek in Schiek u.a., S. 995 Rn. 2775 f.
309 Schiek in Schiek u.a., S. 375 Rn. 907
310 Die Richtlinie 76/207/EWG enthält in der Neufassung vom 23.09.2002 keine dem alten Art. 2 Abs. 4 entsprechende Regelung mehr, stellt aber in Art. 2 Abs. 8 klar, daß die Mitgliedstaaten Maßnahmen i.S.v. Art. 141 Abs. 4 EGV beibehalten oder beschließen können – auf die Situationen der Gleichbehandlungsrichtlinie a.F. wird deshalb nur noch partiell eingegangen

Art. 141 Abs. 4 EGV bestimmt, daß im Hinblick auf die effektive Gewährleistung der vollen Gleichstellung von Männern und Frauen im Arbeitsleben der Grundsatz der Gleichbehandlung die Mitgliedstaaten nicht daran hindert, zur Erleichterung der Berufstätigkeit des unterrepräsentierten Geschlechts oder zur Verhinderung bzw. zum Ausgleich von Benachteiligungen in der beruflichen Laufbahn spezifische Vergünstigungen beizubehalten oder zu beschließen. Dem Art. 141 Abs. 4 EGV wurde außerdem für die Schlußakte zum Amsterdamer Vertrag eine Erklärung beigefügt, derzufolge „Maßnahmen der Mitgliedstaaten nach Art. 119 Abs. 4 des Vertrags zur Gründung der Europäischen Gemeinschaft (...) in erster Linie der Verbesserung der Lage der Frauen im Arbeitsleben dienen (sollten)[311]. Auch wenn diese Erklärung keine juristische Bedeutung im Sinne einer Justiziabilität besitzt, sollen die angesprochenen Fördermaßnahmen das Problem der strukturellen Diskriminierung von Frauen lösen. Dabei kommt der Erklärung Nr. 28 eine den Art. 141 Abs. 4 EGV präzisierende Funktion zu, die auf die Beseitigung der strukturellen Diskriminierung von Frauen zielt[312].

Eine leistungsabhängige Vorrangregelung zugunsten von Frauen, die seit dem Urteil des EuGH in der Rechtssache Kalanke/Freie Hansestadt Bremen vom 17.10.1995[313] und klarstellend im Urteil des EuGH in dem Verfahren Marschall/Land Nordrhein-Westfalen vom 11.11.1997[314] gemeinschaftsrechtlich zulässig ist, wenn sie dem unterrepräsentierten Geschlecht nicht automatisch und absolut den Vorrang bei Einstellungen oder Beförderungen vor männlichen Mitbewerbern einräumt, sondern vielmehr in jedem Einzelfall eine objektive Bewertung der Qualifikation gewährleistet, sofern die Qualifikationsfeststellungskriterien ihrerseits keine diskriminierende Wirkung haben, stellt eine spezifische Vergünstigung für Frauen zur Erleichterung des beruflichen Zugangs bzw. beruflichen Aufstiegs dar, kann aber auch als eine Maßnahme zur Verhinderung oder zum Ausgleich von Benachteiligungen in der beruflichen Laufbahn qualifiziert werden. Das Ziel solcher geschlechtsspezifisch wirkenden Regelungen liegt dabei in der Erhöhung des Frauenanteils in bestimmten Bereichen ihrer Unterrepräsentation, wie z.B. in Führungspositionen des öffentlichen Dienstes, und letztlich in der Verwirklichung der faktischen Gleichberechtigung der Geschlechter in allen gesellschaftlichen Bereichen.

Prüfungsmaßstab sowohl des Kalanke-Urteils als auch der Marschall-Entscheidung bildete jedoch Art. 2 Abs. 1 und 4 der Richtlinie 76/207/EWG a.F., demnach der Grundsatz der Gleichbehandlung beinhaltet, daß keine un-

---

311 Vgl. Erklärung Nr. 28 zu Art. 119 Abs. 4 EGV (a.F.), ABl.EG Nr. C 340, S. 116 ff.
312 Europäisches Parlament, Generaldirektion Wissenschaft, Die Rechte der Frau und der Vertrag von Amsterdam, 1998, S. 52
313 Slg. 1995, S. 3051 Rs. C-450/93
314 Slg. 1997, S. 6363 Rs. C-409/95

mittelbare oder mittelbare Diskriminierung aufgrund des Geschlechts – insbesondere unter Bezugnahme auf den Ehe- oder Familienstand – erfolgen darf (Absatz 1) und daß diese Richtlinie nicht den Maßnahmen zur Förderung der Chancengleichheit für Männer und Frauen, insbesondere durch Beseitigung der tatsächlich bestehenden Ungleichheiten, die die Chancen der Frauen in den in Art. 1 Abs. 1 genannten Bereichen[315] beeinträchtigen, entgegensteht (Absatz 4).

Im Marschall-Urteil, dem die leistungsabhängige Vorrangregelung mit Härtefallklausel des nordrhein-westfälischen LBG in § 25 Abs. 5 S. 2 zugrunde lag, hatte der EuGH ausgeführt, daß Art. 2 Abs. 1 und 4 der Richtlinie 76/207/EWG (a.F.) einer nationalen Regelung nicht entgegenstehen, die bei gleicher Qualifikation von Bewerbern unterschiedlichen Geschlechts in bezug auf Eignung, Befähigung und fachlicher Leistung weiblichen Bewerbern in behördlichen Geschäftsbereichen, in denen im jeweiligen Beförderungsamt einer Laufbahn weniger Frauen als Männer beschäftigt sind, eine bevorzugte Beförderung einräumen, sofern nicht in der Person des männlichen Mitbewerbers liegende Gründe überwiegen. Der EuGH setzte hier weiterhin voraus, daß eine solche Regelung den männlichen Bewerbern, die die gleiche Qualifikation wie die weiblichen Bewerber besäßen, zu garantieren habe, daß die Bewerbungen Gegenstand einer objektiven Beurteilung zu sein hätten, bei der alle die Person der Bewerber betreffenden Kriterien berücksichtigt würden und der den weiblichen Bewerbern gewährte Vorrang zu entfallen habe, wenn eines oder mehrere dieser Kriterien zugunsten des männlichen Bewerbers überwögen und solche Kriterien gegenüber den weiblichen Bewerbern keine diskriminierende Wirkung hätten[316].

Da Art. 2 Abs. 4 der Richtlinie 76/207/EWG mit der Neufassung des Art. 141 Abs. 4 EGV gegenstandslos geworden ist[317] und durch die Änderung der

---

315 Art. 1 Abs. 1 der Richtlinie 76/207/EWG bestimmt: „Diese Richtlinie hat zum Ziel, daß in den Mitgliedstaaten der Grundsatz der Gleichbehandlung von Männern und Frauen hinsichtlich des Zugangs zur Beschäftigung, einschließlich des Aufstiegs, und des Zugangs zur Berufsbildung sowie in bezug auf die Arbeitsbedingungen (...) verwirklicht wird. (...)
316 EuGH v. 11.11.1997, S. 6394 f. (Leitsatz) Rs. C-409/95
317 Diese Frage wurde vor allen Dingen vom Europäischen Parlament im Zusammenhang mit dem Vorschlag der Kommission vom 27.03.1996 für eine Richtlinie des Rates zur Änderung der Richtlinie 76/207/EWG, KOM (96) 93 endg. = ABl.EG Nr. C 179, S. 8 v. 22.06.1996, aufgeworfen da Art. 2 Abs. 4 der Richtlinie positive Maßnahmen wie die in Rede stehenden leistungsabhängigen Vorrangregelungen mit Härtefallklausel lediglich als **Ausnahme** vom Grundsatz der Gleichbehandlung zuläßt, vgl. Europäisches Parlament, Generaldirektion Wissenschaft, S. 54 f. sowie Europäisches Parlament, Sitzungsdokumente v. 27.01.1999, A4-0038/99, PE 225.922/end, S. 10, 12

Richtlinie gestrichen worden ist[318], können leistungsabhängige Vorrangregelungen mit Härtefallklausel im öffentlichen Dienst nunmehr als Fall des Art. 141 Abs. 4 EGV begriffen werden. Die Anwendung der Beweislastrichtlinie auf die beamten- und arbeitsrechtliche Konkurrentenklage ergibt sich aus Art. 3 Abs. 1 der Richtlinie auch in der neuen Fassung durch die Richtlinie 2002/73/EG.

Die Richtlinie 97/80/EG sieht in Art. 4 Abs. 1 vor, daß die Mitgliedstaaten im Einklang mit dem System ihrer nationalen Gerichtsbarkeit die erforderlichen Maßnahmen zu ergreifen haben, nach denen dann, wenn Personen, die sich durch die Verletzung des Gleichbehandlungsgrundsatzes für beschwert halten und bei einem Gericht bzw. einer anderen zuständigen Stelle Tatsachen glaubhaft machen, die das Vorliegen einer unmittelbaren oder mittelbaren Diskriminierung vermuten lassen, es dem Beklagten obliegt, zu beweisen, daß keine Verletzung des Gleichbehandlungsgrundsatzes vorgelegen hat.

Da bislang nur über § 5 Abs. 2 BGleiG n.F. eine Regelung zur Beweiserleichterung für unmittelbar oder mittelbar im Auswahlverfahren benachteiligte Bewerberinnen existiert, beansprucht Art. 4 Abs. 1 der Richtlinie seit dem 01.01.2001 (Zeitpunkt der Umsetzungsverpflichtung) unmittelbare Geltung im deutschen Recht[319], so daß sich betroffene Beamtenbewerberinnen im Landesdienst direkt auf die Vorschrift berufen können.

Fraglich ist allerdings, ob leistungsabhängige Vorrangregelungen zugunsten des unterrepräsentierten Geschlechts mit Härtefallklausel überhaupt den Tatbestand der unmittelbaren oder mittelbaren Diskriminierung eines Geschlechts erfassen, da sie regelmäßig mit struktureller Diskriminierung in Verbindung gebracht werden[320]. Nach der hier vertretenen Auffasung stellt sich die strukturelle Diskriminierung als der umfassendere Begriff dar, der auch mittelbare Diskriminierungen von Frauen beinhaltet, denn beide Diskriminierungsformen sind das Ergebnis lediglich statistisch nachvollziehbarer Benachteiligungen, die am Einzelfall nicht festzustellen sind, sondern erst im Gruppenvergleich ein Resultat herbeiführen. Hinzu kommt, daß die Erklärung Nr. 28 zu Art. 119 Abs. 4 EGV (Art. 141 Abs. 4 EGV) der Schlußakte zum Amsterdamer Vertrag einen konkretisierenden Charakter in bezug auf die Vertragsnorm hat und auf die Beseitigung struktureller Diskriminierung von Frauen zielt, so daß damit auch diese Maßnahmen der Mitgliedstaaten von der Beweislastrichtlinie erfaßt werden.

---

318  Vgl. Richtlinie 2002/73/EG v. 23.09.2002, Abl.EG Nr. L 269, S. 15
319  Zur unmittelbaren Anwendbarkeit von Richtlinienbestimmungen nach Ablauf der Umsetzungsfrist Schweizer/Hummer, Europarecht, 5. Aufl. 1996, S. 106 f. Rn. 364 ff.
320  Vgl. etwa Vogel in FS für Benda, 1995, S. 395 (S. 415 ff.) sowie Sacksofsky, Das Grundrecht auf Gleichberechtigung, 2. Aufl. 1996, S. 411 ff.

Kommt Art. 4 Abs. 1 der Beweislastrichtlinie folglich auch auf Ansprüche zur bevorzugten Berücksichtigung bei gleicher oder besserer Qualifikation einer Bewerberin zur Anwendung, hat die Bewerberin Tatsachen glaubhaft zu machen, die das Vorliegen einer unmittelbaren, mittelbaren (oder in der Gesamtschau strukturellen) Diskriminierung aufgrund des Geschlechts vermuten lassen. Glaubhaft machen bedeutet, daß eine überwiegende Wahrscheinlichkeit für die geschlechtsmotivierte Benachteiligung spricht, z.b. bei einer wesentlich größeren Zahl der abgelehnten Bewerberinnen[321].

Während die Kommission und das Europäische Parlament im Verfahren zum Erlaß der Beweislastrichtlinie ursprünglich die Auffassung vertraten, daß die klagende Partei lediglich den Nachweis des „Anscheins einer Diskriminierung" zu erbringen und der beklagte Arbeitgeber daraufhin diese Vermutung zu widerlegen und zu beweisen habe, daß er den Gleichbehandlungsgrundsatz nicht verletzt habe (sog. Beweislastumkehr), liegt das Ziel der Richtlinie 97/80/EG nun nicht mehr in der völligen Beweislastumkehr, sondern in der Neuregelung der Beweislast[322], die als Senkung der Anforderungen an das Beweismaß zu verstehen ist[323]. Das bedeutet, daß bei einer glaubhaft gemachten Diskriminierung durch die Bewerberin (und insoweit verbleibt die Beweislast auf der ersten Stufe noch bei der Klägerin[324]) die Beweislast auf den Dienstherrn als öffentlichen Arbeitgeber verlagert wird, der jetzt nachweisen muß, daß eine Diskriminierung ausgeschlossen ist oder diese durch objektive Faktoren gerechtfertigt ist, die nichts mit dem Geschlecht der Bewerberin zu tun haben[325].

Spricht die überwiegende Wahrscheinlichkeit aus der Perspektive des Gerichts für das Vorliegen einer geschlechtsmotivierten Benachteiligung und kann der ausgewählte männliche Bewerber keine diskriminierungsfreien Härtefallgründe für sich in Anspruch nehmen, hat die Beamtenbewerberin auf der Grundlage der leistungsabhängigen Vorrangregelung gegenüber dem Dienstherrn einen Einstellungs- oder Beförderungsanspruch mit insoweit erleichterten Beweismaßstäben.

Geht es um die Begründung eines Arbeitsverhältnisses im öffentlichen Dienst, kommt für den öffentlichen Arbeitgeber nicht nur die Berücksichtigung der leistungsabhängigen Vorrangregelung mit Härtefallklausel, sondern auch § 611a BGB zum Tragen. Dabei stellt sich jedoch sofort die Frage nach dem Verhältnis beider Normen, denn § 611a Abs. 2 BGB ordnet bei einem Verstoß

---

321 Putzo in Palandt, § 611a Rn. 14
322 Vgl. Europäisches Parlament, Generaldirektion Wissenschaft, S. 22
323 Schlachter, RdA 1998, S. 321 (S. 324); in dieselbe Richtung Bergwitz, DB 1999, S. 94 (S. 97)
324 Ebenda
325 Europäisches Parlament, Generaldirektion Wissenschaft, S. 22

gegen das in Absatz 1 geregelte Benachteiligungsverbot als Rechtsfolge ausdrücklich nur einen angemessenen Schadensersatzanspruch an und schließt einen Einstellungsanspruch aus. Da die jeweils bestehende Vorrangregelung speziell auf den öffentlichen Dienst zugeschnitten ist und § 611a BGB generell alle privatrechtlich ausgestalteten Arbeitsverhältnisse betrifft, muß an dieser Stelle die fragliche Vorrangregelung als lex specialis qualifiziert werden. Im Ergebnis geht sie damit dem § 611a Abs. 2 BGB im Hinblick auf die Rechtsfolge vor - auch die Angestelltenbewerberin kann deshalb den Einstellungsanspruch geltend machen.

Für private Arbeitsverhältnisse ergibt sich allerdings aus § 611a Abs. 1 S. 3 BGB eine auch im öffentlichen Dienst zur Anwendung kommende Beweisregelung. Fraglich ist hier, ob Art. 4 Abs. 1 der Beweislastrichtlinie durch § 611a Abs. 1 S. 3 BGB bereits erfüllt ist oder darüber hinausgehende Beweiserleichterungen zur Verfügung stellt, die im Rahmen der Umsetzungsverpflichtung für den deutschen Gesetzgeber Konsequenzen i.S. einer Anpassung des § 611a Abs. 1 S. 3 BGB an Art. 4 Abs. 1 der Beweislastrichtlinie hätten.

Gegen eine Anpassung der Beweislastregelung in § 611a BGB an Art. 4 Abs. 1 der Beweislastrichtlinie spricht zunächst, daß beide Vorschriften vom Wortlaut und der Konzeption her sehr ähnlich sind, denn ihnen ist der Gedanke gemeinsam, daß die wegen ihres Geschlechts benachteiligte Person für die Inanspruchnahme der (relativen) Beweislastumkehr Tatsachen glaubhaft machen muß, die das Vorliegen einer Diskriminierung vermuten lassen[326]. Bei einer genaueren Analyse ergibt sich aber, daß § 611a Abs. 1 S. 3 BGB nur teilweise mit den gemeinschaftsrechtlichen Regelungsvorgaben der Richtlinie 97/80/EG an den deutschen Gesetzgeber übereinstimmt, denn die Vorschrift wurde für unmittelbare Diskriminierungen geschaffen, mittelbare Diskriminierungen blieben dagegen unberücksichtigt[327]. Dies gilt gleichermaßen für strukturelle Diskriminierungen, die unter die von Art. 141 Abs. 4 EGV i.V.m. der Erklärung Nr. 28 für die Schlußakte zum Amsterdamer Vertrag zu ergreifenden Maßnahmen der Mitgliedstaaten fallen. Ein weiterer Gesichtspunkt liegt darin, daß Art. 4 Abs. 1 der Beweislastrichtlinie insgesamt eine Beweiserleichterung bereitstellt, die sich nicht nur auf die Form der Benachteiligung bezieht, sondern auch auf den mangelnden Rechtfertigungsgrund[328]. Schließlich erfaßt die Beweiserleichterungsregel des § 611a Abs. 1 S. 3 BGB nur zwei Einwendungen des Arbeitgebers, während Art. 4 Abs. 1 der Beweislastrichtlinie offener formuliert ist[329].

---

326 Röthel, NJW 1999, S. 611 (S. 613 f.)
327 Röthel, S. 614
328 Zwanziger, DB 1998, S. 1330 (S. 1333); a.A. Bergwitz, S. 98
329 Röthel, S. 614

Insgesamt hätte § 611a Abs. 1 S. 3 BGB damit eine Anpassung an Art. 4 Abs. 1 der Beweislastrichtlinie erfordert, um dem Gleichbehandlungsgrundsatz der Geschlechter zu einer wirklich effektiven Durchsetzung zu verhelfen[330].

In der Konsequenz kann sich eine Bewerberin auf einen Arbeitsplatz im öffentlichen Dienst seit Ablauf der Umsetzungsfrist am 01.01.2001 auf die Beweiserleichterungsregelung des Art. 4 Abs. 1 der Richtlinie 97/80/EG berufen, da der deutsche Gesetzgeber den § 611a Abs. 1 S. 3 BGB nicht entsprechend angepaßt hat[331].

Im Ergebnis hat Art. 4 Abs. 1 der Richtlinie 97/80/EG für die beamten- und arbeitsrechtlichen Konkurrentenklagen von Bewerberinnen weitere Beweiserleichterungen zur Verfügung gestellt, die damit auch der effektiveren Durchsetzung faktischer Gleichberechtigung zwischen den Geschlechtern dient und einen (prozessualen) Beitrag zum Abbau der bestehenden Unterrepräsentation von Frauen in bestimmten Bereichen des öffentlichen Dienstes, insbesondere in Führungspositionen, leisten kann.

*e) Zwischenergebnis*

Der deutsche öffentliche Dienst setzt sich nicht nur aus Beamten zusammen, sondern auch durch einen zunehmenden Anteil von Angestellten und Arbeitern, deren Beschäftigungsverhältnisse durch eine privatrechtliche Arbeitsvertragsgestaltung gekennzeichnet sind.

Für die privaten Arbeitsverhältnisse gilt wie für Beamte das Leistungsprinzip, das eine spezielle Ausgestaltung durch Art. 33 Abs. 2 GG erfährt. Gerade dies ist für leistungsabhängige Vorrangregelungen zugunsten von Frauen wichtig, denn es setzt eine ausdrückliche Grenze, die durch spezifische Frauenförderung nicht unterschritten werden darf.

Sowohl Beamte als auch Arbeitnehmer haben die Möglichkeit des Rechtsschutzes. Eine besondere Bedeutung im Zusammenhang mit Einstellungs- und Beförderungsstreitigkeiten kommt dabei den beamten- und arbeitsrechtlichen Konkurrentenklagen zu. Eine Neuerung mit Auswirkungen auf die gerade durch leistungsabhängige Vorrangregelungen mit Härtefallklauseln in verschiedenen Frauenförder- und Gleichstellungsgesetzen des öffentlichen Dienstes hervorge-

---

[330] So Zwanziger, S. 1333; Röthel, S. 614; für eine derzeit schon bestehende Richtlinienkonformität des § 611a Abs. 1 S. 3 BGB Schlachter, S. 326; Bergwitz, S. 98; Hohmeister, BB 1998, S. 1790 (S. 1792); Treber, NZA 1998, S. 856 (S. 857)

[331] Die Bundesregierung war in ihrer Stellungnahme vom 02.04. 1998 zur Stellungnahme des Bundesrates der Auffassung, daß § 611a Abs. 1 S. 3 BGB bereits der Beweislastrichtlinie entspreche und keiner Änderung bedürfe; vgl. BT-Drs. 13/10344

rufenen Konkurrentenstreitigkeiten bietet nunmehr die Beweislastrichtlinie 97/80/EG, die in ihrem Art. 4 Abs. 1 eine Beweiserleichterung bei geschlechtsbedingten Diskriminierungen zur Verfügung stellt. Ihr Ziel liegt erklärtermaßen in der prozessualen Sicherstellung der Anwendung des Grundsatzes der Gleichbehandlung im Berufsleben vor den Arbeits- und Verwaltungsgerichten sowie in der Förderung der Weiterentwicklung des Gleichberechtigungsprozesses von Frauen und Männern auf diesem Gebiet.

### 1.2. Der europäische öffentliche Dienst

*a) Aufbau*

Das BSt und die BSB finden Anwendung auf alle Beamten und sonstigen Bediensteten, die bei den Organen der Gemeinschaft (Europäisches Parlament, Kommission, Rat, EuGH einschließlich des EuG = Gericht 1. Instanz, Rechnungshof, Wirtschafts- und Sozialausschuß, Ausschuß der Regionen) tätig sind.

In der Praxis des EÖD haben sich neben dem BSt und den BSB, die als Verordnung vorliegen und wie jede andere Gemeinschaftsverordnung auch in allen ihren Teilen Verbindlichkeit und unmittelbare Geltung in den Mitgliedstaaten beanspruchen[332], die sogenannten allgemeinen Verwaltungsvorschriften oder auch innerdienstlichen Richtlinien herausgebildet, auf die weder das BSt noch die BSB hinweisen[333]. Als interne Verwaltungsvorschriften haben sie zwar nicht den Charakter zwingenden Rechts, sie binden allerdings die Anstellungsbehörde bei der Anwendung und Auslegung der jeweiligen Statutsvorschriften und können außerdem den Bediensteten entgegengehalten werden[334]. Nach der Definition des EuGH im Verfahren Louwage u. Moriame-Louwage/Kommission handelt es sich bei den innerdienstlichen Richtlinien nicht um Rechtsnormen, die die Verwaltung in jedem Fall beachten müßte, sondern vielmehr um Verhaltensnormen, die einen Hinweis auf die zu verfolgende Verwaltungspraxis geben. So könne die Verwaltung von ihnen auch nicht ohne Angabe von Gründen abweichen, weil sie anderenfalls den Grundsatz der Gleichbehandlung verletzen würde[335].

---

332 Vgl. Art. 249 Abs. 2 EGV n.F. (Art. 189 Abs. 2 EGV a.F.)
333 Rogalla in Grabitz/Hilf (Hrsg.), Art. 283 Rn. 9
334 Kalbe in Von der Groeben/Thiesing/Ehlermann (Hrsg.), Art. 212 Rn. 12
335 EuGH v. 30.01.1974, Slg. 1974, S. 81 (S. 89) Rs. 148/73; vgl. zu diesem Urteil die ausführliche Auseinandersetzung bei Crones, Selbstbindungen der Verwaltung im Europäischen Gemeinschaftsrecht, 1. Aufl. 1997, S. 64 ff. m.w.N.

Daneben existieren schließlich noch auf der Grundlage von Art. 110 Abs. 1 BSt bzw. Art. 102 Abs. 1 BSB allgemeine Durchführungsbestimmungen jedes einzelnen Organs, die jedoch im Wege der Harmonisierung der in den verschiedenen Organen bestehenden Regelungen, z.b. zur Sicherung der Beamten des EÖD bei Unfällen und Berufskrankheiten etc., gemeinsam von den Organen erarbeitet werden können und dann einheitlich und gleichlautend von jedem einzelnen Organ als eigene Durchführungsbestimmungen erlassen werden[336]. Auch die allgemeinen Durchführungsbestimmungen haben keinen dem BSt oder den BSB vergleichbaren Verordnungscharakter mit allgemeiner Geltung[337].

Die Beamten des EÖD, deren Rechtsverhältnisse durch das BSt bestimmt werden, sind grundsätzlich auf Lebenszeit für die Gemeinschaft tätig[338]. Bei den sonstigen Bediensteten, auf die die BSB Anwendung finden und die grundsätzlich auf Vertragsbasis beschäftigt sind, handelt es sich entweder um Bedienstete auf Zeit (BaZ), Hilfskräfte, örtliche Bedienstete oder Sonderberater sowie Atomanlagenbedienstete[339].

Im einzelnen bestehen aber innerhalb der Gruppe der sonstigen Bediensteten erhebliche Unterschiede in der Rechtsstellung und den Vertragsbedingungen. Die örtlichen Bediensteten werden nach den jeweiligen örtlichen Bedingungen sowie zur Verrichtung von handwerklichen Tätigkeiten oder Hilfstätigkeiten eingestellt. Ihre Beschäftigungsbedingungen werden dabei von dem jeweiligen Organ aufgrund des am Dienstort geltenden nationalen Arbeitsrecht festgelegt[340]. Nach Art. 5 und 82 ff. BSB sind die Beschäftigungsverhältnisse mit den Sonderberatern durch den Bedarf der Gemeinschaft an Spezialkenntnissen in bestimmten Bereichen, z.B. der Forschung etc., bedingt. In den meisten Fällen sind Sonderberater noch anderweitig beruflich eingebunden[341] und ihre Verträge dürfen eine Höchstdauer von zwei Jahren nicht überschreiten - eine Verlängerung ist jedoch möglich[342].

Schließlich gibt es insbesondere bei der Kommission Sachverständige, die vom BSt und von den BSB nicht ausdrücklich vorgesehen sind und die häufig als Beamte aus den Mitgliedstaaten für die Dauer von einem bis zu drei Jahren gewonnen werden[343]. Kommen die Sachverständigen aus den nationalen Ver-

---

336 Kalbe in Von der Groeben/Thiesing/Ehlermann (Hrsg.), Art. 212 Rn. 10 mit weiteren Beispielen; Rogalla in Grabitz/Hilf (Hrsg.), Art. 283 Rn. 8
337 Kalbe in Von der Groeben/Thiesing/Ehlermann (Hrsg.), Art. 212 Rn. 9
338 Rogalla, S. 32 f.
339 Rogalla, S. 37 sowie Schweizer/Hummer, S. 225 Rn. 730
340 Kalbe in Von der Groeben/Thiesing/Ehlermann (Hrsg.), Art. 212 Rn. 43
341 Rogalla, S. 85
342 Rogalla in Grabitz/Hilf (Hrsg.), Art. 283 Rn. 23; Rogalla, S. 85 (ausführlich)
343 Rogalla in Grabitz/Hilf (Hrsg.), Art. 283 Rn. 24

waltungen der Mitgliedstaaten, werden sie regelmäßig im Wege der Abordnung tätig, wobei sie über Art. 37 bis 39 BSt ihre nationale Dienststellung sowie die sich daraus ergebenden Ansprüche und Pflichten behalten[344].
Darüber hinaus existieren sonstige Dienst- und Werkverträge z.B. mit Sprachlehrern, sogenannten „free-lance" Dolmetschern[345] und Vertragsärzten, deren Dienstverträge der EuGH ebenfalls nicht als Angestelltenverhältnis i.S.d. BSB qualifiziert hat[346].

Nach Art. 1 Abs. 1 BSt ist Beamter der Gemeinschaft, wer bei einem der Organe der Gemeinschaft durch eine Urkunde der Anstellungsbehörde dieses Organs nach den Vorschriften des Statuts unter Einweisung in eine Dauerplanstelle zum Beamten ernannt wird. Die Ernennung fungiert dabei als einseitiger Hoheitsakt der Anstellungsbehörde, der als Verwaltungsakt zu bewerten ist und gleichzeitig die Eigenbefugnisse der Gemeinschaft im Unterschied zu anderen internationalen Organisationen verdeutlicht[347]. Dienstherr sind dabei jedoch nicht die einzelnen Organe, sondern die Gemeinschaft[348]. So beginnt das Beamtenverhältnis im EÖD automatisch mit der Übersendung der schriftlichen Ernennungsurkunde durch die Anstellungsbehörde, die dann auch zur stillschweigenden und einseitigen Unterwerfung des Beamten unter das BSt führt[349].

Gegliedert ist das Beamtenverhältnis im EÖD insgesamt in vier Laufbahngruppen und eine Sonderlaufbahn Sprachendienst. Die Laufbahngruppe A, die den höheren Dienst erfaßt, erstreckt sich auf sechs Laufbahnen und acht Besoldungsgruppen, die sich auf Dienstposten mit Weisungsbefugnis und Referententätigkeiten beziehen und eine höhere Schulbildung (Hochschulzugangsberechtigung) sowie eine Hochschulbildung oder eine gleichwertige Berufserfahrung voraussetzen[350].

In der Laufbahngruppe B, dem gehobenen Dienst, finden sich Beamte mit Sachbearbeitertätigkeit wieder, die über eine höhere Schulbildung oder eine

---

344 Kalbe in Von der Groeben/Thiesing/Ehlermann (Hrsg.), Art. 212 Rn. 45; vgl. dazu auch
   Kummer, EuR 1976, S. 31 (S. 39 ff.)
345 EuGH v. 11.07.1985, Slg. 1985, S. 2581 (S. 2600) Rs. 43/84 Maag/Kommission; in diesem Verfahren hat es der EuGH explizit abgelehnt, kurzfristig bei hohem Arbeitsanfall herangezogene Dolmetscher als Zeitbedienstete oder Hilfskräfte einzustufen, da die Art ihrer Beschäftigung weder nach Umfang noch nach der Dauer den Tätigkeitsmerkmalen der Arbeit von BaZ oder Hilfskräften entspräche
346 EuGH v. 20.06.1985, Slg. 1985, S. 1907 (S. 1913) Rs. 123/84 Klein/Kommission
347 Manzanares, DöV 1971, S. 73 (S. 74)
348 Schweizer/Hummer, S. 225 Rn. 731
349 Röttinger in Röttinger/Weyringer (Hrsg.), S. 292
350 Rogalla, S. 33 sowie Röttinger in Röttinger/Weyringer (Hrsg.), S. 293

gleichwertige Berufserfahrung verfügen. Diese Laufbahngruppe ist in insgesamt fünf Besoldungsgruppen und drei Laufbahnen aufgeteilt[351].

Auch die Laufbahngruppe C (mittlerer Dienst) ist in fünf Besoldungsgruppen und drei Laufbahnen gegliedert. Voraussetzung für den Zugang zum mittleren Dienst in der Gemeinschaft ist ein Realschulabschluß oder eine gleichwertige Berufserfahrung, die zur Ausführung von Sekretariatsaufgaben und Bürotätigkeiten berechtigen[352].

Die Laufbahngruppe D (einfacher Dienst) enthält vier Besoldungsgruppen, die sich auf drei Laufbahnen verteilen. Zugangsvoraussetzungen für die hier vorgesehenen manuellen oder Hilfstätigkeiten sind neben einer Volksschulbildung häufig auch technische Kenntnisse[353].

Schließlich sind die Dienstposten der Übersetzer und Dolmetscher in der Sonderlaufbahn Sprachendienst (LA) zusammengefaßt, die der Laufbahngruppe A gleichgestellt ist und deshalb eine Universitätsausbildung oder eine gleichwertige Berufserfahrung erforderlich macht[354]. Zur Sonderlaufbahn Sprachendienst rechnen dabei sechs Besoldungsgruppen und vier Laufbahnen[355].

Hinzu kommen Sondervorschriften für die wissenschaftlichen und technischen Beamten des EÖD, auf die Art. 92 ff. BSt i.V.m. Anhang VIII zum BSt anwendbar ist (Dienstposten bei der Kommission im Bereich der Kernforschung, vier Laufbahnen)[356].

Im Zusammenhang mit der Frage nach dem Aufbau des EÖD steht auch der sogenannte Nationalitätenproporz, der sich aus Art. 27 Abs. 1 2. Halbsatz und 3 BSt sowie Art. 12 Abs. 1 BSB ergibt und der das Prinzip der geographischen Ausgewogenheit bei der Einstellung der Bediensteten berücksichtigt[357]. Der Nationalitätenproporz beansprucht auch Geltung bei Beförderungen, Versetzungen und allgemein bei Neustrukturierungen der Verwaltung[358]. Allerdings steht dieses Prinzip nicht in einem spannungsfreien Verhältnis zum Eignungsprinzip, das in Art. 27 Abs. 1 1. Halbsatz BSt seine Grundlage findet und demnach bei der Einstellung anzustreben ist, daß dem Organ die Mitarbeit von Beamten zu si-

---

351 Ebenda
352 Rogalla, S. 33, 35 sowie Röttinger in Röttinger/Weyringer (Hrsg.), S. 293 f.
353 Rogalla, S. 33 sowie Röttinger in Röttinger/Weyringer (Hrsg.), S. 293
354 Rogalla in Grabitz/Hilf (Hrsg.), Art. 283 Rn. 17
355 Vgl. Röttinger in Röttinger/Weyringer (Hrsg.), S. 294
356 Kitschenberg, ZBR 1980, S. 334 (S. 335)
357 Oppermann, S. 295 Rn. 785; zum Vergleich mit dem deutschen öffentlichen Dienst, für den Art. 36 Abs. 1 S. 1 GG in bezug auf oberste Bundesbehörden bestimmt, daß in ihnen Beamte aus allen Bundesländern in einem angemessenen Verhältnis zu verwenden sind Büchner/Gramlich, RiA 1992, S. 110 (S. 111)
358 Ebenda; gemäß Art. 28 Buchstabe a) BSt kann jedoch ausnahmsweise vom Erfordernis der Staatsangehörigkeit durch die Anstellungsbehörde abgesehen werden!

chern ist, die in bezug auf Befähigung, Leistung und Integrität höchsten Ansprüchen genügen[359].

Nach Art. 27 Abs. 1 2. Halbsatz BSt sind die Beamten unter den Staatsangehörigen der Mitgliedstaaten der Gemeinschaften auf möglichst breiter geographischer Grundlage auszuwählen, womit die „besten Leute" für den EÖD gewonnen werden und einer Vernachlässigung bestimmter Regionen der Mitgliedstaaten entgegengewirkt werden soll[360]. Intention dieser Vorschrift ist u.a., daß jeder Mitgliedstaat bei der Stellenbesetzung auf gerechte Art und Weise eine Beteiligung erfährt, die sich an dem Anteil orientiert, der dem Verhältnis der Aufbringung der Gemeinschaftslasten des Mitgliedstaates entspricht[361]. Dabei dient die Auswahl der Beamten auf möglichst breiter geographischer Grundlage insbesondere auch der Verhinderung von Zweifeln an der Objektivität der Personalpolitik der Gemeinschaft in der Öffentlichkeit sowie der Vorbeugung vor politischen (Anti-) Reaktionen gegen die Gemeinschaft, so daß die öffentlichen Stellenausschreibungen, sofern sie auch außerhalb der Amtsblätter bekannt zu machen sind, in den wichtigsten Zeitungen der verschiedenen Regionen der Mitgliedstaaten zu veröffentlichen sind[362]. Insgesamt gehört der Nationalitätenproporz zu den legitimen Anliegen jedes Mitgliedstaates, Personen mit einer hohen Gesamtqualifikation an der richtigen Stelle einzusetzen, so daß hier gleichzeitig auch das Verbot aus Art. 27 Abs. 3 BSt mit allgemeiner personeller Bedeutung zum Tragen kommt, daß kein Dienstposten den Angehörigen eines bestimmten Mitgliedstaates vorbehalten werden darf[363].

Das von Ophüls gesehene Spannungsverhältnis zwischen Nationalitätenproporz und Eignungsprinzip entsteht dabei einerseits durch die Ausübung hoheitlicher Befugnisse für die Gemeinschaft, die sich andererseits mit den Hoheitsbefugnissen der Mitgliedstaaten verzahnen. Da die Gemeinschaft sowohl der Mitarbeit bestqualifiziertester Personen (Eignungsgrundsatz) als auch der verständnisvollen Mitwirkung der staatlichen Verwaltungen (Nationalitätenproporz) bedürfen, können hier Konflikte entstehen, die einer vermittelnden Lösung zuzuführen sind[364].

---

359 Ophüls, DöV 1964, S. 588 (S. 589); vgl. auch Bruns, S. 314 sowie Schröder, ZBR 1974, S. 173 (S. 175), der die entstehenden verwaltungsinternen Spannungen jedoch vor allem an den mit der Herkunft und der Sprache zusammenhängenden Abhängigkeiten, unterschiedlichen Mentalitäten, Vorurteilen und psychologischen Bindungen an das Heimatland des Personals festmacht
360 Euler, Europäisches Beamtenstatut, Kommentar, Erster Teilband, 1966, Art. 27 I.
361 Euler, Art. 27 A (2)
362 Ebenda
363 Euler, Art. 27 A (4) f.
364 Ophüls, S. 589

Stehen sich Eignungsprinzip und Nationalitätenproporz im Rahmen einer Auswahlentscheidung gegenüber, kommt dem Eignungsgesichtspunkt das größere Gewicht zu, denn nur wenn zwei Bewerber gleicher Qualifikation vorhanden sind, kann die Anstellungsbehörde der Nationalität zur Behebung eines geographischen Ungleichgewichts den Vorrang geben[365]. Unter Bezugnahme auf die Entscheidung des EuGH in dem Verfahren Lassalle/Parlament[366], in der der Gerichtshof klargestellt hat, daß eine Einschränkung des Eignungsprinzips durch Nationalitätsgesichtspunkte im Vorfeld der Auswahlentscheidung (im vorliegenden Fall ging es um die Besetzung einer Beförderungsstelle) als Verstoß gegen Art. 27 Abs. 3 BSt zu bewerten sei, kommt Ophüls zu dem Schluß, daß dem Eignungsprinzip grundsätzlich der Vorrang vor der Beachtung des Nationalitätenproporzes zukommt, weil dieses dem dienstlichen Interesse eher entspreche[367]. Gleichwohl kann die Nationalität im Hinblick auf bestimmte Dienstposten ein wichtiges Indiz für eine besondere Eignung zur Erfüllung der mit der Stelle verbundenen Aufgaben sein, was vor allem dann anzunehmen ist, wenn spezifische Kenntnisse in bezug auf die Verhältnisse innerhalb eines Mitgliedstaates erforderlich sind[368].

Zusammenfassend ist nach allem festzuhalten, daß die Einstellung nach dem Prinzip der geographischen Ausgewogenheit für die Verwaltung einer multinationalen Gemeinschaft wie der Europäischen Union zwar unvermeidbar ist[369], allerdings nicht ohne weiteres an dem in Art. 27 Abs. 1 1. Halbsatz BSt verankerten Eignungsprinzip vorbeigehen darf, denn als Bewerbungsvoraussetzung scheidet eine bestimmte Staatsangehörigkeit regelmäßig aus[370].

*b) Grundprinzipien*

Genau wie der deutsche öffentliche Dienst beruht auch der EÖD auf einigen Grundprinzipien, die weitgehend dem deutschen und französischen Dienstrecht entnommen sind[371]. Es handelt sich dabei insbesondere um das Wettbewerbsprinzip bei Einstellungen und Beförderungen, das Laufbahnprinzip, die Verbe-

---

365 Vgl. Hatje, Der Rechtsschutz der Stellenbewerber im Europäischen Beamtenrecht, 1. Aufl. 1988, S. 35 f. m.w.N. in der Rechtsprechung des EuGH
366 EuGH v. 04.03.1964, Slg. 1964, S. 61 Rs. 15/63
367 Ophüls, S. 591 f.; EuGH v. 21.04.1983, Slg. 1983, S. 1245 (S. 1258) Rs. 282/81Ragusa/Kommission
368 Hatje, S. 36; vgl. dazu auch Manzanares, S. 76 mit Hinweis auf die Entscheidung des EuGH v. 28.03.1968, Slg. 1968, S. 189 (S. 203) Rs. 33/67 Kurrer/Rat
369 Oppermann, S. 295 Rn. 786
370 EuGH v. 04.03.1964, Slg. 1964, S. 61 ff. Rs. 15/63 Lassalle/Parlament
371 Oppermann, S. 296 Rn. 787 sowie Kallmayer in Callies/Ruffert (Hrsg.), EG-/EU-Vertrag, Kommentar, 2002, Art. 283 Rn. 4a

amtung auf Lebenszeit sowie das Versorgungsprinzip[372]. Anders als Deutschland kann der EÖD dabei nicht auf eine feststehende Tradition dieser Prinzipien als hergebrachte Grundsätze des Berufsbeamtentums, die in Art. 33 Abs. 2, 4 und 5 GG eine verfassungsrechtliche Verankerung gefunden haben, zurückblicken[373]. Gleichwohl haben sich die genannten Prinzipien zu den wesentlichen und den EÖD prägenden Grundsätzen herausgebildet, da sie einer ordnungsgemäßen Verwaltung Rechnung tragen.

*aa) Das Wettbewerbsprinzip*

Das Prinzip der wettbewerblichen Personalauslese, das dem französischen concours nachgebildet und für das eine wettbewerbliche Prüfung charakteristisch ist[374], bezieht sich auf die Auswahlverfahren und Einstellungen[375]. Es beruht auf dem Grundgedanken des freien Wettbewerbs aller in Frage kommenden Bewerber für eine Planstelle[376]. Das Auswahlverfahren stellt sich als das Regelverfahren nicht nur zur Besetzung freier Beamtenstellen dar, sondern auch zur Bildung einer Einstellungsreserve für die Gemeinschaft[377]. Davon zu unterscheiden sind die Beförderungen im EÖD – das Beförderungsverfahren richtet sich nach § 45 BSt und kommt auf der Grundlage der dienstlichen Beurteilungen gemäß Art. 43 BSt und der Empfehlungen der Vorgesetzten zustande[378].

Gemäß Art. 29 Abs. 1 BSt ist dem Auswahlverfahren zur Rekrutierung externer Bewerber/innen zwingend ein internes Auswahlverfahren vorgeschaltet, so daß zunächst die Stellenbesetzung im Wege einer internen Versetzung oder Beförderung zu versuchen ist, bevor über eine öffentliche Ausschreibung ein externes Auswahlverfahren in Gang gesetzt wird[379]. In der Ausschreibung sind vor allem der Auswahlmodus und die erforderlichen Qualifikationen genau anzugeben – das Auswahlverfahren beruht dabei weiterhin auf den Befähigungsnachweisen (z.B. Zeugnisse oder Diplome über weiterführende Studien, fachspezifische Berufserfahrungen wie u.a. Veröffentlichungen etc.) und/oder den Prüfungen[380].

---

372 Zusammengefaßt bei Schweitzer/Hummer, S. 225 Rn. 728
373 Vgl. auch Schröder, S. 173 f.
374 Bruns, S. 314 sowie Oppermann, S. 297 Rn. 790
375 Rogalla in Grabitz/Hilf (Hrsg.), Art. 283 Rn. 34
376 Ebenda
377 Oppermann, S. 297 Rn. 790
378 Hatje, S. 45
379 Kalbe in Von der Groeben/ThiesingEhlermann (Hrsg.), Art. 212 Rn. 47
380 Oppermann, S. 298 Rn. 792; Rogalla, S. 94

Das Auswahlverfahren wird von einem Prüfungsausschuß durchgeführt, der in eigener Verantwortung und unabhängig von der jeweiligen Anstellungsbehörde die Prüfungstexte festlegt und die Leistungen der Bewerber in den einzelnen Prüfungsabschnitten beurteilt[381]. Ergänzende Vorschriften zur Durchführung des Auswahlverfahrens ergeben sich zusätzlich aus dem Anhang III zum BSt, der nicht nur konkrete Vorgaben für die Stellenausschreibung macht[382], sondern darüber hinaus auch die Zusammensetzung des Prüfungsausschusses und die Arbeit des Prüfungsausschusses im einzelnen festlegt. Art. 6 des Anhangs III zum BSt stellt im übrigen klar, daß die Arbeit des Prüfungsausschusses geheim ist, was der Gewährleistung der Autonomie des Ausschusses dienen soll. Die Geheimhaltung beschränkt sich allerdings nicht nur auf das Verfahren selbst, sondern gilt grundsätzlich auch für die gerichtliche Nachprüfung des Auswahlverfahrens[383]. Als Korrektiv der Geheimhaltung fungiert hier jedoch die Verpflichtung des Prüfungsausschusses, eine ablehnende Entscheidung je nach Verfahrensstufe in unterschiedlichem Umfang zu begründen[384], um so der gerichtlichen Nachprüfung ein Hilfsmittel an die Hand zu geben. Entscheidendes Kriterium für eine ausreichende Begründung ist dabei die inhaltliche Präzision, nicht die Länge[385].

Im Anschluß an eine durchgeführte Prüfung hat der Prüfungsausschuß nach Art. 30 Abs. 1 BSt i.V.m. Art. 5 Abs. 5 des Anhangs III zum BSt ein Verzeichnis der geeigneten Bewerber aufzustellen. Aus diesem können die aufgenommenen Bewerber/innen zwar keinen subjektiven Anspruch auf Ernennung herleiten[386], weil die Ernennung eines Bewerbers von mehreren im Ermessen der Anstellungsbehörde liegt, jedoch kann der EuGH bzw. das Gericht 1. Instanz (EuG) an dieser Stelle einen eventuellen Mißbrauch nachprüfen[387], da das Verzeichnis mit Begründungen und den Bemerkungen der Ausschußmitglieder zu versehen ist[388]. Nur in bestimmten Ausnahmefällen und aus wichtigen Gründen ist der Anstellungsbehörde ein Abweichen von der in dem Verzeichnis festgehaltenen

---

381 Kalbe in Von der Groeben/Thiesing/Ehlermann (Hrsg.), Art. 212 Rn. 47
382 Vgl. Art. 1 des Anhangs III zum BSt
383 Hatje, S. 43
384 Zur Kritik an der sogenannten „Phasentheorie" des EuGH, den Umfang der Begründung vom jeweiligen Verfahrensstand abhängig zu machen vor allem Henrichs, EuR 1982, S. 231 (S. 249 f.), der darauf hinweist, daß das Geheimhaltungsgebot auf der einen Seite und das subjektive Auswahlermessen auf der anderen Seite auf diese Weise kaum in den Griff zu bekommen sind
385 Hatje, S. 43, 172 f.
386 EuGH v. 24.06.1969, Slg. 1969, S. 145 ff. Rs. 26/68 Fux/Kommission
387 Kalbe in Von der Groeben/Thiesing/Ehlermann (Hrsg.), Art. 212 Rn. 48
388 Vgl. Art. 5 Abs. 6 des Anhangs III zum BSt sowie Röttinger in Röttinger/Weyringer (Hrsg.), S. 296

Rangfolge der geeigneten Bewerber/innen gestattet[389]. So kann die Behörde die Eignungsliste weder ändern noch aufheben, doch kann sie die Tätigkeit des Ausschusses auf Rechtsverstöße, Verfahrensmängel, Mandatsüberschreitungen o.ä. hin überprüfen, was dann zur Abweichung von dem dortigen Auswahlergebnis berechtigt[390].

In materieller Hinsicht orientiert sich das Auswahlverfahren im EÖD an Art. 27 Abs. 1 1. Halbsatz BSt[391], demnach bei der Einstellung anzustreben ist, dem Organ die Mitarbeit von Beamten zu sichern, die in bezug auf Befähigung, Leistung und Integrität höchsten Ansprüchen genügen. Zu beachten ist weiterhin das in Art. 27. Abs. 2 BSt verankerte Diskriminierungsverbot[392], das die Chancengleichheit der Bewerber/innen u.a. im Hinblick auf das Geschlecht gewährleisten soll[393]. Hinzu kommt seit der Neufassung des BSt und der BSB durch die Gleichbehandlungsverordnung Nr. 781/98, daß Art. 1a Abs. 1 BSt nicht nur unmittelbare Diskriminierungen aufgrund des Geschlechts verbietet, sondern ausdrücklich auch mittelbare Diskriminierungen im Zusammenhang mit den Fällen, in denen das BSt Anwendung findet, als unzulässig erklärt[394] und damit auch in den Auswahlverfahren des EÖD zur Anwendung kommt.

Die Befähigung i.S.v. Art. 27 Abs. 1 1. Halbsatz BSt erfaßt grundsätzlich die geistige und berufliche Begabung, die mit der beruflichen Leistung ebenfalls in engem Zusammenhang steht[395]. Von der Integrität der einzustellenden Beamten ist nach Auffassung Eulers nicht nur die Unbescholtenheit der bisherigen Lebensführung erfaßt, sondern auch die positiven Charaktereigenschaften, die sich als eine Grundvoraussetzung einer guten Zusammenarbeit darstellen[396]. Ausfluß der Integrität eines Beamten ist damit u.a. die gute dienstliche Führung, auf die die Beurteilung am Ende der Probezeit[397] sowie die regelmäßig alle zwei Jahre

---

389 EuGH v. 15.12.1966, Slg. 1966, S. 843 Rs. 62/65 Serio/Kommission
390 Henrichs, EuR 1988, S. 302 (S. 315)
391 Hatje, S. 43
392 Art. 27 Abs. 2 BSt i.d.F. der Verordnung Nr. 781/98 v. 07.04.1998 bestimmt: „ Die Beamten werden ohne Rücksicht auf Rasse, politische, philosophische und religiöse Überzeugung, Geschlecht und sexuelle Orientierung und ungeachtet ihres Personenstands und ihrer familiären Verhältnisse ausgewählt." (Dem entspricht Art. 12 Abs. 1 Unterabsatz 2 BSB)
393 Hatje, S. 43
394 Vgl. Art. 10 Unterabsatz 1 BSB der auf die Geltung des Art. 1a BSt für die sonstigen Bediensteten hinweist
395 Euler, Art. 27 A (1), der an dieser Stelle vor allem auf das „sittliche Element nachhaltigen Strebens" verweist, das wohl als kontinuierliche Verfolgung beruflich einwandfreier Tätigkeiten zu verstehen ist
396 Ebenda
397 Vgl. den sogenannten Probezeitbericht am Ende der Probezeit von sechs Monaten gemäß Art. 34 BSt

zu erstellenden Beurteilungen nach Art. 43 Abs. 1 BSt genauso Bezug nehmen wie auf die Befähigung und Leistung[398]. Eine besondere Rangfolge unter diesen drei Kriterien existiert nicht. Vielmehr ist für den hochqualifizierten Beamten i.S.d. Vorschrift charakteristisch, daß Befähigung, Leistung und Integrität in einem wohlausgewogenen Verhältnis zueinander stehe, denen er in höchstem Maße zu entsprechen hat[399]. Mit der Vorschrift des Art. 27 Abs. 1 1. Halbsatz BSt ist deshalb auch im EÖD das „Prinzip der Bestenauslese" bzw. Leistungsprinzip wiederzufinden.

Das Leistungsprinzip beschränkt sich aber nicht nur auf das Auswahlverfahren, sondern kommt auch im Rahmen von Beförderungsentscheidungen zum Tragen: So werden Beamte gemäß Art. 45 Abs. 1 BSt durch eine Verfügung der Anstellungsbehörde in die nächsthöhere Besoldungsgruppe ihrer Laufbahngruppe oder Sonderlaufbahn ausschließlich aufgrund einer Auslese unter den Beamten befördert, die in ihrer Besoldungsgruppe eine Mindestdienstzeit[400] abgeleistet haben, wobei die Auslese auf der Grundlage der Verdienste der Beamten, die für eine Beförderung in Frage kommen, sowie ihrer Beurteilungen erfolgt. Art. 43 BSt regelt dabei die Beurteilung und bestimmt, daß über die Befähigung, Leistung und dienstliche Führung aller Beamten (mit Ausnahme der Beamten der Besoldungsgruppe A1 und A2)[401] regelmäßig und mindestens alle zwei Jahre unter den von den einzelnen Organen nach Art. 110 BSt festgelegten Bedingungen eine Beurteilung erstellt wird.

In den einzelnen Organen werden im Hinblick auf die zu treffenden Beförderungsentscheidungen die sogenannten Beförderungsausschüsse gebildet, die anhand der Verdienste der in Betracht kommenden Beamten eine schriftliche Stellungnahme zur Beförderungsreihenfolge abgeben, die notwendigerweise auch von subjektiven Einschätzungen geprägt ist[402]. Zwar fühlt sich die Anstellungsbehörde in der Regel an diese Stellungnahme zur Beförderungsreihenfolge gebunden, jedoch ist ihre Beförderungsauslese eine Ermessensentscheidung, die außerdem aufgrund der Zusammensetzung des Beförderungsausschusses (pari-

---

398 Euler, Art. 27 A (1)
399 Ebenda
400 Nach Art. 45 Abs. 1 S. 4 BSt beträgt die Mindestdienstzeit sechs Monate für die Beamten, die sich in der Eingangsbesoldungsgruppe ihrer Laufbahngruppe oder Sonderlaufbahn befinden und das gerechnet vom Zeitpunkt ihrer Ernennung auf Lebenszeit an; für andere Beamte beträgt die Mindestdienstzeit zwei Jahre
401 Auch in bezug auf die Auswahlverfahren besteht für Beamte in Spitzenpositionen der Besoldungsgruppe A1 und A2 nach Art. 29 Abs. 2 BSt abweichend von Art. 29 Abs. 1 BSt eine Ausnahme, d.h. es kann ein anderes als das Auswahlverfahren von der Anstellungsbehörde angewendet werden, vgl. dazu Hatje, S. 44 f. und Rogalla, S. 93, der den strengen Ausnahmecharakter der Vorschrift betont
402 Hatje, S. 45

tätische Besetzung durch Vertreter der Organe und der Personalvertretung sowie ein von der Anstellungsbehörde benannter Vorsitzender, dessen Stimme im Fall einer Stimmengleichheit den Ausschlag gibt) zumeist den Vorstellungen der Behörde entspricht[403]. Hinzuweisen ist an dieser Stelle noch auf die Möglichkeit der Berücksichtigung des Lebens- und Dienstalters des Beamten, dem allerdings keine herausragende Bedeutung oder etwa ein Vorrang für die Beförderungsreihenfolge zukommt[404], weil es hauptsächlich auf die mit dem fraglichen Beförderungsdienstposten verbundenen Aufgaben und Verantwortlichkeiten ankommt. Das dienstliche Interesse ist neben den Verdiensten und Beurteilungen drittes maßgebliches Auswahlkriterium[405].

Auch hier verdeutlicht sich das Leistungsprinzip, ohne daß es für Beförderungen auf eine wettbewerbliche Auslese im Sinne des concours nach französischem Vorbild ankommt. Lediglich das interne, dem allgemeinen Auswahlverfahren vorgeschaltete Auswahlverfahren nach Art. 29 Abs. 1 b) BSt, das den qualifiziertesten Beamten die Möglichkeit des Aufstiegs in eine höhere Laufbahngruppe eröffnet, stellt sich als zwingend durchzuführender Stellenwettbewerb dar, da er einen Beitrag zur Gewährleistung der entsprechenden Ausbildung und Berufserfahrung der jeweiligen Beamten leistet[406]. Zu beachten ist außerdem, daß auch Bedienstete auf Zeit an internen Auswahlverfahren teilnehmen können, wobei aber ebenfalls das Leistungsprinzip aus Art. 27 Abs. 1 BSt und die Grundsätze aus Art. 29 Abs. 1 BSt entscheidend sind[407].

Im Hinblick auf die Durchsetzung von Maßnahmen der Frauenförderung, insbesondere geschlechtsspezifisch wirkende leistungsabhängige Vorrangregelungen mit Härtefallklausel und Zielvorgaben, die im Zuge der Gleichbehandlungsverordnung Nr. 781/98 zur Einfügung des Art. 1a Abs. 2 BSt geführt haben, der klarstellt, daß der Grundsatz der Gleichbehandlung[408] im Rahmen der effektiven Gewährleistung der vollen Gleichstellung von Männern und Frauen im Arbeitsleben die Organe der Europäischen Gemeinschaft nicht daran hindert, zur Erleichterung der Berufstätigkeit des unterrepräsentierten Geschlechts oder zur Verhinderung bzw. zum Ausgleich von Benachteiligungen in der beruflichen Laufbahn spezifische Vergünstigungen beizubehalten oder zu beschließen und damit solche Maßnahmen auf eine feste gesetzliche Basis im EÖD stellt, ist

---

403 Rogalla, S. 107; Rogalla in Grabitz/Hilf (Hrsg.), Art. 283 Rn. 61; Hatje, S. 45
404 EuGH v. 17.01.1989, Slg. 1989, S. 23 (S. 40) Rs. 293/87 Vainker/Europäisches Parlament
405 Rogalla in Grabitz/Hilf (Hrsg.), Art. 283 Rn. 61
406 Rogalla, S. 108 f.
407 EuG v. 05.02.1997, Slg.ÖD 1997, S. 31 (S. 46 ff.) Rs. T-207/95 Ibarra Gil/Kommission
408 Vgl. Art. 1a Abs. 1 BSt

das der Anstellungsbehörde in Einstellungsverfahren eingeräumte weite Ermessen bei der Ernennung sowie bei Beförderungsauswahlen durchaus problematisch, denn es bietet erhebliche Umgehungsmöglichkeiten. Der der Behörde vom EuGH zugestandene überprüfungsfreie Raum zweckgerichteten Verwaltungshandelns unterhalb der Normebene, in dem grundsätzlich nur Rechts-, Form- und Kompetenzverstöße, offensichtliche Irrtümer, Ermessensfehler und ein Ermessensmißbrauch von den Bewerber/innen geltend gemacht werden können[409], läßt erhebliche Spielräume zu, selbst wenn sich eine Behörde für die Einführung einer leistungsabhängigen Vorrangregelung entschieden haben sollte[410]. Dies verdeutlicht sich vor allem auch in dem Verfahren Frederiksen/Kommission[411], in dem eine Frau dem Kläger u.a. auf der Grundlage des Zweiten Aktionsprogramms für die Chancengleichheit von Mann und Frau (1990 – 1995)[412] vorgezogen worden war. Hier hatte der EuGH im Ergebnis die von der Behörde getroffene Beförderungsentscheidung zugunsten der Frau aufgrund einer rechtsfehlerhaft festgestellten höheren Leistung aufgehoben und zur Neubescheidung an die Behörde zurückverwiesen.

Hinzu kommt, daß die Arbeit der Prüfungsausschüsse nicht nur der Geheimhaltung, sondern darüber hinaus auch nur einer abgestuften Begründungspflicht in bezug auf die (abgewiesenen) Bewerber/innen unterliegt. Im Verfahren Pimley-Smith/Kommission[413] hat das Gericht 1. Instanz nicht nur den weiten Ermessensspielraum eines Prüfungsausschusses im Auswahlverfahren hervorgehoben und betont, daß die Berechtigung seiner (subjektiven) Werturteile über die Leistungen der Klägerin vom Gericht nur auf Verstöße gegen die Vorschriften zur Regelung des Verfahrens des Prüfungsausschusses hin überprüft werden könnten, sondern auch in bezug auf die Begründungspflicht festgestellt, daß ein Prüfungsausschuß nicht verpflichtet sei, im Fall des Nichtbestehens der Prüfung durch den Bewerber darzulegen, welche Antworten des Bewerbers im einzelnen

---

409 Henrichs, EuR 1988, S. 302 (S. 307)
410 Im Rahmen des Dritten Aktionsprogramms für die Chancengleichheit von Mann und Frau in der Europäischen Kommission (1997- 2000) stellt die Kommission die Einführung von Vorrangregelungen ausdrücklich in das Ermessen der jeweiligen Anstellungsbehörde; vgl. Anhang 5, S. 774; das Europäische Parlament hat demgegenüber in seinem Zweiten Aktionsprogramm 1997-2000 explizit auf die Mitteilung des Generaldirektors des Personals vom 18.10.1995 hingewiesen, der für den Bereich der Beförderungen einen Tag nach dem Kalanke-Urteil des EuGH klargestellt hatte, daß im Fall gleicher Verdienste mehrerer Beförderungsbewerber/innen den Frauen der Vorrang eingeräumt wird, sofern sie in ihrer Laufbahn unterrepräsentiert sind; vgl. Anhang 2, S. 735
411 EuG v. 11.12.1991, Slg. 1991, S. 1403(S. 1437 f.) Rs. T-169/89
412 Vgl. Anhang 4, S. 755
413 EuG v. 14.07.1995, Slg.ÖD 1995, S. 637 (S. 652 f.) Rs. T-291/94

als nicht ausreichend anzusehen gewesen seien. Schließlich habe der Bewerber auch nur einen Anspruch auf die Erläuterung von Gesichtspunkten wie z.b. den Verfahrensablauf, nicht dagegen auf das Werturteil hinsichtlich seiner Prüfungsleistungen, sofern er explizit eine Erklärung verlange. Die von Hatje zu Recht herausgestellte inhaltliche Präzision der Begründung des Prüfungsergebnisses als Hilfsmittel der gerichtlichen Nachprüfung[414], droht bei einer derartigen Beschränkung auf Formalien wie den Verfahrensablauf jedoch sehr schnell leerzulaufen.

Zwar hat der EuGH[415] und das Gericht 1. Instanz[416] in einer Vielzahl von Entscheidungen die überragende Bedeutung der Chancengleichheit und Gleichbehandlung im Auswahlverfahren festgeschrieben[417], von der nicht nur Diskriminierungen erfaßt sind, die sich auf die offenkundig ungebührliche Begünstigung eines Kandidaten durch die Wahl des Prüfungsthemas beziehen[418], sondern auch die Gleichbehandlung wegen des Geschlechts ohne unmittelbare bzw. mittelbare Diskriminierung i.S.v. Art. 1a Abs. 1 und Art. 27 Abs. 2 BSt. Allerdings kann dies nichts daran ändern, daß die Nachprüfbarkeit der Beurteilungen der Prüfungsausschüsse und der darauf folgenden Einstellungsentscheidungen der Anstellungsbehörden aufgrund des ermessensgesteuerten Freiraums stark eingeschränkt ist, auch wenn sich die Behörde durch interne Verwaltungsvorschriften oder Durchführungsbestimmungen in ihrem Ermessen gebunden haben sollte[419]. Werden die Aktionsprogramme für die Chancengleichheit von Mann und Frau in der Europäischen Kommission sowie die beiden Aktionsprogramme beim Europäischen Parlament[420] als verwaltungsinterne Richtlinien qualifiziert[421], fällt es zwar schwer, den Unterschied zwischen einer Selbstbindungsnorm, die einen Hinweis auf das Verhalten der Verwaltungspraxis beinhaltet, von der nicht ohne Begründung abgewichen werden darf, da anderenfalls eine Verletzung des Gleichbehandlungsgebots gegeben ist, und einer allgemeinen Rechtsnorm aus dem BSt oder den BSB festzustellen[422], doch verbleibt es auch hier letztendlich bei einer von subjektiven Einschätzungen geprägten Grauzone,

---

414 Hatje, S. 172 f.
415 Vgl. u.a. EuGH v. 14.07.1983, Slg. 1983, S. 2421 Rs. 144/82 Detti/Gerichtshof
416 Vgl. u.a. EuG v. 17.03.1994, Slg.ÖD 1994, S. 297 Rs. T-43/91 Hoyer/Kommission sowie EuG v. 17.03.1994, Slg.ÖD 1994, S. 319 Rs. T-44/91 Smets/Kommission
417 Rogalla in Grabitz/Hilf (Hrsg.), Art. 283 Rn. 43
418 Vgl. EuGH v. 13.02.1979, Slg. 1979, S. 603 (S. 613 f.) Rs. 24/78 Martin/Kommission
419 Mit weiteren Beispielen problematischer Bereiche im EÖD neben den Einstellungs- und Beförderungsauswahlen Henrichs, EuR 1988, S. 302 (S. 307)
420 Vgl. Anhänge 1 bis 5
421 Vgl. dazu die Ausführungen im 4. Kapitel, S. 475 ff.
422 So auch Henrichs, EuR 1988, S. 302 (S. 307)

die die Verwirklichung der Gleichberechtigung von Männern und Frauen durch Erhöhung des Frauenanteils insbesondere in Führungspositionen auch im EÖD behindert.

Darüber hinaus stellt sich auch die Möglichkeit der Berücksichtigung des Lebens- und Dienstalters der Beamten im EÖD als ein Gebiet dar, auf dem aus der Perspektive der Frauenförderung mittelbare Diskriminierungen wegen des Geschlechts erwachsen können.

In der Entscheidung Colussi/Parlament hat der EuGH festgestellt, daß im Rahmen von Beförderungsentscheidungen der Anstellungsbehörde bei der Bewertung des dienstlichen Interesses und der nach Art. 45 BSt zu berücksichtigenden Verdienste der Bewerber/innen ein weites Ermessen zukommt und das dieses Ermessen dann nicht als fehlerhaft ausgeübt angesehen werden kann, wenn neben anderen Merkmalen auch das Lebens- und Dienstalter herangezogen wurden. Denn bei gleichen Qualifikationen und Verdiensten der Bewerber/innen könnten diese Merkmale sogar den Ausschlag für die Entscheidung der Behörde geben[423]. Allerdings könnten weder das Lebens- noch das Dienstalter einen Vorrang vor den Verdiensten (Leistungsprinzip) der Bewerber/innen beanspruchen[424].

Mit seinem Urteil vom 28.03.2000 in der Rechtssache Badeck u.a./Hessischer Ministerpräsident hat der EuGH jedoch die Regelung des Hessischen Gleichstellungsgesetzes in § 10 Abs. 3, demzufolge das Dienst- und Lebensalter nur dann für eine Beförderungsentscheidung erheblich sein können, wenn sie tatsächlich zu einer höheren Leistung geführt haben, nicht beanstandet. Darüber hinaus hat er klargestellt, daß solche Kriterien nicht nur der formellen, sondern insbesondere auch der materiellen Gleichheit der Geschlechter dienen sollen[425]. Wird außerdem in die Überlegungen einbezogen, daß der Beförderungsausschuß nicht nur allein auf die Beurteilungen der Beförderungsbewerber/innen zurückgreifen darf, sondern auch auf andere Aspekte der Verdienste wie zusätzliche Informationen über die dienstliche und persönliche Lage, die geeignet sind, die anhand der Beurteilungen vorgenommenen Bewertungen zu relativieren, sind hier auch Ansatzpunkte für Diskriminierungen u.a. wegen des Geschlechts nicht mehr ausgeschlossen.

Kriterien wie das Dienst- und Lebensalter können im übrigen ein entscheidendes Gewicht bekommen, wenn die Leistungsbeurteilung Aufweichungen zugänglich ist. Dies ist auch in der Entscheidung Frederiksen/Parlament deutlich geworden, in der das nachrangige Kriterium der EDV-Kenntnisse, die für das

---

423 EuGH v. 24.03.1983, Slg. 1983, S. 1131 (S. 1142) Rs. 298/81
424 EuGH v. 17.01.1989, Slg. 1989, S. 23 (S. 40) Rs. 293/87 Vainker/Parlament
425 EuGH v. 28.03.2000, Slg. 2000, S. 1902 Rn. 32 Rs. C-158/97

Beförderungsamt des Sprachberaters nur eine sehr untergeordnete Rolle gespielt hatten und deshalb auch aus der Bewertung der Befähigungsnachweise der Bewerber/innen herausgenommen worden waren, letztendlich doch zum maßgeblichen Kriterium der Leistungsbeurteilung wurden, die dann auch zur Aufhebung der Beförderungsentscheidung zugunsten der Frau geführt hatte[426].

Schließlich stehen auch im EÖD die Kläger/innen, sei es in wettbewerblichen externen und internen Auswahlverfahren oder bei Beförderungen regelmäßig vor dem Problem, daß sie beweisen müssen, daß eine geschlechtsbedingte Benachteiligung stattgefunden hat[427]. Da sich die Überprüfungsbefugnis des EuGH und des EuG auf objektiv feststellbare Auswahlkriterien, Form- und Verfahrensverstöße (sogenannte Mißbrauchskontrolle) beschränkt[428] und der Kläger auch den Kausalzusammenhang zwischen Fehler und Nichtbeförderung bzw. abgelehnter Einstellung darlegen muß[429], sind auch hier Beweiserleichterungen im Sinne des Art. 4 Abs. 1 der Beweislastrichtlinie 97/80/EG angezeigt.

*bb) Sonstige Prinzipien*

Auch für den EÖD ist noch auf weitere wesentliche Prinzipien wie das Laufbahn-, das Versorgungs- und Alimentations- sowie das Lebenszeitprinzip einzugehen, da sie für das Funktionieren des EÖD maßgeblich sind und sich außerdem über sie an verschiedenen Stellen ein Zusammenhang mit der Herstellung rechtlicher und faktischer Gleichberechtigung der Geschlechter im EÖD ergibt.

Das Laufbahnprinzip, daß genau wie in den meisten europäischen Mitgliedstaaten auch im EÖD zu den prägenden Merkmalen des öffentlichen Dienstes gehört[430], findet seine Grundlage zunächst in den schon beschriebenen fünf Laufbahngruppen. Die hierarchische Gliederung der einzelnen Laufbahngruppen und Laufbahnen eröffnet den Beamten der Gemeinschaft auch Karrieremöglichkeiten innerhalb des EÖD, die ebenfalls ein charakteristisches Element der Eigenständigkeit des EÖD gegenüber den öffentlichen Diensten der Mitgliedstaaten sind[431]. Eine automatische Karrieremöglichkeit der Bediensteten, die Oppermann irreführend mit der „Garantie individueller Aufstiegschancen" umschreibt[432], existiert dagegen nicht, auch wenn Art. 31 BSt einen Besetzungsschlüssel beinhaltet, der eine bestimmte Anzahl von Beförderungsposten für in-

---

426 EuG v. 11.12.1991, S. 1417, 1434 ff. Rs. T-169/89
427 Vgl. Henrichs, EuR 1985, S. 171 (S. 178)
428 Kummer, S. 35
429 Henrichs, EuR 1985, S. 171 (S. 177 f.)
430 Manzanares, S. 76
431 Oppermann, S. 297 Rn. 789
432 Ebenda

terne Bewerber/innen freihält und in Art. 29 Abs. 1 BSt im Vorfeld der Ausschreibung eines externen Auswahlverfahrens zunächst die Besetzung der jeweiligen Stellen durch eine Beförderung oder Versetzung innerhalb des Organs, die Durchführung eines internen Auswahlverfahrens oder die Übernahme von Beamten aus anderen Organen vorgesehen ist und die als Karrierevorbehalt bzw. Insiderprivileg bezeichnet werden können[433].

In diesem Zusammenhang muß ebenfalls an die Grundsätze der Mobilität erinnert werden, die zum einen im dienstlichen Interesse, zum anderen aber auch im Interesse des jeweiligen Beamten liegen: Mobilität, d.h. die Bereitschaft, den Arbeitsplatz behördenintern innerhalb eines bestimmten Zeitraums zu wechseln, um auf diese Weise Chancen für eine gute Laufbahnplanung zu erhalten, entsprechen nicht nur dem Interesse der Beamten, ihre Einsatzwerte für die Gemeinschaftsverwaltung durch die Verwendung in verschiedenen Dienstposten zu erhöhen und damit gleichzeitig bessere Beförderungsmöglichkeiten zu haben, sondern kommen ebenfalls dem dienstlichen Interesse entgegen, Erfahrungen auf den unterschiedlichsten Dienstposten gewinnbringend zu nutzen[434].

Das die Grundsätze der Mobilität auch eine Rolle auf dem Gebiet der Frauenförderung spielen, beweist das Verfahren Delauche/Kommission, in dem es um die Klage einer Beamtin der Kommision auf Beförderung in die Besoldungsgruppe A3 als Leiterin der Abteilung „Verwaltungsrechtliche und finanzielle Ansprüche" ging, der ein männlicher Bewerber vorgezogen worden war[435]. Die Klägerin berief sich im vorliegenden Verfahren nicht nur auf eine Verletzung des Grundsatzes der Gleichbehandlung von Männern und Frauen, der ihrer Ansicht nach implizierte, dem Bewerber, der dem unterrepräsentierten Geschlecht angehörte, bei gleicher Eignung ein Prioritätsrecht einzuräumen, sondern auch auf den Spierenburg-Bericht, demnach der Gesichtspunkt der Mobilität von entscheidender Bedeutung für eine Beförderung (neben ihrem höheren Dienst- und Lebensalter) sei[436].

Der EuGH ging in seinem die Klage abweisenden Urteil nicht genauer auf das geltend gemachte Kriterium der Mobilität ein, denn der Umstand, daß die Klägerin tatsächlich eine höhere Mobilität als der letztlich ausgewählte Bewerber an den Tag gelegt hatte, bedurfte nach Auffassung des Gerichts keiner Begründung im Rahmen der Beförderungsverfügung[437]. Lediglich Generalanwalt Darmon beschäftigte sich in seinen Schlußanträgen vom 19.11.1987 ausführlicher mit dem Mobilitätskriterium. Er lehnte die Berücksichtigung einer höheren

---

433 Rogalla in Grabitz/Hilf (Hrsg.), Art. 283 Rn. 60
434 Rogalla, S. 116
435 EuGH v. 16.12.1987, Slg. 1987, S. 5345 (S. 5346 f.) Rs. 111/86
436 EuGH v. 16.12.1987, S. 5347 ff.
437 EuGH v. 16.12.1987, S. 5361

Mobilität der Beförderungsbewerberin jedoch mit der Argumentation ab, daß ein eventuell vorliegendes berechtigtes Vertrauen der Klägerin in ihre Beförderung nicht etwa auf Absichtserklärungen (Spierenburg-Bericht) mit allgemeinen Leitlinien für eine wünschenswerte Personalpolitik gestützt werden könne, denn dieses beträfe nur die Art und Weise des von der Anstellungsbehörde ausgeübten Ermessens, das die Grenzen des Zulässigen nicht überschritten und auch keinen offensichtlichen Ermessensfehler aufzuweisen habe[438].

Die Entscheidung Delauche/Kommission verdeutlicht eine Einbruchstelle im Rahmen des Laufbahnprinzips, wo Frauenförderung insbesondere in Führungspositionen vor großen Schwierigkeiten steht: Selbst geschlechtsneutrale und sogar ausdrücklich geforderte Kriterien innerhalb einer dynamischen Personalpolitik, die von starkem dienstlichen Interesse geprägt sind[439], können sich entweder zuungunsten einer Bewerberin oder gar nicht auswirken, wenn sich Mann und Frau bei einer Auswahlentscheidung gegenüberstehen. Daß die Klägerin Delauche nicht nur gleich(wertig), sondern unter Umständen sogar besser qualifiziert war als der ausgewählte männliche Mitbewerber, was u.a. in ihrer (im übrigen im gesamten Verfahren nicht bestrittenen) höheren Mobilität zum Ausdruck gekommen sein mochte, zeigt neben strukturellen Diskriminierungselementen auch die Problematik im EÖD auf, daß eben nur offensichtliche Ermessensfehler durch den EuGH nachprüfbar sind. Hinzu kommt, daß der EuGH hier wiederum betont hat, daß die Anstellungsbehörde nicht gehalten ist, ihre Beförderungsentscheidungen zu begründen – eine solche Begründung hätte allerdings das vorliegende Verfahren nicht nur transparenter gestaltet, sondern auch die ansonsten im Rahmen der Leistungsbeurteilung positiv zu gewichtenden Aspekte der Mobilität sowie des Dienst- und Lebensalters in ihrer Widersprüchlichkeit aufgedeckt. Dabei ist zu bedenken, daß gerade diese Kriterien regelmäßig häufiger zugunsten von Männern zum Tragen kommen; können sie tatsächlich einmal den Ausschlag für die Auswahl einer Frau geben, werden sie durch formalistisches Beharren auf gerichtlich entwickelte Verfahrensgrundsätzen aufrechterhalten. Dies kann kaum anders als mit struktureller Diskriminierung erklärt werden und führt im Ergebnis genauso wie das Wettbewerbsprinzip und der ihm immanente Leistungsgrundsatz in seiner Offenheit für gerichtlich nicht überprüfbare Ermessensspielräume der Prüfungsausschüsse und der Anstellungsbehörden, zu erheblichen Problemen tatsächlicher Verwirklichung faktischer Gleichberechtigung von Männern und Frauen im EÖD.

Schließlich existiert im EÖD für die Beamten auch das Lebenszeitprinzip, denn die Lebenszeitstellung und die Hingabe der gesamten Arbeitskraft sind die

---

438 GA Darmon, Slg. 1987, S. 5353 (S. 5354) Rs. 111/86 Delauche/Kommission
439 Rogalla, S. 116

Voraussetzungen für berufliche Sicherheit und Unabhängigkeit der Beamten im Rahmen der Berufsausübung[440]. Bei der Schaffung des europäischen Beamtenapparates war eine der wichtigsten Grundentscheidungen, im Regelfall Dauerplanstellen einzurichten[441], so daß sich die Beamten im EÖD typischerweise in einem dauerhaften und prinzipiell unauflösbaren Dienstverhältnis zur Europäischen Gemeinschaft befinden[442]. Der europäische Beamtenbegriff ist dabei wesentlich durch diese Dauertätigkeit geprägt, was ihn auch vom deutschen Beamtenbegriff unterscheidet, der in der Hauptsache auf die Erledigung hoheitlicher Aufgaben abstellt[443]. Der Grund dafür liegt vor allem in der fehlenden Staatsqualität der Europäischen Gemeinschaft[444].

Schließlich ist noch kurz auf das Alimentations- und Versorgungsprinzip hinzuweisen: Grundlage des Versorgungsprinzips im EÖD ist die Besoldung der Beamten, die sich auch als Gegenleistung für die Tätigkeit der europäischen Beamten im aktiven Dienst verstehen, die nach Art. 55 Abs. 1 BSt ihrem Organ jederzeit zur Verfügung zu stehen haben[445].

Eines besonderen Eingehens bedarf noch der gesetzliche Anspruch der Beamten auf die Zahlung einer Auslandszulage nach Art. 69 BSt i.V.m. Art. 4 des Anhangs VII zum BSt, die auch ohne einen zuvor gestellten Antrag zu leisten ist, sofern der Beamte aufgrund seiner Tätigkeit für die Gemeinschaft in einen anderen Mitgliedstaat umziehen mußte[446]. In diesem Zusammenhang muß ebenfalls auf die sogenannte Expatriierungszulage hingewiesen werden, die erst im Jahr 1978 durch die Verordnung des Rates Nr. 912/78 vom 02.05.1978[447] in das BSt eingefügt wurde und die eine eigene Diskriminierungsproblematik für Beamtinnen des EÖD unter dem Gesichtspunkt der Staatsangehörigkeit beseitigte: Durch diese Verordnung wurde Art. 4 des Anhangs VII zum BSt ein Absatz 3 hinzugefügt, der klarstellt, daß eine durch Heirat erworbene Staatsangehörigkeit außer Betracht zu bleiben hat, die der Beamte ohne die Möglichkeit eines Verzichts von Amts wegen erhält[448].

In der Entscheidung Airola/Kommission ging es um die Frage, ob eine belgische Staatsangehörige und Beamtin der Gemeinschaft mit Dienstort Italien, die

---

440 Rogalla, S. 86
441 Oppermann, S. 294 Rn. 780
442 EuGH v. 29.06.1988, Slg. 1988, S. 3491 Rs. 124/87 Gritzmann Martignoni/Kommission
443 Vgl. Art. 33 Abs. 4 GG sowie § 4 BBG
444 Rogalla in Grabitz/Hilf (Hrsg.), Art. 283 Rn. 27
445 Rogalla, S. 156
446 Vgl. dazu EuGH v. 22.09.1988, Slg. 1988, S. 4859 Rs. 159/86 Canters/Kommission
447 ABl.EG Nr. L 119, S. 4 v. 03.05.1978
448 Vgl. auch Rogalla, S. 164

durch ihre Eheschließung mit einem italienischen Mann automatisch die italienische Staatsangehörigkeit erworben hatte, ohne sich dieser widersetzen zu können, weiterhin in den Genuß der Auslandszulage kommen konnte. Die von der Klägerin geltend gemachte Diskriminierung aufgrund des Geschlechts stützte sich im vorliegenden Fall vor allem darauf, daß in keiner der mitgliedstaatlichen Rechtsordnungen der automatische Erwerb der Staatsangehörigkeit der Ehefrau für den Mann vorgesehen war[449]. Der EuGH sprach der Klägerin Airola hier die Auslandszulage vor dem Hintergrund des Gleichbehandlungsgrundsatzes zu, wies jedoch in einem ähnlichen Verfahren die Zahlung der Auslandszulage zurück, da die Klägerin Van den Broeck mit ursprünglich französischer Staatsangehörigkeit, die durch ihre Heirat eines Belgiers die belgische Staatsangehörigkeit erhalten und ihre französische Staatsangehörigkeit verloren hatte, ohne von der ihr durch das belgische Recht eingeräumten Möglichkeit Gebrauch gemacht zu haben, auf die belgische Staatsangehörigkeit zu verzichten[450]. Dem EuGH zufolge bestand auf der Basis des Gleichbehandlungsgrundsatzes keine Veranlassung, die durch Heirat erworbene belgische Staatsangehörigkeit außer Betracht zu lassen, auf die die Klägerin ja hätte verzichten können[451]. Das diese Argumentation aus der Perspektive des Grundsatzes der Gleichbehandlung von Männern und Frauen nicht zu überzeugen vermag, stellt insbesondere Rogalla heraus, für den im Fall der Änderung der Staatsangehörigkeit durch Neuerwerb oder Verlust bedingt durch eine Eheschließung das Staatsangehörigkeitskriterium bei der Gewährung der Auslandszulage unberücksichtigt zu bleiben hat[452].

*c) Grundrechtsbindung*

Auch in der Gemeinschaftsrechtsordnung existieren Grundrechtsbindungen, obwohl hier derzeit noch ein geschriebener Grundrechtskatalog fehlt, der den nationalen Verfassungen vergleichbar ist[453].

---

449 EuGH v. 20.02.1975, Slg. 1975, S. 221 (S. 228 f.) Rs. 21/74
450 EuGH v. 20.02.1975, Slg. 1975, S. 235 (S. 245) Rs. 37/74 Van den Broeck/Kommission
451 Vgl. auch EuGH v. 14.12.1979, Slg. 1979, S. 3767 Rs. 257/78 Kenny-Levick/Kommission (in dieser Entscheidung ging es um eine mit einem Belgier verheirateten Beamtin britischer Herkunft)
452 Rogalla, S. 165
453 Erst mit dem Inkrafttreten der Europäischen Verfassung, deren Entwurf der Europäische Konvent am 13.06.2003 verabschiedet hat, existiert für die Europäische Union eine Verfassung, die in Teil II auch die Europäische Grundrechte-Charta mit einem entsprechenden Grundrechtskatalog enthält, vgl. Europäischer Konvent v. 27.05.2003, CONV 725/03

Die Notwendigkeit einer Grundrechtsgeltung und -bindung im EÖD ergibt sich vor allem aus dem Gesichtspunkt, daß die Bediensteten der Gemeinschaft ausnahmslos aus demokratischen Mitgliedstaaten stammen, die über geschriebene Verfassungen mit entsprechenden Grundrechtsverbürgungen verfügen und die ihre Eigenschaft als „Gemeinschaftsbürger" mit Eintritt in den EÖD nicht verloren haben oder verlieren wollen[454].

Nun hat der EuGH seit seinem Urteil in der Rechtssache Stauder/Stadt Ulm[455] ausdrücklich die Grundrechtsgeltung in der Gemeinschaftsrechtsordnung anerkannt, indem er die in den allgemeinen Grundsätzen des Gemeinschaftsrechts enthaltenen Grundrechte der Person zu den Rechten zählt, die er zu sichern und zu wahren hat. In einem weiteren Urteil in der Rechtssache Internationale Handelsgesellschaft/Einfuhr- und Vorratsstelle für Getreide und Futtermittel[456] hat er die in der Entscheidung Stauder/Stadt Ulm getroffene Aussage dahingehend präzisiert, daß die Beachtung der Grundrechte zu den allgemeinen Rechtsgrundsätzen gehört, deren Wahrung der Gerichtshof zu gewährleisten hat und die von den gemeinsamen Verfassungsüberlieferungen der Mitgliedstaaten getragen werden müssen. Mit diesen grundlegenden Urteilen hat der EuGH eine inzwischen immer weiter ausgebaute und in den Mitgliedstaaten weitestgehend akzeptierte Rechtsprechungsentwicklung zum Vorhandensein von Gemeinschaftsgrundrechten der Person in Form ungeschriebener allgemeiner Rechtsgrundsätze[457] eingeleitet, die für die gesamte Gemeinschaftsrechtsordnung prägend und bestimmend sind[458]. Allerdings binden diese Grundrechte primär die Gemeinschaftsorgane in ihrem Verhältnis zu den Gemeinschaftsbürgern[459], was der EuGH insbesondere in seinem Urteil Defrenne III[460] hervorgehoben hat, wobei er gleichzeitig aber auch auf die Geltung im Verhältnis zu den Gemeinschaftsbediensteten hingewiesen hat. Dies geht ebenfalls aus Art. 46 d) EUV hervor, demnach der EuGH grundsätzlich die Einhaltung der in Art. 6 Abs. 2 EUV verankerten Achtung der Menschenrechte und Grundfreiheiten aus der

---

454 Schröder, S. 176
455 EuGH v. 12.11.1969, Slg. 1969, S. 419 (S. 425) Rs. 29/69
456 EuGH v. 17.12.1970, Slg. 1970, S. 1125 (S. 1135) Rs. 11/70
457 Einen Hinweis auf die Existenz allgemeiner und ungeschriebener Rechtsgrundsätze im Gemeinschaftsrecht enthält Art. 288 Abs. 2 EGV für den Bereich der außervertraglichen Haftung der Gemeinschaft; aber auch aus der Formulierung in Art. 220 EGV zu den Aufgaben des EuGH ergibt sich, daß es über die Gemeinschaftsverträge hinaus noch ungeschriebenes Recht gibt, das der EuGH bei der Wahrung des Rechts zu sichern hat, vgl. auch Rogalla, S. 54
458 So auch Oppermann, S. 189 Rn. 491
459 Weber, S. 326
460 EuGH v. 15.06.1978, Slg. 1978, S. 1365 (S. 1379) Rs. 149/77 Defrenne/Sabena

EMRK aus dem Jahr 1950 sowie der gemeinsamen Verfassungsüberlieferungen der Mitgliedstaaten durch die Gemeinschaft zu überwachen hat.

Trotz des primären Zuschnitts der Geltung der Gemeinschaftsgrundrechte für die Gemeinschaftsorgane im Verhältnis zu den Mitgliedstaaten und ihren Bürgern unterliegt auch das Dienstrecht der Europäischen Gemeinschaft als integrierender Bestandteil der Gemeinschaftsrechtsordnung den selben rechtsstaatlichen Grundsätzen und Zwängen wie andere Bereiche des Gemeinschaftsrechts[461]. So kommt den Gemeinschaftsorganen im Hinblick auf ihre Personalhoheit und verwaltungsinterne Organisationsgewalt zur Regelung ihrer Dienstverhältnisse z.B. bei Auswahlentscheidungen, Einstellungen, Beförderungen, Versetzungen oder Entlassungen etc. zwar ein Ermessen zu[462], jedoch müssen hier bei der damit verbundenen Ausübung von Weisungs- und Entscheidungsrechten gegenüber den Bediensteten auch bestimmte Schranken eingehalten und beachtet werden, die sich ohne weiteres auch aus den ungeschriebenen Gemeinschaftsgrundrechten in Übertragung auf den EÖD ergeben[463]. Dabei dienen die als allgemeine Rechtsgrundsätze entwickelten Gemeinschaftsgrundrechte vor allem als Prüfungs- und Auslegungsmaßstäbe für Rechtsvorschriften des BSt oder der BSB, der internen Verwaltungsrichtlinien oder auch von Einzelentscheidungen[464].

In den Verfahren Sabbatini-Bertoni/Parlament[465] und Chollet-Bauduin/Kommission[466] waren erstmals die Klagen zweier Frauen erfolgreich, die sich auf eine Verletzung des Grundsatzes der Gleichbehandlung wegen des Geschlechts durch Art. 4 Abs. 3 des Anhangs VII zum BSt beriefen, der für die Gewährung der Auslandszulage die Eigenschaft als Familienvorstand voraussetzte, die gemäß Art. 1 Abs. 3 des Anhangs VII zum BSt grundsätzlich nur dem verheirateten männlichen Beamten zukam und einer verheirateten Beamtin nur dann, wenn ihr Ehegatte dauernd gebrechlich war oder an einer schweren Krankheit mit der Folge der Erwerbsunfähigkeit litt. Als Familienvorstand galt darüber hinaus auch der verwitwete, geschiedene oder ledige Beamte, der ein oder mehrere Kinder zu unterhalten hatte bzw. aufgrund einer besonderen Verfügung der Anstellungsbehörde die verheiratete Beamtin, die dauernd von ihrem Ehemann getrennt lebte und ein oder mehrere unterhaltsberechtigte Kinder hat-

---

461 Kalbe in Von der Groeben/Thiesing/Ehlermann (Hrsg.), Art. 212 Rn. 31
462 Hatje, S. 41 f.
463 Kalbe in Von der Groeben/Thiesing/Ehlermann (Hrsg.), a.a.O., Art. 212 Rn. 31 sowie Schröder, S. 176
464 Lindemann, Allgemeine Rechtsgrundsätze und europäischer öffentlicher Dienst, 1986, S. 68 ff.
465 EuGH v. 07.06.1972, Slg. 1972, S. 345 (S. 352) Rs. 20/71
466 EuGH v. 07.06.1972, Slg. 1972, S. 363 (S. 370 f.) Rs. 32/71

te. Den daraus resultierenden Entzug der Auslandszulage für die Klägerinnen, die mit ihrer Eheschließung nicht die Eigenschaft als Familienvorstand erworben hatten, qualifizierte der EuGH als ungültig, weil die unterschiedliche Behandlung von Beamten und Beamtinnen rechtswidrig sei. Er argumentierte hier, daß sich der Entzug der Auslandszulage im Fall einer Familienstandsänderung aus einheitlichen und von der Verschiedenheit des Geschlechts unabhängigen Tatbestandsmerkmalen zu ergeben habe[467]. Der Rat der Europäischen Gemeinschaften zog aus diesen beiden Urteilen mit der Verordnung Nr. 558/73 vom 26.02.1973[468] die Konsequenzen und hob die Abhängigkeit der Zahlung der Auslandszulage von der Eigenschaft des Familienvorstands auf[469].

Auch wenn den in beiden Urteilen gegebenen knappen Begründungen des Gerichtshofs kein expliziter Hinweis auf die von beiden Parteien geltend gemachte Verletzung der Grundrechte oder allgemeiner Rechtsgrundsätze, die sich z.Z. noch aus dem geschriebenen und ungeschriebenen Gemeinschaftsrecht, dem internationalen Recht und aus den mitgliedstaatlichen Rechtsordnungen ergeben, zu entnehmen war, hatte der EuGH offensichtlich ihre Geltung stillschweigend vorausgesetzt, indem er klarstellte, daß Beamte nicht nach ihrem Geschlecht unterschiedlich behandelt werden dürften[470].

Im Urteil Airola/Kommission[471] ging es um die Rücknahme der bisher gezahlten Auslandszulage, da die Klägerin durch die Eheschließung mit einem italienischen Staatsbürger neben ihrer belgischen Staatsangehörigkeit auch (unfreiwillig) bedingt durch das italienische Familienrecht die italienische Staatsangehörigkeit erworben hatte. Nach Art. 4 Abs. 1 a) des Anhangs VII zum BSt wurde die Auslandszulage aber nur denjenigen Personen gezahlt, die die Staatsangehörigkeit des Staates, in dessen Hoheitsgebiet sie ihre Tätigkeit ausüben, nicht besitzen oder nicht besessen haben. Hier stellte der EuGH klar, daß der Begriff der Staatsangehörigkeit i.S.v. Art. 4 Abs. 1 a) des Anhangs VII zum BSt nur so ausgelegt werden könne, daß sichergestellt sei, daß Beamte und Beamtinnen, die sich faktisch in einer vergleichbaren Lage befänden, nicht grundlos ungleich behandelt werden würden. Dies wäre laut EuGH aber die Folge, wenn die Staatsangehörigkeit, die eine Beamtin aufgrund ihrer Heirat von Rechts wegen

---

467 EuGH v. 07.06.1972, a.a.O., S. 352 Sabbatini-Bertoni/Parlament sowie EuGH v. 07.06.1972, S. 370 f. Chollet-Bauduin/Kommission
468 ABl.EG Nr. L 55, S. 1 v. 28.02.1973
469 Vgl. auch Streil, EuGRZ 1975, S. 321
470 So auch Zieger, JöR 1973, S. 299 (S. 314 f.)
471 EuGH v. 20.02.1975, Slg. 1975, S. 221 Rs. 21/74

erwerbe, ohne sich dem widersetzen zu können, der Staatsangehörigkeit gemäß Art. 4 Abs. 1 a) begrifflich gleichgestellt würde[472].

An dieser Entscheidung wird deutlich, daß sich der EuGH der verfassungskonformen Auslegung einer BSt-Vorschrift anhand eines ungeschriebenen höherrangigen Gemeinschaftsgrundrechts der Gleichbehandlung von Männern und Frauen bedient hat, die im Verfahren Sabbatini-Bertoni/Parlament und Chollet-Bauduin/Kommission aufgrund der gesetzestechnischen Verknüpfung von Auslandszulage und Eigenschaft als Familienvorstand nicht möglich gewesen war[473].

Wenn der EuGH aber Verordnungsbestimmungen[474] am Maßstab eines bisher ungeschriebenen Gemeinschaftsgrundrechts ausgelegt und angewendet hat, so muß diesem in der Normenhierarchie des Gemeinschaftsrechts mindestens der Rang des primären Vertragsrechts zugesprochen werden, denn grundrechtliche Prinzipien besitzen grundsätzlich Vorrang vor Rechtsverordnungen[475].

Festzuhalten bleibt aber, daß die allgemeinen Rechtsgrundsätze mit Grundrechtsqualität eine praktisch bedeutende Relevanz und einen direkten Einfluß auf die Bestimmungen des BSt und die BSB haben, die bei der Auslegung und Anwendung der Statutsbestimmungen entsprechend der deutschen verfassungskonformen Auslegung zu beachten sind[476].

Neben dem allgemeinen Grundsatz der Gleichbehandlung, der sich nicht nur auf die Gleichbehandlung der Geschlechter im EÖD bezieht und in verschiedenen Bestimmungen des BSt und der BSB zum Ausdruck kommt, sondern auch auf die Staatsangehörigkeit, die Rasse, den Glauben, die politischen und philo-

---

472 EuGH v. 20.02.1975, a.a.O., S. 229; vgl. aber EuGH v. 20.02.1975, Slg. 1975, S. 235 (S. 245) Rs. 37/74 Van den Broeck/Kommission in einem gleichgelagerten Fall, in dem der EuGH die Weitergewährung der Auslandszulage an die Klägerin jedoch abgelehnt hatte, da sich diese dem Erwerb der belgischen Staatsangehörigkeit durch die Heirat mit einem Belgier aber durch ausdrückliche Erklärung hätte entziehen können
473 Streil, S. 322; vgl. zur grundrechtskonformen Auslegung des EuGH im Verfahren Airola/Kommission auch Meessen, Anm. zu EuGH v. 20.02.1975, DVBl. 1975, S. 776
474 Diese werden auch als das europäische Gesetz bezeichnet, da sie eine allgemeine und unmittelbar verbindliche Geltung in den Mitgliedstaaten beanspruchen (Art. 249 Abs. 2 EGV und eine unbestimmte Vielzahl von Sachverhalten generell und abstrakt regeln, so daß ihnen deshalb Rechtssatzqualität zukommt, Oppermann, S. 205 Rn. 535 sowie Schweizer/Hummer, S. 102 f. Rn. 347, 349; im übrigen partizipieren auch das BSt und die BSB als Rechtsverordnungen an diesen Eigenschaften, Lindemann, S. 59
475 Vgl. Zieger, S. 354
476 Rogalla, S. 56

sophischen Überzeugungen sowie die sexuelle Orientierung Bezug nimmt[477] und als allgemeines rechtsstaatliches Prinzip alle Bereiche des europäischen Dienstrechts abdeckt[478], haben in der Rechtsprechung des EuGH weitere Grundsätze eine wichtige Rolle gespielt, die das Verwaltungshandeln maßgeblich bestimmen. Dazu gehört u.a. der Grundsatz der Gesetzmäßigkeit der Verwaltung, der für jede Maßnahme der Gemeinschaftsverwaltung eine geeignete Rechtsgrundlage fordert und den Bereich der Ermessensausübung mit seinen Grenzen und Sanktionsmöglichkeiten erfaßt[479]: Der EuGH hat in bezug auf die Organisationsgewalt und Personalhoheit der Gemeinschaftsinstitutionen als Anstellungsbehörden deren weiten Ermessensspielraum anerkannt und seine Rechtmäßigkeitskontrolle z.B. im Bereich der Beförderungen, Einstellungen, Beurteilungen etc. auf die Einhaltung der Form- und Verfahrensvorschriften, die Wahrung allgemeiner Rechtsgrundsätze sowie den Maßstab des Ermessensmißbrauchs beschränkt[480]. Lediglich im Fall vermögensrechtlicher Streitigkeiten räumt ihm Art. 91 Abs. 1 BSt die Möglichkeit der unbegrenzten gerichtlichen Nachprüfung ein – auf die damit einhergehenden Probleme, die auch einen nicht unerheblichen Einfluß auf den Bereich der Frauenförderung haben, kann jedoch erst im Zusammenhang mit dem Rechtsschutz unter d) in diesem Kapitel eingegangen werden.

Nach alledem ist festzuhalten, daß die Gemeinschaftsorgane im Verhältnis zu ihren Bediensteten ebenfalls einer Grundrechtsbindung unterliegen, die sie bei der Auslegung und Anwendung der Statutsbestimmungen und der Vorschriften aus den BSB zu beachten haben. Da sich die insbesondere aus den gemeinsamen Verfassungsüberlieferungen der Mitgliedstaaten gewonnenen Rechtsgrundsätze mit Grundrechtsqualität auch in die Struktur und die Ziele der Gemeinschaftsrechtsordnung einpassen lassen müssen[481], haben die Gemeinschaftsorgane auch diesen Gesichtspunkt zu berücksichtigen, weil eventuell von den nationalen Verfassungen gezogene Grenzen lediglich einen Anhaltspunkt bieten, nicht aber die Prüfung ersetzen können, ob die jeweilige Gewährleistung eines Grundrechts auch mit den legitimen Interessen des EÖD übereinstimmt[482].

---

477 Vgl. Art. 1a, Art. 5 Abs. 3, Art. 7 Abs. 1, Art. 27 Abs. 2 und 3 BSt n.F. sowie Art. 10, Art. 12 und Art. 83 BSB n.F.
478 Kalbe in Von der Groeben/Thiesing/Ehlermann (Hrsg.), Art. 212 Rn. 33
479 Zieger, S. 326
480 Kalbe in Von der Groeben/Thiesing/Ehlermann (Hrsg.), Art. 212 Rn. 35
481 EuGH v. 17.12.1970, Slg. 1970, S. 1125 (S. 1135) Rs. 11/70 Internationale Handelsgesellschaft/Einfuhr- und Vorratsstelle für Getreide und Futtermittel
482 Schröder, S. 176

*d) Rechtsschutz*

Streitigkeiten zwischen den Gemeinschaftsorganen und ihren Bediensteten richten sich nach Art. 90 und 91 BSt für Beamte bzw. Art. 46, 73 und 83 BSB für die sonstigen Bediensteten, der auf die Geltung der Art. 90 und 91 BSt für die sonstigen Beschäftigungsverhältnisse verweist.

Während Art. 90 BSt ein rein verwaltungsinternes Verfahren eröffnet, das die Behandlung von Anträgen und Beschwerden der Bediensteten durch die Verwaltung betrifft[483] und diese nicht verpflichtet, dem Antragsteller oder Beschwerdeführer eine Entscheidung über sein Anliegen mitzuteilen[484], können nach Art. 91 Abs. 1 BSt alle Bediensteten, die Ansprüche aus dem Dienstrecht der Gemeinschaft herleiten, Klage vor dem EuGH erheben. Zu beachten ist aber, daß seit dem 01.11.1989 durch den Beschluß des Rates 88/591/EGKS, EWG, EURATOM vom 24.10.1988[485] ein Gericht 1. Instanz (EuG) eingerichtet worden ist, das vor allem für die verwaltungsrechtlichen Streitigkeiten zwischen der Gemeinschaft und ihren Bediensteten zuständig und gegen dessen Entscheidungen die auf Rechtsfragen beschränkte Revision vor dem EuGH zulässig ist[486].

Nach Art. 236 EGV i.V.m. Art. 91 BSt und Art. 3 der Ratsentscheidung 88/591 erstreckt sich die Zuständigkeit des EuGH und des EuG nicht nur auf die Überprüfung der Rechtmäßigkeit beschwerender Verfügungen der Anstellungsbehörde, sondern ebenfalls auf Klagen vermögensrechtlicher Art sowie Schadensersatzklagen aus dem Dienstverhältnis[487].

Allerdings ist zu beachten, daß die deutsche Fassung des Art. 91 Abs. 1 S. 2 BSt nicht ganz so eindeutig ist, wie es der Formulierung nach den Anschein hat: Denn gemäß Art. 91 Abs. 1 S. 2 BSt hat der Gerichtshof „in den in diesem Statut genannten Fällen und in Streitsachen vermögensrechtlicher Art zwischen ei-

---

483 Euler, Europäisches Beamtenstatut, Dritter Teilband, Einleitung zum Titel VII, S. 653
484 Die Behörde hat nach Art. 90 Abs. 1 S. 2 BSt insgesamt vier Monate Zeit, dem Antragsteller eine begründete Entscheidung zukommen zu lassen – bleibt sie untätig, so gilt dieses als stillschweigende Ablehnung (Art. 90 Abs. 1 S. 3 BSt), gegen die gemäß Art. 90 Abs. 2 BSt die Beschwerde zulässig ist. Im Fall einer negativen Entscheidung oder Untätigkeit innerhalb eines Zeitraums von wiederum vier Monaten kann schließlich Klage eingereicht werden, die jedoch an eine Klagefrist von drei Monaten gebunden ist; vgl. Röttinger in Röttinger/Weyringer (Hrsg.), S. 312 sowie Rogalla, S. 210 f.; ausführlich zum Antrags- und Beschwerdeverfahren auch Hatje, S. 51 ff.
485 ABl.EG Nr. L 319, S. 1 v. 25.11.1988
486 Vgl. Schweizer/Hummer, S. 140 Rn. 462 sowie Kalbe in Von der Groeben/Thiesing/Ehlermann (Hrsg.), Art. 212 Rn. 67
487 Kalbe in Von der Groeben/Thiesing/Ehlermann (Hrsg.), Art. 212 Rn. 67

ner der Gemeinschaften und einer der in diesem Statut bezeichneten Personen die Befugnis zu unbeschränkter Ermessensnachprüfung einschließlich der Befugnis zur Aufhebung oder Änderung der getroffenen Maßnahme." Euler macht hier geltend, daß dieser Text grob irreführend ist, da sich die im „Statut genannten Fälle" auf Art. 22 BSt beziehen, der den Schadensersatzanspruch der Gemeinschaft gegenüber ihren Beamten regelt, sofern diese durch schwerwiegendes Verschulden einen Schaden für die Gemeinschaft erzeugt haben[488]. Auch Brückner stellt im Rahmen der Wortlautinterpretation fest, daß die Formulierung der unbeschränkten Ermessensnachprüfung zu der Annahme verleiten könnte, daß der EuGH bei der Nachprüfung einer beschwerenden Maßnahme sein eigenes Ermessen an die Stelle des von den Anstellungsbehörden ausgeübten Ermessens setzen könnte[489]. Im Wege der Auswertung verschiedener Entscheidungen des EuGH, die Personalrechtsstreitigkeiten nichtvermögensrechtlicher Art betreffen wie die Ablehnung eines Bewerbers im Beförderungsverfahren oder Disziplinarstrafen, kommt er jedoch zu der Schlußfolgerung, daß sich der EuGH hier grundsätzlich nicht befugt sah, Werturteile und Ermessensentscheidungen der Verwaltung durch eine eigene Wertung zu ersetzen[490].

Das bedeutet, daß die Differenzierung innerhalb des Art. 91 Abs. 1 BSt nach Streitigkeiten vermögensrechtlicher und sonstiger Art gleichzeitig zu unterschiedlichen richterlichen Überprüfungsbefugnissen führt, nämlich einer unbeschränkten Überprüfungsbefugnis auf dem Gebiet vermögensrechtlicher Auseinandersetzungen und Schadensersatzansprüche sowie stark begrenzten Kontroll- und Entscheidungsbefugnissen im Bereich der Ermessensausübung der Anstellungsbehörde. Aus ihr folgt eine Zweiteilung des Rechtsschutzes, die gerade bei den personenbezogenen Auswahlentscheidungen wie Einstellungen, Versetzungen, Beurteilungen, Beförderungen, Disziplinarentscheidungen, Entlassungen o.ä. durch subjektiv geprägte Einschätzungen und Zweckmäßigkeitsüberlegungen stark anfällig für menschliches Fehlverhalten oder sogar Ermessensmißbrauch ist[491]. In Rechnung zu stellen ist dabei allerdings auch, daß dem Gerichtshof primär die Rolle eines Verwaltungsgerichts und nicht eines Arbeitsgerichts zukommt[492]. Das gleichwohl Personalstreitigkeiten vor dem EuG und dem EuGH ausgetragen werden, rechtfertigt sich jedoch vor dem Hintergrund, daß außenstehende Gerichte nicht über den erforderlichen Einblick in die Besonderheiten des EÖD verfügen[493].

---

488 Euler, Art. 91 Rn. A (3)
489 Brückner, ZBR 1972, S. 44
490 Brückner, S. 46
491 Henrichs, EuR 1990, S. 289 (S. 290 f.)
492 Henrichs, S. 291
493 Krück in Von der Groeben/Thiesing/Ehlermann (Hrsg.), Art. 179 Rn. 5

Für Frauenförderung im EÖD sind die personenbezogenen Auswahlentscheidungen von großer Relevanz, weil die Steigerung des Frauenanteils in Bereichen weiblicher Unterrepräsentanz gerade von den Einstellungs- und Beförderungsentscheidungen sowie den Beurteilungen maßgeblich bestimmt wird. Hier setzen leistungsabhängige Vorrangregelungen mit Härtefallklausel und Zielvorgabenregelungen zugunsten von Frauen ein Gegengewicht zu strukturellen Diskriminierungsmechanismen, um Frauen zur gleichberechtigten Teilhabe an beruflichen Positionen zu verhelfen. Eröffnet das Rechtsschutzverfahren im EÖD einen praktisch gerichtsfreien Entscheidungsspielraum der Anstellungsbehörden, der zudem durch die Schwierigkeiten einer multi-nationalen Personalführung und einer eher schwachen Personalvertretung geprägt ist[494], liegen die Probleme der Durchsetzbarkeit von Maßnahmen zur spezifischen Förderung eines Geschlechts auf der Hand. Wird weiterhin berücksichtigt, daß die Beweislast für Rechts-, Form- und Kompetenzverstöße, offensichtliche Tatsachenfehler und Ermessensmißbräuche ausschließlich in die Sphäre der Bediensteten fällt[495] und daß der Beweis eines Ermessensmißbrauchs durch die Anstellungsbehörde in Auswahlverfahren oder bei Beurteilungen etc. in der Praxis allgemein kaum gelingt, weil diese zwangsläufig ein vergleichendes (subjektives) Werturteil über die berufliche und charakterliche Qualifikation und/oder das dienstliche Verhalten der jeweiligen Bediensteten beinhalten[496], erhärtet sich die Problematik der Durchsetzung faktischer Gleichberechtigung im EÖD um ein Vielfaches, selbst wenn ein Gemeinschaftsorgan die Möglichkeit der bevorzugten Berücksichtigung von Frauen bei gleicher Qualifikation in Stellenbesetzungsverfahren geschaffen hat[497]. Immerhin handelt es sich im Erklärungsmuster der strukturellen Diskriminierung vor allen Dingen um geschlechtsspezifische und tradierte Vorverständnisse über die Fähigkeiten und die Rolle von Frauen, die bewußt oder unbewußt in die subjektiven Werturteile der Personalentscheider einfließen und eine positive Einstellungs- oder Beförderungsentscheidung häufig zunichte machen[498].

---

494 Ebenda
495 Ebenda
496 Kalbe in Von der Groeben/Thiesing/Ehlermann (Hrsg.), Art. 212 Rn. 35
497 Vgl. Art. 1a Abs. 2 BSt n.F. in Verbindung mit dem Dritten Aktionsprogramm für die Chancengleichheit von Männern und Frauen in der Kommission (1997 – 2000), vgl. Anhang 5, S. 774
498 Hatje, S. 86 f. weist bereits im allgemeinen Kontext der Personalauswahl darauf hin, daß die Bildung und Abgabe von Wertungen in der ausschließlichen Zuständigkeit der Verwaltung menschliche Urteile über andere Menschen sind, die mit allen Unsicherheiten komplexer psychologischer Prozesse belastet und letztlich auch nicht rationalisierbar sind

Deshalb ist auch im EÖD ein besonderes Augenmerk auf die Rechtsschutzmöglichkeiten durch die Konkurrentenklage zu richten. Auch ist der Frage nachzugehen, inwieweit die Beweislastrichtlinie 97/80/EG über die in Art. 4 Abs. 1 enthaltene Beweiserleichterung bei geschlechtsbedingten Diskriminierungen einen Einfluß auf das Dienstrecht der Gemeinschaft entfalten kann.

*aa) Die Konkurrentenklage im EÖD*

Der Auseinandersetzung mit der Konkurrentenklage im EÖD ist vorwegzunehmen, daß mögliche Klagen der Bediensteten auf Zeit (BaZ), Hilfskräfte und sonstiger auf Vertragsbasis tätiger Beschäftigter durch die Verweisungen in den BSB auf Art. 90 und 91 BSt den selben Modalitäten unterliegen wie die beamtenrechtliche Konkurrentenklage, so daß ein gesondertes Eingehen auf eine arbeitsrechtliche Konkurrentenklage sich deshalb erübrigt.

Zwingende Klagevoraussetzung ist zunächst die Beachtung des vorgeschalteten Beschwerdeverfahrens nach Art. 90 BSt (Vorverfahren), das von einigen wenigen Ausnahmen abgesehen[499] genau wie die Einhaltung der Rechtsmittelfristen über die Zulässigkeit der Klage entscheidet[500]. Art. 90 BSt fungiert dabei als Streitschlichtungsinstrument im vorprozessualen Raum sowie als Mittel der administrativen Selbstkontrolle[501]. Die Klagebefugnis steht nach Art. 91 Abs. 1 BSt jeder im Statut genannten Person zu, die durch eine Maßnahme der Verwaltung direkt oder indirekt beschwert ist, so daß hier auch die Bewerber im Einstellungsverfahren oder Beförderungsanwärter erfaßt sind[502]. Das auch externe Stellenbewerber im EÖD zum antrags- und klageberechtigten Personenkreis gehören, ergibt sich insbesondere aus Art. 27 BSt und Anhang III zum BSt, der alle Bewerber erfaßt, die an einem allgemeinen Auswahlverfahren teilnehmen können[503]. Darüber hinaus besteht im allgemeinen auch eine Klageberechtigung für entlassene oder regulär ausgeschiedene Beamte, versorgungsberechtigte Familienangehörige oder Angehörige verstorbener Beamter[504]. Voraussetzung ist in jedem Fall, daß die betroffene Person aus dem Statut oder den

---

499 Ausnahmen stellen die dienstlichen Beurteilungen und die Entscheidungen der Prüfungsausschüsse dar, gegen die sofort Klage erhoben werden kann, weil die Behörde hier keine Befugnis zur Abänderung hat, vgl. Hatje, S. 61, 81
500 Henrichs, EuR 1988, S. 302 f.; vgl. auch zur Unzulässigkeit der Klage wegen verspäteter Einlegung der Beschwerde im Fall Beydoun EuGH v. 20.03.1984, Slg. 1984, S. 1509 (S. 1529) Rs. 75 und 117/82 Razzouk und Beydoun/Kommission
501 Hatje, S. 51
502 Euler, Einleitung zu Titel VII, S. 653
503 So auch Hatje, S. 53
504 Hatje, S. 53 f.

zu seinem Umfeld gehörenden Rechtsnormen glaubt, eigene Rechte herleiten zu können und selbst individuell beschwert ist[505].

Als beschwerend werden solche Maßnahmen angesehen, die unmittelbar auf die den Beamten garantierten Rechtsposition einzuwirken geeignet sind[506]. Insgesamt wird der Begriff der beschwerenden Maßnahme i.S.v. Art. 91 BSt im weitest denkbaren Sinn ausgelegt[507]. Das vom EuG und EuGH somit großzügig gehandhabte Klageinteresse findet allerding dort eine Grenze, wo lediglich ein abstraktes Interesse an der Aufhebung einer Maßnahme besteht[508]. So entfällt u.a. das Rechtsschutzinteresse eines Beamten, wenn er an einem Auswahlverfahren mangels Bewerbung überhaupt nicht teilgenommen hat; andererseits wird das Rechtsschutzinteresse eines Bewerbers auch dann bejaht, wenn er nur berechtigte Präferenzen auf die Erfüllung bestimmter Aufgaben gegenüber anderen hat und keine besonderen finanziellen oder dienstrangmäßigen Verbesserungen mit der angestrebten Position verbunden sind[509]. Es reicht bei dieser Weite folglich die Möglichkeit der Beschwer aus, die schließlich und endlich nicht definitiv vorhanden sein muß[510].

Die Besonderheiten des Rechtsschutzes im Stellenbesetzungs- bzw. Auswahlverfahren liegen vor allem darin, daß hier jede Einzelmaßnahme selbständig anfechtbar ist, denn auch potentielle Bewerber können bereits die Stellenbekanntgabe anfechten, wenn diese z.B. für eine Beförderung in Betracht kommende Beamte von einer Bewerbung ausschließt[511]. Zu beachten ist in diesem Zusammenhang auch, daß die Stellenausschreibung durch die Präzisierung der Anforderungen an den einzustellenden oder zu befördernden Bewerber materiell eine Selbstbindung der Anstellungsbehörde hervorruft, deren Mißachtung zur Fehlerhaftigkeit und damit auch zur Aufhebung der **bereits erfolgten** Stellenbesetzung zu führen hat[512].

Trotz der Möglichkeit im EÖD, daß eine bereits erfolgte Stellenbesetzung im Wege der beamtenrechtlichen Konkurrentenklage wieder rückgängig gemacht werden kann und demnach auch keine Rechtsschutzklappe wie bei der deutschen Konkurrentenklage fällt, kann bei dienstrechtlichen Klagen gemäß Art. 91 Abs. 4 BSt, Art. 236 EGV ebenfalls ein einstweiliger Rechtsschutz in Anspruch

---

505  Henrichs, EuR 1988, S. 302 (S. 303)
506  Hatje, S. 60
507  Schick, DVBl. 1975, S. 741
508  Hatje, S. 78 f.
509  Rogalla, S. 220
510  Hatje, S. 63
511  Hatje, S. 60 f.; vgl. auch EuGH v. 19.06.1975, Slg. 1975, S. 725 (S. 730) Rs. 79/74 Küster/Parlament
512  Schick, S. 741

genommen werden. Das bedeutet, daß Art. 242 S. 2 EGV zur Aussetzung des Vollzugs einer angefochtenen Maßnahme und Art. 243 EGV über die einstweilige Anordnung zumindest auch hier denkbar zur Anwendung kommen könnte[513]. Allerdings muß hier die Notwendigkeit der einstweiligen Anordnung in tatsächlicher und rechtlicher Hinsicht glaubhaft gemacht werden, die nur bei Dringlichkeit gegeben ist, wenn ihr Erlaß vor der gerichtlichen Entscheidung zur Hauptsache verhindern kann, daß dem Antragsteller ein schwerer und nicht wiedergutzumachender Schaden entsteht[514]. Auch die von Rogalla angeführten Beispiele für einstweilige Anordnungen belegen, daß es regelmäßig um andere personenbezogene Maßnahmen geht als um die für die beamtenrechtliche Konkurrentenklage relevante Anfechtung einer Auswahlentscheidung und die darauf folgende Stellenbesetzung[515]. Damit ist der einstweilige Rechtsschutz im Gegensatz zur deutschen Rechtslage für die Konkurrentenklage im EÖD praktisch irrelevant, weil mit der Ernennung eines Beamten und die Einweisung in eine Planstelle keine Rechtsschutzklappe fällt, die eine Sicherung der Rechte des abgewiesenen Bewerbers im Vorfeld bereits erforderlich machen würde.

Nun beschränkt sich die Nachprüfung des Gerichtshofs im Stellenbesetzungsverfahren bei Einstellungen, Beförderungen oder inhaltlichen Veränderungen des Beamtenverhältnisses durch Einstufung in eine andere Laufbahn- oder Besoldungsgruppe (beruflicher Aufstieg mit vorangegangenem Auswahlverfahren) auf die Kontrolle der Rechtmäßigkeit der Ablehnungsverfügung an den unterlegenen Konkurrenten, die die Feststellung von Verfahrensfehlern und sonstigen Rechtsverletzungen sowie offensichtlichen Ermessensmißbrauch beinhaltet, wobei in Einstellungs- und Beförderungsverfahren auch die Rechtmäßigkeit der Durchführung des Auswahlverfahrens überprüft wird[516]. Als Ausgangspunkt der gerichtlichen Nachprüfung fungiert grundsätzlich das anzuwendende Recht und seine durch eine Auslegung zu ermittelnden Inhalte[517]. Wird ein Bewerber im Einstellungsverfahren zum Beamten ernannt, kann dies nur dann gegenüber den Angriffen des unterlegenen Mitbewerbers Bestand haben, wenn alle Vorschriften zum Einstellungsverfahren, also Art. 27 bis 34 BSt, Anhang III zum BSt sowie die Bestimmungen der Art. 1 bis 7 BSt beachtet worden sind[518]. Gerade aber das in Art. 27 Abs. 1 BSt verankerte Leistungsprinzip, demzufolge die auszuwählenden Beamten eine höchsten Ansprüchen genügende

---

513 Krück in Von der Groeben/Thiesing/Ehlermann (Hrsg.), Art. 179 Rn. 25
514 Kalbe in Von der Groeben/Thiesing/Ehlermann (Hrsg.), Art. 212 Rn. 67
515 Rogalla, S. 219
516 Krück in Von der Groeben/Thiesing/Ehlermann (Hrsg.), Art. 179 Rn. 26; Hatje, S. 81
517 Hatje, S. 85
518 So auch Euler, Art. 91 A (3)

Eignung, Befähigung und Integrität mitzubringen haben, ist für eine gerichtliche Kontrolle im Stellenbesetzungsverfahren besonders problembehaftet, da die Eignung und Integrität prognostische und (subjektiv) wertende Elemente beinhalten, die kaum präzise zu erfassen und zu überprüfen sind[519].

Nach Art. 27 Abs. 2 BSt sowohl in der alten als auch in der neuen Fassung werden die Beamten ohne Rücksicht auf ihr Geschlecht etc. ausgewählt, d.h., daß hier der Gleichbehandlungsgrundsatz als tragendes Prinzip des EÖD seinen Niederschlag gefunden hat[520]. Verstärkt wird dieses durch Art. 1a BSt, der in Absatz 1 allgemein für alle Fälle, in denen das Statut zur Anwendung kommt, als inhaltliches Element des Grundsatzes der Gleichbehandlung ein Verbot der unmittelbaren und mittelbaren Diskriminierung aus Gründen des Geschlechts u.a. ausspricht. Damit ist für den hier interessierenden Bereich des Grundsatzes der Geschlechtergleichbehandlung klargestellt, daß er im Rahmen der gerichtlichen Nachprüfung nicht nur allgemein, sondern auch im besonderen zu einem der wichtigsten Kontrollmaßstäbe des Gerichtshofs gehört und die Entscheidungsfreiheit der Verwaltung begrenzt[521]. Gleiches gilt im übrigen für Beförderungen, denn schon vor der Neufassung des BSt durch die Einfügung des Art. 1a BSt war Euler der Auffassung, daß sich Art. 27 Abs. 2 BSt auch auf Beförderungen und sonstige personelle Verfügungen zu beziehen habe, da es sich um ein Verbot bzw. einen Grundsatz von allgemeiner personeller Bedeutung handele[522].

Wird nun die Verbindung zwischen dem kaum erfaß- und kontrollierbaren Beurteilungs- und Ermessensspielraum der Anstellungsbehörde bei der Bewertung, welche Bewerber dem in Art. 27 Abs. 1 verankerten Leistungsprinzip in höchstem Maße gerecht werden und der Beachtung des Grundsatzes der Geschlechtergleichbehandlung ohne unmittelbare und mittelbare Diskriminierung aus Art. 27 Abs. 2 und Art. 1a Abs. 1 BSt im Auswahlverfahren hergestellt, wird deutlich, daß im Rahmen der beamtenrechtlichen Konkurrentenklage die Prüfung der Einhaltung des Gleichbehandlungsgrundsatzes vor erheblichen Schwierigkeiten steht. Immerhin ist hier immer wieder auf die Gefahr hingewiesen worden, daß die Übertragung der unbeschränkten Ermessensnachprüfung des Gerichtshofs in vermögensrechtlichen Streitigkeiten auf die personenbezogenen Stellenbesetzungsverfahren zu einer empfindlichen Einengung der Personalhoheit der Gemeinschaftsorgane führen würde[523]. Überprüft der Gerichtshof an dieser Stelle nur offensichtlichen Ermessensmißbrauch, den die Kläger/innen

---

519 Hatje, S. 87
520 Weber, S. 327
521 Henrichs, EuR 1990, S. 289 (S. 292)
522 Euler, Erster Teilband, Art. 27 A (5)
523 Bruns, ZBR 1962, S. 341 (S. 346) sowie Brückner, S. 44

zudem zwingend durch objektive, schlüssige und übereinstimmende Indizien zu belegen haben, ist die Anlegung strenger Maßstäbe an die Einhaltung von Form- und Verfahrensvorschriften, die Begründungspflicht und die allgemeinen Rechtsgrundsätze, zu denen der Gleichbehandlungsgrundsatz zählt, wirklich nur ein begrenzt tauglicher Ausgleich für einen praktisch gerichtsfreien Ermessensspielraum der Verwaltung[524]. Henrichs weist zwar darauf hin, daß der Mißbrauchsbegriff im EÖD anders als im deutschen Rechtsraum keine Mißbrauchsabsicht erfordert und vielmehr dem französischen Recht entlehnten „détournement de pouvoir" (Ermessensfehlgebrauch) entspricht, für den eine objektive, vom Gesetzeszweck nicht gedeckte Überschreitung des Entscheidungsrahmens genügt, doch schließt sich der Kreis der Problematik auch hier wieder bei den subjektiven Bewertungen der Leistungen und Qualifikationen der Bewerber/innen i.S.v. Art. 27 Abs. 1 BSt und der den Bediensteten obliegenden Beweislast[525].

Übrig bleibt innerhalb der beamtenrechtlichen Konkurrentenklage eine gerichtliche Rahmenkontrolle des Entscheidungshandelns der Anstellungsbehörden im Stellenbesetzungsverfahren, denn sowohl das EuG als auch der EuGH verzichten bei der Überprüfung nach wie vor auf die Einbeziehung von Mißbrauchs-, Fürsorgepflicht-, Verhältnismäßigkeits- und Sozialüberlegungen, die nicht durch eine reine Abwägung von Rechten getragen werden[526]. Die von Henrichs angebrachte Kritik am Grundverständnis des Gerichtshofs, der sich primär als Verwaltungs- und nicht als Arbeitsgericht sieht und deshalb an der anderen und sensibleren Interessen- und Rechtsschutzlage der abgewiesenen Konkurrenten vorbeigeht[527], läßt sich ohne weiteres auf die Konkurrentenklage einer abgelehnten Einstellungs- oder Beförderungsbewerberin übertragen. Die Einhaltung der Art. 1a Abs. 1 und 27 Abs. 2 BSt kann von Seiten der Anstellungsbehörden relativ unproblematisch umgangen werden, da der ihr eingeräumte Entscheidungsfreiraum, der nach Henrichs weit über das normale Ermessensmandat hinausgeht[528], besonders anfällig für strukturelle Diskriminierungsmechanismen ist. Dort, wo komplexe psychologische Prozesse die Personalauswahl steuern, nämlich gerade in Ansehung des Art. 27 Abs. 1 BSt, existiert auch die größte Chance, daß subjektiv wertende Erwägungen über die Eignung und Integrität eines männlichen Bewerbers und seiner weiblichen Konkurrenten aufgrund unbewußter Geschlechtsrollenvorverständnisse negativ für die Frau ausfallen. Auf diese Situation struktureller Diskriminierung läßt sich auch die For-

---

524 Vgl. Kalbe in Von der Groeben/Thiesing/Ehlermann (Hrsg.), Art. 212 Rn. 35
525 Henrichs, EuR 1990, S. 289 (S. 293)
526 Henrichs, EuR 1990, S. 289 (S. 296)
527 Ebenda
528 Ebenda

derung übertragen, daß mit der Weite des Entscheidungsfreiraums bzw. der subjektiven Bewertungsmöglichkeiten auch die Entscheidungstransparenz und der Begründungszwang ansteigen müssen, um dem Gerichtshof die Kontrolle eines eventuellen Ermessensmißbrauchs zu erleichtern[529].

Eine weitere Lösung liegt in der Möglichkeit der Beweislastumkehr, sofern die betroffenen Stellenbewerber einen vernünftigen und schlüssigen Beweis für eine Mißbrauchssituation darlegen können[530]. Die von Hatje in diesem Zusammenhang geltend gemachte untragbare Konsequenz, daß dem Dienstherrn im Zweifel zu unterstellen wäre, daß er sein Ermessen bei der Auswahl der Bewerber mißbraucht haben könnte und deshalb grundsätzlich bis zur Erbringung des Gegenbeweises davon auszugehen ist, daß die Verwaltung im Interesse des Dienstes gehandelt habe, zumal sonst das gegenseitige Vertrauen im Verhältnis der Gemeinschaftsorgane und der Anstellungsbehörden zu ihrer internationalen Beamtenschaft erheblich beeinträchtigt werden könnte[531], überzeugt an dieser Stelle nicht. Die im 1. Kapitel genannten Zahlen zur Verteilung der Männer und Frauen insbesondere in der Laufbahngruppe A und den Führungspositionen im EÖD zeugen von der Existenz struktureller Diskriminierung, die mit einem bloßen Appell an das gegenseitige Vertrauensverhältnis zwischen Dienstherr und Beamten sowie der Grundannahme, daß die Verwaltung stets ihr Ermessen rechtmäßig ausüben werde, nicht in den Griff zu bekommen ist. Auch hier überzeugt wiederum die Argumentation von Henrichs (wenn auch in einem allgemeinen Zusammenhang), daß eine solche Annahme im wertungs- und beziehungsgeprägten Personalbereich fraglich ist, die zudem durch eine international besetzte Behörde mit den verschiedensten Mentalitäten, Beurteilungsmaßstäben und Interessen in ihrer Fragwürdigkeit verstärkt wird[532]. Vor diesem Hintergrund muß der Frage nachgegangen werden, inwieweit hier die Beweislastrichtlinie 97/80/EG eine Möglichkeit bietet, bei geschlechtsbedingten Diskriminierungen den betroffenen Beamtinnen und sonstigen weiblichen Bediensteten im EÖD eine Beweiserleichterung zur Seite zu stellen.

*bb) Die Beweislastproblematik der im Auswahlverfahren übergangenen Bewerberin*

Da die Bewerber im Stellenbesetzungsverfahren des EÖD grundsätzlich die volle Beweislast für einen eventuellen Ermessensmißbrauch bei der Auswahl

---

529 Vgl. Henrichs, EuR 1990, S. 289 (S. 300)
530 Ebenda
531 Hatje, S. 255
532 Henrichs, EuR 1990, S. 289 (S. 300)

des Konkurrenten zu tragen haben, was insbesondere weibliche Bewerberinnen bei einer geschlechtsbedingten Diskriminierung/Verletzung des Gleichbehandlungsgrundsatzes vor erhebliche Schwierigkeiten stellt, könnte die Beweislastrichtlinie 97/80/EG eine Erleichterung bieten. Immerhin sieht Art. 4 Abs. 1 der Richtlinie eine Beweiserleichterung i.S.d. Senkung der Anforderungen an das zu erbringende Beweismaß durch die Klägerinnen vor, die jedoch nicht mit einer völligen Beweislastumkehr zu verwechseln ist.

Fraglich ist in diesem Zusammenhang aber, ob sich die ausschließlich an die Mitgliedstaaten gerichtete Richtlinie ohne weiteres auf den EÖD übertragen läßt. Auch stellt sich die Frage, ob die Einstellungs- und Beförderungsbewerberinnen im EÖD eventuell einen Anspruch vergleichbar den leistungsabhängigen Vorrangregelungen verschiedener deutscher Frauenförder- und Gleichstellungsgesetze der Länder auf bevorzugte Berücksichtigung bei gleicher Qualifikation wie ein männlicher Konkurrent und weiblicher Unterrepräsentation in der angestrebten Laufbahn- und Besoldungsgruppe geltend machen können.

Über die Richtlinie 97/80/EG wurden die Mitgliedstaaten gemäß Art. 7 Abs. 1 zur Umsetzung der Richtlinienvorschriften durch den Erlaß der entsprechenden Rechts- und Verwaltungsvorschriften bis spätestens zum 01.01.2001 verpflichtet. Nach Art. 249 Abs. 3 EGV sind Richtlinien für jeden Mitgliedstaat, an den sie gerichtet sind, hinsichtlich des zu erreichenden Ziels verbindlich, überlassen jedoch den innerstaatlichen Stellen die Wahl der Form und der Mittel. Dieses Charakteristikum von Richtlinien und der in ihnen vorgesehenen Bestimmungen spricht zunächst gegen eine Anwendbarkeit im EÖD.

Nun verweist aber sowohl das Zweite Aktionsprogramm des Europäischen Parlaments zur Chancengleichheit zwischen Frauen und Männern[533] als auch das Dritte Aktionsprogramm für die Chancengleichheit von Mann und Frau in der Europäischen Kommission (1997 – 2000)[534] darauf, daß die Grundsätze der in den zur Gewährleistung und Verwirklichung der Gleichbehandlung der Geschlechter ergangenen Richtlinien, insbesondere der Richtlinie 76/207/EWG, die sich auf die Gleichbehandlung hinsichtlich des Zugangs zur Beschäftigung, zum beruflichen Aufstieg, zur Berufsbildung und auf die Arbeitsbedingungen bezieht, in die Überlegungen der Gemeinschaftsorgane zur Herstellung der Geschlechtergleichbehandlung im EÖD miteinfließen. Die Kommission stellt im Dritten Aktionsprogramm darüber hinaus klar, daß die Politik, die sie den Mitgliedstaaten in diesem Bereich empfiehlt, nicht umhin kann, im eigenen Hause umgesetzt zu werden. Eine ausdrückliche Bezugnahme der Kommission auf die an die Mitgliedstaaten gerichteten Richtlinien erfolgte im übrigen im Zweiten

---

533 Vgl. Anhang 2, S. 735
534 Vgl. Anhang 5, S. 769

Programm positiver Aktionen der Kommission zur Förderung ihrer weiblichen Bediensteten (1992 – 1996)[535], in dem sie diese u.a. als den Rahmen für die Gemeinschaftspolitik auf dem Gebiet der Geschlechtergleichbehandlung bezeichnete. Auch im Ersten Programm positiver Aktionen für das weibliche Personal der Kommission (1988 – 1990)[536] nahm sie innerhalb der Begründung nicht nur explizit Bezug auf den Art. 119 EGV a.F. (Art. 141 EGV), sondern auch auf die zu seiner Konkretisierung erlassenen Richtlinien, z.B. die Lohngleichheitsrichtlinie - 75/117/EWG - und die Gleichbehandlungsrichtlinie - 76/207/EWG -. Schließlich verwies auch das Erste Aktionsprogramm zur Herstellung von mehr Ausgewogenheit (PAR-PE) des Europäischen Parlaments von Dezember 1990[537] auf die Anwendung der in diesen Richtlinien verankerten Grundsätze.

Das bedeutet, daß trotz der anderen Ausrichtung der Richtlinien nach Art. 249 Abs. 3 EGV und ihrer Verbindlichkeit lediglich für die Mitgliedstaaten der Gemeinschaft, diese auch für die Gemeinschaftsorgane eine grundlegende Leitlinie abzugeben vermögen, die im Zusammenhang mit der Verwirklichung der Geschlechtergleichbehandlung im EÖD zu beachten ist. So erzeugen die Richtlinien hier zwar keine unmittelbare Verbindlichkeit, gleichwohl beeinflussen sie aber die Gleichbehandlungspolitik im Dienstrecht der Gemeinschaft und die diesbezüglichen Anstrengungen der Gemeinschaftsorgane im Rahmen der erlassenen Aktionsprogramme.

Für die Anwendung und Übertragbarkeit der Beweislastrichtlinie 97/80/EG auf den EÖD bedeutet das, daß sie zumindest in der Lage ist, einen Orientierungsrahmen abzugeben, ohne dabei aber eine verbindliche Rechtswirkung zu erreichen. Geht es im Fall einer Konkurrentenklage einer weiblichen Bediensteten oder Einstellungsbewerberin nunmehr um die Feststellung, ob die Anstellungsbehörde bei der Auswahl bzw. in den einzelnen Verfahrensschritten des Stellenbesetzungsverfahrens den Grundsatz der Gleichbehandlung der Geschlechter ermessensmißbräuchlich verletzt hat, werden das Gericht 1. Instanz sowie der EuGH zukünftig auch einen weniger beschränkten Prüfungsmaßstab an den offensichtlichen Ermessensfehler anzulegen haben. Vielmehr muß der Leitgedanke der Beweislastrichtlinie, nämlich die Beseitigung der zumeist unüberwindlichen Probleme auf dem Gebiet des Nachweises einer indirekten Diskriminierung aus Gründen des Geschlechts, weil die einschlägigen Akten nur beim Arbeitgeber vorhanden sind[538], auch in den entsprechenden Dienstrechts-

---

535 Vgl. Anhang 4, S. 756
536 Vgl. Anhang 3, S. 741
537 Vgl. Anhang 1, S. 716
538 Europäisches Parlament, Generaldirektion Wissenschaft, S. 21

streitigkeiten der Gemeinschaft Beachtung finden. Das führt schließlich auch zu einer höheren Transparenzpflicht der Anstellungsbehörden im Hinblick auf die Begründung einer Auswahlentscheidung, wenn ein männlicher Bewerber einer Bewerberin vorgezogen werden soll, insbesondere dann, wenn beide Bewerber als gleich qualifiziert erscheinen konnten.

Die von Art. 4 Abs. 1 der Richtlinie 97/80/EWG zur Verfügung gestellte Beweiserleichterung für eine möglicherweise aufgrund ihres Geschlechts diskriminierte Bewerberin hat für die Dienstrechtsprechung zur Folge, daß es ausreicht, wenn eine Bewerberin auf der ersten Stufe glaubhaft machen kann, daß das Vorliegen einer unmittelbaren oder mittelbaren Diskriminierung nicht unwahrscheinlich ist. Es obliegt dann dem beklagten Organ, zu beweisen, daß keine Verletzung des Gleichbehandlungsgrundsatzes vorgelegen hat. Eine weitere Rechtfertigung für die Übertragung dieser maßgeblichen Vorschrift der Beweislastrichtlinie auf den EÖD kann im übrigen in Art. 1a Abs. 1 BSt gesehen werden, der den Beamten ausdrücklich ein Recht auf Gleichbehandlung ohne unmittelbare und mittelbare Diskriminierung u.a. wegen des Geschlechts zugesteht. Soll diese rechtsverbindliche Bestimmung für die Dienstverhältnisse der Beamten und sonstigen Bediensteten tatsächlich eine effektive Wirkung haben, muß das ebenfalls im prozessualen Raum der Beweislastproblematik zum Ausdruck kommen. Auch wenn sich der Gerichtshof primär als Verwaltungs- und nicht als Arbeitsgericht versteht, ist es mit der Neufassung des BSt durch die Gleichbehandlungsverordnung Nr. 781/98 vom 07.04.1998 mehr als deutlich, daß zumindest auf dem Gebiet der Geschlechtergleichbehandlung ein Festhalten an dem sehr formalen Überprüfungsmaßstab des offensichtlichen Ermessensmißbrauchs nicht mehr haltbar ist.

Für die Frage, ob abgewiesene Bewerberinnen im Stellenbesetzungsverfahren des EÖD eine bevorzugte Berücksichtigung bei gleicher Qualifikation und Unterrepräsentation von Frauen in der jeweiligen Laufbahn- und Besoldungsgruppe geltend machen können, ist Voraussetzung, daß das betroffene Gemeinschaftsorgan hier einen Anspruch geschaffen hat. Art. 1a Abs. 2 BSt vermittelt in diesem Zusammenhang lediglich die Berechtigung der Organe, zur Erleichterung der Berufstätigkeit des unterrepräsentierten Geschlechts oder zur Verhinderung bzw. zum Ausgleich von Benachteiligungen in der beruflichen Laufbahn spezifische Vergünstigungen beizubehalten oder zu beschließen. D.h. also, daß hier noch ein verwaltungsinterner Umsetzungsakt erforderlich ist. Im Dritten Aktionsprogramm der Kommission ist davon die Rede, daß bei Einstellungen, Beförderungen und Besetzungen von Führungspositionen in der Kommission Frauen bei gleicher Qualifikation im Anschluß an das Urteil des EuGH vom 17.10.1995 in der Rechtssache Kalanke/Freie Hansestadt Bremen weiterhin der

Vorzug gegeben werden kann[539]. Demnach besteht in der Kommission kein rechtsverbindlicher Anspruch von Bewerberinnen auf eine bevorzugte Berücksichtigung bei gleicher Qualifikation im Stellenbesetzungsverfahren[540], sondern vielmehr nur eine im Ermessen der jeweiligen Anstellungsbehörde stehende Möglichkeit der Anwendung einer solchen Regelung.

Dagegen stellt sich die Situation beim Europäischen Parlament etwas anders dar: In seinem Zweiten Aktionsprogramm 1997-2000 verweist es sowohl für Einstellungen als auch für Beförderungen darauf, daß im Fall starker Unterrepräsentanz eines Geschlechts bei gleichen Leistungen oder Verdiensten dem unterrepräsentierten Geschlecht der Vorrang gegeben werden muß[541], sofern dabei auch die Anforderungen des EuGH an ein solches Prioritätsrecht aus dem Kalanke-Urteil beachtet werden. Das bedeutet, daß im Unterschied zur Kommission beim Parlament ein Anspruch der Bewerberinnen auf bevorzugte Stellenbesetzung bei gleicher Qualifikation besteht, der i.V.m. Art. 1a Abs. 2 BSt auch rechtsverbindlich ist. Im Ergebnis führt dies für Bewerberinnen beim Europäischen Parlament dazu, daß sie sich sowohl in der Einstellungs- als auch in der Beförderungssituation auf eine bevorzugte Berücksichtigung berufen können und ihnen im Fall eines Prozesses ebenfalls die Beweiserleichterung des Art. 4 Abs. 1 der Richtlinie 97/80/EG zugute kommen kann.

*e) Zwischenergebnis*

Der EÖD ist in der Hauptsache durch Beamtenverhältnisse und lediglich zu ca. 10 % durch privatrechtlich ausgestaltete Beschäftigungsverhältnisse gekennzeichnet. Die für diese Beschäftigungsform geltenden BSB sind jedoch weitestgehend an die Vorschriften des für die Beamten geltenden BSt angelehnt bzw. arbeiten mit entsprechenden Verweisungen auf das BSt.

Obwohl der EÖD nicht auf eine dem deutschen öffentlichen Dienst vergleichbare Tradition mit verfassungsrechtlicher Verankerung hergebrachter Grundsätze des Berufsbeamtentums zurückblicken kann, haben sich hier gleichwohl Grundprinzipien herausgebildet, die sich im wesentlichen an das französische und das deutsche Dienstrecht anlehnen, wie z.B. das Wettbewerbsprinzip (wettbewerbliche Stellenauslese), das Leistungsprinzip, wie es in Art. 27 Abs. 1 BSt zum Ausdruck kommt, das Laufbahn- und Lebenszeitprinzip sowie die Alimentation und die Versorgung der Beamten. Besonderheiten wie der in Art.

---

539 Vgl. Anhang 5, S. 744
540 Hinzuweisen ist noch darauf, daß die übrigen Gemeinschaftsorgane bislang noch keine Aktionsprogramme zur Förderung ihrer weiblichen Bediensteten erlassen haben!
541 Vgl. Anhang 2, S. 735

27 Abs. 1 2. Halbsatz BSt verankerte Nationalitätenproporz sind eigenständige Elemente des Dienstrechts der Gemeinschaft, die dem Umstand der Nationalitätenvielfalt in der Europäischen Gemeinschaft Rechnung tragen, allerdings keinen Vorrang vor dem Wettbewerbs- und Leistungsprinzip genießen.

Darüber hinaus existiert im EÖD trotz des bisherigen Fehlens eines geschriebenen Grundrechtskatalogs eine Grundrechtsbindung, die auf die Rechtsfortbildung des EuGH in Form allgemeiner Rechtsgrundsätze zurückgeht und vor allem durch die gemeinsamen Verfassungsüberlieferungen der Mitgliedstaaten, die EMRK und das geschriebene Gemeinschaftsrecht bestimmt wird. Als tragender und das gesamte Dienstrecht der Gemeinschaft durchziehender Rechtsgrundsatz mit Grundrechtsqualität fungiert dabei der Gleichbehandlungsgrundsatz, der sich ebenfalls in verschiedenen Vorschriften des BSt niederschlägt. Auch der Grundsatz der Gleichbehandlung der Geschlechter findet sich in Statutsbestimmungen wieder, insbesondere in Art. 1a Abs. 1 und Art. 27 Abs. 2 BSt.

Schließlich geben die Art. 90 und 91 BSt, auf die die BSB für die sonstigen Beschäftigungsverhältnisse der Gemeinschaft verweisen, auch einen Rechtsschutz für die Bediensteten des EÖD her, der im Stellenbesetzungsverfahren die Möglichkeit der Konkurrentenklage eröffnet. Anders als im deutschen öffentlichen Dienst fällt jedoch mit der Ernennung eines Stellenbewerbers keine Rechtsschutzklappe, so daß im Wege der Konkurrentenklage auch noch eine bereits erfolgte Stellenbesetzung wieder rückgängig gemacht werden kann. Der einstweilige Rechtsschutz spielt hier deshalb keine Rolle. Auch wenn die Gemeinschaftsrichtlinien an die Mitgliedstaaten gerichtet sind und nur für diese eine rechtsverbindliche Wirkung erzeugen, lassen sich die Gemeinschaftsorgane gleichwohl von den in ihnen festgehaltenen Grundsätzen, insbesondere auf dem Gebiet der Geschlechtergleichbehandlung, leiten. Das führt zu der Möglichkeit der Übertragbarkeit der Beweislastrichtlinie 97/80/EG, die bei geschlechtsbedingten Diskriminierungen von Frauen betroffenen Bewerberinnen im Rahmen der Konkurrentenklage nach Art. 4 Abs. 1 der Richtlinie eine Beweiserleichterung zur Seite stellt, die die Kontrolle des Gerichtshofs im Stellenbesetzungsverfahren nicht mehr nur auf offensichtlichen Ermessensmißbrauch durch die Anstellungsbehörde beschränkt, sondern auch indirekten Ermessensmißbrauch nachprüfbar macht. Damit wird die Verwirklichung und Anwendung des Gleichbehandlungsgrundsatzes der Geschlechter im EÖD nicht nur insgesamt transparenter, sondern kann auch prozessual sichergestellt werden. Ein Anspruch auf bevorzugte Berücksichtigung bei gleicher Qualifikation besteht für Bewerberinnen im EÖD jedoch nur beim Europäischen Parlament, für den dann auch die Beweiserleichterung des Art. 4 Abs. 1 der Beweislastrichtlinie zum Tragen kommen kann.

## 2. Gemeinsamkeiten und Unterschiede des deutschen und europäischen öffentlichen Dienstes sowie Zwischenergebnis

Mit den vorangegangenen Ausführungen konnte gezeigt werden, daß sich der deutsche und der europäische öffentliche Dienst an sehr vielen Stellen decken. Wesentlich für die festgestellten Gemeinsamkeiten ist vor allen Dingen, daß der Aufbau und hier die Einteilung in Beamten- und sonstige privatrechtliche Arbeitsverhältnisse ebenfalls im EÖD eine Entsprechung findet, auch wenn die deutsche Entwicklung der zunehmenden Begründung von Arbeitsverhältnissen im Arbeitnehmerbereich zahlenmäßig auf Gemeinschaftsebene nicht mitgetragen wird. Im EÖD findet sich auch die Verteilung der Beamten auf vier Laufbahngruppen wieder, die an dieselben schulischen und ausbildungsmäßigen Voraussetzungen geknüpft sind. Im Unterschied zum deutschen öffentlichen Dienst existiert im EÖD daneben noch die Sonderlaufbahn Sprachendienst, die dem höheren Dienst der Gemeinschaft entspricht und aufgrund der Multinationalität unerläßlich ist.

Auch bei den Grundprinzipien sind wesentliche Entsprechungen beider öffentlicher Dienste feststellbar: Hier sind das Leistungsprinzip, aber auch andere Prinzipien wie z.B. das Laufbahn-, Lebenszeit- und Alimentationsprinzip vergleichbar. Besonderheiten wie der in Art. 27 Abs. 1 BSt enthaltene Nationalitätenproporz als nachrangiges Auswahlkriterium, demnach die Beamten der Gemeinschaft auf möglichst breiter geographischer Grundlage auszuwählen sind, ergeben sich aus der Notwendigkeit eines internationalen Dienstes, der einer ausgewogenen Vertretung der Mitgliedstaaten auch in den Institutionen Rechnung zu tragen hat. Ein weiterer Unterschied zum deutschen Dienstrecht liegt in dem dem französischen concours entnommenen Wettbewerbsprinzip. Ein entsprechendes Verfahren fehlt im deutschen öffentlichen Dienst.

In beiden Diensten existieren schließlich Grundrechtsbindungen, die gewissen Einschränkungen durch den beamtenrechtlichen Status unterliegen. Sowohl im deutschen als auch im europäischen Dienst kommen die Grundrechte unabhängig von ihrer verfassungsrechtlichen Verankerung im GG bzw. ihrer Entwicklung durch die Rechtsprechung des EuGH nicht nur in einzelnen gesetzlichen Bestimmungen oder Statusvorschriften zum Ausdruck, sondern stellen auch materiell-rechtliche Bindungen der Verwaltung her, die die Grundrechte in ihre Entscheidungsfindung entweder durch eine ausdrücklich festgeschriebene Verpflichtung[542] oder aber bedingt durch die insoweit eindeutige Rechtsprechung des EuGH einzubeziehen hat. Auch die Rechtsprechung sowohl auf deutscher als auch auf gemeinschaftsrechtlicher Ebene ist gehalten, die Grundrechte

---

542 Vgl. Art. 1 Abs. 3 GG

anzuwenden und auszulegen. Während durch das GG verfassungsrechtlich klargestellt ist, daß die Grundrechte in der Normenhierarchie an oberster Stelle stehen, ist dieses für die z.Z. noch ungeschriebenen Gemeinschaftsgrundrechte nicht so eindeutig. In jedem Fall muß hier festgehalten werden, daß die ungeschriebenen Gemeinschaftsgrundrechte der Person, aber auch andere allgemeine Rechtsgrundsätze mit Grundrechtscharakter, mindestens den Rang des Primärrechts der Gemeinschaft haben, insbesondere auch deshalb, weil die sekundärrechtlichen Bestimmungen des BSt und der BSB am Maßstab der Gemeinschaftsgrundrechte ausgelegt und angewendet werden.

Auf dem Gebiet des Rechtsschutzes konnte gezeigt werden, daß in beiden im öffentlichen Diensten die Möglichkeit der beamten- und arbeitsrechtlichen Konkurrentenklage existiert. Während sich nach deutscher Rechtslage dieses Verfahren in der gerichtlichen Auseinandersetzung auf den einstweiligen Rechtsschutz bezieht, weil mit der Ernennung und Einweisung eines Beamten in eine Planstelle eine Rechtsschutzklappe fällt und die einmal erfolgte Ernennung nicht mehr rückgängig gemacht werden kann, spielt der einstweilige Rechtsschutz für die Konkurrentenklage abgelehnter Bewerber im Stellenbesetzungsverfahren des EÖD keine Rolle. Der Grund dafür liegt in der Möglichkeit, auch den bereits ernannten und in die Planstelle eingewiesenen Konkurrenten wieder seines Amtes zu entheben, sofern seine Auswahl mit offensichtlichen Ermessensfehlern, sonstigen Rechtsverstößen o.ä. verbunden war.

Im Zusammenhang mit der Konkurrentenklage für beide Dienste ist der Frage nachgegangen worden, ob sich die Beweislastrichtlinie 97/80/EG im Rahmen der Konkurrentenklage einer abgelehnten Bewerberin beweiserleichternd i.S.d. Art. 4 Abs. 1 der Richtlinie auswirken könnte. Im deutschen öffentlichen Dienst kann eine Bewerberin unter der Voraussetzung gleicher Qualifikation wie der ihr vorgezogene männliche Konkurrent und einer bestehenden Unterrepräsentation von Frauen in der angestrebten Laufbahn- und/oder Besoldungsgruppe einen Anspruch auf bevorzugte Einstellung oder Beförderung geltend machen, wenn das jeweilige Frauenförder- oder Gleichstellungsgesetz eine leistungsabhängige Vorrangregelung mit Härtefallklausel zugunsten des unterrepräsentierten Geschlechts vorsieht. Art. 4 Abs. 1 der Beweislastrichtlinie vermittelt hier prozessual eine Beweiserleichterung, da die abgewiesene Frau lediglich Tatsachen glaubhaft machen muß, die eine Verletzung des Gleichbehandlungsgrundsatzes vermuten lassen. In der Folge ist dann die Behörde gehalten, den Nachweis zu erbringen, daß die Auswahl nicht diskriminierend oder durch objektive Faktoren zu rechtfertigen gewesen ist, die nichts mit dem Geschlecht der Person zu tun hatten[543]. Das Bundesgleichstellungsgesetz für die Bediensteten in der

---

543 Europäisches Parlament, Generaldirektion Wissenschaft, S. 22

Bundesverwaltung hat inzwischen durch seinen § 5 Abs. 2 klargestellt, daß die Beweislastumkehr, die in § 611a Abs. 1 S. 3 BGB enthalten ist, auch für die Beamten und Beamtinnen bzw. Beamtenbewerber/innen gilt. Trotz des Amtsermittlungsgrundsatzes im Verfahren vor den Verwaltungsgerichten besteht auch hier die Schwierigkeit, ein Diskriminierungsmotiv des Dienstherrn nachzuweisen, so daß die Bezugnahme des § 5 Abs. 2 BGleiG auf § 611a BGB durchaus Erleichterungen für die materielle Beweisführung verspricht.

Im EÖD beschränkt sich diese Fragestellung für die Kommission lediglich auf die Beweiserleichterung im Rahmen der gerichtlichen Nachprüfung des Vorliegens eines offensichtlichen Ermessensfehlers, da weder durch die Neufassung des BSt, insbesondere Art. 1a Abs. 2, noch die bei der Kommission bestehenden Aktionsprogramme zur Förderung der Chancengleichheit der männlichen und weiblichen Bediensteten ein Anspruch auf bevorzugte Berücksichtigung von Frauen bei gleicher Qualifikation und Unterrepräsentation im Stellenbesetzungsverfahren geschaffen worden ist. Das Europäische Parlament ist hier das einzige Gemeinschaftsorgan, das für seine Institution auf einen solchen Anspruch abstellt, so daß damit im Rahmen einer Konkurrentenklage eine der deutschen Rechtslage vergleichbare Situation besteht. Trotz der grundsätzlichen Unverbindlichkeit der ausschließlich an die Mitgliedstaaten gerichteten Richtlinien für den EÖD konnte gezeigt werden, daß die Leitgedanken der im Bereich der Geschlechtergleichbehandlung ergangenen Richtlinien auch von den Gemeinschaftsorganen im Verhältnis zu ihrem Personal akzeptiert werden. Die aus Art. 4 Abs. 1 der Richtlinie 97/80/EG resultierende Beweiserleichterung beschränkt die gerichtliche Kontrolle nicht mehr nur auf offensichtliche Ermessensfehler bei der Auswahl, sondern macht auch einen indirekt stattgefundenen geschlechtsbedingten Ermessensmißbrauch nachprüfbar. Im Ergebnis erfordert die Beweislastrichtlinie in Zukunft von den Anstellungsbehörden ein höheres Maß an Transparenz und Begründung im Hinblick auf die Anwendung des Grundsatzes der Geschlechtergleichbehandlung im Stellenbesetzungsverfahren.

Abschließend kann festgehalten werden, daß sich der deutsche und der europäische öffentliche Dienst in den wesentlichen Grundzügen entsprechen. Die herausgearbeiteten Unterschiede haben ihre Ursache zum einen in der Besonderheit, daß der EÖD nicht auf eine Tradition wie der deutsche öffentliche Dienst zurückblicken kann. Zum anderen sind mit einem internationalen Dienst auch bestimmte Erfordernisse wie z.B. ein eigener Sprachendienst verbunden. Hinzu kommt, daß eine Organisation wie die Europäische Gemeinschaft nicht umhin kann, ihre Funktionsfähigkeit im Verwaltungsbereich auch von einer ausgewogenen Vertretung aller in ihr vereinten Nationalitäten abhängig zu machen. Das der EÖD vor allem durch das deutsche und französische Dienstrecht geprägt ist, muß insgesamt als ein Resultat der Gründungsphase der EG begriffen werden, in der Deutschland und auch Frankreich federführend gewesen sind. Im Ergebnis sind damit der deutsche und der europäische öffentliche Dienst miteinander vergleichbar.

# 3. Kapitel
# Die rechtlichen Rahmenbedingungen der Frauenförderung

## 1. Europarechtliche Rechtsgrundlagen

Die europarechtlichen Bestimmungen, die Aussagen über die Verwirklichung faktischer Gleichberechtigung zwischen Männern und Frauen treffen und auf deren Basis sich Frauenförderung bewegt, beschränken sich nicht nur auf den EGV in der Fassung des am 01.05.1999 in Kraft getretenen Vertrags von Amsterdam, sondern reichen vielmehr von einem bis zum Inkrafttreten der am 13.06.2003 im Entwurf verabschiedeten Europäischen Verfassung noch ungeschriebenen Grundsatz der Gleichbehandlung bis hin zum Sekundärrecht der Europäischen Gemeinschaft. Dieses ist insbesondere in Form von Richtlinien, aber auch in Form von Entschließungen und Aktionsprogrammen ergangen[544]. Ihnen ist gemeinsam die Verwirklichung eines ausgewogenen Verhältnisses bzw. Herstellung eines Gleichgewichts zwischen Männern und Frauen in allen Bereichen der Gesellschaft durch die Beseitigung der faktisch bestehenden Ungleichheiten, denen Frauen u.a. auf dem Arbeitsmarkt ausgesetzt sind.

### 1.1. Der (ungeschriebene) allgemeine Rechtsgrundsatz der Gleichbehandlung

*a) Entwicklung und Grundrechtsqualität*

Der EGV in der Neufassung durch den Vertrag von Amsterdam und den Vertrag von Nizza aus dem Jahr 2001[545] enthält keinen eigenständigen Grundrechtskatalog[546], auch wenn im Zusammenhang mit der Regierungskonferenz in Nizza die Deklaration der EU-Charta der Grundrechte erfolgte, die jedoch nicht Bestandteil der Gemeinschaftsverträge geworden ist[547]. Die Gemeinschaftsverträge

---

544 Für den EÖD gilt die Besonderheit, daß das BSt und die Beschäftigungsbedingungen für die sonstigen Bediensteten Verordnungsform haben und demzufolge ebenfalls dem Sekundärrecht angehören, vgl. auch Rogalla, S. 45
545 Vgl. Dokumentation von Fischer, Der Vertrag von Nizza, 1. Aufl. 2001, S. 81 ff.
546 Hirsch in Kreuzer/Scheuing/Sieber (Hrsg.), Europäischer Grundrechtsschutz, 1. Aufl. 1998, S. 9 (S. 10)
547 Fischer, S. 61 f.

wurden bislang als formelle Verfassung der Gemeinschaft bezeichnet[548] - sie bilden die Grundlage für Rechtshandlungen der Gemeinschaftsorgane. Das Gemeinschaftsrecht existiert allerdings nicht nur durch eine ausdrückliche Rechtssetzung im primären und sekundären Gemeinschaftsrecht[549], sondern auch aufgrund von (ungeschriebenen) allgemeinen Rechtsgrundsätzen, die aus dem Gewohnheitsrecht oder aber unter Rückgriff auf die in den Mitgliedstaaten vorhandenen Grund- und Menschenrechte gewonnen werden können[550]. So beinhaltet der EGV auch ohne ausdrückliche Bezeichnung spezifische Grundrechtsverbürgungen wie z.b. das Verbot der Diskriminierung aus Gründen der Staatsangehörigkeit gemäß Art. 12 EGV und Art. 39 Abs. 2 EGV sowie das Gebot der Gleichbehandlung von Männern und Frauen in bezug auf das gleiche Entgelt für gleiche oder gleichwertige Arbeit[551]. Während der Grundsatz der Entgeltgleichheit gerade auch durch die Rechtsprechung des EuGH zu einem unmittelbar wirkenden und mit horizontaler Drittwirkung, d.h. nicht nur mit vertikaler Wirkung im Verhältnis Bürger/in – privatem Arbeitgeber, ausgestattetem Grundrecht im EGV ausgebaut wurde[552], ist mit dem am 02.10.1997 von den Mitgliedstaaten unterzeichneten Vertrag von Amsterdam[553] entgegen der Forderung der Frauenverbände der Mitgliedstaaten kein unmittelbar wirkendes Diskriminierungsverbot aus Gründen des Geschlechts als Grundrecht in die Neufassung des EGV aufgenommen worden[554]. Damit hat der Amsterdamer Vertrag den Grundrechtsbereich des europäischen Gemeinschaftsrechts in der Substanz weder erneuert noch sonst auf irgendeine Weise stark verändert[555], so daß das Resultat hier auch erheblicher Kritik ausgesetzt war, denn die präventive, legitimatorische und konsensstiftende Funktion eines Grundrechtskatalogs wurde schlichtweg ignoriert[556], auch wenn er durch die Einbeziehung der Gleichstellung von Männern und Frauen in die Art. 2 und 3 Abs. 2 EGV den Gemeinschaftsinstitutionen ausdrücklich eine neue Zuständigkeit für die Bekämpfung von Diskriminierungen

---

548 Ipsen, Europäisches Gemeinschaftsrecht 1972, S. 960; Beutler/Bieber/Pipkorn/ Streil, Die Europäische Union, 5. Aufl. 2001, S. 89 Rn. 105
549 Oppermann, S. 184 Rn. 479
550 Lenz, ZRP 1988, S. 449
551 Hirsch in Kreuzer/Scheuing/Sieber (Hrsg.), S. 10 sowie Krück in Von der Groeben/ Thiesing/Ehler- mann (Hrsg.), Art. 164 Rn. 31
552 Vgl. Schmidt am Busch, Informelles Treffen der für die Gleichstellung zwischen Frauen und Männern zuständigen Ministerinnen und Minister am 14. und 15.06.1999 in Berlin, S. 4 und Bergmann in Bergmann/Lenz (Hrsg.), Der Amsterdamer Vertrag, 1998, S. 26 Rn. 7
553 ABl.EG Nr. C 340, S. 1
554 DJB-Dokumentation, 32. Kongreß in Augsburg vom 11. bis 13.09.1997, S. 43
555 So auch Bergmann in Bergmann/Lenz (Hrsg.), S. 42 Rn. 41
556 Hilf, EuR 1997, S. 347 (S. 354)

aufgrund des Geschlechts zugewiesen hat. Eine Anhebung des Verbots der geschlechtsspezifischen Diskriminierung in den Rang eines vertraglich garantierten Grundrechts ist damit nicht verbunden[557]. Vielmehr ist von einer Grundrechtsanreicherung oder Grundrechtseffektivierung auszugehen, die ihren Ausdruck nunmehr auch in Art. 23 der Grundrechte-Charta der EU gefunden hat, der u.a. von diesen Vorschriften inspiriert worden ist[558].

*b) Entwicklung der Grundrechte durch den EuGH und Geltungsgrund*

Dieser Befund führt zunächst auf die Entwicklung der Grundrechte durch den EuGH zurück, die dieser zu den allgemeinen Rechtsgrundsätzen zählt, die er in Einklang mit den gemeinsamen Verfassungsüberlieferungen der Mitgliedstaaten und den völkerrechtlichen Verträgen, an deren Abschluß die Mitgliedstaaten beteiligt waren bzw. denen sie beigetreten sind, zu wahren habe[559]. Damit ist der EuGH zwar nicht unmittelbar an die Grundrechtsinhalte eines jeden Mitgliedstaates im einzelnen gebunden[560], jedoch hat er bei der Entwicklung und Gewährleistung des eigenständigen gemeinschaftsrechtlichen Grundrechtsschutzes von den gemeinsamen Verfassungsüberlieferungen der Mitgliedstaaten auszugehen[561]. Dabei handelt es sich um eine wertende Rechtsvergleichung, die allerdings nicht auf einen Mindeststandard grundrechtlichen Schutzes zu beschränken ist[562]. Vielmehr ist ein höheres Schutzniveau anzusetzen, da das Gemeinschaftsrecht einerseits nicht den Schutzmaßstab unterschreiten darf, der in einem Mitgliedstaat als wesentlich angesehen wird und andererseits auch jedes einzelne Grundrecht einer mitgliedstaatlichen Verfassung gleichzeitig auch vom Gemeinschaftsrecht anzuerkennen und zu schützen ist. Schließlich ist nicht davon auszugehen, daß ein Mitgliedstaat bei der Übertragung von Hoheitsrechten auf die Gemeinschaft dieser die Befugnis einräumen wollte, eine Rechtssetzung un-

---

557 So aber Europäisches Parlament, Generaldirektion Wissenschaft, Die Rechte der Frau und der Vertrag von Amsterdam, 1998, S. 41
558 Kravaritou in Bercussion (Hrsg.), Europäisches Arbeitsrecht und die EU-Charta der Grundrechte, 2003, S. 42
559 Vgl. EuGH v. 12.11.1969, Slg. 1969, S. 419 (S. 425) Rs. 29/69 Stauder/Stadt Ulm; EuGH v. 17.12.1970, Slg. 1970, S. 1125 (S. 1135) Rs. 11/70 Internationale Handelsgesellschaft/Einfuhr- und Vorratsstelle für Getreide und Futtermittel; EuGH v. 14.05.1974, Slg. 1974, S. 491 (S. 507 f.) Rs. 4/73 Nold/Kommission sowie EuGH v. 28.10.1975, Slg. 1975, S. 1219 (S. 1232) Rs. 36/75 Rutili/Minister des Innneren
560 EuGH v. 17.12.1970, S. 1135 Internationale Handelsgesellschaft/ Einfuhr- und Vorratsstelle für Getreide und Futtermittel
561 So auch Krück in Von der Groeben/Thiesing/Ehlermann (Hrsg.), Art. 164 Rn. 28
562 Gerstner/Goebel, Jura 1993, S. 626 (S. 629)

ter Verletzung des eigenen grundrechtlichen Schutzniveaus zu betreiben⁵⁶³. Das bedeutet, daß sich der Schutz der Grundrechte durch den EuGH auf der Linie zwischen den gemeinsamen Verfassungsüberlieferungen der Mitgliedstaaten und den völkerrechtlichen Verträgen, insbesondere der EMRK, zu bewegen hat. Der konkrete Bezug zur EMRK wurde vom EuGH erst in der Rechtssache Rutili/Minister des Inneren⁵⁶⁴ hergestellt⁵⁶⁵, der dann in der Entscheidung Hauer/Land Rheinland-Pfalz⁵⁶⁶ eine weitere Bestätigung erhielt.

Unabhängig von der Entwicklung des Grundrechtsschutzes durch den EuGH in Form allgemeiner Rechtsgrundsätze, die im Wege wertender Rechtsvergleichung aus den Verfassungsüberlieferungen der Mitgliedstaaten und insbesondere der EMRK gewonnen werden, ist der Bestand und Geltungsgrund der Grundrechte im europäischen Kontext hiervon zu unterscheiden. Ihr Bestand und ihre Geltung knüpfen an die Europäische Gemeinschaft als Rechtsgemeinschaft an, deren Legitimation, politischer Rang und Zukunftsanspruch unauflösbar mit ihrer Rechtsgemeinschaftsqualität verbunden ist⁵⁶⁷. Bereits mit seiner Entscheidung aus dem Jahr 1964 in der Rechtssache Costa/E.N.E.L.⁵⁶⁸ hatte der EuGH den EGV als eine eigene Rechtsordnung im Unterschied zu anderen internationalen Verträgen angesehen, der mit seinem Inkrafttreten in die Rechtsordnungen der Mitgliedstaaten implementiert wurde und von den nationalen Gerichten anzuwenden ist. An anderer Stelle in der selben Entscheidung sprach der EuGH schließlich dem vom EGV geschaffenen Recht die Eigenschaft einer autonomen Rechtsquelle zu, aufgrund deren Eigenständigkeit keine wie auch immer gearteten nationalen Rechtsvorschriften vorgehen könnten, wenn dem Gemeinschaftsrecht nicht sein Charakter abgesprochen und damit insgesamt die Rechtsgrundlage der Europäischen Gemeinschaft selbst in Frage gestellt werden würde⁵⁶⁹. Diesem hier formulierten Anspruch einer eigenen Rechtsgemeinschaft mit autonomer Rechtsquelle, die im Kollisionsfall dem nationalen Recht vorgeht, kann die Gemeinschaft aber nur entsprechen, wenn sie die Grundrechte achtet und ihren Schutz gewährleisten kann⁵⁷⁰. Die Grundrechte gehören damit zu den allgemeinen Rechtsgrundsätzen i.S.d. EuGH-Rechtsprechung, die auf den gemeinsamen Verfassungsüberlieferungen der Mitgliedstaaten und den internationalen

---

563  Krück in Von der Groeben/Thiesing/Ehlermann (Hrsg.), Art. 164 Rn. 28
564  EuGH v. 28.10.1975, S. 1232
565  So auch Lenz, EuGRZ 1993, S. 585 (S. 587)
566  EuGH v. 13.12.1979, Slg. 1979, S. 3727 (S. 3745) Rs. 44/79
567  Hirsch in Kreuzer/Scheuing/Sieber (Hrsg.), S. 13
568  EuGH v. 15.07.1964, Slg. 1964, S. 1251 (S. 1269) Rs. 6/64
569  EuGH v. 15.07.1964, S. 1257
570  Hirsch in Kreuzer/Scheuing/Sieber (Hrsg.), S. 13

Verträgen, denen die Mitgliedstaaten beigetreten sind, beruhen[571]. Gleichzeitig kommt darin aber auch ihr fundamentaler verfassungsrechtlicher Charakter im Vorrang vor Handlungen der Gemeinschaft und vor Handlungen der nationalen Behörden bei der Durchführung gemeinschaftsrechtlicher Bestimmungen zum Ausdruck[572] - sie sind demnach als echtes gemeinschaftsrechtliches „ius cogens" aufzufassen[573].

*c) Stellung der allgemeinen Rechtsgrundsätze als Gemeinschaftsrechtsnorm*

Vor diesem Hintergrund stellt sich die Frage nach der Zuordnung der allgemeinen Rechtsgrundsätze in der Normenhierarchie des Gemeinschaftsrechts, aber auch nach dem Verhältnis zu den Grundrechten der Mitgliedstaaten, hier Deutschlands.

Für den Rang in der gemeinschaftsrechtlichen Normenhierarchie ist zunächst in Abgrenzung zu den allgemeinen Rechtsgrundsätzen des Verwaltungsrechts festzuhalten, daß die allgemeinen Rechtsgrundsätze mit Grundrechtsqualität dem europäischen Sekundärrecht vorgehen[574]. Schwieriger wird die Zuordnung der allgemeinen Rechtsgrundsätze mit Grundrechtscharakter im Hinblick auf das Primärrecht. Eine Subsidiarität allgemeiner Rechtsgrundsätze gegenüber dem Primärrecht[575] kann keine Gültigkeit beanspruchen, denn dies würde ihrem Charakter als „ius cogens" widersprechen und sie außerdem auf die Stufe mit dem Sekundärrecht stellen, das wiederum an den allgemeinen Rechtsgrundsätzen zu überprüfen ist und damit auch ihre Vorrangstellung belegt[576] oder aber in eine Zwischenstufe einordnen[577], die dem Charakter als Grundrechte der Gemeinschaft ebenfalls nicht gerecht werden kann, da diese sich auf diese Weise gewissermaßen freischwebend im luftleeren Raum bewegen würden. Daraus folgt zumindest eine Gleichrangigkeit der Gemeinschaftsgrundrechte mit dem Primärrecht[578]. Jedoch könnten sie in Anlehnung an den überwiegenden Verfassungs-

---

571 EuGH v. 13.12.1979, S. 3745 Hauer/Land Rheinland-Pfalz
572 Vgl. EuGH v. 13.07.1989, Slg. 1989, S. 2609 (S. 2639 f.) Rs. 5/88 Wachauf/Bundesamt für Ernährung und Forstwirtschaft
573 Iglesias, EuGRZ 1996, S. 125 (S. 128)
574 So auch Langenfeld, Die Gleichbehandlung von Mann und Frau im Europäischen Gemeinschaftsrecht, 1.Aufl. 1990, S. 113; Lindemann, S. 51
575 So aber Bleckmann, EuGRZ 1981, S. 257; derselbe, Europarecht, 6.Aufl. 1997, S. 226 Rn. 607, der jedoch für Zweifelsfälle die Möglichkeit offenhalten möchte, daß auch die Gemeinschaftsverträge grundrechtskonform auszulegen seien
576 So auch Meessen, JiR 1974, S. 283 (S. 294)
577 So aber Bleckmann, S. 226 Rn. 607
578 Oppermann, S. 191 Rn. 496; Langenfeld, S. 113 und Borchardt in Lenz (Hrsg.), Art. 220 Rn. 38

rang der Grundrechte in den Mitgliedstaaten, auf deren verfassungsrechtlichen Standard ihr Grundrechtsschutz beruht[579] sowie ihrer Eigenschaft als Rechtsgemeinschaft, für die die Anerkennung und Gewährleistung der Gemeinschaftsgrundrechte insgesamt konstitutiv ist[580], auch Vorrang vor den Gemeinschaftsverträgen haben[581]. Dies wird inzwischen auch bestätigt durch die Verabschiedung der Europäischen Verfassung, die in Art. 7 Abs. 1 des Teils I der Verfassung klarstellt, daß die Union die Charta der Grundrechte, die Bestandteil des Teils II der Verfassung geworden ist, anerkennt[582].

Aus der Sicht einer klassischen Grundrechtsfunktion übernehmen die Grundrechte nicht nur eine Abwehrfunktion des einzelnen gegen staatliche Übergriffe, d.h. subjektive Abwehrrechte gegen den Staat, der hier von den Organen der Gemeinschaft wahrgenommen wird[583], sondern stellen sich auch als Grundelemente einer objektiven Werteordnung der Gesellschaft dar, so daß auch von einem Doppelcharakter der Grundrechte gesprochen werden kann[584]. In der Eigenschaft der Grundrechte als Ausdruck einer objektiven Werteordnung einer Gesellschaft kommt ihnen eine Ausstrahlungswirkung auf sämtliche Bereiche des Rechts zu - sie fungieren auch als übergeordneter Auslegungsmaßstab[585]. Selbst Bleckmann, der die Gemeinschaftsgrundrechte zwischen dem Sekundär- und Primärrecht einordnet, räumt in diesem Zusammenhang ein, daß in Zweifelsfällen auch die Gemeinschaftsverträge grundrechtskonform auszulegen und damit am Maßstab der Gemeinschaftsgrundrechte zu messen sind[586]. Für die Frage, ob die als allgemeine Rechtsgrundsätze entwickelten Gemeinschaftsgrundrechte einen Doppelcharakter i.S. subjektiver Abwehrrechte auf der einen Seite und auf der anderen Seite als Bestandteil einer objektiven Werteordnung haben, ist aufgrund des „case law" des EuGH zwar kein systematischer Grundrechtsschutz wie etwa nach deutschem Recht gewährleistet[587], da der EuGH jeweils immer

---

579 Pescatore, EuR 1979, S. 1 (S. 12)
580 Hirsch in Kreuzer/Scheuing/Sieber (Hrsg.), S. 13
581 Diese Möglichkeit benennt explizit Lindemann, S. 52 ff.; Langenfeld, S. 114, S. 130 ordnet die elementaren Grundentscheidungen des Gemeinschaftsrecht wie z.B. das Diskriminierungsverbot bzw. den allgemeinen Rechtsgrundsatz der Gleichbehandlung von Mann und Frau auf der höchsten Stufe des Primärrechts, nämlich den Grundsätzen und Zielsetzungen des EG ein
582 Vgl. Europäischer Konvent v. 10.06.2003, CONV 797/03
583 Vgl. auch Gerstner/Goebel, S. 630
584 Hesse, Grundzüge des Verfassungsrechts der Bundesrepublik Deutschland, S. 127 Rn. 279 f.; zum Doppelcharakter der Grundrechte auch Alexy, Theorie der Grundrechte, 2. Aufl. 1994, S. 122 ff.
585 Hirsch in Kreuzer/Scheuing/Sieber (Hrsg.), S. 14
586 Bleckmann, S. 226 Rn. 607
587 So etwa Gerstner/Goebel, S. 630

auf besonderen Anlaß zur Entwicklung eines bestimmten Grundrechts Stellung bezogen hat. Das die Gemeinschaftsgrundrechte immer mehr zu einem Strukturprinzip der europäischen Gemeinschaft i.S.e. objektiven Werteordnung werden[588], folgt zunächst aus einer Verschiebung der Bedeutung subjektiver Abwehrrechte des einzelnen gegen Eingriffe des Staates hin zum wachsenden Stellenwert sozialer Grundrechte als Ausformung der objektiven Werteordnung der Europäischen Gemeinschaft, in der die Schutz- und Fürsorgepflicht des Staates stetig zunimmt[589]. Die europäische Grundrechtscharta[590] sollte schließlich die auf Gemeinschaftsebene geltenden Grundrechte zusammenfassen und insgesamt transparenter machen – ein verbindlicher Rechtscharakter kommt ihr aber nicht zu[591]. Gleichwohl wurde mit ihr zum ersten Mal in der Geschichte der Union ein Grundrechtskatalog als leitendes Prinzip und legitimierende Basis für den Bestand der Gemeinschaft verabschiedet, der sich explizit auf die EMRK sowie die Europäische Sozialcharta bezieht und in wesentlichen Teilen die in der Rechtsprechung des EuGH entwickelten Grundrechte kodifiziert[592].

Die zunehmende Bedeutung sozialer Grundrechte ist auch mit den im Vertrag von Amsterdam zustande gekommenen Änderungen des EUV und des EGV nachvollziehbar, die das Resultat der oben beschriebenen Verschiebung zwischen subjektiven Abwehrrechten und den die objektive Werteordnung einer Gesellschaft ausmachenden sozialen Grundrechten darstellen[593].

Mit dem Vertrag von Amsterdam wurde nicht nur die Vorschrift des Art. F Abs. 2 EUV a.F. in Art. 6 Abs. 2 EUV n.F. übernommen, sondern auch eine vertragliche Rechtsschutzlücke mit der Neufassung des Art. 46 Buchstabe d) EUV (Art. L EUV a.F.) geschlossen, der nunmehr die Überprüfung der Handlungen der Gemeinschaftsorgane anhand der Gemeinschaftsgrundrechte ausdrücklich der Kontrollzuständigkeit des EuGH unterwirft.

Außerdem ergibt sich aus Absatz 4 der Präambel des EUV, daß die Mitgliedstaaten die Bedeutung der sozialen Grundrechte in der am 18.10.1961 in Turin unterzeichneten Europäischen Sozialcharta und der Gemeinschaftscharta der sozialen Grundrechte der Arbeitnehmer aus dem Jahr 1989 unterstreichen. Diese Integration der EMRK, der gemeinsamen Verfassungsüberlieferungen der Mitgliedstaaten, der Europäischen Sozialcharta und der Gemeinschaftscharta der so-

---

588 A.A. Gerstner/Goebel, S. 630
589 Hirsch in Kreuzer/Scheuing/Sieber (Hrsg.), S. 14
590 ABl.EG Nr. C 364/2000, S. 1; Vollständiger Wortlaut der Charta mit Erläuterungen bei Fischer, S. 513 ff.
591 Fischer, S. 263; vgl. auch Beutler/Bieber/Pipkorn/Streil, S. 352 Rn. 638
592 Beutler/Bieber/Pipkorn/Streil, S. 353 Rn. 640
593 Hirsch in Kreuzer/Scheuing/Sieber (Hrsg.), S. 14

zialen Grundrechte der Arbeitnehmer in den gemeinschaftsrechtlichen Grundrechtsschutz, ist damit primärrechtlich klargestellt worden.

Die in Art. 6 Abs. 2 EUV erfolgte ergänzende Klarstellung der zunehmenden Bedeutung der EMRK für die Weiterentwicklung der Gemeinschaftsgrundrechte[594] zeigt, daß der EuGH die EMRK mittelbar als Erkenntnisquelle für die inhaltliche Bestimmung der Gemeinschaftsgrundrechte heranziehen kann[595]. Die vereinzelte direkte Bezugnahme des EuGH auf Bestimmungen der EMRK wie in dem Verfahren Johnston/Chief Constable of the Royal Ulster Constabulatory[596] oder auf die Rechtsprechung des Gerichtshofs für Menschenrechte[597] behält dabei aber einen Ausnahmecharakter[598]. Das bedeutet, daß die EMRK richtungsweisende Leitlinien vorgibt - das Risiko unterschiedlicher Menschenrechtsstandards in Europa ist demnach nicht beseitigt[599], auch wenn die Grundrechtscharta dies nunmehr abmildert.

Unabhängig von der Gefahr bzw. tatsächlich bestehender Grundrechtsdivergenzen muß in jedem Fall festgehalten werden, daß die EMRK und die in ihr verankerten Grundrechte durch den Vertrag von Amsterdam gemäß der Neufassung von Art. 6 Abs. 2 i.V.m. Art. 46 Buchstabe d) EUV eine nochmalige Aufwertung erfahren haben. Sie fließen als Leitlinien in die vom EuGH als allgemeine Rechtsgrundsätze herausgearbeiteten Gemeinschaftsgrundrechte ein und werden dadurch immer mehr zu einem Bestandteil des Gemeinschaftsrechts[600]. Es verbleibt auch nach der Vertragsrevision von Amsterdam bei einer Rezeption der EMRK durch die Grundrechtssprechung des EuGH[601].

Flankiert wird dieses durch die in Absatz 4 der Präambel des EUV aufgenommenen Bestätigung der Bedeutung der sozialen Grundrechte der Europäischen Sozialcharta aus dem Jahr 1961 sowie die Gemeinschaftscharta der sozialen Grundrechte der Arbeitnehmer von 1989, die mit sozialen Zielvorgaben[602] nicht nur grundrechtsunterstützend wirken können, sondern auch dem Doppelcharakter der Grundrechte eine zusätzliche Kontur und Bedeutung verleihen, da ihre ausdrückliche Benennung in der Präambel des EUV auch als vorläufiges Resultat aus der von Hirsch[603] beschriebenen Verschiebung zwischen subjekti-

---

594 Hilf, S. 354
595 Vgl. Kokott, AöR 1996, S. 599 (S. 602)
596 EuGH v. 15.05.1986, Slg. 1986, S. 1676 (S. 1682) Rs. 222/84
597 Vgl. EuGH v. 21.09.1989, Slg. 1989, S. 2919 (S. 2924) verb. Rs. 46/87 und 227/88 Hoechst AG/Kommission
598 Kokott, S. 603
599 Kokott, S. 636
600 Oppermann, S. 191 Rn. 494
601 Beutler in Von der Groeben/Thiesing/Ehlermann (Hrsg.), Bd. 1, Art. F Rn. 28
602 Oppermann, S. 190 Rn. 493
603 Hirsch in Kreuzer/Scheuing/Sieber (Hrsg.), S. 14

ven Abwehrrechten gegen staatliche Eingriffe und sozialen Grundrechten als Ausdruck der objektiven Werteordnung einer (europäischen) Gesellschaft gewertet werden kann. Die europäische Grundrechtscharta wirkt dabei durchaus unterstützend.

Die Verschiebung hin zu den sozialen Grundrechten bedingt jedoch nicht alleine ihre herausragende Position in der Normenhierarchie – hinzu kommt ihre konkrete inhaltliche Anreicherung und Ausfüllung durch die speziellen Diskriminierungsverbote bzw. Gleichbehandlungsgebote. Zurückzugreifen ist dabei neben den in Art. 6 Abs. 2 EUV enthaltenen Grundrechtsgarantien, die die Verfassungsidentität der Gemeinschaft als Ganzes wiederspiegeln[604], auch auf die Flankierung durch die Europäische Sozialcharta und die Gemeinschaftscharta der sozialen Grundrechte der Arbeitnehmer sowie auf das Primär- und das Sekundärrecht. Nur im Zusammenspiel dieser verschiedenen Normbereiche erschließt sich die ganze Tragweite des allgemeinen Rechtsgrundsatzes der Gleichbehandlung von Männern und Frauen als soziales Gemeinschaftsgrundrecht.

*d) Die Effektivierung des allgemeinen Rechtsgrundsatzes der Gleichbehandlung von Mann und Frau als Gemeinschaftsgrundrecht*

Der Effektivierung eines Gemeinschaftsgrundrechts liegt die Vorstellung zugrunde, daß die oben genannten Normbereiche das jeweilige Grundrecht, hier die Gleichbehandlung von Mann und Frau, auffüllen und mit Substanz anreichern. Dabei kommt es nicht ausschließlich darauf an, ob der EuGH bereits in seiner Rechtsprechung die Grundrechte nicht nur als subjektive Abwehrrechte gegen den Staat bzw. die Handlungen der Gemeinschaftsorgane begreift, sondern auch als Teil einer objektiven Werteordnung als Strukturprinzip der Gemeinschaft[605]. Vielmehr ist für den Gedanken des Doppelcharakters eines Grundrechts auch die Konkretisierung in den verschiedenen Normbereichen einer Rechtsordnung maßgeblich, da sie der Jurisdiktion erst die Kriterien und Maßstäbe der Auslegung liefern kann, die sich dann zu einem Grundrecht als Ganzes zusammenfügen und die Basis seiner Weiterentwicklung sein können.

---

604 Pauly, S. 251 sowie Beutler in Von der Groeben/Thiesing/Ehlermann (Hrsg.), Art. F Rn. 29
605 A.A. Gerstner/Goebel, S. 630

*aa) Art. 14 EMRK*

Art. 14 EMRK bestimmt, daß der Genuß der in der EMRK festgelegten Rechte und Freiheiten ohne Benachteiligung zu gewährleisten ist, die insbesondere im Geschlecht u.a. begründet sind. Hierbei handelt es sich um ein Diskriminierungsverbot aufgrund des Geschlechts, dem keine eigenständige, d.h. von den übrigen Bestimmungen der Konvention losgelöste, Bedeutung zukommt[606]. Gleichwohl gilt Art. 14 EMRK als integraler Bestandteil aller anderen Konventionsrechte und Freiheiten, denn seine Anwendbarkeit ist nicht von der Verletzung einer bestimmten Konventionsgarantie abhängig, weil der jeweilige diskriminierende Vorgang sich u.U. erst durch die Verbindung zwischen der Konventionsnorm und Art. 14 EMRK erschließen läßt[607]. Über das Diskriminierungsverbot hinaus beinhaltet die EMRK jedoch keinen allgemeinen Gleichheitssatz[608]. Insbesondere fehlt es ihr auch an einer konkreten Vorschrift zur Gleichbehandlung von Männern und Frauen im Arbeitsleben[609]. Daran ändert sich auch nichts, wenn unter Zugrundelegung der Rechtsprechung des EGMR eine Verletzung des allgemeinen Diskriminierungsverbots aus Art. 14 EMRK dann gegeben ist, wenn es für eine unterschiedliche Behandlung keine objektive und vernünftige Rechtfertigung gibt bzw. diese kein legitimes Ziel verfolgt oder auch zwischen den eingesetzten Mitteln und dem angestrebten Ziel kein angemessenes Verhältnis besteht[610] und das Diskriminierungsverbot damit faktisch in die Nähe eines allgemeinen Gleichheitsgrundrechts rückt, demnach Gleiches nicht willkürlich ungleich und Ungleiches nicht willkürlich gleich behandelt werden darf[611].

In zwei Entscheidungen zu Art. 14 EMRK bestätigte der EGMR, daß die Erreichung der Gleichberechtigung der Geschlechter heute ein wesentliches Ziel der Mitgliedstaaten sei, so daß auch nur sehr schwerwiegende Gründe eine unterschiedliche Behandlung der Geschlechter rechtfertigen könnten[612].

---

606 Peukert in Frowein/Peukert, EMRK.Kommentar, 2.Aufl. 1996, Art. 14 Rn. 2
607 Ebenda
608 Oppermann, S. 48 Rn. 94
609 So auch Langenfeld, S. 120
610 EGMR v. 23.07.1968, EuGRZ 1975, S. 298 (S. 301) (Belgischer Sprachenfall)
611 Bergmann in Bergmann/Lenz (Hrsg.), S. 37 Rn. 29; vgl. hierzu auch die ständige Rechtsprechung des BVerfG, insbesondere BVerfGE 1, S. 14 (S. 52); BVerfGE 76, S. 256 (S. 329); BVerfGE 72, S. 141 (S. 150); BVerfGE 84, S. 133 (S. 158)
612 EGMR v. 28.05.1985, EuGRZ 1985, S. 567 (S. 571) (Fall Abdulaziz u.a./Vereinigtes Königreich) sowie EGMR v. 24.06.1993, EuGRZ 1996, S. 604 (S. 607) (Fall Schuler-Zgraggen/Schweiz)

Auch in der Entscheidung des EGMR vom 18.07.1994[613] sah der Gerichtshof die auf Männer beschränkte Feuerwehrabgabe des baden-württembergischen Feuerwehrgesetzes als Verstoß gegen Art. 14 i.V.m. Art. 4 Abs. 3 Buchstabe d) EMRK an, da für eine Differenzierung zwischen Mann und Frau bei dieser Abgabe kein Rechtfertigungsgrund ersichtlich sei. Kernstück der streitbefangenen baden-württembergischen Regelung war die Verpflichtung der männlichen Gemeindebewohner zwischen 18 und 50 Jahren, eine Feuerwehrdienstpflicht oder eine Ausgleichsabgabe von bis zu DM 200,- jährlich zu leisten, sofern sie nicht in der Feuerwehr dienten. Auf das von der deutschen Regierung vorgetragene Argument, die Feuerwehrdienstpflicht stelle in Baden-Württemberg eine traditionelle Bürgerpflicht dar, welche schon das BVerfG in seinem Urteil vom 17.10.1961[614] dahingehend ausgelegt habe, daß die ausschließlich von Männern zu leistende Feuerwehrdienstpflicht den besonderen Anforderungen des Dienstes und den physischen sowie psychischen Besonderheiten der Frau allein ihrem Schutz Rechnung tragen sollte[615], ging der EGMR nicht mehr ein.

Im Gegensatz dazu griff das BVerfG in seinem Beschluß vom 24.01.1995 zur Feuerwehrabgabe nur für männliche Einwohner in Bayern und Baden-Württemberg die geltend gemachten biologischen und funktionalen Unterschiede von Frauen auf und stellte unter Bezugnahme auf arbeitsmedizinische Gutachten fest, daß eine geringere Eignung von Frauen aufgrund ihrer körperlichen Konstitution keine Geltung (mehr) beanspruchen könnte, denn eventuellen geschlechtsbezogenen Besonderheiten könne gerade durch eine spezielle, auf die individuelle körperliche Verfassung abstellende Tauglichkeitsuntersuchung Rechnung getragen werden, wie sie im übrigen auch für Männer sowohl in Bayern als auch in Baden-Württemberg vorgesehen sei[616].

Unter Bezugnahme auf seine Entscheidung zum Nachtarbeitsverbot für Frauen[617] sah das BVerfG darüber hinaus auch eine fehlende Übereinstimmung der Beschränkung der Feuerwehrdienstpflicht auf Männer mit den Zielen der Neufassung des Art. 3 Abs. 2 GG, da diese in der Durchsetzung der Gleichberechtigung der Geschlechter in der gesellschaftlichen Wirklichkeit sowie in der Überwindung überkommener Rollenverteilungen lägen und die Feuerwehrdienstpflicht diesen Zielen nicht förderlich sei, sondern vielmehr die überkommene Rollenverteilung noch verfestigen würde[618]. Die an die Feuerwehrdienstpflicht gebundene Abgabe sei schließlich auch nicht mit Art. 3 Abs. 3 GG zu vereinba-

---

613 EuGRZ 1995, S. 392 (Fall Karlheinz Schmidt/Deutschland)
614 BVerfGE 13, S. 167 (S. 173)
615 EGMR v. 18.07.1994, S. 394
616 BVerfGE 92, S. 91 (S. 109 f.)
617 BVerfGE 85, S. 191 (S. 207)
618 BVerfGE 92, S. 91 (S. 112)

ren, da auf das Geschlecht bezogene Differenzierungen nur dann dem Diskriminierungsverbot dieser Grundrechtsnorm entsprechen könnten, wenn sie ihrer Natur nach nur bei Männern oder bei Frauen auftreten könnten und zwingend erforderlich seien – solche seien aber insgesamt nicht ersichtlich[619].

In dem Beschluß des BVerfG zur Feuerwehrdienstpflicht lassen sich im Unterschied zum Urteil des EGMR vom 18.07.1994 drei wesentliche Aspekte herauskristallisieren: Neben der eindeutigen Stellungnahme zur Verletzung des Diskriminierungsverbots, prüfte das BVerfG einerseits die Legitimation der geschlechtsbezogenen Ungleichbehandlung mit kollidierendem Verfassungsrecht[620] und andererseits stellte es noch einmal ausdrücklich klar, daß Art. 3 Abs. 2 GG die Durchsetzung der Gleichberechtigung der Geschlechter in der gesellschaftlichen Wirklichkeit unter Überwindung der tradierten Rollenbilder bzw. geschlechtsspezifischen Rollenzuweisungen und damit der strukturellen Diskriminierungsmechanismen erreichen wolle[621]. Dies ist wohl der bedeutendere Unterschied zur Entscheidung des EGMR, der letztlich in diesem Bereich der Urteilsbegründung äußerste Zurückhaltung geübt hatte. Das die Tradition einer ausschließlichen Heranziehung von Männern zum Feuerwehrdienst nicht mehr den Anschauungen der neueren Zeit entspricht[622], reicht für sich genommen nicht aus, den diskriminatorischen Vorgang der Feuerwehrdienstabgabe in seiner Gesamtheit zu erfassen, da er nicht losgelöst von der Erreichung faktischer Gleichberechtigung beider Geschlechter betrachtet werden kann. Diese Betrachtungsweise hat der EGMR vermissen lassen, so daß Art. 14 EMRK mit dieser Entscheidung als allgemeines Diskriminierungsverbot eher farblos bleibt.

Nur im Sondervotum des EGMR-Richters Morenilla finden sich über das Urteil hinausgehende Überlegungen zu Art. 14 EMRK, der die Bedeutung des in Art. 14 EMRK geschützten Grundsatzes der Gleichheit von Mann und Frau unter Bezugnahme auf das UN-Übereinkommen vom 18.12.1979 zur Beseitigung jeder Form von Diskriminierung der Frau[623] betonte und ausgeführt hatte, daß es vornehmlich um den Schutz der Rechte der Frau in Anbetracht der nach wie vor bestehenden Diskriminierungen im Bereich der Erziehung, der Familie, der Arbeit und der Sozialpolitik gehe, die sie daran hinderten, in der gleichen Weise wie Männer voll am politischen, sozialen, wirtschaftlichen und kulturellen Leben ihres Landes teilzunehmen[624].

---

619 BVerfGE 92, S. 91 (S. 109) unter Bezugnahme auf BVerfGE 85, S. 191 (S. 207)
620 BVerfGE 92, S. 91 (S. 109)
621 So auch Bleckmann, EuGRZ 1995, S. 387 (S. 390)
622 So Barth, BB 1994, S. 1474 in seiner Stellungnahme an den EGMR v. 29.04.1994
623 Vgl. Gesetz v. 25.04.1985, BGBl. II, S. 647
624 Sondervotum Richter Morenilla, EuGRZ 1995, S. 395

Da dieses Sondervotum, das der Herangehensweise des BVerfG an die der Feuerwehrdienstabgabe innewohnenden Gleichberechtigungsproblematik am nächsten kommt, keinen Eingang in das Urteil des EGMR gefunden hat, vermag Art. 14 EMRK im Hinblick auf die Effektivierung des allgemeinen Rechtsgrundsatzes der Gleichbehandlung von Mann und Frau im Gemeinschaftsrecht kaum mehr zu leisten, als daß er eine Grundentscheidung erkennen läßt, nämlich daß Männer und Frauen nicht ohne weiteres ungleich behandelt werden dürfen, da sie einander gleichwertig sind[625]. Die Rechtsprechung des EGMR hat Art. 14 EMRK im Zusammenhang mit der Gleichbehandlung von Männern und Frauen im Arbeitsleben lediglich in den Fällen Abdulaziz u.a. sowie Schuler-Zgraggen eine gewisse Kontur verliehen, die vor allen Dingen in der Betonung der Bedeutung der Förderung der Gleichheit der Geschlechter in den Mitgliedstaaten liegt. Eine weitergehende inhaltliche Konkretisierung des Art. 14 EMRK steht damit bislang noch aus.

*bb) Die Europäische Sozialcharta und die Gemeinschaftscharta der sozialen Grundrechte der Arbeitnehmer*

Sowohl die Europäische Sozialcharta vom 18.10.1961[626] als auch die Gemeinschaftscharta der sozialen Grundrechte der Arbeitnehmer vom 09.12.1989[627] haben mit dem Vertrag von Amsterdam durch die Neufassung des Absatzes 4 der EUV-Präambel die Beachtung der in ihnen enthaltenen sozialen Grundrechte verbindlich in die Gemeinschaftsrechtsordnung implementiert. Im Hinblick auf eine Effektivierung der Gemeinschaftsgrundrechte eröffnet sich damit für den EuGH die verstärkte Möglichkeit, in seiner Grundrechtsprechung die hier verankerten sozialen Grundrechte aufzugreifen und sie auf diese Weise zu einem wichtigen Element der zukünftigen Grundrechtsordung der Europäischen Gemeinschaft werden zu lassen[628].

Darüber hinaus formuliert auch Art. 136 Abs. 1 EGV die sozialen Ziele der Gemeinschaft und der Mitgliedstaaten in Anlehnung an die sozialen Grundrechte in der Europäischen Sozialcharta und der Gemeinschaftscharta der sozialen Grundrechte der Arbeitnehmer.

Mit Art. 136 Abs. 1 EGV, dem zunächst nur Programmsatzcharakter zukommt, ist allerdings nicht ausgeschlossen, daß er irgendwann auch eine materi-

---

625 Vgl. Langenfeld, S. 121
626 BGBl. II, S. 1262
627 Soziales Europa, Heft 1/1990; abgedruckt auch bei Däubler/Kittner/Lörcher, Internationale Arbeits- und Sozialordnung, 2. Aufl. 1994, S. 926
628 Bergmann in Bergmann/Lenz (Hrsg.), S. 36 Rn. 27

elle Bedeutung erlangen kann[629]. Denn Art. 117 in Verbindung mit Art. 119 EGV a.f. hatte in der Rechtsprechung des EuGH zu der Klarstellung geführt, daß er zusammen mit der Präambel des EGV a.f. eine doppelte, wirtschaftliche und soziale Zweckbestimmung enthalte, nämlich die Notwendigkeit, neben der Wirtschaftsunion auf eine Verbesserung der Lebens- und Arbeitsbedingungen der Arbeitskräfte hinzuwirken und dadurch auf dem Weg des Fortschritts ihre Angleichung zu ermöglichen, und somit den Grundsatz des gleichen Entgelts zu den Grundlagen der Gemeinschaft zu machen[630].

Die Bezugnahme des Art. 136 Abs. 1 EGV auf die sozialen Grundrechte der ESC und der Gemeinschaftscharta der sozialen Grundrechte der Arbeitnehmer von 1989 erreicht zwar genau wie Absatz 4 der EUV-Präambel nicht den Stellenwert eines unmittelbaren Bestandteils der Gemeinschaftsverträge[631], ihre Beachtung ist allerdings für die Gemeinschaftsorgane und die Mitgliedstaaten verbindlich. Daraus resultiert schließlich für die Effektivierung der Gemeinschaftsgrundrechte, insbesondere die Gleichbehandlung von Männern und Frauen, daß die ESC und die Gemeinschaftscharta eine nicht zu vernachlässigende Auslegungshilfe[632] bei der Weiterentwicklung des gemeinschaftsrechtlichen Grundrechtsschutzes darstellen können.

*aaa) Die ESC im einzelnen*

Die ESC verpflichtet die Vertragsparteien in Art. 4 Nr. 3 zur Anerkennung des Rechts männlicher und weiblicher Arbeitnehmer auf gleiches Entgelt für gleichwertige Arbeit im Rahmen der Gewährleistung des Rechts auf ein gerechtes Arbeitsentgelt. Erst durch das Zusatzprotokoll zur ESC vom 05.05.1988[633] erhielt die ESC weitergehende Regelungen zur Gleichbehandlung von Männern und Frauen im Arbeitsleben. Hierdurch wurde die Charta insbesondere um das Recht auf Chancengleichheit und Gleichbehandlung von Frauen und Männern in Beschäftigung und Beruf ergänzt[634]. In Teil I Nr.1 des Zusatzprotokolls ist dabei das Recht aller Arbeitnehmer auf Chancengleichheit und Gleichbehandlung in Beschäftigung und Beruf ohne Diskriminierung aufgrund des Geschlechts fest-

---

629 So auch Langer in Bergmann/Lenz (Hrsg.), S. 95 Rn. 11
630 Vgl. EuGH v. 08.04.1976, Slg. 1976, S. 455 (S. 473) Rs. 43/75 Defrenne/Sabena (Defrenne II)
631 So auch Europäisches Parlament, Generaldirektion Wissenschaft, S. 46
632 Bleckmann in Ress/Stein (Hrsg.), Europäischer Sozialraum, 1.Aufl. 1995, S. 55 (S. 57) unter Hinweis auf EuGH v. 13.06.1978, Slg. 1978, S. 1365 (S. 1379) Rs. 149/77 Defrenne/Sabena (Defrenne III)
633 Abgedruckt in RdA 1988, S. 295
634 Vgl. RdA 1988, S. 295

gehalten, das die Vertragsparteien mit allen zweckdienlichen Mitteln staatlicher und zwischenstaatlicher Art zur Gewährleistung ihrer tatsächlichen Ausübung umzusetzen haben. Art.1 des Teils II konkretisiert schließlich das Recht auf Chancengleichheit und Gleichbehandlung in Beschäftigung und Beruf ohne Diskriminierung wegen des Geschlechts. Insbesondere in Art. 1 Abs. 3 des Teils II des Zusatzprotokolls findet sich die Bestimmung, daß dieses nicht der Annahme besonderer Maßnahmen zur Beseitigung von de-facto-Ungleichheiten entgegensteht.

Damit stellt sich Art. 1 des Zusatzprotokolls zur ESC als von dem UN-Übereinkommen vom 18.12.1979 zur Beseitigung jeder Form von Diskriminierung der Frau inspiriert dar[635]. In Art. 4 des Übereinkommens findet sich nämlich in ähnlicher Formulierung die Klarstellung, daß zeitweilige Sondermaßnahmen zur beschleunigten Herbeiführung der de-facto-Gleichberechtigung von Mann und Frau nicht als Diskriminierung i.S.d. Übereinkommens aufzufassen sind, wobei diese Maßnahmen aufzuheben sind, sobald die Ziele der Chancengleichheit und Gleichbehandlung erreicht sind[636].

Auch der Art. 2 der Gleichbehandlungsrichtlinie 76/207/EWG (a.F.)[637] spiegelt sich in Art. 1 des Zusatzprotokolls wieder.

Die Parallelität der Vorschriften des Zusatzprotokolls zur ESC im Bereich der Chancengleichheit und Gleichbehandlung von Mann und Frau im Arbeitsleben sowohl zum UN-Übereinkommen als auch zur Gleichbehandlungsrichtlinie kann auch aus den Konkretisierungen der „zeitweiligen Sondermaßnahmen zur Herstellung faktischer Gleichberechtigung" durch die Rechtsprechung hergeleitet werden. So hatte bereits das VG Bremen in seinem Urteil vom 26.11.1987[638] den Art. 4 Abs. 1 des UN-Übereinkommens i.V.m. dem Gesetz zu diesem Übereinkommen nicht nur als ausreichende gesetzliche Grundlage für die damals noch in der Bremischen Frauenförderungsrichtlinie des öffentlichen Dienstes enthaltene leistungsabhängige Vorrangregelung zugunsten von Frauen angesehen, sondern diese eben auch als eine der von Art. 4 Abs. 1 des UN-Übereinkommens erlaubten zeitweiligen Sondermaßnahmen zur beschleunigten Herbeiführung faktischer Gleichberechtigung als Ausnahmen von dem Diskriminierungsverbot des Art. 1 des Übereinkommens begriffen[639].

---

635 Gesetz zu dem Übereinkommen v. 25.04.1985, BGBl. II, S. 647
636 Vgl. Art. 4 Abs. 1 des Übereinkommens
637 Die Richtlinie 76/207/EWG wurde durch die Richtlinie 2002/73/EG v. 23.09.2002, Abl.EG Nr. L 269, S. 15 neugefaßt.
638 NJW 1988, S. 3224
639 Vgl. VG Bremen v. 26.11.1987, S. 3227 f.; zustimmend Lange, NVwZ 1990, S. 135 (S. 137); a.A. Sachs, Jura 1989, S. 465 (S. 472) sowie OVG Münster v. 15.06.1989, NJW 1989, S. 2560 (S. 2561) Das OVG Münster sieht in Art. 4 Abs. 1

Hier schließt sich auch der Bogen zum Marschall-Urteil des EuGH vom 11.11.1997[640]: In seinen Schlußanträgen vom 15.05.1997 hatte sich der an dem Verfahren beteiligte Generalanwalt Jacobs auch mit dem Hinweis des beklagten Landes Nordrhein-Westfalen, der Kommission und anderer Mitgliedstaaten auseinanderzusetzen, daß u.a. Art. 4 Abs. 1 des UN-Übereinkommens die Ansicht absichere, daß Art. 2 Abs. 4 der Richtlinie 76/207/EWG a.F.[641] weit auszulegen sei und demnach auch die in Rede stehenden leistungsabhängigen Vorrangregelungen abdecke[642]. Auch Generalanwalt Jacobs sah in Art. 4 Abs. 1 des UN-Übereinkommens in den Sondermaßnahmen Ausnahmen vom grundsätzlichen Diskriminierungsverbot, war allerdings der Auffassung, daß diese Vorschrift zu vage sei, als daß sie der Auslegung des spezielleren Art. 2 Abs. 4 der Gleichbehandlungsrichtlinie dienen könne. Außerdem sei es keineswegs klar, daß sie die streitbefangenen Bevorzugungsmaßnahmen zugunsten von Frauen erfassen wollte[643]. Im übrigen sei der Wortlaut u.a. des UN-Übereinkommens nicht zwingend, sondern vielmehr fakultativ[644]. Er räumte aber ein, daß im Anwendungsbereich von Art. 2 Abs. 4 der Richtlinie 76/207/EWG (a.F.) die zulässigen Maßnahmen i.S.d. Vorschrift jedenfalls solche wären, deren Erlaß auch das UN-Übereinkommen erleichtern wollte[645].

Auch wenn diese Ausführungen nichts über die ESC und ihr Zusatzprotokoll von 1988 aussagen, sieht der Generalanwalt zumindest eine Beziehung zwischen Art. 4 Abs. 1 des UN-Übereinkommens und Art. 2 Abs. 4 der Richtlinie 76/207/EWG (a.F.). Schließlich bestätigt der Sitzungsbericht im Marschall-Verfahren die hier vertretene Ansicht der Parallelität der Bestimmungen des Zusatzprotokolls der ESC zur Gleichbehandlungsrichtlinie 76/207/EWG und dem UN-Übereinkommen, da er den unter I. abgedeckten rechtlichen Rahmen der vom EuGH zu entscheidenden Frage nach der Vereinbarkeit einer nationalen lei-

---

i.V.m. der in Art. 2 des Übereinkommens verankerten Politik zur Beseitigung der Diskriminierung der Frau lediglich die Umschreibung des Handlungsspielraums der Vertragsstaaten ohne innerstaatliche Wirkung; Sachs erkennt zwar am Ausnahmecharakter des Art. 4 Abs. 1 des Übereinkommens vom völkerrechtlichen Diskriminierungsverbot an, schließt allerdings aus, daß weitergehende innerstaatliche Diskriminierungsverbote, hier Art. 3 Abs. 2 und 3 GG, von dieser Ausnahmeregelung betroffen sein könnten.

640  Slg. 1997, S. 6363 Rs. C-409/95 Marschall/Land Nordrhein-Westfalen
641  Die Richtlinie 76/207/EWG wurde durch die Richtlinie 2002/73/EG des Europäischen Parlaments und des Rates v. 23.09.2002, Abl.EG L 269, S. 15 geändert, mit der Folge, daß der hier behandelte Art. 2 Abs. 4 ersetzt wurde
642  GA Jacobs v. 15.05.1997, Slg. 1997. S. 6365 (S. 6380 f.)
643  GA Jacobs v. 15.05.1997, S. 6381 f.
644  GA Jacobs v. 15.05.1997, S. 6382
645  Ebenda

stungsabhängigen Vorrangregelung mit Härtefallklausel mit Art. 2 Abs. 4 der Richtlinie 76/2077EWG nicht nur auf das UN-Übereinkommen von 1979 und das Gemeinschaftsrecht im besonderen bezieht, sondern auch explizit auf Art. 1 des Teils II des Zusatzprotokolls zur ESC vom 05.05.1988 verweist[646].

Hinzu kommt, daß die Kommission in ihrer Mitteilung an den Rat und das Europäische Parlament über die Auslegung des Urteils des EuGH vom 17.10.1995 in der Rechtssache C-450/93 Kalanke/Freie Hansestadt Bremen vom 27.03.1996[647] unter Bezugnahme auf das UN-Übereinkommen von 1979 und Art. 1 des Teils II des Zusatzprotokolls zur ESC der Meinung war, daß hierin gleichermaßen eine rechtliche Grundlage zur Herstellung faktischer Gleichberechtigung der Geschlechter durch besondere Maßnahmen zur Beseitigung der tatsächlich bestehenden Ungleichheiten verankert sei, und diese damit durchaus die Funktion einer Auslegungshilfe übernehmen könnten.

Im Ergebnis ergibt sich für Art. 1 Teil II des Zusatzprotokolls zur ESC unter Berücksichtigung des UN-Übereinkommens von 1979 und der Gleichberechtigungsrichtlinie 76/207/EWG a.F. über die Rechtsprechung eine Struktur, die in Absatz 1 ein grundsätzliches Gleichbehandlungsgebot von Mann und Frau in Beruf und Beschäftigung gekoppelt mit einem geschlechtsbedingten Diskriminierungsverbot beinhaltet. Absätze 2 bis 4 formulierten demgegenüber Ausnahmen von Absatz 1, die mit Generalanwalt Jacobs und dem EuGH vom 11.11.1997 in der Rechtssache Marschall als Ausnahmen vom individuellen Recht auf Gleichbehandlung zu verstehen sind. Dem vom EuGH als allgemeinen Rechtsgrundsatz entwickelten Grundrecht der Gleichbehandlung von Mann und Frau[648] wird damit eine zusätzliche Kontur i.S.v. frauenfördernden Maßnahmen zur Schaffung faktischer Gleichberechtigung neben dem Verbot geschlechtsbedingter Diskriminierung verliehen. Darüber hinaus haben sowohl Absatz 4 der EUV-Präambel als auch Art. 136 Abs. 1 EGV eine Beachtung der sozialen Grundrechte der ESC verbindlich für die Gemeinschaftsorgane und die Mitgliedstaaten festgelegt, so daß ihr Charakter als Auslegungshilfe[649] eine primärrechtliche Aufwertung erhält, die nun für alle Mitgliedstaaten der Europäischen Gemeinschaft einen sozialen Mindestrahmen[650] zur Verwirklichung der Chancengleichheit bei Berufstätigkeit vorgibt.

---

646 Vgl. Sitzungsbericht in der Rs. C-409/95, S. 3 Rn. 8
647 KOM (96) 88 endg., S. 7 f.
648 EuGH v. 15.06.1978, Slg. 1978, S. 1365 Rs. 149777 Defrenne/Sabena (Defrenne III)
649 Bleckmann in Ress/Stein (Hrsg.), S. 57 sowie Lörcher in Däubler/Kittner/Lörcher, S. 617
650 Lörcher in Däubler/Kittner/Lörcher, S. 616

*bbb) Die Gemeinschaftscharta der sozialen Grundrechte der Arbeitnehmer im einzelnen*

Die Gemeinschaftscharta der sozialen Grundrechte der Arbeitnehmer vom 09.12.1989 bildete die Grundlage des Abkommens über die Sozialpolitik, das dem Protokoll über die Sozialpolitik Nr. 14 zum Vertrag über die Europäische Union von 1992 beigefügt war und den unterzeichnenden Mitgliedstaaten die Möglichkeiten eröffnen sollte, den von der Gemeinschaftscharta vorgezeichneten Weg einer intensiveren Sozialpolitik weiterzuverfolgen[651], was auch in der Präambel des Protokolls zum Ausdruck kommt, die ausdrücklich auf die Gemeinschaftscharta Bezug nimmt. Mit dem Vertrag von Amsterdam wurde das Protokoll Nr. 14 und das beigefügte Abkommen über die Sozialpolitik in der Fassung des Beschlusses 95/1/EG, Euratom, EGKS des Rates vom 01.01.1995[652] insgesamt in den EGV übernommen[653]. Das Protokoll Nr. 14 und das Abkommen zur Sozialpolitik finden sich nunmehr mit gewissen Modifikationen im Bereich der Gemeinschaftskompetenzen in den Art. 136 bis 145 EGV wieder[654]. Durch den Vertrag von Amsterdam ist die Gemeinschaftscharta aber nicht überflüssig geworden, denn sowohl Absatz 4 der EUV-Präambel als auch Art. 136 Abs. 1 EGV belegen ihre uneingeschränkte Geltung und Weiterverfolgung durch die Gemeinschaft und die Mitgliedstaaten. Noch bevor die Gemeinschaftscharta förmlich angenommen war, hatte die Kommission dem Rat mit Datum vom 29.11.1989 ein Aktionsprogramm zu ihrer Anwendung vorgelegt, das in Form von dreizehn Kapiteln die Umsetzung der in der Charta verankerten sozialen Grundrechte beinhaltete[655].

Die Gemeinschaftscharta selbst enthält in ihren Erwägungsgründen in Absatz 8 die Wahrung der Gleichbehandlung gegen jegliche Diskriminierung, insbesondere aufgrund des Geschlechts u.a. In Titel I, der die Überschrift „Soziale Grundrechte" trägt, findet sich unter Nr. 16 die Gleichbehandlung von Männern und Frauen verankert. Nach Absatz 1 ist die Gleichbehandlung von Männern und Frauen zu gewährleisten und die Chancengleichheit für beide Geschlechter weiter auszubauen. In Absatz 2 ist konkretisiert, daß überall dort, wo dies erforderlich ist, die Maßnahmen zu verstärken sind, mit denen die Verwirklichung der Gleichheit von Mann und Frau, vor allem in bezug auf den Zugang zur Beschäftigung, das Arbeitsentgelt, sozialen Schutz, allgemeine und berufliche Bil-

---

651 Schulte in Von der Groeben/Thiesing/Ehlermann (Hrsg.), Vorbem. zu Art. 117 bis 127 und 129 Rn. 76 f.
652 ABl.EG Nr. L 1, S. 1 v. 01.01.1995
653 Europäisches Parlament, Generaldirektion Wissenschaft, S. 46
654 Oppermann, S. 696 Rn. 1635
655 Vgl. KOM (89) 568 endg.

dung sowie beruflichen Aufstieg, sichergestellt wird. Gemäß Absatz 3 sind schließlich auch die Maßnahmen auszubauen, die es Männern und Frauen ermöglichen, ihre beruflichen und familiären Pflichten besser miteinander in Einklang zu bringen.

Die Gemeinschaftscharta der sozialen Grundrechte wird von ihrer Rechtsqualität her lediglich als Grundsatzerklärung der Mitgliedstaaten verstanden, da Nr. 27 der Charta die Gewährleistung der sozialen Grundrechte in die Zuständigkeit der Mitgliedstaaten im Hinblick auf die Durchführung der notwendigen Sozialmaßnahmen entsprechend der einzelstaatlichen Gepflogenheiten verweist[656]. Demzufolge handelt es sich bei der Gemeinschaftscharta ausschließlich um eine nicht rechtsverbindliche Erklärung mit sozialpolitischen Zielvorgaben, die gleichzeitig auch das in Art. 5 EGV festgeschriebene Subsidiaritätsprinzip zu einem neuen Instrument der Mitgliedstaaten werden ließ, sich ihre Sozialzuständigkeiten zu erhalten[657]. Dem trägt insoweit auch Art. 137 EGV Rechnung, der in Absatz 1 ausdrücklich die Verwirklichung der in Art. 136 EGV formulierten sozialen Ziele als unterstützende und ergänzende Aufgabe der Gemeinschaft begreift[658].

Vor diesem Hintergrund stellt sich auch die Nr. 16 der Gemeinschaftscharta als lediglich soziale Zielvorgabe dar, die schon im Vorfeld ihres Erlasses durch die Mitteilung der Kommission über ihr Aktionsprogramm zur Anwendung der Gemeinschaftscharta der sozialen Grundrechte vom 29.11.1989[659] durch vier neue Initiativen im Bereich der Gleichbehandlung von Männern und Frauen konkretisiert wurde. Hierzu gehörte neben der Erarbeitung eines dritten Programms der Gemeinschaft zur Förderung der Chancengleichheit der Frauen[660], eine Richtlinie betreffend den Schutz Schwangerer am Arbeitsplatz[661], eine

---

656 Vgl. auch Currall in Von der Groeben/Thiesing/Ehlermann (Hrsg.), Nach Art. 122 Protokoll (Nr. 14) Rn. 169
657 So auch Oppermann, S. 696 Rn. 1633 f.
658 Schon in seinem Urteil vom 29.09.1987 hatte der EuGH in der Rechtssache Zaera/Instituto National de la Seguritad Social entschieden, daß die Verwirklichung der in Art. 117 EGV a.F. (Art. 136 EGV n.F.) verankerten sozialen Ziele von programmatischem Charakter das Ergebnis einer Sozialpolitik sei, deren Festlegung Sache der zuständigen Stellen (der Mitgliedstaaten, die Verf.) sei; Slg. 1987, S. 3679 (S. 3716) Rs. 126/86
659 KOM (89) 586 endg., S. 36 ff.
660 Dieses wurde als 3. Mittelfristiges Aktionsprogramm der Gemeinschaft 1991-1995 mit Datum vom 06.11.1990, KOM (90) 449 endg. erlassen
661 Diese wurde als Richtlinie 92/85/EWG des Rates vom 19.10.1992 über die Durchführung von Maßnahmen zur Verbesserung der Sicherheit und des Gesundheitsschutzes von schwangeren Arbeitnehmerinnen, Wöchnerinnen und stillenden Arbeitnehmerinnen am Arbeitsplatz – sog. Mutterschutz-Richtlinie erlassen, ABl.EG Nr. L 348, S. 1 v. 28.11.1992

Empfehlung betreffend die Möglichkeit der Kinderbetreuung[662] und eine Empfehlung betreffend einen Verhaltenskodex zum Schutz im Mutterschutz, bei Schwangerschaft und Mutterschaft.

Auch das 3. Mittelfristige Aktionsprogramm von 1991-1995, das auf drei Pfeilern ruhte, nämlich die Anwendung und Ausbau der bestehenden Gesetzgebung, die bessere Integration von Frauen in den Arbeitsmarkt sowie die Verbesserung des Statusses der Frauen in der Gesellschaft, zielte auf die Förderung der Gleichbehandlung durch Maßnahmen der Mitgliedstaaten auf freiwilliger Basis[663], die ebenfalls einen Schwerpunkt auf Maßnahmen zur besseren Vereinbarkeit von Beruf und Familie im 2. Pfeiler zur Integration der Frauen in den Arbeitsmarkt legten. Curral äußerte die Vermutung, daß die Verfasser der Gemeinschaftscharta wohl nicht die sogenannten positiven Maßnahmen, also speziell leistungsabhängige Vorrangregelungen zugunsten von Frauen, Zielvorgaben zur Erhöhung des Frauenanteils, Regelungen zu Auswahlverfahren o.ä. im Hinblick auf Nr. 16 der Gemeinschaftscharta im Sinn gehabt hätten, da Nr. 16 der Gemeinschaftscharta im Unterschied zu Art. 6 Abs. 3 des dem Protokoll Nr. 14 beigefügten Abkommens über die Sozialpolitik geschlechtsneutral formuliert sei und keine Ausnahme zugunsten eines Geschlechts bereitstelle[664].

Welche Maßnahmen die Nr. 16 Abs. 2 der Gemeinschaftscharta aber gemeint haben könnte, mit denen die Verwirklichung der Gleichheit von Männern und Frauen u.a. beim Zugang zur Beschäftigung, bei der allgemeinen und beruflichen Bildung oder beim beruflichen Aufstieg sichergestellt werden könnte, erhellt sich damit nur mittelbar. Aus den Schwerpunkten der von der Kommission geplanten vier Initiativen in ihrer Mitteilung zur Anwendung der Gemeinschaftscharta läßt sich jedoch ableiten, daß es vor allen Dingen um Maßnahmen zur Verbesserung der Vereinbarkeit von Beruf und Familie ging, die nicht nur unter Nr. 16 Abs. 3, sondern auch unter Absatz 2 eingeordnet wurden, da die Kommission speziell zu der Frage des Zugangs zur Beschäftigung und dem Interesse junger Frauen an beruflicher Bildung und Fortbildung ausgeführt hatte, daß die Sicherheit der Beschäftigung gerade für Frauen eine entscheidende Rolle bei der Verwirklichung der Chancengleichheit von Mann und Frau spiele. Beeinträchtige nach Ansicht vieler Frauen eine Schwangerschaft ihre Berufsaussichten, würden sie entweder auf Kinder verzichten oder aber eine angemessene, anspruchsvollere Berufsausbildung zurückstellen[665]. Die Verbesserung des Schutzes vor

---

662 Diese wurde als Empfehlung des Rates vom 31.03.1992 zur Kinderbetreuung – Empfehlung 92/241/EWG – erlassen; ABl.EG Nr. L 123, S. 16 v. 08.05.1992
663 Europäisches Parlament, Generaldirektion Wissenschaft, S. 26
664 Currall in Von der Groeben/Thiesing/Ehlermann (Hrsg.), Nach Art. 122 Protokoll (Nr. 14) Rn. 169
665 Vgl. KOM (89) 568 endg., S. 38 f.

Entlassung bzw. Erhalt des Arbeitsplatzes und eventuell erworbener Anrechte im Rahmen einer Schwangerschaft und Mutterschaft seien damit ein wichtiges Ziel, um einerseits den spezifischen Schwierigkeiten weiblicher Erwerbstätigkeit zu begegnen und andererseits Ressourcen von Arbeitskräften und Fähigkeiten mit Blick auf die Bevölkerungsentwicklung und dem Streben nach größerer Wettbewerbsfähigkeit nicht ungenutzt zu lassen[666].

Daraus folgt für Nr. 16 der Gemeinschaftscharta eine Sichtweise, die aufgrund der geschlechtsneutralen Fassung und den Konkretisierungen durch die Mitteilung der Kommission vom 29.11.1989 in Absatz 3 allgemein den Ausbau von Maßnahmen zur besseren Vereinbarkeit von Beruf und Familie fordert[667], die sich gemäß Absatz 2 im besonderen auf solche des Zugangs zur Beschäftigung, Arbeitsentgelt, berufliche Bildung sowie den beruflichen Aufstieg beziehen und gewährleisten sollen, daß Frauen wegen der bestehenden Möglichkeit einer Schwangerschaft und anschließenden Mutterschaft verstärkt vor Kündigungen u.a. geschützt werden und gleichzeitig nicht auf berufliche Entwicklungsmöglichkeiten verzichten, sondern vielmehr bereit sind, diese auch wahrzunehmen. Anhaltspunkte dafür finden sich auch im 3. Mittelfristigen Aktionsprogramm der Gemeinschaft vom 1991-1995, das insbesondere im Rahmen seines 2. Pfeilers zur Verbesserung der Integration der Frauen in den Arbeitsmarkt[668] die Hindernisse für die Verwirklichung der Chancengleichheit in erziehungsbedingten Diskriminierungen in der Schul- und Berufsausbildung junger Frauen sowie in unzureichenden Kinderbetreuungseinrichtungen sah, für die die Gemeinschaftscharta schließlich konkrete Maßnahmen gefordert hatte.

Übertragen auf das in Nr. 16 der Gemeinschaftscharta verankerte soziale Grundrecht der Gleichbehandlung von Mann und Frau bedeutet dies, daß es hinter der ESC, insbesondere Art. 1 des Zusatzprotokolls zur ESC, dem UN-Übereinkommen zur Beseitigung jeder Diskriminierung der Frau von 1979 sowie der Richtlinie 76/207/EWG (a.F.) zurückbleibt[669]. In ihrer Wirkung als Auslegungshilfe für das gemeinschaftsrechtliche Grundrecht der Gleichbehandlung von Mann und Frau beschränkt sie sich auf einen Teilbereich der Herstellung faktischer Gleichberechtigung, nämlich die Verbesserung der Vereinbarkeit von Beruf und Familie durch Maßnahmen, die an den Zugang zum Beruf, Arbeitsentgelt, sozialen Schutz, allgemeine und berufliche Bildung sowie beruflichen Aufstieg anknüpfen – Ausnahmen zugunsten eines Geschlechts in Form

---

666   Ebenda
667   So auch Currall in Von der Groeben/Thiesing/Ehlermann (Hrsg.),Nach Art. 122 Protokoll (Nr. 14) Rn. 169
668   Vgl. KOM (90) 449 endg., Teil II. 2.
669   Vgl. auch die Zweifel an der Progressivität der Gemeinschaftscharta von Oppermann, S. 696 Rn. 1633

positiver Maßnahmen oder spezifischer Frauenfördermaßnahmen, die im Sinne der Empfehlung des Rates vom 13.12.1984 zur Förderung positiver Maßnahmen für Frauen - Empfehlung 84/635/EWG[670] direkt auf die Aufhebung der geschlechtspezifischen Teilung des Arbeitsmarktes einwirken und in den Bereichen weiblicher Unterrepräsentation u.a. die Bewerbung, Einstellung und den beruflichen Aufstieg von Frauen, insbesondere in verantwortlichen Positionen, fördern, erläßt Nr. 16 der Gemeinschaftcharta der sozialen Grundrechte der Arbeitnehmer dagegen nicht. An diesem Befund ändert auch das mit Datum vom 12.04.1995 erlassene Mittelfristige sozialpolitische Aktionsprogramm 1995-1997 der Kommission[671] nichts, das an die Stelle des Sozialpolitischen Aktionsprogramms vom 29.11.1989 zur Anwendung der Gemeinschaftcharta der sozialen Grundrechte getreten ist. Das Aktionsprogramm sieht lediglich die Ausdehnung des Grundsatzes der Gleichbehandlung vor[672].

Zu berücksichtigen ist auch, daß durch Nr. 28 der Gemeinschaftcharta die Kommission aufgefordert wird, dem Rat Vorschläge zur effektiven Umsetzung nicht der Charta, sondern der zum Zuständigkeitsbereich der Gemeinschaft gehörenden Rechte zu machen[673]. Hier verdeutlicht sich nicht nur das Hintergrunddasein der Charta, sondern auch, daß es letztlich um die Durchsetzung und Weiterentwicklung der in den Gemeinschaftsverträgen festgeschriebenen Rechte geht. In diesem Sinne ist das mittelfristige sozialpolitische Aktionsprogramm von 1995-1997 vielmehr eine Umsetzung der Sozialvorschriften des EGV, denn eine Konkretisierung der Gemeinschaftcharta.

*cc) Die gemeinsamen Verfassungsüberlieferungen der Mitgliedstaaten*

Ausgehend von Art. 6 Abs. 2 EUV, der die Achtung der Grundrechte durch die Europäische Union beinhaltet, wie sie sich neben der EMRK auch aus den gemeinsamen Verfassungsüberlieferungen der Mitgliedstaaten als allgemeine Grundsätze des Gemeinschaftsrechts ergeben, sind auch in den Verfassungen der derzeit noch fünfzehn Mitgliedstaaten Aussagen über die Gleichberechtigung von Mann und Frau zu finden, aus denen ebenfalls eine Effektivierung des Gemeinschaftsgrundrechts der Gleichbehandlung von Mann und Frau resultiert[674].

---

670 ABl.EG Nr. L 331, S. 34 v. 19.12.1984
671 Mitteilung der Kommission an den Rat, das Europäische Parlament, den Wirtschafts- und Sozialausschuß und den Ausschuß der Regionen, KOM (95) 134 endg.
672 Ebenda
673 Vgl. Currall in Von der Groeben/Thiesing/Ehlermann (Hrsg.), Nach Art. 122 Protokoll (Nr. 14) Rn. 169 Fn. 60
674 Vgl. hierzu schon Langenfeld, S. 118 ff.; Wiedergegen sind die Verfassungstexte bei Kimmel, Die Verfassungen der EG-Mitgliedstaaten, 4. Aufl. 1996

Alle Verfassungen der Mitgliedstaaten der Europäischen Gemeinschaft, mit Ausnahme der dänischen Verfassung, zeigen, daß ihnen zumindest ein allgemeines Gleichheitsgebot oder Diskriminierungsverbot gemeinsam ist, selbst Großbritannien, das keine geschriebene Verfassungsurkunde wie die übrigen EG-Mitgliedstaaten vorzuweisen hat, sieht speziell in bezug auf die Gleichbehandlung von Mann und Frau mit dem Sex Discrimination Act von 1975 ein Gesetz vor, dem Grundrechtscharakter zugesprochen werden kann[675].

Zu den Mitgliedstaaten, die lediglich auf ein allgemeines Diskriminierungsverbot und/oder allgemeines Gleichheitsrecht rekurrieren, gehören Belgien und Luxemburg. Auch Dänemark, das im Bereich der Gleichberechtigung von Mann und Frau keine Regelung trifft, verbietet jedoch sehr knapp in Art. 70 und 71 Abs. 1 der Verfassung Ungleichbehandlung aufgrund der religiösen oder politischen Anschauung sowie der Abstammung[676].

Etwas weiter gehen Frankreich, die Niederlande und Österreich, die ein geschlechtsbedingtes Diskriminierungsverbot aufstellen (Niederlande, Österreich) oder, wie Frankreich, über ein allgemeines Gleichheitsgebot hinaus der Frau durch Gesetz auf allen Gebieten die gleichen Rechte wie den Männern einräumen.

Irland stellt sich hier als Sonderfall dar, weil es in seiner Verfassung recht weit gestreut über ein allgemeines Gleichheitsgebot in Art. 40 Abs. 1 Nr. 1 hinaus geschlechtsbedingte Diskriminierungsverbote in Zusammenhang mit der Staatsangehörigkeit und dem Wahlrecht sowie der Wählbarkeit aufstellt. Männern und Frauen wird von der irischen Verfassung außerdem in gleicher Weise ein Recht auf angemessene Mittel für ihren Lebensunterhalt bzw. durch ihre Beschäftigung die Mittel zu finden eingeräumt, um in vernünftiger Weise für ihre Bedürfnisse zu sorgen[677]. Eine ansonsten in keiner der mitgliedstaatlichen Verfassungen zu findende Besonderheit liegt hier in Art. 41 Abs. 2 Nr. 1 und Nr. 2, der die spezielle Anerkennung der Frau als gesellschaftliche Stütze durch ihr Leben in der häuslichen Gemeinschaft hervorhebt und darüber hinaus durch den Staat sichergestellt wissen will, daß Mütter nicht aus einer wirtschaftlichen Not heraus gezwungen sind, zum Schaden ihrer häuslichen Pflichten eine Arbeit aufzunehmen. Eine derartige verfassungsrechtliche Festschreibung traditioneller Rollenbilder und Aufgabenzuweisungen an ein Geschlecht findet sich sonst nur noch in der Verfassung Italiens und zwar in Art. 37 Abs. 1 S. 2 im Hinblick auf die Arbeitsbedingungen für die berufstätige Frau, die ihr die Erfüllung ihrer wesentlichen Aufgabe in der Familie ermöglichen müssen. Dies zielt auf die Ver-

---

675 In diesem Sinne auch Kimmel in: Die Verfassungen der EG-Mitgliedstaaten, S. 568
676 Vgl. auch Kimmel in: Die Verfassungen der EG-Mitgliedstaaten, S. XIV
677 Vgl. Art. 45 Abs. 2 a) der irischen Verfassung

einbarkeit von Beruf und Familie durch gesonderte Maßnahmen bei den Arbeitsbedingungen, was jedoch noch zusätzlich durch die Formulierung der wesentlichen Aufgabe der Frau in der Familie eine Sichtweise auf die weibliche Rolle wirft, die dem traditionellen Rollenbild entspricht. Im übrigen enthält die italienische Verfassung ein geschlechtsbedingtes Diskriminierungsverbot in Art. 3 sowie in Art. 37 Abs. 1 S. 1 das Recht der Frau, bei gleicher Arbeit auch die gleiche Vergütung wie der Mann zu erhalten. Dem ähnelt auch die Verfassung Griechenlands, die zunächst gleiche Rechte und Pflichten für Mann und Frau statuiert[678] und schließlich in Art. 22 Abs. 1 S. 2 das Recht auf gleiche Entlohnung für gleichwertige Arbeit festgeschrieben hat.

Ähnlich sind sich auch die Verfassungen Spaniens und Portugals hinsichtlich der Gleichbehandlung von Mann und Frau, wenngleich Portugal an einigen Stellen ausführlicher ist. Beide Verfassungen enthalten ein geschlechtsbedingtes Diskriminierungsverbot sowie ein Recht auf Arbeit. In Spanien ist das Recht auf Arbeit ohne Diskriminierung aufgrund des Geschlechts in bezug auf die Wahl des Berufes, das berufliche Fortkommen sowie eine Entlohnung, die die Bedürfnisse ausreichend befriedigt, gewährleistet[679]. Demgegenüber gewährleistet die portugiesische Verfassung die Chancengleichheit unabhängig von der Geschlechtszugehörigkeit bei der Berufs- und Arbeitswahl und beim Zugang zur Beschäftigung[680]. Hinzu kommt nach Art. 59 Abs. 1 ein geschlechtsbedingtes Diskriminierungsverbot bei der Entlohnung, den sozial würdigen, hygienischen und sicheren Arbeitsbedingungen etc. In Art. 68 Abs. 1 der portugiesischen Verfassung wird im Gegensatz zu Italien und Irland der Einsatz der Väter und Mütter für die Kinder unter Gewährleistung der beruflichen Entfaltung und Beteiligung am öffentlichen Leben eingeräumt. Diese verfassungsrechtlich verankerte Geschlechtsneutralität in bezug auf die Kindererziehung muß als ein Schritt gewertet werden, strukturelle Diskriminierung von Frauen aufzubrechen. Sowohl Spanien als auch Portugal beinhalten schließlich noch einen gleichen Zugang zum öffentlichen Dienst. Insbesondere in den Verfassungen Spaniens und Portugals verdeutlicht sich auch der hohe, gewachsene Stellenwert „sozialer Grundrechte", für die ein eigener Abschnitt in diesen beiden sehr jungen Verfassungen aus den Jahren 1976 (Portugal) und 1978 (Spanien) existiert[681].

Deutschland, Finnland und Schweden enthalten zwar keine derartig stark ausgeprägte Betonung des besonderen Grundrechtsschutzes wie Spanien und Portugal, sie formulieren jedoch neben einem geschlechtsbedingten Diskriminie-

---

678 Vgl. Art. 4 Abs. 2 der Verfassung Griechenlands
679 Vgl. Art. 35 Abs. 1 der Verfassung Spaniens
680 Vgl. Art. 58 Abs. 3 b) der Verfassung Portugals
681 Vgl. auch Kimmel in: Die Verfassungen der EG-Mitgliedstaaten, S. XIX

rungsverbot die Forderung der tatsächlichen Gleichberechtigung von Mann und Frau. Während das deutsche GG hier allgemeiner einen Förderauftrag enthält, konkretisiert Finnland dieses speziell für die Gesellschaft und das Arbeitsleben, insbesondere im Hinblick auf den Lohn und die Arbeitsbedingungen[682]. Schweden bestimmt schließlich ebenfalls präziser als das GG in Art. 3 Abs. 2, daß das geschlechtsbedingte Benachteiligungsverbot durch die Vorschriften zur Verwirklichung der Gleichstellung von Mann und Frau ausnahmsweise durchbrochen werden kann[683], was im übrigen § 20 Nr. 7 des Kapitels 2 auch für Ausländer/innen klarstellt. Allen drei Verfassungen ist schließlich auch gemeinsam, daß der Zugang zum öffentlichen Dienst nach Eignung, Befähigung und fachlicher Leistung[684], nach sachlichen Gründen wie Verdienst und Fähigkeit[685] bzw. nach Können, Fähigkeit und erwiesener staatsbürgerlicher Tüchtigkeit[686] erfolgt.

Für die Effektivierung des gemeinschaftsrechtlichen Grundrechts der Gleichbehandlung von Mann und Frau ergibt sich aus der Analyse der mitgliedstaatlichen Verfassungen, daß zumindest in der Substanz die Gleichbehandlung der Geschlechter anerkannt wird, auch wenn lediglich ein allgemeines Gleichheitsgebot/Diskriminierungsverbot vorhanden ist[687]. Die hier herausgearbeiteten Unterschiede der Verfassungen ändern an dem Befund der substanziellen Gemeinsamkeit aller mitgliedstaatlichen Verfassungsüberlieferungen im Zusammenhang mit der Gleichbehandlung der Geschlechter nichts. Allerdings können sie Hinweise für die Weiterentwicklung des Gemeinschaftsgrundrechts liefern, da der EuGH in seiner Grundrechtsprechung nicht gehalten ist, auf den „kleinsten gemeinsamen Nenner" zurückzugreifen, sondern vielmehr durch eine an den gemeinschaftsrechtlichen Zielvorstellungen und Bedürfnissen orientierte Wertung der nationalen Verfassungsbestimmungen das Gemeinschaftsgrundrecht ermittelt[688]. Dabei ist unerheblich, ob alle Rechtsordnungen den gleichen Rechtssatz aufweisen, denn es reicht aus, wenn Übereinstimmungen entweder auf abstrakter oder konkreter Ebene feststellbar sind[689].

Für die gemeinschaftsrechtliche Grundrechtseffektivierung durch die gemeinsamen Verfassungsüberlieferungen der Mitgliedstaaten spielt es allerdings eine wichtige Rolle, daß soziale Grundrechte vor allen Dingen in den jüngeren

---

682 Vgl. § 5 Abs. 3 der Regierungsform Finnlands
683 Vgl. § 16 des Kapitels 2 der Verfassung Schwedens
684 Art. 33 Abs. 2 GG
685 § 9 Abs. 2 Kapitel 11 der Verfassung Schwedens
686 § 86 der Regierungsform Finnlands, (jedoch nur in bezug auf die Beförderung)
687 So schon Langenfeld, S. 121; vgl. auch Kokott, AöR 1996, S. 599 (S. 631)
688 Bleckmann, Europarecht, S. 215 Rn. 574; vgl. auch Ruffert, EuGRZ 1995, S. 518 (S. 524)
689 Bleckmann, S. 215 Rn. 573 f.

Verfassungen nach 1945 eine erhebliche Aufwertung erfahren haben. Diese Aufwertung läßt sich konkret an der Geschlechtergleichbehandlung festmachen, die hinter dem Recht von Mann und Frau auf gleichen Lohn für gleiche oder gleichwertige Arbeit steht und das sogar einen subjektiven und einklagbaren Anspruch als spezielle Ausformung des allgemeinen Gleichheitssatzes[690] hergibt[691]. Die Geschlechtergleichbehandlung steht aber auch hinter den besonderen Förderaufträgen des Staates zur Verwirklichung der tatsächlichen Gleichberechtigung von Mann und Frau[692], wie sie in der deutschen, schwedischen und finnischen Verfassung zu finden sind und die Frauenfördermaßnahmen wie leistungsabhängige Vorrangregelungen, Zielvorgaben u.a. zu rechtfertigen vermögen. Auch diesen Förderaufträgen an den Staat wohnt die soziale Grundrechtsdimension inne – hier handelt es sich jedoch um Staatszielbestimmungen, die den Staat auf ein soziales Handeln in Form des Erlasses entsprechender Gesetze verpflichten[693]. Die soziale Grundrechtsdimension gerade der Gleichbehandlung von Mann und Frau verdeutlicht sich demnach in allen Verfassungen, die entweder die Lohngleichheit für gleiche oder gleichwertige Arbeit festgeschrieben haben und/oder Förderaufträge an den Staat zur Verwirklichung tatsächlicher Gleichberechtigung beinhalten. Selbst für Irland läßt sich im Rahmen der Leitlinien der Sozialpolitik gemäß Art. 45 Abs. 2a) ein solcher Förderauftrag mit sozialem Grundrechtscharakter im Hinblick auf einen angemessenen Lebensunterhalt durch die Beschäftigung für beide Geschlechter erkennen. Im Ergebnis haben damit neun der fünfzehn Mitgliedstaaten die soziale Dimension des Grundrechts der Gleichbehandlung von Mann und Frau in ihren Verfassungen verankert, wenn der englische Sex Discrimination Act von 1975 mit einbezogen wird[694].

Dem trägt nunmehr auch der Vertrag von Amsterdam Rechnung, indem er die sozialen Grundrechte explizit in Absatz 4 der EUV-Präambel in ihrer Bedeutung herausgestellt[695] hat und ebenfalls in Art. 136 Abs. 1 EGV aufgreift.

Insgesamt fließt damit in das gemeinschaftsrechtliche Grundrecht der Gleichbehandlung von Mann und Frau in verstärktem Maße die soziale Dimension durch die gemeinsamen Verfassungsüberlieferungen der Mitgliedstaaten ein, die es letztlich auch ermöglicht, Frauenförderung in ihren verschiedenen Ausprä-

---

690 Kischel, S. 4
691 Kimmel in: Die Verfassungen der EG-Mitgliedstaaten, S. XIX
692 Kokott, S. 632
693 So auch Kimmel in: Die Verfassungen der EG-Mitgliedstaaten, S. XIX
694 Die übrigen Mitgliedstaaten lösen die soziale Frage der Gleichberechtigung im Arbeitsleben nicht auf der verfassungsrechtlichen, sondern auf der gesetzlichen Ebene; vgl. die Nachweise bei Langenfeld, S. 118 ff.
695 Hirsch in Kreuzer/Scheuing/Sieber (Hrsg.), S. 14

gungen zu betreiben. Die soziale Grundrechtsdimension ist zugleich auch Ausdruck der objektiven Werteordnung einer Gesellschaft[696] - ist diese im Wertewandel begriffen, kommt dieser auch in der sozialen Grundrechtsdimension, hier der Gleichbehandlung von Mann und Frau, zum Tragen. Die überwiegende Mehrheit der gemeinsamen Verfassungsüberlieferungen der Mitgliedstaaten drängt nach der Verwirklichung faktischer Gleichberechtigung, die mit einem begrenzten Anwendungsbereich des allgemeinen Rechtsgrundsatzes der Gleichbehandlung von Mann und Frau allein auf die Lohngleichheit[697] aber nicht durchsetzbar ist. Da auch hier nicht der kleinste gemeinsame Nenner entscheidend ist, ist die Orientierung an den gemeinschaftsrechtlichen Zielsetzungen maßgeblich. Diese sehen nach der Vertragsrevision von Amsterdam aber speziell in Art. 2 EGV die Gleichstellung als zentrale Aufgabe der Europäischen Gemeinschaft und gemäß Art. 3 Abs. 2 EGV die Einbindung der Gleichstellung in sämtliche Tätigkeiten der Gemeinschaft vor. Dies kann aber nur von einem umfassenden Anwendungsbereich des Gemeinschaftsgrundrechts der Gleichbehandlung gewährleistet werden, der sich auf alle Bereiche und Bedingungen in der Gesellschaft und dem Arbeitsleben erstreckt. Mit dem Ausbau der sozialen Grundrechtskomponente in ihren Verfassungen liefern die Mitgliedstaaten hierfür eine entscheidende Grundlage.

*dd) Doppelcharakter des Primärrechts: Grundrechtseffektivierung und Ermächtigungsfunktion*

Eine der wesentlichsten Erkenntnisquellen für die Entwicklung eines Gemeinschaftsgrundrechts stellt das Primärrecht des EGV dar, die der EuGH in seiner Grundrechtsprechung als „Quelle der Inspiration" nutzt[698]. Im Zusammenhang mit dem allgemeinen Rechtsgrundsatz der Gleichbehandlung von Mann und Frau muß deshalb vor allem aufgrund der Veränderungen durch den Vertrag von Amsterdam genau analysiert werden, welche Neuerungen und Effektivierungen dieses Gemeinschaftsgrundrecht über die primärrechtlichen Vorschriften zur Chancengleichheit der Geschlechter im EGV erfährt.

Dabei werden grundrechtsanfüllende Gesichtspunkte einerseits über Art. 2, 3 Abs. 2 und 13 EGV bereitgestellt, die zu den Grundsätzen des Vertrages gehören und die die Gleichstellung von Mann und Frau sowie die Bekämpfung jedweder Diskriminierung aus Gründen des Geschlechts zu den allgemeinen Zielen und Tätigkeitsschwerpunkten der Europäischen Gemeinschaft rechnen. Andererseits

---

696 Ebenda
697 So Langenfeld, S. 122 f.
698 Hirsch in Kreuzer/Scheuing/Sieber (Hrsg.), S. 11

finden sich im Bereich der Sozialpolitik der Vertrags (Art. 136 bis 145 EGV) grundrechtskonkretisierende Aspekte, insbesondere in Art. 137 Abs. 1 Spiegelstrich 5 und Art. 141 Abs. 3 und 4 EGV, die die europäische Gleichstellungspolitik aus dem Bereich des Sekundärrechts herausgelöst und auf der primärrechtlichen Ebene verankert haben[699]. Zu unterscheiden sind hier jedoch verfahrensrechtliche und inhaltliche Elemente[700]: Während Art. 13, 137 Abs. 1 Spiegelstrich 5 i.V.m. Abs. 2 sowie Art. 141 Abs. 3 EGV Kompetenznormen sind, die den Rat zur Ergreifung gleichstellungspolitischer Maßnahmen im Bereich der Erwerbstätigkeit von Frauen[701] sowie darüber hinausgehend gemäß Art. 13 EGV auch in anderen Gesellschaftsbereichen wie z.B. der Gesundheit o.ä. ermächtigen[702], sind Art. 141 Abs. 4 und Art. 2 und 3 Abs. 2 EGV inhaltlicher Natur. Daneben ist auch nicht die inhaltliche Norm des Art. 141 Abs. 1 und 2 EGV zu vergessen, die die Lohngleichheit von Mann und Frau für gleiche oder gleichwertige Arbeit enthält und anerkanntermaßen zu einem eigenen, speziellen und unmittelbar wirkenden Gemeinschaftsgrundrecht fortentwickelt wurde[703] und eine spezielle Ausprägung des allgemeinen Gleichheitssatzes sowie des Gemeinschaftsgrundrechts der Gleichbehandlung von Mann und Frau darstellt[704]. Daraus folgt ein dualer Ansatz zur Verwirklichung der Gleichstellung von Mann und Frau auf der europarechtlichen Ebene[705], die dem Gemeinschaftsgrundrecht als übergeordneten Auslegungsmaßstab[706] zusätzliche Konturen verleihen können.

Neben der Grundrechtseffektivierung leisten die primärrechtlichen Vorschriften des EGV aber ein Zusätzliches: Sie fließen nicht nur als „Inspiration" in das jeweilige Grundrecht ein, sondern sind selbst die Rechtsgrundlage der von der Gemeinschaft und den Mitgliedstaaten zu treffenden Maßnahmen. Damit ist einerseits der grundrechtsanfüllende Charakter der einzelnen Vorschriften, andererseits aber auch ihr Charakter als Ermächtigungsgrundlage verbunden. Deshalb wird hier ein Doppelcharakter der primärrechtlichen Bestimmungen zugrunde gelegt.

---

699 Bergmann in Bergmann/Lenz (Hrsg.), S. 39 Rn. 33
700 So auch Europäisches Parlament, Generaldirektion Wissenschaft, S. 41
701 Vgl. Art. 137 Abs. 1 Spiegelstrich 5, Art. 141 Abs. 3 EGV n.F.
702 Schmidt am Busch, S. 4 f.
703 Vgl. Langenfeld in Grabitz/Hilf (Hrsg.), Art. 141 Rn. 2
704 Kischel, S. 4
705 Schmidt am Busch, S. 12
706 Hirsch in Kreuzer/Scheuing/Sieber (Hrsg.), S. 14

*aaa) Art. 13, 137 Abs. 1 Spiegelstrich 5 und Art. 141 Abs. 3 EGV*

Art. 13 EGV räumt dem Rat die Befugnis ein, auf Vorschlag der Kommission und nach Anhörung des Europäischen Parlaments im Wege der Einstimmigkeit die erforderlichen Maßnahmen zur Bekämpfung von Diskriminierungen aus Gründen des Geschlechts u.a. zu treffen. Art. 13 EGV gehört zu den Grundsätzen des Vertrags und beinhaltet ein Diskriminierungsverbot, das durch die Aufnahme einer Vielzahl von Diskriminierungstatbeständen zwar über das bisherige Verbot der Diskriminierung ausschließlich wegen der Staatsangehörigkeit hinausgeht, als Kompetenz- oder Ermächtigungsnorm jedoch weit hinter den Forderungen der Frauenverbände nach einem unmittelbar wirkenden Grundrecht in bezug auf das Geschlecht zurückgeblieben ist[707]. Gleichwohl steht Art. 13 EGV in engem inhaltlichen Zusammenhang mit den sozialen Grundrechten[708], denn die Kompetenz des Rates setzt eine explizite Ermächtigungsgrundlage in einem anderen Sachgebiet voraus, da der Rat nur im Rahmen der durch den Vertrag auf die Gemeinschaft übertragenen Zuständigkeiten tätig werden kann[709]. Der Anwendungsbereich des Art. 13 EGV ist allerdings nicht auf das Erwerbsleben beschränkt, so daß aufgrund der Vielzahl der der Gemeinschaft von den Mitgliedstaaten übertragenen Zuständigkeiten ebenfalls Maßnahmen zur Bekämpfung geschlechtsbedingter Diskriminierungen in Betracht kommen[710].

Dies verdeutlicht die dem Art. 13 EGV i.V.m. anderen Vertragsbestimmungen innewohnende soziale Dimension, d.h. aber auch, daß er alleine nicht imstande ist, daß Gemeinschaftsgrundrecht der Gleichbehandlung von Mann und Frau zu konkretisieren.

Die Mittel, die dem Rat auf der Basis des Art. 13 EGV zur Verfügung stehen, ergeben sich aus der Formulierung „geeignete Vorkehrungen", die einen erheblichen Gestaltungsspielraum eröffnen[711]. So kann der Rat hier vor allem gemäß Art. 249 EGV verfahren und die dort genannten Rechtsakte wie Verordnungen, Richtlinien oder aber die unverbindlichen Empfehlungen sowie Stellungnahmen abgeben[712]. Schließlich kann der Rat hier auch finanzielle Mittel zugunsten des benachteiligten Geschlechts bereitstellen, um auf diese Weise die Chancen-

---

707 Vgl. DJB-Dokumentation v. 32. Kongreß in Augsburg 11. bis 13.09.1994, Bericht der EuropaKommission, S. 43; die fehlende direkte Wirkung des Art. 13 EGV n.F. betont auch Lenz in Lenz (Hrsg.), Art. 13 Rn. 28 sowie Epiney in Callies/Ruffert (Hrsg.), Kommentar EUV/EGV, Art. 13 Rn. 1
708 Bergmann in Bergmann/Lenz (Hrsg.), S. 36 Rn. 28
709 So auch Schmidt am Busch, S. 7
710 Vgl. die Beispiele bei Schmidt am Busch, S. 8
711 Schmidt am Busch, S. 8
712 Lenz in Lenz (Hrsg.), Art. 13 Rn. 19

gleichheit von Mann und Frau zu erreichen oder er kann ein Diskriminierungsverbot erlassen[713]. Dieser zunächst sehr positiv erscheinende weite Gestaltungsspielraum des Rates wird allerdings durch das Einstimmigkeitserfordernis wieder zunichte gemacht, da die Durchsetzungsfähigkeit frauenspezifischer Fördermaßnahmen allein von der Konsensfähigkeit der Mitgliedstaaten abhängig ist[714]. Hinzu kommt, daß dem Europäischen Parlament keine Mitentscheidungsbefugnis, sondern lediglich ein Anhörungsrecht eingeräumt ist[715] so daß die parlamentarische Einflußnahme hier ebenfalls äußerst gering ausgestaltet ist[716].

Im Ergebnis ist damit nicht nur der Erlaß von einzelnen Maßnahmen auf der Grundlage von Art. 13 i.V.m. einer anderen Vertragsbestimmung vor erhebliche Schwierigkeiten gestellt – auch die effektivierende Wirkung in bezug auf das Gemeinschaftsgrundrecht der Gleichbehandlung von Mann und Frau relativiert sich stark in Anbetracht dieser verfahrensrechtlichen Hindernisse, denn eine solche Wirkung kann erst dann zum Tragen kommen, wenn tatsächlich zuvor eine spezifische Maßnahme zur Bekämpfung einer Diskriminierung aufgrund des Geschlechts ergangen ist.

Nach Art. 137 Abs. 1 Spiegelstrich 5 EGV unterstützt und ergänzt die Gemeinschaft die Tätigkeit der Mitgliedstaaten u.a. auf dem Gebiet der Chancengleichheit von Männern und Frauen auf dem Arbeitsmarkt und der Gleichbehandlung am Arbeitsplatz zur Verwirklichung der in Art. 136 EGV genannten Ziele, insbesondere die Verbesserung der Lebens- und Arbeitsbedingungen, um auf dem Wege des Fortschritts ihre Angleichung zu ermöglichen etc. Zu diesem Zweck kann der Rat unter Berücksichtigung der in den einzelnen Mitgliedstaaten bestehenden Bedingungen und technischen Regelungen durch Richtlinien Mindestvorschriften erlassen, die schrittweise anzuwenden sind[717]. Gemäß Art. 137 Abs. 2 Unterabsatz 2 EGV beschließt der Rat hier im sog. Mitentscheidungsverfahren nach Art. 251 EGV mit qualifizierter Mehrheit.

Im Unterschied zu Art. 13 EGV ist Art. 137 Abs. 1 Spiegelstrich 5 EGV speziell auf die Chancengleichheit und Gleichbehandlung von Männern und Frauen im Erwerbsleben zugeschnitten, so daß er als lex specialis dem allgemeiner gefaßten Art. 13 des Vertrages vorgeht. In Art. 137 EGV ist nicht nur Art. 118 EGV a.F., sondern auch der gesamte Art. 2 des Abkommens über die Sozialpolitik eingeflossen[718]. Durch diese komplette Integration des Art. 2 des Sozialabkommens in Art. 137 EGV ist dieser auch um eine erhebliche Anzahl von

---

713 Ebenda
714 DJB-Dokumentation v. 11. bis 13.09.1994, S. 43 f.
715 Europäisches Parlament, Generaldirektion Wissenschaft, S. 42
716 DJB-Dokumentation v. 11. bis 13.09.1994, S. 43
717 Vgl. Art. 137 Abs. 2 S. 1 EGV
718 So auch Langer in Bergmann/Lenz (Hrsg.), S. 98 Rn. 22

weiteren Kompetenzen der Gemeinschaft in Ergänzung und Unterstützung der Sozialpolitik der Mitgliedstaaten erweitert worden[719]. Auf der Grundlage von Art. 137 Abs. 2 EGV können nun Richtlinien mit Mindestvorschriften im Bereich der Chancengleichheit von Mann und Frau gemäß Art. 137 Abs. 1 Spiegelstrich 5 des Vertrags ergehen, die allerdings nicht als Minimallösungen zu begreifen sind, da sie günstigere Regelungen zulassen[720].

Art. 137 Abs. 1 Spiegelstrich 5 i.V.m. Abs. 2 EGV ähnelt dabei stark dem Art. 141 Abs. 3 EGV, der genau wie Art. 137 EGV im Wege des Mitentscheidungsverfahrens Regelungen zur Gewährleistung der Anwendung des Grundsatzes der Chancengleichheit und Gleichbehandlung von Männern und Frauen in Arbeits- und Beschäftigungsfragen, einschließlich des Grundsatzes des gleichen Entgelts bei gleicher oder gleichwertiger Arbeit, durch den Rat zuläßt. Ohne daß hier eine Identität der Formulierungen in diesen beiden Vertragsbestimmungen vorliegt, stellt sich doch die Frage nach der Tragweite des Art. 141 Abs. 3 EGV im Verhältnis zum Regelungsgehalt des Art. 137 des Vertrags[721].

Der von Langer vertretenen Ansicht muß, wenn auch nicht mit Blick auf die in der Praxis auf der Grundlage dieser Vorschriften möglichen Regelungsgegenstände, widersprochen werden, da Art. 137 Abs. 1 Spiegelstrich 5 vorgeht, was im übrigen auch für das Verhältnis zu Art. 13 des Vertrags gilt[722]. Mit Schmidt am Busch ermächtigt Art. 141 Abs. 3 EGV ohne weitere Einschränkungen zu gleichstellungspolitischen Maßnahmen, während Art. 137 Abs. 1 Spiegelstrich 5 EGV auf die Verwirklichung der in Art. 136 EGV aufgeführten Ziele in Ergänzung und Unterstützung der mitgliedstaatlichen Sozialpolitiken im Bereich der Geschlechtergleichstellung beschränkt bleibt und somit für die Gemeinschaft nur eine Komplementärzuständigkeit eröffnet[723]. Schließlich sind die Rechtsakte, die auf der Grundlage von Art. 141 Abs. 3 EGV möglich sind, auch nicht auf Richtlinien als das mildere Mittel für die Mitgliedstaaten alleine begrenzt; vielmehr ergibt sich aus dem Wortlaut, daß auch andere Rechtsakte, z.B. die in allen Teilen verbindlichen Verordnungen mit unmittelbarer Geltung in den Mitgliedstaaten, erlassen werden können.

Auch wenn sich in der praktischen Ausführung die Regelungskomplexe nach Art. 137 Abs. 1 Spiegelstrich 5 und Art. 141 Abs. 3 EGV decken werden, da

---

719 Vgl. Langer in Bergmann/Lenz (Hrsg.), S. 96 Rn. 14
720 Coen in Lenz (Hrsg.), Art. 137 Rn. 6
721 So auch Langer in Bergmann/Lenz (Hrsg.), S. 101 Rn. 37, die davon ausgeht, daß es sich lediglich um eine sprachliche Unterscheidung handelt, die zu einer echten Doppelung beider Vorschriften geführt hat; ähnlich Coen in Lenz (Hrsg.), Art. 137 Rn. 28
722 Lenz in Lenz (Hrsg.), Art. 13 Rn. 6 ff.
723 Schmidt am Busch, S. 5

beide Vorschriften als Rechtsgrundlage in allen Bereichen des Arbeitslebens zur Herstellung tatsächlicher Gleichberechtigung zwischen Mann und Frau greifen können[724], ist mit Art. 141 Abs. 3 des Vertrags eine wirklich effektive Basis für Frauenfördermaßnahmen der Gemeinschaft in großem Stil geschaffen worden. Die Möglichkeit, gemäß Art. 141 Abs. 3 EGV nicht nur Richtlinien zu erlassen, sondern sich auch anderer Rechtsakte, z.B. der Verordnung, zu bedienen, unterstreicht diese Effektivität. Begrenzt wird dieses allenfalls durch das Subsidiaritätsprinzip aus Art. 5 EGV. Das bisherige Ausweichen auf andere Rechtsgrundlagen bei der Schaffung einzelner Richtlinien[725] ist nicht mehr notwendig, da entsprechende Rechtsakte direkt auf der Grundlage von Art. 141 Abs. 3 oder ausschließlich in Form der Richtlinie auf Art. 137 Abs. 1 Spiegelstrich 5 i.V.m. Abs. 2 des Vertrags ergehen können[726].

Schließlich wird durch das sowohl nach Art. 137 Abs. 1 Spiegelstrich 5 i.V.m. Abs. 2 als auch nach Art. 141 Abs. 3 EGV vorgesehenen Mitentscheidungsverfahren des Art. 251 EGV im Gegensatz zu Art. 13 EGV die Rolle des Europäischen Parlaments nicht nur erheblich aufgewertet, sondern auch die Gleichstellungspolitik insgesamt demokratischer[727].

Es stellt sich auch hier die Frage nach dem Beitrag beider Vorschriften zur Grundrechtseffektivierung der Gleichbehandlung von Mann und Frau. Wie bei Art. 13 EGV herausgearbeitet, können auch diese beiden verfahrensrechtlichen Vertragsbestimmungen aus sich allein heraus keine effektivierende Wirkung erzielen. Diese ergibt sich erst mit dem Erlaß eines konkreten Rechtsaktes in einem der oben beschriebenen Regelungsbereiche. Die Grundrechtseffektivierung dieser Normen ist deshalb als mittelbar zu qualifizieren.

Gleichwohl beinhalten Art. 13, 137 Abs. 1 Spiegelstrich 5 und Art. 141 Abs. 3 EGV eine grundsätzliche Aussage, deren Einfluß auf das bislang ungeschriebene Gemeinschaftsgrundrecht der Gleichbehandlung der Geschlechter durchaus Bedeutung hat: Sowohl der weit gefaßte Wortlaut von Art. 137 Abs. 1 Spiegelstrich 5 und Art. 141 Abs. 3 des Vertrags in bezug auf die Arbeits- und Beschäftigungsfragen der Gleichstellung als auch der weite Anwendungsbereich des Art. 13 EGV, der auch die anderen in den Zuständigkeitsbereich der Gemeinschaft fallenden Gesellschaftsbereiche berücksichtigen kann, gewährleisten

---

724 Ebenda
725 Die Lohngleichheitsrichtlinie 75/117/EWG wurde auf Art. 100 EGV a.F. = Art. 94 EGV n.F: und die Gleichbehandlungsrichtlinie 76/207/EWG auf Art. 100 und Art. 235 EGV a.F. = Art. 308 EGV n.F. gestützt!
726 Langer in Bergmann/Lenz (Hrsg.), S. 102 Rn. 38
727 Vgl. Europäisches Parlament, Generaldirektion Wissenschaft, S. 47; Lenz in Lenz (Hrsg.), Art. 13 Rn. 23 deutet in bezug auf Art. 13 EGV vorsichtig auf das dieser Vorschrift innewohnende Demokratiedefizit hin

zusammengenommen die Weiterentwicklung der sozialen Dimension der verschiedensten Lebensbereiche von Frauen. In dieser Gewährleistungsfunktion öffnen sie das Gemeinschaftsgrundrecht auch in umfassender Weise und können somit für die zukünftige Grundrechtsprechung des EuGH wichtige Impulse geben, Diskriminierung von Frauen nicht nur als isoliertes Problem der Arbeits- und Beschäftigungsfragen zu behandeln, sondern dieses auch als ein in Wechselwirkung zu anderen Lebensbereichen von Frauen stehendes gesamtgesellschaftliches Problem zu sehen, dessen Lösung deshalb in allen Lebensbereichen von Frauen anzusetzen hat Dem kann nur ein entsprechend umfassend entwickelbares Gemeinschaftsgrundrecht Rechnung tragen.

*bbb) Art. 2, 3 Abs. 2 sowie Art. 141 Abs. 1, 2 und 4 EGV*

Diesen Vertragsbestimmungen ist gemeinsam, daß sie im Unterschied zur verfahrensrechtlichen Natur der Art. 13, 137 Abs. 1 Spiegelstrich 5 und Art. 141 Abs. 3 EGV einen inhaltlichen Charakter aufweisen, der einen unmittelbaren grundrechtskonkretisierenden Einfluß ausüben kann.

*(1) Art. 2 und 3 Abs. 2 EGV*

Sowohl Art. 2 als auch Art. 3 Abs. 2 des Vertrags gehören zu den Grundsätzen, die die Aufgaben und Tätigkeiten der Gemeinschaft im allgemeinen festlegen. Dabei beinhaltet Art. 2 EGV u.a. die Gleichstellung von Männern und Frauen als eine der Aufgaben der Gemeinschaft. Diese ausdrückliche Verpflichtung der Gemeinschaft auf das Ziel der Gleichstellung ist durch den Vertrag von Amsterdam in den Vertrag aufgenommen worden – die Gleichstellungspolitik ist damit als Querschnittsaufgabe zu begreifen, die in allen Tätigkeitsbereichen der Gemeinschaft Beachtung zu finden hat[728]. Als gleichrangiges Ziel neben der Konvergenz der Wirtschaftsleistungen und dem hohen Beschäftigungsniveau kommt der Gleichstellungspolitik nunmehr eine prioritäre Funktion zu[729], die auf diese Weise auch das politische Ermessen der Gemeinschaftsorgane im Rahmen ihrer Handlungskompetenzen bestimmt[730]. Als Vertragsziel schreibt es nicht nur ein Programm vor, sondern stellt darüber hinaus eine Auslegungshilfe bei der Ermittlung des Sinngehalts anderer Normen des Gemeinschaftsrechts dar[731] und

---

728 DJB-Dokumentation v. 11. bis 13.09.1994, S. 43; Langer in Bergmann/Lenz (Hrsg.), S. 94 Rn. 6
729 Europäisches Parlament, Generaldirektion Wissenschaft, S. 42 sowie Schmidt am Busch, S. 3
730 Schweitzer/Hummer, S. 318 Rn. 1035
731 Ukrow in Callies/Ruffert (Hrsg.), Art. 2 Rn. 6

kann schließlich auch ein Baustein der Rechtsfortbildung sein[732]. Der EuGH hat Art. 2 des Vertrags deshalb auch eine grundlegende Bedeutung zugesprochen, indem er ihn „an die Spitze der vertragsprägenden allgemeinen Grundsätze" eingeordnet hat[733]. Allerdings handelt es sich bei den Vertragszielen des Art. 2 weder um eine selbständige Handlungsermächtigung noch um eine konkrete Handlungsverpflichtung der Gemeinschaftsorgane[734]. Daraus folgt, daß sich aus dieser Vorschrift rechtlich keine unmittelbar wirkenden Konsequenzen ergeben und sich auch keine Frau direkt auf Art. 2 EGV berufen kann[735]. Die Bedeutung des Art. 2 liegt demnach in seiner Funktion als Auslegungshilfe und Anwendungsmaßstab[736].

Das Europäische Parlament ist der Auffassung, daß Art. 2 EGV eine Präzisierung eines Mindestsockels an sozialen Grundrechten zur Definition des europäischen Sozialmodells enthält, das es dem EuGH in Zukunft erleichtern könnte, die korrekte Anwendung der (Gemeinschafts-) Grundrechte zu kontrollieren[737]. Art. 2 EGV bestätigt folglich die wachsende Bedeutung der sozialen Dimension der Grundrechte und gibt außerdem eine Anreicherung des Gemeinschaftsgrundrechts der Gleichbehandlung von Männern und Frauen her: Die hier verankerte Gleichstellung von Mann und Frau als Gemeinschaftsaufgabe ist als vorrangige Grundsatzentscheidung in allen Zuständigkeitsbereichen der Gemeinschaft als leitendes Prinzip zu beachten. Damit wird auch die Basis der Erfassung aller Lebensbereiche von Frauen durch das Gleichbehandlungsgrundrecht geschaffen.

Art. 3 EGV bezieht sich in seinem Absatz 1 ausdrücklich auf Art. 2 EGV und legt die Gemeinschaftstätigkeit auf die in den Buchstaben a) bis u) aufgeführten Bereiche fest. Diese Tätigkeitsbereiche stellen dabei auch eine Erläuterung der von Art. 2 formulierten Vertragsziele dar[738]. In seinem Absatz 2 stellt Art. 3 darüber hinaus klar, daß die Gemeinschaft bei allen Tätigkeiten darauf hinwirkt, Ungleichheiten zu beseitigen und die Gleichstellung von Männern und Frauen zu fördern. In Verbindung mit Art. 2 EGV wird somit auch hier die Gleichstellung der Geschlechter zu einer Querschnittsaufgabe der Gemeinschaft in den ihr vom

---

732 So Zuleeg in Von der Groeben/Thiesing/Ehlermann (Hrsg.), Art. 2 Rn. 3
733 Vgl. EuGH v. 04.04.1974, Slg. 1974, S. 359 (S. 369 f.) Rs. 167/73 Kommission/Frankreich
734 Schweitzer/Hummer, S. 318 Rn. 1035; Zuleeg in Von der Groeben/Thiesing/Ehlermann (Hrsg.), Art. 2 Rn. 5
735 Schmidt am Busch, S. 3
736 Vgl. auch Lenz in Lenz (Hrsg.), Art. 2 Rn. 6
737 Vgl. Europäisches Parlament, Generaldirektion Wissenschaft, S. 42
738 EuGH v. 01.02.1996, Slg. 1996, S. 161 (S. 174) Rs. C-177/94 Strafverfahren gegen Gianfranco Perfili

Vertrag zugewiesenen spezifischen Tätigkeitsbereichen[739]. Gleichzeitig wird in Art. 3 Abs. 2 EGV aber auch der von der Kommission seit der Weltfrauenkonferenz in Peking vom 04. bis 15.09.1995[740] verfolgte Ansatz des „gender mainstreaming"[741], der im Rahmen des 4. Mittelfristigen Aktionsprogramms der Gemeinschaft für die Chancengleichheit von Männern und Frauen für den Zeitraum 1996-2000[742] als Einbeziehung der Dimension der Chancengleichheit von Männern und Frauen in alle Politiken und Aktionen der Gemeinschaft formuliert wurde[743], festgeschrieben. In dem Entwurf einer Stellungnahme des Europäischen Parlaments vom 11.09.1997 zu dem Entwurf des Vertrags von Amsterdam[744] wird im übrigen hervorgehoben, daß der neue Absatz 2 des Art. 3 EGV über das reine „mainstreaming" hinausgehe, da er eine aktive Strategie zur Ausmerzung von Ungleichheiten sowie die Förderung der Gleichstellung von Frauen und Männern voraussetze.

Genau wie Art. 2 dient auch Art. 3 des Vertrags als Auslegungshilfe und Anwendungsmaßstab für die anderen im EGV enthaltenen Einzelbestimmungen[745], d.h., daß alle anderen Vertragsbestimmungen im Lichte dieser beiden Vertragsnormen ausgelegt werden müssen[746]. Sowohl Art. 2 als auch Art. 3 EGV ist gemeinsam, daß sie für sich allein genommen keine rechtlichen Pflichten der Mitgliedstaaten oder Rechte einzelner Bürger/innen zu begründen vermögen[747].

Im Unterschied zu Art. 13, 137 Abs. 1 Spiegelstrich 5 sowie Art. 141 Abs.3 EGV wird der Gemeinschaft darüber hinaus auch keine gesonderte Handlungsbefugnis für die Gleichstellung eingeräumt – Schmidt am Busch spricht hier von einer Art „Mitzuständigkeit" der Gemeinschaft, die in Zukunft bei allen Tätigkeiten und Maßnahmen dem Ziel der Gleichstellung der Geschlechter Rechnung zu tragen hat[748]. Dies deckt sich auch mit der Ansicht der Verfasserin der Stellungnahme des Europäischen Parlaments zum Entwurf des Amsterdamer Ver-

---

739 DJB-Dokumentation, S. 43 sowie Schmidt am Busch, S. 10
740 Vgl. den Abdruck des Berichts der Vierten Weltfrauenkonferenz von Peking bei Bertelsmann/Colneric/Pfarr/Rust, Handbuch zur Frauenerwerbstätigkeit (HzF), Stand: 19.06.1998, Bd. 1, F II, 1.15
741 Schmidt am Busch, S. 10
742 KOM (95) 381 endg. v. 22.12.1995 = ABl.EG Nr. L 335, S. 37 v. 30.12.1995
743 Vgl. Europäisches Parlament, Generaldirektion Wissenschaft, S. 26, 42 f.
744 PE 223.233, zitiert nach Europäisches Parlament, Generaldirektion Wissenschaft, S. 43
745 Schweitzer/Hummer, S. 318 Rn. 1036
746 EuGH v. 14.12.1962, Slg. 1962, S. 867 (S. 882) verb. Rs. 2 - 3/62 Kommission/Luxemburg, Belgien
747 EuGH v. 24.01.1991, Slg. 1991, S. 107 (S. 123) Rs. 339/89 Alsthom Atlantique/Sulzer
748 Schmidt am Busch, S. 10

trags[749], die in Art. 3 Abs. 2 EGV eine Verpflichtung der Kommission zur Überwachung sieht, um eine aktive Strategie zur Beseitigung bestehender Diskriminierungen und zur Förderung der Gleichstellung zu gewährleiten.

Dies führt andererseits aber auch zu der Frage der Justiziabilität der Gleichstellung von Mann und Frau als Querschnittsklausel des Vertrags. Wie bereits festgestellt, sind dem EuGH zufolge die anderen Vertragsbestimmungen im Lichte von Art. 2 und 3 EGV auszulegen[750]. Dies hat der EuGH auch im Zusammenhang mit einer anderen Querschnittsklausel des Vertrags, der Verpflichtung der Gemeinschaft zur Sicherstellung eines hohen Gesundheitsschutzniveaus bei allen ihren Tätigkeiten gemäß Art. 3 Abs. 1 Buchstabe p) EGV i.V.m. Art. 152 Abs. 1 Unterabsatz 1 und 3 EGV im Beschluß vom 12.07.1996 zur BSE-Krise bzw. den aufgetretenen Fällen der Jacob-Creutzfeldt-Krankheit in Großbritannien getan[751]. Übertragen auf die Gleichstellung der Geschlechter folgt daraus auch deren Justiziabilität, d.h., daß der EuGH alle im Zuständigkeitsbereich der Gemeinschaft getroffenen Maßnahmen ebenfalls auf ihre „Gleichstellungsverträglichkeit"[752] hin überprüfen kann. Daß die tatbestandliche Unbestimmtheit der in Art. 3 Abs. 1 genannten Tätigkeiten und ihre (auch nach der Vertragsrevision von Amsterdam) ungeregelt gebliebene systematische Zuordnung zueinander ihre Justiziabilität erschwert[753], hindert die Vereinbarkeitsprüfung mit der Gleichstellung jedoch nicht.

Allerdings leistet das in Art. 3 Abs. 2 EGV verankerte „gender mainstreaming" auch einen Beitrag zur inhaltlichen Konkretisierung der in Art. 3 Abs. 1 EGV aufgeführten Tätigkeitsbereiche, die nun nicht mehr ohne die Gleichstellung von Mann und Frau gedacht werden können.

Dieses hat auch Konsequenzen für die Frage nach der Grundrechtseffektivierung der Gleichbehandlung von Männern und Frauen: Die schon in Art. 2 EGV angelegte Basis der Erfassung aller Lebensbereiche von Frauen durch das Gemeinschaftsgrundrecht, wird durch Art. 3 Abs. 2, der sich wiederum auf Absatz 1 bezieht, mit konkretem Leben angefüllt. Das „gender mainstreaming" als aktive Strategie zur Beseitigung geschlechtsbedingter Diskriminierungen und zur Förderung der Gleichstellung von Mann und Frau stellt über Art. 3 Abs. 2 nicht nur sicher, daß die Chancengleichheit in sämtliche politischen Konzepte und Maßnahmen der Gemeinschaft als Grundsatz einzubinden ist, sondern erweitert auch das Gemeinschaftsgrundrecht als übergeordneten Auslegungsmaßstab um

---

749  Vgl. Entwurf einer Stellungnahme des Europäischen Parlaments v. 11.09.1997, Generaldirektion Wissenschaft, S. 43
750  EuGH v. 14.12.1962, a.a.O., S. 882 Kommission/Luxemburg, Belgien
751  Slg. 1996, S. 3903 (S. 3928) Rs. C–180/96R Vereinigtes Königreich/Kommission
752  Schmidt am Busch, S. 11
753  So insbesondere Ipsen, Europäisches Gemeinschaftsrecht, 1972, S. 557 f.

das „gender mainstreaming" und gewährleistet so die Erfassung aller Lebensbereiche von Frauen, in denen die Verwirklichung tatsächlicher Gleichberechtigung aussteht.

*(2) Art. 141 Abs.1 und 2 EGV*

Art. 141 Abs. 1 EGV formuliert nunmehr, daß jeder Mitgliedstaat die Anwendung des Grundsatzes des gleichen Entgelts für Männer und Frauen bei gleicher oder gleichwertiger Arbeit sicherzustellen hat. Während Art. 141 Abs. 1 durch den Vertrag von Amsterdam um den Grundsatz des gleichen Entgelts auch für gleichwertige Arbeit erweitert wurde, behielt Art. 141 Abs. 2 EGV seine alte Fassung bei. Absatz 2 stellt dabei eine Definition des Begriffs des Arbeitsentgelts auf[754].

Mit Art. 141 Abs. 1 EGV ist die bisher schon aufgrund der Lohngleichheitsrichtlinie 75/117/EWG[755] geltende Rechtslage, daß auch Arbeiten von dem Grundsatz der Entgleichheit erfaßt sind, die als gleichwertig anerkannt sind[756], aus dem Bereich des Sekundärrechts herausgelöst und nunmehr ausdrücklich primärrechtlich verankert worden. Eine Diskussion darüber, ob die Lohngleichheitsrichtlinie vom Text des Art. 141 des Vertrags gedeckt ist, ist damit nunmehr ausgeschlossen[757]. Gegenstandslos ist die Richtlinie 75/117/EWG durch die Neufassung des Art. 141 Abs. 1 EGV dennoch nicht geworden, denn ihre übrigen Vorschriften, die einen eher formellen Charakter haben[758], können als ergänzende Konkretisierung des Art. 141 Abs. 1 EGV nach wie vor Gültigkeit beanspruchen.

Mit Art. 141 Abs. 1 EGV ist jedoch keine gemeinschaftsrechtliche Definition für das Vorliegen einer mittelbaren Diskriminierung in das Primärrecht aufgenommen worden, so daß nach wie vor vom Wortlaut des Art. 141 her keine Differenzierung zwischen unmittelbarer und mittelbarer Diskriminierung stattfindet. Definitionsgemäß verbietet der Grundsatz des gleichen Entgelts Diskriminierung jeglicher Art[759], jedoch nicht solche, die über die gleiche Vergü-

---

754 Langer in Bergmann/Lenz (Hrsg.), S. 101 Rn. 36
755 Richtlinie des Rates vom 10.02.1975 zur Angleichung der Rechtsvorschriften der Mitgliedstaaten über die Anwendung des Grundsatzes des gleichen Entgelts für Männer und Frauen, ABl.EG Nr. L 45, S. 19 v. 19.02.1975
756 Vgl. Art. 1 Abs. 1 der Richtlinie
757 Langer in Bergmann/Lenz (Hrsg.), S. 101 Rn. 36; so auch Schmidt am Busch, S. 3
758 Langenfeld in Grabitz/Hilf (Hrsg.), Art. 141 Rn. 86
759 So auch Currall in Von der Groeben/Thiesing/Ehlermann (Hrsg.), Art. 119 Rn. 41

tung für gleiche bzw. gleichwertige Arbeit hinausgehen[760]. D.h. aber auch, daß es Art. 141 Abs. 1 EGV nicht um ein gerechtes Entgelt für die tatsächlich geleistete Arbeit geht, sondern nur um die gleiche Behandlung mit männlichen Vergleichspersonen[761]. Deshalb sind von Art. 141 EGV wie schon nach Art. 119 Abs. 1 EGV a.F. sowohl unmittelbare als auch mittelbare Diskriminierungen erfaßt, auch wenn diese beiden Diskriminierungsformen ausdrücklich nur in den auf der Grundlage dieser primärrechtlichen Norm ergangenen Richtlinien[762] genannt sind[763].

Art. 141 Abs. 1 und 2 EGV stellt seit dem Urteil des EuGH vom 08.04.1976 in der Rechtssache Defrenne/Sabena (Defrenne II)[764] ein spezielles Grundrecht als Ausprägung des allgemeinen Gleichheitssatzes dar[765]. Der Generalanwalt hatte hier unter Hinweis auf die Geltung des Grundsatzes der Gleichbehandlung in den mitgliedstaatlichen Rechtsordnungen, der zumeist auch in der Form eines förmlich garantierten Verfassungsgrundsatzes vorläge und auf die Grundrechtsprechung des EuGH, insbesondere in dem Verfahren Internationale Handelsgesellschaft/Einfuhr- und Vorratsstelle für Getreide- und Futtermittel[766], demnach die Beachtung der Grundrechte zu den allgemeinen Rechtsgrundsätzen gehört, die deshalb von der Gemeinschaft im Zusammenspiel mit den gemeinsamen Verfassungsüberlieferungen der Mitgliedstaaten zu gewährleisten ist, klargestellt, daß auch das Verbot jeglicher Diskriminierung aufgrund des Geschlechts (insbesondere beim Arbeitsentgelt) ein Recht schützt, das ebenfalls zu den Grundlagen der Gemeinschaftsrechtsordnung zu rechnen sei. Dem hatte sich der EuGH schließlich auch angeschlossen, indem er aus der doppelten, wirtschaftlichen und sozialen Zweckbestimmung des Art. 119 EGV a.F. folgerte, daß der Grundsatz des gleichen Entgelts zu den Grundlagen der Gemeinschaft gehöre[767].

In seinem Urteil vom 15.06.1978[768] hatte der EuGH Art. 119 EGV a.F. schließlich als beschränkte Sonderbestimmung bezeichnet, dessen Anwendung

---

760 EuGH v. 04.12.1988, S. 673 (S. 689) Rs. 157/86 Murphy u.a./An Bord Telecom Éireann; hier hatte sich der EuGH mit einem Fall auseinanderzusetzen, wo eine Frau eine anerkanntermaßen höherwertige Tätigkeit als ihr männlicher Kollege verrichtet hatte, gleichwohl aber ein geringeres Entgelt erhalten hatte
761 So auch Currall in Von der Groeben/Thiesing/Ehlermann (Hrsg.), Art. 119 Rn. 41
762 Vgl. u.a. Art. 2 Abs. 1 der Gleichbehandlungsrichtlinie 79/7/EWG (Soziale Sicherheit)
763 Langenfeld in Grabitz/Hilf (Hrsg.), Art. 141 Rn. 19
764 Slg. 1976, S. 455 (S. 473) Rs. 43/75
765 So insbesondere auch GA Trabucchi, Schlußanträge v. 10.03.1976, Slg. 1976, S. 482 (S. 490) Rs. 43/75 Defrenne/Sabena (Defrenne II)
766 EuGH v. 17.12.1970, Slg. 1970, S. 1125 Rs. 11/70
767 EuGH v. 08.04.1976, S. 473 (Defrenne II)
768 Slg. 1978, S. 1365 (S. 1378) Rs. 149/77 Defrenne/Sabena (Defrenne III)

sich nicht über die Anwendung des gleichen Arbeitsentgelts hinaus auch auf die Gleichheit der sonstigen Arbeitsbedingungen für männliche und weibliche Arbeitnehmer beziehe. Gleichwohl betonte er in diesem Zusammenhang, daß die Wahrung der Grundrechte des Menschen, so auch die Beseitigung der auf dem Geschlecht beruhenden Diskriminierungen, zu den allgemeinen Grundsätzen des Gemeinschaftsrechts zähle, die er zu wahren habe[769]. Dabei wies er speziell auf seine Urteile Sabbatini-Bertoni/Europäisches Parlament[770] und Airola/Kommission[771] hin, wo er hinsichtlich der im EÖD beschäftigten Arbeitnehmer/innen ausdrücklich die Notwendigkeit gleicher Arbeitsbedingungen für beide Geschlechter anerkannt hatte, jedoch in bezug auf die dem nationalen Recht unterliegenden Arbeitsverhältnisse im Zeitpunkt der dem Ausgangsrechtsstreit zugrunde liegenden Vorgänge eine Kontroll- und Garantiefunktion der Gemeinschaft bei der Einhaltung des Gleichheitsgrundsatzes zwischen den Geschlechtern abgelehnt hatte[772]. Er begründete diese Trennung zwischen den bei der Gemeinschaft selbst beschäftigten Arbeitnehmer/innen und den mitgliedstaatlichen Arbeitsverhältnissen mit den begrenzten Kompetenzen der Gemeinschaft im Bereich der Sozialpolitik, die ihren Ausdruck in dem ausschließlich programmatischen Charakter der Art. 117 und 118 EGV a.F. (Art. 136 und 137 EGV) gefunden hätten[773].

Die vom EuGH gebrauchte Formulierung „im Zeitpunkt" führt hier jedoch zu einem Gesichtspunkt, den Generalanwalt Capotorti in seinen Schlußanträgen vom 30.05.1978[774] deutlich herausgearbeitet hatte: Mit der Schaffung der Richtlinie 76/207/EWG vom 09.02.1976 wurde seiner Auffassung zufolge als wesentliche Neuerung die Gleichbehandlung von Männern und Frauen im Arbeitsleben als autonomer Grundsatz definiert und nicht mehr nur als ein Teil des weitgesteckten Ziels in Art. 117 EGV a.F. begriffen. Insbesondere die genauen inhaltlichen Angaben über den Grundsatz der Gleichbehandlung speziell in bezug auf die Arbeitsbedingungen hätten diesem Gemeinschaftsgrundrecht eine präzise Gestalt gegeben. Mit dem bevorstehenden Fristablauf zur Umsetzung der Richtlinie 76/207/EWG durch die Mitgliedstaaten sei schließlich auch der Weg frei, für die Geltendmachung subjektiver Rechte des einzelnen auf der Grundlage dieser Richtlinie, sofern die Mitgliedstaaten ihrer Umsetzungsverpflichtung durch richtlinienkonforme Maßnahmen nicht nachgekommen seien.

---

769 EuGH v. 15.06.1978, S. 1379 (Defrenne III)
770 EuGH v. 07.06.1972, Slg. 1972, S. 345 Rs. 20/71
771 EuGH v. 20.02.1975, Slg. 1975, S. 221 Rs. 21/74
772 EuGH v. 15.06.1978, S. 1379 (Defrenne III)
773 So auch Mohn, Der Gleichheitssatz im Gemeinschaftsrecht, S. 15
774 Slg. 1978, S. 1381 (S. 1388 f.) Rs. 149/77 Defrenne/Sabena (Defrenne III)

Im Ergebnis wurde damit eine konditionale Verknüpfung von Entgeltgleichheit und Gleichheit der Arbeitsbedingungen hergestellt, denn die doppelte, wirtschaftliche und sozialpolitische Zielsetzung des Art. 119 EGV a.F. erforderte eine Anwendung, die das Entgelt in Beziehung zur tatsächlichen Arbeitsleistung und den jeweiligen Arbeitsbedingungen setzte[775]. Daraus folgte nicht nur eine konkretisierende Erweiterung des Art. 119 EGV a.F., sondern gleichzeitig eine grundrechtseffektivierende Wirkung in bezug auf den Grundsatz der Gleichbehandlung der Geschlechter[776], was als vorrangige Leistung der Richtlinie 76/207/EWG angesehen werden muß[777]. Dies geht ebenfalls klar aus den Ausführungen des EuGH in seinem Defrenne III-Urteil hervor, da er explizit auf den in der Vergangenheit liegenden Zeitraum des streitbefangenen Ausgangsverfahrens (1963-1968) abgestellt hatte[778].

Dies beansprucht auch nach wie vor Gültigkeit für Art. 141 Abs. 1 und 2 EGV, der schon für sich allein genommen ein Gemeinschaftsgrundrecht und Teil des Grundsatzes der Gleichbehandlung von Mann und Frau ist[779]. Aber das Gemeinschaftsgrundrecht fließt nicht nur in den Art. 141 EGV ein, sondern es findet hier auch ein konkretisierender „Rückfluß" statt, der dem Grundrecht erst die entscheidende Kontur zu verleihen vermag. Die von Kischel aufgeworfene Frage, welche Bedeutung ein spezielles Diskriminierungsverbot wie der hier untersuchte Art. 141 Abs. 1 und 2 EGV in Anbetracht der Existenz eines allgemeinen Gleichheitssatzes noch haben kann[780], ist mit dem „konkretisierenden Rückfluß" noch nicht erschöpfend beantwortet. Art. 141 EGV ist lex specialis zum allgemeinen Gleichheitsgrundsatz, wie sich aus dem von Kischel angestellten Vergleich mit dem deutschen Verfassungsrecht, insbesondere Art. 3 Abs. 2 und 3 GG als spezielle Gleichheitssätze im Verhältnis zu Art. 3 Abs. 1 GG, schließen läßt[781]. Die Charakterisierung des Art. 141 Abs. 1 und 2 EGV als Spezialtatbestand des allgemeinen Grundsatzes der Gleichbehandlung oder Gleichheit, dessen Regelungsmaterie klar umrissen ist[782], genügt für sich alleine genommen nicht, Diskriminierungen aufgrund des Geschlechts im Erwerbsleben in ihrer Gesamtheit zu erfassen. Auch die konditionale Verknüpfung von Art. 141 Abs. 1 und 2 des Vertrags mit der Richtlinie 76/207/EWG, die vor allem Generalanwalt

---

775 So Pernice, EuR 1979, S. 410 (S. 416)
776 In diese Richtung auch Ebsen, RdA 1993, S. 11 (S. 12)
777 Pernice, S. 416 f.
778 Pernice, S. 416 Fn. 55; zu kurz an dieser Stelle Mohn, S. 15, die diesem entscheidenden Aspekt keine Aufmerksamkeit widmet
779 Vgl. auch Kischel, S. 4
780 Kischel, S. 5
781 Ebenda
782 Ebsen, S. 15

Capotorti in seinen Schlußanträgen im Defrenne III-Verfahren erarbeitet hatte, bleibt auf der Stufe des gleichen Arbeitsentgelts bei gleicher bzw. gleichwertiger Arbeit und den gleichen Arbeitsbedingungen für Männer und Frauen stehen. Außerdem verbleibt es bei dem Verbot unmittelbarer und mittelbarer Diskriminierung wegen des Geschlechts hinsichtlich des Arbeitsentgelts und der Arbeitsbedingungen, was sich gerade aus Art. 2 Abs. 1 der Richtlinie 76/207/EWG auch in der Neufassung durch die Richtlinie 2002/73/EG vom 23.09.2002 ergibt.

Einem inhaltlich so verstandenen Grundsatz der Gleichbehandlung von Männern und Frauen als Gemeinschaftsgrundrecht kommt in der Tat eine gegenständliche Begrenzung zu, die sich aus dem Anwendungsbereich des Art. 141 Abs. 1 und 2 EGV und der ihn konkretisierenden Richtlinien herleiten läßt[783]. Damit käme dem Gleichbehandlungsgebot i.Sd. von Kischel aufgeworfenen Frage auch keine gesonderte Bedeutung mehr neben Art. 141 EGV und den hierzu ergangenen Richtlinien zu, geschweige denn die Funktion eines übergeordneten Auslegungsmaßstabs. Wenn es dem Grundsatz der Gleichbehandlung aber um die Herstellung faktischer Gleichberechtigung und Chancengleichheit in allen Lebensbereichen von Männern und Frauen geht, was insbesondere auch in dem in Art. 3 Abs. 2 EGV verankerten Ansatz des „gender mainstreaming" seinen Niederschlag gefunden hat und hierbei auch der Gesichtspunkt Berücksichtigung findet, daß die Verwirklichung tatsächlicher Gleichstellung im Arbeitsleben keiner isolierten Maßnahmen allein im Bereich des Arbeitsentgelts und der Arbeitsbedingungen bedarf, sondern vielmehr eine umfassende gesellschaftliche Veränderung männlicher und weiblicher Lebensverhältnisse erfordert, die alle zueinander in Beziehung stehen, dann muß die Leistung des Gleichbehandlungsgrundsatzes gerade in seiner umfassenden Geltung bestehen. Dies führt ebenfalls zu dem Gedanken, daß nur ein umfassend zu verstehender Gleichbehandlungsgrundsatz auch in der Lage ist, strukturelle Diskriminierung von Frauen zu erfassen und in der Folge zu beseitigen.

Wird vor diesem Hintergrund nunmehr der sowohl von Ebsen als auch von Kischel vorgeführte Ansatz der Aktivierung der parallelen Problematik im deutschen Verfassungsrecht für das Gemeinschaftsgrundrecht fruchtbar gemacht und weiterverfolgt, ergibt sich folgendes Bild: Art. 3 Abs. 2 GG gebietet nicht mehr nur, daß Männer und Frauen gleichberechtigt sind, sondern auch, daß der Staat die tatsächliche Durchsetzung der Gleichberechtigung von Frauen und Männern fördert und auf die Beseitigung bestehender Nachteile hinwirkt. Art. 3 Abs. 3 GG verbietet demgegenüber die u.a. auf das Merkmal Geschlecht bezogene Diskriminierung. Diese merkmalsbezogene Sicht verdeutlicht nicht nur die der Rechtsordnung immanente Überzeugung, daß die Anknüpfung an dieses Kriteri-

---

783 Ebsen, S. 14

um eine Rechtfertigung der Bevorzugung oder Benachteiligung nicht zu begründen vermag, sondern stellt gleichzeitig auch auf ein Merkmal ab, das die Identität des einzelnen wesentlich prägt, so daß das Verbot seiner Verwendung den Schutz des einzelnen Individuums bezweckt[784]. Anders als Art. 3 Abs. 3 GG setzt Art. 3 Abs. 2 GG dagegen an der Irrelevanz des Merkmals Geschlecht und der abstrakten Gefahr seiner Verwendung an und bezieht sich auf den historischen Hintergrund sowie die tatsächlich existierenden gesellschaftlichen Gegebenheiten[785]. Auch Art. 3 Abs. 2 GG verbietet Diskriminierung aufgrund des Geschlechts, jedoch nicht im Hinblick auf die vorurteilsbehaftete Bewertung des Individuums, sondern im Zusammenhang mit der benachteiligenden Verwendung des Geschlechtsmerkmals in bezug auf die durch dieses Merkmal konstituierte Gruppe. Sacksofsky spricht im Rahmen dieser gruppenbezogenen Sichtweise, für die die Funktion besonderer Gleichheitssätze in der Perspektive der Situation der Gruppe liegt, auch vom sogenannten Dominierungsverbot in Anlehnung an die amerikanische Literatur[786]. Ihr zufolge ist die Diskriminierungsproblematik nicht allein durch den verfassungsrechtlichen Schutz des einzelnen in den Griff zu bekommen (mit der Folge eines verkürzten verfassungsrechtlichen Schutzes insgesamt), da es sich vielmehr um ein kollektives denn um ein individuelles Problem handelt[787].

Sowohl die mittelbare Diskriminierung als auch die strukturelle Diskriminierung kennzeichnen ein Defizit an faktischer Gleichberechtigung, das sich allerdings nicht an dem einzelnen Mann oder der einzelnen Frau festmachen läßt, sondern sich nur aus dem statistischen Gruppenvergleich beider Geschlechtergruppen ergibt[788]. So verdeutlicht sich dieses in den vom EuGH entwickelten Kriterien zur Feststellung einer mittelbaren Diskriminierung[789], die schließlich in der Definition des Art. 2 Abs. 2 der Beweislastrichtlinie 97/80/EG und mit der Neufassung der Richtlinie 76/207/EWG vom 23.09.2002 nunmehr auch in Art. 2 Abs. 2 zu finden sind.

Für die strukturelle Diskriminierung ist das nicht so eindeutig, läßt sich aber mit Blick auf die Entscheidung des EuGH vom 11.11.1997 in dem Verfahren Marschall herausarbeiten[790]: Im Zusammenhang mit der nordrhein-westfälischen leistungsabhängigen Vorrangregelung mit Härtefallklausel für den öffentlichen Dienst hat der EuGH ausgeführt, daß selbst bei gleicher Qualifikation die Ten-

---

[784] Sacksofsky, Das Grundrecht auf Gleichberechtigung, 2. Aufl. 1996, S. 310 f.
[785] Sacksofsky, S. 312
[786] Ebenda
[787] Sacksofsky, S. 312 f.
[788] Für die mittelbare Diskriminierung Ebsen, S. 14
[789] Ebenda
[790] Slg. 1997, S. 6363 (S. 6392) Rs. C-409/95

denz bestehe, männliche Bewerber vorrangig vor weiblichen Bewerberinnen zu befördern und das dieses vor allem auf stereotype Vorstellungen über die Rolle und die Fähigkeiten der Frau im Erwerbsleben und die Befürchtung zurückzuführen sei, daß Frauen ihre Laufbahn häufiger unterbrechen, ihre Arbeitszeiten aufgrund häuslicher und familiärer Pflichten weniger flexibel gestalten oder daß sie durch Schwangerschaften, Geburten und Stillzeiten häufiger ausfallen. Eine leistungsabhängige Vorrangregelung mit Härtefallklausel könne deshalb ein Gegengewicht zu den nachteiligen Auswirkungen schaffen, die sich für die weiblichen Bewerberinnen aus den beschriebenen Einstellungen und Verhaltensmustern ergeben und damit die in der sozialen Wirklichkeit bestehenden faktischen Ungleichheiten zu verringern helfen.

Diese Ausführungen des EuGH zeigen zum einen die Anerkennung eines faktischen Gleichheitsdefizits auf, das nicht mehr auf der Grundlage des Kriteriums der Qualifikation des einzelnen Individuums zu ermitteln ist, sondern nur noch über das Ergebnis eines Gruppenvergleichs innerhalb einer Laufbahn- und Besoldungsgruppe feststellbar ist. Zum anderen argumentierte der EuGH hier im Gegensatz zu seiner Entscheidung Kalanke/Freie Hansestadt Bremen vom 17.10.1995[791] erstmals unter dem Blickwinkel der strukturellen Benachteiligung auf dem Arbeitsmarkt[792]. Mit dem Marschall-Urteil hat der EuGH folglich die kollektive Dimension der Verwirklichung faktischer Gleichberechtigung erkannt und damit gleichzeitig die von Sacksofsky entwickelte Unterscheidung zwischen merkmalsbezogenem Differenzierungsverbot und gruppenbezogenem Dominierungsverbot in bezug auf die besonderen Gleichheitssätze bestätigt. Nur das Abstellen auf den historischen Hintergrund und die tatsächlichen gesellschaftlichen Gegebenheiten im Gruppenvergleich der Geschlechter, wie vom EuGH im Marschall-Urteil auch umgesetzt, kann die kollektive Problematik des faktischen Gleichheitsdefizits lösen. Eine Lösung in Form spezifischer Frauenfördermaßnahmen wie die im Marschall-Verfahren streitbefangene Vorrangregelung hat deshalb im Rahmen des Dominierungsverbots stattzufinden[793], das Sacksofsky für das deutsche Verfassungsrecht dem Art. 3 Abs. 2 GG zuordnet.

Das Gemeinschaftsgrundrecht der Gleichbehandlung von Mann und Frau, selbst spezifischer Ausdruck und Teil des allgemeinen Gleichheitsgrundsatzes, beinhaltet sowohl das Differenzierungsverbot als auch das Dominierungsverbot,

---

791 Slg. 1995, S. 3051 Rs. C-450/93
792 Vgl. Europäisches Parlament, Sitzungsdokumente v. 27.01.1999 zum Bericht über den Vorschlag für eine Richtlinie des Rates zur Änderung der Richtlinie 76/207/EWG, PE 225.922/ end, S. 9
793 Ebsen, S. 14 faßt dieses als Benachteiligungsverbot und Fördergebot in Analyse der Nachtarbeitsentscheidung des BVerfG vom 28.01.1992, BVerfGE 85, S. 191 (S. 207) auf

was sich im deutschen Verfassungsrecht auf Art. 3 Abs. 2 und 3 GG verteilt. Gleiches gilt für Art. 141 Abs. 1 und 2 EGV, allerdings beschränkt auf das Arbeitsentgelt und die Arbeitsbedingungen. Das bedeutet, daß der Grundsatz der Gleichbehandlung von Mann und Frau umfassend und ohne die gegenständlichen Grenzen vergleichbar dem deutschen Verfassungsgebot[794] in seiner Geltung und Wirkung zu verstehen ist, allenfalls begrenzt durch die der Gemeinschaft zugewiesenen Zuständigkeitsbereiche, die sich aus Art. 2 und 3 Abs. 1 und 2 EGV ergeben. In diesen beiden Grundsatzbestimmungen des EGV findet sich schließlich eine zusätzliche Bestätigung des hier gefundenen Ergebnisses der kollektiven Dimension des Grundsatzes der Gleichbehandlung der Geschlechter, denn die Gleichstellung von Männern und Frauen ist hier nunmehr Aufgabe und Ziel der Gemeinschaft. Die Formulierung im Plural, die für den Art. 3 Abs. 2 GG schon als maßgeblicher Unterschied zu Art. 3 Abs. 3 GG herausgearbeitet wurde und das Bindeglied zur kollektiven Dimension des Dominierungsverbots darstellt[795], kennzeichnet im Gemeinschaftsrecht eine politische Entwicklung, die mit der Vertragsrevision von Amsterdam in Art. 2 und 3 Abs. 2 EGV die Gleichbehandlung von Männern und Frauen als kollektives Recht niedergelegt hat[796].

Im Ergebnis bezieht sich damit der vom EuGH über die Entscheidungen in den Verfahren Defrenne II und III zu einem Gemeinschaftsgrundrecht entwickelte Art. 141 Abs. 1 und 2 EGV in seiner Geltung ausschließlich auf das Arbeitsentgelt und die Arbeitsbedingungen, was sich aus der konditionalen Verknüpfung mit der Gleichbehandlungsrichtlinie 76/207/EWG ergibt. Darüber hinaus folgt aus der konditionalen Verknüpfung von Vertragsnorm und Richtlinie, daß Art. 141 Abs. 1 und 2 entsprechend dem Wortlaut des Art. 2 Abs. 1 der Richtlinie 76/207/EWG nur unmittelbare und mittelbare Diskriminierungen wegen des Geschlechts im Rahmen des Grundsatzes der Gleichbehandlung der Geschlechter erfaßt. Art. 141 Abs. 1 und 2 EGV kann damit nur einen Teilbereich des Gemeinschaftsgrundrechts der Gleichbehandlung von Männern und Frauen abdecken. Dieses stellt sich aber als umfassend dar – es gilt in allen in die Zuständigkeit der Gemeinschaft fallenden Bereiche, die im weitesten Sinne Berührungspunkte mit dem Leben von Frauen und Männern aufweisen. Dabei beinhaltet es sowohl das merkmalsbezogene Differenzierungsverbot als auch das gruppenbezogene Dominierungsverbot in Anlehnung an die deutschen Verfassungsbestimmungen des Art. 3 Abs. 2 und 3 GG. Auf diese Weise aktiviert

---

794 So Ebsen, S. 14
795 Slupik, Die Entscheidung des Grundgesetzes für Parität im Geschlechterverhältnis, 1988, S. 75 f. 79, 86 ff; Pfarr, Quoten und Grundgesetz, 1. Aufl. 1988, S. 34 f; Sacksofsky, S. 319 ff., 333
796 Europäisches Parlament, Sitzungsdokumente v. 27.01.1999, S. 9

sich auch die kollektive Dimension neben der individuellen Dimension innerhalb dieses Gemeinschaftsgrundrechts, die über unmittelbare und mittelbare Diskriminierungen wegen des Geschlechts hinaus auch die strukturelle Diskriminierung zu erfassen vermag. Auch Art. 141 Abs. 1 und 2 EGV wohnt i.v.m. der Richtlinie 76/207/EWG das Differenzierungs- und das Dominierungsverbot in seiner gegenständlichen Begrenzung auf das Arbeitsentgelt und die Arbeitsbedingungen inne, denn auch die Feststellung einer mittelbaren Diskriminierung basiert auf einem statistischen Gruppenvergleich, so daß auch hier die kollektive Dimension i.S.d. Dominierungsverbots verankert ist. Die Grundrechtseffektivierung, die Art. 141 Abs. 1 und 2 EGV dabei selbst als anerkanntes Gemeinschaftsgrundrecht leisten kann, liegt in der Konkretisierung eines wesentlichen Teilbereichs des Grundsatzes der Gleichbehandlung der Geschlechter, nämlich das Arbeitsentgelt und die Arbeitsbedingungen, die das faktische Gleichberechtigungsdefizit von Frauen nach wie vor besonders deutlich offenbaren. In der Anwendung geht Art. 141 Abs. 1 und 2 EGV immer dann dem Gemeinschaftsgrundrecht der Gleichbehandlung von Männern und Frauen vor, wenn es um seine Regelungsmaterie geht und ein Fall unmittelbarer oder mittelbarer Diskriminierung gegeben ist.

*(3) Art. 141 Abs. 4 EGV*

Mit dem Vertrag von Amsterdam wurde auch Art. 141 Abs. 4 neu in den EGV eingefügt, der bestimmt, daß im Hinblick auf die effektive Gewährleistung der vollen Gleichstellung von Männern und Frauen im Arbeitsleben der Grundsatz der Gleichbehandlung die Mitgliedstaaten nicht daran hindert, zur Erleichterung der Berufstätigkeit des unterrepräsentierten Geschlechts oder zur Verhinderung bzw. zum Ausgleich von Benachteiligungen in der beruflichen Laufbahn spezifische Vergünstigungen beizubehalten oder zu beschließen. Darüber hinaus ist diese Vertragsbestimmung für die Schlußakte zum EGV mit einer Erklärung Nr. 28 versehen, derzufolge die Maßnahmen der Mitgliedstaaten nach Art. 119 Abs. 4 EGV (a.F.) in erster Linie der Verbesserung der Lage der Frauen im Arbeitsleben dienen sollen. Auch wenn dieser Erklärung Nr. 28 keinerlei juristische Bedeutung zukommt[797], stellt sie doch zusätzlich klar, worum es in Art. 141 Abs. 4 EGV geht: spezifische Fördermaßnahmen der Mitgliedstaaten zugunsten von Frauen im Arbeitsleben zum Ausgleich des faktischen Gleichberechtigungsdefizits sowie zur effektiven Herstellung der tatsächlichen und vollen Gleichstellung von Männern und Frauen sind mit dem Grundsatz der Gleichbehandlung der Ge-

---

797 Europäisches Parlament, Generaldirektion Wissenschaft, S. 52

schlechter zu vereinbaren[798]. Dabei federt die Erklärung gleichzeitig eventuelle Bedenken gegen die geschlechtsneutrale Formulierung des Absatzes 4 ab[799].
Art. 141 Abs. 4 EGV ist als Reaktion auf die beiden Entscheidungen des EuGH in den Verfahren Kalanke/Freie Hansestadt Bremen[800] und Marschall/ Land Nordrhein-Westfalen[801] zu leistungsabhängigen Vorrangregelungen (in Bremen zum Zeitpunkt der Entscheidung ohne Härtefallklausel, in Nordrhein-Westfalen mit Öffnungsklausel) zu werten[802]. Allerdings hatte schon das Kalanke-Urteil zur Folge, daß die Kommission in ihrer Mitteilung an den Rat und das Europäische Parlament über die Auslegung der Kalanke-Entscheidung vom 27.03.1996[803] die Notwendigkeit betonte, im Rahmen der Umsetzung des Gemeinschaftsgrundrechts der Gleichbehandlung von Männern und Frauen positive Maßnahmen zur Förderung der Chancengleichheit beider Geschlechter zu ergreifen. Die von Generalanwalt Tesauro in seinen Schlußanträgen vom 06.04.1995 im Verfahren Kalanke vorgenommene Einteilung positiver Maßnahmen in drei Modelle[804], nämlich erstens die Ursachenbeseitigung von schlechteren Beschäftigungs- und Aufstiegsmöglichkeiten auf der Ebene der Berufsbildung und Berufsberatung, zweitens die Verbesserung der Vereinbarkeit von Beruf und Familie und als dritter Typ positiver Maßnahmen die vorrangige Behandlung bestimmter Personengruppen zum Ausgleich fortdauernder nachteiliger Auswirkungen aufgrund früherer Diskriminierungen in Form von leistungsabhängigen Vorrangregelungen, griff sie auf, um klarzustellen, daß insbesondere gemäß dem dritten Modell weniger starre und nicht automatisch wirkende leistungsabhängige Vorrangregelungen wie die damalige Bremer Regelung rechtmäßig seien und keinen Verstoß gegen den Grundsatz der Gleichbehandlung von Männern und Frauen darstellten[805].

Mit Datum vom selben Tag (27.03.1996) legte die Kommission außerdem einen Vorschlag für eine Richtlinie des Rates zur Änderung der Richtlinie 76/207/EWG vor, demnach Art. 2 Abs. 4 folgende Neufassung erhalten sollte: „Diese Richtlinie steht nicht den Maßnahmen entgegen, die die Chancengleichheit von Männern und Frauen fördern, indem sie insbesondere bestehende Ungleichheiten beseitigen, die die Chancen des unterrepräsentierten Geschlechts in

---

798 Coen in Lenz (Hrsg.), Art. 141 Rn. 60
799 So auch Suhr, EuGRZ 1998, S. 121 (S. 124)
800 EuGH v. 17.10.1995, Slg. 1995, S. 3051 Rs. C-450/93
801 EuGH v. 11.11.1997, Slg. 1997, S. 6363 Rs. C-409/95
802 Langer in Bergmann/Lenz (Hrsg.), S. 102 Rn. 39 sowie Coen in Lenz (Hrsg.), Art. 141 Rn. 61
803 KOM (96) 88 endg.
804 Slg. 1995, S. 3053 (S. 3058) Rs. C-450/93
805 KOM (96) 88 endg., S. 2 und 9

den unter Art. 1 Abs. 1 genannten Bereichen beeinträchtigen. Derartige Maßnahmen können auch Vorzugsregelungen bezüglich des Zugangs zur Beschäftigung oder zum beruflichen Aufstieg zugunsten eines Mitglieds des unterrepräsentierten Geschlechts beinhalten, soweit sie die Bewertung der besonderen Umstände eines Einzelfalls nicht ausschließen"[806]. Diese Neufassung sollte nach Auffassung der Kommission zu einer endgültigen Beendigung der Kontroverse um das Kalanke-Urteil führen und den Mitgliedstaaten und den Arbeitgebern die Möglichkeit einräumen, sich aller anderen Formen positiver Maßnahmen einschließlich flexibler Vorrangregelungen, die die Berücksichtigung individueller Umstände zuließen, zu bedienen mit Ausnahme eines völlig starren Quotensystems[807]. Diese beabsichtigte Änderung des Art. 2 Abs. 4 war insgesamt lediglich erklärender Natur[808].

Das Europäische Parlament lehnte in seiner Stellungnahme vom 27.01.1999[809] diesen Kommissionsvorschlag entschieden ab. Vor dem Hintergrund des Marschall-Urteils des EuGH vom 11.11.1997 erübrige sich eine Veränderung der Gleichbehandlungsrichtlinie[810]. Außerdem folge aus der Möglichkeit der Mitgliedstaaten und der Arbeitgeber i.S.d. Änderungsvorschlags, frei alle denkbaren Maßnahmen einschließlich flexibler Quoten zu ergreifen, „soweit sie die Bewertung der besonderen Umstände eines Einzelfalls nicht ausschließen", die Gefahr einer Umgehung des Ziels positiver Maßnahmen, denn mit der Person des Mannes könnten u.U. Beweggründe geltend gemacht werden, die keiner objektiven Auslegung zugänglich seien und die deshalb zu einer Verwässerung der positiven Maßnahme führen könnten[811]. Schließlich beinhalte sowohl die alte Fassung der Richtlinie 76/207/EWG als auch der Änderungsvorschlag in Art. 2 Abs. 4 ein als Ausnahme formuliertes individuelles Recht auf Gleichbehandlung, wobei aber insbesondere nach Art. 2 und 3 EGV die Chancengleichheit nicht nur zur Gemeinschaftsaufgabe werde, sondern die politische und objektive Gleichheit auch als kollektives Recht zu begreifen sei[812]. Außerdem garantiere Art. 141 Abs. 4 EGV unmißverständlich, daß die Mitgliedstaaten spezifische Vergünstigungen zugunsten des unterrepräsentierten Geschlechts beibehalten oder beschließen können[813]. Mit der Anerkennung tradierter Vorurteile und Klischeevorstellungen gegenüber berufstätigen Frauen durch den EuGH im Marschall-

---

806  KOM (96) 93 endg., S. 6
807  KOM (96) 93 endg., S. 3
808  Ebenda
809  Europäisches Parlament, Sitzungsdokumente, PE 225.922/end, S. 11 f.
810  Europäisches Parlament, Sitzungsdokumente v. 27.01.1999, S. 10
811  Europäisches Parlament, Sitzungsdokumente v. 27.01.1999, S. 11
812  Europäisches Parlament, Sitzungsdokumente v. 27.01.1999, S. 12
813  Ebenda

Urteil, die mit der Akzeptanz fortbestehender Ungleichheiten auf dem Arbeitsmarkt verbunden war sowie den Neufassungen der Art. 2, 3 und 141 EGV, sei die Änderung der Richtlinie 76/207/EWG nicht nur überflüssig, sondern sogar unzureichend, da sie das hierin zum Ausdruck gekommene progressive Denken in bezug auf die Chancengleichheit nicht erkennen lasse[814].

Schon in der öffentlichen Anhörung des Ausschusses für die Rechte der Frau über das Marschall-Urteil und in Vorbereitung der oben ausgeführten Stellungnahme des Europäischen Parlaments zum Änderungsvorschlag der Kommission war deutlich geworden, daß die beabsichtigte Neufassung des Art. 2 Abs. 4 der Richtlinie 76/207/EWG keine zufriedenstellende Anwort auf die Förderung der Chancengleichheit durch positive Maßnahmen gebe, aber auch die Marschall-Entscheidung den Widerspruch zwischen dem Grundrecht der Gleichbehandlung der Geschlechter und die als Individualrecht zu begreifenden positiven Maßnahmen nicht gelöst habe[815]. Erst der Art. 141 Abs. 4 EGV könne als „positives Mandat" an die Mitgliedstaaten und die Gemeinschaft verstanden werden, gemeinsame und mit dem Grundrecht in Einklang stehende positive Maßnahmen zu ergreifen[816]. Während sich Art. 141 Abs. 4 EGV nur auf den beruflichen Bereich beziehe, gingen Art. 2 und 3 EGV darüber hinaus und stellten wegen des in ihnen verankerten „mainstreaming" die Grundlage für die Weiterentwicklung der Gleichstellung von Männern und Frauen auf breiter Ebene dar[817].

Das Frauenfördermaßnahmen i.S.v. Art. 141 Abs. 4 EGV immer in engem Zusammenhang mit dem „mainstreaming" zu sehen sind[818], hat das Europäische Parlament in seiner Entschließung zum Jahresbericht der Kommission „Die Chancengleichheit von Männern und Frauen in der Europäischen Union – 1996" vom 16.09.1997[819] betont, daß das mainstreaming der Geschlechter und der

---

814 Europäisches Parlament, Sitzungsdokumente v. 27.01.1999, S. 10, 12; Mit Datum vom 23.09.2002 wurde die Gleichbehandlungsrichtlinie und in diesem Zuge auch der Art. 2 Abs. 4 geändert, der nunmehr nur noch klarstellt, daß auch die Anweisung zur Diskriminierung einer Person aufgrund des Geschlechts eine Diskriminierung i.S.d. Richtlinie darstellt, vgl. Richtlinie 2002/73/EG zur Änderung der Richtlinie 76/207/EWG, ABl.EG Nr. L 269, S. 15
815 Zitiert nach Europäisches Parlament, Generaldirektion Wissenschaft, S. 54
816 Ebenda
817 Ebenda
818 Die Notwendigkeit einer Verbindung ergibt sich hier aus dem Gedanken, daß es dem Art. 141 Abs. 4 i.V.m. der ihn präzisierenden Erklärung Nr. 28 der Schlußakte um die Beseitigung struktureller Diskriminierung von Frauen im Arbeitsleben geht (Europäisches Parlament, Generaldirektion Wissenschaft, S. 52), die aber nur auf der Basis eines umfassenden Ansatzes in allen Lebensbereichen von Frauen insgesamt bewältigt werden kann
819 ABl.EG Nr. C 304, S. 45 (S. 47 Nr. 7) v. 06.10.1997

Chancengleichheit mit den positiven Maßnahmen zur Förderung der Frauen in den Bereichen, in denen sie besonders benachteiligt sind, einhergehen sollte. Das Berufsleben ist einer der Bereiche, in denen das faktische Gleichberechtigungsdefizit zwischen den Geschlechtern besonders deutlich hervortritt. Das Erfordernis einer Verbindung von Art. 141 Abs. 4 und Art. 2 und 3 EGV ist von daher konsequent im Hinblick auf die Verwirklichung der tatsächlichen Gleichberechtigung.

Auch wenn das Marschall-Urteil das Spannungsverhältnis zwischen dem Gemeinschaftsgrundrecht der Gleichbehandlung von Männern und Frauen und dem als Ausnahme ausgestalteten Individualrecht des Art. 2 Abs. 4 der Richtlinie 76/207/EWG a.F. in bezug auf positive Maßnahmen wie z.B. die leistungsabhängige Vorrangregelung mit Härtefallklausel nicht unmittelbar angesprochen und gelöst hat, ist es doch richtungsweisender Natur: Die bevorstehende Vertragsrevision von Amsterdam hat auch den EuGH mit Blick auf die im Vertrag von Amsterdam vorgesehene Neufassung des Art. 141 nicht unbeeinflußt gelassen. Dies wird bereits in den Schlußanträgen des am Marschall-Verfahren beteiligten Generalanwalts Jacobs vom 15.05.1997[820] deutlich, der die vorgesehene Änderung explizit erwähnt und zeigt sich letztlich in den Ausführungen des EuGH zum Vorhandensein von tradierten Vorurteilen und stereotypen Vorstellungen über die Rolle und Fähigkeiten der Frau im Erwerbsleben als Ursache des faktischen Gleichberechtigungsdefizits[821]. Die hier vom EuGH angesprochene strukturelle Diskriminierung von Frauen, zu der Regelungen wie die nordrhein-westfälische Vorschrift ein Gegengewicht bilden können, um die in der sozialen Wirklichkeit bestehenden faktischen Ungleichheiten zu verringern[822], betrifft die kollektive Dimension des Grundsatzes der Gleichbehandlung der Geschlechter[823]. Zwar verleihen sowohl Art. 141 Abs. 4 EGV als auch Art. 2 Abs. 4 der Richtlinie 76/207/EWG (a.F.) den Mitgliedstaaten die Befugnis, positive Maßnahmen zur Verwirklichung der Chancengleichheit von Frauen im Berufsleben zu erlassen, der Unterschied beider Vorschriften manifestiert sich aber in der kollektiven Dimension des Art. 141 Abs. 4 einerseits und in der als Ausnahme vom individuellen Recht auf Gleichbehandlung ausgestaltete Art. 2 Abs. 4 der Richtlinie. Beiden Normen ist aber gemeinsam gewesen, daß sie auch solche positiven Maßnahmen ermöglichen, die nachteilige Auswirkungen auf männliche Arbeitnehmer haben und sich deshalb in einem Widerspruch zum Grundsatz der

---

820 Slg. 1997, S.6365 (S.6380) Rs.C-409/95
821 EuGH v. 11.11.1997, S. 6392
822 Ebenda
823 So auch Europäisches Parlament, Sitzungsdokumente v. 27.01.1999, S. 9 und 12

Gleichbehandlung von Männern und Frauen befinden[824]. Während Art. 2 Abs. 4 der Richtlinie 76/2307/EWG a.F. als Ausnahme von dem in der Richtlinie verankerten individuellen Recht eng auszulegen gewesen ist[825] und einen bestimmten und begrenzten Zweck diente, nämlich der Zulassung von Maßnahmen, die zwar nach ihrer äußeren Erscheinung diskriminierend waren, tatsächlich aber in der sozialen Wirklichkeit bestehende faktische Ungleichheiten beseitigen oder verringern sollten[826], trägt Art. 141 Abs. 4 dem Umstand Rechnung, daß die schon von Art. 2 Abs. 4 der Richtlinie a.f. eröffnete Möglichkeit positiver Maßnahmen aufgrund ihrer engen Auslegbarkeit nicht mehr im Einklang mit der inhaltlichen Weiterentwicklung des Begriffs der Chancengleichheit und der positiven Maßnahmen stand, da er die Einführung von spezifischen Vorrangregelungssystemen zugunsten von Frauen übermäßig einschränkte[827]. Zwar können Inhalt und Begriff von Rechtsordnung zu Rechtsordnung variieren, bieten sich allerdings auch gleichzeitig für eine ständige Anpassung an die Bedürfnisse einer Gesellschaft an[828]. Die von der Kommission oben beschriebenen Aktivitäten zur Auslegung des Kalanke-Urteils sowie zur Klarstellung der gemeinschaftsrechtlichen Vereinbarkeit flexibler Vorrangregelungen mit Art. 2 Abs. 4 der Richtlinie a.f. und schließlich auch der mit dem am 02.10.1997 unterzeichneten Vertrag von Amsterdam zustande gekommene Art. 141 Abs. 4 EGV sind von dem Bemühen getragen, den Bedürfnissen der (europäischen) Gesellschaft nach Beseitigung des faktischen Gleichberechtigungsdefizits zwischen Männern und Frauen im Arbeitsleben verstärkt gerecht zu werden. Art. 2 Abs. 4 der Richtlinie 76/207/EWG in der bis zum 05.10.2002 geltenden Fassung vermochte dieses aufgrund seiner Begrenzung nicht in dem erforderlichen Umfang zu leisten, da ihm die kollektive Dimension zur Lösung der strukturellen Diskriminierungsproblematik nicht innewohnte. Da Art. 2 Abs. 4 der Richtlinie als Sekundärrecht in der Normenhierarchie des Gemeinschaftsrechts unter dem Primärrecht angesiedelt war, war mit dem Inkrafttreten des Amsterdamer Vertrags am 01.05.1999 nur noch Art. 141 Abs. 4 EGV anwendbar, wenn es um Frauenfördermaßnahmen im Arbeitsleben welchen Typs auch immer ging. Art. 2 Abs. 4 der Richtlinie 76/207/EWG a.F. war damit unabhängig von derselben Stoßrichtung wie

---

824 So auch GA Saggio, Schlußanträge v. 10.06.1999, Slg. 2000, S. 1877 Rn. 20, Rs. C-158/97 Badeck u.a./Hessischer Ministerpräsident
825 EuGH v. 17.10.1995, S. 3078 Kalanke/Freie Hansestadt Bremen sowie EuGH v. 11.11.1997, S. 6392 Marschall/Land Nordrhein-Westfalen
826 Vgl. EuGH v. 25.10.1988, Slg. 1988, S. 6315 (S. 6336) Rs. 312/86 Kommission/Frankreich
827 GA Saggio, Rn. 26 Badeck u.a./Hess. Ministerpräsident
828 Ebenda

Art. 141 Abs. 4 EGV wegen seines zu kurz greifenden Anwendungsbereichs gegenstandslos geworden. Dem entsprach auch der Kommissionsvorschlag für eine Richtlinie des Europäischen Parlaments und des Rates zur Änderung der Richtlinie 76/207/EWG des Rates zur Verwirklichung des Grundsatzes der Gleichbehandlung von Männern und Frauen hinsichtlich des Zugangs zur Beschäftigung, zur Berufsbildung und zum beruflichen Aufstieg sowie in bezug auf die Arbeitsbedingungen vom 07.06.2000[829], der ausdrücklich davon sprach, daß Art. 141 Abs. 4 EGV den Art. 2 Abs. 4 der Richtlinie ersetzt hat. Inzwischen ist die Gleichbehandlungsrichtlinie durch die Richtlinie 2002/73/EG[830] geändert worden und enthält keine der alten Fassung des Art. 2 Abs. 4 entsprechende Regelung mehr.

Die Funktion als Auslegungsmaßstab ist in Art. 141 Abs. 4 EGV gekoppelt mit einer Ermächtigung an die Mitgliedstaaten, spezifische Vergünstigungen zugunsten des unterrepräsentierten Geschlechts zu erlassen bzw. beizubehalten[831]. Die Annahme, bei Art. 141 Abs. 4 EGV handele es sich ausschließlich um einen Rechtfertigungsgrund, da jede positive Maßnahme des Stigma der Diskriminierung in sich trage[832], muß mit Generalanwalt Saggio abgelehnt werden. Sind positive Maßnahmen wie leistungsabhängige Vorrangregelungen mit Härtefallklausel von vornherein rechtswidrig, d.h. als grundsätzlicher Verstoß gegen den Grundsatz der Gleichbehandlung oder Nichtdiskriminierung zu werten, würde ihre Bedeutung i.S.v. Art. 141 Abs. 4 EGV erheblich geschmälert, da hiermit nicht nur ihre inhaltliche Aushöhlung, sondern auch ihre Gleichsetzung mit Hilfsmaßnahmen verbunden wäre[833]. Hilfsmaßnahmen bieten jedoch nicht immer ein wirksames Korrektiv für die bestehenden sozialen Ungleichheiten[834].

---

829 KOM (2000) 334 endg., S. 9, 12, 19
830 Richtlinie 2002/73/EG des Europäischen Parlaments und des Rates v. 23.09.2002 zur Änderung der Richtlinie 76/207/EWG des Rates zur Verwirklichung des Grundsatzes der Gleichbehandlung von Männern und Frauen hinsichtlich des Zugangs zur Beschäftigung, zur Berufsbildung und zum beruflichen Aufstieg sowie in Bezug auf die Arbeitsbedingungen, ABl.EG L 269, S. 15
831 Krebber in Callies/Ruffert (Hrsg.), Art. 141 Rn. 82 f. spricht in diesem Zusammenhang von einer Öffnungsklausel, die gleichzeitig die Funktion eines Rechtfertigungsgrundes für den Erlaß positiver Maßnahmen übernimmt
832 So Krebber in Callies/Ruffert (Hrsg.), Art. 141 Rn. 81
833 GA Saggio, Rn. 28 Badeck u.a./Hess. Ministerpräsident
834 Ebenda; in diesem Zusammenhang muß auch darauf hingewiesen werden, daß Art. 2 Abs. 4 der Richtlinie 76/207/EWG a.F. als Ausnahme von dem individuellen Recht auf Gleichbehandlung den Charakter eines Rechtfertigungsgrundes hatte, der in der Konsequenz die jeweilige positive Maßnahme zu einer Hilfsmaßnahme degradierte

Generalanwalt Saggio sieht die Lösung im Verhältnis positive Maßnahme als Ausdruck des Grundsatzes der Chancengleichheit einerseits und des Grundsatzes der Gleichbehandlung andererseits zunächst in der Überlegung, daß die formelle Gleichheit, die hier als Gewährleistung der rechtlichen Gleichbehandlung der Arbeitnehmer verstanden wird, und die materielle Gleichheit, die der Gewährleistung der tatsächlich gleichen Bedingungen der Arbeitnehmer dient und auf die positive Maßnahmen fußen, nicht in einem vollständigen Widerspruch zueinander stehen, sondern sich vielmehr gegenseitig ergänzen[835]. Faktisch haben sowohl die formelle als auch die materielle Gleichheit das gleiche Ziel, wobei aber die weitergehende Bedeutung der materiellen Gleichheit gerade darin liegt, daß der Gesetzgeber hier tatsächlich bestehende Schwierigkeiten bestimmter Bevölkerungsgruppen zu beseitigen hat, die allein durch die Gewährleistung der formellen Gleichheit nicht bewältigt werden können[836]. Wird demnach die Gruppe der Frauen durch die bloße Gewährleistung der Beachtung des Grundsatzes der Gleichbehandlung nicht angemessen geschützt, sind positive Maßnahmen erforderlich, die die faktische Neupositionierung der Gruppe in sozialer Hinsicht herbeiführen[837]. Daß es sich dabei nicht nur um solche Maßnahmen handelt, die für Frauen in der Ausgangssituation gleiche Voraussetzungen durch entsprechende Bedingungen zur Gewährleistung z.B. einer angemessenen Bewerbung bereithalten, hat Generalanwalt Saggio in Abkehr von der von Generalanwalt Tesauro im Kalanke-Verfahren vertretenen Auffassung[838] klargestellt[839].

Allerdings sieht Saggio trotz seines Ansatzes der gegenseitigen Ergänzung von formeller und materieller Gleichheit ein Spannungsverhältnis dann gegeben, wenn die positive Maßnahme zugunsten von Frauen als inhaltlich willkürlich bewertet werden muß, weil die Rechte der Männern durch sie übermäßig beschnitten werden oder weil die jeweilige Maßnahme nicht in einem angemessenen Verhältnis zu den tatsächlichen Bedürfnissen der benachteiligten Gruppe steht, also die soziale Wirklichkeit den Erlaß der positiven Maßnahme nicht zu rechtfertigen vermag[840]. Nach Saggios Ansicht muß das Spannungsverhältnis zwischen positiver Maßnahme und dem Grundsatz der Gleichbehandlung deshalb durch das Eintreten in eine Verhältnismäßigkeitsprüfung aufgelöst wer-

---

835 GA Saggio, Rn. 26, 29 Badeck u.a./Hess. Ministerpräsident
836 GA Saggio, Rn. 26
837 GA Saggio, Rn. 27
838 GA Tesauro, Schlußanträge v. 06.04.1995, Slg. 1995, S. 3053 (S. 3060) Rs. C-450/93
839 GA Saggio, Rn. 27
840 GA Saggio, Rn. 29

den[841], die nicht nur das konkrete Ergebnis der Maßnahme, sondern auch ihren speziellen Inhalt in bezug auf ihre tatsächliche Notwendigkeit im Blick hat und schließlich in der Prüfung des angemessenen Verhältnisses zwischen der tatsächlichen Situation der Zielgruppe der Maßnahme und den Auswirkungen dieser Maßnahme endet[842].

Diese Prüfungsschritte können als Prüfung der Geeignetheit[843], der Erforderlichkeit oder Notwendigkeit sowie der Verhältnismäßigkeit im engerem Sinne der in Rede stehenden positiven Maßnahme im Rahmen des Art. 141 Abs. 4 EGV zusammengefaßt werden. Dabei würde i.S.v. Generalanwalt Saggio dann eine positive Maßnahme innerhalb der Erforderlichkeitsprüfung entfallen, wenn sich in einem Bereich die Frauen- und Männeranteile nur unwesentlich voneinander unterscheiden, da die jeweilige Maßnahme immer in Verbindung mit den tatsächlichen Gegebenheiten zu sehen und zu beurteilen ist[844]. Dieses scheint in die Richtung zu gehen, die von Krebber im Zusammenhang mit der Geeignetheit einer positiven Maßnahme angesprochen worden ist, nämlich ob sich die Geeignetheit am Ergebnis des Einzelfalls, an der Gesamtwirkung in den Mitgliedstaaten oder an der gesamtgesellschaftlichen Langzeitwirkung zu messen hat[845]. Generalanwalt Saggio scheint dies am Ergebnis des Einzelfalls festmachen zu wollen, wenn er auf die konkreten Umstände abstellt. Jedenfalls spricht vieles dafür, die Geeignetheit der positiven Maßnahme an ihrem Ergebnis im Einzelfall zu messen, da erst der konkrete statistische Gruppenvergleich, z.B. innerhalb einer Laufbahn- oder Besoldungsgruppe des jeweiligen Bereichs der Verwaltung, erkennen läßt, ob überhaupt ein faktisches Gleichberechtigungsdefizit vorliegt, das schließlich durch die korrigierende Wirkung der positiven Maßnahme aufgehoben werden kann. Zu berücksichtigen ist außerdem, daß eine in Beziehung zum Einzelfall gesetzte positive Maßnahme auch immer eine, wenn auch nur mittelbare, Wirkung in dem Mitgliedstaat und letztlich auch im gesamtgesellschaftlichen Kontext hat. Nur am Einzelfall ist im übrigen abzulesen, ob die jeweilige positive Maßnahme tatsächlich zu einer Steigerung des Frauenanteils in dem bestimmten Bereich beitragen konnte. Noch ein weiterer Gesichtspunkt muß hier ins Feld geführt werden: auch eine mittelbare Diskriminierung aufgrund des Geschlechts im Arbeitsleben, sei es im Zusammenhang mit dem Entgelt oder den Arbeitsbedingungen, wird anhand eines statistischen Gruppenvergleichs vergleichbarer Arbeitnehmer unterschiedlichen Geschlechts unter der Geltung des

---

841 Dies deckt sich insoweit auch mit Krebber in Callies/Ruffert (Hrsg.), Art. 141 Rn. 83
842 GA Saggio, Rn. 29
843 Vgl. hierzu Krebber in Callies/Ruffert (Hrsg.), Art. 141 Rn. 84
844 GA Saggio, Rn. 32
845 Krebber in Callies/Ruffert (Hrsg.), Art. 141 Rn. 84

Gesetzes, der Vereinbarung oder der Maßnahme innerhalb des Betriebs oder Bereichs der Verwaltung ermittelt[846].
Das führt schließlich zu dem Gedanken, den Generalanwalt Saggio mit seinen Aussagen zu den Männer- und Frauenanteilen in einem Betrieb oder Bereich des öffentlichen Dienstes am Rande gestreift hat und mit dem sich Krebber ausführlicher auseinandergesetzt hat: Fraglich ist nicht nur bei der mittelbaren Diskriminierung, sondern auch bei der strukturellen Diskriminierung, in welcher prozentualen Höhe das Zahlenverhältnis der differierenden Männer- und Frauenanteile anzusetzen ist, um von dem Vorliegen einer Unterrepräsentanz eines Geschlechts bzw. eines faktischen Gleichberechtigungsdefizits ausgehen zu können[847]. Auch hier spricht vieles für die Anlehnung der Kriterien zur Feststellung einer Unterrepräsentanz an die der mittelbaren Diskriminierung[848]. Zu Recht weist Krebber aber darauf hin, daß Art. 141 Abs. 4 EGV nicht, wie vom EuGH u.a. in den Entscheidungen Bilka Kaufhaus GmbH/Weber von Hartz[849] sowie Kowalska/Freie und Hansestadt Hamburg[850] entwickelt und in Art.. 2 Abs. 2 der Richtlinie 97/80/EG über die Beweislast bei Diskriminierung auf des Geschlechts sekundärrechtlich niedergelegt, die Formulierung gebraucht, daß ein „wesentlich höherer Anteil der Angehörigen eines Geschlechts" betroffen sein muß[851]. Generalanwalt Saggio stellt demgegenüber darauf ab, daß „sich Frauen- und Männeranteile (...) nur unerheblich unterscheiden"[852], was den Umkehrschluß erlaubt, daß er i.S.d. EuGH-Rechtsprechung zur mittelbaren Diskriminierung von der Notwendigkeit der Erheblichkeit der differierenden Männer- und Frauenanteile ausgeht. Da eine Präzisierung des EuGH zum Zahlenverhältnis in Prozentsätzen bei der mittelbaren Diskriminierung bislang noch aussteht[853] und der Wortlaut von Art. 141 Abs. 4 EGV keine Erheblichkeit fordert, ist der Grad der erforderlichen Unterrepräsentanz im Rahmen der Verhältnismäßigkeitsprüfung zu ermitteln[854]. Das bedeutet, daß eine besonders gravierende Differenz in den Frauen- und Männeranteilen innerhalb eines Bereichs auch besonders strikte

---

846 Vgl. hierzu u.a. die Entscheidung des EuGH v. 02.10.1997, Slg. 1997, S. 5253 (S. 5284) Rs. C-1/95 Gerster/Freistaat Bayern sowie EuGH v. 02.10.197, Slg. 1997, S. 5289 (S. 5296) Rs. C-100/95 Kording/Senator für Finanzen, in denen der Gruppenvergleich im Fall Gerster auf die Dienststelle und im Fall Kording auf den gehobenen Dienst der bremischen Finanzverwaltung bezogen wurde
847 Krebber in Callies/Ruffert (Hrsg.), Art. 141 Rn. 89
848 Ebenda
849 EuGH v. 13.05.1986, Slg. 1986, S. 1607 Rs. C-170/84
850 EuGH v. 17.06.1990, Slg. 1990, S. 2591 Rs. C-33/89
851 In dieselbe Richtung Krebber in Callies/Ruffert (Hrsg.), Art. 141 Rn. 89
852 GA Saggio, Slg. 2000, S. 1877 Rn. 32 Badeck u.a./Hess. Ministerpräsident
853 So Buschmann/Dieball/Stevens-Bartol, S. 162 Rn. 107
854 Vgl. Krebber in Callies/Ruffert (Hrsg.), Art. 141 Rn. 89

positive Maßnahmen notwendig macht, die innerhalb des Spannungsverhältnisses von formeller und materieller Gleichheit aber noch als verhältnismäßig anzusehen sind, da die tatsächlichen Bedürfnisse der benachteiligten Gruppe hier ein höheres Maß an Korrektur bedürfen[855].

Zu guter Letzt stellt sich noch die Frage nach der von Art. 141 Abs. 4 EGV ausgehenden Grundrechtseffektivierung. Art. 141 Abs. 4 EGV ist auf das Arbeitsleben bezogen und nur hier vermag er das Gemeinschaftsgrundrecht der Gleichbehandlung von Frauen und Männern mit Leben anzufüllen. Wird dieses Gemeinschaftsgrundrecht als merkmalsbezogenes Differenzierungsverbot und gruppenbezogenes Dominierungsverbot verstanden, was gleichzusetzen ist mit der von Generalanwalt Saggio erarbeiteten Gegenüberstellung von formeller und materieller Gleichheit, die sich nicht widersprechen, sondern vielmehr als gegenseitige Ergänzung begreifen [856], stellt Art. 141 Abs. 4 EGV als Ausdruck der materiellen Gleichheit oder des Dominierungsverbots die konkrete Rechtsgrundlage für positive Maßnahmen zugunsten des unterrepräsentierten Geschlechts zur Verfügung. Inhaltlich präzisiert er die materielle Gleichheit innerhalb des Grundsatzes der Gleichbehandlung, indem er die gemeinschaftsrechtliche Zulässigkeit auch solcher positiver Maßnahmen postuliert, die eine faktische Neupositionierung der benachteiligten Gruppe in sozialer Hinsicht bewirken[857] und nicht nur auf die Gewährleistung gleicher Chancen in der Ausgangssituation abzielen, wie es Generalanwalt Tesauro in seinen Schlußanträgen vom 06.04.1995 im Verfahren Kalanke vertreten hat[858]. Im Unterschied zu Art. 141 Abs. 1 und 2 EGV, der in konditionaler Verknüpfung mit der Richtlinie 76/207/EWG unmittelbare und mittelbare Diskriminierungen beim Arbeitsentgelt und den Arbeitsbedingungen erfaßt[859], knüpft Art. 141 Abs. 4 EGV an das Vorliegen struktureller Diskriminierung an, die keine konkrete Benachteiligung verlangt[860], sich aber genau wie die mittelbare Diskriminierung aus einem statistischen Gruppenvergleich der Männer- und Frauenanteile in einem bestimmten Bereich ergibt. Art. 141 Abs. 4 EGV effektiviert damit das Gemeinschaftsgrundrecht der Gleichbehandlung von Männern und Frauen um die Erfassung von struktureller Diskriminierung, die nur innerhalb der kollektiven gruppenbezogenen Dimension des Gemeinschaftsgrundrechts bewältigt werden kann. Das aus formeller und materieller Gleichheit zusammengesetzte Gemeinschaftsgrund-

---

855 Vgl. GA Saggio, Rn. 29 Badeck u.a./Hess. Ministerpräsident
856 GA Saggio, Rn. 26, 29
857 GA Saggio, Rn. 27
858 GA Tesauro, S. 3060
859 Vgl. Art. 3 der Richtlinie 76/207/EWG i.d.F. der Richtlinie 2002/73/EG vom 23.09.2002
860 Vgl. Krebber in Callies/Ruffert (Hrsg.), Art. 141 Rn. 89

recht erfährt über Art. 141 Abs. 4 folglich nur in einem Teilbereich seiner selbst eine inhaltliche Konkretisierung in Form verhältnismäßiger positiver Maßnahmen zur Vermeidung eines Spannungsverhältnisses zur formellen Gleichheit.

Im Ergebnis muß für das Gemeinschaftsgrundrecht der Gleichbehandlung der Geschlechter festgehalten werden, daß es auf dem Gebiet des Arbeitslebens durch Art. 141 Abs. 1 und 2 sowie Art. 141 Abs. 4 EGV eine primärrechtlich gewährleistete umfangreiche Kontur erhält, die alle Diskriminierungsformen auch unabhängig von konkreter Benachteiligung erfaßt und der sozialen und kollektiven Dimension des Grundrechts eine erhebliche Aufwertung verschafft. Gleichzeitig läßt sich über die durch Art. 141 EGV erfolgende Grundrechtseffektivierung besonders deutlich die wachsende Bedeutung der sozialen Dimension als Ausdruck der objektiven und entwicklungsfähigen Werteordnung einer (europäischen) Gesellschaft innerhalb eines Grundrechts nachvollziehen, das als bloßes Abwehrrecht der Bürger/innen gegen staatliche Eingriffe die Komplexität des faktischen Gleichberechtigungsdefizits zwischen den Geschlechtern nicht bewältigen kann[861].

*ee) Doppelcharakter des verbindlichen Sekundärrechts: Grundrechtseffektivierung und Umsetzungsverpflichtung*

Wie schon die Ausführungen zu Art. 141 Abs. 1 und 2 sowie Art. 141 Abs. 4 EGV gezeigt haben, konkretisiert das sekundäre Gemeinschaftsrecht, insbesondere die Richtlinien 75/117/EWG und 76/207/EWG, die Primärrechtsnormen[862]. Die im Bereich der Beschäftigung ergangenen Richtlinien beruhen auf dem Umstand, daß Art. 141 EGV nicht alle Aspekte erwerbstätiger Arbeit abzudecken vermag und ihre allgemeine Zielsetzung gerade darin begründet liegt, ihre Wirkung auf Gebiete auszudehnen, in denen Art. 141 EGV sonst nicht anwendbar wäre[863]. Dabei bildet Art. 141 EGV in bezug auf den Beschäftigungsbereich gleichermaßen die Grundlage, den Rahmen und die Grenzen für das ihn ergänzende Sekundärrecht[864]. Ist das verbindliche Sekundärrecht zur Gewährleistung der Gleichberechtigung männlicher und weiblicher Erwerbstätigkeit aber als Ergänzung und Konkretisierung des Art. 141 EGV zu verstehen und stützt sich der EuGH im Rahmen seiner Grundrechtsprechung vor allem auf die Bestimmungen des EGV als „Quelle der Inspiration", so stellt auch das Sekundärrecht eine wei-

---

861 Vgl. allgemein hierzu Hirsch in Kreuzer/Scheuing/Sieber (Hrsg.), S. 14
862 Vgl. Hirsch in Kreuzer/Scheuing/Sieber (Hrsg.), S. 11
863 Currall in Von der Groeben/Thiesing/Ehlermann (Hrsg.), Art. 119 Rn. 149
864 Oppermann, S. 196 Rn. 511

tere Erkenntnisquelle für die Weiterentwicklung und den allgemeinen Zuschnitt eines Gemeinschaftsgrundrechts zur Verfügung[865].

Die hier in Rede stehenden Richtlinien können aber nicht nur eine Grundrechtseffektivierung im Hinblick auf das Gemeinschaftsgrundrecht der Gleichbehandlung von Männern und Frauen leisten – ihre Hauptfunktion liegt vielmehr in der Verpflichtung der Mitgliedstaaten, daß in ihnen verankerte Ziel zu erreichen, wobei den innerstaatlichen Stellen jedoch die Wahl der Form und der Mittel überlassen ist[866]. Unabhängig von der Bindungswirkung der Richtlinie für den öffentlichen Dienst der Mitgliedstaaten nach Fristablauf der Umsetzungsverpflichtung, der Begünstigung des einzelnen und der genauen, hinreichenden Bestimmtheit, dürfen die Mitgliedstaaten bereits mit dem Inkrafttreten einer Richtlinie keine Rechtsvorschriften mehr erlassen, die dem Richtlinienziel zuwiderlaufen oder zumindest die ernsthafte Gefahr mit sich bringen, daß dieses Ziel nicht erreicht werden kann[867].

Vor diesem Hintergrund sind auch die im folgenden zu untersuchenden Richtlinien[868] im Beschäftigungsbereich, die konkrete Frauenförderungsgesichtspunkte beinhalten, zu bewerten. Dabei muß ihr Doppelcharakter im Blick behalten werden, der sich aus der Umsetzungsverpflichtung der Mitgliedstaaten auf der einen Seite und auf der anderen Seite aus der Grundrechtseffektivierung ergibt, die das Gemeinschaftsgrundrecht der Gleichbehandlung von Männern und Frauen inhaltlich konkretisiert.

*aaa) Die Richtlinie 75/117/EWG*

Die Richtlinie 75/117/EWG ist die erste Richtlinie auf dem Gebiet der Gleichstellung von Männern und Frauen gewesen, die grundsätzlich auch als inhaltli-

---

865 Vgl. hierzu Hirsch in Kreuzer/Scheuing/Sieber (Hrsg.), S. 11
866 Vgl. Art. 249 Abs. 3 EGV n.F.
867 Hetmeier in Lenz (Hrsg.), Art. 249 Rn. 11 m.w.N. Auf die Frage, ob eine richtlinienkonforme Auslegung schon vor Ablauf der Umsetzungsfrist möglich ist (im Ergebnis ablehnend Ehricke, EuZW 1999, S. 553 m.w.N.) soll hier nicht weiter eingegangen werden
868 Auf die Beweislastrichtlinie 97/80/EG, die auf der verfahrensrechtlichen Ebene die Absicherung der Durchsetzung der mit den o.g. Richtlinien verbundenen subjektiven Rechte (von Frauen) gewährleistet, wird hier nicht mehr gesondert eingegangen, da sie lediglich eine Absicherungsfunktion hat. Auch die Elternurlaubsrichtlinie 96/34/EG v. 03.06.1996; ABl.EG Nr. L 145, S. 4 in der Fassung der Richtlinie 97/75/EG v. 15.12.1997, ABl.EG Nr. L 10, S. 24 sowie die Teilzeitrichtlinie 97/81/EG v. 15.12.1997, ABl.EG Nr. L 14, S. 9 zu den hier verankerten Maßnahmen zur Vereinbarkeit von Beruf und Familie wie Elternurlaub und Teilzeitarbeit als Frauenerwerbstätigkeit flankierende Maßnahmen werden ausgeklammert.

che Weiterentwicklung des Art. 141 Abs. 1 und 2 EGV zu qualifizieren ist[869]. Allerdings kommt ihr neben Art. 141 Abs. 1 und 2 EGV, insbesondere auch nach der Vertragsrevision von Amsterdam, nur eine begrenzte Bedeutung zu, da sich ihre Gewährleistungen weitgehend mit denen des Art. 141 Abs. 1 und 2 des Vertrags decken[870]. Dies erklärt auch, warum die Lohngleichheitsrichtlinie in der Rechtsprechung des EuGH kaum eine eigenständige Geltung erlangt hat[871], denn der EuGH hat in verschiedenen Vorabentscheidungsersuchen nationaler Gerichte die bezüglich der Richtlinie 75/117/EWG gestellten Fragen ausschließlich auf der Grundlage von Art. 141 Abs. 1 und 2 EGV beantwortet[872].

Eine Ausnahme stellen hier zwei Vertragsverletzungsverfahren dar[873], da der EuGH z.B. im Hinblick auf das Verfahren Kommission/Vereinigtes Königreich zur Arbeitsplatzbewertung auf wissenschaftlicher Grundlage festgestellt hatte, daß die Prüfung der Gleichwertigkeit der Arbeit männlicher und weiblicher Arbeitnehmer im Fall des Vorliegens eines Systems beruflicher Einstufung i.S.v. Art. 1 Abs. 2 der Richtlinie nur eine Möglichkeit der Arbeitsplatzbewertung sei und das diese erforderlichenfalls auch durch die Behörden und Gerichte im Wege eines anderen geeigneten Vergleichs vorgenommen werden könnten[874].

Insgesamt versteht der EuGH die Richtlinie 75/117/EWG als Präzisierung der materiellen Tragweite von Art. 141 Abs. 1 und 2, die außerdem verschiedene Bestimmungen enthält, die im wesentlichen den Rechtsschutz für Arbeitnehmer bei Verletzung ihrer Rechte durch Nichtanwendung des Grundsatzes des gleichen Entgelts verbessern sollen[875]. Im Rechtsschutz liegt deshalb auch nach wie vor der praktische Nutzen dieser Richtlinie[876], der die Mitgliedstaaten zwingt, solche Maßnahmen zu ergreifen, die es den Arbeitnehmern ermöglichen, ihre Rechte vor Gericht geltend machen zu können[877] sowie Maßnahmen zum Schutz von den Arbeitnehmern zu treffen, die Klage erhoben haben[878]. Die aus der

---

869 Europäisches Parlament, Generaldirektion Wissenschaft, S. 11
870 Langenfeld in Grabitz/Hilf (Hrsg.), Art. 141 Rn. 82
871 Krebber in Callies/Ruffert (Hrsg.), Art. 141 Rn. 10
872 Vgl. EuGH v. 01.07.1986, Slg. 1986, S. 2101 Rs. 237/85 Rummler/Dato Druck sowie EuGH v. 17.10.1989, Slg. 1989, S. 3199 Rs. 109/88 Handels – OG Kontorfunktion Aerernes Forbund i Danmark/Danfoss A/S
873 Vgl. EuGH v. 06.07.1982, Slg. 1982, S. 2601 Rs. 61/81 Kommission/Vereinigtes Königreich sowie EuGH v. 30.01.1985, Slg. 1985, S. 427 Rs. 143/83 Kommission/ Dänemark
874 EuGH v. 06.07.1982, S. 2617 Kommission/Vereinigtes Königreich
875 Vgl. EuGH v. 08.04.1976, Slg. 1976, S. 455 (S. 478) Rs. 43/75 Defrenne/Sabena (Defrenne II)
876 Europäisches Parlament, Generaldirektion Wissenschaft, S. 12
877 Vgl. Art. 2 der Richtlinie
878 Vgl. Art. 5 der Richtlinie

Lohngleichheitsrichtlinie verpflichteten Personen sind grundsätzlich private und öffentliche Arbeitgeber, was einerseits aus dem Wesen des Grundsatzes des gleichen Entgelts folgt und sich andererseits aus dem Wortlaut des Art. 141 Abs.1 und 2 EGV ergibt[879].

Für den EÖD hat das Gericht 1. Instanz mit seinem Urteil in dem Verfahren Vanderhaeghen/Kommission den hier streitbefangenen Art. 62 BSt (dieser regelt die Dienstbezüge der Beamten, die sich aus einem Grundgehalt, Familienzulagen und anderen Zulagen zusammensetzen) im Lichte der zu Art. 141 Abs. 1 und 2 EGV ergangenen Rechtsprechung, insbesondere dem Urteil des EuGH in der Rechtssache Arbeiterwohlfahrt der Stadt Berlin/Bötel[880], ausgelegt[881]: Auch wenn der Begriff des Entgelts i.S.v. Art. 141 Abs. 1 und 2 aufgrund seiner Ansiedlung im EGV die unter das BSt fallenden Gemeinschaftsinstitutionen nicht verpflichte, ergebe sich aus der Tatsache seiner direkten Anknüpfung an die Wahrnehmung der vom Personal der Gemeinschaftsinstitutionen auszuführenden Aufgaben und seiner Existenz, die mit dem Erfordernis des Prinzips der Chancengleichheit zwischen männlichen und weiblichen Arbeitnehmern einhergehe, daß er gleichermaßen zum Verständnis des vom BSt geprägten Entgeltbegriffs (nach Art. 62 BSt) gehöre[882].

Im Ergebnis bestätigt diese Entscheidung, daß Art. 141 Abs. 1 und 2 EGV auch für die Beziehungen der Gemeinschaftsinstitutionen zu ihren Bediensteten und sonstigen Beschäftigten bindend ist[883]. Wird die Richtlinie 75/117/EWG als Präzisierung der materiellen Tragweite von Art. 141 Abs. 1 und 2 EGV verstanden, folgt aus der Bindung der Gemeinschaftsinstitutionen an diese Vertragsnorm auch eine mittelbare Geltung der Lohngleichheitsrichtlinie im EÖD.

*bbb) Die Richtlinie 76/207/EWG*

Die Gleichbehandlungsrichtlinie 76/207/EWG in der Neufassung durch die Richtlinie 2002/73 EG vom 23.09.2002[884] bezieht sich ausschließlich auf die

---

879 Currall in Von der Groeben/Thiesing/Ehlermann (Hrsg.), Art. 119 Rn. 36
880 EuGH v. 04.06.1992, Slg. 1992, S. 3589 (S. 3611) Rs. C-360/90
881 EuGH v. 29.01.1997, Slg. ÖD 1997, S. 13 (S. 19) Rs. T-297/94
882 Ebenda
883 Vgl. auch Currall in Von der Groeben/Thiesing/Ehlermann (Hrsg.), Art. 119 Rn. 36 Fn. 104
884 Richtlinie 2002/73/EG des Europäischen Parlaments und des Rates zur Änderung der Richtlinie 76/207/EWG des Rates zur Verwirklichung des Grundsatzes der Gleichbehandlung von Männern und Frauen hinsichtlich des Zugangs zur Beschäftigung, zur Berufsbildung und zum beruflichen Aufstieg sowie in Bezug auf die Arbeitsbedingungen v. 23.09.2002, ABl.EG L 269, S. 15

sonstigen Arbeitsbedingungen, die vom Entgelt nicht berührt sind[885]. Sie flankiert dabei den auf die Entgeltgleichheit beschränkten Art. 141 Abs. 1 und 2 EGV und hat gleichzeitig erheblichen Einfluß auf die Entwicklung des gemeinschaftsrechtlichen Grundsatzes der Gleichbehandlung der Geschlechter gehabt[886]. Dabei wird der Grundsatz der Gleichbehandlung gemäß Art. 2 Abs. 1 der Richtlinie dahingehend definiert, daß keine unmittelbare oder mittelbare Diskriminierung aufgrund des Geschlechts, insbesondere unter Bezugnahme auf den Ehe- oder Familienstand, erfolgen darf. Art. 2 Abs. 4 der Richtlinie a.F., der schon durch die mit dem Vertrag von Amsterdam zustande gekommene Neufassung des Art. 141 Abs. 4 gegenstandslos geworden war, stellt nun nur noch klar, daß auch die Anweisung zur Diskriminierung einer Person aufgrund des Geschlechts eine Diskriminierung i.S.d. Richtlinie ist. Art. 2 Abs. 2 der Richtlinie 76/207/EWG definiert inzwischen sowohl die unmittelbare und mittelbare Diskriminierung als auch die von der Richtlinie verwendeten Begriffe der Belästigung und der sexuellen Belästigung. Nach Art. 2 Abs. 6 können die Mitgliedstaaten im Hinblick auf den Zugang zur Beschäftigung und der Berufsbildung vorsehen, daß eine Ungleichbehandlung wegen eines geschlechtsbezogenen Merkmals keine Diskriminierung ist, wenn das Merkmal aufgrund der Art der Tätigkeit oder der Bedingungen ihrer Ausübung eine wesentliche und entscheidende berufliche Anforderung darstellt und es sich um einen rechtmäßigen Zweck und eine angemessene Anforderung handelt. Damit ist der alte Art. 2 Abs. 2 der Richtlinie, der Tätigkeiten vom Diskriminierungsverbot ausnahm, bei denen das Geschlecht unabdingbare Voraussetzung für die jeweilige Arbeit war, dahingehend modifiziert worden, daß eine Abwägung stattzufinden hat, die in eine Verhältnismäßigkeitsprüfung mündet. Die Entscheidung des BAG, daß ein sachlicher Differenzierungsgrund für die Besetzung der Stelle ausschließlich mit einem Geschlecht ausreichend sei[887], bedarf unter der Geltung von Art. 2 Abs. 6

---

885 Schon der Änderungsvorschlag der Kommission v. 07.06.2000, KOM (2000), 334 endg. sollte nicht nur allgemein einen größeren Zusammenhang zwischen den verschiedenen sekundär- und primärrechtlichen Vorschriften zur Gleichbehandlung der Geschlechter herstellen, sondern auch zu erheblichen Neuerungen führen, die u.a. die sexuelle Belästigung am Arbeitsplatz, positive Maßnahmen und die Einrichtung unabhängiger Stellen zur Förderung des Gleichbehandlungsgrundsatzes (ihre Aufgabe besteht in einer Stärkung des Rechtsschutzes diskriminierter Opfer, denn diese Stellen können im Namen der Beschwerdeführer/innen deren Rechte im Verwaltungs- und/oder Gerichtsweg geltend machen, vgl. Art. 8a des Richtlinienvorschlags) betrafen. Dies hat nunmehr auch im wesentlichen Eingang in die Neufassung der Gleichbehandlungsrichtlinie vom 23.09.2002 gefunden.
886 Krebber in Callies/Ruffert (Hrsg.), Art. 141 Rn. 11; Langenfeld in Grabitz/Hilf (Hrsg.), Art. 141 Rn. 87
887 BAG v. 21.02.1991, NJW 1991, S. 2723 (S. 2726)

der Richtlinie n.F. demzufolge der weitergehenden Frage nach der Geeignetheit, Erforderlichkeit und Proportionalität der Ausnahme der jeweiligen geschlechtsbezogenen Merkmals der bestimmten Tätigkeit vom Diskriminierungsverbot.

Der EuGH hat schon in den Verfahren Johnston/Chief Constable of the Royal Ulster Constabulary[888] und Kommission/Frankreich[889], demnach das Geschlecht für bestimmte Beschäftigungsverhältnisse wie das des Aufsehers in Haftanstalten oder bei der Polizei bei schweren inneren Unruhen, die einen bewaffneten Einsatz erforderlich machten, eine unabdingbare Voraussetzung sei[890], den Grundsatz der Verhältnismäßigkeit herangezogen. Die Mitgliedstaaten seien bei solchen Tätigkeiten gehalten, regelmäßig nach Art. 9 Abs. 2 der Richtlinie 76/207/EWG (a.F.) zu prüfen, ob der Ausschluß eines Geschlechtes noch angesichts der sozialen Entwicklung gerechtfertigt sei und hätten außerdem bei diesen Ausnahmen vom Grundsatz der Gleichbehandlung den Grundsatz der Verhältnismäßigkeit zu beachten[891]. Den Verhältnismäßigkeitsgrundsatz hat er schließlich auch in den Entscheidungen Tanja Kreil/Bundesrepublik Deutschland[892] und Sirdar/The Army Board[893] aktiviert, um den vollständigen Ausschluß von Frauen vom Dienst an der Waffe in der Bundeswehr bzw. als Köchin bei den britischen Royal Marines als besonderer Kampfeinheit auf einen Verstoß gegen den Gleichbehandlungsgrundsatz hin zu überprüfen. Mit der Änderung des Art. 2 Abs. 2 der Richtlinie durch Art. 2 Abs. 6 ist die bislang aus der Rechtsprechung des EuGH folgende Verhältnismäßigkeitsprüfung bei der Feststellung, ob ein bestimmtes geschlechtsbezogenes Merkmal beim Zugang zur Beschäftigung ausnahmsweise gerechtfertigt sein kann, in die sekundärrechtliche Richtlinienbestimmung eingeflossen.

Sehr ausführlich widmet sich nunmehr der neugefaßte Art. 2 Abs. 7 der Richtlinie 76/207/EWG den Vorschriften zum Schutz der Frau, insbesondere bei Schwangerschaft und Mutterschaft (vgl. Art. 2 Abs. 3 a.F.). Eine inhaltliche Konkretisierung dieser Richtlinienbestimmung ist in der Mutterschutzrichtlinie 92/85/EWG zu finden[894]. Art. 2 Abs. 7 stellt klar, daß eine Diskriminierung im Sinne der Gleichbehandlungsrichtlinie vorliegt, wenn eine Frau wegen Schwangerschaft oder Mutterschaftsurlaub eine ungünstigere Behandlung gemäß der Mutterschutzrichtlinie erfährt. Auch hier fließt die Rechtsprechung des EuGH in

---

888 EuGH v. 15.05.1986, Slg. 1986, S. 165 Rs. 222/84
889 EuGH v. 30.06.1988, Slg. 1988, S. 3559 Rs. 318/86
890 EuGH v. 26.10.1999, Rn. 24
891 EuGH v. 26.10.1999, Rn. 25 f.
892 EuGH v. 11.01.2000, Rs. C-285/98, Slg. 2000, S. 69 Rn. 29
893 EuGH v. 26.10.1999, Rs. C-273/97, Slg. 1999, S. 7403 Rn. 28
894 So auch Langenfeld in Grabitz/Hilf (Hrsg.), Art. 141 Rn. 94

Sachen Hofmann/Barmer Ersatzkasse vom 12.07.1984[895], Johnston/RUC vom 15.051986[896] sowie Habermann-Beltermann/Arbeiterwohlfahrt[897] und Webb/ Emo Air Cargo (UK) Ltd. vom 14.07.1994[898] ein. Das die Rechtsprechung des EuGH zur geschlechtsbedingten Diskriminierung wegen Schwangerschaft eine Meßlatte für das Verständnis des Gerichtshofs von Gleichbehandlung und Chancengleichheit der Geschlechter ist[899], zeigt sich in zwei jüngeren Entscheidungen des EuGH zur Frage der Kündigung einer Arbeitnehmerin während der Schwangerschaft bzw. im Anschluß an Schwangerschaft und Mutterschaftsurlaub aufgrund von Fehlzeiten, die mit einer schwangerschaftsbedingten Krankheit zusammenhingen, nämlich die Entscheidung Larsson/Fotex Supermarked A/S vom 29.05.1997[900] und Brown/Rentokil Initial UK Ltd. [901]. Unter Bezugnahme auf sein Urteil Gillespie u.a./Northern Health and Social Services Boards[902] stellte er noch einmal klar, daß eine Diskriminierung dann gegeben sei, wenn unterschiedliche Vorschriften auf gleiche Sachverhalte oder dieselbe Vorschrift auf ungleiche Sachverhalte angewendet werden würde.

Art. 2 Abs. 8 der Richtlinie 76/207/EWG n.F. hebt nunmehr unter Bezugnahme auf Art. 141 Abs. 4 EGV hervor, daß die Mitgliedstaaten im Hinblick auf die Gewährleistung der vollen Gleichstellung von Männern und Frauen Maßnahmen i.S.d. Vorschrift beibehalten oder beschließen können. Hierin verdeutlicht sich, daß der alte Art. 2 Abs. 4 der Gleichbehandlungsrichtlinie wegen Art. 141 Abs. 4 EGV nicht mehr benötigt wird und dem Art. 2 Abs. 8 in der Neufassung nur noch eine klarstellende Funktion zukommt.

Neu in die Richtlinie aufgenommen wurden schließlich die Art. 8a bis 8e. Nach Art. 8a Abs. 1 bezeichnet jeder Mitgliedstaat eine oder mehrere Stellen, deren Aufgabe es ist, die Verwirklichung der Gleichbehandlung aller Personen ohne Diskriminierung aufgrund des Geschlechts zu fördern, zu analysieren, zu beobachten und zu unterstützen. Diese Stellen können Teil von Einrichtungen sein, die auf nationaler Ebene für den Schutz der Menschenrechte oder der Rechte des Einzelnen zuständig sind. Die damit festgehaltene Schaffung unabhängiger Stellen zur Durchsetzung der Gleichstellung der Geschlechter gewähr-

---

895 Slg. 1984, S. 3047 (S. 3075) Rs. 184/83
896 Slg. 1986, S. 1651 (S. 1688) Rs. 222/84
897 Vgl. Art. 7 der Richtlinie 92/85/EWG, der jedoch keine Uhrzeit der verbotenen Nachtarbeit festlegt
898 Slg. 1994, S. 3567 Rs. C-32/93
899 So Schiek, Europäisches Arbeitsrecht, S. 195
900 Slg. 1997, S. 2757 Rn. 24 und 26 Rs. C-400/95
901 EuGH v. 30.06.1998, Slg. 1998, S. 4185 (S. 4231) Rs. C-394/96 Brown/Rentokil Initial UK Ltd.
902 EuGH v. 13.02.1996, Slg. 1996, S. 475 Rs. C-342/93

leistet den Opfern von Diskriminierungen eine Unterstützung bei der Verfolgung ihrer Beschwerden aufgrund einer Diskriminierung, insbesondere in entsprechenden Verwaltungs- oder Gerichtsverfahren[903].
Insgesamt stützt sich die Verabschiedung der Änderungsrichtlinie 2002/73/EG, die bis zum 05.10.2005 in nationales Recht der Mitgliedstaaten umzusetzen ist, erstmalig auf die mit Art. 141 Abs. 3 EGV geschaffene Ermächtigungsgrundlage[904].

*ccc) Zusammenfassung und Grundrechtseffektivierung*

Den hier beschriebenen Richtlinien ist gemeinsam, daß sie die Mitgliedstaaten auf ihre Umsetzung innerhalb einer bestimmten Umsetzungsfrist verpflichtet haben. Diese sind durch sie ermächtigt und verpflichtet, auf ihrer Grundlage zur Verwirklichung der faktischen Gleichberechtigung der Geschlechter im Bereich des Erwerbslebens konkrete Maßnahmen zu erlassen, die neben der Gewährleistung der Lohngleichheit und des gleichen Zugangs zur Beschäftigung, gleichen Arbeitsbedingungen etc. auch die die Berufstätigkeit flankierenden und erleichternden Maßnahmen (zur Vereinbarkeit von Beruf und Familie) zulassen, die Frauenerwerbstätigkeit unterstützen.

Darüber hinaus kommt den Richtlinien ebenfalls die Funktion der Effektivierung des Gemeinschaftsgrundrechts der Gleichbehandlung von Männern und Frauen zu, das sie inhaltlich konkretisieren und mit Leben füllen. Zu beachten ist an dieser Stelle aber ein Zwischenschritt: So konkretisieren sie zunächst die primärrechtliche Vorschrift des Art. 141 EGV[905], der in Absatz 1 und 2 schon in seiner alten Fassung des Art. 119 EGV als Gemeinschaftsgrundrecht aufzufassen gewesen ist[906]. In seiner Neufassung durch den Vertrag von Amsterdam setzt Art. 141 EGV in seinen Absätzen 3 und 4 über die Lohngleichheit hinaus die Existenz eines allgemeinen (arbeitsrechtlichen) Grundsatzes der Gleichbehandlung von Männern und Frauen voraus[907], den der EuGH für den EÖD bereits mit seinen Entscheidungen Sabbatini-Bertoni/Europäisches Parlament[908] und Airola/Kommission[909] in bezug auf die Schaffung gleicher Arbeitsbedingungen für die

---

903 Vgl. auch Langenfeld in Grabitz/Hilf (Hrsg.), Art. 141 Rn. 87
904 Vgl. Erwägungsgründe Nr. 5 der Richtlinie 2002/73/EG v. 23.09.2002 sowie Langenfeld in Grabitz/Hilf (Hrsg.), Art. 141 Rn. 87
905 Hirsch in Kreuzer/Scheuing/Sieber (Hrsg.), S. 11
906 Langenfeld in Grabitz/Hilf (Hrsg.), Art. 141 Rn. 3; Coen in Lenz (Hrsg.), Art. 141 Rn. 3
907 So Krebber in Callies/Ruffert (Hrsg.), Art. 141 Rn. 75 f.
908 EuGH v. 07.06.1972, Slg. 1972, S. 345 Rs. 20/71
909 EuGH v. 20.02.1975, Slg. 1975, S. 221 Rs. 21/74

unter das BSt fallenden männlichen und weiblichen Arbeitnehmer/innen anerkannt hatte[910]. Konkretisieren die Richtlinien den Art. 141 EGV in seiner Gesamtheit und ist dieser als spezielle Ausprägung eines einheitlichen Gleichheitssatzes und Gemeinschaftsgrundrechts der Gleichbehandlung der Geschlechter zu verstehen[911], so effektivieren sie über diesen Zwischenschritt auch das Gemeinschaftsgrundrecht.

Dies hat vor allem schon Pernice in seiner Besprechung des EuGH-Urteils vom 15.06.1978 in der Rechtssache Defrenne III für die Gleichbehandlungsrichtlinie 76/207/EWG deutlich herausgestellt[912]. Aber auch Bieback geht davon aus, daß die zur Gleichbehandlung der Geschlechter im Zusammenhang mit Art. 141 EGV ergangenen Richtlinien einen Beitrag zum Ausbau eines umfassenden Gleichbehandlungsrechts leisten[913]. Über den „Umweg" des Art. 141 EGV dienen die Richtlinien dem EuGH schließlich als Erkenntnisquelle für seine Grundrechtsprechung[914].

Die von Krebber aufgeworfene Frage, welche von den Richtlinien jeweils getroffene inhaltliche Aussage in den arbeitsrechtlichen Grundsatz der Gleichbehandlung von Männern und Frauen einfließt[915], der hier als Teil des Gemeinschaftsgrundrechts begriffen wird, ist auf die Kernaussagen der Richtlinien zu beschränken, denn es versteht sich von selbst, daß formalrechtliche Gesichtspunkte wie der Anwendungsbereich oder die Umsetzungsfrist als solche keine inhaltliche Konkretisierung des Gemeinschaftsgrundrechts vornehmen können.

Geht es demnach um den materiellrechtlichen Gehalt der Richtlinien, so ergibt sich aus der konditionalen Verknüpfung mit Art. 141 EGV folgende Effektivierungsstruktur: Die Lohngleichheits- und die Gleichbehandlungsrichtlinie verbieten geschlechtsbedingte unmittelbare und mittelbare Diskriminierungen im Hinblick auf gleiches Entgelt für gleiche und gleichwertige Arbeit sowie im Hinblick auf die gleichen Arbeitsbedingungen. Gleichzeitig beinhalten sie das positive Gebot der Gleichbehandlung von Frauen und Männern in bezug auf die genannten Tatbestände. Zur Verwirklichung der faktischen Gleichberechtigung zwischen Männern und Frauen hatte die Gleichbehandlungsrichtlinie schon in ihrer alten Fassung als eng auszulegende Ausnahme vom Grundsatz der Gleichbehandlung in Art. 2 Abs. 4 Maßnahmen zur Förderung der Chancengleichheit

---

910 Vgl. hierzu Streil, EuGRZ 1975, S. 321 (S. 322); EuGH v. 15.06.1978, Slg. 1978, S. 1365 (S. 1379) Rs. 149/77 (Defrenne III)
911 Kischel, S. 4 sowie Coen in Lenz (Hrsg.), Art. 141 Rn. 3
912 Pernice, EuR 1979, S. 410 (S. 416 f.)
913 Bieback in Eichenhofer/Zuleeg (Hrsg.), Die Rechtsprechung des Europäischen Gerichtshofs zum Arbeits- und Sozialrecht im Streit, 1995, S. 103 (S. 106)
914 Vgl. Hirsch in Kreuzer/Scheuing/Sieber (Hrsg.), S. 11
915 Krebber in Callies/Ruffert (Hrsg.), Art. 141 Rn. 78

zwischen Männern und Frauen durch Beseitigung der tatsächlich bestehenden Ungleichheiten, die die Chancen der Frauen beim Zugang zur Beschäftigung, dem beruflichen Aufstieg, dem Zugang zur Berufsbildung sowie in bezug auf die Arbeitsbedingungen und die soziale Sicherheit beeinträchtigen[916] für zulässig erachtet, die dem EuGH zufolge auch leistungsabhängige Vorrangregelungen zugunsten von Frauen mit Härtefallklausel sein können[917].

Mit Art. 141 Abs. 4 EGV haben auch die bislang als Ausnahme zulässigen Frauenfördermaßnahmen wie die leistungsabhängigen Vorrangregelungen einen anderen und weiteren Charakter in Anpassung an die geänderten Bedürfnisse der europäischen Gesellschaft erhalten. Diese Veränderung hat sich auf der Basis der materiellen Gleichheit vollzogen, die über die formelle Gewährleistung der Gleichheit hinausgeht und dem Gesetzgeber auch die Verpflichtung auferlegt, tatsächlich bestehende Ungleichheiten bestimmter Bevölkerungsgruppen, hier der Frauen, zu beseitigen, die durch die bloße Beachtung und Einhaltung des allgemeinen Grundsatzes der Nichtdiskriminierung nicht bewältigt werden können[918].

Das bedeutet für die Effektivierung des Gemeinschaftsgrundrechts der Gleichbehandlung von Männern und Frauen, daß die materielle Gleichheit, die auch Ausdruck der kollektiven Dimension des Gemeinschaftsgrundrechts neben der individuellen Dimension ist, zunächst durch das Zusammenspiel von Art. 2 Abs. 4 der Richtlinie a.F. und Art. 141 Abs. 4 EGV eine erhebliche Aufwertung erfahren hat, die positive Frauenfördermaßnahmen schon vor der Ratifikation des Amsterdamer Vertrags auf eine sehr viel festere Grundlage gestellt hat. Aber auch alle anderen Bestimmungen materiellen Gehalts aus der Gleichbehandlungsrichtlinie füllen das Gemeinschaftsgrundrecht und geben ihm die entsprechende Kontur, die in der Folge spezifische Frauenfördermaßnahmen im Erwerbsleben sowohl im privaten als auch im öffentlichen Sektor abdeckt.

Im Ergebnis funktioniert die Grundrechtseffektivierung i.S.d. Absicherung der Durchsetzbarkeit spezifischer Frauenfördermaßnahmen und Maßnahmen der Vereinbarkeit von Beruf und Familie demnach über die materiellen Gehalte der aufgeführten Richtlinien und Art. 141 EGV. Sie fließen in dieser effektivierenden Weise auch in Art. 23 der Grundrechte-Charta als Bestandteil der zukünftigen Europäischen Verfassung ein.

---

916 Vgl. Art. 1 Abs. 1 der Richtlinie
917 EuGH v. 11.11.1997, Slg. 1997, S. 6363 Rs. C-409/95 Marschall/Land Nordrhein-Westfalen
918 GA Saggio, Schlußanträge v. 10.06.1999, Slg. 2000, S. 1877 Rn. 26, Rs. C-158/97 Badeck u.a./Hess. Ministerpräsident

*ff) Doppelcharakter des unverbindlichen Sekundärrechts: Grundrechtseffektivierung und Empfehlung*

Das Gemeinschaftsgrundrecht der Gleichbehandlung von Männern und Frauen kann auch über das unverbindliche Sekundärrecht, d.h. also Empfehlungen und Stellungnahmen des Europäischen Parlaments, des Rates oder der Kommission nach Art. 249 Abs. 1 i.V.m. Abs. 5 EGV oder auch durch sonstige Rechtsakte wie Erklärungen oder Programme dieser Gemeinschaftsorgane, inhaltlich konkretisiert und auf diese Weise für den EuGH zur Bestimmung seiner Existenz und Tragweite fruchtbar gemacht werden[919].

Für das Gemeinschaftsgrundrecht der Gleichbehandlung der Geschlechter kommen dabei insbesondere zwei unverbindliche Sekundärrechtsakte in Betracht: Es handelt sich hier zum einen um die Empfehlung des Rates vom 13.12.1984 zur Förderung positiver Maßnahmen für Frauen – Empfehlung 84/635/EWG[920], zum anderen um das 5. Aktionsprogramm der Gemeinschaft betreffend die Gemeinschaftsstrategie für die Gleichstellung von Frauen und Männern (2001-2005)[921], das auf die Rahmenstrategie der Gemeinschaft zur Förderung der Gleichstellung von Frauen und Männern (2001-2005) vom 07.06.2000[922] zurückgeht. Auf die Empfehlung des Rates vom 31.03.1992 zur Kinderbetreuung – Empfehlung 92/241/EWG[923], als eine die Frauenförderung flankierende Maßnahme zur Sicherstellung des Kinderbetreuungsangebots in den Mitgliedstaaten wird nicht mehr gesondert eingegangen.

Während Empfehlungen den Mitgliedstaaten ein bestimmtes Verhalten nahelegen, ohne dabei eine Bindungswirkung zu entfalten[924], ist das 5. Aktionsprogramm (2001-2005) zu den sonstigen Rechtsakten der Gemeinschaft zu rechnen, die keine Regelung im EGV findet, gleichwohl aber eine Art von Selbstbindung der Gemeinschaftsorgane darstellt[925], die gleichzeitig aber auch in die Nähe der Empfehlung rückt, da die Mitgliedstaaten durch sie die zur Ergreifung verschiedener Maßnahmen zur Förderung der Chancengleichheit und Gleichbehandlung auf freiwilliger Basis aufgefordert sind[926]. Die Empfehlung und das

---

919 Vgl. Hirsch in Kreuzer/Scheuing/Sieber (Hrsg.), S. 12
920 ABl.EG Nr. L 331, S. 34 v. 19.12.1984
921 Entscheidung des Rates v. 20.12.2000, ABl.EG Nr. L 17, S. 22
922 Mitteilung der Kommission an den Rat, das europäische Parlament, den Wirtschafts- und Sozialausschuss und den Ausschuss der Regionen, KOM (2000), 335 endg.
923 ABl.EG Nr. L 123, S. 16 v. 08.05.1992
924 Schmidt in Von der Groeben/Thiesing/Ehlermann (Hrsg.), Art. 189 Rn. 46 f.
925 Vgl. Oppermann, S. 221 Rn. 588 f.
926 Europäisches Parlament, Generaldirektion Wissenschaft, S. 26

Aktionsprogramm werden deshalb auch als das sogenannte „EG-soft law"[927] bezeichnet, die Ausdruck der Weiterentwicklung einer allgemeinen sozialpolitischen Gleichstellung der Geschlechter sind.

Die rechtliche Unverbindlichkeit der Empfehlung führt allerdings nicht zu einer rechtlichen Bedeutungslosigkeit[928], denn sie kann sowohl rechtliche als auch politische Auswirkungen haben[929]. So sind die nationalen Gerichte nach Auffassung des EuGH verpflichtet, Empfehlungen bei der Rechtsfindung dann zu berücksichtigen, wenn sie Aufschluß über die Auslegung von innerstaatlichen Rechtsvorschriften geben, die zu ihrer Durchführung erlassen wurden oder wenn sie verbindliche gemeinschaftsrechtliche Bestimmungen ergänzen sollen[930].

Schließlich kommen auch ohne rechtsverbindliche Wirkung der Empfehlung gewisse psychologische und politische „Bindungen" zum Tragen, die sich vor dem Hintergrund der dahinter stehenden Gemeinschaftsautorität entwickeln und ihre Ursache auch in der Verpflichtung der Mitgliedstaaten zur Erfüllung des Vertrags gemäß Art. 10 EGV haben[931]. Der Doppelcharakter des unverbindlichen Sekundärrechts ergibt sich demnach einerseits aus der inhaltlichen Konkretisierung des Gemeinschaftsgrundrechts, andererseits aus der psychologischen und politischen Bindungswirkung auf die Mitgliedstaaten aus Art. 10 EGV, denn diese haben die Empfehlungen und die sonstigen Rechtsakte als richtungsweisende Auslegungshilfe zu berücksichtigen. Hinzu kommt in Bezug auf das Aktionsprogramm eine gewisse selbst auferlegte Bindung der Gemeinschaftsorgane zur Umsetzung der im Programm inhaltlich vorgegebenen Maßnahmen.

*aaa) Die Empfehlung 84/635/EWG*

Die Empfehlung 84/635/EWG zur Förderung positiver Maßnahmen für Frauen, die die im Zusammenhang mit Art. 141 EGV ergangenen Richtlinien zur Gleichbehandlung begleitet[932], stellt in ihren Erwägungsgründen deutlich heraus, daß die geltenden Rechtsvorschriften über die Gleichbehandlung, die zur Stärkung der Rechte des Einzelnen erlassen wurden, nicht ausreichen, um alle faktischen Ungleichheiten zu beseitigen, wenn nicht die Regierungen, die Sozialpartner und die sonstigen beteiligten Stellen gleichzeitig tätig werden, um gegen die Be-

---

927 Oppermann, S. 712 Rn. 1664
928 Ipsen, S. 460 spricht hier davon, daß ihre Unverbindlichkeit nicht mit rechtlicher Irrelevanz gleichzusetzen sei
929 Schweitzer/Hummer, S. 111 Rn. 382
930 EuGH v. 13.12.1989, Slg. 1989, S. 4407 (S. 4421) Rs. C-322/88 Grimaldi/Fonds des maladies professionelles
931 Ipsen, S. 461
932 Maidowski, S. 94

nachteiligung der Frauen in der Arbeitswelt vorzugehen, die durch Einstellungen, Verhaltensmuster und Strukturen in der Gesellschaft[933] verursacht wird[934]. Dabei verweist die Empfehlung in ihren Erwägungsgründen sowohl auf Art. 2 Abs. 4 der Richtlinie 76/207/EWG (a.F.)[935], als auch auf das 1. Aktionsprogramm der Gemeinschaft[936], demnach Maßnahmen zur Förderung der Chancengleichheit von Männern und Frauen durch positive Aktionen zur Gewährleistung der Einhaltung des Grundsatzes der Gleichbehandlung der Geschlechter nicht nur gebilligt, sondern zur Erreichung dieses Ziels auch ergriffen und intensiviert werden sollen.

Auf dieser Grundlage empfiehlt der Rat den Mitgliedstaaten die Annahme einer Politik positiver Maßnahmen zur Beseitigung der faktischen Ungleichheiten für Frauen im Berufsleben und zur Aufhebung der Geschlechtertrennung auf dem Arbeitsmarkt durch Ausgleich und Schaffung von Gegengewichten zur strukturellen Diskriminierung sowie durch Förderung der Beteiligung von Frauen in den Berufen und Bereichen des Arbeitslebens, in denen sie unterrepräsentiert sind, insbesondere auch in den zukunftsträchtigen Sektoren und auf den Ebenen höherer Verantwortung[937]. Nach Nr. 3 der Empfehlung 84/635/EWG wird den Mitgliedstaaten dabei für den öffentlichen Dienst und die Privatwirtschaft der Erlaß positiver Maßnahmen empfohlen, die in Nr. 4 konkretisiert werden: So beinhalten positive Maßnahmen der Empfehlung zufolge u.a. die Information und Aufklärung der Öffentlichkeit und der Arbeitswelt über die Notwendigkeit, die Chancengleichheit von Frauen im Berufsleben zu fördern, Wahrung der Würde der Frau am Arbeitsplatz, Diversifizierung der Berufswahl und bessere Entsprechung der beruflichen Qualifikation durch entsprechende Berufsbildung durch flankierende Maßnahmen und Einsatz pädagogischer Mittel, qualifizierter und ausreichender Einsatz von Personal in der Berufsberatung, das sich auf die Probleme der Frauenarbeitslosigkeit bezieht, Analysen über die Situation der Frauen auf dem Arbeitsmarkt, Förderung der Bewerbung, Einstellung und des beruflichen Aufstiegs von Frauen in den Bereichen und Berufen ihrer Unterrepräsentation sowie in verantwortlichen Stellungen, Anpassung der Arbeitsbedingungen und Neugestaltung der Arbeitszeit, Förderung flankierender Maßnahmen, die auf eine bessere Rollenverteilung in Beruf und Gesellschaft zielen etc.

---

933 Hierin ist folglich auch ohne ausdrückliche Benennung die Anerkennung struktureller Diskriminierungsmechanismen zu sehen, die Verf.
934 Vgl. 3. Erwägungsgrund der Empfehlung
935 Vgl. 2. Erwägungsgrund der Empfehlung
936 Vgl. 4. Erwägungsgrund der Empfehlung
937 Vgl. Nr. 1 a) und b) der Empfehlung

Nach Nr. 8 der Empfehlung 84/635/EWG wird speziell der öffentliche Dienst auf seine beispielgebende Funktion hingewiesen, Anstrengungen zur Förderung der Chancengleichheit zu unternehmen, insbesondere in den Bereichen, in denen neue Informationstechnologien zum Einsatz kommen. Nr. 9 der Empfehlung legt den Mitgliedstaaten schließlich nahe, geeignete Vorkehrungen zur Erfassung und Auswertung der im öffentlichen und privaten Bereich getroffenen Maßnahmen vorzusehen.

Die Empfehlung 84/635/EWG benennt zwar positive Maßnahmen, verzichtet aber auf eine genaue Definition, was sie darunter verstanden wissen will. Ihr mangelt es vor allen Dingen an einer eindeutigen, tatsächlich aussagekräftigen Empfehlung zugunsten einer spezifischen Frauenförderungspolitik[938] - vielmehr verbleibt es bei allgemeinen Äußerungen, die Einstellung, Bewerbung sowie den beruflichen Aufstieg von Frauen in Bereichen ihrer Unterrepräsentation zu fördern, auf eine bessere Rollenverteilung in Beruf und Gesellschaft hinzuwirken, für eine bessere Entsprechung der beruflichen Qualifikation durch adäquate Berufsbildung zu sorgen u.ä. Auch Maßnahmen zur Vereinbarkeit von Beruf und Familie werden nicht ausdrücklich aufgeführt. Die in der Nr. 9 der Empfehlung vorgesehenen Vorkehrungen zur Erfassung und Auswertung der Maßnahmen zur Förderung der Chancengleichheit und Gleichbehandlung von Männern und Frauen, werden ebenfalls nicht genauer eingegrenzt, z.B. auf regelmäßige Berichtspflichten der mit der Durchführung dieser Maßnahmen betrauten Instanzen oder z.B. auf die Einsetzung eines Ausschusses für Chancengleichheit von Männern und Frauen bzw. Einrichtung der Institution der Frauenbeauftragten, die Gewährleistungs- und Sicherungsfunktionen für die Umsetzung verschiedener positiver Maßnahmen übernehmen[939].

---

938 In diese Richtung auch Maidowski, S. 94
939 Das eine solche empfehlende Eingrenzung möglich gewesen wäre, beweist der Beschluß der Kommission vom 09.12.1981 über die Einsetzung eines Beratenden Ausschusses für Chancengleichheit von Frauen und Männern – Beschluß 82/43/EWG, ABl.EG Nr. L 20, S. 35, der nach Art. 2 Abs. 1 des Beschlusses die Aufgabe der Unterstützung der Kommission bei der Ausarbeitung und Durchführung ihrer Politik zur Förderung der Beschäftigung und Chancengleichheit von Frauen hat sowie darüber hinaus die Aufgabe des ständigen Informationsaustausches über die in der Gemeinschaft auf diesem Gebiet gesammelten Erfahrungen und eingeleiteten Maßnahmen zugewiesen bekommen hat. Nach Art. 2 Abs. 2 und 3 des Beschlusses ist der Ausschuß auch zur Abgabe von Stellungnahmen und Berichten in eigener Initiative berechtigt oder nach Aufforderung durch die Kommission verpflichtet. Durch den Beschluß 95/420/EWG der Kommission vom 19.07.1995, ABl.EG Nr. L 249, S. 43 v. 17.10.1995, wurde der Beschluß zur Einsetzung eines Beratenden Ausschusses für die Chancengleichheit von Frauen und Männer geringfügig geändert.

Trotz dieser Allgemeinheit der empfohlenen Maßnahmen auf dem Gebiet der Förderung der Chancengleichheit hat die Empfehlung 84/635/EWG des Rates eine Bedeutung im Rahmen der Rechtsprechung des EuGH in den Verfahren Kalanke/Freie Hansestadt Bremen[940] und Marschall/Land Nordrhein-Westfalen[941] erlangt. Der EuGH verwies hier in beiden Entscheidungen auf die 3. Begründungserwägung der Empfehlung als Beleg dafür, daß strukturelle Diskriminierungsmechanismen in Gesellschaft und Erwerbsleben durch die geltenden Rechtsvorschriften zur Gleichbehandlung der Geschlechter nicht ausreichend seien, um alle faktischen Ungleichheiten zu beseitigen, wenn nicht alle beteiligten Institutionen gleichzeitig gegen die Benachteiligung von Frauen in der Arbeitswelt vorgehen würden. Dem Gerichtshof diente dabei in beiden Fällen die Empfehlung als Auslegungshilfe für die Bestimmung der Tragweite des Art. 2 Abs. 4 der Richtlinie 76/207/EWG (a.F.), allerdings mit jeweils unterschiedlichen Ergebnissen, da er im Fall Kalanke die streitbefangene leistungsabhängige Vorrangregelung des bremischen öffentlichen Dienstes aufgrund des mit ihr verbundenen absoluten und unbedingten Vorrangs für Frauen für nicht vereinbar mit Art. 2 Abs. 4 der Richtlinie ansah, dagegen im Fall Marschall die Zulässigkeit einer leistungsabhängigen Vorrangregelung mit Öffnungsklausel (zugunsten männlicher Mitbewerber) annahm[942].

In ihrer Mitteilung an den Rat und das Europäische Parlament über die Auslegung des Urteils des EuGH vom 17.10.1995 in der Rechtssache C-450/93 Kalanke/Freie Hansestadt Bremen hat die Kommission ebenfalls auf die Empfehlung 84/635/EWG Bezug genommen[943], um ihre Einstellung zu positiven Maßnahmen genauer einzugrenzen. Anders als die beiden o.g. Urteile berief sie sich aber nicht nur auf die verschiedenen Faktoren der strukturellen Diskriminierung von Frauen, die im 3. Erwägungsgrund der Empfehlung 84/635/EWG anklingen, sondern ging auch auf die einzelnen genannten Maßnahmen in der Empfehlung ein, so insbesondere auf die Förderung der Bewerbung, der Einstellung und des beruflichen Aufstiegs von Frauen in den Bereichen ihrer beruflichen Unterrepräsentation sowie in verantwortlichen Positionen, um u.a. auf diese Weise ihre Auffassung zur Zulässigkeit von positiven Maßnahmen wie die leistungsabhängigen Vorrangregelungen mit Öffnungsklausel zu stützen.

Schließlich hat auch Generalanwalt Saggio in seinen Schlußanträgen vom 10.06.1999[944] zum Hessischen Gleichberechtigungsgesetz (HGlG) im Rahmen

---

940 EuGH v. 17.10.1995, Slg. 1995, S. 3051 (S. 3077 Rn. 20) Rs. C-450/93
941 EuGH v. 11.11.1997, Slg. 1997, S. 6363 (S. 6391 f. Rn. 28) Rs. C-409/95
942 Vgl. EuGH v. 17.10.1995, S. 3078 sowie EuGH v.11.11.1997, S. 6392
943 Vgl. KOM (96) 88 endg., S. 2 f.
944 GA Saggio, Slg. 2000, S. 1877 Rn. 5 Rs. C-158/97 Badeck u.a./Hess. Ministerpräsident

der betroffenen Gemeinschaftsregelungen auf die Empfehlung 84/635/EWG hingewiesen und i.S.d. Mitteilung der Kommission zur Auslegung der Kalanke-Entscheidung klargestellt, daß die Beseitigung der faktischen Ungleichheiten, die durch die Einstellungen, Verhaltensmuster und Strukturen in der Gesellschaft bedingt sind, durch die ausdrückliche Bezugnahme der Empfehlung auf Art. 2 Abs. 4 der Richtlinie 76/207/EWG (a.F.) in seinem Anwendungsbereich auch eine Politik positiver Maßnahmen begründet sei, die in den Bereichen weiblicher Unterrepräsentation die Bewerbung, Einstellung und den beruflichen Aufstieg auch in verantwortungsvollen Positionen fördere.

Mit dieser Berücksichtigung der Empfehlung 84/635/EWG in beiden EuGH-Entscheidungen, der Mitteilung der Kommission und den Schlußanträgen des Generalanwalts Saggio verdeutlicht sich auch ihre inhaltliche Tragweite für die Effektivierung des Gemeinschaftsgrundrechts der Gleichbehandlung von Männern und Frauen: Ihr wesentlicher Kern liegt in der Anerkennung der Ursachen faktischer Benachteiligungen von Frauen im Berufsleben, in der strukturellen Diskriminierung sowie in der Konkretisierung des Art. 2 Abs. 4 der Richtlinie 76/207/EWG (a.F.), demnach diese Vorschrift Maßnahmen zur Förderung der Bewerbung, Einstellung und zum beruflichen Aufstieg von Frauen dort, wo sie unterrepräsentiert sind, ausdrücklich zuläßt. Mit Art. 141 Abs. 4 EGV ist diese Richtlinienbestimmung zwar gegenstandslos geworden[945], hindert die Empfehlung 84/635/EWG aber nicht daran, die Funktion eines weiteren Belegs für die Zulässigkeit spezifischer Frauenfördermaßnahmen wie leistungsabhängige Vorrangregelungen mit Härtefallklausel oder Zielvorgaben zur Steigerung des Frauenanteils in den Bereichen ihrer Unterrepräsentation zu sein.

*bbb) Das 5. Aktionsprogramm 2001-2005*

Das inzwischen 5. Aktionsprogramm der Gemeinschaft betreffend die Gemeinschaftsstrategie für die Gleichstellung von Frauen und Männern 2001-2005 hat das 4. Mittelfristige Aktionsprogramm der Gemeinschaft für die Chancengleichheit von Männern und Frauen von 1996-2000[946] abgelöst. Es bezieht sich auf die Rahmenstrategie der Gemeinschaft zur Förderung der Gleichstellung von Frauen und Männern (2001-2005), das u.a. der Analyse der Durchführung des 4. Mittelfristigen Aktionsprogramms 1996-2000 dienen soll, das sich insbesondere dem in Art. 3 Abs. 2 EGV verankerten gender mainstreaming gewidmet hat[947].

---

945 Die Änderungsrichtlinie 2002/73/EG v. 23.09.2002 hat deshalb auch Art. 2 Abs. 4 der Richtlinie 76/207/EWG a.F. aufgehoben.
946 KOM (95) 381 endg. – Beschluss des Rates v. 22.12.1995, ABl.EG Nr. L 35, S. 37
947 Rahmenstrategie der Gemeinschaft zur Förderung der Gleichstellung von Frauen und Männern (2001-2005), KOM (2000) 335 endg., S. 2

Die Entscheidung des Rates vom 20.12.2000 über das 5. Aktionsprogramm stellt in ihrem 10. Erwägungsgrund heraus, daß der von der Kommission in der neuen Rahmenstrategie festgelegte duale Ansatz des Nebeneinanders von spezifischen Frauenfördermaßnahmen und dem gender mainstreaming darauf abzielt, Ungleicheiten zu beseitigen und die Gleichstellung von Frauen und Männern zu fördern[948]. Die Entscheidung sieht dementsprechend die Struktur der erforderlichen horizontalen und koordinierenden Maßnahmen vor, die die Kohärenz und die Synergieeffekte bei der Umsetzung der Rahmenstrategie gewährleisten sollen. Der 3. Erwägungsgrund legt darüber hinaus dar, daß nach wie vor bestehende strukturelle Diskriminierungen wegen des Geschlechts eine Vielzahl von Frauen trifft und weiter bestehende Ungleicheiten zwischen Frauen und Männern nicht nur die Fortführung und Verstärkung der Gemeinschaftsmaßnahmen rechtfertigen, sondern die Anwendung neuer Methoden und Konzepte.

Nach Art. 1 der Entscheidung des Rates vom 20.12.2000 wird durch die Entscheidung das neue Aktionsprogramm mit einer Laufzeit von fünf Jahren bis einschließlich 31.12.2005 statuiert. Die bereits in den o.g. Erwägungsgründen zum Ausdruck gekommenen Grundsätze des Aktionsprogramms werden dabei von Art. 2 noch einmal aufgenommen und in Absatz 2 konkretisiert im Hinblick auf die Aktionsbereiche des Programms wie das Wirtschaftsleben, gleiche Beteiligung und Vertretung, soziale Rechte, Rechte von Bürgerinnen und Bürgern, Geschlechterrollen und geschlechtsspezifische Stereotype. Die in Art. 3 formulierten Ziele des Aktionsprogramms sind zum einen die Förderung und Verbreitung von Verhaltensweisen, die für die Gleistellung der Geschlechter Voraussetzung sind. Zum anderen richtet sich das Aktionsprogramm auf die Förderung eines besseren Verständnisses insbesondere der unmittelbaren, mittelbaren und mehrfachen Diskriminierung von Frauen durch die Prüfung der Wirksamkeit der (Gleichstellungs-)politiken und –praktiken. Eine weitere Zielsetzung bezieht sich auf das Voranbringen effizienter Gleichstellung, z.B. durch die Förderung des Austauschs von Informationen und bewährter Verfahren sowie die Zusammenarbeit in gemeinschaftsweiten Netzwerken. Die einzelnen Maßnahmen werden schließlich in Art. 4 der Entscheidung benannt. Dazu gehören Sensibilisierungsmaßnahmen zur Verdeutlichung der gemeinschaftlichen Dimension der Gleichstellung von Frauen und Männern u.a. durch Veranstaltungen und Veröffentlichungen, die Analyse der gleichstellungsrelevanten Faktoren und Politiken z.B. durch die Sammlung statistischer Daten, Entwicklung von Instrumenten und

---

948 Vgl. auch 2. Erwägungsgrund, der die Kombination von Maßnahmen des gender mainstreaming und spezifischen Maßnahmen auf der Basis der gesammelten Erfahrungen mit den Gleichstellungsmaßnahmen auf Gemeinschaftsebene sowie das Nebeneinander der sich gegenseitig stärkenden legislativen und praktischen Maßnahmen hervorhebt.

Verfahren, Festlegung von Indikatoren und Benchmarks, Verbreitung der Ergebnisse sowie die Überwachung der Umsetzung des Gemeinschaftsrechts zur Gleichstellung der Geschlechter, um die Wirkungen und Wirksamkeit entsprechender Maßnahmen in den Mitgliedstaaten feststellen zu können. Hinzu kommt die grenzüberschreitende Zusammenarbeit durch Förderung von Netzwerkarbeit und Erfahrungsaustausch auf Gemeinschaftsebene.

Im Anhang zu dieser Entscheidung werden die vorgesehenen Maßnahmen bezogen auf die drei Aktionsbereiche Sensibilisierung, Analyse und Bewertung sowie die Entwicklung von Handlungskompetenzen schließlich im einzelnen konkretisiert.

Das 5. Aktionsprogramm, niedergelegt in der Entscheidung des Rates vom 20.12.2000, setzt neben seinem Charakter als „EG-soft law" die Rahmenstrategie der Gemeinschaft zur Förderung der Gleichstellung von Frauen und Männern (2001-2005) um. Es basiert weniger auf einer direkten Beeinflussung des Frauenanteils in den Bereichen ihrer Unterrepräsentation, denn auf der Schaffung von Rahmenbedingungen zur Förderung der Gleichstellung im Zuge der Implementation des gender mainstreaming in den verschiedenen Tätigkeitsbereichen. Es handelt sich hier um Ergänzungen spezifischer Frauenfördermaßnahmen, die dem von der Kommission mit der Rahmenstrategie verfolgten dualen Ansatz dienen. Zugang zum 5. Aktionsprogramm haben neben den Mitgliedstaaten auch die Sozialpartner, die lokalen und regionalen Gebietskörperschaften, Nichtregierungsorganisationen, Universitäten und Forschungsinstitute, Medien, nationale statistische Ämter sowie die mit der Förderung der Gleichstellung von Frauen und Männern befassten Stellen.

Für die Grundrechtseffektivierung ist von Bedeutung, daß spezifische Maßnahmen und Rechtsakte im Bereich der Gleichstellung der Geschlechter eine Abrundung und Unterstützung durch die ergänzenden Rahmenbedingungen des 5. Aktionsprogramms erfahren. Zu berücksichtigen ist aber auch, daß die Vorläufer des 5. Aktionsprogramms bislang in der Rechtsprechung des EuGH zu positiven Maßnahmen als Auslegungshilfe keine Rolle gespielt haben. Lediglich die Kommission hat in ihrer Mitteilung an den Rat und das Europäische Parlament zur Auslegung des Kalanke-Urteils vom 27.03.1996[949] auf das 3. Und 4. Aktionsprogramm hingewiesen, um ihre Einstellung zu positiven Maßnahmen und die mit ihnen verfolgten Ziele zu belegen.

Im Ergebnis ist die Verwendung des 5. Aktionsprogramms als Auslegungshilfe an die Zielsetzungen geknüpft, denn seine Bedeutung liegt nicht in konkreten Empfehlungen zur Ergreifung bestimmter positiver Maßnahmen, sondern in den Ergebnissen der im Vordergrund stehenden Sensibilisierungsmaßnahmen,

---

949 KOM (96) 88 endg., S. 3

Forschungsarbeiten, Studien und Statistiken zur Situation der Frauen und zum Stand der Gleichstellung der Geschlechter in den Mitgliedstaaten sowie der finanzierten Projekte des Europäischen Strukturfonds, die eine Basis für die Weiterentwicklung zukünftiger Gleichstellungsmaßnahmen auf europäischer Ebene sein können.

*e)   Zwischenergebnis*

*aa)   Zusammenfassung der effektivierenden Rechtserkenntnisquellen*

Das als fundamentaler Rechtsgrundsatz der Gemeinschaftsrechtsordnung zu verstehende Grundrecht der Gleichbehandlung von Männern und Frauen erweist sich über die Effektivierung durch die verschiedenen Rechtserkenntnisquellen, angefangen bei der EMRK, der ESC und der Gemeinschaftscharta der sozialen Grundrechte der Arbeitnehmer von 1989, den Einflüssen durch die Verfassungen der Mitgliedstaaten, der Neufassung des EGV durch den Vertrag von Amsterdam und den zur Gleichbehandlung ergangenen Richtlinien des verbindlichen Sekundärrechts bis hin zum unverbindlichen Sekundärrecht in Form der Empfehlungen und Aktionsprogramme als umfassend und hinreichend genau bestimmbar.

Das Gemeinschaftsgrundrecht erhält dabei eine Kontur, die nicht nur spezifische positive Maßnahmen i.S.v. Zielvorgaben und leistungsabhängigen Vorrangregelungen mit Härtefallklausel zur Erhöhung des Frauenanteils in den Bereichen ihrer Unterrepräsentation zu erfassen vermag. Auch Regelungen und Aktivitäten zur Verbesserung der Vereinbarkeit von Beruf und Familie, wie sie u.a. in der Empfehlung zur Kinderbetreuung 92/241/EWG zum Ausdruck kommen, sind als weiterer Aspekt der Frauenförderung beachtlich, richten sich aber an beide Geschlechter gleichermaßen und produzieren demnach kein Spannungsverhältnis innerhalb des Gleichbehandlungsgrundsatzes.

Eine Abrundung und Weiterentwicklung notwendiger Gleichstellungsmaßnahmen im Rahmen des Gemeinschaftsgrundrechts kann durch die auf der Grundlage des 5. Mittelfristigen Aktionsprogramms (2001-2005) finanzierten Forschungsprojekte, Studien und Analysen, Sensibilisierungsmaßnahmen sowie die Förderung eines verstärkten Informationsaustauschs über die Situation der Frauen in den Mitgliedstaaten erfolgen.

Dies verdeutlicht, daß dem gemeinschaftsrechtlichen Primär- und Sekundärrecht eine Doppelfunktion zukommt, die sich im Hinblick auf das Gemeinschaftsgrundrecht der Gleichbehandlung von Männern und Frauen als Erkenntnisquelle und Auslegungsmaßstab bzw. Auslegungshilfe effektivierend, d.h. inhaltlich konkretisierend, auswirken. Auf der anderen Seite sind sie die Rechtsgrundlage für die Mitgliedstaaten, auf dem Gebiet der Sozialpolitik tätig zu werden und zur Verbesserung der beruflichen, politischen und gesellschaftlichen Stellung der Frau Frauenförderung über positive Maßnahmen zu betreiben, wobei sie durch die sekundärrechtlichen Gemeinschaftsrichtlinien sogar zur Umsetzung innerhalb einer bestimmten Frist verpflichtet sind. Selbst dem unverbindlichen Sekundärrecht der Empfehlungen und dem „EG-soft law" wohnt dieser Doppelcharakter inne, da es den Mitgliedstaaten i.S.d. jeweiligen Vorschläge zielgerichtete Aktivitäten und Maßnahmen nahelegt, gleichzeitig aber auch das Gemeinschaftsgrundrecht konkretisiert und inspiriert.

Das Gemeinschaftsgrundrecht der Gleichbehandlung gestaltet sich dabei einerseits als Teil des allgemeinen Gleichheitssatzes, der zu den Grundprinzipien des Gemeinschaftsrechts gehört[950], beinhaltet andererseits aber auch den arbeitsrechtlichen Grundsatz der Gleichbehandlung von Männern und Frauen, der durch den Vertrag von Amsterdam auch primärrechtlich von Art. 141 Abs. 3 und 4 EGV n.F. in seiner Geltung und seinem Bestand vorausgesetzt wird[951]. Diese beiden Absätze des Art. 141 gehen schließlich über das vom EuGH als Gemeinschaftsgrundrecht anerkannte Entgeltgleichheitsgebot des Art. 141 Abs. 1 und 2 EGV[952] hinaus und beziehen sich auf die Gleichheit der sonstigen Arbeitsbedingungen, was sich schon aus den Konkretisierungen durch die im Zusammenhang mit Art. 119 EGV a.F. erlassenen Richtlinien ergeben hat[953].

In seinem Urteil Defrenne/Sabena (Defrenne III) hat der EuGH die Geltung eines allgemeinen arbeitsrechtlichen Rechtsgrundsatzes der Gleichbehandlung der Geschlechter in bezug auf die im EÖD beschäftigten Männer und Frauen bestätigt[954].

Zu trennen ist von der Grundrechtseffektivierung die nach Ablauf der Umsetzungsfrist einer Richtlinie und Untätigkeit des nationalen Gesetzgebers bzw. nicht ordnungsgemäß erfolgter Umsetzung eintretende unmittelbare Wirkung einer Richtlinie, sofern ihr Inhalt unbedingt und hinreichend genau ist sowie den einzelnen begünstigt[955].Der am Defrenne III-Verfahren beteiligte Generalanwalt Capotorti hatte in seinen Schlußanträgen nämlich darauf hingewiesen, daß erst

---

950 Vgl. auch EuGH v. 19.10.1977, Slg. 1977, S. 1753 (S. 1770) verb. Rs. 117/76 und 16/77 Ruckdeschel u.a./Hauptzollamt Hamburg St. Annen sowie Kischel, S. 3
951 Krebber in Callies/Ruffert (Hrsg.), Art. 141 Rn. 75
952 EuGH v. 08.04.1976, Slg. 1976, S. 455 (S. 472 ff.) Rs. 43/75 Defrenne/Sabena (Defrenne II); Pernice, EuR 1979, S. 410 (S. 412); Langenfeld in Grabitz/Hilf (Hrsg.), Art. 141 Rn. 1, Lenz, EuGRZ 1993, S. 585 (S. 587)
953 Vgl. Coen in Lenz (Hrsg.), Art. 141 Rn. 4; Pernice, S. 416
954 EuGH v. 15.06.1978, Slg. 1978, S. 1365 (S. 1379) Rs. 149/77
955 Zu den Voraussetzungen der unmittelbaren Wirkung Schweitzer/Hummer, S. 106 f. Rn. 365

mit dem Ablauf der Umsetzungsfrist der Richtlinie 76/207/EWG der Weg dafür frei sei, daß der einzelne subjektive Rechte aufgrund der Richtlinie in der Gemeinschaftsrechtsordnung geltend machen könnte[956]. Er stellte aber auch klar, daß mit der Richtlinie 76/207/EWG dem gemeinschaftsrechtlichen Erfordernis nach einer Präzisierung des Grundsatzes der Gleichbehandlung der Geschlechter hinsichtlich der Arbeitsbedingungen Rechnung getragen worden sei, die konkrete Verwirklichung dieses Grundsatzes aber von der Intervention der mitgliedstaatlichen Gesetzgeber abhängig sei[957].

Das bedeutet, daß die Präzisierung des Gemeinschaftsgrundrechts[958], dessen Bestand und Gültigkeit weder vom EuGH noch von Generalanwalt Capotorti angezweifelt wurde, schon vor dem Ablauf der Umsetzungsfrist und mit Inkrafttreten der Richtlinie zustande kommt. Dies deckt sich ebenfalls mit der Auffassung des Europäischen Parlaments, das im Zusammenhang mit der Rechtsprechung des EuGH zu Art. 141 EGV bzw. Art. 119 EGV a.F. verdeutlicht hat, daß es in der Rechtsprechung um die richterliche Beurteilung der Voraussetzungen zur Inanspruchnahme des Rechts auf Gleichbehandlung gehe und nicht um die Anerkennung eines Grundrechts auf Gleichstellung von Männern und Frauen, das als subjektives und unabhängiges Hauptrecht aus sich heraus schon eine notwendige Voraussetzung für die Herstellung echter Demokratie sei[959]. Mit der Aufnahme und Benennung des Grundsatzes der Chancengleichheit und Gleichbehandlung von Frauen und Männern in Art. 141 Abs. 3 und 4 EGV und Art. 137 Abs. 1 Spiegelstrich 5 EGV sei dieser Auffassung Rechnung getragen worden[960].

Schließlich muß zur Begründung der hier vertretenen Ansicht noch einmal unterstrichen werden, daß Gemeinschaftsrichtlinien nach Ipsen eine „obligation de résultat" sind[961], so daß mit ihrem Inkrafttreten auch bekannt ist, welches materiell-rechtliche Ziel mit ihr und ihrer Umsetzung in nationales Recht verfolgt wird[962]. Für die Präzisierung und inhaltliche Konkretisierung des Gemeinschaftsgrundrechts reicht das in der Richtlinie bezeichnete „Mindestmaß" dagegen schon aus, um dem Grundrecht als Erkenntnisquelle über Inhalt, Tragweite

---

956 GA Capotorti, Schlußanträge v. 30.05.1978, Slg. 1978, S. 1381 (S. 1389)
957 Ebenda
958 Mit dem Inkrafttreten der Europäischen Verfassung wird Art. 23 der Grundrechte-Charta zu einem geschriebenen Gemeinschaftsgrundrecht – bislang stellte sich das Gemeinschaftsgrundrecht lediglich als ungeschriebener Grundsatz mit fundamentaler Bedeutung dar.
959 Europäisches Parlament, Generaldirektion Wissenschaft, S. 11
960 Ebenda
961 Ipsen, S. 458
962 Ehricke, EuZW 1999, S. 553 (S. 555)

und Ausmaß zu dienen. Der von Ehricke angemahnte Leerlauf des Sinns und Zwecks der Umsetzungsfristen einer Richtlinie im Zusammenhang mit einer richtlinienkonformen Auslegung nationalen Rechts vor Ablauf der Frist[963], kann für das Gemeinschaftsgrundrecht so keine Bedeutung haben, da es hier ausschließlich auf das materiell-rechtliche Ziel ankommt. Nichts anderes geht auch aus den Schlußanträgen von Generalanwalt Capotorti im Verfahren Defrenne III hervor, der scharf zwischen der Präzisierung des Grundsatzes der Gleichbehandlung der Geschlechter durch die Richtlinie 76/207/EWG und der unmittelbaren Wirksamkeit für den einzelnen unterscheidet[964].

Gleiches gilt auch für die übrigen im Zusammenhang mit der Gleichbehandlung von Männern und Frauen im Arbeitsleben erlassenen Richtlinien, deren materiell-rechtlicher Gehalt zur Grundrechtspräzisierung beiträgt[965]. Das arbeitsrechtliche Grundrecht der Gleichbehandlung von Männern und Frauen stellt allerdings nur einen Teilaspekt der Gleichberechtigung von Männern und Frauen dar[966]. Dem tragen insbesondere Art. 2, 3 Abs. 2 und Art. 13 EGV Rechnung, die zu den Grundsätzen des EGV gehören und die die Gleichstellung von Männern und Frauen über den arbeitsrechtlichen Bereich hinaus zu einer Gemeinschaftsaufgabe mit Querschnittscharakter[967] werden lassen.

Das Gemeinschaftsgrundrecht der Gleichbehandlung der Geschlechter ist demnach ein „Mehr" als nur ein auf dem Gebiet des Arbeitsrechts anzusiedelndes Prinzip, dessen tatsächliche Verwirklichung in allen Lebensbereichen von Frauen noch aussteht. Auch wenn Art. 13 EGV keine unmittelbare Wirkung zukommt, auf den sich der einzelne berufen kann[968], steht er doch in engem inhaltlichen Zusammenhang mit der sozialen Grundrechtsdimension des Gemeinschaftsgrundrechts der Gleichbehandlung der Geschlechter[969], da über den hier verankerten weiten Aktionsradius des Rates auf Vorschlag der Kommission und nach Anhörung des Europäischen Parlaments tätig zu werden auch gleichzeitig eine effektivierende Wirkung über die jeweilige Maßnahme zum Tragen kommt.

---

963 Ebenda
964 GA Capotorti, S. 1389 f. ; nicht differenzierend genug Krebber in Callies/Rufert (Hrsg.), Art. 141 Rn. 76
965 Feger, RdA 1987, S. 13 (S. 24) spricht hier von einer „Grundrechtsausstrahlung" der Richtlinien
966 Feger, DÖV 1987, S. 322 (S. 326)
967 DJB-Dokumentation v. 11.-13.09.1997, S. 43
968 Europäisches Parlament, Generaldirektion Wissenschaft, S. 42 sowie Epiney in Callies/Ruffert (Hrsg.), Art. 13 Rn. 1
969 In diese Richtung Bergmann in Bergmann/Lenz (Hrsg.), S. 36 Rn. 28; a.A. Epiney in Callies/ Ruffert (Hrsg.), Art. 13 Rn. 1

Mit Art. 2 EGV ist in den Vertrag die Gleichstellung der Geschlechter als Vertragsziel aufgenommen worden, das der Auslegunghilfe anderer Vorschriften des Gemeinschaftsgrundrechts dient und dabei auch als Baustein der Rechtsfortbildung fungieren kann[970]. Da es sich bei den Vertragszielen nicht nur um Programmsätze handelt, sondern ihnen auch eine rechtsverbindlich steuernde Wirkung zugesprochen wird, müssen die spezielleren Bestimmungen des Vertrags auch im Lichte der grundlegenden Vorschrift des Art. 2 EGV ausgelegt werden[971]. So bezieht sich der in Art. 2 EGV verankerte Förderauftrag zur Gleichstellung der Geschlechter genau wie die Ermächtigungsgrundlage des Art. 13 EGV nicht nur auf das Arbeitsleben[972], sondern soll die Einbeziehung und Präzisierung eines Mindestsockels an sozialen Grundrechten gewährleisten[973]. Ergänzt wird Art. 2 EGV schließlich durch Art. 3 Abs. 2 EGV, der für alle in Art. 3 Abs. 1 des Vertrags aufgeführten Tätigkeiten der Gemeinschaft klarstellt, daß Ungleichheiten zu beseitigen und die Gleichstellung von Männern und Frauen zu fördern ist. Hier findet sich zum einen der Gedanke des „gender mainstreaming" wieder. Zum anderen unterstreicht Art. 3 Abs. 2 EGV die Geltung des allgemeinen Gleichheitssatzes auf Gemeinschaftsebene, der insbesondere in Art. 6 Abs. 2 EUV eine Grundlage findet[974]. Schon vom Wortlaut her geht Art. 3 Abs. 2 EGV über einen bloßen Abwehranspruch der Bürger/innen gegenüber Diskriminierungen durch den Staat, hier der EG-Organe[975], hinaus und formuliert einen klaren Handlungs- und Förderungsauftrag an die Gemeinschaftsorgane[976].

Insgesamt fügt sich Art. 3 Abs. 2 EGV in den Gesamtzusammenhang der Vorschriften des Vertrags zur Bekämpfung von Diskriminierungen aus Gründen des Geschlechts sowie zur Gewährleistung effektiver und voller Gleichstellung von Männern und Frauen (nicht nur im Arbeitsleben) ein[977]. Mit dem mainstreaming-Ansatz wird dabei gleichzeitig eine Verklammerung der Vertragsbestimmungen zur Gleichstellung der Geschlechter geleistet, die dem Grundrecht der Gleichbehandlung von Männern und Frauen schließlich auch die umfassende Kontur gibt.

Während Absatz 4 der Präambel des EUV auf die ESC und die Gemeinschaftscharta der sozialen Grundrechte der Arbeitnehmer hinweist und die Bedeutung der in ihnen enthaltenen sozialen Grundrechte betont, erklärt Art. 6 Abs.

---

970 Zuleeg in Von der Groeben/Thiesing/Ehlermann (Hrsg.), Art. 2 Rn. 3
971 Ukrow in Callies/Ruffert (Hrsg.), Art. 2 Rn. 6
972 Ukrow in Callies/Ruffert (Hrsg.), Art. 2 Rn. 19
973 Europäisches Parlament, Generaldirektion Wissenschaft, S. 42
974 Ukrow in Callies/Ruffert (Hrsg.), Art. 3 Rn. 26
975 Vgl. auch Gerstner/Goebel, S. 630
976 Ukrow in Callies/Ruffert (Hrsg.), Art. 3 Rn. 26
977 Ukrow in Callies/Ruffert (Hrsg.), Art. 3 Rn. 27

2 EUV, daß die Europäische Union die Grundrechte der EMRK und der aus den gemeinsamen Verfassungsüberlieferungen der Mitgliedstaaten resultierenden Grundrechte achtet. Auch hier läßt sich in bezug auf die Grundrechtseffektivierung wie schon im Zusammenhang mit den untersuchten Bestimmungen des EGV ein zweigliedriges System ausmachen, das sich einerseits auf die Effektivierung des arbeitsrechtlichen Gleichbehandlungsgrundsatz bezieht, andererseits auf das als umfassend zu verstehende Gemeinschaftsgrundrecht der Gleichbehandlung von Männern und Frauen, das alle Lebens- und Gesellschaftsbereiche von Frauen abzudecken vermag[978].

Die ESC und die Gemeinschaftscharta der sozialen Grundrechte der Arbeitnehmer von 1989 fließen dabei in den arbeitsrechtlichen Gleichbehandlungsgrundsatz ein, was sich insbesondere auch aus Art. 136 Abs. 1 EGV ergibt. Allerdings können weder die ESC noch die Gemeinschaftscharta weitergehende Gesichtspunkte im Hinblick auf die Effektivierung des arbeitsrechtlichen Gleichbehandlungsgrundsatzes bereitstellen als Art. 141 sowie Art. 137 Abs. 1 Spiegelstrich 5 EGV.

Demgegenüber gehen Art. 14 EMRK und die gemeinsamen Verfassungsüberlieferungen der Mitgliedstaaten direkt in den allgemeinen Grundsatz der Gleichbehandlung der Geschlechter ein, da sie, von einigen wenigen Ausnahmen in den Verfassungen der Mitgliedstaaten abgesehen, nicht unmittelbar auf die Gleichbehandlung im Arbeitsleben bezogen sind, sondern vielmehr ein allgemeines und grundsätzliches Gleichbehandlungsgebot bzw. Diskriminierungsverbot aufstellen.

Für die Effektivierung des Gemeinschaftsgrundrechts durch die gemeinsamen Verfassungsüberlieferungen der Mitgliedstaaten kommt es nicht auf eine einzelne Verfassung eines Mitgliedstaates an, sondern auf die substanziellen Gemeinsamkeiten im Hinblick auf die Gleichbehandlung der Geschlechter[979]. Eine herausragende Bedeutung kommt in diesem Zusammenhang der Tatsache zu, daß gerade die jüngeren Verfassungen der Mitgliedstaaten nach 1945 den sozialen Grundrechten bzw. der sozialen Grundrechtsdimension ein verstärktes Gewicht beimessen. Dies läßt sich vor allem am Grundrecht der Geschlechtergleichbehandlung nachvollziehen, das hinter dem Recht von Mann und Frau auf gleichen Lohn für gleiche oder gleichwertige Arbeit steht, aber auch die verfassungsrechtlich gewährleisteten Förderaufträge des Staates zur Verwirklichung

---

[978] An dieser Stelle sei noch einmal darauf hingewiesen, daß durch das Gemeinschaftsgrundrecht aufgrund der Vielzahl der der Gemeinschaft inzwischen übertragenen Kompetenzen der Anwendungsbereich des Gemeinschaftsgrundrechts praktisch kaum eingeschränkt ist, vgl. auch Schmidt am Busch, S. 7 f.

[979] Vgl. Langenfeld, S. 121 sowie Kokott, AöR 1996, S. 599 (S. 631)

der faktischen Gleichberechtigung von Männern und Frauen erfaßt[980]. Darin verdeutlicht sich auch die Verschiebung der Grundrechte von ihrer ausschließlichen Funktion als bloße Abwehrrechte gegen Eingriffe des Staates hin zu einer wachsenden Bedeutung sozialer Grundrechte sowie der einem Grundrecht wie der Gleichbehandlung innewohnenden sozialen Grundrechtsdimension als Ausdruck der objektiven Werteordnung der europäischen Gesellschaft[981].

*bb) Inhalt des Gemeinschaftsgrundrechts*

Auf der Grundlage der Rechtserkenntnisquellen für das Gemeinschaftsgrundrecht der Gleichbehandlung von Männern und Frauen ergibt sich damit folgendes Bild: Es setzt sich zunächst zusammen aus einer abwehrrechtlichen und sozialen Grundrechtsdimension, wobei der sozialen Komponente eine ständig wachsende Bedeutung zukommt, was sich am arbeitsrechtlichen Grundsatz der Gleichbehandlung der Geschlechter zeigt, der selbst Grundrechtscharakter hat und gleichzeitig Bestandteil des allgemeinen Gemeinschaftsgrundrechts der Gleichbehandlung ist. Kommt dem arbeitsrechtlichen Grundsatz der Gleichbehandlung von Männern und Frauen aber eine unmittelbare Wirkung zu, die dem einzelnen subjektive, einklagbare Rechte zu verleihen vermag, so muß dieses ebenfalls für das hinter ihm stehende, umfassendere und allgemeinere Gemeinschaftsgrundrecht der Gleichbehandlung gelten. Hinzu kommt ein weiteres: Die Ausdehnung des Schutzbereichs der Diskriminierungsregelungen, die der EuGH im Zusammenhang mit der arbeitsrechtlichen Gleichbehandlung von Männern und Frauen über seine Rechtsprechung zur mittelbaren Diskriminierung geleistet hat und deren eigentlicher Rechtsgrund im Grundrecht auf Gleichbehandlung liegt[982], ist mit der Rechtsprechung des EuGH und den Schlußanträgen Generalanwalts Saggio im Verfahren Badeck u.a./Hess. Ministerpräsident auch in bezug auf die strukturelle Diskriminierung festzustellen.

In der Entscheidung Marschall/Land Nordrhein-Westfalen[983] hat der EuGH erstmals strukturelle Diskriminierungsmechanismen, denen Frauen insbesondere auf dem Arbeitsmarkt ausgesetzt sind, in Beziehung zur Herstellung faktischer und konkreter Gleichheit zwischen den Geschlechtern gesetzt und positive Maßnahmen, hier in Form der leistungsabhängigen Vorrangregelung zugunsten von

---

980 Vgl. Kokott, S. 632
981 Vgl. auch Hirsch in Kreuzer/Scheuing/Sieber (Hrsg.), S. 14
982 Hirsch in Kreuzer/Scheuing/Sieber (Hrsg.), S. 16
983 EuGH v. 11.11.1997, Slg. 1997, S. 6363 (S. 6392) Rs. C-409/95

Frauen mit Härtefallklausel, als Begleitinstrument akzeptiert[984]. Dies hat Generalanwalt Saggio aufgegriffen und zum Anlaß genommen, den Grundsatz der Chancengleichheit von Männern und Frauen, der hinter positiven Maßnahmen zur Gewährleistung gleicher Arbeitsbedingungen für beide Geschlechter steht, inhaltlich neu zu bestimmen und weiterzuentwickeln[985]. Generalanwalt Saggio stellt die materielle Gleichheit der formellen Gleichheit als Inhalt des Grundsatzes bzw. Grundrechts auf Gleichbehandlung gegenüber und betont dabei für die Verwirklichung der faktischen Gleichberechtigung, daß es um die konkrete Neupositionierung der Gruppe der Frauen in sozialer Hinsicht durch die positiven Maßnahmen geht, da die bloße Gewährleistung der formellen Gleichheit durch den Staat in rechtlicher Hinsicht nicht ausreicht, die benachteiligte Gruppe ausreichend zu schützen. Daraus folgt, daß der Schutzbereich des Gleichbehandlungsgrundrechts auch strukturelle Diskriminierungsformen im Rahmen der materiellen Gleichheit, die sich in der sozialen Grundrechtsdimension ausdrückt, erfassen können muß, zu denen positive Maßnahmen welcher Art auch immer ein Gegengewicht bilden[986].

Generalanwalt Saggio gelangt schließlich auch zu der Schlußfolgerung, daß die materielle Gleichheit nicht die Ausnahme von der formellen Gleichheit sein kann, da beide Elemente des Grundsatzes der Gleichbehandlung faktisch auf das gleiche Ziel ausgerichtet sind[987]. Dies stellt die formelle und materielle Gleichheit in tatsächlicher Hinsicht auf dieselbe Stufe mit der Folge der Anerkennung ihrer Gleichrangigkeit.

Darüber hinaus verdeutlicht sich über den von Saggio vorgezeichneten Weg, den der EuGH mit seinem Marschall-Urteil vom 11.11.1997 eingeleitet hat, auch ein weiterer inhaltlicher Aspekt des Gemeinschaftsgrundrechts, den Sacksofsky in bezug auf Art. 3 Abs. 2 und 3 GG erarbeitet hat: Mit der gruppenbezogenen Sichtweise innerhalb der materiellen Gleichheit kann das Gemeinschaftsgrundrecht der Gleichbehandlung auch als Dominierungsverbot begriffen werden, das im Gegensatz zum merkmalsbezogenen Differenzierungsverbot (der einzelne soll nicht aufgrund von Eigenschaften oder Merkmalen wie das Geschlecht u.a., die seine Persönlichkeit charakterisieren und auf die er keinen Einfluß hat, diskriminiert werden) auf die Zugehörigkeit der durch das Merkmal definierten Gruppe abstellt und die die Gruppe treffenden Vorurteile und abwertenden An-

---

984 So auch Europäisches Parlament, Sitzungsdokumente v. 27.01.1999, Bericht über den Vorschlag für eine Richtlinie des Rates zur Änderung der Richtlinie 76/207/EWG, A4-0038, 99, PE 225.992/end, S. 9
985 GA Saggio, Schlußanträge v. 10.06.1999, Slg. 2000, S. 1877 ff., Rs. C-158/97, Rn. 26 ff.
986 Vgl. auch EuGH v. 11.11.1997, S. 6392
987 GA Saggio, Rn. 26

sichten erfaßt[988]. Die Bekämpfung von Diskriminierungen allein auf der Grundlage des Differenzierungsverbots führt zu einer Verkürzung des grundrechtlichen Schutzes, da es bei der geschlechtsbedingten Diskriminierung nicht um die Lösung eines individuellen Problems der einzelnen Frau geht, in bezug auf die Arbeitsbedingungen o.a. gleich behandelt zu werden, sondern um die Lösung eines kollektiven Problems der gesamten Gruppe der Frauen, zukünftig eine gleichberechtigte Stellung im Arbeitsleben und anderen Gesellschaftsbereichen zu erlangen[989]. An diesem Ziel läßt weder das Primärrecht noch das verbindliche und unverbindliche Sekundärrecht im Zusammenhang mit der Gleichbehandlung der Geschlechter einen Zweifel.

Das Gemeinschaftsgrundrecht der Gleichbehandlung von Männern und Frauen beinhaltet folglich sowohl das Differenzierungs- als auch das Dominierungsverbot, denn auf der einen Seite ist es ein subjektives Recht, auf das sich die einzelne Person berufen kann, auf der anderen Seite verlangt die ihm immanente soziale Grundrechtsdimension eine kollektive, gruppenbezogenen Sicht- und Herangehensweise zur Lösung der auf dem Geschlecht beruhenden Diskriminierungsproblematik, die die gesamtgesellschaftliche Situation der Gruppe der Frauen sowie die diese Situation mitprägende historische Entwicklung im Blickfeld hat[990]. Daraus resultiert auch die Erweiterung des Schutzbereichs des Gemeinschaftsgrundrechts auf die Erfassung der strukturellen Diskriminierung. Schließlich kann mit Generalanwalt Saggio vor diesem Hintergrund weder Art. 2 Abs. 4 der Richtlinie 76/207/EWG (a.F.) noch Art. 141 Abs. 4 EGV, der die Richtlinienbestimmung primärrechtlich abgelöst hat, noch als eng auszulegende Ausnahmevorschrift zu qualifizieren sein, da sie zur Beseitigung geschlechtsbedingter Diskriminierungen an die materielle Gleichheit unter Zugrundelegung der gruppenbezogenen Perspektive anknüpfen[991].

Im Ergebnis sind das arbeitsrechtliche Grundrecht auf Gleichbehandlung (das Teil des allgemeinen Gemeinschaftsgrundrechts der Gleichbehandlung von Männern und Frauen ist) und das allgemeine Gemeinschaftsgrundrecht der Gleichbehandlung auf einen einheitlichen, im Gemeinschaftsrecht geltenden Gleichheitssatz zurückzuführen, dessen spezifische Ausprägung sie darstellen[992].

---

988 Sacksofsky, S. 310, 312
989 Sacksofsky, S. 312 f.
990 Sacksofsky, S. 313
991 GA Saggio, Rn. 26
992 Vgl. Kischel, S. 4 sowie Coen in Lenz (Hrsg.), Art. 141 Rn. 3

*cc) Rang des Gemeinschaftsgrundrechts vor dem Hintergrund einer Europäischen Verfassung*

Die Frage nach dem Rang eines Gemeinschaftsgrundrechts im Zusammenhang mit den vom EuGH entwickelten Gemeinschaftsgrundrechten als allgemeine Rechtsgrundsätze der Gemeinschaftsrechtsordnung mußte bislang regelmäßig gestellt werden, da die Gemeinschaft bisher nicht wie in den Mitgliedstaaten auf eine geschriebene Verfassungsurkunde oder einen Grundrechtskatalog zurückblicken konnte. Dies hat sich, eingeleitet durch die Verabschiedung der Europäischen Grundrechtecharta vom 11.10.2000[993], die Bestandteil der am 13.06.2003 im Entwurf verabschiedeten Europäischen Verfassung ist[994], grundlegend geändert. Auf der Basis einer Europäischen Verfassung ist eine Gleichstellung des als allgemeinen Rechtsgrundsatzes entwickelten Grundrechts der Gleichberechtigung von Männern und Frauen mit dem Primär- und Sekundärrecht der Gemeinschaft ausgeschlossen. Die bereits von Hirsch festgestellte Verschiebung von einem bloßen Abwehrrecht gegen staatliche Eingriffe (diskriminierender Art) hin zur zunehmenden bzw. gleichwertigen Bedeutung der sozialen Grundrechtsdimension als Ausdruck der objektiven Werteordnung, der auch eine Ausstrahlungswirkung auf alle anderen Bereiche des Gemeinschaftsrechts zukommt, führt zu einem Verständnis als übergeordneter Auslegungsmaßstab[995]. Nach Art. 21 Abs. 1 der Grundrechtecharta sind insbesondere Diskriminierungen wegen des Geschlechts u.a. verboten. Art. 23 Abs. 1 der Charta beinhaltet zukünftig auf Verfassungsebene die Sicherstellung der Gleichheit von Männern und Frauen in allen Bereichen, einschließlich der Beschäftigung, der Arbeit und des Arbeitsentgelts. Nach Art. 23 Abs. 2 der Charta steht der Grundsatz der Gleichheit der Beibehaltung oder der Einführung spezifischer Vergünstigungen für das unterrepräsentierte Geschlecht nicht entgegen. In den Erläuterungen zu diesen Artikeln wird deutlich, daß sich diese Grundrechte an die im EGV verankerten primärrechtlichen Bestimmungen anlehnen: Art. 21 Abs. 1 der Charta basiert u.a. inhaltlich auf Art. 13 EGV und Art. 14 EMRK[996]. Für Art. 23 Abs. 1 der Charta stellt die Erläuterung klar, daß sich dieser auf Art. 2 und 3 Abs. 2 EGV bezieht, die die Gemeinschaft auf das Ziel der Förderung der Gleichstellung von Männern und Frauen verpflichten sowie auf Art. 141 Abs. 3 EGV. Darüber hinaus lehnt sich der Art. 23 Abs. 1 an Art. 20 der ESC und an Nr. 16 der Gemeinschaftscharta der Arbeitnehmerrechte an. Auch Art. 2 Abs. 4 der Gleichbehand-

---

993 Abgedruckt ist der Text der Charta bei Fischer, Der Vertrag von Nizza, 1. Aufl. 2001, S. 513 ff.
994 Vgl. Europäischer Konvent v. 12.06.2003, CONV 797/03
995 Hirsch in Kreuzer/Scheuing/Sieber (Hrsg.), S. 14
996 Vgl. Erläuterung bei Fischer, der Vertrag von Nizza, 1. Aufl. 2001, S. 531

lungsrichtlinie 76/207/EWG (a.F.) hat der Erläuterung zufolge Eingang in das mit Art. 23 Abs. 1 statuierte Grundrecht der Gleichheit von Männern und Frauen gefunden. Schließlich übernimmt Art. 23 Abs. 2 der Grundrechtecharta in kürzerer Fassung den Art. 141 Abs. 4 EGV, ohne ihn zu ändern (vgl. Art. 51 Abs. 2 der Charta)[997].

Im Ergebnis bedeutet dies, daß das hier gefundene Ergebnis in Bezug auf die Grundrechtseffektivierung durch die primär- und sekundärrechtlichen Gemeinschaftsnormen und Rechtsakte seinen Niederschlag in Art. 21 Abs. 1 und Art. 23 der Grundrechtecharta gefunden hat. Die Primär- und Sekundärrechtsnormen inspirieren das Gemeinschaftsgrundrecht[998], das bislang nur als ungeschriebener Grundsatz von fundamentaler Bedeutung durch die Rechtsprechung des EuGH und die Literatur in diesem Bereich existierte. In Art. 23 der Charta manifestiert sich aber offensichtlich die Anerkennung eines Menschenrechts der Gleichstellung von Männern und Frauen in allen Bereichen, da Art. 23 über den Bereich der Beschäftigung hinausgeht, denn er enthält ein umfassendes Konzept[999]. Er stellt das Erfordernis eines programmatischen Ansatzes mit Maßnahmen auf, die sich auf das öffentliche und private Leben, aber auch auf den Arbeitsbereich, beziehen[1000]. Kravaritou stellt schließlich im Hinblick auf die Formulierung des Art. 23 Abs. 2 im Gegensatz zu Art. 141 Abs. 4 EGV klar, daß „Grundsatz der Gleichheit" wegen der offeneren Formulierung als in Art. 141 Abs. 4 EGV („Grundsatz der Gleichbehandlung") einen größeren Anwendungsradius hat, mithin eine breitere Basis von positiven Maßnahmen ermöglicht[1001]. Während sich Art. 141 Abs. 4 EGV auf das Arbeitsleben beschränkt, bezieht sich Art. 23 auf „alle Bereiche". Da aber das Arbeitsleben auf alle Bereiche (Familie, Vertretung in Politik, Verbänden, Wirtschaft, Organisationen etc.) auswirkt, geht es Art. 23 auch nicht um die Abwehr individueller, diskriminierender Handlungen, sondern um die Erreichung der Gleichstellung diskriminierter Gruppen. Positive Maßnahmen i.S.d. Art. 23 stellen keine Ausnahme vom Recht auf Gleichstellung dar (vgl. etwa noch Art. 2 Abs. 4 der Richtlinie 76/207/EWG a.F.) – Art. 23 Abs. 2 der Charta erkennt durch seine Wortwahl „unterrepräsentiertes Geschlecht" klar die kollektive Dimension der Gleichheit von Männern und Frauen an[1002].

Da insbesondere mit Art. 23, aber auch Art. 21 Abs. 1 der Grundrechtecharta, klargestellt worden ist, daß die primär- und sekundärrechtlichen Gemeinschafts-

---

997   Fischer, S. 532
998   Kravaritou in Bercussion (Hrsg.), Europäisches Arbeitsrecht und die EU-Charta der Grundrechte, S. 42
999   Kravaritou, S. 43 f.
1000  Kravaritou, S. 44
1001  Kravaritou, S. 45
1002  Ebenda

normen integraler Bestandteil der neugeschaffenen Europäischen Verfassung geworden sind, ist damit auch der Vorrang des Gemeinschaftsgrundrechts auf Gleichbehandlung von Frauen und Männern bestätigt. Die Primär- und Sekundärrechtsnormen fließen in das Grundrecht ein, verleihen ihm die entsprechende Kontur und übernehmen nicht zuletzt die Funktion des Auslegungsmaßstabs bzw. der Auslegungshilfe bei der Rechtsfindung durch den EuGH. Die Gleichstellung von Frau und Mann ist im übrigen als eines der Ziele der Union in Art. 3 Abs. 3 des Teils I der Europäischen Verfassung verankert worden.

*1.2. Bindung der Mitgliedstaaten an das Gemeinschaftsrecht*

Vor dem Hintergrund der Geltung und des Bestands des Gemeinschaftsgrundrechts der Gleichbehandlung von Männern und Frauen sowie dem europäischen Primär- und Sekundärrecht auf dem Gebiet der Geschlechtergleichbehandlung, stellt sich die Frage nach der Wirkung und Bindung der Mitgliedstaaten an das Gemeinschaftsrecht neben dem nationalen Recht. Diese Frage ist vor allem deshalb relevant, weil sie zur Lösung möglicher Kollisionsfälle zwischen europäischen und nationalen Rechtsgrundlagen beiträgt, aber auch eine Antwort auf die fortschreitende europäische Integration und rechtliche Annäherung der mitgliedstaatlichen Rechtsordnungen im Hinblick auf die Verwirklichung der faktischen Gleichberechtigung geben kann. Art. 9 des Teils I der Europäischen Verfassung legt außerdem auf dem Gebiet der Zuständigkeiten der Union fest, daß für die EU der Grundsatz der begrenzten Einzelermächtigung gilt (Abs. 1) und das die EU deshalb nur zur Verwirklichung der ihr von den Mitgliedstaaten zugewiesenen und in der Europäischen Verfassung niedergelegten Ziele tätig wird (Abs. 2). Im übrigen gilt gemäß Art. 9 Abs. 3 des Teils I der Europäischen Verfassung das bereits in Art. 5 Abs. 2 EGV enthaltene Subsidiaritätsprinzip weiter.

*a) Vorrang des Gemeinschaftsrechts*

Grundlegend für die Frage nach der Bindungswirkung des Gemeinschaftsrechts, auch in bezug auf das Verfassungsrecht der Mitgliedstaaten, ist die Entscheidung des EuGH in der Rechtssache Costa/E.N.E.L.[1003], in der er klar herausgearbeitet hat, daß mit dem EWG-Vertrag im Gegensatz zu anderen internationalen Verträgen eine eigene Rechtsordnung geschaffen worden sei, die beim Inkrafttreten des Vertrags auch zu ihrer Aufnahme in die Rechtsordnungen der Mitgliedstaaten geführt hat und von den nationalen Gerichten anzuwenden ist. Da die Ge-

---

1003   EuGH v. 15.07.1964, Slg. 1964, S. 1251 (S. 1269 ff) Rs. 6/64

meinschaft auf unbegrenzte Zeit angelegt sei und außerdem mit eigenen Organen, mit Rechts- und Geschäftsfähigkeit sowie internationaler Handlungsfähigkeit und mit echten, sich aus der Beschränkung der Zuständigkeit der Mitgliedstaaten oder aus der Übertragung von Hoheitsrechten der Mitgliedstaaten auf die Gemeinschaft ergebenden Hoheitsrechten ausgestattet ist, haben die Mitgliedstaaten auf einem begrenzten Gebiet ihre Souveränitätsrechte abgegeben und gleichzeitig einen Rechtskörper geschaffen, der für sie verbindlich ist.

So führte der EuGH in dieser Entscheidung weiter aus, daß es den Mitgliedstaaten deshalb auch verwehrt sei, gegen eine auf der Grundlage von Gegenseitigkeit angenommenen Rechtsordnung nachträglich einseitige Maßnahmen zu ergreifen, die eine Gefahr für die Verwirklichung der Vertragsziele i.S.v. Art. 10 Abs. 2 EGV (Art. 5 Abs. 2 EGV a.F.) darstellen und Diskriminierungen zur Folge haben könnten, wenn das Gemeinschaftsrecht je nach der jeweiligen späteren Gesetzgebung in den Mitgliedstaaten von einem Staat zum anderen unterschiedliche Geltung erlangen würde.

Schließlich stellte der EuGH hier fest, daß der Vorrang des Gemeinschaftsrechts sich auch über Art. 249 Abs. 2 EGV begründen lasse, demnach die Verordnung verbindlich und unmittelbar in den Mitgliedstaaten wirke, denn diese Vertragsnorm wäre ohne Bedeutung, wenn nationale Gesetzgebungsakte dem Gemeinschaftsrecht vorgingen.

Im Ergebnis kam der EuGH in dieser Entscheidung zu dem Schluß, daß dem vom Vertrag geschaffenen, aus einer autonomen Rechtsquelle fließenden Recht wegen dieser Eigenständigkeit keine wie auch immer geartete innerstaatliche Rechtsvorschrift vorgehen könne, wenn dem Gemeinschaftsrecht nicht sein Charakter aberkannt und die Rechtsgrundlage der Gemeinschaft selbst in Frage gestellt werden sollte.

In ständiger Rechtsprechung[1004] hat der EuGH weiterhin den Vorrang des Gemeinschaftsrechts, und zwar sowohl des primären als auch des sekundären, vor dem nationalen Recht der Mitgliedstaten bestätigt[1005].

Die vom EuGH in seiner Costa/E.N.E.L.-Entscheidung herausgearbeitete unmittelbare Geltung und Anwendbarkeit des Gemeinschaftsrechts führt schließlich auch dazu, daß sich der einzelne auf unmittelbar anwendbares Gemeinschaftsrecht vor nationalen Gerichten berufen kann und das dieses im Kollisionsfall dem nationalen Recht ebenfalls vorgeht[1006]. Dieser gemeinschaftsrechtliche Vorrang gilt dabei gegenüber dem nationalen Recht jeder Rangstufe, d.h. ein-

---

1004 Vgl. u.a. EuGH v. 09.03.1978, Slg. 1978, S. 629 (S. 643 ff.) Rs. 106/77 Staatliche Finanzverwaltung/Simmenthal
1005 Oppermann, S. 230 Rn. 617 sowie Schweitzer/Hummer, S. 266 Rn. 853
1006 Beutler/Bieber/Pipkorn/Streil, S. 89 Rn. 105

schließlich der Verfassungen der Mitgliedstaaten mit ihren Grundrechten[1007]. Das bedeutet, daß die Gemeinschaftsgrundrechte auch den in den nationalen Verfassungen verankerten Grundrechten vorgehen[1008], sofern sie Eingang in die Grundrechte-Charta als Bestandteil der Europäischen Verfassung gefunden haben.

Beutler spricht dagegen von einem indirekten Vorrang der vom EuGH entwickelten Grundrechte vor den mitgliedstaatlichen Grundrechten, räumt aber für die unmittelbar aus dem Vertragstext abgleiteten Grundrechte auch einen unmittelbaren Rang vor nationalem Recht ein[1009]. Dies muß in jedem Fall für das arbeitsrechtliche Gemeinschaftsgrundrecht der Gleichbehandlung von Männern und Frauen als spezifische Ausprägung des Gleichheitsgrundsatzes in Art. 141 EGV gelten[1010]. Mit der Ratifikation des Vertrags von Amsterdam kann dieses aber auch für den allgemeineren Grundsatz der Gleichbehandlung der Geschlechter Gültigkeit beanspruchen, der nicht nur hinter dem arbeitsrechtlichen Grundsatz steht, sondern auch gerade in Art. 2 und 3 Abs. 2 EGV seinen Niederschlag gefunden hat.

Im Ergebnis kommt damit dem Gemeinschaftsrecht unabhängig davon, ob es sich um ein wie bislang noch ungeschriebenes oder mit Verabschiedung der Europäischen Verfassung geschriebenes Gemeinschaftsgrundrecht, Primär- oder Sekundärrecht handelt, ein Vorrang vor dem nationalen Recht zu, was sich ebenfalls auf die in den Verfassungen der Mitgliedstaaten garantierten Grundrechte bezieht.

*b) Der Vorrang des Gemeinschaftsrechts und die Rechtsprechung des BVerfG*

Schon im Jahr 1967 hat das BVerfG[1011] in tatsächlicher Hinsicht den Vorrang des europäischen Sekundärrechts vor nationalem Recht insoweit akzeptiert, als daß es eine Verfassungsbeschwerde gegen Akte der Gemeinschaftsorgane nach § 90 BverfGG abgelehnt hatte, weil es sich hier um Rechtsakte einer nichtdeutschen öffentlichen Gewalt handele[1012].

In einer weiteren Entscheidung von 1971 hat es den faktisch schon 1967 bestätigten Vorrang des Gemeinschaftsrechts i.S.d. EuGH-Entscheidung Costa/E.N.E.L. vom 15.07.1964 auch materiell begründet[1013], indem er unter Be-

---

1007 Oppermann, S. 231 Rn. 620
1008 So ausdrücklich Oppermann, S. 191 Rn. 497
1009 Beutler in Von der Groeben/Thiesing/Ehlermann (Hrsg.), Art. F Rn. 73
1010 Vgl. auch Bleckmann, Europarecht, S. 58 Rn. 111
1011 BVerfGE 22, S. 293 (S. 296 f.)
1012 Vgl. auch Schweitzer/Hummer, S. 266 Rn. 854
1013 Schweitzer/Hummer, S. 267 Rn. 855

zugnahme auf Art. 24 Abs. 1 GG klarstellte, daß mit der Ratifikation des EWG-Vertrags eine eigenständige Rechtsordnung entstanden sei, die in die nationalen Rechtsordnungen hineinwirkt und von den deutschen Gerichten anzuwenden ist[1014].

Mit dem „Solange I-Beschluß" vom 29.05.1974[1015] hat das BVerfG festgestellt, daß „solange der Integrationsprozeß der Gemeinschaft nicht so weit fortgeschritten ist, daß das Gemeinschaftsrecht auch einen von einem Parlament beschlossenen und in Geltung stehenden formulierten Katalog von Grundrechten enthält, der dem Grundrechtskatalog des Grundgesetzes adäquat ist, (...) nach Einholung der in Art. 234 EGV (Art. 177 EGV a.F.) geforderten Entscheidung des Europäischen Gerichtshofs die Vorlage eines Gerichts der Bundesrepublik Deutschland an das Bundesverfassungsgericht im Normenkontrollverfahren zulässig und geboten (ist), wenn das Gericht die für es entscheidungserhebliche Vorschrift des Gemeinschaftsrechts in der vom Europäischen Gerichtshof gegebenen Auslegung für unanwendbar hält, weil und soweit sie mit einem der Grundrechte des Grundgesetzes kollidiert"[1016].

In Anknüpfung an seine beiden Entscheidungen aus den Jahren 1967 und 1971 betonte das BVerfG hier, daß weder der EuGH befugt sei, verbindlich über die Vereinbarkeit einer Regelung des Gemeinschaftsrechts mit dem GG zu entscheiden, noch daß das BVerfG zuständig ist für Entscheidungen zur inhaltlichen Vereinbarkeit von sekundärem mit primärem Gemeinschaftsrecht, da beide Rechtskreise grundsätzlich unabhängig voneinander und nebeneinander Geltung beanspruchen könnten[1017]. Bei inhaltlichen Konflikten beider Rechtsordnungen miteinander folge aus dem besonderen Verhältnis der Gemeinschaft und ihrer Mitgliedstaaten zunächst eine Pflicht des EuGH und des BVerfG, sich um die Übereinstimmung beider Rechtsordnungen zu bemühen[1018]. Gelingt dieses nicht, so reicht es laut BVerfG nicht aus, vom Vorrang des Gemeinschaftsrechts gegenüber dem nationalen Verfassungsrecht auszugehen, um zu dem Ergebnis zu gelangen, daß sich das Gemeinschaftsrecht immer gegen das nationale Verfassungsrecht durchzusetzen habe, weil sonst die Gemeinschaft selbst in Frage gestellt würde[1019]. Das Gemeinschaftsrecht werde nicht dadurch in Frage gestellt, wenn es ausnahmsweise keinen Vorrang vor zwingendem Verfassungsrecht beanspruchen könne[1020].

---

1014 BVerfGE 31, S. 145 (S. 173 f.)
1015 BVerfGE 37, S. 271
1016 BVerfGE 37, S. 271 (Leitsatz)
1017 BVerfGE 37, S. 278
1018 Ebenda
1019 Ebenda
1020 BVerfGE 37, S. 278 f.

Das BVerfG folgerte hieraus, daß diese Verfassungsnorm deshalb auch nicht den Weg für Vertragsänderungen ebne, die die Identität der geltenden Verfassung Deutschlands durch Einbruch in die sie konstituierenden Strukturen aufheben würden, was ebenfalls für Vorschriften des sekundären Gemeinschaftsrechts gelte[1021]. Schließlich sei das Wesen der Verfassung durch seinen Grundrechtsteil bestimmt, der außerdem unaufgebbar sei und die Verfassungsstruktur des GG präge, so daß er über Art. 24 Abs. 1 GG auch nicht ohne Vorbehalte relativiert werden könne[1022]. Der vom BVerfG hier noch betonte Aspekt des Fehlens eines Grundrechtskatalogs inhaltlicher Zuverlässigkeit, der für die Zukunft unzweideutig feststehe, hat vor dem Hintergrund der Europäischen Verfassung keine Bedeutung mehr. Vielmehr erhält nun die Aussage, daß nur ein solcher Grundrechtskatalog auch einen Vergleich und eine Entscheidung zulasse, ob der gegenwärtige allgemein verbindliche Grundrechtsstandard in der Gemeinschaft auf Dauer dem des GG entspreche, besonderes Gewicht[1023]. Die Rechtsprechung des EuGH allein konnte nach Ansicht des BVerfG diese Rechtsgewißheit nicht gewährleisten[1024] - mit der Implementation der Grundrechte-Charta in die Europäische Verfassung verfügt die EU nunmehr über einen fest verankerten Grundrechtskatalog, der die Unbestimmtheit und Ungewißheit über die Existenz und Geltung von Gemeinschaftsgrundrechten aufhebt.

Mit dem sogenannten Solange II-Beschluß vom 22.10.1986[1025] hat das BVerfG dann die im Jahr 1974 gebildete Solange-Formel mit Blick auf die zwischenzeitliche Entwicklung des gemeinschaftsrechtlichen Grundrechtsstandards umgekehrt[1026]: „Solange die Europäischen Gemeinschaften, insbesondere die Rechtsprechung des Gerichtshofs der Gemeinschaften einen wirksamen Schutz der Grundrechte gegenüber der Hoheitsgewalt der Gemeinschaften generell gewährleisten, der dem vom Grundgesetz als unabdingbar gebotenen Grundrechtsschutz im wesentlichen gleichzuachten ist, zumal den Wesensgehalt der Grundrechte generell verbürgt, wird das Bundesverfassungsgericht seine Gerichtsbarkeit über die Anwendbarkeit von abgeleitetem Gemeinschaftsrecht, das als Rechtsgrundlage für ein Verhalten deutscher Gerichte oder Behörden im Hoheitsbereich der Bundesrepublik Deutschland in Anspruch genommen wird, nicht mehr ausüben und dieses Recht mithin nicht mehr am Maßstab der Grund-

---

1021 Ebenda
1022 BVerfGE 37, S. 280
1023 Ebenda
1024 Ebenda
1025 BVerfGE 73, S. 339
1026 So Hesse, Grundzüge des Verfassungsrechts der BRD, Neudruck der 20. Aufl. 1999, S. 48 Rn. 108

rechte des Grundgesetzes überprüfen; entsprechende Vorlagen nach Art. 100 Abs. 1 GG sind somit unzulässig"[1027].

Hier hat das BVerfG folglich in Abkehr vom Solange I-Beschluß festgestellt, daß nunmehr auf Gemeinschaftsebene ein ausreichender, dem Grundrechtsstandard des GG entsprechender Grundrechtsschutz gewährleistet ist und seine Prüfungskompetenz in bezug auf eventuelle Normenkontrollverfahren nach Art. 100 Abs. 1 GG zurückgenommen[1028]. So führte das BVerfG u.a. aus, daß ein innerstaatlicher Geltungs- oder Anwendungsvorrang des Gemeinschaftsrechts nur auf der Basis eines dahingehenden nationalen Rechtsanwendungsbefehls möglich sei, was verfassungsrechtlich von Art. 24 Abs. 1 GG eingeräumt worden sei und durch die Zustimmungsgesetze zu den Gemeinschaftsverträgen gemäß Art. 24 Abs. 1 und Art. 59 Abs. 2 S. 1 GG auch zusätzlich zustande gekommen wäre[1029]. Aus dem Rechtsanwendungsbefehl des Zustimmungsgesetzes, der sich auf Art. 249 Abs. 2 EGV erstreckt, ergebe sich damit die unmittelbare Geltung und der Anwendungsvorrang der Gemeinschaftsverordnung für deutsches Recht[1030].

Unter Bezugnahme auf den Solange I-Beschluß wiederholte das BVerfG noch einmal, daß der Grundrechtsteil des GG ein unverzichtbares, zum Wesenskern der geltenden Verfassung gehörendes Grundgefüge von Rechtsprinzipien darstelle und das Art. 24 Abs. 1 GG auch nicht vorbehaltlos die Relativierung dieser Rechtsprinzipien gestatte[1031]. In ausführlicher Auseinandersetzung mit der Grundrechtsprechung des EuGH erklärte das BVerfG schließlich, daß mittlerweile im Hoheitsbereich der Europäischen Gemeinschaften ein Maß an Grundrechtsschutz gewährleistet sei, das nach Konzeption, Inhalt und Wirkungsweise dem Grundrechtsstandard des GG entspreche[1032]. Außerdem hätten alle Hauptorgane der Gemeinschaft sich seither in rechtserheblicher Form zur Achtung der sich insbesondere aus den Verfassungen der Mitgliedstaaten und der EMRK ergebenden Grundrechte bei der Ausübung ihrer Befugnisse und im Verfolg der Gemeinschaftsziele verpflichtet[1033]. So könne das BVerfG darüber hinaus auch keine durchgreifenden Anhaltspunkte dafür erkennen, daß der erreichte gemeinschaftsrechtliche Grundrechtsschutz nicht ausreichend gefestigt und/oder vorübergehender Natur sei[1034].

---

1027 BVerfGE 73, S. 340 (2. Leitsatz)
1028 Vgl. auch Hesse, S. 46 Rn. 106 Fn. 34
1029 BVerfGE 73, S. 375
1030 Ebenda
1031 BVerfGE 73, S. 376
1032 BVerfGE 73, S. 378 ff.
1033 BVerfGE 73, S. 378
1034 Ebenda

Mit dem Maastricht-Urteil des BVerfG vom 12.10.1993[1035] wurden die gegen das deutsche Zustimmungsgesetz vom 28.12.1992 zum Vertrag vom 07.02.1992 über die Europäische Union[1036] und das Gesetz zur Änderung des GG vom 21.12.1992[1037] gerichteten Verfassungsbeschwerden zurückgewiesen und der Weg freigemacht für das Inkrafttreten des Vertrags am 01.11.1993[1038]. Das BVerfG traf im 7. Leitsatz seiner Entscheidung die hier interessierenden Feststellungen zum gemeinschaftsrechtlichen und nationalen Grundrechtsschutz sowie zum Zuständigkeitsverhältnis von EuGH und BVerfG: „Auch Akte einer besonderen, von der Staatsgewalt der Mitgliedstaaten geschiedenen öffentlichen Gewalt einer supranationalen Organisation betreffen die Grundrechtsberechtigten in Deutschland. Sie berühren damit die Gewährleistungen des Grundgesetzes und die Aufgaben des Bundesverfassungsgerichts, die den Grundrechtsschutz in Deutschland und insoweit nicht nur gegenüber deutschen Staatsorganen zum Gegenstand haben (Abweichung von BVerfGE 58, S.1 [S.27]). Allerdings übt das Bundesverfassungsgericht seine Rechtsprechung über die Anwendbarkeit von abgeleitetem Gemeinschaftsrecht in Deutschland in einem „Kooperationsverhältnis" zum Europäischen Gerichtshof aus"[1039].

Das BVerfG stellte in seiner Maastricht-Entscheidung auf der Grundlage der Präambel des GG sowie Art. 23 und 24 GG heraus, daß die hier angelegte und geregelte Offenheit für eine europäische Integration ebenfalls grundrechtserhebliche Eingriffe von Gemeinschaftsorganen nach sich ziehen könnte und demnach ein Grundrechtsschutz für den gesamten Geltungsbereich dieser Maßnahmen gewährleistet sein müsse. Folge dieser Gewährleistung sei insbesondere die räumliche Erweiterung des Anwendungsbereichs der Freiheitsrechte und die Vergleichsperspektive bei der Anwendung des Gleichheitssatzes[1040]. Eine ins Gewicht fallende Minderung des Grundrechtsschutzes sei damit jedoch nicht verbunden[1041]. Nationale Grundrechte seien immer im Gesamtgefüge der Verfassung als normative Sinneinheit zu begreifen und deshalb auch im Einklang und in Abstimmung mit anderen, von der Verfassung aufgestellten und anerkannten Rechtsgütern wie z.B. das Bekenntnis der Präambel des GG zu einem Vereinten Europa und zu den gemäß Art. 24 Abs. 1 GG ermöglichten Formen

---

1035 BVerfGE 89, S. 155
1036 BGBl. II, S. 1251
1037 BGBl. I, S. 2086
1038 Vgl. Wittkowski, BayVBl. 1994, S. 359
1039 BVerfGE 89, S. 156 (7. Leitsatz); vgl. dazu auch Limbach, EuGRZ 2000, S. 417 (S. 418 ff.)
1040 BVerfGE 89, S. 174
1041 Ebenda

supranationaler Zusammenarbeit auszulegen und anzuwenden[1042]. Aus der Sicht des GG seien damit auch Regelungen auf Gemeinschaftsebene ermöglicht, die die Grundrechte im Einklang mit den Zielen und besonderen Strukturen der Gemeinschaft wahren, wobei allerdings der Wesensgehalt der Grund- und Menschenrechte unabdingbar sei und auch gegenüber der Hoheitsgewalt der Gemeinschaft Bestand haben müsse, was inzwischen auf Gemeinschaftsebene aber auch ausreichend generell gewährleistet sei[1043]. Aufgrund dieser Verzahnung nationaler Grundrechte mit den Gemeinschaftsregelungen sei das BVerfG auch gehalten, den Wesensgehalt der Grundrechte gegenüber der Gemeinschaft zu sichern, allerdings in der Beschränkung auf die generelle Gewährleistung des unabdingbaren Grundrechtsstandards[1044]. Demgegenüber garantiere der EuGH den Grundrechtsschutz in jedem Einzelfall auf dem gesamten Gebiet der Europäischen Gemeinschaften[1045]. Diese vom BVerfG vorgenommene Aufgabenzuweisung an den EuGH auf der einen Seite und an das BVerfG auf der anderen Seite bezeichnete es im Maastricht-Urteil denn auch als das Kooperationsverhältnis zwischen EuGH und BVerfG[1046].

*c) Bewertung*

Die Grundzüge, insbesondere der Maastricht-Entscheidung für das Verhältnis des Gemeinschaftsgrundrechts der Gleichbehandlung der Geschlechter und des Primär- und Sekundärrechts zum nationalen Recht im Bereich der Herstellung faktischer Gleichberechtigung sind deshalb relevant, weil durch den Vertrag von Amsterdam neue qualitative Elemente in das Gemeinschaftsgrundrecht eingeflossen sind, wie z.B. das „gender mainstreaming", die auch dem nationalen Recht und hier insbesondere Art. 3 Abs. 2 GG eine neue Kontur und Erweiterung verleihen, sofern i.S.d. BVerfG der Wesensgehalt und die Strukturprinzipen des Grundrechts der Gleichberechtigung von Männern und Frauen unangetastet bleiben. Das der Vertrag von Amsterdam diese Frage vom Verhältnis der gemeinschaftsrechtlichen Verbürgungen zum nationalen Recht bzw. das Verhältnis des BVerfG zum EuGH erneut zu aktivieren vermag, belegt vor allem der Titel des von Rupp verfaßten Aufsatzes, der nach der „Ausschaltung des Bundesverfassungsgerichts durch den Amsterdamer Vertrag"[1047] fragt.

---

1042　Ebenda
1043　Ebenda
1044　BVerfGE 89, S.175 unter Berufung auf BVerfGE 73, S. 387
1045　BVerfGE 89, S. 175
1046　Ebenda
1047　Rupp, JZ 1998, S. 213

So ist Götz u.a. in Besprechung des Maastricht-Urteils der Ansicht, daß die Abkehr vom Solange II-Beschluß des BVerfG in der restriktiveren Interpretation der Voraussetzungen liegt, unter denen sich das BVerfG im Hinblick auf den europäischen Grundrechtsschutz zurückzieht[1048]. Tietje sieht in der Maastricht-Entscheidung eine Modifizierung und Klarstellung des Solange II-Beschlusses[1049].

Wittkowski versteht den 7. Leitsatz der Maastricht-Entscheidung nicht als grundsätzliche Neuerung gegenüber den vorangegangenen Entscheidungen des BVerfG zum Verhältnis von Gemeinschaftsrecht und nationalem Recht und der Aufteilung der Zuständigkeiten zwischen EuGH und BVerfG; er folgert aus dem Maastricht-Urteil, daß es sogar dabei bleibt, daß das BVerfG seine Gerichtsbarkeit grundsätzlich zugunsten des EuGH im Hinblick auf die individuelle Gewährleistung des Grundrechtsschutzes auf Gemeinschaftsebene ausgesetzt hat und nur ausnahmsweise zuständig ist, wenn der EuGH die geltend gemachten Grundrechte insgesamt und generell nicht anerkennt und auf diese Weise den Wesensgehalt der Grundrechte als unabdingbaren Grundrechtsstandard, unterschreitet[1050]. Dies deckt sich wiederum mit der Annahme Ipsens, daß die schon im Solange II-Beschluß aufgestellte Wesensgehaltgrenze auch bis auf weiteres den Prüfungsrahmen abgibt, bis zu dem sich das BVerfG einer eigenen Verfassungsprüfung entzieht[1051].

Sowohl Tomuschat[1052] als auch Hirsch[1053] sehen schließlich die Konsequenz der Maastricht-Entscheidung darin, daß nunmehr auch deutsche Fachgerichte und Verwaltungen bei angenommenen Kompetenzüberschreitungen der Gemeinschaft bei der Schaffung von Sekundärrecht sowie der Rechtsfortbildung der Gemeinschaftsgrundrechte dieses außer Anwendung lassen könnten. Folge sei deshalb auch die Gefährdung der Rechtssicherheit in der Anwendung des Gemeinschaftsrechts[1054], da sie mit der damit verbundenen Einschränkung des Anwendungsvorrangs des Gemeinschaftsrechts der Gemeinschaft und ihren Rechtsakten auch die innerstaatliche Verbindlichkeit nehme[1055].

Dem hält Kokott entgegen, daß ein eventuelles Verwerfungsmonopol eines jeden deutschen Staatsorgans im Widerspruch zum Grundtenor des Maastricht-Urteils stände, demnach die Rechtsverbindlichkeit europäischer Rechtsakte nicht

---

1048　Götz, JZ 1999, S. 1081 (S. 1083)
1049　Tietje, JuS 1994, S. 197 (S. 200)
1050　Wittkowski, S. 362 f.
1051　Ipsen, EuR 1994, S. 1 (S. 12)
1052　Tomuschat, S. 494
1053　Hirsch, NJW 1996, S. 2457 (S. 2461)
1054　Tomuschat, S. 494
1055　Hirsch, NJW 1996, S. 2457 (S. 2460)

in jedem Einzelfall zur Disposition des BVerfG stehe und sich das Gericht im übrigen auf eine generelle Gewährleistung des unabdingbaren Grundrechtsstandards beschränke[1056]. Schließlich überfordere ein Verwerfungsrecht eines jeden deutschen Staatsorgans auch die innerstaatlichen Rechtsanwender und führe zu einer Rechtsunsicherheit, die dem Willen des BVerfG aber nicht zu unterstellen sei, da es weder zur Rechtszersplitterung noch zur Gefährdung einer europäischen Integration beitragen wollte[1057].

Auch wenn dieses Verständnis des Maastricht-Urteils an sich überzeugend ist, deutet der Hinweis von Hirsch in bezug auf den Umgang deutscher Gerichte z.B. mit dem Urteil des EuGH in der Rechtssache Kalanke/Freie Hansestadt Bremen vom 17.10.1995[1058] in eine andere Richtung: Der von Hirsch[1059] beispielhaft angeführte Beschluß des OVG Münster vom 19.12.1995 zur Vereinbarkeit der nordrhein-westfälischen leistungsabhängigen Vorrangregelung zugunsten von Frauen im öffentlichen Dienst mit Härtefallklausel erklärte den streitbefangenen § 25 Abs. 5 S. 2 1. Halbsatz des Beamtengesetzes Nordrhein-Westfalens für unvereinbar mit Gemeinschaftsrecht, da dem Kalanke-Urteil nicht zu entnehmen sei, daß eine Härtefall- oder Öffnungsklausel einer Vorrangregelung die gemeinschaftsrechtlich unzulässige Automatik nehmen könne[1060]. Weitere im 6. Kapitel dieser Arbeit behandelte Entscheidungen der deutschen Verwaltungsgerichtsbarkeit belegen, daß das OVG Münster hier keinen Einzelfall darstellt. Korrekt wäre vom Verfahren her die Einholung einer Vorabentscheidung des EuGH gemäß Art. 234 EGV gewesen, was das VG Gelsenkirchen mit Datum vom 21.12.1995 zur Vereinbarkeit von § 25 Abs. 5 S. 2 1. Halbsatz des LBG Nordrhein-Westfalens mit Gemeinschaftsrecht auch getan hat[1061] und was zur Marschall-Entscheidung des EuGH vom 11.11.1997[1062] geführt hat.

Als Zwischenrésumée ist festzuhalten, daß die Maastricht-Entscheidung an dieser Stelle der Eindeutigkeit entbehrt[1063]. Jedoch ist davon auszugehen, daß das BVerfG in der Linie des Solange II-Beschlusses geblieben ist und sich im Hinblick auf den Wesensgehalt der Grundrechte eine Überprüfungskompetenz vorbehält, sofern sekundäre Gemeinschaftsrechtsakte aus den ihnen gesetzten Befugnisgrenzen des Primärrechts ausbrechen oder ein Gemeinschaftsgrundrecht in der Rechtsprechung des EuGH eine Wendung erfährt, die den nationalen

---

1056  Kokott, AöR 1994, S. 207 (S. 219)
1057  Kokott, S. 220 sowie Zuleeg, JZ 1994, S. 1 (S. 3)
1058  Slg. 1995, S. 3051 Rs. C-450/93
1059  Hirsch, S. 2461
1060  OVG Münster v. 19.12.1995, EuZW 1996, S. 158 (S. 159)
1061  Vgl. VG Gelsenkirchen v. 21.12.1995, AuR 1996, S. 155
1062  Slg. 1997, S. 6363 Rs. C-409/95 Marschall/Land Nordrhein-Westfalen
1063  Hirsch, NJW 1996, S. 2457 (S. 2461)

Grundrechtsstandard unterschreitet oder im Wesensgehalt antastet. Nichts anderes geht auch aus Art. 23 Abs. 1 GG hervor, der als lex specialis zu Art. 24 Abs. 1 GG diese Gesetzesnorm in ihrem Anwendungsbereich verdrängt[1064].

Eine verfassungsrechtliche Schranke für Änderungen der vertraglichen Grundlagen der EU und vergleichbarer Regelungen, durch die das GG inhaltlich geändert oder ergänzt wird oder solche Änderungen und Ergänzungen ermöglicht werden, bildet dabei Art. 79 Abs. 2 und 3 GG[1065], der Änderungen des GG u.a. im Hinblick auf die in den Art. 1 bis 20 GG niedergelegten Grundsätze für unzulässig erklärt. Art. 23 GG ist demnach ausdrücklich an die von Art. 79 Abs. 3 GG vorgegebenen Grenzen gebunden, der die Schranken der verfassungsändernden Gewalt festlegt[1066].

Trotz der fehlenden Eindeutigkeit der Maastricht-Entscheidung zur Frage der Nichtanwendung von Gemeinschaftsrecht durch nationale Gerichte, die in der Praxis bereits zu den hier angerissenen Konsequenzen im Umgang mit EuGH-Entscheidungen auf dem Gebiet der Verwirklichung faktischer Gleichberechtigung von Männern und Frauen geführt hat, hat das Maastricht-Urteil diesbezüglich die im Solange I-Beschluß vorgezeichnete Linie nicht verlassen: Eine Verwerfungsbefugnis konzentriere sich ausschließlich beim BVerfG, denn es sei Aufgabe des Gerichts darüber zu wachen, daß sich nicht jedes andere nationale Gericht über den Willen des Gesetzgebers hinwegsetze, was im übrigen auch im Interesse der Gemeinschaft und ihrer Rechtsakte liege[1067]. Das BVerfG wird nur ganz ausnahmsweise tätig, wenn sich die Gemeinschaft in Widerspruch zur „Struktursicherungsklausel" des Art. 23 Abs. 1 S. 1 GG[1068] setzen sollte.

Mit dem Inkrafttreten der Europäischen Verfassung ist im Hinblick auf die Zuständigkeiten der EU in Art. 10 Abs. 1 des Teils I klargestellt, daß die Verfassung und das von den Organen der Union in Ausübung der ihnen zugewiesenen Zuständigkeiten gesetzte Recht Vorrang vor dem Recht der Mitgliedstaaten hat. Diese eindeutige Statuierung des Vorrangs von Gemeinschaftsrecht und hier insbesondere auch der Europäischen Verfassung mit dem in ihr verankerten Grundrechtskatalog der Grundrechte-Charta hebt die ausnahmsweise Zuständigkeit des BVerfG aber nicht auf, denn nach Art. 9 Abs. 1 gilt der Grundsatz der begrenzten Einzelermächtigung und die EU ist weiterhin den Grundsätzen der Subsidiarität und Verhältnismäßigkeit bei der Wahrnehmung ihrer Zuständigkeiten verpflichtet.

---

1064 Jarass in Jarass/Pieroth, Art. 23 Rn. 2 sowie Hirsch, S. 2458 Fn. 5
1065 Vgl. Art. 79 Abs. 2 GG
1066 Vgl. BVerfGE 89, S. 179
1067 BVerfGE 37, S. 284
1068 Vgl. Götz, S. 1082

Das vom BVerfG im 7. Leitsatz seiner Maastricht-Entscheidung statuierte Kooperationsverhältnis zum EuGH in der Ausübung seiner Rechtsprechung über abgeleitetes Gemeinschaftsrecht bedarf hier noch einer kurzen Erwähnung, weil dem BVerfG eine Auffangfunktion für den Fall zukommt, daß der unabdingbare Grundrechtsstandard auf Gemeinschaftsebene nicht gewährleistet werden kann[1069]. Mit der Implementation der Grundrechte-Charta in die Europäische Verfassung verfügt die Gemeinschaft nunmehr über einen geschriebenen Grundrechtskatalog, der die Transparenz der auf Gemeinschaftsebene bestehenden Grundrechte vermittelt[1070]. Der gemeinschaftsrechtliche Grundrechtsschutz hat damit nicht nur eine zusätzliche Kontur erhalten, sondern bestätigt auch die Verzahnung und wechselseitige Einflußnahme der Rechtsordnungen der Mitgliedstaaten und der Gemeinschaftsrechtsordnung, denn beide Rechtsordnungen sind von demselben Bürger her legitimiert und haben denselben Adressaten[1071]. Deshalb spricht das BVerfG in einer anderen Entscheidung auch von einer normativen Verklammerung der in den Verfassungen der Mitgliedstaaten und in der EMRK enthaltenen Grundrechtsverbürgungen mit den allgemeinen Rechtsgrundsätzen des Gemeinschaftsrechts[1072], die jetzt in der Europäischen Verfassung und insbesondere der Grundrechte-Charta aufgehen.

Für diese Betrachtungsweise spricht außerdem Art. 10 EGV, der den Mitgliedstaaten die Verpflichtung zur Gemeinschaftstreue auferlegt[1073]. Aus dieser Verpflichtung resultieren sowohl für die Mitgliedstaaten untereinander als auch im Verhältnis zu den Gemeinschaftsorganen wechselseitige Kooperationspflichten[1074]. Schließlich verdeutlicht gerade auch die Vorschrift des Art. 234 EGV, die das Vorabentscheidungsverfahren vor dem EuGH regelt, das Zusammenwirken der nationalen Gerichtsbarkeit mit dem EuGH, das im Interesse des Vertragszwecks der europäischen Integration, der Rechtssicherheit und der Rechtsanwendungsgleichheit einer weitgehend einheitlichen Auslegung und Anwendung des Gemeinschaftsrechts durch alle Gerichte im Geltungsbereich der Verträge dienen soll[1075]. Damit ist das vom BVerfG in seiner Maastricht-Entscheidung begrifflich geprägte Kooperationsverhältnis zum EuGH als eine Aufgaben-

---

1069 So auch Gersdorf, DVBl. 1994, S. 674 (S. 675)
1070 Fischer, Der Vertrag von Nizza, 1. Aufl. 2001, S.263
1071 Pernice, S. 2412; das sich dieses auch auf die ungeschriebenen Gemeinschaftsgrundrechte bezieht, stellt Wölker, EuR 1999, S. 99 (S. 111) klar
1072 BVerfGE 75, S. 382 (S. 384); „wechselseitige Verschränkung" Herdegen, EuGRZ 1989, S. 309
1073 Zuleeg in Von der Groeben/Thiesing/Ehlermann (Hrsg.), Art. 5 Rn. 1
1074 Vgl. Tietje, S. 201
1075 BVerfGE 73, S. 368

verzahnung beider Gerichte zu verstehen, die auch als kooperative Rechtsbeziehung bezeichnet werden kann[1076].

In der Konsequenz unterliegen die Organe der Mitgliedstaaten damit einer „doppelten Grundrechtsloyalität"[1077]. Bei einer doppelten Grundrechtsbindung schließt sich aber die Frage an, welches Grundrecht im Fall einer Kollision bzw. Spannungslage den Vorrang beanspruchen kann. Schilling schlägt hier vor, die beiden Grundrechtsebenen als gleichrangig zu betrachten und die Spannungslage im Wege der Herstellung praktischer Konkordanz von Grundrechten und grundrechtsbegrenzenden Rechtsgütern aufzulösen[1078]. Demgegenüber vertritt Gersdorf die Ansicht, daß das Vorrangprinzip eine Kollisionsregel darstellt, die immer dann zur Anwendung kommt, wenn sich das Recht der Mitgliedstaaten und das der Gemeinschaft widersprechen. Nur in einem solchen Fall kommt nach seiner Auffassung die Wirkkraft des Vorrangprinzips voll zum Tragen und führt im Ergebnis zu einer abschließenden Entscheidung des EuGH am Maßstab des Primärrechts oder der Gemeinschaftsgrundrechte auf der Grundlage von Art. 220 und 234 EGV, wobei eine Korrektur durch das BVerfG nur dann möglich ist, wenn durch die Entscheidung des EuGH der Wesensgehalt eines Grundrechts angetastet ist[1079].

Zwar stellt auch Schilling nicht die wechselseitige Verschränkung bzw. das Zusammenwirken von Gemeinschaftsrecht und nationalem Recht in Frage[1080], jedoch ist mit Art. 10 Abs. 1 der Europäischen Verfassung der Vorrang der Verfassung und des von den Gemeinschaftsorganen gesetzten Rechts in ihrem Zuständigkeitsbereich ausdrücklich festgeschrieben worden.

Das BVerfG hat mit der Maastricht-Entscheidung das Vorrangprinzip auch im Hinblick auf das Verhältnis der beiden Grundrechtsebenen nicht in Zweifel gezogen und die Primärverantwortung dem EuGH überlassen, gemeinschaftsrechtlich determinierte Umsetzungs- und Vollzugsakte des sekundären Gemeinschaftsrechts und dieses selbst an den Gemeinschaftsgrundrechten zu messen[1081]. Kollisionen beider Grundrechtsebenen sind vor dem Hintergrund der Europäischen Verfassung kaum noch denkbar – Spannungslagen werden im Zuständig-

---

1076 Gersdorf, S. 675
1077 Pernice, S. 2417 sowie Gersdorf, S. 680
1078 Schilling, Der Staat 1994, S. 555 (S. 567)
1079 Gersdorf, S. 680; gegen eine ausnahmsweise zulässige Korrektur des BVerfG im Rahmen des Grundrechtsschutzes wendet sich vor allem Sander, DÖV 2000, S. 588 (S. 595 f.), der für ein Letztentscheidungsrecht des EuGH und eine Vorlagepflicht des BVerfG nach Art. 234 Abs. 3 EGV plädiert
1080 Schilling, S. 556 f.
1081 Kingreen in Callies/Ruffert (Hrsg.), Art. 6 EUV Rn. 88

keitsbereich der Gemeinschaft künftig über das explizit in Art. 10 Abs. 1 der Europäischen Verfassung verankerte Vorrangprinzip zu lösen sein.

*d) Zwischenergebnis*

Die vorangegangenen Ausführungen haben gezeigt, daß die normative Verklammerung von Gemeinschaftsrecht und nationalem Recht, was insbesondere in Art. 6 Abs. 2 EUV zum Ausdruck kommt, sich gleichzeitig aber auch im Vorabentscheidungsverfahren nach Art. 234 EGV zeigt, mit der Verabschiedung der Europäischen Verfassung eine weitere Aufwertung und Transparenz erfahren hat. Spannungslagen beider Grundrechtsebenen werden über das in Art. 10 Abs. 1 der Europäischen Verfassung festgeschriebene Vorrangprinzip aufgelöst. Das BVerfG kann nur noch in den absoluten Ausnahmefällen tätig werden, wo der Wesensgehalt eines nationalen Grundrechts tangiert ist, was aber mit dem Grundrechtskatalog der Europäischen Verfassung so gut wie ausgeschlossen ist, was sich im übrigen auch aus Art. 52 Abs. 4 der Grundrechte-Charta,Teil II der Europäischen Verfassung, ergibt, der die Auslegung der Gemeinschaftsgrundrechte in Übereinstimmung mit den Grundrechten der Verfassungen der Mitgliedstaaten festlegt und damit auf Kooperation zielt.

*1.3. Bindung des EÖD an das Gemeinschaftsgrundrecht der Gleichbehandlung von Männern und Frauen und mittelbare Geltung des Primär- und Sekundärrechts*

Die Grundrechtsproblematik auf Gemeinschaftsebene, die vor allem bedingt war durch das bisherige Fehlen eines Grundrechtskatalogs, ist notwendiger Bestandteil des EÖD[1082]. Dabei ist zu beachten, daß das Primärrecht des EGV keine inhaltlichen Aussagen zum EÖD trifft, denn die im Vertrag enthaltenen Grundfreiheiten und Konkretisierungen des Diskriminierungsverbots in Art. 141 EGV sind nicht auf den EÖD bezogen, sondern an die Mitgliedstaaten und die Gemeinschaftsbürger/innen adressiert[1083]. Allerdings sind die Bediensteten der Gemeinschaft genauso wenig wie die Gemeinschaftsbürger/innen einer „grenzenlosen Macht", hier der Gemeinschaft und ihrer Organe, im Rahmen des Verwaltungsvollzugs oder der Rechtsetzung im BSt und den Beschäftigungsbedingungen für die sonstigen Beschäftigten ausgesetzt – die Grenzen ergeben sich insbesondere aus den vom EuGH entwickelten allgemeinen Rechtsgrundsätzen

---

1082 Vgl. auch Weber, ZBR 1978, S. 326
1083 Rogalla, S. 53

als Gemeinschaftsgrundrechte, die auch positive Verpflichtungen aufstellen können[1084]. So sind die Gemeinschaftsorgane im Rahmen ihrer Organisationsgewalt zwar frei, ihre Sekretariate und Dienste nach eigenem Ermessen und im Interesse des EÖD zu organisieren und aufzubauen[1085], jedoch unterliegen sie bei der Ausübung der damit verbundenen Weisungs- und Entscheidungsrechte gegenüber ihren Bediensteten gewissen Schranken, die sich neben den allgemeinen Rechtsgrundsätzen ebenfalls aus dem BSt und den Beschäftigungsbedingungen ergeben, gleichzeitig aber auch aus internen Organisationsbeschlüssen oder Einzelentscheidungen folgen können[1086].

Die Bindung der Gemeinschaftsorgane an das Gemeinschaftsgrundrecht der Gleichbehandlung der Geschlechter ist bereits im BSt und den Beschäftigungsbedingungen für die sonstigen Bediensteten angelegt[1087]: Während ursprünglich in Art. 27 Abs. 2 BSt a.F. die Beamten ohne Rücksicht auf Rasse, Glauben oder Geschlecht bei ihrer Einstellung auszuwählen waren[1088], ist durch die Verordnung (EG, EGKS, EURATOM) Nr. 781/98 des Rates vom 07.04.1998 zur Änderung des Statuts der Beamten der Europäischen Gemeinschaften und der Beschäftigungsbedingungen für die sonstigen Bediensteten dieser Gemeinschaften hinsichtlich der Gleichbehandlung[1089] nicht nur Art. 27 Abs. 2 BSt neugefaßt und um weitere (verbotene) Diskriminierungstatbestände ergänzt worden, sondern auch ein neuer Art. 1a ins BSt eingefügt worden, der speziell die Gleichbehandlung der Geschlechter im Blickfeld hat. Diese Neufassung des BSt findet sich durch Verweis auf die Geltung des Art. 1a auch in den Beschäftigungsbedingungen in Art. 10 Unterabsatz 1 und Art. 53 wieder. Art. 12 der BSB wurde entsprechend der Fassung des Art. 27 Abs. 2 BSt angeglichen. Parallel zu diesen Grundlagen im BSt und den Beschäftigungsbedingungen selbst hat der EuGH in einer Reihe von dienstrechtlichen Entscheidungen die Geltung und den Bestand eines Rechtsgrundsatzes der Gleichbehandlung der Geschlechter anerkannt, ohne sich dabei jedoch konkret auf Art. 27 Abs. 2 zu beziehen[1090]. Auch Art. 141 EGV (Art. 119 EGV a.F.) findet in seiner diesbezüglichen Rechtsprechung lediglich eine eher beiläufige Erwähnung, obwohl der EuGH gerade in bezug auf den EÖD seine Tragweite näher bestimmt hat[1091]. Mit der Neufassung des BSt

---

1084 Ebenda
1085 Hatje, S. 41
1086 Kalbe in Von der Groeben/Thiesing/Ehlermann (Hrsg.), Art. 212 Rn. 31
1087 Für die alte Fassung des BSt und der BSB Weber, S. 327 sowie Kalbe in Von der Groeben/ Thiesing/ Ehlermann (Hrsg.), Art. 212 Rn. 33
1088 Vgl. auch Art. 12 BSB a.F.
1089 ABl.EG Nr. L 113, S. 4 v. 15.04.1998
1090 So auch Lindemann, S. 87
1091 Lindemann, S. 87 f.

und der Beschäftigungsbedingungen bedarf es keiner direkten Anknüpfung an Art. 141 EGV im Hinblick auf die arbeitsrechtliche Gleichstellung von Männern und Frauen mehr. An dieser Stelle muß aber gleichwohl in Rechnung gestellt werden, daß das an die Mitgliedsaaten und Gemeinschaftsbürger/innen gerichtete Primär- und Sekundärrecht über die Effektivierung des Gemeinschaftsgrundrechts auch im EÖD Gültigkeit beanspruchen kann und somit eine, wenn auch nicht unmittelbare, Bindungswirkung erzielt[1092].

Da durch die Europäische Verfassung auch die Grundrechte-Charta in Teil II der Verfassung Aufnahme gefunden hat, ist mit Art. 51 Abs. 1 der Charta die Bindung der Organe, Einrichtungen, Ämter und Agenturen der EU an die Charta klargestellt, so daß es mit Inkrafttreten der Verfassung keinen Zweifel mehr an der daraus resultierenden unmittelbaren Grundrechtsbindung der Gemeinschaftsorgane geben kann.

*a)* *Art. 1a und Art. 27 Abs. 2 BSt : Eigenständige Rechtsgrundlage für Frauenförderung im EÖD und Beleg der Geltung des Grundsatzes der Gleichbehandlung der Geschlechter*

*aa)* *Art. 1a Abs. 1 BSt*

Art. 1a Abs. 1 BSt bestimmt nunmehr, daß die Beamten in den Fällen, in denen das Statut Anwendung findet, unbeschadet der einschlägigen Statutsbestimmungen, die einen bestimmten Personenstand voraussetzen, ein Recht auf Gleichbehandlung ohne unmittelbare oder mittelbare Diskriminierung aufgrund ihres Geschlechts u.a. haben. Die Parallelität dieser Vorschrift zu Art. 2 Abs. 1 der Richtlinie 76/207/EWG auch in der Neufassung durch die Richtlinie 2002/73/EG vom 23.09.2002 drängt sich wegen der vom Wortlaut her ähnlichen Formulierung auf, denn dort heißt es, daß der Grundsatz der Gleichbehandlung beinhaltet, daß keine unmittelbare oder mittelbare Diskriminierung auf Grund des Geschlechts – insbesondere unter Bezugnahme auf den Ehe- oder Familienstand – erfolgen darf. Diese vom Wortlaut her vergleichbare Regelung des Art. 1a Abs. 1 BSt legt es auch nahe, sie im Sinne des Art. 2 Abs. 1 der Gleichbehandlungsrichtlinie zu verstehen und zu interpretieren, zumal ihre Stellung im BSt und ihr Kontext ebenfalls eine solche Schlußfolgerung zulassen. So gehört Art. 1a BSt von der systematischen Stellung her in den Titel I des BSt, der allgemeine Vorschriften enthält und grundsätzliche Aussagen zur Regelung und Ausgestaltung des europäischen Beamtenverhältnisses trifft.

---

1092  A.A. Langenfeld, S. 45 ff., 125

Hinzu kommt, daß sich der Kontext dieser Bestimmungen aus der hinter der Neufassung stehenden Verordnung Nr. 781/98 zur Änderung des BSt und der Beschäftigungsbedingungen hinsichtlich der Gleichbehandlung erschließen läßt, der ausweislich des Verordnungstitels auf die Gleichbehandlung der Beamten und sonstigen Bediensteten u.a. in bezug auf das Geschlecht zielt. Im 1. Erwägungsgrund dieser Änderungsverordnung (im folgenden Gleichbehandlungsverordnung Nr. 781/98) hat der Rat darüber hinaus klargestellt, daß die Gleichbehandlung nicht nur wie bisher bei der Einstellung zu gewährleisten sei, sondern als Grundsatz in den für die Beamten und sonstigen Bediensteten geltenden Statutsvorschriften und Regelungen zu verankern ist. Systematische Stellung und Kontext ergeben somit ein einheitliches Bild – es geht um die Implementation des Gleichbehandlungsgrundsatzes als tragendes Element in allen Bereichen der Beschäftigungsverhältnisse des EÖD. Eine Bestätigung dafür findet sich auch in der Begründung der Kommission zu ihrem Vorschlag für eine Verordnung (EURATOM, EGKS, EWG) des Rates zur Änderung des Statuts der Beamten der Europäischen Gemeinschaften und der Beschäftigungsbedingungen für die sonstigen Bediensteten dieser Gemeinschaften hinsichtlich der Gleichbehandlung von Männern und Frauen vom 19.03.1993[1093], wo sie die Notwendigkeit der Verankerung des Grundsatzes der Gleichbehandlung vom Männern und Frauen im BSt und den Beschäftigungsbedingungen hervorhebt. In ihrer Begründung bezieht sich die Kommission außerdem konkret auf die Richtlinie 76/207/EWG als einen der Rechtsakte der Gemeinschaft, die das Handeln der Gemeinschaftsorgane nicht nur nach außen, sondern auch intern bestimmen[1094].

In dieselbe Richtung geht auch die Stellungnahme des Ausschusses für die Rechte der Frau im Bericht des Europäischen Parlaments über den geänderten Vorschlag für eine Verordnung des Rates zur Änderung des BSt und der Beschäftigungsbedingungen hinsichtlich der Gleichbehandlung vom 12.02.1997[1095], indem sie unter Bezugnahme auf den Kommissionsvorschlag von 1993 das dortige Ziel in der Sicherstellung sah, daß der Gleichbehandlungsgrundsatz zwischen Frauen und Männern eine Wiederspiegelung im BSt und den Beschäftigungsbedingungen finden sollte und über diesen Weg auch die Rechtsprechung des EuGH über die Umsetzung der auf dem Gebiet der Gleichberechtigung ergangenen Gemeinschaftsrichtlinien berücksichtigt werden konnte. Sowohl in seinem ersten Änderungsvorschlag zum Kommissionsvorschlag vom 19.03.1993 als auch in seinem zweiten Änderungsvorschlag zum geänderten Vorschlag der

---

1093 KOM (93) 106 endg.
1094 Ebenda
1095 Europäisches Parlament, Sitzungsdokumente A4-0046/97, PE 219.390/end., S. 12

Kommission für eine Gleichbehandlungsverordnung vom 04.03.1996[1096] hatte das Europäische Parlament für die Erwägungen der noch zu erlassenden Gleichbehandlungsverordnung eine ausdrückliche Bezugnahme auf die Richtlinie 76/207/EWG und die Empfehlung des Rates 84/635/EWG gefordert[1097].

Zusammengenommen führen demnach die Äußerungen der Kommission sowie die Stellungnahme und die Änderungsvorschläge des Europäischen Parlaments zu einer Sicht des Art. 1a Abs. 1 BSt n.F., die ihn als vergleichbare Regelung mit entsprechendem Inhalt und Anwendungsradius wie Art. 2 Abs. 1 der Richtlinie 76/207/EWG für die Beschäftigten im EÖD ausstattet. Dabei bedeutet dieser Befund für die inhaltliche Bestimmung dieser Vorschrift, daß sie sich genau wie Art. 2 Abs. 1 der Richtlinie nicht im Diskriminierungsverbot erschöpft, sondern darüber hinausgeht[1098] und in Verbindung mit dem ersten Erwägungsgrund auch klargestellt ist, daß sich das positive Gebot der Gleichbehandlung nicht nur auf die Einstellung erstreckt, sondern auch in allen anderen Anwendungsbereichen des BSt, also z.B. bei der Beförderung gemäß Art. 45 BSt, bei der Beurteilung nach Art. 43 BSt, bei der Besoldung nach Art. 62 ff. BSt oder bei Fragen der sozialen Sicherheit gemäß Art. 72 ff. BSt zum Tragen kommt.

Eine Einschränkung besteht hier nur im Hinblick auf die Statutsbestimmungen, die einen bestimmten Personenstand voraussetzen: D.h. insbesondere bei der Gewährung einzelner Zulagen, wie u.a. der Familienzulage als Teil der Dienstbezüge, versteht es sich von selbst, daß diese nur dann gezahlt werden kann, wenn der jeweilige Beamte auch tatsächlich eine Familie und/oder Kinder hat[1099]. Problematisch könnte sich in diesem Zusammenhang zukünftig erweisen, daß das Europäische Parlament in seinem Änderungsvorschlag für eine Gleichbehandlungsverordnung vom 20.02.1997 gerade dem Umstand Rechnung tragen wollte, daß immer mehr Menschen in eheähnlicher Gemeinschaft zusammenleben und deshalb vorgeschlagen hatte, daß ein neugefaßter Art. 1a BSt über eine ausdrückliche Regelung den Grundsatz der Nichtdiskriminierung auch auf nichteheliche Lebensgemeinschaften übertragen und ein Verweis des BSt auf den Ehepartnerstatus als Grundlage für Ansprüche von Beamten und Beamtinnen und sonstigen Bediensteten einschließlich der Dienstbezüge und Sozialversicherungsleistungen gleichermaßen für von der Gemeinschaft oder einem Mit-

---

1096 KOM (96) 77 endg. = ABl.EG Nr. C 144, S. 14 v. 16.05.1996
1097 Vgl. Änderungsvorschlag vom 19.11.1993, ABl.EG Nr. C 329, S. 370 v. 06.12.1993 sowie Änderungsvorschlag vom 20.02.1997, ABl.EG Nr. C 85, S. 128 v. 17.03.1997
1098 Schiek, Europäisches Arbeitsrecht, S. 193
1099 Vgl. zur Familienzulage ausführlich Rogalla, S. 159 ff. sowie Kalbe in Von der Groeben/Thiesing/Ehlermann (Hrsg.), Art. 212 Rn. 60

gliedstaat anerkannte nichteheliche Lebensgemeinschaften gelten sollte[1100]. Dieser Änderungsvorschlag konnte sich angesichts der einschränkenden Formulierung in Art. 1a Abs. 1 BSt nicht durchsetzen.

Unabhängig davon führt die Parallelität des Art. 1a Abs. 1 BSt zu Art. 2 Abs. 1 der Richtlinie 76/207/EWG auch dazu, daß die verbotene unmittelbare oder mittelbare Diskriminierung aufgrund des Geschlechts das gesamte Dienstverhältnis erfaßt, also von der Auswahl im Auswahlverfahren bis zur Beendigung des Beschäftigungsverhältnisses reicht und damit einen Kernbereich der geschlechtsbedingten Diskriminierungsproblematik aufgreift, der sich vor allen Dingen in den Beispielen der Teilzeitarbeit (mittelbare Diskriminierung) und Unterbrechungen der Erwerbstätigkeit durch Schwangerschaften verdeutlicht[1101], die Aufstiegschancen von Frauen auch im EÖD mindern.

In der ausführlich im 6. Kapitel zu besprechenden Entscheidung Frederiksen/Parlament[1102] war wiederholt von verschiedenen Seiten auf die Teilzeittätigkeit der schon beförderten Frau im Sprachendienst des Europäischen Parlaments hingewiesen worden, um ihre Eignung für den Beförderungsposten in Frage zu stellen. Das mit diesem Verfahren befaßte Gericht 1. Instanz ging über die Teilzeittätigkeit der Beamtin zwar hinweg, gleichwohl hatte sich der Präsident des Parlaments zur Klarstellung genötigt gesehen, daß „Teilzeitarbeit in keiner Weise die Beförderungswürdigkeit eines Beamten mindert", jedoch „die Beförderung (...) in der Folge einer Beibehaltung der Teilzeitarbeit entgegenstehen (kann), wenn sich diese als unvereinbar mit dienstlichen Bedürfnissen erweisen sollte"[1103].

Das im EÖD die Beschäftigungssituation gerade für weibliche Bedienstete auf Zeit, die unter die Beschäftigungsbedingungen für sonstige Bedienstete fallen, mit Beginn einer Schwangerschaft, unsicherer wird[1104], geht aus der Stellungnahme des Ausschusses für die Rechte der Frau im Bericht des Parlaments über den geänderten Kommissionsvorschlag für eine Gleichbehandlungsverordnung hervor[1105]. Diese Situation hatte das Europäische Parlament bereits in seinem Änderungsvorschlag für eine Gleichbehandlungsverordnung vom 19.11.1993[1106] bewogen, in den Beschäftigungsbedingungen in Art. 47 Abs. 2a) einen

---

1100 Vgl. Änderungen des Parlaments Nr. 10 und 11, ABl.EG Nr. C 85, S. 128 v. 17.03.1997
1101 Vgl. Europäisches Parlament, Generaldirektion Wissenschaft, S. 13
1102 Vgl. EuGH v. 11.12.1991, Slg. 1991, S. 1403 (S. 1413, 1415 f.) Rs. T-169/89
1103 EuG v. 11.12.1991, S. 1419
1104 Vgl. EuG v. 28.01.1992, Slg. 1992, S. 33 Rs. T-45/90 Speybrouck/Europäisches Parlament
1105 Vgl. Europäisches Parlament, Sitzungsdokumente v. 12.02.1997, S. 14
1106 Vgl. Änderungen des Parlaments Nr. 9, ABl.EG Nr. C 329, S. 370 v. 06.12.1993

verstärkten Kündigungsschutz für diese Beschäftigtengruppe während einer Schwangerschaft, eines Mutterschaftsurlaubs oder eines Krankheitsurlaubs vorzusehen[1107]. Auch dieser Änderungsvorschlag ist in die Gleichbehandlungsverordnung Nr. 781/98 vom 07.04.1998 nicht aufgenommen worden.

Im Ergebnis entspricht Art. 1a Abs. 1 BSt inhaltlich dem Art. 2 Abs. 1 der Richtlinie 76/207/EWG, der auch als Definition des Grundsatzes der Gleichbehandlung der Geschlechter bezeichnet wird[1108]. Mit Weber hat diese Bestimmung des BSt eine „Grundrechtsausstrahlung", da in ihr der Gleichbehandlungsgrundsatz angelegt und konkretisiert wird[1109]. Es handelt sich mithin um eine sekundärrechtliche Grundsatzbestimmung, die gleichzeitig als Grundlage einer Bindung der Gemeinschaftsorgane an das Gemeinschaftsgrundrecht der Gleichbehandlung von Männern und Frauen im EÖD fungiert.

*bb) Art. 1a Abs. 2 BSt*

Art. 1a Abs. 2 BSt formuliert, daß im Hinblick auf die effektive Gewährleistung der vollen Gleichstellung von Männern und Frauen im Arbeitsleben der Grundsatz der Gleichbehandlung die Organe der Europäischen Gemeinschaften nicht daran hindert, zur Erleichterung der Berufstätigkeit des unterrepräsentierten Geschlechts oder zur Verhinderung bzw. zum Ausgleich von Benachteiligungen in der beruflichen Laufbahn spezifische Vergünstigungen beizubehalten oder zu beschließen. Hier verdeutlicht sich noch stärker, was bei Art. 1a Abs. 1 BSt erst über eine vergleichende Analyse mit Art. 2 Abs. 1 der Richtlinie 76/207/EWG in bezug auf den Wortlaut, die systematische Stellung und die Materialien zur Neufassung des BSt erarbeitet werden konnte: Art. 1a Abs. 2 BSt ist vom Wortlaut her vollkommen identisch mit Art. 141 Abs. 4 EGV. Der einzige Unterschied dieser beiden Vorschriften liegt im Adressaten, der für den EÖD von den einzelnen Gemeinschaftsorganen gestellt wird, während sich Art. 141 Abs. 4 EGV an die Mitgliedstaaten richtet.

Die Identität beider Regelungen kann kaum als Zufall aufgefaßt werden. Vielmehr liegt es nahe, daß im Zuge der Vertragsrevision von Amsterdam, die durch die Regierungskonferenz der Mitgliedstaaten vom 16./17.06.1997 zu einer Einigung der Staats- und Regierungschefs in Form des Entwurfs des Vertrags von Amsterdam geführt hatte, der schließlich am 02.10.1997 unterzeichnet wur-

---

1107 Unverändert noch einmal aufgegriffen in Änderungen des Parlaments Nr. 17, ABl.EG Nr. C 85, S. 128 v. 17.03.1997
1108 Vgl. Coen in Lenz (Hrsg.), Art. 141 Rn. 35
1109 Weber, ZBR 1978, S. 326 (S. 327)

de[1110], der Vertrag für den Rat bei der Neufassung des BSt Pate gestanden hat. Dafür spricht außerdem die zeitliche Überschneidung der Arbeiten zur Neufassung des BSt und der Beschäftigungsbedingungen auf der einen Seite und des EGV auf der anderen Seite. Zwar läßt sich den Materialien der Kommission und des Europäischen Parlaments in Vorbereitung der Gleichbehandlungsverordnung Nr. 781/98 kein Hinweis auf die (bevorstehende) Regierungskonferenz entnehmen, allerdings erschließt sich der Zusammenhang mittelbar, denn besonderes Anliegen des Europäischen Parlaments war die Aufnahme einer leistungsabhängigen Vorrangregelung zugunsten des unterrepräsentierten Geschlechts bei der Einstellung und Beförderung der Beamten und Bediensteten auf Zeit im BSt und in den Beschäftigungsbedingungen[1111]. Dies hat sich bereits in dem Änderungsvorschlag des Parlaments vom 19.11.1993 verdeutlicht, in dem das Parlament im Rahmen eines neuzufassenden Art. 5a BSt nicht nur die Aufstellung von Programmen zu positiven Maßnahmen aufgenommen wissen wollte, sondern ebenfalls explizite Vorrangregelungen bei gleicher Eignung bzw. gleichen Verdiensten zweier Bewerber unterschiedlichen Geschlechts[1112]. Im Änderungsvorschlag von 1997 findet sich dann zwar keine ausdrückliche Regelung mehr, die die bevorzugte Einstellung oder Beförderung des unterrepräsentierten Geschlechts anordnet, jedoch soll nunmehr dem „Ziel einer möglichst ausgewogenen Vertretung von Frauen und Männern innerhalb des jeweiligen Organs auf der jeweiligen Laufbahnebene Rechnung getragen (werden), wobei die Umstände des Einzelfalls zu beachten sind"[1113].

In beiden Änderungsvorschlägen hatte das Parlament darüber hinaus an oberster Stelle der Erwägungen für eine Gleichbehandlungsverordnung eine konkrete Bezugnahme auf Art. 2 Abs. 4 der Richtlinie 76/207/EWG (a.F.) vorgesehen. Aus dem Bericht des Europäischen Parlaments zum geänderten Kommissionsvorschlag für eine Gleichbehandlungsverordnung von 1996[1114] ergibt sich, daß diese Bezugnahme auf Art. 2 Abs. 4 in den Zusammenhang mit der Rechtsprechung des EuGH zu leistungsabhängigen Vorrangregelungen gestellt wurde, insbesondere das Urteil Kalanke/Freie Hansestadt Bremen[1115] und das zum Zeit-

---

1110 Vgl. hierzu allgemein Streinz, EuZW 1998, S. 137; Karpenstein, DVBl. 1998, S. 942; Hilf/Pache, NJW 1998, S. 705; Lecheler, JuS 1998, S. 392 sowie Oppermann, S. 24 Rn. 46 ff.
1111 Vgl. Europäisches Parlament, Sitzungsdokumente v. 12.02.1997, S. 7, 11 ff.
1112 Vgl. Änderungen des Parlaments Nr. 6, 8, ABl.EG Nr. C 329, S. 370 v. 06.12.1993
1113 Vgl. Änderungen des Parlaments Nr. 12, 13, 14, ABl.EG Nr. C 85, S. 128 v. 17.03.1997
1114 KOM (96) 77 endg. = ABl.EG Nr. C 144, S. 14 v. 16.05.1996
1115 EuGH v. 17.10.1995, Slg. 1995, S. 3051 Rs. C-450/93

punkt des Berichts noch ausstehende Urteil in dem Verfahren Marschall/Land Nordrhein-Westfalen[1116]. Mit dem Änderungsvorschlag von 1997 hat das Parlament der Rechtsprechungsentwicklung des EuGH zur Frage der Vereinbarkeit leistungsabhängiger Vorrangregelungen zugunsten von Frauen mit Art. 2 Abs. 4 der Richtlinie 76/207/EWG (a.F.) entsprochen und im Vorgriff auf das Marschall-Urteil die Härtefall- oder auch Einzelfallklausel in seine Änderungen aufgenommen[1117].

Daraus ist zu schließen, daß es dem Europäischen Parlament gerade darum ging, für den EÖD und seine weiblichen Beschäftigten die an die Mitgliedstaaten gerichtete Gleichbehandlungsrichtlinie 76/207/EWG und hier speziell Art. 2 Abs. 4 (a.F.) und die dazu ergangenen Rechtsprechung des EuGH verwaltungsintern zur Anwendung kommen zu lassen.

Im Gegensatz zum Europäischen Parlament hatte die Kommission weder in ihrem Vorschlag vom 19.03.1993[1118] noch in ihrem geänderten Vorschlag vom 04.03.1996[1119] zu einer Gleichbehandlungsverordnung zur Änderung des BSt und der Beschäftigungsbedingungen eine spezifische Frauenfördermaßnahme wie die leistungsabhängige Vorrangregelung mit Härtefallklausel vorgesehen. In ihrer Begründung, insbesondere zum geänderten Vorschlag von 1996, ist sie außerdem nicht gesondert auf die insoweit eindeutigen Änderungsvorschläge des Parlaments eingegangen[1120]. Dies muß deshalb verwundern, weil sie in der Mitteilung an den Rat und das Europäische Parlament über die Auslegung des Urteils des EuGH im Verfahren Kalanke/Freie Hansestadt Bremen vom 27.03.1996[1121] in bezug auf das kommissionsinterne 2. Programm positiver Aktionen der Kommission zur Förderung ihrer weiblichen Bediensteten (1992-1996)[1122] hervorgehoben hatte, daß die Dienststellen aufgefordert seien, bei gleicher Qualifikation und gleichen Verdiensten weiblichen Bewerberinnen bei der Einstellung, Beförderung und Besetzung von Führungspositionen den Vorzug zu geben, solange Frauen auf einer bestimmten Stufe oder in einer bestimmten Laufbahngruppe unterrepräsentiert seien. Parallel zu dieser Mitteilung über das Kalanke-Urteil hatte die Kommission außerdem einen Richtlinienänderungsvorschlag zur Änderung des Art. 2 Abs. 4 der Richtlinie 76/207/EWG (a.F.) vorgelegt[1123], demnach in Satz 2 dieser Vorschrift der klarstellende Hinweis aufge-

---

1116  EuGH v. 11.11.1997, Slg. 1997, S. 6363 Rs. C-409/95
1117  Vgl. Europäisches Parlament, Sitzungsdokumente v. 12.02.1997, S. 7 f.
1118  KOM (93) 106 endg.
1119  KOM (96) 77 endg.
1120  So auch Europäisches Parlament, Sitzungsdokumente v. 12.02.1997, S. 7
1121  KOM (96) 88 endg. , S. 3
1122  Vgl. Anhang 4, S. 755
1123  Vgl. KOM (96) 93 endg. v. 27.03.1996

nommen werden sollte, daß „derartige Maßnahmen (...) auch Vorzugsregelungen bezüglich des Zugangs zur Beschäftigung oder zum beruflichen Aufstieg zugunsten eines Mitglieds des unterrepräsentierten Geschlechts beinhalten (können), soweit sie die Bewertung der besonderen Umstände eines Einzelfalls nicht ausschließen".

Damit muß der Kommission mit Blick auf ihre EÖD-interne Personalpolitik ein bewußt inkonsequentes Vorgehen bescheinigt werden, denn sie ist mit dem Initiativrecht zur Gesetzgebung auf Gemeinschaftsebene ausgestattet[1124] und hat demnach auch eine führende Rolle bei der Findung und Bildung des europäischen Gemeinwillens[1125], der in den Gesetzgebungsinitiativen zum Ausdruck kommt. Ihre Zurückhaltung hinsichtlich der Neufassung des BSt und der Beschäftigungsbedingungen für den EÖD entspricht nicht dem europäischen Gemeinwillen, wie er durch die Rechtsprechung des EuGH zu den deutschen Frauenförder- oder Gleichstellungsgesetzen, aber auch den Änderungsvorschlägen des Europäischen Parlaments deutlich geworden ist. Schließlich setzt sie sich auch in Widerspruch zu ihrem eigenen, wiederholt geäußerten Willen – die Aussage, daß die Verankerung der Gleichbehandlung der Geschlechter im BSt und den Beschäftigungsbedingungen nicht im Widerspruch zum Kalanke-Urteil des EuGH stehe, da die einschlägigen konkreten Maßnahmen von den Gemeinschaftsorganen zu einem späteren Zeitpunkt einvernehmlich festgelegt werden könnten[1126], kann an dieser Stelle nur im Sinne einer Konfliktvermeidung zu den anderen Gemeinschaftsorganen mit Ausnahme des Europäischen Parlaments verstanden werden. Als Indiz für diese Schlußfolgerung kann dabei auch der vom Parlament ausdrücklich abgelehnte, von der Kommission jedoch in beiden Vorschlägen beibehaltene Vorschlag der Ergreifung **einvernehmlicher** Maßnahmen zur Förderung der Chancengleichheit von Beamtinnen und Beamten gewertet werden, der letztlich auch in die Gleichbehandlungsverordnung Nr. 781/98 als Art. 1a Abs. 3 BSt eingeflossen ist.

Die Bewertung des Art. 1a Abs. 2 BSt als identische Vorschrift mit Art. 141 Abs. 4 EGV beruht demnach im Ergebnis auf einer Weiterverfolgung des vom Europäischen Parlament in seinem Änderungsvorschlägen eingeschlagenen Wegs, Art. 2 Abs. 4 der Richtlinie 76/207/EWG (a.F.) i.V.m. der einschlägigen EuGH-Rechtsprechung explizit EÖD-intern verbindlich zu machen, den der Eu-

---

1124 Götz, JA 1997, S. 990 (S. 991)
1125 Oppermann, S. 338 Rn. 897
1126 Vgl. Begründung zum geänderten Vorschlag für eine Gleichbehandlungsverordnung, KOM (96) 77 endg.

ropäische Rat offensichtlich als Basis verwendet hat, dem Art. 141 Abs. 4 EGV auch innerhalb des EÖD unmittelbare Geltung zu verschaffen[1127]. Mit der Identität von Art. 1a Abs. 2 BSt und Art. 141 Abs. 4 EGV ist gleichzeitig verbunden, daß beide Vorschriften sich inhaltlich decken und deshalb die zu Art. 141 Abs. 4 EGV gemachten Ausführungen auch im EÖD unmittelbar Gültigkeit beanspruchen können. Art. 141 Abs. 4 EGV setzt jedoch die Existenz eines arbeitsrechtlichen Grundsatzes der Gleichbehandlung von Männern und Frauen voraus[1128], was durch die Identität mit Art. 1a Abs. 2 BSt auch im Hinblick auf den EÖD klargestellt ist. Im Unterschied zu Art. 2 Abs. 4 der Richtlinie 76/207/EWG (a.F.), der mit der Neufassung des Art. 141 EGV durch den Vertrag von Amsterdam gegenstandslos geworden ist, ist weder Art. 141 Abs. 4 EGV noch Art. 1a Abs. 2 BSt als Ausnahme vom Grundsatz der Gleichbehandlung der Geschlechter eng auszulegen[1129]. Die von Generalanwalt Saggio für das Gemeinschaftsgrundrecht der Gleichbehandlung fruchtbar gemachte gruppenbezogene Sichtweise als Ausdruck der materiellen Gleichheit, die geschlechtsspezifische Diskriminierungen nicht als individuelles Problem der einzelnen Frau, sondern vielmehr als kollektives Problem der Gruppe der Frauen einer Lösung durch positive Maßnahmen zuführt[1130] und die neben der formellen Gleichheit steht[1131], gilt übertragen auf Art. 1a Abs. 2 BSt auch im EÖD. Die zulässigen positiven Maßnahmen im Rahmen der „effektiven Gewährleistung der vollen Gleichstellung von Männern und Frauen im Arbeitsleben" erschöpfen sich damit weder auf der Ebene der Mitgliedstaaten (an die Art. 141 EGV ja adressiert ist) noch auf der Ebene des EÖD in Maßnahmen, die für Frauen lediglich in der Ausgangssituation der Bewerbung um eine Stelle gleiche Bedingungen zur Verfügung stellen, sondern erstrecken sich gerade auch auf Maßnahmen, die konkret auf die soziale Eingliederung von Frauen zielen, indem ihnen der tatsächliche Vorrang bei Einstellungen und Beförderungen eingeräumt wird[1132]. Zielvorgaben und leistungsabhängige Vorrangregelungen mit Härtefallklausel zur Erhöhung des Frauenanteils in den Bereichen ihrer Unterrepräsentation sind damit im EÖD auf eine festgeschriebene rechtliche Basis gemäß Art. 1a Abs. 2

---

1127 Zu beachten ist hier, daß über die Beratungen des Rates zur Gleichbehandlungsverordnung Nr. 781/98 keine öffentlich zugänglichen Materialien existieren und selbst dem Parlament nichts über die Behandlung der Kommissionsvorschläge im Rat bekannt war; vgl. Europäisches Parlament, Sitzungsdokumente v. 12.02.1997, S. 6
1128 Vgl. Krebber in Callies/Ruffert (Hrsg.), Art. 141 Rn. 76
1129 GA Saggio, Schlußanträge v. 10.06.1999, Slg 2000, S. 1877 Rn. 26 Rs. C-158/97 Badeck u.a./Hess. Ministerpräsident
1130 Vgl. auch Sacksofsky, S. 312 f.
1131 GA Saggio, Rn. 26 f.
1132 GA Saggio, Rn. 27

BSt gestellt worden. Es handelt sich bei Art. 1a Abs. 2 BSt demnach um eine Ermächtigungsgrundlage für die Gemeinschaftsorgane, solche und andere positive Maßnahmen zu ergreifen. Gleichzeitig stellt sich Art. 1a Abs. 2 BSt wie schon Art. 1a Abs. 1 BSt als Anknüpfungspunkt für die Bindung der Gemeinschaftsorgane an das arbeitsrechtliche Gemeinschaftsgrundrecht der Gleichbehandlung der Geschlechter dar[1133].

*cc) Art. 1a Abs. 3 BSt*

Nach Art. 1a Abs. 3 BSt legen die Organe nach Stellungnahme des Statutbeirats **einvernehmlich** die Maßnahmen und Aktionen fest, die zur Chancengleichheit von Männern und Frauen in den unter das Statut fallenden Bereichen beitragen; sie erlassen entsprechende Vorschriften, insbesondere um die faktischen Ungleichheiten, die die Chancen der Frauen in den unter das Statut fallenden Bereichen beeinträchtigen, zu beseitigen. Auch bei Art. 1a Abs. 3 BSt stellt sich die Frage, ob er einer anderen Primär- oder Sekundärrechtsnorm des Gemeinschaftsrechts nachgebildet sein könnte, da sich über eine mögliche Analogie Rückschlüsse auf den konkreten Inhalt, die Tragweite sowie die Grenzen der Norm erlauben.

Die Suche nach einer „Vorbildnorm" liegt aufgrund der inhaltlichen Vergleichbarkeit von Art. 1a Abs. 1 BSt mit Art. 2 Abs. 1 der Richtlinie 76/207/EWG und der Identität von Art. 1a Abs. 2 BSt mit Art. 141 Abs. 4 EGV nicht nur nahe, sondern ist sogar geboten, weil die Gemeinschaftsrechtsordnung auf Integration ausgerichtet ist und damit der Vereinheitlichung der nationalen Rechtsordnungen der Mitgliedstaaten bzw. ihrer Rechtsangleichung auf den von den Gemeinschaftsverträgen vorgesehenen Gebieten dient. Dies setzt gleichzeitig eine einheitliche Gemeinschaftsrechtsordnung voraus[1134], die in der Praxis nicht nur durch eine externe Verwaltungstätigkeit der Gemeinschaftsorgane z.B. gegenüber den Mitgliedstaaten oder nationaler öffentlicher Einrichtungen Wirklichkeit gewinnt, sondern auch durch eine interne Verwaltungstätigkeit u.a. im Bereich des europäischen Dienstrechts zur Anwendung kommt[1135]. Das bedingt aber auch, daß das für die Verwaltung intern gesetzte und geltende Gemeinschaftsrecht inhaltlich nicht hinter dem an die Mitgliedstaaten, d.h. nach außen, gerichteten Recht zurückbleiben darf. Es sind sowohl extern als auch intern die-

---

1133 So auch Weber, S. 327
1134 Bleckmann, EuR 1978, S. 95
1135 Priebe in Schmidt-Aßmann/Hoffmann-Riem (Hrsg.), Strukturen des Europäischen Verwaltungsrechts, 1. Aufl. 1999, S. 71 (S. 75)

selben Maßstäbe bei der Rechtsetzung und Umsetzung der Normen auf Gemeinschaftsebene anzulegen.

In dieselbe Richtung gehen die wiederholt geäußerten Auffassungen des Europäischen Parlaments und der Kommission, daß die den Mitgliedstaaten hier auf dem Gebiet der Gleichstellung der Geschlechter empfohlene Politik, auch in der Gemeinschaftsverwaltung des EÖD umzusetzen ist[1136]. Schließlich kann die insbesondere vom europäischen Parlament immer wieder angemahnte „Vorreiterrolle" der Europäischen Institutionen in bezug auf die Verabschiedung positiver Maßnahmen zugunsten von Frauen[1137] auch nur dann zum Tragen kommen, wenn das für den EÖD geltende BSt und die Beschäftigungsbedingungen sowie die intern geltenden Aktionsprogramme mindestens dem Rechtsstandard entsprechen, den das Primär- und Sekundärrecht den Mitgliedstaaten und deren öffentlichen Diensten rechtlich vorgibt.

Vor diesem Hintergrund ergibt die Suche nach einer inhaltlich vergleichbaren Vorschrift im Primärrecht, daß Art. 1a Abs. 3 BSt am ehesten mit Art. 13 EGV auf einer Linie liegen könnte, der unter der Überschrift „Antidiskriminierungsmaßnahmen" dem Rat die Kompetenz einräumt, im Rahmen der durch den Vertrag auf die Gemeinschaft übertragenen Zuständigkeiten auf Vorschlag der Kommission und nach Anhörung des Europäischen Parlaments **einstimmig** geeignete Vorkehrungen zu treffen, um Diskriminierungen aus Gründen des Geschlechts u.a. zu bekämpfen. Im Unterschied zu Art. 1a Abs. 1und Art. 1a Abs. 2 BSt ist eine mögliche Parallelität von Art. 1a Abs. 3 BSt und Art. 13 EGV nicht ohne weiteres aus dem Wortlaut zu entnehmen. Während Art. 13 EGV die Kompetenzen des Rates nicht nur auf Maßnahmen zur Bekämpfung geschlechtsbedingter Diskriminierungen bezieht, sondern auch auf Diskriminierungen aus Gründen der Rasse, ethnischen Herkunft, Religion, Weltanschauung, Behinderung, Alter oder sexueller Orientierung, erfaßt Art. 1a Abs. 3 BSt nur die Maßnahmen zur Beseitigung der faktischen Ungleichheiten, die die Chancen der unter das BSt fallenden Frauen beeinträchtigen. Das mag insoweit noch unschädlich sein, als daß in bezug auf die Vergleichbarkeit von Art. 1a Abs. 1 BSt und Art. 2 Abs. 1 der Richtlinie 76/207/EWG auch in der Neufassung durch die Änderungsrichtlinie vom 23.09.2002[1138] die Regelungsmaterie der Statusvorschrift

---

1136 Vgl. Europäisches Parlament, Aktionsprogramm zur Herstellung von mehr Ausgewogenheit (PAR-PE) v. Dezember 1990, Anhang 1, S. 716 sowie 2. Programm positiver Aktionen der Kommission zur Förderung ihrer weiblichen Bediensteten (1992-1996) v. 16.09.1992, Anhang 4, S. 756 und 3. Aktionsprogramm für die Chancengleichheit von Mann und Frau in der Europäischen Kommission (1997-2000), Anhang 5, S. 769
1137 Europäisches Parlament, Generaldirektion Wissenschaft, S. 49
1138 ABl.EG Nr. L 269, S. 15

ebenfalls nicht auf geschlechtsbedingte Diskriminierungen beschränkt ist. Wesentlicher in den Unterschieden der beiden Vorschriften ist jedoch, daß die in Art. 13 EGV verankerte Ermächtigungsgrundlage für den Rat über den Bereich des Erwerbslebens hinausgeht und Maßnahmen ermöglicht, die unabhängig vom Arbeitnehmerstatus sind[1139]. Dagegen betrifft Art. 1a Abs. 3 BSt nur die Maßnahmen in den unter das BSt fallenden Bereichen, so daß hier keine über das zur Gemeinschaft bestehende Dienstverhältnis hinausgehenden Maßnahmen zur Förderung der Chancengleichheit von Männern und Frauen ergriffen werden können[1140]. Der Anwendungsbereich des Art. 1a Abs. 3 BSt ist damit sehr viel begrenzter als der des allgemein gefaßten Art. 13 EGV. Schließlich ist auch zu berücksichtigen, daß in bezug auf das Arbeitsleben Art. 141 EGV als lex specialis dem Art. 13 EGV vorgeht[1141]. In diesem Verständnis muß auch Art. 1a Abs. 3 BSt als Spezialvorschrift gesehen werden, da es ausschließlich um die Beseitigung von faktischen Ungleichheiten der Beamtinnen im Rahmen ihres Dienstverhältnisses geht.

Gemeinsamkeiten dieser beiden Vorschriften liegen vom Wortlaut her in der verwendeten Formulierung, daß die zu treffenden Maßnahmen „einvernehmlich" bzw. „einstimmig" zu ergehen haben. Das es sich bei dem Einstimmigkeitserfordernis um eine rechtliche Hürde handelt, die erst einmal zu nehmen ist, bis es zum Erlaß einer entsprechenden positiven Maßnahme kommt[1142], hat auch das Europäische Parlament in seinem Bericht über den Änderungsvorschlag der Kommission zu einer Gleichbehandlungsverordnung stark kritisiert[1143]. So hatte das Parlament sowohl im Änderungsvorschlag von 1993 als auch in seinen Änderungen zu einer Gleichbehandlungsverordnung aus dem Jahr 1997 auf die Streichung des Wortes „einvernehmlich" bestanden, da der Erlaß bestimmter positiver Maßnahmen innerhalb eines Organs durch den Einspruch eines anderen Organs (erheblich) verzögert werden könnte[1144]. Allerdings konnte sich die Kommission hinsichtlich der Einvernehmlichkeit zur Förderung der Chancengleichheit von Männern und Frauen im EÖD durchsetzen, da sie diesen Aspekt in ihren beiden Vorschlägen für eine Gleichbehandlungsverordnung aufgenommen wissen wollte[1145] und im zweiten Erwägungsgrund der Gleichbehandlungsverordnung Nr. 781/98 der Rat die Aufforderung an die Gemeinschaftsorgane,

---

1139 So auch Schmidt am Busch, S. 7
1140 Vgl. die im Zusammenhang mit Art. 13 EGV angeführten Beispiele für Maßnahmen des Rates bei Schmidt am Busch, S. 8
1141 Lenz in Lenz (Hrsg.), Art. 13 Rn. 9 ff.
1142 Vgl. Schmidt am Busch, S. 8
1143 Europäisches Parlament, Sitzungsdokumente v. 12.02.1997, S. 13
1144 Ebenda
1145 Vgl. KOM (93) 106 endg. v. 19.03.1993 sowie KOM (96) 77 endg. v. 04.03.1996

„einvernehmlich die positiven Maßnahmen festzulegen", noch einmal besonders hervorhebt und unterstreicht.

Demgegenüber scheinen die Erwartungen an Art. 13 EGV als Rechtsgrundlage[1146] sehr hoch zu sein, denn nach Schmidt am Busch sei es kaum denkbar, daß auf der Grundlage dieser Regelung keine Maßnahmen zur Gleichstellung der Geschlechter ergriffen würden[1147]. Unabhängig von diesem in beiden Bestimmungen zu findenden rechtlichen Hindernis, das auf der Ebene des EÖD wohl als Beitrag zur Konfliktvermeidung unter den einzelnen Gemeinschaftsorganen gewertet werden muß[1148] hat weder Art. 1a Abs. 3 BSt noch Art. 13 EGV eine unmittelbare Wirkung, so daß sich der oder die einzelne auch nicht auf sie berufen kann[1149], sondern es erst eines Tätigwerdens des Rates und der Gemeinschaftsorgane bedarf[1150], um der Vorschrift eine praktische Wirksamkeit zu verschaffen[1151]. Gleichzeitig erfüllen sowohl Art. 13 EGV als auch Art. 1a Abs. 3 BSt die Funktion einer Grundbestimmung für ihren jeweiligen Regelungsbereich. Aufgrund der fehlenden unmittelbaren Wirksamkeit beider Rechtsgrundlagen sind beide Vorschriften im Hinblick auf das Gemeinschaftsgrundrecht der Gleichbehandlung der Geschlechter lediglich richtungsweisender Natur[1152], denn sie sind in ihrer Wirkung von noch zu ergreifenden gleichstellungsfördernden Maßnahmen abhängig.

Trotz dieser festgestellten Gemeinsamkeiten von Art. 1a Abs. 3 BSt und Art. 13 EGV, die sich auf eine Übereinstimmung im Wortlaut, die Funktion als Rechtsgrundlage und die systematische Stellung im Rahmen der Grundsatznormen beziehen, ist der spezifische Anwendungsbereich des Art. 1a Abs. 3 BSt gegenüber dem allgemein gefaßten Art. 13 EGV ausschlaggebend für die Ablehnung einer Übereinstimmung beider Vorschriften, da Art. 13 EGV auf dem Gebiet der Arbeits- und öffentlich-rechtlichen Dienstverhältnisse hinter Art. 141 EGV zurücktritt und im Bereich der Sozialpolitik folglich nicht anwendbar ist[1153].

---

1146   Epiney in Callies/Ruffert (Hrsg.), Art. 13 Rn. 2
1147   Schmidt am Busch, S. 8 f.
1148   Im Hinblick auf das Einstimmigkeitserfordernis in Art. 13 EGV vermutet Epiney in Callies/Ruffert (Hrsg.), Art. 13 Rn. 7, daß die hier eingeräumten Kompetenzen nicht zu den zentralen Aufgaben der Gemeinschaft gerechnet wurden und deshalb den Mitgliedstaaten ein stärkeres Gewicht zukommen sollte
1149   Epiney in Callies/Ruffert (Hrsg.), Art. 13 Rn. 1; Lenz in Lenz (Hrsg.), Art. 13 Rn. 11; Europäisches Parlament, Generaldirektion Wissenschaft, S. 42
1150   Lenz in Lenz (Hrsg.), Art. 13 Rn. 11
1151   Bergmann in Bergmann/Lenz (Hrsg.), S. 37 Rn. 30
1152   A.A. wohl Epiney in Callies/Ruffert (Hrsg.), Art. 13 Rn. 1
1153   Krebber in Callies/Ruffert (Hrsg.), Art. 141 Rn. 99; im Hinblick auf das Nebeneinander des allgemeinen Nichtdiskriminierungsartikels in Art. 21 der Grund-

Der Versuch, Art. 1a Abs. 3 BSt mit Art. 141 Abs. 3 EGV zu vergleichen, der dem Rat im Wege des Mitentscheidungsverfahrens nach Art. 251 EGV und nach Anhörung des Wirtschafts- und Sozialausschusses die Befugnis einräumt, Maßnahmen zur Gewährleistung der Anwendung des Grundsatzes der Chancengleichheit und der Gleichbehandlung von Männern und Frauen in Arbeits- und Beschäftigungsfragen einschließlich des Grundsatzes des gleichen Entgelts bei gleicher oder gleichwertiger Arbeit zu beschließen, führt insoweit weiter, weil sich die Anwendungsbereiche beider Vorschriften decken und auch Art. 141 Abs. 3 EGV eine Ermächtigungsgrundlage hergibt[1154].

Während Art. 141 Abs. 4 EGV positive Maßnahmen zugunsten von Frauen durch die Mitgliedstaaten zuläßt, sind diese Maßnahmen daneben durch den Rat auf Gemeinschaftsebene ebenfalls möglich, so daß die Gemeinschaft nunmehr auf allen Gebieten des Arbeitslebens, die Einfluß auf die Gleichbehandlung der Geschlechter haben, Recht setzen kann[1155]. Eine Übertragung des Verhältnisses von Art. 141 Abs. 3 und Art. 141 Abs. 4 EGV auf Art. 1a Abs. 2 und Art. 1a Abs. 3 BSt stößt dabei zunächst an eine Grenze, denn die Vertragsbestimmungen wenden sich an zwei unterschiedliche Adressaten, die Mitgliedstaaten auf der einen Seite und die Gemeinschaft auf der anderen Seite. Die BSt-Vorschriften richten sich dagegen an ein und denselben Adressaten – die Gemeinschaftsorgane. Allerdings kann Art. 1a Abs. 2 BSt auch als positive Klarstellung begriffen werden, daß der Grundsatz der Gleichbehandlung der Geschlechter in Art. 1a Abs. 1 BSt spezifischen Frauenfördermaßnahmen im EÖD wie Vorrangregelungen oder Zielvorgaben nicht entgegensteht, da diese der effektiven Gewährleistung der vollen Gleichstellung von Männern und Frauen dienen. Art. 1a Abs. 3 BSt baut auf dieser Vorschrift auf, indem er für neu zu beschließende Maßnah-

---

        rechte-Charta sowie eines speziellen Artikels (Art. 23 der Grundrechte-Charta) zur Gleichbehandlung von Männern und Frauen, der explizit auch den Bereich des Arbeitslebens erfaßt, bezweifelt Krebber hier jedoch das Spezialitätsverständnis der Richtlinienpraxis, die auf der Grundlage von Art. 141 Abs. 3 oder Art. 13 EGV ergehen können. Dies ist aber nicht wirklich überzeugend, da auch innerhalb des Grundrechtskatalogs des GG trotz des grundsätzlichen Gleichrangigkeit der Grundrechte Spezialitätsverhältnisse durch Konkretisierungen wie z.B. des allgemeinen Gleichheitssatzes in Art. 3 Abs. 1 GG durch Art. 3 Abs. 2 und 3 GG bestehen, vgl. Hesse, Grundzüge des Verfassungsrechts der BRD, S. 136 Rn. 301

1154   Krebber in Callies/Ruffert (Hrsg.), Art. 141 Rn. 96 sowie Europäisches Parlament, Generaldirektion Wissenschaft, S. 47

1155   Coen in Lenz (Hrsg.), Art. 141 Rn. 59 sowie Langer in Bergmann/Lenz (Hrsg.), S. 102 Rn. 38; a.A. Krebber in Callies/Ruffert (Hrsg.), Art. 141 Rn. 100; Art. 137 Abs. 1 Spiegelstrich 5 i.V.m. Absatz 2 EGV begründet demgegenüber eine Komplementärzuständigkeit der Gemeinschaft, die sie auf eine Unterstützung und Ergänzung der Gleichstellungspolitiken der Mitgliedstaaten im Arbeitsleben durch Mindestvorschriften beschränkt, vgl. Schmidt am Busch, S. 5

men oder Aktionen auch im Hinblick auf die Ergreifung spezifischer Frauenfördermaßnahmen konkrete verfahrensrechtliche Vorgaben macht.

Vor dem Hintergrund der hier angenommenen Identität von Art. 1a Abs. 2 BSt und Art. 141 Abs. 4 EGV, die als Reaktion auf die Rechtsprechung des EuGH in den Verfahren Kalanke/Freie Hansestadt Bremen sowie Marschall/ Land Nordrhein-Westfalen gewertet werden[1156], ist auch für den EÖD die Geltung und Übertragung dieser Rechtsprechung gewährleistet. Bisher schon vorhandene spezifische Frauenfördermaßnahmen beim Europäischen Parlament[1157] oder bei der Kommission[1158] sind mit Art. 1a Abs. 2 BSt auf eine unmittelbar geltende rechtliche Grundlage gestellt worden. Das Verfahren für weitere Maßnahmen auf dem Gebiet der Frauenförderung, die ebenfalls Maßnahmen zur Vereinbarkeit von Beruf und Familie, Einrichtung eines Ausschusses für Chancengleichheit beim jeweiligen Organ u.a. betreffen können, richtet sich nach Absatz 3 des Art. 1a BSt. Art. 1a Abs. 3 BSt geht damit über die Vorschrift des Art. 1a Abs. 2 BSt hinaus, der nur einen Teilbereich der Frauenfördermaßnahmen erfaßt.

Nichts anderes gilt im Verhältnis von Art. 141 Abs. 3 und Abs. 4 EGV: Art. 141 Abs. 3 EGV vermittelt der Gemeinschaft die uneingeschränkte Zuständigkeit, in allen Bereichen im Zusammenhang mit dem Arbeitsleben Frauenförderprogramme für die Verwaltung oder die Privatwirtschaft der Mitgliedsstaaten, Richtlinien oder sogar Verordnungen zu erlassen[1159], die von den Mitgliedstaaten umzusetzen bzw. anzuwenden sind. Art. 141 Abs. 4 EGV bezieht sich wie Art. 1a Abs. 2 BSt folglich nur auf einen Ausschnitt der zulässigen spezifischen Maßnahmen in den Mitgliedstaaten.

In der Konsequenz liegen Art. 1a Abs. 2 und Abs. 3 BSt auf der Linie von Art.141 Abs. 3 und 4 EGV. Die Einheit der Gemeinschaftsrechtsordnung[1160] fungiert hier als zusätzlicher Beleg für diese Schlußfolgerung, ohne daß daraus ein Verzicht auf die Berücksichtigung von Besonderheiten des EÖD allgemein resultiert. Auf dem Gebiet der Herstellung faktischer Gleichberechtigung zwischen den Geschlechtern kann die Gemeinschaft nicht unterschiedliche rechtliche Maßstäbe an die Maßnahmen anlegen, die sie einerseits den Mitgliedstaaten empfiehlt, andererseits im eigenen EÖD zu verwirklichen sucht. Wie Art. 141 Abs. 3 und 4 EGV setzen auch Art. 1a Abs. 2 und 3 BSt die Existenz eines arbeitsrechtlichen Gemeinschaftsgrundrechts der Gleichbehandlung von Frauen

---

1156 Langer in Bergmann/Lenz (Hrsg.), S. 102 Rn. 39 sowie Coen in Lenz (Hrsg.), Art. 141 Rn. 61
1157 Vgl. Anhang 2, S. 730 ff.
1158 Vgl. Anhang 5, S. 766 ff.
1159 Vgl. Schmidt am Busch, S. 5
1160 Bleckmann, EuR 1978, S. 95

und Männern voraus[1161]. Sie sind der Anknüpfungspunkt für die Geltung des Gleichheitsgrundsatzes im EÖD i.S.v. Weber[1162].

*dd) Art. 27 Abs. 2 BSt*

Art. 27 Abs. 2 BSt wurde durch die Gleichbehandlungsverordnung Nr. 781/98 vom 07.04.1998 ebenfalls neugefaßt. Er lautet nunmehr, daß die Beamten ohne Rücksicht auf Rasse, politische, philosophische und religiöse Überzeugung, Geschlecht und sexuelle Orientierung und ungeachtet ihres Personenstandes und ihrer familiären Verhältnisse ausgewählt werden. In seiner alten Fassung beschränkte sich Art. 27 Abs. 2 BSt dagegen darauf, daß „die Beamten (...) ohne Rücksicht auf Rasse, Glauben oder Geschlecht ausgewählt (werden)".

Mit der Neufassung ist das positive Gebot des Art. 27 Abs. 2 BSt, daß das Verbot der Diskriminierung aus Gründen der Rasse, des Glaubens und des Geschlechts umfaßt hat[1163], um eine Reihe von verbotenen Diskriminierungstatbeständen erweitert worden. Es bezieht sich auf die Einstellung der Beamten im EÖD und stellt klar, daß eine bewußte Schlechterstellung, aber auch jede Äußerung z.B. gegen das Geschlecht gerichteter Vorurteile verboten sind, da sie Zweifel an der objektiven Haltung der Anstellungsbehörde zulassen[1164].

Obwohl Art. 27 Abs. 2 BSt nach Euler schon in der alten Fassung eine allgemeine personelle Bedeutung hatte, die nicht nur auf Einstellungen, sondern auch auf Versetzungen, Ernennungen in höhere Besoldungsgruppen, Beförderungen und in sonstigen personellen Entscheidungen anwendbar war und er sie deshalb kraft ihres systematischen Gehalts zu den allgemeinen Grundsatzbestimmungen des Titels I des BSt rechnete[1165], hat der Rat in seinem ersten Erwägungsgrund der Gleichbehandlungsverordnung Nr. 781/98 hervorgehoben, daß die Gleichbehandlung nicht mehr nur wie bisher bei der Einstellung zu gewähren sei, sondern in den Statutsvorschriften und Beschäftigungsbedingungen als ein Grundsatz zu verankern sei. Dem ist über Art. 1a Abs. 1 BSt Rechnung getragen worden, der für alle in den Anwendungsbereich des BSt fallenden Situationen den Beamten des EÖD ein Recht auf Gleichbehandlung ohne Diskriminierung u.a. aufgrund des Geschlechts einräumt.

---

1161 Dies ist mit Art. 23 der Grundrechte-Charta als Bestandteil der Europäischen Verfassung auch festgeschrieben worden.
1162 Weber, S. 327
1163 Euler, Europäisches Beamtenstatut, Kommentar, 1. Teilband 1966, Art. 27 Vorbemerkung II
1164 Euler, Art. 27 A (3)
1165 Euler, Art. 27 A (5)

Die Aufrechterhaltung und Erweiterung des Art. 27 Abs. 2 BSt erscheint vor diesem Hintergrund unnötig, da die Einstellung im EÖD ohne Probleme auch zu den von Art. 1a Abs. 1 BSt erfaßten Fällen gehört. So hatte die Kommission im Sinne dieser Überlegung in ihrem Vorschlag für eine Gleichbehandlungsverordnung vom 19.03.1993 die Streichung von Art. 27 Abs. 2 BSt vorgesehen[1166], dies mit ihrem geänderten Vorschlag vom 04.03.1996[1167] revidiert und in die schließlich auch mit der Gleichbehandlungsverordnung Nr. 781/98 in Kraft getretene Fassung abgewandelt. Das Europäische Parlament hatte demgegenüber für Art. 27 Abs. 2 BSt die Anfügung eines Satzes 2 vorgeschlagen, der als allgemeine Zielvorgabe der Verarbeitung der Entscheidung des EuGH Kalanke/Freie Hansestadt Bremen diente[1168]. In dem parlamentarischen Änderungsvorschlag vom 19.11.1993, der die Reaktion auf den ersten Kommissionsvorschlag für eine Gleichbehandlungsverordnung darstellte, hatte das Parlament auf die von der Kommission vorgesehene Streichung des Art. 27 Abs. 2 BSt gar nicht reagiert, sondern in einem Art. 5a Abs. 3 BSt in bezug auf die Einstellung nach Art. 27 BSt und die Beförderung gemäß Art. 45 BSt eine leistungsabhängige Vorrangregelung ohne Härtefallklausel vorgesehen[1169].

Diese aus den Materialien zu entnehmenden Vorschläge sowohl der Kommission als auch des Europäischen Parlaments verdeutlichen, daß eine tatsächliche Streichung des Art. 27 Abs. 2 BSt, vom ersten Kommissionsvorschlag aus dem Jahr 1993 abgesehen, keine tragfähige Basis hatte. Das zeigt aber auch, daß trotz der Schaffung von Art. 1a Abs. 1 BSt die Notwendigkeit gesehen wurde, den Bereich der Einstellung der Beamten und sonstigen Bediensteten des EÖD[1170] mit einer gesonderten Vorschrift auszustatten bzw. diese in erweiterter Form beizubehalten.

Im Unterschied zu der von Euler im Zusammenhang mit Art. 27 Abs. 2 a.F. getroffenen Aussage, daß diese Bestimmung eine allgemeine personelle Bedeutung habe und wegen ihres systematischen Gehalts zu den allgemeinen Vorschriften des Titels I des BSt zu zählen sei[1171], kann mit der Neufassung des BSt und der Beschäftigungsbedingungen keinen Bestand mehr haben. Vielmehr muß Art. 27 Abs. 2 BSt n.F. als Spezialvorschrift gewertet werden, die im Bereich der Einstellung Art. 1a Abs. 1 BSt verdrängt. Überschneidungen dieser Regelung mit Art. 1a Abs. 1 BSt im Hinblick auf die Diskriminierungstatbestände Ge-

---

1166 Vgl. KOM (93) 106 endg.
1167 KOM (96) 77 endg. = ABl.EG Nr. C 144, S. 14 v. 16.05.1996
1168 Vgl. Änderungen des Parlaments Nr. 12, ABl.EG Nr. C 85, S. 128 v. 17.03.1997 sowie Europäisches Parlament, Sitzungsdokumente v. 12.02.1997, S. 13 f.
1169 Vgl. Änderungen des Parlaments Nr. 6, ABl.EG Nr. C 329, S. 370 v. 06.12.1993
1170 Vgl. auch Art. 12 Abs. 1 Unterabsatz 2 der Beschäftigungsbedingungen n. F.
1171 Euler, Art. 27 A (5)

schlecht u.a. sowie den Anwendungsbereich, die als echte Doppelung begriffen werden müssen, sind jedoch unschädlich, weil die Einstellung, d.h. der Zugang zum EÖD, ein besonders sensibler Bereich mit großer Anfälligkeit für geschlechtsbedingte Diskriminierungen ist und von daher eine spezifische Vorschrift rechtfertigt. Leider ist im Bereich der Beförderung, der als ähnlich sensibel wie die Einstellung einzustufen ist, eine Sonderregelung i.S.d. parlamentarischen Vorschlags von 1997 nicht zustande gekommen, so daß hier ein Rückgriff auf die Grundsatzbestimmung des Art. 1a Abs. 1 BSt erforderlich ist. Der besondere Stellenwert des Art. 27 Abs. 2 BSt a.F. in der bisherigen Rechtsprechung des EuG (Gericht 1. Instanz) und des EuGH in Dienstrechtsstreitigkeiten auch zur Einstufung, Beförderung, Dienstbezügen etc.[1172] muß nunmehr Art. 1a Abs. 1 BSt zugerechnet werden. Die ausschließliche Festschreibung des Gleichbehandlungsgrundsatzes und Diskriminierungsverbots als Grundprinzip des europäischen öffentlichen Dienstrechts in Art. 27 Abs. 2 BSt n.F.[1173] ist durch die Neufassung des BSt aufgebrochen worden und hat eine Konzentration in Art. 1a BSt erfahren. Der Gleichbehandlungsgrundsatz als Grundprinzip des EÖD verteilt sich folglich im BSt und zwar in Form einer Grundsatzbestimmung sowie einer Spezialvorschrift für den Bereich der Einstellung. Nach Weber ist demnach der Gleichbehandlungsgrundsatz und hier das Gemeinschaftsgrundrecht der Gleichbehandlung der Geschlechter einerseits in Art. 27 Abs. 2 BSt, andererseits in Art. 1a BSt angelegt[1174]. Gleiches gilt für die Beschäftigungsbedingungen für die sonstigen Bediensteten des EÖD, denn Art. 10 Unterabsatz 1, Art. 53 sowie Art. 83 der Beschäftigungsbedingungen verweisen ausdrücklich auf die Geltung von Art. 1a BSt und Art. 12 Abs. 1 Unterabsatz 2 der Beschäftigungsbedingungen übernimmt den Wortlaut des Art. 27 Abs. 2 BSt für die Auswahl der Bediensteten auf Zeit.

*b) Die Dienstrechtsprechung des EuGH und des EuG zur Bindung des EÖD an den Gleichbehandlungsgrundsatz der Geschlechter*

Der EuGH und seit 1989 auch das EuG als Gericht 1. Instanz haben in einer sehr umfangreichen Dienstrechtsprechung dem allgemeinen Rechtsgrundsatz der Gleichbehandlung der Bediensteten des EÖD eine fundamentale Bedeutung zugewiesen[1175], der in mehr als einem Viertel aller Personalstreitsachen zum Tra-

---

1172 Rogalla in Grabitz/Hilf (Hrsg.), Art. 283 Rn.. 86
1173 Ebenda
1174 Weber, S. 327
1175 Oppermann, S. 297 Rn. 798 sowie Rogalla in Grabitz/Hilf (Hrsg.), Art. 283 Rn. 86; vgl. in bezug auf Beförderungen auch EuGH v. 09.10.1984, S. 3411 Rs. 80-83/81, 182-185/82 Adam, Blust, de Windt, Godaert/Kommission

gen kommt[1176]. Schon bevor der Rat mit der Gleichbehandlungsverordnung Nr. 781/98 ausdrücklich in Art. 1a BSt die grundsätzliche Geltung des Gleichbehandlungsgrundsatzes in allen Bereichen des EÖD festgeschrieben hat, war dieser als Grundprinzip des öffentlichen Dienstrechts anerkannt[1177] und zwar als ein dem BSt und den Beschäftigungsbedingungen übergeordnetes Rechtsprinzip[1178]. Mit der Aufnahme der Grundrechte-Charta in die Europäische Verfassung ist über Art. 51 Abs. 1 der Charta verfassungsrechtlich klargestellt, daß die Charta und damit auch die in ihr enthaltenen Grundrechte Geltung für die Organe, Einrichtungen, Ämter und Agenturen der Gemeinschaft beanspruchen. Der bislang ungeschriebene Gleichbehandlungsgrundsatz wird durch die Art. 21 und 23 der Charta folglich zu einem nunmehr schriftlich niedergelegten Grundrecht als übergeordneter Maßstab von grundsätzlicher Bedeutung. Als geschriebenes Grundrecht ist der Gleichbehandlungsgrundsatz nicht nur in seiner Existenz verbindlich festgelegt, sondern erhält auch eine höhere Transparenz und Akzeptanz auf Gemeinschaftsebene, die bislang nur durch die Anerkennung in der Rechtsprechung des EuGH und des EuG erfolgte.

Die verschiedenen Urteile zur Gleichbehandlung der Geschlechter verdeutlichen dabei, in welchen Bereichen der Grundsatz zur Anwendung kommt und konturieren seinen spezifischen Inhalt im EÖD.

*aa) Der Gleichbehandlungsgrundsatz und das diskriminierende Kriterium „Familienvorstand" bei der Auslandszulage*

Sowohl im Verfahren Sabbatini-Bertoni/Europäisches Parlament[1179] als auch im Verfahren Chollet-Bauduin/Kommission[1180] spielte der Gleichbehandlungsgrundsatz zwischen männlichen und weiblichen Bediensteten eine entscheidende Rolle, denn nach Art. 4 Nr. 3 des Anhangs VII zum BSt a.F. verloren Beamte den Anspruch auf die Auslandszulage, wenn sie mit der Eheschließung nicht die Eigenschaft als Familienvorstand erlangt hatten. Nach Art. 1 Nr. 3a) des Anhangs VII wurden verheiratete männliche Beamte ohne weiteres als Familienvorstand angesehen, die verheiratete Beamtin jedoch nur dann, wenn ihr Ehegatte dauernd gebrechlich war oder an einer schweren Krankheit litt und deshalb keine Erwerbstätigkeit ausüben konnte.

---

1176 Lindemann, S. 81
1177 Rogalla in Grabitz/Hilf (Hrsg.), Art. 283 Rn. 86; Kalbe in Von der Groeben/Thiesing/ Ehlermann (Hrsg.), Art. 212 Rn. 33
1178 Henrichs, EuR 1982, S. 231 (S. 246)
1179 EuGH v. 07.06.1972, Slg. 1972, S. 345 Rs. 20/71
1180 EuGH v. 07.06.1972, Slg. 1972, S. 363 Rs. 32/71

Nach Auffassung des EuGH war das Tatbestandsmerkmal des „Familienvorstandes" in bezug auf die Auslandszulage nicht nur sachfremd, sondern bewirkte auch eine Ungleichbehandlung zwischen Beamten und Beamtinnen, die nicht auf für beide Geschlechter einheitlichen, von der Verschiedenheit der Geschlechter unabhängigen Kriterien beruhte[1181]. Insgesamt bewertete er die Abhängigkeit der Weiterzahlung der Auslandszulage, die ein Ausgleich für die besonderen Lasten und Nachteile des Beamten beim Eintritt in den EÖD und den damit verbundenen Wohnsitzwechsel darstellte, von dem Erwerb der Familienvorstandseigenschaft als willkürliche Ungleichbehandlung der Beamten[1182].

Der von beiden Klägerinnen geltend gemachte Art. 119 EGV a.F. (Art. 141 EGV) neben dem allgemeinen Rechtsgrundsatz der Gleichbehandlung der Geschlechter[1183] wurde vom EuGH in beiden Urteilen nicht näher ausgeführt, obwohl er Art. 119 EGV a.F. als Entscheidungsgrundlage in seiner bis 1974 gebräuchlichen Schlußformel[1184] explizit genannt hat[1185]. Im Gegensatz zum EuGH hatte der in beiden Verfahren beteiligte Generalanwalt Roemer Art. 119 EGV aufgegriffen und herausgearbeitet, daß auch die streitbefangene Auslandszulage zu den von Art. 119 EGV erfaßten Bestandteilen des Arbeitsentgelts gehört, für die eine Diskriminierung aufgrund des Geschlechts verboten ist[1186].

Gleichwohl kam er zu der Schlußfolgerung, daß eine Verletzung des Art. 119 EGV nicht gegeben sei, da in den meisten Mitgliedstaaten der Ehemann im Familienrecht noch den Vorrang trotz zunehmender Verwirklichung des Gleichbehandlungsgrundsatzes von Mann und Frau hätte und dieses ein Resultat ökonomischer und soziologisch-psychologischer Überlegungen wäre, denn die Hauptlasten des Familienlebens trage der Ehemann und nach ihm richte sich auch überwiegend die Gestaltung des Familienlebens und der Lebensunterhalt in einer Ehegemeinschaft[1187]. Mit dieser Sichtweise und dem Wesen der Auslandszulage begründete er schließlich auch seine ablehnende Haltung gegenüber einer Verletzung des Art. 119 EGV, obwohl er gleichzeitig in Rechnung stellte, daß die Regelung der Auslandszulage nicht ideal sei und in Zukunft feinere Differenzierungen durch eine Revision erforderlich mache[1188].

---

1181 EuGH v. 07.06.1972, S. 352 Sabbatini-Bertoni/Europäisches Parlament
1182 EuGH v. 07.06.1972, S. 370 f. Chollet-Bauduin/Kommission; EuGH v. 07.06.1972, S. 351 f. Sabbatini-Bertoni/Europäisches Parlament
1183 EuGH v. 07.06.1972, S. 348 Sabbatini-Bertoni/Europäisches Parlament; EuGH v. 07.06. 1972, S. 366 Chollet-Bauduin/Kommission
1184 Vgl. die Erklärung des EuGH zur Abschaffung der Schlußformel in EuGH v. 04.04.1974, S. 341 Fn. 2 Rs. 115/73 Serio/Kommission
1185 So auch Lindemann, S. 89
1186 GA Roemer, Schlußanträge v. 24.02.1972, Slg. 1972, S. 353 (S. 356 f.)
1187 GA Roemer, S. 359
1188 Ebenda

Unabhängig davon, daß sich der EuGH den Schlußanträgen des Generalanwalts nicht angeschlossen hat[1189], verdeutlichen diese jedoch, daß entgegen dem nur an die Mitgliedstaaten gerichteten Wortlaut des Art. 119 EGV, diese Vorschrift auch im EÖD eine Bindungswirkung entfaltet[1190]. Generalanwalt Roemer hat in seinen Schlußanträgen zwar keine Stellungnahme zum Verhältnis von Art. 119 EGV und der Bindung der Gemeinschaftsorgane abgegeben, mit der Prüfung dieser Vertragsnorm allerdings implizit eine Geltung im EÖD vorausgesetzt[1191]. Dem widerspricht auch nicht der Befund, daß der EuGH Art. 119 EGV in seinen Entscheidungsgründen nicht erwähnt, denn die Nennung als Rechtsgrundlage in der Schlußformel läßt zumindest auf eine mittelbare Anerkennung der Geltung dieser Vertragsbestimmung im EÖD schließen. Schließlich ist der EuGH ebenfalls nicht auf den allgemeinen Rechtsgrundsatz der Gleichbehandlung der Geschlechter eingegangen, obwohl er den Gleichbehandlungsgrundsatz speziell für den EÖD bereits in früheren Urteilen herangezogen hat[1192]. Hier ist vielmehr davon auszugehen, daß der EuGH den Gleichbehandlungsgrundsatz zum Ausgangspunkt seiner Überlegungen genommen hat, um über die Prüfung einer objektiven Rechtfertigung der die Beamtinnen diskriminierenden Auslandszulage gemäß Art. 4 Nr. 3 i.V.m. Art. 1 Nr. 3a) des Anhangs VII BSt a.F. zu seinem für die Gleichbehandlung der Geschlechter positiven Ergebnis zu kommen[1193]. Mit der Verordnung Nr. 558/73 des Rates vom 26.02.1973[1194] wurden für den EÖD im übrigen die Konsequenzen aus den Entscheidungen Sabbatini-Bertoni/Europäisches Parlament und Chollet-Bauduin/Kommission gezogen, indem die Abhängigkeit der Auslandszulage von dem Erwerb der Familienvorstandseigenschaft abgeschafft wurde[1195].

---

1189 In diesem Zusammenhang muß hervorgehoben werden, daß der EuGH zwar nicht an die Rechtsauffassungen und die Anträge der Generalanwälte gebunden ist, sich jedoch in der Praxis zumeist an diese hält, vgl. Schweitzer/Hummer, S. 79 Rn. 270
1190 Lindemann, S. 89
1191 Lindemann, S. 89 Fn. 208
1192 Vgl. EuGH v. 16.03.1971, Slg. 1971, S. 175 Rs. 48/70 Bernardi/Europäisches Parlament sowie EuGH v. 16.06.1971, Slg. 1971, S. 549 Rs. 63-75/70 Bode u.a./Kommission
1193 Vgl. auch Streil, EuGRZ 1975, S. 321 (S. 322)
1194 ABl.EG Nr. L 55, S. 1 v. 28.02.1973
1195 Streil, S. 321

*bb) Der Gleichbehandlungsgrundsatz und das diskriminierende Kriterium „Staatsangehörigkeit" bei der Auslandszulage*

In drei weiteren Verfahren hatte sich der EuGH wiederum mit der Auslandszulage und der Gleichstellung von Männern und Frauen im EÖD zu beschäftigen: Sowohl in der Rechtssache Airola/Kommission[1196], der Rechtssache Van den Broeck/Kommission[1197] als auch in der Rechtssache Devred/Kommission[1198] ging es um den Verlust der Auslandszulage durch den automatischen Erwerb einer anderen Staatsangehörigkeit mit der Eheschließung. Mit diesen drei Urteilen hat der EuGH die Gleichbehandlung von Männern und Frauen im EÖD konkretisiert und erweitert[1199].

Art. 4 Nr. 1a) des Anhangs VII zum BSt a.F. bestimmte, daß die Auslandszulage nur den Beamten gewährt würde, die die Staatsangehörigkeit des Staates, in dessen europäischem Hoheitsgebiet sie ihre Tätigkeit ausübten, nicht besaßen oder nicht besessen haben. Mit ihrer Eheschließung erwarb Frau Airola als belgische Staatsangehörige mit Tätigkeit in Italien die italienische Staatsangehörigkeit neben der belgischen, ohne daß sie sich der doppelten Staatsbürgerschaft erwehren konnte. Die Klägerin machte geltend, daß die Diskriminierung von Frauen beim Erwerb der Staatsangehörigkeit ihres Ehemannes darin liege, daß keine mitgliedstaatliche Rechtsordnung den umgekehrten Fall vorsehe, daß der Ehemann die Staatsangehörigkeit seiner Frau erwerbe[1200]. Im BSt sei mit der Staatsangehörigkeit ein Kriterium zum Tragen gekommen, das durch seine Anknüpfung an die Auswirkungen einzelstaatlicher Rechtsvorschriften eine Ungleichbehandlung von männlichen und weiblichen Beamten nach sich ziehe[1201]. Selbst die beklagte Kommission räumte im Airola-Verfahren ein, daß für Beamtinnen aus dem Staatsangehörigkeitskriterium eine faktische oder mittelbare Diskriminierung resultiere, die aber nicht durch das BSt veranlaßt werde, sondern vielmehr durch die entsprechenden nationalen Regelungen[1202]. Schließlich wendete sich die Klägerin auch gegen die Auffassung der Kommission mit dem Argument, daß der allgemeine Staatsangehörigkeitsbegriff dann eng auszulegen sei, wenn höherrangiges Recht wie der Grundsatz der Gleichbehandlung der Beamten es erfordere und nur auf diese Weise eine Diskriminierung von Frauen ausgeschlossen werden könnte.

---

1196 EuGH v. 20.02.1975, Slg. 1975, S. 221 Rs. 21/74
1197 EuGH v. 20.02.1975, Slg. 1975, S. 235 Rs. 37/74
1198 EuGH v. 14.12.1979, Slg. 1979, S. 3767 Rs. 257/78
1199 Lindemann, S. 90
1200 EuGH v. 20.02.1975, S. 228 Airola/Kommission
1201 EuGH v. 20.02.1975, S. 226 Airola/Kommission.
1202 EuGH v. 20.02.1975, S. 225 Airola/Kommission

In seinen Entscheidungsgründen nahm der EuGH hier auch Bezug auf die verschiedenen gesetzgeberischen Ansätze in den Mitgliedstaaten, die Gleichberechtigung der Frau zu verwirklichen, zu denen u.a. auch die Abschaffung des automatischen Erwerbs der Staatsangehörigkeit des Ehemannes gehörte[1203]. Nach Ansicht des EuGH war der Staatsangehörigkeitsbegriff des Art. 4 Nr. 1a) des Anhangs VII zum BSt so auszulegen, daß Beamte und Beamtinnen in einer faktisch vergleichbaren Lage, nicht grundlos ungleich behandelt würden. Dies sei aber gegeben, wenn die von einer Beamtin automatisch erworbene Staatsangehörigkeit dem Staatsangehörigkeitsbegriff des Art. 4 Nr. 1a) gleichgesetzt werde. Demnach erfordere es einer Klarstellung dieser Vorschrift, daß der dortige Staatsangehörigkeitsbegriff nicht die Staatsangehörigkeit erfasse, die eine Beamtin durch die Eheschließung mit einem ausländischen Partner automatisch erwerbe, sofern sie sich dem nicht widersetzen könne[1204].

Der EuGH hat hier eine enge Auslegung des Staatsangehörigkeitsbegriffs auf der Grundlage des Gleichbehandlungsgrundsatzes der Geschlechter geleistet, ohne daß sich hier Generalanwalt Trabucchi, der sich explizit gegen eine Anwendung des Gleichbehandlungsgrundsatzes ausgesprochen hatte, durchsetzen konnte[1205].

Hinzu kommt, daß der EuGH im Airola-Urteil den Grundsatz der Gleichbehandlung von Männern und Frauen auch dann zur Anwendung kommen ließ, wenn die Bezugnahme des BSt bzw. der Anhänge zum BSt auf eine nationale Regelung zu einer Diskriminierung der Frau geführt hatte, obwohl der gemeinschaftsrechtlichen Vorschrift selbst keine Diskriminierung innewohnte[1206]. Außerdem muß in Rechnung gestellt werden, daß der Gleichbehandlungsgrundsatz der Geschlechter schon als ungeschriebenes Gemeinschaftsgrundrecht in der Normenhierarchie des Gemeinschaftsrechts mit übergeordnetem, höchstem Rang ausgestattet gewesen ist[1207], so daß er in jedem Fall Vorrang vor Verordnungen wie dem BSt und den Beschäftigungsbedingungen [1208] beanspruchen konnte[1209].

---

1203 EuGH v. 20.02.1975, S. 228 Airola/Kommission
1204 EuGH v. 20.02.1975, S. 229 Airola/Kommission
1205 GA Trabucchi, Schlußanträge v. 14.11.1974, Slg. 1975, S. 231 (S. 233 f.) Rs. 21/74, 37/74 Airola/Kommission, Van den Broeck/Kommission
1206 So auch Streil, S. 322; vgl. aber EuGH v. 27.11.1980, Slg. 1980, S. 3557 (S. 3572) Rs. 81, 82 und 146/79 Sorasio-Allo u.a./Kommission, denn hier hatte der EuGH festgestellt, daß der Grundsatz der Gleichbehandlung nicht gebiete, Ungleichheiten zu berücksichtigen, die möglicherweise durch die Überschneidung der Gemeinschaftsrechtsordnung mit der Rechtsordnung der Mitgliedstaaten auftreten
1207 Langenfeld, S. 131 sowie Lindemann, S. 53 f.
1208 Rogalla, S. 45

In dem Urteil Van den Broeck/Kommission vom selben Tag befaßte sich der EuGH ebenfalls mit der Auslandszulage und dem Erwerb einer anderen Staatsangehörigkeit durch die Eheschließung. Im Unterschied zur Klägerin Airola hatte Frau Van den Broeck ihre ursprünglich französische Staatsangehörigkeit durch die Heirat eines Belgiers verloren, da sie auf eine Erklärung nach der Eheschließung innerhalb eines Zeitraums von sechs Monaten verzichtet hatte, ihre französische Staatsbürgerschaft zu behalten[1210]. Der EuGH sah sich hier veranlaßt, die Klage abzuweisen, da die Klägerin den Erwerb der belgischen Staatsangehörigkeit ihres Ehemannes hätte ablehnen können und damit Französin geblieben wäre[1211]. Er führte weiter aus, daß für ihn auch unter dem Gesichtspunkt der Gleichbehandlung von Männern und Frauen keine Möglichkeit bestanden hätte, die neu erworbene belgische Staatsangehörigkeit der Klägerin, wie etwa im Airola-Urteil, außer Betracht zu lassen[1212].

Die Kritik der Literatur nahm die unterschiedlichen Ergebnisse dieser beiden Entscheidungen unter dem Aspekt der Gleichbehandlung der Geschlechter sehr unzufrieden auf[1213], denn nur der Ehefrau wurde wiederum zugemutet, auf eine neue Staatsangehörigkeit (aus finanziellen Gründen) zu verzichten, die jedoch auch unter dem Blickwinkel neuer familiärer Bande bedeutsam sei. Rogalla zufolge hätte der EuGH hier die Änderung der Staatsangehörigkeit durch eine Heirat bei der Gewährung der Auslandszulage insgesamt außer Betracht lassen müssen[1214]. Auch Henrichs machte geltend, daß der EuGH zu stark auf die Möglichkeit des Verzichts auf die neue Staatsangehörigkeit abgestellt habe, obgleich in einer Staatengemeinschaft wie der EU eine Vielfachstaatsangehörigkeit ein begrüßenswerter Faktor und nicht auch noch mit dem Entzug der Auslandszulage zu sanktionieren sei[1215].

Lindemann machte geltend, daß das Hinweggehen des EuGH über die Staatsangehörigkeit als Anknüpfungspunkt für das europäische Dienstrecht verdeutliche, daß er dem Gleichbehandlungsgrundsatz der Geschlechter einen fundamentalen und menschenrechtlichen Charakter zusprechen wollte, was auch Generalanwalt Trabucchi[1216] grundsätzlich nicht in Frage gestellt habe[1217].

---

| | |
|---|---|
| 1209 | Vgl. aber Streil, S. 322, der die Gleichrangigkeit von Gleichbehandlungsgrundsatz und Primärrecht annimmt |
| 1210 | EuGH v. 20.02.1975, S. 236 Van den Broeck/Kommission |
| 1211 | EuGH v. 20.02.1975, S. 245 Van den Broeck/Kommission |
| 1212 | Ebenda |
| 1213 | Rogalla, S. 165 sowie Lindemann, S. 92; Henrichs, EuR 1982, S. 231 (S. 247), Langenfeld, S. 126 |
| 1214 | Rogalla, S. 165 |
| 1215 | Henrichs, S. 247 Fn. 150 |
| 1216 | GA Trabucchi, S. 324 |
| 1217 | Lindemann, S. 92; vgl. auch Langenfeld, S. 126 f. |

Streil hob in seiner Besprechung des Airola-Urteils noch zusätzlich hervor, daß der EuGH sich hier der verfassungskonformen Auslegung bedient hätte, indem er die Vorschrift aus dem BSt am übergeordneten Gleichbehandlungsgrundsatz gemessen hätte[1218], wie sie sich auch als Interpretationsprinzip beim BVerfG wiederfinden ließe[1219].

Wie bei den Urteilen Sabbatini-Bertoni und Chollet-Bauduin hat der Rat auch die beiden Entscheidungen Airola und Van den Broeck aufgegriffen und die Verordnung Nr. 912/78 vom 02.05.1978[1220] erlassen, die u.a. Art. 4 des Anhangs VII um einen Absatz 3 ergänzt hat, der eine Zusammenfassung dieser beiden Urteile darstellt.

Mit Datum vom 14.12.1979 hatte der EuGH ein drittes Mal über die Gewährung der Auslandszulage in Abhängigkeit von der Staatsangehörigkeit zu entscheiden[1221]. Dem Verfahren Devred/Kommission lag derselbe Sachverhalt zugrunde wie im Fall Van den Broeck/Kommission, so daß der EuGH hier auch die Klage abwies. Die britische Klägerin, die mit ihrer Heirat die belgische Staatsangehörigkeit erworben hatte, auf die sie nach Ansicht des EuGH hätte verzichten müssen, um weiter in den Genuß der Auslandszulage zu kommen, hatte neben einer Verletzung des Gleichbehandlungsgrundsatzes der Geschlechter auch Art. 119 EGV a.F. geltend gemacht. Der EuGH bezeichnete den Gleichbehandlungsgrundsatz hier als allgemeinen Grundsatz, der es verbiete, Beamte und Beamtinnen ohne objektiven Grund unterschiedlich zu behandeln[1222]. Auf Art. 119 EGV a.F. ging er dagegen überhaupt nicht ein[1223] und entkräftete außerdem das klägerische Argument, es sei von ihrer „effektiven" britischen Staatsangehörigkeit auszugehen mit dem Hinweis, daß sich dieser Begriff aus dem internationalen Privatrecht ergebe und nicht auf das Dienstrecht der Gemeinschaft übertragen werden könne[1224].

Das der EuGH in dieser Entscheidung nicht auf Art. 119 EGV a.F. eingegangen ist, verwundert besonders deshalb, weil er in der Entscheidung Defrenne/Sabena (Defrenne III)[1225] unter Bezugnahme auf die Rechtssachen Airola und

---

1218 Streil, S. 322; Lindemann, S. 91 spricht hier von der „rechtsgrundsatzkonformen Auslegung"
1219 Zur verfassungskonformen Auslegung des BVerfG Simon, EuGRZ 1974, S. 85; Spanner, AöR 1966, S. 503
1220 ABl.EG Nr. L 119, S. 1 v. 03.05.1978
1221 Slg. 1979, S. 3767 Rs. 257/78 Devred/Kommission
1222 EuGH v. 14.12.1979, S. 3781 Devred/Kommission
1223 GA Warner, Schlußanträge v. 22.11.1979, Slg. 1979, S. 3785 (S. 3787) Rs. 257/78 Devred/Kommission erwähnt Art. 119 EGV a.F. zwar, ohne diesen jedoch zu prüfen
1224 EuGH v. 14.12.1979, S. 3782 Devred/Kommission
1225 EuGH v. 15.06.1978, Slg. 1978, S. 1365 (S. 1379) Rs. 149/77

Sabbatini-Bertoni die Geltung des Art. 119 EGV a.F. für den EÖD anerkannt hatte. Im übrigen ist im Zusammenhang mit dem Devred-Urteil dieselbe Kritik angebracht wie zu den vorangegangenen Entscheidungen Airola und Van den Broeck, denn gerade im Airola-Verfahren hatte der EuGH letztendlich eine Rückführung auf die effektive Staatsangehörigkeit der Klägerin vorgenommen, die er im Devred-Urteil explizit abgelehnt hatte. Vor dem Hintergrund der Anerkennung und Anwendung des Grundsatzes der Gleichbehandlung von Männern und Frauen, den der EuGH im Defrenne III-Urteil schließlich auch als Gemeinschaftsgrundrecht bezeichnet hat[1226] vermag der vom EuGH geforderte Verzicht auf den durch die Heirat bedingten Erwerb der zweiten Staatsangehörigkeit keine überzeugende objektive Rechtfertigung zu finden, denn die Differenzierung nach einer bestehenden Verzichtsmöglichkeit mag rechtsdogmatisch begründbar sein, läßt aber faktisch die umfassende Bedeutung des Gleichbehandlungsgrundsatzes der Geschlechter als Gemeinschaftsgrundrecht hintenantreten.

*cc) Der Gleichbehandlungsgrundsatz und das diskriminierende Kriterium „mangelnde körperliche Eignung"*

In zwei Entscheidungen hatte sich der EuGH mit dem Kriterium der körperlichen Eignung als Voraussetzung für die Einstellung[1227] bzw. für die Ernennung zur Beamtin auf Lebenszeit[1228] zu beschäftigen. Nach Art. 28 Buchstabe e) BSt darf zum Beamten nur ernannt werden, wer die für die Ausübung seines Amtes erforderliche körperliche Eignung besitzt. Vor der Ernennung wird deshalb der ausgewählte Bewerber gemäß Art. 33 BSt durch einen Vertrauensarzt des Organs untersucht, damit dieses die Gewißheit erhält, daß der Bewerber die Voraussetzungen des Art. 28 Buchstabe e) BSt erfüllt.

Im Verfahren Fräulein M./Kommission war die Klägerin wegen mangelnder körperlicher Eignung nicht als Beamtin eingestellt worden, weil im Rahmen der vertrauensärztlichen Untersuchung gemäß Art. 33 BSt u.a. auch ein Neurologe und Psychiater hinzugezogen worden war, die der Klägerin eine „hysterische Neurose" diagnostiziert hatten, das nach Auffassung der beklagten Kommission als psychologisches-psychiatrisches Leiden einen Mangel an körperlicher Eignung darstellte und deshalb u.U. eine Arbeitsunfähigkeit sowie Invalidität nach sich ziehen könnte[1229]. Die Klägerin berief sich demgegenüber auf den Grundsatz der Gleichbehandlung der Geschlechter, soweit die Kommission weibliche

---

1226 EuGH v. 15.06.1978, S. 1379
1227 EuGH v. 10.06.1980, Slg. 1980, S. 1797 Rs. 155/78 Fräulein M./Kommission
1228 EuGH v. 17.11.1983, Slg. 1983, S. 3751 Rs. 290/82 Tréfois/Gerichtshof
1229 EuGH v. 10.06.1980, S. 1801 Fräulein M./Kommission

Bewerberinnen in systematisch häufigerer Weise neuro-psychiatrischen Untersuchungen unterziehe als männliche Bewerber. Auch machte sie eine Verletzung des Art. 27 Abs. 2 BSt geltend[1230]. Die Kommission führte daraufhin Zahlenbeispiele an, demnach im Jahr 1976 27 % der männlichen und 37 % der weiblichen Bewerber/innen und im Jahr 1977 26 % der Männer gegenüber 51 % der Frauen neuro-psychiatrisch untersucht worden seien. Eine (geschlechtsbedingte) Diskriminierung könne hieraus aber nicht abgeleitet werden[1231].

Der EuGH ging in seiner Entscheidung weder auf den Gleichbehandlungsgrundsatz noch auf eine Verletzung des Art. 27 Abs. 2 BSt ein. Auch das von der Kommission eingeräumte deutliche statistische Mißverhältnis zuungunsten der Bewerberinnen im Hinblick auf die neuro-psychiatrischen Untersuchungen fand keine Berücksichtigung, obwohl aufgrund des zahlenmäßigen Ungleichgewichts eine mögliche mittelbare Diskriminierung[1232] aufgrund des Geschlechts durchaus nahegelegen hätte. Obwohl Generalanwalt Capotorti zu dem selben Ergebnis kam wie der EuGH, der der Klage wegen des unzureichenden Berichts über die vertrauensärztliche Untersuchung an den behandelnden Arzt der Klägerin stattgegeben hatte[1233], beschäftigte er sich mit dem zahlenmäßigen Mißverhältnis zwischen Männern und Frauen bei neuro-psychiatrischen Untersuchungen. Er folgerte jedoch, daß aus diesem Ungleichgewicht allein noch keine geschlechtsbedingte Diskriminierung resultieren könne[1234].

Aus heutiger Perspektive auf dieses Urteil muß das von der Kommission eingeräumte zahlenmäßige Mißverhältnis bei neuro-psychiatrischen Untersuchungen als Indiz für eine strukturelle Diskriminierung gewertet werden, zumal die der Klägerin ausgestellte Diagnose der hysterischen Neurose an die historischen Ausführungen im Zusammenhang mit der Zulassung von Frauen zum Richteramt erinnert, die die kontinuierliche Leistungsfähigkeit einer Beamtin durch ihre Konstitution, mögliche Mutterschaft, Monatsperiode und die Wechseljahre in Frage stellten, da diese zu einer erheblichen Gefühlsbeeinflussung führen würden, die dem auszuübenden Amt nicht gerecht werden könnten[1235].

---

1230  EuGH v. 10.06.1980, S. 1805 Fräulein M./Kommission
1231  Ebenda
1232  Diese hatte der EuGH bereits 1974 für Diskriminierungen von Wanderarbeitnehmern i.S.v. Art. 48 EGV a.F. = Art. 39 EGV entwickelt, EuGH v. 12.02.1974, Slg. 1974, S. 153 Rs. 152/73 Sotgiu/Bundespost; hinzu kommt, daß die Richtlinie 76/207/EWG in Art. 2 Abs. 1 die mittelbare Diskriminierung verbietet
1233  EuGH v. 10.06.1980, S. 1810 f. Fräulein M./Kommission
1234  GA Capotorti v. 13.03.1980, Slg. 1980, S. 1813 (S. 1825) Rs. 155/78 Fräulein M./Kommission
1235  Vgl. zum Ganzen Von Hasseln, DRiZ 1984, S. 12 (S. 15)

Im zweiten hier interessierenden Verfahren Tréfois/Gerichtshof war die Klägerin aufgrund einer negativ verlaufenen Probezeit nicht zur Beamtin auf Lebenszeit ernannt worden[1236]. In dem über sie erstellten Probezeitbericht wurde u.a. ihre mangelnde körperliche Eignung für die Tätigkeit als Verwalterin des Bibliotheksmagazins des EuGH hervorgehoben, die mit der Beförderung und Einordnung von Büchern verbunden war. Auch wurden ihr mäßiges Interesse und häufiges Fernbleiben der Arbeit aus gesundheitlichen und familiären Gründen sowie unzulängliche Leistungen bescheinigt[1237].

Die Klägerin wendete sich dagegen u.a. mit dem Hinweis, daß ihre Dienstvorgesetzten auf dem von ihr besetzten Dienstposten lieber einen Mann gesehen hätten, so daß die Beanstandungen hinsichtlich ihrer mangelnden körperlichen Eignung als unzulässige Diskriminierung wegen des Geschlechts zu bewerten seien[1238]. Tatsächlich hatte der Abteilungsleiter in einem Schreiben zur Erläuterung des Probezeitberichts zur Frage der körperlichen Eignung ausgeführt, daß die Arbeit der Klägerin „eine körperliche Anstrengung (erfordert), die man einer Dame nur schwerlich zumuten könne"[1239].

Der die Klage schließlich abweisende EuGH erinnerte zunächst an Art. 27 Abs. 1 BSt, demnach bei der Einstellung dem jeweiligen Gemeinschaftsorgan die Mitarbeit von Beamten zu sichern ist, die in bezug auf Befähigung, Leistung und Integrität höchsten Ansprüchen genügen. Sowohl der Probezeitbericht als auch die ergänzenden Stellungnahmen des Dienststellenleiters boten nach Ansicht des EuGH keinen stichhaltigen Grund, die Gesamtbewertung der Klägerin in Zweifel zu ziehen, denn die Klägerin genüge in keinster Weise den von Art. 27 Abs. 1 BSt aufgestellten Anforderungen[1240]. Im Zusammenhang mit der Verletzung des Grundsatzes der Chancengleichheit zwischen männlichen und weiblichen Arbeitnehmern stellte der EuGH lediglich fest, daß die vom Verfasser des Probezeitberichts verwendete Formulierung zu den körperlichen Anforderungen an das Magazinverwalteramt zwar wenig glücklich sei, diese aber keinen Rückschluß auf eine geschlechtsbedingte Diskriminierung zulasse. Vielmehr handele es sich um eine individuelle Beurteilung der fehlenden körperlichen Eignung der Klägerin, die sich auf die Beobachtung der Erledigung der täglichen Aufgaben stütze[1241].

Nur Generalanwalt Verloren van Themaat beschäftigte sich mit dem Argument der geschlechtsbedingten Diskriminierung. Er sah diese darin begründet,

---

1236  EuGH v. 17.11.1983, S. 3762 Tréfois/Gerichtshof
1237  Ebenda
1238  EuGH v. 17.11.1983, S. 3760 Tréfois/Gerichtshof
1239  EuGH v. 17.11.1983, S. 3763 Tréfois/Gerichtshof
1240  EuGH v. 17.11.1983, S. 3766 f. Tréfois/Gerichsthof
1241  EuGH v. 17.11.1983, S. 3768 Tréfois/Gerichtshof

daß in der Klagebeantwortung des Gerichtshofs noch einmal darauf hingewiesen worden war, daß es aufgrund körperlicher Eignung Berufe geben müsse, die Männern vorzubehalten seien. Auch klinge dieser Gedanke schon in den Formulierungen des Probezeitberichts an[1242]. Gleichwohl wollte der Generalanwalt der geschlechtsbedingten Diskriminierung keine entscheidende Bedeutung beimessen, sondern berief sich stattdessen auf einen Verfahrensfehler[1243].

Die Rechtssache Tréfois verdeutlicht, welchen Schwierigkeiten Frauen im Hinblick auf den Nachweis einer geschlechtsbedingten Diskriminierung ausgesetzt sind, selbst wenn die Dienststelle klare Äußerungen in diese Richtung abgegeben hat. Hier soll und kann nicht in Abrede gestellt werden, daß in einer Gesamtbetrachtung der Leistungen der Klägerin diese den Anforderungen des Art. 27 Abs. 1 BSt nicht entsprochen hatten[1244], doch muß noch einmal auf den weiten Beurteilungsspielraum der Anstellungsbehörde und die geringe Überprüfungskompetenz des EuGH hingewiesen werden, denn die Beurteilungen der Bediensteten sind immer von subjektiven Wertungen geprägt, die der gerichtlichen Nachprüfung entzogen sind. Ihnen wohnen deshalb alle Unsicherheiten komplexer psychologischer Prozesse inne, die sich weder rationalisieren, noch normieren lassen[1245].

Jedoch können Beurteilungen auf der Basis von objektiven Maßstäben einer Plausibilitäts- und Vertretbarkeitsprüfung unterzogen werden[1246] sowie einer Überprüfung von Rechts- und Formverstößen, offenkundigen Tatsachenirrtümern oder dem Mißbrauch des Beurteilungsermessens[1247]. Gerade bei den in Art. 27 Abs. 1 BSt enthaltenen Kriterien der Eignung und Befähigung mischen sich objektiv nachprüfbare Elemente wie die Arbeitsleistung, Schulabschlüsse etc. mit subjektiven Bestandteilen, so daß der Eignungs- und Befähigungsbegriff i.S.v. Art. 27 Abs. 1 BSt wenig präzise und kontrollierbar ausgestaltet ist[1248], da das subjektiv prognostische und wertende Moment im Rahmen einer Beurteilung regelmäßig ausschlaggebend ist.

Mit diesen Überlegungen mag das vom EuGH gefundene Ergebnis grundsätzlich nicht zu beanstanden sein, denn es scheint in Anbetracht der klägerischen Leistungen vertretbar zu sein, jedoch hätte die Berücksichtigung der subjektiven Komponente innerhalb der Beurteilung durch den EuGH der hier sehr

---

1242  GA Verloren van Themaat, Schlußanträge v. 20.10.1983, Slg. 1983, S. 3769 (S. 3778) Rs. 290/82 Tréfois/Gerichtshof
1243  GA Verloren van Themaat, S. 3778 f. Tréfois/Gerichtshof
1244  Vgl. auch Lindemann, S. 94
1245  Hatje, S. 86 f.
1246  Hatje, S. 87
1247  Henrichs, EuR 1982, S. 231 (S. 238)
1248  Hatje, S. 87

wahrscheinlich zusätzlich stattgefundenen geschlechtsbedingten Diskriminierung durch die Prüfung des Gleichbehandlungsgrundsatzes und Art. 27 Abs. 2 BSt ein stärkeres Gewicht verliehen.

Der EuGH hat es sich im Verfahren Tréfois zu leicht gemacht, die im Probezeitbericht verwendete Formulierung als lediglich „unglücklich" abzutun, ohne dabei dem dieser Äußerung immanenten subjektiv diskriminierenden Element nachzugehen. Im übrigen spricht dafür auch, daß die Stellenbeschreibung über die von der Klägerin ausgeübte Tätigkeit der Magazinverwalterin keinen Hinweis auf eine körperlich anstrengende Arbeit enthielt[1249] und daß die für diese Stelle geforderten Qualifikationen keine besondere körperliche Eignung voraussetzten, so daß die Klägerin nach dem Auswahlverfahren und der befriedigenden ärztlichen Untersuchung vor der Einstellung[1250] zu Recht davon ausgehen konnte, daß eine besondere körperliche Eignung keine Rolle spielte. Eine Bestätigung dafür findet sich auch in den Ausführungen von Generalanwalt Verloren van Themaat, der für die Beurteilung der körperlichen Eignung ausschließlich auf den Zeitpunkt der Einstellung abstellt und außerdem darauf hinweist, daß anderenfalls ein gesondertes Verfahren zur Feststellung einer etwaigen Arbeitsuntauglichkeit hätte stattfinden müssen[1251]. So kann sich nach der Rechtsprechung des EuGH eine Selbstbindung der Verwaltung im Hinblick auf das auszuübende Ermessen u.a. durch den Text einer Stellenausschreibung ergeben[1252] oder aus einer Beschreibung der Tätigkeitsmerkmale etc.[1253]. Die objektiven Stellenanforderungen sind hier demnach durch eine subjektive, wertende Beurteilung ersetzt worden, welches als Mißbrauch des Beurteilungsermessens gewertet werden kann.

*dd) Der Gleichbehandlungsgrundsatz und das Witwergeld*

In seinem Urteil Razzouk und Beydoun/Kommission[1254] hatte sich der EuGH mit der Klage von zwei Witwern auf das Witwergeld zu beschäftigen, deren verstorbene Ehefrauen Beamtinnen der Gemeinschaft waren. Nach Art. 79 BSt erhielt nur die Witwe eines verstorbenen Beamten der Gemeinschaft eine Hinterbliebenenrente in Höhe von 60 % der Versorgungsbezüge des Ehemannes, wobei ihre eigenen Vermögensverhältnisse sowie eine mögliche eigene Rente keine

---

1249 EuGH v. 17.11.1983, S. 3760 Tréfois/Gerichtshof
1250 EuGH v. 17.11.1983, S. 3759 Tréfois/Gerichtshof
1251 GA Verloren van Themaat, S. 3774 Tréfois/Gerichtshof
1252 EuGH v. 18.02.1982, Slg. 1982, S. 661 Rs. 67/81 Ruske/Kommission sowie EuGH v. 13.05.1982, Slg. 1982, S. 1559 Rs. 16/81 Alaimo/Kommission
1253 Vgl. Henrichs, EuR 1985, S. 171 (S. 174 f.) m.w.N.
1254 EuGH v. 20.03.1984, Slg. 1984, S. 1509 verb. Rs. 75 und 117/82

Rolle spielten. Im Unterschied dazu gewährte Art. 23 des Anhangs VII zum BSt dem Ehegatten einer verstorbenen Beamtin nur dann eine Versorgung, wenn er nicht über eigene Einkünfte verfügte und er beim Tode seiner Ehefrau ein Gebrechen oder eine schwere Erkrankung nachweisen konnte, durch die er dauernd erwerbsunfähig geworden war.

Im Fall Beydoun hatte der EuGH die Klage schon im Rahmen der Zulässigkeit abgewiesen, da der Kläger die von Art. 90 Abs. Abs. 2 zwingend vorgesehene Beschwerdefrist nicht eingehalten hatte[1255]. Dagegen konnte er im Fall Razzouk auch zur Begründetheit der Klage entscheiden. So stellte er zunächst fest, daß Art. 79 BSt und Art. 23 des Anhangs VII zum BSt die Anwendung von zwei grundlegend verschiedenen Systemen der Hinterbliebenenversorgung vorsahen, je nachdem, ob der verstorbene Beamte männlichen oder weiblichen Geschlechts war[1256]. Er betonte dabei noch einmal, daß er insbesondere in seiner Defrenne III-Entscheidung klargestellt hatte, daß der Grundsatz der Gleichbehandlung der Geschlechter, den er im vorliegenden Fall für verletzt hielt, zu den von ihm zu sichernden und zu wahrenden Grundrechten gehörte[1257].

Unter Bezugnahme auf seine Entscheidungen Sabbatini-Bertoni, Airola sowie Defrenne III unterstrich er außerdem, daß er dort bereits die Notwendigkeit der Gewährleistung der Gleichbehandlung männlicher und weiblicher Arbeitnehmer anerkannt hatte und daß dieser Grundsatz sich keineswegs auf die sich aus Art. 119 EGV a.F. ergebenden Anforderungen und die in diesem Bereich ergangenen Richtlinien beschränken ließe[1258]. Im Ergebnis stellte er einen Verstoß der streitbefangenen Statutsvorschriften gegen den Grundsatz der Gleichbehandlung der Geschlechter als Gemeinschaftsgrundrecht fest und wies den Gemeinschaftsgesetzgeber an, die Konsequenzen aus diesem Urteil zu ziehen, um die Gleichbehandlung der Geschlechter im Zusammenhang mit dem gemeinschaftlichen Versorgungssystem zu verwirklichen[1259]. Mit der Verordnung Nr. 2799/85 vom 27.09.1985[1260] wurde schließlich dieser Rechtsprechung Rechnung getragen und Art. 79a neu in das BSt eingefügt.

Mit dieser Entscheidung hat der EuGH den Grundrechtscharakter des Grundsatzes der Gleichbehandlung von Männern und Frauen nicht nur bestätigt, sondern gleichzeitig auch klargestellt, daß das Gemeinschaftsgrundrecht im Verhältnis der Gemeinschaft zu ihren Bediensteten nicht auf den Anwendungsbereich des Art. 119 EGV a.F. und der auf diesem Gebiet einschlägigen Richtlinien

---

1255 EuGH v. 20.03.1984, S. 1529
1256 EuGH v. 20.03.1984, S. 1530
1257 Ebenda
1258 Ebenda
1259 EuGH v. 20.03.1984, S. 1530 f.
1260 ABl.EG Nr. L 265, S. 1 v. 08.10.1985

beschränkt ist[1261]. Lindemann betont bei der bisherigen Dienstrechtsprechung zur Gleichbehandlung der Geschlechter, daß die Rolle des Art. 119 EGV a.F., der Ausdruck dieses Gemeinschaftsgrundrechts sei, nicht deutlich geworden wäre[1262]. Festzuhalten ist jedoch, daß der EuGH und die beteiligten Generalanwälte von einer, wenn auch nur mittelbaren, Geltung des Art. 119 EGV a.f. im EÖD ausgegangen zu sein scheinen. Die Erwähnung dieser Norm als Rechtsgrundlage und Nennung in den Entscheidungsgründen läßt keinen anderen Schluß als die mindestens mittelbare Anerkennung zu[1263].

*ee) Der Gleichbehandlungsgrundsatz und die Beförderung*

Die Frage der Anwendung des Grundsatzes der Gleichbehandlung von Männern und Frauen hat auch im Zusammenhang mit der Beförderung der Gemeinschaftsbediensteten eine weitergehende Rolle gespielt. In drei hier zu untersuchenden Entscheidungen, Bonino/Kommission[1264], Delauche/Kommission[1265] sowie Frederiksen/Parlament[1266] hat sowohl der EuGH als auch das EuG mehr oder weniger ausführlich zum Grundsatz der Geschlechtergleichbehandlung Stellung bezogen.

Im Verfahren Bonino/Kommission hatte sich die Klägerin genau wie ein männlicher Kollege auf eine Beförderungsstelle des Leiters der Gruppe „Wirtschaft und Finanzen" beworben – nach einer mit beiden Bewerbern durchgeführten Erprobungsphase von jeweils sechs Monaten wurde schließlich der Mann in die Planstelle eingewiesen und die Bewerbung der Klägerin abgelehnt. Die Klägerin berief sich u.a. auf das Fehlen einer eingehenden Begründung der Ablehnung ihrer Bewerbung, die gerade dann besonders erforderlich sei, wenn in der betreffenden Laufbahngruppe des Beförderungsamtes ein zahlenmäßiges Ungleichgewicht zwischen männlichen und weiblichen Beamten herrsche und die Bewerbung einer Beamtin erfolglos geblieben sei[1267]. Sie machte weiterhin ihre größere Berufserfahrung, ihr höheres Dienst- und Beförderungsdienstalter und die Tatsache geltend, daß sie seit zehn Jahren das Amt einer Gruppenleiterin ausübe sowie zusätzliche Qualifikationen erworben habe. Darüber hinaus könne der Grundsatz der Geschlechtergleichbehandlung nur mit angemessenen Sanktionen und einem wirksamen Rechtsschutz verwirklicht werden. Angesichts er-

---

1261 Vgl. auch Langenfeld, S. 128 f; in diese Richtung Mohn, S. 25
1262 Lindemann, S. 97
1263 Zu formalistisch Langenfeld, S. 45 ff.
1264 EuGH v. 12.02.1987, Slg. 1987, S. 739 Rs. 233/85
1265 EuGH v. 16.12.1987, Slg. 1987, S. 5345 Rs. 111/86
1266 EuG v. 11.12.1991, Slg. 1991, S. 1403 Rs. T-169/89
1267 EuGH v. 12.02.1987, S. 756 Bonino/Kommission

heblicher Unterrepräsentanz von Frauen in verantwortungsvollen Dienstposten müsse eine verborgene Diskriminierung durch die Verpflichtung der Anstellungsbehörde verhindert werden, bei der Wahl eines Mannes eine Begründung abzugeben, die davon überzeuge, daß der Beurteilungsspielraum nicht überschritten worden sei[1268]. Die Verletzung des Gleichbehandlungsgrundsatzes sei im übrigen das Ergebnis eines frauenfeindlichen Verhaltens[1269].

Der als Streithelfer dem Verfahren beigetretene Gewerkschaftsbund EÖD erklärte außerdem, daß bei gleichen Voraussetzungen des männlichen und weiblichen Bewerbers der Frau der Vorzug gegeben werden müsse, der zum einen durch das gravierende Ungleichgewicht zwischen Männern und Frauen auf dieser Dienstpostenebene bedingt sei, zum anderen aus der grundlegenden Bedeutung des Grundsatzes der Gleichbehandlung der Geschlechter folge, der in verschiedenen Rechtsakten der Gemeinschaft und der Rechtsprechung des EuGH anerkannt sei[1270].

Die beklagte Kommission hatte demgegenüber hervorgehoben, daß der Grundsatz der Gleichbehandlung von Männern und Frauen sie nicht daran hindere, daß Kriterium der Befähigung zu verwenden, demnach der männliche Bewerber im Rahmen der Erprobungsphase die besseren Fähigkeiten auf dem Gebiet des Management u.a. gezeigt habe[1271].

Der EuGH ging in seinen Entscheidungsgründen nur beiläufig auf den Grundsatz der Gleichbehandlung von Männern und Frauen ein. Das geltend gemachte Erfordernis einer eingehenden Begründung bei Ablehnung einer weiblichen Bewerberin und bestehender Unterrepräsentanz von Frauen in der jeweiligen Laufbahngruppe wies er unter Bezugnahme auf seine Rechtsprechung zu Beförderungsverfügungen i.S.v. Art. 45 BSt[1272] zurück und betonte außerdem, daß hier der Grundsatz der Geschlechtergleichbehandlung unerheblich sei[1273]. Eine Verletzung des Gleichbehandlungsgrundsatzes sah der EuGH auch nicht dadurch gegeben, daß die Klägerin höher qualifiziert erscheinen konnte als ihr Mitbewerber, denn die Grenzen des Beurteilungsspielrams seien durch die Auswahl des Mannes, der in der Erprobungsphase die höheren Managementfähigkeiten bewiesen habe, nicht überschritten worden[1274]. Dieses sei auch nicht Ausdruck eines allgemeinen Vorurteils gegenüber Frauen, was gegen den

---

1268 EuGH v. 12.02.1987, S. 743 Bonino/Kommission
1269 EuGH v. 12.02.1987, S. 744 Bonino/Kommission
1270 Ebenda
1271 EuGH v. 12.02.1987, S. 745 f. Bonino/Kommission
1272 Vgl. auch EuGH v. 13.07.1972, Slg. 1972, S. 603 Rs. 90/71 Bernardi/Europäisches Parlament
1273 EuGH v. 12.02.1987, S. 756 f. Bonino/Kommission
1274 EuGH v. 12.02.1987, S. 757 Bonino/Kommission

Gleichbehandlungsgrundsatz verstoßen würde[1275]. Da im vorliegenden Fall keine gleiche Qualifikation von Bewerber und Bewerberin vorgelegen habe, brauche auch ein Vorrang von Frauen im Rahmen des Gleichbehandlungsgrundsatzes nicht geprüft zu werden[1276].

Im Ergebnis gab der EuGH der Klage zwar statt, jedoch stützte er dieses auf einen Verfahrensfehler, da die Beurteilung der Klägerin während der Erprobungsphase nicht in die Personalakte aufgenommen worden war und die Klägerin auch keine Gelegenheit zur Stellungnahme gehabt hatte[1277]. Mit diesem Ergebnis lag der EuGH hier auch ganz auf der Linie der Schlußanträge des Generalanwalts Darmon, der ebenfalls die geschlechtsbedingte Diskriminierung der Klägerin mit dem Hinweis abgelehnt hatte, daß die Klägerin nicht bewiesen habe, daß sie benachteiligt worden wäre. Vielmehr sei die Chancengleichheit der Geschlechter gewahrt worden und der Mann aufgrund seiner höheren Managementqualifikationen ausgewählt worden[1278].

Im gleichgelagerten Fall Delauche/Kommission hatte sich die Klägerin um einen Beförderungsdienstposten der Besoldungsgruppe A3 als Leiterin der Abteilung „Verwaltungsrechtliche und finanzielle Ansprüche" beworben. Auch ihre Bewerbung wurde ohne eine Begründung abgelehnt und die fragliche Stelle mit einem Mann besetzt[1279]. Genau wie die Klägerin Bonino machte auch Frau Delauche eine Begündungspflicht der Gemeinschaftsorgane bei der Ablehnung der Bewerbung einer Frau geltend, um dem Grundsatz der Gleichbehandlung der Geschlechter zur Durchsetzung zu verhelfen, wenn die Umstände eine geschlechtsbedingte Diskriminierung vermuten ließen[1280]. Sie wies darauf hin, daß ohne eine solche Begründungspflicht die jeweilige Bewerberin tatsächliche keine Möglichkeit habe, den geforderten Beweis zu erbringen[1281]. Darüber hinaus vertrat die Klägerin die Auffassung, daß der Grundsatz der Gleichbehandlung der Geschlechter impliziere, daß dem Bewerber, der dem unterrepräsentierten Geschlecht angehöre, bei gleicher Eignung ein Prioritätsrecht zukäme[1282]. Die Rechtfertigung des Prioritätsrechts ergebe sich aus der fundamentalen Bedeu-

---

1275 EuGH v. 12.02.1987, S. 758 Bonino/Kommission
1276 Ebenda
1277 EuGH v. 12.02.1987, S. 759 Bonino/Kommission
1278 GA Darmon, Schlußanträge v. 22.01.1987. Slg. 1987, S. 748 (S. 753) Rs. 233/85 Bonino/Kommission
1279 EuGH v. 16.12.1987, S. 5359 Delauche/Kommission
1280 EuGH v. 16.12.1987, S. 5350 Delauche/Kommission
1281 Ebenda
1282 EuGH v. 16.12.1987, S. 5347 Delauche/Kommission

tung dieses Grundsatzes, demnach die Vorrangregelung auch dann zum Tragen komme, wenn eine entsprechende positivrechtliche Regelung fehle[1283].

Dem hielt die beklagte Kommission entgegen, daß ein Prioritätsrecht unter dem Vorwand der Gleichbehandlung auf eine Ungleichbehandlung hinauslaufe und es außerdem nicht ihre Sache sei, einer gesetzgeberischen Entwicklung durch die Gewährung einer Vorzugsbehandlung für das unterrepräsentierte Geschlecht vorzugreifen[1284].

Wie im Verfahren Bonino/Kommission lehnte der EuGH die Prüfung eines Prioritätsrechts zugunsten des unterrepräsentierten Geschlechts ab, da die Klägerin in bezug auf den zu besetzenden Dienstposten weniger geeignet erschien als der mit ihr konkurrierende Mann[1285]. Der Grundsatz der Gleichbehandlung von Männern und Frauen begründe keine Verpflichtung der Anstellungsbehörde, Beförderungsverfügungen im einzelnen zu erläutern, auch wenn einige der Bewerber Frauen seien[1286]. Schließlich sei der Grundsatz Gleichbehandlung der Geschlechter auch nicht durch die wiederholte Ablehnung der Bewerbung der Klägerin auf ähnliche Dienstposten verletzt, da die Anstellungsbehörde bei Beförderungen über ein weites Ermessen verfüge und sich die Kontrolle des EuGH darauf beschränke, daß kein offensichtlicher Ermessensfehler vorgelegen habe[1287]. Insgesamt habe der männliche Mitbewerber die größere Eignung zur Personalführung bewiesen, was in der Stellenausschreibung auch explizit gefordert worden sei – ein Ermessensfehler sei damit ausgeschlossen[1288].

Im Ergebnis hatte der EuGH die Klage abgewiesen, womit er der Ansicht des Generalanwalts gefolgt ist[1289]. Dieser hatte sich im jedoch etwas ausführlicher mit dem Prioritätsrecht auf der Grundlage des Gleichbehandlungsgrundsatzes auseinandergesetzt und das Bestehen eines Bedürfnisses nach einer solchen „positiven Aktion" bei Einstellungen und Beförderungen eingeräumt. Gleichwohl sah er bis zum gesetzgeberischen Tätigwerden auf diesem Gebiet die Notwendigkeit, Einstellungs- und Beförderungsentscheidungen in bezug auf das Geschlecht neutral zu behandeln[1290].

---

1283 EuGH v. 16.12.1987, S. 5348 Delauche/Kommission
1284 Ebenda
1285 EuGH v. 16.12.1987, S. 5360 f. Delauche/Kommission
1286 EuGH v. 16.12.1987, S. 5362 Delauche/Kommission
1287 Ebenda; vgl. auch EuGH v. 21.04.1983, Slg. 1983, S. 1245 (S. 1256 f.) Rs. 282/81 Ragusa/Kommission sowie EuGH v. 24.03.1983, Slg. 1983, S. 1113 (S. 1142) Rs. 298/81 Colussi/Europäisches Parlament
1288 EuGH v. 16.12.1987, S. 5362 f. Delauche/Kommission
1289 Vgl. GA Darmon, Schlußanträge v. 19.11.1987, Slg. 1987, S. 5353 ff. Rs. 111/86 Delauche/Kommission
1290 GA Darmon, S. 5356 f. Delauche/Kommission

In der Entscheidung Frederiksen/Europäisches Parlament ging es schließlich um einen umgekehrten Fall: Das EuG hatte über die Klage eines Mannes zu entscheiden, der sich auf einen Beförderungsdienstposten als Sprachberater der dänischen Übersetzungsabteilung beworben hatte und dem eine Mitbewerberin bei der Besetzung der fraglichen Stelle vorgezogen worden war. Auf Vorschlag der zuständigen Generaldirektorin, die von einem Gleichstand der Eignung des Klägers und seiner weiblichen Konkurrentin ausging, gleichzeitig aber auch die Unterrepräsentation von Frauen in den Leitungspositionen der vorstehenden Art sowie das derzeit bereits bestehende Aktionsprogramm zur Herstellung von mehr Ausgewogenheit (PAR-PE) von Dezember 1990[1291] berücksichtigt wissen wollte, wurde die Frau auf den Dienstposten der Sprachberaterin befördert[1292]. Die auf familiäre Gründe (Betreuung kleiner Kinder) zurückzuführende Teilzeittätigkeit der beförderten Frau sah sie dabei nicht als Hinderungsgrund an[1293].

Der Kläger berief sich zum einen auf mindestens gleichwertige Fachkenntnisse sowie erheblich höhere EDV-Kenntnisse als die beförderte Mitbewerberin, zum anderen darauf, daß die Beförderungsentscheidung nicht mit der Unterrepräsentation von Frauen begründet werden dürfte, da der EuGH in den Urteilen Bonino und Delauche klargestellt habe, daß der Grundsatz der Gleichbehandlung von Männern und Frauen die Wahrung der Neutralität gebiete und die Anerkennung eines Vorrechts ausschließe[1294]. Schließlich machte er geltend, daß die Tätigkeit eines Sprachberaters mit einer Teilzeittätigkeit nicht zu vereinbaren sei[1295].

Das beklagte Parlament stellte demgegenüber heraus, daß in der Stellenausschreibung lediglich eine Kenntnis des Einsatzes der EDV in der Verwaltung neben anderen Kriterien gefordert worden sei und daß die in Rede stehende Tätigkeit ebenfalls keine vertieften EDV-Kenntnisse notwendig mache, da diese regelmäßig von Beamten anderer Laufbahngruppen wahrgenommen würden[1296]. Die Kenntnisse der beförderten Bewerberin hätten diesen Anforderungen durchaus entsprochen und ihre Teilzeittätigkeit habe nur Auswirkungen auf die Besoldung und die Arbeitszeit, nicht jedoch auf die Berechnung des Beförderungsdienstalters[1297]. Bei der „positiven Diskriminierung" der Frau habe sich die Anstellungsbehörde nicht vom Grundsatz der Chancengleichheit der Geschlechter

---

1291 Vgl. Anhang 1, S. 715
1292 EuG v. 11.12.1991, S. 1413 Frederiksen/Europäisches Parlament
1293 Ebenda
1294 EuG v. 11.12.1991, S. 1428 ff. Frederiksen/Europäisches Parlament
1295 EuG v. 11.12.1991, S. 1430 Frederiksen/Europäisches Parlament
1296 EuG v. 11.12.1991, S. 1430 f. Frederiksen/Europäisches Parlament
1297 EuG v. 11.12.1991, S. 1431 Frederiksen/Europäisches Parlament

leiten lassen – für den Vorrang der Bewerberin sei vielmehr der Vergleich der Fachkenntnisse der Bewerber ausschlaggebend gewesen[1298].

Das EuG stellte in der Hauptsache darauf ab, daß die beförderte Konkurrentin nicht den Stellenanforderungen, insbesondere im Bereich der EDV, im Wege einer objektivierten, an den effektiven Bedürfnissen der Anstellungsbehörde orientierten Auslegung entsprochen hatte. Dabei berief sich das Gericht 1. Instanz vor allem auf den hinzugezogenen Sachverständigen, der der Mitbewerberin keine ausreichenden Kenntnisse der EDV für die fragliche Tätigkeit im Gegensatz zum Kläger bescheinigt hatte[1299]. Im Hinblick auf den Grundsatz der Chancengleichheit der Geschlechter führte das EuG schließlich aus, daß die Sicherstellung der Chancengleichheit zwischen Männern und Frauen für die Anstellungsbehörde vielleicht nicht entscheidungserheblich gewesen sein mochte, diese Erwägung jedoch gleichrangig neben der Abwägung der Verdienste der Bewerber rangiert habe. Damit gehe ein Mangel an Objektivität und Genauigkeit einher, der zusammen mit der fehlerhaften Beurteilung der Qualifikation in Anbetracht der Stellenausschreibung nur zu einer Aufhebung der Beförderungsentscheidung führen könne[1300]. Damit gab das EuG der Klage im Ergebnis statt.

Allen drei hier besprochenen Urteilen ist gemeinsam, daß sie einer auf den Grundsatz der Gleichbehandlung der Geschlechter gestützten Vorrangregelung zugunsten des unterrepräsentierten Geschlechts die Gültigkeit und Anwendbarkeit absprachen. Sowohl in den Rechtssachen Bonino und Delauche als auch im Verfahren Frederiksen fehlte es an einer konkretisierenden Auseinandersetzung mit der Frage, ob der als Gemeinschaftsgrundrecht anerkannte und mit fundamentaler Bedeutung ausgestattete Gleichbehandlungsgrundsatz faktisch auch die bevorzugte Berücksichtigung einer Bewerberin bei gleicher Eignung abdecken könnte. Lediglich im Verfahren Delauche räumte Generalanwalt Darmon ein, daß auf nationaler und internationaler Ebene nach Mitteln gesucht werde, die Frauen den Zugang zu bislang traditionell eher Männern vorbehaltenen Positionen ermöglichen könnten[1301]. Zu diesen Mitteln gehörten nicht nur Prioritätsrechte i.S. eines Quotensystems bei Einstellungen und Beförderungen, sondern auch Zielvorgaben zur Steigerung des Frauenanteils um einen bestimmten Prozentsatz innerhalb eines festgelegten Zeitraums[1302]. So verletze eine solche spezifische positive Maßnahme in jedem Fall den Grundsatz der formalen Gleichheit. Allerdings könne dieser Grundsatz auf rechtlich fundierter Basis dann angetastet werden, wenn dies der Erreichung eines vorrangigen Ziels im Rahmen

---

1298 EuG v. 11.12.1991, S. 1432 Frederiksen/Europäisches Parlament
1299 EuG v. 11.12.1991, S. 1434 f. Frederiksen/Europäisches Parlament
1300 EuG v. 11.12.1991, S. 1437 Frederiksen/Europäisches Parlament
1301 GA Darmon, S. 5356 Delauche/Kommission
1302 Ebenda

der Entscheidung einer Gesellschaft diene, die die sich aus den Vorurteilen der Vergangenheit ergebenden Ungleichheiten zu beseitigen suche[1303]. Im Gemeinschaftsrecht seien derartige Maßnahmen jedoch von der Intervention des Gemeinschaftsgesetzgebers abhängig, so daß bis zu ihrem Erlaß bei Einstellungen und Beförderungen hinsichtlich des Geschlechts von einer Neutralität auszugehen sei[1304].

Der EuGH hatte sich im Verfahren Delauche zwar der Auffassung des Generalanwalts angeschlossen, die Prüfung eines Prioritätsrechts der Klägerin aber mit dem lapidaren Hinweis auf die höhere Eignung des beförderten Mannes abgelehnt[1305]. Diese geringe Bereitschaft zur Auseinandersetzung und Nutzung der Gelegenheit zur Bestimmung der Reichweite und des Inhalts des Gemeinschaftsgrundrechts der Gleichbehandlung der Geschlechter verdeutlicht sich auch in den Urteilen Bonino und Frederiksen.

Allen drei Entscheidungen ist darüber hinaus gemeinsam, daß der beförderte Mann ohne weiteres die höhere Eignung zugesprochen bekam bzw. im Fall Frederiksen der beförderten Frau quasi mit Gewalt die zumindest gleiche Qualifikation durch die Überbetonung eines speziellen Aspekts, nämlich der EDV-Kenntnisse, wieder genommen wurde. Trotz des Bestehens des Aktionsprogramms zur Herstellung von mehr Ausgewogenheit (PAR-PE) beim Europäischen Parlament[1306], erklärte das EuG die Gleichrangigkeit der Abwägung der Verdienste der Bewerber auf der einen Seite und die Berücksichtigung der Chancengleichheit von Männern und Frauen auf der anderen Seite als Mangel an Objektivität und Genauigkeit[1307]. Das Parlament sah sich hier sogar genötigt, zu betonen, daß es sich bei seiner Beförderungsentscheidung zugunsten der Frau nicht vom Chancengleichheitsgrundsatz habe leiten lassen[1308]. Dies steht allerdings in diametralem Gegensatz z.B. zu der Entscheidung Razzouk und Beydoun/Kommission oder dem Defrenne III-Urteil, wo der Grundrechtscharakter und die fundamentale Bedeutung dieses Grundsatzes hervorgehoben worden war.

Die Urteile Bonino, Delauche und Frederiksen zeigen nicht nur die Scheu vor weitergehenden Auseinandersetzungen zu Reichweite und Inhalt des Grundsatzes. Sie schränken auch die wesentliche und fundamentale Bedeutung dieses Gemeinschaftsgrundrechts in der Praxis wieder ein. Generalanwalt Darmon hat sich im Verfahren Delauche wenigstens der Frage nach der Zulässigkeit spezifischer, positiver Maßnahmen gestellt, auch wenn er zum Ergebnis kam, daß bis

---

1303   Ebenda
1304   GA Darmon, S. 5356 f. Delauche/Kommission
1305   EuGH v. 16.12.1987, S. 5360 f. Delauche/Kommission
1306   Vgl. Anhang 1, S. 715
1307   Vgl. EuG v. 11.12.1991, S. 1437 Frederiksen/Europäisches Parlament
1308   EuG v. 11.12.1991, S. 1432 Frederiksen/Europäisches Parlament

zur Schaffung einer entsprechenden Rechtsgrundlage durch den Gemeinschaftsgesetzgeber in bezug auf das Geschlecht neutral zu verfahren sei. In seinem Ansatz deutet sich bereits die von Generalanwalt Saggio im Zusammenhang mit dem Inhalt des Grundsatzes der Gleichbehandlung der Geschlechter klar herausgearbeitete formelle und materielle Gleichheit an[1309], demnach sich eine Gesellschaft für eine Verletzung der formellen Gleichheit durch den Erlaß von Rechtsvorschriften entscheiden könne, um die aus den Vorurteilen der Vergangenheit resultierenden Ungleichheiten zu beseitigen[1310]. Der EuGH und das Gericht 1. Instanz sind dieser Konkretisierung im Hinblick auf den EÖD ausgewichen – eine Vorreiterolle bzw. die Funktion der treibenden Kraft bei der Verwirklichung der Chancengleichheit von Männern und Frauen[1311] kann dieser Rechtsprechung jedenfalls für den Bereich des EÖD nicht bescheinigt werden. Die Bindung der Gemeinschaftsorgane an das Gemeinschaftsgrundrecht der Gleichbehandlung der Geschlechter im Verhältnis zu ihren Bediensteten erscheint vor dem Hintergrund dieser drei Urteile gelockert worden zu sein.

*ff) Zwischenergebnis*

Die Dienstrechtsprechung des EuGH und des EuG belegt, daß der Grundsatz der Gleichbehandlung der Geschlechter umfassend zu verstehen ist und für die Beziehungen der Gemeinschaftsorgane zu ihren Bediensteten als wesentliches Prinzip gilt. Allerdings existieren auch Grenzen, die insbesondere in den Urteilen Bonino, Delauche und Frederiksen deutlich geworden sind: Ohne eine positivrechtliche Grundlage im BSt (und den Beschäftigungsbedingungen) lehnen es sowohl EuGH als auch EuG ab, eine Vorrangregelung zugunsten des unterrepräsentierten Geschlechts bei gleicher Qualifikation als vereinbar mit dem Gleichheitsgrundsatz der Geschlechter anzusehen.

Auch Generalanwalt Darmon, der in seinen Schlußanträgen vom 19.11.1987 in der Rechtssache Delauche/Kommission positiven Maßnahmen wie leistungsabhängigen Vorrangregelungen und Zielvorgaben eine Berechtigung zuerkannte, wollte bis zum Tätigwerden des Gemeinschaftsgesetzgebers auf diesem Gebiet bei Einstellungen und Beförderungen im EÖD im Hinblick auf das Geschlecht neutral verfahren[1312].

---

1309 GA Saggio v. 10.06.1999, Slg. 2000, S. 1877 Rn. 26 Rs. C-158/97 Badeck u.a./Hess. Ministerpräsident
1310 GA Darmon, S. 5356 Delauche/Kommission
1311 Vgl. aber Rogalla, S. 251 sowie 3. Mittelfristiges Aktionsprogramm der Gemeinschaft 1991-1995, KOM (90) 449 endg. v. 06.11.1990, Einführung Absatz 1 S. 1
1312 GA Darmon, S. 5356 f. Rs. 111/86

Daran konnte auch das Bestehen des Aktionsprogramms zur Herstellung von mehr Ausgewogenheit (PAR-PE) beim Europäischen Parlament von Dezember 1990 speziell im Fall Frederiksen/Europäisches Parlament nichts ändern, obwohl in diesem Aktionsprogramm wenigstens in bezug auf die Einstellungsverfahren als Beispiel die bevorzugte Einstellung von Frauen bei gleichen Qualifikationen angeführt war[1313]. Hier hatte das beklagte Parlament sogar das Kriterium der Förderung der Chancengleichheit zwischen Männern und Frauen als eines der Motive für die Beförderung der Frau wieder abgeschwächt und das EuG hatte die Gleichrangigkeit der Gewährleistung der Chancengleichheit zwischen den Geschlechtern mit anderen leistungsbezogenen Abwägungen im Rahmen der Beförderungsentscheidung mit dem Hinweis auf einen Mangel an Objektivität und Genauigkeit abgelehnt[1314]. Das erst am 08.03.1988 in Kraft getretene 1. Positive Aktionsprogramm für die weiblichen Bediensteten bei der Kommission, das bei Einstellungen und Beförderungen Frauen bei gleichen Qualifikationen und/oder Verdiensten den Vorrang einräumte[1315], kam jedoch für die Klägerinnen Bonino und Delauche zu spät[1316].

Die im Bereich der Gleichbehandlung der Geschlechter ergangenen Urteile des EuGH und des EuG zeigen folglich je nach Regelungsmaterie Schwächen in der umfassenden Geltung des Gemeinschaftsgrundrechts auf. Sie verdeutlichen darüber hinaus die rechtspolitischen Schwierigkeiten der Weiterentwicklung des Inhalts und Anwendungsbereichs des Gleichbehandlungsgrundsatzes, wenn es um spezifische frauenfördernde Maßnahmen im EÖD wie leistungsabhängige Vorrangregelungen u.a. geht, die in einem Spannungsverhältnis zur formalen Gleichheit innerhalb des Gleichbehandlungsgrundrechts stehen.

Im Hinblick auf Art. 119 EGV a.F. ist festzuhalten, daß sowohl der EuGH als auch das EuG von seiner Geltung im EÖD ausgehen, auch wenn diese Primärrechtsnorm ausdrücklich nur an die Mitgliedstaaten adressiert ist. Während Lindemann angesichts der bis 1986 ergangenen Dienstrechtsprechung zur Gleichbehandlung der Geschlechter noch davon ausging, daß die Rolle des Art. 119 EGV

---

1313 Vgl. Anhang 1, S. 720
1314 EuG v. 11.12.1991, S. 1432, 1437 Frederiksen/Europäisches Parlament
1315 Vgl. Anhang 3, S. 747
1316 Fraglich ist an dieser Stelle aber, ob der EuGH und der Generalanwalt ein Aktionsprogramm als Rechtsgrundlage für ein Prioritätsrecht zugunsten von Frauen akzeptiert hätten, da in beiden Verfahren auf das Tätigwerden des Gemeinschaftsgesetzgebers abgestellt worden war und ein Aktionsprogramm allenfalls unter dem Gesichtspunkt der Selbstbindung der Verwaltung Wirksamkeit entfalten kann, sofern sie als innerdienstliche Richtlinien zu qualifizieren wären; vgl. dazu Crones, Selbstbindung der Verwaltung im Europäischen Gemeinschaftsrecht, 1. Aufl. 1997, S. 64 ff; zur Rechtsqualität der Aktionsprogramme vgl. 4. Kapitel 1.2.a)

a.F. für das Dienstrecht der Gemeinschaft nicht deutlich geworden sei[1317], ist nunmehr klargestellt, daß er als Auslegungsmaßstab für das sekundärrechtliche Dienstrecht zur Anwendung kommt. Dies gilt ebenfalls für die auf seiner Grundlage gefällten Entscheidungen.

### c) Zwischenergebnis

Die Neufassung des BSt und der Beschäftigungsbedingungen durch die Gleichbehandlungsverordnung Nr. 781/98 vom 07.04.1998 hat zu einer direkten Implementation des arbeitsrechtlichen Grundsatzes der Gleichbehandlung der Geschlechter im Dienstrecht der Europäischen Gemeinschaft geführt. In Art. 1a BSt sind dabei nicht nur inhaltliche Konkretisierungen des Gleichbehandlungsgrundsatzes aus Art. 2 Abs. 1 der Richtlinie 76/207/EWG[1318] und Art. 141 Abs. 3 und 4 EGV übernommen worden – vielmehr verdeutlicht sich in dieser Statutsvorschrift auch die unmittelbare Geltung des Gemeinschaftsgrundrechts der Gleichbehandlung der Geschlechter als Grundsatzbestimmung für das gesamte europäische öffentliche Dienstrecht, das als tragendes Prinzip in den Beziehungen der Gemeinschaftsorgane zu ihren Bediensteten zur Anwendung kommt. Besonders hervorzuheben ist dabei, daß auch spezifische Frauenfördermaßnahmen nach Art. 1a Abs. 2 BSt nunmehr im EÖD ausdrücklich zu den Grundprinzipien bei Einstellungen, Beförderungen etc. zu rechnen sind und der materiellen Gleichheit damit innerhalb des Gemeinschaftsgrundrechts zur effektiven Gewährleistung der vollen Gleichstellung von Männern und Frauen ein entscheidendes Gewicht beigemessen wird. Der Verstoß gegen die formale Gleichheit als Gegenpol der materiellen Gleichheit innerhalb des Grundrechts[1319] ist durch das Tätigwerden des Gemeinschaftsgesetzgebers auf dem Gebiet des Dienstrechts folglich gerechtfertigt und gesetzlich abgesichert, so daß in Zukunft auch Entscheidungen wie die Rechtssachen Bonino, Delauche und Frederiksen eine für die Verwirklichung der faktischen Gleichberechtigung zwischen den Geschlechtern wesentlich positivere Wendung erfahren dürften, da sich die fraglichen Streitigkeiten nunmehr auf einer rechtlich gesicherten Basis bewegen können.

---

1317   Lindemann, S. 97
1318   Art. 2 Abs. 1 der Richtlinie wurde durch die Änderungsrichtlinie 2002/73/EG v. 23.09.2002 nicht geändert
1319   GA Saggio, Schlußanträge v. 10.06.1999, Slg. 2000, S. 1877 Rn. 26 Rs. C-158/97 Badeck u.a./Hess. Ministerpräsident sowie GA Darmon, Schlußanträge v. 19.11.1987, Slg. 1987, S. 5353 (S. 5356) Rs. 111/86 Delauche/Kommission

Auch in Art. 27 Abs. 2 BSt ist das Gemeinschaftsgrundrecht der Gleichbehandlung der Geschlechter u.a. angelegt[1320]. Allerdings hat Art. 27 Abs. 2 BSt mit der Neufassung und der Einfügung des Art. 1a BSt in das Statut keine allgemeine personelle Bedeutung mehr über die Einstellung hinaus[1321], sondern stellt sich als lex specialis gegenüber Art. 1a Abs. 1 BSt in bezug auf die Auswahl der Beamten bei Einstellungen im EÖD dar. Diese Vorschrift beinhaltet dabei gleichermaßen ein Gleichbehandlungsgebot sowie ein Diskriminierungsverbot, das sich u.a. auf das Geschlecht bezieht.

Mit dieser Neufassung des BSt, das verschiedene Regelungen aus dem an die Mitgliedstaaten gerichteten Primär- und Sekundärrecht übernommen hat, ist jedoch die durch die Dienstrechtsprechung entwickelte Funktion des Art. 119 EGV a.F. als übergeordneter Auslegungsmaßstab nicht überflüssig geworden: Vielmehr ist davon auszugehen, daß im Bereich des Entgelts Art. 141 Abs. 1 und 2 EGV wie schon in seiner alten Fassung nach wie vor Gültigkeit beansprucht. Dazu gehört ebenfalls die auf seiner Grundlage ergangene Rechtsprechung. Bedingt durch die Parallelität bzw. sogar Identität des Art. 1a BSt mit Art. 2 Abs. 1 der Richtlinie 76/207/EWG und Art. 141 Abs. 3 und 4 EGV sind auch die hierzu gefällten Urteile des EuGH und EuG übertragbar auf den EÖD.

Fraglich ist noch, in welcher Weise die Art. 2, 3 Abs. 2, 13, 137 Abs. 1 Spiegelstrich 5 EGV sowie die Richtlinien, Aktionsprogramme und Empfehlungen der Gemeinschaft auf dem Gebiet der Herstellung faktischer Gleichberechtigung zwischen Männern und Frauen im EÖD Wirksamkeit entfalten können. Da der Grundsatz der Gleichbehandlung der Geschlechter als Gemeinschaftsgrundrecht nicht nur im Hinblick auf die Mitgliedstaaten, sondern auch im EÖD tragendes und wesentliches Grundprinzip ist und dabei durch die Kernaussagen und -inhalte der genannten Primärrechtsnormen, einschlägigen Sekundärrechtsakte, aber auch durch die EMRK, die gemeinsamen Verfassungsüberlieferungen der Mitgliedstaaten, die ESC und die Gemeinschaftscharta der sozialen Grundrechte der Arbeitnehmer geprägt und effektiviert wird, kommen über den rechtlichen „Umweg" über das Gemeinschaftsgrundrecht vor allem die EGV-Vorschriften und Richtlinien mittelbar im europäischen Dienstrecht zum Tragen. Diese mittelbare Geltung ist durch die ausdrückliche Festlegung in Art. 51 Abs. 1 der Grundrechte-Charta als Bestandteil der Europäischen Verfassung in Zukunft aufgehoben. Das Gemeinschaftsgrundrecht der Geschlechtergleichbehandlung findet seinen Ausdruck insbesondere in Art. 21 und 23 der Charta, das über Art. 51 Abs. 1 eine direkte Bindung der Gemeinschaftsorgane an die Grundrechte der

---

1320 Vgl. schon zur alten Fassung des Art. 27 Abs. 2 BSt Weber, ZBR 1978, S. 326 (S. 327)
1321 Vgl. zu Art. 27 Abs. 2 BSt a.F. Euler, Art. 27 A (5)

Charta beinhaltet. Die Effektivierung durch die genannten primär- und sekundärrechtlichen Normen wird damit aber nicht überflüssig – sie konkretisiert nach wie vor das Gemeinschaftsgrundrecht und stellt einen Auslegungsmaßstab zur Verfügung, ohne den die inhaltliche Tragweite und Wirkung des Grundrechts nicht bestimmbar wäre.

Das Gemeinschaftsgrundrecht der Gleichbehandlung der Geschlechter bindet den EÖD auf der arbeitsrechtlichen Ebene umfassend, was durch die Neufassung des BSt und die Beschäftigungsbedingungen auch verbindlich festgeschrieben und unterstützt wird. Gleichzeitig bindet auch der allgemeine Grundsatz der Geschlechtergleichbehandlung, von dem der arbeitsrechtliche Grundsatz einen Teilbereich darstellt, das europäische Dienstrecht, weil die speziellen Gleichheitssätze im Gemeinschaftsrecht zusammengenommen eine Einheit bilden und auf den allgemeinen, hinter ihnen stehenden Gleichheitssatz i.S.v. Kischel[1322] rückführbar sind.

## 2. Die deutschen Rechtsgrundlagen

Für den deutschen öffentlichen Dienst gelten, wie im europäischen Dienstrecht der Gemeinschaft auch, verschiedene gleichheitsrechtliche Anforderungen[1323], die sich auf Bundesebene nicht nur aus dem GG als verfassungsrechtliche Grundlage der Frauenförderung ergeben, sondern auch in einfachgesetzlichen Bestimmungen ihren Ausdruck finden. Dabei stellt Art. 3 Abs. 1 GG den gedanklichen Hintergrund zur Verfügung, der im Verhältnis zu den speziellen Gleichheitssätzen zwar zurücktritt, als lex generalis jedoch eine Argumentationslast für Ungleichbehandlungen statuiert, die nur dann zu rechtfertigen sind, wenn gegenläufige Gründe eine Differenzierung zulassen[1324]. Das BVerfG hat in seiner Rechtsprechung hier auf die sog. Willkürformel abgestellt, um den allgemeinen Gleichheitssatz näher eingrenzen und Verletzungen feststellen zu können: Demnach durfte von Seiten des Gesetzgebers „weder wesentlich Gleiches willkürlich ungleich, noch wesentlich Ungleiches willkürlich gleich behandelt" werden[1325]. Auf diese Weise beeinflußt auch Art. 3 Abs. 1 GG die ihm als lex specialis vorgehenden Verfassungsvorschriften wie Art. 33 Abs. 2, Art. 3 Abs. 2 und 3 GG u.a., auch wenn auf ihn in diesem Zusammenhang wegen der Spezialität der anderen Verfassungsbestimmungen nicht mehr gesondert einzugehen ist.

---

1322   Kischel, S. 4
1323   Vgl. Sachs, ZBR 1994, S. 133
1324   Alexy, S. 371, 373 f.
1325   BVerfGE 4, S. 144 (S. 155)

Auch auf Art. 33 Abs. 2 GG als speziell auf den öffentlichen Dienst bezogene Verfassungsnorm und einzigem grundrechtsgleichen Gleichheitssatz[1326], der mit den Kriterien der Eignung, Befähigung und fachlichen Leistung, die zusammengenommen den Begriff der Qualifikation ausmachen[1327] und die als Zugangsregulativ zum öffentlichen Dienst[1328] gelten, wird hier verzichtet, da seine Berücksichtigung bereits im 2. Kapitel[1329] erfolgt ist. Im Vordergrund der Ausführungen steht deshalb Art. 3 Abs. 2 GG sowie Art. 3 Abs. 3 GG.

## 2.1. Verfassungsrechtliche Rechtsgrundlagen

*a) Art. 3 Abs. 2 GG*

Art. 3 Abs. 2 GG lautet: „Männer und Frauen sind gleichberechtigt. Der Staat fördert die tatsächliche Durchsetzung der Gleichberechtigung von Frauen und Männern und wirkt auf die Beseitigung bestehender Nachteile hin". An die ursprüngliche Fassung des Art. 3 Abs. 2 GG „Männer und Frauen sind gleichberechtigt" wurde der Satz 2 durch das Gesetz zur Änderung des GG vom 27.10.1994[1330] angefügt. Mit dieser Erweiterung des Art. 3 Abs. 2 GG reagierte der Bundesgesetzgeber auf die Empfehlungen der Gemeinsamen Verfassungskommission (GVK)[1331]. Ihre Einsetzung muß als das Ergebnis der verfassungspolitischen Entwicklung durch den Einigungsvertrag[1332] gewertet werden, insbesondere des Art. 5.

Art. 5 des Einigungsvertrags enthielt allerdings keinen Hinweis auf die Gleichberechtigung der Geschlechter, sondern lediglich die Empfehlung zur Aufnahme von Staatszielbestimmungen in das GG. Ein entsprechender Hinweis findet sich erst in Art. 31 des Einigungsvertrags[1333], der in Absatz 1 festlegte, daß es „Aufgabe des gesamtdeutschen Gesetzgebers (ist), die Gesetzgebung zur

---

1326 BVerfGE v. 19.09.1998, NJW 1990, S. 501
1327 Pfarr, Quoten und Grundgesetz, 1. Aufl. 1988, S. 93
1328 Schmitt Glaeser, Abbau des tatsächlichen Gleichberechtigungsdefizits der Frauen durch gesetzliche Quotenregelungen, Schriftenreihe des Bundesministeriums des Innern, Band 16, 1982, S. 43
1329 Vgl. S. 87 ff.
1330 BGBl. I, S. 3146
1331 Schumann, Faktische Gleichberechtigung, 1997, S. 22 sowie Verfassungskommission legt Abschlußbericht vor in DRiZ 1994, S. 65
1332 Vertrag zwischen der Bundesrepublik Deutschland und der deutschen Demokratischen Republik über die Herstellung der Einheit Deutschlands – Einigungsvertrag vom 31.08.1990, BGBl. II, S. 889
1333 Vgl. auch Hofmann, FamRZ 1995, S. 257

Gleichberechtigung zwischen Männern und Frauen weiterzuentwickeln". In Art. 31 Abs. 2 des Einigungsvertrags wurde als weitere Aufgabe des gesamtdeutschen Gesetzgebers angesichts unterschiedlicher rechtlicher und institutioneller Ausgangssituationen bei der Erwerbstätigkeit von Müttern und Vätern die Gestaltung der Rechtslage unter dem Gesichtspunkt der Vereinbarkeit von Familie und Beruf vorgesehen.

Im Rahmen der Arbeiten der GVK zu den Staatszielbestimmungen und Grundrechten konzentrierte sich die Tätigkeit sehr bald auf die Ergänzung des Art. 3 Abs. 2 GG. Isensee bezeichnete die insgesamt drei von der GVK vorgeschlagenen Staatszielbestimmungen dagegen schon im Vorfeld ihrer Realisierung insgesamt als „dilatorische Formelkompromisse", die als Fremdkörper im Kontext der Verfassung kaum mehr als Symbolcharakter hätten[1334].

Das weitgefaßte Spektrum der Vielzahl der Formulierungsvorschläge[1335] zu Art. 3 Abs. 2 GG hat jedoch zu mehr als einem Formelkompromiß geführt, denn die Neufassung des Art. 3 Abs. 2 GG als Staatszielbestimmung ist auf die Frauenförderung zugeschnitten und hat zu einer Unterstützung und Verfestigung der schon im Zusammenhang mit der alten Fassung des Art. 3 Abs. 2 GG im Vordringen befindlichen Ansicht geführt, daß leistungsabhängige Vorrangregelungen als eine geschlechtsspezifisch wirkende Frauenfördermaßnahme von Verfassungswegen legitim sind[1336]. Die von den Gegnern ins Feld geführte Überflüssigkeit einer Ergänzung des Art. 3 Abs. 2 GG, da schon die alte Fassung des Gleichberechtigungsartikels einen Auftrag an den Staat erteilt habe, auf die Gleichstellung von Frauen hinzuwirken[1337], gründete sich vor allem auf die Rechtsprechung des BVerfG, das in seiner Entscheidung zum Nachtarbeitsverbot vom 28.01.1992 klargestellt hatte, daß „der Satz „Männer und Frauen sind gleichberechtigt" (...) nicht nur Rechtsnormen beseitigen (will), die Vor- und Nachteile an Geschlechtsmerkmale anknüpfen,, sondern für die Zukunft die Gleichberechtigung der Geschlechter durchsetzen will. Er zielt auf die Angleichung der Lebensverhältnisse"[1338].

Dem ist u.a. Sacksofsky entgegengetreten, denn sie war der Auffassung, daß die verfassungsrechtliche Lage im Hinblick auf geschlechtsspezifische Frauenfördermaßnahmen keineswegs als geklärt anzusehen sei, so daß ein ausdrücklicher und klarstellender Gleichstellungsauftrag in der Verfassung erforderlich

---

1334  Isensee, NJW 1993, S. 2583 (S. 2585)
1335  Eine kurze Übersicht bei Hofmann, S. 258
1336  Schiek in Schiek u.a., S. 250 Rn. 50; Kokott, NJW 1995, S. 1049 (S. 1050); Fisahn, NJ 1995, S. 352 (S. 356)
1337  Vgl. nur Schmitt Glaeser in Limbach/Eckertz-Höfer (Hrsg.), Schriftliche Stellungnahme zur öffentlichen Anhörung der GVK v. 05.11.1992, S. 224 f.
1338  BVerfGE 85, S. 191 (S. 207)

sei[1339]. Sie sprach sich darüber hinaus eindeutig dafür aus, daß eine Änderung nicht im Rahmen des Art. 33 Abs. 2 GG stattzufinden habe, denn Anliegen von Frauenpolitik im Zusammenhang mit leistungsabhängigen Vorrangregelungen könne es nicht sein, schlechtere Frauen besseren Männern vorzuziehen. Vielmehr ginge es um die Sicherstellung, daß nicht weiterhin schlechtere Männer gleich guten oder sogar besseren Frauen vorgezogen würden[1340].

Vor diesem Hintergrund der Neufassung des Art. 3 Abs. 2 GG muß gleichwohl eine Auseinandersetzung mit der alten Fassung des Art. 3 Abs. 2 GG erfolgen, denn sie trägt nicht nur zu einem besseren inhaltlichen Verständnis dieser Verfassungsnorm bei, sondern kann auch eine Antwort darauf geben, inwieweit Art. 3 Abs. 2 die Basis einer rechtlichen Weiterentwicklung zukünftiger Frauenfördermaßnahmen, so z.b. der im Gemeinschaftsrecht mit dem Ansatz des „gender mainstreaming" in Art. 3 Abs. 2 EGV, sein kann.

*aa) Art. 3 Abs. 2 GG in der alten Fassung*

Die Formulierung „Männern und Frauen sind gleichberechtigt", die heute Satz 1 innerhalb des Gleichberechtigungsartikels darstellt, kam durch den Parlamentarischen Rat zustande, der sich am 01.09.1948 konstituiert hatte, um entsprechend den Frankfurter Dokumenten, die den Länderchefs von den westlichen Regierungen (USA, Großbritannien, Frankreich, Belgien, Luxemburg, Niederlande) übergeben worden waren, eine demokratische Verfassung für Deutschland nach Beendigung des 2. Weltkriegs auszuarbeiten[1341]. Allerdings war der Weg zu dieser Formulierung keineswegs einfach, denn im Arbeitspapier des Parlamentarischen Rates (Herrenchiemseer Entwurf) fand sich noch keine Erwähnung der Gleichberechtigung von Frauen und Männern. Hier ist es vor allen Dingen den vier stimmberechtigten Frauen im Parlamentarischen Rat (Friederike Nadig, Elisabeth Selbert, Helene Weber und Helene Wessel) zu verdanken, daß die Gleichberechtigung von Frauen in die Grundrechtsdiskussion überhaupt einbezogen und in das am 23.05.1949 in Kraft getretene Grundgesetz[1342] aufgenommen worden ist[1343]. Allen voran stand Elisabeth Selbert für und hinter der bis heute geltenden Formulierung von Art. 3 Abs. 2 S. 1 GG[1344].

---

1339 Sacksofsky in Limbach/Eckertz-Höfer (Hrsg.), Schriftliche Stellungnahme zur öffentlichen Anhörung der GVK v. 05.11.1992, S. 207
1340 Sacksofsky in Limbach/Eckertz-Höfer (Hrsg.), S. 212
1341 DJB (Hrsg.), Juristinnen in Deutschland, 3. Aufl. 1998, S. 55
1342 BGBl. I, S. 1
1343 DJB (Hrsg.), S. 55 f.
1344 Ausführlich dokumentiert in DJB (Hrsg.), S. 56 ff.

*aaa) Art. 3 Abs. 2 a.F. in der Literatur unter Berücksichtigung von Art. 3 Abs. 3 GG*

Mit Ablauf der in Art. 117 Abs. 1 GG bestimmten Frist bis zum 31.03.1953 trat das Art. 3 Abs. 2 GG a.F. entgegenstehende Recht außer Kraft[1345]. Seit diesem Datum wirkte Art. 3 Abs. 2 GG a.F. als aktuell geltendes Verfassungsrecht mit derogatorischer Kraft gegenüber entgegenstehendem Bundes- und Landesrecht[1346].

In der Literatur wurden vor der Ergänzung des Art. 3 Abs. 2 GG aus dem Jahr 1994 zwei verschiedene Auffassungen zu Art. 3 Abs. 2 GG a.F. vertreten, die sich einerseits auf die Annahme der inhaltlichen Identität von Art. 3 Abs. 2 und Art. 3 Abs. 3 GG bezogen, andererseits davon ausgingen, daß Art. 3 Abs. 2 GG über Art. 3 Abs. 3 GG in bezug auf das Merkmal Geschlecht hinausginge[1347]. So wurde (und wird) die erste Ansicht vor allem von Starck[1348] vertreten, der das Verhältnis des Art. 3 Abs. 2 GG a.F. zu Art. 3 Abs. 3 GG nach wie vor als historische Doppelung beschreibt. Zwar sei Art. 3 Abs. 2 S. 1 GG im Hinblick auf das Geschlecht lex specialis zu Art. 3 Abs. 3 S. 1 GG, gleichwohl habe Art. 3 Abs. 3 S.1 GG eine entscheidende und klarstellende Funktion gegenüber Art. 3 Abs. 2 S. 1 GG[1349].

Auch Gubelt[1350] vertritt die Ansicht, daß es sich bei den in Rede stehenden Absätzen des Art. 3 GG um ein einheitliches Diskriminierungsverbot bezüglich des Geschlechts handelt. In dieselbe Richtung wie Starck und Gubelt geht Dürig[1351], der Art. 3 Abs. 2 GG als Gebots- und Art. 3 Abs. 3 GG als Verbotsnorm desselben Inhalts versteht. Mengel rekurriert an dieser Stelle sogar auf eine Parallelität von Art. 3 Abs. 2 GG a.F. zum allgemeinen Gleichheitssatz des Art. 3 Abs. 1 GG und stellte unter Berufung auf Maunz heraus, daß der Gleichberechtigungsvorschrift aufgrund ihrer Wiederholung keine besondere Bedeutung beigemessen werden könne und Differenzierungen nach dem Geschlecht nur dann

---

1345 Auf die tatsächlichen Schwierigkeiten bei der formal-rechtlichen Gleichstellung von Frauen im öffentlichen Dienst muß an dieser Stelle auf die insoweit instruktive Literatur verwiesen werden; vgl. Herbst, DÖV 1974, S. 547 sowie Büchner, RiA 1983, S. 3 m.w.N.
1346 Friauf, Gleichberechtigung der Frau als Verfassungsauftrag, Schriftenreihe des Bundesminsteriums des Innern, Band 11, 1981, S. 7
1347 Vgl. Pfarr, S. 30
1348 Starck in v. Mangoldt/Klein, Art. 3 Rn. 280
1349 Ebenda
1350 Gubelt in v. Münch/Kunig (Hrsg.), Art. 3 Rn. 95
1351 Dürig in Maunz/Dürig, Art. 3 Abs. 3 Rn. 4

geboten seien, wenn eine Gleichbehandlung anderenfalls als willkürlich bezeichnet werden müßte[1352].

Schließlich muß auch Schmitt Glaeser mit seinem Rechtsgutachten für das Bundesinnenministerium in die Riege der Verfechter einer inhaltlichen Identität von Art. 3 Abs. 2 GG a.F. und Art. 3 Abs. 3 eingeordnet werden[1353]. Seine Perspektive auf die Funktion der Grundrechte als Elemente einer objektiven Ordnung in Anbetracht der Aufgaben des modernen Sozialstaats, die Voraussetzungen grundrechtlicher Freiheit und Gleichheit herzustellen und zu gewährleisten, denen eine wachsende Bedeutung zukomme[1354] weist allerdings schon in die Richtung der zweiten, vor der Änderung des Art. 3 Abs. 2 GG geäußerten Meinung in der juristischen Literatur, demnach Art. 3 Abs. 2 GG a.F. über Art. 3 Abs. 3 GG hinausgehe: Friauf legt in seinem Rechtsgutachten für das Bundesinnenministerium unter ausführlicher Sichtung der Entscheidungen des BVerfG dar, daß den Grundrechten von vorneherein eine mehrdimensionale Bedeutung zugesprochen worden sei, die sich nicht in der Abwehr von staatlichen Eingriffen erschöpfe. Vielmehr sei in den Grundrechten als objektive Normen ein Wertesystem verankert, das als verfassungsrechtliche Grundentscheidung in allen Bereichen des Rechts Geltung beanspruche[1355]. Auch Benda stellte insoweit klar, daß Art. 3 Abs. 2 GG nicht nur einen individuellen subjektiven Anspruch hergebe, sondern gleichzeitig auch einen objektiven Wertmaßstab beinhalte[1356].

Während Schmitt Glaeser auf der „objektiven Seite" von Art. 3 Abs. 2 und 3 GG eine Richtlinienfunktion sah, die dem Gesetzgeber eine Aufgabe vermittle, in der entsprechende Richtung tätig zu werden, um faktische Defizite an Gleichbehandlung von Frauen zu reduzieren[1357], entnahm Benda dem Gleichberechtigungspostulat einen Verfassungsauftrag gepaart mit der Aufforderung an den Staat, die soziale Wirklichkeit i.S.d. Zielsetzung der Gleichberechtigung zu verändern[1358]. Daraus folge die grundsätzliche Verpflichtung des Staates zu geschlechtsspezifischen Fördermaßnahmen, was in den Ansätzen auch mit einem Verständnis der Grundrechte als Teilhaberechte einhergehe[1359].

Sachs widersprach der Auffassung von einem Verfassungsauftrag an den Staat durch Rückgriff auf Art. 117 Abs. 1 GG. Dieser bestätige die primäre Ausrichtung des Art. 3 Abs. 2 GG a.F. auf die Abwehr staatlicher und insbesondere

---

1352 Mengel, S. 533
1353 Schmitt Glaeser, S. 18
1354 Schmitt Glaeser, DÖV 1982, S. 381 (S. 387)
1355 Friauf, S. 16 f.
1356 Benda, S. 123
1357 Schmitt Glaeser, DÖV 1982, S. 381 (S. 387)
1358 Benda, S. 124 f.
1359 Benda, S. 126

normativer Unterscheidungen aufgrund des Geschlechts[1360]. Auch ihm zufolge enthielten Art. 3 Abs. 2 und 3 GG einen objektiv-rechtlichen Grundrechtsgehalt, der jedoch als Zusatz zu der primären Abwehrfunktion lediglich als Zielvorgabe oder Wert bezeichnet werden könnte, wobei in materieller Hinsicht durch das jeweilige Ziel eine Verstärkung der Geltungskraft des Grundrechts herbeigeführt werde[1361]. Damit sprach er Art. 3 Abs. 2 und 3 GG den Charakter einer grundsätzlichen Zielvorgabe zur Herstellung tatsächlicher Chancengleichheit von Männern und Frauen zu und definierte das angestrebte Gleichheitsziel als Gleichheit der Chancen, nicht aber als Gleichheit des Resultats[1362].

Pfarr/Fuchsloch bezeichneten Art. 3 Abs. 2 und 3 GG zwar im Hinblick auf das verbotene Differenzierungsmerkmal des Geschlechts als teilidentisch, da nach beiden Absätzen ein subjektiv-öffentlicher Anspruch des Einzelnen auf rechtliche Gleichbehandlung begründet werde, allerdings gehe Art. 3 Abs. 2 GG darüber hinaus und enthalte einen Auftrag zur Verwirklichung der Gleichberechtigung zwischen den Geschlechtern in der gesellschaftlichen Wirklichkeit[1363]. Die Begrifflichkeit der Herstellung **tatsächlicher** Gleichberechtigung entnahmen sie dabei dem Völkerrecht, insbesondere dem Gesetz zu dem Übereinkommen vom 18.12.1979 zur Beseitigung jeder Form von Diskriminierung der Frau vom 25.04.1985[1364], das mit der Ratifikation Deutschlands in innerstaatliches Recht übernommen worden sei und das in Art. 4 Abs. 1 den Begriff der „de-facto-Gleichberechtigung" von Mann und Frau verwende[1365]. Nicht nur sprachlich bedeute Gleichberechtigung mehr als Nichtdiskriminierung durch den Staat, sondern auch aus der historischen Entwicklung und der systematischen Stellung des Art. 3 Abs. 2 GG im gesamten Rechtssystem lasse sich ableiten, daß der auf effektive Herstellung der Gleichberechtigung gerichteten (objektiv-rechtlichen) Dimension des Art. 3 Abs. 2 GG mit einem bloßen Abwehrrecht gegenüber staatlichen Eingriffen nicht Genüge getan sei[1366].

Lange ordnete dagegen das Prinzip, daß Männer und Frauen die gleichen Rechte haben, ausschließlich dem Art. 3 Abs. 2 GG zu, während Art. 3 Abs. 3 GG allein auf die tatsächliche Gleichstellung von Männern und Frauen ziele[1367].

---

1360 Sachs, NJW 1989, S. 553 (S. 556)
1361 Ebenda
1362 Ebenda; vgl. insoweit die Ausführungen von GA Tesauro, Schlußanträge v. 06.04.1995, Slg. 1995, S. 3053 (S. 3060) Rs. C-450/93 Kalanke/Freie Hansestadt Bremen
1363 Pfarr/Fuchsloch, S. 2202 f.
1364 BGBl. II, S. 647
1365 Pfarr/Fuchsloch, S. 2203 Fn. 22
1366 Pfarr/Fuchsloch, S. 2203
1367 Lange, S. 136

Auch er ging im Rahmen der materiell-rechtlichen Bedeutung des Art. 3 GG allgemein von einem Verfassungsauftrag zur Beseitigung der Diskriminierung von Frauen aus und widersprach entschieden einer Verlagerung eines solchen Auftrags in das Sozialstaatsprinzip aus Art. 20 Abs. 1 GG, das mangels einer Grundrechtsqualität die insoweit schwächere Norm darstelle[1368].

Slupik begreift Art. 3 Abs. 2 GG wiederum als Grundlage der Herstellung faktischer Gleichheit. Es handele sich um ein soziales Teilhaberecht, aus dem die verfassungsrechtliche Legitimation von Maßnahmen zur Herstellung von Chancengleichheit nicht erst aus dem Sozialstaatsprinzip erwachse, sondern bereits der objektiv-rechtlichen Komponente des Art. 3 Abs. 2 GG zu entnehmen sei[1369]. Sie griff dabei zum Beleg ihrer Argumentation auf die Entstehungsgeschichte des Art. 3 Abs. 2 GG zurück als ausschließlich auf die Frauen bezogenes Grundrecht, die Sonderstellung gegenüber Art. 3 Abs. 1 und 3 GG, den kollektiv-rechtlichen Charakter des Art. 3 Abs. 2 GG als Ableitung aus dem Sozialschicksal der Gruppe der Frauen, die strukturellen Benachteiligungen nicht ausweichen könnten sowie dem sozialen Ideal der Geschlechterparität als ein Machtgleichgewicht zwischen Frau und Mann etc.[1370].

Maidowski widersetzte sich ebenfalls der Vorstellung, daß Art. 3 Abs. 2 GG als absolutes Willkürverbot mit Ausnahme des topos der biologischen Verschiedenheit der Geschlechter zu verstehen sei[1371]. Ihm zufolge würde mit diesem Ansatz die Gleichberechtigungsnorm auf ein normatives Minimum reduziert, denn die dieser Auffassung zugrundeliegende Bestimmung des Art. 3 Abs. 1 GG sei eine allgemeine Regel mit hohem Abstraktionsgrad für die rechtliche Bewertung aller möglichen gleichheitsrelevanten Sachverhalte mit einer gewissen normativen Besonderheit[1372]. Demgegenüber verwende Art. 3 Abs. 2 GG den konkreten Begriff der Gleichberechtigung von Männern und Frauen und präzisiere dabei die vage Gerechtigkeitsorientierung des Art. 3 Abs. 1 GG hin zu einem verbindlichen Ziel für das Handeln der öffentlichen Gewalt[1373]. Das Unbefriedigende an dem o.g. Ansatz sei darüber hinaus, daß er weder den Wortlaut von Art. 3 Abs. 3 GG, noch seine Entstehungsgeschichte oder seine Stellung neben Art. 3 Abs. 2 GG zu erklären vermöge, denn selbst wenn die Annahme zuträfe, daß Art. 3 Abs. 2 GG nicht über Art. 3 Abs. 3 GG hinausginge, lasse sich keine Stütze dafür finden, daß beide Absätze als inhaltlich gleich anzusehen seien. Hier läge im Gegenteil die Vermutung nahe, daß Absatz 2 über das bloße

---

1368 Ebenda
1369 Slupik, S. 86, 92
1370 Slupik, S. 92
1371 Maidowski, S. 109
1372 Maidowski, S. 109, 111
1373 Maidowski, S. 111 f.

Differenzierungsverbot des Absatzes 3 hinausreichen sollte, was vor allem aus den mehrmaligen Ablehnungen der Formulierung des Absatzes 2 im Parlamentarischen Rat bei der Schaffung des GG im Gegensatz zu Absatz 3 abzuleiten sei[1374].

Schließlich kam auch Maidowski zu der Schlußfolgerung, daß Art. 3 Abs. 2 GG den Anspruch von Männern und Frauen auf rechtliche Gleichstellung als Element objektiven Rechts um den ungehinderten Kultureinfluß von Frauen in Staat und Gesellschaft erweitere, um so die tatsächliche Gleichstellung der Geschlechter zu verwirklichen. Nur diese zweite Dimension des Art. 3 Abs. 2 GG hebe diese Vorschrift von dem ausschließlich als individualrechtlich zu verstehenden Differenzierungsverbot des Art. 3 Abs. 3 GG ab und bilde den Ansatzpunkt für Frauenfördermaßnahmen. Art. 3 Abs. 3 GG habe hier in den Hintergrund zu treten[1375].

Im Unterschied zu den anderen Stellungnahmen in der Literatur, die in Art. 3 Abs. 2 GG einen Verfassungsauftrag zur Verwirklichung faktischer Gleichberechtigung zwischen den Geschlechtern sahen, stellte Maidowski in diesem Zusammenhang auf den programmatischen Normzielcharakter der Vorschrift ab, die Durchbrechungen der Rechtsgleichheit von Mann und Frau nur zulasse, soweit und solange sie der Verwirklichung des Normziels dienten, während eine gleichzeitige Beibehaltung einer strikten Rechtsgleichheit die kontinuierliche Annäherung der Verfassungswirklichkeit an das Verfassungsrecht behindern würde[1376]. Frauenfördermaßnahmen seien deshalb zwar zulässig, verfassungsrechtlich geboten i.S.e. Verfassungsauftrags zur Gleichstellung der Geschlechter seien sie jedoch nicht[1377].

Einen grundsätzlich anderen und neuen Weg beschritt Sacksofsky[1378]: Sie verwies darauf, daß Art. 3 Abs. 2 GG a.F. keinen ausdrücklich an den Gesetzgeber gerichteten Auftrag zur Herstellung tatsächlicher Gleichberechtigung zwischen Männern und Frauen enthalte, weil diese Verfassungsnorm, anders als z.B. Art. 6 Abs. 5 GG, Art. 4 Abs. 3 GG oder Art. 21 Abs. 3 GG etc., den Gesetzgeber nicht direkt zu einem Tätigwerden auffordere[1379]. Gestützt werde dieser Gedanke durch die in Art. 117 Abs. 1 GG enthaltene Übergangsfrist für das dem Art. 3 Abs. 2 GG entgegenstehende Recht – mit Art. 117 Abs. 1 GG habe der Gesetzgeber einen klaren Gesetzgebungsauftrag erhalten, bis zum 31.03.1953

---

1374  Maidowski, S. 112 m.w.N.
1375  Maidowski, S. 117 f.
1376  Maidowski, S. 117, 126
1377  Maidowski, S. 138
1378  Zu beachten ist hier, daß hier zunächst die Erstauflage aus dem Jahr 1991 zugrunde gelegt wird!
1379  Sacksofsky, Das Grundrecht auf Gleichberechtigung, 1. Aufl. 1991, S. 192

das mit Art. 3 Abs. 2 GG unvereinbare Recht zu beseitigen, was sich jedoch nicht auf die Beseitigung gleichberechtigungswidriger gesellschaftlicher Zustände bezogen habe[1380]. Sie räumte zwar ein, daß damit die Verpflichtung des Gesetzgebers zu aktiven Frauenfördermaßnahmen noch nicht zwingend verneint werden könne, kam aber über die Prüfung des Verhältnisses von **rechtlicher** und **faktischer** Gleichheit zueinander zu der Erkenntnis, daß diese beiden Elemente gegenläufige Prinzipien darstellten, die miteinander kollidierten[1381]. Unter Rückgriff auf die von Alexy vorgezeichnete Rolle der faktischen Gleichheit innerhalb des allgemeinen Gleichheitssatzes des Art. 3 Abs. 1 GG stellte sie fest, daß eine Gleichheitskollision nur zu vermeiden wäre, wenn auf die Zuordnung der faktischen Gleichheit zu Art. 3 Abs. 1 GG bzw. übertragen auf Art. 3 Abs. 2 GG verzichtet würde, denn die Durchführung rechtlicher Gleichheit bzw. Gleichberechtigung führe immer zu Verletzungen der faktischen Gleichheit und umgekehrt[1382]. Die Ablehnung faktischer Gleichheit innerhalb des jeweiligen Gleichheitssatzes werde vor allem durch den Gedanken getragen, daß dieses Prinzip viel zu allgemein und unbestimmt sei, als daß es justiziabel sein könnte[1383]. Auch die Befürworter des inhaltlichen Elements der faktischen Gleichheit seien sehr zurückhaltend in dem Versuch einer Begründung, denn die in diesem Sinne aktivierte Verbindung zwischen dem jeweiligen Gleichheitsrecht und dem Sozialstaatsprinzip sei ebenfalls viel zu vage, zumal Inhalt, Bedeutung und Umfang des Sozialstaatsprinzips noch in den Einzelheiten ungeklärt seien[1384].

Schließlich stelle sich auch Alexy´s Vorschlag zur Berücksichtigung des Prinzips der faktischen Gleichheit innerhalb des allgemeinen Gleichheitssatzes als sehr zurückhaltend dar, denn das Vorliegen eines zureichenden Grundes für die Gebotenheit einer rechtlichen Ungleichbehandlung, die der Herstellung faktischer Gleichheit diene, begründe zwar ein subjektives Recht auf Herstellung faktischer Gleichheit, könne aber erst dann zum Tragen kommen, wenn die zu beachtenden gegenläufigen Prinzipien überspielt würden[1385].

Nach Ansicht von Sacksofsky verdeutliche sich bei Alexy, daß nur in äußerst seltenen Fällen das Prinzip der faktischen Gleichheit den gegenläufigen Prinzipi-

---

1380 Ebenda
1381 Sacksofsky, S. 192 f.; vgl. auch Alexy, S. 379, der in diesem Zusammenhang von einem „Paradox der Gleichheit" spricht; aufgegriffen wird das „Paradox der Gleichheit" auch bei Schweizer, Der Gleichberechtigungssatz – neue Form, alter Inhalt ?, 1998, S. 191 ff.
1382 Sacksofsky, S. 193 sowie Alexy, S. 378, 380
1383 Sacksofsky, S. 194
1384 Sacksofsky, S. 194 f.; Benda, S. 144; BVerfGE 65, S. 182 (S. 193) sowie BVerfGE 71, S. 66 (S. 80)
1385 Alexy, S. 382 f.

en vorgehe[1386] und zeige außerdem die schwächere normative Bindungswirkung und gerichtliche Durchsetzbarkeit dieses Prinzips[1387]. Wenn schon im Rahmen des allgemeinen Gleichheitssatzes derartige Schwierigkeiten zur Einbeziehung der faktischen Gleichheit bestünden treffe die Verfechter/innen eines Verfassungsauftrags zur Herstellung tatsächlicher Gleichberechtigung zwischen den Geschlechtern eine erhebliche Begründungslast[1388]. Darüber hinaus gab sie zu bedenken, daß mit der Annahme eines Verfassungsauftrags zur Verwirklichung der tatsächlichen Gleichberechtigung auch eine Wandlung vom formellen zum materiellen Prinzip verbunden sei. Werde Art. 3 Abs. 2 GG als Differenzierungsverbot verstanden, gewährleiste es subjektiv-rechtlich die Abwehr von geschlechtsbezogenen Rechtsnormen und mit diesem individuellen Recht gehe auf der objektiven Seite lediglich die Verpflichtung des Staates einher, die Verwendung des Merkmals Geschlecht zu unterlassen[1389]. Hier müsse ein neuer Gesichtspunkt der Auslegung hinzukommen, da aus der Objektivierung der subjektiven Seite des Differenzierungsverbots gerade keine Verpflichtung des Staates zur Herstellung tatsächlicher Gleichberechtigung folge[1390]. Angesichts der vorgefundenen gesellschaftlichen Wirklichkeit, in der Frauen nach wie vor mit Benachteiligungen zu kämpfen hätten, könne weder die Argumentation überzeugen, daß Art. 3 Abs. 2 GG seine Funktion im wesentlichen erfüllt habe, noch die des Verständnisses eines Differenzierungsverbots, daß Art. 3 Abs. 2 und Abs. 3 GG als inhaltlich gleichbedeutend ansehe[1391]. Werde das Differenzierungsverbot inhaltlich der subjektiv-abwehrrechtlichen Seite des Gleichberechtigungssatzes zugeordnet, verbleibe nur die objektiv-rechtliche Funktion als Anknüpfungspunkt für die Vermeidung gleichberechtigungswidriger Ergebnisse – diesem Ansatz seien aber erhebliche grundrechtsdogmatische Probleme (der Begründbarkeit, die Verf.) immanent[1392].

Unter Rückgriff auf die amerikanische Perspektive auf die besonderen Gleichheitssätze, kommt Sacksofsky zunächst zu der Klarstellung, daß ein Verständnis als Differenzierungsverbot nicht die einzige Interpretationsmöglichkeit sei, denn gleichheitsrechtlicher Schutz könne auch allen bestimmbaren Gruppen (also z.B. auch Schwarzen, Frauen etc.) zukommen[1393]. Auf diese Weise seien

---

1386 Alexy, S. 387 f. führte als Beispiele die Armenrechts- und Existenzminimumsfälle des BVerfG an
1387 Sacksofsky, S. 196
1388 Ebenda
1389 Sacksofsky, S. 196 f.
1390 Sacksofsky, S. 197
1391 Sacksofsky, S. 205
1392 Ebenda
1393 Sacksofsky, S. 305

zwei Konzeptionen gleichheitsrechtlichen Schutzes denkbar: Zum einen handele es sich um das Differenzierungsverbot als merkmalsbezogene Sichtweise, das die Anknüpfung an bestimmte Merkmale durch den Gesetzgeber verfassungsrechtlich verbietet, d.h., daß Kriterien wie das Geschlecht, die Rasse u.a., die die Identität des einzelnen Menschen wesentlich prägen, eine Bevorzugung oder Benachteiligung durch die Rechtsordnung nicht zulassen[1394]. Zum anderen gehe es um das Dominierungsverbot als gruppenbezogene Sichtweise auf die besonderen Gleichheitssätze, das nicht an der Irrelevanz bestimmter Merkmale und der abstrakten Gefahr ihrer Verwendung ansetze, sondern sich konkret auf den historischen Hintergrund und die tatsächlichen gesellschaftlichen Gegebenheiten beziehe[1395]. So werde der einzelne Mensch im Hinblick auf Merkmale wie das Geschlecht, die Religion etc. nicht aufgrund seiner individuellen Eigenschaften diskriminiert, sondern wegen seiner Zugehörigkeit zu der durch das jeweilige Merkmal charakterisierten Gruppe. Hier würden die gegenüber seiner Gruppe bestehenden Vorurteile und abwertenden Ansichten auf ihn als Einzelperson übertragen[1396]. Der Versuch, Diskriminierungen ausschließlich durch Bezugnahme auf den betroffenen einzelnen Menschen zu erfassen, könne nur zu einem verkürzten verfassungsrechtlichen Schutz führen, denn das Bemühen um die Lösung eines individuellen Problems, was unter der Perspektive des Dominierungsverbots ein kollektives Problem sei, könne keinen Erfolg haben[1397]. Für das Dominierungsverbot komme es maßgeblich auf die Betrachtung der gesamtgesellschaftlichen Lage einer benachteiligten Gruppe an – einzelne Privilegien dieser Gruppe[1398] seien dabei zu vernachlässigen[1399]. Zu den wesentlichen Funktionen der Grundrechte gehöre der Minderheitenschutz, so daß ein besonderer gleichheitsrechtlicher Schutz nur für die Gruppen in Betracht komme, die in der politischen Mehrheit nicht ausreichend vertreten seien, da die mit der politischen und wirtschaftlichen Macht ausgestatteten Gruppen ihre Interessen ohnehin wahren könnten und deshalb für sie ein durch den allgemeinen Gleichheitssatz gewährleisteter verfassungsrechtlicher Schutz genüge[1400].

---

1394 Sacksofsky, S. 310 f.
1395 Sacksofsky, S. 312
1396 Ebenda
1397 Sacksofsky, S. 312 f.
1398 Sacksofsky nennt hier den allein der Frau zustehenden Kranzgeldanspruch gemäß § 1300 BGB; zu denken ist aber auch an den ausschließlich Frauen zugute kommenden Mutterschutz vor und nach der Geburt i.S.v. § 3 Abs. 2 , § 6 Abs. 1, §§ 13, 14 MuSchG bzw. für Beamtinnen nach § 1 Abs. 2, § 3 Abs. 1, § 4 MuSchVO
1399 Sacksofsky, S. 313
1400 Sacksofsky, S. 314

Mit dieser Sichtweise auf die besonderen Gleichheitssätze kam Sacksofsky schließlich zu einer Übertragung des Differenzierungs- und Dominierungsverbots auf Art. 3 Abs. 2 und 3 GG: Während Art. 3 Abs. 3 GG von „niemand" spreche und damit besonders klar eine individualisierte Garantie verfassungsrechtlichen Schutzes des einzelnen vor Diskriminierung zum Ausdruck bringe, verwende Art. 3 Abs. 2 GG die Formulierung „**Männer und Frauen**". Die Formulierung im Plural weise deutlich in die Richtung eines Gruppenbezugs, denn hier würden die beiden Gruppen Männer und Frauen zu Subjekten der Verfassungsnorm[1401]. Auch die weitere Wortwahl in Art. 3 Abs. 3 GG „benachteiligt oder bevorzugt" erkläre in Übereinstimmung mit der h.M. diese Bestimmung zum klassischen Differenzierungsverbot[1402]. Die Gleichberechtigung i.S.v. Art. 3 Abs. 2 GG beinhalte dagegen vom Wortsinn her mehr als die bloße Garantie gleicher Rechte, der Begriff ziele sowohl in der historischen Auslegung des Gesetzgebers als auch als politischer Begriff auf die Realisierung einer Gesellschaft, in der die verschiedenen Gruppen seiner Aufzählung gleiche Entwicklungschancen, Macht, Ansehen, Status etc. hätten[1403].

Über die historische Auslegung gelangte Sacksofsky zu der Erkenntnis, daß Art. 3 Abs. 2 GG zu einer einschneidenden gesellschaftlichen Veränderung und umfassenden Verbesserung der Situation der Frauen beitragen sollte[1404]. Nach Sacksofsky mache die Systematik des Art. 3 GG insgesamt nur dann Sinn, wenn Absatz 2 und 3 verschiedene Inhalte hätten, da anderenfalls eine der beiden Normen überflüssig wäre. Sie macht hier (zu Recht) geltend, daß die bewußte Aufnahme beider Normen in die Verfassung mit unterschiedlichen Formulierungen auch eine unterschiedliche inhaltliche Bedeutung zur Folge habe – so könnten sich die beiden Bestimmungen im Anwendungsbereich zwar überschneiden, eine völlige inhaltliche Identität sei aber ausgeschlossen[1405]. Auch der Zweck des Art. 3 Abs. 2 GG bestehe allein in der Verbesserung der Situation der Frauen, was insbesondere auch in der Literatur der fünfziger und sechziger Jahre[1406]

---

[1401] Sacksofsky, S. 316, 319
[1402] Sacksofsky, S. 319
[1403] Sacksofsky, S. 320
[1404] Sacksofsky, S. 332
[1405] Sacksofsky, S. 333
[1406] Vgl. u.a. Knöpfel, NJW 1960, S. 553 (S. 554); Ramm, JZ 1968, S. 41 (S. 42), die in bezug auf Art. 3 Abs. 2 GG davon ausgegangen waren, daß es nicht um die Gewährleistung einer gleichen Behandlung (durch das Recht) gehe, sondern vielmehr um den materiellen Gehalt der Verfassungsnorm; Benda, S. 112 stellt in Auseinandersetzung mit diesen Positionen klar, daß es damals um die Regelung zur rechtlichen Gleichstellung der Frau ging und die Argumentation folglich eine andere Zielrichtung als heute hatte, gleichwohl aber noch eine gewisse Aktualität aufzuweisen habe

deutlich geworden und auch über die historische Auslegung nachzuvollziehen sei[1407]. Im Ergebnis kam Sacksofsky zu dem Schluß, daß Art. 3 Abs. 2 GG als Dominierungsverbot, Art. 3 Abs. 3 GG demgegenüber als Differenzierungsverbot zu verstehen sei[1408].

Der von Sacksofsky im Rahmen des Dominierungsverbots des Art. 3 Abs. 2 GG verfolgte gruppengrundrechtliche Ansatz fand sich auch bereits bei Pfarr, die ebenfalls auf den grammatischen Unterschied in der Formulierung von Art. 3 Abs. 2 und 3 GG abstellte. Sie wies wie Sacksofsky auf die in Art. 3 Abs. 2 GG verwendete Pluralform „**Männer und Frauen**" hin[1409]. Während es in Art. 3 Abs. 2 GG um die rechtliche und tatsächliche Gleichstellung der Frauen ginge und hierin auch der Hinweis enthalten sei, daß nicht die einzelne Frau den Nachweis einer individuellen Benachteiligung zu führen habe, um Frauenfördermaßnahmen in Anspruch nehmen zu können (es also nicht um die Kompensation individuell erlittener Nachteile ginge, die Verf.), sondern vielmehr als Angehörige einer benachteiligten Gruppe gefördert werde, gehe Art. 3 Abs. 3 GG vom Singular aus und stelle sich damit als striktes rechtliches Differenzierungsverbot dar, in dem das Geschlecht und die Geschlechterrolle kein Anknüpfungspunkt für Differenzierungen sein dürften[1410]. Zwar enthalte auch Art. 3 Abs. 2 GG das absolute, geschlechtsbedingte Diskriminierungsverbot, doch sein Wortlaut und Zusammenhang sprächen für über Art. 3 Abs. 3 GG hinausgehende und andere grundrechtliche Wertungen. Im Verhältnis zu Art. 3 Abs. 3 GG sei Art. 3 Abs. 2 G im Hinblick auf das Merkmal Geschlecht lex specialis[1411].

Auch Slupik geht im Zusammenhang mit Art. 3 Abs. 2 GG von einem gruppenrechtlichen Verständnis der Verfassungsnorm aus, denn der Staat ist nach ihrer Auffassung zur Kompensation geschlechtsspezifischer Nachteile zugunsten von Frauen als diskriminierte Gruppe legitimiert[1412].

Battis/Schulte-Trux/Weber schrieben Art. 3 Abs. 2 GG im wesentlichen eine objektiv-rechtliche Wertedimension neben der Funktion als subjektiv-rechtlicher Abwehranspruch gegenüber staatlichen Eingriffen zu, an deren Maßstäben sich staatliches Handeln zu orientieren habe[1413]. Sie kamen über die historische, grammatische und systematische Auslegung des Art. 3 Abs. 2 GG zu der Erkenntnis, daß diese Bestimmung als eigenständige und gleichrangige Zielvorgabe neben dem Gleichbehandlungsgebot stehe und das gesetzgeberisches Tätig-

---

1407 Sacksofsky, S. 335 ff.
1408 Sacksofsky, S. 348
1409 Pfarr, S. 34
1410 Pfarr, S. 34 f.
1411 Pfarr, S. 35
1412 Slupik, S. 90
1413 Battis/Schulte-Trux/Weber, S. 1169

werden an dem Ziel der Verwirklichung faktischer Gleichberechtigung der Frau auszurichten sei[1414]. Auch die Heranziehung des Sozialstaatsprinzips aus Art. 20 Abs. 1 GG zur Begründung positiver Maßnahmen zugunsten von Frauen wurde von ihnen nicht weiterverfolgt, da sie der Ansicht waren, daß sich die Ableitung einer zielgerichteten Herstellung faktischer Gleichberechtigung schon aus Art. 3 Abs. 2 GG allein ergebe[1415].

Bumke lehnte es schließlich ab, von einem Verfassungsauftrag an den Gesetzgeber auszugehen. Auch sie wollte Art. 3 Abs. 2 GG als Zielvorgabe der Gleichberechtigung verstanden wissen, die den Gesetzgeber zwar nicht zum Handeln verpflichtet, ihn jedoch berechtige, sich des Instruments rechtlicher Differenzierung zur Förderung faktischer Gleichberechtigung zu bedienen[1416]. Diese objektiv-rechtliche Gestaltungskompetenz rechtfertige auch privilegierende Fördermaßnahmen, die sich dann allerdings in einem Spannungsverhältnis zu Art. 3 Abs. 3 GG bewegen, der die subjektiv-rechtliche Komponente als Differenzierungsverbot und damit den Abwehranspruch des Mannes gegen ihn benachteiligende, geschlechtsspezifische Fördermaßnahmen zugunsten von Frauen in sich trage[1417].

Die Frage nach der Kollision zwischen Art. 3 Abs. 2 und Art. 3 Abs. 3 GG wurde jedoch nicht allein von Bumke gestellt. Sacksofsky löste die Problematik unter Zugrundelegung ihres Ansatzes vom Dominierungsverbot in Art. 3 Abs. 2 GG und des Differenzierungsverbots in Art. 3 Abs. 2 GG, denn Regelungen, die den Schutzzweck des Gleichberechtigungssatzes zu verwirklichen suchten, würden nicht den Bindungen des Art. 3 Abs. 3 GG unterliegen[1418]. Pfarr bezeichnete Art. 3 Abs. 2 GG im Verhältnis zu Art. 3 Abs. 3 GG ebenfalls als lex specialis, sie stellt an dieser Stelle jedoch die objektiv-rechtliche Dimension des Art. 3 Abs. 2 GG, die die Grundlage für Frauenfördermaßnahmen bilde, der subjektiv-rechtlichen Dimension der Verfassungsnorm gegenüber und löste das Spannungsverhältnis innerhalb des Gleichberechtigungssatzes über die Herstellung praktischer Konkordanz auf[1419]. Eckertz-Höfer geht in dieselbe Richtung der Herstellung praktischer Konkordanz, wenngleich auch sie Art. 3 Abs. 2 GG mit dem Sozialstaatsprinzip verbindet, um über diesen Weg eine Grundlage für die

---

1414 Battis/Schulte-Trux/Weber, S. 1170 Fn. 77
1415 Battis/Schulte-Trux/Weber, S. 1170; auch Slupik, JR 1990, S. 317 (S. 318) leitet allein aus Art. 3 Abs. 2 GG eine Pflicht des Gesetzgebers zum Tätigwerden ab, geht im Unterschied zu Battis/Schulte-Trux/Weber aber von einem Verfassungsauftrag aus
1416 Bumke, S. 131
1417 Bumke, S. 131 f.
1418 Sacksofsky, S. 378
1419 Pfarr, S. 35, 208 f; vgl. auch Pfarr/Fuchsloch, S. 2203 f.

Verpflichtung des Gesetzgebers zu konstruieren, aktiv für die Voraussetzungen faktischer Gleichberechtigung zwischen Männern und Frauen Sorge zu tragen[1420]. Battis/Schulte-Trux/Weber verfolgen in diesem Zusammenhang genau wie Pfarr den Weg, innerhalb von Art. 3 Abs. 2 GG die Spannungslage, die geschlechtsspezifisch wirkende Frauenfördermaßnahmen hervorrufen, über die praktische Konkordanz der sich gegenüberstehenden Verfassungsgüter zu lösen[1421]. Francke/Sokol/Gurlit rekurrieren unabhängig von den verschiedenen Akzentsetzungen der genannten Autoren, auf die Herstellung praktischer Konkordanz zwischen den beiden normativen Elementen des Art 3 Abs. 2 GG[1422].

Im Ergebnis konzentrierte sich die Literaturmeinung vor der Änderung des Art. 3 Abs. 2 GG folglich darauf, Art. 3 Abs. 2 GG zwei Dimensionen zuzuschreiben, nämlich einerseits die objektiv-rechtliche, die die Grundlage spezifischer Frauenfördermaßnahmen darstellte, und andererseits die subjektiv-rechtliche Dimension, die dem durch solche Maßnahmen benachteiligten Mann einen Abwehranspruch zur Seite stellte.

Die objektiv-rechtliche Dimension in Art. 3 Abs. 2 GG wurde mit einem gruppengrundrechtlichen Element, insbesondere von Slupik, Pfarr und vor allem Sacksofsky ausgestattet. Im Hinblick auf Sacksofsky's Position muß allerdings darauf hingewiesen werden, daß sie von einer strikten Trennung zwischen Art. 3 Abs. 2 GG und Art. 3 Abs. 3 GG ausgeht, eine Überschneidung des sowohl in Art. 3 Abs. 2 GG als auch in Art. 3 Abs. 3 GG enthaltenen Differenzierungsverbots als sujektiv-rechtliches Element für sie damit auch nicht in Betracht kommen kann.

Neben der gruppenrechtlichen Anreicherung des Gleichberechtigungssatzes wurde auch das Sozialstaatsprinzip aus Art. 20 Abs. 1 GG aktiviert, um die soziale Ausrichtung des Art. 3 Abs. 2 GG zu stützen und einen Verfassungsauftrag an den Gesetzgeber zur Verwirklichung faktischer Gleichberechtigung zwischen Männern und Frauen zu begründen. Allerdings wurde den Befürwortern der Zurhilfenahme des Sozialstaatsprinzips entgegengehalten, daß dieses Prinzip sehr vage ausgestaltet sei und inhaltlich der Konkretisierung bedürfe; auch mache es keinen Unterschied, ob die objektiv-rechtliche Dimension des Art. 3 Abs. 2 GG noch mit dem Sozialstaatsprinzip aufgefüllt werde, da dem Gleichberech-

---

1420 Eckertz-Höfer in FS für Simon, 1. Aufl. 1987, S. 447 (S. 472)
1421 Battis/Schulte-Trux/Weber, S. 1170 f.
1422 Francke/Sokol/Gurlit, S. 97; vgl. auch Benda, S. 132 ff. und Bumke, S. 132 f., die sich entschieden gegen die Ansicht wendet, den Konflikt der beiden verfassungsrechtlichen Wertentscheidungen im Wege der Spezialität zu lösen, da dieses im Ergebnis zu einer Ablehnung miteinander kollidierender gleichrangiger Verfassungsgüter führe, die eine „schleichende Hierarchisierung" von Grundrechten zur Folge hätte

tigungssatz aus sich heraus schon eine objektiv-rechtliche Seite immanent sei. Die Kollisionsproblematik zwischen dem objektiv- und subjektiv-rechtlichen Gehalt des Gleichberechtigungssatzes wurde überwiegend über den Weg der Herstellung praktischer Konkordanz gelöst, die in zeitlicher Hinsicht begrenzt zugunsten des benachteiligten Geschlechts geschlechtsspezifisch wirkenden Maßnahmen zur Verwirklichung faktischer Gleichberechtigung legitimierte.

Der Vorschlag, die durch Frauenfördermaßnahmen erzeugte Spannungslage über die Annahme der Spezialität des Art. 3 Abs. 2 GG gegenüber Art. 3 Abs. 3 GG zu lösen, begegnete den von Bumke angeführten Bedenken der Gefahr einer Hierarchisierung von Grundrechten, die von Verfassungswegen mit Gleichrangigkeit ausgestattet sind und den Gesetzgeber, die Exekutive und die Rechtsprechung über Art. 1 Abs. 3 GG gleichermaßen binden.

Insgesamt wurde Art. 3 Abs. 2 GG a.F. mindestens der Charakter einer Zielvorstellung zugesprochen, der den Gesetzgeber zum Tätigwerden auf dem Gebiet der Gleichberechtigung berechtige. Ungefähr die Waage hielt sich diese Auffassung mit der Annahme, daß Art. 3 Abs. 2 GG a.F. einen Verfassungsauftrag an den Gesetzgeber enthielte. Festgehalten werden muß an dieser Stelle, daß die Stimmen in der Literatur, die von einer inhaltlichen Identität des Art. 3 Abs.2 und 3 GG ausgingen, bereits vor der Grundgesetzänderung im Jahr 1994 eher rückläufig waren und ihre Argumentationen als wenig überzeugend in der juristischen Diskussion bewertet wurden.

*bbb) Die Rechtsprechung des BVerfG zu Art. 3 Abs. 2 GG a.F. unter Berücksichtigung von Art. 3 Abs. 3 GG*

Ausgangspunkt einer differenzierenden Betrachtungsweise auf Art. 3 Abs. 2 und 3 GG bildete die Rentenaltersentscheidung des BVerfG vom 28.01.1987[1423]. In den vorangegangenen Entscheidungen zu Art. 3 Abs. 2 und 3 GG hatte das BVerfG keine inhaltliche Unterscheidung zwischen den beiden Absätzen der Verfassungsnorm vorgenommen. Vielmehr hatte es eher willkürlich die verschiedenen Absätze als Prüfungsgrundlage herangezogen[1424]. So hatte das BVerfG im Hinblick auf Art. 3 Abs. 2 GG in seinen ersten Entscheidungen betont, daß der Geschlechtsunterschied für sich allein genommen kein Differenzierungsgrund von solcher Art und solchem Gewicht sei, daß er eine unterschiedliche Behandlung rechtfertigen könnte. Es folgerte weiter, daß Art. 3 Abs. 2 GG als Abwehrrecht den gleichen Inhalt wie Art. 3 Abs. 3 GG aufweise, soweit diese Vorschrift Benachteiligungen und Bevorzugungen aufgrund des Geschlechts

---

1423 BVerfGE 74, S. 163
1424 Vgl. Schumann, S. 30

verbiete[1425]. Hier wurde deutlich, daß das BVerfG genau wie die oben nachgezeichnete Literatur von der Parallelität des Art. 3 Abs. 2 und 3 GG ausging und beide Absätze als Differenzierungsverbot verstanden wissen wollte[1426].

Neben diesem allgemeinen geschlechtsbedingten Differenzierungsverbot[1427] hatte das BVerfG jedoch eine Formel für weitere zulässige Differenzierungen gebildet, demnach Art. 3 Abs. 2 GG nach dem Geschlecht differenzierenden Regelungen dann nicht entgegensteht, wenn objektive biologische Unterschiede oder funktionale, d.h. arbeitsteilige, Unterschiede das zu ordnende Lebensverhältnis so nachhaltig prägen, daß gemeinsame Elemente entweder nicht vorhanden sind oder vergleichbare Tatbestände vollkommen in den Hintergrund treten[1428]. Allerdings hatte das BVerfG auch schon im Vorfeld der Rentenaltersentscheidung nicht ausschließlich die formal-rechtliche Gleichstellung der Geschlechter im Blickfeld gehabt, sondern insbesondere in seinem Urteil vom 20.03.1963 zur Höfeordnung (sog. Bäuerinnen-Entscheidung)[1429] und seinem Ehenamen-Beschluß vom 31.05.1978[1430] darauf abgestellt hatte, daß die in Art. 3 Abs. 2 GG verankerte Gleichberechtigung der Geschlechter nicht von den traditionellen Überzeugungen der betroffenen Personen abhängig sei und daß sowohl Art. 3 Abs. 2 GG als auch Art. 3 Abs. 3 GG auf die zukünftige Durchsetzung der Gleichberechtigung der Geschlechter ausgerichtet seien.

In seinem sogenannten Tabellenwerte-Beschluß vom 16.06.1981 betonte das BVerfG noch einmal, daß das Verfassungsgebot (des Art. 3 Abs. 2 GG) seine Funktion, für die Zukunft die Gleichberechtigung der Geschlechter durchzusetzen, verlieren würde, wenn es inhaltlich auf die Akzeptanz der vorgefundenen sozialen Wirklichkeit, z.B. die vorhandenen Lohnunterschiede zwischen Männern und Frauen, reduziert würde[1431]. Benda bescheinigte dieser Entscheidung genau wie Eckertz-Höfer einen vorsichtigen Bezug zur sozialen Wirklichkeit, in der zumindest der Gedanke verallgemeinerungsfähig sei, daß in der Vergangenheit entstandene Ungleichbehandlungen nicht in die Gegenwart fortwirken dürften, so daß sich aus ihnen zusätzliche Minderungen für die Stellung des bisher diskriminierten Geschlechts ergäben[1432].

---

1425 Vgl. u.a. BVerfGE 3, S. 225 (S. 240) sowie BVerfGE 43, S. 213 (S. 225)
1426 Vgl. Friauf, S. 8
1427 Eckertz-Höfer, S. 458
1428 BVerfGE 3, S. 225 (S. 241); BVerfGE 10, S. 59 (S. 73 f.); BVerfGE 15, S. 337 (S. 343); BVerfGE 21, S. 329 (S. 343 f.); BVerfGE 48, S. 327 (S. 337); BVerfGE 52, S. 369 (S. 375 ff.) etc.
1429 BVerfGE 15, S. 337 (S. 345)
1430 BVerfGE 48, S. 327 (S. 340)
1431 BVerfGE 57, S. 335 (S. 345 f.)
1432 Benda, S. 114 f. sowie Eckertz-Höfer, S. 467

In der Rentenaltersentscheidung aus dem Jahr 1987 stellte das BVerfG klar, daß es mit Art. 3 Abs. 2 GG vereinbar sei, daß Frauen ihr Altersruhegeld aus der gesetzlichen Rentenversicherung im Unterschied zu Männern bereits mit der Vollendung des sechzigsten Lebensjahres beziehen können[1433]. In dem vorliegenden Beschluß ging es um die gesetzliche Differenzierung zwischen Männern und Frauen im Hinblick auf den Bezug von Altersruhegeld, denn Männer konnten erst mit Vollendung des 65. Lebensjahres in Rente gehen. Das BVerfG hatte über den Fall eines Witwers mit eigenem Hausstand und drei Kindern zu entscheiden, der mit Vollendung seines 60. Lebensjahres das vorgezogene Altersruhegeld unter Berufung auf den Gleichberechtigungsgrundsatz beantragt hatte[1434]. Der vom Kläger geltend gemachten Verletzung des Gleichberechtigungsgrundsatzes aus Art. 3 Abs. 2 und 3 GG, die von ihm mit dem sozialen und gesellschaftlichen Wandel seit der Einführung des vorgezogenen Altersruhegeldes für Frauen im Jahr 1957 begründet wurde, demnach die Doppelbelastung durch Haushalt und Beruf nicht mehr nur allein Frauensache sei[1435], widersprach das BVerfG zunächst mit der Überlegung und unter Berufung auf sein erstes Witwenrentenurteil vom 24.07.1963[1436], daß das vorgezogenen Altersruhegeld für Frauen dem sozialen Ausgleich diene[1437]. Prüfungsmaßstab für eine Verletzung des Gleichberechtigungsgrundsatzes sei Art. 3 Abs. 2 GG, der in der bisherigen Rechtsprechung in der Hauptsache als Abwehrrecht zur Verhinderung von Diskriminierungen zur Anwendung gekommen sei[1438].

Das BVerfG wies hier auch auf die Tendenzen in der Literatur zu Art. 3 Abs. 2 GG hin, die diese Verfassungsbestimmung nicht mehr nur als Abwehrrecht sahen, sondern ihr auch eine positive Verpflichtung an den Gesetzgeber zur Förderung und Unterstützung der Grundrechtsverwirklichung unter Zuhilfenahme des Sozialstaatsprinzips entnahmen[1439]. Es kam an dieser Stelle jedoch zu dem Schluß, daß es im Zusammenhang mit dem vorgezogenen Altersruhegeld für Frauen keiner Entscheidung bedürfe, ob dem Gesetzgeber aus Art. 3 Abs. 2 GG i.V.m. dem Sozialstaatsprinzip eine Verpflichtung zur Schaffung der Voraussetzungen für eine faktische Gleichberechtigung zwischen den Geschlechtern erwachse[1440]. Denn der Gesetzgeber habe im vorliegenden Fall bereits gehandelt und faktische Nachteile im Rentenversicherungsrecht, die typischerweise Frauen

---

1433  BVerfGE 74, S. 163 (Leitsatz)
1434  BVerfGE 74, S. 163 (S. 166)
1435  BVerfGE 74, S. 163 (S. 169)
1436  BVerfGE 17, S. 1 (S. 9 f.)
1437  BVerfGE 74, S. 163 (S. 178 f.)
1438  BVerfGE 74, S. 163 (S. 179)
1439  Ebenda
1440  BVerfGE 74, S. 163 (S. 179 f.)

träfen, durch eine zugunsten von Frauen wirkende Regelung kompensiert[1441]. So habe es lediglich die Berechtigung des Gesetzgebers zu einem solchen Handeln zu überprüfen[1442]. Das Ausgangsverfahren gäbe folglich Anlaß, die bisherige Rechtsprechung zu Art. 3 Abs. 2 GG dahingehend zu ergänzen, daß der Gesetzgeber zu einer Ungleichbehandlung auch dann befugt sei, wenn hierin ein sozialstaatlich motivierter typisierender Ausgleich von Nachteilen angeordnet werde, der seinerseits auf biologische Unterschiede der Geschlechter zurückgehe[1443]. Dabei handele es sich nicht um eine geschlechtsbedingte Diskriminierung, sondern vielmehr um eine Maßnahme, die auf die Kompensation erlittener Nachteile ziele[1444].

Diese Nachteile, denen Frauen regelmäßig ausgesetzt seien, entnahm das BVerfG insbesondere den vom DJB, DGB und der BfA abgegebenen Stellungnahmen: dabei zweifelte es zunächst daran, ob die Doppelbelastung von Frauen durch Beruf und Familie allein ausschlaggebend für Maßnahmen der Kompensation sein könnten[1445]. Allerdings kämen weitere Gesichtspunkte hinzu, die zum einen in dem Ausbildungsdefizit von Frauen lägen, das nachteilige Konsequenzen für die berufliche Position, das Arbeitsentgelt und die Rentenerwartung in der Vergangenheit zur Folge gehabt, zum anderen regelmäßig seine Ursache in der Antizipierung der erwarteten Stellung der Frau als spätere Mutter hätte[1446]. Das BVerfG vermutete darüber hinaus, daß dieselbe Ursache für die Beschäftigung der Frauen in den unteren Lohngruppen und die geringeren Aufstiegschancen von Frauen im Beruf verantwortlich seien[1447]. Schließlich waren nach Auffassung des Gerichts die typischen Unterbrechungen einer Erwerbstätigkeit durch Zeiten der Schwangerschaft, Geburt und Kindererziehung mitentscheidend dafür, daß Frauen sehr viel häufiger als Männern eine 35jährige Versicherungszeit nicht erfüllen könnten und deshalb auch nicht in den Genuß des flexiblen Altersruhegeldes mit Vollendung des 63. Lebensjahres kommen könnten. Letztlich ließe sich dieser Befund im Kern auf die mögliche Funktion weiblicher Versicherter als Ehefrau und Mutter und damit auf biologische Ursachen zurückführen[1448]. Mit diesen Überlegungen kam das BVerfG zu dem Ergebnis, daß die Kompensation der geschilderten Nachteile von Frauen durch die Gewährung des

---

1441 BVerfGE 74, S. 163 (S. 180)
1442 Ebenda
1443 Ebenda
1444 Ebenda
1445 Ebenda
1446 BVerfGE 74, S. 163 (S. 180 f.)
1447 BVerfGE 74, S. 163 (S. 181)
1448 Ebenda

vorgezogenen Altersruhegeldes als nicht besonders erhebliches Privileg zu bewerten und von daher auch unbedenklich sei[1449].

Die Besonderheit des Rentenaltersbeschlusses lag in der erstmaligen Anerkennung von Kompensationsregelungen, die üblicherweise Frauen treffende Nachteile ausgleichen helfen sollten, um das Ideal eines gleichberechtigten Zustandes von Frauen und Männern zu erreichen[1450]. Ebsen kritisierte an diesem Beschluß zwar, daß das BVerfG hier den Tatbestand der Ungleichbehandlung mit seiner Rechtfertigung vermischt hätte[1451], stellte unter Bezugnahme auf den abwehrrechtlichen Ansatz zur Wirkung des Gleichberechtigungssatzes aber klar, daß Kompensationsregelungen dann gerechtfertigt seien, wenn sie notwendigerweise auf die biologischen Unterschiede der Geschlechter zurückgingen[1452].

Maidowski stellte hier fest, daß das BVerfG auch innerhalb der derzeit h.M., Art. 3 Abs. 2 GG als inhaltsgleich mit Art. 3 Abs. 3 GG anzusehen und der Norm ausschließlich einen abwehrrechtlichen Charakter zuzubilligen, mit dem Rentenaltersbeschluß einen Weg gewiesen hätte, Maßnahmen umgekehrter bzw. positiver Diskriminierung zuzulassen[1453]. Er kritisierte im übrigen, daß das BVerfG pauschal die soziale Benachteiligung von Frauen im Beruf auf die biologische Verschiedenheit der Geschlechter zurückgeführt habe, ohne daß dieses der komplexen Problematik geschlechtsspezifischer Fördermaßnahmen gerecht werden könne – der topos der biologischen Verschiedenheit sei damit bis zur Konturenlosigkeit ausgeweitet worden, der eigentlich einen anderen und engeren Zweck verfolge[1454]. Denn eine Politik umgekehrter Diskriminierung wolle gerade nicht der biologischen Verschiedenheit von Männern und Frauen Rechnung

---

1449    Ebenda
1450    Eckertz-Höfer, S. 455
1451    Vgl. insoweit auch Lange, NVwZ 1990, S. 135, der im Zusammenhang mit dem Rentenaltersbeschluß danach fragte, wie eine Ungleichbehandlung von Männern und Frauen, in der keine Ungleichbehandlung wegen des Geschlechts läge, sondern eine Maßnahme, die auf die Kompensation erlittener Nachteile ziele, überhaupt eine Einschränkung des Diskriminierungsverbots in Art. 3 Abs. 2 und 3 GG darstellen könnte
1452    Ebsen, Jura 1990, S. 515 (S. 517); er wies im übrigen an dieser Stelle ausdrücklich darauf hin, daß die vom BVerfG verwendete Formel von den biologischen und funktionalen Unterschieden der Geschlechter in bezug auf die funktionalen Unterschiede aufgegeben worden sei, da sie als eine dem Diskriminierungsverbot zuwiderlaufende Perpetuierung sozialer Rollenzuschreibungen erkannt und damit abgelehnt werde; vgl. schon BVerfGE 15, S. 337 (S. 345) sowie Sachs, NVwZ 1991, S. 437 (S. 438), der auf die Tabellenwerte-Entscheidung des BVerfG verweist, demnach hiermit endgültig die funktionalen Unterschiede aus der Rechtsprechung des Gerichts verbannt wären; vgl. BVerfGE 57, S. 335 (S. 344)
1453    Maidowski, S. 106
1454    Maidowski, S. 107

tragen, sondern sei auf den Abbau der geschlechtsspezifischen Wettbewerbsnachteile der Frauen im Erwerbsleben u.a. ausgerichtet, die gerade nicht mit den biologischen Notwendigkeiten erklärt oder gerechtfertigt werden könnten[1455].

Folgerichtig erklärten Pfarr/Fuchsloch und Eckertz-Höfer, daß das BVerfG die bisherige Legitimation von geschlechtsbedingten Differenzierungen um eine dritte Kategorie (neben den biologischen und den bereits aufgegebenen funktionalen Unterschieden) erweitert habe, nämlich um die Kompensation und Beseitigung von Benachteiligungen für Frauen im Erwerbsleben, die durch geschlechtsrollenspezifische soziale Zuschreibung entstanden seien[1456]. Diese Ansicht ließ allerdings außer Betracht, daß das BVerfG gerade diese Benachteiligungen in letzter Konsequenz wiederum den biologischen Unterschieden zugeordnet hatte und deshalb Eckertz-Höfer auch von einer scheinbaren Ergänzung um eine dritte Fallgruppe gesprochen hatte[1457].

Festzuhalten ist hier unabhängig von der angerissenen Kritik am Rentenaltersbeschluß, daß das BVerfG die Gruppe der Frauen einer typisierenden Betrachtung unterzogen hatte, die primär der Doppelbelastung durch Beruf und Familie ausgesetzt sind, und Art. 3 Abs. 2 GG die Funktion einer Norm zugewiesen hatte, die dem Ausgleich in der Vergangenheit liegender Benachteiligungen dient[1458]. Auch wenn das BVerfG hier explizit offengelassen hat, ob dem Gesetzgeber aus Art. 3 Abs. 2 GG i.V.m. dem Sozialstaatsprinzip ein Verfassungsauftrag zum Tätigwerden auf dem Gebiet der Verwirklichung faktischer Gleichberechtigung erwachse, hat das Gericht zumindest die Möglichkeit eines Verfassungsauftrags mit entsprechender Verpflichtung erstmalig angeschnitten[1459].

Mit seinem Urteil zum Nachtarbeitsverbot für Arbeiterinnen vom 28.01.1992[1460] hatte das BVerfG die im Rentenaltersbeschluß eingeleitete Entwicklung, auch sozialstaatlich motivierte Kompensationsregelungen zum Ausgleich von in der Vergangenheit erlittenen Nachteilen als mit Art. 3 Abs. 2 GG vereinbar anzusehen, weiterverfolgt und ausgebaut. Die vorliegende Entscheidung hatte sich mit der Frage zu befassen, ob das in § 19 Abs. 1 AZO verankerte Nachtarbeitsverbot für Arbeiterinnen Frauen aufgrund ihres Geschlechts ungerechtfertigt benachteiligt. Das BVerfG bejahte einen Verstoß der fraglichen Regelung gegen Art. 3 Abs. 1 und 3 GG, da sie Arbeiterinnen im Vergleich zu Ar-

---

1455 Ebenda
1456 Pfarr/Fuchsloch, S. 2203 sowie Eckertz-Höfer, S. 469
1457 Eckertz-Höfer, S. 469
1458 Vgl. auch Schumann, S. 31
1459 Ebenda
1460 BVerfGE 85, S. 191

beitern und weiblichen Angestellten benachteilige[1461]. Gleichzeitig stellte es klar, daß der über das Diskriminierungsverbot hinausreichende Regelungsgehalt des Art. 3 Abs. 2 GG ein Gleichberechtigungsgebot statuiere und dieses auch auf die gesellschaftliche Wirklichkeit erstrecke[1462]. Die Verfassungsnorm wolle dabei nicht nur Rechtsnormen beseitigen, die Vor- und Nachteile an Geschlechtsmerkmalen festmachen, sondern auch für die Zukunft die Gleichberechtigung der Geschlechter durchsetzen[1463]. Art. 3 Abs. 2 GG ziele dabei auf die Angleichung der Lebensverhältnisse, so daß Frauen die gleichen Erwerbschancen hätten wie Männer[1464]. Dabei dürften staatliche Maßnahmen nicht zu einer Verfestigung überkommener Rollenverteilungen beitragen, die zu einer höheren Belastung oder sonstigen Nachteilen von Frauen führten[1465]. Unter Rückgriff auf den Rentenaltersbeschluß erklärte das BVerfG außerdem, daß faktische Nachteile, die typischerweise Frauen träfen, wegen des Gleichberechtigungsgebots aus Art. 3 Abs. 2 GG durch begünstigende Regelungen ausgeglichen werden dürften[1466]. Das BVerfG trat in seiner Entscheidung auch der Auffassung entgegen, daß Arbeiterinnen aufgrund ihrer körperlichen Verfassung durch Nachtarbeit stärker gesundheitlich belastet seien als Arbeiter, denn Nachtarbeit sei grundsätzlich für jeden Menschen schädlich[1467]. Schließlich werde die stärkere Belastung von Frauen durch Nachtarbeit regelmäßig mit ihren zusätzlichen Aufgaben im Haushalt und in der Kinderbetreuung erklärt, wobei allerdings das für Arbeiterinnen geltende Nachtarbeitsverbot nicht auf diese Doppelbelastung gestützt werden könne, da es zwar einem tradierten Rollenverständnis von Mann und Frau entspreche, daß Frauen den Haushalt und die Kinderbetreuung übernähmen, diese Doppelbelastung jedoch nur die Frauen tatsächlich träfe, die betreuungsbedürftige Kinder hätten und alleinstehend seien oder deren Partner ihnen trotz der Nachtarbeit den Haushalt und die Kinderbetreuung vollständig überließe[1468]. Dieselbe Belastung träfe aber auch alleinerziehende Väter und in abgeschwächter Form Männer und Frauen, die sich die Arbeit im Haushalt und mit den Kindern teilten[1469]. Dieser soziale Befund reiche unabhängig von der konkreten Zahl der betroffenen Personen zur Legitimation einer geschlechtsspezifischen Ungleichbehandlung nicht aus, denn dem bestehenden Schutzbedürfnis männlicher

---

1461 BVerfGE 85, S. 191 (4. Leitsatz)
1462 BVerfGE 85, S. 191 (S. 207)
1463 Ebenda
1464 Ebenda
1465 Ebenda
1466 Ebenda
1467 BVerfGE 85, S. 191 (S. 207 f.)
1468 BVerfGE 85, S. 191 (S. 208 f.)
1469 BVerfGE 85, S. 191 (S. 209)

und weiblicher Nachtarbeiter mit betreuungsbedürftigen Kindern könne durch sachgerechte Regelungen Rechnung getragen werden[1470].

Im Ergebnis kam das BVerfG hier zu dem Schluß, daß die Verletzung von Art. 3 Abs. 3 GG nicht durch Art. 3 Abs. 2 GG zu rechtfertigen sei, da § 19 Abs. 1 AZO den dort enthaltenen Zielen nicht förderlich sei, sondern vielmehr Frauen z.B. im Hinblick auf die Stellensuche benachteilige sowie zu einem Rückgang der Ausbildung und des Einsatzes von weiblichen Arbeitskräften in bestimmten Berufsbranchen geführt habe[1471]. Darüber hinaus vermutete das BVerfG an dieser Stelle, daß die Konsequenz aus diesem Befund sein könnte, daß Frauen weiterhin mit der Doppelbelastung durch Beruf und Familie zu kämpfen hätten, da sie nicht frei über ihre Arbeitszeiten entscheiden und außerdem auch keine Nachtarbeitszuschläge verdienen könnten[1472]. All dies würde zu einer Verfestigung tradierter Rollenverteilungen zwischen den Geschlechtern beitragen[1473]. Die Verletzung des Art. 3 Abs. 1 GG ergäbe sich im übrigen aus der differenzierenden Behandlung von Arbeiterinnen einerseits und weiblichen Angestellten andererseits, die durch keinen erheblichen und sachlichen Grund gerechtfertigt wäre[1474]. Insgesamt sei § 19 Abs. 1 AZO damit unvereinbar mit dem GG und müsse durch den Gesetzgeber eine Neuregelung erfahren[1475].

Diese Entscheidung zum Nachtarbeitsverbot liegt insgesamt auf einer Entwicklungslinie, die sich auf ein materielles Verständnis des Gleichberechtigungssatzes zubewegt hat[1476]. Schon im kurz zuvor ergangenen Namenrechtsbeschluß vom 05.03.1991 hatte das BVerfG erklärt, daß allein die traditionelle Prägung eines Lebensverhältnisses für eine Ungleichbehandlung der Geschlechter nicht ausreichend sei und daß das verfassungsrechtliche Gebot des Art. 3 Abs. 2 GG seine Funktion verlöre, für die Zukunft die Gleichberechtigung der Geschlechter durchzusetzen, wenn die vorgefundene gesellschaftliche Wirklichkeit hingenommen werden müßte[1477]. Diesen Entscheidungen ist insgesamt gemeinsam, daß sie eine erweiterte Auslegung des Art. 3 GG zugrunde gelegt haben, denn im Urteil zum Nachtarbeitsverbot betont das BVerfG die eigenständige inhaltliche Bedeutung von Art. 3 Abs. 2 GG[1478].

---

1470 Ebenda
1471 BVerfGE 85, S. 191 (S. 209 f.)
1472 BVerfGE 85, S. 191 (S. 210)
1473 Ebenda
1474 Ebenda
1475 BVerfGE 85, S. 191 (S. 211 f.)
1476 König, DÖV, S. 837 (S. 839)
1477 BVerfGE 84, S. 9 (S. 17)
1478 So auch Schlachter, JA 1994, S. 72 (S. 74)

Kokott weist unter Bezugnahme auf den Rentaltersbeschluß hin, daß das BVerfG hier entgegen dem sonst besonders hohen Rechtfertigungsdruck, dem an das Geschlecht anknüpfende Ungleichbehandlungen im Rahmen des absoluten Differenzierungsverbots des Art. 3 Abs. 3 GG regelmäßig unterliegen, einen niedrigeren richterlichen Kontrollmaßstab angelegt habe, da es im Fall der positiven Diskriminierung von Frauen durch das vorgezogene Altersruhegeld die generelle Einschätzung des Gesetzgebers ausreichen ließ, ob bestimmte Nachteile von Frauen überhaupt in ihren Erwerbsbiographien vorzufinden seien, wie lange diese Nachteile fortwirkten und welche Ausgleichsmaßnahmen bzw. Kompensationsregelungen in Betracht kämen[1479]. Hier hätte das Gericht folglich nicht nachgeprüft, ob die Einschätzung des Gesetzgebers noch zutreffend sei, daß ausschließlich Frauen mit der Doppelbelastung von Beruf und Familie und den damit verbundenen beruflichen Nachteilen zu kämpfen hätten[1480]. Sie macht geltend, daß Grundrechte letztlich Antworten auf bestimmte historisch erlebte Gefahren seien, die sich u.a. bis zur Entscheidung des BVerfG zum Namensrecht in Form der Schlechterstellung der Frau fortgesetzt habe[1481]. Während sowohl im Rentenaltersbeschluß als auch im Namenrechtsbeschluß zur Bevorzugung des Mannesnamens als Familienname Art. 3 Abs. 2 GG als Prüfungsmaßstab fungiert habe für die Beurteilung einer rechtlichen Ungleichbehandlung, habe das BVerfG in der Nachtarbeitsentscheidung die rechtliche Ungleichbehandlung von Männern und Frauen i.S.d. neuen Dogmatik am Maßstab des Art. 3 Abs. 3 GG geprüft[1482]. Auch habe sich das BVerfG letztlich von der in Ansätzen im Rentenaltersbeschluß erkennbaren Tendenz gelöst, stereotype Rollenzuschreibungen zu akzeptieren[1483]. Auch Fuchsloch/Weber sahen die Entwicklungslinie vom Rentenalters- über den Namenrechtsbeschluß bis hin zum Nachtarbeitsurteil[1484]. Sie hoben insbesondere mit Blick auf die Entscheidung zum Nachtarbeitsverbot genau wie Kokott (wenn auch sehr viel weniger ausführlich) hervor, daß mit diesem Urteil eine dogmatische Klärung des Verhältnisses von Art. 3 Abs. 2 und 3 GG zueinander erfolgt sei[1485].

---

1479 Kokott, NJW 1995, S. 1049 (S. 1050 f.)
1480 Kokott, S. 1051
1481 Ebenda
1482 Ebenda
1483 Ebenda; anzumerken ist jedoch, daß dieser Tendenz bereits mit dem Namenrechtsbeschluß vom 05.03.1991 entgegengesteuert wurde, da die traditionelle Prägung eines Lebensverhältnisses für die geschlechtsbedingte Ungleichbehandlung nicht genüge und die vorgefundenen gesellschaftliche Wirklichkeit nicht hingenommen werden muß, vgl. BVerfGE 84, S. 9 (S. 17)
1484 Fuchsloch/Weber, S. 414
1485 Fuchsloch/Weber, S. 414 f.

Schließlich geht auch Huster im Zusammenhang mit dem Rentenaltersbeschluß davon aus, daß die Bevorzugung von Frauen als Akt der Kompensation individueller Nachteile aus der Vergangenheit zulässig sei – er wendet sich jedoch gegen den Ansatz, daß Vorrangregelungen zugunsten von Frauen ihrem Sinn nach die Funktion eines Ausgleichs für individuelle Nachteile hätten[1486]. Er versteht Vorrangregelungen als gesellschaftspolitische Instrumente, die den Zweck der Herstellung individueller Chancengleichheit verfolgen und schwer greifbare Benachteiligungen abbauen sollen[1487]. Bei ihnen handele es sich weder um herkömmliche Diskriminierungen wegen des Geschlechts, die schon deshalb mit Art. 3 Abs. 3 GG unvereinbar wären, noch könnten sie auf der Grundlage eines individuell-kompensatorischen oder eines gruppengrundrechtlichen Ansatzes einen Beitrag zur Verwirklichung der Gerechtigkeit leisten[1488]. Schließlich beschränkt sich Huster darauf im Fall der Kollision von Vorrangregelungen mit individuellen Rechten, auf das Gebot der Verhältnismäßigkeit zu verweisen[1489]. Auf die Nachtarbeitsentscheidung des BVerfG geht er dabei lediglich am Rande ein[1490] und stellt damit den Rentenaltersbeschluß so gut wie zusammenhanglos in den Raum, ohne daß dieses notwendig gewesen wäre, da nur die Entwicklungslinie der Entscheidungen in einer Gesamtschau Aufschluß über die Behandlung geschlechtsspezifischer Frauenfördermaßnahmen geben kann, wie sie die oben nachvollzogenen Literaturmeinungen auch verdeutlichen.

Dies bildet wiederum den Ansatzpunkt weiterer Entscheidungen des BVerfG vor der Änderung des GG, in denen sich die Linie fortsetzen läßt: In der sogenannten Trümmerfrauenentscheidung vom 07.07.1992[1491] und dem Maschinenschlosserinnenbeschluß vom 16.11.1993[1492] hat das BVerfG die im Rentenaltersbeschluß begründete Anerkennung geschlechtsspezifisch wirkender Regelungen weiterverfolgt[1493].

In der Trümmerfrauenentscheidung ging es um die Berücksichtigung der Kindererziehungszeiten in der gesetzlichen Rentenversicherung für Arbeiter und Angestellte. Das BVerfG stellte im vorliegenden Fall Urteil zunächst klar, daß im Vordergrund der Prüfung Art. 3 Abs. 1 GG i.V.m. Art. 6 Abs. 1 GG stehe[1494]. Demgegenüber lehnte es Art. 6 Abs. 4 GG als Prüfungsmaßstab ab und betonte

---

1486 Huster, AöR 1993, S. 109 (S. 123)
1487 Huster, S. 123, 129
1488 Huster, S. 129
1489 Ebenda
1490 Vgl. Huster, S. 113
1491 BVerfGE 87, S. 1
1492 BVerfGE 89, S. 276
1493 Schiek in Schiek u.a., S. 70 f. Rn. 22
1494 BVerfGE 87, S. 1 (S. 36)

dabei unter Rückgriff auf die Nachtarbeitsentscheidung, daß einer Auslegung des Art. 6 Abs. 4 GG in dem Sinne, daß ausschließlich Müttern ein Ausgleich für die Erziehungsleistung in der gesetzlichen Rentenversicherung zu gewähren sei, Art. 3 Abs. 2 GG entgegenstehe, der eine Festschreibung überkommener Rollenverteilungen verbiete[1495]. Gleichwohl räumte das BVerfG ein, daß sich die unzureichende Berücksichtigung der Kindererziehung in der gesetzlichen Rentenversicherung tatsächlich in der Hauptsache zu Lasten der Mütter auswirke, weil diese auch heute noch überwiegend die Kindererziehung übernähmen und deshalb ihre Berufstätigkeit einschränkten, unterbrächen oder ganz aufgäben, wobei diese Folgen jedoch nicht in den Schutzbereich des Art. 6 Abs. 4 GG fielen[1496]. Diese deutlich höhere Betroffenheit von Frauen löse vielmehr die aus Art. 3 Abs. 3 GG folgende Verpflichtung des Gesetzgebers aus, auf eine Angleichung der Lebensverhältnisse von Frauen und Männern hinzuwirken[1497].

Mit dem Maschinenschlosserinbeschluß vom 16.11.1993 stellte das BVerfG klar, daß § 611a BGB eine grundrechtliche Schutzpflicht erfüllt und diese Vorschrift im Lichte von Art. 3 Abs. 2 GG so auszulegen und anzuwenden ist, daß Arbeitsuchende bei der Begründung eines Arbeitsverhältnisses wirksam vor Benachteiligungen wegen des Geschlechts geschützt werden[1498]. Die Klägerin des Ausgangsverfahrens hatte eine Ausbildung zur Maschinenschlosserin abgeschlossen und sich auf eine Stellenausschreibung im Rahmen eines aus Drittmitteln finanzierten Forschungsprojekts bei einem Hochschullehrer als Maschinenschlosserin beworben. Sowohl von einem Mitarbeiter als auch vom Arbeitgeber selbst wurde der Klägerin mitgeteilt, daß sie als Frau für die in Rede stehende Stelle wegen physischer Überforderung nicht geeignet sei[1499]. Die Klägerin berief sich in ihrer Verfassungsbeschwerde u.a. auf eine Verletzung von Art. 3 Abs. 2 GG sowie Art. 3 Abs. 3 GG, denn das LAG habe die Substanz und Tragweite des Art. 3 Abs. 2 GG verkannt[1500]. Da sie wegen ihres Geschlechts nicht zum Vorstellungsgespräch eingeladen worden sei, habe sie von Anfang an keine faire Chance im Auswahlverfahren gehabt, denn eine Benachteiligung i.S.v. § 611a BGB sei im übrigen nicht schon dann ausgeschlossen, wenn nach Ansicht des Arbeitgebers der vorgezogenen Bewerber objektiv besser qualifiziert sei[1501].

---

1495 BVerfGE 87, S. 1 (S. 42)
1496 Ebenda
1497 Ebenda
1498 BVerfGE 89, S. 276 (1. und 2. Leitsatz)
1499 BVerfGE 89, S. 276 (S. 279)
1500 Ebenda
1501 BVerfGE 89, S. 276 (S. 281)

Unter Berufung auf sein Urteil zum Nachtarbeitsverbot für Arbeiterinnen erklärte das BVerfG im vorliegenden Fall, daß Art. 3 Abs. 2 GG zunächst genau wie Art. 3 Abs. 3 GG Diskriminierungen aufgrund des Geschlechts verbiete, darüber hinaus aber auch ein Gleichberechtigungsgebot aufstelle, was sich auf die gesellschaftliche Wirklichkeit erstrecke und das nicht nur Rechtsnormen beseitigen wolle, die Vor- und Nachteile an die Geschlechtszugehörigkeit knüpften, sondern auch für die Zukunft die Gleichberechtigung der Geschlechter durchzusetzen habe, da es auf die Angleichung der Lebensverhältnisse ziele[1502]. § 611a BGB diene dabei den in Art. 3 Abs. 2 GG verankerten Zielen und übertrage das Diskriminierungsverbot auf die privaten Arbeitsbeziehungen, so daß Frauen gleiche Chancen im Beruf, insbesondere bei der Begründung eines Arbeitsverhältnisses, hätten[1503]. So verstießen Bestimmungen, die grundrechtliche Schutzpflichten wahrnähmen, dann gegen das jeweils maßgebende Grundrecht, wenn ihre Auslegung und Anwendung den Schutzzweck grundlegend verfehle[1504]. Deshalb sei es u.a. unvereinbar mit Art. 3 Abs. 2 GG, daß das LAG eine Diskriminierung der Klägerin im Einstellungsverfahren nicht ausreichend geprüft habe[1505]. Wenn die Chancen einer Bewerberin bereits durch ein diskriminierendes Einstellungsverfahren beeinträchtigt worden seien, könne es bei der abschließenden Einstellungsentscheidung nicht mehr darauf ankommen, ob das Geschlecht hier noch eine nachweisbare Rolle gespielt habe[1506]. Diese Auslegung von § 611a Abs. 1 BGB gewährleiste einen wirkungsvollen Schutz vor Diskriminierungen, wie ihn auch Art. 3 Abs. 2 GG erreichen wolle, denn würde im Rahmen von Einstellungsentscheidungen eine Würdigung der vorangegangenen Verfahrensschritte vernachlässigt, könne der Arbeitgeber eine geschlechtsbedingte Diskriminierung dadurch folgenlos machen, indem er nachträglich sachliche Gründe für seine Einstellungsentscheidung angäbe[1507]. Das BVerfG trat außerdem der Auffassung des LAG entgegen, daß eine geschlechtsbedingte Ungleichbehandlung nur dann vorläge, wenn ausschließlich das Geschlecht des Bewerbers zu seiner Ablehnung geführt habe bzw. er bei einer anderen Geschlechtszugehörigkeit die Stelle bekommen hätte[1508].

Wiederum griff das BVerfG seine Nachtarbeitsentscheidung auf und stellte klar, daß eine Benachteiligung wegen des Geschlechts nach Art. 3 Abs. 3 GG schon dann vorläge, wenn eine rechtliche Differenzierung an das Geschlecht an-

---

1502 BVerfGE 89, S. 276 (S. 285)
1503 Ebenda
1504 BVerfGE 89, S. 276 (S. 286)
1505 BVerfGE 89, S. 276 (S. 287)
1506 BVerfGE 89, S. 276 (S. 288)
1507 Ebenda
1508 Ebenda

knüpfe – es komme dagegen nicht darauf an, ob daneben noch andere Gründe maßgeblich waren[1509]. Eine Verbindlichkeit der Beachtung des Art. 3 Abs. 3 GG für den Arbeitgeber bei Einstellungen könne nur dadurch erreicht werden, wenn ihm insgesamt verboten sei, daß Geschlecht eines Bewerbers zu dessen Lasten zu berücksichtigen, was auch dann Gültigkeit beanspruche, wenn es als ein negatives oder positives Kriterium in das für die Einstellungsentscheidung maßgebliche Motivbündel einfließe[1510]. Nicht vereinbar mit Art. 3 Abs. 2 GG sei außerdem, unter welchen Voraussetzungen das LAG die Vermutung einer geschlechtsbedingten Diskriminierung als widerlegt angesehen habe: Hier sei es der Klägerin gelungen, die Diskriminierung wegen ihres Geschlechts überwiegend wahrscheinlich darzulegen, so daß der Arbeitgeber gemäß § 611a Abs. 1 BGB nunmehr die Beweislast getroffen hätte, daß eben nicht auf das Geschlecht bezogene Gründe die Differenzierung gerechtfertigt hätten[1511]. Auch diese Regelung habe das LAG in einer Weise angewendet und ausgelegt, die dem gesetzlichen Benachteiligungsverbot weitgehend seine grundrechtswahrende Funktion genommen hätte, denn das Gericht habe ein vom Arbeitgeber nachgeschobenes Einstellungskriterium akzeptiert (die höhere Berufserfahrung), das weder in der Stellenausschreibung noch im Auswahlverfahren angesprochen worden sei[1512]. Um dem Diskriminierungsverbot zur gerichtlichen Durchsetzung zu verhelfen, hätte das LAG jedoch eine besondere Rechtfertigung für das Nachschieben von Rechtfertigungsgründen verlangen müssen, da anderenfalls dem Arbeitgeber in so gut wie allen Fällen eine Entlastung möglich wäre[1513]. Legitime nachgeschobene Gründe seitens des Arbeitgebers könnten lediglich darin bestehen, daß sich während des Einstellungsverfahrens die Aufgabenstellung und die Anforderungen an die Qualifikation des oder der Einzustellenden änderten[1514]. Schließlich wies das BVerfG noch darauf hin, daß in den Fällen nachträglich eingebrachter Gesichtspunkte schon deshalb eine besonders kritische Würdigung geboten sei, weil diese Kriterien, wie z.B. die längere Berufserfahrung, typischerweise von Personen eines Geschlechts wie das des abgelehnten Bewerbers nicht oder nur in geringem Maße erfüllt werden könnten. Ursache sei ein Berufszweig, der bislang zum Großteil von Personen des anderen Geschlechts ausgeübt worden sei[1515]. So gehöre der Beruf des Schlossers zu den traditionellen Männerberufen, in dem kaum mehr als 1 % Frauen in den vergangenen Jahren ausgebildet worden seien,

---

1509 BVerfGE 89, S. 276 (S. 288 f.)
1510 BVerfGE 89, S. 276 (S. 289)
1511 Ebenda
1512 Ebenda
1513 Ebenda
1514 BVerfGE 89, S. 276 (S. 290)
1515 BVerfGE 89, S. 276 (S. 290 f.)

so daß auch nur wenige Schlosserinnen die Möglichkeit gehabt hätten, größere Berufserfahrungen zu erwerben[1516]. Im Ergebnis hatte damit die vorliegende Verfassungsbeschwerde zur Auslegung und Anwendung des § 611a BGB Erfolg gehabt.

Beiden Entscheidungen, also sowohl das Urteil zu den Erziehungszeiten der Trümmerfrauen als auch der Beschluß zur Maschinenschlosserin, ist demnach gemeinsam, daß sie auf das Urteil zum Nachtarbeitsverbot im Zusammenhang mit dem Verhältnis von Art. 3 Abs. 2 und 3 GG zurückgreifen. Auf diese Weise hat sich die Auslegung gefestigt, daß Art. 3 Abs. 2 GG genau wie Art. 3 Abs. 3 GG ein Diskriminierungsverbot enthält (also „teilidentisch" mit Art. 3 Abs. 3 GG ist, wie es Pfarr/Fuchsloch schon 1988 festgestellt hatten [1517]), Art. 3 Abs. 2 GG jedoch über ein bloßes Differenzierungsverbot hinausgeht und das Gleichberechtigungsgebot auch auf die gesellschaftliche Wirklichkeit bezieht und insgesamt auf die Angleichung der Lebensverhältnisse von Männern und Frauen ausgerichtet ist.

Gemeinsam ist beiden Entscheidungen auch, daß das BVerfG ausführlich auf die typischerweise Frauen häufiger treffenden Nachteile im Erwerbsleben durch die Haushaltsführung und die Kinderbetreuung (Trümmerfrauen-Entscheidung) sowie die geringere Berufserfahrung in männlich dominierten bzw. traditionellen Männerberufen eingeht, die einen wirksamen grundrechtlichen Schutz vor Diskriminierung verlangen. Diesen wirksamen Grundrechtsschutz, der auch die vorgefundene gesellschaftliche Wirklichkeit ins Blickfeld nimmt, kann ausschließlich Art. 3 Abs. 2 GG gewährleisten. Ihm dienen auch einfachgesetzliche Normen wie u.a. § 611a BGB. Gefestigt worden ist schließlich auch, daß die tradierten gesellschaftlichen Nachteile von Frauen durch begünstigende Regelungen ausgeglichen werden können, um eine tatsächliche Gleichberechtigung zwischen den Geschlechtern i.S.v. Art. 3 Abs. 2 GG herzustellen. Die damit verbundene Durchbrechung des Grundsatzes der Rechtsgleichheit, auf die das Differenzierungsverbot des Art. 3 Abs. 3 GG zielt, ist durch Art. 3 Abs. 2 GG a.F. bereits gerechtfertigt gewesen[1518]. Darüber hinaus liegt hierin die Anerkennung eines Verfassungsauftrags an den Gesetzgeber[1519]. Mit Sacksofsky ist in dieser Rechtsprechung des BVerfG vor der Änderung des GG ein (neues) Bewußtsein für das Fortbestehen des Defizits an tatsächlicher Gleichberechtigung zwischen Män-

---

1516 BVerfGE 89, S. 276 (S. 291)
1517 Vgl. Pfarr/Fuchsloch, S. 2202
1518 Schweizer, S. 166 greift hier zu kurz, da sie die BVerfG-Entscheidungen zu den Trümmerfrauen und der Maschinenschlosserin vernachlässigt
1519 Vgl. auch Sacksofsky, Das Grundrecht auf Gleichberechtigung 2. Aufl. 1996, S. 389, 391

nern und Frauen zu sehen[1520]. Schumann kommt an dieser Stelle zu dem Schluß, daß sich die Interpretationslinien in der Literatur und der Rechtsprechung des BVerfG, den Art. 3 Abs. 2 GG a.F. im Rahmen einer objektivierten Sichtweise mit einem Förderauftrag an den Staat auszustatten, angeglichen haben[1521].

*bb) Art. 3 Abs. 2 GG in der neuen Fassung*

Mit der Neufassung des Art. 3 Abs. 2 GG durch die Anfügung eines Satzes 2 wurde ein Staatsziel formuliert[1522]. Unter Bezugnahme auf die von der Sachverständigenkommission „Staatszielbestimmungen/Gesetzgebungsaufträge" in ihrem Bericht aus dem Jahr 1983 vorgeschlagenen Definition, beschreibt Schumann Staatszielbestimmungen als Verfassungsnormen mit rechtlich bindender Wirkung, die der Staatstätigkeit die fortdauernde Beachtung oder Erfüllung bestimmter Aufgaben i.S.v. sachlich umschriebenen Zielen vorgeben[1523]. Ziel des Art. 3 Abs. 2 S. 2 GG n.F. ist es, die tatsächliche Gleichberechtigung der Geschlechter für die Zukunft durchzusetzen sowie bestehende Nachteile zu beseitigen und zwar in Form eines verbindlichen Verfassungsauftrags an den Staat, der zum aktiven Handeln auf dem Gebiet der Gleichberechtigung aufgefordert ist[1524]. Das jeweilige Handlungsziel hat er dabei mit den ihm zur Verfügung stehenden Mitteln zu verfolgen, wobei er Rahmenbedingungen sowohl im öffentlichen als auch im privaten Bereich zu schaffen hat[1525]. Die Verwirklichung von Staatszielbestimmungen kann folglich nur in den Grenzen erfolgen, die die Verfassung selbst durch Kompetenzregeln, Grundrechte und sonstige Bestimmungen zieht[1526]. Welche Mittel der Staat zur Erreichung des ihm vorgegebenen Ziel einsetzen möchte, steht allerdings in seinem Ermessen, so daß ihm hier auch ein weiter Gestaltungsspielraum im Rahmen der aufgezeigten Grenzen zusteht[1527]. Die Handlungspflicht des Staates besteht dabei ausschließlich auf der objektivrechtlichen Ebene, denn als Staatsziel gibt Art. 3 Abs. 2 S. 2 GG keinen subjektiv-rechtlichen, einklagbaren Anspruch für den Einzelnen her[1528]. Trotz der Ablehnung eines Individualanspruchs auf der Grundlage von Art. 3 Abs. 2 S. 2 GG

---

1520 Sacksofsky, S. 391
1521 Schumann, S. 33
1522 Jahn, DVBl. 1994, S. 177 (S. 183)
1523 Schumann, S. 59
1524 Sacksofsky, S. 401 sowie Jahn, S. 183
1525 König, S. 840
1526 Starck in v. Mangoldt/Klein, Art. 3 Rn. 287
1527 König, S. 840; vgl. auch Hesse, S. 91 Rn. 208
1528 Sacksofsky, S. 401; Merten, DÖV 1993, S. 368 (S. 370); König, S. 840; Hofmann, S. 259

kommt der bislang in der Verfassung einzigartigen Stellung dieser Staatszielbestimmung innerhalb des Grundrechtskatalogs eine herausragend hohe Bedeutung zu – die Verwirklichung faktischer Gleichberechtigung und die Beseitigung bestehender Nachteile hat damit einen besonders hohen Wert, der auch im Kollisionsfall mit entgegenstehenden Rechten zum Tragen kommen kann[1529].

*aaa) Die Meinungen zu Art. 3 Abs. 2 GG n.F. in der Sachverständigenanhörung der GVK*

Bereits in den Sachverständigenanhörungen der GVK, insbesondere vom 05.11.1992[1530], wurden zur Funktion und Wirkungsweise des Art. 3 Abs. 2 GG n.f. sehr unterschiedliche Ansichten vertreten.

So hatte z.B. der Sachverständige Schmitt Glaeser sich explizit gegen eine Änderung des Art. 3 Abs. 2 GG ausgesprochen und geltend gemacht, daß die Veränderung der sozialen Wirklichkeit durch staatliche Einflußnahme zwar ein möglicher und in bestimmten Ausnahmesituationen auch notwendiger Weg sei, diese Art der Gesellschaftspolitik der Grundstruktur eines jeglichen freiheitlichen Gemeinwesens jedoch prinzipiell widerspreche[1531]. Er gab zu, daß Art. 3 Abs. 2 GG a.F. nicht nur ein Abwehrrecht gegen rechtliche Ungleichbehandlungen enthalte, sondern auch ein positives Gleichberechtigungsgebot, das sich auf die gesellschaftliche Wirklichkeit erstrecke. Aufgrund des Zusammenhangs von Gleichheit und Freiheit, die in Wechselwirkung zueinander ständen, gehe es insgesamt um die Schaffung der gleichen Freiheit für beide Geschlechter, die in den tatsächlichen Lebensverhältnissen herrschen solle[1532]. Eine gleiche Freiheit könne aber immer nur eine faktische Freiheit der Chancen sein, niemals dagegen eine tatsächliche Gleichheit des Resultats[1533]. Eine Resultats- oder Zielgleichheit, die auf eine Geschlechterparität hinauslaufe, würde in allen Lebenslagen das Grundrecht aus Art. 3 Abs. 2 GG in ein Übergrundrecht verwandeln, das den Grundrechtskatalog dominiere und andere Grundrechte in übermäßiger Weise in ihrer Wirkung einschränke[1534]. Diese Einschränkung anderer Grundrechte beträfe im übrigen nicht nur Männer, sondern auch Frauen, die typischerweise Frauenberufe wie Krankenschwester oder Erzieherin ausüben wollten, denn Frauen dürften nicht nur gleich, sondern auch frei sein, einem neuen Rollenverständnis zu widerstehen und sich u.a. auch um die Haushaltsführung und Kindererzie-

---

1529 Schumann, S. 70
1530 Dokumentiert bei Limbach/Eckertz-Höfer (Hrsg.), S. 81 ff.
1531 Schmitt Glaeser in Limbach/Eckertz-Höfer (Hrsg.), S. 101
1532 Ebenda
1533 Ebenda
1534 Schmitt Glaeser in Limbach/Eckertz-Höfer (Hrsg.), S. 102

hung zu kümmern[1535]. Die Gewährleistung des Endziels faktischer Gleichstellung führe auf Dauer zu einer faktischen Benachteiligung dieser Frauen[1536]. Darüber hinaus sollte seiner Auffassung nach der Staat der Abschiebung der Kinder in externe Kindertagesstätten keinen Vorschub leisten[1537]. Gleichzeitig stellte Schmitt Glaeser die Überlegung in den Raum, daß es bislang immer um die Angleichung der weiblichen an die männlichen Lebensverhältnisse gegangen sei; allerdings müsse auch einmal die umgekehrte Perspektive in den Blick genommen werden, nämlich die Beseitigung der Gleichheitsdefizite, die von der tradierten Rolle des Mannes im Erwerbsleben herrührten, in Form der Bereitschaft von Männern, ebenfalls die Haushaltsführung zu übernehmen[1538]. Schließlich wendete er sich gegen den Gedanken, daß Vorrangregelungen zugunsten von Frauen zu Lasten der Männer in Wettbewerbssituationen um einen Arbeitsplatz mit einer pauschalen Kompensation für in der Vergangenheit erlittene Nachteile von Verfassungs wegen gerechtfertigt sein könnten, denn die diesbezügliche Rechtsprechung des BVerfG im Rentenaltersbeschluß und im Urteil zum Nachtarbeitsverbot begegne insoweit Bedenken[1539]. Eine derartige Kompensationsregelung könne vor allem nicht mit dem Diskriminierungsverbot des Art. 3 Abs. 3 GG in Einklang gebracht werden, da grundrechtsdogmatisch die geschlechtsspezifische Bevorzugung der Frau wegen vergangener Benachteiligungen von Frauen das Individualgrundrecht zu einem Gruppenrecht umdeuten und damit verfälschen würde[1540]. Vor diesem Hintergrund kam Schmitt Glaeser schließlich zu dem Ergebnis, daß Art. 3 Abs. 2 GG a.F. keiner Änderung bedürfe, da er bereits erfolgreich zur rechtlichen Gleichberechtigung der Frau beigetragen habe und des weiteren einen geeigneten Rahmen für die Entwicklung faktischer Gleichberechtigung der Frauen abgäbe[1541].

Auch der Sachverständige Schmidt-Jortzig lehnte die Herstellung einer Ergebnisgleichheit zwischen den Geschlechtern durch die Staatszielbestimmung ab[1542]. Seiner Meinung nach müßten die Ausgangspositionen beider Geschlechter für die Konkurrenz angeglichen werden und zwar nicht nur im rechtlichen, sondern auch im gesellschaftlichen und tatsächlichen Bereich[1543].

---

1535 Ebenda
1536 Ebenda
1537 Ebenda
1538 Schmitt Glaeser in Limbach/Eckertz-Höfer (Hrsg.), S. 103
1539 Schmitt Glaeser in Limbach/Eckertz-Höfer (Hrsg.), S. 105
1540 Ebenda
1541 Schmitt Glaeser in Limbach/Eckertz-Höfer (Hrsg.), S. 106
1542 Schmidt-Jortzig in Limbach/Eckertz-Höfer (Hrsg.), S. 100
1543 Ebenda

Sacksofsky favorisierte in der Sachverständigenanhörung der GVK einerseits einen Verfassungsauftrag an den Gesetzgeber, andererseits eine Kompensationsklausel[1544]. Für einen Verfassungsauftrag spreche aufgrund der Uneinigkeit der Rechtswissenschaft, ob ein solcher bereits in Art. 3 Abs. 2 GG a.f. verankert sei, daß die verfassungsrechtliche Lage noch nicht abschließend geklärt sei und deshalb der Klarstellung bedürfe. Hinzu komme, daß weiterhin ein Handlungsbedarf in Richtung der Herstellung tatsächlicher Gleichberechtigung bestehe[1545]. Da ein Verfassungsauftrag jedoch nur begrenzt justiziabel sei und keine subjektiven, einklagbaren Ansprüche zur Verfügung stelle, müsse im Wege der Verfassungsänderung eine Kompensationsklausel ins GG aufgenommen werden, die einen Beitrag zum Erhalt flexibler Frauenfördermaßnahmen leisten könne[1546]. Zwar könne ein Verfassungsauftrag wichtige Impulse für die Politik geben und es mache außerdem einen großen Unterschied, ob ein solcher Auftrag ausdrücklich in der Verfassung festgeschrieben sei oder erst nach mühseliger juristischer Auslegung aus dem Gleichberechtigungsgrundrecht entnommen werden könne[1547]. Doch würde mit einer Kompensationsklausel auch kein Freibrief für jede Form der Frauenförderung ausgestellt, sondern vielmehr gewährleistet, daß Frauenfördermaßnahmen von den Gerichten nicht aufgehoben werden könnten, wenn sie von der zuständigen Instanz erlassen wurden und sich in den verfassungsrechtlichen Grenzen bewegen würden[1548].

Sowohl die Sachverständige Hering als auch die Sachverständige Maihofer unterbreiten einen konkreten Formulierungsvorschlag für einen geänderten Art. 3 Abs. 2 GG, der explizit die Frauenförderung aufnehme, insbesondere die Quotierung und Frauenförderpläne[1549]. Beiden Sachverständigen war ebenfalls die Ansicht gemeinsam, daß sie eine ausdrückliche Verpflichtung des Staates für notwendig hielten. Nach Auffassung von Maihofer müsse der Staat nicht nur auf die Schaffung der Bedingungen zur Verwirklichung der Gleichberechtigung verpflichtet werden, sondern auch auf das Ziel[1550]. Schließlich beinhalteten beide Formulierungsvorschläge auch die „gleichberechtigte Teilhabe von Frauen und Männern in allen gesellschaftlichen Bereichen". Hierin sah Hering vor allem ein aktives Tätigwerden des Staates begründet, das eben nicht auf die Schaffung anderer Bedingungen für Frauen ziele, sondern gerade auf die Sicherung und Her-

---

1544 Sacksofsky in Limbach/Eckertz-Höfer (Hrsg.), S. 96
1545 Ebenda
1546 Sacksofsky in Limbach/Eckertz-Höfer (Hrsg.), S. 96 ff.
1547 Sacksofsky in Limbach/Eckertz-Höfer (Hrsg.), S. 97
1548 Sacksofsky in Limbach/Eckertz-Höfer (Hrsg.), S. 98
1549 Hering sowie Maihofer in Limbach/Eckertz-Höfer (Hrsg.), S. 90, 94
1550 Maihofer in Limbach/Eckertz-Höfer (Hrsg.), S. 94

stellung einer Teilhabe[1551]. Maihofer ergänzte dieses insoweit, als sie im Unterschied zum Begriff der Gleichberechtigung die Formulierung von der gleichberechtigten Teilhabe als Klarstellung und Insistierung verstand, daß es um die aktive gleichberechtigte Beteiligung von Frauen an der Gestaltung und Organisation der verschiedenen gesellschaftlichen Bereiche gehe[1552].

Der Sachverständige Simon war, soweit ersichtlich, der einzige, der ausführlich auf europarechtliche und internationale Vorgaben in seiner Stellungnahme einging. Er verwies u.a. auf Art. 2 Abs. 4 Richtlinie 76/207/EWG a.F.[1553] sowie auf Art. 4 des Übereinkommens zur Beseitigung jeder Form von Diskriminierung der Frau vom 18.12.1979. Seiner Meinung nach stellten diese Bestimmungen ausdrücklich klar, daß zeitweilige Sondermaßnahmen zur Förderung der Chancengleichheit von Männern und Frauen nicht durch das Diskriminierungsverbot gehindert würden, wenn sie der Beseitigung der tatsächlich bestehenden Ungleichheiten dienten, die die Chancen der Frauen beeinträchtigten[1554]. Er widersprach entschieden der Auffassung Schmitt Glaesers, der eine Verfassungsänderung als einziger der Sachverständigen abgelehnt hatte, und stellte klar, daß das zu einer Abkoppelung von der Entwicklung des internationalen Rechts führen würde[1555]. Ihm zufolge sei das Gleichstellungsgebot und die Befugnis zu kompensatorischen Fördermaßnahmen, wie andere Staatszielbestimmungen und Verfassungsaufträge auch, von der konkreten Aktivität des Gesetzgebers und der Exekutive abhängig, ohne daß daraus individuelle, einklagbare Rechte für die einzelne Frau erwachsen würden[1556]. Die Verfassungsergänzung des Art. 3 Abs. 2 GG würde die Durchsetzung der Gleichstellung der Frauen bestimmen, das Wie dieser Durchsetzung aber in die Eigenverantwortung der zuständigen Staatsorgane übergeben[1557]. Genau wie die Sachverständige Sacksofsky sah auch Simon in der vorgeschlagenen Verfassungsänderung praktisch wichtige Impuls-, Edukations-, Sensibilisierungs- und Integrationsfunktionen, die dann eine rechtliche Relevanz bekämen, wenn der Gesetzgeber oder andere Staatsorgane für ihre Fördermaßnahmen eine verfassungsrechtliche Legitimation bräuchten oder wenn einschlägige Vorschriften im Lichte dieser Verfassungsnorm anzuwenden und auszulegen seien[1558]. Er wies noch einmal gesondert auf

---

1551 Hering in Limbach/Eckertz-Höfer (Hrsg.), S. 90
1552 Maihofer in Limbach/Eckertz-Höfer (Hrsg.), S. 95
1553 Art. 2 Abs. 4 a.F. ist durch die Änderungsrichtlinie 2002/73/EG v. 23.09.2002, ABl.EG Nr. L 269, S. 15 aufgehoben worden
1554 Simon in Limbach/Eckertz-Höfer (Hrsg.), S. 109
1555 Simon in Limbach/Eckertz-Höfer (Hrsg.), S. 110
1556 Ebenda
1557 Ebenda
1558 Ebenda

die Wichtigkeit dieser Legitimationsfunktion hin, wenn nämlich durch Fördermaßnahmen in entgegenstehende Grundrechtspositionen eingegriffen würde oder wenn Regelungen für nichtstaatliche, private oder kirchliche Bereiche zu erlassen seien, die nicht ohne weiteres ausgeschlossen werden könnten[1559]. Er erinnerte in diesem Zusammenhang an die Einführung des § 611a BGB aus dem Jahr 1980 auf der Grundlage der Richtlinie 76/207/EWG und stellte klar, daß ähnliche Vorschriften wegen der beabsichtigten Verfassungsergänzung des Art. 3 Abs. 2 GG auch hier eine verfassungsrechtliche Rechtsgrundlage finden würden[1560]. Schließlich betonte Simon, daß auch die Rechtsprechung des BVerfG von den Vorgaben der Verfassung selbst abhängig sei, insbesondere bei der Kontrolle staatlicher Ausführungsmaßnahmen von allgemeinen Verfassungspostulaten[1561].

Benda rekurrierte als einziger auf eine Änderung des Art. 33 Abs. 2 GG für den öffentlichen Dienst, denn gegenüber einer Änderung des Art. 3 Abs. 2 oder 3 GG hegte er schwerwiegende Bedenken, da diese jede Fördermaßnahme auch im privaten Wirtschaftsbereich legitimieren würde und somit als erheblicher Eingriff in die bestehende Wirtschaftsordnung abzulehnen sei[1562]. Der öffentliche Dienst biete sich besonders deshalb an, weil der Staat hier selbst Herr seiner Entscheidungen sei und er außerdem seine primäre und unmittelbare Verantwortung habe sowie ein Beispiel für die Gesellschaft setzen könnte[1563]. Sein Formulierungsvorschlag für Art. 33 Abs. 2 GG beinhaltete eine leistungsabhängige Vorrangregelung zugunsten von Frauen[1564]. Auch Benda wies darauf hin, daß nach seiner Interpretation des bisherigen Verfassungsrechts eine solche Verfassungsänderung unnötig sei, da er entsprechende landesrechtliche Vorschriften für verfassungsgemäß halte. Er räumte aber gleichzeitig die Signalfunktion einer solchen Vorrangregelung in der Verfassung ein[1565].

Auch wenn diese Auffassungen der Sachverständigen zur Änderung und Ergänzung des GG im Vorfeld der letztlich als Staatsziel in das GG aufgenommenen Bestimmung des Art. 3 Abs. 2 S. 2 GG geäußert wurden, vermitteln sie doch ein Bild davon, welche Wirkung einer Staatszielbestimmung zugesprochen wurde. Sie verdeutlichen die Vielfältigkeit der Meinungen, die von einer Ablehnung der Grundgesetzänderung bis hin zu der Aufnahme eines verfassungsrechtlichen Teilhaberechts für Frauen reichten. Mit Ausnahme der von Schmitt Glaeser ver-

---

1559 Ebenda
1560 Ebenda
1561 Simon in Limbach/Eckertz-Höfer (Hrsg.), S. 110 f.
1562 Benda in Limbach/Eckertz-Höfer (Hrsg.), S. 86
1563 Ebenda
1564 Ebenda
1565 Benda in Limbach/Eckertz-Höfer (Hrsg.), S. 86 f.

tretenen Ansicht kann den Sachverständigen zumindest entnommen werden, daß sie in einer Änderung des Art. 3 Abs. 2 S. 2 GG die Möglichkeit einer Klarstellung im Hinblick auf die Offenheit der Verfassung für Frauenfördermaßnahmen sahen. An der objektiv-rechtlichen Dimension des Art. 3 Abs. 2 GG neben der abwehrrechtlichen Funktion zweifelte keiner der Sachverständigen, auch wenn dieses teilweise nicht ausdrücklich angesprochen wurde. Die überwiegende Mehrheit der Sachverständigen sah in dem Fortbestand des tatsächlichen Gleichberechtigungsdefizits von Frauen auch den Handlungsbedarf des Staates für eine aktive Weiterentwicklung und ein aktives Eingreifen in den Prozeß der Verwirklichung faktischer Gleichberechtigung der Geschlechter begründet. Eine formal-rechtliche Gleichstellung der Frauen galt für alle Sachverständigen bereits als erfüllt, so daß es nur noch um die Erreichung faktischer Gleichberechtigung in allen gesellschaftlichen Bereichen ging. So konzentrierten sich mehrheitlich die Aussagen auf die Verankerung eines Verfassungsauftrags mit verschiedenen Modifikationen. Die legitimitätsstiftende Wirkung eines solchen Verfassungsauftrags wurde besonders von Simon hervorgehoben, da hierin auch für die Rechtsprechung des BVerfG verfassungsrechtliche Vorgaben und ein wichtiger Prüfungsmaßstab enthalten sei. Hinzu kam der von Sacksofsky am deutlichsten ausgesprochene Gedanke, den Verfassungsauftrag mit einer Kompensationsklausel zu kombinieren.

Im Ergebnis läßt sich aus den Sachverständigenäußerungen zu der Staatszielbestimmung des Art. 3 Abs. 2 S. 2 GG folgendes Bild herauskristallisieren: Inhaltlich sollte diese Verfassungsnorm neben einem Verfassungsauftrag auch dem Kompensationsgedanken Rechnung tragen, um gegenüber Frauenfördermaßnahmen offen und flexibel zu sein. Die im Mittelpunkt der Diskussion stehenden leistungsabhängigen Vorrangregelungen zugunsten von Frauen sollten jedoch keine Beschränkung auf diese geschlechtsspezifisch wirkende Art bzw. Form der Frauenförderung implizieren. Der Staat sollte im Rahmen des Gleichberechtigungsprozesses tätig werden, um die Gleichberechtigung von Männern und Frauen auf der objektiv-rechtlichen Ebene voranzutreiben und letztlich zu verwirklichen. Ein subjektiv-rechtlicher und damit einklagbarer Anspruch für einzelne Frauen wurde abgelehnt.

*bbb) Die Literatur zu Art. 3 Abs. 2 GG n.F. unter Berücksichtigung von Art. 3 Abs. 3 GG*

Die Neufassung des Art. 3 Abs. 2 GG birgt in Satz 2 zwei Komponenten, nämlich einerseits, daß „der Staat (...) die tatsächliche Durchsetzung der Gleichberechtigung von Frauen und Männern (fördert)" und andererseits, daß er „auf die Beseitigung bestehender Nachteile hin(-wirkt)". In der Literatur wird in diesem

Zusammenhang nach der Förderklausel, die sich auf den ersten Halbsatz und nach der Nachteilsausgleichs- bzw. Kompensationsklausel im zweiten Halbsatz unterschieden[1566]. Im folgenden wird ebenfalls an dieser Differenzierung festgehalten, da die Analyse des hier verankerten Staatsziels auch eine Zuordnung der verschiedenen Frauenfördermaßnahmen innerhalb des Gleichberechtigungssatzes erfordert, denn zusammengenommen sind sie unabhängig von ihrem Charakter als geschlechtsspezifisch oder geschlechtsneutral wirkende Maßnahmen auf die Verwirklichung faktischer Gleichberechtigung zugeschnitten. An dieser Stelle hat eine weitere Klarstellung zu erfolgen, um möglichen Mißverständnissen vorzubeugen: Aus der hiesigen Perspektive macht es keinen Unterschied, ob der Begriff der Gleichberechtigung oder der Gleichstellung der Geschlechter verwendet wird. Im Rahmen der Diskussion um das gemeinschaftsrechtliche Grundrecht der Gleichbehandlung von Männern und Frauen verdeutlicht sich, daß die Terminologie sowohl in den verschiedenen gemeinschaftsrechtlichen Normen als auch in der Rechtsprechung des EuGH uneinheitlich ist, dies aber keine Auswirkungen auf den Bestand und die Geltung dieses Grundrechts hat. Letztlich spielt es in der praktischen Handhabung der beiden in Rede stehenden Begriffe auch keine Rolle, welche Terminologie mit welcher Intention auch immer verwendet wird, da sie insgesamt betrachtet auf ein und dasselbe Ziel hinauslaufen – die Verwirklichung und Erreichung eines Zustandes faktischer Gleichberechtigung zwischen den Geschlechtern in allen gesellschaftlichen Bereichen. Insoweit wird im folgenden auf ein Eingehen auf die diesbezügliche Differenzierung in der Literatur verzichtet und in der Hauptsache auf den Begriff der Gleichberechtigung abgestellt, wie er auch in Art. 3 Abs. 2 GG verankert ist.

*(1) Die restriktiven Meinungen*

Hofmann vertrat im Hinblick auf Art. 3 Abs. 2 S. 1 GG die Ansicht, daß hier prinzipiell nur auf die Gewährleistung gleicher Rechte rekurriert werde und die Förderklausel des Art. 3 Abs. 2 S. 2 1. Halbsatz GG sowohl sprachlich als auch sachlich darauf aufbaue, daß es in Zukunft um die Gleichberechtigung der Geschlechter gehe[1567]. Auch sei die Förderklausel so formuliert, daß ihre bindende Wirkung nicht eindeutig sei und auch deutlich mache, daß dem Staat keine Gewährleistungspflicht für eine durchgehende Beachtung des Gleichberechtigungssatzes erwachse. Vielmehr handele es sich um eine grundgesetzliche Klarstel-

---

1566 Hofmann, S. 261 f.; zur Unterscheidung auch Döring, Frauenquoten und Verfassungsrecht, 1996, S. 210 ff.
1567 Hofmann, S. 261

lung, die zwar eine gewisse Bindung des Staates erzeuge, aber ihn dennoch nicht zum Erfolgsgaranten der Gleichberechtigung mache[1568].
Die andererseits gleichwohl bestehende Verantwortung für die tatsächliche Durchsetzung der Gleichberechtigung berühre allerdings auch Felder wie z.B. das Arbeits- und Berufsleben, Vereine, Personengesellschaften, Gewerkschaften, Parteien, Kirchen, Presse, Rundfunk, Kunst, Kultur etc., in denen ein Tätigwerden des Staates nicht nur ungewöhnlich, sondern auch verfassungsrechtlich erschwert, wenn nicht sogar verboten (dies zielt auf die in Art. 9 Abs. 3 GG enthaltene Garantie der Autonomie der Tarifvertragsparteien, die Verf.) sei[1569].
Würde die Förderklausel einen Auftrag zu einem flächendeckenden Eingreifen des Staates in diese Bereiche erteilen, käme dem Staat innerhalb privater Arbeitsverhältnisse, in den privatautonomen Vertragsgestaltungen sowie in der Binnenstruktur von Unternehmen etc. ein Eingriffs- und Regulierungsrecht zu[1570]. Diese sozialgestalterische Tätigkeit des Staates würde zu einer zwangsläufigen Einschränkung anderer Grundrechte führen und mit tiefen Einschnitten in die Medien-, Kunst- und Wissenschaftsfreiheit, die Religionsfreiheit, die Privatautonomie sowie die Privatsphäre von Ehe und Familie verbunden sein[1571]. Hier stellte Hofmann in Rechnung, daß Mängel und Defizite an faktischer Gleichberechtigung in bislang staatsfreien Räumen nicht ohne weiteres einer Lösung durch den Staat zugänglich seien[1572]. So sei Art. 3 Abs. 2 S. 1 GG durch Art. 1 Abs. 3 GG unmittelbar geltendes Verfassungsrecht, daß zu seiner vollen rechtlichen Entfaltung auch nicht einer staatlichen Vollzugsgesetzgebung bedürfe. Deshalb habe sich die Förderklausel aufgrund ihrer systematischen Stellung und des inhaltlichen Zusammenhangs am Gleichberechtigungsgrundsatz auszurichten, der als individuelles Grundrecht eine Schranke bilde und vom einfachen Staatsziel nicht überwunden werden könne[1573]. Er zog dabei eine Parallele zur Rechtsprechung des BVerfG zum Sozialstaatsprinzip als ein weiteres verfassungsrechtliches Staatsziel, demnach dieses den Grundrechten keine mittelbaren Schranken setzen könne[1574], so daß aus der strukturellen Anbindung der Förder-

---

1568 Ebenda
1569 Hofmann, S. 261 f.
1570 Ebenda
1571 Hofmann, S. 262
1572 Ebenda
1573 Ebenda
1574 Vgl. BVerfGE 59, S. 231 (S. 262 f.), hinzuweisen ist hier aber darauf, daß das BVerfG unmittelbare Grundrechtsbeschränkungen auf der Basis des Sozialstaatsprinzips durchaus als zulässig ansah, sofern eine diesbezügliche gesetzgeberische Entscheidung getroffen worden ist, die einen Ausgleich zwischen dem jeweiligen Grundrecht und dem Sozialstaatsprinzip vorzunehmen hat; vgl. BVerfGE 65, S. 182 (S. 193) sowie BVerwGE 62, S. 55 (S. 61 f.)

klausel als Staatsziel an das stärkere individuelle Grundrecht aus Art. 3 Abs. 2 S. 1 GG lediglich ein Regulativ für die Auslegung der neuen Verfassungsnorm gezogen werden könne[1575].

Im Hinblick auf die Kompensationsklausel in Art. 3 Abs. 2 S. 2 2. Halbsatz GG stellte Hofmann zunächst fest, daß es dieser Verfassungsformel an konkretisierbarem Inhalt mangele[1576]. Daraus könne ihm zufolge eine Tendenz resultieren, die den Nachteilsbegriff nicht auf eine konkrete individuelle Belastung oder Benachteiligung beziehe, sondern an statistisch erfaßbare Nachteile von Frauen als Gruppe gegenüber der Gruppe der Männer knüpfe[1577]. Er hielt dieses für verfassungsrechtlich bedenklich, da das Grundrecht der Gleichberechtigung von einem Individualrecht zu einem Gruppenrecht umgedeutet und damit systemfremd verfälscht würde[1578]. Mit seiner entschiedenen Absage an einen gruppengrundrechtlichen Charakter der Kompensationsklausel verfolgte er hier die Linie des BVerfG im Rentenaltersbeschluß und erklärte im Rahmen des Art. 3 Abs. 2 S. 2 2. Halbsatz GG geschlechtsneutrale Fördermaßnahmen wie familiengerechte Arbeitszeiten u.ä. zum Abbau bestehender faktischer Benachteiligungen von Frauen und Männern für zulässig[1579]. Für ihn kam eine Bevorzugung von Frauen auf der Grundlage der Kompensationsklausel ausschließlich im Einzelfall in Betracht – eine generelle gesetzliche Vorrangregelung zugunsten von Frauen begründete für ihn demgegenüber einen verfassungsrechtlich unzulässigen Verstoß gegen Art. 3 Abs. 2 S. 1 GG sowie Art. 3 Abs. 3 GG[1580]. Insgesamt sah er in Art. 3 Abs. 2 S. 2 GG ein Mehr als nur eine politische und symbolische Signalfunktion, gleichzeitig jedoch auch ein Weniger als eine verfassungsrechtlich determinierte Handlungsermächtigung[1581].

Auch Starck sprach sich im Hinblick auf die Neufassung des Art. 3 Abs. 2 GG gegen die Zulässigkeit von leistungsabhängigen Vorrangregelungen aus[1582]. Er machte zum einen geltend, daß sich die GVK einmütig gegen die Zulässigkeit und Vereinbarkeit von starren Quoten[1583] mit Art. 3 Abs. 2 GG n.F. ausgesprochen habe[1584], so daß die Frage nach der Zulässigkeit sonstiger Formen der Vor-

---

1575 Hofmann, S. 262
1576 Ebenda
1577 Ebenda
1578 Hofmann, S. 263
1579 Hofmann, S. 262
1580 Hofmann, S. 263
1581 Ebenda
1582 Starck in v. Mangoldt/Klein, Art. 3 Rn. 287
1583 Zum Begriff Schiek, Anm. zu BAG v. 05.03.1996, AP Nr. 226 zu Art. 3 GG sowie Scholz in Maunz/Dürig, Art. 3 Abs. 2 Rn. 65
1584 BT-Drs. 12/6000, S. 50

rangregelungen im Wege der Verfassungsinterpretation gelöst werden müsse[1585]. Zum anderen seien in bezug auf die neue Staatszielbestimmung auch die verfassungsrechtlichen Grenzen aus Art. 3 Abs. 2 S. 1 und 3 GG, sprich das individuelle Recht auf Gleichbehandlung, zu beachten[1586]. Er war der Ansicht, daß das Staatsziel in Art. 3 Abs. 2 S. 2 GG nicht auf eine Ebene mit dem absoluten grundrechtlichen Differenzierungsverbot gestellt werden könne. Darüber hinaus scheide eine Einschränkung des strikten Differenzierungsverbots über die Herstellung praktischer Konkordanz aus, da die Prüfung der Geeignetheit, Erforderlichkeit und Verhältnismäßigkeit dieser Begrenzung zur Förderung der Durchsetzung der tatsächlichen Gleichberechtigung auf einer Verkennung der rechtsdogmatischen Struktur des Art. 3 Abs. 2 S. 1 und 3 GG beruhe[1587]. Eine Abweichung von der Garantie der Gleichberechtigung zwischen Männern und Frauen zugunsten der Verwirklichung eines Staatsziels sei nur dann erlaubt, wenn sie dem Schutz der Frau wegen ihrer biologisch-geschlechtlichen Andersartigkeit z.B. i.S.v. Art. 6 Abs. 4 GG diene[1588]. Im übrigen könnten Staatsziele nur unter Beachtung der subjektiven Individualrechte verwirklicht werden[1589]. Schließlich müßten staatliche Maßnahmen zur Förderung der tatsächlichen Durchsetzung der Gleichberechtigung der Geschlechter ihrerseits mit den Grundrechten, also auch mit Art. 3 Abs. 2 S. 1 GG, in Einklang stehen, denn das Problem solcher Maßnahmen bestehe darin, daß diese Regelungen die Chancengleichheit von Frauen gewährleisten sollten, im Ergebnis aber das Recht des einzelnen Mannes auf Gleichberechtigung nicht verletzen dürften[1590].

Starcks Lösung besteht darin, daß die Chancengleichheit der Frauen (die als Verbesserung der Ausgangslage angesehen wird) kompensatorisch der Situation der Männer angeglichen wird – dies könne im öffentlichen Dienst z.B. durch die Anrechnung von Geburten und Erziehungsjahren geschehen[1591]. Während Geburten auf die biologischen Unterschiede der Geschlechter zurückgingen, würden Erziehungszeiten aus sozial-gesellschaftlichen Gründen in der Regel von Frauen wahrgenommen werden und könnten deshalb als geschlechtsneutrales Kriterium Verwendung finden, das dann zugunsten von Frauen wirke[1592]. Andere, seiner Meinung nach zulässige Mittel zur Förderung der Chancengleichheit seien flexible familiengerechte Arbeitszeiten und Arbeitsplatzgestaltung, ge-

---

1585 Starck in v. Mangoldt/Klein, Art. 3 Rn. 286
1586 Starck in v. Mangoldt/Klein, Art. 3 Rn. 287
1587 Starck in v. Mangoldt/Klein, Art. 3 Rn. 288
1588 Ebenda
1589 Ebenda
1590 Starck in v. Mangoldt/Klein, Art. 3 Rn. 290
1591 Starck in v. Mangoldt/Klein, Art. 3 Rn. 291
1592 Ebenda

schlechtsneutrale berufliche Wiedereingliederung von Frauen nach Geburten und Erziehungszeiten sowie organisatorische Maßnahmen wie Frauenbeauftragte, Berichte etc.[1593].

Im Zusammenhang mit seinen Ausführungen zu Art. 3 Abs. 3 GG ging Starck noch einmal auf die Frage der rechtlichen und faktischen Gleichheit ein: Art. 3 Abs. 3 S. 1 GG sei genau wie Art. 3 Abs. 2 S. 1 GG klar als rechtliche Gleichheitsgarantie formuliert und deshalb sei grundsätzlich jede Bevorzugung verboten, mit der u.a. faktische Nachteile von Angehörigen einer durch die in Art. 3 Abs. 3 S. 1 GG genannten Merkmale bestimmbaren Gruppe kompensiert werden sollten[1594]. So solle die rechtliche Gleichstellung eine Verbesserung der Chancen herbeiführen, auf deren Grundlage sich im Verlauf der Zeit auch eine annähernde tatsächliche Gleichheit einstellen könne, denn faktische Änderungen der Gesellschaft könnten lediglich durch das GG eingeleitet und erleichtert werden, seien aber regelmäßig nicht das primäre Ziel der Grundgesetzbestimmungen[1595]. Würden sich Diskriminierungsverbote auf Gruppen erstrecken, die faktische Benachteiligungen erlitten, könnten kompensatorische Maßnahmen niemals auf Art. 3 Abs. 3 S. 1 GG gestützt werden, sondern allenfalls auf das Staatsziel „Sozialstaatsprinzip". Kompensatorische Bevorzugungen könnten außerdem nicht mit dem Argument gerechtfertigt werden, daß es um die faktische Gleichheit gehe, denn vor dem Hintergrund, daß diese weder erreicht noch hinreichend genau bestimmbar wäre, sei der Staat in einem solchen Fall zu einer ständigen Durchbrechung des Art. 3 Abs. 3 S. 1 GG befugt und würde dabei seine regulierende Kraft verlieren[1596]. Letztendlich könne als rechtliches Differenzierungskriterium nie eines der in Art. 3 Abs. 3 S. 1 GG aufgeführten Merkmale Verwendung finden, sondern nur die jeweilige Verfolgungsmaßnahme, die zu der Benachteiligung geführt habe – sozialstaatliche Maßnahmen hätten deshalb immer an neutrale Kriterien wie z.B. ein geringes Einkommen, die Zahl der Kinder etc. anzuknüpfen[1597].

Auch Scholz differenziert in bezug auf Art. 3 Abs. 2 S. 2 GG genau wie Hofmann nach der Förderklausel im 1. Halbsatz und der Kompensationsklausel im 2. Halbsatz[1598]. Er stellte zunächst fest, daß mit der Anfügung des Satzes 2 an Art. 3 Abs. 2 GG eine gesetzgeberische Verstärkung des Gleichberechtigungssatzes in Art. 3 Abs. 2 S. 1 GG erfolgt sei[1599]. Ähnlich wie schon Starck erklärte

---

1593 Ebenda
1594 Starck in v. Mangoldt/Klein, Art. 3 Rn. 342
1595 Ebenda
1596 Starck in v. Mangoldt/Klein, Art. 3 Rn. 343
1597 Ebenda
1598 Scholz in Maunz/Dürig, Art. 3 Abs. 2 Rn. 60, 62, 67
1599 Scholz in Maunz/Dürig, Art. 3 Abs. 2 Rn. 58

Scholz, daß die Gleichberechtigung i.S.v. Art. 3 Abs. 2 S. 1 GG prinzipiell nur die Rechtsgleichheit meine, nicht dagegen die tatsächliche Gleichheit, die er als Gleichstellung der realen Chancen wie im Bereich der Lebensverhältnisse bezeichnete[1600]. Diese seien nur nach Maßgabe des Sozialstaatsprinzips legitimierbar, denn die Chancengleichheit wurzele nicht nur in der Gleichheitsidee, sondern gleichzeitig auch im allgemeinen Freiheitsprinzip der Erreichung und Nutzung von Chancen[1601]. Zwischen einer sozialen Gleichstellungspolitik und der liberalen Freiheitswahrung müsse ein verhältnismäßiger Ausgleich vorgenommen werden, der auch schon vor der Änderung des GG zur grundsätzlichen Zulässigkeit staatlicher Maßnahmen zur Verbesserung oder Stärkung der Chancengleichheit gesellschaftlich und sozial Benachteiligter geführt habe. Sofern diese Maßnahmen keine Basis in einem verfassungsrechtlichen Spezialtatbestand wie z.B. Art. 6 Abs. 5 GG hätten, sei allein das Sozialstaatsprinzip die maßgebliche Grundlage[1602]. Er räumte ein, daß nach wie vor ein besonderer, verfassungsrechtlich unmittelbarer Regelungsbedarf zugunsten von mehr realer bzw. chancenmäßiger Gleichheit von Mann und Frau insbesondere im Berufs- und Arbeitsleben bestehe, das sich durch eine Vielzahl von Benachteiligungen der Frau auszeichne[1603].

Die in der neuen Staatszielbestimmung des Art. 3 Abs. 2 S. 2 GG verankerten beiden unterschiedlichen, aber sich gegenseitig ergänzenden Zielbereiche der Förder- und Kompensationsklausel würden vor allen Dingen auf die einfache Gesetzgebung und ihren Regelungsauftrag verweisen – sie erfüllten in diesem Sinne den Tatbestand einer Generalklausel[1604]. Der Gesetzgeber sei durch die Staatszielbestimmung folglich beauftragt worden, entsprechende Förderungs- und Nachteilsbeseitigungsregelungen zu erlassen, um ein Höchstmaß an tatsächlicher Durchsetzung der Gleichberechtigung von Frauen und Männern zu bewirken, wobei ihm auch die konkrete Entscheidung obliege, welche Maßnahmen aktuell erforderlich und geeignet seien[1605]. Grundsätzlich sei dabei Art. 3 Abs. 2 S. 2 GG auf den Schutz und die Förderung der Frau ausgerichtet, was allerdings nichts daran ändere, daß auch Männer in den Schutzbereich der Norm fielen[1606]. Im Hinblick auf die Reichweite der Gewährleistungen des Staatsziels war Scholz der Ansicht, daß Art. 3 Abs. 2 S. 2 GG lediglich eine höchstmögliche Chancen-

---

1600 Scholz in Maunz/Dürig, Art. 3 Abs. 2 Rn. 59
1601 Ebenda
1602 Ebenda
1603 Ebenda
1604 Scholz in Maunz/Dürig, Art. 3 Abs. 2 Rn. 60 f.
1605 Scholz in Maunz/Dürig, Art. 3 Abs. 2 Rn. 61
1606 Ebenda

gleichheit von Mann und Frau erreichen wolle, nicht dagegen eine tatsächliche Ergebnisgleichheit, die er als utopisch ansah[1607].

Für die im ersten Halbsatz der Staatszielbestimmung enthaltene Förderklausel lag Scholz insgesamt vollkommen auf der von Hofmann vorgezeichneten inhaltlichen Linie. Insbesondere verwies er Art. 3 Abs. 2 S. 2 2. Halbsatz GG in die verfassungsrechtlichen Grenzen durch andere Grundrechte wie auch den Gleichberechtigungsatz aus Art. 3 Abs. 2 S. 1 GG und erklärte einen staatlichen Auftrag zu allgemeinen Eingriffen in die Privatautonomie und die Autonomie der Tarifvertragsparteien aufgrund der weitgehenden Einschränkungen anderer Grundrechte für unzulässig[1608]. Das Hauptproblem bei der Auslegung der Staatszielbestimmung als Förderung der Chancengleichheit oder Förderung der Ergebnisgleichheit sah Scholz in den sogenannten „Quotenregelungen": Die Grundgesetzergänzung habe insoweit die Legislative nicht zur gesetzlichen Festschreibung solcher Regelungen aufgefordert, die Art. 33 Abs. 2 GG sowie § 7 BRRG berühren würden, denn durch Art. 3 Abs. 2 S. 2 GG sei weder das Leistungsprinzip in Frage gestellt noch § 7 BRRG einer verfassungsrechtlichen Umdeutung unterzogen worden[1609]. Deshalb könnten sowohl die Förderklausel als auch die Kompensationsklausel nicht i.S.v. „Quotenregelungen" verstanden werden[1610]. Er referierte darüber hinaus die in der GVK vertretenen unterschiedlichen Meinungen zur Förderklausel in Art. 3 Abs. 2 S. 2 1. Halbsatz GG, die sich zum einen auf die Annahme der Zulässigkeit leistungsabhängiger Vorrangregelungen und damit der Herbeiführung einer Ergebnisgleichheit, zum anderen auf die Gewährung einer Chancengleichheit (also die Gleichheit der Ausgangschancen) konzentriert habe[1611]. Hier legte er den Sinn der Förderklausel als Verstärkung der Wirksamkeit des Grundrechts auf Gleichberechtigung aus, nicht aber als Einschränkung dieses Grundrechts zu Lasten der Männer, denn die Förderklausel sei sprachlich und sachlich an Satz 1 des Art. 3 Abs. 2 GG angebunden und nicht etwa an eine faktische Gleichheit[1612].

Auch im Zusammenhang mit der Kompensationsklausel aus Art. 3 Abs. 2 S. 2 2. Halbsatz GG stimmte er inhaltlich mit der von Hofmann vorgeschlagenen Auslegung überein. Insbesondere erkläre er im Rahmen der Kompensationsklausel, daß geschlechtsneutrale Maßnahmen zum Abbau faktischer Diskriminierungen von Frauen und Männern wie z.B. flexible und familiengerechte Arbeitszei-

---

1607 Ebenda
1608 Scholz in Maunz/Dürig, Art. 3 Abs. 2 Rn. 62
1609 Scholz in Maunz/Dürig, Art. 3 Abs. 2 Rn. 65
1610 Ebenda
1611 Vgl. BT-Drs. 12/6000, S. 50 f.
1612 Scholz in Maunz/Dürig, Art. 3 Abs. 2 Rn. 66

ten und Arbeitsplatzgestaltungen verfassungsgemäß seien[1613]. Eine vom konkreten beruflichen Nachteil losgelöste Bevorteilung i.S. einer allgemeinen Kompensation sei hier aber ausgeschlossen[1614]. Schließlich müsse in bezug auf die Kompensationsklausel weiterhin beachtet werden, daß das Individualrecht des Art. 3 GG, das seinen Ausdruck ebenfalls in Art. 3 Abs. 2 S. 2 GG gefunden habe, nicht in ein Gruppenrecht umgedeutet würde, was im Widerspruch zum bisherigen Verfassungsselbstverständnis und System der Grundrechte als Individualrechte stehen würde[1615]. Denn eine Auslegung der Kompensationsklausel dahingehend, daß generelle Bevorzugung von Frauen aufgrund der früheren Benachteiligung von Frauen nunmehr gerechtfertigt seien, führe gerade zu einer Umdeutung des individuellen Gleichberechtigungssatzes in ein Gruppenrecht[1616]. Da auch die Bundesregierung darauf hingewiesen habe, daß die Verpflichtung, auf die Beseitigung bestehender Nachteile hinzuwirken nur Maßnahmen erlaube, die ihrerseits in Einklang mit dem Diskriminierungsverbot des Art. 3 Abs. 2 S. 1 GG und Art. 3 Abs. 3 GG ständen[1617], könne diese neue Verfassungsergänzung auch nicht zu einer Durchbrechung des allgemeinen Gleichheitssatzes in Form der Beschränkung von Individualrechten zugunsten von Gruppenrechten führen[1618].

Insgesamt hielt Scholz das 2. GleiBG des Bundes vom 24.06.1994[1619], das ebenfalls keine Quotenregelung beinhaltete, für verfassungskonform, da es den verfassungsrechtlichen Anforderungen aus Art. 3 Abs. 2 S. 2 i.V.m. Art. 3 Abs. 1 und Art. 33 Abs. 2 GG mit seinen vorgesehenen Frauenfördermaßnahmen gerecht werde[1620]. Alle anderen Frauenförder- und Gleichstellungsgesetze der Länder, die leistungsabhängige Vorrangregelungen mit Härtefallklausel enthalten, hielt er dagegen für verfassungsrechtlich unvereinbar mit Art. 3 Abs. 2 GG[1621].

Schmitt-Bleibtreu/Klein vertreten im Ergebnis dieselben Ansichten wie Hofmann, Starck und Scholz. Auch sie sehen in Art. 3 Abs. 2 GG allgemein den Schutz der Frau und den des Mannes vor Benachteiligungen begründet[1622]. Mit dem Fördergebot in dem neugefaßten Art. 3 Abs. 2 S. 2 GG sollte ihrer Meinung nach vor allem die Rechtsprechung des BVerfG insbesondere zum Nachtarbeits-

---

1613 Scholz in Maunz/Dürig, Art. 3 Abs. 2 Rn. 67
1614 Ebenda
1615 Scholz in Maunz/Dürig, Art. 3 Abs. 2 Rn. 68
1616 Ebenda
1617 Vgl. BT-Drs. 12/7109, S. 13
1618 Scholz in Maunz/Dürig, Art. 3 Abs. 2 Rn. 68
1619 BGBl. I, S. 1406
1620 Scholz in Maunz/Dürig, Art. 3 Abs. 2 Rn. 69
1621 Scholz in Maunz/Dürig, Art. 3 Abs. 2 Rn. 70
1622 Schmitt-Bleibtreu/Klein, Art. 3 Rn. 39

verbot ihren Niederschlag finden, demnach faktische Nachteile von Frauen wegen des Gleichberechtigungsgebots aus Art. 3 Abs. 2 GG durch begünstigende Regelungen ausgeglichen werden dürften, die Nachteilsbeseitigung aber typisierend zu erfolgen habe[1623]. Die Normierung des Staatsziels in Art. 3 Abs. 2 S. 2 GG habe inhaltlich die Gleichheit der Ausgangschancen, nicht dagegen die Ergebnisgleichheit im Blickfeld. Das bedeute, daß auch andere als starre Quoten verfassungsrechtlichen Bedenken aus Art. 3 Abs. 2 S. 1 sowie Art. 3 Abs. 3 S.1 GG ausgesetzt seien[1624]. Schließlich müsse auch die Nachteilsbeseitigungs- oder Kompensationsklausel aus Art. 3 Abs. 2 S. 2 2. Halbsatz GG im Lichte des 1. Halbsatzes gesehen werden, da Art. 3 Abs. 2 S. 2 GG insgesamt eine innere Balance zwischen den Geschlechtern beinhalte und nicht nur für den öffentlichen Dienst gelte, in dem aber nach wie vor Art. 33 Abs. 2 und 5 GG zu beachten seien[1625]. Wiederum unter Rückgriff auf die Entscheidung des BVerfG zum Nachtarbeitsverbot für Arbeiterinnen stellten sie im Hinblick auf das in Art. 3 Abs. 3 GG enthaltene strikte Differenzierungsverbot klar, daß dieses nicht absoluter Natur sei und auch nicht jede Regelung, hier zum Merkmal Geschlecht, verhindern solle, sondern eine Gewährleistung für die genannten Merkmale i.S.v. Gleichwertigkeit und nicht von Gleichmacherei darstelle[1626]. Deshalb könne eine Verletzung des geschlechtsbedingten Diskriminierungsverbots aus Art. 3 Abs. 3 GG auch nicht durch das Gleichberechtigungsgebot des Art. 3 Abs. 2 GG legitimiert werden[1627].

Hesse versteht Art. 3 Abs. 2 GG (auch in der Neufassung) sowie Art. 3 Abs. 3 GG als Differenzierungsverbote[1628]. Für ihn resultierte aus der neuen Staatszielbestimmung in Art. 3 Abs. 2 S. 2 GG im wesentlichen eine inhaltliche Übereinstimmung mit der Rechtsprechung des BVerfG insbesondere zum Nachtarbeitsverbot, denn der Gehalt des Art. 3 Abs. 2 GG gehe über das Diskriminierungsverbot des Art. 3 Abs. 3 GG hinaus und erstrecke sich auch auf die gesellschaftliche Wirklichkeit. Es gehe in Art. 3 Abs. 2 GG folglich nicht nur um die Beseitigung von Rechtsnormen, die Vor- und Nachteile an die Geschlechtszugehörigkeit knüpften, sondern gerade auch um die Durchsetzung der Gleichberechtigung der Geschlechter für die Zukunft[1629]. Allerdings ständen Art. 3 Abs. 2 und 3 GG als subjektive Abwehrrechte einer rechtlichen Ungleichbehandlung entgegen, durch die zu Lasten eines anderen Grundrechtsträgers eine allgemeine

---

1623 Schmitt-Bleibtreu/Klein, Art. 3 Rn. 39a
1624 Ebenda
1625 Ebenda
1626 Schmitt-Bleibtreu/Klein, Art. 3 Rn. 40 f.
1627 Schmitt-Bleibtreu/Klein, Art. 3 Rn. 41
1628 Hesse, S. 187 Rn. 436
1629 Hesse, S. 188 Rn. 436

und tatsächliche Gleichheit von Männern und Frauen hergestellt werden solle[1630]. Aus dieser Überlegung folgte für Hesse dann auch die verfassungsrechtliche Problematik von „Quotenregelungen", die er insgesamt für unvereinbar mit Art. 33 Abs. 2 GG hielt[1631]. Auf weitergehende inhaltliche Konkretisierungen des Art. 3 Abs. 2 S. 2 GG verzichtete er jedoch.

Auch Jahn geht in dieselbe Richtung wie Hesse und stellt klar, daß die Neufassung des Art. 3 Abs. 2 GG über die normative Gleichheit hinaus i.S.d. BVerfG-Rechtsprechung auch die Gestaltung der gesellschaftlichen Wirklichkeit im Blick habe[1632]. In der Sache gehe es um die Verwirklichung der Gleichheit in den Ausgangschancen, nicht um die Ergebnisgleichheit, so daß weder starre noch andere Formen der Quoten mit Art. 3 Abs. 2 GG n.F. vereinbar wären[1633].

Isensee zeichnete sich in seinem Kurzkommentar zur Änderung des Art. 3 Abs. 2 GG mehr durch Polemik denn Inhalt aus. Immerhin ist seinen diesbezüglichen Äußerungen zu entnehmen, daß er auf der Basis des Art. 3 Abs. 2 S. 2 GG wohl Vorrangregelungen zugunsten eines Geschlechts nicht für verfassungskonform hält und die Staatszielbestimmung insgesamt als Fremdkörper im Kontext des GG ansieht[1634]. Rohn/Sannwald stellen in diesem Zusammenhang lediglich heraus, daß die Formulierung des Art. 3 Abs. 2 S. 2 GG als Staatsziel keine Zielerreichung beinhalte, die verfassungsrechtliche Frage nach der Zulässigkeit anderer als „starrer Quoten" allerdings nicht beantwortet werde[1635].

Laubinger erklärte, daß Art. 3 Abs. 2 S. 1 GG bereits in der alten Fassung ausschließlich die Rechtsgleichheit von Frauen und Männern im Sinn gehabt habe, auch wenn es primär um die Verschaffung gleicher Rechte für Frauen gegangen sei[1636]. Das daraus Frauen jedoch kein Exklusivrecht erwachse, ergäbe sich schon aus der verwendeten Formulierung, die auch Männer in den Schutz vor rechtlicher Diskriminierung einbeziehe[1637]. Er trat entschieden der Vorstellung entgegen, Art. 3 Abs. 2 S. 1 GG könne ein Gruppengrundrecht statuieren, um die Situation der Frauen als Gruppe im allgemeinen zu verbessern, denn der in dieser Verfassungsbestimmung enthaltene Gesetzgebungsauftrag verpflichte den Gesetzgeber (nur) zur Beseitigung aller Normen, die vor allem Frauen im Vergleich zu Männern benachteiligten[1638]. Demgegenüber folge aus dem Gleich-

---

1630 Ebenda
1631 Ebenda
1632 Jahn, S. 183
1633 Ebenda
1634 Isensee, S. 2585
1635 Rohn/Sannwald, S. 71
1636 Laubinger, VerwArch 1996, S. 305 (Teil 1) sowie S. 473 (Teil 2), S. 525
1637 Ebenda
1638 Ebenda

berechtigungssatz keine gesetzgeberische Verpflichtung zur Verwirklichung der faktischen Gleichberechtigung von Frauen in der gesellschaftlichen Wirklichkeit, so daß auch die diesbezügliche Rechtsprechung des BVerfG im Rentenaltersbeschluß, im Nachtarbeitsurteil, im Trümmerfrauenurteil sowie im Maschinenschlosserinbeschluß wenig überzeugend sei, da sie weniger eine Begründung denn eine typische Konzession an den Zeitgeist beinhalte[1639].

In bezug auf Art. 3 Abs. 2 S. 2 GG unterscheidet Laubinger ebenfalls nach dem ersten und zweiten Satzteil der Vorschrift und stellt im Sinne seines tradierten Verständnisses vom Gleichberechtigungsbegriff fest, daß die Förderklausel den staatlichen Organen lediglich gebiete, daß auf Männer und Frauen auch tatsächlich dieselben Rechtsregeln anwendbar seien und sie auch entsprechend dieser Regeln gleich behandelt werden sollten[1640]. Unter Zugrundelegung dieses Verständnisses von der Förderklausel in Art. 3 Abs. 2 S. 2 1. Halbsatz GG steht für ihn außer Frage, daß auf ihrer Grundlage Vorrangregelungen zugunsten von Frauen welcher Art auch immer unzulässig seien[1641]. Die Kompensationsklausel des Art. 3 Abs. 2 S. 2 2. Halbsatz GG stelle im Unterschied zur Förderklausel im ersten Satzteil auf die Beseitigung der **tatsächlichen** Nachteile in der sozialen Wirklichkeit für ein Geschlecht ab, nicht dagegen auf eine **rechtliche** Nachteilsbeseitigung[1642]. Folglich sei der Staat hier gehalten, faktische Hemmnisse zu beseitigen, die es für Frauen typischerweise schwieriger gestalten, mit Männern um öffentliche Ämter zu konkurrieren. So sei der Staat über die Kompensationsklausel verpflichtet, gleiche Wettbewerbschancen von Frauen und Männern dort zu gewährleisten, wo sie noch nicht beständen[1643]. Auch auf der Grundlage der Kompensationsklausel sei jedoch keine Form der Vorrangregelung legitimierbar, denn das Gebot rechtlicher Gleichbehandlung aus Art. 3 Abs. 2 S. 1 GG sowie das Diskriminierungsverbot aus Art. 3 Abs. 3 S. 1 GG könne durch diese Norm nicht eingeschränkt werden[1644].

Schließlich ist Laubinger auch in bezug auf die den leistungsabhängigen Vorrangregelungen beigefügten Härtefall- und Öffnungsklauseln der Auffassung, daß diese „Weichmacher" den Verfassungsverstoß lediglich abschwächten, indem sie die Anzahl der diskriminierten Männer reduzierten. Eine Aufhebung bzw. Vermeidung des Verfassungsverstoßes sei damit im übrigen nicht verbunden[1645]. Im Ergebnis resümiert Laubinger, daß Frauenförderung im öffentlichen

---

1639 Laubinger, S. 526 f.
1640 Laubinger, S. 527 f.
1641 Laubinger, S. 528
1642 Ebenda
1643 Ebenda
1644 Ebenda
1645 Laubinger, S. 529

Dienst ohne die sogenannten Vorrang- oder Quotenregelungen auskommen müsse und im Rahmen der Schaffung gleicher Wettbewerbschancen wenn irgend möglich geschlechtsneutral zu formulieren seien[1646]. Als Beispiele solcher Maßnahmen im öffentlichen Dienst führt er u.a. das Hinausschieben der Höchstaltersgrenze für Einstellungen, Erweiterung der familiär bedingten Beurlaubungsmöglichkeiten, Anrechnung der Kinderbetreuungszeiten auf das Dienstalter, familienfreundliche Arbeitszeiten und Arbeitsplatzgestaltungen etc. an[1647].

*(2) Die gemäßigten Meinungen zu Art. 3 Abs. 2 GG n.F. unter Berücksichtigung von Art. 3 Abs. 3 GG*

Jarass stellte zunächst klar, daß die Basis des Grundrechts auf Gleichberechtigung sowohl in Art. 3 Abs. 2 GG als auch in Art. 3 Abs. 3 S. 1 GG zu finden sei, denn an das Geschlecht anknüpfende Regelungen seien nach beiden Verfassungsnormen verboten[1648]. Allerdings enthalte Art. 3 Abs. 2 GG darüber hinaus ein Gleichberechtigungsgebot, das durch die Neuregelung in Absatz 2 Satz 2 eine zusätzliche Klarstellung erfahren habe und in einen Handlungsauftrag an den Staat münde, für die Zukunft die Gleichberechtigung der Geschlechter durchzusetzen und auf die Angleichung der Lebensverhältnisse zwischen Männern und Frauen hinzuarbeiten[1649]. Er sprach dem Gleichberechtigungssatz neben dem Charakter als subjektives Recht auch eine objektive Wertentscheidung zu, die beide Geschlechter vor Benachteiligungen schütze, auch wenn die historische Wurzel im Abbau der Benachteiligung der Frau liege[1650]. Die in der Neufassung des Art. 3 Abs. 2 GG besonders begründete Verpflichtung des Staates, die geschlechtsbedingte Diskriminierung in der Gesellschaft abzubauen, führe zum Erlaß staatlicher Maßnahmen zur Durchsetzung der Gleichberechtigung, insbesondere in Form von Gesetzen, sowie zur Ergreifung geeigneter Maßnahmen der Nachteilsbeseitigung, die faktisch die Angehörigen eines Geschlechts träfen. Bei der Durchführung des Verfassungsauftrags komme dem Staat allerdings ein weiter Spielraum zu[1651]. Insbesondere nahm er an, daß Gesetze zur Gleichstellung von Mann und Frau Vorrang vor der Vertragsfreiheit hätten. So sei die Ausstrahlungswirkung des Art. 3 Abs. 2 GG auf die Anwendung privatrechtlicher Vorschriften zwar grundsätzlich begrenzt, jedoch aufgrund des hohen

---

1646 Laubinger, S. 532
1647 Ebenda
1648 Jarass in Jarass/Pieroth, Art. 3 Rn. 49
1649 Ebenda
1650 Ebenda
1651 Jarass in Jarass/Pieroth, Art. 3 Rn. 55

Rangs des Gleichberechtigungsgebotes intensiver als bei Art. 3 Abs. 1 GG[1652].
Schließlich sei weder Art. 3 Abs. 2 S. 1 GG noch Art. 3 Abs. 3 S. 1 GG verletzt, wenn der Staat in Ausführung des Auftrags zur Durchsetzung der Gleichbehandlung faktische, typischerweise Frauen treffende Nachteile durch begünstigende Regelungen ausgleichen wolle[1653].

Im Rahmen von Art. 3 Abs. 2 GG n.F. seien damit bevorzugende Ungleichbehandlungen von Frauen zulässig, was durch Satz 2 noch bestärkt werde. Dies gelte auch für Regelungen, die einen höheren Frauenanteil bei beruflichen Tätigkeiten förderten oder sogar erzwängen[1654]. Jarass verlangte für solche Regelungen der Kompensation[1655] neben einer gesetzlichen Grundlage weiterhin einen konkreten Zusammenhang zu dem zu kompensierenden Nachteil, der umso deutlicher belegbar sein müsse, je größer die Belastung der Männer ausfalle[1656]. Er betonte an dieser Stelle noch einmal, daß Art. 3 Abs. 2 S. 2 GG lediglich die Förderung der Chancengleichheit verlange, nicht aber die paritätische Besetzung beruflicher Positionen, wobei außerdem in bezug auf die seiner Meinung nach verfassungskonformen Vorrangregelungen der Verhältnismäßigkeitsgrundsatz zu beachten sei[1657]. Das Verhältnis zwischen Art. 3 Abs. 2 und 3 S. 1 GG charakterisierte er dabei als Konkurrenzverhältnis[1658], das demnach auch durch eine Gleichrangigkeit bzw. Gleichwertigkeit beider Verfassungsnormen zueinander beschrieben werden kann.

Für Osterloh hatte die Neufassung des Art. 3 Abs. 2 GG in Satz 2 eine die bisherige Rechtsprechung des BVerfG bestätigende und verstärkende Funktion übernommen, denn die Formulierung der Förderklausel im ersten Halbsatz und der Kompensationsklausel im zweiten Halbsatz der Staatszielbestimmung umschreibe die vom BVerfG zuvor konkretisierten objektiv-rechtlichen Schutzfunktionen des Gleichberechtigungsgebotes[1659]. Diese beinhalteten keine konkreten subjektiven Rechte und vor allem auch keine originären Teilhabe- oder Leistungsansprüche gegen den Staat. Vielmehr bleibe es auch im Privatrecht bei einer mittelbaren, durch zwingende zivilgesetzliche Normen wie § 611a BGB oder allgemeine Generalklauseln vorgegebenen, Drittwirkung[1660]. Der Streit

---

1652 Jarass in Jarass/Pieroth, Art. 3 Rn. 55a
1653 Jarass in Jarass/Pieroth, Art. 3 Rn. 60
1654 Ebenda
1655 Zur Klarstellung muß darauf hingewiesen werden, daß Jarass Vorrangregelungen zugunsten von Frauen ausschließlich als Maßnahmen zum Ausgleich konkreter Nachteile versteht, die Verf.
1656 Ebenda
1657 Ebenda
1658 Jarass in Jarass/Pieroth, Art. 3 Rn. 67
1659 Osterloh in Sachs (Hrsg.), Art. 3 Rn. 262
1660 Ebenda

darüber, ob der Inhalt des Art. 3 Abs. 2 S. 2 GG bereits in Art. 3 Abs. 2 S. 1 GG enthalten gewesen sei, habe sich für die Grundsatzfrage der faktischen Gleichberechtigung praktisch erledigt - von rechtstheoretischem Interesse bleibe lediglich noch der zeitliche Anwendungsbereich der Verfassungsergänzung[1661].

Nach wie vor problematisch sei allerdings auch die Folgefrage nach dem Verhältnis vom Förderungsgebot zum abwehrrechtlichen Diskriminierungsverbot, denn die Rechtsprechung des BVerfG sei bislang nur im Ansatz klar: So könne der spezielle Schutzzweck des objektiven Gleichberechtigungsgebots als Rechtfertigungsgrund für eine Ungleichbehandlung i.S.d. Diskriminierungsverbots fungieren[1662]. Zwar könne das Fördergebot aufgrund seiner insoweit unmißverständlichen Formulierung nicht eine exklusive Geltung nur für Frauen beanspruchen, jedoch liege der verfassungsrechtlich nunmehr auch festgeschriebene Ausgangspunkt in der Anerkennung, daß trotz des Wegfalls von geschlechtsdiskriminierenden Rechtsnormen im Verhältnis von Männern und Frauen weiterhin aufgrund sozialer Fundierung tatsächliche Gleichheit und Freiheit nicht erreicht und die Gewährung geschlechtlicher Rechtsgleichheit hier nur begrenzt zwecktauglich sei[1663]. Dies rechtfertige es schließlich, geschlechtsneutrale Rechtsgleichheit am Ziel eines realitätsgerechten, tatsächlich wirksamen Schutzes von Gleichheit und Freiheit zu messen und dieses u.U. auch durch geschlechtsspezifische Ausgleichsregeln ergänzend sicherzustellen[1664].

Dogmatisch sei die Ableitung beider Grundrechtsgehalte (Diskriminierungsverbot als Abwehrrecht einerseits und Fördergebot andererseits) ein Normenkollisionsproblem, das schon in Art. 3 Abs. 2 S. 1 GG enthalten sei und der Verhältnismäßigkeitsprüfung unterfalle, da Ungleichbehandlungen eine besonders rechtfertigungsbedürftige Ausnahme darstellten[1665]. Es gehe folglich nicht um generalisierende Vorrangregelungen oder die Ignorierung eines Normenkonflikts mit dem Diskriminierungsverbot, um dem verfassungsrechtlichen Schutz der Durchsetzung der Gleichberechtigung in der Realität Rechnung zu tragen, denn es bedürfe einer strengen Prüfung der Legitimation des konkreten Ziels einer (frauen-) fördernden Maßnahme sowie der Frage nach der Eignung, Erforderlichkeit und Verhältnismäßigkeit der eingesetzten Mittel[1666].

Eher beiläufig schied Osterloh im Zusammenhang mit der Legitimationsfrage frauenfördernder Maßnahmen die Heranziehung des Sozialstaatsprinzips aus, da sich dieses durch die in Art. 3 Abs. 2 GG verankerte speziellere Schutzpflicht

---

1661 Osterloh in Sachs (Hrsg.), Art. 3 Rn. 263
1662 Osterloh in Sachs (Hrsg.), Art. 3 Rn. 264 f.
1663 Osterloh in Sachs (Hrsg.), Art. 3 Rn. 265
1664 Ebenda
1665 Osterloh in Sachs (Hrsg.), Art. 3 Rn. 266
1666 Ebenda

erledigt habe[1667]. Der Maßstab für zulässige, unmittelbar wirkende rechtliche Differenzierungen nach dem Geschlecht auf der Grundlage von Art. 3 Abs. 2 S. 2 GG sei immer eine abgestufte Rechtfertigung je nach der Schwere des Eingriffs in die betroffenen Schutzgüter. Beispiele seien geschlechtsneutrale, aber speziell an Frauen addressierte Informations- und Bildungsangebote z.B. in traditionellen Männerberufen wie dem Handwerk, die lediglich einem geringen Rechtfertigungsdruck unterlägen[1668]. Dagegen sei der Rechtfertigungsbedarf besonders hoch bei geschlechtsspezifischen Regelungen im Bereich der beruflichen Einstellung sowie des Aufstiegs[1669]. Osterloh verstand dabei zulässige Fördermaßnahmen zugunsten eines Geschlechts grundsätzlich als Förderung der Chancengleichheit, nicht jedoch als Förderung einer allgemeinen paritätischen Repräsentanz beider Geschlechter in allen gesellschaftlichen Bereichen[1670].

Insgesamt verlagerte sie das Problem konkurrenzwirksamer Förderung der beruflichen Chancengleichheit auf die Ebene der Feststellung einer tatsächlichen geschlechtsspezifischen Beeinträchtigung und die Auswahl wirksamer, möglichst schonender und zumutbarer Mittel[1671]. Sie befand im Rahmen der Staatszielbestimmung angesichts der statistischen Befunde zur beruflichen Situation von Frauen die gesetzgeberische Einschätzung des besonderen Schutzbedürfnisses für verfassungsrechtlich vertretbar, das wiederum besondere Förderklauseln erlaube, da faktische Diskriminierungen weder durch die bloße Normierung von Diskriminierungsverboten noch individualrechtlich effektiv wirklich greifbar wären[1672]. Obwohl sie der Meinung war, daß Förderklauseln ein ausschließlich strukturell feststellbares Phänomen mit strukturell ansetzenden Mitteln einer Lösung zuführen wollten und dabei gleichzeitig in ihrer differenzierenden Wirkung auf den einzelnen legitimierbar sein müßten, lehnte sie explizit ein kollektivrechtliches Grundrechtsverständnis ab[1673]. Es ginge vielmehr um einen wirksamen Grundrechtsschutz gegen deutlich erkennbare und greifbare faktische Benachteiligungen, auch wenn diese lediglich an Kollektiven feststellbar seien[1674]. Vorrangregelungen zugunsten eines Geschlechts seien die ultima ratio – letztendlich billigte sie leistungsabhängige Vorrangregelungen mit Härtefallklausel sowie Zielvorgaben, sofern deren erkennbares Ziel die Förderung der Chancengleichheit und nicht die paritätische Repräsentanz von Frauen und Männern sei

---

1667 Osterloh in Sachs (Hrsg.), Art. 3 Rn. 280
1668 Osterloh in Sachs (Hrsg.), Art. 3 Rn. 281
1669 Ebenda
1670 Osterloh in Sachs (Hrsg.), Art. 3 Rn. 282 f.
1671 Osterloh in Sachs (Hrsg.), Art. 3 Rn. 284
1672 Osterloh in Sachs (Hrsg.), Art. 3 Rn. 284 f.
1673 Osterloh in Sachs (Hrsg.), Art. 3 Rn. 285
1674 Ebenda

und ordnete sie als quantifizierten Hilfsmaßstab nach Ausschöpfung der Kriterien des Art. 33 Abs. 2 GG ein[1675]. Allerdings räumte sie an dieser Stelle auch ein, daß die von ihr favorisierte Lösung zur verfassungskonformen Auslegung zulässiger frauenfördernder Maßnahmen mit Blick auf leistungsabhängige Vorrangregelungen mehr einen symbolischen Charakter habe angesichts der großen Probleme in den sozialen und rechtlichen Bedingungen einer familiengerechten Ausbildung und Erwerbstätigkeit von Frauen und Männern sowie des diskriminierungsfreien Erwerbs und der Bewertung beruflicher Qualifikation[1676].

Auch Schweizer rekurrierte zunächst darauf, daß es dem neuen Verfassungsauftrag in Art. 3 Abs. 2 GG um eine effektive, individuelle Chancengleichheit gehe, der als Staatsziel eine symmetrische Schutzrichtung aufweise, die sich sowohl auf Frauen als auch auf Männer beziehe, auch wenn im Vordergrund der Verfassungsänderung der Schutz der Frau gestanden habe[1677]. Sie sprach sich ausdrücklich gegen ein Verständnis von Art. 3 Abs. 2 GG n.F. als kollektives Grundrecht sowie eine Gegenüberstellung von Art. 3 Abs. 2 GG als ausschließliches Schutzrecht für Frauen und Art. 3 Abs. 3 GG als Differenzierungsverbot aus, denn das letztere sei sowohl in Art. 3 Abs. 3 GG als auch in Art. 3 Abs. 2 S. 1 GG verankert, was den zusätzlichen Effekt der notwendigen Rollentranszendenz für Männer habe, wenn das symmetrische Staatsziel auch als Ergänzung des Differenzierungsverbots verstanden werde[1678]. Allerdings stellte sie auch klar, daß Art. 3 Abs. 2 S. 2 GG nicht nur die Verbürgung rein formaler Chancengleichheit zu entnehmen sei, sondern auch eine effektive Chancengleichheit, die die Ergebnisebene durchaus im Blickfeld habe, da eine bloß formale Perspektive dem Problem struktureller Diskriminierung nicht gerecht werden könne[1679]. Nach ihrer Auffassung war das Verhältnis von rechtlicher und faktischer Gleichheit zueinander durch eine fundamentale Kollision gekennzeichnet, die sie mit Alexy[1680] als „Paradox der Gleichheit" bezeichnete[1681]. Ihre Lösung des Konflikts zwischen rechtlicher und faktischer Gleichheit innerhalb des Gefüges von Art. 3 Abs. 3 GG und Art. 3 Abs. 2 GG bestand in Anlehnung an Alexy´s Prinzipienmodell, demnach sowohl die rechtliche als auch die faktische Gleichheit die Funktion eines Prinzips habe[1682]. Als Optimierungsgebote seien diese Prinzipien auf eine möglichst hohe Realisierung in den rechtlichen und tatsäch-

---

1675 Osterloh in Sachs (Hrsg.), Art. 3 Rn. 286 ff.
1676 Osterloh in Sachs (Hrsg.), Art. 3 Rn. 288
1677 Schweizer, S. 190
1678 Ebenda
1679 Schweizer, S. 191
1680 Alexy, S. 379
1681 Schweizer, S. 192
1682 Schweizer, S. 195 m.w.N.

lichen Möglichkeiten ausgerichtet und in ihrem Erfüllungsgrad im wesentlichen durch gegenläufige Prinzipien bestimmt. Dies beinhalte auch die Abwägungsfähigkeit und Abwägungsbedürftigkeit der sich gegenüberstehenden Prinzipien, so daß hier auch ein untrennbarer Zusammenhang mit dem Verhältnismäßigkeitsgundsatz gegeben sei[1683]. Erst die konkrete Abwägung führe hier zu einer Vorrangrelation des jeweiligen Prinzips, wobei jeweils der Grad der Nichtrealisierung des einen Prinzips auch gleichzeitig die Wichtigkeit der Realisierung des anderen Prinzips impliziere[1684]. Insgesamt beständen zwischen Prinzipien und Werten strukturelle Gemeinsamkeiten, d.h., daß eine Prinzipienkollision auch als Wertekollision und umgekehrt dargestellt werden könne. Damit bewirke das Prinzipienmodell in Übertragung auf das „Paradox der Gleichheit" ein in sich schlüssiges und erklärbares Nebeneinander von rechtlicher und faktischer Gleichheit[1685].

Schließlich kam sie noch zu der Frage, ob i.S.v. Alexy ein „prima-facie"-Vorrang individueller Rechte vor kollektiven Rechten, also ein grundsätzlicher Vorrang des subjektiven Rechts auf Gleichbehandlung, angenommen werden könne, falls der Staat im Rahmen seiner objektiven Pflicht aus Art. 3 Abs. 2 S. 2 GG die faktische Gleichberechtigung von Männern und Frauen zu Lasten einzelner Männern durchsetzen würde[1686]. Aufgrund von Alexy's weiterem Verständnis von subjektiven Rechten, dem eine andere Herangehensweise an die objektive Grundrechtsdimension zugrunde läge, könnten auch subjektive Rechte den Charakter von Optimierungsgeboten übernehmen, denn nach dieser Sicht korrespondieren jeder verbindlichen grundrechtlichen Verpflichtung des Staates jeweils Grundrechte in der Gestalt subjektiver Rechte, sogenannte Subjektivierungsthese[1687]. Über diesen Auslegungsschritt gelangte sie zu der Überzeugung, daß der Verfassungsauftrag aus Art. 3 Abs. 2 S. 2 GG auch als subjektives, „prima-facie"-Recht jeder Frau und jedes Mannes auf eine tatsächliche Durchsetzung der Gleichberechtigung begriffen werden könne[1688]. Ihre Schlußfolgerung bestand darin, daß das Prinzipienmodell die Erklärung für ein (gleichwertiges) Nebeneinander von rechtlicher und faktischer Gleichberechtigung biete und darüber hinaus verdeutliche, daß das Differenzierungsverbot des Art. 3 Abs. 3 sowie Art. 3 Abs. 2 S. 1 GG kein unüberwindbares Hindernis für Eingriffe zur Erreichung faktischer Gleichberechtigung darstelle[1689].

---

1683 Ebenda
1684 Schweizer, S. 195 f.
1685 Schweizer, S. 196
1686 Ebenda
1687 Schweizer, S. 196 f. m.w.N.
1688 Schweizer, S. 197
1689 Ebenda

Zusammenfassend wollte sie die unter Rückgriff auf Alexy gewonnenen Erkenntnisse im Wege der Herstellung praktischer Konkordanz zwischen der rechtlichen und der faktisch-sozialen Gleichberechtigung zugunsten effektiver, ergebnisorientierter Chancengleichheit auflösen[1690]. Auf dieser rechtstheoretischen Basis gelangte sie schließlich im Zusammenhang mit der Frage nach der Zulässigkeit verschiedener Frauenfördermaßnahmen zu einer Differenzierung zwischen einem auf die Vergangenheit bezogenen Kompensations- und auf die Zukunft gerichteten Förderansatz[1691]. Da in ihrem Verständnis Art. 3 Abs. 2 GG als Förderauftrag auf die Schaffung künftiger effektiver Chancengleichheit ausgerichtet ist, paßte in ihrer Vorstellung der rückwärtsgewandte Charakter von Kompensation nicht auf die Herstellung faktischer Gleichberechtigung, weil es um die zukünftige effektive Chancengleichheit der Geschlechter gehe, denn für zukunftsgerichtete Frauenfördermaßnahmen könne es auch nicht darauf ankommen, ob eine Frau schon einmal in der Vergangenheit konkret im Einzelfall feststellbar oder auch typischerweise diskriminiert wurde[1692]. Vielmehr könne die rückwärtsgewandte Sicht nur dann sinnvoll sein, wenn es im Einzelfall um eine reine Entschädigung i.S.v. Schadensersatz ginge, der sich immer auf einen tatsächlich entstandenen Schaden beziehe[1693]. Deshalb sah sie auch im Rentenaltersbeschluß und im Urteil zum Nachtarbeitsverbot keine Grundlage für die Rechtfertigung zukunftsweisender Frauenfördermaßnahmen, da es sich in beiden Fällen um reine Entschädigungsmaßnahmen für eine bei Frauen aufgrund traditioneller Aufgabenzuweisungen typischerweise häufiger anzutreffende höhere Doppelbelastung gehandelt habe[1694].

Für die Frage, welche konkreten Frauenfördermaßnahmen in die zukunftsorientierte Dimension des (neuen) Verfassungsauftrags einzuordnen seien, kam sie zu dem Schluß, daß Quoten sowie Zielvorgaben hiervon erfaßt wären, wobei sie insbesondere den Quoten im Einstellungs- und Beförderungsbereich lediglich die Funktion einer mittelbar auf Chancengleichheit abzielenden Privilegierung zuwies, die auch keine paritätische Verteilung der Ressourcen zulasse[1695]. Da für sie der Effekt von Privilegierungsmaßnahmen praktisch nur in der Vermittlung von Vorbildern z.B. durch einen höheren Frauenanteil in Leitungspositionen lag, hielt sie eine 50%-Quote auch für nicht erforderlich, sondern rekurrierte ledig-

---

1690  Schweizer, S. 198
1691  Schweizer, S. 202
1692  Schweizer, S. 202 f.
1693  Schweizer, S. 203
1694  Schweizer, S. 204 f.; in diese Richtung der Kritik vgl. auch Huster, S. 112 ff., S. 117 f.
1695  Schweizer, S. 210 ff.

lich auf einen Anteil von 1/3 [1696]. Die verfassungsrechtlich unproblematischen Maßnahmen zur besseren Vereinbarkeit von Beruf und Familie qualifizierte sie demgegenüber als sozialpolitische Maßnahmen, die streng genommen der Beseitigung von Nachteilen (Kompensation) dienten[1697].

Döring bescheinigte der Neufassung des Art. 3 Abs. 2 GG in Satz 2 schon aufgrund der Formulierung, daß es sich um ein verfassungsrechtliches Eingeständnis handele, daß die in Satz 1 verankerte Gleichberechtigung von Männern und Frauen noch keine gesellschaftliche Realität geworden sei und das zugleich deutlich werde, daß „Gleichberechtigung" mehr beinhalte als die bereits zum Großteil abgeschlossene Schaffung gleichen Rechts für beide Geschlechter[1698]. In Anlehnung an die Rechtsprechung des BVerfG und an die mehrheitlichen Äußerungen der GVK-Mitglieder gehe es generell um die Angleichung der Lebensverhältnisse von Männern und Frauen[1699]. Er trennte die Staatszielbestimmung des Art. 3 Abs. 2 S. 2 GG dabei für eine inhaltliche Bestimmung in zwei Teile auf, zum einen in die Förderklausel[1700], zum anderen in die Nachteilsbeseitigungs- oder Kompensationsklausel[1701], wobei er allerdings klarstellte, daß in der Förderklausel seiner Ansicht nach nur das festgeschrieben worden sei, was ohnehin schon in der neueren Rechtsprechung des BVerfG angeklungen und in der Literatur zu Art. 3 Abs. 2 GG a.F. bereits zum Ausdruck gekommen sei, daß es nämlich für den Staat eine Verpflichtung zur Verwirklichung der Gleichberechtigung der Geschlechter auch im gesellschaftlichen Leben gäbe[1702].

Für die Kompensationsklausel stellte er zunächst fest, daß der Verfassungsrang dieser Norm impliziere, daß in der gesellschaftlichen Realität vorzufindende Nachteile von Frauen, insbesondere im Berufsleben, nicht allein das Resultat weiblicher Präferenzentscheidungen seien, sondern vielmehr auch auf strukturelle Diskriminierungen zurückgingen, die es von Verfassungswegen zu beseitigen gelte[1703]. Eine inhaltliche Aussage über das „wie" der Nachteilsbeseitigung sei damit jedoch noch nicht getroffen, so daß sich für ihn wegen seiner Konzentration ausschließlich auf Frauenquoten als eine von verschiedenen Frauenfördermaßnahmen die Zulässigkeitsfrage nur dahingehend stellte, ob im Rahmen

---

1696 Schweizer, S. 217; wenig klar ist hier jedoch, wie sie auf einen Anteil von 1/3 kommt, denn die Diskussion vermittelt eher den Eindruck einer gewissen Hilflosigkeit, den favorisierten Ansatz der effektiven Chancengleichheit im Tatsächlichen mit Vorrangregelungen doch noch in Einklang zu bringen
1697 Schweizer, S. 200 ff.
1698 Döring, S. 209 f.
1699 Döring, S. 210
1700 Vgl. 1. Halbsatz
1701 Vgl. 2. Halbsatz
1702 Döring, S. 210 f.
1703 Döring, S. 176 f., 210 f.

von Art. 3 Abs. 2 S. 2 GG Vorrangregelungen zugunsten von Frauen als Kompensationsmaßnahmen für in der Vergangenheit erlittenes Unrecht begriffen würden oder als zukunftsorientierte Sicherstellung der Chancengleichheit der Geschlechter[1704]. Entsprechend der jeweiligen Entscheidung für einen Vergangenheitsbezug oder eine Zukunftsorientiertheit habe die Anknüpfung folglich entweder an die Kompensationsklausel im 2. Halbsatz oder aber an die Förderklausel im 1. Halbsatz zu erfolgen[1705].

Auch für Döring beinhaltete die Staatszielbestimmung der Gleichberechtigung der Geschlechter eine besondere Bedeutung für den Abwägungsprozeß der sich gegenüberstehenden Grundrechtspositionen, der sich vor allem im Konflikt mit dem individualrechtlichen Diskriminierungsverbot wiederspiegele[1706]. Genau wie Schweizer lehnte er den Kompensationsansatz i.S.v. ausgleichender Gerechtigkeit für eine bisher stattgefundene Diskriminierung aufgrund des Geschlechts ab, da dieses immer einen Verletzer und einen Verletzten voraussetze[1707]. Er zog dabei eine Parallele zu den „affirmative-action"-Maßnahmen in den USA zugunsten von Schwarzen, die grundsätzlich dem Kompensationsmodell verhaftet sei, gleichzeitig aber auch zu kaum auflösbaren Gerechtigkeitsproblemen führe, da die zum Berufseinstieg anstehende junge Generation von Weißen und Schwarzen, die sowohl positiv als auch negativ von den „affirmative-action" betroffen sei, schwerlich als verantwortlich für die Folgen vergangener Diskriminierungen bzw. durchgängig als benachteiligt zu bezeichnen sei[1708]. Die Billigung dieses Widerspruchs durch den U.S. Supreme Court, der im Rahmen des Kompensationsmodells auf den Nachweis individuell erlittener Benachteiligung verzichtet, sei jedoch nicht mit einem gruppenrechtlichen Verständnis zu erklären, auch wenn dieser von einer individuellen Verantwortlichkeit und Betroffenheit abstrahiere, denn ein solches Verständnis sei amerikanischem Denken in politischer, philosophischer, wirtschaftlicher und rechtlicher Hinsicht fremd[1709]. Maßgeblich für diese Akzeptanz des Widerspruchs innerhalb des Kompensationsmodells sei die historisch einmalige Situation der Schwarzen in den USA, die bis Mitte der sechziger Jahre eine in modernen Industrienationen beispiellose Rassendiskriminierung erfahren hätten, die aber nicht auf die Lage der Frauen übertragen werden könne[1710]. Die Übertragung des Kompensationsansatzes auf Frauen scheitere bereits daran, daß Frauen heute mit den selben

---

1704 Döring, S. 211 f.
1705 Ebenda
1706 Döring, S. 212
1707 Döring, S. 231
1708 Ebenda
1709 Ebenda
1710 Döring, S. 231 f.

rechtlichen und faktischen Zugangsmöglichkeiten zur Ausbildung ausgestattet seien und nicht unter den sozialen Startnachteilen im Wettbewerb um Arbeitsplätze von vorneherein chancenlos wären, denn in aller Regel hätten sie die notwendige Qualifikation, scheiterten dann aber an der sogenannten strukturellen Diskriminierung[1711]. Von bevorzugenden Einstellungen und Beförderungen profitierten seiner Meinung nach fast nur junge Frauen, die keiner nachweisbaren Diskriminierung ausgesetzt gewesen sein; auch die jungen Männer, die durch „affirmative-action" benachteiligt würden, seien weder an vergangenen Diskriminierungen beteiligt gewesen noch hätten sie irgendwelche Vorteile durch sie erlangt[1712]. Frauen als eine benachteiligte Gruppe anzusehen, denen eine kollektive Wiedergutmachung geschuldet würde, könne nicht überzeugen, denn sie teilten nicht ein gemeinsames soziales Schicksal wie etwa der Großteil der Schwarzen[1713]. Vorrangregelungen könnten folglich nur auf der Basis eines zukunftsorientierten Förderansatzes gerechtfertigt werden, der die Chancengleichheit im Einstellungsprozeß dort zu gewährleisten habe, wo ein Diskriminierungsverbot nicht ausreiche, die strukturelle Diskriminierung von Frauen am Arbeitsmarkt zu beseitigen[1714]. Grundrechte in Deutschland hätten auch in der deutschen Verfassungstradition den Charakter ausschließlich individualrechtlicher Gewährleistungen, so daß auf der Grundlage von Art. 3 Abs. 2 GG Vorrangregelungen auch nur individualrechtlich legitimierbar seien i.S.v. individueller Chancengleichheit, nicht dagegen mit dem Ziel der Verwirklichung einer Geschlechterparität.

Ähnlich wie Schweizer lehnte Döring deshalb einen durch Vorrangregelungen zu erreichenden Frauenanteil von 50 % entsprechend ihrem Anteil an der Bevölkerung ab und wollte diesen lediglich an ihrem Anteil an qualifizierten Bewerbern festmachen[1715]. Insgesamt lehnte es Döring ab, der objektiv-rechtlichen Dimension des Art. 3 Abs. 2 GG (a.F.) eine Rechtfertigung für Frauen privilegierende Regelungen zu entnehmen, da diese Dimension nur der Verstärkung der subjektiven, abwehrrechtlichen Seite des Grundrechts dienen könne[1716]. Ein Rückgriff auf das Sozialstaatsprinzip zur Rechtfertigung von „affirmative-action" würde an der Konturenlosigkeit dieses Prinzips sowie daran scheitern, daß die Herstellung tatsächlicher Chancengleichheit zwischen den Geschlechtern auch nur wenig mit sozialer Fürsorge des Staates zu tun habe[1717].

---

1711   Döring, S. 232
1712   Ebenda
1713   Ebenda
1714   Döring, S. 233
1715   Döring, S. 234
1716   Döring, S. 235 f.
1717   Döring, S. 236

Mit der Staatszielbestimmung in Art. 3 Abs. 2 S. 2 GG sei allerdings dem Streit um die Herleitung der verfassungsrechtlichen Zulässigkeit von Vorrangregelungen der Nährboden entzogen worden: Die tatsächliche Durchsetzung der Gleichberechtigung von Frauen und Männern sei nunmehr ausdrücklicher und positiver Verfassungsbestandteil[1718].

Schließlich ordnete er das individualrechtliche Differenzierungsverbot allein Art. 3 Abs. 3 GG zu, während Art. 3 Abs. 2 GG kein absolutes Differenzierungsverbot enthalte, sondern vielmehr ein gruppenbezogenes staatliches Förderungsgebot zugunsten des einzelnen unabhängig von der Geschlechtszugehörigkeit[1719]. Dabei stellte Döring auch klar, daß hierunter kein Gruppenrecht zu verstehen sei, denn es handele sich lediglich darum, die Zugehörigkeit zur Gruppe der Männern bzw. der Frauen als Anknüpfungspunkt zu nehmen[1720]. Da sich Art. 3 Abs. 2 und 3 gegenseitig begrenzten, kam Döring hier schließlich zu dem Schluß, daß der durch Vorrangregelungen zugunsten von Frauen bewirkte Verstoß gegen das absolute Differenzierungsverbot aus Art. 3 Abs. 3 GG durch Art. 3 Abs. 2 GG gerechtfertigt werden könnte (Inzidenterschluß aus BVerfGE 85, S.191 (S.209)) und von daher der verhältnismäßigen Zuordnung in Form der Herstellung praktischer Konkordanz bedürfte[1721].

*(3) Die progressiven Meinungen zu Art. 3 Abs. 2 GG n.F. unter Berücksichtigung von Art. 3 Abs. 3 GG*

Kokott nahm den Rentenaltersbeschluß des BVerfG als Ausgangspunkt ihrer Überlegungen zu Art. 3 Abs. 2 GG n.F. und stellte zunächst fest, daß das Gericht hier von seiner bisherigen restriktiven Haltung, die Art. 3 Abs. 2 GG schon in der alten Fassung seinen „effet utile" genommen habe, abgewichen sei und nunmehr dem Gleichberechtigungsgrundrecht einen über das Diskriminierungsverbot des Art. 3 Abs. 3 GG hinausgehenden Regelungsgehalt zugesprochen habe, der ebenfalls die Berücksichtigung faktischer, in der Gesellschaft liegender und sich auf die Gruppe der Frauen beziehender Umstände bei der Auslegung des Gleichberechtigungsgebots erfordere[1722].

Sie bezog sich u.a. auf die von Sacksofsky bereits vor der Neufassung des Art. 3 Abs. 2 GG vertretene Auffassung, daß Frauen aufgrund ihres Minderheitsstatus in Führungspositionen oder auch in der Politik eines höheren grundrechtlichen Schutzes bedürften als Männer und das deshalb der anzulegende richterli-

---

1718 Ebenda
1719 Döring, S. 237 f.
1720 Döring, S. 238
1721 Döring, S. 239
1722 Kokott, NJW 1995, S. 1049 (S. 1050)

che Kontrollmaßstab an Regelungen, die Frauen rechtlich oder tatsächlich benachteiligten entsprechend strenger auszufallen habe als bei den Männer benachteiligenden Maßnahmen, weil sie regelmäßig ihre Interessen besser artikulieren und durchsetzen könnten[1723]. Vor dem Hintergrund des Nachtarbeitsurteils des BVerfG, demnach Art. 3 Abs. 2 GG eine Festschreibung tradierter Rollenverteilungen zum Nachteil von Frauen verbietet und rechtliche Differenzierungen zwischen den Geschlechtern allein am Maßstab des Art. 3 Abs. 3 GG zu messen sind, gelangte sie zu der Erkenntnis, daß der Art. 3 Abs. 2 S. 2 GG zwar keine grundlegende Neuerung darstelle, sondern eher als eine Bestätigung der neuen Rechtsprechung zu bewerten sei. Allerdings könne diese Verfassungsbestimmung wichtige Impulse vermitteln, zur Festigung der noch am Anfang stehenden Rechtsprechung beitragen sowie Frauenförderung allgemein besser begründbar und in größerem Ausmaß zulässig gestalten[1724].

Für die Frage nach der verfassungsrechtlichen Zulässigkeit von Vorrangregelungen zugunsten von Frauen legte sie das geänderte Verständnis vom Verhältnis des Art. 3 Abs. 2 und 3 GG und den auf Frauenförderung ausgerichteten Art. 3 Abs. 2 S. 2 GG zugrunde. So seien leistungsabhängige Vorrangregelungen der Frauenförder- und Gleichstellungsgesetze verfassungskonform, die in zeitlich begrenzter Hinsicht grundsätzlich Frauen bei gleicher Eignung bevorzugt zur Einstellung vorsähen, solange eine faktische Gleichstellung von Frauen nicht erreicht sei[1725]. Der geringere richterliche Kontrollmaßstab folge für diese „positive Diskriminierung" aus Art. 3 Abs. 2 S. 1 GG unter Beachtung der gesetzgeberischen Einschätzungsprärogative, wobei dieser vernünftige Gründe aus dem nunmehr verstärkt legitimierten verfassungsrechtlichen Bestreben nach einer tatsächlichen Gleichstellung der Frau ziehen könne[1726]. Klarstellend fügte sie noch hinzu, daß grundsätzlich niemals eine schlechtere Frau einem besseren Mann vorgezogen werden könnte. Letztlich biete Art. 3 Abs. 2 GG n.F. einen hinreichenden verfassungsrechtlichen Grund für die durch leistungsabhängige Vorrangregelungen bewirkte Schlechterstellung des einzelnen Mannes[1727].

Wie die meisten der bisher nachgezeichneten Literaturmeinungen knüpfte auch Fisahn zum inhaltlichen Verständnis des Art. 3 Abs. 2 GG n.F. an die im Vorfeld der Grundgesetzänderung geäußerten Auffassungen zum Verhältnis von Art. 3 Abs. 2 und 3 GG an: Während Art. 3 Abs. 3 GG die Garantie rechtlicher Gleichheit von Männern und Frauen enthalte, kurz die formale Gleichberechti-

---

1723 Kokott, S. 1051; vgl. Sacksofsky, Das Grundrecht auf Gleichberechtigung, 1. Aufl. 1991, S. 314
1724 Kokott, S. 1051
1725 Ebenda
1726 Ebenda
1727 Kokott, S. 1052

gung oder auch das Differenzierungsverbot, stellte Art. 3 Abs. 2 GG bereits in der alten Fassung die materiale Gleichberechtigung der Geschlechter bzw. das Gebot der Herstellung faktischer Gleichberechtigung zur Verfügung[1728]. Im Hinblick auf die Gleichberechtigung der Geschlechter habe Art. 3 GG schon immer diese beiden Elemente aufgewiesen, wobei durch den neuen und ausdrücklichen Auftrag an den Staat, die tatsächliche Gleichberechtigung zwischen Männern und Frauen zu fördern, die materiale Gleichberechtigung gestärkt und gleichzeitig einer formalen Auslegung des Art. 3 Abs. 2 GG eine Absage erteilt worden sei[1729]. In der Feststellung, daß Art. 3 Abs. 2 GG ein materiales Gleichberechtigungsgebot und folglich einen objektiv-rechtlichen Gehalt beinhalte, liege zunächst nur der Ausgangspunkt für das eigentliche Problem, das insbesondere in bezug auf die Vorrangregelungen zugunsten von Frauen zu einem Konflikt mit dem Differenzierungsverbot führe[1730]. Die Lösung dieser Kollision lag für ihn in der Herstellung praktischer Konkordanz zur Rechtfertigung der Vorrangregelungen, die vor allem den Gedanken der Einheit der Verfassung berücksichtige und die sich gegenüberstehenden Rechtsgüter aus ihrem Widerspruch im Wege der verhältnismäßigen Zuordnung zueinander befreie. Die dabei gewährleistete optimale Verwirklichung sowohl der formalen als auch der materialen Gleichberechtigung, bewirke auch die grundsätzliche Legitimierbarkeit von Vorrangregelungen, weil sie der Geeignetheit (Beseitigung der Diskriminierung), Erforderlichkeit (mildere Mittel sind nicht vorhanden) sowie Proportionalität (Grundrechtseingriff in Art. 3 Abs. 3 GG steht nicht außer Verhältnis zum Erfolg) gerecht würden[1731]. Schließlich gelangte er zu dem Ergebnis, daß mit dem Art. 3 Abs. 2 S. 2 GG nunmehr ein sogenannter „Erst-recht-Schluß" im Hinblick auf die Zulässigkeit von Frauenförderung durch Vorrangregelungen geboten sei, da die grundrechtliche Rechtsposition der Herstellung faktischer Gleichberechtigung klargestellt und damit die Argumentation pro Frauenförderung verstärkt werde – in diesem Sinne habe auch das Recht der Männern auf formale Gleichbehandlung zurückzustehen[1732].

Auch für König lag in der Neufassung des Art. 3 Abs. 2 GG eine Verstärkung des Gleichberechtigungsauftrags. Insbesondere sah sie in der Staatszielbestimmung des Art. 3 Abs. 2 S. 2 GG ebenfalls eine zweigeteilte Norm, in der der Auftrag zur Nachteilsbeseitigung den Gleichberechtigungsauftrag zur Durchsetzung der faktischen Gleichberechtigung unterstütze[1733]. Dabei ginge es nicht nur

---

1728  Fisahn, NJ 1995, S. 352 (S. 353)
1729  Ebenda
1730  Fisahn, S. 354
1731  Fisahn, S. 356
1732  Ebenda
1733  König, S. 840

um die Schaffung von Rahmenbedingungen für die Zukunft, sondern ebenfalls um die vollständige Beseitigung der heute noch bestehenden Nachteile. Hier widersprach sie außerdem der Gesetzesbegründung im Bericht der GVK, daß mit der Kompensationsklausel kein vom jeweiligen Nachteil losgelöster Ausgleich stattzufinden habe, aber berufliche Nachteile auch nur konkret durch berufliche Vorteile ausgeglichen werden könnten[1734]. Sie war der Auffassung, daß diese Auslegung lediglich richtungsweisender Natur für die Rechtsanwendung sei, allerdings auch nicht so verstanden werden dürfte, daß eine Begünstigung im Einzelfall nur zulässig sei, wenn eben ein konkreter Nachteil nachgewiesen werden könne, denn dem Gesetzgeber sei seit dem Rentenaltersbeschluß des BVerfG eine typisierende Regelung erlaubt[1735].

Schließlich betonte sie die Bedeutung von Staatszielen für die Auslegung von Gesetzen, die sowohl von der Verwaltung als auch von den Gerichten im Einklang mit dem in der Verfassung verankerten Ziel auszulegen seien, so daß im Rahmen einer Abwägungsentscheidung auch die durch eine Frauenfördermaßnahme betroffenen Grundrechte anderer zurückzutreten hätten[1736]. König unterteilte die verschiedenen Frauenfördermaßnahmen für ihre weiteren Überlegungen insbesondere zum Abwägungsprozeß in die allgemeinen sozialpolitischen Förderungsmaßnahmen, zu denen sie u.a. flexible familiengerechte Arbeitsplatz- und Arbeitszeitgestaltungen, Fördermaßnahmen zum beruflichen Wiedereinstieg nach einer Familienphase, besondere Fort- und Weiterbildungsangebote sowie die Verbesserung der Kinderbetreuungsangebote rechnete[1737]. Zu den geschlechtsspezifischen Priveligierungsmaßnahmen zählte sie dagegen neben den verschiedenen Formen der Quote auch Zielvorgaben[1738].

Auch sie wollte das durch Vorrangregelungen zugunsten von Frauen hervorgerufenen Spannungsverhältnis zwischen dem objektiv-rechtlichen Gehalt des Art. 3 Abs. 2 GG und dem subjektiven Abwehrrecht aus Art. 3 Abs. 3 GG durch die Herstellung praktischer Konkordanz auflösen und stellte gleichzeitig klar, daß die daraus folgende „bedingte Vorrangrelation" zugunsten der faktischen Gleichberechtigung ausschlage und in diesem Sinne auch Quoten, die maximal einen Frauenanteil von 50 % erreichen wollten, dem möglichst schonenden Ausgleich zwischen dem Abwehrrecht des Mannes aus Art. 3 Abs. 3 GG sowie dem Recht der Frau auf faktische Gleichberechtigung gerecht würden, wenn sie ausschließlich in Bereichen weiblicher Unterrepräsentation zur Anwendung kämen

---

1734 BT-Drs. 12/6000, S. 50
1735 König, S. 840 f.
1736 König, S. 841
1737 Ebenda
1738 Ebenda

und zudem mit einer Härtefallklausel gekoppelt seien[1739]. Im Ergebnis lag für König in der Staatszielbestimmung des Art. 3 Abs. 2 S. 2 GG eine zusätzliche Überzeugungskraft für die Zulässigkeit von derartigen Vorrangregelungen, die bis zur Erreichung ihres Ziels unter Beachtung des Verhältnismäßigkeitsgrundsatzes dem Individualrecht aus Art. 3 Abs. 3 GG vorzugehen hätten, auch wenn Art. 3 Abs. 2 GG n.F. nach wie vor Raum für unterschiedliche Interpretationen lasse und deshalb auch eine diesbezügliche Entscheidung des BVerfG zu fordern sei[1740].

Zu den progressiven Verfechtern der Auslegung des Art. 3 Abs. 2 GG n.F. ist auch Vogel zu rechnen. Ihm zufolge ergänzt Art. 3 Abs. 2 S. 2 GG zunächst den abwehrrechtlichen Gehalt des Gleichberechtigungssatzes aus Art. 3 Abs. 2 S. 1 GG und hat einen starken, vom Wortlaut her geprägten Auftragsgehalt, wobei Förderauftrag und Hinwirkenspflicht eindeutig über eine bloße Handlungsermächtigung an den Staat hinausgingen und ihn als Verpflichtungsadressaten zum Möglichsten der Förderung und des Nachteilsausgleichs aufforderten[1741]. Auch wenn der Begriff des „Hinwirkens" auf die Nachteilsbeseitigung auf den ersten Blick eine abgemilderte Pflicht impliziere, sei dem Staat doch eine Beseitigung und nicht nur der Abbau von Benachteiligungen aufgetragen worden, so daß auf den Nachteilsausgleich auch so lange hinzuwirken sei, bis die Beseitigung der bestehenden Nachteile sichergestellt sei[1742]. Als Staatsziel bedürfte Art. 3 Abs. 2 S. 2 GG der gestalterischen Umsetzung durch den Gesetzgeber und binde darüber hinaus über Art. 20 Abs. 3 GG die Rechtsprechung und Verwaltung unmittelbar bei der Rechtsanwendung und Gesetzesauslegung, vor allem bei der Ausfüllung unbestimmter Rechtsbegriffe oder bei der Ausübung und Kontrolle von Ermessensentscheidungen[1743]. Auch beschränke sich die Wirkung des Staatsziels nicht auf den öffentlichen Dienst, sondern beziehe sich auf alle gesellschaftlichen Lebensbereiche einschließlich der Wirtschaft und Politik[1744].

Im Hinblick auf das Verhältnis von Art. 3 Abs. 2 GG n.F. zu Art. 3 Abs. 3 GG sah er besonders die Literaturmeinungen durch die Verfassungsergänzung gestärkt, die sich für eine Vereinbarkeit ergebnisbezogener, gruppenorientierter Kompensationsmaßnahmen mit dem individualrechtlichen Benachteiligungsverbot des Art. 3 Abs. 3 GG ausgesprochen hatten, denn für diese gruppenbezogene Perspektive spreche zunächst, daß das in Art. 3 Abs. 2 S. 2 GG verankerte Staatsziel die staatlichen Möglichkeiten zur Frauenförderung verbessern und

---

1739 König, S. 844
1740 Ebenda
1741 Vogel in FS für Benda, 1995, S. 359 (S. 412)
1742 Vogel in FS für Benda, S. 412 f.
1743 Vogel in FS für Benda, S. 413
1744 Ebenda

nicht verschlechtern wolle[1745]. Allerdings zeige schon das Nachtarbeitsurteil des BVerfG mit der ausdrücklichen Anerkennung der Zulässigkeit kompensatorischer Maßnahmen zum Ausgleich faktischer Nachteile, die typischerweise Frauen träfen, um in der Zukunft die Gleichberechtigung der Geschlechter durchzusetzen, ein typisierend-gruppenbezogenes Element[1746]. Außerdem ergäbe sich eine gruppenbezogene Perspektive aus den notwendig kollektiven Gehalten von Förderpflicht und Nachteilsausgleich, denn die letztendlich Begünstigte sei zwar die einzelne Frau, Bezugspunkt der Förderpflicht sei mit der „tatsächlichen Durchsetzung der Gleichberechtigung" aber ein überindividueller gesellschaftlicher Zustand, den es zu erreichen gelte und der durch das Gebot der Beseitigung bestehender Nachteile, dem es um die Ursachen und Auswirkungen struktureller Diskriminierung gehe, unterstrichen werde[1747].

Vogel war im Zusammenhang mit der Frage nach dem Ausgleich individuell oder kollektiver erlittener Nachteile schließlich auch der Auffassung, daß auf den jeweiligen Einzelfall bezogene Benachteiligungen durch wiederum individuell zurechenbare Akte[1748] bereits durch Art. 3 Abs. 2 S. 1 GG erfaßt seien. Demgegenüber ließen sich die durch Satz 2 zu beseitigenden Nachteile lediglich in einem überindividuellen, also kollektiven bzw. gruppenbezogenen, Vergleich als Auswirkungen zumeist mittelbarer Diskriminierungen feststellen. Für hier ansetzende Ausgleichsmaßnahmen könne deshalb auch kein Nachweis individuell erlittener Benachteiligungen erbracht werden[1749]. Er schloß sich im übrigen der von Sacksofsky in der öffentlichen Anhörung der GVK vom 05.11.1992 vertretenen Ansicht an, daß eine Individualisierung der Perspektive die strukturelle Diskriminierung ausblende[1750].

Insgesamt kam er zu der Schlußfolgerung, daß die bereits in Art. 3 Abs. 2 S. 1 GG enthaltene kollektivrechtliche Dimension eine deutliche Verstärkung durch

---

1745 Vogel in FS für Benda, S. 414
1746 Ebenda
1747 Vogel in FS für Benda, S. 415
1748 Etwa Situationen des § 611a BGB, der seit dem Maschinenschlosserinbeschluß des BVerfG (BVerfGE 89, S. 276 (S. 285)) eindeutig als Konkretisierung des Art. 3 Abs. 2 GG für privatrechtlich gestaltete Arbeitsbeziehungen zu begreifen ist, die Verf.
1749 Vogel in FS für Benda, S. 415, der an dieser Stelle auch auf Kowal, ZRP 1989, S. 445 (S. 446) verweist, die dem Kompensationsgedanken als vergangenheitsbezogene Grundlage der Quotierung verwirft, da er zu einer ungerechten Verteilung der Lasten führe, denn er entschädige nicht die einzelnen Opfer einer Diskriminierung, sondern eine ganze benachteiligte Bevölkerungsgruppe; auch Kowal sieht in Quotierungen das Ziel der Beseitigung struktureller Diskriminierung
1750 Vogel in FS für Benda, S. 415; vgl. auch Sacksofsky in Limbach/Eckertz-Höfer (Hrsg.), S. 97

Art. 3 Abs. 2 S. 2 GG erhalten habe und die Lösung des Konflikts zwischen dem objektiv-rechtlichen Gehalt des Staatsziels und dem subjektiven Abwehrrecht des Mannes gegen Ungleichbehandlungen aus Art. 3 Abs. 3 GG ein Problem der verhältnismäßigen Zuordnung beider Verfassungsbestimmungen und damit der Herstellung praktischer Konkordanz sei[1751]. Vor diesem Hintergrund sprach er Art. 3 Abs. 2 GG n.F. als der spezielleren Regelung für die verfassungsrechtliche Beurteilung von Fördermaßnahmen des Nachteilsausgleichs den Vorrang vor Art. 3 Abs. 3 GG zu, was gleichzeitig auch die Bedenken gegen die Verfassungskonformität der derzeit existierenden relativen und leistungsabhängigen Vorrangregelungen in den Landesgleichstellungsgesetzen aufhebe[1752]. Auf andere Formen der Frauenförderung ging er jedoch nicht ein.

Sacksofsky sieht sich in ihrer zweiten Auflage von 1996 in ihrer in der ersten Auflage von 1991 vertretenen Auffassung zu Art. 3 Abs. 2 GG als Dominierungs- und Art. 3 Abs. 3 GG als Differenzierungsverbot bestätigt[1753]. Auch sie legt der Interpretation des Art. 3 Abs. 2 S. 2 GG eine Aufteilung in zwei Halbsätze zugrunde, wobei das Ziel der Herstellung von Gleichberechtigung in der Realität im 1. Halbsatz durch die Verpflichtung des Staates im 2. Halbsatz, auf die Beseitigung der bestehenden Nachteile hinzuwirken, verstärkt werde[1754]. So verlange der 1. Halbsatz der Staatszielbestimmung eine umfassende Berücksichtigung tatsächlicher Gegebenheiten, die sich für Frauen aus den negativen Folgen der fortbestehenden Auswirkungen traditioneller Arbeitsteilung ergäben und die es zu beseitigen gelte[1755]. Sie stellte klar, daß eine umfassende Sicht auf die Chancengleichheit, die alle Faktoren einbeziehe, die zur Schlechterstellung von Frauen beitragen, auch nicht auf die Erreichung einer „starren" Ergebnisgleichheit ausgerichtet sei: Eine exakt gleiche Anzahl von Männern und Frauen könne nicht das anzustrebende Ziel sein, allerdings biete eine von der Geschlechterparität abweichende Repräsentation von Frauen ein Indiz für das Vorhandensein von Benachteiligungen z.B. in begehrten beruflichen Positionen[1756]. Damit begründe sich des weiteren die Vermutung für das Vorliegen struktureller Diskriminierung, die auch nicht mehr mit dem Hinweis außer Kraft gesetzt werden könne, daß Frauen anders seien, andere Präferenzentscheidungen träfen und/oder bestimmte berufliche Positionen gar nicht haben wollten[1757]. Als objektiv-rechtlicher Verfassungsauftrag, der im Grundrechtsteil angesiedelt sei, habe die

---

1751 Vogel in FS für Benda, S. 416
1752 Vogel in FS für Benda, S. 416 f.
1753 Sacksofsky, Das Grundrecht auf Gleichberechtigung, 2.Auflage 1996, S. 403
1754 Sacksofsky, S. 399
1755 Sacksofsky, S. 400
1756 Sacksofsky, S. 400 f.
1757 Sacksofsky, S. 401

Staatszielbestimmung einzig und allein den Zweck der Verstärkung der Gleichberechtigungsgarantie, die auch keine subjektive Einklagbarkeit benötige, allerdings im Rahmen einer abstrakten oder konkreten Normenkontrolle beim BVerfG als Prüfungsmaßstab zur Anwendung kommen könne[1758].

Insgesamt beurteilte sie aus ihrer Warte alle drei sich aus Art. 3 Abs. 2 S.1 GG, Art. 3 Abs. 3 GG sowie Art. 3 Abs. 2 S. 2 GG ergebenden Vorschriften als gegenseitige systematische Ergänzung, wenn ihrem Verhältnis zueinander ein Verständnis von Art. 3 Abs. 2 S. 1 GG als Dominierungsverbot verstärkt durch die Staatszielbestimmung mit Verfassungsauftragscharakter und Art. 3 Abs. 3 GG als Differenzierungsverbot und subjektives Abwehrrecht zugrunde gelegt würde[1759]. Im Hinblick auf Frauenfördermaßnahmen stelle sich Art. 3 Abs. 2 GG als die speziellere Norm gegenüber Art. 3 Abs. 3 GG dar, da der objektive Schutzzweck des Art. 3 Abs. 2 S. 1 GG nunmehr explizit im Verfassungsauftrag des Satzes 2 festgeschrieben sei und damit die tatsächliche bzw. materielle Gleichberechtigung in Art. 3 Abs. 2 GG in gewissem Umfang Vorrang vor der merkmalsbezogenen oder formalen Gleichheit aus Art. 3 Abs. 3 GG beanspruchen könne[1760]. Sie verteidigte ihren Ansatz des bedingten Vorrangs von Art. 3 Abs. 2 GG n.F. im Wege der Spezialität vor allem mit dem Hinweis, daß auch damit nicht jede denkbare Frauenfördermaßnahme zu rechtfertigen sei. Vielmehr stände die Spezialität von Art. 3 Abs. 2 GG unter dem Vorbehalt der eigenen Reichweite ihres begrenzten Schutzzwecks, Frauenfördermaßnahmen seien nur in zeitlich begrenztem Rahmen zulässig und außerdem in ihrem Ausmaß begrenzt[1761]. In diesem Zusammenhang seien Quotenregelungen zugunsten von Frauen auch nur dann zu rechtfertigen, wenn ihre Verbindung zu den bestehenden Nachteilen von Frauen aktueller Natur sei, sprich ein aktueller Nachteilsausgleich stattfinden solle, die wegen des zunächst ausgeschlossenen Nachweises individueller Diskriminierung nicht greifen könne[1762].

Schließlich wandte sie sich gegen den überwiegenden Ansatz in der Literatur, die durch Vorrangregelungen hervorgerufene Kollision zwischen materialer und formaler Gleichberechtigung durch die Herstellung praktischer Konkordanz zu lösen, da dieser Weg der Überprüfung von Frauenfördermaßnahmen Gefahr laufe, allein von den persönlichen Einschätzungen und politischen Prioritäten der Beteiligten abzuhängen[1763]. Schließlich handele es sich hier auch nicht um zwei völlig verschiedene Grundrechte wie z.B. den Schutz der persönlichen Ehre, der

---

1758 Sacksofsky, S. 402
1759 Sacksofsky, S. 405
1760 Sacksofsky, S. 411
1761 Sacksofsky, S. 412
1762 Sacksofsky, S. 412 f.
1763 Sacksofsky, S. 417 f.

gegenüber der Meinungsäußerungsfreiheit abgewogen werden müßte, sondern um ein und denselben Sachbereich, die Gleichheit von Männern und Frauen[1764]. So könne eine Abwägung auch nur überzeugen, wenn eine genaue Analyse des Sachbereichs vorgenommen werde, die dann im Ergebnis zu denselben Fragen des Verhältnisses von rechtlicher und tatsächlicher Gleichheit führe. Insgesamt handele es sich dabei nur um unterschiedliche dogmatische Konstruktionen ohne konkrete Auswirkungen auf das Ergebnis. Auch sei es letztendlich klarer, daß Verhältnis zweier Normen, die denselben Lebensbereich berührten, innerhalb der dogmatischen Kategorie der Spezialität zu bestimmen als sie der Auffangfunktion der Güterabwägung zu unterstellen[1765].

Schließlich muß noch Schumann zu den Verfechterinnen einer progressiven Auslegung von Art. 3 Abs. 2 GG n.F. gerechnet werden. Auch sie sah in der Aufnahme des Staatsziels in die Verfassung eine Verstärkung des Ziels der faktischen Gleichberechtigung, das nicht nur die Unsicherheiten über Existenz und Stellenwert dieses Ziels nehme, sondern gleichzeitig auch präzisierend die Frauenförderung als Gut mit Verfassungsrang ausstatte[1766]. Der hohe Stellenwert des Staatsziels in Art. 3 Abs. 2 S. 2 GG folge außerdem aus seiner exponierten Stellung im Rahmen des Grundrechtskatalogs[1767]. Verpflichteter aus Art. 3 Abs. 2 S. 2 GG sei zwar primär der Staat in seiner Funktion als Gesetzgeber, allerdings seien auch die Verwaltung und die Rechtsprechung zur Beachtung der Verfassungsnorm bei der Auslegung von Gesetzen, Planung und Ermessensausübung verpflichtet[1768]. Sie war weiterhin der Auffassung, daß das Staatsziel der faktischen Gleichberechtigung über eine mittelbare Drittwirkung auch zur Beachtung im Privatrechtsverkehr führe – die Tarifvertragsparteien jedoch unmittelbar an die Verwirklichung des Staatsziels im Rahmen der Tarifvertragsverhandlungen gebunden seien[1769]. Ob die Staatszielbestimmung tatsächlich als Fortschritt für die Gleichberechtigung bewertet werden könne, hänge vor allem davon ab, ob frauenfördernde Maßnahmen durch sie einen zusätzlichen und rechtfertigenden Rückhalt erhalten hätten und dabei auch gegenüber der Beeinträchtigung von Rechten anderer aufrecht erhalten bleiben könnten[1770].

Im Hinblick auf die „sanften" Frauenfördermaßnahmen, insbesondere Maßnahmen zur Verbesserung der Vereinbarkeit von Beruf und Familie, durch die beide Geschlechter gleichermaßen angesprochen würden, stellte sie klar, daß der

---

1764  Sacksofsky, S. 418
1765  Ebenda
1766  Schumann, S. 86
1767  Ebenda
1768  Schumann, S. 89
1769  Schumann, S. 94 f.
1770  Schumann, S. 95

hier fehlende Eingriff in die Grundrechte anderer auch zur verfassungsrechtlichen Unbedenklichkeit solcher Vorschriften führe, die demnach auch keiner weitergehenden Rechtfertigung bedürften[1771]. Etwas anderes gelte dabei für die verschiedenen Modelle der Vorrangregelungen, die als geschlechtsspezifisch wirkende Frauenfördermaßnahmen auch eine besondere Rechtfertigung benötigten und deren Rechtfertigungsmöglichkeiten möglicherweise mit der Aufnahme des Art. 3 Abs. 2 S. 2 GG in die Verfassung eine Wendung bzw. neue Lösung erfahren haben könnten[1772]. Zwar lasse der allgemeine Wortlaut des Art. 3 Abs. 2 S. 2 GG keine konkrete Schlußfolgerung zugunsten einer bestimmten Form der Frauenförderung zu, was auch nicht durch den entstehungsgeschichtlichen Hintergrund der Norm präzisiert werden könne. Doch komme hier besonders der systematischen und teleologischen Auslegung eine besondere Bedeutung zu[1773]. Sie sah an dieser Stelle vor allen Dingen eine Notwendigkeit, dem Staatsziel eine „gruppenrechtliche Dimension" zuzusprechen, die ihre Begründung bereits aus dem vorliegenden Gleichberechtigungsdefizit von Frauen als ein Gruppenphänomen ziehe. Einer Beschränkung der Sicht auf die einzelne Frau wohne demgegenüber die Problematik inne, daß auf diese Weise eine Unterrepräsentanz der Gruppe der Frauen nicht mehr festgestellt werden könne[1774]. Die befürchtete Tendenz zum Gruppengrundrecht war nach ihrer Auffassung schon deshalb ausgeschlossen, weil Art. 3 Abs. 2 S. 2 GG lediglich ein Staatsziel darstelle – das ändere aber nichts daran, daß die Entstehung des Staatsziels durch die Benachteiligung einer gesamten Gruppe bedingt sei, was zwangsläufig zur Bekämpfung eines solchen Zustandes durch die Gruppe als Ganzes fördernde Maßnahmen führen müsse[1775].

Während sie leistungsunabhängige Vorrangregelungen vor diesem Hintergrund als nicht gedeckt von Art. 3 Abs. 2 S. 2 GG ansah, bescheinigte sie leistungsabhängigen Quoten dagegen eine grundsätzliche verfassungsrechtliche Zulässigkeit[1776]. Insbesondere war sie der Meinung, daß der weitreichend gewährten Personalentscheidungsgewalt des Dienstherrn im öffentlichen Dienst mit Art. 3 Abs. 2 S. 2 GG ein hochrangiges Gegengewicht entgegengestellt werde, das ihn in die Pflicht zur Verwirklichung der faktischen Gleichberechtigung nehme und gleichzeitig dem Gesetzgeber gestatte, dem Dienstherrn verbindliche Auswahlkriterien mit dem Ziel der Frauenförderung an die Hand zu geben[1777].

---

1771 Schumann, S. 96
1772 Schumann, S. 124
1773 Schumann, S. 130 f.
1774 Schumann, S. 131
1775 Ebenda
1776 Schumann, S. 132 ff.
1777 Schumann, S. 134

Hier müsse zwar im Kern die Entscheidungsfreiheit des Dienstherrn mit Hilfe einer sozialen Härteklausel zugunsten des eventuell untragbar benachteiligten Mannes gewahrt bleiben, jedoch komme noch hinzu, daß die Exekutive über Art. 1 Abs. 3 GG ohnehin unmittelbar an die objektiven Zielsetzungen des GG gebunden sei, so daß ein Eingriff in die Personalhoheit des Dienstherrn ausscheide[1778]. Entsprechendes gelte auch für Zielvorgaben bzw. die u.U. mit ihnen gekoppelten Sanktionen im Fall ihrer Nichtbeachtung oder aber Nichterreichung (z.B. ein Begründungs- und Rechtfertigungszwang)[1779]. Im Rahmen des Art. 33 Abs. 2 GG sei damit die Unterrepräsentanz von Frauen ein durch Art. 3 Abs. 2 S. 2 GG legitimiertes Hilfskriterium, das über die leistungsabhängige Vorrangregelung schließlich auch zur Erhöhung des Frauenanteils im Erwerbsleben beitragen könne[1780]. Im öffentlichen Dienst würde allerdings der Schutzbereich des Art. 3 Abs. 3 GG zugunsten des männlichen Mitbewerbers berührt, der ihrer Auffassung nach mit der Staatszielbestimmung in Kollision gerate[1781].

Auch Schumann favorisierte hier den Ausgleich der sich gegenüberstehenden Rechtsgüter über die Herstellung praktischer Konkordanz, wobei sie zunächst aber klarstellte, daß aus ihrer Sicht die Herstellung praktischer Konkordanz zwischen der objektiv-rechtlichen Dimension des Art. 3 Abs. 2 GG a.F. und dem subjektiven Abwehrrecht aus Art. 3 Abs. 3 GG daran scheitere, daß die objektive Seite lediglich als Verstärkung der subjektiven Komponente des in Rede stehenden Grundrechts fungiere[1782]. Auch das Staatsziel trete der subjektiven Grundrechtsposition aus Art. 3 Abs. 3 GG als objektiver Verfassungsauftrag entgegen, allerdings mit dem Unterschied, daß die objektive Dimension eines Grundrechts nur einen Verfassungswert beinhalte, der den Staat verpflichtende Auftrag zur Verwirklichung faktischer Gleichberechtigung jedoch eine sehr viel höhere Bindungswirkung entfalte[1783]. Im Ergebnis standen sich für Schumann zwei Verfassungsinstrumente auf einer Ebene gegenüber, die eine gleichartige Verpflichtungswirkung aufzuweisen hatten und damit Raum für eine verhältnismäßige Zuordnung i.S.v. praktischer Konkordanz boten[1784].

---

1778 Ebenda
1779 Schumann, S. 134 f.
1780 Schumann, S. 135
1781 Schumann, S. 135, 141 ff.
1782 Schumann, S. 141
1783 Schumann, S. 142
1784 Ebenda

*(4) Zusammenfassung*

Die hier nachgezeichneten Meinungen in der Literatur vermitteln trotz ihrer Zuordnung in drei Kategorien an verschiedenen Stellen, wenn auch teilweise nur im Detail, ein eher uneinheitliches Bild. Einigkeit herrscht lediglich im Hinblick auf die Einstufung des Art. 3 Abs. 2 S. 2 GG als Staatszielbestimmung, die sich aus zwei Komponenten, einerseits der Förderung der tatsächlichen Durchsetzung der Gleichberechtigung, andererseits der Beseitigung bestehender Nachteile zusammensetzt. Eine isolierte Betrachtungsweise des Art. 3 Abs. 2 S. 2 GG geht, soweit ersichtlich, nur Schumann in ihrer Analyse der Grundgesetzerweiterung an, denn die (verbleibende) Funktion des Art. 3 Abs. 2 S. 1 GG wird in ihrer Arbeit nicht deutlich.

Den restriktiven Literaturmeinungen ist die jegliche Ablehnung von geschlechtsspezifisch wirkenden Vorrangregelungen zugunsten von Frauen auf der Grundlage des neuen Staatsziels als Verstärkung des Gleichberechtigungsgebots gemeinsam. So betonen Hofmann, Scholz, Schmidt-Bleibtreu/Klein und Starck etc., daß es um die Verwirklichung der Chancengleichheit zwischen Männern und Frauen gehe, d.h., daß die Ausgangslage für Frauen im Wettbewerb um berufliche Positionen verbessert und durch kompensatorische (geschlechtsneutrale) Maßnahmen der Situation der Männer angeglichen werden solle, etwa durch flexible Arbeitszeiten und Arbeitsplatzgestaltungen, berufliche Wiedereingliederungen nach einer Kindererziehungsphase u.ä. Das mit der Neufassung des Art. 3 Abs. 2 GG das Ziel einer faktischen Ergebnisgleichheit i.S. einer paritätischen Verteilung von Männern und Frauen in allen gesellschaftlichen Bereichen, insbesondere im Berufsleben, angestrebt werden könnte, wurde von ihnen durchgängig abgelehnt. Das sowohl Art. 3 Abs. 3 S. 1 GG als auch Art. 3 Abs. 2 S. 1 GG zugewiesene strikte Differenzierungsverbot bzw. subjektive Abwehrrecht fungierte hier als absolute Schranke für den darüber hinausgehenden objektiv-rechtlichen Gehalt des Art. 3 Abs. 2 S. 1 GG, dem auch die Staatszielbestimmung nicht zu einer stärkeren Geltung verhelfen konnte.

Die gemäßigten Literaturstimmen haben gerade in Detailfragen unterschiedliche Ansätze. Gemeinsam ist ihnen aber die grundsätzliche Anerkennung der verfassungsrechtlichen Zulässigkeit von Vorrangregelungen auf der Basis von Art. 3 Abs. 2 GG, auch wenn Osterloh in diesem Zusammenhang von „ultima ratio" spricht[1785] und Schweizer sowie Döring den durch die Quotenregelung anzustrebenden Frauenanteil nicht bei 50 % ansetzen, sondern bei 1/3 bzw. am Anteil der qualifizierten Bewerber. Allen diesen Meinungen ist außerdem gemeinsam, daß sie von der Förderung der Chancengleichheit durch die Staatsziel-

---

1785 Osterloh in Sachs (Hrsg.), Art. 3 Rn. 286

bestimmung ausgehen. Auch hier sind Modifikationen erkennbar wie z.B. bei Schweizer, die Art. 3 Abs. 2 S. 2 GG als Verfassungsauftrag zur Verwirklichung effektiver, individueller Chancengleichheit von Männern und Frauen begreift, die auch die Ergebnisebene nicht gänzlich außer Acht lassen möchte[1786]. Die Kollision aus Art. 3 Abs. 2 GG n.F. mit dem Differenzierungsverbot des Art. 3 Abs. 3 S. 1 GG durch geschlechtsspezifische Fördermaßnahmen wird von ihnen durchweg über die Herstellung praktischer Konkordanz der konfligierenden Rechtsgüter gelöst.

Die progressiven Literaturmeinungen zeichnen sich demgegenüber durch die vorbehaltlose Anerkennung struktureller Diskriminierungsmechanismen als Ursache für das nach wie vor bestehende faktische Gleichberechtigungsdefizit von Frauen aus – strukturelle Diskriminierung wird als Gruppenphänomen begriffen, so daß der Ansatz von Frauenfördermaßnahmen auch ein gruppenbezogener bzw. struktureller Lösungsweg sein muß, ohne daß Art. 3 Abs. 2 GG n.F. dabei zu einem Gruppengrundrecht ausschließlich für Frauen wird. Auch hier sind in den Argumentationen Unterschiede erkennbar, denn es vermischen sich teilweise gruppenbezogener Lösungsansatz und Gruppengrundrechtscharakter, der im Vorfeld der Grundgesetzänderung in seiner Striktheit nur von Slupik[1787] und Raasch[1788] vertreten wurde. Leistungsunabhängige Vorrangregelungen zugunsten von Frauen werden aus der Sicht des progressiven Verständnisses von Art. 3 Abs. 2 GG n.F. auf die Erreichung eines paritätischen Geschlechterverhältnisses festgelegt (Ergebnisgleichheit), demnach eine Quotierung auf einen Anteil von Frauen von 50 % festzulegen ist. Art. 3 Abs. 3 S. 1 GG fungiert auch im Rahmen dieser Perspektive als subjektiver Abwehranspruch des einzelnen Mannes gegen Diskriminierung, wobei das Differenzierungsverbot überwiegend durch die verhältnismäßige Zuordnung der Rechtsgüter, d.h. mit der Frage nach der Geeignetheit, der Erforderlichkeit und der Zumutbarkeit der jeweiligen geschlechtsspezifisch wirkenden Regelung (Herstellung praktischer Konkordanz) hinter dem durch den Verfassungsauftrag aus Art. 3 Abs. 2 S. 2 GG verstärkten Gleichberechtigungsgebot des Art. 3 Abs. 2 S. 1 GG zurückzustehen hat.

Lediglich Sacksofsky vertritt unter dem progressiven Literaturmeinungen die Auffassung, daß Art. 3 Abs. 2 GG auch in der Neufassung als lex specialis dem Differenzierungsverbot des Art. 3 Abs. 3 GG vorgehe[1789]. Diesen Weg zur Auflösung des durch geschlechtsspezifische Frauenfördermaßnahmen hervorgerufenen Konflikts zwischen Differenzierungsverbot und dem Gebot faktischer

---

[1786] Schweizer, S. 190 f.
[1787] Slupik, S. 80
[1788] Raasch, Frauenquoten und Männerrechte, 1. Aufl. 1991, S. 150 f.
[1789] Sacksofsky, S. 417 f.

Gleichberechtigung, der auch als Kollision zwischen der objektiv-rechtlichen Dimension des Art. 3 Abs. 2 GG und dem subjektiv-rechlichen Gehalt des Art. 3 Abs. 3 GG bezeichnet wurde[1790], wurde vor der Grundgesetzerweiterung insbesondere von Pfarr[1791] und Raasch[1792] vertreten.

Insgesamt bewegen sich die restriktiven, gemäßigten und progressiven Literaturmeinungen auf einer ansteigenden Linie. Das bedeutet, daß ihre Reichweite im Hinblick auf die Zulässigkeit von Frauenfördermaßnahmen von den sogenannten soften Maßnahmen, und hier vor allem den Maßnahmen zur Verbesserung der Vereinbarkeit von Beruf und Familie, bis hin zu den Verfechter/innen einer paritätischen leistungsabhängigen Frauenquote reicht. Durch die Staatszielbestimmung in Art. 3 Abs. 2 S. 2 GG konnte folglich auch von den Gegnern der Frauenförderung ihre wie auch immer ausgestaltete Form nicht mehr ignoriert werden. Die Offenheit und allgemein gehaltene Formulierung in Art. 3 Abs. 2 S. 2 GG bietet insoweit den unterschiedlichsten Interpretationen Raum, auch wenn gleichwohl klar ist, daß es letztlich um die Beseitigung der bestehenden faktischen Gleichberechtigungsdefizite von Frauen geht. Welcher Mittel sich hier der Staat als verpflichteter Adressat in bezug auf die Frauenförderung bedient, läßt sich auf der Grundlage der nachvollzogenen Literaturmeinungen nur insoweit eingrenzen, als das die Mindestforderung geschlechtsneutrale Maßnahmen zur Vereinbarkeit von Beruf und Familie sind, die Grenze nach oben jedoch durch die GVK selbst in der Unzulässigkeit von starren Quoten[1793] markiert wurde.

Im Ergebnis haben sich folglich die Maßnahmen zur Durchsetzung der tatsächlichen Gleichberechtigung und Beseitigung der bestehenden Nachteile im Rahmen dieser Grenzen zu bewegen. Fraglich ist allerdings, ob das BVerfG an dieser Stelle weitergehende Aussagen getroffen hat, die für eine Präzisierung der Frauenförderung i.S.v. Art. 3 Abs. 2 S. 2 GG hilfreich sein könnten.

*ccc) Die Rechtsprechung des BVerfG zu Art. 3 Abs. 2 n.F. unter Berücksichtigung von Art. 3 Abs. 3 GG*

*(1) Der Beschluß zur kommunalen Gleichstellungsbeauftragten*

Einen Tag vor Erlaß des Gesetzes zur Änderung des GG vom 27.10.1994[1794], in dessen Zuge auch Art. 3 Abs. 2 S. 2 GG in das Grundgesetz eingefügt wurde,

---

1790 Vgl. u.a. Fisahn, S. 356
1791 Pfarr, S. 35
1792 Raasch, S. 247 f.
1793 Vgl. BT-Drs. 12/6000, S. 50
1794 BGBl. I, S. 3146

traf das BVerfG seinen Beschluß zu den kommunalen Gleichstellungs- oder Frauenbeauftragten in Schleswig-Holstein[1795].

Im vorliegenden Verfahren hatten sich zwei Gemeinden gegen die ihnen durch § 2 Abs. 3 der Gemeindeordnung für Schleswig-Holstein (GO) sowie § 22a Abs. 1 und 4 der Amtsordnung für Schleswig-Holstein (AO) auferlegte Verpflichtung zur Bestellung von hauptamtlichen Gleichstellungsbeauftragten in Gemeinden mit mehr als 10000 Einwohnern gewendet. Sowohl § 2 Abs. 3 GO als auch § 22a Abs. 1 AO bestimmte u.a., daß die Bestellung einer Gleichstellungsbeauftragten der Verwirklichung des Grundrechts der Gleichberechtigung von Mann und Frau dienen sollte[1796]. Die beschwerdeführende Gemeinden beriefen sich auf eine Verletzung ihrer in Art. 28 Abs. 2 S. 1 GG garantierten kommunalen Selbstverwaltungsgarantie, insbesondere einen Eingriff in ihre Organisations- und Personalhoheit[1797]. Sie waren u.a. der Ansicht, daß mit der Institutionalisierung der Gleichstellungsbeauftragten die organisatorischen Befugnisse der Gemeinde zur Bewältigung der Gleichstellungsaufgabe erheblich verkürzt werde, da eine Gemeinde nunmehr nicht mehr die Möglichkeit der Einrichtung einer Gleichstellungsstelle in Form eines Amtes oder der Bildung eines Ausschusses für Gleichstellungsfragen habe[1798].

Auch verstoße die obligatorische Bestellung der Gleichstellungsbeauftragten gegen das Übermaßverbot, das den Gemeinden im Rahmen ihres Selbstverwaltungsrechts gewisse Freiräume gewährleiste, denn zur verstärkten Förderung des verfassungsrechtlichen Gleichstellungsauftrags sei eine solche Verpflichtung nicht erforderlich und es reiche eine diesbezügliche Möglichkeit der Gemeinden aus[1799]. Schließlich sei auch ein Eingriff in ihre Personalhoheit dadurch zu verzeichnen, daß die Gemeinden zur Bestellung einer Frau verpflichtet seien, da hier ihr Entscheidungsspielraum bei der Auswahlentscheidung erheblich eingeschränkt werde – immerhin könnte auch ein männlicher Bewerber im Einzelfall wenigstens eine gleiche Eignung für das Amt der Gleichstellungsbeauftragten mitbringen[1800].

Das BVerfG stellte zunächst klar, daß die Garantie der eigenverantwortlichen Aufgabenwahrnehmung gemäß Art. 28 Abs. 2 GG in den Rahmen der Gesetze eingebunden sei, so daß die Organisationsbefugnisse der Gemeinden auch durch die gesetzgeberischen Vorgaben bestimmt würden[1801]. Insgesamt sei die Organi-

---

1795 BVerfGE 91, S. 228 (Beschluß vom 26.10.1994)
1796 BVerfGE 91, S. 228 (S. 229 f.)
1797 BVerfGE 91, S. 228 (S. 231)
1798 BVerfGE 91, S. 228 (S. 232)
1799 BVerfGE 91, S.228 (S. 233)
1800 BVerfGE 91, S.228 (S. 235)
1801 BVerfGE 91, S.228 (S. 238)

sationshoheit der Gemeinden auch nur relativ gewährleistet, denn der Gesetzgeber habe bei der Ausgestaltung des Kommunalrechts eine Mitverantwortung bei der Bewältigung gemeindlicher Aufgaben[1802]. Im Hinblick auf die streitbefangenen Vorschriften zur Bestellung einer Gleichstellungsbeauftragten werde auch nicht der Kernbereich der kommunalen Organisationshoheit berührt, da die übrigen Organisationsmaßnahmen der Gemeinden bezüglich der Regelung eigener Angelegenheiten durch die in einem ganz bestimmten Sachbereich geschaffenen Rahmenbedingungen nicht betroffen seien. Vielmehr komme zu den bisherigen Handlungsmöglichkeiten der Kommunen eine weitere hinzu[1803].

Schließlich verbleibe den Gemeinden auch ein ausreichender organisatorischer Spielraum im Zusammenhang mit einer effektiven und eigenen Gleichberechtigungspolitik i.S.v. Art. 3 Abs. 2 GG, die vor allem auf die Besonderheiten der jeweiligen örtlichen Verhältnisse eingehen könne[1804]. So sei die Gleichstellungsbeauftragte zwar an Entscheidungen zu beteiligen und zu hören; auch könne sie in eigener Verantwortung Öffentlichkeitsarbeit und Beratungen durchführen, doch vermittle § 2 Abs. 3 GO ihr gerade keine Befugnis, bindende Entscheidungen zu treffen. Diese würden nach wie vor von den jeweils zuständigen Stellen getroffen werden[1805]. Im übrigen beschränke sich die in Unabhängigkeit wahrzunehmende Funktion der Gleichstellungsbeauftagten darauf, ausschließlich über die Wirkung der Argumentation für die Gleichstellung von Mann und Frau in der Gemeindeverwaltung und der Öffentlichkeit einzutreten[1806]. Darüber hinaus sei mit der ausschließlichen Möglichkeit, nur eine Frau zur Gleichstellungsbeauftragten bestellen zu können, auch kein Eingriff in die Personalhoheit der Gemeinden verbunden. Prüfungsmaßstab sei hier allein Art. 28 Abs. 2 GG und nicht Art. 33 Abs. 2 GG oder Art. 3 Abs. 2 und 3 GG. Art. 28 Abs. 2 GG schütze dabei die Personalhoheit der Gemeinden bei der Auswahl, Einstellung, Beförderung und Entlassung der Gemeindebeamten nicht absolut, sondern unterziehe diese auch der Formung durch den Gesetzgeber[1807]. Die aus § 2 Abs. 3 GO und § 22a Abs.1 AO folgende Verpflichtung zur Bestellung einer Frau schränke die Auswahlentscheidung der Kommunen auch nicht über Gebühr ein, sondern begrenze den Bewerberkreis nur auf einer sehr allgemeinen Stufe[1808]. Erfahrungsgemäß kämen für die Position der Gleichstellungsbeauftragten eher

---

1802 BVerfGE 91, S.228 (S. 240 f.)
1803 BVerfGE 91, S.228 (S. 242)
1804 BVerfGE 91, S.228 (S. 243)
1805 BVerfGE 91, S.228 (S. 243 f.)
1806 BVerfGE 91, S.228 (S. 244)
1807 BVerfGE 91, S.228 (S. 245)
1808 Ebenda

Frauen als Männer in Betracht, so daß damit auch ein ausreichend großer Kreis von Personen zur Auswahl durch die Gemeinden zur Verfügung stände[1809].

In seiner Anmerkung stellte Berlit heraus, daß Art. 3 Abs. 2 S. 2 GG für die Konkretisierung der zulässigen Mittel kommunaler Gleichstellungspolitik fruchtbar gemacht werde, auch wenn der Schwerpunkt der Entscheidung in der Fortschreibung und Akzentuierung der bisherigen Rechtsprechung des BVerfG zur kommunalen Selbstverwaltungsgarantie liege[1810]. Das die geschlechtsspezifische Besetzungsregel, ausschließlich eine Frau in das Amt der Gleichstellungsbeauftragten zu wählen, nur am Maßstab des Art. 28 Abs. 2 GG gemessen wurde und nicht ergänzend auch an Art. 33 Abs. 2 GG sowie Art. 3 Abs. 2 und 3 GG kritisierte er nur am Rande wegen des Fehlens einer näheren Begründung. Nach seiner Meinung könne hieraus auch nicht der Umkehrschluß gezogen werden, daß diese Besetzungsregel durchgreifenden verfassungsrechtlichen Bedenken ausgesetzt sei[1811].

Vielmehr ist davon auszugehen, daß das BVerfG an dieser Stelle gerade keine Notwendigkeit zur Überprüfung der fraglichen Normen auf der Basis von Art. 33 Abs. 2 GG und Art. 3 Abs. 2 und 3 GG gesehen hat, weil es sich hier um eine sachlich gerechtfertigte Ausnahme in Übertragung der Grundsätze aus § 611a Abs. 1 S. 2 BGB handeln könnte, demnach das Geschlecht eine unverzichtbare Voraussetzung für die auszuübende Tätigkeit darstellen könnte. Selbst wenn dieses als zu strikt angesehen würde, da es u.U. durchaus Männer mit entsprechender Eignung und Interesse für dieses Amt geben könnte, ergäbe eine Verhältnismäßigkeitsprüfung der geschlechtsspezifischen Besetzungsregel auch kein anderes Bild, denn sie ist gemäß Art. 3 Abs. 2 S. 2 GG geeignet, die tatsächliche Durchsetzung der Gleichberechtigung der Geschlechter zu fördern und auf die Beseitigung bestehender Nachteile hinzuwirken, da eine weibliche Gleichstellungsbeauftragte schon aufgrund ihrer Geschlechtszugehörigkeit regelmäßig eine größere Nähe zu den spezifischen Problemen struktureller Art von Frauen haben wird und diese deshalb eher erkennen und auf sie reagieren kann. Aus denselben Gründen kann weiterhin von der Erforderlichkeit der in Rede stehenden Regelung ausgegangen werden, wobei außerdem in Rechnung zu stellen ist, daß die Funktion der Frauenbeauftragten in der organisatorischen Umsetzung und Gewährleistung der Gleichberechtigungsmaßnahmen liegt[1812]. Wegen der prinzipiell größeren Sachnähe einer Frau, die ebenfalls auf eigenen Erfahrungen mit bestimmten gleichstellungspolitischen Maßnahmen beruht und von daher die

---

1809 Ebenda
1810 Berlit, Anm. zu BVerfG v. 26.10.1994, DVBl. 1995, S. 293 (S. 294)
1811 Berlit, S. 296
1812 Vgl. Bumke, S. 123

Arbeit effektiver gestalten kann, liegt die Notwendigkeit der geschlechtsspezifischen Besetzung auch im Interesse der jeweiligen Kommune, sofern ihre gleichstellungspolitischen Bemühungen nicht lediglich vorgeschobener Natur sein sollten. Angesichts des Effektivitätsgesichtspunktes stellt sich eine Öffnung des Amtes der Gleichstellungsbeauftragten auch für Männer insgesamt nicht als das mildere Mittel dar. Die geschlechtsspezifische Besetzungsregel ist darüber hinaus sowohl den Kommunen als auch dem einzelnen Mann zumutbar. Wie das BVerfG zutreffend ausgeführt hat, wird die Auswahlentscheidung der Kommunen nicht in unverhältnismäßiger Weise beschränkt, weil die vorgesehene Begrenzung auf einer sehr allgemeinen Stufe angesiedelt ist und Frauen erfahrungsgemäß für das Amt der Gleichstellungsbeauftragten eher in Betracht kommen. Schließlich verbleibt ebenfalls ein ausreichend großer Kreis von Bewerberinnen[1813], aus denen nach Eignung, Befähigung und fachlicher Leistung i.S.v. Art. 33 Abs. 2 GG die bestqualifizierteste Frau ausgewählt werden kann.

Auch das Differenzierungsverbot aus Art. 3 Abs. 3 S. 1 GG zugunsten des einzelnen Mannes vermag hier nicht durchzugreifen: Ihm ist es grundsätzlich zumutbar, die Position des Gleichstellungsbeauftragten nicht zu erhalten, denn die Verstärkung der Verwirklichung faktischer Gleichberechtigung, die Art. 3 Abs. 2 S. 1 GG durch die Anfügung von Satz 2 erhalten hat, gebietet auch Effektivität gleichstellungspolitischer Arbeit, die nicht zuletzt von Glaubwürdigkeit und Überzeugungsarbeit sowohl bei Männern als auch bei Frauen abhängig ist[1814]. Ein Mann in der Funktion des Gleichstellungsbeauftragten könnte in der nach wie vor durch tradierte Rollenvorverständnisse und Vorurteile geprägten Öffentlichkeit, aber auch verwaltungsintern, ein erhebliches Maß an Glaubwürdigkeit einbüßen und das vollkommen unabhängig von seinen, aus der Perspektive einer gleichberechtigten Gesellschaft wünschenswerten, Motiven für seine Arbeit. Die Möglichkeit des Rollentauschs der Geschlechter im Rahmen der Weiterentwicklung männlicher und weiblicher Verhaltensweisen markiert letztendlich den zu Ende gedachten Grenzfall der Austauschgerechtigkeit als soziales Ideal[1815], die im vorliegenden Fall jedoch weder sachdienlich noch zweckmäßig wäre, zumal die faktische Gleichberechtigung noch ihrer Verwirklichung harrt und nach wie vor mit massiven strukturellen Diskriminierungen in allen Gesellschaftsbereichen zu kämpfen hat. Der Einsatz eines Mannes als organisatorisches Sicherungsinstrument für die Umsetzung frauenfördernder Maßnahmen i.S.v. Art. 3 Abs. 2 S. 2 GG muß an dieser Stelle als Vorgriff auf eine gesellschaftliche Entwicklung verstanden werden, die bislang nicht erreicht ist und einen dieser

---

1813 BVerfGE 91, S. 228 (S. 245)
1814 In diese Richtung BVerfGE 91, S. 228 (S. 244)
1815 Vgl. Slupik, S. 85

Entwicklung vorauseilenden Endpunkt festsetzen würde, dem gesellschaftlich in beiden Geschlechtergruppen noch nicht gefolgt werden könnte, sprich dem die gesellschaftliche Akzeptanz fehlen würde.

Für die Inhaltsbestimmung, welcher Mittel sich der Staat in Erfüllung des Verfassungsauftrags aus Art. 3 Abs. 2 GG n.f. bedienen darf, bietet der vorliegende Beschluß insgesamt wesentliche Anhaltspunkte[1816], da er ein konkretes frauenförderndes Instrument, die obligatorisch zu bestellende Frauenbeauftragte, verfassungsrechtlich absichert. Die Annahme von Berlit, daß sich der Streit um den Einsatz von Frauenbeauftragten damit nicht erledigt hat[1817], muß allerdings geteilt werden, denn der Beschluß sagt nichts bzw. wenig über die Reichweite der Befugnisse einer Frauenbeauftragten aus, z.b. über Beanstandungs- und Widerspruchsrechte etc. Klargestellt worden ist lediglich, daß ihre Beteiligung an Entscheidungsprozessen und Anhörungsrechte keinen Eingriff in die Entscheidungsbefugnisse der zuständigen Stellen darstellt, sie ihre Funktion in Unabhängigkeit wahrzunehmen hat und daß durch ihre Bestellung und Abberufung durch die Gemeindevertretung das Demokratieprinzip gewahrt bleibt[1818]. Hinzu kommt die hier legitimierte Öffentlichkeitsarbeit sowie Beratungstätigkeiten[1819]. Weitergehende Präzisierungen stehen derzeit noch aus.

*(2) Der Beschluß zur Feuerwehrabgabe*

Mit Beschluß vom 24.01.1995 hatte das BVerfG die in Bayern und Baden-Württemberg ausschließlich von Männern erhobene Feuerwehrabgabe als Verstoß gegen Art. 3 Abs. 3 GG qualifiziert[1820]. Grundlage der Entscheidung bildeten die jeweiligen landesrechtlichen Vorschriften, die die Feuerwehrdienstpflicht auf alle männlichen Gemeindeeinwohner vom vollendeten 18. Lebensjahr an erstreckten. Daran anknüpfend wurde von den Pflichtigen, die nicht in den Freiwilligen Feuerwehren dienten oder eine sonstige gemeinnützige Tätigkeit verrichteten, eine Abgabe erhoben[1821]. Die männlichen Kläger des Ausgangsverfahrens beriefen sich auf eine Verletzung des Diskriminierungsverbots des Art. 3 Abs. 3 GG[1822].

So vertrat das Land Baden-Württemberg im Verlauf des Verfahrens u.a. die Ansicht, daß die geschlechtsbezogene Differenzierung bei der Feuerwehrdienst-

---

1816 Ähnlich Berlit, S. 296
1817 Ebenda
1818 BVerfGE 91, S. 228 (S. 243 f.)
1819 Vgl. auch Berlit, S. 296
1820 BVerfGE 92, S. 91
1821 BVerfGE 92, S. 91 (S. 95)
1822 BVerfGE 92, S. 91 (S. 98)

pflicht im Hinblick auf die durchschnittlich schwächere körperliche Konstitution von Frauen sachlich gerechtfertigt sei, da bei Feuerwehreinsätzen außergewöhnliche körperliche Belastungen aufträten, denen Frauen vom Knochengerüst und von der Muskelmasse sowie vom Atemvolumen her im allgemeinen weniger gewachsen wären als Männer. Hinzu käme ein zusätzliches Risiko chemischer oder infektiöser Belastungen für Frauen im Zeitraum zwischen dem Beginn einer Schwangerschaft und der Schwangerschaftsfeststellung[1823]. Darüber hinaus wies das Land auf zwei arbeitsmedizinische Gutachten hin, die diese Einschätzung bestätigten[1824].

Auch das Land Bayern sah in der Beschränkung der Feuerwehrdienstpflicht auf Männer keinen Verstoß gegen den Gleichheitssatz, denn anders als im Fall des Nachtarbeitsverbots für Arbeiterinnen könnten Frauen aufgrund freiwilliger Meldung und nach einer bestandenen gesundheitlichen Eignungsprüfung freiwilligen Dienst in den Bayerischen Feuerwehren verrichten, wo sie auch grundsätzlich die gleichen Aufgaben wie Männer zu bewältigen hätten, ohne daß dieses bislang zu praktischen Problemen geführt habe[1825]. Für Bayern lag die Rechtfertigung der Differenzierung nach dem Geschlecht vor allem in den Belastungen und schädlichen Einwirkungen während einer Schwangerschaft für die Frau und das ungeborene Kind begründet und das gerade in dem auch von Baden-Württemberg geltend gemachten Zeitraum[1826]. Insgesamt wurde die Feuerwehrabgabe aus finanzverfassungsrechtlicher Sicht als Sonderabgabe eigener Art zum Ausgleich einer nicht geleisteten Feuerwehrdienstpflicht verstanden[1827].

Demgegenüber vertat der DJB in seiner Stellungnahme die Auffassung, daß die Abgabe weder als Beitrag noch als Sonderabgabe oder Zwecksteuer ausgestaltet und legitimierbar sei, denn die Erfüllung der zu finanzierenden Aufgabe des Feuerschutzes komme allen Gemeindemitgliedern zugute[1828]. Insbesondere war er der Meinung, daß Art. 3 Abs. 3 GG verletzt sei, da Frauen nicht allgemein von einer Dienstleistungs- oder Abgabepflicht ausgenommen werden dürften, weil dieses auch nicht mit einer schwächeren körperlichen Verfassung begründet werden könnte. Zwar sei der Feuerwehrdienst durch starke psychische und physische Belastungen gekennzeichnet, doch leisteten Frauen auch in typischen Frauenberufen wie z.B. im Haushalt körperliche Schwerstarbeit, ohne daß hier spezielle Schutzvorschriften für Frauen existierten, die eine schwächere Konsti-

---

1823 BVerfGE 92, S. 91 (S. 102 f.)
1824 BVerfGE 92, S. 91 (S. 103)
1825 BVerfGE 92, S. 91 (S. 103 f.)
1826 BVerfGE 92, S. 91 (S. 104)
1827 Ebenda
1828 BVerfGE 92, S. 91 (S. 105)

tution aufzuweisen hätten[1829]. Im übrigen sei das Geschlecht als Differenzierungsmerkmal außer bei schwangeren oder stillenden Frauen unvereinbar mit Art. 3 Abs. 3 GG[1830].

Das BVerfG knüpfte in seiner Begründung insbesondere an sein Urteil zum Nachtarbeitsverbot an und stellte klar, daß auf das Geschlecht bezogene Differenzierungen mit Art. 3 Abs. 3 GG nur vereinbar seien, wenn sie zur Lösung von Problemen, die nur bei einem Geschlecht auftreten könnten, zwingend erforderlich seien. Art. 3 Abs. 2 GG enthalte diesbezüglich keine weitergehenden oder speziellen Anforderungen[1831]. Der über das Diskriminierungsverbot des Art. 3 Abs. 3 GG hinausgehende Regelungsgehalt des Art. 3 Abs. 2 GG, der das Gleichberechtigungsgebot auch auf die gesellschaftliche Wirklichkeit erstrecke, sei durch die Anfügung von Satz 2 in Art. 3 Abs. 2 GG ausdrücklich klargestellt worden[1832]. Wenn es an zwingenden Gründen für eine Ungleichbehandlung fehle, ließe sich diese nur noch im Wege der Abwägung mit kollidierendem Verfassungsrecht rechtfertigen, wobei hier insbesondere Art. 3 Abs. 2 GG in Betracht käme, der den Gesetzgeber zum Ausgleich faktischer Nachteile, die typischerweise Frauen träfen, durch begünstigende Regelungen berechtige[1833]. Hier bezog sich das BVerfG wiederum auf seine Entscheidung zum Nachtarbeitsverbot, aber auch auf den Rentenaltersbeschluß. Die festgestellte Verletzung von Art. 3 Abs. 3 GG begründete das BVerfG zunächst damit, daß die geschlechtsbezogenen körperlichen Besonderheiten von Frauen den generellen Ausschluß aller Frauen von der Feuerwehrdienstpflicht nicht zu legitimieren vermöge, zumal diesem durch eine auf die individuelle körperliche Verfassung abstellende Tauglichkeitsuntersuchung Rechnung getragen werden könnte[1834]. Auch die beiden genannten arbeitsmedizinischen Gutachten ließen keine andere Schlußfolgerung zu[1835]. Schließlich spreche gegen die Annahme, daß Frauen körperlich ungeeignet für den Feuerwehrdienst seien, daß sie in allen Bundesländern, so auch in Bayern und Baden-Württemberg aufgrund freiwilliger Meldung zum Einsatz kämen und die Tatsache, daß ihr Anteil im aktiven freiwilligen Feuerwehrdienst insgesamt sehr gering sei, hänge besonders mit den tradierten gesellschaftlichen Anschauungen zusammen[1836]. Außerdem könnten Gefährdungen während einer

---

1829 BVerfGE 92, S. 91 (S. 106)
1830 Ebenda
1831 BVerfGE 92, S. 91 (S. 109)
1832 Ebenda
1833 Ebenda
1834 BVerfGE 92, S. 91 (S. 110)
1835 Ebenda
1836 BVerfGE 92, S. 91 (S. 110 f.)

Schwangerschaft und nach einer Geburt durch Ausnahme- oder Befreiuungsregelungen ausgeschlossen werden[1837].

Im übrigen sei die Ungleichbehandlung auch nicht durch Art. 3 Abs. 2 GG zu rechtfertigen, denn die in Rede stehenden Regelungen zeichneten sich nicht dadurch aus, daß sie dem Ausgleich faktischer Nachteile, die typischerweise Frauen träfen, dienen sollten. So seien die fraglichen Vorschriften den Zielen des geänderten Art. 3 Abs. 2 GG n.F. gerade nicht förderlich, der die Gleichberechtigung der Geschlechter in der gesellschaftlichen Wirklichkeit durchsetzen und überkommene Rollenverteilungen überwinden wolle, sondern sie verfestigten diese Rollenverteilungen[1838]. Der Frauen heute noch typischerweise treffenden Mehrfachbelastung durch Hausarbeit, Kinderbetreuung und Beruf könnte dabei durch den Gesetzgeber bei der Anordnung einer allgemeinen Feuerwehrdienstpflicht mit geschlechtsneutralen Freistellungsregelungen, die an diese Belastung anknüpften, begegnet werden[1839]. Im Ergebnis erklärte das BVerfG die streitbefangenen Bestimmungen zur Feuerwehrabgabe als verfassungswidrig mit der Rechtsfolge ihrer Nichtigkeit[1840]. Vorläufer dieses Beschlusses war die Entscheidung des EGMR vom 18.07.1994 in dem Verfahren Karlheinz Schmidt/ Deutschland[1841], auf die das BVerfG ebenfalls an einigen Punkten Bezug nahm, denn auch der EGMR bewertete die auf Männer beschränkte Feuerwehrabgabe als Verstoß gegen das Diskriminierungsverbot aus Art. 14 EMRK.

Für die hier interessierende Frage, ob dem Beschluß des BVerfG zur Feuerwehrabgabe inhaltlich konkretisierende Aussagen zur Neufassung des Art. 3 Abs. 2 GG zu entnehmen sind, ergibt sich ein eher allgemeines Bild: Das BVerfG weist hier insgesamt an zwei Stellen auf Art. 3 Abs. 2 S. 2 GG hin, wobei das Gericht betont, daß Satz 2 den über das Differenzierungsverbot des Art. 3 Abs. 3 GG hinausgehenden Regelungsgehalt des Art. 3 Abs. 2 S. 1 GG, nämlich die Erfassung der gesellschaftlichen Wirklichkeit, ausdrücklich klarstellt. Insofern neigt das BVerfG der auch überwiegend in der GVK und den Literaturmeinungen vertretenen Auffassung zu, daß Art. 3 Abs. 2 S. 2 GG die Funktion einer Verstärkung des Gleichberechtigungsauftrags zukomme. Schließlich betont das BVerfG, daß die Beschränkung der Feuerwehrdienstpflicht und die daran gekoppelte Feuerwehrabgabe allein auf Männer den Zielen des Art. 3 Abs. 2 GG n.F. gerade nicht förderlich sei, denn es solle nicht nur die faktische Gleichberechtigung der Geschlechter durchgesetzt werden, sondern auch tradierte Rollenvorstellungen überwunden werden, die durch die in Rede stehenden Vor-

---

1837 BVerfGE 92, S. 91 (S. 110)
1838 Ebenda
1839 BVerfGE 92, S. 91 (S. 112 f.)
1840 BVerfGE 92, S. 91 (S. 121)
1841 EUGRZ 1995, S. 392; vgl. auch die Besprechung in diesem Kapitel auf S. 105 ff.

schriften verfestigt würden. Damit spricht das BVerfG deutlich die bestehende strukturelle Diskriminierung von Frauen an, die durch Art. 3 Abs. 2 GG verstärkt in das Blickfeld der Problematik der Verwirklichung faktischer Gleichberechtigung zwischen Männern und Frauen gerät und die es zu überwinden bzw. zu beseitigen gilt.

Die von Schweizer hierin gesehene Individualisierungstendenz, daß den u.U. bestehenden körperlichen Unterschieden von Frauen durch eine individuelle Tauglichkeitsprüfung im Hinblick auf den Feuerwehrdienst Rechnung getragen werden könnte[1842], wird der o.g. Aussage des BVerfG nicht gerecht. Zwar ist zuzugeben, daß das BVerfG an dieser Stelle Überlegungen für eine im Einzelfall anzutreffende schwächere Konstitution von Frauen angestellt hat, doch ist dieses gleichwohl überlagert von dem gruppenbezogenen Gedanken der Verfestigung tradierter Rollenbilder durch pauschalierende Regelungen der vorliegenden Art, die Frauen generell als ungeeignet vom Feuerwehrdienst ausschließen. Vielmehr hätte eine entsprechende Vorschrift zum Feuerwehrdienst i.S.d. BVerfG-Beschlusses sowohl Männer als auch Frauen einzubeziehen und lediglich (geschlechtsunabhängig) eine Tauglichkeitsprüfung vorzusehen, denn auch bei Männern sind die unterschiedlichsten Konstitutionen anzutreffen, die insoweit ebenfalls eine Berücksichtigung zu erfahren haben. Immerhin hat das BVerfG auch darauf hingewiesen, daß eine solche Tauglichkeitsuntersuchung in Bayern und Baden-Württemberg für Männer die Regel ist[1843], so daß kein Grund ersichtlich ist, warum für Frauen ein anderer und spezifischerer Maßstab anzulegen sein sollte.

Etwas anderes kann nur in bezug auf Schwangerschaften und Stillzeiten gelten, da dieser Zustand ein durch Art. 6 Abs. 4 GG legitimierter Ausnahmezustand nur von Frauen ist, der aus biologischen Gründen eine auf dem Geschlecht beruhende Differenzierung rechtfertigt. Die Bezugnahme des BVerfG auf sein Urteil zum Nachtarbeitsverbot kann in diesem Zusammenhang ebenfalls als Bestätigung der hier vertretenen Meinung verstanden werden, da das BVerfG die Nachtarbeit grundsätzlich und geschlechtsunabhängig als gesundheitsgefährdend eingestuft hat[1844] und darüber hinaus der durch Hausarbeit und Kinderbetreuung entstehenden Doppelbelastung von Nachtarbeitnehmern wiederum geschlechtsunabhängig durch entsprechende gesetzliche Regelungen Rechnung zu tragen sei[1845]. Die Parallele zum Feuerwehrabgabebeschluß ist unübersehbar, denn auch dort hat das BVerfG die typische Mehrfachbelastung von Frauen durch Hausar-

---

1842 Schweizer, S. 207; ähnlich Scholz in Maunz/Dürig, Art. 3 Abs. 2 Rn. 71
1843 BVerfGE 92, S. 91 (S. 110)
1844 BVerfGE 85, S. 191 (S. 208)
1845 BVerfGE 85, S. 191 (S. 209)

beit, Kinderbetreuung und Beruf gesehen, gleichzeitig aber auf geschlechtsneutrale Freistellungsregelungen vom Feuerwehrdienst rekurriert, um der Verfestigung tradierter Rollenverteilungen entgegenzuwirken. Auch hier ist der Gruppenbezug der Überlegungen deutlich, denn auf den Einzelfall kommt es nur insoweit an, als daß die jeweilige Frau oder der jeweilige Mann die Freistellungsregelung für sich in Anspruch nehmen kann, die Vorschrift selbst aber die betroffene Gruppe der Eltern im Auge hat[1846]. Das der zahlenmäßige Anteil von doppelt belasteten Frauen sehr viel höher ist als der der Männer, reicht als sozialer Befund für eine geschlechtsbezogene Ungleichbehandlung nicht aus, wie das BVerfG im Nachtarbeitsurteil ausgeführt hat[1847]. Ziel der Neufassung von Art. 3 Abs. 2 GG ist folglich die Verwirklichung tatsächlicher Gleichberechtigung zwischen den Geschlechtern durch Überwindung traditioneller Rollenverteilungen und -vorstellungen, sprich struktureller Diskriminierung, die letztlich nur im Gruppenvergleich feststellbar ist. Nach Ansicht des BVerfG hat Art. 3 Abs. 2 S. 2 GG hier eine Klarstellungsfunktion in bezug auf den über Art. 3 Abs. 3 GG hinausgehenden Regelungsgehalt des Gleichberechtigungsgebots und damit auch eine verstärkende Wirkung.

Ein weiterer Gesichtspunkt des Feuerwehrabgabebeschlusses liegt darin, daß das BVerfG in Übereinstimmung mit der überwiegenden Literaturmeinung im Fall des Fehlens zwingender geschlechtsbezogener Differenzierungsgründe, die Rechtfertigung einer geschlechtsbedingten Ungleichbehandlung nur über den Weg der Abwägung mit kollidierendem Verfassungsrecht ermöglicht wissen wollte, d.h. auf die Herstellung praktischer Konkordanz abstellte[1848]. Im Ergebnis ist das BVerfG mit seinem Feuerwehrbeschluß auf der Linie seiner Rechtsprechung zum Rentenaltersbeschluß und Nachtarbeitsverbot geblieben, wobei die inhaltliche Konkretisierung von Art. 3 Abs. 2 GG n.F. weniger ausführlich ausgefallen ist, als es wünschenswert gewesen wäre.

*cc) Eigene Stellungnahme*

Die Vielzahl der hier nachgezeichneten Literaturmeinungen und der Rechtsprechung des BVerfG zu Art. 3 Abs. 2 und 3 GG macht eine eigene Ableitung und Analyse des Gleichberechtigungsgebots sowie des Differenzierungsverbots notwendig, um auf diese Weise zu einer tragfähigen Basis für Maßnahmen der Frauenförderung zu gelangen. Da im Sinne der meisten Literaturmeinungen das

---

1846 In diese Richtung auch Sacksofsky, S. 415 f., die darauf aufmerksam macht, daß gleichheitsrechtliche Ansprüche gegenüber dem Gesetzgeber ein gruppenbezogenes Denken voraussetzen
1847 Ebenda
1848 Vgl. auch Sacksofsky, S. 417

Staatsziel aus Art. 3 Abs. 2 GG nicht dahingehend zu verstehen ist, daß es den Staat auf bestimmte Frauenförderungsmaßnahmen explizit festlegt, sondern vielmehr entwicklungsoffen und flexibel ausgestaltet ist, wird im folgenden auch der Frage nachgegangen, ob sich Art. 3 Abs. 2 GG n.F. auch für eine Einbeziehung der durch den Vertrag von Amsterdam eingeleiteten gemeinschaftsrechtlichen Entwicklungen, insbesondere des „gender mainstreaming" eignet.

*aaa) Würdigung des Art. 3 Abs. 2 GG n.F. unter Berücksichtigung von Art. 3 Abs. 3 GG vor dem Hintergrund der Literaturmeinungen und der Rechtsprechung des BVerfG*

Mit Art. 3 Abs. 2 GG wurde in Satz 2 durch die Grundgesetzänderung von 1994 ein Staatsziel aufgenommen, das unabhängig von der jeweiligen Couleur in der Literatur als Verstärkung des in Satz 1 enthaltenen Gleichberechtigungsgebots fungiert. Da Staatszielbestimmungen im allgemeinen pauschaler als Grundrechte gefaßt sind, bedürfen sie auch der Transformierung und Konkretisierung[1849]. Dem in Art. 3 Abs. 2 S. 2 GG verankerten Staatsziel der faktischen Gleichberechtigung zwischen Männern und Frauen kommt dabei ein besonderer und hoher Stellenwert zu, da es innerhalb des Grundrechtskatalogs zu finden ist[1850] und eine direkte Anbindung an das Gleichberechtigungsgebot in Art. 3 Abs. 2 S. 1 GG aufweist. Damit ist schließlich auch ein inhaltliches Verständnis von Art. 3 Abs. 2 S. 2 GG verbunden, das nicht losgelöst von Art. 3 Abs. 2 S. 1 GG präzisiert und ausgefüllt werden kann. Auch die Abgrenzung zu Art. 3 Abs. 3 S. 1 GG als Differenzierungsverbot leistet einen weiteren Beitrag zur inhaltlichen Konkretisierung der Staatszielbestimmung, denn Gleichberechtigungsgebot und Differenzierungsverbot sind im Hinblick auf das Merkmal „Geschlecht" nicht deckungsgleich, wie es in Teilen der Literatur und der anfänglichen Rechtsprechung des BVerfG vor der Grundgesetzänderung vertreten wurde, sondern unterscheiden sich deutlich in ihren Anwendungsbereichen[1851].

Erstmals im Rentenaltersbeschluß angeschnitten und später im Nachtarbeitsurteil klar ausgesprochen hat das BVerfG die Verpflichtung des Gesetzgebers aus Art. 3 Abs. 2 S. 1 GG zum Tätigwerden auf dem Gebiet der Herstellung tatsächlicher Gleichberechtigung[1852]. Im Widerspruch zu dieser Rechtsprechung stehen deshalb Meinungen in der Literatur, die zwar feststellen, daß die Staatszielbestimmung sprachlich und sachlich an das Gleichberechtigungsgebot aus

---

1849 Merten, S. 370
1850 Schumann, S. 86
1851 Vgl. Schlachter, Wege zur Gleichberechtigung, 1993, S. 47
1852 BVerfGE 74, S. 163 (S. 179 f.) sowie BVerfGE 85, S. 191 (S. 207)

Art. 3 Abs. 2 S. 1 GG anknüpft, nicht aber an die faktische Gleichheit[1853]. Denn im Feuerwehrabgabebeschluß hat das BVerfG bestätigend und weiterverfolgend klargestellt, daß das Ziel des Art. 3 Abs. 2 GG n.F. die Durchsetzung der Gleichberechtigung in der gesellschaftlichen Wirklichkeit und die Überwindung überkommener Rollenverteilungen ist[1854].

Für die Frage nach dem Anwendungsbereich von Art. 3 Abs. 2 n.F. im Unterschied zu Art. 3 Abs. 3 S. 1 GG stellt Schlachter zum einen auf den Regelungszweck, zum anderen auf den kollektiven Bezug von Art. 3 Abs. 2 GG ab: Während aus der historischen Perspektive das Ziel der Verankerung der Gleichberechtigung im GG gerade die Verbesserung der Lage der Frauen durch die Angleichung weiblicher und männlicher Lebensverhältnisse war (und ist)[1855], bietet Art. 3 Abs. 3 S. 1 GG beiden Geschlechtern einen symmetrischen Schutz vor der Verwendung des Geschlechtsmerkmals im Recht[1856]. Demgegenüber ist Art. 3 Abs. 2 GG immer dann als Prüfungsmaßstab heranzuziehen, wenn Differenzierungen dem Zweck der Gleichberechtigung zuwiderlaufen oder gesetzgeberische Maßnahmen in mittelbar und/oder strukturell diskriminierender Weise zu einer Beeinträchtigung des Gleichberechtigungszwecks führen[1857]. Für Schlachter resultiert daraus die nicht symmetrische Wirkung des Art. 3 Abs. 2 S. 1 GG, obwohl diese Verfassungsnorm beide Geschlechter nennt[1858].

Überzeugend legt insoweit Sacksofsky unter Auswertung der Entstehungsgeschichte des Art. 3 Abs. 2 GG im Parlamentarischen Rat dar, daß es den Abgeordneten durchaus bewußt war, daß sich auch Männer auf den Gleichberechtigungssatz berufen könnten, denn sie betonten, daß Sondervorschriften wie z.B. Mutterschutzregelungen zugunsten von Frauen nach wie vor dem Gleichberechtigungsgebot Bestand haben sollten[1859]. Dieses impliziert aber lediglich eine beiläufige Beschäftigung mit der Frage, ob auch Männer von Art. 3 Abs. 2 S. 1 GG erfaßt sind – die tatsächliche Intention in bezug auf den Regelungszweck des Gleichberechtigungsgebots liegt vom Schwerpunkt her in der Verbesserung weiblicher Lebensverhältnisse[1860] und zwar bis hin zu einer Machtbalance zwi-

---

1853 Vgl. etwa Scholz in Maunz/Dürig, Art.. 3 Abs. 2 Rn. 66; ähnlich Hofmann, S. 261
1854 BVerfGE 92, S. 91 (S. 112)
1855 Vgl. Slupik, S. 40 ff.; Pfarr, S. 44; Maidowski, S. 117 ff; Raasch, S. 142; Sacksofsky, S. 335 f.
1856 Schlachter, S. 47
1857 Ebenda
1858 Ebenda
1859 Sacksofsky, S. 330 f.
1860 A.A. Döring, S. 200, der hierin eine Verwechslung von Entstehungsgeschichte und Inhalt des Art. 3 Abs. 2 S. 1 GG sieht

schen den Geschlechtern als Orientierungspunkt[1861] (Geschlechterparität) in allen gesellschaftlichen Bereichen[1862]. Hier setzt die Staatszielbestimmung des Art. 3 Abs. 2 S. 2 GG verstärkend an, indem ihr zunächst die Anerkennung eines nach wie vor existierenden Gleichberechtigungsdefizits von Frauen immanent ist[1863]. Auch das Staatsziel ist nicht symmetrisch i.d.S., daß es für Frauen und Männer gleichermaßen von Nutzen sein soll, denn auch mit seinen Vorgaben wird eine Verbesserung der Situation der Frau angestrebt[1864], die letztlich aber auch im gesamtgesellschaftlichen Interesse im Hinblick auf die weitergehenden Möglichkeiten der Nutzung menschlicher Arbeitskräftepotentiale, gleichberechtigter Wahrnehmung z.B. von Familien- und Haushaltspflichten ist und deshalb auch Vorteile für Männer bewirkt[1865].

Die mit der Staatszielbestimmung statuierte Verpflichtung des Staates, aktiv zur Durchsetzung der Gleichberechtigung und Beseitigung bestehender Nachteile tätig zu werden, bewegt sich allerdings ausschließlich auf einer objektiv-rechtlichen Grundlage, denn ein individuell einklagbares, subjektives Recht ist mit dem Verfassungsauftrag nicht verbunden[1866]. Art. 3 Abs. 2 S. 1 GG beinhaltet jedoch als Grundrecht auch die subjektive Komponente, d.h. eine anspruchsvermittelnde individuelle Dimension[1867], die neben der objektiven Dimension des Gleichberechtigungssatzes steht[1868]. Das bedeutet für Art. 3 Abs. 2 S. 2 GG, daß er seine verstärkende Wirkung lediglich in der objektiven Dimension des Art. 3 Abs. 2 S. 1 GG entfaltet. Die objektive Dimension stellt sich somit als Gegenpol zur subjektiven, formal-rechtlichen Gewährleistung der Gleichberechtigung dar, die auch als materiales Gleichberechtigungsgebot verstanden wird und bereits vor der Grundgesetzänderung die Basis der Begründung von Frauenfördermaßnahmen, insbesondere der leistungsabhängigen Vorrangregelungen, bildete[1869].

Grundlegend für die Anerkennung dieses Doppelcharakters von Grundrechten allgemein ist das Lüth-Urteil des BVerfG[1870], das davon ausgeht, daß Grundrechte zunächst primär als Abwehrrechte des Bürgers gegen staatliche Eingriffe fungieren, gleichzeitig aber das GG keine wertneutrale Ordnung beinhaltet, son-

---

1861 Raasch, S. 160
1862 Slupik, S. 85
1863 Döring, S. 209 f.
1864 Sacksofsky, S. 403; a.A. Schweizer, S. 190
1865 In diese Richtung Bumke, S. 134
1866 Sacksofsky, S. 401; König, S. 840; Merten, S. 370
1867 Benda, S. 119
1868 Friauf, S. 16 mit Hinweis auf BVerfG vom 24.07.1963 zur Witwerrente, BVerfGE 17, S. 1 (S. 27)
1869 Vgl. Fisahn, S. 353 f.
1870 BVerfGE 7, S.198 (S. 205 ff.)

dern in seinem Grundrechtsabschnitt auch eine objektive Werteordnung enthält, die als verfassungsrechtliche Grundentscheidung für alle Bereiche des Rechts gilt und nicht nur der Gesetzgebung, sondern auch der Verwaltung und der Rechtsprechung Richtlinien und Impulse vorzugeben vermag. Das Lüth-Urteil hat den gesamten Grundrechtsabschnitt und die in ihm verkörperte Werteordnung in den Blick genommen[1871]. Die der objektiven Dimension innewohnende Ausstrahlungswirkung auf alle Bereiche des Rechts ist zwar nach Intensität und Umfang nicht klar bestimmbar, jedoch nach oben hin offen[1872]. Dies hat auch Konsequenzen für die objektive Dimension des Gleichberechtigungssatzes in Verbindung mit der Staatszielbestimmung, der sogleich nachgegangen werden soll. Vorzuschalten ist an dieser Stelle aber die Frage nach dem Verhältnis von objektiver und subjektiver Dimension, die Alexy mit seiner sogenannten „Subjektivierungsthese" in Richtung der Vermutung zugunsten der subjektiven Dimension ausschlagen läßt[1873].

Schweizer bringt das Verhältnis von subjektiver und objektiver Dimension auf den Punkt der rechtlichen und faktischen Gleichberechtigung, die sich in einem paradoxen Verhältnis zueinander befinden[1874]. Sie löst das „Paradox der Gleichheit"[1875] nach Alexy's Prinzipienmodell, das davon ausgeht, daß es sich bei der rechtlichen und faktischen Gleichheit um Prinzipien handelt, die im Gegensatz zu Regeln als Normen mit relativ hohem Generalitätsgrad verstanden werden[1876]. Sowohl Alexy als auch sich ihm anschließend Schweizer weisen den Prinzipien die Funktion von Optimierungsgeboten zu, die darauf ausgerichtet sind, daß etwas (also ein verfassungsrechtlich erwünschter Zustand wie z.B. die Gleichberechtigung der Geschlechter) in einem relativ auf die rechtlichen und tatsächlichen Möglichkeiten möglichst hohem Maße realisiert wird[1877]. Als Optimierungsgebote können Prinzipien in unterschiedlichen Graden erfüllt werden, was sowohl von den tatsächlichen als auch den rechtlichen Möglichkeiten ab-

---

1871 Böckenförde, Der Staat 1990, S. 1 (S. 6)
1872 Böckenförde, S. 9
1873 Alexy, Der Staat 1990, S. 49 (S. 60 f.)
1874 Schweizer, S. 194; das Paradox zwischen rechtlicher Gleichbehandlung und der Herstellung faktischer Gleichberechtigung der Geschlechter liegt zum einen darin, daß die überwiegende Realisierung rechtlicher Gleichheit von Frauen bislang nicht zu einer tatsächlichen Verwirklichung in der Gesellschaft geführt hat. Zum anderen muß der im Rahmen des Art. 3 Abs. 2 GG zur Herstellung faktischer Gleichberechtigung berufene Staat rechtliche Ungleichheit in Kauf nehmen, denn die Förderung einzelner Gruppen bedeutet gleichzeitig, daß andere ungleich behandelt werden, vgl. Alexy, Theorie der Grundrechte, S. 378
1875 Alexy, S. 379
1876 Alexy, S. 73
1877 Alexy, S. 75 sowie Schweizer, S. 195

hängig ist. Dabei wird der Grad der Erfüllung maßgeblich durch gegenläufige Prinzipien bestimmt, die auf diese Weise auch den Verhältnismäßigkeitsgrundsatz implizieren, weil die Gegenläufigkeit zweier Prinzipien immer eine Spannungslage erzeugt, die zu ihrer Auflösung notwendigerweise der Abwägung bedarf[1878]. Alexy ordnet an dieser Stelle die Teilgrundsätze der Geeignetheit und Erforderlichkeit innerhalb der Verhältnismäßigkeitsprüfung den tatsächlichen Möglichkeiten zu und bezieht die Frage nach der Verhältnismäßigkeit im engeren Sinne auf die rechtlichen Möglichkeiten[1879]. Die Anwendung des Verhältnismäßigkeitsgrundsatzes führt in der Konsequenz zur bedingten Vorrangrelation des einen Prinzips vor dem anderen[1880] und läßt sich mit dem Großteil der Literaturmeinungen im Zusammenhang mit Frauenfördermaßnahmen als Herstellung praktischer Konkordanz zwischen den konfligierenden Rechtsgütern begreifen[1881].

Die Bedeutung für das Verhältnis von objektiver, auf die Verwirklichung faktischer Gleichberechtigung ausgerichteter Dimension, und subjektiver Dimension, die der formalen Gleichberechtigung dient, liegt auf der Hand: Würde eines der Prinzipien von vorneherein den Vorrang vor dem anderen genießen, wäre der Abwägungsprozeß überflüssig. Vielmehr ergibt sich hier ein Bild der Gleichrangigkeit der gegenläufigen Prinzipien, die über die Herstellung praktischer Konkordanz beide zu optimaler Wirksamkeit gelangen können. Abzulehnen ist deshalb die in Literatur vertretene Ansicht, daß die objektive Dimension lediglich der Verstärkung der subjektiven Dimension diene[1882]. Die bedingte Vorrangrelation eines Prinzips als Resultat der Anwendung des Verhältnismäßigkeitsgrundsatzes ist zwangsläufig asymmetrisch, verhindert aber über den Einbau der Verhältnismäßigkeitsprüfung, daß sich ein Prinzip auf Kosten des anderen einseitig durchsetzt[1883].

Nun kommt mit der Staatszielbestimmung ein die objektiv-rechtliche Dimension des Art. 3 Abs. 2 S. 1 GG verstärkendes Element hinzu – das bedeutet, daß aus zwei unterschiedlichen Perspektiven heraus die Möglichkeit der Überwin-

---

1878 Schweizer, S. 195; Alexy, Der Staat 1990, S. 49 (S. 54)
1879 Alexy, Der Staat 1990, S. 49 (S. 54 f.)
1880 Böckenförde, S. 20
1881 Statt vieler Schweizer, S. 198
1882 Benda, S. 196
1883 Böckenförde, S. 20; Alexy geht im Rahmen seiner Subjektivierungsthese nicht von einer vorrangigen Geltung der subjektiven Dimension aus, sondern stellt klar, daß jeder verbindlichen Verpflichtung des Staates aus einem Grundrecht grundsätzlich ein Grundrecht in der Gestalt eines subjektiven Rechts korrespondiert und das im Fall der Ausdehnung eines Grundrechts über den abwehrrechtlichen Bereich hinaus, dieses automatisch zu einem entsprechenden subjektiven Recht führt, Alexy, Der Staat 1990, S. 49 (S. 60 f.)

dung der subjektiv-rechtlichen Dimension möglich ist: So könnte die Verstärkung nach einer zuvor stattgefundenen Abwägung zwischen objektivem und subjektivem Prinzip einsetzen und dann insoweit den von Fisahn gezogenen „Erst-recht-Schluß" in bezug auf Frauenfördermaßnahmen, insbesondere geschlechtsspezifisch wirkende leistungsabhängige Vorrangregelungen, zulassen[1884].

Die zweite Möglichkeit besteht darin, die objektiv-rechtliche Dimension im Vorfeld der Abwägung mit dem in Art. 3 Abs. 2 S. 2 GG verankerten Staatsziel anzureichern mit dem Ziel, daß Gewicht der Verwirklichung faktischer Gleichberechtigung in der Waagschale der Verhältnismäßigkeitsprüfung so zu erhöhen, daß sie bis zum Erreichen eines Geschlechtergleichgewichts in allen gesellschaftlichen Bereichen zugunsten von Frauen ausschlägt[1885]. Wird hier das Argument von Sacksofsky ernst genommen, daß die verfassungsrechtliche und gerichtliche Überprüfung der Zulässigkeit von Frauenfördermaßnahmen immer Gefahr läuft, allein von den persönlichen Wertungen und politischen Prioritäten der Beteiligten abhängig zu sein[1886], bildet die verstärkende Funktion der Staatszielbestimmung eine zusätzliche Schranke im Abwägungsprozeß gegenüber einem Übergewicht der subjektiv-rechtlichen Dimension innerhalb des Art. 3 Abs. 2 S. 1 GG und führt zu einer besseren Begründbarkeit und Zulässigkeit von Frauenförderung in größerem Umfang[1887]. Dagegen würde eine nach der Anwendung des Verhältnismäßigkeitsgrundsatzes einsetzende Verstärkung voraussetzen, daß die Abwägung bereits einen bedingten Vorrang der objektiv-rechtlichen Dimension ergeben hat und diesem dann noch ein Zusätzliches hinzufügen.

Aus pragmatischen Gründen, die aus den von Sacksofsky angeführten Argumenten folgen, ist diese Variante jedoch abzulehnen, da sie der abwägenden gerichtlichen Instanz einen Spielraum gewährt, der angesichts des faktischen Gleichberechtigungsdefizits und der primären Stoßrichtung des Art. 3 Abs. 2 S. 1 GG im Sinne einer Verbesserung der Lage von Frauen unangebracht ist. Das heißt jedoch nicht, daß mit diesem Verständnis der Verstärkungsfunktion der Staatszielbestimmung im Rahmen der objektiv-rechtlichen Dimension innerhalb von Art. 3 Abs. 2 S. 1 GG jede Form von Frauenförderung zulässig ist, denn das Verhältnismäßigkeitsprinzip setzt schon hier aus sich heraus Grenzen. Hinzu kommen zeitliche und sachliche Beschränkungen, die vor allem am Kriterium der Unterrepräsentation von Frauen festzumachen sind, denn nur dort, wo eine

---

1884 Fisahn, S. 356
1885 Auch diese Schlußfolgerung lassen die Ausführungen von Fisahn zu
1886 Sacksofsky, S. 418, die diese Begründung für ihre Position der Spezialität von Art. 3 Abs. 2 GG n.F. gegenüber Art. 3 Abs. 3 GG anführt
1887 Vgl. auch Kokott, S. 1051

solche tatsächlich existiert bzw. solange sie noch nicht abgebaut ist, entfaltet Art. 3 Abs. 2 S. 2 GG seine verstärkende Wirkung.

Das Kriterium der Unterrepräsentation schafft allerdings auch die Überleitung zu dem weiteren, von Schlachter aufgeworfenen Unterscheidungsmerkmal zwischen Art. 3 Abs. 2 S. 1 GG und Art. 3 Abs. 3 S. 1 GG, nämlich den kollektiven Bezug des Gleichberechtigungsgebots versus Individualbezug aus dem Differenzierungsverbot[1888]: Die faktische Unterrepräsentation von Frauen in verschiedenen Gesellschaftsbereichen und auf dem hier interessierenden Gebiet des öffentlichen Dienstes läßt sich ausschließlich in einem statistischen Gruppenvergleich zwischen Männern und Frauen feststellen. Damit tritt auch das Phänomen der strukturellen Diskriminierung zu Tage, das gerade nicht am Einzelschicksal einer Frau erkenn- und meßbar ist. Unterrepräsentation ist damit ein Indikator für bestehende Gleichberechtigungsdefizite bedingt durch strukturelle Diskriminierungsmechanismen[1889]. Fraglich ist, ob auch dem Staatsziel ein Gruppenbezug immanent ist, denn die Relevanz dieser Frage steht in engem Zusammenhang mit der Zulässigkeit geschlechtsspezifisch wirkender Frauenfördermaßnahmen, die ein Mittel der Beseitigung struktureller Diskriminierung sind.

Schon vor der Grundgesetzänderung wurde Art. 3 Abs. 2 GG a.F. ein kollektiv-rechtlicher Gruppenbezug zugesprochen, der sich aus der Formulierung im Plural „Männer und Frauen" gegenüber der in Art. 3 Abs. 3 GG verwendeten Singularform „niemand" ableiten lasse[1890]. Slupik hebt in diesem Zusammenhang besonders hervor, daß Art. 3 Abs. 2 S. 1 GG das soziale Ideal des Geschlechterverhältnisses postuliert, während der Wortlaut des Abs. 3 klar zum Ausdruck bringt, daß eine Person wegen ihres Geschlechts weder benachteiligt noch bevorzugt werden darf[1891]. Da aus ihrem Verständnis heraus Art. 3 Abs. 3 GG ein individuelles und geschlechtsunabhängiges Abwehrgrundrecht ist, bedarf es nach ihrer Ansicht sowohl bei direkter als auch bei indirekter Diskriminierung einer individuellen Nachteilsfeststellung[1892], die demnach auch auf den Kompensationsgedanken hinführt. Demgegenüber läßt sich strukturelle Diskriminierung nicht ohne weiteres beweisen, da Frauen häufig ihre Diskriminierung gar nicht erfahren, sondern nur die Konsequenzen spüren. Hinzu kommt, daß die Offenlegung einer erlebten Diskriminierung ebenfalls etwas mit dem Gewähren von tiefen Einblicken in die eigene Persönlichkeitsentwicklung gegenüber Au-

---

1888 Vgl. Schlachter, S. 47
1889 In diese Richtung Ebsen, Jura 1990, S. 515 (S. 518); klar ausgesprochen bei Sacksofsky, Das Grundrecht auf Gleichbehandlung, 2. Aufl. 1996, S. 401
1890 Pfarr, S. 34; Battis/Schulte-Trux/Weber, S. 1169; Sacksofsky, Das Grundrecht auf Gleichberechtigung, 1. Aufl. 1991, S. 319 ff.
1891 Slupik, S. 99
1892 Slupik, S. 101

ßenstehenden zu tun hat, was für viele Frauen mit einer verständlichen Hemmschwelle verbunden ist[1893].

Raasch verdeutlicht am Beispiel der Quotierung zutreffend, daß Frauenförderung mit dem Gedanken der Nachteilskompensation nicht korrekt erfaßbar ist, denn diese ist auf die Vergangenheit bezogen und würde sich als kollektive Wiedergutmachung für erlittenes Unrecht qualifizieren lassen[1894]. Auch Kowal sieht am Beispiel der Quotierung den nicht überzeugenden Vergangenheitsbezug, sofern solche Frauenfördermaßnahmen als Kompensation für erlittene Nachteile qualifiziert würden, denn dieses hätte den Charakter einer Art Schadensersatz[1895]. Instrumente der Frauenförderung (und dies bezieht sich auf jede denkbare Art und Form der Frauenförderung unabhängig davon, ob sie geschlechtsspezifisch wie z.b. leistungsabhängige Vorrangregelungen oder Zielvorgaben wirkt oder geschlechtsneutral wie etwa Teilzeitarbeit) sind jedoch primär zukunftsorientiert, denn sie sollen Diskriminierungen aus Gründen des Geschlechts ein Ende setzen und Personalentscheidungen einer diskriminierungsfreien Steuerung unterwerfen[1896].

Auch Schlachter widerspricht dem Kompensationsgedanken mit der Überlegung, daß er als Ausnahme vom Differenzierungsverbot grundsätzlich nicht geeignet ist, geschlechtsbedingte Benachteiligungen am Arbeitsmarkt zu beseitigen, denn dieses Konzept setze voraus, daß im konkreten Fall Benachteiligungen auch beweisbar vorgekommen sind[1897]. Ihrer Ansicht nach löst sich das Problem der Benachteiligung von Frauen auch nicht durch die pauschalierende Bildung von Gruppen, die das BVerfG im Rentenaltersbeschluß auf „quasi-biologische" Ursachen, nämlich die Kinderbetreuung als Funktion der Mutterschaft, zurückgeführt hat[1898], denn die Benachteiligung trifft nicht nur Mütter[1899]. Frauenförderung als Nachteilsausgleich müßte sich demnach darauf konzentrieren, die in der Vergangenheit am stärksten belasteten Frauen, also die älteren, schlecht oder ungenügend ausgebildeten und kinderreichen Frauen, zu berücksichtigen, die Beseitigung struktureller Benachteiligungen aller Frauen im Berufsleben kann aber nur durch künftige Personalpolitik erfolgen – die dazu erforderlichen Steue-

---

1893 Raasch, S. 213
1894 Raasch, S. 214 f.; vgl. auch Frohn, S. 108 „sozialstaatlich motivierter Ausgleich erlittener Nachteile"; im Ergebnis ablehnend Sachs, NVwZ 1991, S. 437 (S. 442) in Übertragung der Grundsätze aus dem Rentenaltersbeschluß des BVerfG auf die Quotenproblematik
1895 Kowal, S. 446
1896 Raasch, S. 214; Kowal, S. 446
1897 Schlachter, S. 55
1898 BVerfGE 74, S. 163 (S. 180 f.)
1899 Schlachter, S. 55

rungsmittel ließen sich deshalb mit dem Mittel der Kompensation nur unzureichend erfassen[1900]. Die Individualisierungstendenz des vergangenheitsbezogenen Kompensationsgedankens blendet jedoch die anhand eines Gruppenvergleichs feststellbare strukturelle Diskriminierung von Frauen aus[1901], denn diese basiert auf einer Vielzahl von Faktoren, die nicht oder kaum nachweisbar sind und außerdem nicht isoliert bekämpft werden können. Fehl geht daher der von Schweizer favorisierte Ansatz der effektiven individuellen Chancengleichheit, die die Ergebnisebene miteinbezieht, denn dieser wird gerade nicht dem Problem struktureller Diskriminierung gerecht[1902]. Richtig ist zwar, daß die Ergebnisebene, auf die sich Frauenfördermaßnahmen zu beziehen haben, um den in Art. 3 Abs. 2 S. 1 GG festgehaltenen sozialen Idealzustand anzustreben, nicht außer Betracht bleiben darf, allerdings ist ein die Förderung der Einzelperson in den Blick nehmender Ansatz, strukturelle Diskriminierung als Gruppenphänomen[1903] in den Griff zu bekommen, nicht das geeignete Mittel, das Ziel von Art. 3 Abs. 2 S. 1 GG zu erreichen. Individuelle Belange einzelner Männer und Frauen sind aufgrund des symmetrischen Aufbaus ausschließlich unter Art. 3 Abs. 3 S. 1 GG zu fassen.

Für die Frage, ob die Staatszielbestimmung des Art. 3 Abs. 2 S. 2 GG den kollektiv-rechtlichen Bezug des Gleichberechtigungsgebots mitzutragen und zu stützen vermag, ist zunächst entscheidend, daß Satz 2 sprachlich und sachlich an Satz 1 anknüpft, da er von der systematischen Stellung unmittelbar an das Grundrecht angebunden ist, das er zu verstärken sucht. Auch die Formulierung, daß der Staat die tatsächliche Durchsetzung der Gleichberechtigung von Frauen und Männern fördert[1904], verwendet den Plural, wie es schon in Art. 3 Abs. 2 S. 1 GG zum Ausdruck kommt und hier den Schluß des Kollektivbezugs zuläßt. Ein weiteres Argument zugunsten der gruppenbezogenen Perspektive ist, daß mit der Staatszielbestimmung erklärtermaßen die Möglichkeiten des Staates zur Frauenförderung verbessert und nicht etwa auf dem status quo gehalten bzw. verschlechtert werden sollen[1905]. Damit geht im übrigen auch für die Staatszielbestimmung eine nicht symmetrische Wirkung einher, denn sie soll die Lage der

---

1900 Ebenda
1901 Sacksofsky in Limbach/Eckertz-Höfer (Hrsg.), S. 97 sowie Vogel in FS für Benda, S. 415
1902 Schweizer, S. 190 f.; ähnlich Döring, S. 234 sowie Osterloh in Sachs (Hrsg.), Art. 3 Rn. 285
1903 Schumann, S. 131
1904 Vgl. Art. 3 Abs. 2 S. 2 1. Halbsatz GG
1905 Vgl. Vogel in FS für Benda, S. 414.

Frauen verbessern i.S.d. Angleichung weiblicher und männlicher Lebensverhältnisse[1906].
Schließlich zeichnet sich das Staatsziel auch als Klarstellung aus, daß die vorgefundene soziale Wirklichkeit eine erhebliche Bedeutung für die Analyse der Gleichberechtigung hat, denn diese soll tatsächlich in der Realität durchgesetzt werden und faktische Nachteile gilt es zu beseitigen[1907]. Insgesamt ergibt sich auch im Zusammenhang mit dem Staatsziel die Notwendigkeit einer gruppenbezogenen Sichtweise, weil das strukturelle Gleichberechtigungsdefizit ein Gruppenphänomen ist[1908]. Schumann weist an dieser Stelle auch überzeugend die Befürchtung der restriktiven und gemäßigten Literaturstimmen zurück, das hierin die Tendenz zur Umgestaltung in ein Gruppengrundrecht liege. Schon die Einordnung des Art. 3 Abs. 2 S. 2 GG als Staatsziel widerspreche einem Gruppengrundrechtscharakter, da das Staatsziel keine subjektiven, einklagbaren Ansprüche vermitteln könne[1909]. Aber auch der Gruppenbezug des Grundrechts auf Gleichberechtigung in Art. 3 Abs. 2 S. 1 GG läßt das Gleichberechtigungsgebot nicht zu einem Gruppengrundrecht werden: Eben weil es sich bei struktureller Diskriminierung nur um eine im Gruppenvergleich erkennbare Problematik handelt, ist eine Individualisierung, wie sie beim Differenzierungsverbot des Art. 3 Abs. 3 S. 1 GG erfolgt, unangebracht. Die Erfassung von Diskriminierung allein aus der Perspektive des betroffenen einzelnen Mannes oder Frau, führt im Ergebnis angesichts des bestehenden kollektiven Gleichberechtigungsdefizits von Frauen zu einem verkürzten verfassungsrechtlichen Schutz[1910]. Dieses kann nur durch strukturelle, die Gruppe der Frauen als Ganzes fördernde Maßnahmen als notwendige Folge der kollektiven Erscheinung geschlechtsbedingter Diskriminierung behoben werden[1911].
In Widersprüche verwickelt sich an dieser Stelle denn auch die Argumentation von Osterloh zu Art. 3 Abs. 2 GG n.F. Für sie liegt es auf der Hand, daß Fördermaßnahmen dann überflüssig wären, wenn faktische Diskriminierung individualrechtlich effektiv greifbar sei. Ziel eines wirksamen Grundrechtsschutzes sei deshalb ein strukturell ansetzender Maßnahmenkatalog zur Beseitigung der nur in Kollektiven deutlich werdenden faktischen Benachteiligung, wobei hier aber ein kollektivrechtliches Grundrechtsverständnis abzulehnen sei[1912]. Diese Ansicht verkennt, daß es nicht um das Verständnis des Art. 3 Abs. 2 GG n.F. als

---

1906 Sacksofsky, Das Grundrecht auf Gleichbehandlung, 2. Aufl. 1996, S. 403
1907 Ebenda
1908 Schumann, S. 131
1909 Ebenda
1910 Sacksofsky, S. 312 f.
1911 Schumann, S. 131; vgl. auch Schlachter, S. 65 f.
1912 Osterloh in Sachs (Hrsg.), Art. 3 Rn. 285

Gruppengrundrecht geht, sondern um einen Gruppenbezug als Anhaltspunkt für verschiedene Frauenfördermaßnahmen, die letztlich aber einzelne Frauen begünstigen[1913].

Hier stellt sich nunmehr die berechtigte Frage, ob Art. 3 Abs. 2 S. 2 GG nicht eigentlich überflüssig ist, wenn er inhaltlich hinsichtlich des Gruppenbezugs sowie der objektiv-rechtlichen Ebene mit dem Grundrecht auf Gleichberechtigung übereinstimmt. Sacksofsky vertritt an dieser Stelle die Auffassung, daß dieses zur Folge hat, daß die dem Staatsziel zugewiesene klarstellende Funktion dazu führt, daß in dogmatisch unbefriedigender Weise streng genommen nur Art. 3 Abs. 2 S. 1 GG eine Bedeutung zukommt[1914]. Dies ist nicht ganz richtig, denn die klarstellende Funktion einer Verfassungsnorm, die zudem inmitten des Grundrechtskatalogs angesiedelt ist und damit eine herausragende Position hat, sollte nicht unterschätzt werden. Was vor der Grundgesetzänderung nur über mühselige Interpretationsarbeit aus dem Gleichberechtigungsgebot herausgearbeitet werden konnte, steht jetzt explizit und verbindlich in der Staatszielbestimmung, die den Staat als primär Verpflichteten der Norm beauftragt, aktiv in die Weiterentwicklung des Gleichberechtigungsprozesses einzugreifen. Art. 3 Abs. 2 S. 1 und Art. 3 Abs. 2 S. 2 GG wirken hier zusammen und ergänzen sich auf eine sinnvolle Weise. Dafür ist auch nicht zwangsläufig ein Verständnis von Art. 3 Abs. 2 S. 1 GG als Dominierungsverbot erforderlich (auch wenn dies argumentativ bestechend ist). Daß Staatsziel bewirkt auf der objektiv-rechtlichen Ebene eine Verstärkung, die selbst unter der Voraussetzung, daß keine Gleichwertigkeit der objektiv- und subjektiv-rechtlichen Dimension angenommen würde, die objektive Seite anhebt und in eine gleichrangige Stellung bringt. Schon aus diesem Grund gestaltet sich Art. 3 Abs. 2 S. 2 GG nicht als überflüssiger Zusatz zum Gleichberechtigungsgebot aus. Im übrigen deckt sich dieser Ansatz auch mit dem Beschluß des BVerfG zur Feuerwehrabgabe, denn auch hier hat das Gericht keinen Zweifel daran gelassen, daß durch die Ergänzung des Art. 3 Abs. 2 GG das Ziel der Durchsetzung der Gleichberechtigung der Geschlechter in der gesellschaftlichen Wirklichkeit und die Überwindung überkommener Rollenverteilungen einen gestärkten Rückhalt in der Verfassung selbst erhalten hat[1915].

Bestätigt wird diese Position schließlich auch durch den Blick auf die gemeinschaftsrechtliche Entwicklung des Grundsatzes der Gleichbehandlung der Geschlechter: Generalanwalt Saggio hat in seinen Schlußanträgen vom 10.06.1999 in dem Verfahren Badeck u.a./Hess. Ministerpräsident deutlich ge-

---

1913 Vogel in FS für Benda, S. 415
1914 Sacksofsky, S. 405
1915 Vgl. BVerfGE 92, S. 91 (S. 112)

macht, daß die materielle und formelle Gleichheit auf einer gleichgeordneten Ebene[1916] im Wege der Verhältnismäßigkeitsprüfung gegeneinander abgewogen werden müssen[1917]. Kann die Beachtung der formellen Gleichheit (Rechtsgleichheit) die Position einer benachteiligten Gruppe nicht angemessen schützen, bedarf es positiver Fördermaßnahmen zur faktischen Neupositionierung der Gruppe in sozialer Hinsicht, die an die materielle Gleichheit anknüpfen[1918]. Die Herstellung materieller Gleichheit in der sozialen Wirklichkeit ist dabei auch keine Ausnahme von der Gewährleistung formeller Gleichheit, denn diese kann durch verhältnismäßige Maßnahmen immer dann überwunden werden, wenn auf andere Weise kein angemessener (verfassungsrechtlicher Grund-) rechtsschutz für die benachteiligte Gruppe zur Verfügung gestellt werden kann[1919].

Das dieses europarechtliche Grundrechtsverständnis auch für die nationale Grundrechtsinterpretation von Bedeutung ist, hat insbesondere Schlachter unter Hinweis auf den Solange II-Beschluß des BVerfG vom 22.10.1986[1920] hervorgehoben[1921]. Will Deutschland als Mitgliedstaat der Europäischen Gemeinschaft und Verpflichteter der Gemeinschaftsgrundrechte nicht hinter dieser Entwicklung zurückbleiben, ist auch von daher ein entsprechendes Grundrechtsverständnis geboten, das seinen Niederschlag schließlich auch in der Neufassung des Art. 3 Abs. 2 GG gefunden hat.

*bbb) Inhaltsbestimmung des Art. 3 Abs. 2 GG n.F. unter Berücksichtigung des „gender mainstreaming"*

Während zunächst nur die allgemeinen Vorgaben des Art. 3 Abs. 2 GG n.F. in Abgrenzung zu Art. 3 Abs. 3 S. 1 GG erarbeitet wurden, geht es hier um die inhaltliche Konkretisierung in bezug auf verschiedene Frauenfördermaßnahmen. Dabei wird zu zeigen sein, daß Art. 3 Abs. 2 GG auch die Offenheit bietet, daß „gender mainstreaming"[1922] im deutschen Rechtsraum zu verwirklichen.

---

1916 Die Gleichrangigkeit beider Dimensionen ergibt sich bei Saggio aus der Überlegung, daß beide das selbe Ziel verfolgen!
1917 GA Saggio, Slg. 2000, S. 1877 Rn. 26, 29 Rs. C-158/97
1918 GA Saggio, Rn. 27 Rs. C-158/97
1919 GA Saggio, Rn. 27 f.
1920 BVerfGE 73, S. 339
1921 Vgl. Schlachter, S. 46 f.
1922 Vgl. Art. 3 Abs. 2 EGV

*(1) Das Verhältnis von Förderklausel und Nachteilsbeseitigungsklausel innerhalb der Staatszielbestimmung*

Mit der Staatszielbestimmung in Art. 3 Abs. 2 S. 2 GG ist dem Staat als primär verpflichteten Adressaten[1923] verbindlich aufgetragen worden, den von Art. 3 Abs. 2 S. 1 GG verlangten überindividuellen gesellschaftlichen Zustand der faktischen Gleichberechtigung der Geschlechter zu erreichen. Schon dieser Gesichtspunkt läßt eine isolierte Betrachtung des Staatsziels nicht zu, denn die vom Staat in seiner Funktion als Gesetzgeber getroffenen bzw. noch zu treffenden Maßnahmen müssen sich an Art. 3 Abs. 2 S. 1 GG messen lassen, so daß hier immer eine Wechselwirkung stattzufinden hat.

Die in Art. 3 Abs. 2 S. 2 GG enthaltene Förderklausel sowie Nachteilsbeseitigungsklausel[1924] erfordern eine Gesamtschau, denn nur zusammengenommen ergeben sie ein Bild darüber, welche Formen der Frauenförderung auf ihrer Grundlage das in Art. 3 Abs. 2 S. 1 GG postulierte Ziel erreichen können. Allerdings läßt sich ihnen keine konkrete Aussage darüber entnehmen, um welche Maßnahmen es sich handeln könnte, da die Verfassung grundsätzlich nur einen weitgefaßten Rahmen vorgeben kann[1925] und Staatszielbestimmungen jeweils nur das Ziel vorgeben, die Wege und damit insbesondere die Form und die Mittel zur Zielerreichung aber freistellen[1926]. Ihre Offenheit und Pauschalität der Formulierung bedarf dabei generell der Konkretisierung und Aktualisierung durch den Gesetzgeber[1927], was gleichzeitig auch eine Bestätigung ihrer Wirkung auf der objektiv-rechtlichen Ebene darstellt, denn das Staatsziel des Art. 3 Abs. 2 S. 2 GG verstärkt die dem Gleichberechtigungsgebot innewohnende ob-

---

1923 Vgl. Schumann, S. 89, die gleichzeitig aber auch klarstellt, daß nicht nur der Gesetzgeber, sondern auch die Rechtsprechung und Verwaltung durch das Ziel der Durchsetzung faktischer Gleichberechtigung und der Beseitigung bestehender Nachteile angesprochen sind, wenn sie Rechtsvorschriften auslegen, sich in der Planung (Personal) befinden oder ihr Ermessen ausüben; so auch Vogel in FS für Benda, S. 413
1924 Vgl. Art. 3 Abs. 2 S. 2 1. Halbsatz GG
1925 Sacksofsky, S. 402; vgl. Art. 3 Abs. 2 S. 2 2. Halbsatz GG; auf die Verwendung des Begriffs „Kompensationsklausel" wird hier verzichtet, da diesem Begriff die vergangenheitsbezogene Perspektive anhaftet, die strukturelle Diskriminierung jedoch regelmäßig aufgrund fehlender Nachweisbarkeit nicht in den Griff bekommen kann und Frauenförderung an aktuell bestehenden Nachteilen ansetzt und zukunftsorientiert faktische Gleichberechtigung durchsetzen soll; vgl. Kowal, S. 446; Schweizer, S. 202 ff.; Schlachter, S. 55
1926 Merten, S. 371
1927 Ebenda

jektiv-rechtliche Dimension, die in ihrer Austrahlungswirkung auf alle drei Staatsgewalten sowie alle Gesellschaftsbereiche[1928] nach oben hin offen ist[1929].
Nach der amtlichen Begründung im Bericht der GVK soll Art. 3 Abs. 2 S. 2 GG auf Bundes-, Landes- und kommunaler Ebene eine sachgerechte Förderungspolitik zur Erreichung der tatsächlichen Gleichberechtigung bewirken und klargestellt werden, daß es um die Erreichung der faktischen Gleichberechtigung von Männern und Frauen geht. Mit Art. 3 Abs. 2 S. 2 2. Halbsatz GG wird der Begründung zufolge die Aufgabe des Staates beschrieben, auf die Beseitigung geschlechtsbedingter gesellschaftlicher Nachteile hinzuwirken, wobei mit dem Auftrag zur Nachteilsbeseitigung der Auftrag aus dem ersten Halbsatz weiter verstärkt wird. Ziel des staatlichen Handelns ist demnach die Beseitigung eines bestehenden Nachteils selbst[1930]. Diese Begründung impliziert schon, daß eine klare Trennung der Förderklausel im ersten Halbsatz und der Nachteilsbeseitigungsklausel im zweiten Halbsatz der Staatszielbestimmung nicht möglich ist, da der zweite Halbsatz verstärkend auf den ersten Halbsatz einwirkt. Schließlich kann auch von einer Wechselwirkung beider Klauseln zueinander ausgegangen werden, denn die Beseitigung bestehender Nachteile dient immer auch der Förderung der Durchsetzung tatsächlicher Gleichberechtigung. Umgekehrt bewirken konkrete Fördermaßnahmen auch eine Nachteilsbeseitigung, wie es sich z.B. gut an leistungsabhängigen Vorrangregelungen mit Härtefallklausel im öffentlichen Dienst verdeutlichen läßt: Ihr Ziel ist die Steigerung des Frauenanteils in den Bereichen ihrer Unterrepräsentation sowie der Abbau strukturell diskriminierender Personalentscheidungsprozesse. Das heißt, daß hier die Förderung mit der Nachteilsbeseitigung einhergeht und sich beide gegenseitig ergänzen. Dies gilt jedoch nicht nur für geschlechtsspezifische Fördermaßnahmen, sondern beansprucht auch für geschlechtsneutrale Maßnahmen, wie z.B. zur besseren Vereinbarkeit von Beruf und Familie, Gültigkeit. So stellt sich u.a. die Möglichkeit der Teilzeitarbeit nicht nur als Förderung von Frauen (und Männern) mit familiären Pflichten dar – vielmehr beseitigt sie auch den Nachteil, daß anderenfalls eine Vollzeittätigkeit entweder gar nicht oder nur unter erschwerten Bedingungen ausgeübt werden könnte, was vor allen Dingen für alleinerziehende Eltern, aber auch für den Elternteil von Bedeutung ist, der die Hauptlast der Familienarbeit

---

1928 Zu beachten ist, daß weder Art. 3 Abs. 2 S. 1 GG noch Art. 3 Abs. 2 S. 2 GG eine Bereichsbegrenzung auf den öffentlichen Dienst enthalten, vgl. Döring, S. 210 Fn. 195; ausführlich Schumann, S. 90 ff., die von einer mittelbaren Drittwirkung sowohl des Grundrechts als auch des Staatsziels im Privatrechtsverkehr ausgeht; ähnlich Osterloh in Sachs (Hrsg.), Art. 3 Rn. 262
1929 Böckenförde, S. 8 f.
1930 BT-Drs. 12/6000, S. 50

trägt, sofern keine partnerschaftliche und gleichberechtigte Regelung zwischen den Eltern besteht.

Hinzu kommt, daß die Förderklausel nach Sacksofsky eine umfassende Berücksichtigung der tatsächlichen Gegebenheiten, d.h. also der vorgefundenen gesellschaftlichen Realität, verlangt[1931]. Sie führt hier als Beispiel die häufig in der Literatur anzutreffende Erklärung zur Unterrepräsentation von Frauen an, daß Frauen Führungspositionen von vorneherein gar nicht haben wollten, da sie nicht bereit seien, die mit diesen Tätigkeiten verbundenen höheren Arbeitsbelastungen in Kauf zu nehmen und mehr Zeit mit ihren Kindern verbringen wollten und/oder müßten[1932] und damit insgesamt andere Präferenzentscheidungen träfen. Sacksofsky stellt aber zutreffend in Rechnung, daß selbst unter der Prämisse, daß diese Einschätzung zuträfe, darin keine Erklärung zu finden sei, daß Frauen und Männer im Wettbewerb um Führungspositionen gleiche Chancen hätten[1933]. Folgerichtig fragt sie weiter, ob die vermeintlich höhere Arbeitsbelastung wirklich eine notwendige Konsequenz aus der jeweils begehrten Position ist und diese nicht auch in Teilzeit von zwei Personen wahrgenommen werden könnte. Mangels staatlichen Handelns seien gerade Mütter zudem in ihrer Arbeitszeitgestaltung wenig flexibel, weil es an Kinderbetreuungsmöglichkeiten fehle. Speziell diese Nachteile für Frauen, die sich aus den für Frauen negativen Folgen der Fortwirkung traditioneller Arbeitsteilung ergäben, gelte es zu beseitigen, was auch das besondere Anliegen der Staatszielbestimmung sei[1934]. So lasse sich Gleichberechtigung in der Wirklichkeit nur durchsetzen, wenn alle Faktoren, die zur Schlechterstellung von Frauen einen Beitrag leisteten, angegangen würden[1935]. Seien Männer in begehrten Positionen überdurchschnittlich vertreten, spreche dieses für bestehende Nachteile von Frauen[1936], die es gemäß Art. 3 Abs. 2 S. 2 2. Halbsatz GG zu beseitigen gelte[1937]. Hier verlange das Staatsziel vom Staat besondere Anstrengungen, die Nachteile zu identifizieren und schließlich zu beheben[1938]. Auch in dieser Argumentation von Sacksofsky wird deutlich, daß eine „trennscharfe gegenseitige Abgrenzung"[1939] der Förderklausel von der Nachteilsbeseitigungsklausel nicht möglich ist.

---

1931 Sacksofsky, S. 400
1932 Vgl. Ladeur, S. 294 sowie Sachs, NJW 1989, S. 553 (S. 557); Stober, S. 294
1933 Sacksofsky, S. 400
1934 Ebenda
1935 Ebenda
1936 Indizwirkung der von der Geschlechterparität abweichenden Unterrepräsentanz von Frauen für das Vorliegen von struktureller Diskriminierung
1937 Sacksofsky, S. 401
1938 Ebenda
1939 Osterloh in Sachs (Hrsg.), Art. 3 Rn. 262 Fn. 539

*(2) Mindestanforderungen zulässiger Frauenförderung*

Vor diesem Hintergrund sind die Aussagen der Literatur und es BVerfG zu verschiedenen Frauenfördermaßnahmen zu implementieren. Vor allen Dingen die restriktiven Literaturmeinungen, denen die Ablehnung jeglicher geschlechtsspezifischer Fördermaßnahmen gemeinsam ist, stellten auf der Grundlage von Art. 3 Abs. 2 GG n.F. insbesondere auf die Zulässigkeit geschlechtsneutraler Regelungen ab, die sowohl Frauen als auch Männer in die Förderung einbeziehen. So nennt Starck zur Verbesserung der Ausgangslage von Frauen für den öffentlichen Dienst u.a. die Anrechnung von Geburten und Erziehungsjahren. In bezug auf Geburten verweist er dabei auf den zugrundeliegenden biologischen Unterschied zwischen Frauen und Männern, die als ausnahmsweise zulässiges Differenzierungskriterium insbesondere auch durch Art. 6 Abs. 4 GG einen verfassungsrechtlichen Schutz erfahren[1940]. Erziehungszeiten, die in der Regel von Frauen wahrgenommen würden, könnten als geschlechtsunabhängiges Kriterium zugunsten von Frauen wirken. Andere Mittel der zulässigen Förderung sind ihm zufolge flexible, familiengerechte Arbeitszeiten und Arbeitsplatzgestaltungen, zu denen auch die Teilzeitarbeit gehört sowie die Förderung der beruflichen Wiedereingliederung von Frauen nach Geburten und wiederum geschlechtsneutral nach Erziehungszeiten. Schließlich zieht er auch organisatorische Maßnahmen wie Frauenbeauftragte und Berichte in Betracht[1941].

Hofmann und Scholz vertreten im Zusammenhang mit der Staatszielbestimmung eher eine Trennung von Förder- und Nachteilsbeseitigungsklausel: Die Förderklausel ist ihrer Auffassung nach direkt an das Gleichberechtigungsgebot aus Art. 3 Abs. 2 S. 1 GG angebunden und i.S.d. individuellen Grundrechtscharakters zu interpretieren. Konkrete Aussagen beider Autoren, welche Maßnahmen auf der Grundlage der Förderklausel vom Staat zu ergreifen sein könnten, fehlen jedoch. Vielmehr beschränken sich beide hier auf die Feststellung, daß der Staat dort als Förderer auf den Plan gerufen werden soll, wo entgegen dem geltenden Verfassungsrecht dem Gleichberechtigungsgebot nicht genüge getan sei[1942]. Beide sehen demgegenüber die Nachteilsbeseitigungsklausel unter Rückgriff auf den Rentenaltersbeschluß und das Urteil zum Nachtarbeitsverbot des BVerfG als Ansatzpunkt für konkrete geschlechtsneutrale Förderungsmaßnahmen, die sich mit den Vorschlägen von Starck decken[1943]. Auffällig ist hier, daß die Nachteilsbeseitigungsklausel einer retrospektiven Sicht unterzogen wird, die

---

1940 Starck in von Mangoldt/Klein, Art. 3 Abs. 2 Rn. 291, 296
1941 Starck in von Mangoldt/Klein, Art. 3 Abs. 2 Rn. 291
1942 Hofmann, S. 262 sowie Scholz in Maunz/Dürig, Art. 3 Abs. 2 Rn. 62
1943 Hofmann, S. 262 sowie Scholz in Maunz/Dürig, Art. 3 Abs. 2 Rn. 67, 69

jedoch verkennt, daß es um die Beseitigung aktuell bestehender und zukünftiger Nachteile geht[1944]. Denn würde die Nachteilsbeseitigungsklausel tatsächlich isoliert als Kompensation für in der Vergangenheit erlittene Nachteile von Frauen und mit dem quasi-biologischen Argument des BVerfG im Rentenaltersbeschluß (Kindererziehung als akzeptierte Funktion der Mutterschaft) gekoppelt, verbleibt es bei Maßnahmen der Förderung, die nur als selbständige Ausnahme von Differenzierungsverbot des Art., 3 Abs. 3 zu begreifen sind[1945]. Die lediglich als Ausnahme vom Differenzierungsverbot verstandenen Kompensationsmaßnahmen beschränken allerdings die Möglichkeiten von Frauenförderung ganz erheblich und können das nach wie vor existierende, historisch gewachsene Gleichberechtigungsdefizit von Frauen nicht umfassend angehen[1946].

Während sich bei einer vergangenheitsorientierten Sichtweise typisierend Benachteiligung und Bevorzugung in einer Person mit dem Regelungsziel der direkten Kompensation zur Deckung bringen lassen, kann mit dem Blick auf die Gegenwart und Zukunft keine entsprechende Gleichung aufgestellt werden[1947], die im übrigen angesichts des strukturellen Gleichberechtigungsdefizits auch vor regelmäßigen Nachweisschwierigkeiten steht. Auch unter einer gemeinschaftsrechtlichen Perspektive können positive Maßnahmen der Frauenförderung (hier auf der Basis von Art. 141 Abs. 4 EGV sowie Art. 2 Abs. 4 der Richtlinie 76/207/EWG a.F.) keinen eng auszulegenden Ausnahmecharakter von der Gewährleistung formeller (Rechts-) Gleichheit zugesprochen bekommen[1948]. Das führt aus der hiesigen Perspektive allerdings auch nicht dazu, daß der Rentenaltersbeschluß des BVerfG insgesamt als irrelevant für den Komplex der Frauenförderung qualifiziert werden müßte, wie es etwa Schweizer[1949] oder Huster[1950] vertreten. Wichtig zu sehen ist, daß der Rentenaltersbeschluß erstmals die Möglichkeit angesprochen hat, daß der Gesetzgeber aus Art. 3 Abs. 2 GG a.F. (in Verbindung mit dem Sozialstaatsprinzip) verpflichtet sein könnte, die Voraussetzungen für eine faktische Gleichberechtigung zwischen den Geschlechtern zu schaffen[1951].

---

1944 Dies ergibt sich schon aus dem Wortlaut, denn die Formulierung „bestehender Nachteile" hat eindeutigen Aktualitätsbezug!
1945 Vgl. Schlachter, S. 54 f.
1946 Schlachter, S. 55, 65
1947 Bumke, S. 130
1948 Vgl. Saggio, Schlußanträge v. 10.06.1999, Slg. 2000, S. 1877 Rn. 26 Rs. C-158/97 Badeck u.a./Hess. Ministerpräsident; der EuGH ist auf diese Aussagen seines Generalanwalts nicht eingegangen, EuGH v. 28.03.2000, Slg. 2000, S. 1902 Rs. C-158/97 Badeck u.a./Hess. Ministerpräsident
1949 Schweizer, S. 204 f.
1950 Huster, S. 112 ff.
1951 Vgl. BVerfGE 74, S. 163 (S. 179 f.)

Demnach markieren Starck, Hofmann und Scholz mit ihren Aussagen zur Präzisierung der Staatszielbestimmung aus Art. 3 Abs. 2 S. 2 GG, insbesondere zur Inhaltsbestimmung der Nachteilsbeseitigungsklausel, lediglich ein Mindestmaß an zulässiger Frauenförderung, denn geschlechtsneutrale Maßnahmen wie etwa flexible Arbeitszeiten oder Teilzeitarbeit beeinträchtigen entgegenstehende Rechte von einzelnen Männer nicht, da sie ihnen ebenfalls die Möglichkeit der Wahrnehmung einräumen. Sie gehören zu den sogenannten sanften Maßnahmen der Frauenförderung[1952]. Aber auch geschlechtsspezifische Privilegierungen, die an die biologischen Unterschiede der Geschlechter (Schwangerschaften, Geburten, Stillzeiten) anknüpfen, berühren Männern nicht, da sie nur in einem Geschlecht realisiert werden können und darüber hinaus auf der Basis von Art. 6 Abs. 4 GG eine zusätzliche Rechtfertigung erfahren, denn diese Verfassungsnorm trägt der besonders hohen Schutzbedürftigkeit von Mutter und Kind während dieses sensiblen Zeitraums Rechnung[1953]. Schließlich räumen auch die quasi-biologischen Unterschiede der Geschlechter i.S.d. Rentenaltersbeschlusses des BVerfG als Anknüpfungspunkt für Sonderregelungen zugunsten eines Geschlechts den Frauen keinen „allzu erheblichen Vorteil" ein[1954], so daß insgesamt die von den restriktiven Verfechtern vorgeschlagenen Fördermaßnahmen zur Durchsetzung faktischer Gleichberechtigung Mindestvorgaben auf der Grundlage des Art. 3 Abs. 2 S. 2 GG darstellen.

Die einzige bislang zu einer konkreten Frauenfördermaßnahme ergangene Entscheidung des BVerfG bezieht sich auf die Institution der Frauenbeauftragten und deckt sich ebenfalls mit Starcks Vorschlag zulässiger organisatorischer Frauenfördermaßnahmen (Frauenbeauftragte, Berichte etc.). Auch sie muß aufgrund ihrer Gewährleistungsfunktion für die Umsetzung der unterschiedlichsten Frauenfördermaßnahmen zu den Mindestanforderungen der Herstellung faktischer Gleichberechtigung zwischen den Geschlechtern gerechnet werden.

Im Unterschied zu Starck hat das BVerfG im Zusammenhang mit der Einrichtung kommunaler Frauenbeauftragter in den Gemeinden Schleswig-Holsteins mit mehr als 10000 Gemeindeeinwohnern die Aufgabenbereiche und Einwirkungsmöglichkeiten der Gleichstellungsbeauftragten konkretisiert. Durch sie erhält nach Auffassung des BVerfG die Förderung der Gleichberechtigung von Frau und Mann in den Gemeinden einen starken Akzent, da sie an Entscheidungsprozessen zu beteiligen und zu hören ist, ohne dabei jedoch über eigene verbindliche Entscheidungsbefugnisse zu verfügen[1955]. Hinzu kommt das Recht

---

1952 Schumann, S. 96
1953 Vgl. BSGE 56, S. 8 (S. 9 ff.) zur Leistung des Mutterschaftsgeldes während der Mutterschutzfristen
1954 BVerfGE 74, S. 163 (S. 181)
1955 BVerfGE 91, S. 228 (S. 243)

der eigenverantwortlichen Öffentlichkeitsarbeit und Beratungstätigkeit, ihre demokratische Legitimation ergibt sich durch die Bestellung und Abberufungsmöglichkeit durch die Gemeindevertretung und ihre Funktion hat sie in Unabhängigkeit auszuüben[1956]. Auch die geschlechtsspezifisch wirkende Sonderregelung, daß nur Frauen zur Gleichstellungsbeauftragten bestellt werden können, hielt das BVerfG für sachgerecht, da erfahrungsgemäß eher Frauen als Männer für die Position der Frauenbeauftragten in Betracht kämen[1957]. Die Bedeutung dieser Entscheidung für die inhaltliche Präzisierung des Staatsziels aus Art. 3 Abs. 2 S. 2 GG liegt auf der Hand: Frauen- bzw. Gleichstellungsbeauftragte als organisatorisches Sicherungsinstrument für die Durchsetzung der faktischen Gleichberechtigung[1958] wirken gleichzeitig auf die Identifizierung bestimmter Nachteile für Frauen hin und können dabei entsprechende Vorschläge und Anregungen zu ihrer Beseitigung geben. Dies ergibt sich vor allem aus ihrem Beteiligungsrecht an Entscheidungsprozessen, aber auch aus ihrem Anhörungsrecht. Über die Öffentlichkeitsarbeit geraten spezifische Probleme von Frauen ins Blickfeld der Öffentlichkeit, Beratungstätigkeiten führen schließlich zur Wahrnehmung neuer oder bislang nicht offensichtlicher Problemfelder. Dies ist auch ohne weiteres von Art. 3 Abs. 2 S. 2 GG gedeckt, was ebenfalls für die geschlechtsspezifische Besetzung der Position der Frauenbeauftragten gilt[1959].

Nicht entschieden hat das BVerfG an dieser Stelle, wie z.B. ein Widerspruchsrecht der Frauenbeauftragten zu beurteilen wäre – es hat hier die fragliche Vorschrift der schleswig-holsteinischen Gemeindeordnung lediglich im Hinblick auf ihre potentiellen Eingriffe in die kommunale Selbstverwaltungsgarantie aus Art. 28 Abs. 2 GG geprüft und das Fehlen eigener Entscheidungsbefugnisse der Gleichstellungsbeauftragten in der Regelung nur als zusätzliche Begründung verwendet, daß ein Eingriff in Art. 28 Abs. 2 GG nicht zu verzeichnen sei. Daraus kann jedoch nicht der Umkehrschluß gezogen werden, daß eine Regelung zur Frauenbeauftragten, die diese mit eigenen Entscheidungsbefugnissen ausstattet keinen Bestand vor Art. 3 Abs. 2 S. 1 GG hätte. Die Effektivität der Arbeit einer Frauenbeauftragten hängt ganz entscheidend von ihren Kompetenzen im einzelnen ab, so daß entsprechende Entscheidungsbefugnisse und/oder Widerspruchsrechte nicht nur geeignet und erforderlich zur Gewährleistung der Durchsetzung tatsächlicher Gleichberechtigung sind, sondern auch im Rahmen der Zweck-Mittel-Relation sachgerecht und verhältnismäßig im engeren Sinne erscheinen.

---

1956 BVerfGE 91, S. 228 (S. 243 f.)
1957 BVerfGE 91, S. 228 (S. 245)
1958 Bumke, S. 123
1959 Vgl. Ausführungen unter ccc) 1., S. 434 ff.

*(3) Vorrangregelungen und Zielvorgaben*

Schließlich konzentriert sich der überwiegende Teil der Literaturstimmen auf die Frage der Zulässigkeit von leistungsabhängigen Vorrangregelungen mit Härtefallklausel, die sowohl von der gemäßigten als auch von der progressiven Perspektive auf Art. 3 Abs. 2 GG n.F. als zulässig angesehen werden. Während die gemäßigten Literaturmeinungen in bezug auf die Höhe der Quote Modifikationen vornehmen (Schweizer, Döring) oder sie als ultima ratio bewerten (Osterloh), gehen die progressiven Verfechter/innen hier von dem anzustrebenden Ziel der Machtbalance bzw. Parität zwischen den Geschlechtern aus, so daß für sie auch eine Quote von 50 % des zu erreichenden Frauenanteils in Frage steht. In der GVK herrschte zugunsten des unterrepräsentierten Geschlechts lediglich die Vorstellung, daß „starre Quoten" keine Grundlage in der Staatszielbestimmung finden könnten[1960].

Starre Quoten, die die Einstellung oder Beförderung eines fest vorgegebenen Prozentsatzes von Bewerbern beider Geschlechter verlangen, werden i.d.R. im Zusammenhang mit der Besetzung von Ausbildungsplätzen diskutiert, weil durch die Ausbildung auch maßgeblich die Voraussetzungen zukünftiger Chancen auf dem Arbeitsmarkt beeinflußt werden und eine Benachteiligung schon in diesem Stadium Auswirkungen auf das gesamte spätere Berufsleben hat und deshalb unter allen Umständen ausgeschlossen werden sollte bzw. muß[1961]. Aufgrund der Besonderheiten des Ausbildungsbereichs muß insoweit auf die o.g. Fundstellen verweisen werden[1962].

Die Tatsache, daß in der Begründung der GVK lediglich die starren Quoten von einer Erfassung durch die Staatszielbestimmung des Art. 3 Abs. 2 S. 2 GG ausgenommen wurden, impliziert aber die Möglichkeit anderer Formen der Vorrangregelungen. So wird in der Literatur auch die Frage nach der eventuellen Zulässigkeit leistungsunabhängiger Quotierung gestellt, die jedoch insgesamt an Art. 33 Abs. 2 GG wegen des dort verankerten Leistungsprinzips bzw. Prinzips der Bestenauslese scheitert[1963]. Seit den EuGH-Entscheidungen in den Verfahren

---

1960 BT-Drs. 12/6000, S. 50
1961 Schlachter JA, 1994, S. 72 (S. 73); Schmitt Glaeser, Abbau des tatsächlichen Gleichberechtigungsdefizits der Frauen durch gesetzliche Quotenregelungen, Schriftenreihe des Bundesministeriums des Innern, Bd. 16, 1982, S. 62 ff.; Ekkertz-Höfer in FS für Simon, S. 478 f.; Francke/ Sokol/Gurlit, S. 1
1962 Der EuGH hat zur starren Ausbildungsquote des HGlG entschieden, daß diese mit Art. 2 Abs. 1 und 4 der Richtlinie 76/207/EWG (a.F.) zu vereinbaren ist, vgl. EuGH v. 28.03.2000, Slg. 2000, S. 1902 Rn. 45 bis 55, Rs. C-158/97 Badeck u.a./Hess. Ministerpräsident
1963 Schumann, S. 108 f.; Bumke, S. 125 Fn. 42; Maidowski, S. 161 f., der Durchbrechungen des Leistungsprinzips grundsätzlich nur als absolute Ausnahme zulassen

Kalanke/Freie Hansestadt Bremen[1964] und Marschall/Land Nordrhein-Westfalen[1965] ist gemeinschaftsrechtlich klargestellt, daß leistungsabhängige Vorrangregelungen mit Härtefallklausel als geschlechtsspezifische Privilegierung mit Art. 2 Abs. 1 und 4 der Richtlinie 76/207/EWG (a.F.) und Art. 141 Abs. 4 EGV zu vereinbaren sind[1966]. Sie berühren das Leistungsprinzip aus Art. 33 Abs. 2 GG nicht. Im Gegensatz zu geschlechtsneutralen Frauenfördermaßnahmen oder Maßnahmen, die den biologischen Unterschieden von Männern und Frauen Rechnung tragen, ist den Vorrangregelungen eine geschlechtsspezifische Wirkung zugunsten von Frauen immanent – sie führen zwangsläufig zu einer geschlechtsbedingten Benachteiligung von Männern, die unter dem Gesichtspunkt effektiver Herstellung faktischer Gleichberechtigung zwischen den Geschlechtern jedoch unvermeidbar ist[1967]. Subjektive Abwehrrechte des einzelnen Mannes, der durch die Vorrangregelung im Rahmen einer Auswahlentscheidung nicht eingestellt oder befördert wird, sei es nun auf der Basis von Art. 3 Abs. 3 S. 1 GG oder aufgrund der subjektiv-rechtlichen Dimension in Art. 3 Abs. 2 S. 1 GG[1968] haben über die Herstellung praktischer Konkordanz zwischen der rechtlichen und faktischen Gleichberechtigung zu einer bedingten Vorrangrelation der faktischen Gleichberechtigung geführt, wie oben bereits ausgeführt wurde. Verstärkt wird die objektiv-rechtliche Dimension, auf der die faktische Gleichberechtigung fußt, dabei durch die objektiv-rechtlich wirkende Staatszielbestimmung des Art. 3 Abs. 2 S. 2 GG, die damit der Vorrangrelation ein zusätzliches Gewicht verleiht. Die Bedingtheit des Vorrangs faktischer Gleichberechtigung ergibt sich aus zeitlichen und sachlichen Beschränkungen der leistungsabhängigen Vorrangregelung[1969]. Der Zeitfaktor berücksichtigt, daß dort, wo ein hälftiger Frauenanteil erreicht ist, sich die bevorzugte Einstellung und Beförderung von Frauen aus sich heraus erledigt hat. In sachlicher Hinsicht knüpft die Vor-

---

will, um die Funktionsfähigkeit des öffentlichen Dienstes nicht in Frage zu stellen – gleichzeitig sieht er in Frauenfördermaßnahmen die Möglichkeit, Personalentscheidungen in größerem Umfang zu beeinflussen, so daß eine Reduzierung des Leistungsprinzips auf eine Ausnahmebestimmung seine Funktion der sachlichen Personalauswahl und Gleichheit des Zugangs zum öffentlichen Dienst als Grundsatznorm des öffentlichen Dienstrechts nicht nur gefährdet, sondern auch vereiteln könnte; a.A. Pfarr/Fuchsloch, S. 2206, die auf eine Mindestqualifikation abstellen

1964 EuGH v. 17.10.1995, Slg. 1995, S. 3051 Rs. C-450/93
1965 EuGH v. 11.11.1997, Slg. 1997, S. 6363 Rs. C-409/95
1966 Bestätigt in EuGH v. 28.03.2000, Slg. 2000, S. 1902 Rn. 23 Rs. C-158/97 Badeck/Hess. Ministerpräsident
1967 Vgl. auch König, S. 844
1968 Vgl. dazu Schweizer, S. 198
1969 König, S. 844

rangregelung an das Vorliegen von Unterrepräsentanz im jeweiligen Bereich (Laufbahngruppe, Besoldungsgruppe) an.

Schließlich ist die Härtefallklausel, die den männlichen Bewerbern mit gleicher Qualifikation wie die Bewerberinnen in jedem Einzelfall garantiert, daß die Bewerbungen Gegenstand einer objektiven Beurteilung sind, bei der alle die Person der Bewerber betreffenden Kriterien berücksichtigt werden und der den Bewerberinnen eingeräumte Vorrang entfällt, wenn eines oder mehrere dieser Kriterien zugunsten des männlichen Bewerbers überwiegen und diese Kriterien gegenüber den weiblichen Bewerbern keine diskriminierende Wirkung haben[1970], ein weiteres Zugeständnis der Verhältnismäßigkeit von Vorrangregelungen an den möglichst schonenden Eingriff in subjektive Rechte des Mannes[1971].

Ein Aspekt der Frage nach der Verhältnismäßigkeit von leistungsabhängigen Vorrangregelungen mit Härtefallklausel muß noch einmal gesondert aufgegriffen werden, da er auch die Überleitung zu der Frage bietet, ob Zielvorgaben ein für die Verwirklichung faktischer Gleichberechtigung taugliches Instrument darstellen könnten: Innerhalb des Prüfungsschrittes der Geeignetheit stellt sich letztlich auch die Frage nach der Effektivität von leistungsabhängigen Vorrangregelungen im Hinblick auf die Beseitigung des strukturellen Gleichberechtigungsdefizits. Schumann führt hier zutreffend an, daß die Personalentscheidung zugunsten einer Frau bei gleicher Qualifikation regelmäßig als großer Fortschritt auf dem Weg zur Erreichung der faktischen Gleichberechtigung gewertet werden muß, bei näherer Betrachtung sich allerdings einige Umstände offenbaren, die an der durchschlagenden Wirkung zweifeln lassen[1972]. Diese liegen vor allem in der Erfahrung mit dieser Form geschlechtsspezifischer Frauenförderung begründet, daß eine gleiche bzw. gleichwertige Qualifikation einer Bewerberin und eines Bewerbers äußerst selten vorkommt und die mit der Auswahlentscheidung betrauten Dienstherrn die sogenannte „Pattsituation" bereits im Vorfeld der Beförderung durch eine bessere Leistungsbeurteilung des Mannes vermeiden[1973].

Krimphove stellt außerdem in Rechnung, daß gerade bei der Besetzung von Spitzenämtern der Laufbahnen, es kaum realistisch sei, daß angesichts der konkreten Anforderungen des zu besetzenden Amtes mehrere Bewerber mit gleichwertigen Beurteilungen vorhanden sein könnten, weil der diesbezügliche Vortrag der Behördenleiter bei den Personalräten regelmäßig unter Leistungsgesichtspunkten immer nur die Besetzung mit dem ausgewählten Bewerber zuließ[1974]. Er vermutet, daß in der Praxis am ehesten in den ersten beiden Beförde-

---

1970 Vgl. EuGH v. 11.11.1997, S. 6394 f. Marschall/Land Nordrhein-Westfalen
1971 Ähnlich Schweizer, S. 218
1972 Schumann, S. 112
1973 So Fuchsloch, NVwZ 1991, S. 442 (S. 444); ähnlich Kruse, S. 1010 f.
1974 Krimphove, DöD 1990, S. 164 (S. 165)

rungsämtern einer Laufbahn gleichwertige Leistungsbeurteilungen vorzufinden seien, die jedoch so gut wie jeder Beamte erreichen würde und die Vorrangregelung damit auch kaum von Bedeutung wäre[1975]. Aber auch die Eignung als von Art. 33 Abs. 2 GG vorgegebenes Qualifikationskriterium bietet als der am weitesten gefaßte Begriff, der die gesamte Person mit ihren körperlichen, seelischen und charakterlichen Eigenschaften erfaßt und außerdem der Verwaltung bei der Auslegung einen Beurteilungsspielraum einräumt[1976], eine Reihe von Umgehungsmöglichkeiten, die sich auch in der Einstellungssituation manifestieren können, da u.a. der Charakter, die Begabung sowie die Leistungsfähigkeit etc. sich als Inbegriffe von Eigenschaften darstellen, die einer rationalen Entscheidung kaum zugänglich sind und von der subjektiven Einschätzung des Dienstherrn abhängen. Bieten diese Eigenschaften allenfalls bei Beförderungsentscheidungen noch eine gewisse Hilfestellung, ist dieses bei Einstellungen nur noch eine ganz vage Prognose, da sie auf einigen wenigen schriftlichen und/oder mündlichen Äußerungen der Bewerber/innen basiert[1977].

Ein wesentlicher numerus clausus für die anzuwendenden Kriterien und ihre Gewichtung in der Personalauswahl ist nicht möglich, wenn sie nicht für den Einzelfall im Vorfeld der Auswahl festgelegt worden sind[1978]. Auch Ebsen weist im Zusammenhang mit dem Eignungskriterium des Art. 33 Abs. 2 GG darauf hin, daß faktische Gleichberechtigung auch vom faktischen Verhalten der Einstellungs- und Beförderungsstellen abhängig ist und sich hier in Art. 33 Abs. 2 GG die am häufigsten und planvollsten verletzte Vorschrift des GG verdeutlicht[1979]. Gleichzeitig stellt er auch fest, daß eine leistungsabhängige Vorrangregelung allein nicht geeignet ist, verdeckten Benachteiligungen in der Leistungsbewertung selbst entgegenzuwirken und schlägt zur Abhilfe u.a. Präzisierungen sowie Formalisierungen der Anforderungsprofile und Auswahlverfahren vor, um diesem Frauenförderungsinstrument zu einer größeren Wirksamkeit zu verhelfen[1980].

Maidowski sieht eine Möglichkeit in der genaueren normativen Aufschlüsselung des Begriffs der Eignung z.B. durch die Schaffung von Beurteilungsrichtlinien oder einer stärkeren Betonung von Befähigung und fachlicher Leistung, wobei er insgesamt mit diesen Überlegungen eine objektivere Dienstpostenbewertung favorisiert[1981]. Weitere Möglichkeiten der Effektivitätssteigerung

---

1975  Ebenda
1976  Pieroth in Jarass/Pieroth, Art. 33 Rn. 4
1977  Maidowski, S. 165
1978  Pfarr, Anm. zu BAG v. 22.06.1993, AP Nr. 193 zu Art. 3 GG
1979  Ebsen, S. 521
1980  Ebenda
1981  Maidowski, S. 166 f.

werden schließlich auch in der obligatorischen Beteiligung der Frauenbeauftragten an Personalauswahlverfahren sowie in der Begründungspflicht bei ablehnender Entscheidung einer Frau in Bereichen ihrer Unterrepräsentation verortet, zumal ein Zwang zur Begründung die bisherigen Formen der Begründung von Auswahlentscheidungen nicht nur transparenter gestalten, sondern auch im Kontext der Frauenförderung mit dem Ziel faktischer Gleichberechtigung als nicht mehr haltbar erweisen könnte[1982]. Ein die Effektivität von leistungsabhängigen Vorrangregelungen mit Härtefallkausel steigernder Ansatz kann aber auch in der mit der Richtlinie 97/80/EG (Beweislastrichtlinie) verbundenen prozessualen Beweiserleichterung gesehen werden[1983].

Unabhängig von weiteren Gesichtspunkten der Effektivitätssteigerung von leistungsabhängigen Vorrangregelungen und eventuellen Zweifeln an der tatsächlichen Wirksamkeit von Vorrangregelungen[1984], bleibt die Wirkung dieser geschlechtsspezifischen Maßnahme nicht auf einer rein symbolhaften, vorbildkonstituierenden Ebene für die Zukunft stehen[1985]. Auch wenn diese mittelbare Auswirkung von leistungsabhängigen Vorrangregelungen kein zu vernachlässigender Faktor für die Frage nach der Effektivität und Geeignetheit ist, handelt es sich lediglich um einen Aspekt ihrer Auswirkung. Gewichtiger ist, daß sie im Rahmen einer gewissenhaften Anwendung durch die Personalentscheider tatsächlich eine Steigerung des Frauenanteils in den Bereichen des öffentlichen Dienstes, in denen Frauen unterrepräsentiert sind, herbeiführen können. Flankierende Maßnahmen können dabei diesen Prozeß nicht nur sinnvoll ergänzen und absichern, sondern insgesamt auch vorantreiben.

Ein weiteres Instrument geschlechtsspezifischer Frauenförderung sind daneben Zielvorgaben, die über einen in der jeweiligen Dienststelle aufgestellten Frauenförderplan über einen längeren Zeitraum einen verbindlichen Frauenanteil festlegen, den es in dem einzelnen Bereich weiblicher Unterrepräsentation zu erreichen gilt, so etwa wie viele der Eingangspositionen in zwei Jahren unter Berücksichtigung der Gegebenheiten auf dem Arbeitsmarkt und der zur Verfügung

---

1982 Maidowski, S. 171 sowie Raasch, KJ 1995, S. 493 (S. 495)
1983 Vgl. dazu die Ausführungen im 2. Kapitel, S. 106 ff.
1984 So etwa Schumann, S. 136
1985 Vgl. Huster, S. 122, der dieses auch zum Anlaß nimmt, dem Ziel der Herstellung eines geschlechtsparitätischen Zustands i.S.v. Art. 3 Abs. 2 GG (a.F.) eine Absage zu erteilen, denn Quotierungen könnten nur die Voraussetzungen einer gerechten Verteilung von Stellen schaffen, nicht dagegen die gerechte Verteilung selbst sicherstellen; in dieselbe Richtung Schweizer, S. 212 ff.

stehenden offenen Stellen mit Frauen besetzt werden können[1986]. Diese Zielvorgaben werden auch als sog. Ergebnisquoten bezeichnet[1987].

Im Gegensatz zur leistungsabhängigen Vorrangregelung ist die Zielvorgabe vor allem dadurch gekennzeichnet, daß sie eben nicht unmittelbar bei jeder Auswahlentscheidung eingreift und ebenfalls nicht das Ergebnis der Auswahlentscheidung in einer „qualifikatorischen Pattsituation" zwingend (sofern keine Härtefallgründe für den männlichen Mitbewerber sprechen) zugunsten des weiblichen Geschlechts vorgibt[1988]. Auch ist der zu erreichende Frauenanteil nicht für alle von weiblicher Unterrepräsentation betroffenen Bereiche des öffentlichen Dienstes einheitlich festgelegt, so daß hier auch den jeweiligen Besonderheiten einer Dienststelle flexibel im Frauenförderplan Rechnung getragen werden kann[1989]. Die Verbindlichkeit der Zielvorgabe beruht darauf, daß in der qualifikatorischen Pattsituation zwischen einem Mann und einer Frau dann zugunsten der Bewerberin zu entscheiden ist, wenn dieses zur Erfüllung der Zielvorgabe erforderlich ist und keine Gründe von höherem rechtlichen Gewicht entgegenstehen. Charakter der Zielvorgabe ist mithin ein Ermessenskriterium, daß auf das Auswahlermessen der Entscheidungsträger i.S.d. Steigerung des Frauenanteils einwirkt[1990]. Für die Zielvorgabenregelung im Hessischen Gleichberechtigungsgesetz (HGlG) kommt hinzu, daß § 10 Abs. 1 bis 3 HGlG weitere Festlegungen in bezug auf die Auswahl- und Beurteilungskriterien getroffen hat, die die bislang als echte Hilfskriterien im Fall eines Qualifikationspatts herangezogenen Gesichtspunkte des Dienst- und Lebensalters sowie den Zeitpunkt der letzten Beförderung nur noch eingeschränkt erlauben: Diese Kriterien kommen nur noch dann zum Tragen, wenn ihnen für die Eignung, Befähigung und fachliche Leistung der Bewerber/innen eine Bedeutung zukommt, sie also einen Leistungsbezug aufweisen und damit Bestandteil der Qualifikationsbeurteilung selbst sind[1991].

---

1986 Vgl. Schlachter, JA 1994, S. 72 (S. 74); Sacksofsky, S. 406
1987 Schiek, Anm. zu BAG v. 05.03.1996, AP Nr. 226 zu Art. 3 GG unter Hinweis auf das hessische und brandenburgische Gleichstellungsgesetz
1988 Hess.StGH v. 16.04.1997, P.St. 1202, S. 42 = EuGRZ 1997, S. 213
1989 Ebenda
1990 Hess.StGH v. 16.04.1997, S. 43
1991 In diesem Zusammenhang ist darauf hinzuweisen, daß der Familienstand oder das Einkommen des Partners bzw. Partnerin gemäß § 10 Abs. 3 HGlG unerheblich sind und Teilzeitbeschäftigungen, Beurlaubungen und Verzögerungen beim Abschluß der Ausbildung aufgrund der Betreuung von Kindern oder pflegebedürftigen Angehörigen keine nachteilige Berücksichtigung erfahren dürfen. Trotz geschlechtsneutraler Formulierung begünstigen diese Kriterien im allgemeinen eher Frauen als Männer, sollen aber nach Meinung des EuGH gerade eine materielle und nicht nur formale Gleichheit herbeiführen, indem sie in der sozialen Wirk-

Der Hess.StGH ist in seinem Vorlagebschluß an den EuGH von 16.01.1997 der Auffassung, daß dieses Regelungssystem zur Steigerung des Frauenanteils im Rahmen einer verfassungskonformen Auslegung eine ausreichende Legitimation durch den in der Verfassung verankerten Förderauftrag (des Art. 3 Abs. 2 S. 2 GG) erfahre, denn es beachte nicht nur den Grundsatz der Bestenauslese aus Art. 33 Abs. 2 GG, sondern ließe auch von vorneherein Raum für die Stellenbesetzung durch männliche Bewerber[1992]. Auch seien die einzelnen Zielvorgaben nicht schematisch festgelegt – ihre Flexibilität gestatte, vielmehr die Einbeziehung der verschiedenen Besonderheiten einer Dienststelle[1993].

Schlachter weist hier zutreffend darauf hin, daß die verbindliche Ausgestaltung der Zielvorgabe, die im Fall der Nichterfüllung innerhalb des vorgegebenen Zeitraums Sanktionen wie z.B. eine gesonderte Darlegung der Gründe oder auch die Einholung einer Genehmigung für jede weitere Einstellung oder Beförderung eines Mannes vorsehen, für die Einstellenden einen deutlichen Anreiz bieten, den festgesetzten Frauenanteil auch zu erreichen und sich um entsprechend qualifizierte Bewerberinnen zu bemühen[1994]. Gelänge dieses, habe dieses auch so gut wie keine Benachteiligung der Männer zur Folge, da sie bereits aus Qualifikationsgründen und nicht aufgrund der Fördermaßnahme zurückstehen müßten[1995]. Lediglich dann, wenn zur Erreichung der Zielvorgabe im festgelegten Zeitraum noch Frauen gewonnen werden müssen, haben gleich qualifizierte Männer zurückzustehen. Dies deckt sich demnach mit der leistungsabhängigen Vorrangregelung, so daß das subjektive Abwehrrecht des Mannes aus Art. 3 Abs. 3 S. 1 GG bzw. Art. 3 Abs. 2 S. 1 GG hier im Rahmen der Verhältnismäßigkeitsprüfung verstärkt durch die Staatszielbestimmung aus Art. 3 Abs. 2 S. 2 GG zurückzustehen hat. Dem von Schlachter geltend gemachten Gesichtspunkt, daß die Notwendigkeit der Zielvorgabenerfüllung den Dienstherrn veranlasse, eine weniger gut qualifizierte Frau einzustellen oder zu befördern[1996], kann mit Verweis auf Art. 33 Abs. 2 GG begegnet werden, denn keines der Frauenfördergesetze mit Zielvorgaben verlangt, soweit ersichtlich, daß eine schlechtere Frau

---

lichkeit auftretende faktische Ungleichheiten verringern. Sie sind deshalb nicht nur mit Art. 3 Abs. 2 GG n.F. zu vereinbaren, sondern haben auch eine verfassungsrechtliche Basis im Sozialstaatsprinzip (Art. 20 Abs. 1, Art. 28 Abs. 1 GG) sowie im Grundrecht auf Ehe und Familie (Art. 6 Abs. 1 GG); vgl. EuGH v. 28.03.2000, Slg. 2000, S. 1902 Rn. 32, 34 Rs. C-158/97 Badeck u.a./Hess. Ministerpräsident

1992 Ebenda
1993 Ebenda
1994 Schlachter, JA 1994, S. 72 (S. 74)
1995 Ebenda
1996 Ebenda

einem besseren Mann vorgezogen werden kann[1997]. Auch das durch § 10 Abs. 1 bis 3 HGlG antidiskriminierend modifizierte Leistungsprinzip[1998] führt weder zu einer Durchbrechung von Art. 33 Abs. 2 GG noch zu einer Einschränkung subjektiver Abwehrrechte des einzelnen Mannes auf Nichtdiskriminierung, sondern gewährleistet gerade, daß die o.g. traditioneller Hilfskriterien nicht in leistungsfremder Heranziehung und damit für Frauen häufig verbundener mittelbarer Diskriminierung[1999] Auswahlentscheidungen zuungunsten für Frauen beeinflussen. Auch dies steht im Einklang mit dem Gebot der Verwirklichung faktischer Gleichberechtigung, daß durch das Zusammenwirken von Förder- und Nachteilsbeseitigungsklausel als Element der Staatszielbestimmung einen zusätzlichen verfassungsrechtlichen Rückhalt gefunden hat.

Schließlich hat auch Generalanwalt Saggio zu der Zielvorgabenregelung des HGlG Stellung bezogen: Er ist der Auffassung, daß die fragliche Regelung mit dem Gemeinschaftsrecht zu vereinbaren ist, da sie keine spezifische Verpflichtung der Verwaltung in jedem Einzelfall begründet, bei gleicher Qualifikation die Bewerberin einzustellen oder zu befördern[2000]. Das hessische System sehe vor allem mit § 10 HGlG einen Mechanismus zur Erleichterung der Integration und des beruflichen Aufstieges von Frauen vor, damit sie insbesondere nicht deshalb benachteiligt werden, weil sie im Haushalt gearbeitet hätten, denn in der genannten Vorschrift seien bestimmte Kriterien enthalten, die eine günstigere Beurteilung von Bewerberinnen festlegten, wenn die im Rahmen von Hausarbeit erworbenen Erfahrungen einen Bezug zu den mit der freien Stelle verbundenen Aufgaben aufzuweisen hätten[2001]. Hinzu käme die Unbeachtlichkeit einer Berufstätigkeitsunterbrechung und die Einschränkung der Bedeutung des Dienstalters, dessen Erhöhung männlichen Arbeitnehmern regelmäßig leichter falle[2002]. Da Generalanwalt Saggio bereits im Zusammenhang mit seiner Auseinandersetzung zum Verhältnis von formeller und materieller Gleichheit zur Zulässigkeit positiver Maßnahmen zugunsten der sozial benachteiligten Gruppe der Frauen zu einem befürwortenden Ergebnis gekommen war, weil solche Maßnahmen eine faktische Neupositionierung der Gruppe in sozialer Hinsicht herbeiführen könnten und sich außerdem nicht darauf zu beschränken hätten, Frauen gleiche Chancen in der Ausgangssituation, etwa der Bewerbung, einzuräumen, kam er auch mit Blick auf die Verpflichtung der Verwaltung zur Aufstellung ei-

---

1997 Vgl. Kokott, S. 1052
1998 Schiek, Anm. zu BAG v. 05.03.1996, AP Nr. 226 zu Art. 3 GG
1999 Vgl. ausführlich dazu Buglass/Heilmann, AuR 1992, S. 353
2000 GA Saggio, Slg. 2000, S. 1877 Rn. 37 Rs. C-158/97 Badeck u.a./Hess. Ministerpräsident
2001 Ebenda
2002 Ebenda

nes Frauenförderplans mit Zielvorgaben zu einem positiven Ergebnis[2003]. Hier seien männliche Bewerber weder von der Bewerbung um eine einzelne Stelle ausgeschlossen noch sei unabhängig von der Eignung der Bewerberinnen ein fester Frauenanteil für die konkret zu besetzende Stelle vorgeschrieben[2004].

Unabhängig davon, daß Generalanwalt Saggio mit den vorliegenden Schlußanträgen in erfreulicher Deutlichkeit Grundsätze für positive Frauenfördermaßnahmen im öffentlichen Dienst formuliert hat[2005], die vom EuGH bestätigt wurden, sind seine Überlegungen auch bestimmend für die Auslegung der Staatszielbestimmung des Art. 3 Abs. 2 S. 2 GG: Die Verpflichtung zur Aufstellung von Frauenförderplänen mit Zielvorgaben, die innerhalb eines festgelegten Zeitraums den Frauenanteil bis zur vorgesehenen Höhe zu steigern haben, stellen sich in ihrer Verbindung mit flankierenden Auswahlkriterien (positive Berücksichtigung von Haus- und Familienarbeit, Einschränkungen der bislang zumeist zugunsten von Männern wirkenden Kriterien wie Dienst- und Lebensalter, Zeitpunkt der letzten Beförderung mit Leistungsbezug) als System der Erleichterung beruflicher Integration und Aufstiegs von Frauen dar und sind umfassender in ihrem Ansatz, dem faktischen Gleichberechtigungsdefizit von Frauen, das durch strukturelle Diskriminierungsmechanismen gerade auch im Auswahlverfahren geprägt ist, entgegenzuwirken als leistungsabhängige Vorrangregelungen mit Härtefallklausel. Als ermessenssteuerndes System verstanden dient es gleichzeitig der Förderung tatsächlicher Gleichberechtigung der Geschlechter sowie der Beseitigung bestehender Nachteile, die hier in mittelbar diskriminierender Form zuungunsten von Frauen bislang zum Tragen gekommen sind. Der Eingriff in das subjektive Recht des einzelnen Mannes, nicht wegen des Geschlechts diskriminiert zu werden, ist auch verhältnismäßig, denn gerade bei der Prüfung der Zumutbarkeit ergibt sich keine spezifische Verpflichtung des Personalentscheiders, in jedem Fall oder bei gleicher Qualifikation eine Bewerberin vorrangig einzustellen oder zu befördern, so daß die Wirkung der Zielvorgaben insgesamt „weicher" bzw. gemäßigter ist als bei leistungsabhängigen Vorrangregelungen mit Härtefallklausel, zumal sich die Zielerreichung auch über einen längeren Zeitraum erstreckt und folglich mit dem langsameren Anwachsen des Frauenanteils einen kontinuierlichen Prozeß der Förderung in Gang setzt, der auch die Akzeptanz innerhalb der Verwaltung zu erhöhen verspricht, was möglicherweise auch Rückschlüsse auf eine größere Effektivität und damit bessere Eignung zuläßt. Demgegenüber fehlt leistungsabhängigen Vorrangregelungen mit Härtefallklausel die Prozeßhaftigkeit, weil sie von vorneherein das Ergebnis der Aus-

---

2003 GA Saggio, Rn. 27, 38 Badeck u.a./Hess. Ministerpräsident
2004 GA Saggio, Rn. 38 Badeck u.a./Hess. Ministerpräsident
2005 So Weber, djb aktuelle Informationen 2/1999, S. 13

wahlentscheidung bei Vorliegen ihrer Voraussetzungen festlegen – unter Umständen mit ein Grund für die Zweifel an ihrer Effektivität für die Verwirklichung faktischer Gleichberechtigung zwischen Männern und Frauen unter der Geltung von Art. 3 Abs. 2 GG n.F.

*(4) Art. 3 Abs. 2 GG n.F. und das „gender mainstreaming"*

Als „gender mainstreaming" wird nach Definition der Europäischen Kommission die systematische Einbeziehung der jeweiligen Situation, der Prioritäten und der Bedürfnisse von Frauen und Männern in alle Politikfelder verstanden, wobei mit Blick auf die Förderung der Gleichstellung von Frauen und Männern sämtliche allgemeinen politischen Konzepte und Maßnahmen an diesem Ziel ausgerichtet und bereits in der Planungsphase wie auch bei der Durchführung, Begleitung und Bewertung der betreffenden Maßnahmen deren Auswirkungen auf Frauen und Männer berücksichtigt werden[2006]. Eine Übersetzung des Begriffs ins Deutsche gelingt dabei nur, wenn ein gewisser Bedeutungsverlust in Rechnung gestellt wird: So wird mit „gender" nicht das biologische Geschlecht, sondern vielmehr das soziale Geschlecht einer Person angesprochen, daß Geschlechtsrollen und geschlechtsspezifisches Verhalten als Ergebnis gesellschaftlicher Sozialisation begreift[2007]. „Mainstreaming" kann schließlich als geschlechterbewußtes Handeln verstanden werden, das innerhalb einer Organisation (z.B. der Verwaltung) zu einem selbstverständlichen und integrativen Bestandteil des normalen Handlungsablaufs wird[2008]. Durch das „gender mainstreaming" sollen die Handlungsspielräume der bisherigen Frauenförderpolitik in ihrer Konzentration auf positive Maßnahmen zur Förderung von Frauen als benachteiligte Gruppe um eine strukturbezogene Komponente erweitert werden, die die für die gesellschaftliche Ungleichbehandlung von Frauen und Männern verantwortlichen Systeme, Voraussetzungen und Bedingungsgefüge analysiert und letztlich auch einer Veränderung zuführt[2009]. Damit setzt „gender mainstreaming" klar am strukturellen Diskriminierungsgeflecht an, daß eine gleichberechtigte Teilhabe von Frauen in so gut wie allen gesellschaftlichen Bereichen verhindert – es tritt insgesamt neben die Frauenförderung durch leistungsabhängige Vorrangregelungen mit Härtefallklausel, Zielvorgaben, Teilzeitarbeit, flexible Arbeitszeiten, Kinderbetreuung etc.

---

2006 Vgl. info Frauen Europas März - April 1998, Nr. 78, S. 2
2007 Kuppe/Körner in Peters/Bensel (Hrsg.), Frauen und Männer im Management, 1. Aufl. 2000, S. 93 (S. 96)
2008 Ebenda
2009 Kuppe/Körner in Peters/Bensel (Hrsg.), S. 98

Rechtlich ist das „gender mainstreaming" durch in Art. 3 Abs. 2 EGV umgesetzt worden: Gleichstellung von Männern und Frauen ist hier als Querschnittsaufgabe der Europäischen Gemeinschaft verankert, so daß die Gemeinschaft bei allen ihren Tätigkeiten, die im einzelnen in Art. 3 Abs. 1 EGV aufgezählt sind, darauf hinzuwirken hat, Ungleichheiten zu beseitigen und die Gleichstellung von Männern und Frauen zu fördern[2010].

Seit der 4. Weltfrauenkonferenz in Beijing vom 04. bis 15.09.1995 und der dort angenommenen Erklärung von Beijing sowie der Aktionsplattform[2011], an deren Ausarbeitung die Europäische Gemeinschaft aktiv beteiligt war, verfolgt die Kommission den Ansatz des „gender mainstreaming", den sie zunächst in ihrer Mitteilung vom 21.02.1996 „Einbindung der Chancengleichheit in sämtliche politischen Konzepte und Maßnahmen der Gemeinschaft"[2012] vorstellte und im Hinblick auf die verschiedensten Tätigkeitsfelder, z.B. Beschäftigung und Arbeitsmarkt, allgemeine und berufliche Bildung, Information und Sensibilisierung, Personalpolitik der Kommission u.a., vor allem Vorschläge und Finanzierungsinitiativen für Fördermaßnahmen und –projekte ergriff. Wiederzufinden ist dieser Ansatz ebenfalls im 4. Mittelfristigen Aktionsprogramm der Gemeinschaft für die Chancengleichheit von Männern und Frauen für den Zeitraum 1996-2000 vom 22.12.1995[2013] sowie im Dritten Aktionsprogramm für die Chancengleichheit von Mann und Frau in der Europäischen Kommission (1997-2000)[2014]. Mit der Entscheidung des Europäischen Rates vom 20.12.2000 über ein (5.) Aktionsprogramm der Gemeinschaft betreffend die Gemeinschaftsstrategie für die Gleichstellung von Frauen und Männern (2001-2005)[2015] wurde gemäß Art. 2 Abs. 1 der Entscheidung klargestellt, daß daß Programm sowohl die „Gender-Mainstreaming"-Maßnahmen als auch spezifische Frauenfördermaßnahmen weiterverfolgt, die einen Beitrag zur Gesamtstrategie der EU zur Verwirklichung der Gleichstellung von Frauen und Männern leisten.

Fraglich ist, ob Art. 3 Abs. 2 GG die Möglichkeit bietet, den Ansatz des „gender mainstreaming" aufzunehmen, um damit an der gemeinschaftsrechtlichen Entwicklung dieses Konzeptes partizipieren zu können. Die inhaltlichen Konsequenzen für die Frauenförderung im deutschen öffentlichen Dienst können dabei erst im Anschluß daran erwogen werden.

---

2010 Schmidt am Busch, S. 10
2011 Abgedruckt bei Bertelsmann/Colneric/Pfarr/Rust, F II, 1.15
2012 KOM (96) 67 endg.
2013 KOM (95) 381 endg. = ABl.EG Nr. L 335, S. 37 v. 30.12.1995
2014 Vgl. Anhang 5, S. 767 f., 772 f.; das 2. Aktionsprogramm des Europäischen Parlaments 1997-2000 spricht demgegenüber das „gender mainstreaming" nicht an, vgl. Anhang 2, S. 726 ff.
2015 ABl.EG Nr. L 17, S. 22

Zu vergegenwärtigen ist zunächst, daß Art. 3 Abs. 2 S. 2 GG als Staatszielbestimmung gefaßt ist, dem eine herausragende Position im Rahmen des Grundrechtskatalogs zukommt[2016]. Auch Art. 3 Abs. 2 EGV stellt i.V.m. Art. 2 EGV eine Vertragszielbestimmung dar[2017], die der Erläuterung der in Art. 2 EGV aufgeführten Gemeinschaftsziele dient und darüber hinaus als Hilfe für die Auslegung und Anwendung anderer Vorschriften des Gemeinschaftsrechts, als Prüfungsmaßstab für die Rechtmäßigkeit des Gemeinschaftshandelns sowie als Baustein der Rechtsfortbildung fungiert[2018]. In Art. 2 EGV findet sich schließlich die ausdrückliche Festschreibung der Gleichstellung von Männern und Frauen als Aufgabe der Gemeinschaft, die als Förderungsauftrag nicht nur in bezug auf das Arbeitsleben zu verstehen ist[2019] und die in der Rangfolge aller genannten Aufgaben der Gemeinschaft, an einen prioritären Platz gerückt ist, nämlich unmittelbar nach der ursprünglichen Aufgabe der Gemeinschaft der harmonischen Entwicklung des Wirtschaftslebens durch ein hohes Beschäftigungsniveau und ein hohes Maß an sozialem Schutz[2020]. Genau wie bei Art. 3 Abs. 2 S. 2 GG festgestellt wurde, bietet auch Art. 3 Abs. 2 i.V.m. Art. 2 EGV keine Möglichkeit für die einzelne Frau, sich direkt auf die Vertragszielbestimmung zu berufen[2021], denn die kompetenzielle Wirkung entfaltet sich erst in der Verbindung mit einer anderen speziellen Vorschrift des EGV[2022]. Damit geht aus Art. 3 Abs. 2 i.V.m. Art. 2 EGV zumindest eine rechtspolitische Signalwirkung hervor[2023], die einen Rahmen und ein zu erreichendes Ziel vorgibt, Form und Mittel zur Zielerreichung aber dem Gemeinschaftsgesetzgeber zur Konkretisierung überläßt. Dies entspricht der von Merten gegebenen Interpretation von verfassungsrechtlichen Staatszielen, der insbesondere auch auf die Vergleichbarkeit mit gemeinschaftsrechtlichen Rechtsakten, die der Umsetzung bedürfen, hinweist[2024].

Werden die von Art. 3 Abs. 2 EGV gebrauchten Formulierungen mit der Staatszielbestimmung in Art. 3 Abs. 2 S. 2 GG verglichen, fällt bereits der sich fast entsprechende Wortlaut beider Normen auf, denn Art. 3 Abs. 2 EGV bestimmt: „Bei allen in diesem Artikel genannten Tätigkeiten wirkt die Gemeinschaft darauf hin, Ungleichheiten zu beseitigen und die Gleichstellung von Män-

---

[2016] Vgl. Schumann, S. 70
[2017] Ukrow in Callies/Ruffert (Hrsg.), Art. 3 Rn. 1
[2018] Zuleeg in Von der Groeben/Thiesing/Ehlermann (Hrsg.), Art. 3 Rn. 1 f.
[2019] Ukrow in Callies/Ruffert (Hrsg.), Art. 3 Rn. 27
[2020] So auch Schmidt am Busch, S. 3
[2021] Ebenda
[2022] Ukrow in Callies/Ruffert (Hrsg.), Art. 3 Rn. 1
[2023] Bergmann in Bergmann/Lenz (Hrsg.), S. 39 Rn. 33
[2024] Merten, S. 371

nern und Frauen zu fördern"[2025]. Demnach beinhaltet auch die „Querschnittsklausel" des Art. 3 Abs. 2 EGV auf der einen Seite die Nachteilsbeseitigungsklausel und auf der anderen Seite die Förderklausel, wie sie auch in bezug auf Art. 3 Abs. 2 S. 2 GG erarbeitet wurde.

Hinzu kommt ein weiteres Element, was sich ebenfalls aus der Wortlautanalyse von Art. 3 Abs. 2 S. 1 und S. 2 GG ergeben hat und dann durch die notwendige Einbeziehung des vorgefundenen faktischen Gleichberechtigungsdefizits von Frauen in die Verfassungsrealität eine Bestätigung erfahren hat, nämlich der Gruppenbezug sowohl des Grundrechts auf Gleichberechtigung als auch des Staatszieles. Art. 3 Abs. 2 EGV spricht von „Männern und Frauen", so daß in der Verwendung des Plurals im Gegensatz zur Singularform die kollektive Bezugnahme auf die Gruppe der Männer und Gruppe der Frauen zum Ausdruck kommt.

Schließlich handelt es sich bei dem „gender mainstreaming" um ein strukturbezogenes und strukturorientiertes Vorgehen auf dem Gebiet der Frauenförderung, das ein breites Ursachenspektrum für geschlechtsspezifische Ungleichheiten berücksichtigt und die möglichen Abhilfen unter einer sehr viel umfassenderen Perspektive angeht[2026]. Das es hierbei um die Einführung von veränderten Strukturen in allen gesellschaftlichen Bereichen geht, wird einerseits in Kapitel V der Erklärung von Beijing deutlich[2027], geht aber auch aus dem Fortschrittsbericht der Kommission über Folgemaßnahmen zu der Mitteilung: „Einbindung der Chancengleichheit in sämtliche politischen Konzepte und Maßnahmen der Gemeinschaft vom 04.03.1998[2028] hervor, der betont, daß das umfassende Moment der Unterschied zu positiven Frauenfördermaßnahmen sei, die sich zumeist als isolierte Maßnahmen ohne größeren Einfluß auf die Gesamtsituation der Geschlechtergleichstellung bzw. ohne wesentlichen Einfluß auf die Ausrichtung der politischen Konzepte der Gemeinschaft darstellen. Zwar sind nach Auffassung der Kommission spezielle positive Maßnahmen als Teil eines dualen Ansatzes von Frauenförderung in der nächsten Zukunft unverzichtbar, doch erfordere das „Mainstreaming" insgesamt einen umfassenderen Ansatz, der die Hindernisse

---

2025 Art. 3 Abs. 2 S. 2 GG: „Der Staat fördert die tatsächliche Durchsetzung der Gleichberechtigung von Frauen und Männern und wirkt auf die Beseitigung bestehender Nachteile hin."
2026 Flynn, info Frauen Europas März – April 1998, Nr. 78, S. 1
2027 Vgl. die Zitate mit Hervorhebungen in Europäisches Parlament, Sitzungsdokumente v. 19.02.1999; Bericht über den Fortschrittsbericht der Kommission über Folgemaßnahmen zu der Mitteilung: „Einbindung der Chancengleichheit in sämtliche politischen Konzepte und Maßnahmen der Gemeinschaft" (KOM [98] 122 endg.), A4-0072/99, PE 229.153/end, S. 8 f.
2028 KOM (98) 122 endg., S. 3 f.

der Geschlechtergleichstellung wie u.a. mangelnde Sensibilisierung für geschlechtsspezifische Problematiken auf den Entscheidungsebenen, die mangelnde Bereitstellung von Humanressourcen und Finanzmittel für diese Aufgaben sowie das mangelnde Fachwissen über geschlechtsspezifische Problematiken („gender mainstreaming") überwinden und den organisatorischen und methodischen Rahmen des „gender mainstreaming" verbessern soll[2029]. Solche organisatorischen und methodischen Rahmenbedingungen sah die Kommission insbesondere in der Bewußtseinsbildung, die speziell auf das mittlere und obere Management abzielt, in breitgefächerten Schulungen, um das notwendige Fachwissen zur Geschlechterproblematik zu erweitern, in der Bewertung geschlechtsspezifischer Auswirkungen von Maßnahmen als Routineverfahren („gender impact assessment") und der Gleichstellungsprüfung („gender proofing") zur Gewährleistung, daß alle Legislativvorschläge und sonstigen Strategiepapiere oder Gemeinschaftsaktionen dem Ziel der Chancengleichheit gerecht werden[2030].

Daß das „gender mainstreaming" Teil einer Doppelstrategie zur Erhöhung des Frauenanteils in allen gesellschaftlichen Bereichen ist, das neben positiven Frauenfördermaßnahmen wie leistungsabhängigen Vorrangregelungen mit Härtefallklausel, Zielvorgaben, aber auch Flexibilisierung der Arbeitszeit, Teilzeitarbeit etc. Platz greift, stellt auch das Europäische Parlament sowohl in seiner Entschließung zum Jahresbericht der Kommission über Chancengleichheit für Frauen und Männer in der Europäischen Union 1996 vom 16.09.1997[2031] als auch in seinem Bericht über den Fortschrittsbericht der Kommission vom 04.03.1998 heraus[2032]. In seiner Entschließung zur Mitteilung der Kommission: „Einbindung der Chancengleichheit in sämtliche politischen Konzepte und Maßnahmen der Gemeinschaft" vom 16.09.1997[2033] unterstreicht das Parlament ebenfalls, daß die Verwirklichung des „Mainstreaming" die Überwindung jahrhundertealter Vorstellungen und Vorurteile in bezug auf den Beitrag von Frauen zur Gesellschaft, insbesondere im Berufsleben, voraussetzt. Damit verdeutlicht sich, daß das „gender mainstreaming" positive Maßnahmen zur Frauenförderung nicht ablösen, sondern diese vielmehr auf eine umfassende Art und Weise ergänzen soll, indem es gleichzeitig eine tragfähige Basis bzw. den Hintergrund für die personalentscheidenden Stellen schafft, einzelne Frauenfördermaßnahmen tatsächlich anzuwenden. Genau wie die positiven Maßnahmen zur Frauenförderung setzt auch das „gender mainstreaming" an strukturellen Diskriminierungs-

---

2029 Vgl. Fortschrittsbericht der Kommission v. 04.03.1998, KOM (98) 122 endg., S. 4
2030 Ebenda
2031 ABl.EG Nr. C 304, S. 45 (S. 47 f.) v. 06.10.1997
2032 Europäisches Parlament, Sitzungsdokumente v. 19.02.1999, S. 5 (Erwägung F)
2033 ABl.EG Nr. C 304, S. 50 (S. 51)

mechanismen an, die lediglich im Blick auf die Gruppe der Frauen sichtbar werden und die sowohl positive Maßnahmen als auch das „gender mainstreaming" zu überwinden suchen. Dies Ergebnis wird im übrigen auch durch das 5. Aktionsprogramm 2001-2005 der Gemeinschaft bestätigt, denn die Entscheidung des Rates vom 20.12.2000 bestätigt sowohl in ihrem 3. Erwägungsgrund die Anknüpfung an die bestehende strukturelle Diskriminierung wegen des Geschlechts als auch das Nebeneinander von „Gender-Mainstreaming"-Maßnahmen und spezifischer Frauenförderung in Art. 2 Abs. 1[2034].

Schunter-Kleemann hebt dabei hervor, daß das „gender mainstreaming" auf Gemeinschaftsebene als eine dritte Annäherung der Europäischen Politik an die Gleichberechtigungsproblematik der Geschlechter zu verstehen ist, wobei die erste Annäherung in den siebziger Jahren durch ein Gleichbehandlungsmodell erfolgte, als die Grenzen der formalen Gleichheit im und durch das Recht sowie der Gesetzgebung offensichtlich wurden[2035]. In den achtziger Jahren folgte dann die Einführung positiver Aktionen[2036], die in Kombination mit Rechtsvorschriften auf die speziellen Bedürfnisse von Frauen ausgerichtet wurden, um den Schwierigkeiten von Frauen im Wettbewerb mit Männern auf dem Arbeitsmarkt zu begegnen[2037].

Sowohl Schunter-Kleemann als auch Flynn sind der Auffassung, daß sich mit dem mainstreaming-Prozeß der Blick auf die Frauen als Gruppe mit zusätzlichen Bedürfnissen verschoben habe zu der komplexeren Vorstellung von den Beziehungen zwischen und innerhalb der Geschlechter[2038]. Im Rahmen der Lösungsfindung sind Männer demnach als wesentlicher Faktor zur Überwindung geschlechtsspezifischer Ungleichheiten mit eingebunden[2039].

Zurückgeführt auf die Frage, ob der Prozeß des „gender mainstreaming" auch durch Art. 3 Abs. 2 GG gedeckt wäre, kann mit den vorstehenden Ausführungen folgendes Ergebnis herausgefiltert werden: Das „gender mainstreaming" hat beide Geschlechtergruppen im Blickfeld und will vom Schwerpunkt her die Strukturen der Geschlechterbeziehungen untereinander aufbrechen und verän-

---

2034 ABl.EG Nr. L 17, S. 22
2035 Schunter-Kleemann, Mainstreaming as an Innovative Approach of the EU Policy of Equal Opportunities?, discussion papers 3/1999, S. 3
2036 Der Begriff „positive action" oder „affirmative action" wurde dem amerikanischen Recht entlehnt, das darunter Maßnahmen versteht, die die Unterrepräsentation benachteiligter Gruppen in bestimmten Lebensbereichen durch veränderte Auswahlmechanismen, Zielvorgaben oder Quoten zu beheben suchen, indem die Mitglieder gegenüber der Mehrheit bevorzugt werden; vgl. Suerbaum, Der Staat 1989, S. 419 (S. 421)
2037 Schunter-Kleemann, S. 3 sowie Flynn, S. 1
2038 Ebenda
2039 Flynn, S. 1; vgl. auch Kuppe/Körner in Peters/Bensel (Hrsg.), S. 98 f.

dern, die auch entscheidend für die strukturelle Diskriminierung von Frauen sind. Es zielt neben und in Ergänzung zu den verschiedenen geschlechtsspezifischen und geschlechtsneutralen Frauenfördermaßnahmen auf die Verwirklichung faktischer Gleichberechtigung der Geschlechter, die als paritätische Verteilung und partnerschaftliche Mitwirkung von Frauen und Männern in allen gesellschaftlichen Bereichen ein Schlüsselelement für eine dauerhafte Entwicklung, ein Symbol des politischen Reifegrads der (europäischen) Gesellschaften und ein Garant für die Demokratie ist[2040]. Die Herstellung faktischer Gleichberechtigung der Geschlechter im Beschäftigungsbereich ist mit dem Ansatz des „gender mainstreaming" eine fortschrittliche Reaktion auf die demographischen und familialen Veränderungen der Gesellschaft, die die Frauenerwerbstätigkeit angesichts der zunehmenden Überalterung der Bevölkerung zu einem wichtigen wirtschaftlichen Faktor werden lasse und die unter der Perspektive der optimalen Nutzung der Humanressourcen in Anspruch zu nehmen ist[2041]. Wenn sich die Vertragszielbestimmung des Art. 3 Abs. 2 EGV und die Staatszielbestimmung des Art. 3 Abs. 2 S. 2 GG von der Intention, der inneren Struktur (Nachteilsbeseitigungsklausel sowie Förderklausel) und dem Gruppenbezug her entsprechen und beide Normen lediglich auf der objektiv-rechtlichen Seite des Grundrechts auf Gleichberechtigung der Geschlechter sowohl im deutschen als auch im europäischen Verfassungsverständnis wirken bzw. die materielle Gleichheit anfüllen (denn beide geben kein subjektives, einklagbares Recht für den einzelnen her), spricht alles dafür, daß der Ansatz des „gender mainstreaming" nicht nur eine rechtliche Basis in Art. 3 Abs. 2 EGV hat, sondern auch in der Staatszielbestimmung des Art. 3 Abs. 2 S. 2 GG. Da das Staatsziel nur das zu erreichende Ziel vorgibt und hinsichtlich der Mittel und Handlungsformen offen ist, kann das „gender mainstreaming" auch eine Verankerung in Art. 3 Abs. 2 S. 2 GG finden. Auch die objektiv-rechtliche Wertedimension des Gleichberechtigungsgrundrechts oder Grundsatzes der Gleichbehandlung der Geschlechter im Gemeinschaftsrecht beansprucht eine universale Geltung ohne genau bezeichneten Regelungsgegenstand und –adressaten. Sie ist dabei gleichzeitig universal ausgreifend i.S. einer Geltung in alle Richtungen und alle Rechtsbereiche sowie unbestimmt und offen für weitere Ausdehnungen[2042]. Diese Offenheit der objektiv-

---

2040 Vgl. Mitteilung der Kommission v. 21.02.1996, KOM (96) 67 endg., S. 3
2041 Ebenda; vgl. auch zum Einfluß der Überalterung auf die Erwerbsbevölkerung und Mobilisierung weiblicher Erwerbstätigkeit Bericht über die demographische Lage 1997, KOM (97) 361 endg. v. 09.07.1997
2042 Böckenförde, S. 7

rechtlichen Dimension kann folglich auch durch das „gender mainstreaming" angereichert werden[2043].

An dieser Stelle muß noch gefragt werden, ob das „gender mainstreaming" einen Eingriff in subjektive Rechte einzelner Männer darstellt bzw. eine Spannungslage zur subjektiv-rechtlichen Dimension des Grundrechts auf Gleichberechtigung erzeugt, die im Wege der Herstellung praktischer Konkordanz aufzulösen ist. Im Unterschied zu positiven Frauenfördermaßnahmen hat es sowohl Frauen als auch Männer im Blickfeld, denn es versucht als Prozeß die Strukturen und das System zu verändern, die zur Benachteiligung von Frauen führen, um auf diese Weise eine gleichberechtigte Partizipation von Frauen im Beschäftigungsbereich zu erreichen. Anders als positive Maßnahmen versucht der „gender mainstreaming"-Ansatz nicht die Unterschiede zwischen Männern und Frauen durch Anpassung zu verringern, sondern sieht in den geschlechtsbedingten Unterschieden einen Vorteil[2044]. Dies verspricht mehr Wirksamkeit zu erzielen als (rechtliche) Gleichbehandlung und positive Maßnahmen, wird jedoch wiederum dadurch abgeschwächt, daß das „gender mainstreaming" im Rahmen einer liberalen Gleichberechtigungstradition entworfen wurde und deshalb mehr auf die Gleichheit im Prozeß als auf die Gleichheit im Ergebnis abstellt[2045]. Zielen positive Frauenfördermaßnahmen, wie oben festgestellt wurde, auf die Ergebnisgleichheit und sind sie unter bestimmten Voraussetzungen (Unterrepräsentation von Frauen, zeitliche Begrenzung der Maßnahme, Leistungsabhängigkeit etc.) als verhältnismäßig zur Durchsetzung der tatsächlichen Gleichberechtigung der Geschlechter anzusehen, bietet „gender mainstreaming" auch unter dem Aspekt der „Gleichheit im Prozeß" einen weniger starken Eingriff in das Grundrecht auf Gleichberechtigung und dürfte schon von daher den Stimmen in der Literatur entgegenkommen, die die Erreichung einer Ergebnisgleichheit beider Geschlechter, z.B. in allen Bereichen des öffentlichen Dienstes, als nicht von Art. 3 Abs. 2 GG gedeckt ansehen. Da die Männer am Strukturveränderungsprozeß teilhaben und keine persönlichen, subjektiven Rechte betroffen sind, wie etwa die Ablehnung der Einstellung oder Beförderung, kann auch keine Spannungsla-

---

2043 Das Art. 3 Abs. 1 EGV die verschiedenen Tätigkeitsbereiche der Gemeinschaft nennt, auf die sich Art. 3 Abs. 2 EGV explizit bezieht und dem „gender mainstreaming" damit einen begrenzteren Anwendungsradius zuweist, als es auf der deutschen Ebene der Fall wäre, ist für die Übertragung des „gender mainstreaming"-Ansatzes in die deutsche Rechtsordnung nicht relevant, denn Art. 3 Abs. 1 EGV zählt die Gemeinschaftstätigkeiten nicht abschließend auf (Zuleeg in Von der Groeben/Thiesing/Ehlermann (Hrsg.), Art. 3 Rn. 1), so daß hieraus weitere Möglichkeiten erwachsen.
2044 Vgl. Schunter-Kleemann, S. 18
2045 Ebenda

ge zur subjektiv-rechtlichen Dimension des Grundrechts auf Gleichberechtigung hervorgerufen werden.

Positive Maßnahmen und das „gender mainstreaming" können sich nebeneinander angewendet sinnvoll ergänzen – während einzelne Frauenfördermaßnahmen wie u.a. leistungsabhängige Vorrangregelungen mit Härtefallklausel unmittelbar auf das Ergebnis einwirken, unterstützt das „gender mainstreaming" die Weiterentwicklung des Gleichberechtigungsprozesses insbesondere durch Sensibilisierungs- und Informationskampagnen, die Evaluierung gleichstellungsrelevanter Daten und Statistiken[2046] und der Förderung der allgemeinen und beruflichen Bildung[2047].

---

[2046] Im Hinblick auf die Erhebung und Auswertung gleichstellungsrelevanter Daten und Statistiken fordert das Europäische Parlament von der Kommission zur Weiterentwicklung des „gender mainstreaming" die Ausarbeitung eines Bündels von Indikatoren und Kriterien zur Formulierung, Umsetzung und Bewertung der Gleichstellungsziele und -ergebnisse, das die Basis für bereichsspezifische Gleichstellungspläne bildet sowie ein sogenanntes „bench marking", das die besten Praktiken zur Gleichstellung der Geschlechter evaluiert und die Ergebnisse der drei besten Länder zur Zielvorgabe für alle Mitgliedstaaten macht. Eine weitere Forderung ist an dieser Stelle die Entwicklung eines Gleichstellungsindexes, demnach einige zentrale, empirisch erhebbare Daten miteinander verrechnet und zu einer Leitzahl in Verbindung gesetzt werden, die dann als Index das Geschlechtergleichstellungsmaß im jeweiligen Untersuchungsbereich angibt (vgl. Europäisches Parlament, Sitzungsdokumente v. 19.02.1999, S. 6 sowie Europäisches Parlament, Sitzungsdokumente v. 20.04.1999, Bericht über den Zwischenbericht der Kommission an das Europäische Parlament, den Rat, den Wirtschafts- und Sozialausschuß und an den Ausschuß der Regionen über die Durchführung des mittelfristigen Aktionsprogramms der Gemeinschaft für die Chancengleichheit von Frauen und Männern [1996-2000], A4-0194/99, PE 230.041/end., S. 12). Diese Forderungen decken sich im übrigen auch mit den von der Kommission in ihrem Fortschrittsbericht vom 04.03.1998 als notwendig gesehenen zukünftigen Schritte wie die Bewertung von Maßnahmen nach ihren geschlechtsspezifischen Auswirkungen, zu der es bereits einen Leitfaden der Gruppe der „gender mainstreaming" -Beauftragten der Generaldirektionen der Kommission aus dem Jahr 1997 gibt sowie die Einführung eines Gleichstellungsprüfungsverfahrens („gender proofing") zur Sicherstellung, daß keine vorgeschlagene Maßnahme des Grobziel der Geschlechtergleichstellung negativ beeinflußt. Langfristiges Ziel der Gleichstellungsprüfung soll dabei eine Vorab-Prüfung aller Legislativvorschläge etc. sein, die im Fall einer negativen Beurteilung zur Zurückweisung und Überarbeitung durch die zuständige Dienststelle, eventuell durch die Hinzuziehung externer Fachleute für Gleichstellungsfragen, führt (vgl. KOM [98] 122 endg., S. 15 f.; zur Gleichstellungsverträglichkeitsprüfung Schmidt am Busch, S. 11 f.)

[2047] Vgl. auch Art. 4 der Entscheidung des Rates v. 20.12.2000 sowie die im Anhang dazu befindlichen Durchführungsbestimmungen, ABl.EG Nr. L 17, S. 22

Diese Möglichkeiten eines „gender mainstreaming"-Ansatzes sind unproblematisch in das öffentliche Dienstrecht Deutschlands übertragbar, denn Art. 3 Abs. 2 GG trägt eine Implementierung dieses Ansatzes mit. Dies ist vor allem auf die Übereinstimmungen der Staatszielbestimmung aus Art. 3 Abs. 2 S. 2 GG mit Art. 3 Abs. 2 EGV zurückzuführen, in dem das "gender mainstreaming" als Querschnittsaufgabe der Gemeinschaft seinen Niederschlag gefunden hat. Gleichzeitig verdeutlicht aber auch das von Kuppe/Körner beschriebene Pilotprojekt des Ministeriums für Arbeit, Frauen, Gesundheit und Soziales in der Landesverwaltung Sachsen-Anhalts von Februar 2000, „gender mainstreaming" als Personal- und Organisationsentwicklungsprozeß in der öffentlichen Verwaltung einzuführen[2048], daß der von der Europäischen Kommission eingeschlagene Weg für die eigenen Bediensteten auch im deutschen öffentlichen Dienst bereits erste praktische Konsequenzen nach sich zieht. Abschließend ist festzuhalten, daß die Durchsetzung der tatsächlichen Gleichberechtigung der Geschlechter ein sehr viel umfassenderes und tiefgreifenderes Vorhaben ist, als bislang angenommen wurde. Punktuelle einzelne Erfolge einer (traditionellen) Frauenförderungspolitik im deutschen und europäischen öffentlichen Dienst können gleichwohl nicht daran vorbei, daß faktische Gleichberechtigung eines systematischen und umfassenden Ansatzes wie des „gender mainstreaming" bedarf, der mit positiven Frauenfördermaßnahmen i.S. einer Doppelstrategie einhergeht und trotz aller Kritik[2049] politische und administrative Entscheidungsprozesse in nachprüfbare, zeitlich definierte Bahnen lenkt und die Fortschritte einer regelmäßigen Kontrolle unterzieht[2050].

*ccc) Zwischenergebnis*

Im Ergebnis ist festzuhalten, daß Art. 3 Abs. 2 S. 1 GG im Unterschied zum Differenzierungsverbot aus Art. 3 Abs. 3 S. 1 GG innerhalb seiner objektiv-rechtlichen Dimension einen kollektiv-rechtlichen Bezug beinhaltet, der die Gruppe der Frauen im Hinblick auf das existierende Gleichberechtigungsdefizit in den Blick nimmt und auf die Herstellung faktischer Gleichberechtigung zwischen

---

2048 Kuppe/Körner in Peters/Bensel (Hrsg.), S. 100 ff.
2049 Schunter-Kleemann, S. 18 ff., die geltend macht, daß das „gender mainstreaming" aufgrund der Befürchtung sowohl in den Gemeinschaftsinstitutionen als auch in den nationalen öffentlichen Verwaltungen, ein besonders kostspieliges Unterfangen zu sein, auf große Blockaden stößt und insgesamt alle drei Modelle (Gleichbehandlung, positive Maßnahmen und „gender mainstreaming" ) eher Marktmachend als Markt-korrigierend wirken, weil es um die wirtschaftliche Mobilisierung weiblicher Humanressourcen gehe
2050 Vgl. Europäisches Parlament. Sitzungsdokumente v. 20.04.1999, S. 14

den Geschlechtern zielt. Mit der Staatszielbestimmung des Art. 3 Abs. 2 S. 2 GG wird die objektiv-rechtliche Dimension des Grundrechts auf Gleichberechtigung gegenüber der subjektiv-rechtlichen Dimension verstärkt und führt zu einer bedingten Vorrangrelation, solange und soweit Frauen in den allermeisten gesellschaftlichen Bereichen, insbesondere im Erwerbsleben, unterrepräsentiert sind. Ist ein Machtgleichgewicht beider Geschlechter im jeweiligen Bereich, z.B. Führungspositionen im öffentlichen Dienst, erreicht, ist ein Vorrang der objektiv-rechtlichen Dimension nicht mehr erforderlich. Über die Staatszielbestimmung ist in erster Linie der Staat als Gesetzgeber, aber auch die Rechtsprechung und Verwaltung aufgerufen, den von Art. 3 Abs. 2 S. 1 GG geforderten überindividuellen gesellschaftlichen Zustand der Gleichberechtigung von Männern und Frauen nicht nur in formal-rechtlicher, sondern auch in materiell-rechtlicher Hinsicht zu erreichen.

Zur Inhaltsbestimmung des Art. 3 Abs. 2 GG gehört zunächst die Erkenntnis, daß die beiden Komponenten des Staatsziels, die Förder- und die Nachteilsbeseitigungsklausel, wechselseitig aufeinander bezogen sind und sich gegenseitig ergänzen: Während die Förderklausel die umfassende Berücksichtigung der tatsächlichen Gegebenheiten verlangt, will die Nachteilsbeseitigungsklausel bestehende und zukünftige Nachteile beseitigen helfen. Dabei geht es insgesamt um die Auflösung struktureller Diskriminierungsmechanismen, die Frauen und Männern in tradierten Rollenbildern und –zuschreibungen festhalten, so daß eine rückwärtsgewandte Perspektive, d.h. eine auf Kompensation der in der Vergangenheit erlittenen Nachteile zielende Frauenförderung, hier nicht greifen kann, da sie regelmäßig die Ursachen struktureller Diskriminierung nicht zu erfassen vermag.

Inhaltlich läßt Art. 3 Abs. 2 GG mindestens geschlechtsneutral formulierte Fördermaßnahmen zu, die zwar beide Geschlechter in die Förderung einbeziehen, generell jedoch wesentlich mehr Frauen als Männern erreichen, wie es sich besonders gut am Beispiel der Teilzeitarbeit aus familiären Gründen oder der familienbedingten Beurlaubung festmachen läßt. Aber auch geschlechtsspezifisch ansetzende Frauenfördermaßnahmen wie leistungsabhängige Vorrangregelungen mit Härtefallklausel oder Zielvorgaben innerhalb eines Frauenförderplanes sind von Art. 3 Abs. 2 GG gedeckt, weil die bedingte Vorrangrelation der objektiv-rechtlichen Dimension des Grundrechts auf Gleichberechtigung im Rahmen der Herstellung praktischer Konkordanz zur subjektiv-rechtlichen Dimension, die das Recht des einzelnen Mannes auf Abwehr diskriminierender Eingriffe aus Gründen des Geschlechts beinhaltet, eine Verstärkung durch den Verfassungsauftrag der Staatszielbestimmung erhält und auf diese Weise besser zu begründen und zu rechtfertigen ist. Ebenfalls von Art. 3 Abs. 2 GG gedeckt sind die im öffentlichen Dienst bei Beförderungen traditionell gebräuchlichen

Hilfskriterien wie z.B. das Lebens- und Dienstalter oder der Zeitpunkt der letzten Beförderung, wenn sie in antidiskriminierend modifizierender Weise des Leistungsprinzips aus Art. 33 Abs. 2 GG nur noch dann berücksichtigungsfähig sind, wenn ihnen tatsächlich für die Leistung der Bewerber/innen eine Bedeutung zukommt, denn sie dienen i.S.d. Entscheidung des EuGH Badeck u.a./Hess. Ministerpräsident der Herbeiführung materieller Gleichheit neben der formalen Gleichheit. Gleiches gilt im übrigen für Kriterien, die eine positive Bewertung im Zusammenhang mit einer Leistungsbeurteilung erfahren können wie die in der Familienarbeit erworbenen Erfahrungen und Fähigkeiten, die zwar geschlechtsneutral formuliert sind, jedoch i.d.R. eher zugunsten von Frauen wirken, da sie hauptsächlich die Familienarbeit leisten[2051].

Schließlich ist Art. 3 Abs. 2 GG auch offen gegenüber dem gemeinschaftsrechtlich in Art. 3 Abs. 2 EGV verankerten Ansatz des „gender mainstreaming", der die Ursachen des Gleichberechtigungsdefizits von Frauen in Form der systematischen Einbeziehung der Gleichberechtigung in sämtliche allgemeinen politischen Konzepte und Maßnahmen neben der Durchführung von positiven Frauenfördermaßnahmen wie die o.g. beheben will[2052]. Es handelt sich dabei um einen strukturorientierten Ansatz, der vor allem über Sensibilisierungs- und Informationskampagnen (z.B. besondere Schulungen von Führungskräften im öffentlichen Dienst), allgemeine und berufliche Bildung (finanziell angestoßen durch den ESF), Entwicklung eines Gleichstellungsprüfungsverfahrens, Erhebung von Daten und Statistiken zur Situation der Frau sowie durch eine Förderung der ausgewogenen Mitwirkung von Frauen in Entscheidungsprozessen[2053] ein Aufbrechen struktureller Diskriminierungsmechanismen anstrebt. Das Art. 3 Abs. 2 GG diesem Ansatz nicht verschlossen ist, liegt an der Staatszielbestimmung des Art. 3 Abs. 2 S. 2 GG, die inhaltlich genau wie die Vertragszielbestimmung des Art. 3 Abs. 2 EGV sowohl die Förder- als auch die Nachteilsbeseitigungsklausel enthält und damit auf der objektiv-rechtlichen Seite des Art. 3 Abs. 2 S. 1 GG auch das „gender mainstreaming" zu implementieren vermag. Da das „gender mainstreaming" ausdrücklich auch Männer in seinen Fragestellungen, Untersuchungen und Ansatzpunkten mit berücksichtigt wissen möchte[2054], greift es weniger bzw. gar nicht in subjektive Rechte einzelner Männer aus Art. 3 Abs. 2 S. 1 GG ein.

---

2051 EuGH v. 28.03.2000, Rn. 31 f.
2052 Vgl. Mitteilung der Kommission „Einbindung der Chancengleichheit in sämtliche politischen Konzepte und Maßnahmen der Gemeinschaft" v. 21.02.1996, KOM (96) 67 endg., S. 2
2053 Vgl. Anhang zur Entscheidung des Rates v. 20.12.2000, ABl.EG Nr. L 17, S. 27
2054 So Flynn, S. 1

Positive Frauenfördermaßnahmen werden durch das „gender mainstreaming" allerdings nicht überflüssig, auch wenn sie lediglich vereinzelt wirken. Vielmehr müssen positive Maßnahmen zugunsten von Frauen unabhängig davon, ob sie geschlechtsspezifisch nur auf ein Geschlecht zugeschnitten sind oder durch eine geschlechtsneutrale Formulierung zumindest auch Männern die Möglichkeit z.B. der Wahrnehmung einer Teilzeitbeschäftigung eröffnen, durch den Ansatz des „gender mainstreaming" unterstützt und ergänzt werden, um tatsächlich weitere Fortschritte für die Durchsetzung der faktischen Gleichberechtigung der Geschlechter erzielen zu können. Positive Maßnahmen und das „gender mainstreaming" versprechen als Doppelstrategie größere Erfolge bei der Weiterentwicklung des Gleichberechtigungsprozesses i.S.v. Art. 3 Abs. 2 GG als es eine Beschränkung ausschließlich auf die genannten Frauenfördermaßnahmen leisten könnte. „Gender mainstreaming" wie es bereits im Dritten Aktionsprogramm für die Chancengleichheit von Mann und Frau in der Europäischen Kommission (1997-2000) Eingang gefunden hat[2055], kann auch für den deutschen öffentlichen Dienst ein gangbarer Weg sein. Inzwischen hat auch das Zweite Bundesgleichstellungsgesetz (BGleiG) vom 30.11.2001[2056] in § 2 das Prinzip des gendermainstreaming für die Beschäftigten in der Bundesverwaltung aufgenommen. Auch wenn nicht zu verkennen ist, daß es diesem Ansatz um die wirtschaftliche Nutzung und Mobilisierung weiblicher Humanressourcen angesichts der demographischen Bevölkerungsentwicklung (Stichwort: Überalterung) geht[2057], ist das „gender mainstreaming" gleichwohl einen Versuch wert und dies um so mehr, wenn sich die mäßigen Erfolge der bisherigen Bemühungen um die Verwirklichung faktischer Gleichberechtigung vor Augen geführt werden.

## 2.2. *Gesetzliche Grundlagen*

*a) §§ 7 BRRG, 8 Abs. 1 und 3 BBG*

An dieser Stelle ist der Frage nach den gesetzlichen Grundlagen der Frauenförderung im öffentlichen Dienst sowohl für Beamten- als auch für Arbeitsverhältnisse nachzugehen, die aus dem Dienstrecht folgen und einen Rahmen für die sich aus den Frauenförder- und Gleichstellungsgesetzen ergebenden konkreten Maßnahmen setzen.

---

2055 Vgl. Anhang 5, S. 773 f., 778 f.
2056 BGBl. I S. 3234
2057 Vgl. Schunter-Kleemann, S. 19 f.

*aa) § 7 BRRG*

§ 7 BRRG bestimmt, daß die Auslese der Bewerber nach Eignung, Befähigung und fachlicher Leistung ohne Rücksicht auf Geschlecht, Abstammung, Rasse, Glauben, religiöse oder politische Anschauung, Herkunft oder Beziehungen vorzunehmen ist. Diese rahmensetzende Vorschrift, die den Bund und alle Bundesländer verpflichtet, den in ihr verankerten Grundsatz in ihre Beamtengesetze aufzunehmen[2058], wiederholt einerseits das in Art. 33 Abs. 2 GG enthaltene Leistungsprinzip, andererseits knüpft sie auch an Art. 3 Abs. 3 S. 1 sowie die verbleibenden Absätze des Art. 33 GG an[2059]. Von der Bestimmung sind dabei alle Ernennungen gemäß § 5 Abs. 1 BRRG einschließlich der Beförderungen[2060], Anstellungen[2061] und Einstellungen i.S.v. § 3 BLV erfaßt[2062].

Schon der Wortlaut verdeutlicht, daß geschlechtsbezogene Ernennungen nicht zulässig sind. Vielmehr ist der entscheidende Maßstab jeder Einstellung und Beförderung der Leistungsgrundsatz, der sich aus der Qualifikationsbeurteilung nach Eignung, Befähigung und fachlicher Leistung ergibt[2063].

Kruse macht im Zusammenhang mit § 7 BRRG geltend, daß eine Rahmenvorschrift im Zweifel durch den Landesgesetzgeber ausgefüllt werden kann, sofern kein besonders starkes und verfassungsrechtlich legitimes Interesse daran besteht, sie als abschließende Regelung des Bundesgesetzgebers zu betrachten[2064]. Für sie resultiert aus dem Vergleich mit den umliegenden Vorschriften des BRRG sowie aus der Gesetzgebungsbegründung zum BRRG, daß § 7 BRRG eine abschließende Regelung darstellen sollte, die keiner Ausfüllung durch die Landesgesetzgeber, z.B. durch die leistungsabhängige Vorrangregelung mit Härtefallklausel, mehr zugänglich ist, da die von § 7 BRRG übernommene Kombination von Art. 3 Abs. 2, 3 i.V.m. Art. 33 Abs. 2 GG gerade keine mittelbare sachliche Änderung erlaube[2065].

Dem hält Fuchsloch zu Recht entgegen, daß dann auch die landesrechtliche Berücksichtigung von Hilfskriterien wie z.B. das Dienstalter bei Beförderungen, die bundesgesetzlich nicht vorgesehen seien, unzulässig wären[2066]. Da aus ihrer

---

2058 Ule, Beamtenrecht, 1970, § 7 Rn. 5
2059 Ule, § 7 Rn. 1 f.; Schütz in Schütz, Beamtenrecht des Bundes und der Länder, Gesamtausgabe Kommentar, Ordner 1, 5. Aufl. 2000, § 7 Rn. 2
2060 Vgl. § 5 Abs. 1 Nr. 4 BRRG
2061 Vgl. § 12 Abs. 1 BRRG
2062 So auch Ule, § 7 Rn. 1
2063 Vgl. Benda, S. 201
2064 Kruse, DÖV 1991, S. 1001 (S. 1005)
2065 Ebenda
2066 Fuchsloch, NVwZ 1991, S. 442 (S. 445)

Perspektive § 7 BRRG einfachgesetzlich den Wortlaut des Leistungsprinzips aus Art. 33 Abs. 2 GG unter Verstärkung der Diskriminierungsverbote aus Art. 3 Abs. 2 und 3 GG wiedergibt und damit auch nicht enger als die Verfassung ausgelegt werden kann, die für sie die Zulässigkeit geschlechtsspezifischer Frauenförderung ergaben, war für sie auch kein Verstoß gegen § 7 BRRG erkennbar[2067].

Hinzu kommt, daß in der Staatszielbestimmung des Art. 3 Abs. 2 S. 2 GG die Frauenförderung ausdrücklich festgeschrieben ist und damit von seiten des Gesetzgebers auch die Anerkennung des faktischen Gleichberechtigungsdefizits von Frauen u.a. auch im öffentlichen Dienst einhergeht. Art. 3 Abs. 2 S. 2 GG bedarf der gestaltenden Umsetzung durch den Gesetzgeber sowohl auf Bundes-, Landes- als auch kommunaler Ebene[2068]. Dies wirkt sich ebenfalls auf § 7 BRRG aus, der auch im Verständnis von Kruse das Kombinationselement des Art. 3 Abs. 2 GG enthält. Wird zudem in Rechnung gestellt, daß § 7 BRRG gerade nicht zu den abschließenden, einheitlichen Regelungen des BRRG gehört, zeigt sich umso mehr seine Konkretisierbarkeit im Hinblick auf geschlechtsspezifische Frauenfördermaßnahmen, die von Art. 3 Abs. 2 GG gedeckt sind. Die Leistungsabhängigkeit der Vorrangregelungen bewirkt außerdem, daß das Leistungsprinzip weder in Art. 33 Abs. 2 GG noch § 7 BRRG berührt ist, da die vorrangige Berücksichtigung einer Frau immer erst nach der Feststellung einer gleichen oder gleichwertigen Qualifikation einsetzt[2069] und darüber hinaus über die Härtefallklausel zugunsten eines männlichen Mitbewerbers entschieden werden kann, wenn der Härtegrund seinerseits keine Diskriminierung für die Mitbewerberin darstellt[2070].

---

2067 Ebenda; vgl. auch Ebsen, Jura 1990, S. 515 (S. 523), der klarstellt, daß es dem Gesetzgeber um eine Zusammenfassung und Bekräftigung von Art. 33 Abs. 2 und Art. 3 Abs. 3 GG ging, denn wenn er sich gegen Frauenfördermaßnahmen hätte aussprechen wollen, hätte es nahegelegen, diese Festlegung innerhalb des Kapitels II des BRRG zu treffen, das die einheitlich und unmittelbar geltenden Vorschriften beinhaltet; in dieselbe Richtung Battis/Schulte-Trux/Weber, DVBl. 1991, S. 1165 (S. 1166), die vor allem darauf abstellen, daß das Geschlechtsmerkmal bei leistungsabhängigen Vorrangregelungen gerade nicht zur Feststellung der Qualifikation herangezogen wird, sondern der Beseitigung struktureller Diskriminierung von Frauen im öffentlichen Dienst diene. Auch Battis/ Schulte-Trux/ Weber gehen von einer Ausfüllungsbedürftigkeit und Konkretisierbarkeit des § 7 BRRG explizit aus; a.A. Stober, ZBR 1989, S. 289 (S. 290) sowie Schütz in Schütz, § 7 Rn. 2
2068 Vogel in FS für Benda, S. 413
2069 Vgl. die Ausführungen unter 2.1.b) in diesem Kapitel
2070 Vgl. EuGH v. 11.11.1997, Slg. 1997, S. 6363 (S. 6394 f. Leitsatz) Rs. C-409/95 Marschall/Land Nordrhein-Westfalen

Der EuGH hat im Verfahren Badeck u.a./Hess. Ministerpräsident ausgeführt, welche Härtegründe zugunsten eines Mitbewerbers in Betracht kommen: Der hessische Ministerpräsident hatte auf Anfrage des EuGH fünf Regelungen angeführt, die die Frauenförderung im Fall eines Qualifikationspatts nicht zur Anwendung kommen lassen. Hierzu gehört zunächst die bevorzugte Berücksichtigung früherer Angehöriger des öffentlichen Dienstes, die wegen Familienarbeit i.S.v. § 10 Abs. 1 HGlG aus dem Dienst ausgeschieden seien oder aus demselben Grund nach ihrem Vorbereitungsdienst keinen Antrag auf endgültige Übernahme in den öffentlichen Dienst hätten stellen können[2071]. Des weiteren würden Teilzeitbeschäftigte, die wegen Familienarbeit ihre Arbeitszeit reduziert hätten und wieder auf eine Vollzeitstelle zurückkehren wollten, vorrangig gegenüber Neueinstellungen berücksichtigt[2072]. Ein dritter Härtegrund läge in der Eigenschaft als ehemaligen Zeitsoldat, der mindestens zwölf Jahre als freiwillig Verpflichtete Wehrdienst geleistet hätte[2073]. Schließlich kämen erleichterte Beförderungsmöglichkeiten für Schwerbehinderte zum Tragen, denn die Pflicht zur Förderung Schwerbehinderter gehe insgesamt der Frauenförderung vor[2074]. Im Ergebnis hat der EuGH die hier vorgetragenen Härtegründe, die zugunsten eines männlichen Mitbewerbers wirken können nicht beanstandet, da sie der in Rede stehenden Zielvorgabenregelung den absoluten und unbedingten Charakter i.S.d. Entscheidung Kalanke/Freie Hansestadt Bremen[2075] nimmt[2076].

Insgesamt ist § 7 BRRG demnach ohne weiteres landesrechtlich durch leistungsabhängige Vorrangregelungen und Zielvorgaben im Frauenförderplan auszufüllen, sofern zusätzlich die genannten Härtegründe zugunsten eines Mannes bei Einstellungen und Beförderungen den Vorrang dieser Frauenfördermaßnahmen beschränken. § 7 BRRG gestaltet sich auf diese Weise auch als entwicklungsoffenes Rahmenrecht für die Beamtenverhältnisse aus, denn daran läßt sein Kombinationscharakter aus den verschiedenen Grundrechtselementen keinen Zweifel, weil diese einem Verfassungswandel durch bestimmte gesellschaftliche Entwicklungen gerecht zu werden haben, was sich letztlich auch in der Rahmenvorschrift niederschlägt.

---

2071 EuGH v. 28.03.2000, Slg. 2000, S. 1902 Rn. 35 Rs. C-158/97
2072 Ebenda
2073 Ebenda
2074 Ebenda
2075 EuGH v. 17.10.1995, Slg. 1995, S. 3051 (S. 3077) Rs. C-450/93
2076 EuGH v. 28.03.2000, Slg. 2000, S. 1902 Rn. 36 Rs. C-158/97 Badeck u.a./Hess. Ministerpräsident

*bb) § 8 Abs. 1 und 3 BBG*

Nach § 8 Abs. 1 S. 1 und 2 BBG sind die Bewerber durch Stellenausschreibungen zu ermitteln und ihre Auslese ist nach Eignung, Befähigung und fachlicher Leistung ohne Rücksicht auf das Geschlecht u.a. vorzunehmen. Durch das Gesetz zur Durchsetzung der Gleichstellung von Frauen und Männern in der Bundesverwaltung und den Gerichten des Bundes vom 30.11.2001 (2. BGleiG)[2077] wurde dem § 8 Abs. 1 ein neuer Satz 3 angehängt, der klarstellt, daß gesetzliche Maßnahmen zur Förderung von Beamtinnen zur Durchsetzung der tatsächlichen Gleichstellung im Erwerbsleben, insbesondere Quotenregelungen mit Einzelfallprüfung, dem Leistungsgrundsatz mit Diskriminierungsverbot aus § 8 Abs. 1 S. 2 BBG nicht entgegenstehen. § 8 Abs. 3 S. 1 BBG bestimmt darüber hinaus, daß sich Stellenausschreibungen nicht nur an Männer oder nur an Frauen richten dürfen, es sei denn, daß ein bestimmtes Geschlecht unverzichtbare Voraussetzung für diese Tätigkeit ist. Stellenausschreibungen sind deshalb gemäß § 8 Abs. 3 S. 2 BBG in der Fassung des 2. BGleiG so abzufassen, daß der gesamte Ausschreibungstext nicht nur auf Personen eines Geschlechts zugeschnitten ist. Nach § 8 Abs. 3 S. 3 BBG gilt dies insbesondere für Stellen in den Bereichen, in denen Frauen unterrepräsentiert sind. Durch das 2. BGleiG wurde dem § 8 Abs. 3 noch ein Satz 4 angefügt, der bestimmt, daß die Dienstposten einschließlich der Funktionen mit Vorgesetzten- und Leitungsaufgaben auch in Teilzeit auszuschreiben sind, soweit dem nicht zwingende dienstliche Belange entgegenstehen.

Während in § 8 Abs. 1 S. 2 BBG der § 7 BRRG umgesetzt wurde, legt Satz 1 verbindlich die Verpflichtung zur Stellenausschreibung für Bundesbehörden fest. Auch in den Landesbeamtengesetzen finden sich entsprechende Regelungen, die größtenteils durch Bestimmungen in den Frauenförder- und Gleichstellungsgesetzen der Länder flankiert werden. So erfährt z.B. § 8 Abs. 1 S. 1 und Abs. 3 BBG, durch § 6 des 2. BGleiG eine Ergänzung. Hinzu kommt § 4 BLV, der in Absatz 1 die Stellenausschreibung für Einstellungen und in Absatz 2 für Beförderungsposten die behördeninterne Ausschreibung als Soll-Vorschrift beinhaltet. Auf die Stellenausschreibungsregelungen der Beamten- und Frauenfördergesetze der Länder wird im folgenden nur exemplarisch und zum Vergleich eingegangen[2078].

---

2077 BGBl. I S. 3234
2078 Für den EÖD ist das Auswahlverfahren und die Stellenausschreibung in Art. 29 ff. BSt i.V.m. Anhang III zum BSt geregelt, wobei Art. 1 des Anhangs III zum BSt genaue Vorgaben zum Inhalt der Stellenausschreibung macht; im Dritten Aktionsprogramm für die Chancengleichheit von Mann und Frau in der Europäischen Kommission (1997-2000) findet sich unter den „Strukturellen Maßnahmen" im Zusammenhang mit den Auswahlverfahren eine für die Frauenförderung

*aaa) Allgemeiner Inhalt des § 8 Abs. 1 BBG*

Die in § 8 Abs. 1 S. 1 BBG gesetzlich verankerte Pflicht zur Stellenausschreibung, bezieht sich auf alle Fälle der Begründung eines Beamtenverhältnisses; d.h. sie gilt für alle Einstellungen gemäß § 3 BLV[2079]. Der Sinn und Zweck der Ausschreibung liegt in der Verwirklichung des Leistungsprinzips, weil sie dem Interesse der Bewerber/innen auf Chancengleichheit und dem öffentlichen Interesse an einer möglichst breiten Entscheidungsgrundlage für die Auswahl der qualifiziertesten Personen dient[2080]. Deshalb kann die Ausschreibungspflicht als verfahrensrechtliche Ergänzung des Art. 33 Abs. 2 GG begriffen werden, auch wenn Art. 33 Abs. 2 GG die Stellenausschreibung weder erwähnt noch allgemein eine Auswahl vorschreibt, die ein höchstmögliches Maß an Sachlichkeit und Gleichbehandlung gewährleisten kann[2081]. Ein gleicher Zugang zu den öffentlichen Ämtern i.S.v. Art. 33 Abs. 2 GG ist nur dann realisierbar, wenn zuvor auch eine möglichst breit gestreute Information über das jeweils zu besetzende Amt an potentiell Interessierte weitergegeben wird[2082]. Anderenfalls würde das Verfassungsgebot des gleichen Zugangs zum öffentlichen Dienst leerlaufen, wenn das ihm immanente subjektive Recht nicht nur auf gleichen, sondern auch allein nach Maßgabe von Eignung und Befähigung geregelten Zugang nicht auch verfahrensrechtlich abgesichert wäre. Damit wird das Verfahren des Zugangs zu einem öffentlichen Amt, das durch die bei Eingangsämtern strikt zu beachtende Stellenausschreibung eingeleitet wird, zu einem notwendigen Element

---

relevante Ergänzung, derzufolge im Rahmen der Werbe- und Informationskampagnen für externe Auswahlverfahren gezielt Frauen anzusprechen sind und in den entsprechenden Ausschreibungen systematisch auf die von der Kommission geführte Politik der Chancengleichheit hingewiesen wird, vgl. Anhang 5, S. 773; während das Europäische Parlament in seinem ersten Aktionsprogramm zur Herstellung von mehr Ausgewogenheit (PAR-PE) von 1990 unter der Rubrik „Aktionen nach außen" für die allgemeinen Auswahlverfahren darauf hingewiesen hatte, daß die Teilnahme weiblicher Bewerberinnen durch auf Frauen zielende Öffentlichkeitsarbeit gefördert werden soll und spezielle Hinweise in den öffentlichen Ausschreibungen der Auswahlverfahren enthalten sein sollen, daß es Ausnahmeregelungen bei der Altersgrenze für Frauen bei ihrer Wiedereingliederung ins Berufsleben (nach einer Familienpause) gibt, vgl. Anhang 1, S. 719, verzichtet das Zweite Aktionsprogramm 1997-2000 auf entsprechende Aussagen, vgl. Anhang 2, S. 726 ff.

2079 Battis, BBG, 2. Aufl. 1997, § 8 Rn. 6 sowie Schütz in Schütz, § 7 Rn. 8; a.A. ausdrücklich Ule, § 8 Rn. 2, der die Pflicht zur Stellenausschreibung auch auf Beförderungen bezieht
2080 Battis, § 8 Rn. 5
2081 Schütz in Schütz, § 7 Rn. 8
2082 BremStGH v. 22.12.1992, NVwZ-RR 1993, S. 417

der Verwirklichung der materiell-rechtlichen Rechtsposition aus Art. 33 Abs. 2 GG[2083].

Die vom BremStGH hier herangezogene Effektivität der Grundrechte und grundrechtsähnlichen Rechten des einzelnen, die gleichzeitig dem Verwaltungsinteresse an einer möglichst breiten Auswahl entspricht[2084], deckt sich mit der von Ladeur geltend gemachten objektiven Werteordung der Grundrechtswirkungen, die auch unterhalb der Grenzen eines Grundrechtseingriffs dazu zwingt, Grundrechtsgefährdungen vorzubeugen und Probleme der faktischen Grundrechtsverwirklichung aufzugreifen. Neben dieser Erweiterung der Grundrechte um eine objektiv-rechtliche Dimension, sind auch verfahrensrechtliche Elemente eine neue Dimension des Grundrechtsschutzes, zu denen die öffentliche Ausschreibung von Stellen als Sicherung des Zugangsrechts aus Art. 33 Abs. 2 GG gehört[2085].

Demgegenüber besteht eine öffentliche Ausschreibungspflicht für Beförderungsämter nicht. Dies ergibt sich bereits aus dem Wortlaut des § 23 BBG, der lediglich auf das in § 8 Abs. 1 S. 2 BBG verankerte Leistungsprinzip verweist, nicht aber auf die Verfahrensregelung des § 8 Abs. 1 S. 1 BBG[2086]. Jedoch sollen gemäß § 4 Abs. 2 S. 1 BLV Beförderungsposten innerhalb des Behördenbereichs ausgeschrieben werden. Aus der Soll-Vorschrift folgt ihre regelmäßige Verbindlichkeit, die nur in atypischen Ausnahmefällen ein Ermessen einräumt[2087].

Im Unterschied und zur Abgrenzung von der öffentlichen Ausschreibung bei Einstellungen bedeutet die Formulierung in § 4 Abs. 2 S. 1 BLV „innerhalb des Behördenbereichs" nur, daß der jeweilige Beförderungsdienstposten verwaltungsintern zu publizieren ist, wobei sich der Behördenbereich ebenfalls nicht auf die Dienststelle, zu der das zu vergebende Amt gehört, beschränken läßt[2088]. Das für Beförderungsämter keine externe Ausschreibung vorgesehen ist, schließt eine solche jedoch nicht aus, denn diese kann jedenfalls bei herausgehobenen Dienstposten oder mangels qualifizierter behördenbereichsinterner Bewerber/innen sogar angezeigt sein[2089]. In dem von Günther zitierten Bericht der Studienkommission zur Reform des öffentlichen Dienstrechts aus dem Jahr 1973 wird als Begründung für die lediglich verwaltungsinterne Ausschreibung der Beförde-

---

2083 BremStGH v. 22.12.1992, S. 418 ff.; so auch OVG Schleswig v. 18.12.1995, NVwZ-RR 1996, S. 266 f.
2084 Brem.StGH v. 22.12.1992, S. 418
2085 Ladeur, S. 81
2086 Günther, ZBR 1987, S. 312 (S. 328) sowie Battis, § 8 Rn. 6
2087 Battis, § 23 Rn. 7
2088 Günther, S. 330
2089 Battis, § 23 Rn. 7 sowie Günther, S. 329

rungsdienstposten angegeben, daß die Leistung der Bediensteten schließlich nicht nur von ihrer Qualifikation abhänge, sondern ebenfalls von Motivationen und Interessen. Eine Ermittlung der Eignung für das fragliche Amt allein auf der Basis des Befähigungsprofils genüge folglich nicht. Vielmehr müßten auch die Interessen der in Betracht kommenden Beamten für die zu besetzende Stelle erfaßt werden, so daß sich die verwaltungsinterne Ausschreibung als geeignetes Mittel darstelle, die außerdem die Transparenz der Personalverteilung erhöhe, die Kontrolle von Personalentscheidungen erleichtere sowie den Bediensteten die Mitgestaltung der beruflichen Entwicklung durch eigene Initiative ermögliche[2090].

Nunmehr stellt sich noch die Frage nach der Form und dem Inhalt der öffentlichen Ausschreibung bei Einstellungen i.S.v. § 8 Abs. 1 S. 1 BBG. Zunächst ist festzuhalten, daß sich weder im BBG noch in der BLV konkrete Aussagen dazu finden lassen. Ladeur differenziert in diesem Zusammenhang nach Stellen des einfachen bis gehobenen öffentlichen Dienstes einerseits, die er lediglich einem regionalen Arbeitsmarkt zuordnen möchte, so daß daraus eine Publikation allein in regionalen Zeitungen folgt[2091]. Andererseits sind nach Ladeur die Stellen des höheren Dienstes ausreichend publiziert, wenn ihre Ausschreibung in den Amtsblättern erfolgt, sofern es sich um regelmäßig wiederkehrende Ausschreibungen handelt wie z.B. bei Lehrern[2092]. Handelt es sich dagegen um unregelmäßig angebotene Eingangsstellen des höheren Dienstes sind seiner Auffassung nach Stellenausschreibungen ausschließlich in Amtsblättern nicht mehr ausreichend, da diese für die Bewerber/innen keine durchschaubare Besetzungspraxis erkennen lassen[2093]. Battis stellt den Ort der Stellenbekanntgabe und ihre Form in das Ermessen des Dienstherrn, die sich jedoch am Sinn und Zweck der Ausschreibung, nämlich der möglichst breit gestreuten Ansprache interessierter und geeigneter Bewerber/innen, zu orientieren hat. Für ihn kommen ohne die von Ladeur nach Laufbahnen vorgenommene Differenzierung Amtsblätter der Verwaltungen, Tageszeitungen und/oder Fachzeitschriften als Publikationsorgan in Frage[2094]. Ule sieht die Verpflichtung zur Stellenausschreibung dann als erfüllt an, wenn die zuständige Stelle rechtzeitig in einem zugänglichen Publikationsorgan wie z.B. Tageszeitungen oder Fachzeitschriften die zu besetzende Stelle bekannt gibt[2095]. Günther verweist darüber hinaus noch darauf, daß Ausschreibungsprinzipien sinnvollerweise durch Richtlinien festgelegt werden sollten, wie

---

[2090] Vgl. Günther, S. 329 m.w.N.
[2091] Ladeur, S. 83
[2092] Ebenda
[2093] Ladeur, S. 83 f.
[2094] Battis, § 8 Rn. 6
[2095] Ule, § 8 Rn. 2

es den obersten Dienstbehörden im Hinblick auf Beförderungsämter gemäß § 4 Abs. 2 S. 2 BLV ausdrücklich vorgegeben ist[2096].

Aus allem folgt, daß bei der Stellenausschreibung unabhängig von einer Differenzierung nach Laufbahngruppen in jedem Fall die räumliche Ausdehnung des relevanten Stellenmarktes berücksichtigt werden darf[2097] und allgemein zugängliche Publikationsorgane wie Tageszeitungen, Fachzeitschriften und (zusätzlich) die Amtsblätter der Verwaltungen Ort der Veröffentlichung sein sollten. Ein bloßer Aushang innerhalb der Behörde genügt dabei den Anforderungen einer Stellenausschreibung in keinster Weise und zwar sowohl in bezug auf Beförderungs- als auch Eingangsämter[2098].

Inhaltlich ist die auszuschreibende Stelle näher zu kennzeichnen, wobei auch die erforderlichen Angaben zu den wesentlichen Einstellungsvorausetzungen, der Vorbildung, der Ausbildung, die Art und den Umfang der beruflichen Tätigkeit zu machen sind sowie eine ausreichende Bewerbungsfrist einzuräumen ist[2099]. Das Anforderungsprofil ist dabei unter Umständen durch die Angabe spezifischer Anforderungen wie u.a. das Fachkönnen, die allgemeine Befähigung für das jeweilige Amt zu erweitern[2100]. So kann nach Urteil des BVerwG vom 13.12.1991 eine Gemeinde berechtigt sein, in der Ausschreibung der Stelle eines Chefarztes an einer gemeindlichen Frauenklinik die Bereitschaft der Bewerber/innen zur Durchführung indizierter Schwangerschaftsabbrüche vorauszusetzen[2101]. Zwar verbiete Art. 33 Abs. 2 GG die Heranziehung eignungsfremder Kriterien im Rahmen des Anforderungsprofils, zu denen auch die individuelle Gewissenprägung der Bewerber/innen zu rechnen sei, jedoch könnten über die Eignung je nach den Anforderungen der zu besetzenden Stelle auch solche Gesichtspunkte an Bedeutung gewinnen, die für sich allein genommen die Zurückweisung eines Bewerbers nicht zu rechtfertigen vermögen[2102]. Die Bereitschaft zur Durchführung von indizierten Schwangerschaftsabbrüchen könne im vorliegenden Fall nicht als eignungsfremdes Auswahlkriterium verstanden werden, da sich die Gemeinde rechtsfehlerfrei dafür entschieden habe, in ihren städtischen Frauenkliniken Schwangerschaftsabbrüche vorzunehmen[2103]. Gemäß Art. 33 Abs. 2 GG seien die öffentlichen Ämter gerade den Bewerber/innen zuzuweisen, die wegen ihrer individuellen Eigenschaften und Voraussetzungen am ehesten

---

2096 Günther, S. 331
2097 So BremStGH v. 22.12.1992, S. 419
2098 So auch Ladeur, S. 83
2099 Vgl. Ule, § 8 Rn. 2; Battis, § 8 Rn.6
2100 Günther, S. 312 f.
2101 BVerwGE v. 13.12.1991, NJW 1992, S. 773
2102 BVerwGE v. 13.12.1991, S. 774
2103 BVerwGE v. 13.12.1991, S. 744 f.

die Gewähr für eine sachgemäße Erledigung der vom Dienstherrn gestellten Aufgaben bieten[2104].

Diese Entscheidung verdeutlicht, wie unterschiedlich Anforderungsprofile bereits in der Stellenausschreibung ausfallen können und das selbst Kriterien wie das individuelle Gewissen, das generell bei der Feststellung der Eignung sonst keine Rolle spielen darf, in bezug auf ein spezielles Amt doch von entscheidender Bedeutung sein kann. Ist eine solche Bedingung in einer Ausschreibung festgelegt worden, darf grundsätzlich nicht mehr von den angegebenen sachlichen Bewerbungsvoraussetzungen abgewichen werden[2105].

Mit der Einfügung des § 8 Abs. 1 S. 3 BBG durch das 2. BGleiG vom 30.11.2001 ist klargestellt, daß weder das Leistungsprinzip noch das in Satz 2 ebenfalls verankerte Diskriminierungsverbot aus Gründen des Geschlechts u.a. durch geschlechtsspezifische Frauenfördermaßnahmen, insbesondere die Vorrangregelungen mit Härtefallklausel, berührt werden, weil diese Regelung nicht nur dem Auftrag aus der Staatszielbestimmung des Art. 3 Abs. 2 S. 2 GG entspricht, die tatsächliche Gleichstellung im Erwerbsleben durchzusetzen, sondern auch Art. 141 Abs. 4 EGV umsetzt[2106]. Hier wird einmal mehr die Verzahnung von nationalem und europäischem Recht deutlich, die durch die Europäische Verfassung und speziell Art. 23 Abs. 2 der Grundrechte-Charta, der Art. 141 Abs. 4 EGV in verkürzter Fassung übernimmt[2107], eine weitere Bestätigung erfährt.

*bbb) § 8 Abs. 3 BBG unter Berücksichtigung von § 6 2. BGleiBG*

Schon das dem 2. BGleiG vom 30.11.2001 vorangegangene Frauenfördergesetz des Bundes vom 24.06.1994 diente mit der Einführung des § 8 Abs. 3 BBG der Durchsetzung der faktischen Gleichberechtigung von Männern und Frauen i.S.v. Art. 3 Abs. 2 GG[2108]. § 8 Abs. 3 S. 1 BBG bestimmt, daß sich Stellenausschreibungen nicht nur an Männern oder nur an Frauen richten dürfen, mit Ausnahme, daß das Geschlecht unverzichtbare Voraussetzung für diese Tätigkeit ist. Nach § 8 Abs. 3 S. 2 BBG i.d.F. des 2. BGleiG von 2001 ist der gesamte Ausschreibungstext so abzufassen, daß er nicht nur auf Personen eines Geschlechts zugeschnitten ist, was nach Satz 3 insbesondere für Stellen in Bereichen gilt, in denen

---

2104 BVerwGE v. 13.12.1991, S. 775
2105 Schütz in Schütz, § 7 Rn. 8
2106 Bundesministerium für Familie, Senioren, Frauen und Jugend, Das neue Gesetz zur Gleichstellung von Frauen und Männern, Broschüre, Stand Dezember 2001, S. 91 f.
2107 Fischer, Der Vertrag von Nizza, 1. Aufl. 2001, S. 532
2108 Vgl. auch Battis, § 8 Rn. 7

Frauen in geringerer Zahl beschäftigt sind als Männer. Es handelt sich an dieser Stelle um Folgeänderungen zur Angleichung der Regelungen des BBG zur Stellenausschreibung an § 6 des 2. BGleiG vom 30.11.2001[2109]. Hinzu kommt § 8 Abs. 3 S. 4 BBG, der auch für Vorgesetzten- und Leitungsfunktionen die Verpflichtung zur Ausschreibung als Teilzeitstellen statuiert, sofern dem nicht zwingende dienstliche Belange entgegenstehen. Die damit verbundene stärkere Gewichtung von Teilzeitarbeit kann gerade in Bereichen weiblicher Unterrepräsentanz Frauen ermutigen, sich auch auf Führungspositionen zu bewerben[2110]. Während § 8 Abs. 3 BBG jedoch nur Beamte erfaßt, ergibt sich aus der Verwendung des Begriffs des Arbeitsplatzes in § 6 Abs. 1 2. BGleiG die Geltung für Angestellte und Arbeiter/innen im öffentlichen Dienst.

Mit § 8 Abs. 3 BBG wird die bereits in § 8 Abs. 1 S. 1 BBG und § 4 Abs. 1 BLV verankerte Stellenausschreibungsverpflichtung um das Gebot der geschlechtsneutralen Ausschreibung ergänzt[2111]. Eine geschlechtsspezifische Ausschreibung innerhalb oder außerhalb der Dienststelle ist in Analogie zu § 611a Abs. 1 S. 2 BGB nur dann und ausnahmsweise zulässig, wenn ein bestimmtes Geschlecht als unverzichtbare Voraussetzung für die auszuübende Tätigkeit einzustufen ist[2112].

Bei der geschlechtsspezifischen Ausschreibung einer C4-Professur für Forstbotanik/Baumphysiologie an der Universität Göttingen hat das VG Göttingen herausgestellt, daß Frauenförderung im Hochschulbereich aus Rechtsgründen grundsätzlich nicht so praktiziert werden darf, daß sich die Ausschreibung einer freien und besetzbaren Professur an einer niedersächsischen Universität ausschließlich an entsprechend qualifizierte Frauen richtet[2113]. Zwar enthalte das NBG keine dem § 8 Abs. 3 S. 1 BBG vergleichbare Vorschrift, dies sei jedoch auch nicht erforderlich, da Art. 33 Abs. 2, Art. 3 Abs. 3 S. 1 GG sowie Art. 3 Abs. 2 S. 1 Nds. Verfassung als höherrangige Rechte eine geschlechtsbezogene Ausschreibung verbieten, wenn sie wie die Neufassung des Art. 3 Abs. 3 S. 1 GG das in ihm enthaltene Verbot der geschlechtsbezogenen Diskriminierung unterstütze[2114]. Deshalb verhindere die rechtswidrige Ausschreibung der Professur nur für Frauen bereits im ersten Schritt des Berufungsverfahrens, daß männliche Bewerber Zugang zum Auswahlverfahren haben. Das Gleichberechti-

---

2109 Bundesministerium für Familie, Senioren, Frauen und Jugend, S. 92
2110 Vieten in Schiek u.a., S. 378 Rn. 914
2111 Vgl. Gesetzentwurf der Bundesregierung zur Durchsetzung der Gleichberechtigung von Frauen und Männern (2. GleiBG) v. 21.07.1993, BT-Drs. 12/54568, S. 27
2112 BT-Drs. 12/5468, S. 28
2113 VG Göttingen v. 23.05.1996, Nds.VBl. 1997, S. 46
2114 Ebenda

gungsgebot aus Art. 3 Abs. 2 GG verlange aber, daß sich die Berufungskommission mit allen Bewerbern unabhängig vom Geschlecht auf der Basis von Art. 33 Abs. 2 GG auseinandersetze, was weiterhin durch die Gewährleistung des gleichen Zugangs in derselben Verfassungsnorm geboten sei[2115].
Dieser Beschluß des VG Göttingen zeigt praxisbezogen, um was es § 8 Abs. 3 S. 1 BBG geht, nämlich zu verhindern, daß aufgrund einer geschlechtsspezifischen Ausschreibung entweder Männer oder Frauen von vorneherein von einer Bewerbung absehen. Auch der § 7 NGG, der die Vorschrift des § 8 Abs. 2 NBG zur Stellenausschreibung erweitert, enthält keine Möglichkeit der geschlechtsspezifischen Ausschreibung. Lediglich § 7 Abs. 4 NGG sieht für die Frauenbeauftragte vor, daß sie eine zweite Ausschreibung verlangen kann, wenn sich keine Frau beworben hat. Dieses Recht der Frauenbeauftragten, das insbesondere in § 7 Abs. 4 des LGG Brandenburgs und § 10 Abs. 6 des Gesetzes Nr. 1371 des Saarlandes eine Entsprechung findet[2116], soll die Dienststelle anhalten, die Ausschreibung so abzufassen und zu plazieren, daß sich Frauen tatsächlich bewerben, denn die durch die zweite Ausschreibung erfolgende Verzögerung der Stellenbesetzung ist in Zeiten knapper Personalressourcen und Einstellungsstops ein regelmäßig zu vermeidender Zustand[2117]. § 6 2. BGleiG verzichtet dagegen auf ein diesbezügliches Recht der Frauenbeauftragten. Auch ist die von § 8 Abs. 3 BBG bzw. § 6 Abs. 1 2. BGleiG geforderte geschlechtsneutrale Stellenausschreibung nicht mit einer Sanktion verbunden, sofern die jeweilige Behörde unter Verstoß gegen diese Bestimmungen doch geschlechtsspezifisch ausschreiben sollte. Das zeigt, daß ein massiver Druck von diesen Vorschriften kaum zu erwarten ist[2118].
In § 8 Abs. 3 S. 2 und 3 BBG (§ 6 Abs. 1 S. 2 und 3 2. BGleiG) findet sich schließlich eine Konkretisierung der Formulierung des Ausschreibungstextes. Frauen sollen hierdurch zu einer Bewerbung ermutigt werden, wobei bekannte Standardformulierungen wie etwa „Die Bewerbung von Frauen ist ausdrücklich erwünscht" etc. inzwischen die gezielte Ansprache qualifizierter Frauen wieder-

---

2115 Ebenda
2116 In Nordrhein-Westfalen sieht § 8 Abs. 2 LGG v. 19.11.1999, GVBl., S. 590 die als Soll-Vorschrift gefaßte einmalige Wiederholung der Ausschreibung vor, ohne daß dieses auf ein Verlangen der Frauenbeauftragten zurückgeht – im Benehmen mit ihr kann lediglich von einer öffentlichen Ausschreibung abgesehen werden; § 8 Abs. 4 HGlG, der ursprünglich ein Wiederholungsverlangen der Frauenbeauftragten in bezug auf die Ausschreibung in Hessen vorgesehen hatte, ist durch das Gesetz zur Beschleunigung von Entscheidungsprozessen innerhalb der öffentlichen Verwaltung v. 06.07.1999, GVBl. I, S. 338 aufgehoben worden
2117 So auch Vieten in Schiek u.a., S. 856 Rn. 2347
2118 Schumann, S. 42 f. ; Mittmann, NJW 1994, S. 3048 (S. 3049) in bezug auf die inhaltlich entsprechende Vorschrift des § 611b BGB

geben[2119]. Die Bundesländer sehen zumeist innerhalb ihrer Frauenförder- und Gleichstellungsgesetze eine dem § 8 Abs. 3 S. 2 und 3 BBG im wesentlichen vergleichbare Regelung vor[2120].

Der Anspruch auf Teilzeitarbeit, der von § 8 Abs. 3 S. 4 BBG auch auf Führungspositionen ausgedehnt wird, ergibt sich im einzelnen aus § 72a BBG und § 13 2. BGleiG. Mit Ausnahme von Berlin, Bremen, Sachsen-Anhalt und Schleswig-Holstein sehen alle übrigen Bundesländer in ihren Frauenfördergesetzen die Stellenausschreibung auch in bezug auf eine Teilzeittätigkeit vor.

Im Ergebnis ist festzuhalten, daß weder eine Verletzung der Stellenausschreibungsverpflichtung aus § 8 Abs. 1 S. 1 noch aus Abs. 3 BBG sowie § 4 BLV zur Nichtigkeit der Ernennung einer ohne Ausschreibung erfolgten Stellenbesetzung führt, da §§ 11 und 12 BBG die Rechtsbeständigkeit einer Ernennung abschließend regeln. Ebensowenig kommt eine Zurücknahme der Ernennung in Betracht[2121]. Für die Möglichkeit der beamtenrechtlichen Konkurrentenklage im Vorfeld der Ernennung muß auf die Ausführungen im 2. Kapitel unter 1.1.d)aa) verwiesen werden.

*b) §§ 611a und 611b BGB*

Die §§ 611a und 611b BGB sind mit dem Gesetz über die Gleichbehandlung von Männern und Frauen am Arbeitsplatz und über die Erhaltung von Ansprüchen bei Betriebsübergang (Arbeitsrechtliches EG-Anpassungsgesetz) mit vom Datum 21.08.1980 in Kraft getreten[2122]. Mit diesem Gesetz wurde nicht nur die Gleichbehandlungsrichtlinie 76/207/EWG vom 09.02.1976[2123], sondern auch die Richtlinie des Rates vom 14.02.1977 zur Angleichung der Rechtsvorschriften der Mitgliedstaaten über die Wahrung von Ansprüchen der Arbeitnehmer beim Über-

---

2119 Vieten in Schiek u.a., S. 377 Rn. 913
2120 Nordrhein-Westfalen enthält eine ähnliche Bestimmung in § 8 Abs. 4 LGG, die dem § 8 Abs. 3 BBG zum Teil entspricht, jedoch außerdem den Zusatz für die Ausschreibung vorsieht, daß Frauen bei gleicher Eignung, Befähigung und fachlicher Leistung bevorzugt berücksichtigt werden, sofern nicht in der Person eines Mitbewerbers liegende Gründe überwiegen – eine entsprechende Regelung findet sich in § 7 Abs. 1 GstG Schleswig-Holstein und § 10 Abs. 1 GstG Hamburg sowie in bezug auf die Erhöhung des Frauenanteils über Zielvorgaben in einem Frauenförderplan in § 5 Abs. 3 BerlLGG, § 8 Abs. 2 HGlG und § 4 Abs. 1 GstG Mecklenburg-Vorpommern; den Hinweis auf den Frauenförderplan sieht § 10 Abs. 5 Gesetz Nr. 1371 des Saarlandes vor
2121 Vgl. Ule, § 8 Rn. 3 sowie Battis, § 8 Rn. 9
2122 BGBl. I, S. 1308
2123 ABl.EG Nr. L 39, S. 40 v. 14.02.1976 i.d.F. der Änderungsrichtlinie 2002/73/EG v. 23.09.2002, ABl.EG Nr. L 269, S. 15

gang von Unternehmen, Betrieben oder Betriebsteilen – Richtlinie 77/187/EWG[2124] sowie die Lohngleichheitsrichtlinie 75/117/EWG vom 10.02.1975[2125] in das deutsche Arbeitsrecht umgesetzt[2126]. Auf diese Weise wurden auch die §§ 612a, 613a und 612 Abs. 3 neu in das BGB eingefügt[2127]. Dabei gewährleistet § 611a BGB im Zusammenspiel mit § 611b BGB und § 612 Abs. 3 BGB die Gleichbehandlung der Geschlechter im Arbeitsrecht und gilt nicht nur für private, sondern auch für öffentliche Arbeitgeber[2128]. Für den hier interessierenden Bereich der Frauenförderung im öffentlichen Dienst sind vor allen Dingen § 611a BGB mit seinem Benachteiligungsverbot als Kernstück der Regelung in Abs. 1 S. 1[2129], die Rechtsfolgenseite bei Verstößen gegen das Benachteiligungsverbot[2130] und die in § 611b BGB geregelte geschlechtsneutrale Stellenausschreibungspflicht des Arbeitgebers relevant.

*aa) § 611a BGB*

*aaa) Das Benachteiligungsverbot*

§ 611a Abs. 1 S. 1 BGB bestimmt, daß der Arbeitgeber einen Arbeitnehmer bei einer Vereinbarung oder einer Maßnahme, insbesondere bei der Begründung des Arbeitsverhältnisses, beim beruflichen Aufstieg, bei einer Weisung oder einer Kündigung, nicht wegen des Geschlechts benachteiligen darf. Nach § 611a Abs. 1 S. 2 BGB ist eine unterschiedliche Behandlung wegen des Geschlechts jedoch dann zulässig, wenn eine Vereinbarung oder eine Maßnahme die Art der vom Arbeitnehmer auszuübenden Tätigkeit zum Gegenstand hat und ein bestimmtes Geschlechts unverzichtbare Voraussetzung für diese Tätigkeit ist. Das in § 611a Abs. 1 S. 1 BGB verankerte Benachteiligungsverbot führt beispielhaft einige Fälle auf, in denen eine geschlechtsbedingte Diskriminierung verboten ist. Allerdings erfaßt die Vorschrift ebenfalls das gesamte Arbeitsverhältnis und zwar sowohl die Begründung, die inhaltliche Ausgestaltung und Durchführung als auch die Beendigung, was nicht nur in rechtlicher, sondern auch in tatsächlicher Hinsicht Geltung beansprucht[2131].

---

2124 ABl.EG Nr. L 61, S. 26 v. 05.03.1977
2125 ABl.EG Nr. L 45, S. 19 v. 19.02.1975
2126 So auch Knigge, BB 1980, S. 1272; Lorenz, DB 1980, S. 1745
2127 Eich, NJW 1980, S. 2329
2128 Müller-Glöge in Münchener Kommentar zum BGB (MüKo), 3. Aufl. 1997, § 611a Rn. 1, 4
2129 Knigge, S. 1272
2130 Vgl. § 611a Abs. 2 bis 5 BGB
2131 Lorenz, S. 1745 sowie Trieschmann, RdA 1979, S. 407 (S. 410); Knigge, S. 1272

Mit § 611a BGB wurde speziell die Gleichbehandlungsrichtlinie 76/207/ EWG umgesetzt, die den Grundsatz der Gleichbehandlung von Männern und Frauen hinsichtlich des Zugangs zur Beschäftigung, einschließlich des Aufstiegs und des Zugangs zur Berufsbildung sowie in bezug auf die Arbeitsbedingungen und die soziale Sicherheit in den Mitgliedstaaten verwirklichen will[2132]. Nach Art. 2 Abs. 1 der Richtlinie beinhaltet der Grundsatz der Gleichbehandlung dabei auch, daß keine unmittelbare oder mittelbare Diskriminierung aufgrund des Geschlechts, insbesondere unter Bezugnahme auf den Ehe- oder Familienstand, erfolgen darf.

Fraglich ist an dieser Stelle allerdings, ob es überhaupt der Einführung von § 611a BGB bedurfte, da in der deutschen Rechtsordnung bereits über das Gleichberechtigungsgebot des Art. 3 Abs. 2 GG sowie das Benachteiligungsverbot des Art. 3 Abs. 3 GG, die über den arbeitsrechtlichen Gleichbehandlungsgrundsatz hinausgehen, eine ausreichende Rechtsgrundlage zur Erfassung geschlechtsbedingter Diskriminierungen in privatrechtlich ausgestalteten Arbeitsverhältnissen, hier des öffentlichen Dienstes, vorhanden gewesen sein könnte[2133]. Schlachter macht geltend, daß § 611a BGB gerade der unbefriedigenden Situation abhelfen sollte, daß eine unmittelbare Drittwirkung von Art. 3 Abs. 2 GG in Arbeitsverhältnissen nicht unumstritten war[2134], auch wenn das BAG diese zumindest in seinen früheren Entscheidungen anerkannt hatte[2135], und von der es schließlich in seiner Entscheidung zum Weiterbeschäftigungsanspruch abgewichen war, indem es den Grundrechten lediglich eine Wirkung über die zivilrechtlichen Generalklauseln zusprach und gleichzeitig klarstellte, daß eine unmittelbare Verpflichtung des Arbeitgebers aus der Verfassung zur Beachtung der Grundrechte nicht erwachse[2136]. Auch wenn daraus im Zusammenspiel mit der Rechtsprechung des BVerfG, das auf der Basis der objektiven Wertedimension der Grundrechte von der Ausstrahlungswirkung auf die Gestaltung der Rechtsbeziehungen zwischen Privatrechtssubjekten ausgeht[2137], eine mittelbare Dritt-

---

2132 Vgl. Art. 1 Abs. 1 der Richtlinie
2133 So Slupik, KJ 1980, S. 58 (S. 60)
2134 Schlachter, Wege zur Gleichberechtigung, S. 87
2135 Vgl. u.a. BAGE 1, S. 185 (S. 193 ff) in der das Gericht davon ausging, daß die Grundrechte nicht nur Freiheitsrechte gegenüber der Staatsgewalt enthielten, sondern ebenfalls Ordnungsgrundsätze für das soziale Leben, die in einem aus dem Grundrecht näher zu entwickelnden Umfang auch eine unmittelbare Bedeutung für den Rechtsverkehr der Bürger untereinander hätten – dabei begründeten die Grundrechte nach Auffassung des BAG ein Ordnungsgefüge, durch das auch die Ordnung in einem Betrieb oder bei Verträgen und Maßnahmen bestimmt sei und zu denen sich nicht in Widerspruch gesetzt werden dürfte
2136 BAGE 48, S. 122 (S. 138)
2137 Vgl. u.a. BVerfGE 34, S. 269 (S. 280)

wirkung der Grundrechte folgt, die den z.B. wegen ihres Geschlechts benachteiligten Personen keine eindeutige Anspruchsgrundlage aus Art. 3 Abs. 2 und 3 GG vermittelt[2138], spielt dies für den Staat als öffentlichen Arbeitgeber insoweit eine untergeordnete Rolle, als daß er über Art. 1 Abs. 3 GG unmittelbar an die Grundrechte gebunden ist, auch wenn er ein privatrechtliches Arbeitsverhältnis begründet. Hesse erläutert dies überzeugend, wenn er ausführt, daß der von der Verfassung konstituierte Staat nirgends wie ein Privater das Recht zur Beliebigkeit hat, weil die Grundrechte nicht nur die Formen, sondern auch die sachliche Gestaltung staatlichen Wirkens im Blickfeld haben und sich schon von daher die Annahme eines Reservats staatlicher Aktivitäten dort, wo sich der Staat des Privatrechts bedient, verbietet[2139]. Insgesamt erstrecken sich damit die Grundrechte auf jedes privatrechtliche Handeln des Staates[2140], auch in seiner Funktion als privatrechtlich handelnder Arbeitgeber.

Für § 611a Abs.1 S. 1 BGB bedeutet das, daß er in Arbeitsverhältnissen des öffentlichen Dienstes parallel zu Art. 3 Abs. 2 und 3 GG zur Anwendung kommt und folglich auch zu prüfen ist[2141]. Hier ist jedoch auch zu beachten, daß § 611a BGB i.S.d. Maschinenschlosserinbeschlusses des BVerfG eine grundrechtliche Schutzpflicht erfüllen soll und diese Vorschrift deshalb im Lichte von Art. 3 Abs. 2 GG auszulegen ist. So ist nach Ansicht des BVerfG das Grundrecht auf Gleichberechtigung immer dann verletzt, wenn die Auslegung und Anwendung des § 611a BGB den vom Grundrecht vorgezeichneten Schutzzweck grundlegend verfehlt[2142]. Nicht ganz nachvollziehbar ist vor diesem Hintergrund die Kritik von Zimmer am Maschinenschlosserinbeschluß. Denn das der Bundesgesetzgeber unter Art. 3 Abs. 2 GG keine Veranlassung zur Schaffung einer Regelung wie § 611a BGB gesehen haben soll[2143], ignoriert die verschiedenen Vorhaben auf dem Gebiet der Antidiskriminierungsgesetzgebung im Vorfeld des arbeitsrechtlichen EG-Anpassungsgesetzes, die trotz scharfer Kritik und fehlender Umsetzung[2144] zumindest zeigen, daß es dem Gesetzgeber nicht gleichgültig sein konnte, wie es um die Verwirklichung der Gleichberechtigung der Geschlechter bestellt war.

---

2138 Schlachter, S. 87; ähnlich Binkert, JZ 1979, S. 748
2139 Hesse, S. 154 Rn. 348
2140 Jarass in Jarass/Pieroth, Art. 1 Rn. 18
2141 Vgl. zur diesbezüglichen Kritik am Vorlagebeschluß des BAG v. 22.06.1993 an den EuGH im Verfahren Kalanke/Freie Hansestadt Bremen durch Maidowski, Anm. zu BAG v. 22.06.1993, AP Nr. 193 zu Art. 3 GG sowie Herrmann, SAE 1995, S. 229 (S. 237 f.)
2142 BVerfGE 89, S. 276 (1. und 2. Leitsatz)
2143 Zimmer, NJW 1994, S. 1203 (S. 1204)
2144 Vgl. dazu Pfarr, BlfStSozArbR 1980, S. 17 f.; Slupik, KJ 1980, S. 58

Darüber hinaus hat das BVerfG im Maschinenschlosserinbeschluß auch betont, daß eine Benachteiligung wegen des Geschlechts schon dann in den Anwendungsbereich von § 611a Abs. 1 BGB fällt, wenn in dem Motivbündel, das die Entscheidung des Arbeitgebers beeinflußt hat, das Geschlecht des abgewiesenen Bewerbers als negatives oder das andere Geschlecht als positives Kriterium enthalten war[2145]. So kommt es dem BVerfG zufolge auch nicht darauf an, ob noch andere Gründe neben der geschlechtsbedingten Benachteiligung maßgeblich waren[2146]. Im Umkehrschluß führen diese Vorgaben dazu, daß eine Verletzung von § 611a Abs. 1 BGB nur dann nicht vorliegt, wenn ausschließlich andere als geschlechtsbezogene Gründe für die unterbliebene Einstellung, den beruflichen Aufstieg, die arbeitgeberseitige Weisung oder Kündigung maßgeblich waren[2147]. Da es sich bei diesen Maßnahmen lediglich um eine beispielhafte Aufzählung handelt, sind auch andere Maßnahmen berufsqualifizierender Art wie Aus-, Fort- und Weiterbildung sowie Umschulungen, Beurteilungen von Arbeitsleistungen, die Zuteilung bestimmter Arbeitsaufgaben etc. vom Benachteiligungsverbot der Vorschrift erfaßt[2148]. Schließlich kommt § 611a Abs. 1 S. 1 BGB auch zum Tragen, wenn, wie im Fall der Maschinenschlosserin, die Bewerberin wegen ihres Geschlechts nicht in die engere Wahl gekommen bzw. zum Vorstellungsgespräch eingeladen worden war[2149]. D.h., daß auch dem einer bestimmten Maßnahme (hier Einstellung) vorgeschalteten Verfahren eine erhebliche Bedeutung zukommt[2150].

Insgesamt ist die von § 611a Abs. 1 S. 1 BGB gemeinte Benachteiligung als die in einem Einzelfall bewirkte Schlechterstellung der Arbeitnehmerin oder des Arbeitnehmers zu verstehen, die außerdem die ernsthafte Bewerbung und objektive Eignung voraussetzt[2151]. Nach Auffassung des BAG stellt § 611a Abs. 1 S. 1 BGB nicht auf die formale Position eines allein durch die Einreichung der Bewerbung begründeten Status als Bewerber ab, sondern vielmehr auf die materiell zu bestimmende objektive Eignung für die zu besetzende Stelle, denn im Besetzungsverfahren kann im Rechtssinne nur derjenige benachteiligt werden, der sich auch subjektiv ernsthaft beworben hat und nicht von vornherein nur eine Entschädigung in Geld angestrebt hat[2152]. Hinzu kommt außerdem eine objektiv

---

2145 BVerfGE 89, S. 276 (S. 289)
2146 BVerfGE 89, S. 276 (S. 288)
2147 Müller-Glöge in MüKo, § 611a Rn. 7
2148 Ebenda
2149 So auch Däubler, Das Arbeitsrecht 2, S. 788 f. Rn. 1534
2150 Müller-Glöge in MüKo, § 611a Rn. 7
2151 Putzo in Palandt, BGB Kommentar, 62. Aufl. 2003, § 611a Rn. 9 sowie BAG v. 12.11.1998, NZA 1999, S. 371 (1. Leitsatz)
2152 BAG v. 12.11.1998, a.a.O., S. 373

festzustellende Eignung, die u.a. dann ausgeschlossen sei, wenn dem Bewerber jegliche theoretische und/oder praktische Erfahrungen fehlten, die ihn zur Ausübung der Tätigkeit befähigt hätten[2153]. Im Unterschied zum BAG, das den Diskriminierungstatbestand von § 611a BGB überhaupt nicht als erfüllt ansah, hatte z.B. das ArbG Köln es als Rechtsmißbrauch i.S.v. § 242 BGB bewertet, wenn sich ein Student auf eine nicht geschlechtsneutral formulierte Stellenanzeige nur deshalb bewirbt, um eine Entschädigung aus § 611a BGB zu erhalten[2154]. Dem hält insbesondere Müller entgegen, daß der „professionelle Diskriminierungskläger"[2155] nicht Rechtsmißbrauch begehe, sondern vielmehr Rechtsförderung, denn dieses beruhe auf der Verkennung des Schadensersatzcharakters von § 611a Abs. 2 BGB, der nicht den entstandenen Schaden ausgleichen solle, da es lediglich um die Sanktionierung eines mißbilligten Verhaltens, nämlich die geschlechtsbezogene Diskriminierung durch den Arbeitgeber, gehe[2156]. Schließlich werde der einmal geäußerte böse Wille (des Arbeitgebers) auch nicht dadurch aus der Welt geschafft, daß der die „Tat" aufdeckende Bewerber die Stelle gar nicht antreten wolle, denn diese Mentalreservation habe nur Auswirkungen auf die Höhe des Strafschadensersatzes, sofern der professionelle Diskriminierungskläger demjenigen gleichstehe, der auch bei einer diskriminierungsfreien Auswahl die Stelle nicht bekommen hätte, so daß es bei der Höchstbegrenzung der Sanktion gemäß § 611a Abs. 3 S. 1 BGB bleibe[2157]. Insgesamt werde weder die Rechtsprechung des BAG noch die der unterinstanzlichen Arbeitsgerichte dem europarechtlichen Anliegen gerecht, denn die Durchsetzung der Gleichbehandlung der Geschlechter hängt auch entscheidend von der Bereitschaft der Gerichte ab, daß Schadensersatzrecht bewußt zu Sanktions- und Präventionszwecken einzusetzen[2158].

---

2153 Ebenda
2154 ArbG Köln v. 13.06.1996, ZiP 1997, S. 804 f.
2155 Die Begrifflichkeit stammt von Pfarr, RdA 1995, S. 204 (S. 208)
2156 Müller, Anm. zu BAG v. 12.11.1998, MDR 1999, S. 750
2157 Ebenda; Zu beachten ist, daß die Änderungsrichtlinie 2002/73/EG v. 23.09.2002 zur Änderung der Richtlinie 76/207/EWG, ABl.EG Nr. L 269, S. 15 in ihrem 18. Erwägungsgrund unter Bezugnahme auf die Rechtsprechung des EuGH nunmehr ausdrücklich klarstellt, daß eine im voraus festgelegte Höchstgrenze einer angemessenen und wirksamen Entschädigung für die erlittene geschlechtsbedingte Diskriminierung entgegenstehen kann. Dementsprechend bestimmt Art. 6 Abs. 2 der Richtlinie n.F., daß eine Entschädigung nur in Ausnahmefällen im voraus begrenzt werden darf, nämlich wenn der Arbeitgeber nachweisen kann, daß der entstandene Schaden nur darin besteht, daß die Bewerbung nicht berücksichtigt wurde
2158 Müller, S. 751

Unabhängig davon, ob nun der Auffassung des BAG oder der von Müller gefolgt wird, muß festgehalten werden, daß § 611a Abs. 1 BGB nicht nur in negativer Hinsicht die Differenzierung nach dem Geschlecht verbietet, sondern auch positiv gebietet, die Bewerber/innen nur nach Sachgesichtspunkten wie etwa die Qualifikation, zu der die Vorbildung, Fachwissen, Fachkönnen, Leistungsfähigkeit, Gründlichkeit, Belastbarkeit, Schnelligkeit etc. gehören, und persönliche Eigenschaften wie z.B. Zuverlässigkeit und Vertrauenswürdigkeit, auszuwählen[2159]. Dies führt folgerichtig zu der von Herrmann getroffenen Feststellung, daß § 611a Abs. 1 BGB im wesentlichen der Rechtslage nach Art. 33 Abs. 2 GG für die Besetzung öffentlicher Ämter im deutschen öffentlichen Dienst entspricht. Unterschiede wie das Staatsangehörigkeitserfordernis (aufgelockert allerdings durch die gemäß Art. 39 EGV garantierte Arbeitnehmerfreizügigkeit innerhalb der EU) oder der Einstellungsanspruch, der gegenüber dem privaten Arbeitgeber über § 611a Abs. 3 BGB verboten ist, bezieht sie in ihre Überlegungen ein, gelangt aber zu dem Schluß, daß damit auch die Abschlußfreiheit oder Privatautonomie des Zivilrechts weitgehend aufgehoben ist[2160]. Dies ist aber gerade der Sinn und Zweck eines tatsächlich effektiv wirkenden § 611a BGB, der dem BVerfG zufolge im Lichte des Art. 3 Abs. 2 GG anzuwenden und auszulegen ist. Denn nur auf diese Weise vermag eine privatrechtliche Bestimmung wie § 611a BGB als „Zivilrecht gewordener Art. 3 GG"[2161] überhaupt einen Beitrag zur Herstellung faktischer Gleichberechtigung im Erwerbsleben zu leisten. Dabei darf das Spannungsverhältnis der Vorschrift zur Vertragsfreiheit zwar nicht übersehen werden, jedoch ist in Rechnung zu stellen, daß die Gleichberechtigung der Geschlechter auf dem Arbeitsmarkt nicht nur ein gesellschaftspolitisch erstrebenswerter Zustand ist, sondern sich darüber hinaus aus höchstrangigen Verfassungsnormen wie dem Persönlichkeitsrecht aus Art. 2 Abs. 1 GG und Art. 3 Abs. 2 GG ergibt[2162].

Ausnahmen vom Benachteiligungsverbot ergeben sich lediglich aus der Vorschrift des § 611a Abs. 1 S. 2 BGB, wenn das Geschlecht als unverzichtbar für die auszuübende Tätigkeit anzusehen ist: Hier kommen nur solche Maßnahmen oder Vereinbarungen in Betracht, die sich auf die Art der Arbeitsleistung beziehen und demnach für die Auswahlentscheidung bei Einstellung und Beförderung von erheblicher Bedeutung sind[2163]. Die Unverzichtbarkeit des Geschlechts hinsichtlich der konkreten Tätigkeit ist dabei dann gegeben, wenn die Arbeitslei-

---

2159 Herrmann, ZfA 1996, S. 19 (S. 27)
2160 Herrmann, S. 28 ff.
2161 So Herrmann, S. 21
2162 So auch Wendeling-Schröder, DB 1999, S. 1012 (S. 1014)
2163 Raab in Soergel, Bürgerliches Gesetzbuch, Kommentar, Bd. 4, 12. Aufl. 1997-1998, § 611a Rn. 34

stung nach Gegenstand und Funktion nur von Angehörigen eines bestimmten Geschlechts verrichtet werden kann[2164]. Beispiele hierfür sind u.a. bestimmte Theaterrollen, Mannequins und Dressmen, Polizeibedienstete, die mit der Durchsuchung von Personen beschäftigt sind etc.[2165]. Darüber hinaus können rechtliche Gründe ein bestimmtes Geschlecht zur unverzichtbaren Voraussetzung machen, wie etwa Beschäftigungsverbote, z.B. § 64a Abs. 1 BBergG, demnach Frauen im Bergbau unter Tage nicht beschäftigt werden dürfen und damit für den Arbeitgeber verbindlich eine Differenzierung nach dem Geschlecht rechtfertigen, solange sie nicht für verfassungswidrig erklärt worden sind, wie es im Fall des § 19 AZO a.F. (Nachtarbeitsverbot für Frauen) geschehen ist[2166].

Ob das Amt der Gleichstellungsbeauftragten ausschließlich von einer Frau ausgeübt werden kann und damit das Geschlecht für diese Tätigkeit zur unverzichtbaren Voraussetzung wird[2167], kann dahingestellt bleiben, da das BVerfG in seinem Beschluß vom 26.10.1994 zur kommunalen Gleichstellungsbeauftragten in Schleswig-Holstein klargestellt hat, daß in dieser Position erfahrungsgemäß eher Frauen als Männer der Tätigkeit gerecht werden[2168]. Auch wenn der Ansicht des BAG gefolgt würde, daß die Aufgaben einer Gleichstellungsbeauftragten durchaus auch von einem Mann mit den entsprechenden spezifischen Kenntnissen sowie Erfahrungen im Bereich der Gleichberechtigung der Geschlechter wahrgenommen werden könnten[2169], kann eine Differenzierung nach dem Geschlecht nicht nur als sachgerecht angesehen werden, sondern auch als vereinbar mit Art. 33 Abs. 2 , Art. 3 Abs. 2 und 3 GG, da sie als Regelung geeignet, erforderlich und verhältnismäßig im engeren Sinne ist, um die faktische Gleichberechtigung von Männern und Frauen durch die organisatorische Institution der Frauenbeauftragten mit Gewährleistungs- und Kontrollfunktionen in bezug auf

---

2164 Raab in Sorgel, § 611a Rn. 26
2165 Beispiele bei Däubler, S. 789 Rn. 1535; Pfarr/Bertelsmann, Gleichbehandlungsgesetz, 1985, S. 46 f. Rn. 70
2166 Vgl. Raab in Soergel, § 611a Rn. 36; zur Kritik Müller-Glöge in MüKo, § 611a Rn. 32 f.
2167 Abgelehnt von BAG v. 12.11.1998, S. 372 f.
2168 BVerfGE 91, S. 228 (S. 245); vgl. auch LAG Berlin v. 14.01.1998, NZA 1998, S. 312, das die geschlechtsspezifische Ausschreibung einer Stelle als Frauenreferentin für eine politische Partei für vereinbar mit § 611a Abs. 1 BGB hält, weil Männern regelmäßig die Fähigkeit zur Zusammenarbeit mit Frauen aus feministischen Zusammenhängen fehlt, da es Fraueninitiativen und -gruppen gibt, die eine Zusammenarbeit mit einem Mann ablehnen, so daß die in Rede stehende Stelle zwangsläufig die Besetzung mit einer Frau erfordert
2169 BAG v. 12.11.1998, S. 373

die Umsetzung von Maßnahmen der Frauenförderung tatsächlich durchzusetzen[2170].

Nicht ausreichend für die Unverzichtbarkeit eines bestimmten Geschlechts sind dagegen arbeitgeberseitige Begründungen, daß etwa die gesetzlich für Frauen und Männern vorgeschriebenen getrennten sanitären Anlagen nicht vorhanden seien, denn hierbei handelt es sich eine Auflage zur Gestaltung des Arbeitsplatzes, nicht um eine an die jeweilige Tätigkeit anknüpfende Schutzbestimmung[2171]. Schließlich reicht ein bloßer sachlicher Grund für eine ausnahmsweise zulässige Differenzierung nach dem Geschlecht wie z.B. ein eingespieltes Arbeitsteam, das eine Frau nicht akzeptieren würde[2172], nicht aus, denn die „unverzichtbare Voraussetzung des Geschlechts" stellt deutlich höhere Anforderungen an das Gewicht der die Ungleichbehandlung rechtfertigenden Gründe[2173]. Hinzu kommt, daß der in § 611a Abs. 1 S. 3 BGB enthaltenen „sachliche Grund" nur in der Lage ist, die durch bestimmte Umstände naheliegende Diskriminierungsvermutung zu widerlegen[2174].

*bbb) § 611a Abs. 1 BGB und Maßnahmen der Frauenförderung im öffentlichen Dienst*

Fraglich ist, wie sich geschlechtsspezifisch wirkende Frauenfördermaßnahmen des öffentlichen Dienstes zu § 611a Abs. 1 S. 1 BGB verhalten. Dabei ist zu berücksichtigen, daß geschlechtsneutrale Maßnahmen, wie z.B. die Möglichkeit der Teilzeitbeschäftigung oder Flexibilisierung der Arbeitszeit schon aus sich heraus keine Verletzung des Benachteiligungsverbots darstellen können, da sie gleichermaßen für Frauen und Männer Geltung beanspruchen.

Anders zu beurteilen sind demgegenüber leistungsabhängige Vorrangregelungen mit Härtefallklausel oder Zielvorgaben innerhalb eines Frauenförderplans, die den Frauenanteil in einem bestimmten Zeitraum auf eine zuvor festgelegte Prozentzahl erhöhen wollen. Müller-Glöge vertritt in diesem Zusammenhang die Auffassung, daß das allein durch § 611a Abs. 1 S. 2 BGB eingeschränkte Benachteiligungsverbot des Satzes 1 als Bundesrecht entgegenstehendes Landesrecht bricht[2175], also die gesetzlich in einigen der Frauenförder- und Gleichstellungsgesetze der Länder verankerten Quotenregelungen unzulässig

---

2170  Vgl. die Ausführungen auf S. 434 ff.; a.A. Müller-Glöge in MüKo, § 611a Rn. 28
2171  Vgl. Pfarr/Bertelsmann, S. 44 f. Rn. 66
2172  So Eich, S. 2331
2173  BAG v. 12.11.1998, a.a.O., S. 372
2174  Däubler, S. 790 Rn. 1537; ähnlich Pfarr/Bertelsmann, S. 47 f. Rn. 72 ff.
2175  Müller-Glöge in MüKo, § 611a Rn. 12

werden läßt[2176]. In seinem Vorlagebeschluß vom 22.06.1993 an den EuGH in dem Verfahren Kalanke/Freie Hansestadt Bremen hatte das BAG den § 611a Abs. 1 BGB verfassungskonform dahingehend ausgelegt, daß die Vorschrift landesrechtlichen Regelungen nicht widerspreche, die der Durchsetzung des Gleichberechtigungsgebots aus Art. 3 Abs. 2 GG dienten und dabei zugleich das Leistungsprinzip aus Art. 33 Abs. 2 GG beachteten. Außerdem war nach Ansicht des BAG das Diskriminierungsverbot aus Art. 3 Abs. 3 GG nur verhältnismäßig beeinträchtigt[2177]. Schon das LAG Bremen als Vorinstanz dieses Verfahrens hatte § 611a BGB europarechtskonform ausgelegt und festgestellt, daß diese spezialgesetzliche Übertragung des Art. 3 GG auf das Arbeitsrecht schließlich auch der Umsetzung der Richtlinie 76/207/EWG diene, die in Art. 2 Abs. 4 (a.F.) Maßnahmen der Frauenförderung zulasse[2178]. Da sowohl der deutsche Gesetzgeber als auch die Rechtsprechung an das Gemeinschaftsrecht gebunden seien, müsse auch § 611a BGB i.S.d. Gleichbehandlungsrichtlinie ausgelegt werden, so daß der Vorschrift auch kein Verbot von Quotenregelungen zu entnehmen sei[2179]. In dieselbe Richtung wie das LAG Bremen gehen auch die Überlegungen von Weber, die klarstellt, daß eine strikt formale Auslegung des § 611a BGB angesichts des Art. 2 Abs. 4 der Richtlinie 76/207/EWG (a.F.) nicht geboten ist, denn Maßnahmen der umgekehrten Geschlechterdiskriminierung beinhalten nur vordergründig spiegelverkehrt zugleich eine Benachteiligung von Männern – die Zulässigkeit von Frauenfördermaßnahmen sollte gerade vom Diskriminierungsverbot des § 611a Abs. 1 S. 1 BGB unberührt bleiben[2180]. Vor diesem Hintergrund konnte es für das LAG Bremen[2181] auch nicht darauf ankommen, ob § 611a BGB mit seinem geschlechtsbezogenen Benachteiligungsverbot auf die konkurrierende Gesetzgebungskompetenz des Bundes im Hinblick auf das Arbeitsrecht gemäß Art. 74 Nr. 12 GG zurückgegangen ist und damit grundsätzlich kein Raum mehr für gegen § 611a BGB verstoßende Landesgesetze gewesen wäre[2182] oder ob derartige Frauenfördermaßnahmen dem öffentlichen Dienstrecht zuzurechnen seien, für das der Bund nur eine rahmensetzende Gesetzgebungskompetenz gemäß Art. 75 Abs. 1 Nr. 1 GG habe und die damit

---

2176 Den Widerspruch zwischen Benachteilgungsverbot aus § 611a Abs. 1 BGB und Vorrangregelungen zugunsten von Frauen hebt insbesondere Herrmann, SAE 1995, S. 229 (S. 237) hervor
2177 BAG vom 22.06.1993, AP Nr. 193 zu Art. 3 GG = NZA 1994, S. 77 (S. 82)
2178 LAG Bremen v. 08.07.1992, RiA 1993, S. 82 (S. 87)
2179 Ebenda
2180 Weber, DB 1988, S. 45 (S. 47)
2181 LAG Bremen v. 08.07.1992, S. 86 f.
2182 So Kempen, ZTR 1988, S. 287 (S. 289)

als lex specialis dem § 611a BGB vorgingen[2183], denn nach der gemeinschaftsrechtskonformen Auslegung von § 611a BGB sind leistungsabhängige Vorrangregelungen mit Härtefallklausel zugunsten eines Geschlechts mit § 611a BGB vereinbar. Dies ergibt sich insbesondere aus den beiden Urteilen des EuGH vom 17.10.1995[2184] und vom 11.11.1997[2185]. Aber auch der Maschinenschlosserinbeschluß des BVerfG belegt, daß § 611a BGB verfassungskonform im Lichte des Art. 3 Abs. 2 GG auszulegen und anzuwenden ist[2186].

Wird Art. 3 Abs. 2 GG als Grundrecht verstanden, das einen aktiven Beitrag zur tatsächlichen Durchsetzung der Gleichberechtigung der Geschlechter leisten will und in dem mit der Staatszielbestimmung des Art. 3 Abs. 2 S. 2 GG explizit die Frauenförderung festgeschrieben ist, kann sich auch der im Sinne von Art. 3 Abs. 2 GG auszulegende und anzuwendende § 611a BGB nicht gegen leistungsabhängige Vorrangregelungen mit Härtefallklausel im öffentlichen Dienst sperren. Dies verkennt Herrmann, indem sie versucht, § 611a Abs. 1 BGB auf ein bloß formal wirkendes Benachteiligungsverbot zu reduzieren[2187].

Nichts anderes kann im übrigen für Zielvorgaben im Rahmen eines Frauenförderplans gelten, die auch als flexible Ergebnisquoten bezeichnet werden[2188]. Im Zusammenhang mit der im HGlG verankerten flexiblen Ergebnisquote bzw. Zielvorgabenregelung[2189] hat der EuGH mit Urteil vom 28.03.2000 entschieden, daß Art. 2 Abs. 1 und 4 der Richtlinie 76/207/EWG (a.F.) einer nationalen Regelung nicht entgegenstehen, die in Bereichen des öffentlichen Dienstes in denen Frauen unterrepräsentiert sind, bei gleicher Qualifikation den Bewerberinnen den Vorrang einräumen, wenn dies zur Erfüllung der Zielvorgaben des Frauenförderplans erforderlich ist und keine Gründe von größerem rechtlichen Gewicht entgegenstehen (etwa die Förderung von Schwerbehinderten oder Beseitigung einer langanhaltenden Arbeitslosigkeit etc., die der Frauenförderung vorgehen), sofern diese Regelung gewährleistet, daß die Bewerbungen Gegenstand einer objektiven Beurteilung sind, bei der die besondere persönliche Lage aller Bewerber/innen berücksichtigt wird[2190].

Dieses Urteil bedeutet für die Frage, ob § 611a Abs. 1 BGB Zielvorgabenregelungen in den Frauenförder- und Gleichstellungsgesetzen der Länder entge-

---

2183 Vgl. Benda, S. 216 ff sowie Pieroth in Jarass/Pieroth, Art. 74 Rn. 29
2184 Slg. 1995, S. 3051 Rs. C-450/93 Kalanke/Freie Hansestadt Bremen
2185 Slg. 1997, S. 6363 Rs. C-409/95 Marschall/Land Nordrhein-Westfalen
2186 BVerfGE 89, S. 276
2187 Vgl. Herrmann, SAE 1995, S. 229 (S. 238)
2188 Vgl. u.a. Schiek, Anm. zu BAG v. 05.03.1996, AP Nr. 226 zu Art. 3 GG
2189 Vgl. § 5 Abs. 3 und 4 HGlG
2190 EuGH v. 28.03.2000, Slg. 2000, S. 1902 Rn. 35, 38 Rs. C-158/97 Badeck u.a./Hess. Ministerpräsident

gensteht, sie negativ zu beantworten. Auch hier gilt, daß es nicht um die formale Gleichheit der Geschlechter, sondern vielmehr um die Verwirklichung materieller Gleichheit, zu der auch geschlechtsneutral formulierte Auswahlkriterien beitragen können (z.b. die positive Berücksichtigung von in der Familienarbeit erworbenen Fähigkeiten und Erfahrungen), soweit ihnen für die Eignung, Leistung und Befähigung der Bewerber/innen eine Bedeutung zukommt, denn solche Kriterien begünstigen im allgemeinen Frauen und helfen in der sozialen Wirklichkeit auftretende faktische Ungleichheiten zu verringern[2191].

Im Ergebnis sind damit auch geschlechtsspezifisch wirkende Frauenfördermaßnahmen im öffentlichen Dienst von § 611a Abs. 1 BGB gedeckt – eine formale Perspektive auf das zivilrechtliche Benachteiligungsverbot verbietet sich sowohl auf der Basis einer europarechts- als auch einer verfassungsrechtskonformen Auslegung von § 611a BGB.

*ccc) Rechtsfolgen eines Verstoßes gegen § 611a Abs. 1 BGB*

In § 611a Abs. 2 bis 5 BGB sind die Folgen einer Verletzung des Benachteiligungsverbots aus Abs. 1 geregelt: Dabei sieht § 611a Abs. 2 BGB im Hinblick auf die unterbliebene Begründung eines Arbeitsverhältnisses aufgrund einer geschlechtsbedingten Benachteiligung für den oder die Bewerber/in eine angemessene Entschädigung in Geld vor, wobei ein Anspruch auf die Begründung eines Arbeitsverhältnisses ausgeschlossen ist. Nach § 611a Abs. 3 BGB hat auch der Bewerber einen Anspruch auf angemessene Entschädigung in Höhe von höchstens drei Monatsverdiensten, der auch im Rahmen einer benachteiligungsfreien Auswahl nicht eingestellt worden wäre. In § 611a Abs. 3 S. 2 BGB gilt schließlich als Monatsverdienst das, was dem oder der Bewerber/in bei regelmäßiger Arbeitszeit in dem Monat, in dem das Arbeitsverhältnis hätte begründet werden sollen, an Geld- und Sachbezügen zugestanden hätte. Absatz 4 regelt darüber hinaus die Frist für die schriftliche Geltendmachung von Ansprüchen aus den Absätzen 2 und 3, die mit dem Zugang der ablehnenden Bewerbung beginnt. Diese Frist beträgt mindestens zwei Monate im Fall einer vom angestrebten Arbeitsverhältnis vorgesehenen Ausschlußfrist für eventuelle Schadensersatzansprüche; ist eine solche Frist nicht bestimmt, beträgt sie sechs Monate. § 611a Abs. 5 BGB stellt im übrigen klar, daß die Absätze 2 bis 4 der Vorschrift auch für den beruflichen Aufstieg gelten, sofern auf den Aufstieg kein Anspruch besteht.

---

2191 EuGH v. 28.03.2000, Slg. 2000, S. 1902 Rn. 31 f. Rs. C-158/97 Badeck u.a./Hess. Ministerpräsident

Die Sanktionsregelung des § 611a BGB war bereits einer ganzen Reihe von Änderungen ausgesetzt, denn in seiner ursprünglichen Fassung beinhaltete der mit dem arbeitsrechtlichen EG-Anpassungsgesetz eingeführte § 611a Abs. 2 BGB lediglich einen Schadensersatzanspruch, der sich auf den Ersatz des negativen Interesses (Vertrauensschaden) bezog und den wegen ihres Geschlechts diskriminierten Arbeitnehmer/innen nur den Ersatz ihrer Bewerbungskosten zugestand[2192]. Mit zwei Urteilen vom 10.04.1984 hatte der EuGH diese Beschränkung des Schadensersatzanspruchs auf den Vertrauensschaden als nicht ausreichend angesehen, denn die Richtlinie 76/207/EWG überlasse es zwar den Mitgliedstaaten, die Sanktionen für einen Verstoß gegen das Diskriminierungsverbot unter den verschiedenen Möglichkeiten auszuwählen, die geeignet seien, die Ziele der Gleichbehandlungsrichtlinie zu verwirklichen. Wenn sich ein Mitgliedstaat aber dafür entscheide, eine Entschädigung als Sanktion zu gewähren, so müsse diese zur Gewährleistung ihrer Wirksamkeit und abschreckenden Wirkung in einem angemessenen Verhältnis zum erlittenen Schaden stehen und folglich auch über einen rein symbolischen Schadensersatz, wie z.B. die bloße Erstattung der Bewerbungskosten, hinausgehen[2193]. Allerdings, so der EuGH in beiden Verfahren, sei es auch Sache der nationalen Gerichte, daß zur Durchführung der Gleichbehandlungsrichtlinie erlassene Gesetz unter voller Ausschöpfung des Beurteilungsspielraums, den ihnen das nationale Recht einräume, in Übereinstimmung mit den gemeinschaftsrechtlichen Anforderungen auszulegen und anzuwenden[2194].

Als Folge aus dieser Rechtsprechung entschied das BAG mit zwei Urteilen, daß der aufgrund seines Geschlechts abgewiesene Stellenbewerber in seinem Persönlichkeitsrecht verletzt sei und deshalb einen Schadensersatzanspruch aus § 823 Abs. 1 i.V.m. § 847 BGB in Höhe eines Monatsverdienstes habe[2195]. Dieser Anspruch komme neben § 611a Abs. 2 BGB zum Tragen und seine Höhe hänge im Einzelfall vom Grad des Verschuldens des Arbeitgebers ab[2196]. Aber auch diese beiden BAG-Entscheidungen hinterließen erhebliche Zweifel an ihrer Übereinstimmung mit den europarechtlichen Vorgaben zu einer wirklich effekti-

---

2192 Pfarr, BlfStSoz ArbR 1980, S. 17 (S. 19) sowie Bertelsmann/Pfarr, DB 1984, S. 1297 (S. 1298)
2193 EuGH v. 10.04.1984, Slg. 1984, S. 1891 (S. 1908 f.) Rs. 14/83 von Colson u. Kamann/Land Nordrhein-Westfalen; EuGH v. 10.04.1984, Slg. 1984, S. 1921 (S. 1941 ff.) Rs. 79/83 Harz/Deutsche Tradax GmbH
2194 EuGH v. 10.04.1984, S. 1909 von Colson u. Kamann/Land Nordrhein-Westfalen; EuGH v. 10.04. 1984, S. 1942 f. Harz/Deutsche Tradax GmbH
2195 BAG v. 14.03.1989, AP Nr. 5 und Nr. 6 zu § 611a BGB = NJW 1990, S. 65 und S. 67
2196 Ebenda

ven Sanktion für geschlechtsbedingte Diskriminierungen, da aufgrund des Verschuldenserfordernisses an den Arbeitgeber ein Schadensersatzanspruch in „leichten Diskriminierungsfällen" u.U. sogar ganz entfallen konnte[2197].

In der Entscheidung Dekker/Stichting Vormingscentrum voor Jong Volwassenen hatte der EuGH schließlich klargestellt, daß es für einen Schadensersatzanspruch im Fall einer zivilrechtlichen Sanktion für geschlechtsbedingte Diskriminierungen nicht auf ein Verschulden des Arbeitgebers ankomme, da sich dieser anderenfalls unter Berufung auf etwaige Entlastungsgründe des nationalen Rechts seiner Schadensersatzpflicht entziehen könnte[2198]. Von nicht zu unterschätzender Bedeutung für die Sanktionsregelung in § 611a Abs. 2 BGB a.F. war darüber hinaus das Urteil Marshall/Southampton and South Hampshire Area Health Authority (Marshall II), indem der EuGH feststellte, daß eine im voraus festgelegte Obergrenze für Schadensersatzansprüche nicht mit Art. 6 der Richtlinie 76/207/EWG (a.F.) im Einklang stände, denn die Höhe des Schadensersatzes müsse sich in einem angemessenen Verhältnis zum tatsächlich entstandenen Schaden bewegen[2199].

Diesen Anforderungen an die Effektivität der Schadensersatzregelung versuchte der deutsche Gesetzgeber mit dem Vorläufer des 2. BGleiG zu entsprechen, das zwar in der Hauptsache als „Exklusivgesetz für Bundesbedienstete"[2200] fungierte, jedoch auch die Entschädigungsregelung des § 611a Abs. 2 BGB auf maximal drei Monatsverdienste bei unterbliebenen Einstellungen oder Beförderungen wegen einer geschlechtsbezogenen Diskriminierung neufaßte. Eine weitere Begrenzung des Entschädigungsanspruchs wurde in § 61b Abs. 2 S. 1 ArbGG verankert, demzufolge bei mehreren diskriminierten Bewerber/innen bei der Begründung eines Arbeitsverhältnisses auf Antrag des Arbeitgebers die Summe der Entschädigung auf insgesamt sechs Monatsverdienste oder bei mehreren parallel zueinander ausgeschriebenen Stellen auf maximal zwölf Monatsverdienste beschränkt wurde. Die wegen ihres Geschlechts benachteiligten Bewerber/innen konnten demnach nur eine anteilige Entschädigung verlangen[2201].

Daß die in § 611a Abs. 2 BGB und § 61b ArbGG festgeschriebene Obergrenze für Schadensersatzansprüche vor dem Hintergrund des Marshall II-Ur-

---

2197 Vgl. Schiek, Europäisches Arbeitsrecht, S. 205 sowie Worzalla, NJW 1997, S. 1809
2198 EuGH v. 08.11.1990, Slg. 1990, S. 3941 (S. 3976) Rs. C-177/88
2199 EuGH v. 02.08.1993, Slg. 1993, S. 4367 (S. 4408 f.) Rs. C-271/91
2200 So Schiek, Streit 1995, S. 3 zum Gesetz zur Förderung von Frauen und der Vereinbarkeit von Familie und Beruf in der Bundesverwaltung und den Gerichten des Bundes v. 24.06.1994, BGBl. I S. 1406
2201 So auch Schiek, Streit 1995, S. 3 (S. 4)

teils des EuGH schon bei ihrem Inkrafttreten zweifelhaft war[2202], bedarf kaum weiterer Erörterung. Der EuGH hat auf ein diesbezügliches Vorabentscheidungsersuchen des Arbeitsgerichts Hamburg vom 22.05.1995[2203] in der Rechtssache Draehmpaehl/Urania Immobilienservice OHG entschieden, daß die generelle Höchstgrenze des Schadensersatzanspruchs aus § 611a Abs. 2 BGB und § 61b ArbGG nicht mit der Richtlinie 76/207/EWG (a.F.) zu vereinbaren sei[2204]. Die Obergrenze von insgesamt drei Monatsverdiensten aus § 611a Abs. 2 BGB sei lediglich für den Bewerber gerechtfertigt, der auch bei einer diskriminierungsfreien Auswahl den Arbeitsplatz nicht erhalten hätte[2205]. Die kumulative Höchstgrenze aus § 61b Abs. 2 ArbGG wies das Gericht mit Hinweis auf die von der Gleichbehandlungsrichtlinie aufgestellten Erfordernisse an einen tatsächlichen und wirksamen Rechtsschutz sowie die wirklich abschreckende Wirkung der Sanktion gegenüber dem Arbeitgeber zurück[2206]. Schließlich erklärte der EuGH auch, daß die Abhängigkeit des Schadensersatzanspruchs vom Verschulden des Arbeitgebers als Verstoß gegen die Gleichbehandlungsrichtlinie zu bewerten sei, der auch nicht durch das Argument entkräftet werden könnte, daß der Verschuldensnachweis relativ leicht zu erbringen sei, weil das deutsche Haftungsrecht sich sowohl auf vorsätzliche als auch auf fahrlässige Handlungen des Arbeitgebers erstrecke[2207].

Die vom EuGH vorgenommene Differenzierung im Hinblick auf die Höhe der Entschädigung nach dem bestqualifiziertesten Bewerber, der die Stelle im Rahmen einer diskriminierungsfreien Auswahlentscheidung erhalten hätte (keine Höchstgrenze) und dem Bewerber der nicht ausgewählt worden wäre (Höchstgrenze drei Monatsgehälter), wurde in der Literatur überwiegend als gerechtfertigt angesehen. Wendeling-Schröder hielt diese Unterscheidung unter dem Gesichtspunkt einer weniger gravierenden Persönlichkeitsrechtsverletzung des geringer qualifizierten Bewerbers, dessen Bewerbung ohnehin aussichtslos war, für sachlich gerechtfertigt[2208].

Oetker bezweifelte zwar den Ausschluß einer haftungsrechtlichen Obergrenze für den bestqualifiziertesten Bewerber angesichts der kurzen Kündigungsfrist während der Probezeit von sechs Monaten, befürwortete jedoch im Ergebnis die

---

2202 Worzalla, S. 1810
2203 AuR 1995, S. 286 mit Anmerkung Bertelsmann, AuR 1995, S. 287 f.
2204 EuGH v. 22.04.1997, Slg. 1997, S. 2195 (S. 2224 f.) Rs. C-180/95
2205 EuGH v. 22.04.1997, S. 2224
2206 EuGH v. 22.04.1997, S. 2225
2207 EuGH v. 22.04.1997, S. 2220
2208 Wendeling-Schröder, S. 1013

EuGH-Aussagen zur Reduktionsklausel des § 61b ArbGG und der Obergrenze von drei Monatsgehältern für den weniger qualifizierten Bewerber[2209].

Auch Germelmann/Matthes/Prütting weisen darauf hin, daß mit der im Draehmpaehl-Urteil festgestellten Gemeinschaftsrechtswidrigkeit der Vorschrift des § 61b ArbGG nunmehr die Zusammenfügung mehrerer Schadensersatzklagen überflüssig geworden ist, da jeder Anspruch ohne Schaffung einer Schadensersatzobergrenze zu beurteilen ist[2210]. Insgesamt ist mit der Draehmpaehl-Entscheidung des EuGH auch klargestellt worden, daß der Kreis der Geschädigten aufgrund einer geschlechtsbedingten Diskriminierung des Arbeitgebers nicht allein auf den Bestqualifiziertesten zu beschränken ist, sondern vielmehr jeden Bewerber oder Bewerberin des diskriminierten Geschlechts erfaßt, sofern er oder sie nicht von vorneherein für die jeweilige Stelle vollkommen ungeeignet ist[2211].

Im Zuge der Draehmpaehl-Entscheidung war der deutsche Gesetzgeber wiederum aufgerufen, die beiden in Rede stehenden Vorschriften zu ändern und gemeinschaftsrechtskonform auszugestalten[2212]. Mit Gesetz zur Änderung des Bürgerlichen Gesetzbuches und des Arbeitsgerichtsgesetzes vom 29.06.1998[2213] hat der Gesetzgeber dem Draehmpaehl-Urteil des EuGH Rechnung getragen und eine insoweit abschließende Regelung geschaffen, die sich nicht nur auf Einstellungen als zentrale Sanktionsnorm bezieht, sondern gleichermaßen für geschlechtsbezogene Diskriminierungen beim beruflichen Aufstieg gilt[2214]. Das bedeutet, daß mögliche Ansprüche auf Ersatz des materiellen Schadens, z.B. aus § 823 Abs. 2 i.V.m. § 611a BGB als Schutzgesetz und/oder immaterielle Ansprüche aus § 823 Abs. 1, § 847 BGB wegen Verletzung des allgemeinen Persönlichkeitsrechts, die ansonsten unter der Voraussetzung des arbeitgeberseitigen Verschuldens noch geltend gemacht werden könnten, nunmehr ausgeschlossen sind[2215].

Fraglich ist, welcher Art und welchen Umfangs die Entschädigung für den bestqualifiziertesten Bewerber ist, auf den § 611a Abs. 2 BGB zur Anwendung kommt und welche Unterschiede zur Entschädigungsregelung des § 611a Abs. 3

---

2209 Oetker, Anm. zu EuGH v. 22.04.1997, ZiP 1997, S. 802 (S. 803)
2210 Germelmann/Matthes/Prütting, Arbeitsgerichtsgesetz, Kommentar, 3. Aufl. 1999, § 61b Rn. 2
2211 Zwanziger, DB 1998, S. 1330 f., begründet dies hier mit der Entstehungsgeschichte des § 611a BGB a.F., der auch in der Neufassung die Formulierung „**der** benachteiligte Bewerber" und nicht „**ein** benachteiligter Bewerber" gebraucht, (Hervorhebung der Verf.)
2212 Zu der Entwicklung der Neufassung Freis, NJW 1998, S. 2779 (S. 2781 f.) sowie Schoden, AiB 1998, S. 121 (S. 122 f.); Kocher, AuR 1998, S. 221 ff.
2213 BGBl. I, S. 1694; vgl. § 611a Abs. 5 BGB
2214 Zwanziger, S. 1331
2215 Wendeling-Schröder, S. 1014; vgl. auch Zwanziger, S. 1331

BGB zu sehen sind, der auf die wegen ihres Geschlechts benachteiligten Bewerber/innen bezogen ist, die den Arbeitsplatz auch bei einer diskriminierungsfreien Auswahl nicht erhalten hätten. § 611a Abs. 2 BGB beinhaltet keine konkrete Aussage zur Höhe der Entschädigung – der zu ersetzende Schaden soll angemessen sein. Daraus folgt eine Pauschalisierung der Entschädigungshöhe, die für die Arbeitsgerichtsbarkeit nicht nur einen Wertungsspielraum eröffnet, sondern auch den diskriminierten Bewerber von der Notwendigkeit entbindet, seinen Schaden genau zu beziffern[2216]. Ist mit dem Begriff der Entschädigung im BGB im Gegensatz zum Begriff des Schadensersatzes regelmäßig die Schadloshaltung in Geld und nicht die Naturalrestitution (hier der Einstellungs- oder Beförderungsanspruch) gemeint, der außerdem materielle und immaterielle Schadenselemente enthält[2217], kann der abgewiesene Bewerber sowohl seinen materiellen Schaden als auch seinen immateriellen Schaden geltend machen[2218]. Ein Einstellungs- oder Beförderungsanspruch ist nach § 611a Abs. 2 2. Halbsatz BGB, der gemäß § 611a Abs. 5 BGB auch für beruflichen Aufstieg Geltung beansprucht, ausgeschlossen[2219]. Über die arbeitsrechtliche Konkurrentenklage von Arbeitnehmer/innen im öffentlichen Dienst kann im Vorfeld der Einstellung oder Beförderung des ausgewählten Bewerbers sehr wohl ein Anspruch auf Einstellung und beruflichen Aufstieg erzwungen werden, sofern der oder die abgewiesene Bewerber/in unter dem Gesichtspunkt des Leistungsprinzips (Art. 33 Abs. 2 GG) der Bestqualifizierteste[2220] war. Ist darüber hinaus in dem jeweiligen Bundesland im Rahmen eines Frauenförder- oder Gleichstellungsgesetzes eine leistungsabhängige Vorrangregelung mit Härtefallklausel vorgesehen, die bei gleicher bzw. gleichwertiger Qualifikation der Bewerberin einen Anspruch auf Einstellung oder Beförderung vermittelt, wenn die weiteren Voraussetzungen der Vorrangregelung wie die Unterrepräsentation von Frauen in dem Bereich der ausgeschriebenen Stelle und keine Härtegründe in der Person des männlichen Mitbewerber gegebenen sind[2221], erstreckt sich der Einstellungs- und Beförderungsan-

---

2216 Wendeling-Schröder, S. 1014 sowie Treber, NZA 1998, S. 856 (S. 858)
2217 So Wendeling-Schröder, S. 1014
2218 Treber, S. 858; in bezug auf den materiellen Schaden Zwanziger, S. 1331
2219 Zur Kritik Kocher, S. 223; Freis, S. 2782 nimmt Bezug auf den im Gesetzgebungsverfahren abgelehnten Gesetzentwurf der SPD-Fraktion im Bundestag hin, der über das EuGH-Judikat in der Rechtssache Draehmpaehl einen Einstellungs- oder Beförderungsanspruch oder den Anspruch auf eine angemessene Entschädigung in Geld vorgesehen hatte
2220 Auf diese Ausnahme für den öffentlichen Dienst weist auch Schaub, § 165 Rn. 17 hin
2221 Für den individuellen Anspruch auf Einstellung oder Beförderung auf der Basis der leistungsabhängigen Vorrangregelung auch Schiek, Anm. zu BAG v. 05.03. 1996, AP Nr. 226 zu Art. 3 GG

spruch nicht nur auf die qualifizierteste Bewerberin, für die das Auswahlermessen des öffentlichen Arbeitgebers bedingt durch das Leistungsprinzip ohnehin auf Null reduziert ist, sondern auch auf die gleich qualifizierte Bewerberin. Dies steht eindeutig im Widerspruch zu § 611a Abs. 2 BGB, der einerseits lediglich den bestqualifiziertesten Bewerber im Blickfeld hat, andererseits ausdrücklich einen Anspruch auf Einstellung verneint. Da die entsprechenden Regelungen der Frauenförder- und Gleichstellungsgesetze der Länder aber dem öffentlichen Dienstrecht zuzurechnen sind, für die der Bund nur eine Rahmenkompetenz hat[2222], gehen diese landesgesetzlichen Bestimmungen als lex specialis dem § 611a BGB als Bundesrecht vor[2223]. Das bedeutet im Ergebnis für § 611a Abs. 2 BGB im öffentlichen Dienst, daß er lediglich dann zum Tragen kommt, wenn bereits der ausgewählte Bewerber eingestellt und befördert worden ist und damit eine Rechtsschutzklappe im Hinblick auf den Einstellungs- oder Beförderungsanspruch gefallen ist. Die bestqualifizierteste Bewerberin kann in der Folge nur noch einen Entschädigungsanspruch auf Ersatz des materiellen und immateriellen Schadens geltend machen.

Über die Höhe des Anspruchs, über den § 611a Abs. 2 BGB keine Aussage getroffen hat, besteht allerdings in der Literatur keine Einigkeit: Wendeling-Schröder macht geltend, daß vor allen Dingen aus praktischen Erwägungen heraus ein Bedürfnis nach einer Obergrenze des Entschädigungsanspruchs besteht, da unter Umständen eine finanzielle Überforderung für den Arbeitgeber daraus resultiert, daß er sich einer Vielzahl von abgelehnten Bewerbern und Bewerberinnen gegenübersieht[2224]. Zwanziger stellt ebenfalls die wirtschaftliche Belastung des Arbeitgebers bei der Bemessung der Entschädigung in Rechnung und schlägt konkretisierend ein System von „Einsatzwerten" vor, demnach die bestqualifizierteste Person vier Bruttomonatsverdienste im Hinblick auf die unterbliebene Einstellung und hinsichtlich einer abgelehnten Beförderung zwei Bruttomonatsgehälter verlangen können sollte[2225]. Oetker ist der Auffassung, daß ein Schaden von mehr als drei Monatsgehältern vor dem Hintergrund der kündigungsrechtlichen Stellung des Bewerbers in der Probezeit, für den die kurze Kündigungsfrist des § 622 Abs. 1 BGB anwendbar ist, kaum eine Berechtigung habe[2226].

---

2222 Vgl. Art. 75 Abs. 1 Nr. 1GG
2223 Pieroth in Jarass/Pieroth, Art. 74 Rn. 29 sowie Benda, S. 216 ff.
2224 Wendeling-Schröder, S. 1014
2225 Zwanziger, S. 1331
2226 Oetker, S. 803

Die von Schiek[2227] und Zwanziger[2228] empfohlene analoge Anwendung der §§ 9 und 10 KSchG auf die Bemessung der Entschädigungshöhe, die nach § 10 Abs. 1 KSchG bis zu zwölf Monatsverdienste umfassen kann[2229] und für den entstandenen materiellen Schaden auch von Kocher bejaht wird[2230], vermag insbesondere deshalb zu überzeugen, weil sie der Vermeidung dient, daß auf Dauer ein Entgelt aus einem Arbeitsverhältnis zu zahlen ist, das keine Beschäftigung der Arbeitsperson zur Folge hat, weil diese konkret nicht zumutbar ist[2231] bzw. in Übertragung auf den öffentlichen Dienst durch die tatsächlich erfolgte Einstellung oder Beförderung eines anderen Bewerbers unmöglich geworden ist. Hinzu kommt, daß die vom EuGH schon 1984 geforderte Effektivität der von den Mitgliedstaaten getroffenen Sanktionsregelung kaum bestreitbar ist und darüber hinaus gleichzeitig Raum für arbeitsgerichtliche Abwägungen zur Schwere des Verstoßes gegen das Benachteiligungsverbot mit Auswirkungen auf die Höhe der Entschädigung bietet[2232]. Dies widerspricht auch nicht der Möglichkeit, daß die Arbeitsgerichtsbarkeit eigene Maßstäbe entwickeln kann, die Entschädigung gegebenenfalls an Gesichtspunkten wie dem Alter, der Mobilität, der Qualifikation, Verfügbarkeit ähnlicher Arbeitsplätze oder etwa Unterhaltspflichten[2233] auszurichten.

Für den immateriellen Schaden, der neben den materiellen Schaden des am besten qualifizierten Bewerbers tritt, sieht insbesondere Wendling-Schröder eine Orientierungsmöglichkeit in der Höchstgrenze von drei Monatsverdiensten aus § 611a Abs. 3 BGB, der für die Bewerber/innen zur Anwendung kommt, die den Arbeitsplatz auch bei einer diskriminierungsfreien Auswahl des Arbeitgebers nicht erhalten hätten[2234]. In dieselbe Richtung geht auch Treber, wenn er den Ausgleich immaterieller Nachteile vor allem auf die übrigen abgelehnten Bewerber/innen zuschneidet und demnach § 611a Abs. 3 BGB im Blickfeld hat[2235].

---

2227 Schiek, BB 1998, S. 586
2228 Zwanziger, S. 1331
2229 Zur alten Rechtslage Bertelsmann/Pfarr, DB 1984, S. 1297 (S. 1299 f.); Zuleeg, RdA 1984, S. 325 (S. 331 f.)
2230 Kocher, S. 223; a.A. Treber, S. 858, der auf die anders gelagerte Funktion von §§ 9, 10 KSchG hinweist, da anderenfalls die Vermutung naheläge, daß der Arbeitgeber den zustande gekommenen Arbeitsvertrag gekündigt hätte; Wendeling-Schröder, S. 1915 f., hält dem Ansatz aus §§ 9, 10 KSchG entgegen, daß er in der Hauptsache Vergangenheitsbezug aufweist und den Verlust des Arbeitsplatzes und nicht dessen verfehlte Erlangung regelt
2231 Bertelmann/Pfarr, DB 1984, S. 1297 (S. 1300)
2232 Zuleeg, S. 331 sowie Bertelsmann/Pfarr, S. 1300
2233 Wendling-Schröder, S. 1016; Treber, S. 858
2234 Wendling-Schröder, S. 1016
2235 Treber, S. 858

Dem hält Kocher unter Bezugnahme auf die Schlußanträge des Generalanwalts Léger im Verfahren Draehmpaehl/Urania Immobilienservice OHG vom 14.01.1997[2236] entgegen, daß eine solche Höchstbegrenzung nicht nur zu wenig richterlichen Ermessensspielraum beläßt, sondern auch dem Stellenwert der betroffenen Grundrechte, hier Art. 3 Abs. 2 und Art. 2 Abs. 1 GG nicht mehr gerecht zu werden vermag[2237]. An dieser Stelle ist der EuGH jedoch nicht seinem Generalanwalt gefolgt. Vielmehr hat er ausdrücklich die Zulässigkeit einer Höchstgrenze von drei Monatsgehältern für die Bewerber/innen bestätigt, die die ausgeschriebene Stelle wegen ihrer geringeren Qualifikation nicht erhalten hätten[2238].

Vor dem Hintergrund, daß sich der deutsche Gesetzgeber im Anschluß an das Draehmpeahl-Urteil tatsächlich um Gemeinschaftsrechtskonformität der Entschädigungsregelung in § 611a Abs. 2 und 3 BGB bemüht hat, ist die Obergrenze von drei Monatsverdiensten für die übrigen Bewerber/innen nicht zu beanstanden, auch wenn die Möglichkeit bestanden hätte, für diese Bewerbergruppe ebenfalls die Höhe der Entschädigung offen zu lassen. Immerhin ist hier in Rechnung zu stellen, daß ein Gesetz grundsätzlich einen politischen Kompromiß beinhaltet[2239] und die Umsetzung, zumindest was die Sanktion eines Verstoßes gegen das Benachteiligungsverbot in § 611a Abs. 1 BGB bei Einstellungen und den beruflichen Aufstieg angeht, klar am EuGH-Judikat ausgerichtet ist. Ob eine nach oben hin offene Entschädigungsregelung sowohl für den bestqualifiziertesten als auch die anderen Bewerber/innen im Hinblick auf die Durchsetzung der faktischen Gleichberechtigung der Geschlechter aus Art. 3 Abs. 2 GG wünschenswert gewesen wäre, kann deshalb dahingestellt bleiben. Festzuhalten ist demnach, daß für die bestqualifizierteste Bewerberin im öffentlichen Dienst, die keinen Einstellungs- oder Beförderungsanspruch mehr geltend machen kann, weil der ausgewählte Bewerber bereits eingestellt bzw. befördert wurde, eine Kombination der Entschädigung aus materiellen und immateriellen Elementen gegeben ist. Für die übrigen Bewerber/innen verbleibt es bei dem Ersatz ihres immateriellen Schadens aus § 611a Abs. 3 BGB, der maximal drei Monatsgehälter umfassen kann. Materielles Element ihrer Entschädigung kann lediglich der Ersatz ihrer nutzlosen Aufwendungen sein, sprich die Bewerbungskosten, da sie den Arbeitsplatz auch bei einer diskriminierungsfreien Auswahl ohnehin nicht erhalten hätten[2240].

---

2236 Slg. 1997, S. 2198 (S. 2205) Rs. C-180/95, GA Léger hatte eine Differenzierung zwischen bestqualifiziertesten und anderen Bewerbern abgelehnt
2237 Kocher, S. 223
2238 EuGH v. 22.04.1997, a.a.O., S. 2224 Draehmpaehl/Urania Immobilienservice
2239 So auch Freis, S. 2782
2240 Im Ergebnis genauso Wendeling-Schröder, S. 1016 f.

Bestätigt wird dies inzwischen durch die Änderungsrichtlinie 2002/73/EG vom 23.09.2002 zur Änderung der Gleichbehandlungsrichtlinie 76/207/EWG[2241], in der der Europäische Gesetzgeber u.a. das Draehmpaehl-Urteil des EuGH aufgegriffen und im 18. Erwägungsgrund noch einmal betont hat, daß die tatsächliche Verwirklichung des Gleichbehandlungsgrundsatzes nur dann gewährleistet werden kann, wenn Diskriminierungsopfer auch einen Anspruch auf eine angemessene Entschädigung haben. Eine im voraus festgelegte Höchstgrenze kann einer effektiven Entschädigung deshalb entgegenstehen.

Dementsprechend sieht der durch die Änderungsrichtlinie neugefaßte Art. 6 Abs. 2 vor, daß die Mitgliedstaaten die erforderlichen Maßnahmen zu ergreifen haben, um sicherzustellen, daß der durch eine geschlechtsbedingte Diskriminierung entstandene Schaden tatsächlich und wirksam ausgeglichen oder ersetzt wird, wobei die Art und Weise des angemessenen Ausgleichs bzw. Entschädigung abschreckend sein muß. Eine im voraus festgelegte Höchstgrenze ist nur dann zulässig, wenn der Arbeitgeber beweisen kann, daß der Schaden des diskriminierten Bewerbers allein darin besteht, daß seine Bewerbung nicht berücksichtigt wurde. Dem entspricht auch § 611a Abs. 2 und 3 BGB.

*bb) § 611b BGB*

Nach § 611b BGB darf der Arbeitgeber einen Arbeitsplatz weder öffentlich noch innerhalb des Betriebes nur für Männern oder nur für Frauen ausschreiben, es sei denn, daß ein Fall des § 611a Abs. 1 S. 2 BGB vorliegt.

Diese sowohl für den privaten als auch für den öffentlichen Arbeitgeber[2242] geltende zwingende geschlechtsneutrale Stellenausschreibungspflicht[2243] wurde, wie § 611a BGB auch, mit dem Arbeitsrechtlichen EG-Anpassungsgesetz aus dem Jahr 1980 in das BGB eingefügt. In ihrer ursprünglichen Fassung war die Bestimmung als Soll-Vorschrift ausgestaltet, die jedoch erheblicher Kritik ausgesetzt war[2244] und im Zusammenhang mit dem von der Kommission gegen Deutschland eingeleiteten Vertragsverletzungsverfahren zur ordnungsgemäßen Durchführung der Lohngleichheitsrichtlinie 75/117/EWG und der Gleichbehandlungsrichtlinie 76/207/EWG ebenfalls auf dem Prüfstand des Gemein-

---

2241 Vgl. ABl.EG Nr. L 269, S. 15 (S. 17)
2242 Raab in Soergel, § 611b Rn. 2
2243 Mauer, S. 1286
2244 Vgl. dazu Franke, BB 1981, S. 1221 ff. sowie Pabst/Slupik, ZRP 1984, S. 178 ff., die anhand einer Auswertung von 5000 Stellenanzeigen für juristische Berufe nachweisen, daß das als Soll-Vorschrift konzipierte Verbot der geschlechtsspezifischen Arbeitsplatzausschreibung als schwächster Teil des Arbeitsrechtlichen EG-Anpassungsgesetzes so gut wie keine Wirkung gehabt hat

schaftsrechts stand[2245]: Während der am Verfahren beteiligte Generalanwalt Mancini in seinen Schlußanträgen vom 26.02.1985 der Auffassung war, daß § 611b BGB a.F. dem Arbeitgeber bei der Formulierung der Stellenausschreibung ein weites Ermessen einräume, das sich im Widerspruch zur Zielsetzung der Richtlinie 76/207/EWG bewege, die verhindern wolle, daß der Grundsatz der Gleichbehandlung von Männern und Frauen im Wege der Ermessensausübung angewendet werde[2246], wies der EuGH die diesbezügliche Rüge der Kommission zurück. Das Gericht räumte zwar ein, daß die Frage der Arbeitsplatzausschreibungen nicht von vorneherein vom Anwendungsbereich der Richtlinie 76/207/EWG auszunehmen sei, da Ausschreibungen in einem engen Zusammenhang mit dem Zugang zur Beschäftigung ständen und sich auf den Zugang restriktiv auswirken könnten; allerdings stellte der EuGH auch klar, daß die Richtlinie keine mitgliedstaatliche Verpflichtung begründe, Rechtsvorschriften mit allgemeiner Geltung für die Ausschreibung von Arbeitsplätzen einzuführen[2247]. Vielmehr ging er davon aus, daß die volle Durchführung von Art. 9 Abs. 2 der Richtlinie 76/207/EWG (a.F.) zur Folge habe, daß auch auf dem Gebiet der Arbeitsplatzausschreibung die notwendige Transparenz geschaffen werde[2248]. Damit wurde § 611b BGB a.F. zu einer autonomen Rechtsnorm[2249] erklärt, dessen Sinn und Zweck, geschlechtsbezogene Diskriminierungen schon im Vorfeld der Arbeitsaufnahme zu vermeiden und auf diese Weise § 611a Abs. 1 S. 1 BGB zu ergänzen, die durch die Konzeption als Ermessensvorschrift nicht nur ein groteskes Bild arbeitgeberseitiger Verpflichtung vermittelte[2250], sondern darüber hinaus für privatautonomes Handeln auch keinen Sinn machte[2251]. Sie mußte deshalb lediglich als bloße Empfehlung an den Arbeitgeber verstanden werden, grundsätzlich geschlechtsneutral auszuschreiben[2252].

Mit dem Frauenfördergesetz des Bundes vom 24.06.1994[2253] wurde u.a. auch § 611b BGB von einer Soll- in eine Muß-Vorschrift umgewandelt, die sich als öffentlich-rechtliche Schutzvorschrift darstellt[2254]. Das Gebot der geschlechtsneutralen Stellenausschreibung hat eine Hilfsfunktion in bezug auf das Benachteiligungsverbot aus § 611a Abs. 1 S. 1 BGB, wobei das Bindeglied zu § 611a

---

2245 EuGH v. 21.05.1985, Slg. 1985, S. 1459 Rs. 248/83 Kommission/Deutschland
2246 GA Mancini, Slg. 1985, S. 1460 (S. 1472) Rs. 248/83 Kommission/Deutschland
2247 EuGH v. 21.05.1985, S. 1488
2248 EuGH v. 21.05.1985, S. 1488 Kommission/Deutschland
2249 Ebenda
2250 Franke, S. 1222 f.
2251 Darauf weisen Slupik/Holpner, RdA 1990, S. 24 (S. 25) hin, die den Sinn einer Soll-Vorschrift lediglich in ihrer Adressiertheit an Amtspersonen sehen
2252 Franke, S. 1223
2253 BGBl. I, S. 1406
2254 Putzo in Palandt, § 611b Rn. 2

BGB im 2. Halbsatz von § 611b BGB zu sehen ist, der inhaltlich an die Ausnahmeregelung von § 611a Abs. 1 S. 2 BGB anknüpft und den Arbeitgeber von seiner Verpflichtung zur geschlechtsneutralen Stellenausschreibung entbindet, wenn das Geschlecht unverzichtbare Voraussetzung für die auszuübende Tätigkeit ist[2255]. Im Gegensatz zu den Rechtsfolgen bei einem Verstoß gegen das Benachteiligungsverbot des § 611a Abs. 1 S. 1 BGB enthält § 611b BGB jedoch keine Sanktionsregelung. Allerdings kommt einem Verstoß gegen die geschlechtsneutrale Ausschreibungspflicht eine Indizwirkung im Hinblick auf die Einhaltung des Benachteiligungsverbots zu, denn der Nachweis, daß der Arbeitgeber nicht geschlechtsneutral ausgeschrieben hat, reicht regelmäßig aus, um die Beweislastumkehr i.S.v. § 611a Abs. 1 S. 3 BGB auszulösen[2256].

Als Sanktion kann die nunmehr durch den Charakter der Muß-Vorschrift verstärkte Indizwirkung aber kaum verstanden werden[2257]. Eine Rechtsfolge des § 611b BGB liegt gleichwohl in der Aktivierung der Interessenvertretung, denn nach § 80 Abs. 1 Nr. 1 BetrVG haben die Betriebsräte und gemäß § 68 Abs. 1 Nr. 2 BPersVG die Personalräte über die Durchführung von zugunsten der Arbeitnehmer/innen wirkenden Gesetzen zu wachen. Darüber hinaus sind die Betriebs- und Personalräte über § 80 Abs. 1 Nr. 2a BetrVG, § 68 Abs. 1 Nr. 5a BPersVG gehalten, die Durchsetzung der tatsächlichen Gleichberechtigung von Frauen und Männern, insbesondere bei der Einstellung, Beschäftigung, Aus-, Fort- und Weiterbildung sowie dem beruflichen Aufstieg zu fördern. Diese Regelungen stellen klar, daß die Betriebs- und Personalräte verpflichtet sind, gegen geschlechtsspezifische Stellenausschreibungen des Arbeitgebers vorzugehen[2258].

Hinsichtlich des hier interessierenden Bereichs des öffentlichen Dienstes ist der Personalrat folglich berechtigt, sich im Vorfeld einzelner Maßnahmen für eine gezielte Beförderungs- und Einstellungspolitik zur Verwirklichung der faktischen Gleichberechtigung der Geschlechter einzusetzen, die sich von der Aufgabenstellung her ebenfalls mit der Tätigkeit der Frauenbeauftragten deckt, so daß deshalb auch die Zusammenarbeit beider Institutionen sinnvoll und notwendig ist[2259]. So fällt auch die Überwachung der geschlechtsneutralen Ausschreibung von Stellen darunter. Nicht zuzustimmen ist an dieser Stelle der von Müller-Glöge und Raab vertretenen Ansicht, daß der Verstoß gegen die geschlechtsneutrale Stellenausschreibungspflicht kein Zustimmungsverweigerungsrecht des

---

2255 Müller-Glöge in MüKo, § 611b Rn. 2 sowie Franke, S. 1222
2256 Franke, S. 1223 sowie Raab in Soergel, § 611b Rn. 6; Papst/Slupik, S. 179
2257 Vgl. Mauer, S. 1286; a.A. Raab in Soergel, § 611b Rn. 6
2258 Raab in Soergel, § 611b Rn. 9
2259 Altvater u.a., BPersVG, Kommentar für die Praxis, 4. Aufl. 1996, § 68 Rn. 10b sowie Ilbertz/Widmaier, Bundespersonalvertretungsgesetz, Kommentar, 9. Aufl. 1999, § 68 Rn. 29a

Betriebs- und Personalrats nach § 99 Abs. 1 und 2 Nr. 1 BetrVG sowie § 77 Abs. 2 Nr. 1 BPersVG auslöst[2260], denn als Muß-Vorschrift ist § 611b BGB zwingendes Recht[2261]. Hinzu kommt, daß Personalräte aufgrund ihrer allgemeinen Aufgabe zur Überwachung der Einhaltung der gesetzlichen Vorschriften durch die Dienststellen, die hier in Verbindung mit dem Gebot der Förderung der tatsächlichen Gleichberechtigung der Geschlechter stehen (§ 68 Abs. 1 Nr. 2 i.V.m. § 68 Abs. 1 Nr. 5 BPersVG) auch die grundrechtlichen Vorgaben aus Art. 3 Abs. 2 GG im Sinne einer aktiven Frauenförderung umzusetzen haben. Wird weiterhin i.S.d. Maschinenschlosserinbeschluß des BVerfG in Rechnung gestellt, daß § 611a Abs. 1 BGB einen wirkungsvollen Schutz vor Diskriminierungen gewährleistet, wie ihn Art. 3 Abs. 2 GG erreichen will und sind aus diesem Grunde auch die der Einstellungsentscheidung vorangegangenen Verfahrensschritte beachtlich[2262], steht außer Frage, daß damit auch die geschlechtsneutrale Stellenausschreibungspflicht aus § 611b BGB erfaßt ist und der Personalrat seine Zustimmung bei einer personellen Maßnahme wegen der diskrimierenden Ausschreibung verweigern darf. Unabhängig davon ist die Sanktionslosigkeit einer Verletzung des § 611b BGB trotz der Umwandlung in eine Muß-Vorschrift in der Praxis wohl kaum mit größeren Auswirkungen verbunden[2263].

Genau wie § 8 Abs. 3 S. 1 BBG für Beamtenverhältnisse ist die Ausschreibung i.S.v. § 611b BGB geschlechtsneutral, wenn sie sich in ihrer gesamten Ausdrucksweise sowohl an Männer als auch an Frauen richtet, d.h., der Ausschreibungstext genügt dann den redaktionellen Anforderungen der Norm, wenn sie vom Text her so abgefaßt ist, daß sie Männer und Frauen anspricht[2264]. Im Unterschied zu § 8 Abs. 3 S. 2 und 3 BBG finden sich in § 611b GBG keine entsprechenden Vorgaben. Das bedeutet, daß mit Blick auf den Zusammenhang von Stellenausschreibungen und Frauenförderung die Arbeitsverhältnisse des öffentlichen Dienstes lediglich Mindestanforderungen im Ausschreibungstext genügen, nämlich der Geschlechtsneutralität. Die darüber hinausgehenden Vorgaben, ausdrücklich Frauen zu einer Bewerbung aufzufordern, um auf diese Weise das Bewerberpotential zu erhöhen und gleichzeitig größere Chancen auf die Auswahl einer geeigneten Frau zu haben, was gerade auch in den Bereichen weibli-

---

2260 Müller-Glöge in MüKo, § 611b Rn. 6, der geltend macht, daß die geschlechtsspezifische Stellenausschreibung keine Gesetzwidrigkeit der Einstellung oder Beförderung des ausgewählten Bewerbers hervorruft sowie Raab in Soergel, § 611b Rn. 10, der sich darauf beruft, daß der Gesetzesverstoß nicht die Einstellung bzw. tatsächliche Beschäftigung betrifft
2261 So auch Schiek, Streit 1995, S. 3 (S. 6); Pfarr, RdA 1995, S. 204 (S. 207)
2262 BVerfGE 89, S. 276 (S. 288)
2263 So auch die Einschätzung von Mittmann, NJW 1994, S. 3048 (S. 3049)
2264 Müller-Glöge in MüKo, § 611b Rn. 4 sowie Slupik/Holpner, S. 24

cher Unterrepräsentation angezeigt ist, gilt für die Arbeitsverhältnisse nicht. Allerdings sehen die meisten Frauenförder- und Gleichstellungsgesetze an dieser Stelle eine die Vorschrift des § 611b BGB flankierende Regelung vor, die § 8 Abs. 3 S. 2 und 3 BBG inhaltlich entspricht[2265]. Hinzuweisen ist jedoch darauf, daß einige der Frauenförder- und Gleichstellungsgesetze diese Flankierung des § 611b BGB nur als Soll-Vorschrift formuliert haben, wie etwa Thüringen und in nicht eindeutiger Weise wie Sachsen-Anhalt. Auch § 8 Abs. 1 S. 1 HGlG formuliert nach seiner Neufassung durch das Gesetz zur Beschleunigung von Entscheidungsprozessen innerhalb der öffentlichen Verwaltung Hessens[2266] die Einschränkung der grundsätzlich öffentlichen und dienststelleninternen Ausschreibung. Jedoch räumt eine Soll-Vorschrift Behörden lediglich ein stark eingeschränktes Ermessen ein, denn sie erlaubt Abweichungen nur in atypischen Fällen und stellt für den Regelfall grundsätzlich eine strikte Bindung her[2267]. Insoweit sind demnach auch die als Soll-Vorschriften gefaßten Regelungen der Frauenförder- und Gleichstellungsgesetze, die die geschlechtsneutrale Stellenausschreibungsverpflichtung aus § 611b BGB für den öffentlichen Arbeitgeber ergänzen, grundsätzlich bindend.

Im Ergebnis ist § 611b BGB eine Ergänzung des § 611a BGB, die bereits im Vorfeld der Einstellung und Beförderung einsetzt und letztlich auch einen Beitrag zur Effektivierung des Gleichberechtigungsgebots aus Art. 3 Abs. 2 GG leisten kann. In Verbindung mit den flankierenden Stellenausschreibungsregelungen der Frauenförder- und Gleichstellungsgesetze des Bundes und der Länder wird die Verpflichtung zur geschlechtsneutralen Stellenausschreibung für den öffentlichen Arbeitgeber mit einem explizit frauenfördernden Aspekt angereichert, indem Frauen besonders zur Bewerbung aufzufordern sind, was vor allen Dingen für die Bereiche des öffentlichen Dienstes gilt, in denen Frauen unterrepräsentiert sind. Aufgrund der festgestellten Sanktionslosigkeit von § 611b BGB, der lediglich zu einem Zustimmungsverweigerungsrecht des Personalrats nach § 77 Abs. 2 Nr. 1 BPersVG führen kann und eine Indizwirkung für die Verletzung des § 611a Abs. 1 S. 1 BGB mit der Folge der Beweislastumkehr[2268] hat, ist § 611b BGB nach wie vor als schwache Regelung zu bewerten. Ob damit

---

2265  Vgl. u.a. § 6 Abs. 1 2. GleiBG des Bundes, § 7 Abs. 1 LGlG Baden-Württemberg, Art. 7 Abs. 3 BayGlG, § 7 Abs. 4 S. 1 LGG Brandenburg, § 7 Abs. 1 LGG Bremen, § 7 Abs. 2 NGG, § 10 Abs. 1 LGG Rheinland-Pfalz, § 6 Abs. 1 FFG Sachsen, § 3 FrFG Sachsen-Anhalt, § 10 Abs. 5 Gesetz Nr. 1371 des Saarlandes, § 6 Abs. 1 GlG Thüringen
2266  GVBl. I, S. 338 v. 06.07.1999
2267  Slupik/Holpner, S. 25
2268  Vgl. § 611a Abs. 1 S. 3 BGB

diese Vorschrift aber über ihren appelativen Charakter hinauskommt, bleibt zweifelhaft.

*c) Zwischenergebnis*

Die gesetzlichen Grundlagen für die Frauenförderung im öffentlichen Dienst der BRD lassen sich auch als auf die Gesetzesebene heruntergezogenes und konkretisierendes Verfassungsrecht begreifen.

Für die Beamtenverhältnisse sind durch § 7 BRRG und § 8 Abs. 1 BBG das Leistungsprinzip aus Art. 33 Abs. 2 GG sowie das Gleichberechtigungsgebot des Art. 3 Abs. 2 und das Diskriminierungsverbot des Art. 3 Abs. 3 GG gesetzlich festgeschrieben worden. Klarstellend formuliert § 8 Abs. 1 S. 3 BBG nunmehr, daß dem insbesondere Quotenregelungen mit Einzelfallprüfung zur Förderung von Beamtinnen zur Durchsetzung der tatsächlichen Gleichstellung im Erwerbsleben nicht entgegenstehen.

Die in § 8 Abs. 1 S. 1 BBG verankerte Ermittlung der Beamten durch Stellenausschreibung fungiert als verfahrensrechtliche Gewährleistung der Verwirklichung des Leistungsprinzips – sie dient nicht nur dem Interesse der Bewerber auf Chancengleichheit, sondern auch dem öffentlichen Interesse an einer möglichst breiten Entscheidungsgrundlage für die Gewinnung der qualifiziertesten Beamten. Im Hinblick auf die Stellenausschreibung statuiert § 8 Abs. 3 BBG ergänzend eine Verpflichtung des Dienstherrn zur geschlechtsneutralen Ausschreibung der Beamtenstellen mit Ausnahme der Stellen, für die das Geschlecht unverzichtbare Voraussetzung ist. Diese Vorschrift dient in ihrer Gesamtheit der tatsächlichen Durchsetzung der Gleichberechtigung der Geschlechter i.S.v. Art. 3 Abs. 2 GG. Nach § 8 Abs. 3 S. 2 BBG darf der Ausschreibungstext nicht auf Personen eines Geschlechts zugeschnitten sein, so daß sich die Ausschreibung einer Stelle nicht ausschließlich an entsprechend qualifizierte Frauen (oder Männer) richten darf[2269].

Anders gelagert ist der Fall jedoch, wenn es um die Besetzung einer Frauenbeauftragtenposition geht: Das BVerfG hat in seinem Beschluß zur schleswigholsteinischen Gleichstellungsbeauftragten festgestellt, daß Frauen erfahrungsgemäß eher für eine solche Position in Betracht kämen als Männer[2270]. Die recht vagen Aussagen des BVerfG, die nicht ohne weiteres darauf schließen lassen, ob das BVerfG nun der Ansicht ist, daß das Geschlecht als unverzichtbare Voraus-

---

2269 VG Göttingen v. 23.05.1996, Nds.VBl. 1997, S. 46
2270 BVerfGE 91, S. 228 (S. 245); a.A. BAG v. 12.11.1998, NZA 1999, S. 371, daß das Geschlecht nicht als unverzichtbare Voraussetzung i.S.v. § 611a Abs. 1 S. 2 BGB für die Bestellung einer Gleichstellungsbeauftragten ansieht

setzung für die Tätigkeit einer Frauenbeauftragten einzustufen ist, sind jedoch vom LAG Berlin konkretisiert worden. Im Zusammenhang mit der geschlechtsspezifischen Ausschreibung einer Stelle als Frauenreferentin einer politischen Partei hat das Gericht ausgeführt, daß dieses mit § 611a Abs. 1 BGB zu vereinbaren ist, weil Männern regelmäßig die Fähigkeit zur Zusammenarbeit mit Frauen aus feministischen Zusammenhängen fehlt, die Männer beim Aufbau von Verbindungen und Kontakten als Gesprächspartner etc. grundsätzlich ablehnen[2271]. Dies ist durchaus auch auf die Arbeit einer Frauenbeauftragten übertragbar wobei selbst unter der Maßgabe, daß die vom BAG vertretene Meinung zutreffend wäre, die ausschließlich geschlechtsspezifische Besetzung mit einer Frau mit Art. 33 Abs. 2, Art. 3 Abs. 2 und 3 GG zu vereinbaren wäre.

Das geschlechtsbezogene Benachteiligungsverbot des § 611a Abs. 1 S. 1 BGB erfüllt für die Arbeitsverhältnisse des öffentlichen Dienstes grundrechtliche Schutzpflichten und ist im Lichte von Art. 3 Abs. 2 GG anzuwenden – hier gilt ebenfalls das Leistungsprinzip aus Art. 33 Abs. 2 GG, so daß § 611a Abs. 1 BGB auch als „Zivilrecht" gewordener Art. 33 Abs. 2 GG[2272] bezeichnet werden kann.

§ 611a Abs. 2 und 3 BGB sehen im Fall eines Verstoßes gegen das Benachteiligungsverbot eine Entschädigungsregelung vor, die zum einen nach dem Bewerber differenziert, der die Stelle bei einer diskriminierungsfreien Auswahl erhalten hätte und dem sowohl der materielle Schaden als auch der immaterielle in angemessener Höhe zu ersetzen ist. Zum anderen legt § 611a Abs. 3 BGB eine Höchstgrenze der Entschädigung von maximal drei Monatsgehältern für die Bewerber/innen fest, die den Arbeitsplatz ohnehin aufgrund einer geringeren Qualifikation nicht bekommen hätte. Mit dieser Neuregelung aus dem Jahr 1998 hat der deutsche Gesetzgeber insbesondere die Entscheidung des EuGH Draehmpaehl/Urania Immobilienservice OHG umgesetzt, die auch in der Änderungsrichtlinie 2002/73/EG zur Änderung der Richtlinie 76/207/EWG vom 23.09. 2002 ihren Ausdruck gefunden hat.

Der aus § 611a Abs. 2 2. Halbsatz BGB folgende Ausschluß der Einstellung oder Beförderung für den bestqualifiziertesten Bewerber beansprucht im öffentlichen Dienst jedoch nur dann Geltung, wenn der oder die ausgewählte Bewerber/in bereits eingestellt oder befördert worden ist, da im Vorfeld über die arbeitsrechtliche Konkurrentenklage die Einstellung bzw. Beförderung erzwungen werden kann. Ist in dem jeweiligen Bundesland innerhalb des Frauenförder- oder Gleichstellungsgesetzes eine leistungsabhängige Vorrangregelung mit Härtefallklausel enthalten, können gleich qualifizierte Frauen bei Vorliegen der weiteren

---

2271 LAG Berlin v. 14.01.1998, NZA 1998, S. 312
2272 Herrmann, S. 28 ff.

Voraussetzungen einen Anspruch auf Einstellung oder Beförderung haben – der Grund hierfür liegt darin, daß dem Bund im öffentlichen Dienstrecht nur eine Rahmenkompetenz zukommt[2273] und deshalb die landesrechtlichen Vorschriften als lex specialis vorgehen.

Frauenfördernde Maßnahmen wie die geschlechtsspezifisch wirkenden leistungsabhängigen Vorrangregelungen mit Härtefallklausel, Zielvorgaben im Rahmen eines Frauenförderplanes sowie Regelungen zum Auswahlverfahren, die Frauen begünstigen oder Auswahlkriterien, die trotz geschlechtsneutraler Formulierung eher Frauen als Männern zugute kommen, dienen der Herstellung einer materiellen Gleichheit der Geschlechter und helfen, in der sozialen Wirklichkeit existierende faktische Ungleichheiten zu beseitigen, die durch die bloße Gewährleistung und Einhaltung formaler Gleichheit im und durch das Recht nicht erreicht werden kann. Da die § 7 BRRG, § 8 Abs. 1 und 3 BBG sowie §§ 611a und 611b BGB einfachgesetzliche Ausprägungen und Umsetzungen der Art. 33 Abs. 2, 3 Abs. 2 und 3 GG sind und die Frauenförderung in der Staatszielbestimmung des Art. 3 Abs. 2 S. 2 GG ausdrücklich festgeschrieben ist, sind diese gesetzlichen Normen insgesamt im Lichte der grundgesetzlichen Bestimmungen zu sehen mit der Konsequenz der Zulässigkeit der genannten spezifischen Frauenfördermaßnahmen.

## 3. Zwischenergebnis

Im sehr umfangreichen Komplex der Rechtsgrundlagen der Frauenförderung im deutschen und europäischen öffentlichen Dienst konnte gezeigt werden, daß sowohl auf Gemeinschaftsebene als auch im deutschen Rechtsraum ein Grundrecht auf Gleichberechtigung bzw. Gleichbehandlung der Geschlechter besteht, dessen Inhalt und Auslegung entscheidend für die Reichweite von Frauenförderung in beiden öffentlichen Diensten ist.

### 3.1. Zusammenfassung der europäischen Rechtsgrundlagen

Bedingt durch das bisherige Fehlen eines Grundrechtskatalogs hat der EuGH insbesondere in den siebziger Jahren damit begonnen, europäische Grundrechte in Form allgemeiner Rechtsgrundsätze zu entwickeln, so auch den allgemeinen Rechtsgrundsatz der Gleichbehandlung der Geschlechter, der ebenfalls den spezielleren arbeitsrechtlichen Rechtsgrundsatz der Geschlechtergleichbehandlung

---

[2273] Vgl. Art. 75 Abs. 1 Nr. 1 GG

beinhaltet. Als Rechtserkenntnisquellen für die Bildung dieses Rechtsgrundsatzes verwendet der EuGH über Art. 6 Abs. 2 EUV nicht nur die EMRK und die gemeinsamen Verfassungsüberlieferungen der Mitgliedstaaten, sondern auch den EGV, daß verbindliche Sekundärrecht der Richtlinien und das unverbindliche Sekundärrecht der Aktionsprogramme und Empfehlungen des Rates an die Mitgliedstaaten. Hinzu kommen noch die ESC und die Gemeinschaftscharta der sozialen Grundrechte der Arbeitnehmer, auf die in der Präambel des EUV ausdrücklich Bezug genommen wird. Diesen Erkenntnisquellen ist gemeinsam, daß sie effektivierend, d.h. inhaltlich konkretisierend, auf das Gemeinschaftsgrundrecht der Gleichbehandlung der Geschlechter einwirken. Die Differenzierung nach allgemeinem und arbeitsrechtlichem Rechtsgrundsatz ist dabei nur zunächst geboten, da einzelne Vorschriften des EGV wie Art. 137 Abs. 1 Spiegelstrich 5 i.V.m. Art. 136 Abs. 1 EGV und Art. 141 EGV im Kapitel der Sozialvorschriften wiederzufinden sind, die sich auf die Förderung der Beschäftigung sowie die Verbesserung der Lebens- und Arbeitsbedingungen beziehen und insoweit dem arbeitsrechtlichen Rechtsgrundsatz der Geschlechtergleichbehandlung zuzurechnen sind. Gleiches gilt für die hier untersuchten Richtlinien im Rahmen des verbindlichen Sekundärrechts, die die Förderung und Erleichterung weiblicher Erwerbstätigkeit ohne geschlechtsbezogene Diskriminierung im Blickfeld haben. Aber auch das unverbindliche Sekundärrecht wie das 5. Aktionsprogramm der Gemeinschaft (2001 – 2005) zielt auf die Förderung der Chancengleichheit von Männern und Frauen auf dem Arbeitsmarkt sowie das gender mainstreaming. Ähnlich verhält es sich mit der Empfehlung des Rates zur Förderung positiver Maßnahmen für Frauen – Empfehlung 84/635/EWG.

Demgegenüber fließen die Art. 2, 3 Abs. 2 und 13 EGV in den allgemeinen Rechtsgrundsatz der Gleichbehandlung der Geschlechter ein, die nicht nur speziell auf die Arbeits- und Beschäftigungsbedingungen zugeschnitten sind, sondern sich auch auf die sämtlichen anderen Tätigkeitsbereiche der Gemeinschaft erstrecken. Gleiches gilt auch für Art. 14 EMRK sowie die Verfassungen der Mitgliedstaaten. Da der arbeitsrechtliche und der allgemeine Rechtsgrundsatz zusammengenommen eine Einheit bilden und Teil des allgemeinen Gleichheitssatzes, der zu den Grundprinzipien der Gemeinschaftsrechtsordnung gehört, sind[2274], ergibt sich folgendes Bild: Der allgemeine Gleichheitssatz umfaßt als größter und weitester Kreis auch den Kreis der Geschlechtergleichbehandlung, in dem sich wiederum als engster Kreis der arbeitsrechtliche Rechtsgrundsatz der Geschlechtergleichbehandlung befindet. Der arbeitsrechtliche Rechtsgrundsatz ist demnach lex specialis zum allgemeinen Rechtsgrundsatz der Geschlechter-

---

2274 Kischel, S. 4

gleichbehandlung, wobei dieser ebenfalls lex specialis zum allgemeinen Gleichheitssatz ist.

Inhaltlich spiegelt sich im Gemeinschaftsgrundrecht der Gleichbehandlung von Männern und Frauen einerseits die abwehrrechtliche, andererseits auch mit wachsender Bedeutung die soziale Grundrechtsdimension wieder, was insbesondere am arbeitsrechtlichen Gleichbehandlungsgrundsatz verdeutlicht werden konnte. Federführend für die Frage nach dem genauen Inhalt des Gemeinschaftsgrundrechts der Gleichbehandlung der Geschlechter sind hier die Aussagen von Generalanwalt Saggio in seinen Schlußanträgen vom 10.06.1999 in der Rechtssache Badeck u.a./Hess. Ministerpräsident, denen sich der EuGH schließlich mit Urteil vom 28.03.2000 (allerdings viel weniger ausführlich im Rahmen einer Nebenbemerkung) angeschlossen hat[2275]. Dem Generalanwalt zufolge stehen sich die materielle und die formelle Gleichheit innerhalb des Gemeinschaftsgrundrechts auf einer Stufe gegenüber, wobei er auch klarstellt, daß die materielle Gleichheit nicht die Ausnahme von der formellen Gleichheit sein kann, da beide Elemente des Gleichbehandlungsgrundsatzes faktisch auf das selbe Ziel hinauslaufen, nämlich die Verwirklichung faktischer Gleichberechtigung zwischen den Geschlechtern. Auch betont Saggio den Gruppenbezug der materiellen Gleichheit, denn positiven Maßnahmen zugunsten von Frauen gehe es um die konkrete Neupositionierung der Gruppe in sozialer Hinsicht, wenn die Gewährleistung der formellen, rechtlichen Gleichheit durch den Staat nicht ausreiche, die benachteiligte Gruppe zu schützen. Die gruppenbezogene Sichtweise auf das Gemeinschaftsgrundrecht der Gleichbehandlung von Männern und Frauen, die sich aus der materiellen, sozialen Grundrechtsdimension ergibt, ist folglich auch in der Lage, strukturelle Diskriminierungen zu erfassen und damit geschlechtsbedingte Diskriminierungen in ihrer Gesamtheit anzugehen, die aus der Perspektive der betroffenen einzelnen Frau nur verkürzt bzw. gar nicht gelöst werden können. An dieser Stelle kann ebenfalls die These vertreten werden, daß Generalanwalt Saggio einem Grundrechtsverständnis nahekommt, daß dem von Sacksofsky entwickelten Dominierungsverbot in Art. 3 Abs. 2 GG und Differenzierungsverbot in Art. 3 Abs. 3 entspricht[2276]. Eine notwendige Sicht auf das Gemeinschaftsgrundrecht ist dies aber nicht, wie es am Verhältnis von Art. 3 Abs. 2 GG und Art. 3 Abs. 3 GG gezeigt werden konnte. Vor dem Hintergrund, daß das Gemeinschaftsgrundrecht der Gleichbehandlung der Geschlechter aus den verschiedensten Rechtserkenntnisquellen gespeist wird, die von der EMRK und den Verfassungen der Mitgliedstaaten bis hin zum unverbindlichen Sekun-

---

2275  GA Saggio, Slg. 2000, S. 1877 Rn. 26 ff.; EuGH v. 28.03.2000, Slg. 2000, S. 1902 Rn. 32 Rs. C-158/97
2276  Vgl. Sacksofsky, S. 310 ff.

därrecht der Gemeinschaft reichen, führt vom hier vertretenen Standpunkt aus zu der Bewertung, daß das Grundrecht in der Normenhierarchie nicht etwa gleichrangig mit dem Primärrecht der Europäischen Gemeinschaft angesehen werden kann, sondern vielmehr einen übergeordneten Stellenwert beanspruchen kann, dem darüber hinaus der völkerrechtliche „ius cogens"-Charakter immanent ist[2277]. Mit der Verabschiedung des Entwurfs einer Europäischen Verfassung im Juni 2003 und der Implementation der Europäischen Grundrechte-Charta als Bestandteil der Verfassung ist insbesondere über Art. 21 Abs. 1 und Art. 23 der Charta nicht nur der übergeordnete Stellenwert des Gemeinschaftsgrundrechts der Gleichbehandlung der Geschlechter anerkannt worden, sondern es ist auch inhaltlich bestätigt, daß die Primär- und Sekundärrechtsnormen ihre effektivierende und konkretisierende Funktion nicht verloren haben, sondern weiter auf das nunmehr geschriebene Grundrecht einzuwirken vermögen[2278].

Die Mitgliedstaaten der Europäischen Gemeinschaft, so auch die BRD, sind schließlich an das Gemeinschaftsgrundrecht gebunden, weil dem Gemeinschaftsrecht grundsätzlich der Vorrang vor jeder Art nationaler Regelungen zukommt. Der Vorrang sowohl des primären als auch des sekundären Gemeinschaftsrechts bezieht sich dabei auf jede Rangstufe nationalen Rechts, so daß daraus auch der Vorrang des Gemeinschaftsgrundrechts der Gleichbehandlung der Geschlechter vor den in den mitgliedstaatlichen Verfassungen verankerten Grundrechten auf Gleichberechtigung folgt.

Dies hat das BVerfG allerdings nicht uneingeschränkt akzeptiert und insbesondere in seinem Maastricht-Urteil vom 12.10.1993[2279] den Begriff des „Kooperationsverhältnisses" zwischen EuGH und BVerfG geprägt. So ist das Kooperationsverhältnis beider Gerichte zueinander als Aufgabenverzahnung bzw. kooperative Rechtsbeziehung zu verstehen, das den vom EuGH als absolut erklärten Vorrang des Gemeinschaftsrechts modifiziert. Mit Art. 10 Abs. 1 des Teils I der Europäischen Verfassung ist nunmehr der Vorrang sowohl der Europäischen Verfassungsnormen als auch des von den Organen der EU gesetzten Rechts im Rahmen ihrer Zuständigkeiten ausdrücklich festgeschrieben worden. Überschneidungen beider Rechtsordnungen auf Grundrechtsebene sind mit dem geschriebenen Grundrechtskatalog der Europäischen Verfassung so gut wie ausgeschlossen. Sollte aber dennoch einmal in den Wesensgehalt eines nationalen Grundrechts eingegriffen werden, so ist die Auflösung der Grundrechtskollision über den in Art. 9 Abs. 4 des Teils I der Europäischen Verfassung verankerten Verhältnismäßigkeitsgrundsatz zu leisten, auf den die Gemeinschaftsorgane ver-

---

2277 Vgl. Lindemann, S. 52 ff sowie Langenfeld, S. 131
2278 Vgl. dazu Fischer, Der Vertrag von Nizza, 1. Aufl. 2001, S. 531 f.
2279 BVerfGE 89, S. 155 (7. Leitsatz)

pflichtet sind. Im Ergebnis ist damit auch der deutsche öffentliche Dienst an das Gemeinschaftsgrundrecht gebunden.

Für den EÖD hat der EuGH in einer ganzen Reihe von dienstrechtlichen Entscheidungen die Geltung und den Bestand des Rechtsgrundsatzes der Gleichbehandlung der Geschlechter anerkannt und bestätigt[2280]. Die hier vorgenommene Auswertung der Dienstrechtsprechung des EuG und EuGH konnte verdeutlichen, daß das Gemeinschaftsgrundrecht der Gleichbehandlung von Männern und Frauen umfassend und für die Beziehungen der Gemeinschaftsorgane zu ihren Bediensteten als wesentliches Prinzip gilt. Die Grenzen, die in den Urteilen Bonino, Delauche und Frederiksen zu Tage getreten sind, liegen vor allem auf dem Gebiet der Anerkennung der Zulässigkeit geschlechtsspezifisch wirkender Frauenfördermaßnahmen wie u.a. der leistungsabhängigen Vorrangregelungen (Prioritätsrecht) zugunsten des unterrepräsentierten Geschlechts. Für die Versagung eines Prioritätsrechts zur Beseitigung der Unterrepräsentanz von Frauen im EÖD, insbesondere in Führungspositionen der Laufbahngruppe A, berief sich sowohl der EuGH als das EuG auf das Fehlen einer gesetzlichen Grundlage, woran auch das Bestehen des Aktionsprogramms zur Herstellung von mehr Ausgewogenheit (PAR-PE) beim Europäischen Parlament aus dem Jahr 1990 im Fall Frederiksen/Europäisches Parlament nichts ändern konnte[2281].

Das Gemeinschaftsgrundrecht der Geschlechtergleichbehandlung ist jedoch nicht allein in der Dienstrechtsprechung des EuGH und EuG wiederzufinden, sondern auch in Art. 27 Abs. 2 BSt sowie Art. 1a BSt, die mit der Gleichbehandlungsverordnung Nr. 781/98 in das BSt eingefügt worden sind und verschiedene Regelungen aus dem Primär- und Sekundärrecht, das an die Mitgliedstaaten adressiert ist, nunmehr auf eine verbindliche Rechtsgrundlage für den EÖD gestellt haben. Die herausgearbeitete Parallelität des Art. 1a BSt mit Art. 2 Abs. 1 der Richtlie 76/207/EWG und Art. 141 Abs. 3 und 4 EGV, die sogar in einer Identität von Art. 1a Abs. 2 und Art. 141 Ab. 4 EGV mündet, führt dabei zu einer Übertragbarkeit der zu diesen Vertragsbestimmungen gefällten Entscheidungen des EuGH, insbesondere in Sachen Kalanke/Freie Hansestadt Bremen[2282], Marschall/Land Nordrhein-Westfalen[2283] sowie Badeck u.a./Hess. Ministerpräsident[2284], die für den deutschen öffentlichen Dienst die Vereinbarkeit leistungsabhängiger Vorrangregelungen zugunsten des unterrepräsentierten Ge-

---

2280 Vgl. dazu Lindemann, S. 87 ff.
2281 Dies enthielt kein Prioritätsrecht vgl. Anhang 1, S. 720, sondern lediglich die als Beispiel gefaßte Möglichkeit für die Anstellungsbehörde, bei annähernd gleichen Qualifikationen der Frau den Vorzug zu geben
2282 EuGH v. 17.10.1995, Slg. 1995, S. 3051 Rs. C-450/93
2283 EuGH v. 11.11.1997, Slg. 1997, S. 6363 Rs. C-409/95
2284 EuGH v. 28.03.2000, Slg. 2000, S. 1902 Rs. C-158/97

schlechts mit Härtefallklausel sowie Zielvorgaben innerhalb eines Frauenförderplans zur Steigerung des Frauenanteils in Bereichen weiblicher Unterrepräsentation mit Art. 2 Abs. 1 und 4 der Richtlinie 76/207/EWG (a.F.) festgestellt haben.

Aufgrund der allgemeinen und umfassenden Geltung des Gemeinschaftsgrundrechts der Gleichbehandlung von Männern und Frauen im EÖD, das insbesondere durch die Primärrechtsnormen des EGV effektiviert und präzisiert wird, fließen auch Art. 2, 3 Abs. 2, 13 und 137 Abs. 1 Spiegelstrich 5 EGV und die verschiedenen Richtlinien, Aktionsprogramme und Empfehlungen mittelbar in den EÖD ein, auch wenn sie zunächst nur auf die Mitgliedstaaten zugeschnitten sind. Art. 51 Abs. 1 der Grundrechte-Charta als Teil II der Europäischen Verfassung bindet schließlich die Organe der Gemeinschaft direkt an die in der Charta enthaltenen Grundrechte. Dies verändert jedoch nicht den Doppelcharakter des Primär- und Sekundärrechts: Dieser erschöpft sich nicht in der Anwendung und Umsetzung in den Mitgliedstaaten, sondern leistet einen grundrechtseffektivierenden Beitrag, der wiederum in den EÖD zurückwirkt und die Mitgliedstaaten sowie ihre öffentlichen Dienste über die „doppelte Grundrechtsloyalität" bindet und in diesem Sinne auch die Bindung an die gemeinschaftsrechtlichen Rechtsquellen verstärkt. Die Europäische Verfassung hebt die doppelte Grundrechtsbindung nicht auf, sondern verfestigt sie vielmehr und gibt ihr die bisher fehlende Kontur, die durch eine geschriebene Verfassungsurkunde erst die Akzeptanz eines übergeordneten Normencharakters beanspruchen kann.

*3.2. Zusammenfassung der deutschen Rechtsgrundlagen*

Im deutschen öffentlichen Dienst existieren verschiedene gleichheitsrechtliche Anforderungen, die sich insbesondere in den Art. 3 Abs. 2 und 3 sowie Art. 33 Abs. 2 GG wiederspiegeln. Aber auch Art. 3 Abs. 1 GG ist als gedanklicher Hintergrund als allgemeines Differenzierungsverbot mitzudenken.

Die Verwirklichung der materiellen Gleichberechtigung der Geschlechter neben der formal-rechtlichen in Art. 3 Abs. 2 und 3 GG ist mit dem Gesetz zur Änderung des GG vom 24.10.1994[2285] und der Einfügung der Staatszielbestimmung in Art. 3 Abs. 2 S. 2 GG aufgewertet worden. Die ausführliche Nachzeichnung der Literaturmeinungen und der Rechtsprechung des BVerfG sowohl zur alten Fassung des Art. 3 Abs. 2 und 3 GG als auch zur neuen Fassung haben folgende Punkte deutlich werden lassen: Art. 3 Abs. 2 S. 1 GG stellt sich als das Grundrecht auf Gleichberechtigung dar, das im Unterschied zum Differenzierungsverbot in Art. 3 Abs. 3 S. 1 GG in seiner objektiv-rechtlichen Dimension

---

[2285] BGBl. I, S. 3146

einen Gruppenbezug aufzuweisen hat, der die Gruppe der Frauen und der Männer als Basis für die Herstellung faktischer Gleichberechtigung zwischen den Geschlechtern hat. Das nach wie vor existierende tatsächliche Gleichberechtigungsdefizit von Frauen in fast allen gesellschaftlichen Bereichen, so auch im öffentlichen Dienst, erfordert zusätzliche Anstrengungen des Gesetzgebers, den überindividuellen Zustand der Gleichberechtigung in materiell-rechtlicher Hinsicht zu erreichen, was insbesondere durch die Staatszielbestimmung, die in die objektiv-rechtliche Dimension des Gleichberechtigungsgrundrechts des Art. 3 Abs. 2 S. 1 GG einwirkt, klargestellt worden ist.

Hier ansetzende Frauenfördermaßnahmen können und dürfen nicht als Maßnahmen begriffen werden, die auf die Kompensation in der Vergangenheit erlittener Nachteile zielen, denn es geht um die Beseitigung struktureller Diskriminierung, die nur im Gruppenvergleich feststellbar ist und Frauenförderung i.S.v. Kompensation eine Individualisierung zur Folge hätte, die das Gruppenproblem weiblicher Diskriminierung nicht bzw. nur vereinzelt lösen kann. Insoweit geht es der Staatszielbestimmung um die Beseitigung gegenwärtiger und zukünftiger Nachteile (Nachteilsbeseitigungsklausel), die für die Aufrechterhaltung des faktischen Gleichberechtigungsdefizits verantwortlich sind. So sind die Nachteils- und die Förderklausel innerhalb der Staatszielbestimmung nicht voneinander zu trennen, sondern sind vielmehr wechselseitig aufeinander bezogen und stellen sich als gegenseitige Ergänzung dar.

Art. 3 Abs. 2 GG deckt vom konkreten Inhalt her zumindest geschlechtsneutral formulierte Frauenfördermaßnahmen wie z.B. familienpolitische Teilzeitbeschäftigungen, flexible Arbeitszeiten o.ä. ab. Aber auch geschlechtsspezifisch wirkende Fördermaßnahmen sind von Art. 3 Abs. 2 GG erfaßt. Hier ist bedingt durch den Eingriff in subjektive Rechte einzelner Männer aus Art. 3 Abs. 2 S. 1 GG eine bedingte Vorrangrelation der objektiv-rechtlichen Dimension im Grundrecht auf Gleichberechtigung notwendig, die durch die Staatszielbestimmung des Satzes 2 verstärkt wird und im Wege der Herstellung praktischer Konkordanz, also der verhältnismäßigen Zuordnung der subjektiven und objektiven Dimension, zu erreichen ist. Schließlich kann auch der in Art. 3 Abs. 2 EGV verankerte Ansatz des „gender mainstreaming" von Art. 3 Abs. 2 GG aufgenommen werden, weil die Staatszielbestimmung in Satz 2 genau wie die Vertragszielbestimmung des Art. 3 Abs. 2 EGV einerseits die Förder-, andererseits die Nachteilsbeseitigungsklausel beinhaltet. Subjektive Rechte einzelner Männer aus Art. 3 Abs. 1 S. 1 GG sind durch das „gender mainstreaming" jedoch nicht berührt da es ausdrücklich auch Männer in seine Fragestellungen, Untersuchungen und Ansatzpunkte miteinbezieht[2286].

---

2286 Vgl. auch Flynn, S. 1

Auf der gesetzlichen Ebene finden sich für die Beamtenverhältnisse des deutschen öffentlichen Dienstes § 7 BRRG und § 8 Abs. 1 und 3 BBG wieder: § 7 BRRG wiederholt dabei einerseits Art. 33 Abs. 2 GG, andererseits Art. 3 Abs. 3 GG[2287]. Aufgrund dieser Wiederholung kann im Hinblick auf die Einzelheiten auch auf die Aussagen zu diesen Verfassungsnormen verwiesen werden, wobei die Länder wegen des Rahmenrechtscharakters der Vorschrift gezwungen sind, die in ihr niedergelegten Grundsätze in ihre Landesbeamtengesetze zu übernehmen[2288]. Aus § 8 Abs. 1 S. 1 BBG ergibt sich schließlich die Verpflichtung, Beamtenstellen im Bundesdienst durch Stellenausschreibung zu ermitteln. Dieses Verfahren dient der Verwirklichung des Leistungsprinzips und trägt darüber hinaus sowohl dem Interesse der Bewerber/innen auf Chancengleichheit als auch dem Interesse der Verwaltung Rechnung, auf einer möglichst breiten Entscheidungsgrundlage die am besten qualifizierten Personen auszuwählen[2289]. In § 8 Abs. 1 S. 3 BBG ist nunmehr die Klarstellung erfolgt, daß Maßnahmen zur Durchsetzung der tatsächlichen Gleichstellung im Erwerbsleben wie u.a. Vorrangregelungen mit Härtefallklausel dem Leistungsprinzip und Diskriminierungsverbot nicht entgegenstehen. Insgesamt sucht § 8 Abs. 1 und 3 BBG dem Verfassungsauftrag aus Art. 3 Abs. 2 GG gerecht zu werden und ihn weiter zu verwirklichen.

Die §§ 611a und 611b BGB, die auch auf die Arbeitsverhältnisse des öffentlichen Dienstes anwendbar sind, stellen sich als Erfüllung bzw. Umsetzung grundrechtlicher Schutzpflichten aus Art. 3 Abs. 2 GG dar und sind folglich im Lichte dieses Grundrechts auszulegen und anzuwenden[2290]. Dabei beinhaltet § 611a Abs. 1 S. 1 BGB ein Benachteiligungsverbot wegen des Geschlechts für den Arbeitgeber. Ist ein Geschlecht unverzichtbare Voraussetzung für die jeweilige Tätigkeit, ist eine Differenzierung nach dem Geschlecht gemäß § 611a Abs. 1 S. 2 BGB allerdings zulässig. Da die Landesgesetzgeber in ihren Frauenförder- und Gleichstellungsgesetzen teilweise leistungsabhängige Vorrangregelungen mit Härtefallklausel und/oder Zielvorgaben innerhalb eines Frauenförderplanes festgeschrieben haben, stellte sich die Frage nach einer Verletzung des Benachteiligungsverbots durch die geschlechtsspezifische Wirkung dieser Regelungen. Hier kommt jedoch zum Tragen, daß dem Bundesgesetzgeber nur eine Rahmenkompetenz über Art. 75 Abs. 1 Nr. 1 GG für das öffentliche Dienstrecht der Länder zukommt und deshalb derartige Regelungen als lex specialis der Bestimmung des § 611a Abs. 1 S. 1 BGB vorgehen[2291].

---

2287 Vgl. auch § 8 Abs. 1 S. 2 BBG für den Bundesdienst
2288 Ule, a.a.O., § 7 Rn. 5
2289 Zusammengefaßt bei Battis, BBG, § 8 Rn. 5
2290 BVerfGE 89, S. 276 [1. und 2. Leitsatz]
2291 Pieroth in Jarass/Pieroth, Art. 74 Rn. 29 sowie Benda, S. 216 ff.

Für den öffentlichen Dienst ist die von § 611a Abs. 2 BGB vorgesehene Entschädigungsregelung für den bestqualifiziertesten Bewerber oder Bewerberin, die bei einer diskriminierungsfreien Auswahl den Arbeitsplatz erhalten hätten mit einer Besonderheit behaftet: Als Rechtsfolge eines Verstoßes gegen das Benachteiligungsverbot gewährt § 611a Abs. 2 BGB eine angemessene Entschädigung in Geld, die sich aus einem materiellen und immateriellen Schadensersatz zusammensetzt. Eine Höchstbegrenzung der Entschädigung ist von der Vorschrift zwar nicht vorgesehen, aus praktischen Erwägungen heraus wurde jedoch eine Orientierung an §§ 9 und 10 KSchG als sinnvoll angesehen. Nun schließt § 611a Abs. 2. Halbsatz BGB einen Einstellungsanspruch ausdrücklich aus – leistungsabhängige Vorrangregelungen mit Härtefallklausel gewähren aber gerade einen solchen Anspruch und können im Wege der arbeitsrechtlichen Konkurrentenklage im öffentlichen Dienst durchgesetzt werden, was auch im Hinblick auf Beförderungen gilt. Da sie den Charakter einer lex specialis haben (s.o.), gehen sie im Fall ihres Bestehens der Entschädigungsregelung aus § 611 a Abs. 2 BGB (aus § 611a Abs. 5 BGB folgt im übrigen auch die Anwendbarkeit auf Beförderungen, da diese Norm auf Absatz 2 etc. verweist) vor. Dafür spricht in bezug auf den beruflichen Aufsteig auch die Regelung des § 611a Abs. 5 BGB, der klarstellt, daß die Absätze 2 bis 4 nur dann entsprechend gelten, wenn auf den beruflichen Aufstieg kein Anspruch besteht. D.h. im Umkehrschluß, daß bei Bestehen eines Anspruchs entweder aus der Vorrangregelung, die schon bei gleicher Qualifikation eines Mannes und einer Frau greift oder aus Art. 33 Abs. 2 GG, wenn der oder die Bewerber/in unter Leistungsgesichtspunkten am besten qualifiziert ist und die Auswahl folglich in einer Ermessensreduzierung auf Null mündet, die Entschädigungsregelung nicht zur Anwendung kommt. Für die Personen, die auch bei einer diskriminierungsfreien Auswahl den Arbeitsplatz nicht erhalten hätten, gilt nach § 611a Abs. 3 BGB eine Höchstbegrenzung der Entschädigung von maximal drei Monatsgehältern – es handelt sich hierbei nur um eine immaterielle Entschädigung.

§ 611b BGB stellt schließlich die Verpflichtung zur geschlechtsneutralen Stellenausschreibung auf, sofern nicht das Geschlecht unverzichtbare Voraussetzung i.S.v. § 611a Abs. 1 S. 2 BGB für die jeweilige Tätigkeit ist. Hat der Arbeitgeber nicht geschlechtsneutral ausgeschrieben, fungiert dies als Indiz für die Auslösung der Beweislastumkehr gemäß § 611a Abs. 1 S. 3 BGB. Im übrigen finden sich für den öffentlichen Dienst in fast allen Frauenförder- und Gleichstellungsgesetzen Bestimmungen, die auch für die Arbeitsverhältnisse eine ähnliche Regelung bei Stellenausschreibungen treffen wie z.B. § 8 Abs. 3 BBG bzw. § 6 Abs. 2. BGleiG.

*3.3. Konsequenz aus der Gegenüberstellung von europäischen und deutschen Rechtsgrundlagen*

Auf der Grundrechtsebene sind durch das Inkrafttreten des Amsterdamer Vertrages weitreichende Folgen für das Gemeinschaftsgrundrecht der Gleichbehandlung der Geschlechter eingeleitet worden, die die Grundlage für eine neue Grundrechtsdogmatik und Grundrechtsverständnis bilden: Die inhaltliche Tragweite des allgemeinen Rechtsgrundsatzes der Gleichbehandlung von Männern und Frauen in den Mitgliedstaaten ist zwar angesichts seiner Orientierung an den Zielen und der Struktur des EGV und der zukünftigen Europäischen Verfassung nach wie vor auf den Anwendungsbereich des Vertrages und die begrenzte Einzelermächtigung aus Art. 9 des Teils I der Verfassung begrenzt, weil nur auf diese Weise der Kompetenzverteilung zwischen Gemeinschaft und Mitgliedstaaten Rechnung getragen werden kann[2292] und insoweit auch die Aussage von Classen als zutreffend bewertet werden muß, daß das Gemeinschaftsgrundrecht nicht umfassend anwendbar ist[2293], jedoch sind mit dem dualen Ansatz einerseits über das „gender mainstreaming" gemäß Art. 3 Abs. 2 EGV, die Gleichberechtigung der Geschlechter in alle Politikbereiche und Tätigkeitsfelder der Gemeinschaft i.S.v. Art. 3 Abs. 1 EGV einzubeziehen, andererseits mit den von Art. 141 Abs. 3, 137 Abs.1 Spiegelstrich 5 sowie Art. 13 EGV geschaffenen Möglichkeiten, spezifische Initiativen zur Verwirklichung der faktischen Gleichberechtigung zu ergreifen, nicht nur die gemeinschaftsrechtlichen Instrumentarien erheblich erweitert worden[2294]. Durch sie ist das Gemeinschaftsgrundrecht inhaltlich präzisiert und umfassender ausgestaltet worden, was außerdem durch die explizite Zulässigkeit geschlechtsspezifischer Frauenfördermaßnahmen im Berufsleben auf der Basis von Art. 141 Abs. 4 EGV unterstützt wird. Diese Normen sind schließlich in Art. 21 und 23 der Europäischen Grundrechte-Charta eingeflossen, die wiederum als Teil II Bestandteil der Europäischen Verfassung ist.

Verdeutlicht werden konnte auch, daß das Gemeinschaftsgrundrecht der Gleichbehandlung nicht mehr auf einen speziellen Bereich, also allein das Arbeits- und Sozialrecht, bezogen ist[2295], sondern vielmehr alle vom Vertrag erfaßten Bereiche abzudecken vermag. Zu bedenken ist im Zusammenhang mit der inhaltlichen Erweiterung des Gemeinschaftsgrundrechts aber auch, daß trotz des aus Art. 5 Abs. 1 EGV (vgl. auch Art. 9 Abs. 3 des Teils I der Europäischen Ver-

---

2292 Vgl. Epiney in FS für Schnyder, 1995, S. 205 (S. 212 f.) die insoweit auf die vom EGV nicht erfaßten Bereiche des Erb- und Familienrechts verweist
2293 Classen, JZ 1996, S. 921 (S. 922)
2294 So Schmidt am Busch, S. 12
2295 So aber Classen, S. 927; a.A. schon zur Geltung des EGV a.F. Epiney in FS für Schnyder, S. 113

fassung) folgenden Subsidiaritätsprinzips die Gemeinschaft nach Art. 5 Abs. 2 EGV gleichwohl auf Gebieten tätig werden kann, die nicht in ihre ausschließliche Zuständigkeit fallen, sofern die Ziele der in Betracht gezogenen Maßnahmen auf der Ebene der Mitgliedstaaten nicht ausreichend erreicht werden können und daher wegen ihres Umfangs oder ihrer Wirkungen besser auf Gemeinschaftsebene erreicht werden können[2296]. Hinzu kommt, daß Art. 5 Abs. 3 EGV ebenfalls festlegt, daß diese Maßnahmen nicht über das für die Erreichung der Ziele des Vertrages erforderliche Maß hinausgehen dürfen. Mit Art. 2 EGV ist klargestellt, daß die Gleichstellung von Männern und Frauen zu den prioritären Gemeinschaftsaufgaben gehört. In der Konsequenz bedeutet das für die Gemeinschaft, daß sie durch die ausdrückliche Vertragszielzuweisung des Art. 2 EGV unter Beachtung des Verhältnismäßigkeitsgrundsatzes in Art. 5 Abs. 3 EGV[2297] auf dem Gebiet der nicht ausschließlich in ihren Zuständigkeitsbereich fallenden Gleichberechtigung der Geschlechter weitere und über die in Art. 3 Abs. 1 EGV genannten Tätigkeitsfelder hinaus aktiv werden kann. Eine zusätzliche Unterstützung und Verstärkung erfährt diese Argumentation durch Art. 13 EGV, der allgemein die Möglichkeit von gemeinschaftsrechtlichen Antidiskriminierungsmaßnahmen im Hinblick auf das Geschlecht u.a. eröffnet. Dies zeigt, wie weitreichend das Gemeinschaftsgrundrecht der Gleichbehandlung der Geschlechter ausgestaltet ist – abgesehen von seiner für die Gemeinschaftsorgane insbesondere auch im Verhältnis zu ihren eigenen Bediensteten umfassenden Geltung[2298] wird es damit auch für die Mitgliedstaaten zu einem „europäischen Grundrecht für Frauen"[2299].

Die dem Grundrecht auf Gleichberechtigung von Männern und Frauen immanente objektive Dimension, die die Herstellung der tatsächlichen Gleichheit beider Geschlechter im Blickfeld hat, hat durch Generalanwalt Saggio eine neue Kontur erhalten: Die materielle Gleichheit steht neben der formellen Gleichheit innerhalb des allgemeinen Rechtsgrundsatzes der Gleichbehandlung. Für ihn ist die materielle Gleichheit Anknüpfungspunkt für positive Maßnahmen der Frauenförderung, die faktisch auf das selbe Ziel wie die Gewährleistung der formellen Gleichheit gerichtet ist. Ihre weitergehende Bedeutung liegt darin, daß der Gesetzgeber auf ihrer Basis dafür Sorge trägt, daß tatsächliche Schwierigkeiten einer Bevölkerungsgruppe behoben werden, die nicht durch die formal-rechtliche Gewährleistung des Grundsatzes der Gleichbehandlung bewältigt werden

---

2296 Vgl. den Gedanken bei Epiney, S. 220 f. in bezug auf positive Diskriminierungen zugunsten von Frauen
2297 Zuleeg in Von der Groeben/Thiesing/Ehlermann (Hrsg.), Art. 3b Rn. 29; vgl. auch Art. 9 Abs. 1, 3 und 4 des Teils I der Europäischen Verfassung
2298 Vgl. auch Art. 51 Abs. 1 des Teils II der Europäischen Verfassung
2299 Vgl. den Titel des Aufsatzes von Sporrer, Streit, 1994, S. 3

können[2300]. Demnach ist für ihn die materielle Gleichheit auch nicht die Ausnahme von der formellen Gleichheit und folglich ebenfalls nicht eng auszulegen[2301]. Der schon von Epiney vier Jahre zuvor angestellte Versuch, den allgemeinen Rechtsgrundsatz der Gleichbehandlung der Geschlechter von der ausschließlich rechtlichen Gewährleistung der Gleichheit mit allein individualschützender Ausrichtung auch auf einen globalen und objektiven Gehalt auszudehnen, um eine Basis für positive Frauenfördermaßnahmen zu erhalten[2302], ist mit den Aussagen des Generalanwalts auf eine tragfähige Grundlage gestellt worden. Materielle und formelle Gleichheit stehen sich innerhalb des Gemeinschaftsgrundrechts auf einer Rangstufe gegenüber und ergänzen sich, wobei die Herstellung materieller Gleichheit über geschlechtsspezifisch wirkende Frauenfördermaßnahmen zugunsten der benachteiligten Gruppe im Wege einer Verhältnismäßigkeitsprüfung zwischen subjektiv betroffenen Positionen und objektiver Zielsetzung des (frauenfördernden) Korrekturaktes für die soziale Wirklichkeit zu erfolgen hat[2303]. Insbesondere in der Randnummer 27 seiner Schlußanträge vom 10.06.1999 hebt der Generalanwalt das faktische Gleichberechtigungsdefizit von Frauen in der sozialen Wirklichkeit hervor, das durch die bloße Beachtung des Grundsatzes der Nichtdiskriminierung durch den Staat die Position der Gruppe nicht angemessen schützen kann und deshalb eine tatsächliche Neupositionierung der Gruppe in sozialer Hinsicht erforderlich ist. Hier bestätigt sich zum einen die Auffassung von Classen, daß faktische Gesichtspunkte in der Rechtsprechung des EuGH eine stärkere Berücksichtigung erfahren als in der Rechtsprechung des BVerfG zu Art. 3 Abs. 2 GG[2304]. Auf der anderen Seite kann mit den Äußerungen des Generalanwalts Saggio zur Güterabwägung Classens Ansicht nicht geteilt werden, daß der EuGH auf eine Verhältnismäßigkeitsprüfung verzichtet bzw. sich auf abstrakte Aussagen beschränkt – dies mag in den Fällen der mittelbaren Diskriminierung, die von Classen in diesem Zusammenhang geltend gemacht werden, zwar nach wie vor Gültigkeit beanspruchen[2305], in bezug auf strukturelle Diskriminierungen, die die Ursache des faktischen Gleichberechtigungsdefizits von Frauen darstellen, stimmt dies so nicht mehr. Dies kann auch nicht mit dem Argument zurückgewiesen werden, daß der EuGH in seiner Entscheidung vom 28.03.2000 lediglich sehr kurz und knapp auf

---

2300 GA Saggio, Schlußanträge v. 10.06..1999, Slg. 2000, S. 1877 Rn. 26 C-158/97 Badeck u.a./Hess. Ministerpräsident
2301 Ebenda
2302 Vgl. Epiney in FS für Schnyder, S. 213, 219
2303 GA Saggio, Rn. 29
2304 Classen, S. 924 f.
2305 Vgl. Classen, S. 923 f.

die diesbezüglichen Aussagen seines Generalanwalts Bezugs nimmt[2306], denn die Schlußanträge des Generalanwalts haben in ihrer wissenschaftlichen Vertiefung und ihrer auf die Kontinuität der Rechtsprechung sowie der Weiterentwicklung des Gemeinschaftsrechts bedachten Ausrichtung eine entscheidende Bedeutung mit erheblicher Impulswirkung[2307]. Sinn und Zweck der Schlußanträge ist nach Art. 222 EGV die Unterstützung des Gerichtshofs bei der Erfüllung seiner Aufgaben aus Art. 220 EGV, daß Recht bei der Auslegung und Anwendung der Verträge zu wahren, wobei sich seine Unterstützung in ein arbeitsteiliges Prozeßsystem einfügt, an dessen Ende die Entscheidung des EuGH steht und die als Ergebnis eines Ganzen zu verstehen ist[2308]. Vor diesem Hintergrund sind die Schlußanträge des Generalanwalts Saggio, denen der EuGH in seinem Urteil vom 28.03.2000 weitgehend gefolgt ist, inhaltlich richtungsweisender Natur, insbesondere auch für die Verhältnismäßigkeitsprüfung positiver Maßnahmen der Frauenförderung.

Schließlich hat Saggio in diesem Verfahren den Gruppenbezug positiver Maßnahmen zur Verwirklichung faktischer Gleichberechtigung der Geschlechter betont, die eine Neupositionierung der Gruppe der Frauen in sozialer Hinsicht erreichen wollen. Dies deckt sich vor allem mit den progressiven Literaturstimmen zu Art. 3 Abs. 2 GG, die sich (allerdings ohne explizite Nennung) ebenfalls inzident aus den Aussagen des BVerfG im Feuerwehrabgabebeschluß herauslesen lassen[2309].

Im Ergebnis führt diese Gegenüberstellung zu der Erkenntnis, daß sich das Verständnis und die Dogmatik zum Gemeinschaftsgrundrecht der Gleichbehandlung der Geschlechter inhaltlich immer mehr dem Art. 3 Abs. 2 GG angenähert hat und Unterschiede fast nur noch in der Reichweite für die Mitgliedstaaten liegen. Auch in der Normenhierarchie beansprucht das Gemeinschaftsgrundrecht, eine dem Primärrecht der Gemeinschaftsverträge übergeordnete Position, die auch dem Rang von Grundrechten in der deutschen Rechtsordnung als überpositive Rechtsgrundsätze in der Tradition der Menschen- und Bürgerrechte entsprechen[2310]. Als gleichzeitige Elemente einer objektiven Werteordnung stehen sie in wechselseitiger Ergänzung und Verstärkung zu den aus ihnen folgenden subjektiven Rechten[2311]. Dabei wird die Wirkungskraft und Effektivität von

---

2306 Vgl. EuGH v. 28.03.2000, Slg. 2000, S. 1902 Rn. 32 Rs. C-158/97 Badeck u.a./Hess. Ministerpräsident
2307 Vgl. Ipsen, S. 369
2308 Borgschmidt, EuR 1987, S. 162 (S. 164 f.)
2309 BVerfGE 92, S. 91 (S. 112)
2310 Hesse, S. 129 Rn. 283; durch die Schaffung der Europäischen Verfassung wird dies schließlich auch zum fest verankerten Grundprinzip
2311 Hesse, a.a.O., S. 133 Rn. 290

Grundrechten durch einen umfassenden Rechtsschutz sichergestellt - jeder Richter steht in negativer Hinsicht unter dem Gebot, bei der Auslegung und Anwendung des einfachen Rechts jede Grundrechtsverletzung zu vermeiden und in positiver Hinsicht alles zu tun, um den Grundrechten sowohl rechtlich als auch praktisch die größtmögliche Wirksamkeit zu verleihen[2312]. Dies leistet der EuGH aber generell in gleicher Weise wie das BVerfG was im Solange II-Beschluß des BVerfG unmißverständlich klargestellt worden ist[2313].

Bei den gesetzlichen Rechtsgrundlagen des deutschen öffentlichen Dienst und des EÖD konnte gezeigt werden, daß sowohl § 611a BGB grundrechtliche Schutzpflichten erfüllt und deshalb im Lichte des Art. 3 Abs. 2 GG auszulegen und anzuwenden ist[2314], als auch das Gemeinschaftsgrundrecht der Gleichbehandlung der Geschlechter in Art. 1a BSt sowie Art. 27 Abs. 2 BSt angelegt und in diesem Sinne zu interpretieren ist[2315]. Auch § 7 BRRG, § 8 Abs. 1 und 3 BBG sind als Wiedergaben der grundrechtsgleichen Verfassungsnorm des Art. 33 Abs. 2 und 3 sowie Art. 3 Abs. 3 GG zu verstehen bzw. als tatsächliche Durchsetzung der Gleichberechtigung nach Art. 3 Abs. 2 GG. Damit sind alle hier untersuchten gesetzlichen Rechtsgrundlagen nicht nur rückführbar auf das jeweils über ihnen stehende europäische oder deutsche Grundrecht der Gleichberechtigung der Geschlechter, sondern werden umgekehrt auch maßgeblich durch dieses beeinflußt und geprägt.

---

2312 So Rupp-v.Brünneck, Die Grundrechte im juristischen Alltag in Verfassung und Verantwortung, 1. Aufl. 1983, S. 145 (S. 149)
2313 Vgl. BVerfGE 73, S. 339 (S. 340, 2. Leitsatz)
2314 BVerfGE 89, S. 276 [1. und 2. Leitsatz]
2315 Vgl. zu Art. 27 Abs. 2 BSt a.F. schon Weber, S. 327

## 4. Kapitel
Die rechtssystematische Entwicklung der Frauenförder- und Gleichstellungsgesetzgebung im deutschen und europäischen öffentlichen Dienst

### 1. Überblick

#### 1.1. Der deutsche öffentliche Dienst

Die Anfänge der Schaffung einer rechtlichen Basis für gezielte Frauenförderung reichen in das Jahr 1983 zurück und beginnen im deutschen öffentlichen Dienst mit einer Richtliniengebung, die erst im Jahr 1989 durch die ersten Frauenfördergesetze im Saarland[2316] und in Nordrhein-Westfalen[2317] abgelöst wurde. Die erste Richtlinie zur Frauenförderung erließ in diesem Zusammenhang Rheinland-Pfalz[2318] gefolgt von Hamburg[2319], Berlin[2320] und dem Saarland[2321]. Es kamen weitere Bundesländer mit entsprechenden Richtlinien hinzu, die sich zeitlich mit der einsetzenden Gesetzgebung überschnitten. Dies betraf nicht nur die neuen ostdeutschen Bundesländer, in denen Brandenburg und Sachsen-Anhalt sofort ein Gleichstellungsgesetz[2322] bzw. Frauenfördergesetz[2323] erließen, son-

---

2316 Gesetz Nr. 1245 zur Förderung von Frauen und zur Änderung sonstiger dienstrechtlicher Vorschriften v. 10.05.1989, ABl. S. 977
2317 Gesetz zur Förderung der beruflichen Chancen für Frauen im öffentlichen Dienst v. 31.10.1989, GVBl., S. 567; dieses Frauenfördergesetz, das sich nur auf leistungsabhängige Vorrangregelungen mit Härtefallklausel bei Einstellungen und Beförderungen von Beamten und Arbeitnehmern des öffentlichen Dienstes beschränkt hatte, wurde durch das Gesetz zur Gleichstellung von Frauen und Männern für das Land Nordrhein-Westfalen (LGG) v. 09.11.1999, GVBl., S. 590 abgelöst
2318 Berufliche Förderung von Frauen im Landesdienst, Gemeinsames Rundschreiben der Staatskanzlei und der Ministerien v. 20.04.1983, MinBl. 1984, S. 54; abgedruckt auch bei Bertelsmann/ Colneric/Pfarr/Rust, HzF Bd. 1, Teil II, 5.2.11.1
2319 Richtlinie zur Förderung von Frauen im öffentlichen Dienst der Freien Hansestadt Hamburg v. 09.12.1983, MittVw 1/1984; abgedruckt auch bei Bertelsmann/Colneric/Pfarr/Rust, 5.2.6
2320 Leitlinien zur Förderung der weiblichen Beschäftigten im öffentlichen Dienst des Landes Berlin v. 03.07.1984; abgedruckt bei Bertelsmann/Colneric/Pfarr/Rust, 5.2.3.1
2321 Leitlinien der Landesregierung zur beruflichen Förderung von Frauen im Landesdienst v. 30.08.1984, GMBl. Saar 1984; abgedruckt bei Bertelsmann/Colneric/Pfarr/Rust, 5.2.12.1
2322 Gesetz zur Gleichstellung von Frauen und Männern im öffentlichen Dienst im Land Brandenburg (BraLGG) v. 04.07.1994, GVBl. I, S. 254

dern auch Bayern, das erst im Jahr 1996 ein Gleichstellungsgesetz abfaßte[2324]. Als letztes Bundesland kam in Thüringen das Gleichstellungsgesetz hinzu[2325], das damit den Abschluß in der bisherigen Gleichstellungsgesetzgebung des deutschen öffentlichen Dienstes bildet. Nunmehr haben insgesamt alle sechzehn Länder und der Bund ein Gesetz zur Frauenförderung vorzuweisen. Zu beachten ist allerdings noch, daß mit Ausnahme der Länder Baden-Württemberg und Hamburg alle anderen Länder in ihren Landesverfassungen zur Frage der Gleichberechtigung von Frauen und Männern (u.a. auch speziell für das Arbeitsleben) Regelungen getroffen haben[2326], die neben den einschlägigen Verfassungsbestimmungen des GG Gültigkeit beanspruchen und einen weiteren Rahmen für die Schaffung der Frauenförder- und Gleichstellungsgesetze in den Ländern abgeben. Diese Verfassungsnormen der Länder sprechen teilweise schon recht konkret bestimmte Bereiche der Frauenförderung an, die schließlich auch Eingang in die entsprechende Gleichstellungsgesetzgebung gefunden haben[2327].

## 1.2. Der europäische öffentliche Dienst

Im EÖD gehen die Bemühungen um eine gezielte Frauenförderung in den einzelnen Organen der Gemeinschaft auf verschiedene Aktionsprogramme positiver Maßnahmen zugunsten weiblicher Bediensteter zurück. Den Anfang bildete hier das Programm positiver Aktionen (P.A.P.) vom 08.03.1988 für die weiblichen Bediensteten in der Kommission für den Zeitraum 1988-1990[2328], das am 16.09.1992 von einem Zweiten Programm positiver Aktionen zur Förderung ihrer weiblichen Bediensteten (1992-1996)[2329] abgelöst wurde und Ende 1996 ausgelaufen ist. Darauf folgte auf Kommissionsebene das Dritte Aktionsprogramm für die Chancengleichheit von Mann und Frau in der Europäischen Kom-

---

2323 Gesetz zur beruflichen Förderung von Frauen im öffentlichen Dienst des Landes Sachsen-Anhalt v. 07.12.1993, GVBl., S. 734 i.d.F.d. Bekanntmachung v. 27.05.1997, GVBl., S. 516 zuletzt geändert durch das Haushaltsbegleitgesetz 1999 v. 30.03.1999, GVBl., S. 120
2324 Bayerisches Gesetz zur Gleichstellung von Frauen und Männern (BayGlG) v. 24.05.1996, GVBl., S. 186
2325 Thüringer Gleichstellungsgesetz (Thür GleichG) v. 03.11.1998, GVBl., S. 309
2326 Bertelsmann/Colneric/Pfarr/Rust, HzF Bd. 1, Teil II, 2
2327 Vgl. etwa Art. 10 Abs. 3, 12 Abs. 7 BerlVerf; Art. 12 Abs. 3, 48 Abs. 3 BraVerf; Art. 53, 54 Brem Verf; Art. 30, 33 HessVerf; Art. 5 Abs. 2, 24 Abs. 2 VerfNRW; Art. 55, 56 VerfRh.-Pf.; Art. 12, 47 SaarVerf; Art. 34 VerfSach.-Anh.; Art. 13 VerfMeckl.-Vorp., abgedruckt bei Bertelsmann/Colneric/Pfarr/Rust, 2.1 bis 2.14
2328 Vgl. Anhang 3, S. 741
2329 Vgl. Anhang 4, S. 755

mission (1997-2000)[2330]. Da die Kommission den „eigentlichen Verwaltungsschwerpunkt"[2331] neben den anderen Organen der Gemeinschaft bildet und auf sie mehr als zwei Drittel des gesamten Personals der EG entfallen[2332], beschränkt sich die folgende Untersuchung auch in der Hauptsache auf das Frauenförderprogramm der Kommission[2333]. Für das Europäische Parlament, das nach der Kommission die zweitgrößte Anzahl an Bediensteten aufzuweisen hat, bildete das Aktionsprogramm zur Förderung der Chancengleichheit zwischen Männern und Frauen – Aktionsprogramm zur Herstellung von mehr Ausgewogenheit (PAR-PE) von Dezember 1990 für einen Zeitraum von zweieinhalb Jahren[2334] den Anfang. Gefolgt wurde es schließlich erst 1997 durch das Zweite Aktionsprogramm 1997-2000[2335], das zum Vergleich herangezogen wird.

*a) Rechtsqualität der Aktionsprogramme des EÖD*

Bei diesen Aktionsprogrammen handelt es sich um sogenanntes „EG-soft law"[2336], das in Form von Leitlinien laufbahnspezifische, strukturelle und horizontale Maßnahmen zur gezielten Frauenförderung im jeweiligen Organ vorgibt[2337], die vom Rechtscharakter her den Aktionsprogrammen der Gemeinschaft für die Chancengleichheit von Männern und Frauen[2338] ähneln, in denen die Kommission den Mitgliedstaaten spezifische Maßnahmen zur Förderung der Chancengleichheit empfiehlt[2339]. Empfehlungen wie die an die Mitgliedstaaten

---

2330 Vgl. Anhang 5, S. 766
2331 Oppermann, S. 293 Rn. 779
2332 Vgl. hierzu Schweitzer/Hummer, S. 228 Rn. 746
2333 Ein 4. Aktionsprogramm für die Bediensteten der Kommission wurde nicht erlassen.
2334 Vgl. Anhang 1, S. 715
2335 Vgl. Anhang 2, S. 726
2336 Oppermann, S. 712 Rn. 1664
2337 Vgl. Anhang 5, S. 767
2338 1. Aktionsprogramm der Gemeinschaft zur Förderung der Chancengleichheit der Frauen 1982-1985, KOM (81) 758 endg. v. 09.12.1981; 2.Aktionsprogramm Chancengleichheit der Frauen – Mittelfristiges Programm der Gemeinschaft 1986-1990, KOM (85) 801 endg. v. 19.12.1985; 3. Aktionsprogramm Chancengleichheit für Frauen und Männer – 3. Mittelfristiges Aktionsprogramm der Gemeinschaft 1991-1995, KOM (90) 449 endg. v. 06.11.1990; 4. Mittelfristiges Aktionsprogramm der Gemeinschaft für die Chancengleichheit von Männern und Frauen für den Zeitraum 1996-2000, KOM (95) 381 endg. v. 22.12.1995; 5. Aktionsprogramm der Gemeinschaft betreffend die Gemeinschaftsstrategie für die Gleichstellung von Frauen und Männern (2001-2005), Entscheidung des Rates v. 20.12.2000, ABl.EG Nr. L 17, S. 22
2339 So auch Beutler/Bieber/Pipkorn/Streil, S. 231 Rn. 402

gerichteten Aktionsprogramme, die ihren Adressaten ein bestimmtes Verhalten nahelegen, ohne dabei irgendeine rechtliche Bindungswirkung zu entfalten[2340], sind in Art. 249 Abs. 5 EGV geregelt und trotz ihrer Unverbindlichkeit bei der Anwendung mitgliedstaatlicher Rechtsvorschriften berücksichtigungsfähige Auslegungshilfen für nationale Gerichte, wenn sie als Ergänzung verbindlicher gemeinschaftsrechtlicher Bestimmungen (z.B. der Richtlinien) gedacht sind oder die nationalen Normen ihrer Durchführung dienen[2341].

Der Unterschied der Aktionsprogramme der Kommission für ihre eigenen Bediensteten zu den an die Mitgliedstaaten gerichteten Programmen liegt zunächst in der ausschließlichen Innenwirkung der ersteren sowie der internen Bindung der Gemeinschaftorgane, daß in den Leitlinien vorgegebene Ziel zu erreichen. Sie dienen dabei der Ausfüllung, Ergänzung und Auslegung des in das BSt neu eingefügten Art. 1a, insbesondere des Absatzes 2 und 3, der über den geänderten Art. 52 Unterabsatz 1 der Beschäftigungsbedingungen für die sonstigen Bediensteten der EG auch hier Geltung hat[2342]. Daneben dienen die verwaltungsinternen Aktionsprogramme des EÖD auch der mittelbaren Umsetzung der auf der Grundlage von Art. 141 EGV ergangenen, konkretisierenden und erweiternden Richtlinien[2343], insbesondere der Gleichbehandlungsrichtlinie 76/207/EWG[2344] (a.F.) sowie der Empfehlung des Rates vom 13.12.1984 zur Förderung positiver Maßnahmen für Frauen – Empfehlung 84/635/EWG[2345].

Dies führt zu einer Betrachtungsweise, die zu einer Einordnung der Aktionsprogramme im EÖD als verwaltungsinterne Richtlinien gelangt: Im Hinblick auf die rechtsverbindliche Ausgestaltung zielgerichteter Frauenfördermaßnahmen bewegt sich der EÖD mit seinen Aktionsprogrammen für die Chancengleichheit von Mann und Frau in der Europäischen Kommission und für das Personal des Europäischen Parlaments zeitlich vergleichbar auf der Ebene der Richtliniengebung in Deutschland in den achtziger Jahren.

---

2340 Schmidt in Von der Groeben/Thiesing/Ehlermann (Hrsg.), Art. 189 Rn. 46 ff. sowie Hetmeier in Lenz (Hrsg.), Art. 249 Rn. 19
2341 EuGH v. 13.12.1989, Slg. 1989, S. 4407(S. 4421) Rs. C-322/88 Grimaldi/Fonds des maladies professionnelles
2342 Vgl. Verordnung (EG, EGKS, EURATOM) Nr. 781/98 des Rates v. 07.04.1998 zur Änderung des Statuts der Beamten der Europäischen Gemeinschaften und der Beschäftigungsbedingungen für die sonstigen Bediensteten dieser Gemeinschaften hinsichtlich der Gleichbehandlung, ABl.EG Nr. L 113, S. 4 v. 15.04.1998
2343 Coen in Lenz (Hrsg.), Art. 141 Rn. 4
2344 Vgl. die instruktiven Äußerungen im Aktionsprogramm zur Herstellung von mehr Ausgewogenheit (PAR-PE) für das Personal des Europäischen Parlaments von Dezember 1990, Anhang 1, S. 716 f.
2345 ABl.EG Nr. L 331, S. 34 v. 19.12.1984

Nach der deutschen Verwaltungsrechtslehre gehören Richtlinien zu den Verwaltungsvorschriften, die in Abgrenzung zu den Rechtsnormen als verwaltungsinterne Regelungen das Verhalten der Behörden und Bediensteten verbindlich regeln und deshalb dem staatlichen Innenraum als sogenannte Innenrechtssätze zuzuordnen sind, ohne dabei eine gewisse mittelbare Außenwirkung gänzlich auszuschließen[2346]. Die Frauenförder- bzw. Gleichstellungsrichtlinien lassen sich dabei als gesetzesvertretende Verwaltungsvorschriften[2347] qualifizieren, die den normbedürftigen Bereich der Frauenfördermaßnahmen im deutschen öffentlichen Dienst vor Erlaß der entsprechenden Gesetze geregelt bzw. bereits bestehende gesetzliche Bestimmungen, die aufgrund ihrer Allgemeinheit einer Ausfüllung bedurften, konkretisiert haben[2348]. So sah das VG Bremen eine ausreichende gesetzliche Grundlage für die Bremer Richtlinie in dem Gesetz zu dem Übereinkommen vom 18.12.1979 zur Beseitigung jeder Form von Diskriminierung der Frau vom 25.04.1985[2349]. Das Gericht war der Auffassung, daß die streitbefangene Nr. 9 der Frauenförderungsrichtlinie eine den Art. 4 Abs. 1 des Übereinkommens konkretisierende zeitweilige Sondermaßnahme zur beschleunigten Herbeiführung der de-facto-Gleichberechtigung von Mann und Frau beinhalte, die nicht als Diskriminierung i.S.d. Übereinkommens gelte. Dies entspreche auch inhaltlich dem geschlechtsbezogenen Bevorzugungs- und Benachteiligungsverbot aus Art. 3 Abs. 2 und 3 GG. Der Gesetzgeber habe mit seiner Zustimmung zu dem Übereinkommen gleichzeitig eine die subjektiven Grundrechtspositionen und den objektiven Gehalt des Art. 3 Abs. 2 GG ausgleichende gesetzgeberische Entscheidung getroffen, die die staatlichen Organe zur Anwendung und Ausarbeitung von Sondermaßnahmen (hier leistungsabhängige Vorrangregelungen zugunsten von Frauen) legitimiere[2350].

Nichts anderes kann für die Aktionsprogramme für die Chancengleichheit der Bediensteten in der Europäischen Kommission und im Europäischen Parlament gelten. Sie erfüllen die Voraussetzungen der gesetzesvertretenden Verwaltungsvorschriften, die der EuGH als innerdienstliche Richtlinien ohne Rechts-

---

[2346] Maurer, Allgemeines Verwaltungsrecht, 12. Aufl. 1999, S. 598f. Rn. 1, 3
[2347] Maurer, S. 603 Rn. 11
[2348] VG Bremen v. 26.11. 1987, NJW 1988, S. 3224 (S. 3227 f.) zur Richtlinie zur Förderung von Frauen im öffentlichen Dienst der Freien Hansestadt Bremen v. 09.10.1984 , ABl., S. 351; abgedruckt auch bei Bertelsmann/Colneric/Pfarr/Rust, 5.2.5
[2349] BGBl. II, S. 647
[2350] Zustimmend Lange, NVwZ 1990, S.135 (S. 137) sowie Pfarr/Fuchsloch, NJW 1988, S. 2201 (S. 2205); a.A. OVG Münster v. 15.06.1989, NJW 1989, S. 2560 (S. 2561) zum Frauenförderungskonzept des Landes Nordrhein-Westfalen v. 30.04.1985, MinBl., S. 858; abgedruckt auch bei Bertelsmann/ Colneric/ Pfarr/Rust, 5.2.10.1 sowie Sachs, Jura 1989, S. 465 (S. 472 f.)

normcharakter (denn Rechtsnormen müßte die Verwaltung in jedem Fall beachten) qualifiziert, die als Verhaltensnormen einen Hinweis auf die zu verfolgende Verwaltungspraxis geben und von denen die Verwaltung auch nicht ohne Begründung abweichen darf, ohne dabei den Grundsatz der Gleichbehandlung zu verletzen[2351]. Dem kann auch nicht entgegengehalten werden, daß Aktionsprogrammen im Gemeinschaftsrecht im allgemeinen nur ein empfehlender Charakter zukommt, denn es ist nicht ersichtlich, daß sich z.B. die Kommission in ihrem Dritten Aktionsprogramm nicht auch an die vorgesehenen Maßnahmen binden wollte. Gleichwohl haben alle fünf im Anhang dokumentierten Aktionsprogramme des Europäischen Parlaments und der Kommission auch programmatische Züge, was bei einer inhaltlichen Gesamtbetrachtung jedoch nur die Bezeichnung als Aktionsprogramm erklärt, nicht dagegen den Bindungswillen des Organs in bezug auf einzelne Maßnahmen.

Bis zum Erlaß der Verordnung Nr. 781/98 des Rates vom 07.04.1998 zur Gleichbehandlung der Beamten und sonstigen Bediensteten kam ihnen die Regelung eines normbedürftigen Bereichs zu, in den nur mittelbar Richtlinien wie die Gleichbehandlungsrichtlinie 76/207/EWG[2352] und die als Empfehlungen einzuordnenden Aktionsprogramme der Gemeinschaft hineinwirkten. Mit der Einfügung des Art. 1a in das BSt durch die Verordnung Nr. 781/98 des Rates ist die gesetzliche Basis z.B. des Dritten Aktionsprogrammes für die Chancengleichheit von Mann und Frau in der Europäischen Kommission (1997-2000) nunmehr im BSt und den Beschäftigungsbedingungen für die sonstigen Bediensteten verankert. Hier konkretisieren die vom Dritten Aktionsprogramm vorgesehenen Frauenfördermaßnahmen insbesondere Art. 1a Abs. 2 und 3 BSt. Dabei entspricht Art. 1a Abs. 2 BSt vom Wortlaut her dem durch den Vertrag von Amsterdam neu eingefügten Art. 141 Abs. 4 EGV mit dem einzigen Unterschied, daß als Adressat des Art. 1a Abs. 2 BSt die Organe der EG genannt sind und Art. 141 Abs. 4 EGV an die Mitgliedstaaten gerichtet ist.

---

2351  EuGH v. 30.01.1974, Slg. 1974, S. 81 (S. 89) Rs. 148/73 Louwage u. Moriame-Louwage/Kommission; vgl. ausführlich zu dieser Rechtsprechung Crones, Selbstbindungen der Verwaltung im Europäischen Gemeinschaftsrecht, 1. Aufl. 1997, S. 64 ff., der auf S. 66 f. auf die Rezeption des deutschen Verständnisses einer Selbstbindung der Verwaltung hinweist und im übrigen klarstellt, daß interne Richtlinien nicht nur inhaltlich Ermessensentscheidungen steuern, sondern auch in den verschiedensten Formen vorkommen können, z.B. als Leitfaden für die Beurteilung der Beamten, Rundschreiben, Regelungen eines internen Schlichtungsverfahrens bei Kündigungen etc.

2352  Die Richtlinie 76/207/EWG wurde durch die Änderungsrichtlinie 2002/73/EG des Europäischen Parlaments und des Rates v. 23.09.2002 geändert, u.a. wurde der Art. 2 Abs. 4 vor dem Hintergrund der Geltung des Art. 141 Abs. 4 EGV aufgehoben, ABl.EG Nr. L 269, S. 15

Die Identität von Art. 1a Abs. 2 BSt und Art. 141 Abs. 4 EGV ist kein Zufall, denn die Bemühungen um die Gleichstellung der Geschlechter im EÖD sind von dem Bestreben gekennzeichnet, daß für die Mitgliedstaaten geltende primäre und sekundäre Gemeinschaftsrecht, insbesondere auch die auf der Grundlage von Art. 141 EGV ergangenen Richtlinien wie u.a. die Gleichbehandlungsrichtlinie 76/207/EWG sowie die Empfehlung des Rates 84/635/EWG und die Aktionsprogramme „auch im eigenen Hause"[2353] umzusetzen und der Vorbildfunktion bzw. Vorreiterrolle der Europäischen Gemeinschaft in bezug auf die Gleichberechtigung der Geschlechter auch bei den Gemeinschaftsorganen als Arbeitgeber gerecht zu werden[2354].

Dem entspricht es auch, daß Art. 1a Abs. 3 BSt nunmehr inhaltlich teilweise dem Art. 141 Abs. 3 EGV nachgebildet ist[2355], denn ihm zufolge legen die Organe „nach Stellungnahme des Statutsbeirats einvernehmlich die Maßnahmen und Aktionen fest, die zur Chancengleichheit von Männern und Frauen in den unter das Statut fallenden Bereichen beitragen; sie erlassen entsprechende Vorschriften, insbesondere um die faktischen Ungleichheiten, die die Chancen der Frauen in den unter das Statut fallenden Bereichen beeinträchtigen, zu beseitigen". Nicht durchsetzen konnte sich in diesem Zusammenhang der Ausschuß für die Rechte der Frau, der in seiner Stellungnahme vom 12.02.1997 im Vorfeld der Änderung des BSt und der Beschäftigungsbedingungen erhebliche Kritik an der Verwendung des Begriffes „einvernehmlich" geäußert hatte, da die „Berücksichtigung bestimmter Maßnahmen durch eines der Organe durch den Einspruch eines anderen Organs verzögert werden (könnte)"[2356]. Die deshalb vorgeschlagene Streichung des Wortes „einvernehmlich" sowie der Vorschlag, die von den Organen festzulegenden Maßnahmen und Aktionen ausdrücklich auch als „positive Maßnahmen" zu bezeichnen[2357], fanden keinen Eingang in das BSt und die Beschäftigungsbedingungen durch die Verordnung Nr. 781/98 des Rates vom 07.04.1998.

*b) Zwischenergebnis*

Festzuhalten ist, daß die Rechtsqualität der Aktionsprogramme für die Beschäftigten des EÖD der der ehemaligen Frauenförderrichtlinien im deutschen öffent-

---

2353 Vgl. Anhang 5, S. 767, 769
2354 Vgl. Anhang 1, S. 716 sowie Anhang 2, S. 728; vgl. auch Stellungnahme des Ausschusses für die Rechte der Frau v. 12.02.1997 in EP-Sitzungsdokumente A4-0046/97 PE 219.390/end., S. 15 Erwägung 1a (neu)
2355 Vgl. die Ausführungen auf S. 309 ff.
2356 Vgl. Stellungnahme v. 12.02.1997 in EP-Sitzungsdokumente, S. 13
2357 Stellungnahme v. 12.02.1997, S. 13 f., 15 Änderungsantrag 3 und 4

lichen Dienst als allgemeine (gesetzesvertretende) Verwaltungsvorschriften entspricht. Als innerdienstliche Richtlinien kommt ihnen für die Auslegung und Anwendung des BSt und der Beschäftigungsbedingungen die schwächste Rechtswirkung zu[2358].

Die Bestimmungen des BSt und der Beschäftigungsbedingungen, die in Form der Verordnung gemäß Art. 249 Abs. 2 EGV ergangen und damit in allen ihren Teilen verbindlich und in jedem Mitgliedstaat unmittelbar geltendes Recht sind, gehören zum sekundären Gemeinschaftsrecht[2359]. Ihr normativer Charakter mit abstrakt-generellen Regelungen, die sie den Gesetzen in den Mitgliedstaaten vergleichbar machen[2360], ändert sich auch nicht dadurch, daß das BSt und die Beschäftigungsbedingungen einen internen Sachverhalt der Gemeinschaft, nämlich das Verhältnis der Bediensteten zur EG, regeln[2361]. Aufgrund ihrer Vergleichbarkeit mit den nationalen Gesetzen ist schon an dieser Stelle anzumerken, daß der Änderung des BSt durch die Verordnung Nr. 781/98 des Rates vom 07.04.1998 nicht mehr als eine rahmensetzende Funktion für Frauenfördermaßnahmen zukommt, die durch die Festlegung einvernehmlicher Maßnahmen innerhalb der Gemeinschaftsorgane i.S.v. Art. 1a Abs. 3 BSt zusätzlich in ihrer Entwicklung begrenzt sind.

Da auch der EuGH die innerdienstlichen Richtlinien, zu denen die Aktionsprogramme für die Chancengleichheit von Mann und Frau in der Kommission bzw. für das Personal des Europäischen Parlaments gehören, lediglich als Verhaltensnormen für die zu verfolgende Verwaltungspraxis einstuft, an die die Verwaltung im Unterschied zu den Rechtsnormen nicht in jedem Fall gebunden ist[2362] und damit ein Spielraum eröffnet wird, der schließlich auch die schwache Rechtswirkung der allgemeinen Verwaltungsvorschriften[2363] ausmacht, ist es um so bedauerlicher, daß die konkretisierenden Vorschläge des Ausschusses für die Rechte der Frau zur Änderung des BSt in bezug auf positive Maßnahmen letztlich nicht verwirklicht worden sind. Die derzeitige Rechtsform der Aktionsprogramme als innerdienstliche Richtlinie bleibt im Vergleich zum deutschen öffentlichen Dienst, der sowohl auf Bundes- als auch auf Länderebene gesetzliche Regelungen zur Frauenförderung getroffen hat, hinter diesem zurück und dient ausschließlich der Auslegung, Anwendung und Ergänzung des Art. 1a BSt.

---

2358  Rogalla, S. 47
2359  Rogalla, S. 45
2360  Hetmeier in Lenz (Hrsg.), Art. 249 Rn. 6
2361  Schmidt in Von der Groeben/Thiesing/Ehlermann (Hrsg.), Art. 189 Rn. 34
2362  EuGH v. 30.01.1974, S. 89 Louwage und Moriame-Louwage/Kommission
2363  Rogalla, S. 47

## 2. Die Struktur der deutschen Frauenförder- und Gleichstellungsgesetze

*2.1. Bundesebene*

Auf Bundesebene wurde die Frauenförderung erst mit dem Gesetz zur Durchsetzung der Gleichberechtigung von Frauen und Männern vom 24.06.1994[2364] auf eine gesetzliche Grundlage gestellt. Vorläufer für die Beschäftigten in der Bundesverwaltung und den Gerichten des Bundes waren zunächst die Richtlinie zur beruflichen Förderung von Frauen in der Bundesverwaltung vom 24.02.1986[2365] sowie die Richtlinie zur beruflichen Förderung von Frauen in der Bundesverwaltung - Frauenförderungsrichtlinie vom 25.09.1990[2366]. Inzwischen ist das Frauenfördergesetz von 1994 durch das Gesetz zur Gleichstellung von Frauen und Männern in der Bundesverwaltung und in den Gerichten des Bundes (BGleiG) vom 30.11.2001[2367] abgelöst worden, weil sich sein Vorgänger an vielen Stellen als unzulänglich erwiesen hatte.

Das Gesetzesziel liegt gemäß § 1 in der Gleichstellung von Frauen und Männern und der Beseitigung bestehender und Verhinderung zukünftiger Diskriminierungen wegen des Geschlechts sowie in der Verbesserung der Vereinbarkeit von Familie und Beruf für beide Geschlechter. Nach § 3 Abs. 1 BGleiG erfaßt das Gesetz alle Beschäftigten, d.h. nicht nur Beamtinnen und Beamte, sondern auch Angestellte, Arbeiter/innen, Auszubildende, Richter/innen sowie Inhaber/innen öffentlicher Ämter, § 4 Abs. 1. § 2 BGleiG enthält darüber hinaus als bislang einziges Gesetz das von Art. 3 Abs. 2 EGV statuierte Prinzip des gender mainstreaming[2368].

Neben den einzelnen Maßnahmen der Frauenförderung wie die leistungsabhängige Vorrangregelung mit Härtefallklausel bei weiblicher Unterrepräsentanz in § 8 BGleiG, Auswahlkriterien und Benachteiligungsverbote gemäß § 9 BGleiG, Fortbildung, Aufstellung eines Gleichstellungsplans nach § 1 BGleiG sowie Maßnahmen zur Vereinbarkeit von Beruf und Familie, wie familiengerechte Arbeitszeiten, Teilzeit- und Telearbeit sowie Beurlaubung mit diesbezüglichem Benachteiligungsverbot, beinhaltet das BGleiG auch spezielle Vorschriften zur Institution der Gleichstellungsbeauftragten, die über § 18 Abs. 5 einen den Personalratsmitgliedern vergleichbaren Schutz genießt[2369]. Eine Besonderheit, die bislang nur das saarländische Gesetz Nr. 1371 aufzuweisen hatte, ent-

---

2364 BGBl. I, S. 1406
2365 GMBl, S. 148; abgedruckt auch bei Bertelsmann/Colneric/Pfarr/Rust, HI, 6.2.1
2366 GMBl., S. 830; abgedruckt auch bei Bertelsmann/Colneric/Pfarr/Rust, 6.2.2
2367 BGBl. I, S. 3234
2368 Schiek in Schiek u.a., S. 359 Rn. 844
2369 So auch Pfarr, RdA 1995, S. 204 (S. 205)

hält § 5 Abs. 2 BGleiG. Die Vorschrift bezieht die Geltung des § 611a BGB explizit auch auf Beamtenverhältnisse, so daß damit auch die Beweislastumkehr aus § 611a Abs. 1 S. 3 BGB für die Beamtinnen und Beamten in der Bundesverwaltung gilt[2370].

Die Bestellung der Gleichstellungsbeauftragten ist an Dienststellen mit regelmäßig mindestens 100 Beschäftigten[2371] gebunden. Dabei ist sie in der Ausübung ihrer Tätigkeit, die Vortragsrechte und -pflichten[2372], Einspruchsrecht[2373], Überwachungs-, Mitwirkungs-, Informations- und Unterrichtungsrechte[2374] beinhaltet, weisungsfrei[2375].

Im Hinblick auf das in § 21 BGleiG geregelte Einspruchsrechtrecht der Gleichstellungsbeauftragten ist zum einen die aufschiebende Wirkung einer von ihr beanstandeten Maßnahme der Dienststelle zu beachten. Zum anderen prüft zunächst dieselbe Dienststellenleitung die Begründetheit der beanstandeten Maßnahme. Wird der Einspruch von ihr für unbegründet gehalten, muß sie diesen nach § 21 Abs. 3 der nächsthöheren Dienststelle vorlegen. Dies bezweckt einen umfassenden verwaltungsinternen Kommunikations- und Klärungsprozeß, der auch der Stellung der Gleichstellungsbeauftragten angemessen Rechnung trägt. Die Dienststellenleitung wird damit auch unter Begründungszwang gesetzt, was einer effektiveren Streitbeilegung dient[2376]. Die Rechte der Gleichstellungsbeauftragten werden damit im Gegensatz zum Vorläufergesetz aus dem Jahr 1994 klar gestärkt[2377].

Damit läßt sich die Gleichstellungsbeauftragte als tragendes, organisatorisches Gerüst zur Umsetzung und Sicherstellung spezifischer Frauenfördermaßnahmen, Maßnahmen zur Vereinbarkeit von Beruf und Familie, aber auch des gender mainstreaming aus § 2 BGleiG begreifen[2378], deren Effektivität entscheidend von ihren rechtlichen Sanktionsmöglichkeiten geprägt ist. Abgerundet wird ihre Funktion durch die in § 25 BGleiG vorgesehene Berichtspflicht der Bundesregierung an den Deutschen Bundestag in Form eines Erfahrungsberichts über die Situation der Frauen im öffentlichen Dienst des Bundes. Auch der Berichtspflicht kommt eine kontrollierende und absichernde Rolle zu, die insbesondere

---

2370 Vgl. dazu die Ausführungen auf S. 106 ff.
2371 Vgl. § 16 Abs. 1 BGleiG
2372 Vgl. § 20 Abs. 2
2373 Vgl. § 21
2374 Vgl. §§ 19, 20
2375 Vgl. § 18 Abs. 1 S. 5
2376 Bundesministerium für Familie, Senioren, Frauen und Jugend (BMFSFJ), Das neue Gesetz zur Gleichstellung von Frauen und Männern, Broschüre Dezember 2001, S. 85 f.
2377 Wankel/Horstkötter in Schiek u.a., S. 417 Rn. 1056 sowie BMFSFJ, S. 86
2378 Ähnlich Bumke, S. 123

„Auskunft über Umsetzung und Effektivität frauenfördernder Maßnahmen geben soll"[2379]. Sie gehört demnach ebenfalls zu dem organisatorischen Gerüst der Gewährleistung und Entwicklung von Frauenfördermaßnahmen und Maßnahmen der Vereinbarkeit von Beruf und Familie, die als Verfahrensregeln auch einem effektiven Grundrechtsschutz (Art. 3 Abs. 2 GG) dienen[2380].

## 2.2. Länderebene

### a) Baden-Württemberg

In Baden-Württemberg wurde das Gesetz zur Durchsetzung der tatsächlichen Gleichberechtigung von Frauen und Männern (LGlG) am 21.12.1995[2381] erlassen. Auch hier existierten als Vorläufer des Gesetzes Leitlinien der Landesregierung zur Förderung von Frauen im Dienste des Landes Baden-Württemberg vom 12.01.1987[2382].

Ziel des LGlG Baden-Wüttembergs ist nach § 1 die Umsetzung des Gleichberechtigungsgrundsatzes in Erfüllung des Verfassungsauftrages aus Art. 3 Abs. 2 GG in den Landesbehörden und den sonstigen vom Geltungsbereich des Gesetzes erfaßten Körperschaften, Anstalten und Stiftungen. Dabei beinhaltet das Gesetz die gezielte berufliche Förderung von Frauen durch Verbesserung der Zugangs- und Aufstiegsbedingungen für Frauen, eine deutliche Erhöhung des Frauenanteils in den Bereichen ihrer Unterrepräsentation sowie den Abbau bestehender Benachteiligungen unter Beachtung des Art. 33 Abs. 2 GG. Schließlich soll durch das LGlG Baden-Württembergs auch die Vereinbarkeit von Beruf und Familie für Frauen und Männer gefördert werden. Zu den Beschäftigten i.S.d. Gesetzes gehören nicht nur Beamte und Beamtinnen, sondern auch die Angestellten, Arbeiter/innen und Richter/innen[2383].

Identisch mit dem BGleiG ist die Struktur und der Aufbau des Gesetzes, demzufolge neben den zwei großen Komplexen der Frauenfördermaßnahmen der dritte schwerpunktmäßige Regelungskomplex die Frauenvertreterin beinhaltet. Aufgaben und Rechte der Frauenvertreterin entsprechen teilweise dem BGleiG, denn sie wird in Dienststellen mit mehr als fünfzig Beschäftigten bestellt, ist der Dienststellenleitung unmittelbar zugeordnet und in der Ausübung

---

2379 Vieten in Schiek u.a., S. 257 Rn. 473
2380 Benda, S. 156
2381 GBl., S. 890, zuletzt geändert durch Gesetz v. 06.12.1999, GBl., S. 517
2382 GABl., S. 259
2383 Vgl. § 3 Abs. 1 LGlG Baden-Württemberg

ihrer Tätigkeit nicht an Weisungen gebunden[2384]. Auch kommen der Frauenvertreterin Kontroll- und Überwachungsfunktionen in bezug auf die Einhaltung und Durchführung des Gesetzes[2385] sowie Beteiligungs-, Informations- und Initiativrechte zu. Im Gegensatz zum BGleiG steht aber das Beanstandungsrecht aus § 15 LGlG Baden-Württembergs, das keine zwingende aufschiebende Wirkung hat und zu einer Entscheidung der Dienststellenleitung führt, die im Fall der Ablehnung der Beanstandung lediglich zu einer Begründung gegenüber der Frauenvertreterin verpflichtet ist. Auch im LGlG Baden-Württembergs bildet der Regelungskomplex „Frauenvertreterin" die organisatorische Grundlage der Umsetzung und Gewährleistung der beiden spezifischen Regelungskomplexe „Frauenfördermaßnahmen" und „Vereinbarkeit von Beruf und Familie". Weitere Regelungen wie u.a. die in § 20 zu findende Berichtspflicht der Landesregierung an den Landtag über die Umsetzung der Frauenfördermaßnahmen runden die Kontrollfunktion der Frauenbeauftragten lediglich ab, ersetzen sie aber nicht.

*b) Bayern*

In Bayern wurde erst spät das Bayerische Gesetz zur Gleichstellung von Frauen und Männern (BayGlG) vom 24.05.1996[2386] erlassen, das auf die im Juni 1994 beschlossenen Eckpunkte des Ministerrats für ein bayerisches Gleichstellungsgesetz zurückging[2387].

Das BayGlG ist wie das BGleiG für den Bund und das LGlG Baden-Württembergs von den inhaltlichen Schwerpunkten in drei größere Regelungskomplexe aufgeteilt, von denen zwei entsprechend dem Gesetzesziel in Art. 2 Abs. 1 BayGlG einerseits die Erhöhung des Frauenanteils in Bereichen ihrer Unterrepräsentation sowie die Sicherung der Chancengleichheit von Frauen und Männern unter Wahrung des Leistungsprinzips (Art. 94 Abs. 2 BayVerf = Art. 33 Abs. 2 GG) fördern, andererseits auf eine bessere Vereinbarkeit von Familie und Beruf hinwirken sollen. Der dritte Schwerpunkt des Gesetzes liegt dabei auf insgesamt sechs Regelungen zur Gleichstellungsbeauftragten, die sich inhaltlich mit den Bestimmungen des LGlG Baden-Württembergs decken.

Auch in Bayern ist die Gleichstellungsbeauftragte von den Dienststellen zu bestellen[2388], ist der Dienststellenleitung unmittelbar unterstellt und in der Erfüllung ihrer Aufgaben weisungsfrei[2389]. Darüber hinaus genießt sie ausdrück-

---

2384  Vgl. § 13 Abs. 1
2385  Vgl. § 14 Abs. 1
2386  GVBl., S. 186, zuletzt geändert durch Gesetz v. 16.12.1999, GVBl., S. 521
2387  Vgl. Bertelsmann/Colneric/Pfarr/Rust, Teil II, 5.2.2
2388  Vgl. Art. 15 Abs. 1
2389  Vgl. Art. 16 Abs. 1, 3

lich den gleichen Schutz hinsichtlich von Kündigungen, Versetzungen, Abordnung etc. wie Personalratsmitglieder[2390]. Zu ihren Aufgaben gehören neben der Förderung und Überwachung des Vollzugs des BayGlG und des Gleichstellungskonzepts auch eine Initiativ-, Beratungs-, unmittelbares Vortrags- und Beteiligungsrecht[2391]. Genau wie nach dem LGlG Baden-Württembergs kommt der Gleichstellungsbeauftragten auch in Bayern ein Beanstandungsrecht zu, über die die Dienststellenleitung zu entscheiden hat[2392]. Auch hier fehlt eine zwingende aufschiebende Wirkung der beanstandeten Maßnahme, die im Fall ihrer Begründetheit nur im Rahmen des Möglichen für Wiederholungsfälle zu berücksichtigen ist[2393]. Damit erweist sich die Institution der Gleichstellungsbeauftragten in Bayern zwar als Grundlage der Einhaltung und Umsetzung des in Art. 2 BayGlG verankerten Ziels der Maßnahmen zur gezielten Frauenförderung und der besseren Vereinbarkeit von Beruf und Familie, jedoch mit einem relativ wenig effektiven rechtlichen Instrumentarium zur Sanktionierung etwaiger Verstöße.

Das BayGlG enthält daneben noch entsprechend seiner Zielsetzung in Art. 2 Abs. 2 in lediglich einem Artikel die gleichberechtigte Teilhabe von Frauen und Männern in Gremien[2394] sowie eine Berichtspflicht der Staatsregierung an den Landtag und den Senat[2395]. Während die Gremienregelung zu den untergeordneten frauenfördernden Maßnahmen gehört, was sich insbesondere an ihrem Umfang verdeutlicht, sind die Berichtspflichten als Verfahrensregeln der Absicherung und Weiterentwicklung der in den Frauenförder- und Gleichstellungsgesetzen verankerten Ziele zu verstehen[2396]. Sie unterstützen und ergänzen die Kontroll- und Initiativfunktion der Frauenbeauftragten, da sie die Aufbereitung und Analyse der tatsächlichen Situation der weiblichen Beschäftigten im jeweiligen Verwaltungsbereich leisten[2397] und damit auch die Voraussetzung für eine frauenfördernde Personalplanung als integraler Bestandteil des Personalmanagements schaffen[2398], ohne dabei die konkrete Tätigkeit und Funktion der Frauenbeauftragten als regelmäßig zur Verfügung stehendes Sicherungsinstrument zu ersetzen. Vielmehr bilden sie eine Basis ihrer Arbeit auf die ihre Tätigkeit auf-

---

2390  Vgl. Art. 16 Abs. 6
2391  Vgl. Art. 17 und Art. 18
2392  Vgl. Art. 19 Abs. 1
2393  Vgl. Art. 19 Abs. 2
2394  Vgl. Art. 21
2395  Vgl. Art. 22
2396  Vgl. auch Vieten in Schiek u.a., S. 257 Rn. 471
2397  Bumke, S. 123
2398  BMFSFJ, S. 57

bauen kann, insgesamt aber erheblich über die den Berichten regelmäßig innewohnende Datenerfassung zur Beschäftigungsstruktur[2399] hinausgeht.

## c) Berlin

Das in Berlin geltende Landesgleichstellungsgesetz datiert vom 08.10.2001[2400] und war in der Vergangenheit wiederholten Änderungen unterworfen. Bereits mit Datum vom 31.12.1990 war in Berlin die erste gesetzliche Regelung, das Landesantidiskriminierungsgesetz (LADG)[2401], erlassen worden. Vorläufer bildeten auch hier die Leitlinien zur Förderung der weiblichen Beschäftigten im öffentlichen Dienst des Landes Berlin vom 03.07.1984[2402].

Das LGG Berlins legt in § 2 Abs. 1 grundsätzlich die Gleichstellung von Frauen und Männern fest, wobei § 2 Abs. 2 auch mittelbare Diskriminierungen als unzulässig erfaßt und schließlich eine gesetzliche Definition für diese Diskriminierungsform abgibt. In § 3 Abs. 1 LGG Berlin sind die Zielsetzungen des Gesetzes aufgeführt, die die Gleichstellungsverpflichtung als besondere Aufgabe der Dienstkräfte mit Leitungsfunktionen bezeichnen, die aktive Gleichstellung von Männern und Frauen in der Beschäftigung und zur Beseitigung bestehender Unterrepräsentanzen voranzutreiben haben, was sich wiederum in ihrer Leistungsbeurteilung niederschlägt. Auch wenn diese gesetzliche Zielsetzung die Vereinbarkeit von Beruf und Familie nicht ausdrücklich erwähnt, sind im LGG Berlins sowohl in § 9 zu Fort- und Weiterbildungsmaßnahmen als auch in § 10 zur (familienfreundlichen) flexiblen Arbeitszeit und § 11 zur familienpolitischen Beurlaubung entsprechende Regelungen zu finden, die auf eine Erleichterung und Verbesserung der Kombination von Berufs- und Familienarbeit zugeschnitten sind. Spezifische Maßnahmen der Frauenförderung, die die Bedingung für eine aktive Gleichstellung in der Beschäftigung und bei der Beseitigung weiblicher Unterrepräsentation, insbesondere im gehobenen und höheren öffentlichen Dienst, darstellen, sieht das LGG Berlins u.a. in Form von leistungsabhängigen Vorrangregelungen mit Härtefallklausel[2403], Frauenförderplänen[2404], Auswahlverfahren und Auswahlkriterien[2405] vor.

---

2399 Bumke, S. 123
2400 GVBl., S. 530
2401 GVBl. 1991, S. 8
2402 Abgedruckt bei Bertelsmann/Colneric/Pfarr/Rust, 5.2.3.1
2403 Vgl. § 8 Abs. 1, 2
2404 Vgl. § 4
2405 Vgl. § 6 und § 8 Abs. 4

Neben diesen beiden Schwerpunkten, die auch in Bayern, Baden-Württemberg und auf Bundesebene vorhanden sind, geht das LGG Berlins auch den Weg der Frauenförderung durch öffentliche Auftragsvergabe[2406] und staatliche Leistungsgewährung[2407].

Neben einer Gremienregelung[2408] beinhaltet das LGG Berlins auch Vorschriften zur Frauenvertreterin, deren Aufgaben insbesondere in Beteiligungs-, Informations- und Beratungsrechten liegen[2409]. Im Unterschied zu Bayern und Baden-Württemberg wird die Frauenvertreterin in Berlin in jeder Dienststelle durch geheime und unmittelbare Wahl der weiblichen Dienstkräfte eingesetzt und nicht durch Bestellung der Dienststellen[2410]. Wesentlicher Unterschied ist im LGG Berlins auch das Beanstandungsrecht der Frauenvertreterin, das einerseits zu einer zwingenden Aussetzung der Entscheidung führt[2411], andererseits auch die Möglichkeit der Beanstandung der jeweiligen personellen oder sonstigen Maßnahme bei dem für Frauenpolitik zuständigen Mitglied des Senats, das der zuständigen Amtsleitung einen Entscheidungsvorschlag vorlegt[2412]. Wird dieser Entscheidungsvorschlag von einer Amtsleitung in der Berliner Hauptverwaltung nicht akzeptiert, wird der Vorgang dem Senat zur Beratung und Beschlußfassung vorgelegt, die dann auch den Abschluß der Beanstandung bildet[2413].

Die Institution der Berliner Frauenvertreterin ist damit mit einem deutlich effektiveren Instrumentarium zur Umsetzung und Sicherstellung der Gleichstellungsverpflichtung ausgestattet als Bayern und Baden-Württemberg[2414]. Auch nach dem LGG Berlins wird die organisatorische Durchsetzungs- und Gewährleistungsfunktion der Frauenvertreterin durch die in § 19 geregelte Berichtspflicht des Senats an das Abgeordnetenhaus flankiert.

*d) Brandenburg*

In Brandenburg wurde mit Datum vom 04.07.1994 das Gesetz zur Gleichstellung von Frauen und Männern im öffentlichen Dienst im Land Brandenburg

---

2406 Vgl. § 13
2407 Vgl. § 14
2408 Vgl. § 15
2409 Vgl. § 17
2410 Vgl. § 16
2411 Vgl. § 18 Abs. 3
2412 Vgl. § 18 Abs. 2
2413 Vgl. § 18 Abs. 4
2414 Die weitreichende Wirkung des Beanstandungsrechts wird auch von Wankel/ Horstkötter in Schiek u.a., S. 585 Rn. 1536 angenommen

(BraLGG)[2415] erlassen. In Brandenburg existierte keine Frauenförderrichtlinie als Vorläufer einer gesetzlichen Regelung.

Nach § 1 BraLGG liegt das Ziel des Gesetzes zum einen in der Erreichung der tatsächlichen Gleichstellung von Frauen und Männern im öffentlichen Dienst, zum anderen in der Förderung der Vereinbarkeit von Beruf und Familie für beide Geschlechter[2416]. Die Verwirklichung der tatsächlichen Gleichstellung und Beseitigung bestehender Unterrepräsentation durch spezielle Frauenfördermaßnahmen sowie Gleichstellungspläne erfolgt dabei unter Berücksichtigung des Vorrangs von Eignung, Befähigung und fachlicher Leistung i.S.v. Art. 33 Abs. 2 GG und unter Wahrung der Einzelfallgerechtigkeit[2417] und ist als besondere Aufgabe den Dienstkräften mit Leitungsfunktion zugewiesen.

Auch nach dem BraLGG fungiert die von den Dienststellen zu bestellende Gleichstellungsbeauftragte[2418] als Kontroll- und Unterstützungsinstanz der Dienststellen bei der Durchführung und Einhaltung des Gesetzes[2419]. Sie hat Informations-, Beteiligungs-, Anhörungs-, Einsichts- und Beratungsrechte[2420]. Nach § 23 Abs. 1 hat sie ein Widerspruchsrecht, das sich auf ihre Beteiligungsrechte, insbesondere in personellen Angelegenheiten, bezieht[2421] und über das die Dienststellenleitung zu entscheiden hat, wobei der Vollzug der Maßnahme dann zwingend auszusetzen ist. Wird dem Widerspruch der Gleichstellungsbeauftragten nicht abgeholfen, entscheidet gemäß § 23 Abs. 2 BraLGG die nächsthöhere Dienststelle abschließend über den beanstandeten Vorgang. Im übrigen ist die brandenburgische Gleichstellungsbeauftragte Teil der Dienststelle und übt ihre Aufgaben weisungsfrei als dienstliche Tätigkeit aus[2422]. Gemäß § 25 BraLGG ist die kommunale Frauenbeauftragte von der Geltung der §§ 20 bis 24 des Gesetzes ausgenommen[2423].

§ 26 BraLGG sieht schließlich die Berichtspflicht der Landesregierung an den Landtag über die bisherigen und geplanten Maßnahmen zur Durchführung des Gesetzes sowie über die Entwicklung des Frauenanteils in der Landesverwaltung vor. Auch hier unterstützt und ergänzt die Berichtspflicht die von der

---

2415 GBVl., S. 254
2416 Daneben sieht auch das BraLGG ein weiteres Ziel in der Privatwirtschaft durch öffentliche Auftragsvergabe und staatliche Leistungsgewährung, vgl. §§ 14, 15
2417 Vgl. § 4 Abs. 1 und 2
2418 Vgl. § 20
2419 Vgl. § 22 Abs. 1
2420 Vgl. im einzelnen § 22 Abs. 2 bis 9
2421 Wankel/Horstkötter in Schiek u.a., S. 652 Rn. 1733
2422 Vgl. § 24 Abs. 1
2423 Zur Rechtsstellung der kommunalen Frauenbeauftragten Mayer, NVwZ 1994, S. 1182; dieselbe, RiA 1994, S. 224

Gleichstellungsbeauftragten zu leistende organisatorische Umsetzung und Gewährleistung des BraLGG.

*e) Bremen*

Das Gesetz zur Gleichstellung von Frau und Mann im öffentlichen Dienst des Landes Bremen (BremLGG) wurde am 20.11.1990[2424] erlassen und hat die Richtlinie zur Förderung von Frauen im öffentlichen Dienst der Freien Hansestadt Bremen vom 09.10.1984[2425] abgelöst. Bedingt durch die Entscheidung des EuGH in der Rechtssache Kalanke/Freie Hansestadt Bremen[2426] wurde § 4 Abs. 1 und 2 S. 1 BremLGG durch das Gesetz zur Änderung des Landesgleichstellungsgesetzes vom 03.02.1998[2427] neugefaßt und erhielt eine Härtefallklausel. Durch Urteil vom 11.11.1997 hatte der EuGH in der Rechtssache Marschall/ Land Nordrhein-Westfalen[2428] kurz zuvor die durch das FFG Nordrhein-Westfalen in das LBG eingefügte leistungsabhängige Vorrangregelung zugunsten von Frauen mit Härtefallklausel zur Wahrung der Einzelfallgerechtigkeit gegenüber männlichen Mitbewerbern für zulässig erklärt.

Nach § 1 zielt das BremLGG auf die Verwirklichung der Gleichstellung von Frauen und Männern durch Förderung der Frauen nach Maßgabe des Gesetzes. Auch das BremLGG hat drei herausgebildete Schwerpunkte, die sich einerseits auf spezifische Frauenfördermaßnahmen, respektive die leistungsabhängigen Vorrangregelungen zugunsten von Frauen mit Härtefallklausel, Frauenförderpläne, Auswahlkriterien, Fort- und Weiterbildung sowie Gremien, beziehen, andererseits die Vereinbarkeit von Beruf und Familie beinhalten durch die familiengerechte Arbeitsplatzgestaltung[2429] und eine Vorschrift zur Berufstätigkeitsunterbrechung[2430]. Der dritte Schwerpunkt des BremLGG liegt ebenfalls auf der Institution der Frauenbeauftragten, die auch im bremischen öffentlichen Dienst in jeder personalrats- oder richterratsfähigen Dienststelle von den wahlberechtigten Frauen gewählt wird[2431]. Zu ihren Aufgaben gehört nicht nur die Förderung des Vollzugs des BremLGG, sondern sie ist auch an allen personellen, sozialen und organisatorischen Maßnahmen mitberatend zu beteiligen[2432]. Sie hat

---

2424 GVBl., S. 433
2425 ABl., S. 351; abgedruckt bei Bertelsmann/Colneric/Pfarr/Rust, 5.2.5
2426 EuGH v. 17.10.1995, Slg. 1995, S. 3051 Rs. C-450/93
2427 GBl., S. 25
2428 Slg. 1997, S. 6363 Rs. C-409/95
2429 Vgl. § 8 BremLGG
2430 Vgl. § 10 BremLGG
2431 Vgl. § 11 Abs. 1, 2
2432 Vgl. § 13 Abs. 1

darüber hinaus Einsichtsrechte in Personalakten, kann Sprechstunden abhalten und ist verpflichtet, eng mit dem Personalrat zusammenzuarbeiten[2433]. Schließlich kommt der Frauenbeauftragten ein Widerspruchsrecht zu beabsichtigten Maßnahmen nach § 13 Abs. 1 BremLGG zu bzw. zu den personellen Maßnahmen nach §§ 3, 4 BremLGG oder zu Entscheidungen im Bereich der Vereinbarkeit von Beruf und Familie etc.[2434] Ihr Widerspruchsrecht ist außerdem auch auf die vom Personalrat beantragten Maßnahmen gemäß § 58 Abs. 4 BremPersVG ausgedehnt[2435]. Im Fall des Widerspruchs der Frauenbeauftragten entscheidet grundsätzlich die Behördenleitung[2436].

Der mit diesem Widerspruchsrecht verbundene weitreichende Devolutiveffekt[2437] kann auch nicht als Gefahr der Politisierung von Beförderungsentscheidungen durch die dem Verwaltungsverfahren sonst nicht eigene „Evokationspflicht"[2438] bewertet werden, denn dieses Verfahren kann einen effektiven Beitrag zur Transparenz von Personalentscheidungen u.a. sowie zur Intervention der Frauenbeauftragten und der Landesgleichstellungsstelle leisten[2439]. Im übrigen genießt die Frauenbeauftragte einen den Personalratsmitgliedern vergleichbaren Schutz und führt ihr Amt unentgeltlich als Ehrenamt[2440]. Auch in Bremen kommt über § 16 BremLGG zur Sicherungsinstanz der Frauenbeauftragten in bezug auf die Umsetzung des Gesetzes die Berichtspflicht des Senats an die Bürgerschaft als Ergänzung ihrer Arbeit hinzu.

*f) Hamburg*

Das Gesetz zur Gleichstellung von Frauen und Männern im hamburgischen öffentlichen Dienst (GstG Hamburg) datiert vom 19.03.1991[2441] und geht auf die Richtlinie zur Förderung von Frauen im öffentlichen Dienst der Freien und Hansestadt Hamburg vom 09.12.1983[2442] zurück.

Gemäß § 1 GstG Hamburg zielt das Gesetz auf die Verwirklichung der Gleichstellung von Frauen und Männern im öffentlichen Dienst des Landes unter Berücksichtigung des verfassungsrechtlichen Vorrangs von Eignung, Befähi-

---

2433 Vgl. § 13 Abs. 1, 6, 8
2434 Vgl. § 13 Abs. 2
2435 Vgl. § 13 Abs. 3
2436 Vgl. § 13 Abs. 2 S. 2, § 13 Abs. 3
2437 Wankel/Horstkötter in Schiek u.a., S. 690 Rn. 1845
2438 So aber Ladeur, ZBR 1992, S. 39 (S. 46)
2439 Wankel/Horstkötter in Schiek u.a., S. 690 Rn. 1845
2440 Vgl. § 15 Abs. 1, 3 BremLGG
2441 GVBl., S. 75
2442 MittVw 1/1984; abgedruckt bei Bertelsmann/Colneric/Pfarr/Rust, 5.2.6

gung und fachlicher Leistung i.S.v. Art. 33 Abs. 2 GG. Dabei hat das GstG Hamburg genau wie Bayern, Baden-Württemberg, der Bund und Bremen einen schwerpunktmäßigen Regelungskomplex im Bereich spezifischer Frauenfördermaßnahmen, den anderen Schwerpunkt bilden Maßnahmen zur besseren Vereinbarkeit von Beruf und Familie wie die Teilzeitbeschäftigung[2443] und die Beurlaubung[2444].

Im Unterschied sowohl zum BGleiG als auch zu den bisher dargestellten Landesgesetzen verzichtet das GstG Hamburgs jedoch auf eine Verpflichtung der Dienststellen zur Bestellung oder Wahl einer Frauenbeauftragten[2445]. Da sich hier auch nur eine einzige und recht dürftige Vorschrift innerhalb des GstG Hamburgs mit der Regelung der Frauenbeauftragten beschäftigt, ist schon allein vom geringen Umfang her eine dritte Schwerpunktbildung nicht gegeben[2446]. Gleichwohl muß § 14 in Verbindung mit § 15 GstG Hamburg, der die Vorlagepflicht eines Erfahrungsberichts über die Umsetzung des Gesetzes durch den Senat an die Bürgerschaft beinhaltet, als Grundlage der Durchsetzung und Gewährleistung des GstG Hamburgs begriffen werden, die jedoch als relativ schwache Organisationsnorm mehr als die in den übrigen Gesetzen getroffenen Regelungen zur Frauenbeauftragten im Hintergrund Wirkung entfalten dürfte, auch wenn in so gut wie allen Dienststellen im Geltungsbereich des GstG Hamburgs eine Frauenbeauftragte vorhanden ist[2447].

*g) Hessen*

In Hessen wurde das Hessische Gesetz über die Gleichberechtigung von Frauen und Männern und zum Abbau von Diskriminierungen von Frauen in der öffentlichen Verwaltung (HGlG) mit Datum vom 21.12.1993[2448] erlassen. Das HGlG löste einmal den Beschluß der Landesregierung „Maßnahmen zur Förderung von Frauen im öffentlichen Dienst" vom 04.09.1984[2449] sowie die darauf folgenden Grundsätze zur beruflichen Förderung von Frauen im Hessischen Landesdienst (Frauenförderplan) vom 18.03.1987[2450] ab. Die vor allen Dingen für den Bereich der Frauenbeauftragten entscheidende Änderung des HGlG erfolgte durch das

---

2443 Vgl. § 12
2444 Vgl. § 13
2445 Vgl. § 14 GstG Hamburg; der als Kann-Regelung gefaßt ist
2446 Zur Kritik vgl. Wankel/Horstkötter in Schiek u.a., S. 720 Rn. 1938
2447 Vgl. Wankel/Horstkötter in Schiek u.a., S. 719 f. Rn. 1935 ff.
2448 GVBl. I, S. 729
2449 StAnz. 1984, S. 2246; abgedruckt bei Bertelsmann/Colneric/Pfarr/Rust, 5.2.7.1
2450 StAnz. 1987, S. 692; abgedruckt bei Bertelsmann/Colneric/Pfarr/Rust, 5.2.7.2

Gesetz zur Beschleunigung von Entscheidungsprozessen innerhalb der öffentlichen Verwaltung vom 06.07.1999[2451].

Ziel des Gesetzes ist gemäß § 1 HGlG der gleiche Zugang von Frauen und Männern zu öffentlichen Ämtern, der durch berufliche Frauenförderung auf der Grundlage von Frauenförderplänen mit verbindlichen Zielvorgaben zur Verbesserung der Zugangs- und Aufstiegsbedingungen sowie der Arbeitsbedingungen erreicht werden soll. Nach § 3 Abs. 1 HGlG sind die Dienststellen in diesem Zusammenhang verpflichtet, durch Frauenförderpläne und sonstige Maßnahmen der Förderung auf die Gleichstellung der Geschlechter im öffentlichen Dienst, die Beseitigung der Unterrepräsentanz von Frauen und den Abbau von geschlechtsbedingten Diskriminierungen sowie Diskriminierungen aufgrund des Familienstandes hinzuwirken. Über diese Grundsätze in Verbindung mit der Zielsetzung des HGlG ergibt sich auch die Struktur des Gesetzes, das ebenfalls drei Schwerpunkte gesetzlicher Regelungen aufweist, denn der eine Bereich enthält eben die spezifischen Frauenfördermaßnahmen wie die verbindlichen, im Frauenförderplan verankerten Zielvorgaben[2452], Auswahlverfahren und Auswahlkriterien[2453] und Fortbildung[2454], im zweiten Regelungsbereich sind schließlich sonstige Fördermaßnahmen aufgeführt, die als Maßnahmen der Verbesserung der Vereinbarkeit von Beruf und Familie zu begreifen sind und dabei auf die familiengerechte Arbeitszeit, Beurlaubung und Teilzeitbeschäftigung[2455] rekurrieren. Der dritte Schwerpunkt des HGlG liegt auf den Bestimmungen zur Frauenbeauftragten, die in jeder Dienststelle von mehr als fünfzig Beschäftigten zu bestellen ist[2456].

Die Frauenbeauftragte ist im hessischen öffentlichen Dienst mit umfangreichen Rechten ausgestattet, insbesondere hat sie Anhörungs-, Einsichts-, Beteiligungs- und Beratungsrechte und überwacht die Durchführung des Gesetzes[2457]. Sie hat außerdem ein Widerspruchsrecht mit zwingend aufschiebender Wirkung[2458], über das die Dienststellenleitung zu entscheiden hat. Neu ist seit der Änderung des HGlG vom 06.07.1999, daß sie den Widerspruch unter Darlegung der Gründe einzulegen und die Dienststellenleitung innerhalb von drei Wochen

---

2451 GVBl., S. 338, zuletzt geändert durch Gesetz v. 19.12.2000, GVBl., S. 542
2452 Vgl. §§ 4, 5 HGlG; nach der Gesetzesänderung v. 06.07.1999 erfolgte in § 5 Abs. 3 eine Klarstellung der zuvor noch offeneren und generalklauselartigen Formulierung (Schiek in Schiek u.a., S. 398 Rn. 612), demnach die Zielvorgaben nunmehr explizit in Prozentsätzen anzugeben sind
2453 Vgl. §§ 9, 10 HGlG
2454 Vgl. § 11 HGlG
2455 Vgl. §§ 12, 13 HGlG
2456 Vgl. § 16 Abs. 1 HGlG
2457 Vgl. § 18 HGlG
2458 Vgl. § 19 Abs. 1, 3 HGlG

erneut über den Vorgang zu entscheiden hat. Im übrigen ist dem Widerspruch zu entsprechen, wenn die Dienststelle in dieser Frist keine Entscheidung trifft[2459]. Wird dem Widerspruch nicht abgeholfen, kann die Frauenbeauftragte bei der Landesverwaltung die Einholung der Entscheidung der Stelle beantragen, die dem Frauenförderplan zugestimmt hat. Gestrichen wurde mit der Gesetzesänderung die Möglichkeit des Antrags der Frauenbeauftragten bei einem Ministerium oder der Staatskanzlei, die Entscheidung der Landesregierung über den Widerspruch herbeizuführen[2460]. Im übrigen ist die Frauenbeauftragte dienstlich und weisungsfrei tätig und genießt einen den Personalratsmitgliedern vergleichbaren Schutz[2461].

Die Änderung des HGlG von 1999 hat vor allem im Bereich der Gleichstellungsbeauftragten zu Einschränkungen ihres Wirkungskreises beigetragen, denn ihre zwingende Bestellung ist von einer deutlich höheren Beschäftigtenzahl abhängig (zuvor reichten zwanzig Beschäftigte in einer Dienststelle aus), die ursprünglich zwingend vorgesehene personelle Verstärkung kommunaler Frauenbüros bei Übernahme der Frauenbeauftragtentätigkeit wurde in eine Soll-Vorschrift umgewandelt[2462] und bei organisatorischen Maßnahmen, die mehrere Dienststellen betreffen, sind nicht mehr die betroffenen Frauenbeauftragten zu beteiligen, sondern vielmehr die Frauenbeauftragte der obersten Landesbehörde[2463] etc. Dies verhindert die Nähe zu den weiblichen Beschäftigten und schafft eine Distanz zu spezifischen Problemen einzelner Dienststellen, die letztlich auch negative Auswirkungen auf die Akzeptanz und Tätigkeit der Frauenbeauftragten an sich hat.

Anders als in den bislang dargestellten Gesetzen findet sich die Berichtspflicht der Landesregierung an den Landtag nicht am Ende des Gesetzes, sondern in § 6 Abs. 7 HGlG, der ansonsten das Verfahren zur Aufstellung von Frauenförderplänen und deren Bekanntmachung regelt. Diese Zuordnung der Berichtspflicht zu den Frauenförderplänen spricht aus Gründen der rechtssystematischen Stellung der Vorschrift für eine ausschließliche Auswertung der im Frauenförderplan verankerten Maßnahmen, was zusätzlich durch den Wortlaut des § 6 Abs. 7 HGlG gestützt wird. Allerdings ist die Frauenbeauftragte an der Aufstellung und sonstigen Maßnahmen der Durchführung des Frauenförderplans zu beteiligen[2464]. Hinzu kommt, daß ihre Arbeit ohne die von § 6 Abs. 7 HGlG für den Bericht geforderte Analyse der Entwicklung des Frauenanteils an den Be-

---

[2459] Vgl. § 19 Abs. 1 S. 3 HGlG n.F.
[2460] Vgl. § 19 Abs. 2 HGlG
[2461] Vgl. § 20 HGlG
[2462] Vgl. § 16 Abs. 1 S. 4 HGlG n.F.
[2463] Vgl. § 18 Abs. 1 S. 4 f. HGlG n.F.
[2464] Vgl. § 18 Abs. 1, 4 HGlG

schäftigten weder im Hinblick auf den Regelungskomplex spezifischer Frauenfördermaßnahmen, noch auf den Regelungskomplex der Maßnahmen zur Verbesserung der Vereinbarkeit von Beruf und Familie möglich ist. Deshalb ist auch in Hessen die Umsetzung der vom HGlG vorgesehenen Maßnahmen organisatorisch durch die Kombination der Frauenbeauftragten mit der Berichtspflicht gewährleistet.

### *h) Mecklenburg-Vorpommern*

Das Gesetz zur Gleichstellung von Mann und Frau im öffentlichen Dienst des Landes Mecklenburg-Vorpommern (GlG) datiert vom 18.02.1994[2465] und wurde neugefaßt durch Gesetz vom 27.07.1998[2466]. In Mecklenburg-Vorpommern wurde im Vorfeld der gesetzlichen Regelung die Richtlinie zur Bestellung und Tätigkeit von Gleichstellungsbeauftragten im öffentlichen Dienst vom 08.02.1993[2467] erlassen.

Ziel des GlG Mecklenburg-Vorpommerns ist gemäß § 2 Abs. 1 die Förderung von Frauen im öffentlichen Dienst des Landes sowie der Vereinbarkeit von Beruf und Familie, um die Gleichstellung der Geschlechter zu verwirklichen. Nach § 2 Abs. 2 GlG Mecklenburg-Vorpommerns sind die vom Geltungsbereich des Gesetzes erfaßten Einrichtungen auf die aktive Gleichstellung von Frauen und Männern sowie auf die Beseitigung bestehender Unterrepräsentanzen verpflichtet, was außerdem als besondere Aufgabe der Beschäftigten mit Leitungsfunktion angesehen wird.

Entsprechend dieser Zielsetzung teilt sich das GlG Mecklenburg-Vorpommerns in drei schwerpunktmäßige Regelungskomplexe auf, die spezifische Frauenfördermaßnahmen wie z.B. Zielvorgaben im Gleichstellungsförderplan[2468] etc. enthalten, aber auch Maßnahmen zur Vereinbarkeit von Beruf und Familie vorsehen wie flexible Arbeitszeiten, Teilzeitarbeit und Beurlaubung[2469]. Der dritte Regelungskomplex gestaltet die Institution der Gleichstellungsbeauftragten im öffentlichen Dienst des Landes aus, die gemäß § 11 Abs. 1 GlG Mecklenburg-Vorpommerns in jeder Dienststelle, in der ein Personal- oder Richterrat zu wählen ist, von den weiblichen Beschäftigten gewählt wird. Die Gleichstellungsbeauftragte hat neben Beteiligungsrechten in personellen, sozialen und organisatorischen Maßnahmen sowie an der Erstellung des Gleichstellungsförderplans

---

2465   GVBl., S. 343
2466   GVBl., S. 697
2467   ABl., S. 575; abgedruckt auch bei Bertelsmann/Colneric/Pfarr/Rust, 5.2.8.1
2468   Vgl. § 3 Abs. 2
2469   Vgl. §§ 7, 8

auch Beratungsrechte[2470]. Schließlich hat sie gemäß § 14 GlG Mecklenburg-Vorpommerns ein Beanstandungs- und Beschwerderecht bei der Dienststellenleitung, die erneut und mit Begründung über den beanstandeten Vorgang zu entscheiden hat. Gegenüber der gesetzlichen Regelung aus dem Jahr 1994 ist ihr Beanstandungs- und Beschwerderecht nunmehr differenzierter ausgestaltet und gibt ihr u.a. auch die Möglichkeit der Einholung einer Stellungnahme der vorgesetzten Dienststelle, wenn sie die Entscheidung ihrer Dienststelle über die beanstandete Maßnahme für fehlerhaft hält.

In § 15 GlG Mecklenburg-Vorpommerns findet sich die Berichtspflicht der Landesregierung an den Landtag über die Durchführung des Gesetzes, der Auskunft über die bisherigen und geplanten Maßnahmen und über die Entwicklung des Frauenanteils im öffentlichen Dienst des Landes gibt. Grundlage des Berichts bildet dabei die von den Dienststellen aufzustellende Analyse der Beschäftigungsstruktur, die durch die Anlage zum GlG Mecklenburg-Vorpommerns inhaltlich konkretisiert ist[2471]. Auch hier flankiert die Berichtspflicht die Funktion und Aufgabenzuweisung der Gleichstellungsbeauftragten als Kontroll- und Sicherungsinstanz für die tatsächliche Durchsetzung des Gesetzes.

*i) Niedersachsen*

In Niedersachsen wurde das Niedersächsische Gleichberechtigungsgesetz (NGG) mit Datum vom 15.06.1994[2472] erlassen. Die Änderung vom 21.11.1997 ging wie in Bremen insbesondere auf das Urteil des EuGH vom 17.10.1995 in der Rechtssache Kalanke/Freie Hansestadt Bremen[2473] und Marschall/Land Nordrhein-Westfalen[2474] zurück und führte u.a. eine Härtefallklausel in bezug auf die leistungsabhängige Vorrangregelung zugunsten von Frauen bei Einstellungen, Beförderungen und Übertragung höherwertiger Tätigkeiten aus § 5 NGG ein. Auch in Niedersachsen existierte als Vorläufer des NGG eine Richtlinie – Richtlinien über die berufliche Förderung von Frauen im öffentlichen Dienst vom 07.05.1987[2475].

Ziel des Gesetzes ist nach § 1 NGG die Erreichung einer gleichberechtigten Stellung von Frauen in den öffentlichen Verwaltungen insbesondere durch die Verwirklichung der beruflichen Gleichberechtigung und die Herstellung gleicher Chancen, die stärkere Prägung der Arbeitsbeziehungen und Arbeitsbedingungen

---

2470  Vgl. § 12 GstG Mecklenburg-Vorpommerns
2471  Vgl. § 15 Abs. 3 GstG Mecklenburg-Vorpommerns
2472  GVBl., S. 246 i.d.F.d. Änderung v. 21.11.1997, GVBl. S. 481
2473  Slg. 1995, S. 3051 Rs. C-450/93
2474  EuGH v. 11.11.1997, Slg. 1997, S. 6363 Rs. C-409/95
2475  Nds.MBl., S. 385; abgedruckt auch bei Bertelsmann/Colneric/Pfarr/Rust, 5.2.9.1

durch Frauen, der Ausgleich von Nachteilen, die Frauen aufgrund ihrer geschlechtlichen Unterschiedlichkeit bzw. ihrer Geschlechterrolle erfahren sowie die gerechte Beteiligung von Frauen in den Lohn-, Vergütungs- und Besoldungsgruppen einer Dienststelle, in denen sie unterrepräsentiert sind und in Gremien. Dabei sieht auch das NGG drei große Regelungskomplexe vor, die sich auf spezifische Frauenfördermaßnahmen, wie leistungsabhängige Vorrangregelungen mit Härtefallklausel[2476], Auswahlverfahren und Auswahlkriterien[2477], Fortbildung[2478], Maßnahmen zur Vereinbarkeit von Beruf und Familie wie z.B. familiengerechte Arbeitszeiten[2479] und Beurlaubung und Teilzeitarbeit[2480] sowie auf die Institution der Frauenbeauftragten[2481] konzentrieren.

Die Frauenbeauftragte wird in jeder Dienststelle von den Dienststellen nach vorheriger Anhörung der weiblichen Beschäftigten bestellt[2482], sie ist gemäß § 19 Abs.1 NGG der Dienststellenleitung unmittelbar unterstellt und hat insbesondere Beteiligungsrechte in Fragen der Arbeitszeit, Teilzeitarbeit, Einstellungen und Beförderungen, Versetzungen, Planung und Gestaltung von Fortbildungen usw.[2483]. Darüber hinaus hat sie Initiativ-, Einsichts- und Beratungsrechte nach § 20 Abs. 3 bis 6 NGG. Schließlich hat sie ein Beanstandungsrecht gemäß § 21 Abs. 1 NGG, das im Hinblick auf die personellen, sozialen und organisatorischen Maßnahmen auch eine zwingende aufschiebende Wirkung auslöst[2484]. Im Fall einer Beanstandung entscheidet die Dienststelle erneut über den Vorgang, den sie gegenüber der Frauenbeauftragten schriftlich zu begründen hat, wenn sie an ihrer ursprünglichen Entscheidung festhält. Nach § 22 NGG arbeitet die Frauenbeauftragte nicht nur weisungsfrei, sondern hat auch das Recht zur dienststellenübergreifenden Zusammenarbeit und kann sich in diesem Zusammenhang direkt an das für Frauenfragen zuständige Ministerium wenden. § 23 NGG enthält noch eine besondere Regelung für die Schulfrauenbeauftragten.

In Niedersachsen wird die Arbeit der Frauenbeauftragten ebenfalls durch die Berichtspflicht der Landesregierung an den Landtag über die Durchführung des Gesetzes gemäß § 24 Abs. 3 NGG flankiert.

---

2476 Vgl. § 5 NGG
2477 Vgl. §§ 8, 9 NGG
2478 Vgl. § 10 NGG
2479 Vgl. § 14 NGG
2480 Vgl. § 15 NGG
2481 Vgl. §§ 17 bis 23 NGG
2482 Vgl. § 18 Abs. 1 NGG
2483 Vgl. § 20 Abs. 1 NGG
2484 Vgl. § 21 Abs. 2 NGG

*j) Nordrhein-Westfalen*

In Nordrhein-Westfalen wurde das Gesetz zur Förderung der beruflichen Chancen für Frauen im öffentlichen Dienst (FFG) am 31.10.1989[2485] erlassen. Vorläufer bildete auch hier ein Frauenförderungskonzept vom 30.04.1985[2486]. Am 09.11.1999 ist schließlich das Gesetz zur Gleichstellung von Frauen und Männern für das Land Nordrhein-Westfalen und zur Änderung anderer Gesetze[2487] verabschiedet worden und am 10.11.1999 in Kraft getreten[2488]. Als Ergänzung des FFG von 1989 fungierte das mit Datum vom 09.11.1993 herausgegebene Frauenförderkonzept – Runderlaß des Ministeriums für die Gleichstellung von Frau und Mann[2489], das lediglich die Rechtsqualität einer Richtlinie bzw. Verwaltungsvorschrift hatte. Die Notwendigkeit der Zusammenfassung und Verstärkung der bislang im FFG Nordrhein-Westfalens und im Frauenförderkonzept getroffenen Regelungen durch eine gesetzliche Verankerung, um eine für den gesamten öffentlichen Dienst des Landes geltende Verbindlichkeit herzustellen, ist nunmehr durch das LGG von 1999 geleistet worden.

Ziel des Gesetzes ist nach § 1 Abs. 1 die Verwirklichung des Grundsatzes der Gleichberechtigung von Frauen und Männern durch die Förderung von Frauen sowie die Verbesserung der Vereinbarkeit von Beruf und Familie für beide Geschlechter. Darüber hinaus wird nach § 1 Abs. 3 LGG die Erfüllung des Verfassungsauftrags aus Art. 3 Abs. 2 GG und die Umsetzung des LGG zu einer besonderen Aufgabe der Dienstkräfte mit leitenden Funktionen erklärt.

Entsprechend dieser Zielsetzung enthält das LGG in seinem Abschnitt II die Maßnahmen zur Frauenförderung, die sich u.a. auf die Erstellung von Frauenförderplänen, konkrete Zielvorgaben für einen Zeitraum von drei Jahren[2490], aber auch auf leistungsabhängige Vorrangregelungen mit Härtefallklausel nach Maßgabe der §§ 8 Abs. 4, 199 Abs. 2 und 25 Abs. 6 LBG für Beamten- und Richterverhältnisse sowie für Arbeitsverhältnisse beziehen[2491]. Daneben existieren in Abschnitt II des LGG eine Regelung zu Vorstellungsgesprächen, Auswahlkrite-

---

2485 GVBl. S. 567
2486 MinBl., S. 858; abgedruckt auch bei Bertelsmann/Colneric/Pfarr/Rust, 5.2.10.1
2487 GVBl., S. 590
2488 Allgemein zur Entwicklung und Kritik des Gesetzes Busshoff-Schuhl, ZTR 2000, S. 107
2489 Abgedruckt bei Bertelsmann/Colneric/Pfarr/Rust, 5.2.10.3
2490 Vgl. §§ 5a Abs. 1, 6 Abs. 3 LGG NRW
2491 Vgl. § 7 LGG NRW; auf eine Besonderheit verweist Busshoff-Schuhl, S. 108, denn § 7 Abs. 5 LGG überträgt die leistungsabhängige Vorrangregelung auch auf den Bereich der Umsetzung, wenn damit die Übertragung eines höherbewerteten Dienstpostens verbunden ist oder eine Zulassung zum Aufstieg

rien und Fortbildungen[2492]. Im zweiten Schwerpunktbereich regelt das Gesetz schließlich die Maßnahmen zur Vereinbarkeit von Beruf und Familie, die sowohl Arbeitszeiten und Teilzeitarbeit abdecken als auch die familiär bedingte Beurlaubung[2493]. Ein dritter Regelungskomplex erfaßt schließlich die Gleichstellungsbeauftragte.

Die Gleichstellungsbeauftragte ist gemäß § 15 Abs. 1 LGG in jeder Dienststelle mit mindestens zwanzig Beschäftigten zu bestellen und nimmt ihre Aufgabe als Angehörige der Verwaltung wahr. Dabei ist sie von fachlichen Weisungen frei[2494]. Zu ihren Aufgaben gehört nicht nur die Unterstützung der Dienststellen in sozialen, organisatorischen und personellen Maßnahmen wie z.B. Stellenausschreibungen, Auswahlverfahren, Vorstellungsgesprächen und die Aufstellung des Frauenförderplans, sondern auch die Beratung der Beschäftigten in Gleichstellungsfragen[2495]. Sie hat darüber hinaus Einsichts-, Anhörungs- und Informationsrechte, das Recht zur Abgabe von Stellungnahmen sowie ein unmittelbares Vortragsrecht bei der Dienststellenleitung[2496]. Über § 19 LGG steht ihr ein Widerspruchsrecht zu, das mit einer aufschiebenden Wirkung gekoppelt ist. Im Bereich der nachgeordneten Dienststellen kann sie bei Nichtabhilfe ihres Widerspruchs die Stellungnahme der übergeordneten Dienststelle einholen. Offen bleibt gesetzlich jedoch, was passiert, wenn sich die Dienststelle über die berechtigten Einwände der Gleichstellungsbeauftragten hinwegsetzt[2497].

Auch in Nordrhein-Westfalen werden im LGG diese drei Schwerpunktkomplexe abgerundet und flankiert durch die alle drei Jahre stattzufindende Berichtspflicht der Landesregierung über die Umsetzung des LGG[2498].

*k) Rheinland-Pfalz*

In Rheinland-Pfalz wurde am 1.07.1995 das Landesgleichstellungsgesetz (LGG)[2499] erlassen, das das Gemeinsame Rundschreiben der Staatskanzlei und der Ministerien „Berufliche Förderung von Frauen im Landesdienst vom 20.04. 1983[2500] abgelöst hat.

---

2492  Vgl. §§ 9 bis 11 LGG NRW
2493  Vgl. §§ 13, 14 LGG NRW
2494  Vgl. § 16 Abs. 1 LGG NRW
2495  Vgl. § 17 LGG NRW
2496  Vgl. § 18 Abs. 1, 2 und 4 LGG NRW
2497  So Busshoff-Schuhl, S. 110
2498  Vgl. § 22 LGG NRW
2499  GVBl., S. 209
2500  MinBl. 1984, S. 54; abgedruckt auch bei Bertelsmann/Colneric/Pfarr/Rust, 5.2.11.1

Auch in Rheinland-Pfalz lassen sich im LGG drei Regelungskomplexe ausmachen, die sich an der in § 1 verankerten Zielsetzung orientieren. Gemäß § 1 Abs. 1 LGG werden zur Verwirklichung der Gleichstellung von Frauen und Männern im öffentlichen Dienst Frauen nach Maßgabe des Gesetzes gefördert und bestehende Benachteiligungen von Frauen abgebaut. § 1 Abs. 2 LGG beinhaltet darüber hinaus das Verbot der Diskriminierung aufgrund des Geschlechts und des Familienstandes und bietet zugleich eine gesetzliche Definition der vom Diskriminierungsverbot ebenfalls erfaßten mittelbaren Diskriminierung.

Im Sinne dieser Zielsetzung sieht das LGG Rheinland-Pfalz zunächst spezifische Frauenfördermaßnahmen wie u.a. leistungsabhängige Vorrangregelungen mit Härtefallklausel[2501], Aufstellung von Frauenförderplänen[2502] und Fortbildungen[2503] vor. Der zweite Regelungsschwerpunkt bezieht sich auf Maßnahmen zur Vereinbarkeit von Beruf und Familie, die auf Teilzeitbeschäftigung[2504] und Beurlaubung[2505] basieren. Im dritten Regelungsschwerpunkt sind auch im rheinland-pfälzischen LGG Vorschriften zur Gleichstellungsbeauftragten zu finden. Sie wird in jeder Dienststelle mit mindestens dreißig regelmäßig Beschäftigten bestellt[2506], sie ist gemäß § 17 Abs. 1 der Dienststellenleitung direkt unterstellt und dabei Teil der Verwaltung. Im übrigen ist die Gleichstellungsbeauftragte in der Ausübung ihrer Tätigkeit weisungsfrei[2507] und genießt im Hinblick auf Kündigungen, Versetzungen und Abordnungen den gleichen Schutz wie die Mitglieder der Personalvertretung[2508]. Im Zusammenhang mit ihren Aufgaben unterstützt sie die Dienststelle bei der Ausführung des Gesetzes sowie anderer Vorschriften und Maßnahmen zur Gleichstellung der Geschlechter. Dabei wirkt sie an allen sozialen, organisatorischen und personellen Maßnahmen nach § 18 Abs. 1 mit. Außerdem besitzt sie Auskunfts- und Einsichtsrechte[2509], Initiativrechte in bezug auf Maßnahmen zum Schutz der Beschäftigten vor sexueller Belästigung am Arbeitsplatz[2510]. § 19 stellt der Gleichstellungsbeauftragten ein Beanstandungsrecht zur Verfügung, demzufolge die Dienststelle über die beanstandete Maßnahme unter Abwägung der Einwände erneut zu entscheiden hat. Nach § 19 Abs. 2 ist der Vollzug der Maßnahme bis zur Entscheidung der

---

2501 Vgl. §§ 7, 8, 9 LGG Rheinland-Pfalz
2502 Vgl. §§ 5, 6 LGG Rheinland-Pfalz
2503 Vgl. § 13 LGG Rheinland-Pfalz
2504 Vgl. § 11 LGG Rheinland-Pfalz
2505 Vgl. § 12 LGG Rheinland-Pfalz
2506 Vgl. § 15 Abs. 1 LGG Rheinland-Pfalz
2507 Vgl. § 17 Abs. 3 LGG Rheinland-Pfalz
2508 Vgl. § 17 Abs. 5 LGG Rheinland-Pfalz
2509 Vgl. § 18 Abs. 3 LGG Rheinland-Pfalz
2510 Vgl. § 18 Abs. 5 LGG Rheinland-Pfalz

Dienststelle zwingend auszusetzen – eine weitergehende Regelung für den Fall, daß die Dienststelle der Auffassung der Gleichstellungsbeauftragten nicht folgt, fehlt dem LGG Rheinland-Pfalz jedoch. Allerdings kann die Gleichstellungsbeauftragte gemäß § 19 Abs. 3 Beanstandungen in den Bericht der Dienststellen nach § 20 Abs. 1 S. 2 aufnehmen lassen, die wiederum als Grundlage in den Bericht der Landesregierung an den Landtag einfließen[2511]. Damit hat sie zumindest ein psychologisches Druckmittel in Händen, nicht berücksichtigte Beanstandungen über den Weg zum Parlament in die Öffentlichkeit zu bringen[2512].

Auch in Rheinland-Pfalz wird die Funktion und Aufgabenzuweisung der Gleichstellungsbeauftragten durch die in § 20 LGG verankerte Berichtspflicht der Landesregierung an den Landtag ergänzt. Dieses verdeutlicht sich insbesondere in der ausdrücklichen Bezugnahme des § 19 Abs. 3 LGG Rheinland-Pfalz auf die Berichtspflicht.

*l) Saarland*

Im Saarland wurde das Gesetz Nr. 1371 zur Durchsetzung der Gleichberechtigung von Frauen und Männern am 24.04.1996[2513] erlassen. Vorläufer war das Gesetz Nr. 1245 zur Förderung von Frauen und zur Änderung sonstiger dienstrechtlicher Vorschriften vom 10.05.1989[2514], das vergleichbar dem FFG Nordrhein-Westfalens vom 31.10.1989 als Artikelgesetz im wesentlichen nur zu Änderungen des SGB u.a. geführt hat, die sich auf die Einfügung einer leistungsabhängigen Vorrangregelung mit Härtefallklausel zugunsten von Frauen entsprechend ihrem Anteil an den Bewerbungen beschränkt haben. Im Vorfeld der gesetzlichen Regelung der Frauenförderung finden sich auch im Saarland zunächst die Leitlinien der Landesregierung zur beruflichen Förderung von Frauen im Landesdienst vom 30.08.1984[2515], die von der Richtlinie der Landesregierung zur Förderung von Frauen im öffentlichen Dienst des Landes vom 04.11. 1986[2516] abgelöst wurden.

Ähnlich wie Berlin und Brandenburg beinhaltet das saarländische Gesetz Nr. 1371 neben den drei auch hier verankerten Regelungsschwerpunkten der spezifischen Frauenfördermaßnahmen, Maßnahmen der Vereinbarkeit von Beruf und Familie sowie zur Frauenbeauftragten unter der Überschrift „Sonstige Regelungen" die staatliche Auftragsvergabe und staatlichen Leistungen in § 27.

---

2511 Vgl. § 20 Abs. 1 S. 1 LGG Rheinland-Pfalz
2512 Ähnlich Wankel/Horstkötter in Schiek u.a., S. 966 Rn. 2700
2513 ABl., S. 623, zuletzt geändert durch Gesetz v. 23.06.1999, ABl., S. 982
2514 ABl., S. 977
2515 GMBl., S. 314; abgedruckt auch bei Bertelsmann/Colneric/Pfarr/Rust, 5.2.12.1
2516 GMBl., S. 502; abgedruckt bei Bertelsmann/Colneric/Pfarr/Rust, 5.2.12.3

Auf der Grundlage des in § 1 Abs. 1 Gesetz Nr. 1371 festgeschriebenen allgemeinen Gesetzesziels, das die tatsächliche Durchsetzung der Gleichberechtigung von Frauen und Männern und die Beseitigung feststehender Nachteile i.S.v. Art. 3 Abs. 2 S. 2 GG durch die Gewährleistung gleichen Zugangs, den Abbau bestehender Unterrepräsentanzen sowie die Vermeidung von Nachteilen durch die Wahrnehmung von Familien- und Betreuungspflichten erreichen will, bewegen sich auch die zwei ersten Regelungskomplexe, die durch § 1 Abs. 2 zusätzlich konkretisiert werden. Entsprechend dieser Konkretisierung beinhaltet § 4 Abs. 2 Gesetz Nr. 1371 im Rahmen des Benachteiligungsverbots auch eine gesetzliche Definition der mittelbaren Diskriminierung. Eine Besonderheit des Regelungskomplexes zu den spezifischen Frauenfördermaßnahmen, die sich u.a. auf eine leistungsabhängige Vorrangregelung mit Härtefallklausel[2517], Auswahlverfahren und Auswahlkriterien[2518] etc. beziehen, liegt auf der Vorschrift des § 14 Gesetz Nr. 1371, der eine Beweislastumkehr vorsieht. Demnach trägt der Dienstherr die Beweislast für nicht auf das Geschlecht bezogene, sachliche Gründe, die eine unterschiedliche Behandlung rechtfertigen bzw. daß das Geschlecht unverzichtbare Voraussetzung für die auszuübende Tätigkeit ist oder dafür, daß die Eignung, Befähigung und Leistung der betroffenen Frau geringer ist, als die des eingestellten oder beförderten männlichen Bewerbers, wenn im Streitfall eine Person Tatsachen behauptet, die eine Benachteiligung wegen des Geschlechts vermuten lassen.

Diese Beweislastumkehr ist umso bemerkenswerter, als daß sie bereits vor Erlaß der Richtlinie 97/80/EG des Rates der EU vom 15.12.1997 über die Beweislast bei Diskriminierung aufgrund des Geschlechts[2519] geschaffen wurde. Allerdings ist die saarländische Beweislastumkehr in § 14 Gesetz Nr. 1371 nicht aus dem luftleeren Raum geboren, da sich der EuGH bereits 1989 mit seinem Urteil in der Rechtssache Danfoss[2520] zur Frage der Beweislastverteilung geäußert: Bei einem Fehlen jeglicher Durchschaubarkeit (hier handelte es sich um ein Entlohnungssystem) obliegt dem Arbeitgeber der Nachweis, daß seiner Lohnpolitik keine Diskriminierung innewohnt, sofern die Arbeitnehmerin auf der Grundlage einer relativ großen Zahl von Arbeitnehmern belegen kann, daß die Arbeitnehmerinnen im Durchschnitt weniger verdienen als ihre männlichen Kollegen. Schließlich ist es nach Auffassung des EuGH für die wirksame Durchführung des Gleichheitsgrundsatzes unerläßlich und aus Gründen der Effektivität geboten, Änderungen der nationalen Beweislastregeln in Sonderfällen zuzulas-

---

2517 Vgl. § 13 Gesetz Nr. 1371
2518 Vgl. § 12 Gesetz Nr. 1371
2519 ABl.EG Nr. L 14, S. 16 v. 20.01.1998
2520 EuGH v. 17.10.1989, Slg. 1989, S. 3199 Rs. C-109/88 Handels-og Kontorfunktionaerernes Forbund i Danemark/Danfoss A/S

sen, um den Arbeitnehmerinnen ein wirksames Mittel zur Einhaltung des Grundsatzes des gleichen Entgelts zur Verfügung zu stellen[2521]. Bereits 1988 hatte der EuGH auf die mangelnde Durchschaubarkeit eines Einstellungssystems hingewiesen[2522] und richtungsweisend auch die Einstellung zur effektiven Gewährleistung des Gleichbehandlungsgrundsatzes in die Beweislastumkehr einbezogen. In den Urteilen Enderby[2523] und Royal Copenhagen[2524] bestätigte der EuGH diese Rechtsprechung und erweiterte sie, indem er es für die Übertragung der Beweislast auf den Arbeitgeber genügen läßt, wenn der erste Anschein für eine Diskriminierung spricht, denn nur so kann der Gleichbehandlungsgrundsatz voll zum Tragen kommen[2525]. Dieses weite Verständnis der vom EuGH entwickelten Beweislastumkehr[2526] bildete auch die Grundlage für die in Art. 4 Abs. 1 der Richtlinie 97/80/EG geschaffene Beweislastumkehr[2527].

Dieser Rechtsprechung des EuGH in bezug auf die bislang nur zur mittelbaren Diskriminierung entschiedenen Fälle trägt § 14 des saarländischen Gesetzes Nr. 1371 Rechnung und entspricht dabei auch der gut eineinhalb Jahre später erlassenen Beweislastrichtlinie, die in ihrem Anwendungsbereich gemäß Art. 3 Abs. 1a nicht nur ausdrücklich die Lohngleichheitsrichtlinie 75/117/EWG, sondern auch die Gleichbehandlungsrichtlinie 76/207/EWG (a.F.) erfaßt, so daß die Beweislastumkehr auch auf die Personalentscheidungsfälle, insbesondere die Einstellung, Beförderung sowie den hier implizierten Qualifikationsbegriff, anwendbar ist. Weder § 14 Gesetz Nr.1371 noch Art. 4 der Richtlinie 97/80/EG sehen im übrigen eine vollständige Beweislastumkehr vor, die der EuGH im Urteil Draehmpaehl[2528] im Zusammenhang mit Benachteiligungen bei der Einstellung anklingen ließ.

Für die Strukturanalyse der Frauenförder- und Gleichstellungsgesetze bedeutet die Aufnahme einer Vorschrift zur Beweislastumkehr im saarländischen Gesetz Nr. 1371 eine zusätzliche Gewährleistung der effektiven Durchführung der in Anwendung des Gleichbehandlungsgrundsatzes getroffenen Maßnahmen

---

2521   EuGH v. 17.10.1989, S. 3225 f. Rn. 13 f.
2522   EuGH v. 30.06.1988, Slg. 1988, S. 3559 Rs. C-318/86 Kommission/Frankreich
2523   EuGH v. 27.10.1993, Slg. 1993, S. 5535 Rs. C-127/92 Enderby/Frenchay Health Authority and Secretary of State for Health
2524   EuGH v. 31.05.1995, Slg. 1995, S. 1275 Rs. C-400/93 Spezial Arbejderforbundet i Danmark/ Dansk Industrie for de Royal Copenhagen A/S
2525   So auch die Begründung der Kommission zu ihrem Vorschlag für eine Richtlinie des Rates zur Beweislast bei geschlechtsbedingter Diskriminierung v. 20.09.1996, KOM (96), 340 endg., Nr. 16
2526   Vgl. auch Röthel, NJW 1999, S. 611 (S. 612)
2527   Coen in Lenz (Hrsg.), Art. 141 Rn. 27
2528   EuGH v. 22.04.1997, Slg. 1997, S. 2195 Rs. C-180/95 Draehmpaehl/Urania Immobilienservice OHG

zur Frauenförderung. Gestützt wird dieses Ergebnis insbesondere durch die in Art. 1 der Richtlinie 97/80/EG verankerte Zielsetzung, die im Fall der Beschwer durch die Nichtanwendung des Gleichbehandlungsgrundsatzes die gerichtliche Geltendmachung ermöglichen und damit eine wirksamere Umsetzung dieser Maßnahmen sicherstellen will.

Genau wie in den übrigen bisher untersuchten Frauenfördergesetzen ist auch das Gesetz Nr. 1371 von dem dritten Regelungsschwerpunkt zur Institution der Frauenbeauftragten geprägt. Diese wird gemäß § 22 Abs. 1 von den weiblichen Beschäftigten gewählt und ist der Dienststellenleitung unmittelbar unterstellt, wobei sie ihre Arbeit als dienstliche Tätigkeit unabhängig und weisungsfrei ausübt[2529]. Ihr kommt schließlich auch ein dem Personalrat vergleichbarer Schutz zu, der sich aus § 22 Abs. 4 ergibt. Die saarländische Frauenbeauftragte hat insbesondere Beteiligungsrechte in allen personellen und sozialen Angelegenheiten, wobei sie die Dienststelle ebenfalls bei der Durchführung und Einhaltung des Gesetzes zu unterstützen hat[2530]. Nach § 24 Abs. 2 hat sie außerdem ein Widerspruchsrecht, über das die Dienststellenleitung erneut zu entscheiden hat. Hilft diese dem Widerspruch nicht ab, ist auf Antrag der Frauenbeauftragten die Entscheidung der Stelle einzuholen, die gemäß § 8 Abs. 1 über das Inkraftsetzen des Frauenförderplanes entscheidet[2531]. Gemäß § 24 Abs. 4 ist im Fall des Widerspruchs oder der nicht rechtzeitigen Beteiligung oder Information der Frauenbeauftragten der Vollzug der beanstandeten Maßnahme zwingend ausgesetzt. Die Frauenbeauftragten hat schließlich ein dienststellenübergreifendes Recht zur Zusammenarbeit, u.a. mit der Personalverwaltung, der Personalvertretung und dem Beirat für Gleichstellungsfragen an den Hochschulen[2532].

Für das saarländische Gesetz Nr. 1371 ergibt sich demnach eine Struktur, die vergleichbar der anderen Frauenförder- und Gleichstellungsgesetze die beiden Regelungskomplexe „spezifische Frauenfördermaßnahmen" und „Maßnahmen der Vereinbarkeit von Beruf und Familie" durch die Institution der Frauenbeauftragten absichert. Im Unterschied aber zu den übrigen Gesetzen mit Ausnahme des BGleiG sichert das saarländische Gesetz Nr. 1371 seine spezifischen Frauenfördermaßnahmen zusätzlich durch eine Regelung zur Beweislastumkehr ab, was die Gewährleistungsfunktion der Frauenbeauftragten in diesem Bereich besonders unterstreicht. Eine gesondert aufgeführte Berichtspflicht der Landesregierung an den Landtag ist im Gesetz Nr. 1371 jedoch nicht zu finden. Die jährlich von den Dienststellen zu fertigende statistische Erhebung nach § 6

---

2529 Vgl. § 22 Abs. 2, 3 Gesetz Nr. 1371
2530 Vgl. § 23 Abs. 4 und 6 Gesetz Nr. 1371
2531 Vgl. § 24 Abs. 3 Gesetz Nr. 1371
2532 Vgl. § 22 Abs. 5, § 25 Gesetz Nr. 1371

Abs. 1, die an das Statistische Landesamt, das Ministerium für Frauen, Gesundheit und Soziales sowie an die Stelle weiterzuleiten ist, die den Frauenförderplan in Kraft gesetzt hat, ist als Landesstatistik zu führen und mindestens alle drei Jahre zu veröffentlichen, so daß im Saarland über diesen Weg zumindest eine gewisse Transparenz der Erfolge und/oder Mißerfolge bei der Umsetzung des Gesetzes Nr. 1371 hergestellt wird.

*m) Sachsen*

In Sachsen wurde das Gesetz zur Förderung von Frauen und der Vereinbarkeit von Familie und Beruf im öffentlichen Dienst im Freistaat Sachsen (FFG) am 31.03.1994[2533] erlassen. Auch Sachsen hatte vor Erlaß des FFG Frauenfördermaßnahmen in Form der Leitlinie zur Förderung der Beschäftigung von Frauen im Dienst des Freistaates Sachsen vom 11.07.1991[2534] geschaffen.

Ziel des Gesetzes ist es gemäß § 2 unter Beachtung des Vorrangs von Eignung, Befähigung und fachlicher Leistung i.S.v. Art. 33 Abs. 2 GG Frauen zu fördern, um die Gleichberechtigung von Frauen und Männern im öffentlichen Dienst durchzusetzen sowie der Unterrepräsentanz von Frauen in stärkerem Maß zu begegnen. Auch nach dem FFG Sachsens lassen sich drei gesetzliche Regelungsschwerpunkte ausmachen, die sich einerseits auf spezifische Frauenfördermaßnahmen wie die Erstellung von Frauenförderplänen mit Zielvorgaben zur Erhöhung des Frauenanteils in den Bereichen ihrer Unterrepräsentation[2535], Vorstellungsgespräche[2536] und Fortbildung[2537] etc. beziehen, andererseits Maßnahmen zur Verbesserung der Vereinbarkeit von Beruf und Familie beinhalten wie die familiengerechte Arbeitszeit, Teilzeitbeschäftigung, Beurlaubung und Wiedereinstieg sowie Benachteiligungsverbote hinsichtlich der Teilzeitbeschäftigung und familienbedingter Beurlaubung[2538]. Hinzu kommen nachrangige Vorschriften zur Besetzung von Gremien[2539] und zur sexuellen Belästigung am Arbeitsplatz[2540], die keinen Schwerpunkt herausbilden.

Der dritte Regelungsschwerpunkt, der auch in Sachsen auf die Institution der Frauenbeauftragten konzentriert ist, reicht von ihrer Bestellung in den Dienststellen, in denen mindestens zehn Frauen nicht nur vorübergehend beschäftigt

---

2533 GVBl., S. 684
2534 ABl. Nr. 20; abgedruckt auch bei Bertelsmann/Colneric/Pfarr/Rust, 5.2.13.1
2535 Vgl. §§ 4, 8 FGG Sachsen
2536 Vgl. § 7 FFG Sachsen
2537 Vgl. § 9 FFG Sachsen
2538 Vgl. §§ 10 bis 13 FFG Sachsen
2539 Vgl. § 15 FFG Sachsen
2540 Vgl. § 16 FFG Sachsen

sind[2541], über die Förderungs- und Überwachungsfunktion beim Vollzug des Gesetzes sowie Beteiligungs-, Beratungs- und Initiativrechte[2542] bis hin zu ihrem Beanstandungsrecht mit zwingend aufschiebender Wirkung[2543]. Im Fall der Beanstandung entscheidet die Dienststellenleitung erneut über den Vorgang, den sie schließlich für Wiederholungsfälle zu berücksichtigen oder die Maßnahme und ihre Folgen zu berichtigen hat. Ansonsten hat sie ihre Ablehnung oder Entscheidung gegenüber der Frauenbeauftragten zu begründen[2544]. Eine weitergehende Möglichkeit der Frauenbeauftragten, ihre beanstandete Maßnahme, z.B. personeller Art, durchzusetzen, wie sie gerade § 13 Abs. 2 BremLGG vorsieht, fehlt im FFG Sachsen. Auffällig ist auch die Möglichkeit für die mit der erneuten Entscheidung befaßten Dienststelle, entweder die Maßnahme und ihre Folgen zu berichtigen oder die Ergebnisse der Beanstandung für Wiederholungsfälle zu berücksichtigen. Diese Vorschrift des § 22 FFG mit der Formulierung „entweder – oder" muß eher als redaktionelles Versehen begriffen werden, denn es versteht sich von selbst, daß die von der Dienststelle positiv beschiedene Beanstandung zu einer Berichtigung der zugrundeliegenden Maßnahme führt und schließlich für Wiederholungsfälle eine Berücksichtigung verlangt[2545]. Insgesamt ist auch nach sächsischem FFG die Frauenbeauftragte als organisationsrechtliche Sicherstellung der Durchführung und Umsetzung des Gesetzes zu verstehen, auch wenn ihr nicht, wie z.B. in Bremen, besonders effektive Sanktionsmöglichkeiten zu Seite stehen.

Das FFG Sachsen sieht im übrigen zusätzlich eine Berichtpflicht der Staatsregierung an den Landtag über die Situation der Frauen gemäß § 17 vor. Die systematische Stellung der Berichtspflicht nicht als eine der Schlußvorschriften des Gesetzes, sondern noch vor dem dritten Regelungskomplex zur Frauenbeauftragten, läßt den Schluß zu, daß sie sich auf die Ergebnisse der ersten beiden Schwerpunkte bezieht und damit weniger flankierenden Charakter in bezug auf die Gewährleistungsfunktion der Frauenbeauftragten hat als eine eigenständige Bedeutung neben dieser Institution. Gleichwohl stellt sie gemeinsam mit der Frauenbeauftragten die organisatorischen Rahmenbedingungen bei der Umsetzung der Maßnahmen zur spezifischen Frauenförderung und zur Vereinbarkeit von Beruf und Familie sowie bei der Beurteilung der bisher erreichten Erfolge und/oder Mißerfolge zur Durchsetzung der Gleichberechtigung gemäß der in § 2 verankerten Zielsetzungen zur Verfügung.

---

2541　Vgl. § 18 Abs. 1 FFG Sachsen
2542　Vgl. §§ 20 und 21 FFG Sachsen
2543　Vgl. § 18 Abs. 1 FFG Sachsen
2544　Vgl. § 22 Abs. 2 FFG Sachsen
2545　Vgl. § 19 Abs. 2 S. 3 2. GleiBG

*n) Sachsen-Anhalt*

In Sachsen-Anhalt wurde das Gesetz zur beruflichen Förderung von Frauen im öffentlichen Dienst des Landes Sachsen-Anhalt mit Datum vom 07.12.1993[2546] erlassen. Sachsen-Anhalt ging im Unterschied zu den meisten anderen Landesgesetzen sofort den Weg der gesetzlichen Regelung.

Ziel des Gesetzes ist gemäß § 1 die Verwirklichung der Gleichstellung von Frauen und Männern durch Frauenförderung, insbesondere zur Verbesserung ihrer beruflichen Situation und Entwicklung, sowie die Förderung der Vereinbarkeit von Beruf und Familie. Dabei sieht das FrFG Sachsen-Anhalt entsprechend dieser Zielsetzung zunächst die beiden Regelungskomplexe „spezifische Frauenfördermaßnahmen" und „Maßnahmen zur Vereinbarkeit von Beruf und Familie" vor, die schließlich durch einen dritten Regelungsschwerpunkt zur Institution der Gleichstellungsbeauftragten abgesichert werden.[2547]

Im ersten Regelungskomplex beinhaltet das FrFG Sachsen-Anhalts u.a. eine leistungsabhängige Vorrangregelung mit Härtefallklausel zugunsten von Frauen[2548], die jedoch erst mit der Neufassung des Gesetzes vom 25.03.1997 eingeführt wurde. Zuvor stellte die Unterrepräsentanz von Frauen in der jeweiligen Funktion, Laufbahn oder Vergütungsgruppe bei Vorliegen gleicher Qualifikation lediglich ein berücksichtigungsfähiges Auswahlkriterium bei Einstellungen und Beförderungen dar[2549]. Als Besonderheit wurde mit der Neufassung auch eine Vorschrift zum Personalabbau eingeführt, die für Maßnahmen des Personalabbaus explizit die Überschreitung des Frauenanteils an ihrem Anteil an den Beschäftigten innerhalb der Funktion etc. verbietet[2550]. Im zweiten Regelungskomplex finden sich unter der Überschrift „Berücksichtigung von Familienaufgaben" genau wie in den übrigen Gesetzen flexible Arbeitszeiten, Beurlaubung und Teilzeitbeschäftigung[2551].

---

2546 GVBl., S. 734 i.d.F.d. Gesetzes zur Änderung des Frauenfördergesetzes und kommunalrechtlicher Vorschriften v. 25.03.1997, GVBl., S. 460 zuletzt geändert durch das Haushaltsbegleitgesetz 1999 v. 30.03.1999, GVBl., S. 120

2547 Daneben sieht das FrFG Sachsen-Anhalts im Gegensatz zu den übrigen Gesetzen, die Regelungen zur Vertretung von Frauen und Männern in Gremien treffen, einen sehr umfangreichen vierten Regelungskomplex mit insgesamt vier Vorschriften vor (§§ 10 bis 13 FrFG); hinzu kommt ein Regelungskomplex zur öffentlichen Auftragsvergabe und staatlichen Leistungsgewährung zur Förderung von Frauen in der Privatwirtschaft (§§ 20a, 20b FrFG)

2548 Vgl. §§ 4 Abs. 2, 5 Abs.1 FrFG Sachsen-Anhalt

2549 Vgl. §§ 4 Abs. 2, 5 Abs.1 FFG Sachsen-Anhalt a.F.

2550 Vgl. § 7a FrFG Sachsen-Anhalt

2551 Vgl. §§ 8 und 9 FrFG Sachsen-Anhalt

Die Institution der Gleichstellungsbeauftragten ist in den §§ 14 bis 19 FrFG Sachsen-Anhalts geregelt. Sie sehen sowohl die Bestellung einer hauptamtlichen Gleichstellungsbeauftragten in den obersten Landesbehörden mit mehr als 300 Beschäftigten und den Regierungspräsidien vor[2552], als auch die Wahl von ehrenamtlichen Gleichstellungsbeauftragten in Dienststellen mit mindestens fünf weiblichen Beschäftigten[2553]. Die Aufgaben und Rechte in den obersten Landesbehörden und Regierungspräsidien ergeben sich aus den §§ 15 und 16. Demnach kommt ihnen ein umfassendes und rechtzeitiges Informations- und auf Verlangen auch Beteiligungsrecht in allen personellen, sozialen und organisatorischen Maßnahmen zu[2554]. Außerdem haben sie ein Initiativrecht gekoppelt mit der Möglichkeit der Zusammenarbeit mit anderen Organisationen, Beratungs- und Öffentlichkeitsarbeit, ein unmittelbares Vortragsrecht bei der Behördenleitung, Einsichtsrechte und Unterrichtungsrechte[2555] etc. Ein bis 1997 fehlendes Widerspruchsrecht der hauptamtlichen Gleichstellungsbeauftragten wurde schließlich auch in § 15 Abs. 3 S. 3 f. FrFG Sachsen-Anhalt eingeführt, das eine zwingende aufschiebende Wirkung hat und zur erneuten und dann auch endgültigen Entscheidung der Behördenleitung führt. Im Zuge der Neufassung des FrFG von 1997 wurde den ehrenamtlichen Gleichstellungsbeauftragten ein den Personalratsmitgliedern entsprechender Schutz gemäß § 17 Abs. 10 bis 13 vermittelt. Durch die letzte Gesetzesänderung von 1999 wurde in § 17 ein neuer Absatz 14 eingefügt, der die Wahl einer ehrenamtlichen Gleichstellungsbeauftragten für die weiblichen Beschäftigten des Verfassungsschutzes betrifft. Die in § 18 Abs. 1 und 2 geregelten Aufgaben der ehrenamtlichen Gleichstellungsbeauftragten reichen von Beratungs- und Unterstützungsrechten der weiblichen Beschäftigten bis hin zur Zusammenarbeit mit der hauptamtlichen Gleichstellungsbeauftragten. Ein Widerspruchsrecht oder weitergehende Aufgaben, die denen der hauptamtlichen Gleichstellungsbeauftragten entsprechen würden, fehlen auf der Ebene der ehrenamtlichen Gleichstellungsbeauftragten ganz. Ihre Gewährleistungsfunktion in bezug auf die Umsetzung des Gesetzes ist damit auch auf ein Minimum reduziert und eine wirklich effektive Zusammenarbeit mit der hauptamtlichen Gleichstellungsbeauftragten von einer besonderen Aufmerksamkeit abhängig.

In § 21 FrFG Sachsen-Anhalt ist wie in den meisten anderen Frauenförder- und Gleichstellungsgesetzen die Berichtspflicht der Landesregierung an den Landtag festgeschrieben. Die ihr auch hier erwachsende Ergänzungsfunktion im Hinblick auf die Arbeit der (hauptamtlichen) Gleichstellungsbeauftragten ver-

---

2552 Vgl. § 14 Abs. 1 FrFG Sachsen-Anhalt
2553 Vgl. § 17 Abs. 1 FrFG Sachsen-Anhalt
2554 Vgl. § 15 Abs. 2 S. 1 FrFG Sachsen-Anhalt
2555 Vgl. § 15 Abs. 2 S. 3 c, d, g, i FrFG Sachsen-Anhalt

deutlicht sich auch darin, daß der Bericht Auskunft über die Umsetzung des Gesetzes gibt.

*o) Schleswig-Holstein*

In Schleswig-Holstein wurde das Gesetz zur Gleichstellung der Frauen im öffentlichen Dienst (GstG) mit Datum vom 13.12.1994[2556] erlassen. Vorläufer des GstG waren auch in Schleswig-Holstein die Gleichstellungsrichtlinien (Richtlinien zur Gleichstellung der Frauen im schleswig-holsteinischen Landesdienst) vom 18.12.1989[2557].

Ziel des Gesetzes ist gemäß § 1 die Verwirklichung des Grundrechts auf Gleichberechtigung von Frauen und Männern durch Förderung der Gleichstellung von Frauen insbesondere durch Maßnahmen zur Vereinbarkeit von Beruf und Familie für beide Geschlechter, die Kompensation von Nachteilen, die Frauen als Folge der geschlechtsspezifischen Arbeitsteilung erfahren sowie die gerechte Beteiligung von Frauen in allen Lohn-, Vergütungs- und Beschäftigungsgruppen und in Gremien.

Entsprechend dieser Zielsetzung teilt sich auch das GstG Schleswig-Holsteins in drei große Regelungskomplexe auf, die unter der Überschrift "Maßnahmen zur Gleichstellung" nicht nur spezifische Frauenfördermaßnahmen wie z.B. die leistungsabhängige Vorrangregelung mit Härtefallklausel bei Einstellungen und Beförderungen enthalten[2558], sondern im Hinblick auf Maßnahmen zur Vereinbarkeit von Beruf und Familie neben Teilzeitbeschäftigung, Beurlaubung und familiengerechte Arbeitszeit[2559] auch als Besonderheit eine Vorschrift zur Erhöhung der Altersgrenzen gemäß § 9 aufzuweisen hat, die dann zum Tragen kommt, wenn Bewerber/innen aus familiären Gründen wegen der Betreuung eines Kindes unter 18 Jahren oder eines pflegebedürftigen Angehörigen vor Erreichen der maßgeblichen Altersgrenze von einer Bewerbung abgesehen haben. Der dritte Regelungskomplex bezieht sich auch nach dem GstG Schleswig-Holsteins auf die Institution der Gleichstellungsbeauftragten. Diese ist gemäß § 18 Abs. 1 in allen Dienststellen mit mindestens fünf ständig Beschäftigten durch die Dienststellenleitung zu bestellen – sie ist dieser zudem unmittelbar unterstellt[2560]. Die schleswig-holsteinische Gleichstellungsbeauftragte hat sowohl in Fachangelegenheiten nach § 19 Beteiligungs-, Initiativ-, Einsichts- und

---

2556 GVBl., S. 562, zuletzt geändert durch Landesverordnung v. 24.10.1996, GVBl., S. 652
2557 ABl., S. 511; abgedruckt auch bei Bertelsmann/Colneric/Pfarr/Rust, 5.2.15.1
2558 Vgl. §§ 4, 5 und 6 GstG Schleswig-Holstein
2559 Vgl. §§ 12 bis 14 GstG Schleswig-Holstein
2560 Vgl. § 18 Abs. 3 GstG Schleswig-Holstein

Informationsrechte, als auch nach § 20 in Personalangelegenheiten die Möglichkeit, für die Einhaltung des Gesetzes Sorge zu tragen, insbesondere durch die Beteiligung an Einstellungen, Beförderungen, Kündigungen u.a. Dabei ist die Gleichstellungsbeauftragte in der Ausübung ihrer Tätigkeit von fachlichen Weisungen frei[2561]. § 21 Abs. 2 eröffnet ihr schließlich die Möglichkeit, mit anderen Gleichstellungsbeauftragten oder der Frauenministerin zusammenzuarbeiten. Auch nach dem GstG Schleswig-Holsteins hat die Gleichstellungsbeauftragte ein Widerspruchsrecht, das sich jedoch auf die leistungsabhängigen Vorrangregelung mit Härtefallklausel, Stellenausschreibung und Auswahlgrundsätze im Rahmen der spezifischen Frauenfördermaßnahmen beschränkt und in bezug auf die Maßnahmen zur Vereinbarkeit von Beruf und Familie die familiengerechte Arbeitszeit nach § 14 ausnimmt[2562]. Diese abschließende Aufzählung der widerspruchsberechtigenden Maßnahmen unterscheidet das GstG Schleswig-Holstein von den anderen Gesetzen. Denn auch, wenn die wesentlichen Personal- und Vereinbarkeitsentscheidungen innerhalb einer Dienststelle erfaßt sind[2563], bietet diese Beschränkung der rechtlichen Sanktionsmöglichkeiten der Gleichstellungsbeauftragten, Anknüpfungspunkte für einen inkonsequenten Umgang mit dem Gesetz z.B. im Bereich der Maßnahmen zur Vereinbarkeit von Beruf und Familie oder den ebenfalls nicht erfaßten Regelungskomplex zur Institution der Gleichstellungsbeauftragten.

In § 22 Abs. 2 bis 4 GstG Schleswig-Holstein ist schließlich bezogen auf die verschiedenen Verwaltungsbereiche das Widerspruchsverfahren im einzelnen geregelt, demnach in obersten Landesbehörden zunächst eine einvernehmliche Regelung in bezug auf die beanstandete Maßnahme mit der Frauenministerin zu treffen ist. Eine zwingende aufschiebende Wirkung ist hier nicht vorgesehen, denn die Dienststellenleitung kann die Maßnahme durch entsprechende Weisung weiterverfolgen[2564]. Das Letztentscheidungsrecht liegt bei der obersten Landesbehörde. In der nachgeordneten Landesverwaltung ist die Entscheidung der übergeordneten Dienstaufsichtsbehörde einzuholen, wobei hier wiederum Absatz 2 anzuwenden ist, was auch für einen dreistufigen Verwaltungsaufbau gilt[2565]. Auf diese Weise wird sichergestellt, daß auch in der nachgeordneten Landesverwaltung die ablehnende Entscheidung immer der Nachprüfung durch die oberste Landesbehörde gekoppelt mit der Beteiligung der Frauenministerin unterliegt[2566]. § 22 Abs. 4 GstG Schleswig-Holstein regelt das Widerspruchsver-

---

2561 Vgl. § 21 Abs. 12 GstG Schleswig-Holstein
2562 Vgl. § 22 Abs. 1 GstG Schleswig-Holstein
2563 So auch Wankel/Horstkötter in Schiek u.a., S. 1126 Rn. 3220
2564 Vgl. § 22 Abs. 2 GstG Schleswig-Holstein
2565 Vgl. § 22 Abs. 3 GstG Schleswig-Holstein
2566 Wankel/Horstkötter in Schiek u.a., S. 1127 Rn. 3228

fahren in der mittelbaren Landesverwaltung - im Fall der Nichtabhilfe kann hier die Aufsichtsbehörde eingeschaltet werden unter Beteiligung ihrer eigenen Gleichstellungsbeauftragten. Dieses sehr differenzierte System des Widerspruchsverfahrens der Gleichstellungsbeauftragten wird auch in Schleswig-Holstein durch die in § 24 Abs. 1 vorgesehene Berichtspflicht der Landesregierung an den Landtag über die Durchführung des Gesetzes abgerundet, die durch Absatz 3 inhaltlich im Hinblick auf die bisherigen und noch geplanten Maßnahmen sowie insbesondere in bezug auf die Entwicklung des Frauenanteils in den Besoldungs-, Vergütungs- und Lohngruppen konkretisiert ist.

*p) Thüringen*

Thüringen hat als letztes Bundesland dasThüringer Gleichstellungsgesetz (GstG Thüringen) mit Datum vom 03.11.1998[2567] erlassen. Im Vorfeld der gesetzlichen Regelung existierte auch in Thüringen eine Richtlinie, die die Grundsätze zur beruflichen Förderung von Frauen im öffentlichen Dienst des Landes Thüringen vom 23.06.1992[2568] beinhaltete.

Nach § 2 Abs. 1 des Gesetzes ist die tatsächliche Gleichstellung von Frauen und Männern in allen Bereichen des öffentlichen Lebens zu fördern und zu sichern. Die Förderung bezweckt insbesondere die Schaffung von Arbeitsbedingungen, die beiden Geschlechtern die Vereinbarkeit von Beruf und Familie ermöglichen, den Ausgleich von Nachteilen, die als Folge einer geschlechtsspezifischen Arbeitsteilung entstehen, die Erhöhung des Frauenanteils in den Bereichen ihrer Unterrepräsentation sowie die gleichberechtigte Teilhabe von Frauen und Männern in Gremien.

Orientiert an dieser Zielsetzung hat das GstG Thüringen einerseits spezifische Frauenfördermaßnahmen wie z.B. Zielvorgaben im Frauenförderplan zur Erhöhung des Frauenanteils[2569] oder Fortbildungsmaßnahmen[2570] verankert, andererseits Maßnahmen zur Vereinbarkeit von Beruf und Familie wie u.a. die familiengerechte Arbeitszeit und die Beurlaubung[2571]. Neben dem auch im GstG Thüringens zu findenden Regelungskomplex zur Institution der Frauenbeauftragten, enthält das Gesetz auch in einem vierten Komplex die öffentliche Auftragsvergabe und die staatliche Leistungsgewährung[2572].

---

2567 GVBl., S. 309
2568 Abgedruckt bei Bertelsmann/Colneric/Pfarr/Rust, 5.2.16.
2569 Vgl. §§ 4 und 7 GstG Thüringen
2570 Vgl. § 8 GstG Thüringen
2571 Vgl. §§ 9 und 10 GstG Thüringen
2572 Vgl. §§ 22 und 23 GstG Thüringen

Der Regelungsschwerpunkt zur Frauenbeauftragten ist nicht nur insgesamt sehr umfangreich ausgestaltet, sondern differenziert hier nach der Frauenbeauftragten in den personalführenden Dienststellen der Landesverwaltung und nach den kommunalen Gleichstellungsbeauftragten. Zwar sehen auch neun weitere Frauenfördergesetze der Länder Regelungen in bezug auf die kommunale Frauenbeauftragte vor[2573], doch ist ihr Regelungsumfang deutlich geringer, was u.a. auch auf weitergehende Bestimmungen in den jeweiligen Gemeinde- oder Kommunalverwaltungsordnungen zurückzuführen ist. Aufgrund der Umfänglichkeit der thüringischen Vorschriften zur kommunalen Gleichstellungsbeauftragten in den §§ 19 bis 21, 24 Abs. 1 GstG Thüringen muß noch einmal gesondert darauf hingewiesen werden, daß die auch für die in den übrigen Frauenfördergesetzen erfolgte Ausklammerung im Rahmen der Strukturanalyse auf die grundsätzlich andere Aufgabenzuweisung als die der Frauenbeauftragten in der Bundes- und Landesverwaltung zurückgeht. Denn Zielgruppe der Tätigkeit der kommunalen Frauenbeauftragten bei der Verwirklichung des Gleichberechtigungsgebots aus Art. 3 Abs. 2 GG sind vor allen Dingen die Einwohnerinnen der Gemeinde. Auch wenn die kommunalen Frauenbeauftragten zumeist noch zusätzlich verwaltungsintern für die in der Kommunalverwaltung beschäftigten Frauen tätig sind und von daher ein umfassendes Verständnis von ihren Aufgaben notwendig ist, kann das nicht über die Schwierigkeit der Bewältigung einer solchen „Doppelrolle" hinwegtäuschen, der zudem keine ausreichenden Handlungsmöglichkeiten zur Seite stehen[2574], wie z.B. ein Beanstandungsrecht der in der Landesverwaltung bestellten Frauenbeauftragten gemäß § 18 GstG Thüringen[2575]. Dies führt zur Ausklammerung der kommunalen Frauenbeauftragten aus

---

2573  Vgl. Art. 20 BayGlG; § 24 BerlLGG; § 20 Abs. 1 S. 2, § 25 BraLGG; § 16 Abs. 1 S. 2 bis 4, § 24 HGlG; § 17 NGG; § 15 Abs. 3 LGG Rheinland-Pfalz; § 18 Abs. 1 S. 3 f. FFG Sachsen; § 16 Abs. 4, § 18a FrFG Sachsen-Anhalt; § 17, § 23 Abs. 1 GstG Schleswig-Holstein; das saarländische Gesetz Nr. 1371 hat mit Art. 3 den § 79a in das Kommunalverwaltungsgesetz des Saarlandes eingefügt, der spezielle Vorschriften für kommunale Frauenbeauftragten enthält, auf den in § 186a sowie § 215a (Kreisfrauenbeauftragte, Frauenbeauftragte des Stadtverbandes) verwiesen wird
2574  Vgl. auch Thieme, DÖV 1995, S. 329 (S. 330)
2575  Zu beachten ist hier, daß das BayGlG in Art. 20 Abs. 1 S. 3 f. zwar auf die Möglichkeit der Geltung des in Art. 19 festgelegten Beanstandungsrechts auch für die kommunale Gleichstellungsbeauftragte verweist, gleichzeitig aber durch Satzungen der Gemeinden anderslautende Bestimmungen zuläßt. Dies entspricht der Entscheidung des BVerfG v. 26.10.1994; BVerfGE 91, S. 228, die die Ausgestaltung der Funktion der kommunalen Frauenbeauftragten den Gemeinden im Rahmen der Selbstverwaltungsgarantie aus Art. 28 Abs. 2 GG überläßt und deshalb auch auf eine verbindliche gesetzliche Festschreibung von Entscheidungskompetenzen verzichten muß!

der Strukturanalyse, da ihre Gewährleistungsfunktion für die Durchsetzung der in den Frauenförder- und Gleichstellungsgesetzen verankerten spezifischen Frauenfördermaßnahmen und Maßnahmen zur Vereinbarkeit von Beruf und Familie weder durch eine verbindliche gesetzliche Aufgabenzuweisung noch durch verbindliche, effektiv wirkende Sanktionsmöglichkeiten getragen wird.

Im Hinblick auf die in den Dienststellen der Landesverwaltung gemäß § 14 Abs.1 GstG Thüringen zu bestellenden Frauenbeauftragten, die nach § 15 Abs. 1 der Verwaltung angehören und von fachlichen Weisungen frei sind, ist zunächst ihre Überwachungs- und Förderungsfunktion bei der Durchführung und Umsetzung des Gesetzes herauszustellen[2576]. Hinzu kommen Beratungsrechte, die sich in nicht abschließender Aufzählung u.a. auf Einstellungen, Beförderungen, Versetzungen, Fortbildungsmaßnahmen, Arbeitszeitregelungen, Teilzeitarbeit, Beurlaubung sowie soziale und organisatorische Angelegenheiten etc. beziehen[2577]. Die thüringische Frauenbeauftragte hat darüber hinaus ein Initiativ- und Beratungsrecht im Falle sexueller Belästigung[2578] sowie ein rechtzeitiges und umfassendes Informations- und Einsichtsrecht in Personalakten und Bewerbungsunterlagen[2579] und ein unmittelbares Vortragsrecht bei der Dienststellenleitung, nach § 17 Abs. 2. Schließlich erwächst ihr aus § 18 das bereits erwähnte Beanstandungsrecht, über das die Dienststellenleitung zu entscheiden hat. Eine zwingende aufschiebende Wirkung kommt der Beanstandung nach § 18 Abs. 2 nicht zu – im übrigen ist sowohl § 18 Abs. 2 als auch § 18 Abs. 3 der entsprechenden Vorschrift des § 19 Abs. 2 und 3 2. GleiBG für die Beschäftigten der Bundesverwaltung nachgebildet.

In bezug auf die systematische Stellung des § 13 Abs. 1 GstG Thüringen, der die Berichtspflicht der Landesregierung an den Landtag über die Situation der Frauen und die Anwendung des Gesetzes beinhaltet, gilt Ähnliches wie zum saarländischen Gesetz Nr.1371: § 13 Abs. 1 in den letztlich die in § 13 Abs. 2 vorgesehenen Berichte der frauenförderplanerstellenden Dienststellen einfließen, ist nicht als Schlußvorschrift gefaßt, sondern deckt von der systematischen Stellung her die spezifischen Frauenfördermaßnahmen und die Maßnahmen zur Vereinbarkeit von Beruf und Familie ab. Gleichwohl ist damit eine Ergänzungs- und Unterstützungsfunktion der Frauenbeauftragten als Sicherungsinstrument nicht ausgeschlossen. Vielmehr ist der Bericht auf die Auswertung der konkreten Regelungsschwerpunkte bezogen, an die er systematisch näher gebunden ist, so daß die Frauenbeauftragte ihn auch hier in ihre Arbeit einfließen lassen kann,

---

2576 Vgl. § 16 Abs. 1 S. 1 GstG Thüringen
2577 Vgl. § 16 Abs. 1 S. 2, 3 Nr. 1 bis 10 GstG Thüringen
2578 Vgl. § 16 Abs. 2 GstG Thüringen
2579 Vgl. § 17 Abs. 1 GstG Thüringen

gleichzeitig aber wie im Saarland die allgemeine Grundlage der Sicherung und Gewährleistung am Ende des Gesetzes bildet.

## 2.3. Zwischenergebnis

Im Ergebnis stellt sich die Entwicklung und Struktur der Frauenförder- und Gleichstellungsgesetze auf Bundes- und Länderebene wie folgt dar: Vorläufer der in allen Bundesländern und für die Bundesverwaltung geltenden gesetzlichen Regelungen waren mit Ausnahme von Bayern, Brandenburg und Sachsen-Anhalt zunächst Richtlinien zur Förderung von Frauen im öffentlichen Dienst.

Ziel aller Gesetze ist die tatsächliche Verwirklichung der Gleichberechtigung von Frauen und Männern i.S.v. Art. 3 Abs. 2 GG durch Förderung von Frauen und den Abbau bestehender Unterrepräsentation. Ausgehend von dieser grundsätzlichen Zielbestimmung konkretisiert die Mehrheit der Gesetze bereits im Rahmen des Gesetzesziels den Zuschnitt seiner Regelungsschwerpunkte auf spezifische Frauenfördermaßnahmen und Maßnahmen zur Vereinbarkeit von Beruf und Familie. Auch die Gesetze, die diese Konkretisierung nicht vornehmen wie Berlin, Bremen, Hamburg, Rheinland-Pfalz und Sachsen oder diese anders spezifizieren wie Hessen und Niedersachsen, lassen die o.g. Regelungsschwerpunkte erkennen.

Alle untersuchten Gesetze sehen einen weiteren und dritten Regelungsschwerpunkt in der Einrichtung der Institution der Frauenbeauftragten vor, die die organisatorische Umsetzung der beiden Regelungskomplexe der spezifischen Frauenfördermaßnahmen und der Maßnahmen zur Vereinbarkeit von Beruf und Familie gewährleistet[2580] und in ihrer Gesamtheit das Sicherungsinstrument für die Einhaltung und Durchführung des jeweiligen Gesetzes im Hinblick auf die Verwirklichung der tatsächlichen Gleichberechtigung von Mann und Frau darstellt. Diese Funktion der Frauenbeauftragten wird flankiert und ergänzt durch die in allen Gesetzen vorgesehene Berichtspflicht der Landesregierung an den Landtag bzw. der Bundesregierung an den Bundestag über die Situation der Frauen und die Entwicklung des Frauenanteils in der Landes- bzw. Bundesverwaltung. Von der rechtssystematischen Stellung her ist die Berichtspflicht in der überwiegenden Mehrheit der Gesetze dem Ende als eine der Schlußvorschriften zugeordnet. Dies verdeutlicht ihre flankierende und unterstützende Funktion für die systematisch vorgelagerten Vorschriften zur Frauenbeauftragten – sie kann damit auch als ein abrundendes Element der Wirksamkeitskontrolle und Grad-

---

[2580] Bumke, S. 123

messer der Effektivität der einzelnen Maßnahmen[2581] begriffen werden, auf die die Frauenbeauftragte als Basis ihrer Arbeit zurückgreifen kann.

Einen anderen Weg gehen Hessen, Saarland, Sachsen und Thüringen, denn ihnen ist gemeinsam, daß die Berichtspflicht vor dem Regelungsschwerpunkt der Frauenbeauftragten zu finden ist. Während Sachsen und Thüringen ihre Berichtspflicht unmittelbar hinter den Regelungsschwerpunkten der spezifischen Frauenfördermaßnahmen und der Maßnahmen zur Vereinbarkeit von Beruf und Familie eingeordnet haben und direkt auf sie die Vorschriften zur Frauenbeauftragten folgen, beziehen sowohl Hessen als auch das Saarland ihre Berichtspflicht lediglich auf die Entwicklung des Frauenanteils aufgrund der Zielvorgaben im Frauenförderplan[2582].

Sachsen und Thüringen verdeutlichen mit der systematischen Stellung ihrer Berichtspflicht ihre Nähe zu den o.g. Regelungskomplexen und im übrigen das „Auffangen" der Ergebnisse aus den Schwerpunkten, die dann in die Arbeit der Frauenbeauftragten auch hier einfließen. Die rechtssystematische Stellung der Berichtspflicht läßt hier ein Verständnis als Bindeglied zwischen den obigen Regelungsschwerpunkten und dem Regelungskomplex zur Frauenbeauftragten zu.

Dagegen ist die systematische Stellung der Berichtspflicht in Hessen und im Saarland nur auf einen speziellen Ausschnitt aus dem Regelungsschwerpunkt „spezifische Frauenfördermaßnahmen" bezogen. Auch wenn die Zielvorgaben des Frauenförderplans den Kernpunkt für die Entwicklung und Erhöhung des Frauenanteils darstellen, haben auch Maßnahmen zur Vereinbarkeit von Beruf und Familie einen durchaus spürbaren positiven Beschäftigungseffekt[2583], so daß die in Hessen und im Saarland erfolgte Spezifizierung der Berichtspflicht eine Selbstbeschränkung ist, die letztlich auch nur in diesem Teilbereich unterstützend für die Arbeit der Frauenbeauftragten wirken kann.

Unabhängig aber von der Frage der rechtssystematischen Stellung der Berichtspflicht als abrundendes Sicherungselement oder Bindeglied zur Frauenbeauftragten verdeutlicht die Berichtspflicht aber auch die strukturelle Diskriminierung, der Frauen im öffentlichen Dienst ausgesetzt sind und die die typische traditionelle Verteilung der Geschlechter auf den verschiedenen Hierarchieebenen und Bereichen der öffentlichen Verwaltung transparent macht[2584]. Damit ist die Berichtspflicht nicht nur Grundlage jeder Frauenbeauftragtentätigkeit, sondern auch wichtigster Gradmesser für die Entwicklung und Effektivität der einzelnen frauenfördernden Maßnahmen, der auch durch die Häufigkeit der vorzulegenden

---

2581 Ähnlich Vieten in Schiek u.a., S. 258 Rn. 475
2582 Vgl. § 6 Abs. 7 HGlG sowie § 9 Gesetz Nr. 1371
2583 Vgl. auch Goos, EuroAS 1996, S. 79
2584 Vieten in Schiek u.a., S. 258 Rn. 474

Berichte positiv bestimmt wird, weil hier Trends sowie Erfolge und Mißerfolge schneller aufgegriffen und verarbeitet werden können[2585].

## 3. Die Struktur der Verordnung Nr. 781/98 (Gleichbehandlungsverordnung) und des Dritten Aktionsprogrammes für die Chancengleichheit von Mann und Frau in der Europäischen Kommission

Die Frauenförderung im EÖD basiert auf einer Mischform aus (quasi-)gesetzlicher Regelung und verwaltungsinternen Richtlinien bzw. Verwaltungsvorschriften. Schon hieraus ergeben sich Unterschiede in Aufbau und Struktur sowie im Verhältnis der Gleichbehandlungsverordnung zum Dritten Aktionsprogramm in bezug auf die deutschen Frauenförder- und Gleichstellungsgesetze. Die vorgefundenen Schwierigkeiten einer Strukturierung erfordern nicht nur einen Blick auf das rechtliche Verhältnis zwischen Verordnung und Richtlinie, sondern auch eine verstärkte Betrachtung des Entwicklungsprozesses sowohl der Gleichbehandlungsverordnung als auch des Aktionsprogrammes, um zu einem tragfähigen Vergleich mit der deutschen Ebene zu kommen.

### 3.1. Das rechtliche Verhältnis zwischen Gleichbehandlungsverordnung und 3. Aktionsprogramm unter Bezugnahme auf den EGV und die Gleichbehandlungsrichtlinie

Die Verordnung (EG, EGKS, EURATOM) Nr. 781/98 des Rates vom 07.04. 1998 zur Änderung des Statuts der Beamten der Europäischen Gemeinschaften und der Beschäftigungsbedingungen für die sonstigen Bediensteten dieser Gemeinschaften hinsichtlich der Gleichbehandlung[2586] hat nach Art. 249 Abs. 2 EGV nicht nur allgemeine Geltung, sondern ist in allen ihren Teilen verbindlich und gilt unmittelbar in jedem Mitgliedstaat. Mit ihrer unmittelbaren Geltung erfaßt die Verordnung eine unbestimmte Vielzahl von Sachverhalten, die generell und abstrakt geregelt werden und von daher Rechtssatzqualität hat[2587]. Zur Entfaltung ihrer unmittelbaren Wirkung in den Mitgliedstaaten bedarf es auch nicht der Umsetzung durch die mitgliedstaatlichen Rechtssetzungsorgane, denn die Verordnungsbestimmungen legen sowohl für die Mitgliedstaaten und ihre Be-

---

2585 Vgl. Berlin, Brandenburg, Bremen, Mecklenburg-Vorpommern, Niedersachsen und Sachsen-Anhalt, die einen Abstand der Berichte von zwei Jahren vorsehen
2586 ABl.EG Nr. L 113, S. 4 v. 15.04.1998
2587 Ipsen, Europäisches Gemeinschaftsrecht, 1972, S. 449

hörden als auch für die einzelne, vom Tatbestand erfaßte Person verbindliche Rechte und Pflichten fest[2588]. Die damit verbundene Durchgriffswirkung für und in den Mitgliedstaaten macht die Verordnung schließlich zum Bestandteil nationalen Rechts, ohne daß sie dabei ihre Gemeinschaftsrechtsqualität verliert[2589]. Der Anwendbarkeit der Verordnungen in den Mitgliedstaaten steht auch nicht entgegen, daß speziell die Gleichbehandlungsverordnung zur Änderung des BSt und der Beschäftigungsbedingungen für die sonstigen Bediensteten einen internen Sachverhalt der Gemeinschaft betrifft, nämlich ihr Verhältnis zu ihren Bediensteten[2590]. Wesentlich ist hier, daß auf der europäischen Ebene durch die Verordnung die gleichen Bedürfnisse nach genereller und abstrakter Rechtsetzung gegenüber einer Vielzahl von Sachverhalten und Personen abgedeckt werden wie auf nationaler Ebene durch das einfache Gesetz[2591]. Damit kann die Verordnung und insbesondere die Verordnung Nr. 781/98 als „Europäisches Gesetz" mit „quasi-legislatorischem" Charakter bezeichnet werden, auch wenn eine Gleichrangigkeit mit nationalen Gesetzen letztlich bedingt durch die institutionelle Struktur der Gemeinschaft und das Fehlen einer Unterscheidung zwischen Gesetz und Verordnung ausscheidet[2592].

Demgegenüber ist das Dritte Aktionsprogramm für die Chancengleichheit von Männern und Frauen in der Kommission (1997-2000)[2593] als verwaltungsinterne Richtlinie gefaßt, die als allgemeine Verwaltungsvorschrift der Auslegung und Anwendung des BSt und der Beschäftigungsbedingungen für die sonstigen Bediensteten dient[2594]. Das bedeutet, daß das Dritte Aktionsprogramm einerseits für die Anwendung des durch die Gleichbehandlungsverordnung Nr. 781/98 neugefaßten BSt und die Beschäftigungsbedingungen Hinweise für die zu verfolgende Verwaltungspraxis[2595] im Hinblick auf die Förderung der Chancengleichheit von Mann und Frau durch positive Maßnahmen[2596] liefert, andererseits aber auch den in das BSt neu eingefügten Art. 1a und Art. 27 Abs. 2 BSt inhaltlich ausfüllt. Durch den Zuschnitt des Dritten Aktionsprogrammes werden dabei die von Art. 1a Abs. 3 BSt vorgesehenen Maßnahmen und Aktionen zur

---

2588 Beutler/Bieber/Pipkorn/Streil, S. 194
2589 Schweitzer/Hummer, S. 103 Rn. 352
2590 So auch Schmidt in Von der Groeben/Thiesing/Ehlermann (Hrsg.), Art. 189 Rn. 34
2591 Oppermann, S. 207 Rn. 540
2592 Ebenda
2593 Vgl. Anhang 5, S. 766
2594 Rogalla, S. 47; zur Rechtsqualität der Verwaltungsvorschriften im EÖD; vgl. auch 1.2.a), S. 475
2595 EuGH v. 30.01.1974, Slg. 1974, S. 89 Louwage u. Moriame-Louwage/Kommission
2596 Vgl. 2. Erwägungsgrund der Verordnung Nr. 781/98 v. 07.04.1998, S. 4

Förderung der Chancengleichheit und zur Beseitigung der faktischen Ungleichheiten, die die Chancen der Frauen in den unter das BSt fallenden Bereichen beeinträchtigen, konkretisiert.

Art. 1a Abs. 2 BSt ist außerdem entsprechend dem Art. 141 Abs. 4 EGV formuliert. Der Unterschied beider Vorschriften liegt ausschließlich im jeweiligen Adressatenkreis, denn Art. 141 Abs. 4 EGV ist an die Mitgliedstaaten und Art. 1a Abs. 2 an die Gemeinschaftsorgane gerichtet. Die im Zusammenhang mit Art. 141 Abs. 4 getroffenen Aussagen können deshalb auch für die Anwendung und Auslegung des Art. 1a Abs. 2 BSt Geltung beanspruchen, ohne daß damit die inhaltlich konkretisierende Funktion des Dritten Aktionsprogrammes für die Beschäftigten der Kommission geschmälert würde. Vielmehr ist die Identität der Formulierung ein Hinweis darauf, daß die Gemeinschaft inzwischen auch für ihren eigenen öffentlichen Dienst nicht mehr hinter den für die Mitgliedstaaten bestehenden Möglichkeiten der Frauenförderung bzw. positiven Maßnahmen, insbesondere wegen der auf der Grundlage von Art. 141 EGV und Art. 2 Abs. 1 und 4 der Richtlinie 76/207/EWG (a.F.) ergangenen Rechtsprechung des EuGH zurückbleiben kann und darf[2597]. Die Anlehnung des Art. 1a Abs. 2 BSt an Art. 141 Abs. 4 EGV, die im übrigen auch zeitlich parallel zur Unterzeichnung des Amsterdamer Vertrags vom 02.10.1997[2598] verlief, erweitert auf diese Weise auch in verbindlich festgeschriebener Verordnungsform den Horizont der zulässigen Frauenfördermaßnahmen im EÖD, was sich bereits vor Änderung des BSt durch die Gleichbehandlungsverordnung Nr. 781/98 durch die im Dritten Aktionsprogramm vorgesehene Möglichkeit leistungsabhängiger Bevorzugung von Frauen bei Einstellungen, Beförderungen und Besetzungen von Führungspositionen i.S.d. Kalanke-Urteils des EuGH vom 17.10.1995 ausdrückt[2599].

In der Begründung des Vorschlags für eine Verordnung (EURATOM, EGKS, EWG) des Rates zur Änderung des Statuts der Beamten der Europäischen Gemeinschaften und der Beschäftigungsbedingungen für die sonstigen Bediensteten dieser Gemeinschaften hinsichtlich der Gleichbehandlung von Männern und Frauen, den die Kommission mit Datum vom 19.03.1993 vorgelegt hat[2600], wird ausdrücklich die Richtlinie 76/207/EWG (a.F.) als Ausformung des Gleichbehandlungsgrundsatzes von Männern und Frauen benannt, die das Handeln der Gemeinschaftsorgane nicht nur extern, sondern auch intern bestimmt. Das bedeutet insbesondere für Art. 1a Abs. 3 BSt, daß er unabhängig von seinem Charakter als Ermächtigungsgrundlage mit Übereinstimmungen zu

---

2597 Vgl. dazu die Ausführungen im Zweiten Aktionsprogramm, Anhang 4, S. 756 sowie im Dritten Aktionsprogramm, Anhang 5, S. 769
2598 Vgl. EU-Nachrichten Nr. 40/1997, S. 1
2599 Vgl. Drittes Aktionsprogramm, Anhang 5, S. 774
2600 KOM (93) 106 endg.

Art. 141 Abs. 3 EGV[2601], inhaltlich auch von der Gleichbehandlungsrichtlinie geprägt ist. Daraus läßt sich weiter folgern, daß Art. 1a Abs. 3 BSt auch gegenüber der zur Richtlinie 76/207/EWG ergangenen Rechtsprechung des EuGH geöffnet ist.

Zusammenfassend läßt sich somit folgendes rechtliches Verhältnis zwischen EGV, an die Mitgliedstaaten gerichtete Richtlinien, der Verordnung Nr. 781/98 und dem Dritten Aktionsprogramm für die Chancengleichheit von Mann und Frau in der Europäischen Kommission herausbilden: Der EGV und hier speziell Art. 141 Abs. 4 EGV sowie die Richtlinie 76/207/EWG (a.F.) stellen Rahmenbedingungen für die Anwendung und Auslegung der Gleichbehandlungsverordnung Nr. 781/98 dar, die durch die Rechtsprechung des EuGH konkretisiert sind. Dem steht auch nicht entgegen, daß Adressaten des EGV und der Richtlinien ausschließlich die Mitgliedstaaten sind, denn ihr nicht zu unterschätzender (mittelbarer) Einfluß auf die EÖD-internen Vorgänge wird von den Gemeinschaftsorganen anerkannt.

Das auf der Ebene der allgemeinen Verwaltungsvorschriften angesiedelte und mit der schwächsten Rechtswirkung ausgestattete Dritte Aktionsprogramm für die Beschäftigten der Kommission[2602] füllt in der Normenhierarchie von unten insbesondere den Art. 1a BSt, aber auch das in Art. 27 Abs. 2 BSt verankerte Diskriminierungsverbot wegen des Geschlechts, des Personenstandes und der familiären Verhältnisse in bezug auf die Auswahl der Beamten und Beamtinnen mit konkretem, frauenfördernden Inhalt.

Damit stellt die Gleichbehandlungsverordnung die verbindlich festgeschriebene Rechtsgrundlage für alle fünf Gemeinschaftsorgane dar, positive Maßnahmen zur effektiven Gewährleistung der vollen Gleichstellung von Männern und Frauen" zu ergreifen, wie es u.a. mit dem Dritten Aktionsprogramm für die Beschäftigten der Kommission bereits vor Erlaß der Verordnung geschehen ist. Die bereits bestehenden Programme in der Kommission und beim Parlament sind mit der Verordnung Nr. 781/98 schließlich auch rechtsverbindlich abgesichert worden, wobei die Orientierung der Organe im Hinblick auf die möglichen und zulässigen Maßnahmen insbesondere an Art. 141 Abs. 4 EGV sowie der Richtlinie 76/207/EWG erfolgen kann.

---

2601 Vgl. die Ausführungen auf S. 269 ff.
2602 Gleiches gilt im übrigen auch für die beiden Aktionsprogramme des Europäischen Parlaments von 1990 (Aktionsprogramm für mehr Ausgewogenheit (PAR-PE), vgl. Anhang 1, S. 715) und 1997-2000 (Zweites Aktionsprogramm Chancengleichheit im Europäischen Parlament, vgl. Anhang 2, S. 726)

## 3.2. Der Entwicklungsprozess der Gleichbehandlungsverordnung Nr. 781/98

### a) Die Kommissionsvorschläge und die Änderungen durch das Europäische Parlament

#### aa) Die 1. Phase (1993)

Die ersten Überlegungen zur Änderung des BSt und der Beschäftigungsbedingungen für die sonstigen Bediensteten der Gemeinschaften gehen auf den Vorschlag der Kommission für eine Verordnung (EURATOM, EGKS, EWG) des Rates zur Änderung des Statuts der Beamten der Europäischen Gemeinschaften und der Beschäftigungsbedingungen für die sonstigen Bediensteten dieser Gemeinschaften hinsichtlich der Gleichbehandlung von Männern und Frauen vom 19.03.1993[2603] zurück. Vorgeschlagen wurde hier die Einführung eines Art. 5a in das BSt, der zum einen ein Recht auf Gleichbehandlung ohne unmittelbare und mittelbare Diskriminierung u.a. wegen des Geschlechts, des Personenstandes und der familiären Verhältnisse[2604] beinhalten sollte, zum anderen die Festlegung einvernehmlicher Maßnahmen der Gemeinschaftsorgane nach Stellungnahme des Statutbeirats zur Förderung der Chancengleichheit von Männern und Frauen und zur Beseitigung der faktischen Ungleichheiten, die die Chancen der Frauen in den durch das Statut geregelten Bereichen beeinträchtigen[2605] vorsah. Außerdem wurde die Streichung des Art. 27 Abs. 2 BSt vorgeschlagen, demzufolge die Beamten ohne Rücksicht auf das Geschlecht u.a. auszuwählen waren. Im Hinblick auf die Beschäftigungsbedingungen für die sonstigen Bediensteten war dabei die entsprechende Geltung des Art. 5a BSt des Vorschlags in bezug auf die Gleichbehandlung, die Rechte und Pflichten sowie den Beschwerdeweg und den Rechtsschutz vorgesehen[2606].

Dieser von der Kommission am 19.03.1993 vorgelegte Vorschlag zur Änderung des BSt und der Beschäftigungsbedingungen wurde vom Europäischen Parlament mit teilweise erheblichen Änderungen vom 19.11.1993[2607] gebilligt. Die vom Parlament vorgenommenen Änderungen des Kommissionsvorschlags bezogen sich zunächst auf die Erwägungen einer Gleichbehandlungsverordnung und gestalteten diese insbesondere durch Bezugnahme auf Art. 2 Abs. 4 der Richtlinie 76/207/EWG (a.F.), Art. 141 EGV und die auf ihrer Grundlage ergan-

---

2603 KOM (93) 106 endg. = ABl.EG Nr. C 104, S. 13 v. 15.04.1993
2604 Vgl. Art. 5a Abs. 1 des Vorschlags
2605 Vgl. Art. 5a Abs. 2 des Vorschlags
2606 Vgl. Art. 10 Abs. 1, Art. 53, Art. 83 der Beschäftigungsbedingungen des Vorschlags
2607 Vgl. ABl.EG Nr. C 329, S. 370 v. 06.12.1993

gene Rechtsprechung des EuGH[2608] deutlich umfangreicher aus. Auch sah das Europäische Parlament eine besondere Notwendigkeit, im Rahmen der Erwägungen ebenfalls darauf hinzuweisen, daß die Gemeinschaftsorgane bei der Umsetzung der Richtlinie 76/207/EWG sowie bei der Durchführung der positiven Maßnahmen i.S.d. Empfehlung des Rates vom 13.12.1984 zur Förderung positiver Maßnahmen für Frauen 84/635/EWG[2609] ein besonderes, vorbildliches Engagement zu beweisen hätten[2610]. Schließlich hatte das Parlament im Zusammenhang mit den Erwägungen für eine Gleichbehandlungsverordnung auch in einer 5. Änderung die Streichung des Wortes „einvernehmlich" hinsichtlich der von den Gemeinschaftsorganen festzulegenden positiven Maßnahmen vorgenommen. Der vom Kommissionsvorschlag vorgesehene Art. 5a Abs. 1 BSt wurde vom Parlament im Hinblick auf das Verbot unmittelbarer und mittelbarer Diskriminierung in bezug auf die sexuelle Orientierung, den Gesundheitszustand und eine etwaige Erwerbsunfähigkeit der Beamten erweitert[2611]. Auch Art. 5a Abs. 2 BSt des Kommissionsvorschlags wurde vom Parlament mit verschiedenen Änderungen versehen. Dabei wurde nicht nur die Streichung des Wortes „einvernehmlich" vorgenommen, sondern gleichzeitig ebenfalls die Beteiligung des Ausschusses für die Chancengleichheit für Männer und Frauen (COPEC) an der Festlegung der positiven Maßnahmen vorgesehen. Konkretisiert wurden außerdem die zu ergreifenden Maßnahmen, die als zeitlich befristete Programme bei Erreichen ihrer jeweiligen Ziele beendet oder abgewandelt werden konnten. Schließlich führte das Parlament im Rahmen seiner Änderungen des vorgeschlagenen Art. 5a BSt einen Absatz 3 an, der sowohl für Einstellungen als auch für Beförderungen bei gleicher Eignung bzw. gleichen Verdiensten den Bewerbern bzw. Beamten einen Vorrang einräumte, der dem unterrepräsentierten Geschlecht angehörte. Auf eine Härtefallklausel wurde hier jedoch verzichtet.

Ganz neu gestaltete sich die Änderung Nr. 7 des Parlaments, das im Art. 9 Abs. 1a BSt, der die Ausschußbildung bei den einzelnen Gemeinschaftsorganen wie z.B. die Bildung einer Personalvertretung beinhaltet, die Bildung eines weiteren, neuen Ausschusses sozialer Prägung für das Personal einführen wollte. Dieser bei jedem Organ einzurichtende Ausschuß für die Chancengleichheit sollte die Umsetzung des Gleichbehandlungsgrundsatzes von Frauen und Männern fördern, überwachen sowie die Programme positiver Maßnahmen vorschlagen. Zur Gewährleistung einer effizienten Aufgabenwahrnehmung wurde diesem Ausschuß ein Mitwirkungsrecht gekoppelt mit einer Beobachterfunktion zuge-

---

2608 Vgl. Änderungen des Parlaments Nr. 1 bis 3
2609 ABl.EG Nr. L 331, S. 34 v. 19.12.1984
2610 Vgl. Änderungen des Parlaments Nr. 4
2611 Vgl. Änderungen des Parlaments Nr. 6

wiesen, das sich einerseits auf die Beteiligung im Statutsbeirats, andererseits auf eine Mitwirkung in den beratenden Ausschüssen für die Beförderung, im Paritätischen Ausschuß, im Ausleseausschuß für die Hilfskräfte und Behinderte sowie im Beratenden Ausschuß für die Berufsausbildung bezog.

Schließlich sah das Parlament für das BSt noch die Einfügung eines neuen Unterabsatzes in Art. 1 Abs. 1g des Anhangs III zum BSt über das Auswahlverfahren vor, der die Anhebung der Altersgrenze für Bewerber/innen beinhaltete, die aufgrund der Erziehung eines Kindes unter sechzehn Jahren seit mindestens einem Jahr keine Berufstätigkeit ausgeübt haben. Dabei sollte die Altersgrenze entsprechend der Dauer der Berufstätigkeitsunterbrechung heraufgesetzt werden und zwar pro Kind jeweils um zwei Jahre und dieses bis zu einer Obergrenze von fünf Jahren[2612]. Diese Heraufsetzung der Altersgrenzen im Zusammenhang mit Einstellungen bei der Gemeinschaft hatte das Europäische Parlament zusätzlich mit seiner Entschließung zur Benachteiligung aufgrund des Geschlechts bei Einstellungsverfahren der Gemeinschaft vom 19.11.1993 begründet[2613]. Unter anderem stellte es hier fest, daß die generelle Altersgrenze von 35 Jahren bei Stellenausschreibungen der Gemeinschaftsorgane in den anderen internationalen Organisationen entweder nicht vorhanden oder bei 50 bzw. 55 Jahren läge[2614]. Daneben war es der Auffassung, daß eine solche Altersgrenze eine abschreckende Wirkung auf Frauen haben könne, wenn sie nach einer familienbedingten Berufstätigkeitsunterbrechung ins Erwerbsleben zurückkehren wollten[2615]. Im übrigen stelle diese Altersgrenze ebenfalls eine Abkehr von der Richtlinie 76/207/EWG dar, da hier die Verwirklichung des Gleichbehandlungsgrundsatzes von Männern und Frauen hinsichtlich des Zugangs zur Beschäftigung beeinträchtigt werde[2616]. Mit diesen Überlegungen forderte das Europäische Parlament insgesamt die flexiblere Handhabung der Altersgrenze bei Einstellungen, insbesondere zur Verdeutlichung der Entschlossenheit der Gemeinschaftsorgane im Hinblick auf die Beachtung des Gleichbehandlungsprinzips in der Verwaltung und bei Einstellungen. In diesem Zusammenhang forderte das Parlament schließlich die Erweiterung der bestehenden, aber unzureichenden Ausnahmeregelungen speziell für Bewerber/innen mit Familienpflichten, so die Anrechnung der zur Betreuung von Familienmitgliedern (Kinder, ältere oder behinderte Angehörige) aufgewendeten Zeit bis zu einer Grenze von zehn Jahren sowie die Anhebung des Erziehungszeitraums für ein Kind auf fünf Jahre, was auch dem Zeitraum

---

2612  Vgl. Änderung des Parlaments Nr. 10
2613  ABl.EG Nr. C 329, S. 374 v. 06.12.1993
2614  Vgl. Buchstabe A und B der Entschließung
2615  Vgl. Buchstabe E der Entschließung
2616  Vgl. Buchstabe F der Entschließung

des Urlaubs aus persönlichen Gründen zur Kinderbetreuung[2617] entspricht und als Sonderregelung für Eltern gedacht gewesen wäre[2618].

Unabhängig von dieser Entschließung des Europäischen Parlaments vom 19.11.1993 zur Konkretisierung der Anhebung der Altersgrenzen bei Einstellungsverfahren aus Gründen einer familienbedingten Berufstätigkeitsunterbrechung, gingen die Änderungen des Parlaments am Kommissionsvorschlag für eine Gleichbehandlungsverordnung aus dem Jahr 1993 auch auf die Beschäftigungsbedingungen für die sonstigen Bediensteten ein, ohne dabei den diesbezüglichen Kommissionsvorschlag beizubehalten: Während der Kommissionsvorschlag die Streichung des Art. 12 Abs. 1 zweiter Unterabsatz der Beschäftigungsbedingungen vorsah, fügte das Parlament dem Art. 12 einen neuen Absatz 1a hinzu, der unbeschadet der Vertragsfreiheit der Parteien den Organen und Fraktionen des Europäischen Parlaments die entsprechende Anwendung des Art. 5a Abs. 2 und 3 BSt auf die sonstigen Bediensteten auferlegte[2619].

Eine weitere Änderung nahm das Parlament im Hinblick auf die Beendigung der Beschäftigungsverhältnisse gemäß Art. 47 der Beschäftigungsbedingungen vor und legte die Kündigungsfrist auf mindestens 15 Tage und höchstens drei Monate fest, wobei diese auch nicht während einer Schwangerschaft, eines Mutterschaftsurlaubs oder eines Krankheitsurlaubs beginnen durfte und der Ablauf der Kündigungsfrist außerdem während dieser Urlaubszeit gehemmt sein sollte[2620]. Einen entsprechenden Vorschlag hatte es von Seiten der Kommission nicht gegeben.

*bb) Die 2. Phase (1996-1997)*

Drei Jahre später legte die Kommission schließlich mit Datum vom 06.03.1996 einen Geänderten Vorschlag für eine Verordnung (EURATOM, EGKS, EG) des Rates zur Änderung des Statuts der Beamten der Europäischen Gemeinschaften und der Beschäftigungsbedingungen für die sonstigen Bediensteten dieser Gemeinschaften hinsichtlich der Gleichbehandlung vor[2621], der ausweislich seiner Begründung dem Änderungsantrag des Europäischen Parlaments Rechnung tragen sollte und nach Auffassung der Kommission auch nicht im Widerspruch zu dem Kalanke-Urteil des EuGH vom 17.10.1995[2622] stände, da die Gemeinschaftsorgane die einschlägigen konkreten Maßnahmen (zur Frauenförderung)

---

2617 Vgl. Art. 40 Abs. 2 BSt, die Verf.
2618 Vgl. Nr. 1, 2 und 5a und b der Entschließung
2619 Vgl. Änderungen des Parlaments Nr. 8
2620 Vgl. Änderungen des Parlaments Nr. 9
2621 KOM (96) 77 endg. = ABl.EG Nr. C 144, S. 14 v. 16.05.1996
2622 Slg. 1995, S. 3051 Rs. C-450/93 Kalanke/Freie Hansestadt Bremen

zu einem späteren Zeitpunkt einvernehmlich festzulegen hätten. Gleichwohl ging der geänderte Kommissionsvorschlag von 1996 nicht auf die vom Europäischen Parlament vorgeschlagenen Änderungen vom 19.11.1993 in bezug auf die umfangreichen Erwägungen zu einer Gleichbehandlungsverordnung ein. Vielmehr blieb die Kommission bei ihrem schon am 19.03.1993 getroffenen Vorschlag zu den Erwägungen, ohne dabei ansatzweise den Einfluß des Art. 141 EGV, der Richtlinie 76/207/EWG und die Rechtsprechung des EuGH in diesem Bereich anzuschneiden.

Nunmehr sah ihr Vorschlag für eine Gleichbehandlungsverordnung die Einführung eines Art. 1a in das BSt vor, der in Absatz 1 im Unterschied zu dem in Art. 5a Abs. 1 BSt des Vorschlags von 1993 das Verbot der unmittelbaren und mittelbaren Diskriminierung unter Berücksichtigung des Änderungsvorschlags ausdehnte, den Personenstand und die familiären Verhältnisse aus dem Diskriminierungstatbestand aber herausnahm. Der vorgeschlagene Art. 1a Abs. 2 BSt deckte sich im übrigen inhaltlich mit dem Kommissionsvorschlag von 1993 zu einem Art. 5a Abs. 2 BSt. Insbesondere behielt die Kommission entgegen der Änderung des Parlaments die Festlegung einvernehmlicher Maßnahmen der Organe nach Stellungnahme des Statutbeirats zur Förderung der Chancengleichheit von Männern und Frauen bei. Dabei wurde auch auf die Aufnahme einer Beteiligung des Ausschusses für die Chancengleichheit verzichtet, den das Parlament mit einer Neufassung des Art. 9 Abs. 1a BSt bei jedem Organ zur effektiven Gewährleistung der Umsetzung des Gleichbehandlungsgrundsatzes hatte einführen wollen. Außerdem verzichtete die Kommission in ihrem geänderten Vorschlag ebenfalls auf die Verankerung einer leistungsabhängigen Vorrangregelung bei Einstellungen und Beförderungen zugunsten des unterrepräsentierten Geschlechts, die das Parlament in seinen Änderungen vom 19.11.1993 explizit gefordert hatte. Hier erfolgte lediglich im Rahmen ihrer Begründung ein Hinweis auf das Kalanke-Urteil des EuGH vom 17.10.1995, demnach die Organe wiederum einvernehmlich entsprechende konkrete Maßnahmen ergreifen könnten.

Im geänderten Kommissionsvorschlag von 1996 findet sich schließlich im Unterschied zum Vorschlag aus dem Jahr 1993 eine Neufassung des Art.27 Abs.2 BSt, demnach die Beamten ohne Rücksicht auf ihr Geschlecht, ihre sexuelle Orientierung, ihren Personenstand und ihre familiären Verhältnisse etc. auszuwählen waren. Damit hatte die Kommission die aus Art. 1a Abs. 1 BSt des Vorschlags herausgenommenen Diskriminierungstatbestände des Personenstandes und der familiären Verhältnisse in Art. 27 Abs. 2 BSt implementiert und von der ursprünglich vorgesehenen Streichung dieses Absatzes abgesehen.

Im Hinblick auf die Beschäftigungsbedingungen für die sonstigen Bediensteten der Gemeinschaften behielt die Kommission auch in ihrem geänderten

Vorschlag die wesentlichen inhaltlichen Änderungen ihres Vorschlags vom 19.03.1993 bei. Nur die von ihr vorgesehene Streichung des Art. 12 Abs. 1 zweiter Unterabsatz der Beschäftigungsbedingungen wurde in eine dem vorgeschlagenen Art. 27 Abs. 2 BSt entsprechende Fassung umgewandelt. Die vom Parlament vorgesehenen Änderungen, insbesondere zur Aufnahme einer leistungsabhängigen Vorrangregelung und zum verbindlich festgeschriebenen Kündigungsschutz während Zeiten der Schwangerschaft, des Mutterschaftsurlaubs oder des Krankheitsurlaubs fanden damit keine Berücksichtigung.

Mit Datum vom 20.02.1997 legte das Europäische Parlament seine Änderungen zum Kommissionsvorschlag für eine Gleichbehandlungsverordnung vom 06.03.1996 vor[2623]. Dabei behielt es im Hinblick auf die Erwägungen zu einer Gleichbehandlungsverordnung, wie bereits 1993 erfolgt, die Bezugnahme auf Art. 2 Abs. 4 der Richtlinie 76/207/EWG sowie die Vorbildfunktion der Gemeinschaftsorgane bei der Umsetzung der Richtlinie 76/207/EWG und der Empfehlung des Rates 84/635/EWG bei[2624]. In einer 3. Änderung erweiterte es die Erwägungen um die Berücksichtigung der Tatsache, daß in der Europäischen Gemeinschaft immer mehr Menschen ohne Eheschließung zusammenlebten. Wiederum stellte das Parlament klar, daß es mit dem von der Kommission vorgeschlagenen Art. 1a Abs. 2 BSt bezüglich der einvernehmlich festzulegenden Maßnahmen nicht einverstanden war und schließlich auch eine Verpflichtung der Organe zur Ergreifung positiver Maßnahmen schon im Rahmen der Erwägung für notwendig hielt[2625]. Dabei erklärte das Parlament auch, daß sich positive Maßnahmen zur Förderung der faktischen Chancengleichheit allein als nicht ausreichend erwiesen hätten, um das Ziel einer ausgewogenen Vertretung von Männern und Frauen im EÖD zu erreichen. Deshalb müsse der ausgewogenen Vertretung durch eine Verpflichtung der Organe bei der Auswahl, Ausbildung und Beförderung der Beschäftigten Rechnung getragen werden, wobei hier auch die Umstände des Einzelfalls (Härtefallklausel) zu berücksichtigen seien[2626].

Mit ihrer Änderung Nr. 6 wollte das Parlament im übrigen die Altersgrenzen für die Einstellungen von Bewerber/innen im Gegensatz zu seinen Änderungsvorschlägen vom 19.11.1993 und seiner Entschließung zur Benachteiligung aufgrund des Geschlechts bei Einstellungsverfahren der Gemeinschaft vom selben Tag[2627] ganz streichen.

Darüber hinaus wollte es im Rahmen der Erwägungen zu einer Gleichbehandlungsverordnung auch aufgenommen wissen, daß sich die bereits auf frei-

---

2623 ABl.EG Nr. C 85, S. 128 v. 17.03.1997
2624 Vgl. Änderungen des Parlaments Nr. 1f.
2625 Vgl. Änderungen des Parlaments Nr. 4
2626 Vgl. Änderungen des Parlaments Nr. 5
2627 ABl.EG Nr. C 329, S. 370 (S. 373) sowie S. 374

williger Basis bei der Kommission und beim Europäischen Parlament gebildeten Ausschüsse für Chancengleichheit als Mittel bewährt hätten, den Grundsatz der Chancengleichheit von Männern und Frauen im EÖD umzusetzen, so daß ihre zwingend vorgeschriebene Einrichtung in allen Organen vom Parlament empfohlen wurde[2628].

Für den von der Kommission vorgeschlagenen Art. 1a Abs. 1 BSt nahm das Parlament eine Änderung vor, die das Verbot der unmittelbaren und mittelbaren Diskriminierung u.a. wegen des Geschlechts ausdrücklich auf Beamte und Beamtinnen bezog[2629]. Für Art. 1a Abs. 2 BSt blieb das Parlament bei seinen Änderungsvorschlägen vom 19.11.1993, indem es hinsichtlich der festzulegenden Maßnahmen und Aktionen durch die Organe neben der Stellungnahme des Statutbeirats auch die des Ausschusses für Chancengleichheit für erforderlich erachtete[2630].

Genau wie schon 1993 griff das Parlament wieder die Verankerung eines Art. 9 Abs. 1a BSt auf, der in nunmehr stark gekürztem Umfang die Bildung eines Ausschusses für die Chancengleichheit für jedes Organ mit der Aufgabe der Förderung und Überwachung der Umsetzung des Gleichbehandlungsgrundsatzes von Frauen und Männern sowie der Ausarbeitung entsprechender Programme positiver Maßnahmen[2631] vorsah.

Auch in bezug auf das von der Kommission vorgeschlagene Diskriminierungsverbot des Art. 27 Abs. 2 BSt bei der Auswahl der Beamten wollte das Parlament eine Klarstellung durch die explizite Aufnahme der Beamtinnen erreichen. Unter Rückgriff auf die Erwägungen[2632] fügte das Parlament dem Art. 27 Abs. 2 BSt einen Satz 2 hinzu, der im Rahmen der Auswahl dem Ziel einer möglichst ausgewogenen Vertretung von Frauen und Männern innerhalb des jeweiligen Organs und der jeweiligen Laufbahnebene unter Beachtung der Umstände des Einzelfalls Rechnung tragen sollte[2633].

Nach den Änderungen des Parlaments von 1997 sollte auch Art. 45 Abs. 1 BSt, der die Beförderung der Beamten im EÖD regelt, eine Neufassung erhalten. Demzufolge sollte auch bei Beförderungen der Beamten und Beamtinnen dem Ziel einer möglichst ausgewogenen Vertretung von Frauen und Männern unter Beachtung der Umstände des Einzelfalls Rechnung getragen werden[2634]. Die vom Parlament in seinen Änderungsvorschlägen von 1993 noch vorgesehene

---

2628 Vgl. Änderungen des Parlaments Nr. 7
2629 Vgl. Änderungen des Parlaments Nr. 8
2630 Vgl. Änderungen des Parlaments Nr. 9
2631 Vgl. Änderungen des Parlaments Nr. 16
2632 Vgl. Änderungen des Parlaments Nr. 5
2633 Vgl. Änderungen des Parlaments Nr. 12
2634 Vgl. Änderungen des Parlaments Nr. 13

Heraufsetzung der Altersgrenze für Bewerber/innen in Einstellungsverfahren wurde 1997 gestrichen, was bereits in den vorgeschlagenen Erwägungen zum Ausdruck gekommen war[2635].

Für die Beschäftigungsbedingungen erweiterte das Parlament die von der Kommission entsprechend dem Art. 2 BSt formulierte Fassung des Art. 12 Abs. 1 Unterabsatz 2 der Beschäftigungsbedingungen i.S. seiner Änderungen zu Art. 27 Abs. 2 BSt[2636]. Der vom Parlament bereits 1993 gemachte Änderungsvorschlag im Zusammenhang mit der Beendigung der Beschäftigungsverhältnisse gemäß Art. 47 Abs. 2a der Beschäftigungsbedingungen blieb im wesentlichen gleich[2637]. Insgesamt waren damit die vom Parlament vorgenommenen Änderungen des geänderten Kommissionsvorschlags für eine Gleichbehandlungsverordnung auch hier deutlich umfangreicher und konkreteren Inhalts als der Kommissionsvorschlag selbst.

*cc) Die 3. Phase (1998)*

Mit Datum vom 07.04.1998 wurde schließlich die Verordnung (EG, EGKS, EURATOM) Nr. 781/98 des Rates zur Änderung des Statuts der Beamten der Europäischen Gemeinschaften und der Beschäftigungsbedingungen für die sonstigen Bediensteten dieser Gemeinschaften hinsichtlich der Gleichbehandlung erlassen[2638].

Die Gleichbehandlungsverordnung Nr. 781/98 enthält nur eine wesentliche Neuerung gegenüber dem geänderten Kommissionsvorschlag von 1996, nämlich die Aufnahme eines Art. 1a Abs. 2 BSt, der wortwörtlich dem Art. 141 Abs. 4 EGV entspricht und auch in engem Zusammenhang mit seinem Erlaß steht. Sowohl die von der Kommission vorgeschlagenen Erwägungen vom 06.03.1996 als auch der von ihr vorgesehene Art. 1a Abs. 1 und 2 BSt wurden inhaltlich mit geringfügigen Unterschieden in den Formulierungen in Art. 1a Abs. 1 und 3 BSt übernommen. Die vom Europäischen Parlament schon 1993 und 1997 kritisierte und in den Änderungen eindeutig abgelehnte Formulierung, daß die zu treffenden Maßnahmen einvernehmlich durch die Organe nach Stellungnahme des Statutbeirats festzulegen seien, konnte sich ebenso wenig durchsetzen wie die vom Parlament geforderte Beteiligung des Ausschusses für Chancengleichheit[2639].

---

2635 Vgl. Änderungen des Parlaments Nr. 15
2636 Vgl. Änderungen des Parlaments Nr. 14
2637 Vgl. Änderungen des Parlaments Nr. 17
2638 ABL.EG Nr. L 113, S. 4 v. 15.04.1998
2639 Vgl. Art. 1a Abs. 3 BSt n.F.

Durchsetzen konnte sich dagegen der Änderungsvorschlag des Parlaments Nr. 9 vom 20.02.1997, der ausdrücklich auf der Aufnahme der Formulierung „Beamtinnen" bestand, denn Art.1a Abs.3 BSt spricht nunmehr „Männer und Frauen in den unter das Statut fallenden Bereichen" an.

Auch Art. 27 Abs. 2 BSt entspricht inhaltlich dem Kommissionsvorschlag von 1996 – die vom Parlament vorgenommenen Konkretisierungen dieses Diskriminierungsverbots, bei der Auswahl der Beamten und Beamtinnen dem Ziel einer möglichst ausgewogenen Vertretung von Frauen und Männern unter Beachtung der Umstände des Einzelfalles Rechnung zu tragen, wurde vom Rat nicht übernommen. Entsprechendes gilt für die vom Parlament in seiner Änderung Nr. 13 vorgesehene Erweiterung des Art. 45 Abs. 1 BSt für Beförderungen.

In der Gleichbehandlungsverordnung Nr. 781/98 wurde jedoch weder die Altersgrenzenproblematik noch die Erweiterung der Kündigungsschutzvorschrift des Art. 47 Abs. 2a der Beschäftigungsbedingungen berücksichtigt. Außerdem wurde auf eine rechtsverbindliche Aufnahme der Verpflichtung der Organe zur Bildung eines Ausschusses für die Chancengleichheit im Rahmen des Art. 9 Abs. 1a BSt verzichtet.

Im Hinblick auf die Beschäftigungsbedingungen für die sonstigen Bediensteten übernahm die Gleichbehandlungsverordnung Nr. 781/98 ohne Einschränkung alle von der Kommission 1996 gemachten Vorschläge mit Ausnahme der leicht veränderten, aber klarstellenden Formulierungen in Art. 10 Unterabsatz 1 sowie Art. 12 Abs. 1 Unterabsatz 2 der Beschäftigungsbedingungen.

Insgesamt gesehen konnte sich die Kommission folglich durchgängig mit allen wesentlichen Inhalten ihrer Vorschläge von 1993 und 1996 für eine Gleichbehandlungsverordnung zur Änderung des BSt und der Beschäftigungsbedingungen durchsetzen. Die in Art. 1a Abs. 2 BSt nunmehr zu findende Entsprechung des Art. 141 Abs. 4 EGV geht dabei weder auf einen Kommissionsvorschlag noch eine Änderung des Europäischen Parlaments, sondern vielmehr auf den zeitlich später, von den Mitgliedstaaten am 02.10.1997 unterzeichneten Vertrag von Amsterdam zurück.

*b) Bewertung*

*aa) Bewertung vor dem Hintergrund der Art. 250, 252 EGV*

Die umfangreichen Änderungen des Europäischen Parlaments aus den Jahren 1993 und 1997 zu den Kommissionsvorschlägen sind sichtlich von dem Bemühen getragen, ins BSt und die Beschäftigungsbedingungen konkrete Maßnahmen zur Förderung von Frauen einzuführen. Demgegenüber stellen die von der Kommission gemachten Vorschläge noch ausfüllungsbedürftige Normen dar, was die Kommission auch in ihrer Begründung zu ihrem geänderten Vorschlag vom 06.03.1996[2640] mit dem Hinweis einräumt, daß „die einschlägigen konkreten Maßnahmen von den Organen zu einem späteren Zeitpunkt einvernehmlich festgelegt werden".

Eine Ursache dafür, daß sich die Kommission in so gut wie allen wesentlichen Punkten mit ihrem geänderten Vorschlag zu einer Gleichbehandlungsverordnung von 1996 durchsetzen konnte, liegt in Art. 250 Abs. 2 EGV begründet, auf dessen Grundlage die Kommission schließlich ihren Änderungsvorschlag vorgelegt hat. Dabei wird ihr über Art. 250 EGV ein Initiativrecht zur Einleitung eines Rechtsetzungsverfahrens zugestanden, das außerdem die ihr durch Art. 211 EGV übertragene Aufgabe konkretisiert, am Zustandekommen der Handlungen des Rates und des Europäischen Parlaments mitzuwirken[2641]. Die Schlüsselrolle der Kommission in der Rechtsetzung der EG ergibt sich daraus, daß der Rat grundsätzlich die Rechtsakte der Gemeinschaft auf Vorschlag der Kommission erläßt, Änderungen dieses Vorschlags jedoch nur einstimmig beschließen kann[2642]. Bis zur Beschlußfassung im Rat kann die Kommission allerdings gemäß Art. 250 Abs. 2 EGV ihren Vorschlag jederzeit im Verlauf des Verfahrens zur Annahme eines Rechtsaktes der EG ändern, was damit auch ihre starke Stellung im Rechtsetzungsverfahren zum Ausdruck bringt[2643].

Die Rolle des Europäischen Parlaments beschränkt sich im Verfahren nach Art. 250 EGV auf seine ordnungsgemäße Anhörung, ohne die der Rechtsakt nichtig wäre[2644]. In diesem Zusammenhang hat der EuGH mit seiner Isoglucose-Entscheidung ebenfalls darauf hingewiesen, daß eine effektive Beteiligung des Parlaments am Gesetzgebungsverfahren ein vom EGV gewünschter Beitrag zum Gleichgewicht der Institutionen untereinander darstellt[2645].

Das dieses Gleichgewicht der Institutionen jedoch an einigen Stellen verschoben ist, verdeutlicht sich in dem Verhaltenskodex vom 15.03.1995, in dem sich die Kommission gegenüber dem Parlament verpflichtet hat, „soweit irgend möglich" die Änderungen des Parlaments u.a. im Rahmen des Verfahrens der Zusammenarbeit zu berücksichtigen[2646]. Das Verfahren der Anhörung und Zusammenarbeit i.S.v. Art. 252 EGV kommt dann zur Anwendung, wenn die Kommission, wie in bezug auf die Gleichbehandlungsverordnung geschehen, ihren ursprünglichen Vorschlag substanziellen Änderungen unterzieht, ohne dabei

---

2640 KOM (96) 77 endg.
2641 Schoo in Von der Groeben/Thiesing/Ehlermann (Hrsg.), Art. 189a Rn. 3
2642 Oppermann, S. 141 Rn. 353
2643 Schoo in Von der Groeben/Thiesing/Ehlermann (Hrsg.), Art. 189a Rn. 18
2644 Schoo in Von der Groeben/Thiesing/Ehlermann (Hrsg.), Art. 189a Rn. 10
2645 EuGH v. 29.10.1980, Slg. 1980, S. 3333 f. Rs. 138/79 SA Roquette Freres/Rat
2646 ABl.EG Nr. C 89, S. 69 (S. 70 Punkt 3.7.) v. 10.04.1995

den Änderungswünschen des Parlaments zu entsprechen[2647]. Substanzielle Änderungen können schließlich nicht nur in bezug auf den Inhalt, sondern auch für alle sonstigen wesentlichen Bestandteile des Rechtsakts, zu denen u.a. auch die Erwägungsgründe gehören, ganz oder teilweise erfolgen[2648]. Dabei zielt das Zusammenarbeitsverfahren nach Art. 252 EGV auf eine erneute Stellungnahme des Parlaments[2649], die zum sogenannten „gemeinsamen Standpunkt" des Rates führt, bei dem es sich aber vielmehr um einen Einzelstandpunkt des Rates handelt[2650].

Insgesamt ist die Position des Europäischen Parlaments im Verfahren gemäß Art. 252 EGV zwar stärker ausgebildet als im Anhörungsverfahren nach Art. 250 EGV, auf das das Zusammenarbeitsverfahren aufbaut[2651], gleichwohl kann es nicht darüber hinwegtäuschen, daß das Parlament den Rechtsakt an sich nicht verhindern kann, selbst wenn es den „gemeinsamen Standpunkt" des Rates ablehnen sollte und der Rat diesen letztlich einstimmig beschlossen hat[2652]. An dieser Stelle zeigt sich auch, daß dem europäischen Parlament bislang nur eine begrenzte demokratische Parlamentssouveränität zukommt[2653] und das Parlament nicht der Gesetzgeber der Gemeinschaft ist, sondern auf die Mitwirkung am Gesetzgebungsverfahren beschränkt bleibt[2654]. Dies wird sich aber mit dem Inkrafttreten der Europäischen Verfassung ändern, denn Art. 19 Abs. 1 des Teils I der Verfassung bestimmt, daß das Europäische Parlament zusammen mit dem Rat zukünftig als Gesetzgeber tätig wird. Jedoch erklärt der Hintergrund des formalen Zustandekommens der Gleichbehandlungsverordnung warum die umfangreichen und auf konkrete positive Maßnahmen bezogenen Änderungsvorschläge des Parlaments sich gegenüber dem geänderten Kommissionsvorschlag zu einer Gleichbehandlungsverordnung zur Änderung des BSt und der Beschäftigungsbedingungen nicht durchsetzen konnten, rechtfertigt sie aber nicht.

---

[2647] Schoo in Von der Groeben/Thiesing/Ehlermann (Hrsg.), Art. 189a Rn. 20
[2648] Schoo in Von der Groeben/Thiesing/Ehlermann (Hrsg.), Art. 189a Rn. 12
[2649] Diese hat das Europäische Parlament mit seinen Änderungen zum geänderten Vorschlag der Kommission für eine GleichbehandlungsVO vom 20.02.1997, ABl.EG Nr. C 85, S. 128 v. 17.03.1997 abgegeben!
[2650] Vgl. Schweitzer/Hummer, S. 71 Rn. 233; zur Kritik an dem Begriff auch Glaesner, EuR 1988, S. 121, denn der „gemeinsame Standpunkt" erfordert lediglich eine qualifizierte Mehrheit im Rat und gibt damit regelmäßig nicht alle in ihm vertretenen Meinungen der Mitgliedstaaten wieder
[2651] Schoo in Von der Groeben/Thiesing/Ehlermann (Hrsg.), Art. 189c Rn. 3
[2652] So auch Oppermann, S. 113 Rn. 268
[2653] Opperman, S. 111 Rn. 263
[2654] Schweitzer/Hummer, S. 70 Rn. 230 sowie Beutler/Bieber/Pipkorn/Streil, S. 116

*bb) Bewertung vor dem Hintergrund der Kalanke- und der Marschall-
Entscheidung des EuGH*

Am 12.02.1997, also gut eine Woche vor dem Erlaß der Stellungnahme des Europäischen Parlaments zu dem geänderten Vorschlag der Kommission für eine Gleichbehandlungsverordnung zur Änderung des BSt und der Beschäftigungsbedingungen[2655], gab der mit der Gleichbehandlungsverordnung federführend beschäftigte, ständige parlamentarische Ausschuß für Recht und Bürgerrechte seinen Bericht zum Änderungsvorschlag der Kommission von 1996 ab[2656]. Auch der Ausschuß für die Rechte der Frau, der in beratender Funktion an dem innerparlamentarischen Verfahren beteiligt war, gab eine Stellungnahme ab, die in den Bericht des Ausschusses für Recht und Bürgerrechte eingeflossen ist[2657].

Ausgangspunkt der Überlegungen des Ausschusses für die Rechte der Frau war zunächst die Feststellung, daß der Fortbestand faktischer Ungleichheiten korrektive Maßnahmen des Gesetzgebers, die sogenannten positiven Aktionen, notwendig mache, um die praktische Durchführung des Gleichbehandlungsgrundsatzes zu gewährleisten[2658]. Zwar würden diese positiven Maßnahmen mit dem Grundsatz der formalen Gleichbehandlung kollidieren, glichen aber in zeitlich begrenztem Rahmen aufgrund ihrer Schutzfunktion die gravierendsten Ungleichgewichte durch den Abbau der strukturellen, prozeduralen und mentalen Hindernisse aus[2659]. Auf der Basis dieses Ansatzes gelangte die Stellungnahme zum Kalanke-Urteil des EuGH vom 17.10.1995[2660] und erklärte unter Bezugnahme auf die öffentliche Anhörung des Europäischen Parlaments vom 25.04. 1996 zu dieser Entscheidung Vorrangregelungen zugunsten des unterrepräsentierten Geschlechts bei Einstellungen, Beförderungen und beruflichem Aufstieg unter der Voraussetzung gleicher Eignung und Erreichen eines Mindestdienstalters für zulässig, da es um die Umkehrung eines Prozesses gehe, der regelmäßig Frauen dadurch benachteilige, daß bei gleicher Qualifikation der Mann eingestellt oder befördert würde[2661]. Denn, „wenn es um die Qualifikation gehe, wägen die Tradition und die kulturellen Gewohnheiten sehr schwer (...) und durch

---

2655 ABl.EG Nr. C 85, S. 128 v. 17.03.1997
2656 EP-Sitzungsdokumente A4-46/97, PE 219.390/end. v. 20.02.1997, S. 5 ff.
2657 EP-Sitzungsdokumente v. 20.02.1997, S. 11 ff.
2658 EP-Sitzungsdokumente v. 20.02.1997, S. 11
2659 EP-Sitzungsdokumente v. 20.02.1997, S. 12
2660 Slg. 1995, S. 3051 Rs. C-450/93 Kalanke/Freie Hansestadt Bremen
2661 EP-Sitzungsdokumente v. 20.02.1997, S. 12 f.

die indirekte Diskriminierung hätten die Frauen einen anderen (und schlechteren) Ausgangspunkt"[2662].

Vor diesem Hintergrund äußerte der Ausschuß für die Rechte der Frau starke Kritik an dem geänderten Vorschlag der Kommission für eine Gleichbehandlungsverordnung von 1996, zumal dieser nicht, wie von der Kommission in ihrer Begründung[2663] ausgeführt, den umfangreichen Änderungsvorschlägen des Parlaments vom 19.11.1993[2664] Rechnung getragen hatte. Insbesondere galt dies für die bereits 1993 vom Parlament vorgesehenen positiven Maßnahmen i.S.e. leistungsabhängigen Vorrangregelung zugunsten des unterrepräsentierten Geschlechts bei Einstellungen und Beförderungen sowie die Einrichtung eines mit Beobachterstatus ausgestatteten Ausschusses für Chancengleichheit bei jedem Gemeinschaftsorgan zur Beteiligung an der Vorbereitung von positiven Maßnahmen[2665].

Auch die von der Kommission verwendete Formulierung der einvernehmlichen Festlegung der konkreten Maßnahmen durch die einzelnen Organe erntete eine zu erwartende Kritik, denn der Ausschuß für die Rechte der Frau befürchtete zu Recht, daß die Berücksichtigung bestimmter Maßnahmen durch ein Organ durch den Einspruch eines anderen Organs verzögert werden könnte[2666].

Schließlich wies der Ausschuß für die Rechte der Frau auf die bereits bestehenden Aktionsprogramme positiver Maßnahmen sowohl bei der Kommission selbst als auch beim Europäischen Parlament[2667] hin, die die bevorzugte Berücksichtigung gleichqualifizierter Frauen in das Ermessen der Anstellungsbehörde stellten. Nach Auffassung des Ausschusses sollte deshalb diese Möglichkeit auch als Grundsatz Eingang in das BSt finden, um auf diese Weise auch den Sinn des parlamentarischen Änderungsvorschlags von 1993 wiederherzustellen[2668].

Im Hinblick auf den von der Kommission ebenfalls vernachlässigten Vorschlag der Verankerung eines Ausschusses für Chancengleichheit im BSt vertrat der Ausschuß für die Rechte der Frau die Meinung, daß die Verpflichtung zur Einrichtung eines solchen Ausschusses durch die explizite Regelung im BSt gerade in Zukunft mögliche Rückschritte bei der Verwirklichung des Grundsatzes der Gleichbehandlung von Männern und Frauen verhindern helfen könnte[2669].

---

2662 Sachverständige Ruano Rodrigues in der öffentlichen Anhörung des EP v. 25.04.1996, zitiert nach EP-Sitzungsdokumente v. 20.02.1997, S. 12
2663 KOM (96) 77 endg.
2664 ABl.EG Nr. C 329, S. 70 v. 06.12.1993
2665 EP-Sitzungsdokumente v. 20.02.1997, S. 13
2666 Ebenda
2667 Vgl. Anhang 1 bis 5, S. 721 ff.
2668 EP-Sitzungsdokumente v. 20.02.1997, S. 13 f.
2669 Ebenda

Diese Stellungnahme, die außerdem konkrete Änderungsvorschläge für eine Gleichbehandlungsverordnung erarbeitet hatte[2670], wurde in allen wesentlichen Teilen vom Ausschuß für Recht und Bürgerrechte übernommen. Im Gegensatz zur Stellungnahme des Ausschusses für die Rechte der Frau ging die Berichterstatterin hier aber ausführlicher auf die Auslegung des Kalanke-Urteils des EuGH ein und betonte die Zulässigkeit und Vereinbarkeit einer Vorrang-Klausel mit Art. 2 Abs. 1 und 4 der Richtlinie 76/207/EWG (a.F.), die im Rahmen von Einstellungen und Beförderungen Frauen nicht absolut und unbedingt bzw. automatisch[2671] bevorzugt berücksichtige[2672]. Damit würden im Ergebnis weiterhin Regelungen im Einklang mit dem Gemeinschaftsrecht stehen, die entweder den Frauenanteil über Zielvorgaben zu erhöhen versuchten, oder aber Vorrangregelungen, die zusätzlich Einzelfallklauseln beinhalteten[2673]. Diese Interpretation entsprach auch der vielfach in der Literatur vertretenen Auffassung, daß der EuGH lediglich speziell der Bremer Vorrangregelung des § 4 Abs. 2 BremLGG (a.F.) eine Absage erteilt hätte, nicht jedoch der Frauenförderung im allgemeinen[2674].

Auch die Mitteilung der Kommission an den Rat und das Europäische Parlament über die Auslegung des Urteils des EuGH vom 17.10.1995 in der Rechtssache C-450/93 Kalanke/Freie Hansestadt Bremen[2675] legte die Entscheidung in diesem Sinn aus und vertrat die Ansicht, „daß Quotensysteme, die weniger starr und automatisch als die in dem Bremer Gesetz vorgesehene Regelung sind, von dem Urteil des Gerichts nicht berührt werden und daher als rechtmäßig angesehen werden können"[2676]. Die Kommission kam hier deshalb zu dem Schluß, daß sich die Mitgliedstaaten und Arbeitgeber aller anderen Formen positiver Maßnahmen, so auch der flexibler Quoten, bedienen könnten[2677]. Hier verwies die Kommission außerdem auf das in ihrem Haus bestehende, zu diesem Zeitpunkt noch Zweite Programm positiver Aktionen zur Förderung der weiblichen Bediensteten (1992-1996) vom 16.09.1992 hin[2678], das u.a. die Aufforderung an die Dienststellen enthielt, bei gleicher Qualifikation und gleichen Verdiensten weiblichen Bewerberinnen bei Einstellungen, Beförderungen und Besetzungen von

---

2670 EP-Sitzungsdokumente v. 20.02.1997, S. 14 ff.
2671 EuGH v.17.10.1995, S. 3077 f. (Rn. 16, 22)
2672 EP-Sitzungsdokumente v. 20.02.1997, S. 7
2673 EP-Sitzungsdokumente v. 20.02.1997, S. 8
2674 Vgl. u.a. Dieball/Schiek, EuroAS 1995, S. 183; Colneric, Streit 1995, S. 168; Rust, NJ 1996, S. 102; Scholz/Hofmann, WiB 1995, S. 951; Fuchsloch, FuR 1996, S. 87; Graue, RiA 1996, S. 80; Plett, Ansprüche 1996, S. 10
2675 KOM (96) 88 endg. v. 27.03.1996
2676 KOM (96) 88 endg., S. 9
2677 KOM (96) 88 endg., S. 10
2678 Vgl. Anhang 4, S. 764

Führungspositionen den Vorzug zu geben, solange Frauen auf der jeweiligen Stufe oder Laufbahn unterrepräsentiert seien[2679]. An dieser Stelle erklärte die Kommission auch, daß dieses von der Kalanke-Entscheidung des EuGH unberührt bleibe, da es sich hier lediglich um ein Prinzip mit begrenztem Ziel handele, denn es solle immer nur ein bestimmter Prozentsatz von Stellen zur Besetzung mit Frauen vorgesehen werden[2680].

Vor diesem Hintergrund ist es kaum nachvollziehbar, warum die Kommission in ihrem geänderten Vorschlag für eine Gleichbehandlungsverordnung zur Änderung des BSt und der Beschäftigungsbedingungen von 1996 nicht im einzelnen dargelegt hat, weshalb sie auf den Änderungsvorschlag des Parlaments aus dem Jahr 1993 in bezug auf die Aufnahme einer „Vorrang-Klausel" nicht eingegangen ist[2681], zumal sowohl die Mitteilungen an den Rat und das Parlament über die Auslegung des Kalanke-Urteils des EuGH als auch der geänderte Vorschlag für eine Gleichbehandlungsverordnung in unmittelbarem zeitlichen Zusammenhang zueinander standen (beide wurden im März 1996 abgegeben!) und die Kommission am 27.03.1996 darüber hinaus noch einen Vorschlag zur Änderung des Art. 2 Abs. 4 der Richtlinie 76/207/EWG vorgelegt hatte[2682], der zur Klarstellung der Norm auch die Maßnahmen von Art. 2 Abs. 4 erfaßt wissen wollte, die die Einstellung und Beförderung des unterrepräsentierten Geschlechts unter der Voraussetzung fördern, daß dem Arbeitgeber die Möglichkeit der Berücksichtigung besonderer Umstände des Einzelfalls verbleibt[2683]. Der lapidare Hinweis der Kommission in der Begründung zu ihrem geänderten Vorschlag für eine Gleichbehandlungsverordnung, daß die Festschreibung des Grundsatzes der Nichtdiskriminierung im BSt nicht im Widerspruch zur Rechtsprechung in der Rechtssache Kalanke stehe, da die einschlägigen konkreten Maßnahmen von den Gemeinschaftsorganen zu einem späteren Zeitpunkt einvernehmlich festgelegt würden[2684] trägt weder den Bemühungen des Europäischen Parlaments noch ihren eigenen Vorschlägen und Ansätzen auf der Ebene der Mitgliedstaaten Rechnung.

---

2679 KOM (96) 88 endg., S. 3
2680 KOM (96) 88 endg., S. 10; die Kommission führt hier als Beispiel die Besetzung von Führungspositionen mit Frauen an – Ziel sei das Erreichen eines Prozentsatzes von 12 % Frauen auf der Führungsebene (tatsächlich veranschlagt das Zweite Programm positiver Aktionen das Gesamtziel für die Führungspositionen auf einen prozentualen Frauenanteil von 10 %, vgl. Anhang 4, S. 761)
2681 EP-Sitzungsdokumente v. 20.02.1997, S. 7
2682 KOM (96) 93 endg. = ABl.EG Nr. C 179, S. 8 v. 22.06.1996
2683 Vgl. ausführlich zu diesem Kommissionsvorschlag Hasselbach, NZA 1996, S. 1308, der die Auslegung des Kalanke-Urteils durch die Kommission jedoch als fehlerhaft bewertete
2684 KOM (96) 77 endg., S. 1

Im Zusammenhang mit der Frage, welche Art der „Vorrang-Klausel" nach der Grundentscheidung des EuGH in Sachen Kalanke/Freie Hansestadt Bremen nunmehr mit Gemeinschaftsrecht zu vereinbaren sei, schlug die Berichterstatterin des Ausschusses für Recht und Bürgerrechte ebenfalls einen Bogen zu dem zum Zeitpunkt der Beschäftigung des Europäischen Parlaments mit der Gleichbehandlungsverordnung noch schwebenden Marschall-Verfahren vor dem EuGH. Unter Bezugnahme auf die diesem Verfahren zugrundeliegende, streitbefangene Vorschrift des § 25 Abs. 5 S. 2 LBG Nordrhein-Westfalens, die bei Beförderungen die bevorzugte Berücksichtigung gleichqualifizierter Frauen gegenüber männlichen Mitbewerbern vorsieht, sofern in der Person des Mitbewerbers liegende Gründe nicht überwiegen (sog. Härtefallklausel), erwartete die Berichterstatterin hier eine (positive) Klärung durch den EuGH[2685], auch wenn das VG Gelsenkirchen in seinem Vorlagebeschluß an den EuGH[2686] ausgeführt hatte, daß eine Härtefallklausel einer Vorrangregelung zugunsten von Frauen nicht den diskriminierenden Charakter nehmen würde.

Mit Datum vom 11.11. 1997 hat der EuGH schließlich entschieden, daß Art. 2 Abs. 1 und 4 der Richtlinie 76/207/EWG (a.F.) einer nationalen Regelung nicht entgegensteht, nach der bei gleicher Qualifikation von Bewerbern unterschiedlichen Geschlechts in bezug auf Eignung, Befähigung und fachlicher Leistung weibliche Bewerberinnen bei einer Unterrepräsentation im jeweiligen Beförderungsamt einer Laufbahn bevorzugt zu befördern sind, sofern nicht in der Person des männlichen Mitbewerbers liegende Gründe überwiegen und diese ihrerseits gegenüber den weiblichen Bewerberinnen keine diskriminierende Wirkung haben[2687].

Im Ergebnis hat der EuGH mit dem Marschall-Urteil grundsätzlich die Vereinbarkeit einer leistungsabhängigen Vorrangregelung zugunsten von Frauen mit Härtefallklausel anerkannt und dabei auch den bereits am 02.10.1997 unterzeichneten Vertrag von Amsterdam, insbesondere den Art. 141 Abs. 4 EGV, miteinfließen lassen[2688], gleichzeitig aber die sich anschließende Frage aufgeworfen, welche Härtefallgründe zugunsten eines Mannes wirken dürften, ohne daß damit eine Diskriminierung weiblicher Bewerberinnen verbunden wäre. Schon der im Marschall-Verfahren beteiligte Generalanwalt Jacobs hatte in seinen Schlußanträgen vom 15.05.1997[2689] klargestellt, daß die im öffentlichen Dienst der BRD, aber auch im EÖD gebräuchlichen traditionellen Hilfskriterien

---

2685 EP-Sitzungsdokumente v. 20.02.1997, S. 8
2686 VG Gelsenkirchen v. 21.12.1995, EuZW 1996, S. 223 (S. 224)
2687 EuGH v. 11.11.1997, Slg. 1997, S. 6363 (S. 6394 f.) Rs. C-409/95 Marschall/Land Nordrhein-Westfalen
2688 So auch Lenz, NJW 1998, S. 1619 (S. 1620) sowie Suhr, EuGRZ 1998, S. 121
2689 Slg. 1997, S. 6365 (S. 6376 f.)

wie das Dienstalter und soziale Gesichtspunkte wie die familiären Verhältnisse oder die Einkommenssituation[2690] als verbotene mittelbare Diskriminierung i.S.v. Art. 2 Abs. 1 und Verstoß gegen Art. 3 Abs.1 der Richtlinie 76/207/EWG zu werten sind.

Damit erklärt sich auch, daß Art. 1a Abs. 2 BSt dem Art. 141 Abs. 4 EGV nachgebildet wurde, denn Art. 141 Abs. 4 EGV hat nicht nur bereits im Vorfeld seiner Ratifikation durch die Mitgliedstaaten Einfluß auf die Rechtsprechung des EuGH gehabt[2691], sondern ist darüber hinaus auch selbst als Reaktion auf die Rechtsprechung des EuGH zu positiven Fördermaßnahmen und insbesondere Vorrangregelungen zu verstehen[2692]. Gleiches muß auch für den Art. 1a Abs. 2 BSt gelten, der ebenfalls in die Wechselwirkung zwischen Amsterdamer Vertrag und Rechtsprechung des EuGH im Marschall-Verfahren eingebunden ist. Damit ist über die Neufassung des Art. 141 Abs. 4 EGV bereits primärrechtlich gewährleistet, daß positive Frauenfördermaßnahmen der Mitgliedstaaten zulässig sind[2693]. Übertragen auf Art. 1a Abs. 2 BSt impliziert dieses auch hier die „quasi-legislatorische" Sicherstellung der Zulässigkeit positiver Fördermaßnahmen zugunsten der weiblichen Beschäftigten im EÖD, insbesondere von leistungsabhängigen Vorrangregelungen mit Härtefallklausel.

Eingeschränkt wird dieser Befund allerdings dadurch, daß Art. 1a Abs. 3 BSt nicht, wie vom Parlament in seiner Stellungnahme zu dem geänderten Kommissionsvorschlag vom 20.02.1997[2694] gefordert, die Streichung des Wortes „einvernehmlich" vorgenommen hat und die konkrete Ausfüllung mit einzelnen positiven Maßnahmen den Gemeinschaftsorganen auf der Ebene mit der schwächsten Rechtswirkung, nämlich über verwaltungsinterne Richtlinien, überlassen ist. Da dem Europäischen Parlament hier im Gegensatz zu dem in Art. 141 Abs. 3 EGV verankerten Mitentscheidungsverfahren nach Art. 251 EGV in Gleichstellungsfragen, das dem Parlament erhebliche Mitspracherechte einräumt[2695], lediglich die Möglichkeit der Anhörung und Zusammenarbeit gemäß Art. 250 und 252 EGV eröffnet ist, war kaum erwartbar, daß das Parlament seine progressiven Ansätze zur Verwirklichung des Gleichbehandlungsgrundsatzes und effektiven

---

2690 Vgl. hierzu Harms, DÖD 1991, S. 49 (S. 54) sowie EuGH v. 17.01.1989, Slg. 1989, S. 23 Rs. 293/87 Vainker/Europäisches Parlament
2691 Dies wird Ansatz auch von GA Jacobs, Schlußanträge v. 15.05.1997, S. 6380 bedacht!
2692 Langer in Bergmann/Lenz (Hrsg.), Der Amsterdamer Vertrag, 1998, S. 102 Rn. 39
2693 Vgl. DJB, Bericht der Europakommission vom 32. DJB-Kongreß vom 11.-13.09.1997, S. 8
2694 ABl.Nr. C 85, S. 128 v. 17.03.1997
2695 DJB, Bericht der Europakommission, S. 8

Gewährleistung der vollen Gleichstellung von Männern und Frauen im EÖD hätte durchsetzen können[2696]. Das zu diesem Zeitpunkt noch ausstehende Urteil des EuGH in der Rechtssache Badeck u.a./Hessischer Ministerpräsident, Rs. C-158/97[2697], das der Hessische Staatsgerichtshof mit Datum vom 16.04.1997[2698] dem EuGH zur Vorabentscheidung vorgelegt hatte, hätte weitere Argumentationshilfen zur konkreten Verankerung bestimmter Frauenfördermaßnahmen, insbesondere die in diesem Verfahren streitbefangenen verbindlichen Zielvorgaben des HGlG zur Erhöhung des Frauenanteils in Frauenförderplänen, im BSt liefern können, zumal Generalanwalt Saggio in seinen Schlußanträgen vom 10.06.1999 explizit dargelegt hat, daß eine solche Regelung ohne direkte Verpflichtung der Anstellungsbehörde, in jedem Fall eine Frau dem gleichqualifizierten männlichen Mitbewerber vorzuziehen, mit dem Gemeinschaftsrecht zu vereinbaren ist[2699].

Am Ende ihres Berichts griff die Berichterstatterin des parlamentarischen Ausschusses für Recht und Bürgerrechte noch einmal die von der Kommission in ihrem Änderungsvorschlag von 1996 ignorierte Heraufsetzung der Altersgrenze für Bewerber/innen im EÖD auf, die wegen der Betreuung eines Kindes unter sechzehn Jahren ihre Berufstätigkeit unterbrochen hatten. Hier führte sie die Aussage des zuständigen Kommissars der Kommission Liikanen an, demzufolge eine Anrechnung der Zeiten einer Kinderbetreuung i.S.d. Parlamentsvorschlags vom 19.11.1993[2700] bei Einstellungen in der Kommission seit 1996 Praxis der Verwaltung sei[2701]. Mit ihrem darauffolgenden Änderungsvorschlag vom 20.02.1997[2702] sah das Parlament jedoch im Rahmen der Erwägungen für eine Gleichbehandlungsverordnung jegliche Altersgrenze als unzulässig und unzeitgemäß an, da diese zur Vermeidung von Reibungen innerhalb der Hierarchie nicht unerläßlich seien, für interne Auswahlverfahren des EÖD nicht gelten würden, in einem Mitgliedstaat bereits verboten seien und außerdem die Wiedereingliederung von Arbeitslosen in den Arbeitsprozeß erleichtere sowie die Arbeitskraft älterer Arbeitnehmer/innen aufwerte. Deshalb nahm das Parlament in sei-

---

2696 Nach internen Aussagen der Generaldirektion V der Kommission hat sich im Herbst 1998 eine interinstitutionelle Arbeitsgruppe mit dem Ziel gebildet, die Frauenförderung in das BSt zu implementieren versucht; über Ergebnisse können jedoch z.Z. noch keine Aussagen getroffen werden
2697 EuGH v. 28.03.2000, Slg. 2000, S. 1902
2698 AZ.: P.St. 1202 = EuGRZ 1997, S. 213
2699 GA Saggio, Slg. 2000, S. 1877 Rn. 37 f. Rs. C-158/97 Badeck u.a./Hess. Ministerpräsident
2700 ABl.EG Nr. C 329, S. 370 v. 06.12.1993
2701 EP-Sitzungsdokumente v. 20.02.1997, S. 8
2702 ABl.EG Nr. C 85, S. 128 v. 17.03.1997

nem Vorschlag auch die Streichung des Art. 1 Abs. 1 Unterabsatz 1g in Anhang III zum BSt vor.

Unabhängig aber davon, ob nun die Heraufsetzung der Altersgrenze oder der Wegfall einer Altersbegrenzung bei Einstellungen überhaupt favorisiert wird, ist festzuhalten, daß auch die diesbezüglichen Parlamentsvorschläge weder von 1993 noch von 1997 Eingang in die Gleichbehandlungsverordnung Nr. 781/98 zur Änderung des BSt und der Beschäftigungsbedingungen gefunden haben und die Verwaltungspraxis bei der Kommission keinen vollwertigen Ersatz für eine verbindliche Festschreibung von Ausnahmen wegen der Wahrnehmung von Kinderbetreuungszeiten oder Streichung einer Altersgrenze für die Gesamtheit der Beschäftigten im EÖD darstellen kann. Insbesondere für die Vereinbarkeit von Beruf und Familie gerade für Frauen spielt die Altersgrenze für den Zugang zum öffentlichen Dienst eine erhebliche Rolle, die durch die Nichtaufnahme in das BSt und die Beschäftigungsbedingungen in der Bedeutung für eine aktive Gleichstellungspolitik heruntergespielt wird.

*cc) Bewertung unter vergleichenden Strukturgesichtspunkten*

Im Vergleich der Kommissionsvorschläge zu einer Gleichbehandlungsverordnung auf der einen Seite und der Änderungsvorschläge des Parlaments auf der anderen Seite, läßt sich folgende Struktur erkennen: Die Parlamentsvorschläge sind von dem Versuch gekennzeichnet, auf der Verordnungsebene und damit „quasi-legislatorisch" konkrete Frauenfördermaßnahmen festzulegen, die wiederum der Grundstruktur der meisten deutschen Frauenförder- bzw. Gleichstellungsgesetze vergleichbar sind.

Der Aufbau beinhaltete zunächst die Erwägungen, die nicht nur eine Begründung für den jeweiligen Rechtsakt unter Abwägung der eingeflossenen Stellungnahmen der beteiligten Organe bereitstellten, sondern darüber hinaus auch Zielsetzungen formulierten, die es mit den vorgeschlagenen Maßnahmen zu erreichen galt. Es handelte sich hier demnach um eine Mischform aus (Gesetzes-)begründung und Zielsetzung. Auf der Grundlage der Erwägungen entwickelt das Parlament schließlich auch die von ihm vorgeschlagenen Maßnahmen. So sah es in seiner Stellungnahme vom 20.02.1997[2703] neben der Förderung der faktischen Chancengleichheit durch positive Maßnahmen auch das zu erreichende Ziel einer ausgewogenen Vertretung von Männern und Frauen im EÖD vor[2704]. Unter die positiven Maßnahmen zur Förderung der faktischen Chancengleichheit, die das Parlament hier im übrigen auch als allein nicht ausreichend qualifizierte, um

---

2703 ABL.EG Nr. C 85, S. 128 v. 17.03.1997
2704 Vgl. Stellungnahme v. 20.02.1997, Erwägung 2a (neu)

ein Gleichgewicht bei der Verteilung von männlichen und weiblichen Beschäftigten in den verschiedenen Laufbahn- und Besoldungsgruppen im EÖD herzustellen[2705], fielen im Verständnis der Schlußanträge des im Kalanke-Verfahren vor dem EuGH beteiligten Generalanwalts Tesauro die Maßnahmen, die „in die Lage versetzen, gleiche Ergebnisse zu erreichen, also für die Angehörigen der beiden Geschlechter gleiche Voraussetzungen hinsichtlich der Ausgangssituation zu schaffen"[2706]. Tesauro versteht hierunter speziell Maßnahmen, die die Schul- und Berufswahl beeinflussen, die Flexibilität der Arbeitszeiten, Zuschüsse zu den Kosten von Kinderkrippen etc.[2707], also insbesondere Maßnahmen zur Vereinbarkeit von Beruf und Familie[2708].

Die damit verbundene Beschränkung positiver Maßnahmen zur Förderung der Chancengleichheit von Männern und Frauen auf Maßnahmen der Vereinbarkeit von Beruf und Familie[2709] wurde weder von der Kommission noch dem Europäischen Parlament geteilt. In ihrer Mitteilung an den Rat und das Europäische Parlament über die Auslegung des Kalanke-Urteils des EuGH vom 27.03. 1996[2710] stellte die Kommission klar, daß sie unter positiven Maßnahmen zur Förderung der Chancengleichheit nicht nur die Aktionen versteht, die die Vereinbarkeit beruflicher und familiärer Pflichten sowie die effizientere Verteilung dieser Pflichten auf beide Geschlechter fördern, sondern auch leistungsabhängige Vorrangregelungen bei Einstellungen, Beförderungen und der Besetzung von Führungspositionen zugunsten von Frauen, solange und soweit diese auf einer bestimmten Stufe oder in einer bestimmten Laufbahngruppe unterrepräsentiert sind. Dies stellte sie insbesondere im Zusammenhang mit dem im Zeitpunkt des Kalanke-Urteils und der Mitteilung zur Auslegung dieser Entscheidung noch geltenden Zweiten Programms positiver Aktionen zur Förderung der weiblichen Bediensteten (1992-1996) in der Kommission[2711] heraus[2712].

Auch das Parlament begreift positive Maßnahmen zur Förderung der faktischen Chancengleichheit i.S.d. von Tesauro vertretenen Ansicht allein als nicht ausreichend, um ein Geschlechtergleichgewicht im EÖD herzustellen, so daß darüber hinaus eine Verpflichtung und Beförderung der Beamtinnen und Beamten sowie der sonstigen Bediensteten einer ausgewogenen Vertretung beider Geschlechter unter Berücksichtigung der Umstände des Einzelfalles Rechnung zu

---

2705  Ebenda
2706  GA Tesauro, Schlußanträge v. 06.04.1995, Slg. 1995, S. 3053 (S. 3060)
2707  GA Tesauro, S. 3061
2708  Vgl. auch Plett, Ansprüche 1996, S. 10 (S. 13 f.)
2709  In dieselbe Richtung Sporrer, DRdA 1995, S. 442 (S. 443)
2710  KOM (96) 88 endg., S. 2 f.
2711  Vgl. Anhang 4, S. 761
2712  KOM (96) 88 endg., S. 3

tragen, notwendig ist[2713]. Dem ist schließlich auch der EuGH im Urteil vom 11.11.1997[2714] gefolgt, indem er feststellte, daß aufgrund einer Reihe von Vorurteilen und tradierten Vorstellungen über die Rolle der Frau und ihre Fähigkeiten im Erwerbsleben die gleiche Qualifikation zweier Bewerber unterschiedlichen Geschlechts nicht bedeute, daß sie auch gleiche Chancen auf den jeweiligen Arbeitsplatz hätten. Vielmehr seien auch leistungsabhängige Vorrangregelungen vorbehaltlich einer Öffnungsklausel zugunsten von Frauen zulässig, denn solche Regelungen leisteten einen Beitrag zur Schaffung eines Gegengewichts zu den nachteiligen Auswirkungen der o.g. Einstellungen und Verhaltensmuster (strukturelle Diskriminierung), um somit die in der sozialen Wirklichkeit bestehenden faktischen Ungleichheiten zu beseitigen.

Vor diesem Hintergrund gliederte sich die Struktur des Änderungsvorschlags des Europäischen Parlaments vom 20.02.1997 nicht nur in Maßnahmen zur Vereinbarkeit von Beruf und Familie auf wie die vorgesehene Streichung der Altersgrenze bei Einstellungen oder den Kündigungsschutz während des Mutterschafts- oder Elternurlaubs für die sonstigen Bediensteten, sondern beinhaltete ebenfalls den Erlaß positiver Aktionsprogramme in den Gemeinschaftsorganen sowie eine „Vorrang-Klausel" im Rahmen der Auswahl der Beamtinnen und Beamten und bei der Beförderung. Für die Auswahl der sonstigen Bediensteten hatte das Parlament eine entsprechende Geltung vorgesehen. Zur Absicherung dieser Maßnahmen hatte das Parlament die Einrichtung eines Ausschusses für Chancengleichheit bei jedem Organ bestimmt, dessen Aufgabe in der Förderung und Überwachung der Umsetzung des Grundsatzes der Gleichbehandlung von Frauen und Männern gelegen hätte. Darüber hinaus wäre der Ausschuß nach den Vorstellungen des Parlaments berechtigt gewesen, die Programme positiver Aktionen in den Organen vorzuschlagen und auszuarbeiten. Diese verbindlich festgeschriebene organisatorische Gewährleistungsfunktion des Ausschusses für Chancengleichheit wäre damit der Funktion der Institution der Frauenbeauftragten auf der deutschen Ebene vergleichbar gewesen, auch wenn ihm hier kein Beanstandungs- oder Widerspruchsrecht zur effektiveren Sicherung der einzelnen frauenfördernden Maßnahmen zugestanden hätte. Eine die Aufgaben des Ausschusses für Chancengleichheit abrundende Berichtspflicht des Organs über die Fortschritte und/oder Mißerfolge bei der Verwirklichung des Gleichbehandlungsgrundsatzes gegenüber dem Parlament war vom Änderungsvorschlag jedoch nicht festgelegt worden.

Mit der letztendlich vom Rat erlassenen Gleichbehandlungsverordnung Nr. 781/98 ist ein solcher Strukturverleich allerdings nicht möglich, denn die Ver-

---

2713 Vgl. Stellungnahme v. 20.02.1997, Erwägung 2a (neu)
2714 Slg. 1997, S. 6363 (S. 6392) Rs.C-409/95 Marschall/Land Nordrhein-Westfalen

ordnung führt Vorschriften in das BSt und die Beschäftigungsbedingungen ein, die der Ausfüllung durch konkrete Maßnahmen bzw. Aktionsprogramme bedürfen. So beinhaltet die Gleichbehandlungsverordnung in Anlehnung an die in ihren Erwägungen gegebene Begründung und Zielsetzung, einerseits ein allgemeines Recht auf Gleichbehandlung ohne unmittelbare und mittelbare Diskriminierung, andererseits ein speziell auf die Auswahl der Beamten bezogenes Diskriminierungsverbot wegen des Geschlechts u.a.[2715]. Neben diesem allgemeinen und speziellen Diskriminierungsverbot stellen Art. 1a Abs. 2 BSt, der Art. 141 Abs. 4 EGV entspricht und Art. 1a Abs. 3 BSt Ermächtigungsnormen für die Gemeinschaftsorgane zum Erlaß der positiven Maßnahmen dar. Auf eine verbindliche Festschreibung der organisatorischen Umsetzung und Gewährleistung der einzelnen Maßnahmen und Aktionsprogramme, die auf der Grundlage von Art. 1a Abs. 2 und 3 BSt ergehen können, durch die Schaffung eines Ausschusses für Chancengleichheit bei jedem Organ, wurde demgegenüber verzichtet.

Das bedeutet im Ergebnis, daß das BSt in der Fassung der Änderung durch die Gleichbehandlungsverordnung Nr. 781/98 das Rahmenrecht für die in den Aktionsprogrammen der Organe festzulegenden Maßnahmen bildet. Daraus folgt aber auch, daß die Struktur der Frauenförderung im EÖD nicht dem FFG Nordrhein-Westfalens vom 31.10.1989 i.V.m. dem Frauenförderkonzept vom 09.11. 1993 des Landes vergleichbar ist, wie es zunächst den Anschein hatte, denn Nordrhein-Westfalen hatte damals sowohl auf der gesetzlichen als auch der Ebene der Verwaltungsvorschrift konkrete Maßnahmen zur Frauenförderung vorgesehen – eine Rahmenrechtsetzung wie nunmehr für den EÖD lag hier dagegen nicht vor.

*c) Zwischenergebnis*

Hier muß nach allem festgehalten werden, daß sich die Kommission mit ihren Vorschlägen aus den Jahren 1993 und 1996 in fast allen Punkten durchsetzen konnte, so daß damit im Unterschied zu den parlamentarischen Änderungsvorschlägen lediglich Rahmenrecht zur Ausfüllung mit spezifischen Maßnahmen durch die einzelnen Gemeinschaftsorgane geschaffen worden ist.

Das Verfahren des Zustandekommens der Gleichbehandlungsverordnung verdeutlicht darüber hinaus im Vergleich zu nationalen Parlamenten die bislang erheblich schwächere Rolle des Europäischen Parlaments im Rechtssetzungsverfahren, auf das „der Gedanke demokratischer Parlamentssouveränität (...) nicht voll übertragbar"[2716] ist. Ihm fehlt insbesondere das Initiativrecht in bezug auf

---

2715 Vgl. Art. 1a Abs. 1 und Art. 27 Abs. 2 BSt n.F.
2716 Oppermann, S. 111 Rn. 263

die Gesetzgebung und die Berechtigung, abschließend über die Rechtsakte zu entscheiden[2717] - es bleibt auf das Anhörungs- und Zusammenarbeitsverfahren gemäß Art. 250 und 252 EGV beschränkt. Dies wird mit Inkrafttreten der Europäischen Verfassung zwar anders (vgl. Art. 19 Abs. 1 des Teils I der Verfassung), kann aber nichts mehr an dem für die Schaffung der Gleichbehandlungsverordnung maßgeblichen Rechtsetzungsverfahren ändern.

Mit der Auslegung des Kalanke-Urteils durch die Kommission[2718], die der EuGH schließlich mit seiner Marschall-Entscheidung vom 11.11.1997 bestätigt hat, und dem Kommissionsvorschlag zur Änderung des Art. 2 Abs. 4 der Richtlinie 76/207/EWG[2719] bleibt im Dunkeln, warum die Kommission den Vorschlägen des Europäischen Parlaments insbesondere zur Verankerung einer konkreten leistungsabhängigen Vorrangregelung bei Einstellungen und Beförderungen zugunsten des unterrepräsentierten Geschlechts im EÖD auf Verordnungsebene nicht gefolgt ist. Schließlich hat die Kommission in ihrer Begründung zum Vorschlag zur Änderung der Richtlinie 76/207/EWG auch immer wieder betont, daß sie gerade aus Gründen der Rechtssicherheit in der Anwendung des Gemeinschaftsrechts die Auslegungskontroverse um die Kalanke-Entscheidung des EuGH durch eine erklärende Änderung des Art. 2 Abs. 4 der Richtlinie zu beenden wünscht[2720]. Demnach sah Art. 2 Abs. 4 S. 2 des Kommissionsvorschlags explizit die Aufnahme von Vorrangregelungen in bezug auf den Zugang zur Beschäftigung und zum beruflichen Aufstieg zugunsten des unterrepräsentierten Geschlechts mit Härtefallklausel vor. Die von der Kommission hier gesehene Notwendigkeit einer Gemeinschaftsmaßnahme zum Erhalt der Effektivität positiver Maßnahmen in den Mitgliedstaaten[2721] hat sie in der Konsequenz weder auf die Situation im eigenen Hause noch auf die in den übrigen Organen der Gemeinschaft übertragen. Vielmehr verweist sie die von den Organen einvernehmlich festzulegenden Maßnahmen zur Förderung der Chancengleichheit von Männern und Frauen auf die Ebene mit der schwächsten Rechtswirkung, nämlich die der allgemeinen Verwaltungsvorschriften oder auch internen Verwaltungsrichtlinien. Gleichzeitig ignoriert sie dabei aber auch die „quasi-legislatorische" Bedeutung einer verbindlichen Festschreibung solcher Maßnahmen durch die Rechtsform der Verordnung, die damit außerdem die faktische Notwendigkeit positiver Maßnahmen durch die Wahl der stärksten Rechtsform unterstrichen hätte

---

2717 Götz. JA 1997, S. 990 (S. 991, 994)
2718 KOM (96) 88 endg.
2719 KOM (96) 93 endg. = ABl.EG Nr. C 179, S. 8 v. 22.06.1996
2720 KOM (96) 93 endg., S. 3 f.
2721 KOM (96) 93 endg., S. 4

So sind die Gemeinschaftsorgane lediglich ermächtigt, i.S.v. Art. 1a Abs. 2 BSt spezifische Vergünstigungen zur Erleichterung der Berufstätigkeit des unterrepräsentierten Geschlechts oder zur Verhinderung bzw. zum Ausgleich von Benachteiligungen in der beruflichen Laufbahn beizubehalten oder zu beschließen. Auch wenn über die Identität von Art. 1a Abs. 2 BSt mit Art. 141 Abs. 4 EGV klargestellt ist, daß nunmehr flexible Vorrangregelungen i.S.d. Marschall-Entscheidung des EuGH zulässig sind und direkt auf den EGV bzw. das BSt und die Beschäftigungsbedingungen gestützt werden können[2722] bleibt es den Organen nach wie vor selbst überlassen, ob sie von der in Art. 1a Abs. 2 BSt vorgesehenen Möglichkeit Gebrauch machen. Mit der in die Schlußakte zum Amsterdamer Vertrag aufgenommenen Erklärung zu Art. 141 Abs. 4 EGV, demnach sich die Mitgliedstaaten im Rahmen der nach Art. 141 Abs. 4 EGV zu ergreifenden Maßnahmen verpflichten, in erster Linie die Situation der Frauen im Berufsleben zu verbessern[2723], wird darüber hinaus die Zielsetzung des Art. 141 Abs. 4 EGV und damit auch die des gleichlautenden Art. 1a Abs. 2 BSt präzisiert, die strukturelle Diskriminierung von Frauen durch spezielle Fördermaßnahmen zu beseitigen[2724]. Selbst vor dem Hintergrund, daß dieser Erklärung juristisch keine eigenständige Bedeutung zukommt[2725], läßt sich nicht von der Hand weisen, daß die den Gemeinschaftsorganen vom Parlament in seinem Änderungsvorschlag zu einer Gleichbehandlungsverordnung vom 20.02.1997 zuerkannte „Vorreiterrolle" bei der Umsetzung positiver Maßnahmen[2726] mit der Neufassung des BSt und der Beschäftigungsbedingungen i.S. einer konkreten Beseitigung struktureller Diskriminierung nicht erfüllt wurde. Dabei wiegt der Anteil der Kommission umso schwerer, zumal ihr eine Schlüsselposition bei der Gemeinschaftsrechtsetzung innewohnt[2727].

Im Ergebnis bleibt die Gleichbehandlungsverordnung Nr. 781/98 damit hinter den Bekenntnissen der Kommission zu positiven Frauenfördermaßnahmen zurück. Es bestand, wie die beiden Änderungsvorschläge des Europäischen Parlaments von 1993 und 1997 auch gezeigt haben, keine Notwendigkeit, im Rahmen der Verordnung auf Diskriminierungsverbote und Ermächtigungsgrundlagen beschränkt zu bleiben. Vielmehr hätte auf der „quasi-legislatorischen" Ver-

---

2722 DJB-Bericht der Europakommission, S. 7 f.; Langer in Bergmann/Lenz (Hrsg.), S. 102 Rn. 39
2723 Erklärung Nr. 28 zu Art. 119 Abs. 4 des Vertrags zur Gründung der Europäischen Gemeinschaft, ABl.EG Nr. C 340, S. 116
2724 Vgl. auch Europäisches Parlament, Generaldirektion Wissenschaft, Arbeitsdokument „Die Rechte der Frau und der Vertrag von Amsterdam", 1998, S. 52
2725 Ebenda
2726 ABl.EG Nr. C 85, S. 128 v. 17.03.1997
2727 Oppermann, S. 142 Rn. 353

ordnungsebene die Möglichkeit und Chance bestanden, positive Maßnahmen zur Förderung von Frauen i.S.d. Marschall-Entscheidung des EuGH vom 11.11.1997 i.V.m. der Neufassung der Art. 2, 3 und 141 Abs. 4 EGV durch den Vertrag von Amsterdam zu konkretisieren und zu präzisieren, denn die Hemmnisse, denen Frauen beim beruflichen Aufstieg und bei der Einstellung auf dem Arbeitsmarkt ausgesetzt sind, gehen auf tradierte Vorstellungen über die Rolle und Erwerbsfähigkeit der Frau zurück (die sogenannte strukturelle Diskriminierung) und sind durch Gesetz zu beseitigen[2728].

### 3.3. Die Entwicklung der Aktionsprogramme im EÖD

*a) Vorgeschichte*

*aa) Die Entschließungen des Europäischen Parlaments*

Bereits 1984 ging das Europäische Parlament mit seiner Entschließung zur Situation der Frau in Europa vom 17.01.1984 explizit auf die Frauen in den Gemeinschaftsinstitutionen ein und forderte die Organe auf, durch positive Aktionen zur Förderung der Chancengleichheit der Frauen in den eigenen Behörden ein Beispiel zu setzen[2729]. In diesem Zusammenhang empfahl es den Gemeinschaftsinstitutionen spezielle Maßnahmen zur Verbesserung der Situation der weiblichen Beschäftigten im EÖD, so u.a. die Verbesserung der Bekanntgabe und Information über Stellenausschreibungen, um die Teilnahme von mehr Frauen an den Auswahlverfahren zu erreichen, die gleichwertige Mitwirkung von Frauen z.B. in den Prüfungsausschüssen, das verstärkte Angebot von Fort- und Weiterbildungskursen insbesondere für hochqualifizierte und neue Tätigkeiten gerade in den Laufbahngruppen D, C, und B, die Erleichterung der Vereinbarkeit von Beruf und Familie durch gleitende Arbeitszeit, Elternschaftsurlaub, Urlaub aus familiären Gründen sowie durch die großzügigere Bewilligung des Urlaubs aus persönlichen Gründen und die Einleitung von Sensibilisierungsmaßnahmen in den Institutionen, der Personalverwaltung und unter den weiblichen Beschäftigten.

---

2728  So auch Europäisches Parlament, Stellungnahme zu dem Vorschlag für eine Richtlinie des Rates zur Änderung der Richtlinie des Rates zur Verwirklichung des Grundsatzes der Gleichbehandlung von Männern und Frauen hinsichtlich des Zugangs zur Beschäftigung, zur Berufsbildung und zum beruflichen Aufstieg sowie in bezug auf die Arbeitsbedingungen, EP-Sitzungsdokumente v. 27.01. 1999, PE 225.922/end., S. 10
2729  ABl.EG Nr. C 46, S. 42 v. 20.02.1984, Kapitel VII Nr. 109

Daneben zeichnete sich die Entschließung durch die Empfehlung zur Aufstellung von Beförderungsplänen für die weiblichen Beschäftigten aus, deren Ziel die Herstellung eines ausgewogeneren Verhältnisses zwischen Männern und Frauen im EÖD auf allen Beschäftigungsstufen sein sollte.

Schließlich forderte das Parlament auch die Bildung von Ausschüssen für Chancengleichheit mit beratender Funktion in den Gemeinschaftsinstitutionen sowie die jährliche Berichterstattung über die Anzahl und den Dienstgrad der weiblichen Beamtinnen, ihren zahlenmäßigen Anteil an Beförderungen, Zahl der Bewerberinnen bei Auswahlverfahren mit Angabe ihrer Qualifikation und den erfolgten Einstellungen etc. Im übrigen wurde die Kommission hier auch ersucht, die für diese Maßnahmen erforderlichen Vorschläge zur Änderung des BSt einzuleiten.

Ende 1984 erging dann eine weitere Entschließung des Europäischen Parlaments zum Abschluß des Verfahrens der Konsultation des Europäischen Parlaments zum Vorschlag der Kommission der Europäischen Gemeinschaften an den Rat für den Entwurf einer Empfehlung des Rates zur Förderung positiver Maßnahmen für Frauen[2730], in der der Rat, der EuGH, der Rechnungshof und der Wirtschafts- und Sozialausschuß ausdrücklich dazu aufgefordert wurden, ein Programm für die Chancengleichheit ihrer Beamtinnen aufzustellen. In diesem Rahmen beschloß das Parlament ebenfalls, ein solches Programm auch für die eigenen Beamtinnen zu erarbeiten und nach einem Jahr Bericht über die durchgeführten Maßnahmen zu erstatten. Gleichzeitig bedauerte es im Hinblick auf die bei der Kommission bereits existierenden einzelnen positiven Aktionen, daß die Kommission noch keinen Bericht über die Durchführung und die Effektivität dieser Maßnahmen vorgelegt hatte und forderte sie auf, einen ausführlichen Bericht darüber innerhalb von zwei Monaten abzugeben.

Mit der Entschließung zur Situation der Frauen bei den Institutionen der Europäischen Gemeinschaften vom 18.06.1987 stellte das Europäische Parlament schließlich fest, daß sich die Stellung der Frau in den Gemeinschaftsinstitutionen seit 1984 kaum verbessert hatte, sondern vielmehr als stagnierend in der Beschäftigungs- und Laufbahnentwicklung zu bezeichnen war[2731]. Insbesondere bemängelte das Parlament, daß seine Empfehlungen wie u.a. die o.g. Entschließung zur Situation der Frau in Europa vom 17.01.1984 in der Verwaltungspraxis der Gemeinschaftsorgane nur sehr mangelhaft angewendet worden war und selbst im eigenen Haus der Umsetzung des Grundsatzes der Chancengleichheit in der Personalstruktur seiner Sekretariate nicht nachgekommen worden war. Positiv bewertete das Parlament demgegenüber, daß bei der Kommission ein

---

2730 ABl.EG Nr. C 315, S. 81 v. 26.11.1994
2731 ABl.EG Nr. C 190, S. 117 v. 20.07.1987

Ausschuß für Chancengleichheit mit beratender Funktion eingesetzt[2732] und auch beim Parlament inzwischen die Initiative zur Schaffung eines Ausschusses für Chancengleichheit ergriffen worden war.

Aus Gründen des Erhalts der Glaubwürdigkeit der Europäischen Gemeinschaft als treibende Kraft der Rechtsvorschriften in den Mitgliedstaaten forderte das Parlament deshalb unverzüglich Schritte der Gemeinschaftsorgane ein, so u.a. die Ausarbeitung eines Programms positiver Aktionen mit ausführlichen und konkreten Zielsetzungen, mit denen der Frauenanteil in den Besoldungsgruppen, in denen Frauen unterrepräsentiert waren, jährlich um mindestens 10 % ansteigen sollte[2733]. Darüber hinaus forderte es spezielle Sitzungen für Beamte in Schlüsselpositionen zur Sensibilisierung für die Gleichbehandlungsproblematik zwischen den Geschlechtern. Die Entschließung sah dabei auch eine Sanktion für die Nichtteilnahme an solchen Veranstaltungen vor, die ihren Niederschlag in den dienstlichen Beurteilungen und eventuell in anstehenden Beförderungen finden sollte[2734].

Im Gegenzug zu den Sensibilisierungsmaßnahmen für Beamte in Schlüssel- bzw. Führungspositionen wollte das Parlament für die weiblichen Beschäftigten des EÖD Fortbildungskurse zur Karriereplanung und Überwindung der Vorurteile und Schwierigkeiten der eigenen Qualifikation und Leistungsfähigkeit gegenüber sowie zur Ermutigung der Bewerbung und Fortbildung in neuen Bereichen, z.B. der Textverarbeitung, Anwendung neuer Technologien etc., angeboten wissen[2735].

Schließlich wiederholte das Parlament hier noch einmal explizit seine Aufforderung von 1984 zur Einsetzung von Ausschüssen für Chancengleichheit in den Gemeinschaftsinstitutionen und Fraktionen, die neben einer angemessenen Ausstattung auch als Beschwerdeinstanzen, z.B. für sexuelle Belästigungen, fungieren sollten[2736]. Im übrigen sollten diese Ausschüsse für Chancengleichheit jährlich gegenüber dem parlamentarischen Ausschuß für die Rechte der Frau über die Praxis der Ernennungen und Beförderungen auf Führungsposten innerhalb ihrer Institutionen Bericht erstatten. Zur Steigerung der Effektivität der Be-

---

2732 Der Ausschuß für Chancengleichheit (COPEC) wurde bereits 1983 in der Kommission gebildet und als zentrales Organ für die Verwirklichung der Chancengleichheit zwischen Männern und Frauen mit den Aufgaben der kontinuierlichen Anregung und Koordination von Maßnahmen der Chancengleichheit betraut. Gleichzeitig kam ihm die Funktion der Verfolgung der Umsetzung und Kontrolle entsprechender Maßnahmen zu.
2733 Vgl. Entschließung v. 18.06.1987, Nr. 8a)
2734 Entschließung v. 18.06.1987, Nr. 8b) und c)
2735 Entschließung v. 18.06.1987, Nr. 8e)
2736 Entschließung v. 18.06.1987, Nr. 8f) bis h)

richte sah das Parlament außerdem die Erarbeitung gemeinsamer Kontrollisten von den Ausschüssen vor[2737].

Sowohl die Entschließung des Parlaments vom 17.01.1984 als auch die Entschließung vom 18.06.1987 lassen deutliche Strukturvorgaben für die zu ergreifenden positiven Maßnahmen in Form von Aktionsprogrammen erkennen, die ausgehend von der Zielsetzung, den Grundsatz der Chancengleichheit von Männern und Frauen auch im EÖD zu fördern, einerseits spezifische Frauenfördermaßnahmen wie u.a. die Aufstellung von Beförderungsplänen für die weiblichen Beschäftigten zur Schaffung eines ausgewogenen Geschlechterverhältnissses, Fort- und Weiterbildung etc. sowie andererseits zur Erleichterung der Vereinbarkeit von Beruf und Familie gleitende Arbeitszeiten, Urlaub aus familiären Gründen u.a. vorsahen[2738].

In seiner Entschließung von 1987 präzisierte das Parlament die spezifischen positiven Aktionen zur Erhöhung des Frauenanteils, indem es hier die Ausarbeitung konkreter Zielvorgaben im Rahmen von Aktionsprogrammen forderte, die den Frauenanteil jährlich um 10 % steigern sollten[2739]. Eine organisatorische Absicherung der Umsetzung und Durchführung der vorgeschlagenen Maßnahmen erwartete das Parlament von der Einsetzung der Ausschüsse für Chancengleichheit, die den Frauenbeauftragten in den deutschen Frauenförder- und Gleichstellungsgesetzen vergleichbare Funktionen (mit Ausnahme der hier nicht vorgesehenen Beanstandungs- bzw. Widerspruchsrechte der Frauenbeauftragten, die jedoch nicht in allen deutschen Gesetzen vorhanden sind) wahrnehmen sollten. Zur Unterstützung und Flankierung der Tätigkeiten der Ausschüsse für die Chancengleichheit wollte das Parlament schließlich auch eine Berichtspflicht einführen, um ihre Arbeit effektiver gestalten zu können.

Insgesamt sind in den genannten Entschließungen des Parlaments die Parallelen zu den erst später erlassenen deutschen Frauenfördergesetzen unübersehbar. Eine Besonderheit muß allerdings schon auf der Entschließungsebene im Unterschied zu den deutschen Gesetzen herausgestellt werden: Die Betonung der Notwendigkeit von Sensibilisierungsmaßnahmen für männliche und weibliche Beschäftigte im Hinblick auf die Chancengleichheitsproblematik, die in dieser Form bislang nur vom BGleiG in § 2 aufgegriffen worden ist. Hier zeigt sich bereits die Auseinandersetzung mit strukturellen Diskriminierungsmechanismen und weist außerdem in die Richtung des erst 1995 mit der Weltfrauenkonferenz in Peking ausgearbeiteten Ansatzes des „gender mainstreaming"[2740].

---

2737 Entschließung v. 18.06.1987, Nr. 8i) und j)
2738 Vgl. Entschließung v. 17.01.1984, Fn. 3683
2739 Vgl. Entschließung v. 18.06.1987, Nr. 8a)
2740 Vgl. auch Schmidt am Busch, S. 10

*bb) Die Kommission und die Mittelfristigen Aktionsprogramme der Gemeinschaft*

Auf Kommissionsebene wurden bereits im Rahmen des Aktionsprogramms der Gemeinschaft zur Förderung der Chancengleichheit der Frauen 1982-1985 (1. Aktionsprogramm) vom 09.12.1981[2741] in Anhang II positive Maßnahmen auf dem Gebiet der Personalpolitik der Kommission geplant, die ein höheres Maß an Gleichstellung von Frauen und Männern erreichen sollten. Begründet wurden die verwaltungsinternen Maßnahmen für den EÖD damit, daß den Gemeinschaftsorganen bei der Verwirklichung der Richtlinie 76/207/EWG und der Durchführung positiver Aktionen i.S.v. Art. 2 Abs. 4 der Richtlinie (a.F.)[2742] eine Vorreiterrolle zukomme, die sich auch in der Öffentlichkeit und den mitgliedstaatlichen Verwaltungen verdeutlichen müsse.

So beabsichtigte die Kommission hier zunächst Informationen, Ausbildung und Sensibilisierung der Dienststellen und ihres Personals sowie die Anpassung der Personalpolitik an die Anforderungen der Gleichstellung in den Bereichen der Einstellung, Mobilität, Information, Ausbildung und Laufbahn zu erreichen. Schließlich sollte ein erstes Maßnahmenbündel erarbeitet werden, die in bezug auf die Einstellung von Frauen in allen Laufbahngruppen u.a. deutlichere Stellenausschreibungen forderte, um den Bewerber/innen klarzumachen, daß die Dienstposten beiden Geschlechtern offenständen. Daneben forderte die Kommission eine sorgfältigere Auswahl der Medien zur Veröffentlichung der Ausschreibungen sowie eine systematische Mitwirkung von Frauen in den Prüfungsausschüssen. Im Zusammenhang mit der Laufbahnentwicklung beabsichtigte die Kommission ebenfalls, die systematische Beteiligung von Frauen in den Beförderungsausschüssen zu fördern. Außerdem sollte ein leichterer Zugang zur Ausbildung und die Durchführung von Ausbildungsmaßnahmen geschaffen werden, die die Wiederaufnahme der Berufstätigkeit nach einem längeren Urlaub aus persönlichen Gründen ermöglichten. Schließlich sah die Kommission für ihre eigenen Maßnahmen auch solche der Vereinbarkeit von Beruf und Familie vor, insbesondere die Lockerung der Verwaltungsvorschriften für die Gewährung von Sonderurlaub und kürzeren Urlaub aus persönlichen Gründen bei Erkrankung eines Kindes, was im übrigen für beide Elternteile gelten sollte.

In ihrem 2. Aktionsprogramm vom 19.12.1985[2743] stellte die Kommission im Anhang „Fortsetzung und Ausweitung der positiven Maßnahmen auf dem Gebiet

---

2741 KOM (81) 758 endg.
2742 Art. 2 Abs. 4 der Richtlinie 76/207/EWG wurde durch die Änderungsrichtlinie 2002/73/EG des Rates v. 23.09.2002, ABl.EG Nr. L 269, S. 15 aufgehoben
2743 Chancengleichheit der Frauen – Mittelfristiges Programm der Gemeinschaft 1986-1990, KOM (85) 801 endg.

der Personalpolitik der Kommission" fest, daß die im Rahmen des 1. Aktionsprogramms von 1982-1985 geplanten Maßnahmen und Schwerpunkte ihrer Aktivitäten zur beispielhaften Umsetzung der Richtlinie 76/207/EWG zwar durchgeführt worden seien und bereits zu einer Sensibilisierung des Personals auf allen Ebenen des EÖD geführt hätten, jedoch auch noch erhebliche Anstrengungen unternommen werden müßten, um eine tatsächliche Gleichstellung von Männern und Frauen zu erreichen. Eine wichtige Grundlage für ein positives Aktionsprogramm als Teil der eigenen Personalpolitik stelle dabei ebenfalls die erfolgte Umwandlung des früheren Ausschusses „Gleichstellung von Frauen und Männern", der als paritätische Arbeitsgruppe mit dem Thema der Gleichbehandlung zwischen männlichem und weiblichem Personal befaßt und 1983 eingesetzt worden war, in den Paritätischen Ausschuß für Chancengleichheit (COPEC) dar. So habe der Vorschlag des Ausschusses für Chancengleichheit zur Beauftragung von drei Sachverständigen durch die Kommission geführt, die Leitlinien für ein Programm positiver Maßnahmen im Rahmen einer Studie erarbeiten sollten.

In Fortführung des 1. Aktionsprogramms sah die Kommission auch für die Umsetzung des 2. Aktionsprogramms auf Kommissionsebene in den Bereichen Einstellung, Ausbildung, Laufbahn, Arbeitsbedingungen und soziale Infrastruktur die Fortsetzung und eventuelle Ergänzung der begonnenen Schwerpunktaktivitäten auf der Basis der o.g. Studie vor. Gleichzeitig wollte sie realistische Ziele innerhalb eines klar begrenzten Zeitraums für bestimmte Laufbahngruppen und darüber hinaus auch die Aufteilung der beruflichen und familiären Pflichten zwischen Mann und Frau i.S. einer tatsächlichen Chancengleichheit verwirklicht wissen. Insgesamt sah sie ihr mittelfristig zu erreichendes Ziel in der Übereinstimmung ihrer internen Personalpolitik mit den auf Gemeinschaftsebene bereits existierenden und den von ihr vorgeschlagenen Regelungen.

Dem 1. und 2. Mittelfristigen Aktionsprogramm der Gemeinschaft sind das 3. und 4. Aktionsprogramm gefolgt, die den zeitlich nahtlosen Übergang der Programme sichergestellt haben. Weder das 3. Aktionsprogramm[2744] vom 06.11.1990 noch das 4. Aktionsprogramm[2745] vom 22.12.1995 sahen dabei konkrete Maßnahmen für den EÖD bzw. ein Eingehen auf die Situation in den Gemeinschaftsorganen vor. Dies erklärt sich einerseits aus der allgemeinen Zielrichtung der mittelfristigen Aktionsprogramme, die auf die Verwirklichung der Chancengleichheit zwischen Männern und Frauen gemeinschaftsweit, d.h. in allen Mitgliedstaaten und auf allen Ebenen der Beschäftigung sowohl des privaten

---

2744 Chancengleichheit für Frauen und Männer – 3. Mittelfristiges Aktionsprogramm der Gemeinschaft 1991-1995, KOM (90) 449 endg.
2745 Mittelfristiges Aktionsprogramm der Gemeinschaft für die Chancengleichheit von Männern und Frauen für den Zeitraum 1996-200, KOM (95) 381 endg. = ABl.EG Nr. L 335, S. 37 v. 30.12.1995

als auch des öffentlichen Sektors bezogen ist, andererseits speziell vor dem Hintergrund des Erlasses eigener, EÖD-interner Aktionsprogramme zur Förderung der Chancengleichheit in der Kommission[2746] und dem Europäischen Parlament[2747].

Während das 3. Aktionsprogramm für den Zeitraum 1991-1995 im wesentlichen auf drei Säulen beruhte, nämlich der Anwendung und dem Ausbau der bestehenden Gesetzgebung, der besseren Integration von Frauen in den Arbeitsmarkt und der Verbesserung des Statusses von Frauen in der Gesellschaft durch Informations- und Sensibilisierungskampagnen der Kommission[2748], zeichnet sich das noch geltende 4. Aktionsprogramm von 1996-2000 durch insgesamt sechs Zielsetzungen aus, in deren Vordergrund die Einbeziehung der Dimension der Chancengleichheit von Männern und Frauen in alle Politiken und Aktionen, kurz „mainstreaming", der Gemeinschaft steht, die den „wohl ehrgeizigsten Ansatz"[2749] des 4. Aktionsprogramms darstellt. In Fortführung und Weiterentwicklung des 3. Aktionsprogramms beinhaltet das 4. Aktionsprogramm schließlich u.a. noch die Förderung der Chancengleichheit von Männern und Frauen gerade in den Bereichen Bildung, Berufsbildung und Arbeitsmarkt, die Vereinbarkeit von Beruf und Familie sowie die Förderung einer ausgewogenen Mitwirkung beider Geschlechter an Entscheidungsprozessen.

Auch wenn das 3. und 4. Mittelfristige Aktionsprogramm der Gemeinschaft nicht explizit auf den EÖD eingehen, verlaufen sie doch parallel zu den verwaltungsinternen Aktionsprogrammen der Kommission und des Europäischen Parlaments. Die zeitliche Parallelität geht im übrigen auch einher mit einer auf den Inhalt der Aktionsprogramme bezogenen starken wechselseitigen Prägung, die ihren Ausdruck schon in den ersten beiden mittelfristigen Aktionsprogrammen der Gemeinschaft gefunden hat, weil die Kommission hier ihre „Vorreiterrolle" in bezug auf die Umsetzung der vorgeschlagenen positiven Maßnahmen im eigenen Hause klar herausgestellt hat.

Erst in der Rahmenstrategie der Gemeinschaft zur Förderung der Gleichstellung von Frauen und Männern (2001-2005)[2750], auf die das 5. Aktionsprogramm

---

2746 Das erste Programm positiver Aktionen für das weibliche Personal (PAP) für einen Zeitraum von drei Jahren (1988-1990) datiert vom 08.03.1988, vgl. Anhang 3, S. 741
2747 Vgl. Europäisches Parlament, Förderung der Chancengleichheit zwischen Männern und Frauen, Aktionsprogramm zur Herstellung von mehr Ausgewogenheit (PAR-PE) v. Dezember 1990, Anhang 1, S. 715
2748 Vgl. Europäisches Parlament, Generaldirektion Wissenschaft, S. 26
2749 Europäisches Parlament, Generaldirektion Wissenschaft, S. 26 f.
2750 Mitteilung der Kommission an den Rat, das Europäische Parlament, den Wirtschafts- und Sozialausschuß und den Ausschuß der Regionen für eine Rahmen-

der Gemeinschaft betreffend die Gemeinschaftsstrategie für die Gleichstellung von Frauen und Männern (2001-2005)[2751] aufbaut und hier gemäß Art. 1 unterstützend und verstärkend wirken soll, wird die Gleichstellung der Geschlechter innerhalb des EÖD wieder direkt aufgegriffen: Unter dem 3. Stichpunkt „Festlegung der Ziele" in der Rahmenstrategie benennt die Kommission als operatives Ziel die Herstellung eines ausgewogenen Verhältnisses zwischen Frauen und Männern in der Kommission. Dabei bezieht sie sich auf vier Maßnahmen, die sie in ihren Dienststellen weiterverfolgen bzw. ausbauen möchte[2752]. Dazu gehört zum einen die Überwachung der Ergebnisse der von den Kommissionsdienststellen unternommenen Anstrengungen zur Förderung einer ausgewogenen Vertretung von Frauen und Männern in Entscheidungspositionen sowie die Erstellung von Zeitplänen, Indikatoren und Benchmarks. Zum anderen möchte sie im Rahmen der Kommissionsreform Strategien zur Verbesserung der Zeitnutzung und der Arbeitsorganisation auf allen Ebenen einschließlich der Führungsebene entwickeln sowie geschlechtsspezifische Ausbildungs-, Sensibilisierungs- und Informationsmaßnahmen in allen Dienststellen der Kommission vorantreiben. Schließlich soll die Geschlechterproblematik zum festen Bestandteil innerhalb des Managementtrainings werden. Zu guter Letzt nennt die Kommission noch die Bewertung und Verbesserung der Einstellungs- und Beförderungsverfahren in der Kommission, insbesondere durch die Sicherstellung einer ausgewogenen Vertretung von Frauen und Männern in den Prüfungs- und Beförderungsausschüssen sowie die Überprüfung der inhaltlichen und methodischen Gestaltung der Auswahlverfahren unter dem Blickwinkel eventuell bestehender geschlechtsspezifischer Vorurteile.

Im Vordergrund der Rahmenstrategie, die durch das 5. Aktionsprogramm (2001-2005) getragen wird, steht damit klar das gender mainstreaming. Die Kommission stellt dies auch in ihrer Einführung heraus, indem sie noch einmal auf den von ihr 1996 eingeleiteten Prozeß des gender mainstreaming hinweist und erklärt, daß die Rahmenstrategie das gender mainstreaming weiter operationalisieren und konsolidieren will[2753]. Spezifische Frauenfördermaßnahmen im EÖD sind hierdurch nicht abgelöst, jedoch ist deutlich erkennbar, daß das gender mainstreaming nunmehr den prioritären Beitrag zur Lösung der Gleichstellungsproblematik innerhalb der Kommissionsdienststellen leisten soll.

---

strategie der Gemeinschaft zur Förderung der Gleichstellung von Frauen und Männern (2001-2005) v. 07.06.2000, KOM (2000) 335 endg.
2751  Entscheidung des Rates 2001/51/EG v. 20.12.2000, ABl.EG Nr. L 17, S. 22
2752  Mitteilung der Kommission v. 07.06.2000, KOM (2000), 335 endg., S. 10
2753  Mitteilung der Kommission v. 07.06.2000, KOM (2000) 335 endg., S. 3

*cc) Rechtliche Einordnung und Bewertung der Entschließungen des Parlaments und der Aktionsprogramme der Gemeinschaft*

Die fünf (mittelfristigen) Aktionsprogramme der Gemeinschaft gehören wie die Entschließungen des Parlaments zum „EG-soft law"[2754], die als von Art. 249 EGV nicht vorgesehene Handlungsformen der Gemeinschaftsorgane einen eigenen Charakter besitzen und sich in Reichweite und Wirkung über ihren Inhalt erschließen lassen[2755]. Es handelt sich bei ihnen um flexible Rechtsakte, die keine volle rechtliche Verbindlichkeit beanspruchen, jedoch als programmatische Äußerungen der Organe in Form einer selbst auferlegten politischen Verpflichtung, ihrem Inhalt gemäß zu handeln, zu einer Konkretisierung der Vorschriften des EGV und des Sekundärrechts wie Verordnungen und Richtlinien etc. beitragen[2756]. Damit rücken sie letztlich in die Nähe von Empfehlungen und Stellungnahmen i.S.v. Art. 249 Abs. 5 EGV[2757], denen ebenfalls keine rechtliche Verbindlichkeit zukommt.

Unabhängig von diesem Mangel an rechtlicher Verbindlichkeit sind sowohl die Entschließungen als auch die Aktionsprogramme der Gemeinschaft nicht der Rechtmäßigkeitskontrolle durch den EuGH entzogen. Voraussetzung ist hier allerdings, daß sie dazu bestimmt sind, Rechtswirkungen zu entfalten[2758]. In diesem Zusammenhang muß allerdings kurz darauf hingewiesen werden, daß das 4. Mittelfristige Aktionsprogramm der Gemeinschaft im Unterschied zu den drei vorangegangenen Aktionsprogrammen in der Kommissionsvorlage auf Art. 308 EGV gestützt wurde und durch die einstimmige Annahme im Rat vom 22.12.1995[2759] erstmalig zu einer rechtlichen Verbindlichkeit gelangt ist. Das 4. Aktionsprogramm ist deshalb als eine „vertragsimmanente Entwicklung des sekundären Gemeinschaftsrechts"[2760] zur Verwirklichung des bereits in Art. 119 EGV a.F. angelegten Ziels der Chancengleichheit und Gleichstellung von Männern und Frauen, das durch den Vertrag von Amsterdam in der Neufassung der Art. 2, 3 Abs. 2, 13, 137 Abs. 1 Spiegelstrich 5 und Art. 141 EGV nicht nur eine ausdrückliche Klarstellung, sondern auch eine erhebliche Stärkung durch die

---

2754 Oppermann, S. 712 Rn. 1664
2755 Beutler/Bieber/Pipkorn/Streil, S. 231 Rn. 402
2756 Oppermann, S. 220 Rn. 568; Beutler/Bieber/Pipkorn/Streil, S. 231 Rn. 402
2757 Everling, Gedächtnisschrift für Constantinesco, 1983, S. 133 (S. 138)
2758 EuGH v. 31.03.1971, Slg. 1971, S. 263 (S. 277) Rs. 22/70 Kommission/Rat (AETR) sowie EuGH v. 13.11.1991, Slg. 1991, S. 5315 Rs. 303/90 Frankreich/Kommission
2759 ABl.EG Nr. L 335, S. 37 v. 30.12.1995
2760 Schwartz in Von der Groeben/Thiesing/Ehlermann (Hrsg.), Art. 235 Rn. 32

primärrechtliche Aufnahme als Grundsatz, Aufgabe und Zielsetzung der Gemeinschaft erfahren hat[2761].

Anders als die vier vorangegangenen Aktionsprogramme basiert das 5. Aktionsprogramm (2001-2005) auf der Entscheidung des Rates 2001/51/EG vom 20.12.2000. Die Entscheidung regelt gemäß Art. 249 Abs. 4 EGV einen Einzelfall und kann sich sowohl an die Mitgliedstaaten, die Organe der Gemeinschaft oder eine natürliche oder juristische Person richten[2762]. Sie ist deshalb nur für diejenigen verbindlich, die von ihr auch unmittelbar angesprochen sind, was der Abgrenzung zur allgemeingültigen Verordnung dient[2763]. Die Entscheidung 2001/51/EG verpflichtet gemäß Art. 5 Abs. 1 die Kommission auf die Umsetzung des Programms. Damit ist die Kommission als Gemeinschaftsorgan rechtlich verbindlich zur Durchsetzung des Programms in Zusammenarbeit mit den Mitgliedstaaten verpflichtet (Art. 5 Abs. 2). Da die Entscheidung 2001/51/EG aber weitere Umsetzungsmaßnahmen erfordert, kommt ihr auch nur ein „quasilegislativer" Charakter zu[2764]. An der Aufwertung der rechtlichen Verbindlichkeit im Unterschied zu den ersten drei Aktionsprogrammen durch die nunmehr gewählte Rechtsform der Entscheidung ändert dies aber nichts.

Im Gegensatz zu den vom Europäischen Parlament 1984 und 1987 getroffenen Entschließungen zur Situation der Frauen in den Gemeinschaftsinstitutionen, verdeutlichen sich in den ersten beiden mittelfristigen Aktionsprogrammen der Gemeinschaft, die Aussagen im Hinblick auf die Situation der weiblichen Beschäftigten in der Kommission machen, die organinternen Schwierigkeiten bei der tatsächlichen Umsetzung positiver Maßnahmen zur Herstellung der Chancengleichheit, denn in Anhang II des 1. Aktionsprogramms findet sich an keiner Stelle die konkrete Aufstellung von Beförderungsplänen i.S.d. parlamentarischen Entschließung vom 17.01.1984 oder die Erarbeitung und Festlegung von ausführlichen Zielvorgaben zur jährlichen Erhöhung des Frauenanteils um mindestens 10 % in den Besoldungsgruppen weiblicher Unterrepräsentation, wie sie das Parlament in seiner Entschließung vom 18.06.1987 vorgesehen hatte. Strukturell gesehen handelt es sich bei den hier von der Kommission geplanten Maßnahmen um äußerst „weiche", die Frauenförderung i.S.d. Steigerung des Frauenanteils in den Bereichen ihrer Unterrepräsentation eher flankierende Einzelaktionen, wie z.B. die deutlichere, auf beide Geschlechter bezogene Stellenausschrei-

---

2761 Vgl. Europäisches Parlament, Sitzungsdokumente v. 19.02.1999, Bericht über den Fortschrittsbericht der Kommission über Folgemaßnahmen zu der Mitteilung „Einbindung der Chancengleichheit in sämtliche politische Konzepte und Maßnahmen der Gemeinschaft, A4 -72/99, PE 229.153/end., S. 9
2762 Beutler/Bieber/Pipkorn/Streil, S. 229 Rn. 400
2763 Ruffert in Callies/Ruffert, Art. 249 Rn. 116
2764 Ruffert in Callies/Ruffert, Art. 249 Rn. 117

bung oder die systematische Mitwirkung von Frauen in den Beförderungsausschüssen. Gepaart werden diese punktuellen Maßnahmen im Bereich Einstellung, Laufbahn und Ausbildung mit beabsichtigten Regelungen zur Vereinbarkeit von Beruf und Familie. Es fehlt hier eine Einbindung der Maßnahmen in den Gesetzeszusammenhang eines Aktionsprogramms mit Zielsetzung, Maßnahmenkatalog und organisatorischer Absicherung, wie sie die Entschließungen des Parlaments bereits erkennen lassen.

Dies erkennt auch die Kommission im 2. Aktionsprogramm an, indem sie auf die von ihr in Auftrag gegebene Studie zur Festlegung von Leitlinien für ein Programm positiver Aktionen hinweist. Im 2. Aktionsprogramm von 1986-1990 geht die Kommission im Anhang gar nicht auf einzelne und konkrete positive Maßnahmen zugunsten von Frauen im eigenen Hause ein, sondern beschränkt sich vielmehr auf allgemeine Aussagen zur Fortsetzung und eventuellen Erweiterung positiver Maßnahmen nach Fertigstellung des Sachverständigengutachtens. Diese Allgemeinheit der Aussagen im Anhang des 2. Aktionsprogramms der Gemeinschaft ist ein Sinnbild für die Vorsicht und Zurückhaltung der Kommission, die von ihr selbst proklamierte Vorreiterrolle in konkreten Vorschlägen und Begriffsbestimmungen der positiven Aktionen auch tatsächlich wahrzunehmen[2765]. Aber auch das Parlament konnte, wie sich in der Entschließung von 1987 zeigt, faktisch eine Umsetzung der 1984 vorgesehenen Maßnahmen in seinen Sekretariaten erst in Ansätzen in seinem ersten Aktionsprogramm zur Herstellung von mehr Ausgewogenheit (PAR-PE) von 1990 und im Zweiten Aktionsprogramm 1997-2000 für die Chancengleichheit zwischen Frauen und Männern vorweisen.

Für die Kommissionsebene muß angesichts des 1. und 2. Mittelfristigen Aktionsprogramms der Gemeinschaft festgehalten werden, daß die faktische Verwirklichung der Gleichstellung zwischen Männern und Frauen durch konkrete organinterne positive Maßnahmen wie Zielvorgaben o.ä. zwar einen zulässigen, aber systemfremden Ausnahmezustand darstellte[2766]. Erst mit dem 5. Aktionsprogramm (2001-2005) und der Rahmenstrategie wird das gender mainstreaming als federführende Gleichstellungsmaßnahme konkretisiert – spezifische Frauenfördermaßnahmen werden jedoch komplett ausgeklammert.

Auf Parlamentsebene läßt sich zeigen, daß die Entschließungen von 1984 und 1987 systematischer und konkreter vorgegangen sind und den Gemeinschaftsorganen schon strukturell und inhaltlich eine vernünftig aufgebaute Handlungs- bzw. Programmanleitung mitgegeben hatten. Allerdings wurde der

---

2765 So auch Maidowski, S. 95 f.
2766 Vgl. Maidowski, S. 96, der sich allerdings auf das 1. und 2. Aktionsprogramm allgemein und nicht speziell auf die Aussagen zum EÖD bezieht

in den Entschließungen zum Ausdruck kommende gute Wille zur Verwirklichung der Chancengleichheit zwischen Männern und Frauen in den Gemeinschaftsinstitutionen erst mit dem Zweiten Aktionsprogramm 1997-2000 parlamentsinterne Realität, wenn in Rechnung gestellt wird, daß die Anwendung einer leistungsabhängigen Vorrangregelung i.S.d. Kalanke-Urteils erst mit Datum vom 18.10.1995 durch eine Mitteilung des Generaldirektors Personal an die Beschäftigten Geltung beanspruchen konnte und außerdem im Hinblick auf Frauen in Führungspositionen der Laufbahngruppe A eine bis zum Jahr 2000 zu erreichende Zielvorgabe von 40 % bei Einstellungen und 30 % Frauen in allen Besoldungsstufen dieser Laufbahn aufgestellt wurde[2767].

*b) Die Aktionsprogramme für die Chancengleichheit von Mann und Frau in der Kommission und beim Europäischen Parlament*

*aa) Die Kommissionsebene*

Mit Datum vom 08.03.1988 wurde in der Kommission das erste Programm für positive Aktionen (PAP) zugunsten ihrer weiblichen Bediensteten für einen Zeitraum von drei Jahren (1988-1990) angenommen[2768]. Die strukturellen Ungleichgewichte in der Verteilung von Frauen und Männern in den verschiedenen Laufbahngruppen und Führungspositionen konnten mit diesem 1. Aktionsprogramm jedoch nicht beseitigt werden, auch wenn hier bereits das Prinzip, Frauen bei gleicher Qualifikation und/oder Verdiensten vorrangig einzustellen, zu befördern oder bei der Besetzung von Führungspositionen zu berücksichtigen, anwendbar war[2769], so daß sich daraus auch die Notwendigkeit eines weiteren Aktionsprogramms zur Förderung der Chancengleichheit der Geschlechter ergab.

Nach einer Zwischenphase von einem Jahr, nämlich 1991, ohne Geltung eines entsprechenden Aktionsprogramms, wurde schließlich das 2. Programm positiver Aktionen der Kommission zur Förderung ihrer weiblichen Bediensteten (1992-1996) vom 16.09.1992[2770] erlassen. Ziel des 2. Aktionsprogramms der Kommission war die Erhöhung des Frauenanteils bei Einstellungen im Rahmen externer Auswahlverfahren und Förderung des beruflichen Aufstiegs (Beförderung) von Frauen sowie die bessere Vereinbarkeit von beruflichen und familiären Verpflichtungen als integrierter Bestandteil der Personalpolitik der Kommis-

---

2767  Vgl. Anhang 2, S. 739
2768  Vgl. Anhang 3, S. 741
2769  Vgl. Positive action programme for for female staff of the Commission (P.A.P.) 1988-1990, Anhang 3, S. 747; 2. Programm positiver Aktionen der Kommission zur Förderung ihrer weiblichen Bediensteten (1992-1996), Anhang 4, S. 758
2770  Abgedruckt als Anhang 4, S. 755

sion[2771]. In diesem Zusammenhang stellte das 2. Aktionsprogramm auch klar heraus, daß die im Sinn dieser Zielsetzung vorgeschlagenen Maßnahmen nicht als punktuelle Maßnahmen anzusehen seien, sondern Teil einer zusammenhängenden Strategie zur Beseitigung der Faktoren, die die Differenzen zwischen Männern und Frauen in der Verteilung auf die Laufbahn- und Besoldungsgruppen bedingen[2772].

Auf der Grundlage dieser Zielsetzung gliederte sich das 2. Aktionsprogramm einerseits in spezifische Frauenfördermaßnahmen, andererseits in Maßnahmen zur Verbesserung der Vereinbarkeit von Beruf und Familie auf. Dabei beinhalteten die spezifischen Frauenfördermaßnahmen die Bereiche Einstellung und Auswahlverfahren, Beförderung, Fort- und Weiterbildungsmöglichkeiten sowie auf das gesamte Organ bezogene Zielvorgaben, die nach den verschiedenen Laufbahngruppen differenziert wurden und die wiederum die Basis für Einzelziele in den verschiedenen Generaldirektionen der Kommission bilden sollten. Ausgangspunkt der Zielvorgaben stellte der Vorschlag des 2. Aktionsprogramms dar, aufgrund einer Schätzung der verfügbaren Stellenzahl für einen Zeitraum von drei Jahren Eckwerte für die Kommission insgesamt festzulegen, die dann zur Bestimmung der Einzelziele in den Generaldirektionen führten.

Als Beispiel sei auf die Laufbahngruppe A in der Kommission verwiesen, denn hier hatte das 2. Aktionsprogramm in Auswertung des 1. Aktionsprogramms in der Bilanz von 1990 einen Frauenanteils von 11,6 % festgestellt. Der Eckwert des zu erreichenden Frauenanteils bis Ende 1994 sollte bei 14 % liegen. Da die verfügbare Stellenzahl in der Laufbahngruppe A auf ungefähr 600 eingeschätzt und diese mindestens zu 30 % mit Frauen besetzt werden sollten, mußten im Jahresdurchschnitt ca. 60 Stellen mit Frauen besetzt werden[2773]. Dasselbe Prinzip wollte das 2. Aktionsprogramm auch auf die Führungspositionen (Eckwert für das gesamte Organ von 10 %), auf die Laufbahngruppe B (Eckwert von 39 %) und D (Eckwert von 25 % bis Ende 1996) angewendet wissen. Für die Sonderlaufbahn LA Sprachendienst sollte das Gleichgewicht in den Männer- und Frauenanteilen erhalten bleiben und in der Laufbahngruppe C das Übergewicht der Frauen zugunsten der Steigerung des Männeranteils verschoben werden[2774]. Gleichzeitig sah das 2. Aktionsprogramm hier aber auch die Fortsetzung des schon vom 1. Aktionsprogramm angewendeten Prinzips der Vorrangregelung zugunsten von Frauen bei gleicher Qualifikation und/oder gleichen Verdiensten vor[2775].

---

2771 Vgl. Anhang 4, S. 757
2772 Ebenda
2773 Vgl. Anhang 4, S. 760 f.
2774 Vgl. Anhang 4, S. 761 f.
2775 Vgl. Anhang 4, S. 758

Für den Komplex Vereinbarkeit von Beruf und Familie sah das 2. Aktionsprogramm u.a. eine umfassendere Genehmigung von Teilzeitarbeitsanträgen aus familiären Gründen, Berücksichtigung des zukünftigen Bedarfs an Krippen- und Kindertagesstättenplätzen bis 1996 sowie die Möglichkeit vor, nach einem Urlaub aus persönlichen Gründen aus familiärem Anlaß sofort in Teilzeit weiterarbeiten zu können sowie die Stärkung und Ausweitung der Haushalts- und Pflegehilfe bei Erkrankung der Kinder oder sonstiger unterhaltsberechtigter Personen[2776].

Unter dem Stichwort „Umsetzungsmaßnahmen" legte das 2. Aktionsprogramm im Rahmen seiner Laufzeit sowohl für das Jahr 1993, 1994 als auch für 1995 jeweils eine Berichterstattung und Bewertung der Ergebnisse durch die einzelnen Generaldirektionen und Dienststellen an die Verwaltung fest, die schließlich nach Ablauf des Programms in eine allgemeine Bilanz einzufließen hatte. Dabei hatten die Generaldirektionen, die die vorgesehenen Zielvorgaben nicht erreichen konnten, einen ausführlichen Bericht über ihre Schwierigkeiten bei der Umsetzung des 2. Aktionsprogramms abzugeben[2777].

Allerdings fand der Ausschuß für Chancengleichheit (COPEC) im 2. Aktionsprogramm keine gesonderte Berücksichtigung in Form einer spezifischen Aufgabenzuweisung. Dies muß darauf zurückgeführt werden, daß ebenfalls 1992 von der Kommission ein Reglement zur Organisation und Funktion bzw. Aufgaben des COPEC angenommen worden war.

Damit entspricht die Struktur des 2. Aktionsprogramms im Grunde den meisten deutschen Frauenförder- und Gleichstellungsgesetzen, die sich in Anlehnung an ihre Zielsetzung auf die zwei größeren Bereiche der spezifischen Frauenfördermaßnahmen und der Maßnahmen zur Vereinbarkeit von Beruf und Familie konzentriert und schließlich in der organisatorischen Gewährleistung der Umsetzung der vom Aktionsprogramm vorgesehenen Maßnahmen durch eine Berichtspflicht der Dienststelle und letztlich der Kommission mündet. Eine diese Maßnahmen beobachtende und kontrollierende Funktion kam dabei auch dem Ausschuß für Chancengleichheit zu, der ohne ausdrückliche Benennung und Aufgabenzuweisung durch das 2. Aktionsprogramm gleichwohl eine parallel zur Berichtspflicht laufende organistorische Absicherung des Programms darstellt.

Herausgestellt werden muß jedoch noch einmal die Besonderheit der ausführlichen Konkretisierung und Präzisierung der vom 2. Aktionsprogramm vorgegebenen Zielvorgaben, die in dieser Form von keinem deutschen Gesetz vorgesehen sind. Bei der leistungsabhängigen Vorrangregelung zugunsten von Frauen handelt es sich allerdings nur um ein zu befolgendes Prinzip, so daß da-

---

2776  Vgl. Anhang 4, S. 763
2777  Vgl. Anhang 4, S. 762 f.

mit eine explizite Verpflichtung der Dienststellen zur Anwendung der Vorrangregelung ausscheidet.

Mit dem 3. Aktionsprogramm für die Chancengleichheit von Mann und Frau in der Europäischen Kommission (1997-2000)[2778] wurde schließlich der nahtlose Übergang vom 2. Aktionsprogramm, das am 31.12.1996 ausgelaufen war, sichergestellt. Ziel des 3. Aktionsprogramms war neben der Entwicklung einer Arbeitskultur, in der die frauen- und männerspezifischen Werte sowie die geschlechtsspezifischen Unterschiede durch Sensibilisierung, Information und Dialog auf allen Ebenen Berücksichtigung finden, auch die Neuausrichtung der verschiedenen Bereiche der Personalpolitik, der Arbeitskultur und Arbeitsorganisation an den Erfordernissen der Chancengleichheit sowie der ausgewogenen Verteilung der Verantwortung, Beteiligung von Frauen am Entscheidungsprozeß und Förderung ihrer beruflichen Weiterentwicklung in allen Laufbahngruppen.

Auf der Basis dieser drei Zielsetzungen legt das 3. Aktionsprogramm drei große Regelungskomplexe fest, die sich einerseits auf strukturelle Anpassungen der Personalpolitik, andererseits auf laufbahngruppenspezifische Maßnahmen und auf horizontale Sozialmaßnahmen zur Verbesserung der Vereinbarkeit von Beruf und Familie beziehen.

So werden unter dem Regelungskomplex der strukturellen Maßnahmen, der an den vom 4. Mittelfristigen Aktionsprogramm der Gemeinschaft (1996-2000) geprägten Grundsatz des „gender mainstreaming" (d.h. die systematische Einbeziehung der Dimension der Chancengleichheit von Männern und Frauen in alle Politikbereiche und Maßnahmen, hier der Kommission) anknüpft, Auswahlverfahren, Einstellungsverfahren und Ausschöpfung der Eignungslisten sowie die Aufstiegschancen und Fortbildung gefaßt[2779]. In diesem Zusammenhang geht das 3. Aktionsprogramm auch auf das Kalanke-Urteil des EuGH vom 17.10.1995 ein und stellt dabei für den EÖD in der Kommission klar, daß bei Einstellungen, Beförderungen und Besetzungen von Führungspositionen Frauen bei Vorliegen gleicher Qualifikation und/oder Verdiensten vorrangig berücksichtigt werden können vor männlichen Mitbewerbern, was jedoch im Ermessen der zuständigen Anstellungsbehörde liegt[2780].

Die laufbahnspezifischen Maßnahmen umfassen differenziert nach den verschiedenen Laufbahngruppen u.a. die Beseitigung der Unterrepräsentation von Frauen in der Laufbahngruppe A und im mittleren und gehobenen Management durch die alljährliche Festlegung von Zielvorgaben durch die Generaldirektion IX (Personal und Verwaltung). Umgekehrt sieht das 3. Aktionsprogramm in der

---

2778 Vgl. Anhang 5, S. 766
2779 Vgl. Anhang 5, S. 772 ff.
2780 Vgl. Anhang 5, S. 774

Laufbahngruppe C, die seit je her einen Frauenüberschuß vorzuweisen hat[2781], die Ermittlung der genauen Tätigkeiten und Veränderungen der Art dieser Tätigkeiten aufgrund des technischen Fortschritts in den Bereichen Bürokommunikation und Datenverarbeitung vor, um durch die konkrete Angabe der Aufgabenbereiche bei der Besetzung von Stellen der Laufbahn C eine gezieltere Auswahl treffen und dadurch ebenfalls den Männeranteil erhöhen zu können[2782].

Zu den horizontalen Maßnahmen rechnet das 3. Aktionsprogramm nicht nur die flexible Arbeitsorganisation und Arbeitszeiten sowie die Forderung nach einer Änderung des BSt und der Beschäftigungsbedingungen zur Festschreibung der Bedingungen für die Wahrnehmung des Erziehungsurlaubs, sondern auch die stärkere Sensibilisierung des Personals für eine umfassende Verwirklichung der Chancengleichheit u.a. durch Seminare, Sitzungen, Konferenzen für Vorgesetzte zu diesem Themenbereich sowie die Konzeption von Pilotprojekten in den Generaldirektionen über „vorbildliche Verfahrensweisen"[2783].

Die organisatorische Umsetzung des 3. Aktionsprogramms funktioniert auf zwei Ebenen: Zum einen legt die Generaldirektion IX politische Leitlinien für die Zielsetzungen und Bereiche des Programms fest und gewährleistet die kontinuierliche Überwachung und Bewertung des Programms, zum anderen wird die Erarbeitung der konkreten Maßnahmen und spezifischen Ziele einzelner Generaldirektionen allen Generaldirektionen und Dienststellen selbst übertragen. Schließlich haben diese eine Berichtspflicht über die Durchführung des 3. Aktionsprogramms, die bei Programmablauf in einen Abschlußbericht der Verwaltung einfließen soll und dem Generalsekretär der Kommission zur Verfügung gestellt wird. Parallel zu dieser Berichtspflicht nimmt der Ausschuß für Chancengleichheit eine regelmäßige Bewertung der Umsetzung des 3. Aktionsprogramms vor.

*bb) Bewertung*

Auffällig ist im Unterschied zum 2. Aktionsprogramm von 1992-1996 der Mangel an ausführlicher Konkretisierung der Zielvorgaben für die verschiedenen Laufbahngruppen. Vielmehr wird ihre genaue Festlegung den einzelnen Dienststellen und Generaldirektionen überlassen, so daß das 3. Aktionsprogramm hier nur einen allgemeinen Rahmen bildet, da es auf präzise Aussagen zu diesem Bereich verzichtet. Auch in bezug auf das Prinzip, Frauen bei Einstellungen, Beförderungen und Besetzungen von Führungspositionen bei Vorliegen gleicher

---

2781 Vgl. Anhang 4, S. 762
2782 Vgl. Anhang 5, S. 775
2783 Vgl. Anhang 5, S. 772

Qualifikationen und/oder Verdiensten vorrangig zu berücksichtigen, erfolgt eine Relativierung, denn es ist jeder Dienststelle selbst überlassen, ob sie von ihrem Ermessen tatsächlich Gebrauch macht.

Konkrete Maßnahmen werden vom 3. Aktionsprogramm im wesentlichen im Bereich Vereinbarkeit von Beruf und Familie (horizontale Maßnahmen) vorgegeben. Der Bereich der spezifischen Frauenfördermaßnahmen, der hier sowohl die strukturellen als auch die laufbahnspezifischen Maßnahmen erfaßt, beschränkt sich dagegen auf Sensibilisierung der mit den Auswahlverfahren beschäftigten Personen, Informationskampagnen zur Förderung der Bewerbung von Frauen, Beteiligung von Frauen in den Prüfungs- und Beförderungsausschüssen, Fort- und Weiterbildung sowie die allgemeine Verpflichtung der Generaldirektionen zur Festlegung jährlicher Zielvorgaben.

In diesem Zusammenhang muß die von Maidowski im Hinblick auf das 1. und 2. Mittelfristige Aktionsprogramm der Gemeinschaft angebrachte Kritik aus dem Jahr 1989 auch für die Bewertung des kommissionsinternen 3. Aktionsprogramms herangezogen werden: Maidowski hatte beiden Aktionsprogrammen die starke Zurückhaltung vor einer tatsächlichen Konkretisierung positiver, gleichheitsdurchbrechender Maßnahmen attestiert und außerdem festgestellt, daß diese zwar als gemeinschaftsrechtlich zulässig bewertet würden, gleichzeitig aber als lediglich „systemfremder Ausnahmezustand" eine Befugnis zum Erlaß bzw. zur Anwendung leistungsabhängiger Vorrangregelungen zugunsten von Frauen einräumten[2784]. Diese Kritik ist auch auf das 3. Aktionsprogramm für die Chancengleichheit von Mann und Frau in der Europäischen Kommission übertragbar, denn auch hier wird starke Zurückhaltung in der Konkretisierung der einzelnen Zielvorgaben sowie im Hinblick auf die faktische Verpflichtung zur Anwendung der Vorrangregelung geübt. Im übrigen deckt sich dieser Befund wiederum mit dem Vorschlag der Kommission zur Änderung der Richtlinie 76/207/EWG vom 27.03.1996[2785], demzufolge Art. 2 Abs. 4 der Richtlinie eine erklärende Änderung i.S.d. Kalanke-Urteils durch den EuGH vom 17.10.1995 erfahren sollte, die die von Art. 2 Abs. 4 S. 1 der Richtlinie vorgesehenen Maßnahmen zur Förderung der Chancengleichheit zwischen Männern und Frauen auch als Vorzugsregelungen zugunsten eines Mitglieds des unterrepräsentierten Geschlechts in bezug auf den Zugang zur Beschäftigung oder zum beruflichen Aufstieg definierte, soweit diese die Bewertung der besonderen Umstände des Einzelfalls nicht ausschließen[2786].

---

2784 Maidowski, S. 95 f.
2785 KOM (96) 93 endg., S. 3
2786 Vgl. Art. 2 Abs. 4 S. 2 des Vorschlags zur Änderung der Richtlinie 76/207/EWG, KOM (96) 93 endg., S. 6

Die ablehnende Haltung des Europäischen Parlaments zu diesem Änderungsvorschlag der Kommission wurde von der Berichterstatterin u.a. damit begründet, daß die Richtlinie 76/207/EWG gemäß ihrem Art. 2 Abs. 4 (a.F.) eine Auslegung der Gleichheit konstituiere, die ein individuelles Recht auf Ausnahmegewährung beinhalte, das aber auf der Basis der Anerkennung struktureller Diskriminierungsmechanismen durch den EuGH im Verfahren Marschall/Land Nordrhein-Westfalen vom 11.11.1997 und der Neuerungen durch den Vertrag von Amsterdam, insbesondere in Art. 2, 3 und 141 EGV, die politische und objektive Gleichheit zu einem kollektiven Recht erhoben werde[2787].

Folglich ist die Kommission ihrem schon im Zeitpunkt des 1. und 2. Mittelfristigen Aktionsprogramms der Gemeinschaft entwickelten Grundsatzes, gleichheitsdurchbrechende positive Maßnahmen i.S.v. Art. 2 Abs. 4 der Richtlinie 76/207/EWG (a.F.) als individuellen Ausnahmezustand anzusehen, treu geblieben. Dies verdeutlicht sich insbesondere in der Aussage des 3. Aktionsprogramms zur Anwendung der leistungsabhängigen Vorrangregelung zugunsten von Frauen im Ermessen der jeweiligen Anstellungsbehörde[2788]. Darüber hinaus hat die Kommission in ihrer Begründung zu einem geänderten Richtlinienvorschlag vom 27.03.1996 angeführt, daß nach dem Kalanke-Urteil des EuGH „nur ein völlig starres Quotensystem, das es nicht erlaubt, individuelle Umstände zu berücksichtigen, rechtswidrig ist", Mitgliedstaaten und Arbeitgeber sich aber in der Konsequenz aller anderen Formen von positiven Maßnahmen, so auch der der flexiblen Quoten, bedienen könnten[2789].

Gerade auch diese Begründung sah das Europäische Parlament in seinem Bericht zu dem geänderten Richtlinienvorschlag als Gefahr der Verwässerung des Art. 2 Abs. 4 der Richtlinie (a.F.) an, zumal im Rahmen der „individuellen Umstände" in der Person des männlichen Mitbewerbers zusammenhängende Beweggründe geltend gemacht werden könnten, die nicht objektiv auszulegen seien[2790]. Die vom Parlament hier gesehene, von der Kommission vorgeschlagene freie Hand der Mitgliedstaaten und Arbeitgeber bei der Anwendung flexibler Vorrangregelungen o.ä., findet sich auch im 3. Aktionsprogramm sowohl im Hinblick auf die eigenverantwortliche Festlegung des durch die Zielvorgaben zu erreichenden Prozentsatzes an Frauen bzw. Männern in der Laufbahngruppe C in den einzelnen Generaldirektionen als auch hinsichtlich der Vorrangregelungen bei Einstellungen, Beförderungen und Besetzungen von Führungspositionen

---

2787 Europäisches Parlament, Sitzungsdokumente v. 27.01.1999, A4 – 0038/99, PE 225.992/end., S. 9 f. Rn. 15, 17 f. sowie S. 12 Rn. 21 Buchstabe G
2788 Vgl. Anhang 5, S. 774
2789 KOM (96) 93 endg., S. 3
2790 Europäisches Parlament, Sitzungsdokumente v. 27.01.1999, S. 8 Rn. 9 sowie S. 11 Rn. 21 Buchstabe E f.

wieder. Das bedeutet aber auch, daß sich die Kommission nicht nur damit schwer tut, den einzelnen Generaldirektionen präzise Handlungsanweisungen zu geben, sondern sich vielmehr auf die Vorgabe des Rahmens und die Art der rechtlichen Instrumente zur Umsetzung der Chancengleichheit in der Kommission zurückzieht, wie sie das im Zeitpunkt des 2. Aktionsprogramms noch nicht getan hat. Schließlich baut die Kommission im Gegensatz zum 2. Aktionsprogramm in viel stärkerem Maß auf die Eigenverantwortung der Dienststellen, die sie lediglich durch eine regelmäßige Berichtspflicht und verstärkte Sensibilisierung über die Chancengleichheitsproblematik sowie die Bewertung durch den Ausschuß für Chancengleichheit (COPEC) flankiert. Das Abstellen auf die Freiwilligkeit könnte sich als Bumerang für die Weiterentwicklung der Chancengleichheit von Männern und Frauen im EÖD der Kommission erweisen, die die positive Bilanz aus dem 2. Aktionsprogramm[2791] wieder zunichte machen könnte. Möglicherweise bietet hier aber die Einbeziehung des „gender mainstreaming" in den Regelungskomplex der spezifischen Frauenfördermaßnahmen, der im 3. Aktionsprogramm die strukturellen und laufbahnspezifischen Maßnahmen entsprechen, Ansätze für einen gesellschaftlichen Strukturwandel, der letztlich auch die strukturellen Diskriminierungsmechanismen auf lange Sicht auflösen kann.

Der Strukturvergleich der beiden Aktionsprogramme zeigt, daß beide Programme sowohl den Regelungskomplex der spezifischen Frauenfördermaßnahmen als auch den der Maßnahmen zur Vereinbarkeit von Beruf und Familie entsprechend ihrer Zielsetzung abdecken. Daran ändert sich auch nichts durch die Dreiteilung des 3. Aktionsprogramms in strukturelle und laufbahnspezifische sowie horizontale Maßnahmen, da die strukturellen und laufbahnspezifischen Maßnahmen unter den Oberpunkt der spezifischen Frauenfördermaßnahmen zusammengefaßt werden können, wie es auch in den meisten deutschen Frauenförder- und Gleichstellungsgesetzen wiederzufinden ist. Daneben ist beiden Programmen gemeinsam, daß die organisatorische Absicherung der Umsetzung ihrer vorgesehenen Maßnahmen über eine regelmäßige Berichtspflicht gewährleistet werden soll, die zusätzlich von dem Ausschuß für Chancengleichheit begleitet wird, der eine Kontrollfunktion wahrnimmt[2792].

Der COPEC findet nur im 3. Aktionsprogramm eine ausdrückliche Erwähnung und Aufgabenzuweisung, die jedoch nicht über die regelmäßige Bewertung und Abgabe einer Stellungnahme zur Umsetzung und Verwirklichung des Programms hinausgeht[2793]. Möglichkeiten einer Sanktion, wie sie etwa einige der

---

2791 Vgl. Anhang 5, S. 766 f.
2792 Vgl. Anhang 5, S. 776
2793 Ebenda

deutschen Frauenfördergesetze für ihre Frauenbeauftragte in Form des Widerspruchs bzw. Beanstandung mit aufschiebender Wirkung vorsehen, kommen dem COPEC nicht zu.

Die Besonderheit des 3. Aktionsprogramms im Regelungskomplex der spezifischen Frauenfördermaßnahmen nicht nur gegenüber dem 2. Aktionsprogramm, sondern auch gegenüber den deutschen Gesetzen, liegt in der Einbeziehung des „gender mainstreaming". Von der Möglichkeit der Verarbeitung dieses Ansatzes in der gesetzgeberischen Praxis, der nach 1996 erlassenen deutschen Frauenfördergesetze wurde bislang nur vom BGleiG aus dem Jahr 2001 Gebrauch gemacht. Mit der Ratifizierung des Amsterdamer Vertrags vom 01.05.1999 ist über Art. 3 Abs. 2 EGV auch der gender mainstreaming-Ansatz ausdrücklich festgeschrieben[2794], so daß damit auch primärrechtlich die Verwirklichung der Gleichstellung der Geschlechter in sämtlichen Bereichen und Tätigkeiten der Gemeinschaft i.S.v. Art. 3 Abs. 1 EGV zu einer mitgliedstaatlichen Verpflichtung avanciert ist, die ihren Niederschlag auch im öffentlichen Dienst der BRD als Vorreiter zu finden hat. In ihrer Rahmenstrategie (2001-2005) hat die Kommission explizit für ihre Dienststellen den gender-mainstreaming-Ansatz fortgeschrieben[2795]. Konkrete Zielvorgaben oder aber leistungsabhängige Vorrangregelungen mit Härtefallklausel tauchen in der Rahmenstrategie nicht auf. Da kein weiteres viertes kommissionsinternes Aktionsprogramm geschaffen wurde, ist die Gleichstellung der Geschlechter im EÖD, hier der Kommission, nunmehr vorrangig dem gender mainstreaming verpflichtet und zulässige spezifischen Frauenfördermaßnahmen im Ermessen der Dienststellen scheinen insgesamt immer mehr ein Hintergrunddasein zu führen.

*cc) Die Parlamentsebene im Vergleich*

Auf der Ebene des Europäischen Parlaments setzte die Aktionsprogammgebung erst im Jahr 1990 ein, obwohl das Europäische Parlament schon in seiner Entschließung zur Situation der Frau in Europa[2796] vom 17.01.1984 in Kapitel VII Nr. 109 sich selbst und seine Fraktionen aufgefordert hatte, in seiner Personalpolitik als erste Institution des EÖD die Verwirklichung der Chancengleichheit der Frauen durch Verabschiedung eines entsprechenden Programms in die Tat umzusetzen.

---

2794  So auch Schmidt am Busch, S. 2
2795  Mitteilung der Kommission an den Rat, das Europäische Parlament, den Wirtschafts- und Sozialausschuß und den Ausschuß der Regionen für eine Rahmenstrategie der Gemeinschaft zur Förderung der Gleichstellung von Frauen und Männern (2001-2005), KOM (2000) 335 endg., S. 3, 10
2796  Vgl. ABl.EG Nr. C 46, S. 42 v. 20.02.1984

Im Dezember 1990 wurde schließlich das Aktionsprogramm zur Herstellung von mehr Ausgewogenheit (PAR-PE) zur Förderung der Chancengleichheit zwischen Männern und Frauen beim Europäischen Parlament erlassen[2797]. Dieses Aktionsprogramm wurde vom Ausschuß für Chancengleichheit für Männer und Frauen (COPEC) des Europäischen Parlaments erarbeitet und hatte eine Laufzeit von zweieinhalb Jahren.

Insbesondere unter Bezugnahme auf die Entschließung des Parlaments zur Situation der Frauen bei den Institutionen der Europäischen Gemeinschaften vom 18.06.1987[2798] und das bei der Kommission bereits am 08.03.1988 angenommene Programm positiver Aktionen[2799], formulierte das PAR-PE von 1990 sein Ziel als Herstellung von mehr Ausgewogenheit zur Beseitigung des in den Laufbahngruppen A, C und D bestehenden Ungleichgewichts zwischen den Frauen- und Männeranteilen durch Aktionen im Inneren und Aktionen nach außen[2800]. Während die Aktionen nach außen speziell die Personaleinstellungspolitik des Parlaments durch Auswahl- und Einstellungsverfahren zur Erhöhung des Frauenanteils in den Laufbahngruppen A und D sowie die Erhöhung des Männeranteils in der Laufbahngruppe C betrafen, waren die Aktionen im Inneren auf das Zustandekommen eines ausgewogeneren Verhältnisses zwischen Männern und Frauen beim bestehenden Personal speziell in der Laufbahngruppe A für Stellen mit hoher Verantwortung (Führungspositionen) gerichtet[2801].

So sah das PAR-PE von 1990 im Bereich der allgemeinen Auswahlverfahren die Förderung der Teilnahme von Bewerberinnen durch eine gezieltere Öffentlichkeitsarbeit, die besonderen Hinweise in öffentlichen Ausschreibungen der Auswahlverfahren auf Ausnahmen von der geltenden Altersgrenze gerade für weibliche Berufsrückkehrerinnen, die ausgewogenere Besetzung der Prüfungsausschüsse mit Männern und Frauen sowie deren Sensibilisierung durch spezielle Fortbildungen für die Chancengleichheitspolitik etc. vor. Darüber hinaus schlug das PAR-PE auf der Ebene der Einstellungsverfahren vor, daß alle im Auswahlverfahren erfolgreichen Teilnehmer/innen vor Abruf der Reserveliste zu Vorstellungsgesprächen eingeladen und bei annähernd gleichen Qualifikationen mehrerer Bewerber jeweils die Frau bevorzugt eingestellt werden sollte[2802].

---

2797 Vgl. Anhang 1, S. 715
2798 ABl.EG Nr. C 190, S. 117 v. 20.07.1987
2799 Vgl. Anhang 3, S. 741
2800 Vgl. Anhang 1, S. 718 f.
2801 Anhang 1, S. 719
2802 Vgl. Anhang 1, S. 720; hervorzuheben ist im Unterschied zum Zweiten Aktionsprogramm 1997-2000, daß es sich bei der bevorzugten Einstellung von Frauen um eine beispielhafte Aufzählung handelte und diese außerdem als „Soll-Maßnahme" vorgesehen war

Damit lassen sich die Aktionen nach außen sowohl in den Regelungskomplex der spezifischen Frauenförderungsmaßnahmen als auch in den Komplex der Vereinbarkeit von Beruf und Familie (Ausnahmen von der Altersgrenze) aufgliedern.

Die Aktionen im Inneren teilte das PAR-PE schließlich in vier Bereiche ein, die zum einen die Laufbahnpolitik und Beurteilung, die berufliche Bildung, zum anderen die soziale Infrastruktur sowie die Anpassung der Arbeitszeit betrafen. Während die Laufbahnpolitik und Beurteilung sowie die berufliche Bildung einen Beitrag zur verstärkten Beförderung von Frauen, insbesondere in Besoldungsgruppen ihrer Unterrepräsentation, leisten sollten und damit dem Regelungskomplex der spezifischen Frauenfördermaßnahmen zuzuordnen sind, beziehen sich die soziale Infrastruktur[2803] sowie die Anpassung der Arbeitszeit[2804] auf den Regelungskomplex der Vereinbarkeit von Beruf und Familie.

Die organisatorische Durchführung des PAR-PE sollte durch die Kontrolle eines hohen, von der Einstellungsbehörde zu benennenden Beamten in enger Zusammenarbeit mit dem Ausschuß für Chancengleichheit gewährleistet werden[2805]. Abgerundet wurde diese Kontrollfunktion durch die Erstellung einer Zwischenbilanz, die für Ende 1991 vorgesehen war.

Wenngleich die Grobstruktur des PAR-PE von 1990 der wesentlichen Struktur der unter aa) untersuchten Aktionsprogramme der Kommission im Hinblick auf die Einteilung in spezifische Frauenfördermaßnahmen, Vereinbarkeit von Beruf und Familie und organisatorische Absicherung durch die Berichtspflicht und Kontrolle des COPEC entspricht, ergeben sich im Detail jedoch inhaltliche Unterschiede, die sich besonders bei der leistungsabhängigen Vorrangregelung und Zielvorgaben verdeutlichen: Während das 2. und 3. Aktionsprogramm klar auf Zielvorgaben zur Erhöhung des Frauenanteils bei den Beschäftigten der Kommission setzen, gleichzeitig aber auch die zusätzliche Möglichkeit der Dienststellen eröffnen, Frauen bei gleicher Qualifikation und/oder Verdiensten bevorzugt einzustellen, zu befördern oder Führungspositionen mit ihnen besetzen zu können, bezieht das PAR-PE die leistungsabhängige Vorrangregelung ausschließlich auf das Einstellungsverfahren unter Ausklammerung des Beförde-

---

2803 Wahrnehmung von Elternschaftsurlaub durch männliche Beamte sowie Urlaub aus familiären Gründen, Verbesserung der Einrichtungen zur Kinderbetreuung, familienfreundliche Organisation der Arbeit mit dem Ziel, daß Frauen als Verantwortungsträgerinnen durch zu später Tageszeit angesetzte Sitzungen nicht in Konflikt mit den Öffnungszeiten der Kinderbetreuungseinrichtungen geraten etc.
2804 Flexiblere Gestaltung der täglichen und monatlichen Arbeitszeit, Verhinderung der negativen Auswirkungen einer Halbtagsbeschäftigung auf die berufliche Laufbahnentwicklung
2805 Vgl. Anhang 1, S. 724

rungsbereichs. Zielvorgaben zur Steigerung des Frauenanteils, insbesondere in den Laufbahngruppen A und D, finden überhaupt keine Erwähnung. Dies verwundert umso mehr vor dem Hintergrund, daß das PAR-PE in seiner Begründung ausdrücklich auf die Kommissionsebene und auf die Entschließung des Europäischen Parlaments zur Situation der Frauen bei den Institutionen der Europäischen Gemeinschaften vom 18.06.1987 Bezug nimmt, das unter Punkt 8.a)[2806] konkrete Zielvorgaben von den Gemeinschaftsinstitutionen im Rahmen eines Aktionsprogramms erwartete, die den Frauenanteils jährlich um 10 % steigern sollten.

Wenn das PAR-PE des Europäischen Parlaments das Pendant zu den beiden ersten auf Kommissionsebene bestehenden Aktionsprogrammen sein sollte[2807], so konnte dieses nur in bezug auf die Struktur der aufgenommenen Regelungskomplexe sowie deren organisatorische Gewährleistung Gültigkeit beanspruchen. Inhaltlich ergaben sich gerade im Regelungskomplex der spezifischen Frauenfördermaßnahmen deutlich sichtbare Unterschiede, die nicht nur das Fehlen von Zielvorgaben betrafen, sondern auch die bevorzugte Berücksichtigung von Frauen bei gleichen Qualifikationen auf den Bereich der Einstellung beschränkten und diese Maßnahme auch nur als Beispiel für eine spezifische Frauenförderung anführten.

Nach einer Phase von immerhin fast vier Jahren nach Auslaufen des PAR-PE kam erst 1996 das Zweite Aktionsprogramm „Chancengleichheit beim Europäischen Parlament" für den Zeitraum 1997-2000 zustande[2808]. Mit der Feststellung, daß trotz der vorgenommenen Maßnahmen und eines erkennbaren Entwicklungsprozesses nach wie vor die Präsenz von Frauen auf den verschiedenen Stufen der Hierarchie mit dem Anstieg der Besoldungsgruppen abnimmt, legte der COPEC besonderen Wert auf die berufliche Fortbildung, denn diese erscheine neben anderen Maßnahmen der wesentliche Antrieb für die Mobilität und das Gleichgewicht bei der Verteilung von Männern und Frauen im Dienst der Gemeinschaftsinstitutionen zu sein[2809]. Das derzeit geltende Zweite Aktionsprogramm gliedert sich dabei in zwei große Schwerpunktkomplexe auf, die sich zum einen auf die Arbeitsbedingungen und die soziale Infrastruktur beziehen, zum anderen auf die berufliche Karriere.

Im ersten Komplex finden sich dabei nicht nur Maßnahmen zum Schutz der Selbstbestimmung von Frau und Mann am Arbeitsplatz, flexible Arbeitszeiten, die jedem erlauben, seine beruflichen und persönlichen Pflichten miteinander in

---

2806 ABl.EG Nr. C 190, S. 117 v. 20.07.1987
2807 Ebenda
2808 Vgl. Anhang 2, S. 726
2809 Vgl. Anhang 2, S. 728

Einklang zu bringen, Teilzeitarbeit, Tele(heim)arbeit, Elternurlaub bzw. Urlaub aus anderen familiären Gründen sowie Verbesserung der Kinderbetreuungsmöglichkeiten[2810].

Der zweite Schwerpunktbereich der beruflichen Karriere stellt die Geltung einer leistungsabhängigen Vorrangregelung mit Härtefallklausel zugunsten des unterrepräsentierten Geschlechts bei Beförderungen seit der Mitteilung des Generaldirektors für Personalangelegenheiten vom 18.10.1995 an die Beschäftigten des Parlaments klar, die im Unterschied zum Dritten Aktionsprogramm der Kommission jedoch nicht im Ermessen der einzelnen Dienststellen steht, sondern zwingend formuliert ist[2811].

Ein besonderes Augenmerk richtet das Zweite Aktionsprogramm des Parlaments in diesem Schwerpunkt auf Einstellungen, wo in den Laufbahngruppen A und D die Unterrepräsentanz von Frauen immer noch signifikant ist. Hier sieht das Programm lediglich die Sicherstellung einer gleichberechtigten Teilhabe von Männern und Frauen in den Auswahlausschüssen vor, daß die schriftlichen Tests innerhalb des wettbewerblichen Ausleseverfahrens (concours) die Chancengleichheit zwischen Frauen und Männern respektieren und das der Verstoß gegen die Altersgrenze in den Ausleseverfahren durch die Personen, die die Kinderbetreuung übernommen hätten, noch einmal zu überdenken ist. Im übrigen empfiehlt es, das unterrepräsentierte Geschlecht auf der Basis gleicher Prüfungsergebnisse einzustellen[2812].

Unter der Rubrik der verwaltungsinternen Karriere rekurriert das Zweite Aktionsprogramm auf die Förderung der horizontalen Mobilität, damit die beruflichen Qualifikationen vielfältiger werden, Sensibilisierung der Vorgesetzten sowie die Ermutigung von Frauen, an den internen Ausleseverfahren teilzunehmen, um damit den beruflichen Aufstieg zu erleichtern. Auch in diesem Bereich empfiehlt der COPEC, der verantwortlich für die Erstellung des Zweiten Aktionsprogrammes war, die Beförderung des unterrepräsentierten Geschlechts bei gleichqualifizierten Bewerbern innerhalb einer Laufbahn[2813].

Im Hinblick auf die berufliche Fortbildung schlägt es vor, Frauen Karriereperspektiven anzubieten, um ihnen neue berufliche Orientierungen zu ermöglichen: Hintergrund dieses Vorschlags war die Feststellung, daß sich die Teilnahme von Frauen an Fortbildungen vornehmlich auf Sprach- und Informatikkurse konzentriert. Konkretisiert wird dieser Vorschlag durch einzelne Maßnahmen

---

2810  Vgl. Anhang 2, S. 730 ff.
2811  Vgl. Anhang 2, S. 735
2812  Vgl. Anhang 2, S. 735
2813  Anhang 2, S. 737

wie z.B. die Modifikation des Art. 24 BSt[2814], der die berufliche Fortbildung als Recht verankern soll, die Förderung der Teilnahme an bestimmten Kursen zum Thema Chancengleichheit und die Einrichtung eines Orientierungsservices mit zwei Aufgaben, nämlich der Beratung und Information über Fortbildungen sowie der Erstellung eines individuellen Karriereplans in Anlehnung an die persönliche Eignung. Außerdem soll das Kapitel „Chancengleichheit" in allen Managementkursen und in den Kursen für die Mitglieder der Auswahlausschüsse aufgenommen werden[2815].

Schließlich beschäftigt sich das Aktionsprogramm 1997-2000 auch mit den Frauen in Führungspositionen – in diesem Bereich fordert es Zielvorgaben, die bis zum Jahr 2000 zu erreichen sind. So sollen 40 % der Einstellungen in der Laufbahn A auf Frauen entfallen und ein Personalbestand von 30 % Frauen in allen Besoldungsgruppen erreicht werden. Diese Zielvorgaben sind bei jeder Einstellungs- oder Beförderungsentscheidung zu berücksichtigen. Im übrigen soll in den zuständigen Organen die Überprüfung der traditionellen Rangordnung der Arbeitskräfte vertieft werden[2816].

Den Abschluß des Schwerpunktkomplexes Karriere bildet die Beschäftigung mit der Partizipation von Frauen in Ausschüssen: Hier schlägt das Programm lediglich die Sensibilisierung des Personals für die Notwendigkeit einer gleichberechtigten Teilhabe von Frauen vor sowie die Ermutigung von Frauen, sich in den Ausschüssen zu engagieren[2817].

Am Ende werden die beiden Schwerpunkte des Zweiten Aktionsprogramms für das Personal des Parlaments nicht durch eine Berichtspflicht innerhalb eines bestimmten Zeitraums abgerundet, sondern es folgt nur noch eine Zusammenfassung der vorgesehenen Maßnahmen[2818]. Es fehlt auch eine Aussage über eine eventuelle Kontrollfunktion des COPEC über die Durchführung des Programms.

Im Unterschied zum Dritten Aktionsprogramm der Kommission für denselben Zeitraum 1997-2000 verzichtet das Zweite Aktionsprogramm auf die Aufnahme des „gender mainstreaming", obwohl dieses aufgrund der vorangegangenen 4. Weltfrauenkonferenz von Beijing vom 04.-15.09.1995 und der bereits erfolgten Verabschiedung des 4. Mittelfristigen Aktionsprogramms der Gemeinschaft für die Chancengleichheit für Männer und Frauen (1996-2000) nahegele-

---

2814 Nach Art. 24 Abs. 3 BSt erleichtert die Gemeinschaft die berufliche Fortbildung der Beamten, soweit dies mit einer reibungslosen Arbeit der Dienststellen zu vereinbaren ist und ihrem eigenen Interesse dient; gemäß Art. 24 Abs. 4 BSt ist die Fortbildung beim Aufstieg in einer Laufbahn zu berücksichtigen
2815 Vgl. Anhang 2, S. 738
2816 Vgl. Anhang 2, S. 739
2817 Vgl. Anhang 2, S. 739 f.
2818 Anhang 2, S. 740

gen hätte. Unterschiedlich zur Kommission ist hier auch die Verankerung konkreter Zielvorgaben für das gesamte Organ sowie das Abstellen auf eine bindende Vorrangregelung zumindest im Beförderungsbereich, wenn die Mitteilung des Generaldirektors für das Personal vom 18.10.1995 an die Beschäftigten des Parlaments als grundsätzliche Aussage des Zweiten Aktionsprogramms im Schwerpunktkomplex Karriere genommen wird. Schließlich wird die berufliche Fortbildung als eine der entscheidenden Maßnahmen zur Verbesserung der Situation der weiblichen Beschäftigten beim Parlament in der Vorrede der Präsidentin des COPEC zwar besonders hervorgehoben, was dann aber im Komplex der Karriere nur noch einen untergeordneten Stellenwert beansprucht. Im Schwerpunkt der Arbeitsbedingungen und sozialen Infrastruktur finden sich vor allem die Maßnahmen zur Verbesserung der Vereinbarkeit von Beruf und Familie wieder, wie u.a. flexiblere Arbeitszeiten, Teilzeitarbeit, Telearbeit und Verbesserung der Kinderbetreuungsmöglichkeiten. Hier wird vor allen Dingen auf die Sensibilisierung der Vorgesetzten für die Bedürfnisse von Teilzeitbeschäftigten sowie die von Vätern im Hinblick auf die Wahrnehmung von Elternurlaub hingewiesen. Das bedeutet für den Strukturvergleich, daß sich auch am Zweiten Aktionsprogramm des Parlaments trotz anderer Benennung die zwei maßgeblichen Schwerpunkte der Frauenförderung wiedererkennen lassen, nämlich die Maßnahmen zur Verbesserung der Vereinbarkeit von Beruf und Familie auf der einen Seite und auf der anderen Seite geschlechtsspezifisch ansetzende Frauenförderung wie Zielvorgaben oder leistungsabhängige Vorrangregelungen. Die fehlende, diese Schwerpunkte flankierende Berichtspflicht, auf die das PAR-PE von 1990 besonderen Wert gelegt hat, muß als Mangel begriffen werden, denn ein Versehen scheidet angesichts des PAR-PE wohl aus.

*c) Zwischenergebnis*

Im Ergebnis ergibt sich ein Bild von den Aktionsprogrammen für die Chancengleichheit von Mann und Frau in der Europäischen Kommission und den Aktionsprogrammen beim Europäischen Parlament, die von den Entschließungen des Parlaments aus den Jahren 1984 und 1987 geprägt sind und die auf Kommissionsebene ihren Niederschlag insbesondere in den konkreten Zielvorgaben des 2. Aktionsprogramms gefunden haben. Im 3. Aktionsprogramm der Kommission wurden Zielvorgaben als spezifische Frauenfördermaßnahme zwar beibehalten, verzichtet wurde hier aber auf eine Konkretisierung der zu erreichenden Prozentsätze in den verschiedenen Laufbahngruppen zugunsten einer eigenverantwortlichen Festlegung in den Generaldirektionen und Dienststellen. Dagegen enthält das Zweite Aktionsprogramm des Parlaments genaue Zielvorgaben für Frauen in Führungspositionen der Laufbahn A und den anderen Laufbahngruppen, die bis Ende 2000 erreicht werden sollten. In der Rahmenstrategie (2001-2005) verzichtet die Kommission demgegenüber nunmehr gänzlich auf spezifische Frauenfördermaßnahmen und will nur noch die Auswahl- und Beförderungsverfahren insbesondere mit Blick auf eine ausgewogene Vertretung von Frauen und Männern in den Auswahlkommissionen verbessern – sie verpflichtet sich offenbar nur noch auf die Umsetzung des gender mainstreaming[2819].

Ein weiterer Impuls ging von den beiden Entschließungen der Jahre 1984 und 1987 auch im Hinblick auf die Verankerung und Betonung der Sensibilisierungsmaßnahmen zur Verwirklichung der Chancengleichheit innerhalb der Institution, der Personalverwaltung und bei den weiblichen Beschäftigten sowohl im 2. und 3. Aktionsprogramm der Kommission als auch im PAR-PE sowie dem Zweiten Aktionsprogramm des Parlaments aus. Hinzu kamen schließlich auch Vorschläge zu Maßnahmen der Vereinbarkeit von Beruf und Familie wie z.B. gleitende Arbeitszeit, Elternschaftsurlaub und Urlaub aus familiären Gründen für beide Elternteile, die Einsetzung eines Ausschusses für Chancengleichheit, Berichtspflichten etc., die sich ebenfalls auf Kommissions- und Parlamentsebene wiederfinden lassen. Zu beachten ist, daß der COPEC im Zweiten Aktionsprogramm des Parlaments keine gesonderte Erwähnung mehr findet, sondern als Einrichtung fast selbstverständlich vorausgesetzt wird.

Einen nicht unerheblichen Einfluß auf die bei der Kommission entwickelten Aktionsprogramme hatten die vier mittelfristigen Aktionsprogramme der Gemeinschaft für die Chancengleichheit von Männern und Frauen. Schon das 1. Mittelfristige Aktionsprogramm vom 09.12.1981 für den Zeitraum 1982-1985 beinhaltete in seinem Anhang II positive Maßnahmen auf dem Gebiet der kommissionsinternen Personalpolitik, die über Maßnahmen zur Einstellung, Laufbahn und Ausbildung bis hin zu Regelungen zur Arbeitszeit reichten und schließlich in eine Bilanz der Ergebnisse nach Ablauf des Aktionsprogramms einfließen sollten.

Mit dem 4. Mittelfristigen Aktionsprogramm der Gemeinschaft vom 22.12.1995 für den Zeitraum 1996-2000 wurde auch der gender mainstreaming-Ansatz, der als wichtigster Gesichtspunkt des 4. Mittelfristigen Aktionsprogramms aufzufassen ist, in das 3. Aktionsprogramm der Kommission aufgenommen. Dabei ordnet das 3. Aktionsprogramm das „gender mainstreaming" den strukturellen Maßnahmen zu, die damit unter den Regelungskomplex der spezifischen Frauenfördermaßnahmen fallen. Diesen Ansatz hat demgegenüber das Zweite Aktionsprogramm des Parlaments nicht verarbeitet, obwohl es explizit auf das 4. Mittelfristige Aktionsprogramm im Zusammenhang mit der Individualisierung

---

2819 Mitteilung der Kommission v. 07.06.2000, KOM (2000) 335 endg., S. 3, 10

der Rechte zugunsten von Frauen in bezug auf die Rentenansprüche im Fall der Scheidung nach dem BSt eingeht[2820]. Für das PAR-PE ergibt sich kein unmittelbar nachweisbarer Einfluß der vier mittelfristigen Aktionsprogramme – durch die Bezugnahme des PAR-PE auf die Aktionsprogramme bei der Kommission ist jedoch von einem mittelbaren Einfluß auszugehen.

Festgehalten werden muß hier, daß auf Kommissionsebene die Betonung auf Sensibilisierungsmaßnahmen, Fort- und Weiterbildungen und Maßnahmen zur Vereinbarkeit von Beruf und Familie liegt. Gleiches gilt noch für das PAR-PE des Parlaments von 1990. Die den ersten beiden Mittelfristigen Aktionsprogrammen der Gemeinschaft von Maidowski bereits 1989 bescheinigte Scheu bei der Empfehlung konkreter gleichheitsdurchbrechender positiver Maßnahmen, so die Anwendung leistungsabhängiger Vorrangregelungen zugunsten des unterrepräsentierten Geschlechts[2821] u.a., ist auch kommissionsintern spürbar: Im 3. Aktionsprogramm der Kommission wird auf das Ermessen der Dienststellen verwiesen, von der leistungsabhängigen Vorrangregelung i.S.d. Kalanke-Urteils des EuGH Gebrauch zu machen und die Festlegung der Zielvorgaben der eigenverantwortlichen Regelung der Generaldirektionen und Dienststellen überlassen. Etwas anders sieht die Situation dagegen beim Parlament aus, das ausdrücklich die Anwendung einer leistungsabhängigen Vorrangregelung im Beförderungsbereich vorsieht und außerdem auf konkrete Zielvorgaben bis zum Jahr 2000 abstellt.

Insgesamt läßt sich damit ein Bild der Aktionsprogramme der Kommission herstellen, daß in der Hauptsache recht allgemein gehalten ist und deren konkrete Aussagen zu spezifischen Frauenfördermaßnahmen und Maßnahmen der Vereinbarkeit von Beruf und Familie mehr als Rahmenbedingungen und Grundlagenschaffung zu verstehen sind, denn als faktisch verpflichtende Regelungen, wie es sich auf deutscher Ebene aus den gesetzlichen Bestimmungen zur Frauenförderung ergibt. Lediglich das Zweite Aktionsprogramm des Parlaments wird im Zusammenhang mit den spezifischen Frauenfördermaßnahmen konkreter – auf dem Gebiet der Maßnahmen zur Vereinbarkeit von Beruf und Familie bleibt es dagegen ebenfalls in recht allgemeinen Forderungen stecken.

## 4. Zwischenergebnis

Der Strukturvergleich der deutschen Frauenförder- und Gleichstellungsgesetze mit dem 2. und 3. Aktionsprogramm für die Chancengleichheit von Mann und

---

2820  Vgl. Anhang 2, S. 733 f.
2821  Maidowski, S. 95 f.

Frau in der Europäischen Kommission und den Aktionsprogrammen des Europäischen Parlaments zeigt, daß sowohl auf deutscher als auch auf europäischer Ebene die zwei großen Regelungskomplexe der spezifischen Frauenfördermaßnahmen und der Maßnahmen zur Vereinbarkeit von Beruf und Familie abgedeckt werden.

Unabhängig von der genauen Formulierung zielen die deutschen Gesetze und die Aktionsprogramme gleichermaßen auf die Erhöhung des Frauenanteils in den Bereichen des öffentlichen Dienstes, in denen sie gegenüber Männern unterrepräsentiert sind. Dies betrifft in beiden öffentlichen Diensten insbesondere den höheren Dienst und die Führungspositionen, denn hier sind die statistisch höchsten Ungleichgewichte in den Männer- und Frauenanteilen festzustellen.

Anders als die deutschen Gesetze wollen die Aktionsprogramme der Kommission und das PAR-PE des Parlaments im mittleren Dienst der Laufbahngruppe C, in der ein starkes Übergewicht an Frauen vorherrscht, explizit den Männeranteil erhöhen.

Die organisatorische Absicherung der in beiden Regelungskomplexen vorgesehenen Maßnahmen erfolgt in den deutschen Frauenfördergesetzen wie auch in den Aktionsprogrammen durch die Einschaltung der Frauenbeauftragten bzw. des Ausschusses für Chancengleichheit, der der Institution der Frauenbeauftragten vergleichbar ist, jedoch weder kommissions- noch parlamentsintern die Möglichkeit der Sanktion in Form des Widerspruchs oder der Beanstandung hat. Die Befugnisse des COPEC konzentrieren sich in der Hauptsache auf die Wahrnehmung einer Kontroll- und Programmbegleitungsfunktion durch die Abgabe regelmäßiger Stellungnahmen zur Umsetzung der Programme sowie auf die Anregung neuer Aktivitäten auf dem Gebiet der Chancengleichheit zwischen Mann und Frau. Im Unterschied zur Kommissionsebene kommt dem beim Parlament bestehenden COPEC darüber hinaus die federführende Rolle bei der Erarbeitung der Aktionsprogramme zu. Hingewiesen werden muß jedoch darauf, daß im Zweiten Aktionsprogramm 1997-2000 der COPEC im Hinblick auf eine Kontroll- bzw. Gewährleistungsfunktion keine explizite Erwähnung mehr gefunden hat.

Schließlich wird die Gewährleistungsfunktion der Frauenbeauftragten bzw. des COPEC in beiden öffentlichen Diensten durch eine Berichtspflicht ergänzt[2822], die zudem auch die Basis der Arbeit der Frauenbeauftragten und des COPEC darstellt. Berichtspflicht und Frauenbeauftragte bzw. COPEC sind deshalb im Bereich der organisatorischen Gewährleistung der Gesetze bzw. Ak-

---

2822 Das Zweite Aktionsprogramm des Parlaments verzichtet allerdings auf die Berichtspflicht

tionsprogramme aufeinander bezogen und stehen in einer engen Wechselwirkung zueinander.

Im Zusammenhang mit der allgemeinen Rechtsqualität und Bindungswirkung der Aktionsprogramme der Kommission und des Parlaments ergeben sich zur deutschen Ebene, die nicht nur für den Bund, sondern auch für alle sechzehn Bundesländer gesetzliche Regelungen getroffen hat, erhebliche Unterschiede: Auf der „quasi-legislatorischen" Ebene der Verordnung konnten für den EÖD keine konkreten frauenfördernden Bestimmungen von Seiten des Europäischen Parlaments durchgesetzt werden. Die mit Datum vom 07.04.1998 erlassene Verordnung Nr. 781/98 des Rates zur Änderung des BSt und der Beschäftigungsbedingungen, die sogenannte Gleichbehandlungsverordnung, stellt lediglich die Ermächtigungsgrundlage für die Gemeinschaftsorgane zur Verfügung „im Hinblick auf die effektive Gewährleistung der vollen Gleichstellung von Männern und Frauen (...) zur Erleichterung der Berufstätigkeit des unterrepräsentierten Geschlechts oder zur Verhinderung bzw. zum Ausgleich von Benachteiligungen in der beruflichen Laufbahn spezifische Vergünstigungen beizubehalten oder zu beschließen[2823]. Damit ist für den EÖD eine dem Art. 141 Abs. 4 EGV entsprechende Regelung in das BSt und die Beschäftigungsbedingungen aufgenommen worden, die die Anwendung leistungsabhängiger Vorrangregelungen mit Härtefallklausel i.S.d. Marschall-Entscheidung des EuGH auch in den Gemeinschaftsorganen rechtlich ausdrücklich absichert. Das bedeutet allerdings nicht, daß die Organe von dieser Möglichkeit auch Gebrauch machen müssen, denn gemäß Art. 1a Abs. 3 BSt haben die Organe einvernehmlich die Maßnahmen und Aktionen festzulegen, die einen Beitrag zur Verwirklichung der Chancengleichheit von Männern und Frauen leisten und die die faktischen Ungleichheiten zu beseitigen helfen, die die Chancen der Frauen im EÖD beeinträchtigen. Durch das Einvernehmlichkeitserfordernis droht den Gemeinschaftsorganen eine gegenseitige Behinderung in der Ergreifung bestimmter Maßnahmen, denn will ein Organ z.B. Zielvorgaben mit einer leistungsabhängigen Vorrangregelung kombinieren, kann der Einspruch eines weniger progressiven Organs die Umsetzung dieser Maßnahmen mindestens verzögern und letztlich auch verhindern, wenn tatsächlich keine Einigkeit in den Organen zu erreichen ist[2824].

Die Aktionsprogramme selbst stellen verwaltungsinterne Richtlinien dar und sind demnach mit der schwächsten Rechtswirkung ausgestattet[2825]. Folglich haben die in den Aktionsprogrammen vorgesehenen Maßnahmen zur Verwirklichung der Chancengleichheit bzw. zur Herstellung eines ausgewogeneren

---

2823 Vgl. Art. 1a Abs. 2 BSt n.F.
2824 Vgl. auch Europäisches Parlament, Sitzungsdokumente v. 12.02.1997, S. 13
2825 So auch Rogalla, S. 47

Gleichgewichts zwischen den Geschlechtern auch keinen Rechtsnormcharakter, so daß damit auch ihre Verbindlichkeit relativiert ist, denn die Verwaltung kann zwar nicht ohne Begründung von ihnen abweichen, muß sie aber auch nicht in jedem Fall beachten[2826].

Dieser geringere Verbindlichkeitsgrad der Aktionsprogramme der Kommission und des Parlaments begründet auch den signifikanten Unterschied zu den in Deutschland bestehenden Frauenförder- und Gleichstellungsgesetzen. Die starke inhaltliche Zurückhaltung der Aktionsprogramme, insbesondere der Kommission, ihre Organe z.B. auf die Anwendung leistungsabhängiger Vorrangregelungen mit Härtefallklausel festzulegen, setzt sich folglich auch in der Wahl des Rechtsinstruments fort. Daran ändert auch das in Form der Entscheidung 2001/51/EG des Rates vom 20.12.2000 ergangene 5. Aktionsprogramm der Gemeinschaft betreffend die Gemeinschaftsstrategie für die Gleichstellung von Frauen und Männern[2827] nichts, denn es erfordert weitere Umsetzungsmaßnahmen und verzichtet für die Dienststellen der Kommission auf konkrete spezifische Frauenfördermaßnahmen.

Im Ergebnis muß für die bislang existierenden Aktionsprogramme festgehalten werden, daß es sich bei ihnen um richtungsweisende Verhaltensnormen handelt, deren Rechtsqualität deutlich hinter den deutschen Gesetzen zurückbleibt. Die von der Gemeinschaft sowohl im 3. als auch im 4. Mittelfristigen Aktionsprogramm der Gemeinschaft proklamierte Auffassung, die Gemeinschaft sei die treibende Kraft bei der Förderung der Chancengleichheit und der Veränderung der Stellung der Frau in der Gesellschaft[2828], kann mit Blick auf die Gleichbehandlungsverordnung Nr. 781/98 und die Aktionsprogramme nur eingeschränkt gelten, denn die Gemeinschaftsorgane kommen der EÖD-intern eingeforderten Vorreiterrolle in bezug auf die Verwirklichung der Gleichstellung ihrer weiblichen Beschäftigten äußerst zurückhaltend nach. Hier mangelt es insbesondere an inhaltlicher Konkretisierung einzelner frauenfördernder Maßnahmen und an einer rechtlich verbindlichen Festschreibung auf Verordnungsebene. Auch wenn zuzugeben ist, daß das Parlament in seinem Zweiten Aktionsprogramm 1997-2000 die einzelnen Maßnahmen im Schwerpunkt der spezifischen Frauenförderung genauer und mit höherem Verbindlichkeitsgrad ausgestattet hat als die Kommission, ändert dies nichts daran, daß das Programm eine verwaltungsinterne Richtlinie ist und im Bereich der Maßnahmen zur Vereinbarkeit

---

2826  EuGH v. 30.01.1974, Slg.1974, S. 81 (S. 89) Rs. 148/93 Louwage u. Moriame-Louwage/ Kommission
2827  ABl.EG Nr. L 17, S. 22
2828  Vgl. 3. Mittelfristiges Aktionsprogramm der Gemeinschaft (1991-1995), Einführung sowie 4. Mittelfristiges Aktionsprogramm der Gemeinschaft (1996-2000), Einführung Rn. 4

von Beruf und Familie über den allgemein empfehlenden Charakter nicht hinauskommt. Lediglich der „gender mainstreaming"-Ansatz der Kommission könnte für die deutschen Gesetze eine Vorreiterfunktion übernehmen, was bereits im Zusammenhang mit der inhaltlichen Konkretisierung von Art. 3 Abs. 2 GG festgestellt worden ist.

## 5. Kapitel
Vergleich spezifischer Frauenfördermaßnahmen der Gleichstellungsgesetze des Bundes und der Länder mit denen des 3. Aktionsprogramms der Kommission und des 2. Aktionsprogramms des Europäischen Parlaments

### 1. Zielsetzung und nicht berücksichtigte Frauenfördermaßnahmen

Ziel des folgenden Vergleichs ist es, einzelne geschlechtsspezifisch ansetzende Frauenfördermaßnahmen zur Erhöhung des Frauenanteils in Bereichen ihrer Unterrepräsentanz in beiden öffentlichen Diensten, wie insbesondere leistungsabhängige Vorrangregelungen und Zielvorgaben sowie Auswahlverfahren und Auswahlkriterien auszuwerten, um auf diese Weise eine Vergleichbarkeit im Detail herstellen zu können. Gefragt werden muß vor allem nach Bindungswirkung und Effektivität im Hinblick auf die tatsächliche Durchsetzung faktischer Gleichberechtigung von Frauen und Männern. Das Ergebnis des Vergleichs mündet in der Auseinandersetzung mit der diesbezüglichen Rechtsprechung der deutschen und europäischen Gerichtsbarkeit im 6. Kapitel.

Verzichtet wird hier auf den Vergleich von Maßnahmen im Bereich der Ausbildung, da diese im EÖD nur eine sehr untergeordnete Rolle spielen und regelmäßig nur bereits in ihren Heimatländern ausgebildete Bewerber/innen an den Auswahlverfahren teilnehmen.

Keine Berücksichtigung findet schließlich der Bereich der Fortbildung, der von allen deutschen Gesetzen und von den Aktionsprogrammen der Kommission und des Parlaments angesprochen wird und speziell vom 2. Aktionsprogramm 1997-2000 des Parlaments gesondert als ein maßgeblicher Faktor für die berufliche Mobilität und die Wiederherstellung des Gleichgewichts bei der Verteilung der Männer und Frauen in allen Institutionen der Gemeinschaft genannt wird[2829]. Da die berufliche Fortbildung generell geschlechtsneutralen Charakters ist, weil sie für Frauen und Männer gleichermaßen gilt, hat sie auch nicht die Brisanz eines Spannungsverhältnisses zwischen Bevorzugung von Frauen und Nichtberücksichtigung der Männer unter der Geltung des geschlechtsbedingten Gleichbehandlungsgebots bzw. Diskriminierungsverbots sowohl im Gemeinschaftsrecht als auch nach deutschem Verfassungsrecht entwickeln können. Zwar setzen viele der deutschen Frauenförder- und Gleichstellungsgesetze sowie das 3. Aktionsprogramm der Kommission und das 2. Aktionsprogramm des Parlaments ebenfalls auf frauenspezifische Fortbildungen, die die Gleichberechtigungsproblematik thematisieren und damit einen nicht unerheblichen Einfluß auf die Be-

---

[2829] Vgl. Anhang 2, S. 728

reitschaft von Personalentscheidern haben können, Frauen in größerem Umfang einzustellen und außerdem mit der Steigerung der Akzeptanz und Einsicht in die Notwendigkeit von Frauenförderung die Durchsetzungsfähigkeit einzelner Maßnahmen einhergeht, jedoch sind auch diese Fortbildungen geschlechtsneutral gefaßt. Sie greifen aber nicht in die individuellen Rechte einzelner Männer ein. Insoweit sind Fortbildungsbestimmungen in den deutschen Frauenförder- und Gleichstellungsgesetzen sowie den Aktionsprogrammen des EÖD auf der Basis der Herstellung faktischer Gleichberechtigung der Geschlechter auch vollkommen unproblematischer Natur.

Nicht in den Detailvergleich einbezogen wird darüber hinaus Frauenförderung durch Regelungen, die die Vereinbarkeit von Beruf und Familie erleichtern sollen, wie flexible Arbeitszeiten, Teilzeitarbeit und Beurlaubung, denn sie sind ohne direkten Einfluß auf die Stellenbesetzung und mit der Wahrnehmung einer bestimmten Rolle verbunden, die faktisch überwiegend Frauen ausüben, Männern jedoch nicht verschlossen ist[2830]. Hier kann auch von allgemeinen, geschlechtneutralen Fördermaßnahmen gesprochen werden, die dem „rollenflexiblen" Mann die Möglichkeit der Teilzeitbeschäftigung, Beurlaubung und flexiblen Gestaltung der Arbeitszeit eröffnet, um Familienaufgaben übernehmen zu können, ohne daß dabei unmittelbar an das Differenzierungskriterium des Geschlechts angeknüpft wird[2831]. Die genannten Regelungen zur Vereinbarkeit von Beruf und Familie stellen sich aber auch als flankierende Maßnahmen der Frauen- und Familienförderung dar[2832], die zwar als nicht zu vernachlässigender Faktor entscheidendes Gewicht bei der Schaffung von Rahmenbedingungen weiblicher Erwerbstätigkeit haben, gleichzeitig aber genau wie Fortbildungsregelungen keine subjektiven Rechte von Männern verletzen und deshalb ein Spannungsverhältnis ausgeschlossen ist.

---

2830 Schlachter, JA 1994, S. 72 (S. 73)
2831 Bumke, S. 124 f.
2832 DJB (Hrsg.), Juristinnen in Deutschland, 3. Aufl. 1998, S. 155

## 2. Detailvergleich der spezifischen Frauenfördermaßnahmen

### 2.1. Vorrangregelungen/Zielvorgaben

*a) Rechtsqualität und Effektivität*

Ausdrückliche Vorrangregelungen, die als sogenannte „Frauenquote"[2833] sowohl in der Literatur als auch in der Rechtsprechung zu erheblichen Auseinandersetzungen in bezug auf ihre Zulässigkeit geführt haben, sind in den untersuchten Gesetzen in den verschiedensten Formen und Ausprägungen vorhanden. Sie betreffen regelmäßig die Bereiche Einstellung und Beförderung im öffentlichen Dienst und lassen sich zunächst allgemein als Bestimmungen auffassen, die einen prozentualen Anteil von zu vergebenden Funktionen in einem Bereich bevorzugt an die Angehörigen einer bestimmten Gruppe verteilen, wobei von allgemein gültigen Vergabekriterien abgesehen wird[2834]. Schiek[2835] unterscheidet grundsätzlich zwei Typen von Vorrangregelungen, zum einen den Grundtypus der Entscheidungsregel und zum anderen den der Zielvorgabe. Dabei versteht sie unter dem Begriff Entscheidungsregel eine einzelfallbezogene Personalentscheidung, die die Zugehörigkeit zum weiblichen Geschlecht in der konkreten Auswahlentscheidung positiv gewichtet.

Zielvorgaben sind dagegen bezogen auf eine Reihe von Personalentscheidungen, indem sie einen bestimmten zu erreichenden Frauenanteil innerhalb eines festgelegten Zeitraums vorgeben[2836]. Zielvorgaben werden deshalb auch als „Ergebnisquoten" bezeichnet[2837]. Die Entscheidungsregeln, die im folgenden als Vorrangregelungen bezeichnet werden und die eine einzelfallbezogene Bevorzugung einer Frau gegenüber einem Mann im Rahmen von Einstellungs- und Beförderungsentscheidungen bis hin zu einer paritätischen Gesamtstellen-Quote von 50 % bedeuten können, stehen unter dem Vorbehalt der gleichen bzw. gleichwertigen Qualifikation der Bewerberin[2838] sowie der Unterrepräsentation von Frauen im jeweiligen Arbeitsstellenbereich. Dabei geht die Feststellung der Qualifikation auf das für den deutschen öffentlichen Dienst in Art. 33 Abs. 2 GG verankerte Leistungsprinzip zurück, das sich aus Eignung, Befähigung und

---

2833 Schiek, Anm. zu BAG v. 05.03.1996, AP Nr. 226 zu Art. 3 GG
2834 Creifelds, Rechtswörterbuch, 17. Aufl. 2002, S. 932
2835 Vgl. Fn. 2867
2836 Pfarr/Fuchsloch, NJW 1988, S. 2201 (S. 2202); Pfarr, Quoten und Grundgesetz, 1. Aufl. 1988, S. 204 ff.
2837 Schiek, Anm. zu BAG v. 05.03.1996, AP Nr. 226 zu Art. 3 GG; Pfarr/Fuchsloch, S. 2202
2838 Bumke, Der Staat 1993, S. 117 (S. 123)

fachlicher Leistung zusammensetzt, die für die Übertragung eines öffentlichen Amtes maßgeblich sind. Liegt eine gleiche oder gleichwertige Qualifikation einer Bewerberin mit einem männlichen Mitbewerber vor, entsteht eine Patt-Situation bei der zu treffenden Auswahlentscheidung[2839], die regelmäßig über die nachrangigen Hilfskriterien[2840] aufgelöst wird[2841]. Die Anknüpfung der Vorrangregelung an das weibliche Geschlecht bei gleichzeitigem Vorliegen einer Unterrepräsentation von Frauen im jeweiligen Arbeitsbereich und das Qualifikationspatt stellen demzufolge ein Hilfskriterium zusätzlicher Art dar[2842].

Auch im europäischen öffentlichen Dienst gilt die dem „Grundsatz der Bestenauslese" bzw. Leistungsprinzip entsprechende Bestimmung des Art. 27 Abs. 1 BSt, der festlegt daß den Organen der Gemeinschaft die Mitarbeit von Beamten zu sichern ist, die in bezug auf die Befähigung, Leistung und Integrität höchsten Ansprüchen genügen. Genau wie in Art. 33 Abs. 2 GG beschränkt sich Art. 27 Abs. 1 BSt nicht nur auf den Zugang zu einem öffentlichen Amt (Einstellung), sondern beansprucht auch Geltung im Bereich der Beförderung[2843].

Ein zusätzliches Gewicht kommt im europäischen öffentlichen Dienst noch der von Art. 27 Abs. 1 BSt vorgesehenen Auswahl der Beamten aus den Mitgliedstaaten auf möglichst breiter geographischer Grundlage zu. Diese für die Verwirklichung der Ziele des EGV zweckmäßige Regelung[2844] innerhalb der europäischen Staatengemeinschaft spielt hier jedoch eine lediglich untergeordnete Rolle, da sich der EuGH bei Einstellungen für eine vorrangige Berücksichtigung interner Bewerber/innen[2845] vor dem Hintergrund des dienstlichen Interesses der

---

2839 Maidowski, Umgekehrte Diskriminierung, 1989, S. 155
2840 Battis/Schulte-Trux/Weber, DVBl. 1991, S. 1165 (S. 1166)
2841 Bei Beförderungsentscheidungen wurde in der Vergangenheit insbesondere auf das Dienst- und Lebensalter sowie soziale Kriterien wie Familienstand und Anzahl der unterhaltsberechtigten Angehörigen, vgl. hierzu Harms, DöD 1991,S. 49 (S. 54 f.) sowie Battis, ZBR 1996, S. 193 (S. 195), des Beförderungsbewerber zurückgegriffen, was aber seit dem Urteil des EuGH v. 11.11.1997, Slg.1997, S. 6363 Rs. C-409/95 Marschall/Land Nordrhein-Westfalen in der Form nicht mehr möglich ist; bestätigt durch EuGH v. 28.03.2000, Slg. 2000, S. 1902 Rn. 32 ff. Rs. C-158/97 Badeck u.a./Hess. Ministerpräsident, der die Kriterien benennt, die in der Lage sind, das Auswahlkriterium der Frauenförderung zu verdrängen; vgl. auch Buglass/Heilmann, AuR 1992,S. 353 ff. die der Verwendung des Dienst- und Lebensalterskriteriums eine mittelbar diskriminierende Wirkung für Frauen beim beruflichen Aufstieg zusprechen
2842 Bumke, S. 123 f. sowie Schumann, Faktische Gleichberechtigung, 1997, S. 135
2843 Rogalla , S. 65
2844 Rogalla, S. 66
2845 Im Bereich der Einstellungen ist die Besonderheit zu beachten, das bereits im EÖD tätige Beschäftigte neben externen Bewerbern am Auswahlverfahren teilnehmen dürfen

Anstellungsbehörde und der persönlichen Verdienste der Bewerber/innen ausgesprochen hat[2846]. Die Auswahl auf möglichst breiter geographischer Grundlage ist damit nachrangig, sofern externe Bewerber/innen nicht über gleichwertige Befähigungsnachweise und Berufserfahrungen verfügen[2847]. Im übrigen kommt der Schaffung eines geographischen Gleichgewichts im EÖD für die Frage nach der Erhöhung des Frauenanteils kaum eine weitergehende Bedeutung zu. Sie könnte allenfalls im Zusammenhang mit einem geographischen Gefälle in der Bewerberinnenlage aus einzelnen Mitgliedstaaten diskutiert werden, falls die Annahme zuträfe, daß z.B. die skandinavischen Mitgliedstaaten eine größere Anzahl weiblicher Bewerberinnen für den EÖD stellen würden als die übrigen Mitgliedstaaten[2848]. Dem EÖD ist auch die Verwendung von Hilfskriterien wie Lebens- und Dienstalter bei Beförderungsentscheidungen nicht fremd, die von der Anstellungsbehörde hilfsweise berücksichtigt werden können[2849], wenn die Beurteilung der Verdienste der Beförderungsbewerber/innen nach Art. 45 Abs. 1 BSt auf der Grundlage vergleichbarer Personalakten bei der Bestenauswahl zu keinem Ergebnis führt.

Für die Beurteilung und Auswertung der in den untersuchten Gesetzen, dem 3. Aktionsprogramm der Kommission und dem 2. Aktionsprogramm des Parlaments enthaltenen Vorrangregelungen und Zielvorgaben ist auch die Frage zu stellen, welcher Art von Regelung in rechtlicher Hinsicht ein stärkeres Gewicht zukommt. Dabei zeigt die qualifikationsbezogene Vorrangregelung als einzelfallbezogene Bevorzugung einer Frau gegenüber einem Mann bei gleicher Qualifikation und Unterrepräsentanz von Frauen in dem jeweiligen Arbeitsbereich zunächst eine schärfere Gangart für die Auswahlentscheidung auf: Kommt es im Einzelfall zur Feststellung einer gleichen Qualifikation und liegen die übrigen Voraussetzungen der Vorrangregelung vor, ist die Frau einzustellen bzw. zu befördern. Sie bietet der betroffenen Frau einen individuellen, einklagbaren Anspruch auf bevorzugte Einstellung oder Beförderung.

Zielvorgaben, die in der Regel Bestandteil von den durch die Dienststellen aufzustellenden Frauenförderplänen sind, können zwar als verbindlich für die Personalentscheider innerhalb einer Reihe von Auswahlentscheidungen bezeich-

---

2846 EuGH v. 29.10.1975, Slg. 1975, S. 1247 (S. 1258) verb. Rs. 81-88/74 Marenco u.a./Kommission
2847 Rogalla, S. 67
2848 Das der Beitritt der skandinavischen Länder zur EU durchaus positiven Einfluß auf den Prozeß der Verwirklichung der faktischen Gleichberechtigung zwischen Männern und Frauen hat, stellt insbesondere das 2. Aktionsprogramm des Parlaments fest, vgl. Anhang 2, S. 729
2849 EuGH v. 17.10.1989, Slg. 1989, S. 23 Rs. 293/87 Vainker/Europäisches Parlament

net werden, müssen aber nicht zwangsläufig eingehalten werden, da sie lediglich eine schrittweise Erhöhung des Frauenanteils in den Bereichen weiblicher Unterrepräsentation als eine personalplanerische Maßnahme anstreben[2850]. Einen subjektiven und damit einklagbaren Anspruch geben Zielvorgaben dagegen für betroffene Frauen nicht her – sie müssen deshalb trotz objektiver Verpflichtung der Dienststellen auf ihre Erreichung als „flexible Ergebnisquoten"[2851] bezeichnet werden. Sie stellen demnach lediglich ermessenssteuernde Leitlinien für die Auswahlverfahren zur Steigerung des Frauenanteils dar[2852].

Wird jenseits der Rechtsqualität leistungsabhängiger Vorrangregelungen und Zielvorgaben die Effektivität der beiden unterschiedlichen Arten von Bestimmungen betrachtet, läßt sich anhand der von Schiek beispielhaft aufgeführten Steigerungsrate des Frauenanteils in den Frauenfördergesetzen mit leistungsabhängiger Vorrangregelung unschwer erkennen, daß die Steigerungsrate des Frauenanteils insbesondere im höheren Dienst bei ca. 1 Prozent liegt[2853].

Im Gegensatz dazu verzeichnen Zielvorgaben, zumindest im EÖD, eine deutlich höhere Steigerungsrate: Die im Dritten Aktionsprogramm von 1997 bis 2000 aufgenommene Bilanz[2854] aus dem zweiten Aktionsprogramm der Kommission zur Förderung ihrer weiblichen Bediensteten (1992-1996), das bezogen auf die einzelnen Laufbahngruppen jeweils in unterschiedlicher Höhe verbindliche Zielvorgaben enthielt[2855], verdeutlicht, daß gerade im mittleren Management und Führungspositionen der Laufbahngruppe A der bisherige Frauenanteil von 8,98 %[2856] bis zum Ablauf des Zweiten Aktionsprogrammes auf 12,5 % gesteigert werden konnte[2857]. Ziel war in diesem Bereich, 10 % aller Positionen bis Ende 1994 mit Frauen zu besetzen, so daß die jährliche Zielvorgabe bei Neubesetzungen 30 % aller verfügbaren Stellen für Frauen vorsah[2858].

Für die Laufbahngruppe A insgesamt lag das zu erreichende Ziel bei 14 % bis Ende 1994[2859]. Auch hier sah das Zweite Aktionsprogramm 30 % aller verfügbaren Stellen zur Besetzung mit Frauen vor[2860]. Die Bilanz im Dritten Aktionsprogramm zeigt für die Laufbahngruppe A insgesamt, daß Ende 1996 ein

---

2850  Schiek in Schiek u.a., S. 122 f. Rn. 144
2851  Schiek in Schiek u.a., S. 123 f. Rn. 145
2852  Vgl. Hess.StGH v. 16.04.1997, P.St. 1202, S. 43 = EuGRZ 1997, S. 213
2853  Schiek in Schiek u.a., S. 123 Rn. 145; Pfarr, Anm. zu BAG v. 22.06.1993, AP Nr. 193 zu Art. 3 GG
2854  Vgl. Anhang 5, S. 766
2855  Vgl. Anhang 4, S. 760 ff.
2856  Stand: 08.09.1992, vgl. Anhang 4, S. 761
2857  Vgl. Bilanz aus dem Zweiten Aktionsprogramm, Anhang 5, S. 766
2858  Vgl. Anhang 4, S. 761
2859  Ebenda
2860  Ebenda

Frauenanteil von 17,1 % erreicht werden konnte, was insbesondere auf die verstärkte Einstellung von Frauen in der Laufbahngruppe A zurückzuführen ist. In der Eingangsbesoldungsgruppe A8 lag deshalb Ende 1996 der Frauenanteil bei 34,5 %, so daß die Annahme der Kommission, daß bei einer ausgewogenen zukünftigen Beförderung unter den Geschlechtern auch die Präsenz von Frauen auf den höheren Ebenen weiter zunehmen wird[2861], wohl als zutreffend bewertet werden kann[2862]. Für die Laufbahngruppe A und die Führungspositionen im EÖD ergibt sich damit eine Steigerungsrate von 3,3 % (mittleres Management, Führungspositionen bis Ende 1996) bzw. von 5,6 % für die Laufbahngruppe A insgesamt. Der vom zweiten Aktionsprogramm angestrebte Frauenanteil konnte folglich über die vorgesehenen Zielvorgaben von 30 % erreicht werden.

Im Hinblick auf die Effektivitätsfrage von Zielvorgaben läßt sich hier schon vorsichtig einschätzen, daß sie im Gegensatz zu leistungsabhängigen Vorrangregelungen eine größere Wirkung zeigen und demnach den Zielsetzungen aller Frauenförder- bzw. Gleichstellungsgesetzen näher zu kommen versprechen. Auch wenn diese Bilanz gerade im Bereich des höheren Dienstes (Laufbahngruppe A) sehr positiv zu bewerten ist, besteht gleichwohl kein Grund zur Beruhigung, wenn die übrigen Laufbahngruppen betrachtet werden.

Die Bilanz aus dem Zweiten Aktionsprogramm zeigt Ende 1996, daß in der Laufbahngruppe B (gehobener Dienst) der angepeilte Frauenanteil von insgesamt 39 % nicht erreicht werden konnte. Am 08.09.1992 betrug der Frauenanteil hier 37,04 %[2863], am 31.12.1996 lag er bei 37,6 %[2864] und erst am 31.12.1999 waren 39,5 % erreicht. Gleiches gilt für die Laufbahngruppe D (einfacher Dienst), in der bis Ende 1996 ein Frauenanteil von 25 % erreicht werden sollte. Aus der Bilanz des 3. Aktionsprogramms geht hervor, daß sich hier keine Veränderungen ergeben haben, denn der Frauenanteil liegt nach wie vor bei ungefähr 23 %[2865]. In der Laufbahngruppe C (mittlerer Dienst) stieg der bereits vorhandene Frauenüberschuß geringfügig an[2866]. Ende 1999 lag er bei insgesamt 81,2 %. In der Sonderlaufbahn Sprachendienst (LA) sah das Zweite Aktionsprogramm die Aufrechterhaltung des Gleichgewichts im Frauen- und Männeranteil mit Ausnahme der Führungspositionen vor (hier sollte der Frauenanteil durch entsprechende Beförderungen erhöht werden)[2867]. Am 31.12.1999 weist die

---

2861 Vgl. Anhang 5, S. 769 f.
2862 Zu beachten ist jedoch, daß der Frauenanteil in der Eingangsbesoldungsgruppe A8 am 31.12.1999 bei 33,8 % lag und damit gegenüber 1996 leicht gefallen ist
2863 Vgl. Anhang 4, S. 761
2864 Vgl. Anhang 5, S. 770
2865 Vgl. Anhang 5, S. 770
2866 Vgl. Anhang 5, S. 766, 770
2867 Vgl. Anhang 4, S. 761

Sonderlaufbahn Sprachendienst in den Besoldungsstufen LA6 und LA7 einen Frauenanteil von 59,2 % bzw. 64,8 % aus[2868].

Das bedeutet, daß das Zweite Aktionsprogramm von 1992 bis 1996 sowohl in der Laufbahngruppe D als auch in den Laufbahngruppen C und LA (Sprachendienst) so gut wie wirkungslos geblieben ist – traditionelle, d.h. seit jeher geschlechtsspezifisch besetzte Arbeits- und Tätigkeitsbereiche, konnten nicht i.S. einer Verwirklichung der Chancengleichheit der Geschlechter aufgebrochen werden. Die Ursachen für diesen Befund, in den genannten Laufbahngruppen wie mentalitätsbedingte Denkschemata, eine von Männern beherrschte Arbeitskultur und ein erheblicher Mangel an Engagement bei den für die Umsetzung der Maßnahmen des Zweiten Aktionsprogramms Verantwortlichen[2869] weisen deutlich auf die nach wie vor bestehende strukturelle Diskriminierung von Frauen hin[2870]. Umgekehrt läßt sich das positive Ergebnis für die Laufbahngruppe A insgesamt und das mittlere Management mit Führungspositionen mit dem besonderen Augenmerk auf diesen Arbeitsbereich erklären, in dem die Unterrepräsentation von Frauen signifikant ist. Denn der bei Beginn der Laufzeit des Zweiten Aktionsprogramms festgestellte Frauenanteil im mittleren Management und Führungspositionen von 8,98 % veranlaßte die Kommission auch zu besonderen Anstrengungen auf diesem Gebiet, den Frauenanteil durch verstärkte Stellenbesetzungen mit Frauen zu erhöhen[2871]. Dies ist ausweislich der Auswertung des Zweiten Aktionsprogramms im Dritten Aktionsprogramm auch geschehen, da Ende 1996 in der Eingangsbesoldungsgruppe A8 der Frauenanteil auf 34,5 % gestiegen ist[2872].

Schließlich sei noch kurz auf die Entwicklung beim Europäischen Parlament eingegangen: Hier verzeichnete das 2. Aktionsprogramm 1997-2000 für die Führungspositionen der Laufbahngruppe A einen Anstieg des Frauenanteils von 9 % im Jahr 19975 auf 13 % im Jahr 1981 und im Jahr 1995 auf 17,3 %[2873]. Es stellte jedoch auch fest, daß die Besoldungsgruppen A1 und A2 fast ausschließlich durch Männer besetzt gewesen wären[2874]. Ende 1999 lag der Frauenanteil im höheren Dienst beim Parlament bei knapp 20 % - ihr Anteil hat sich seit 1994 um 19 % erhöht, weil von zehn Neueinstellungen im Jahr 1998 in dieser Lauf-

---

2868 Vgl. die genaue Auswertung der Zahlenverhältnisse im 1. Kapitel
2869 So die Begründung für die Notwendigkeit eines Dritten Aktionsprogramms; vgl. Anhang 5, S. 767
2870 Zum Begriff vgl. 1. Kapitel
2871 Vgl. Anhang 5, S. 769
2872 Ebenda
2873 Vgl. Anhang 2, S. 739
2874 Ebenda

bahn vier auf Frauen entfielen[2875]. Die Frauen finden sich dabei in der Hauptsache in den Eingangsbesoldungsgruppen A8 und A7 wieder[2876]. Das Parlament führt diese Zunahme dabei ganz wesentlich auf die Existenz des 2. Aktionsprogramms[2877] und die hier verankerten Zielvorgaben sowie die Anwendung der leistungsabhängigen Vorrangregelung zurück[2878].

Im Ergebnis läßt sich festhalten, daß die Effektivität von leistungsabhängigen Vorrangregelungen und Zielvorgaben immer auch abhängig davon ist, wie sehr sich die Dienststelle bzw. Anstellungsbehörde um die Einhaltung der jeweiligen Regelung bemüht. Im Hinblick auf die leistungsabhängigen Vorrangregelungen muß schließlich auch in Rechnung gestellt werden, daß das einzelfallbezogene Qualifikationspatt zwischen einem Mann und einer Frau äußerst selten eintritt. Der Grund hierfür liegt insbesondere in den „strukturellen Mängeln"[2879] der leistungsabhängigen Vorrangregelungen, die sich im Rahmen der Qualifikationsfeststellung auf den Eignungsbegriff i.S.v. Art. 33 Abs. 2 GG konzentrieren. Die Eignung erfaßt dabei die gesamte Person mit allen ihren körperlichen, seelischen und charakterlichen Eigenschaften[2880] - sie bietet als umfassende Begrifflichkeit und unbestimmter Rechtsbegriff mit weitem Beurteilungsspielraum[2881] somit viel Raum, bereits im Vorfeld der Einstellungs- oder Beförderungsentscheidung bereits in der vorausgehenden Beurteilung der Anwendung der Vorrangregelung entgegenzusteuern[2882].

Auch im EÖD kommt der jeweiligen Anstellungsbehörde bei Beurteilungen im Rahmen von Einstellungs- und Beförderungsentscheidungen ein weitreichendes, der gerichtlichen Überprüfung entzogenes Entscheidungsermessen zu[2883]. Zwar enthält das 3. Aktionsprogramm keine leistungsabhängige Vorrangregelung zugunsten der weiblichen Bediensteten in der Kommission, stellt jedoch klar, daß nach der Kalanke-Entscheidung des EuGH vom 17.10.1995[2884] die Möglichkeit der bevorzugten Berücksichtigung von Frauen bei der Einstellung, Beförderung und der Besetzung von Führungspositionen bei gleichen Verdiensten und/oder Qualifikationen mit männlichen Mitbewerbern besteht, sofern Frauen in der jeweiligen Laufbahngruppe und/oder Tätigkeit unterrepräsentiert

---

2875 Vgl. info Frauen Europas, März/April 2000, Nr. 93, S. 2
2876 Ebenda
2877 Ebenda
2878 Vgl. Anhang 2, S. 735
2879 Schiek in Schiek u.a., S. 123 Rn. 145
2880 Pieroth in Jarass/Pieroth, Art. 33 Rn. 4
2881 Matthey in von Münch (Hrsg.),GG Kommentar, 1992, Art. 33 Rn. 13
2882 Battis/Schulte-Trux/Weber, S. 1167 f.; Kruse, DÖV 1991, S. 1002 (S. 1010 f.)
2883 Henrichs, EuR 1985, S. 171 (S. 174)
2884 Slg.1995, S. 3051 Rs. C-450/93 Kalanke/Freie Hansestadt Bremen

sind. Allerdings stellt das 3. Aktionsprogramm die Anwendung einer leistungsabhängigen Vorrangregelung in das ausdrückliche Ermessen der für die Personalauswahl zuständigen Stelle[2885].

Im Verhältnis zu den im deutschen öffentlichen Dienst in einigen Gleichstellungsgesetzen der Länder enthaltenen leistungsabhängigen Vorrangregelungen, die einen Anspruch der einzelnen Frau bei Vorliegen aller sonstigen Voraussetzungen auf bevorzugte Berücksichtigung konstituieren, ist dieses neben den schon beschriebenen strukturellen Mängeln solcher Regelungen überhaupt ein weiteres Manquo, das das 3. Aktionsprogramm in dieser Hinsicht sehr viel schwächer erscheinen läßt: Denn das die für die Personalauswahl zuständige Stelle von der ihr eingeräumten Möglichkeit zur bevorzugten Berücksichtigung einer Frau tatsächlich Gebrauch macht, muß als eher unwahrscheinlich bewertet werden, zumal das 3. Aktionsprogramm den Fortbestand struktureller Diskriminierung in Form von mentalitätsbedingten Denkschemata, einer von Männern beherrschten Arbeitskultur sowie erheblichen Mängeln im Engagement bei den für die Umsetzung frauenfördernder Maßnahmen verantwortlichen Personen selbst anmahnt.

Die Gegenüberstellung von Rechtsqualität und Effektivität der leistungsabhängigen Vorrangregelungen im Vergleich zu Zielvorgaben ergibt zum Schluß ein uneinheitliches Bild: Leistungsabhängige Vorrangregelungen geben einen subjektiven, einklagbaren Anspruch her, sind aber aufgrund struktureller Mängel wenig effektiv. Zielvorgaben verzichten auf den individuellen Anspruch einzelner Bewerber/innen, scheinen aber zumindest im höheren öffentlichen Dienst gepaart mit zusätzlichen Anstrengungen der für die Personalauswahl zuständigen Stellen (z.B. gezielte Aufforderung von Frauen, sich zu bewerben oder Einladung aller Frauen zum Auswahlgespräch, sofern sie die nach der Stellenbeschreibung erforderliche Qualifikation besitzen etc.) eine größere Effektivität zu beweisen. Ihre schwächere Rechtsqualität wird durch das Anknüpfen an eine Reihe von Personalentscheidungen ausgeglichen – Zielvorgaben vermeiden damit auch den direkten Konflikt, sich für eine Frau entscheiden zu müssen. Im übrigen verpflichten Zielvorgaben zu einer frauenfördernden Personalplanung im Hinblick auf die Gesamtzahl der freiwerdenden und zu besetzenden Stellen, die im Rahmen der unterschiedlichen Bedingungen innerhalb einer Laufbahngruppe und den jeweiligen Dienststellen Spielräume eröffnen und zu einer Selbstbindung der personalentscheidenden Stellen führen kann, sofern diese über die Festlegung der Prozentzahl des zu erreichenden Frauenanteils mitentscheiden

---

[2885] Vgl. Anhang 5, S. 774

können[2886]. Der, wenn auch bescheidene, Erfolg der verbindlich festgelegten Zielvorgaben in der Laufbahngruppe A der Kommission, spricht für diese Regelungsform im Gegensatz zu leistungsabhängigen Vorrangregelungen. Diese darf aber nicht den Blick dafür verstellen, daß andere frauenfördernde Maßnahmen weiterhin unerläßlich sind, da in den übrigen Laufbahngruppen beim Parlament[2887] und in der Kommission eine gewisse Stagnation des Frauenanteils festgestellt werden konnte. Das bedeutet, daß die vom 2. Aktionsprogramm der Kommission vorgesehenen „zusätzlichen Anstrengungen" für den höheren Dienst auch in den anderen Laufbahngruppen Geltung beanspruchen müssen, um dem strukturellen Diskriminierungsmechanismus entgegenzuwirken, den das 3. Aktionsprogramm auch als Ursache für diesen Befund angibt.

*b) Auswertung im einzelnen*

Im Vergleich der in den deutschen Frauenförder- und Gleichstellungsgesetzen und des EÖD vorhandenen Regelungen (leistungsabhängige Vorrangregelungen, Zielvorgaben) lassen sich drei Kategorien herausbilden: Zunächst gibt es die Gesetze, die sich für eine leistungsabhängige Vorrangregelung entscheiden (1. Kategorie). Darauf folgen die Gesetze, die auf Zielvorgaben unterschiedlichen Verbindlichkeitsgrads zurückgreifen (2. Kategorie) und schließlich lassen sich auch Gesetze ermitteln, die sich für eine Mischform aus leistungsabhängiger Vorrangregelung und Zielvorgabe im Rahmen von Frauenförderplänen entscheiden (3. Kategorie). Für die 3. Kategorie ist jedoch festzuhalten, daß die Zielvorgaben der zugrundeliegenden Frauenförderpläne lediglich ergänzenden Charakter haben[2888]. Der Kommission kommt hier eine Sonderstellung zu, da sie in der Hauptsache auf Zielvorgaben setzt und lediglich die Möglichkeit für die Dienststellen eröffnet, nach pflichtgemäßem Ermessen eine leistungsabhängige Vorrangregelung zugunsten von Frauen anzuwenden[2889].

In die 1. Kategorie der Gesetze, die ausschließlich auf eine leistungsabhängige Vorrangregelung zugunsten von Frauen bei Unterrepräsentanz abstellen, gehört nur noch das Frauenförderungsgesetz des Landes Sachsen-Anhalt[2890].

Zur 2. Kategorie der Gesetze, die lediglich Zielvorgaben in ihren Frauenförderplänen zur Steigerung des Frauenanteils enthalten, gehören insgesamt sieben

---

2886 Vgl. auch den Regierungsentwurf zum Hessischen Gleichberechtigungsgesetz, LT-Drs. 13/4814, S. 18
2887 Vgl. info Frauen Europas, März/April 2000, Nr. 93, S. 2
2888 Schiek in Schiek u.a., S. 125 Rn. 150
2889 Vgl. Anhang 5, S. 774
2890 Vgl. § 4 Abs. 2, § 5 Abs. 1 FrFG Sachsen-Anhalt

Gesetze. Hierzu rechnen Baden-Württemberg, Bayern, Brandenburg, Hessen, Sachsen und Thüringen. Gemeinsam ist diesen Gesetzen die Verankerung der Zielvorgaben im jeweils von den Dienststellen aufzustellenden Frauenförderplan, dem regelmäßig eine zentrale Bedeutung zukommt. Große Unterschiede ergeben sich aber hinsichtlich des Verbindlichkeitsgrads der Zielvorgaben sowie in bezug auf die Kombination mit Sanktionen. Am schwächsten ausgestattet sind in der 2. Kategorie die Gesetze, die sogar auf die Zielvorgaben verzichten. Weder das sächsische Frauenfördergesetz noch das bayerische Gleichstellungsgesetz gehen über die Formulierung hinaus, daß der jeweilige Frauenförderplan zeitbezogenen Zielvorgaben hat. Zur Höhe des zu erreichenden Frauenanteils und zum Zeitrahmen treffen diese Gesetze keinerlei Aussage[2891].

Mit etwas stärkerer Wirkung ausgestattet sind in der 2. Kategorie das ThürGleichG und das baden-württembergische LGlG, da sie gewisse Anforderungen an die Zielvorgaben stellen. Das ThürGleichG bindet die vom Frauenförderplan vorzusehenden Zielvorgaben einerseits an die freiwerdenden Stellen, andererseits an die in der Dienststelle tätigen Frauen, die die erforderliche Qualifikation besitzen bzw. diese noch in absehbarer Zeit erwerben können[2892]. Das baden-württembergische LGlG macht davon zwar keinen Gebrauch, stellt aber klar, daß die Ziel- und Zeitvorgaben im Frauenförderplan konkret die deutliche Erhöhung des Frauenanteils bei Einstellungen und Beförderungen unter Berücksichtigung der Ausgangslage der jeweiligen Dienststelle festzulegen haben[2893].

Die größte Wirkung ist in der 2. Kategorie von den Gesetzen zu erwarten, die ihre Zielvorgaben nicht nur mit einer gesetzlich fixierten Prozentzahl des zu erreichenden Frauenanteils versehen, sondern auch den Zeitrahmen genau abstecken. Hinzu kommt schließlich auch die Verbindung des Frauenförderplans oder der zu erreichenden Zielvorgaben mit einer Sanktion. Auf dieser Stufe finden sich Hessen und Brandenburg wieder. So sieht das hessische Gleichberechtigungsgesetz (HGlG) verbindliche Zielvorgaben für die Dauer von zwei Jahren vor, wobei in jedem Frauenförderplan jeweils mehr als 50 % der zu besetzenden Stellen mit Frauen einzuplanen sind[2894]. Bei Beförderungen ohne Stellenbesetzungen ist ein Frauenanteil in den Zielvorgaben festzulegen, der dem Anteil von

---

2891 Art. 5 Abs. 3 BayGlG; § 4 Abs. 1 SächsFFG
2892 Vgl. § 4 Abs. 3 ThürGleichG
2893 Vgl. § 5 Abs. 3 i.V.m. § 9 Abs. 1 LGlG Bad.-Württemberg
2894 Vgl. § 5 Abs. 3 und 4 HGlG; die durch das Gesetz zur Beschleunigung von Entscheidungsprozessen innerhalb der öffentlichen Verwaltung v. 06.07.1999 (GV Bl., S. 338) in § 5 Abs. 3 S. 1 eingefügte Neuerung ist dabei für die Festlegung der verbindlichen Zielvorgaben nur klarstellender Natur, denn die Formulierung *in vom Hundert* läßt lediglich den Schluß zu, daß die Zielvorgaben in Prozentsatzangaben zu erfolgen haben

Frauen in der nächstniedrigeren Besoldungsgruppe in diesem Bereich entspricht[2895]. Das HGlG enthält weiter zwei Sanktionen, die zur Erreichung der Zielvorgaben bzw. zur Aufstellung eines Frauenförderplanes anhalten: Werden die Zielvorgaben des Frauenförderplanes für jeweils zwei weitere Jahre nicht erreicht, bedarf jede weitere Einstellung und Beförderung eines Mannes der Zustimmung der Stelle, die für die Genehmigung des Frauenförderplanes zuständig ist[2896]. Ist in einem Bereich weiblicher Unterrepräsentation kein Frauenförderplan aufgestellt, dürfen hier keine Einstellungen mehr vorgenommen werden[2897].

Das brandenburgische Landesgleichstellungsgesetz (LGG) geht einen ähnlichen Weg, wie das HGlG, ohne dabei jedoch eine genaue Prozentangabe für die Zielvorgaben bei Einstellungen, Beförderungen und Höhergruppierungen festzulegen, um den Frauenanteil in den Bereichen ihrer Unterrepräsentation zu erhöhen[2898]. Wird der Gleichstellungsplan innerhalb des vorgesehenen Zeitraums im Hinblick auf Einstellungen und Beförderungen nicht erfüllt, bedarf jede weitere Einstellung und Beförderung eines Mannes der Zustimmung der nächsthöheren Dienststelle[2899].

Zur dritten Kategorie gehören schließlich die übrigen Gesetze der Bundesländer, das BGleiG, das 3. Aktionsprogramm (1997-2000) für die Kommission und das 2. Aktionsprogramm 1997-2000 für das Europäische Parlament, die im wesentlichen auf eine Mischung aus leistungsabhängiger Vorrangregelung und Zielvorgaben im Frauenförderplan abstellen, wobei dem Kommissionsprogramm hier eine Sonderstellung zukommt. Die leistungsabhängige Vorrangregelung wird auch als Instrument verstanden, die vom Frauenförderplan vorgesehenen Zielvorgaben in der Kumulation und Neutralisierung der Nachteile tatsächlich zu erreichen[2900]. Eine direkte Verknüpfung von Zielvorgaben und leistungsabhängiger Vorrangregelung findet in diesen Gesetzen nicht statt. Hinzu kommt, daß die in die 3. Kategorie einzuordnenden Gesetze mit Ausnahme des GStG Schleswig-Holsteins, des Gesetzes Nr. 1371 des Saarlandes und des LGG Nordrhein-Westfalens keine Sanktionen für den Fall bereithalten, daß kein Frauenförderplan in Kraft gesetzt wurde bzw. die Zielvorgaben nicht erreicht werden konnten. Während die in die 3. Kategorie einzuordnenden deutschen Gesetze sowie das 2. Aktionsprogramm des Parlaments im Vordergrund auf die leistungsabhängige Vorrangregelung zurückgreifen, die durch die Zielvorgaben im Frauenförderplan lediglich ergänzt werden, geht die Kommission in ihrem 3.

---

2895 Vgl. § 5 Abs. 4 HGlG
2896 Vgl. § 10 Abs. 4 i.V.m. § 6 HGlG
2897 Vgl. § 10 Abs. 5 HGlG
2898 Vgl. § 6 Abs. 3 LGG
2899 Vgl. § 6 Abs. 5 i.V.m. § 5 Abs. 2 LGG
2900 Schiek in Schiek u.a., S. 125 f. Rn. 151

Aktionsprogramm den umgekehrten Weg: Sie rekurriert in der Hauptsache auf verbindlich festgelegte Zielvorgaben; die leistungsabhängige Bevorzugung einer gleich oder gleichwertig qualifizierten Frau gegenüber einem Mann wird in der Anwendung in das Ermessen der jeweiligen Anstellungsbehörde gestellt[2901].

In die 3. Kategorie gehört zunächst das BGleiG vom 30.11.2001. Es enthält in § 8 für Einstellungen, beruflichen Aufstieg und die Vergabe von Ausbildungsplätzen eine leistungsabhängige Vorrangregelung mit Härtefallklausel zugunsten von Frauen in den Bereichen, in denen sie unterrepräsentiert sind. § 11 Abs. 2 sieht für den für einen Zeitraum von vier Jahren aufzustellenden Gleichstellungsplan konkrete Zielvorgaben vor. Demnach sind mindestens die Hälfte der Stellen in Bereichen weiblicher Unterrepräsentanz zur Besetzung mit Frauen vorzusehen. Nach § 11 Abs. 4 S. 2 BGleiG ist der Gleichstellungsplan nach zwei Jahren der aktuellen Entwicklung anzupassen.

Dem entspricht teilweise das LGG Berlins, denn es sieht im Bereich der Einstellung und Beförderung die bevorzugte Berücksichtigung gleichwertig qualifizierter Frauen unter Wahrung der Einzelfallgerechtigkeit gegenüber männlichen Mitbewerbern so lange vor, bis ihr Anteil in der jeweiligen Laufbahn oder Berufsfachrichtung mindestens 50 % beträgt[2902]. Daneben sind im Rahmen eines Frauenförderplanes für jeweils zwei Jahre verbindliche Zielvorgaben zur Erhöhung des Frauenanteils in der jeweiligen Besoldungs-, Vergütungs- oder Lohngruppe der einzelnen Laufbahn- oder Berufsfachrichtungen zu treffen, die sich an den freiwerdenden Stellen und der Anzahl der Frauen orientieren, die die erforderliche Qualifikation bereits besitzen, diese erwerben werden oder können sowie von der voraussichtlichen Gewinnung von Außenbewerberinnen auszugehen haben[2903].

Die leistungsabhängige Vorrangregelung des LGG Berlins deckt sich inhaltlich mit der Regelung im NGG Niedersachsens[2904]. Im Unterschied zum LGG Berlins verzichtet das NGG jedoch auf Mindestanforderungen im Hinblick auf den konkreten Zeitrahmen der im Frauenförderplan aufzustellenden Zielvorgaben sowie auf die Festlegung eines bestimmten zu erreichenden Frauenanteils[2905]. Den Zielvorgaben des NGG muß demnach ein deutlich geringeres Gewicht zugesprochen werden als den nach dem LGG Berlins aufzustellenden Zielvorgaben.

---

2901 Vgl. Anhang 5, S. 774 f.
2902 Vgl. § 8 Abs. 1 und 2 LGG
2903 Vgl. § 4 Abs. 2 LGG
2904 Vgl. § 5 NGG in der seit 21.11.1997 geltenden Fassung mit Härtefallklausel; Nds.GVBl. 1997, S. 481
2905 Vgl. § 4 Abs. 1 NGG

Eine ähnliche Bewertung gilt hinsichtlich des LGG Bremens und GstG Hamburgs. Das BremLGG sieht bei der Einstellung, Übertragung eines Dienstpostens und bei der Beförderung eine vorrangige Berücksichtigung von Frauen bei gleicher Qualifikation mit den männlichen Mitbewerbern und weiblicher Unterrepräsentation vor, sofern nicht in der Person des Mitbewerbers liegende Gründe überwiegen[2906]. Auch nach dem BremLGG ist ein zusätzlicher Frauenförderplan aufzustellen, der Zielvorgaben und einen Zeitrahmen enthalten soll[2907]. Das GstG Hamburgs differenziert bei seiner leistungsabhängigen Vorrangregelung zugunsten von Frauen nach Einstellung und beruflicher Entwicklung: Während die Bewerberinnen bei gleichwertiger Qualifikation solange vorrangig einzustellen sind, bis sie in der jeweiligen Dienststelle jeweils zur Hälfte in den einzelnen Bezahlungsruppen der Laufbahn oder des Berufs vertreten sind[2908], orientiert sich die leistungsabhängige Vorrangregelung bei Beförderungen am Frauenanteil der nächstniedrigeren Bezahlungsgruppe der Laufbahn oder des Berufs. Hier läuft die vorrangige Berücksichtigung von Frauen jedoch ebenfalls dann aus, wenn sie in der jeweiligen Bezahlungsgruppe zur Hälfte vertreten sind[2909].

Auch das LGG Rheinland-Pfalz ist inhaltlich dem NGG, dem BremLGG und dem GstG Hamburgs sehr ähnlich. Im Bereich der Einstellung, Beförderung, Höhergruppierung und Aufstieg in die nächsthöhere Laufbahn gilt bei gleichwertiger Qualifikation eine bevorzugte Berücksichtigung von Frauen, solange eine Unterrepräsentation gegeben ist[2910]. Der ebenfalls nach dem LGG Rheinland-Pfalz für einen Zeitraum von sechs Jahren zu erstellende Frauenförderplan enthält u.a. Zielvorgaben, die aber mit keinem genauen Zeitrahmen und Angabe des anzustrebenden Frauenanteils versehen ist.

Das 2. Aktionsprogramm des Europäischen Parlaments weist Ähnlichkeiten mit den vorangegangenen deutschen Gesetzen auf, denn es rekurriert auf die bevorzugte Berücksichtigung von Frauen bei Einstellungen und Beförderungen im Fall gleicher Qualifikationen und Verdienste, wenn eine starke Unterrepräsentanz gegeben ist[2911]. Im Gegensatz zu den deutschen Gesetzen legt es eine konkret zu erreichende Gesamtzahl von Frauen bis zum Jahr 2000 auf dem Gebiet der Einstellung (40 %) sowie auf allen übrigen Besoldungsstufen (30 %) fest, die

---

2906 § 4 Abs. 1 und 2 in der seit 13.02.1988 geltenden Fassung mit Härtefallklausel, Brem.GBl. 1998, S. 25
2907 Vgl. § 6 Abs. 1 BremLGG
2908 Vgl. § 6 GstG
2909 Vgl. § 4 Abs. 1 GstG
2910 Vgl. § 7 Abs. 1 i.V.m. § 9 LGG (Härteklausel)
2911 Vgl. Anhang 2, S. 735

sich allerdings nur auf die Führungspositionen der Laufbahn A bezieht[2912]. Dies muß als gewisse Schwäche des Programms verstanden werden, indem es lediglich die Führungspositionen und die dortige geringe Vertretung von Frauen im Blick hat – sie wird allerdings durch die Konkretisierung der zu erreichenden Zielvorgaben wieder wett gemacht. Insoweit ist es dem LGG Berlins sehr viel näher, als z.B. das NGG Niedersachsens.

Die Besonderheit des Gesetzes Nr. 1371 des Saarlands, des GstG Schleswig-Holsteins, des GstG Mecklenburg-Vorpommerns und des LGG Nordrhein-Westfalens liegt neben dem Vorhandensein einer leistungsabhängigen Vorrangregelung in der Verknüpfung des aufzustellenden Frauenförderplanes mit einer Sanktion.

So beinhaltet das saarländische Gesetz Nr. 1371 bei Einstellungen, Beförderungen und Übertragung höherwertiger Tätigkeiten bei gleicher Qualifikation eine vorrangige Berücksichtigung von Frauen, bis sie in jeder Lohn-, Vergütungs- und Besoldungsgruppe der jeweiligen Dienststelle mindestens zu 50 % vertreten sind, sofern nicht in der Person eines Mitbewerbers liegende Gründe überwiegen[2913]. Auch der für einen Zeitraum von drei Jahren aufzustellende Frauenförderplan hat in seinem Geltungsbereich Zielvorgaben zu enthalten, die die Unterrepräsentation von Frauen beseitigen sollen[2914]. Auf eine Angabe des Zeitrahmens für die zu besetzenden Stellen geht das saarländische Gesetz Nr. 1371 zwar nicht genau ein, verbindet jedoch einmal die Nichtaufstellung eines Frauenförderplanes mit der Sanktion des Einstellungs- und Beförderungstops für Männer in den Bereichen, in denen Frauen unterrepräsentiert sind[2915]. Zum anderen enthält das Gesetz Nr. 1371 eine zweite Sanktion für den Fall, daß die Zielvorgaben des Frauenförderplanes für jeweils drei Jahre nicht erfüllt werden. In diesem Fall bedarf bis zu ihrer Erfüllung jede weitere Einstellung oder Beförderung eines Mannes in Bereichen weiblicher Unterrepräsentation der Zustimmung der Stelle, die den Frauenförderplan in Kraft gesetzt hat[2916].

Das GstG Schleswig-Holstein sieht sowohl im Bereich der Einstellung als auch für Beförderungen und die Übertragung höherwertiger Tätigkeiten bei gleicher Qualifikation die vorrangige Berücksichtigung von Frauen vor, sofern sie in geringerer Anzahl in der betreffenden Laufbahn oder Fallgruppe einer Vergütungs- und Lohngruppe vertreten sind[2917]. Im für einen Zeitraum von jeweils

---

2912 Vgl. Anhang 2, S. 739
2913 Vgl. § 13 Gesetz Nr. 1371
2914 Vgl. § 7 Abs. 1 Gesetz Nr. 1371
2915 Vgl. § 8 Abs. 2 Gesetz Nr. 1371
2916 Vgl. § 12 Abs. 5 Gesetz Nr. 1371
2917 Vgl. § 4 Abs. 1, 2, § 5 i.V.m. § 6 GstG (Härteklausel)

vier Jahren aufzustellenden Frauenförderplan sind u.a. verbindliche Zielvorgaben für die Dauer von zwei Jahren aufzunehmen, die sich bezüglich des Frauenanteils mindestens an dem der nächstniedrigeren Besoldungs-, Vergütungs- und Lohngruppe zu orientieren haben[2918]. Neben diesen konkreten Mindestanforderungen an die Zielvorgaben, verknüpft das GstG den Frauenförderplan mit der Sanktion eines allgemeinen Einstellungs- und Beförderungsstops, solange kein Frauenförderplan aufgestellt ist[2919]. Dagegen verzichtet es im Unterschied zum saarländischen Gesetz Nr. 1371 auf eine zweite Sanktion bei Nichterfüllung der vorgesehenen Zielvorgaben. Die möglicherweise bestehende schwächere Wirkung wird jedoch wieder ausgeglichen durch die genauen gesetzlich bestimmten Mindestanforderungen an die Zielvorgaben, die dem saarländischen Gesetz Nr. 1371 wiederum fehlen.

Auch das GstG Mecklenburg-Vorpommerns enthält als Mindestanforderung an den Gleichstellungsförderplan, daß für jeweils zwei Jahre Zielvorgaben orientiert an den freiwerdenden Stellen und an der Anzahl der Frauen, die die erforderliche Qualifikation bereits besitzen oder noch erwerben können, festzulegen sind[2920]. In § 3 Abs. 6 enthält es eine Sanktion bei Nichterfüllung der Zielvorgaben bei Einstellungen und Beförderungen, nämlich jede weitere Stellenbesetzung mit einem Mann bedarf der Zustimmung der vorgesetzten Stelle. In § 5 Abs. 3 des GstG findet sich schließlich die leistungsabhängige Vorrangregelung mit Härtefallklausel für Einstellungen und Beförderungen.

Hierher gehört ebenfalls das LGG Nordrhein-Westfalens. Es legt für die aufzustellenden Frauenförderpläne verbindliche Zielvorgaben für jeweils drei Jahre bezogen auf den Anteil der Frauen bei Einstellungen, Beförderungen und Höhergruppierungen fest[2921] und kombiniert diese mit einer besonderen Begründungspflicht im Hinblick auf die Einstellung oder Beförderung eines Mannes in Bereichen weiblicher Unterrepräsentation, sofern sie innerhalb des vorgesehenen Zeitraums nicht erfüllt worden sind[2922]. Darüber hinaus enthält es eine leistungsabhängige Vorrangregelung mit Härtefallklausel zugunsten von Frauen in Bereichen ihrer Unterrepräsentation[2923]. Die vorgesehenen Sanktion der besonderen Begründungspflicht bei Nichterfüllung der Zielvorgaben des Frauenförderplans gestaltet das LGG im Unterschied zu Schleswig-Holstein und dem Saarland schwächer aus, da hier auf einen Einstellungs- bzw. Beförderungsstop als massivere Sanktion verzichtet wird.

---

2918  Vgl. § 11 Abs. 4 GstG
2919  Vgl. § 11 Abs. 8 GstG
2920  Vgl. § 3 Abs. 2 GStG
2921  Vgl. § 6 Abs. 3 LGG Nordrhein-Westfalen
2922  Vgl. § 6 Abs. 6 LGG Nordrhein-Westfalen
2923  Vgl. § 7 LGG Nordrhein-Westfalen

Demnach lassen sich in der 3. Kategorie genau wie im Bereich der 2. Kategorie für die deutschen Frauenförder- bzw. Gleichstellungsgesetze drei Gruppen feststellen, die sich in der Struktur und der Wirkkraft sowie Durchsetzungsfähigkeit der leistungsabhängigen Vorrangregelungen und Zielvorgaben unterscheiden: Zur stärksten (und dritten) Gruppe müssen hiernach das saarländische Gesetz Nr. 1371, das GstG Schleswig-Holsteins, das GstG Mecklenburg-Vorpommerns und das LGG Nordrhein-Westfalens gerechnet werden. Das LGG Berlins und das BGleiG sind nach der hier vorgenommenen Strukturierung in die zweite Gruppe einzuordnen, da sie neben der leistungsabhängigen Vorrangregelung genaue Mindestanforderungen an die vom Frauenförderplan aufzustellenden Zielvorgaben formulieren, auf eine Sanktion zur besseren Durchsetzbarkeit des Frauenförderplanes oder der Zielvorgaben aber verzichten. Gleiches gilt für das 2. Aktionsprogramm des Parlaments. Zur schwächsten (und ersten) Gruppe gehören das NGG Niedersachsen, das BremLGG, das GstG Hamburgs und das LGG Rheinland-Pfalz. Diesen vier Gesetzen ist gemeinsam, daß sie die leistungsabhängige Vorrangregelung zugunsten von Frauen als wichtigstes Instrument zur Steigerung des Frauenanteils betrachten, den Zielvorgaben in ihren Frauenförderplänen jedoch eine vollkommen untergeordnete Stellung zukommt.

Die Kommission ist zwar grundsätzlich zur 3. Kategorie der Gesetze zu rechnen, die auf eine Mischung von leistungsabhängigen Vorrangregelungen und Zielvorgaben zurückgreifen, seine besondere Stellung ergibt sich jedoch aus der umgekehrten Wahl der Mittel im Vergleich zu den in der 3. Kategorie eingeordneten acht deutschen Gesetzen und dem 2. Aktionsprogramm des Parlaments: Die Zielvorgaben stellen im Rahmen des 2. und 3. Aktionsprogramms positiver Maßnahmen das tragende Element dar. Das 3. Aktionsprogramm stellt lediglich klar, daß leistungsabhängige Vorrangregelungen zugunsten der bei der Kommission beschäftigten Frauen möglich sind. Auf Sanktionen im Fall der Nichterfüllung der Zielvorgaben verzichtet sowohl das 2. als auch das 3. Aktionsprogramm. Das bedeutet in der Konsequenz für den Vergleich der vorhandenen EÖD-internen Aktionsprogramme (Kommission, Parlament) aber auch, daß hier keine Einheitlichkeit in bezug auf die Maßnahmen besteht, die direkten Einfluß auf die Stellenbesetzung nehmen.

Im Ergebnis sind folglich drei Kategorien festzuhalten: die 1. Kategorie enthält die Gesetze mit ausschließlich leistungsabhängiger Vorrangregelung zur Steigerung des Frauenanteils im öffentlichen Dienst. Hierzu gehört nur noch das FrFG Sachsen-Anhalts.

Zur 2. Kategorie der Gesetze, die ausschließlich auf Zielvorgaben im Frauenförderplan abstellen, gehören insgesamt sechs deutsche Frauenfördergesetze, die sich allerdings im Verbindlichkeitsgrad und der Durchsetzungsfähigkeit und Wirkkraft, insbesondere mit Blick auf die Kombination mit Sanktionen unterscheiden. Hier ergeben sich mithin drei Gruppen von Gesetzen. In die Gruppe mit der geringsten Wirkung bzw. schwächsten Ausgestaltung der Zielvorgaben sind das Gleichstellungsgesetz Bayerns und das Frauenförderungsgesetz Sachsens einzuordnen. Zur zweiten Gruppe zu rechnen sind das Gleichstellungsgesetz Thüringens und das Frauenförderungsgesetz Baden-Württembergs. Die Auswirkung ihrer Zielvorgaben erscheint größer zu sein, da sie den Zielvorgaben und deren Zeitrahmen eine konkrete Verbindlichkeit abverlangen. Die dritte und in der Wirkung stärkste Gruppe wird durch die Gleichstellungsgesetze Hessens und Brandenburgs besetzt. Ihnen ist gemeinsam, daß sie gesetzlich den zu erreichenden Frauenanteil in den Zielvorgaben und einen konkreten Zeitrahmen festlegen sowie zusätzlich noch eine Sanktion bei Nichterreichen der vorgesehenen Zielvorgaben vorsehen. Für Hessen kommt außerdem noch eine weitere Sanktion hinzu, die an die Nichtaufstellung eines Frauenförderplanes anknüpft.

Die 3. Kategorie wird schließlich durch die restlichen deutschen Frauenförder- und Gleichstellungsgesetze sowie das 2. Aktionsprogramm des Parlaments gestellt; der Kommission kommt jedoch eine Sonderrolle zu. Allen zur 3. Kategorie zu rechnenden Gesetzen und Aktionsprogrammen ist gemeinsam, daß sie nicht nur auf die leistungsabhängige Vorrangregelung zugunsten von Frauen zurückgreifen, sondern auch Zielvorgaben im Rahmen eines Frauenförderplanes vorsehen. Zu diesen sich für eine Mischform entscheidenden Gesetzen gehören das BGleiG, LGG Berlins, das NGG Niedersachsens, das LGG Bremens, das GstG Hamburgs, das GstG Schleswig-Holsteins, das Gesetz Nr. 1371 des Saarlandes, das GstG Mecklenburg-Vorpommerns, das LGG Nordrhein-Westfalens, das LGG Rheinland-Pfalz und der EÖD. Auch in der 3. Kategorie sind wiederum drei Gruppen sowie die Sonderstellung der Kommission herausgearbeitet worden. Zur ersten und damit schwächsten Gruppe zu rechnen sind Niedersachsen, Bremen, Hamburg und Rheinland-Pfalz, da in ihren Gesetzen die vom Frauenförderplan vorzusehenden Zielvorgaben keine herausragende Bedeutung haben. In die zweite Gruppe gehört das BGleiG und das LGG Berlins, die neben der leistungsabhängigen Vorrangregelung im Bereich der Einstellung und Beförderung die im Frauenförderplan enthaltenen Zielvorgaben gesetzlich im Hinblick auf den Zeitrahmen und den zu erreichenden Frauenanteil konkretisieren. Auch das 2. Aktionsprogramm des Parlaments ist hier einzuordnen. Die dritte und stärkste Gruppe wird durch das GstG Schleswig-Holsteins, das Gesetz Nr. 1371 des Saarlandes, das GstG Mecklenburg-Vorpommerns und das LGG Nordrhein-Westfalens ausgemacht. Ihnen ist nicht nur die Konkretisierung der Zielvorgaben im Frauenförderplan gemeinsam, sondern zusätzlich die Kombination der Zielvorgaben bzw. Nichtaufstellung des Frauenförderplanes mit einer Sanktion. Die Kommission läßt sich zwar auch in die 3. Kategorie einordnen; ihre Sonderrolle ergibt sich jedoch aus der umgekehrten Wahl der Mittel, da sie hauptsächlich auf Zielvorgaben setzt und eine leistungsabhängige bevorzugte Berücksichtigung von Frauen als Möglichkeit für die Dienststellen zwar eröffnet, diese aber als Ermessensentscheidung der jeweiligen Anstellungsbehörden eine vollkommen untergeordnete Rolle spielt. Wird für die Kommission noch berücksichtigt, daß sie in der Rahmenstrategie der Gemeinschaft zur Förderung der Gleichstellung von Frauen und Männern (2001-2005) den gendermainstreaming-Ansatz zum federführenden Maßstab erklärt[2924] und hier leistungsabhängige Vorrangregelungen mit Härtefallklausel und Zielvorgaben keine gesonderte Erwähnung mehr finden, ist ihre Sonderrolle mehr als signifikant, auch wenn damit keine Abschaffung der o.g. spezifischen Maßnahmen verbunden ist. Das Prinzip des gender mainstreaming hat bislang nur das BGleiG in seinem § 2 gesetzlich als durchgängiges Prinzip verankert, ohne daß dabei aber die spezifischen Frauenfördermaßnahmen in den Hintergrund geraten.

*2.2. Auswahlverfahren/Auswahlkriterien*

Bei den Auswahlverfahrensregelungen, die insbesondere auf die Vorstellungsgespräche zielen, sowie die Vorschriften zu den zu berücksichtigenden bzw. zu vernachlässigenden Auswahlkriterien, die sich einerseits im Rahmen der Qualifikationsfeststellung i.S.v. Art. 33 Abs. 2 GG für den deutschen öffentlichen Dienst und im EÖD nach Art. 27 Abs. 1 BSt auswirken können, andererseits als nicht leistungsbezogene Kriterien gleichwohl den Ausschlag für eine Stellenbesetzung mit einer bestimmten Person geben können, ergeben sich ebenfalls große Unterschiede. So bedarf es zunächst der Klärung, auf welche wesentlichen Elemente der Vergleich zurückgreift und welche Bedeutung ihnen im Hinblick auf eine tatsächliche Steigerung des Frauenanteils im öffentlichen Dienst beizumessen ist.

*a) Grundsätze*

Für den Bereich der Auswahlverfahren und Vorstellungsgespräche, denen eine weichenstellende Bedeutung für die Stellenbesetzung zukommt[2925], sind insgesamt drei zu unterscheidende Elemente maßgebend[2926], die schließlich in Ver-

---

2924 Mitteilung der Kommission v. 07.06.2000, KOM (2000) 335 endg., S. 3, 10
2925 Vieten in Schiek u.a., S. 144 Rn. 192
2926 Auf den von Vieten in Schiek u.a., S. 144 f. Rn. 193 untersuchten ersten Bezugspunkt, der Geltungsbereich der Regelungen zum Auswahlverfahren, wird hier verzichtet, da alle Gesetze, die hierzu Regelungen vorsehen, an die Unterrepräsentation von Frauen anknüpfen!

bindung mit einzelnen Auswahlkriterien auch die potentielle Effektivität der jeweiligen Gesetze ausmachen.

Für die Auswahlverfahren und Vorstellungsgespräche ist zunächst die Anzahl der zum Vorstellungsgespräch einzuladenden Frauen maßgeblich. Als weiteres Element kommt der Verbindlichkeitsgrad der Regelung für die Anstellungsbehörde hinzu. Hier ist zum einen nach der ausdrücklichen Verpflichtung der Behörde über eine sogenannte „Muß-Regelung" und zum anderen nach offenen Regelungen, sogenannten „Soll-Regelungen" zu differenzieren. Auch gibt es Gesetze, die eine grundsätzliche Einladung aller Frauen fordern[2927]. Drittes Element im Rahmen der Vorstellungsgespräche ist die erforderliche Qualifikation, die die Bewerberinnen mitzubringen haben, um in das Auswahlverfahren einbezogen werden zu können[2928].

Diese drei inhaltlichen Elemente der Auswahlverfahrensregelungen bauen im übrigen aufeinander auf, sie können deshalb auch immer nur im Zusammenhang und nicht getrennt untersucht werden. Hinzu kommt, daß die mitzubringende Qualifikation der Bewerberinnen auch in einem fließenden Übergang zu den Auswahlkriterien steht, die für die Qualifikationsbeurteilung erheblich sind. Während leistungsabhängige Vorrangregelungen zugunsten von Frauen das Leistungsprinzip aus Art. 33 Abs. 2 GG bzw. Art. 27 Abs. 1 BSt nicht berühren, nehmen Auswahlverfahrensregeln Modifikationen des Leistungsprinzips bereits im Vorfeld der konkreten Personalentscheidung vor, die durch die Anwendung von einzelnen Auswahlkriterien gesteuert werden können. Dabei kommt den von den Frauenförder- und Gleichstellungsgesetzen benannten Auswahlkriterien jedoch ein unterschiedlicher Bezug zum Leistungsgrundsatz zu, die auch eine differenzierte Betrachtung erforderlich machen.

Einige der Gesetze schließen explizit die Verwendung bestimmter Kriterien im Rahmen der Personalentscheidung aus. Es handelt sich dabei einerseits um das Lebens- und Dienstalter der Bewerber/innen, andererseits um den Familienstand sowie die Einkommenssituation des Partners oder Partnerin. Hinzu kommt der ebenfalls von einigen Gesetzen vorgesehene Ausschluß der Berücksichtigung von Zeiten der Beurlaubung, Teilzeitbeschäftigung oder Ermäßigung der Arbeitszeit im Rahmen der Eignungsbeurteilung. Zu unterscheiden ist hier jedoch der Ausschluß der Berücksichtigung von Teilzeitarbeit, Beurlaubungszeiten und Zeiten ermäßigter Arbeitszeit i.S. eines Auswahlkriteriums bei der Qualifikationsfeststellung von den Benachteiligungsverboten, die einige Gesetze in bezug auf diese (zumeist) familiär bedingten Zeiten aufstellen. An dieser Stelle ist deshalb auch eine genaue Differenzierung notwendig, ob es sich um ein all-

---

2927 Vgl. hierzu Vieten in Schiek u.a., S. 144 Rn. 193
2928 Ebenda

gemeines Benachteiligungsverbot oder um ein im Rahmen der Eignungsbeurteilung nicht berücksichtigungsfähiges Auswahlkriterium handelt.

Im Hinblick auf die Auswahlkriterien des Lebens- und Dienstalters sowie den Familienstand und die Einkommenssituation des Partners oder Partnerin ist jedoch durch den EuGH klargestellt worden, daß diese traditionell im öffentlichen Dienst verwendeten Kriterien als Verstoß gegen Art. 2 Abs. 1 und Art. 3 Abs. 1 der Richtlinie 76/207/EWG (a.F.) zu werten sind, da sie ihrerseits (trotz neutraler Formulierung) eine mittelbar diskriminierende Wirkung auf Frauen haben können[2929]. Die Marschall-Entscheidung geht außerdem einher mit den kurz zuvor vom EuGH entschiedenen Rechtssachen Gerster/Freistaat Bayern und Kording/Senator für Finanzen[2930]. Hier hat der EuGH in bezug auf das Auswahlkriterium des Dienstalters festgestellt, daß das langsamere Anwachsen des Dienstalters von Teilzeitbeschäftigten im öffentlichen Dienst gegenüber Vollzeitbeschäftigten eine mittelbare Diskriminierung von Frauen darstellt, sofern nicht objektive Faktoren, die nichts mit einer Diskriminierung aufgrund des Geschlechts zu tun haben, die jeweilige Regelung rechtfertigen.

Das bedeutet im Ergebnis, daß Auswahlkriterien Männer direkt oder indirekt bevorzugen können – sie basieren auf strukturellen Diskriminierungsmechanismen[2931], die sich an männlichen Erwerbsbiographien und Lebensumständen orientieren. Darüber hinaus ist zu beachten, daß die genannten Auswahlkriterien in keinem direkten Zusammenhang mit der Leistung des Bewerbers oder der Bewerberin stehen. Zwar muß z.B. in bezug auf das Dienstalterskriterium in Rechnung gestellt werden, daß die dienstlich erbrachte Leistung grundsätzlich nicht von den im Dienst verbrachten Jahren getrennt werden kann[2932] und sich damit eine Korrelation zwischen Dienstalters- und Leistungsprinzip ergibt, der allerdings Grenzen gesetzt sind. So ist grundsätzlich davon auszugehen, daß die durch eine längere Berufserfahrung erworbene größere Eignung sich bereits regelmäßig in der Leistungsbeurteilung wiederfindet[2933]. Dies entspricht auch dem Gedanken, daß sowohl über das Dienstalters- als auch das Lebensaltersprinzip

---

2929 EuGH v. 11.11.1997, Slg.1997 S. 6363 Rs. C-409/95 Marschall/Land Nordrhein-Westfalen sowie Schlußanträge GA Jacobs v. 15.05.1997, Slg.1997, S. 6365 (S. 6376 f.)
2930 EuGH v. 02.10.1997, Slg. 1997, S. 5253 Rs. C-1/95 Gerster/Freistaat Bayern und EuGH v. 02.10.1997, Slg. 1997, S. 5292 Rs. C-100/95 Kording/Senator für Finanzen
2931 Zum Begriff Benda, S. 7 f. sowie Francke/Sokol/Gurlit, S. 17 ff
2932 BVerwG v. 25.08.1988, NJW 1989, S. 538
2933 Vgl. hierzu Buglass/Heilmann, AuR 1992, S. 353 (S. 354); Schiek, Anm. zu BAG v. 05.03.1996, AP Nr. 226 zu Art. 3 GG

individuelle Leistungen einzelner Beschäftigter ignoriert werden können[2934]. Hinzu kommt, daß sich die traditionellen Hilfskriterien des Dienst- und Lebensalters lediglich auf der Grundlage der Vermutung bewegen, daß der Erfahrungszuwachs mit der längeren Berufspraxis einhergeht[2935].

Der Ausschluß der vier Auswahlkriterien Lebens- und Dienstalter, Familienstand und Einkommenssituation des Partners oder Partnerin[2936] in einigen Gesetzen trägt dem Umstand Rechnung, daß diese Kriterien Frauen in der Vergangenheit häufiger benachteiligt haben, da sie aufgrund von familienbedingten Berufstätigkeitsunterbrechungen zumeist ein geringeres Dienstalter als Männer aufweisen und die Nichtberücksichtigung von Erziehungszeiten im Rahmen des Dienstalters eine mittelbare Diskriminierung von Frauen darstellt[2937].

Darüber hinaus sind der Familienstand und die Einkommenssituation des Partners oder Partnerin Kriterien, die einem tradierten Rollenbild geschlechtsspezifischer Arbeitsteilung Vorschub leisten, da Männer sehr viel häufiger als Frauen als Alleinverdiener für den gesamten Lebensunterhalt der Familie aufkommen, Frauen in der Hauptsache die Familienarbeit übernehmen und die Einkommenssituation der Partnerin dementsprechend gering oder gar nicht ins Gewicht fällt[2938].

Neben dem Ausschluß der traditionellen Auswahlkriterien in einigen Frauenförder- und Gleichstellungsgesetzen, sehen eine ganze Reihe von Gesetzen aber die Berücksichtigung von typischerweise von Frauen erworbenen Fähigkeiten und Erfahrungen durch die Betreuung von Kindern und pflegebedürftigen Angehörigen bzw. im Rahmen eines sozialen, ehrenamtlichen Engagements vor, sofern diese Erfahrungen und Fähigkeiten für die auszuübende Tätigkeit von erheblicher Bedeutung sind. Mit dieser Anerkennung von Familienarbeit geht die

---

[2934] Battis, ZBR 1996, S. 193 (S. 195) weist auf das Dienstaltersstufensystem hin, durch das die amtsangemessene generell festgelegte Besoldung gute, mittelmäßige und schlechte Leistungen gleich behandelt
[2935] Ebenda
[2936] Diese letzten beiden Kriterien gelten als soziale Gesichtspunkte, vgl. Harms, S. 54
[2937] Vgl. Buglass/Heilmann, S. 354
[2938] Im übrigen ist an dieser Stelle auch zu berücksichtigen, daß die Lohndifferenz zwischen Männern und Frauen europaweit immer noch bei durchschnittlich 25 % liegt; auch nach Angleichung und/oder Aufhebung struktureller Unterschiede in der Beschäftigungssituation, die durch unterschiedliche Tätigkeitsfelder, Altersstrukturen und Bildungsdifferenzen hervorgerufen worden sind, verbleibt es bei einer Lohndifferenz von 15 % zu männlichen Gehältern und Löhnen. Selbst in den neuen Bundesländern, Dänemark und Schweden, die z.Z. die geringste Lohndifferenz aufweisen, erreichen Frauen nur 90 % des Lohnniveaus von Männern; vgl. NJW-Wochenspiegel 1999, S. 37 unter Berufung auf EU-Nachrichten vom 09.06.1999

Erkenntnis einher, daß solche Erfahrungen und Fähigkeiten Schlüsselqualifikationen hervorbringen können, die für die Berufstätigkeit als soziale Kompetenz, Kooperationsfähigkeiten, Integrations- und Einfühlungsvermögen, Koordinierung verschiedenartiger Tätigkeiten sowie als Prioritätensetzen als Teil der beruflichen Qualifikation verwertbar sind. Der Ausschluß der o.g. Auswahlkriterien sowie die Berücksichtigung der durch Familienarbeit erworbenen Fähigkeiten und Erfahrungen engen den Spielraum von Personalentscheidern bei der Qualifikationsbeurteilung nicht nur ein – sie beinhalten auch qualitative Vorgaben zur Präzisierung des Qualifikationsbegriffs.

*b) Auswertung im einzelnen*

Die folgende Auswertung läßt vier Gruppen von Gesetzen erkennen, wobei Schleswig-Holstein und der EÖD eine Sonderrolle einnehmen. Sie können keiner der vier Gruppen zugeordnet werden und sind deshalb am Ende des Vergleichs zu beschreiben und auszuwerten.

Die erste und schwächste Gruppe wird von Gesetzen gestellt, die auf eine Auswahlverfahrensregelung verzichten, jedoch im Bereich der Auswahlkriterien klarstellen, daß bei der Eignungsbeurteilung berufliche Ausfallzeiten wegen Kinderbetreuung oder häuslicher Pflege nicht negativ berücksichtigt werden dürfen. In diese Gruppe gehören ebenfalls die Gesetze, die bei der Eignungsbeurteilung lediglich Erfahrungen und Fähigkeiten aus der Familienarbeit, sozialem Engagement und ehrenamtliche Tätigkeiten mit einbeziehen, ohne dabei eine Regelung für die Auswahlverfahren aufzustellen. Zur ersten Gruppe zu rechnen ist das GlG Bayerns, das auf eine Regelung zu den Auswahlverfahren verzichtet, jedoch in bezug auf Einstellungen und beruflichen Aufstieg die Einbeziehung von Familienarbeit und ehrenamtlicher Tätigkeit vorsieht, sofern diese für die zu übertragenden Aufgaben erheblich sind[2939]. Auch das LGG Bremens muß in die erste Gruppe eingeordnet werden, da es keine Auswahlverfahrensregelung trifft, allerdings die durch Familienarbeit, soziales Engagement oder ehrenamtliche Tätigkeit erworbenen Fähigkeiten und Erfahrungen als Teil der Qualifikation bei Einstellungen und Beförderungen mitberücksichtigt[2940]. Das Hamburger GstG gehört ebenfalls in die erste Gruppe, da es lediglich im Zusammenhang mit der Qualifikationsbewertung die Einbeziehung der durch Familienarbeit erworbenen Fähigkeiten und Erfahrungen vorsieht[2941]. Ebenfalls zur ersten Gruppe zu zählen ist das GstG Mecklenburg-Vorpommerns. Ihm fehlt eine Regelung des Aus-

---

2939  Vgl. Art. 8 Abs. 2 BayGlG
2940  Vgl. § 4 Abs. 4 BremLGG
2941  Vgl. § 9 Abs. 2 HambGstG

wahlverfahrens bzw. der Vorstellungsgespräche, sieht aber die Berücksichtigung spezifischer, außerhalb der beruflichen Tätigkeit erworbenen Erfahrungen und Fähigkeiten als Teil der Qualifikation vor[2942]. Die hier getroffene allgemeinere Fassung läßt dabei nicht nur die Einbeziehung von Familienarbeit als Auswahlkriterium zu, sondern auch weitere, denkbare Erfahrungen und Fähigkeiten, sofern sie für die jeweils auszuübende Tätigkeit Bedeutung haben. D.h. folglich, daß hier außerhalb der beruflichen Tätigkeit erworbene Erfahrungen und Fähigkeiten qualifikationsfördernd sein können, also z.B. auch politisches Engagement[2943] oder ein Auslandsaufenthalt etc. In die erste Gruppe zu rechnen ist darüber hinaus das LGG Rheinland-Pfalz, daß ebenfalls auf eine Auswahlverfahrensregelung verzichtet, im übrigen aber bei der Qualifikationsbeurteilung auch auf die Erfahrungen, Kenntnisse und Fähigkeiten aus geleisteter Familienarbeit zurückgreift, wenn diese Bedeutung für die auszuübende Tätigkeit haben[2944]. Schließlich gehört in die erste Gruppe das Thüringer GlG, das im Rahmen der Eignungsbeurteilung die nachteilige Berücksichtigung von beruflichen Ausfallzeiten wegen Kinderbetreuung oder häuslicher Pflege ausschließt, zusätzlich aber die durch Familienarbeit oder aus ehrenamtlicher, sozialer Tätigkeit erworbenen Fähigkeiten und Erfahrungen miteinbezieht, wenn diese für die zu übertragenden Aufgaben erheblich sind[2945].

Die zweite Gruppe wird von den Gesetzen ausgemacht, die nicht nur auf die Einbeziehung von typischerweise durch Frauen erworbenen Fähigkeiten, Kenntnisse und Erfahrungen als Auswahlkriterium bei der Qualifikationsfeststellung rekurrieren, sondern darüber hinaus auch Regelungen zum Auswahlverfahren und Vorstellungsgespräch vorsehen, die sich allerdings hinsichtlich des Verbindlichkeitsgrades der Regelung und der Anzahl der einzuladenden Frauen sowie die mitzubringende Qualifikation unterscheiden. Der zweiten Gruppe kommt dabei durch die Koppelung von Auswahlverfahrensregelung und berücksichtigungsfähigen Auswahlkriterien eine stärkere Wirkung als der ersten Gruppe zu.

Demnach gehört das NGG Niedersachsens in die zweite Gruppe. Es sieht für die Eignungsbeurteilung die Einbeziehung von Erfahrungen und Fähigkeiten aus der familiären und sozialen Arbeit vor, die es u.a. mit Flexibilität, Tatkraft und Organisationsfähigkeit konkretisiert, sofern diese Kenntnisse von Bedeutung für die zu übertragenden Aufgaben sind[2946]. Daneben schließt das NGG die nachteilige Berücksichtigung von vorangegangenen Teilzeitbeschäftigungen und Unterbrechungen der Erwerbstätigkeit zur Kinderbetreuung als Auswahlkriterium

---

2942  Vgl. § 5 Abs. 2 GstG Meckl.-Vorp.
2943  Vgl. § 7 Abs. 2 S. 3 und 4; Vieten in Schiek u.a., S. 947 Rn. 2630
2944  Vgl. § 7 Abs. 2 LGG Rheinland-Pfalz
2945  Vgl. § 7 Abs. 2 und 3 ThürGlG
2946  Vgl. § 9 Abs. 2 NGG

aus[2947]. Für die Auswahlverfahren sieht es die Einladung von mindestens der Hälfte Frauen zum Vorstellungsgespräch vor, sofern sie die in der Stellenausschreibung angegebenen Grundvoraussetzungen erfüllen[2948]. § 8 Abs. 1 NGG stellt dabei eine Soll-Vorschrift dar, der als solcher die geringste Auswirkung zukommt.

Ähnlich wie das NGG ist das LGlG Baden-Württemberg gefaßt: es berücksichtigt im Rahmen der Eignungsbeurteilung die durch Familienarbeit und in ehrenamtlicher Tätigkeit erworbenen Erfahrungen und Fähigkeiten[2949] und sieht für die Vorstellungsgespräche als Soll-Vorschrift die Einladung von mindestens genauso vielen Frauen wie Männern vor, soweit sie die von der personalverwaltenden Dienststelle vorgesehenen Voraussetzungen für die jeweilige Stelle mitbringen[2950]. Auch das FFG Sachsens gehört in die zweite Gruppe, wobei es hier auf der gleichen Stufe wie das NGG Niedersachsens und das LGlG Baden-Württembergs anzusiedeln ist, da es die Berücksichtigung von Familienarbeit und ehrenamtlichen Tätigkeiten bei der Eignungsbeurteilung verankert hat[2951] und in bezug auf Vorstellungsgespräche die als Soll-Vorschrift ausgestaltete Einladung aller Bewerberinnen vorsieht, die die für die Stelle erforderlichen Voraussetzungen erfüllen[2952].

Die dritte Gruppe zeigt lediglich einen graduellen Unterschied zur zweiten Gruppe auf, der sich am Verbindlichkeitsgrad der Auswahlverfahrensregeln festmachen läßt: Während die zweite Gruppe hier ausschließlich auf eine Soll-Vorschrift in bezug auf die Anzahl der einzuladenden Frauen abstellt, sieht das FrFG Sachsen-Anhalts nicht nur die Berücksichtigung von familiärer und sozialer Arbeit innerhalb der Qualifikationsfeststellung sowie den Ausschluß sozial und familiär bedingter Ausfallzeiten vor[2953], sondern bestimmt für das Auswahlverfahren, daß alle Bewerberinnen, die über die in der Stellenausschreibung geforderte Qualifikation und die erforderliche Berufserfahrung verfügen, grundsätzlich zu einem Vorstellungsgespräch einzuladen sind[2954].

Zur vierten Gruppe mit der effektivsten Wirkung gehören die Gesetze, die nicht nur die Berücksichtigung von Familienarbeit und sozialem Engagement als Teil der Qualifikation neben einer verbindlichen Auswahlverfahrensregelung enthalten, sondern zusätzlich noch die typischerweise eher Frauen nachteilig

---

2947 Vgl. § 9 Abs. 3 NGG
2948 Vgl. § 8 Abs. 1 NGG
2949 Vgl. § 9 Abs. 2 LGlG Bad.-Württemberg
2950 Vgl. § 8 Abs. 1 LGlG Bad.-Württemberg
2951 Vgl. § 8 Abs. 2 FFG Sachsen
2952 Vgl. § 7 Abs. 1 FFG Sachsen
2953 Vgl. § 4 Abs. 4 FrFG Sachsen-Anhalt
2954 Vgl. § 4 Abs. 1 FrFG Sachsen-Anhalt

treffenden Auswahlkriterien wie das Lebens- und Dienstalter, den Familienstand und die Einkommenssituation des Partners oder Partnerin explizit von der Berücksichtigung im Auswahlverfahren ausschließen.

Das BGleiG ist zu dieser Gruppe zu rechnen, denn es greift in § 9 gerade diese Punkte auf und stellt außerdem für Bewerbungsgespräche klar, daß mindestens genauso viele Frauen wie Männer einzuladen sind, die die in der Ausschreibung geforderten Qualifikationen mitbringen[2955]. Auswahlkommissionen sollen darüber hinaus gemäß § 7 Abs. 3 BGleiG zu gleichen Teilen mit Frauen und Männern besetzt sein.

In diese Gruppe gehört auch das LGG Berlins, das für das Auswahlverfahren die Einladung aller Bewerberinnen oder mindestens ebenso vieler Frauen wie Männer zum Vorstellungsgespräch vorsieht, sofern sie die formell notwendige Qualifikation für die jeweilige Stelle besitzen[2956]. Daneben erklärt es spezifische, durch Familienarbeit, soziales Engagement oder ehrenamtliche Tätigkeiten erworbene Erfahrungen und Fähigkeiten zu einem Teil der Qualifikation[2957]. In bezug auf die Auswahlentscheidung dürfen weder Unterbrechungen in der Erwerbstätigkeit, Reduzierungen der Arbeitszeit oder Verzögerungen beim Abschluß einzelner Ausbildungsgänge aufgrund von Familienarbeit oder Haushaltsführung noch das Lebensalter und der Familienstand sowie eigene Einkünfte des Partners einer Bewerberin oder die Einkommenslosigkeit der Partnerin eines Bewerbers, die nicht auf Arbeitslosigkeit beruhen, als Auswahlkriterium herangezogen werden[2958]. Ausgeschlossen als Auswahlkriterium ist hier weiterhin die zeitliche Belastung durch Familienarbeit und die Absicht, von Arbeitszeitreduzierungsmöglichkeiten Gebrauch zu machen[2959].

Ähnliche Bestimmungen finden sich im HGlG Hessens. Demnach sind mindestens ebenso viele Frauen wie Männer oder alle Bewerberinnen zum Vorstellungsgespräch einzuladen, wenn sie die gesetzlich oder sonst vorgesehenen Voraussetzungen für die Besetzung der Personalstelle oder das zu vergebende Amt erfüllen[2960]. Zu berücksichtigen sind nach dem HGlG im Rahmen der Qualifikationsbeurteilung Erfahrungen und Fähigkeiten aus der Familienarbeit, soweit ihnen für die Qualifikation Bedeutung zukommt[2961]. Darüber hinaus ist sowohl das Lebens- und Dienstalter als auch der Zeitpunkt der letzten Beförderung nur dann zu berücksichtigen, wenn ihnen für die Qualifikation eine Bedeutung zu-

---

2955 Vgl. § 7 Abs. 1 BGleiG
2956 Vgl. § 6 BerlLGG
2957 Vgl. § 8 Abs. 3 BerlLGG
2958 Vgl. § 8 Abs. 4 Nr. 1-3 BerlLG
2959 Vgl. § 8 Abs. 4 Nr. 4 BerlLGG
2960 Vgl. § 9 Abs. 1 HGlG
2961 Vgl. § 10 Abs. 1 HGlG

kommt[2962]. Schließlich dürfen der Familienstand und das Einkommen des Partners oder Partnerin nicht berücksichtigt werden[2963].

Auch das LGG Nordrhein-Westfalens muß zu dieser vierten Gruppe gerechnet werden, da es in bezug auf die Vorstellungsgespräche in den Bereichen weiblicher Unterrepräsentanz zwingend die Einladung mindestens ebenso vieler Frauen wie Männer oder aller Bewerberinnen vorschreibt, sofern sie die geforderte Qualifikation für die jeweilige Stelle mitbringen[2964]. Schließlich sollen im Rahmen der Qualifikationsbeurteilung Erfahrungen und Fähigkeiten aus der Betreuung von Kindern und Pflegebedürftigen berücksichtigt werden, soweit ihnen für die zu übertragenden Aufgaben eine Bedeutung zukommt[2965]. Im übrigen stellt auch das LGG Nordrhein-Westfalens klar, daß vorangegangene Teilzeitbeschäftigungen, Unterbrechungen der Erwerbstätigkeit und Verzögerungen beim Abschluß der Ausbildung aufgrund der Betreuung von Kindern etc. keine nachteilige Berücksichtigung finden dürfen. Es schließt darüber hinaus explizit den Familienstand, die Einkommensverhältnisse des Partners oder der Partnerin sowie die Zahl der unterhaltsberechtigten Angehörigen aus[2966].

Das Gesetz Nr. 1371 des Saarlandes läßt sich ebenfalls hier einordnen. Zu den Vorstellungsgesprächen sind mindestens ebenso viele Frauen wie Männer einzuladen, wenn sie die gesetzliche oder die durch die Ausschreibung vorgegebene Qualifikation aufweisen[2967]. Daneben sieht das Gesetz Nr. 1371 ebenfalls die Berücksichtigung von Fähigkeiten und Erfahrungen aus der Familienarbeit im Rahmen der Qualifikationsbeurteilung vor, sofern ihnen für die Eignung, Leistung und Befähigung der Bewerberinnen eine eigenständige Bedeutung zukommt[2968]. Daß Dienst- und Lebensalter sowie der Zeitpunkt der letzten Beförderung sind nur dann als Qualifikationsmerkmal zu verwenden, wenn ihnen für die Qualifikation eine eigenständige Bedeutung zukommt[2969].

Eine Sonderrolle nehmen schließlich das GstG Schleswig-Holsteins und der EÖD ein: So verzichtet das GstG Schleswig-Holsteins zwar auf eine Auswahlverfahrensregelung im Hinblick auf die Vorstellungsgespräche, enthält jedoch recht differenzierte Auswahlgrundsätze. Einerseits sind für die Eignungsbeurteilung Erfahrungen und Fähigkeiten aus der Familienarbeit heranzuziehen, soweit diese Qualifikationen für die zu übertragenden Aufgaben von Bedeutung

---

2962  Vgl. § 10 Abs. 2 HGlG
2963  Vgl. § 10 Abs. 3 S.1 HglG
2964  Vgl. § 9 Abs. 1 LGG Nordrhein-Westfalen
2965  Vgl. § 10 Abs. 1 LGG Nordrhein-Westfalen
2966  Vgl. § 10 Abs. 2 LGG Nordrhein-Westfalen
2967  Vgl. § 11 Abs. 1 Gesetz Nr. 1371
2968  Vgl. § 12 Abs. 3 Gesetz Nr. 1371
2969  Vgl. § 12 Abs. 4 Gesetz Nr. 1371; vgl. auch § 9 Abs. 1 BGleiG

sind[2970], andererseits dürfen das Dienst- und Lebensalter bei der Feststellung der Eignung, Befähigung und fachlichen Leistung nur berücksichtigt werden, wenn sich dadurch die beruflichen Kenntnisse erweitert haben und die §§ 3 bis 6 (Vorrangregelungen mit Härtefallklausel) nicht entgegenstehen[2971]. In diesem Sinne darf auch der Familienstand nicht nachteilig berücksichtigt werden[2972].

Die Besonderheit des GstG Schleswig-Holsteins liegt in einer zusätzlichen Regelung zu den Höchstaltersgrenzen, die keines der anderen Gesetze aufzuweisen hat und die unmittelbaren Einfluß auf das Auswahlverfahren für Frauen haben können, da sie bei Überschreitung einer Höchstaltersgrenze, was gerade im Zusammenhang mit der Wahrnehmung von Kindererziehungszeiten Frauen deutlich stärker als Männer betrifft, von vorneherein zu einer Ablehnung einer Bewerberin führt. Demnach erhöhen sich die Höchstaltersgrenzen für den Zugang zum öffentlichen Dienst für Bewerber/innen um vier Jahre, wenn sie wegen der Betreuung eines Kindes unter 18 Jahren oder eines sonstigen pflegebedürftigen Angehörigen von einer Bewerbung vor Erreichen des ansonsten geltenden Höchstalters abgesehen haben; bei der Betreuung von mehreren Personen erhöht sich die Altersgrenze um höchstens acht Jahre, was jedoch nicht über das 50. Lebensjahr hinaus gilt[2973]. Dieses beansprucht außerdem Geltung für die Höchstaltersgrenzen, die das berufliche Fortkommen im öffentlichen Dienst betreffen, wobei die Höchstaltersgrenze von 58 Jahren für den Aufstieg in die nächsthöhere Laufbahngruppe jedoch erhalten bleibt[2974]. Schließlich bleiben hier die Gesetze und Verordnungen außer Anwendung, die das berufliche Fortkommen nach Erreichen eines bestimmten Lebensalters erschweren, wenn das maßgebliche Lebensalter wegen der Betreuung eines Kindes unter 18 Jahren oder eines pflegebedürftigen Angehörigen überschritten wird[2975].

Im Zusammenhang mit der Frage nach der Effektivität des GstG Schleswig-Holsteins muß allerdings in Rechnung gestellt werden, daß einer Auswahlverfahrensregelung, die einen bestimmten Anteil der zum Vorstellungsgespräch einzuladenden Frauen vorsieht, eine stärkere Wirkung zukommen wird als der Heraufsetzung der Altersgrenze, da es sich bei Altersgrenzen um eine Mindestvoraussetzung vergleichbar einer Mindestqualifikation handelt, die grundsätzlich nur verhindern kann, daß „ältere" Frauen von vorneherein vom Auswahlverfahren ausgenommen werden. Die Möglichkeit, am Vorstellungsgespräch tatsächlich teilnehmen zu können, bietet sie dagegen nicht. Hier versprechen die Geset-

---

2970 Vgl. § 8 Abs. 2 GstG Schl.-Hol.
2971 Vgl. § 8 Abs. 3 GstG Schl.-Hol.
2972 Vgl. § 8 Abs. 4 GstG Schl.-Hol.
2973 Vgl. § 9 Abs. 1 GstG Schl.-Hol.
2974 Vgl. § 9 Abs. 2 GstG Schl.-Hol.
2975 Vgl. § 9 Abs. 3 GstG Schl.-Hol.

ze, die direkten Einfluß auf die Anzahl der zum Vorstellungsgespräch einzuladenden Frauen nehmen, die größere Wirkung zu haben.

Auch dem EÖD kommt im Verhältnis zu den von den deutschen Gesetzen getroffenen Auswahlverfahrensregelungen und Auswahlkriterien eine Sonderrolle zu. So sieht das 2. Aktionsprogramm des Europäischen Parlaments 1997-2000 im Zusammenhang mit dem geforderten Elternurlaub und der familienpolitischen Beurlaubung die Beachtung der während eines solchen Urlaubs erworbenen Erfahrungen vor, gerade wenn es sich um den beruflichen Aufstieg bzw. die Beförderung handelt[2976]. Auf dem Gebiet der Einstellungen fordert es schließlich noch ein Überdenken der Altersgrenze (im allgemeinen von 35 Jahren[2977]) für die Personen, die sich um ihre Kinder gekümmert haben, um ihnen eine Teilnahme an den wettbewerblichen Ausleseverfahren (concours) zu ermöglichen[2978]. Hier können demnach die zur Heraufsetzung der Altersgrenze in Schleswig-Holstein gemachten Ausführungen ebenfalls Geltung beanspruchen.

Bezeichnend für das 3. Aktionsprogramm für die Chancengleichheit von Mann und Frau in der Europäischen Kommission 1997-2000 ist, daß es Regelungen zum Auswahlverfahren äußerst vage und wenig greifbar formuliert. So sieht das 3. Aktionsprogramm für das Auswahlverfahren den Ausschluß jeglicher Diskriminierung bei den Auswahlprüfungen sowie die Berücksichtigung der geschlechtsbedingten Spezifika in den Prüfungsgesprächen vor[2979]. In den Prüfungsausschüssen ist dafür Sorge zu tragen, daß Frauen und Männer hier in einem ausgewogenen Verhältnis zueinander vertreten sind. Im Rahmen der Vorstellungsgespräche tragen die Generaldirektionen und Dienststellen dafür Sorge, daß Frauen in den Auswahlausschüssen vertreten sind[2980]. Schließlich sind die Bewerbungsakten der erfolgreichen Teilnehmerinnen sorgfältig zu prüfen und

---

2976  Vgl. Anhang 2, S. 733
2977  Vgl. Entschließung des Europäischen Parlaments zur Benachteiligung aufgrund des Geschlechts bei Einstellungsverfahren der Gemeinschaft v. 19.11.1993, ABl. EG Nr. C 329, S. 374 v. 06.12. 1993; aus dem Bericht des EP über den geänderten Vorschlag für eine Verordnung (EURATOM, EGKS, EWG) des Rates zur Änderung des Statuts der Beamten der EG und der Beschäftigungsbedingungen für die sonstigen Bediensteten dieser Gemeinschaften hinsichtlich der Gleichbehandlung v. 12.02.1997, A4-0046/97, PE 219.390/end., S. 9 geht hervor, daß das Parlament gewillt ist, die Altersgrenze für Bewerber, die wegen der Erziehung eines Kindes unter 16 Jahren beruflich ausgesetzt haben, entsprechend der Dauer der ruhenden Berufstätigkeit heraufzusetzen und zwar um 2 Jahre pro Kind und bis zu einer Obergrenze von 5 Jahren; in der Kommission ist dieses Verfahren seit 1996 Verwaltungspraxis
2978  Vgl. Anhang 2, S. 737
2979  Vgl. Anhang 5, S. 773
2980  Ebenda

Frauen und Männern in einem ausgewogenen Verhältnis zueinander Einstellungsangebote zu unterbreiten[2981]. In bezug auf Beförderungen tragen die Generaldirektionen, Dienststellen und Beförderungsausschüsse dafür Sorge, daß eine ausreichende Zahl von Frauen für eine Beförderung vorgeschlagen wird[2982]. Auch in der Rahmenstrategie (2001-2005)[2983] weist die Kommission noch einmal auf die Verbesserung der inhaltlichen und methodischen Gestaltung der Auswahlverfahren unter dem Gesichtspunkt etwaiger geschlechtsspezifischer Vorurteile sowie auf die Gewährleistung einer ausgewogenen Vertretung von Frauen und Männern in den Prüfungs- und Beförderungsausschüssen hin. Konkretere Vorgaben werden von ihr in diesem Bereich aber nicht gemacht.

Der Mangel dieser Auswahlverfahrensregelungen liegt einerseits darin, daß keine konkreten Zahlengaben zum Frauenanteil gemacht werden, was sich insbesondere in den Formulierungen „ausgewogenes Verhältnis" und „ausreichend" ausdrückt. Die Formulierungen „ausgewogenes Verhältnis" sowie „ausreichend" eröffnen dabei einen Spielraum für die Personalentscheider, der wenig verbindlich ist und gleichzeitig für jedes Auswahlverfahren mit anderen Zahlenanteilen von Frauen und Männern zu arbeiten erlaubt. Ausgewogen kann hier demnach nicht nur ein Verhältnis von 50 % Frauen zu 50 % Männern bedeuten, sondern ebenfalls ein Verhältnis von 40 % zu 60 % oder gar 30 % zu 70 %. Diese Formulierung stellt damit eine variable Größe dar, die in der Hauptsache auf den guten Willen einzelner Personalentscheider angewiesen ist. Entsprechendes muß für die Formulierung „ausreichend" gelten, denn was als ausreichender Frauenanteil anzusehen ist, bietet wiederum erheblichen Spielraum, der zusätzlich in verschiedene Richtungen ausgelegt werden kann. Im Zusammenhang mit den Auswahlkriterien fehlt es dem 3. Aktionsprogramm an konkret benannten Gesichtspunkten mit Ausnahme der Berücksichtigung geschlechtsspezifischer Aspekte in den Prüfungsgesprächen. Auch diese Regelung bedarf der Auslegung, denn sie kann sowohl die Berücksichtigung von Erfahrungen und Fähigkeiten aus der Familienarbeit, die regelmäßig häufiger von Frauen geleistet wird als von Männern, bedeuten, als auch die Berücksichtigung von geschlechtsspezifischer Sozialisierung, z.B., daß Frauen weniger selbstbewußt als Männer in Prüfungsgespräche gehen o.ä..

Unabhängig davon, welche geschlechtsbedingten Spezifika die Regelung des 3. Aktionsprogramms nun zuläßt und in der Rahmenstrategie (2001-2005) weiterverfolgt, muß auch an dieser Stelle die viel zu allgemeine und offene Regelung festgestellt werden. Im Hinblick auf die Beurteilung der Effektivität muß

---

2981 Ebenda
2982 Anhang 5, S. 774
2983 Mitteilung der Kommission v. 07.06.2000, KOM (2000) 335 endg., S. 10

diesen Auswahlverfahrensregelungen eine sehr schwache Wirkung zugesprochen werden, um den Frauenanteil in der Kommission tatsächlich anheben zu können. Darüber hinaus trifft das 3. Aktionsprogramm zwar keine Aussagen über ausgeschlossene Auswahlkriterien bei der Qualifikationsfeststellung, jedoch kann die später als das 3. Aktionsprogramm ergangene Marschall-Entscheidung des EuGH hier genauso Gültigkeit beanspruchen wie das Kalanke-Urteil, auf das das 3. Aktionsprogramm ausdrücklich Bezug nimmt[2984]. Demzufolge sind die von Generalanwalt Jacobs in seinen Schlußanträgen vom 15.05.1997[2985] als unvereinbar mit Art. 2 Abs. 1 und Art. 3 Abs. 1 der Richtlinie 76/207/EWG angesehenen traditionellen Hilfskriterien wie das Lebens- und Dienstalter, der Ehe- und Familienstand auch in ihrer Anwendung auf den EÖD ausgeschlossen, da sie eine mittelbare Diskriminierung für Bewerberinnen bedeuten. Der EuGH hat in seinem Urteil die ausgeschlossenen Kriterien zwar nicht konkret benannt, sondern lediglich die Formulierung gebraucht, daß die zugunsten männlicher Bewerber wirkenden Kriterien „gegenüber den weiblichen Bewerbern keine diskriminierende Wirkung"[2986] haben dürfen, doch ist davon auszugehen, daß der EuGH hier auf die Ausführungen und Ansichten des Generalanwalts zurückgreift.

Schließlich hat der EuGH in seinem Urteil Badeck u.a./Hess. Ministerpräsident vom 28.03.2000 diese Schlußfolgerung im Hinblick auf die positiv berücksichtigungsfähigen und negativen, d.h. unzulässigen, Auswahlkriterien bestätigt: So hat er im Zusammenhang mit den vom hessischen HGlG getroffenen Regelungen ausgeführt, daß die durch Familienarbeit erworbenen Fähigkeiten und Erfahrungen, soweit ihnen für die Qualifikation der Bewerber/innen eine Bedeutung zukommt, trotz ihrer Geschlechtsneutralität eher Frauen begünstigen und offenkundig eine materielle und nicht nur eine formale Gleichheit herbeiführen sollen, um die in der sozialen Wirklichkeit auftretenden faktischen Ungleichheiten zu verringern. Der Gerichtshof bezieht dies auch auf die eingeschränkte Geltung der Berücksichtigung des Dienst- und Lebensalters sowie den Zeitpunkt der letzten Beförderung, sofern sie für die Qualifikation Bedeutung haben, sowie den ausdrücklichen Ausschluß der Berücksichtigung des Familienstands, das Einkommen des Partners oder Partnerin, Teilzeitbeschäftigungen, Beurlaubungen und Verzögerungen beim Abschluß der Ausbildung aufgrund von Familienpflichten[2987].

---

2984    Anhang 5, S. 774
2985    Slg.1997, S. 6365 (S. 6376 f.) Rs. C-409/95 Marschall/Land Nordrhein-Westfalen
2986    EuGH v. 11.11.1997, Slg. 1997, S. 6363 (S. 6393, 6395) Rs. C-409/95 Marschall/Land Nordrhein-Westfalen
2987    EuGH v. 28.03.2000, Slg. 2000, S. 1902 Rn. 31 f. Rs. C- 158/97

Im Ergebnis bedeutet dieses, daß die traditionellen Hilfskriterien des Lebens- und Dienstalters, des Ehe- und Familienstands grundsätzlich auch im EÖD keine Anwendung finden. Seit dem Marschall-Urteil des EuGH vom 11.11.1997 sind jedoch auch die Frauenförder- bzw. Gleichstellungsgesetze an den Ausschluß traditioneller Hilfskriterien gebunden, die nicht ausdrücklich auf deren Berücksichtigung verzichten, da die Rechtsprechung des EuGH von der Funktion des Europarechts her dem deutschen Recht sowie Rechtsprechung vorgeht. Demzufolge kommt dem expliziten Ausschluß bestimmter Auswahlkriterien durch die vierte Gruppe von Gesetzen (Bund, Berlin, Hessen, Nordrhein-Westfalen und Saarland) nur noch eine deklaratorische Bedeutung zu, der in klarstellender Funktion jedoch noch erheblichen Einfluß haben kann, da die Marschall-Entscheidung zumindest im Hinblick auf die ausgeschlossenen, Frauen diskriminierenden Auswahlkriterien, der Interpretation und Ausfüllung durch die Schlußanträge bedurfte sowie der Heranziehung der Entscheidungen Gerster/Freistaat Bayern und Kording/Senator für Finanzen. Denn erst mit seiner Entscheidung Badeck u.a./Hess. Ministerpräsident hat der EuGH explizit zur Zulässigkeit der positiven und negativen Auswahlkriterien Stellung bezogen.

*2.3. Zwischenergebnis*

Der Vergleich der spezifischen Frauenfördermaßnahmen hat deutliche Schwerpunkte der deutschen Frauenfördergesetze, des 3. Aktionsprogramms für die Beschäftigten in der Europäischen Kommission (1997-2000) sowie des 2. Aktionsprogramms des Europäischen Parlaments 1997-2000 zu Tage treten lassen: So konzentrieren sich die Maßnahmen auf dem Gebiet der Vorrangregelungen/Zielvorgaben klar auf eine Kombination von leistungsabhängiger Vorrangregelung mit Härtefallklausel und ergänzenden Zielvorgaben innerhalb eines von den Dienststellen aufzustellenden Frauenförderplans sowie Gesetze, die nur auf Zielvorgaben setzen. Nur noch eines der deutschen Frauenfördergesetze rekurriert ausschließlich auf leistungsabhängige Vorrangregelungen mit Härtefallklausel, um den Frauenanteil anzuheben[2988]. Die Kommission beschreitet mit ihrem 3. Aktionsprogramm einen im Detail liegenden Sonderweg. Auch sie befürwortet eine Kombination von leistungsabhängiger Vorrangregelung mit Härtefallklausel und jährlich festzulegende Zielvorgaben für die Einstellung und Ernennung von Frauen. Allerdings steht für die Kommission im Unterschied zu den deutschen Gesetzen und dem 2. Aktionsprogramm des Parlaments mit Kombination die Zielvorgabe zur Steigerung des Frauenanteils im Vordergrund, denn die Nach-

---

2988  Vgl. Sachsen-Anhalt

rangigkeit der Vorrangregelung ergibt sich hier aus der ausdrücklichen Zuweisung ihrer Anwendung in das Ermessen der jeweiligen Anstellungsbehörde. Unter Effektivitätsgesichtspunkten läßt zumindest der Blick auf die im 3. Aktionsprogramm gezogene Bilanz aus dem 2. Aktionsprogramm den vorsichtigen Schluß zu, daß Zielvorgaben gerade im höheren Dienst der Laufbahngruppe A tatsächlich spürbare Auswirkungen auf die Anhebung des Frauenanteils in der Anfangsbesoldungsgruppe A8 gehabt haben. Gleichzeitig verdeutlicht sich am Beispiel der Kommission aber auch, daß die Erhöhung des Frauenanteils in männertypischen Bereichen (Laufbahngruppe D) und umgekehrt die Steigerung des Männeranteils auf dem Gebiet typischer Frauenarbeit (Laufbahngruppe C, Sekretariats- und Bürotätigkeiten) sowie die Eingangsämter in der Sonderlaufbahn Sprachendienst nicht erreicht werden konnte. Eine Bestätigung erfährt dieser Befund bei der Kommission durch die zahlenmäßige Entwicklung beim Europäischen Parlament, die eindeutige Parallelen aufzuweisen hat. Fazit kann von daher nur sein, daß die positiven Auswirkungen in der Laufbahngruppe A ebenfalls von dem verstärkten Bemühen der Dienststellen um eine tatsächliche Anhebung des Frauenanteils abhängig sind und es demgegenüber in traditionellen Erwerbstätigkeitsbereichen, die hauptsächlich von einem Geschlecht frequentiert werden, zusätzlicher Anstrengungen bedarf, um den fortwirkenden strukturellen Diskriminierungsmechanismen entgegenzuwirken. Ob dabei die von der Kommission wiederholt betonten Sensibilisierungsmaßnahmen insbesondere für Vorgesetzte und Dienstkräfte mit Leitungsfunktionen wirklich effektiv sein können, bleibt abzuwarten. Zumindest ist damit ein erster kleiner Schritt in die richtige Richtung verbunden. Festgestellt werden konnte für den EÖD-internen Vergleich zwischen Kommission und Parlament aber auch, daß hier keine Einheitlichkeit in den beiden Organen im Hinblick auf die Vorrangregelungen und Zielvorgaben besteht, sondern vielmehr das Parlament klar in die Nähe des LGG Berlins rückt.

Für die Auswahlverfahren/Auswahlkriterien ergibt sich folgendes Bild: Hier wurden vier Gruppeneinteilungen vorgenommen, wobei die erste Gruppe mit der schwächsten Regelung lediglich im Rahmen der Eignungsbeurteilung der Bewerber/innen den Ausschluß der negativen Einbeziehung von Kinderbetreuungszeiten und Zeiten häuslicher Pflege vorsieht sowie die positive Berücksichtigung von Erfahrungen und Fähigkeiten, die in der Familienarbeit, sozialen Engagement oder ehrenamtlichen Tätigkeiten erworben wurden[2989]. Am stärksten ausgestaltet ist hier die vierte Gruppe (Bund, Berlin, Hessen, Nordrhein-Westfalen, Saarland), die neben der Berücksichtigung der typischerweise von Frauen er-

---

2989 Vgl. Bayern, Bremen, Hamburg, Mecklenburg-Vorpommern, Rheinland-Pfalz, Thüringen

worbenen Fähigkeiten und Erfahrungen z.B. in der Familienarbeit nicht nur die Einladung aller Frauen mit der erforderlichen Qualifikation und Berufserfahrung zum Vorstellungsgespräch vorsieht, sondern ebenfalls noch den Ausschluß traditioneller Hilfskriterien (Dienst- und Lebensalter, Zeitpunkt der letzten Beförderung) beinhaltet. Während die Sonderstellung von Schleswig-Holstein durch das Fehlen einer Regelung zum Auswahlverfahren und Vorstellungsgespräch bedingt ist (hier wird lediglich die Höchstaltersgrenze für den Zugang zum öffentlichen Dienst bei Betreuung eines Kindes oder pflegebedürftigen Angehörigen um vier Jahre angehoben), zeichnet sich die Kommission an dieser Stelle durch besonders vage Formulierungen zum Auswahlverfahren aus, die sowohl einen geringen Verbindlichkeitsgrad als auch einen weiten Ermessensspielraum für die Anstellungsbehörde eröffnen. Das 2. Aktionsprogramm des Parlaments ähnelt an dieser Stelle dem GstG Schleswig-Holsteins (Heraufsetzung der Altersgrenze bei Einstellungen), obgleich es noch die in der Familienarbeit erworbenen Erfahrungen beachtet werden wissen möchte.

Die hier ausgewerteten zwei Regelungskomplexe führen in einer Gesamtbetrachtung zu dem Ergebnis, daß das 3. Aktionsprogramm für die Chancengleichheit von Mann und Frau in der Europäischen Kommission (1997-2000) insgesamt deutlich schwächer ausgestaltete Maßnahmen der Frauenförderung mit direktem Einfluß auf die Stellenbesetzung für die Beschäftigten vorsieht als die vergleichbaren Regelungen in den deutschen Frauenförder- und Gleichstellungsgesetzen. Im Bereich der Auswahlverfahren/Auswahlkriterien kommt dieses durch äußerst vage Formulierungen zum Ausdruck, im Bereich der Vorrangregelungen/Zielvorgaben durch den Hinweis, daß die Anwendung der leistungsabhängigen Vorrangregelung mit Härtefallklausel im Ermessen der jeweiligen Dienststelle steht, auch wenn die Zielvorgaben hier offensichtlich erfolgreich waren. Wird zusätzlich in Rechnung gestellt, daß auf die Kommission ungefähr zwei Drittel aller Beschäftigten des EÖD insgesamt entfallen[2990], relativiert sich auch die der leistungsabhängigen Vorrangregelung beim Parlament mitgegebene größere Verbindlichkeit und die zeitliche sowie zahlenmäßige Konkretisierung der Zielvorgaben für die Laufbahngruppe A, weil sie nur für einen Bruchteil der Beschäftigten im EÖD gilt.

So muß als Ergebnis dieser Auswertung festgehalten werden, daß sich die Beamtinnen und sonstigen weiblichen Bediensteten der Kommission unter der Geltung des 3. Aktionsprogrammes schlechter stellen als ihre deutschen Kolleginnen. Zum Tragen kommt hier außerdem die Rechtsqualität des 3. Aktionsprograms: Die Einstufung als allgemeine Verwaltungsvorschrift oder innerdienstliche Richtlinie hindert es nicht daran, entsprechend seiner Benennung an

---

2990  Oppermann, S. 293 Rn. 779; Schweizer/Hummer, S. 228 Rn. 746

einigen Stellen programmatische Züge durch besonders vage und offene, zielsetzende Formulierungen durchscheinen zu lassen[2991]. Die Bindungswirkung der davon betroffenen Maßnahmen wird damit noch weiter gelockert, als es bei den innerdienstlichen Richtlinien ohnehin schon der Fall ist, die lediglich Verhaltensnormen darstellen und einen Hinweis auf die zu verfolgende Verwaltungspraxis geben[2992]. Der geringere Verbindlichkeitsgrad des 3. Aktionsprogramms der Kommission und des 2. Aktionsprogramms des Parlaments als innerdienstliche Richtlinie mit programmatischen Zügen gegenüber verbindlichen gesetzlichen Regelungen auf deutscher Ebene leistet einen weiteren Beitrag für das schwache Bild sowie die schwache Position konkreter frauenfördernder Maßnahmen im EÖD. So bleibt abzuwarten, ob die Gleichbehandlungsverordnung Nr. 781/98, insbesondere auf der Grundlage des durch sie in das BSt und die BSB aufgenommenen Art. 1a Abs. 2 und 3 BSt (Art. 10 Unterabsatz 1 BSB verweist ausdrücklich auf die Geltung von Art. 1a BSt) in Zukunft weniger Programmatik und mehr Bindungswirkung herbeiführen kann.

---

[2991] Auch die Rahmenstrategie (2001-2005) v. 07.06.2000, KOM (2000) 335 endg., S. 3, 10 zeichnet sich unter dem nunmehr maßgeblichen Prinzip des gender mainstreaming nicht durch weitergehende Konkretisierungen und der Schaffung verbindlicher Regelungen aus – sie bleibt ebenfalls vage und eher ungenau

[2992] Vgl. EuGH v. 30.01.1974, Slg. 1974, S. 81 (S. 89) Rs. 148/73 Louwage u. Moriame-Louwage/Kommission

# 6. Kapitel
# Die Rechtsprechung des EuGH und der deutschen Verwaltungs- und Arbeitsgerichtsbarkeit zur Frauenförderung

Nachdem die Grundstruktur und die geschlechtsspezifischen Frauenfördermaßnahmen des deutschen und europäischen öffentlichen Dienstes miteinander verglichen worden sind, stellt sich nunmehr die Frage nach Umgang und Akzeptanz der Frauenförderung in der Rechtsprechung sowohl auf deutscher als auch auf Gemeinschaftsebene.

Im Vordergrund der gerichtlichen Auseinandersetzung mit diesem Thema stehen eindeutig die leistungsabhängigen Vorrangregelungen mit und ohne Härtefallklausel, die seit ihrer Einführung massiver Kritik wegen des durch sie hervorgerufenen Eingriffs in die subjektive Rechtsposition des einzelnen Mannes ausgesetzt waren. Entscheidend für die Frage nach der Anerkennung spezifischer Frauenförderung ist jedoch auch die Erkenntnis, daß das faktische Gleichberechtigungsdefizit von Frauen in beiden öffentlichen Diensten auf ein strukturelles Diskriminierungsgeflecht zurückgeht, das nicht nur Maßnahmen zur Vereinbarkeit von Beruf und Familie notwendig macht, sondern auch spezifische Fördermaßnahmen zugunsten des unterrepräsentierten Geschlechts als Gruppe, um ein Gegengewicht zur dominierenden Gruppe herausbilden zu können.

Vor dem Hintergrund, daß der EuGH in der Rechtssache Marschall/Land Nordrhein-Westfalen erstmals unter einem neuen Blickwinkel in bezug auf die leistungsabhängige Vorrangregelung mit Härtefallklausel für den öffentlichen Dienst des Landes argumentierte, nämlich der faktischen, strukturellen und konkreten Ungleichheit auf dem Arbeitsmarkt[2993] und damit strukturelle Diskriminierungsmechanismen anerkannte, die die Gruppe erwerbstätiger Frauen in ihrer Gesamtheit treffen, ist auch die Prüfung angebracht, inwieweit sich dieses in den Entscheidungen zum Dienst- und Arbeitsrecht bereits vor und insbesondere nach dem Marschall-Urteil des EuGH vom 11.11.1997[2994] wiederspiegelt. Schließlich bietet die Frage nach einem diesbezüglichen Rechtsprechungswandel auf deut-

---

[2993] Vgl. Europäisches Parlament, Sitzungsdokumente v. 27.01.1999, Bericht über den Vorschlag für eine Richtlinie des Rates zur Änderung der Richtlinie 76/207/EWG des Rates zur Verwirklichung des Grundsatzes der Gleichbehandlung von Männern und Frauen hinsichtlich des Zugangs zur Beschäftigung, zur Berufsbildung und zum beruflichen Aufstieg sowie in bezug auf die Arbeitsbedingungen (KOM (96) 93 endg.), A4-0038/99, PE 225.922/end, S. 9
[2994] EuGH v. 11.11.1997, Slg. 1997, S. 6363 Rs. C- 409/95 Marschall/Land Nordrhein-Westfalen

scher und gemeinschaftsrechtlicher Ebene auch eine Antwort auf die Zukunft der Frauenförderung und nicht zuletzt auf die Möglichkeit der tatsächlichen Durchsetzung der Gleichberechtigung zwischen Männern und Frauen in allen gesellschaftlichen Bereichen, für die dem öffentlichen Dienst eine Vorreiterrolle bzw. Vorbildfunktion[2995] zukommt.

## 1. Der Rechtsprechungszeitraum vor dem Marschall-Urteil des EuGH

*1.1. Ausgewählte Entscheidungen der deutschen Verwaltungs- und Arbeitsgerichtsbarkeit*

*a) Die Verwaltungsgerichte*

Während in der Literatur der Begriff der strukturellen Diskriminierung durch Benda bereits 1986 in den rechtswissenschaftlichen Sprachgebrauch eingeführt worden ist, tat sich die deutsche Rechtsprechung mit der Anerkennung und Anwendung dieser Diskriminierungsform schwer.

Angedacht und aufgegriffen wurde Bendas Ansatz, die faktische Unterrepräsentation von Frauen im öffentlichen Dienst insbesondere bei höherbewerteten Stellen als strukturelle Diskriminierung zu erklären, in der deutschen Rechtsprechung zum ersten Mal durch das VG Bremen in einem Urteil vom 26.11. 1987[2996]. Das VG Bremen hatte sich im vorliegenden Fall mit der Rechtmäßigkeit der Nr. 9 der Richtlinie zur Förderung von Frauen im öffentlichen Dienst der Freien Hansestadt Bremen vom 09.10.1984[2997] auseinanderzusetzen, die für Einstellungen und Besetzungen höherbewerteter Stellen bei gleicher Qualifikation den Frauen Vorrang vor ihren männlichen Mitbewerbern einräumte. Nr. 9 der Frauenförderungsrichtlinie war dabei als Sollvorschrift ausgestaltet.

Den Grund für die Befassung mit der Frauenförderungsrichtlinie lieferte ein Bremer Richter, der bei seinen zukünftigen Beförderungsbewerbungen die Nr. 9 der Richtlinie nicht angewandt wissen wollte[2998]. Die vom Kläger erhobene Feststellungsklage wurde vom VG Bremen mit der Begründung abgewiesen, daß Nr. 9 der Richtlinie mit höherrangigem Recht, insbesondere Art. 3 Abs. 2 und 3 GG sowie Art. 4 Abs.1 des Übereinkommens zur Beseitigung jeder Form von Diskriminierung der Frau i.V.m. dem Gesetz zu diesem Übereinkommen vom

---

2995 Mohnen-Behlau in Mohnen-Behlau/Meixner (Hrsg.), Frauenförderung in Verwaltung und Wirtschaft, 2. Aufl. 1993, S. 16 (S. 35 f.)
2996 VG Bremen v. 26.11.1987, NJW 1988, S. 3224
2997 Brem.ABl. S. 351
2998 VG Bremen v. 26.11.1987, S. 3224

25.04.1985[2999] vereinbar sei, sofern eine de facto-Benachteiligung von Frauen bei höherbewerteten Stellen im öffentlichen Dienst vorläge und die soziale Ausgangslage für den männlichen Bewerber und die weibliche Bewerberin gleich sei oder für die Frau spräche[3000]. Unter Bezugnahme auf das von Benda 1986 vorgelegte Gutachten im Auftrag der Hamburgischen Leitstelle Gleichstellung der Frau zur Notwendigkeit und Möglichkeit positiver Aktionen zugunsten von Frauen im öffentlichen Dienst setzte sich das VG Bremen mit einzelnen Elementen der strukturellen Diskriminierung auseinander[3001]. Ursachen der Unterrepräsentanz von Frauen in Leitungspositionen seien u.a. traditionelle Rollenverständnisse über die Aufgabenverteilung von Mann und Frau, rechtliche Zugangsbarrieren von Frauen zur Richterschaft, die in historisch-traditionellen Leitbildern vom männlichen Richter mündeten sowie geschlechtsspezifische Chancen auf dem Arbeitsmarkt und beim beruflichen Aufstieg durch Schwangerschaften und Kinderbetreuung, die einen verspäteten Berufseintritt oder Unterbrechungen zur Folge hätten[3002]. Das VG Bremen schloß daraus auf die Zulässigkeit kompensatorischer Regelungen wie der Nr. 9 der Frauenförderungsrichtlinie zugunsten von Frauen bei der Vergabe von Stellen im öffentlichen Dienst, wenn der Leistungsgrundsatz aus Art. 33 Abs. 2 GG unangetastet bliebe[3003].

Diese Entscheidung rief in der Literatur zum Teil heftige Kritik hervor[3004] und wurde vom OVG Münster im Zusammenhang mit einer der Nr. 9 der Bremischen Frauenförderungsrichtlinie entsprechenden Regelung im Frauenförderungskonzept des Landes Nordrhein-Westfalen als ermessensfehlerhaft abgelehnt[3005]. Eine Auseinandersetzung mit den Ursachen faktischer Unterrepräsentanz von Frauen in Leitungsfunktionen im öffentlichen Dienst i.S.v. struktureller Diskriminierung ließ das OVG Münster dagegen vermissen[3006]. Das OVG Münster stellte entscheidend auf den Leistungsgrundsatz aus Art. 33 Abs. 2 GG ab, der nicht durch die Berufung auf unsachliche Kriterien wie z.B. das Geschlecht zur Beförderung einer Frau führen dürfe[3007]. Darüber hinaus widersprach es entschieden der vom VG Bremen vertretenen Auffassung, daß Art. 4 Abs. 1 des

---

2999 BGBl. II, S. 647
3000 VG Bremen v. 26.11.1987, S. 3224
3001 VG Bremen v. 26.11.1987, S. 3225 f.
3002 Ebenda
3003 VG Bremen v. 26.11.1987, S. 3226
3004 Vgl. u.a. Sachs, Jura 1989, S. 465; derselbe, NJW 1989, S. 553; Ladeur, ZBR 1992, S. 39; Stober, ZBR 1989, S. 289; befürwortend Lange, NVwZ 1990, S. 135; Pfarr/Fuchsloch, NJW 1988, S. 2201
3005 OVG Münster v. 15.06.1989, NJW 1989, S. 2560
3006 Zur Kritik vgl. auch Lange, S. 136
3007 OVG Münster v. 15.06.1989, S. 2561

Gesetzes zum Übereinkommen zur Beseitigung jeder Form der Diskriminierung der Frau vom 25.04.1985 eine ausreichende gesetzliche Ermächtigungsgrundlage für frauenbevorzugende Quoten- oder Vorrangregelungen bei Einstellungen und Beförderungen im Rahmen eines Frauenförderungskonzepts darstellen könne[3008].

In die gleiche Richtung ging der Vorlagebeschluß des OVG Nordrhein-Westfalens an das BVerfG zur Überprüfung der Vereinbarkeit des § 25 Abs. 5 S. 2 1. Halbsatz LBG NW mit § 7 BRRG, Art. 33 Abs. 2 i.V.m. Art. 3 Abs. 2 und 3 GG, der die bevorzugte Beförderung von Frauen bei gleicher Eignung vorsah[3009]. Der Senat des OVG NW hielt die Anwendung des § 25 Abs. 5 LBG NW unter Zurhilfenahme des Hilfskriteriums „Frau" bei gleicher Qualifikation eines Mannes und einer Frau für verfassungswidrig, da lediglich Hilfskriterien wie das Dienst- und Lebensalter eine sachliche Grundlage für die Auflösung einer solchen „Patt-Situation" bieten könnten[3010]. § 7 BRRG verbiete zudem eine Bezugnahme des Landesgesetzgebers auf das Geschlecht bei Ernennungen[3011]. Schließlich sah das OVG NW im objektiven Wertmaßstab des Art. 3 Abs. 2 und 3 GG lediglich eine Basis für Regelungen, die typische Benachteiligungen von Frauen ausgleichen sollten wie u.a. Frauenfördermaßnahmen zur Wiedereingliederung in den Beruf, Anerkennung von Kinderbetreuungszeiten, Hinausschieben von Altersgrenzen bei Einstellungen und der frühere Altersruhegeldbezug für Frauen[3012].

Dem OVG NW zufolge könne der einzelne Mann nicht das Unrecht ausgleichen, daß Frauen allgemein in der Vergangenheit benachteiligt worden wären, wenn von Art. 3 Abs. 2 und 3 GG als individuelles Grundrecht noch etwas über bleiben solle. Wenn sich Frauen, aus welchen Gründen auch immer, nicht für die Laufbahn, der der Mann angehöre, entschieden hätten und somit eine Unterrepräsentation vorliege, befürchtete das OVG NW, daß auf Jahre kein Mann mehr durch die Anwendung des § 25 Abs. 5 LBG NW in den Genuß einer Beförderung käme[3013]. Gleiches gelte auch für verheiratete Männer mit Kindern, die auf lange Sicht am beruflichen Fortkommen behindert wären, ohne daß im Einzelfall bevorzugt berücksichtigte Frauen tatsächlich geschlechtsbedingte Nachteile in ihrem beruflichen Werdegang erlitten hätten[3014]. Dem wurde in der Literatur entgegengehalten, daß beruflicher Aufstieg nur bei besserer Qualifikation i.S.v.

---

3008    Ebenda
3009    OVG NW v. 23.10.1990, RiA 1991, S. 306
3010    OVG NW v. 23.10.1990, S. 307, 309
3011    OVG NW v. 23.10.1990, S. 308
3012    OVG NW v. 23.10.1990, S. 309
3013    OVG NW v. 23.10.1990, S. 309 f.
3014    OVG NW v. 23.10.1999, S. 310

Art. 33 Abs. 2 GG in Betracht komme – Männer demzufolge also nur besser sein müßten als die konkurrierende Frau, damit die Quotenregelung nicht zur Anwendung käme[3015]. Den Gründen für die faktische Unterrepräsentanz der Frauen im gehobenen Sozialdienst des Antragsgegners (12 Frauen zu 67 Männern in der Position des Sozialamtmannes) war das OVG NW nicht nachgegangen. Negative Präferenzentscheidungen für eine bestimmte Laufbahn seien allein den einzelnen Frauen zuzuschreiben. Strukturelle Diskriminierung als Ursache eines derartigen Befundes war für das OVG NW kein auseinandersetzungswürdiges Thema.

Die zustimmende Besprechung dieses Vorlagebeschlusses durch Kruse[3016], führte zu der Einschätzung, daß Frauenförderung in Form von Quoten- oder Vorrangregelungen zur Umgehung von solchen Regelungen schon im Vorfeld der Auswahl führten, da Dienstvorgesetzte mit den Beurteilungen für Frauen ein Gegengewicht in der Hand hätten, so daß diese in Zukunft objektiv schlechter ausfallen könnten[3017]. Das diese Praxis eine rechtswidrige Umgehung des Art. 33 Abs. 2 GG darstellen würde, bemerkten schon Battis/Schulte-Trux/Weber[3018].

Mit Beschluß vom 10.04.1992 hob das OVG Münster[3019] schließlich den Vorlagebeschluß an das BVerfG auf und gewährte dem Kläger des Ausgangsverfahrens den begehrten einstweiligen Rechtsschutz, so daß der Antragsgegner bis zur rechtskräftigen Hauptsacheentscheidung gehindert war, die ausgeschriebene Stelle des Sozialamtmannes mit einer Frau zu besetzen. Das Gericht ging nach wie vor von einer Unvereinbarkeit des § 25 Abs. 5 LBG NW mit höherrangigem Recht aus, ohne daß eine Bezugnahme auf die Ursachen weiblicher Unterrepräsentation i.S.e. strukturellen Diskriminierung erfolgt wäre[3020].

Zeitlich unmittelbar auf den Beschluß des OVG Münster folgend lehnte das OVG Berlin mit Beschluß vom 16.04.1992[3021] die Vereinbarkeit von § 8 Abs. 2 des Berliner Gleichstellungsgesetzes (BerlLGG) mit § 7 BRRG ab. Die Bevorzugung gleichqualifizierter Beförderungsbewerberinnen nach § 8 Abs. 2 BerlLGG beruhe weder auf biologischen oder funktionalen Unterschieden zwischen Mann und Frau[3022], noch sei ein sozialstaatlich motivierter typisierender Ausgleich von (geschlechtsbedingten) Nachteilen über ein Landesgesetz zu regeln, da § 8 Abs. 2 BerlLGG zu einer Grundrechtsbeschränkung führe, die nur bundesgesetzlich erfolgen dürfe und § 7 BRRG insoweit verbindlich ein Diskri-

---

[3015] Battis/Schulte-Trux/Weber, DVBl.1991, S. 1165 (S. 1167)
[3016] Kruse, DÖV 1991, S. 1002
[3017] Kruse, S. 1010
[3018] Battis/Schulte-Trux/Weber, S. 1167 f.
[3019] NVwZ 1992, S. 1226 f.
[3020] OVG Münster v. 10.04.1992, S. 1224
[3021] NVwZ 1992, S. 1227
[3022] Vgl. BVerfGE 3, S. 225

minierungsverbot ausspreche[3023]. Auch das OVG Berlin ließ eine Auseinandersetzung mit den Gründen für weibliche Unterrepräsentanz i.S.v. struktureller Diskriminierung vermissen.

## b) Die Arbeitsgerichte

Dagegen ließ sich das LAG Bremen in seinem Urteil vom 08.07.1992[3024] in der Rechtssache Kalanke/Freie Hansestadt Bremen, die später in der Entscheidung des EuGH vom 17.10.1995[3025] mündete, ausführlich auf die Auseinandersetzung mit dem Begriff der strukturellen Diskriminierung ein.

Nach Auffassung des LAG Bremen war die Frage nach der Vereinbarkeit von Vorrangregelungen mit höherrangigem Recht nur dann angemessen zu beantworten, wenn zunächst eine Bestandsaufnahme der derzeitigen Situation der Geschlechter auf dem Arbeitsmarkt und im öffentlichen Dienst erfolgen würde[3026]. Deshalb wertete das LAG Bremen auch intensiv die zahlenmäßigen Anteile der Verteilung von Frauen und Männern im öffentlichen Dienst des Landes Bremen aus und kam zu dem Schluß, daß von ungefähr 41000 Planstellen für Arbeiter, Angestellte und Beamte zwar 51 % von Frauen besetzt seien, diese sich jedoch im höheren Dienst auf 30 % reduzierten[3027]. Würden hier die Beschäftigungsbereiche herausgenommen werden, in denen die Vertretung von Frauen selbstverständlicher geworden sei wie z.B. Lehrer im höheren Dienst oder der höhere Dienst in Kliniken, sinke dieser Anteil weiter auf ca. 21 %. Exemplarisch führte das Gericht auch Zahlen des höheren Dienstes im traditionellen Verwaltungsdienst an, wo der Frauenanteil u.a. bei der Senatskommission für das Personalwesen bei 9 %, beim Senator für Inneres bei 3 % und beim Senator für Finanzen bei 4 % liege[3028]. Daraus folgerte das LAG Bremen, daß nach wie vor ein faktisches Gleichheitsdefizit für Frauen bestehe, welches nicht anders als mit struktureller Diskriminierung erklärt werden könne[3029]. So griff das Gericht als Erklärung für diesen Befund tradierte Rollenvorstellungen über die Tätigkeiten und Stellung der Frau in Familie und Gesellschaft, geschlechtsspezifische Arbeitsteilung in der Familie und auch die eigenen Wertvorstellungen von Frauen auf, die den beruflichen Aufstieg, Führungspositionen oder einfach einen gesi-

---

3023 OVG Berlin v. 16.04.1992, S. 1227
3024 RiA 1993, S. 82
3025 Slg.1995, S. 3051 Rs. C-450/93 Kalanke/Freie Hansestadt Bremen zu § 4 Abs. 2 BremLGG a.F.
3026 LAG Bremen v. 08.07.1992, S. 82
3027 LAG Bremen v. 08.07.1992, S. 83
3028 Ebenda
3029 Ebenda

cherten Arbeitsplatz weniger als erstrebenswertes Ziel anvisierten[3030]. Schließlich erweise sich das traditionelle Rollenverständnis als subjektive Zugangsbarriere für Frauen, die noch dadurch verstärkt werde, daß die Entscheidungsträger in den Personalabteilungen überwiegend männlichen Geschlechts seien und deshalb auch die Frau, die sich dem sozialen Druck tradierter Rollenverständnisse entziehe, Entscheidungskriterien begegne, die sich ebenfalls als Zugangsbarriere erwiesen[3031]. Auch seien diese Frauen einer besonders kritischen Überprüfung ihrer Qualifikation durch die Entscheidungsträger in Personalangelegenheiten ausgesetzt[3032]. Da dem Gesetzgeber derart strukturelle Gleichheitsdefizite nicht egal sein könnten, sei er auch gehalten, den Handlungsbedarf zur Durchsetzung faktischer Gleichberechtigung in Form von Quoten– bzw. Vorrangregelungen umzusetzen[3033]. Das Zusammenwirken von Art. 3 Abs. 3 und 2 GG beschränke sich nicht auf eine bloße Nichtdiskriminierungsgarantie als ausschließliches Abwehrrecht, sondern biete auch einen gesellschaftlichen Gestaltungsauftrag und einen objektiv-rechtlichen Gehalt neben dem individualrechtlichen Abwehranspruch des einzelnen auf Nichtdiskriminierung, so daß hierüber[3034] eine Vereinbarkeit der Bremer Quotenregelung mit dem GG gegeben sei[3035]. Darüber hinaus verhindere die Bremische Vorrangregelung das Einfließen diskriminierender Entscheidungskriterien in die Personalauswahl[3036]. Außerdem setze die Vorrangregelung zugunsten von Frauen immer nur bei gleicher bzw. gleichwertiger Qualifikation mit männlichen Bewerbern ein, so daß Männer durch die üblicherweise verwendeten Hilfskriterien wie das Dienstalter, aber auch im Hinblick auf die berufliche Erfahrung, zumeist eine höhere Qualifikation nachweisen könnten[3037]. Auch wenn das LAG Bremen einräumte, daß qualifikationsabhängige Quoten weder für Männer noch für Frauen zufriedenstellend seien, kam es zu dem Schluß, daß es sich hierbei um ein wirksames Mittel der „Gegenwehr" gegen das faktische Gleichheitsdefizit handele, das so lange zulässig sei, bis es zur Entwicklung ernsthafter Alternativen käme[3038].

---

3030 Ebenda
3031 LAG Bremen v. 08.07.1992, S. 84
3032 Ebenda
3033 Ebenda
3034 Nach Abwägung des individuellen Anspruchs des Mannes auf Nichtdiskriminierung aus Art. 3 Abs. 3 GG mit der objektiven Wertentscheidung des Art. 3 Abs. 2 GG auf Herstellung tatsächlicher Gleichstellung der Frau = Herstellung praktischer Konkordanz; vgl. Pfarr/Fuchsloch, S. 2203 sowie Benda, S. 133 ff.
3035 LAG Bremen v. 08.07.1992, S. 85
3036 Ebenda
3037 Ebenda
3038 LAG Bremen v. 08.07.1992, S. 86

Diese sich ausführlich mit den Ursachen des faktischen Gleichheitsdefizits auseinandersetzende Entscheidung erntete insbesondere von Sokol[3039] viel Lob. In ihrer Besprechung des Urteils stellte sie u.a. heraus, daß das LAG Bremen wegen der Anerkennung und Auseinandersetzung mit der strukturellen Diskriminierung im Gegensatz zu den die Vorrangregelungen ablehnenden Gerichten nicht auf die Frage einzugehen brauchte, warum der Unterrepräsentanz von Männern in Frauendomänen im unteren und mittleren öffentlichen Dienst keine Quotenregelung als Gegengewicht zur Seite stände. Hier kam die Verfasserin jedoch zu dem Ergebnis, daß Frauendomänen kein Zeichen für Männerdiskriminierung seien, sondern vielmehr ein Ausdruck mangelnder Attraktivität solcher Stellen und zudem Männern andere Möglichkeiten offenstünden[3040].

Von wesentlicher Bedeutung ist im Urteil des LAG Bremen nicht nur die positive Einstellung zur Bremischen Vorrangregelung (zu diesem Zeitpunkt noch ohne Härtefallklausel), sondern auch der zu Ende gedachte Entscheidungsfindungsprozeß, der keine Ausklammerung der Ursachen vornahm und sich der Problematik des faktischen Gleichheitsdefizits stellte.

In der deutschen Rechtsprechung der Verwaltungs- und Arbeitsgerichte fanden sich im Vorfeld der Kalanke-Entscheidung des EuGH vom 17.10.1995[3041] weitere Urteile, die sich mit der Zulässigkeit von Quoten- oder Vorrangregelungen auseinanderzusetzen hatten, die aber, von zwei Entscheidungen abgesehen[3042], durchweg das Problem der strukturellen Diskriminierung unabhängig von der positiven oder negativen Bewertung dieser landesgesetzlichen Regelungen ausklammerten[3043].

Das BAG, das schließlich mit dem Kalanke-Verfahren als Revisionsinstanz befaßt war und den EuGH über einen Vorlagebeschluß gemäß Art. 234 EGV zur Klärung der Vereinbarkeit der Bremischen Quotenregelung mit Art. 2 Abs. 1 und 4 der Richtlinie 76/207/EWG (a.F.) veranlaßte[3044], konnte auf der Grundlage der Entscheidung der Vorinstanz dem EuGH nicht nur die tatsächlichen Zahlenergebnisse im öffentlichen Dienst des Landes Bremen vorlegen, die die fakti-

---

3039   Anm. zu LAG Bremen v. 08.07.1992, RiA 1993, S. 87
3040   Sokol, Anm. zu LAG Bremen v. 08.07.1992, S. 88
3041   Slg.1995, S. 3051 Rs. C-450/93 Kalanke/Freie Hansestadt Bremen
3042   Ablehnend VG Schleswig v. 16.03.1995, NVwZ 1995, S. 724 (S. 725); befürwortend OVG Lüneburg v. 05.04.1995, Nds.Rpfl. 1995, S. 136 (S. 138), die sich aber beide auf sehr knappe Ausführungen zu dem Problemkreis beschränken
3043   Die Quote ablehnend VG Arnsberg v. 25.08.1993, NVwZ 1995, S. 725; VG Braunschweig v. 01.12.1994, ZBR 1995, S. 217; VG Hannover v. 24.11.1994, Nds.RPfl.1995, S. 30; die Quote befürwortend VG Oldenburg v. 18.10.1994, Streit 1995, S. 29; LAG Hamm v. 15.07.1994, NVwZ- RR 1995, S. 584
3044   BAG v. 22.06.1993, AP Nr.193 zu Art. 3 GG = AuR 1993, S. 251 = NZA 1994, S. 77

sche Unterrepräsentanz der Frauen im höheren Dienst eindeutig belegten[3045], sondern auch den Zweck der Vorrangregelungen darstellen: Auch wenn das BAG in seinem Vorlagebeschluß die strukturelle Diskriminierung als Ursache des faktischen Gleichheitsdefizits bei qualifizierten Dienstposten unerwähnt ließ, knüpfte es doch an die Ausführungen des LAG Bremen hierzu an, indem es klarstellte, daß die traditionelle Zuweisung bestimmter beruflicher Tätigkeiten an Frauen und die Konzentration weiblicher Erwerbstätigkeit auf hierarchisch untergeordneten Positionen den heute geltenden Maßstäben beruflicher Gleichberechtigung widerspräche[3046]. Auch gehe es bei Vorrangregelungen nicht um den Ausgleich des in der Vergangenheit erlittenen Unrechts, sondern vielmehr um die Beseitigung gegenwärtiger geschlechtsspezifischer Nachteile, die unabhängig von bestehender Rechtsgleichheit vergangene Benachteiligungen nach wie vor perpetuierten[3047]. Unter Bezugnahme auf Huster[3048] legte das BAG dar, daß Vorrangregelungen auch ein Anstoß für Frauen seien, höherwertige Tätigkeiten auszuüben und bestehende faktische Nachteile überwinden helfen könnten, da sie Personalentscheider daran gewöhnten, daß Frauen solche Aufgaben wahrnehmen würden[3049]. Das BAG hatte demnach lediglich die strukturelle Diskriminierung angedacht und Einzelaspekte aufgegriffen.

Eine Auseinandersetzung mit dem Problem, daß die der strukturellen Diskriminierung immanente Vorurteilsstruktur auf Seiten der Personalentscheider auch die Einschätzung der Qualifikation der Bewerberinnen ausmacht und deshalb im Rahmen des Eignungskriteriums von Art. 33 Abs. 2 GG weitgehende Entscheidungsspielräume zur Belastbarkeit, den Führungseigenschaften, der Durchsetzungsfähigkeit, dem Verhandlungsgeschick u.v.m. bestehen, die nur einer eingeschränkten gerichtlichen Kontrolle unterliegen[3050], sah das Gericht zwar, ohne sich jedoch aufgrund seiner beschränkten Kontrollmöglichkeiten weiter damit beschäftigen zu können[3051].

Die im Zusammenhang mit der Frage der Zulässigkeit der Quoten- bzw. Vorrangregelungen notwendig zu führende interdisziplinäre Diskussion[3052], die das Ineinandergreifen von struktureller Diskriminierung als sozialer, psychologischer und gesellschaftspolitischer Ursache des faktischen Gleichheitsdefizits im öffentlichen Dienst mit Rechtsnormen wie Art. 3 Abs. 2 und 3 GG und im euro-

---

3045 BAG v. 22.06.1993, NZA 1994, S. 82
3046 BAG v. 22.06.1993, S. 81
3047 Ebenda
3048 AöR 1993, S. 109 (S. 119)
3049 BAG v. 22.06.1993, S. 81f.
3050 Vgl. Pfarr, Anm. zu BAG AP Nr. 193 zu Art. 3 GG
3051 BAG v. 22.06.1993, S. 78
3052 Maidowski, Anm. zu BAG AP Nr. 193 zu Art. 3 GG

päischen öffentlichen Dienst mit dem allgemeinen Gleichbehandlungsgrundsatz der Geschlechter hätte verdeutlichen können, hätte gerade auch die die Vorrangregelung ablehnenden Gerichte sensibilisieren und überzeugende Standpunkte herausbilden können, denn die vom BAG angenommene Verfassungsmäßigkeit der Bremischen Quotenregelung wurde vom Gericht über die Herstellung praktischer Konkordanz zwischen Art. 3 Abs. 2 GG und Art. 3 Abs. 3 GG i.S.e. gruppenbetonten Grundrechtskonzepts[3053] nur sehr kurz abgehandelt.

In der Arbeitsgerichtsbarkeit beschäftigten sich vor der Kalanke-Entscheidung des EuGH nur noch das Arbeitsgericht Dortmund mit Urteil vom 01.12.1992[3054] und das LAG Hamm mit Urteil vom 15.07.1993[3055] mit der Zulässigkeit von Vorrangregelungen zugunsten von Frauen. Beide Entscheidungen betrafen denselben Fall, denn die Klägerin hatte sich bei der Stadt Dortmund um die Stelle einer Schulhausmeisterin beworben, die zuvor ihr Ehemann ausgeübt hatte. Ihr wurde im Bewerbungsverfahren ein männlicher Bewerber vorgezogen, obwohl sie in der Vergangenheit des öfteren ihren Ehemann vertreten hatte. Unter Berufung auf Art. II des Gesetzes zur Förderung der beruflichen Chancen für Frauen im öffentlichen Dienst des Landes Nordrhein-Westfalen vom 31.10.1989[3056] machte sie ihre vorrangige Berücksichtigung wegen gleicher Qualifikation mit dem männlichen Konkurrenten geltend, da in der o.g. Position weniger Frauen zu finden seien.

Das Arbeitsgericht Dortmund gab der Klage unter Rückgriff auf das Urteil des LAG Bremen vom 08.07.1992[3057] statt. Nach seiner Ansicht verstieß die Vorschrift des FFG Nordrhein-Westfalens weder gegen Art. 33 Abs. 2 noch gegen Art. 3 Abs. 2 und 3 GG, denn gerade Art. 3 Abs. 2 und 3 GG reduzierten sich nicht auf ein bloßes Abwehrrecht gegenüber Ungleichbehandlungen. Art. 3 Abs. 2 GG diene der Herstellung tatsächlicher Gleichberechtigung der Geschlechter und erschöpfe sich nicht in der Beseitigung von Vor- und Nachteilen in Anknüpfung an den Geschlechtsunterschied. Vielmehr habe der Gesetzgeber hier einen Gestaltungsspielraum, für die Zukunft die Gleichberechtigung der Geschlechter durchzusetzen. Da die Klägerin gleich qualifiziert sei wie ihr männlicher Konkurrent, sei sie nach Art. II Abs. 1 des FFG NW vorrangig einzustellen, woran auch der Familienstand des Mitbewerbers (verheiratet, zwei Kinder) nichts ändere.

---

3053 Ebenda
3054 PersR 1993, S. 282
3055 PersR 1994, S. 142
3056 Das Gesetz hatte auch zu der im Marschall-Verfahren vor dem EuGH streitigen Vorschrift des § 25 Abs. 5 LBG NW für Beamte geführt
3057 Vgl. RiA 1993, S. 82

Das LAG Hamm gab durch sein Urteil vom 15.07.1993[3058] der eingelegten Berufung der Stadt Dortmund zwar statt, in bezug auf die hier streitige Vorrangregelung zugunsten von Frauen mit Härtefallklausel berief es sich aber wiederum auf das Urteil des LAG Bremen vom 08.07.1992, denn die dort aufgezeigte erhebliche Unterrepräsentanz von Frauen in höherbewerteten Positionen des öffentlichen Dienstes sei durch den Gesetzgeber nur realistisch durch Einwirkung gesetzlicher Regelungen auf den Entscheidungsprozeß der für die Personalauswahl zuständigen Personen aufzuheben, wie es auch das nordrhein-westfälische FFG vorsehe[3059]. Art. II Abs. 1 FFG NW berücksichtige das Leistungsprinzip, stelle aber auch sicher, daß in der Person eines männlichen Mitbewerbers liegende wichtige Gründe im Rahmen einer Einzelfallabwägung den Ausschlag zugunsten eines Mannes geben könnten. Damit ergäbe sich aus Art. II Abs. 1 FFG NW nur die gesetzliche Festschreibung des Hilfskriteriums „Frau" für das vom Arbeitgeber auszuübende Auswahlermessen nach Art. 33 Abs. 2 GG. Schließlich bewirke Art. II Abs. 1 FFG NW nur, daß nicht mehr die Hilfskriterien des Dienst- und Lebensalters wie bislang an erster Stelle bei gleicher Qualifikation eines Mannes und einer Frau zum Zuge kämen, sondern vielmehr zunächst das Kriterium „Frau" anzuwenden sei[3060]. Das von der Vorinstanz abweichende Urteil begründete das LAG Hamm damit, daß die Klägerin ihren Einstellungsanspruch nicht mehr durchsetzen könne, da die Stadt Dortmund die Schulhausmeisterstelle bereits mit dem Mann besetzt habe und diese Maßnahme nicht mehr rückgängig zu machen sei.

Beide Entscheidungen zeichnen sich dadurch aus, daß sie die hier maßgebliche Vorrangregelung mit Härtefallklausel ernst genommen und schon vor der Neufassung des Art. 3 Abs. 2 GG den über das Diskriminierungsverbot des Art. 3 Abs. 3 GG hinausgehenden Gehalt des Gleichberechtigungsgebots anerkannt haben. Trotz der Bezugnahme beider Urteile auf das LAG Bremen vom 08.07.1992 findet sich weder beim ArbG Dortmund noch beim LAG Hamm ein explizites Eingehen auf die Ursachen faktischer Unterrepräsentanz von Frauen, die das LAG Bremen ausführlich in seine Überlegungen miteinbezogen hatte. Lediglich beim LAG Hamm deutet sich ein solcher Bezug an, indem es eine realistische gesetzgeberische Einwirkungsmöglichkeit auf die mit der Personalauswahl beschäftigten Personen nur durch Vorrangregelungen zugunsten von Frauen gewährleistet sah. Dahinter stand die Auffassung, daß Personalentscheider aufgrund verinnerlichter traditioneller Vorstellungen über die Rolle und die Fähigkeiten von Frauen und sonstiger Vorurteile eher zur Einstellung oder Be-

---

3058  PersR 1994, S. 142
3059  LAG Hamm v. 15.07.1993, S. 144
3060  Ebenda

förderung eines Mannes neigen, ohne daß dieses im Einzelfall eine bewußte oder nachweisbare Entscheidung sein muß. Gerade bei der Besetzung der fraglichen Stelle eines Schulhausmeisters, die traditionell eher als „Männeraufgabe" angesehen wird, sind derartige strukturell diskriminierendende Hintergrundüberlegungen der beklagten Stadt nicht auszuschließen. Eine Einbeziehung struktureller Diskriminierungsmechanismen hätte hier das Urteil des LAG Bremen vom 08.07.1992 nicht nur zusätzlich bekräftigt, sondern ebenfalls für die Rechtsprechung zur Frauenförderung eine größere Basis sowie ein breiteres Forum für die Anerkennung dieser Strukturen geschaffen, die dann auch Gegenmaßnahmen wie Vorrangregelungen mit Härtefallklausel notwendig machen. So bleibt das Urteil des LAG Bremen zumindest in diesem Zeitraum vor dem Vorlagebeschluß des BAG vom 22.06.1993 und der Marschall-Entscheidung des EuGH die einzige arbeitsgerichtliche Entscheidung, die sich ausführlich mit strukturellen Diskriminierungsmechanismen gegenüber Frauen auseinandergesetzt hatte.

*1.2. Entscheidungen des EuGH zur bevorzugten Beförderung von Frauen im EÖD*

In demselben Jahr, als das VG Bremen seine Entscheidung vom 26.11.1987[3061] traf, lehnte der EuGH in zwei Urteilen eine bevorzugte Berücksichtigung von Frauen bei Beförderungen ab[3062], wobei er im Verfahren Bonino/Kommission der Klage aus anderen Gründen stattgab. Vier Jahre später gab das Gericht 1. Instanz (EuG) der Klage eines Mannes auf Aufhebung einer Beförderung einer Frau statt, die u.a. vor dem Hintergrund des Aktionsprogramms zur Herstellung von mehr Ausgewogenheit (PAR-PE) beim Europäischen Parlament von 1990 befördert worden war[3063].

*a) Die Entscheidung Bonino/Kommission*

Die Klägerin Bonino hatte sich wie ihr männlicher Mitbewerber auf eine ausgeschriebene Planstelle als Gruppenleiterin in der Sonderlaufbahn Sprachendienst für die Laufbahn LA 5/LA 4 im Bereich „Wirtschaft und Finanzen" beworben. Beide Bewerber übten zur Erprobung nacheinander für jeweils sechs Monate das Amt des Gruppenleiters aus, denn die Stellenbesetzung sollte erst nach Ablauf

---

3061  NJW 1988, S. 3224
3062  EuGH v. 12.02.1987, Slg. 1987, S. 739 Rs. 233/85 Bonino/Kommission sowie EuGH v. 16.12. 1987, Slg. 1987, S. 5345 Rs. 111/86 Delauche/Kommission
3063  EuG v. 11.12.1991, Slg. 1991, S. 1403 Rs. T-169/89 Frederiksen/Parlament

dieser Erprobungsphase erfolgen[3064]. Im Anschluß an die Erprobungsphase schlug der Dienstvorgesetzte den Mann zur Einweisung in die Stelle vor, da die Klägerin während ihrer sechsmonatigen Erprobung keine ebenso große Befähigung für das auszuübende Amt gezeigt habe. Zwar seien beide Bewerber im Rahmen ihrer Fähigkeiten als Übersetzer und Überprüfer in etwa gleich zu bewerten, jedoch habe der Mann eine bessere Eignung im Hinblick auf die Befähigung zum Management gezeigt[3065]. Daraufhin wurde der Mann mit Verfügung der Anstellungsbehörde zum Leiter der Gruppe „Wirtschaft und Finanzen" ernannt, von dem auch die Klägerin Kenntnis nahm[3066].

Nach der Abweisung ihrer Beschwerde, von der sie auch den Paritätischen Ausschuß für Chancengleichheit informiert hatte, erhob sie Klage mit der Begründung, es habe Ermessensmißbrauch, Verletzung des BSt, u.a. des Art. 27 BSt, sowie ein Verstoß gegen den Grundsatz der Gleichbehandlung von Männern und Frauen etc. vorgelegen[3067]. Gegen das Fehlen einer Begründung für die Ablehnung ihrer Bewerbung machte die Klägerin geltend, daß sie über eine größere Berufserfahrung, ein ungefähr fünf Jahre höheres Dienstalter verfüge und seit zehn Jahren faktisch das Gruppenleiteramt ausübe. Hinzu käme die Vielzahl der Sprachen, aus denen sie übersetze, die Teilnahme an einem Managementkurs sowie ihr erfolgreiches Abschneiden in einem internen Auswahlverfahren für Verwaltungsräte[3068]. Schließlich könne der Grundsatz der Gleichbehandlung von Männern und Frauen nur dann zu einer tatsächlichen Verwirklichung führen, wenn dies über ein System angemessener Sanktionen und einen wirksamen Rechtsschutz abgesichert werde. Da in den verantwortlichen Dienstposten der Sonderlaufbahn Sprachendienst eine erhebliche Unterrepräsentanz von Frauen vorläge, müsse die Anstellungsbehörde die Auswahl eines jeden Mannes begründen, damit nachprüfbar sei, ob sie ihren Beurteilungsspielraum auch nicht überschritten habe[3069]. Die Klägerin berief sich weiter auf einen Verstoß gegen den Grundsatz der Gleichbehandlung von Männern und Frauen, denn in den vierzehn Übersetzungsabteilungen der Kommission mit insgesamt 66 Gruppen ständen 50 männliche Gruppenleiter 14 weiblichen Gruppenleiterinnen gegenüber, so daß der Frauenanteil mithin lediglich 28 % und in Luxemburg nur 10,52 % betrage[3070].

---

[3064] EuGH v.12.02.1987, S. 740 f. Bonino/Kommission
[3065] EuGH v.12.02.1987, S. 741 Bonino/Kommission
[3066] Ebenda
[3067] EuGH v.12.02.1987, S. 742 Bonino/Kommission
[3068] EuGH v.12.02.1987, S. 743 Bonino/Kommission
[3069] Ebenda
[3070] EuGH v.12.02.1987, S. 744 Bonino/Kommission

Der Europäische Gewerkschaftsbund öffentlicher Dienst, der als Streithelfer in dem Verfahren fungierte, machte geltend, daß aus der grundlegenden Bedeutung des Grundsatzes der Gleichbehandlung von Männern und Frauen eine bevorzugte Beförderung von Frauen zu erfolgen hätte, da Frauen als Leiterinnen von Übersetzungsgruppen erheblich unterrepräsentiert seien. Nur so könne auf absehbare Zeit eine ausgewogene Vertretung von Frauen auf der Leitungsebene sichergestellt werden[3071]. Der Streithelfer berief sich auch auf einen Vergleich zum Staatsangehörigkeitskriterium, daß vom EuGH zur Herstellung eines geographischen Gleichgewichts innerhalb des Personals anerkannt worden sei[3072] und bei gleichen Befähigungsnachweisen der Bewerber Verwendung finde[3073]. Auch war nach seiner Auffassung eine eingehende Begründung bei der Ablehnung einer gleichqualifizierten Frau erforderlich, die auch eine Beweislastumkehr nach sich ziehe. Schließlich gelte der Nachweis einer frauenfeindlichen Diskriminierung auf der Grundlage des Mittelfristigen Gemeinschaftsprogramms der Kommission 1986-1990 für die Chancengleichheit der Frauen[3074] und des Zwischenberichts der Kommission über die Anwendung der Richtlinie 79/7/EWG vom 19.12.1978[3075] als geführt, wenn ein Bündel übereinstimmender Indizien (hier Statistiken) belegen, daß der Frauenanteil in der Kommission in dem Maße abnehme, je höher die Besoldungsgruppen der Laufbahnen B und A sowie der Sonderlaufbahn LA steigen[3076].

Die beklagte Kommission berief sich dagegen auf die Rechtsprechung des EuGH, demnach die Anstellungsbehörde über einen weiten Beurteilungsspielraum bei der Abwägung dienstlicher Interessen gegenüber den berücksichtigungsfähigen Verdiensten der Bewerber verfüge[3077] und die Erprobungsphase hätte u.a. zur Feststellung der Managementfähigkeiten gedient, die für die Klägerin deutlich schlechter ausgefallen seien[3078]. Selbst das höhere Dienstalter, die Diplome und Sprachkenntnisse der Klägerin hätten zu keinem anderen Ergebnis als zur Beförderung des männlichen Bewerbers führen können, da er über hervorragende Befähigungsnachweise, Diplome etc. verfügt habe[3079]. Die Anstellungsbehörde habe die Ablehnung der Beförderung der Klägerin auch nicht be-

---

3071   Ebenda
3072   Vgl. Art. 27 Abs. 1 BSt, demnach die Beamten auf möglichst breiter geographischer Grundlage unter den Angehörigen der Mitgliedstaaten auszuwählen sind
3073   EuGH v.12.02.1987, S. 744 Bonino/Kommission
3074   KOM (85) 801endg. v. 19.12.1985
3075   KOM (83) 793 endg. v. 06.01.1984
3076   EuGH v.12.02.1987, S. 744 f. Bonino/Kommission
3077   Vgl. hierzu u.a. EuGH v. 24.03.1983, Slg. 1983, S. 1131 (S. 1142) Rs. 298/81 Colussi/Parlament
3078   EuGH v.12.02.1987, S. 745 Bonino/Kommission
3079   EuGH v.12.02.1987, S. 745 f. Bonino/Kommission

gründen müssen, da diese Entscheidung insbesondere auf den Charakter, das Verhalten und die gesamte Persönlichkeit (also sich im Rahmen des Eignungsbegriffs wie im deutschen Recht – Art. 33 Abs. 2 GG – bewegt) zurückgehe. Darüber hinaus könne der Grundsatz der Gleichbehandlung von Männern und Frauen die Verwendung des Befähigungskriteriums, das eine Vielzahl von Fähigkeiten hinsichtlich der auszuübenden Tätigkeit zur Beurteilung durch die Anstellungsbehörde bereitstelle, nicht verhindern[3080]. Eine Zusicherung der Kommission an Frauen, daß ihnen bei Beförderungen ein Vorrang vor Männern einzuräumen sei, selbst wenn die Anstellungsbehörde bei vernüftigem Gebrauch ihres Beurteilungsspielraumes zu dem Ergebnis komme, daß dem Mann im dienstlichen Interesse die Beförderung zustehe, habe es nie gegeben[3081].

Der EuGH lehnte in seinem Urteil eine Begründungspflicht gegenüber der abgewiesenen Bewerberin unter Berufung auf seine frühere Rechtsprechung[3082] ab, da ihr dadurch Nachteile erwachsen könnten – der Gesichtspunkt der Gleichbehandlung von Mann und Frau spiele hier keine Rolle[3083]. Er bestätigte ebenfalls die Auffassung der Kommission, daß der Anstellungsbehörde bei der Abwägung der dienstlichen Erfordernisse der Stelle und der Befähigung der Bewerber ein weiter Beurteilungsspielraum zukomme, der durch das Gericht nicht durch eine eigene Beurteilung ersetzt werden dürfe[3084]. Zwar hielt der EuGH der Klägerin zugute, daß sie aufgrund ihrer Befähigungsnachweise, ihrer Erfahrung und ihrer Sprachkenntnisse als höherqualifiziert erscheinen konnte als ihr männlicher Konkurrent, doch habe dieser in der Erprobungsphase höhere Managementfähigkeiten gezeigt, so daß die Anstellungsbehörde mit der Auswahl des Mannes als den geeignetsten Bewerber auch nicht über die Grenzen ihres Beurteilungsspielraumes hinausgegangen sei[3085].

Daß die Klägerin die Leitung der Übersetzungsgruppe „Wirtschaft und Finanzen" bereits vor der Erprobungsphase ausgeübt hatte, stelle kein ausreichendes Argument dar, denn die praktischen Erfahrungen des männlichen Bewerbers hätten für die Kommission den Ausschlag für die Besetzung der Stelle gegeben[3086]. Der einzige Punkt in den Entscheidungsgründen, in dem der EuGH auf einen Verstoß gegen den Grundsatz der Gleichbehandlung von Männern und Frauen einging, ist in Randnr. 9 der Entscheidungsgründe zu finden: Dem EuGH fehlten im Vorbringen der Klägerin konkrete Tatsachen, die ein allgemeines

---

3080 EuGH v.12.02.1987, S. 746 Bonino/Kommission
3081 EuGH v.12.02.1987, S. 746 f. Bonino/Kommission
3082 Vgl. u.a. EuGH v. 13.07.1972, Slg.1972, S. 603 Rs. 90/71 Bernardi/Parlament
3083 EuGH v.12.02.1987, S. 756 f. Bonino/Kommission
3084 EuGH v.12.02.1987, S. 757 Bonino/Kommission
3085 Ebenda
3086 EuGH v.12.02.1987, S. 758 Bonino/Kommission

Vorurteil gegenüber Frauen im Zusammenhang mit der Beurteilung ihrer Qualifikationen von Seiten der Kommission erkennen ließen. So kam der EuGH auch zu dem Schluß, daß es keiner Auseinandersetzung mit der Frage bedürfe, ob weiblichen Bewerberinnen ein Vorrang einzuräumen sei, da eine gleiche Eignung und Befähigung zwischen der Klägerin und ihrem Konkurrenten nicht erkennbar gewesen sei[3087].

Das der EuGH der Klage gleichwohl stattgegeben hatte, lag daran, daß die Kommission entgegen Art. 26 BSt (Inhalt der Personalakte) und Art. 43 BSt (regelmäßige Leistungsbeurteilung der Beamten alle zwei Jahre) die Leistungsbeurteilung über die Klägerin in der Erprobungsphase in einem einzigen Schreiben mit einem Vergleich beider Bewerber zusammengefaßt hatte, ohne daß dieses in die Personalakte der Klägerin gelangt und ihr Gelegenheit zu einer Stellungnahme gegeben worden war[3088]. Die Entscheidung der Anstellungsbehörde, daß der männliche Bewerber für die ausgeschriebene Stelle am besten geeignet gewesen sei, beruhte folglich auf diesem einzigen Schreiben, das dann auch zur Ablehnungsverfügung gegenüber der Klägerin geführt hatte. Dieses Vorgehen wertete der EuGH nach Art. 26 und 43 BSt als rechtswidrig, so daß die Klage im Ergebnis erfolgreich war.

Das Urteil Bonino läßt in jeder Hinsicht eine Auseinandersetzung mit dem Begriff der strukturellen Diskriminierung vermissen. Selbst wenn in Rechnung gestellt wird, daß diese Begrifflichkeit erst am Anfang ihrer Entwicklung stand, kann nicht ignoriert werden, daß sowohl die Kägerin als auch ihr Streithelfer dem EuGH eindeutiges Zahlenmaterial über die faktische Unterrepräsentanz von Frauen in Gruppenleiterfunktionen von Übersetzungsabteilungen vorgelegt hatten. Die Tatsache, daß Frauen je höher die Laufbahngruppen ansteigen, umso geringer vertreten sind, bot dem EuGH keinen Anlaß, sich mit den Ursachen dieses Befundes im Rahmen des Grundsatzes der Gleichbehandlung von Männern und Frauen auseinanderzusetzen. Sicherlich lag im Jahr dieser Entscheidung noch keine direkte gemeinschaftsinterne Rechtsgrundlage für eine bevorzugte Berücksichtigung von Frauen bei Einstellungen und Beförderungen bei gleicher Qualifikation und Unterrepräsentation in der jeweiligen Laufbahn vor[3089], doch ist die

---

3087 Ebenda
3088 EuGH v.12.02.1987, S. 759 Bonino/Kommission
3089 Von Art. 2 Abs. 4 der Richtlinie 76/207/EWG (a.F.) abgesehen, dessen Geltung im EÖD nicht unumstritten gewesen ist und außerdem eine Anwendung auf diese Fälle noch nicht angedacht war, sondern erst mit dem Vorlagebschluß des BAG v. 22.06.1993, NZA 1993, S. 77 an den EuGH herangetragen wurde; darüber hinaus datiert das Erste Aktionsprogramm für die weiblichen Beschäftigten bei der Kommission (1988-1990) vom 08.03.1988, vgl. Anhang 3, S. 747

explizite Ablehnung dieser Auseinandersetzung durch den EuGH[3090] gerade deshalb enttäuschend, da er sich in der Vergangenheit durch seine gleichberechtigungsfreundliche Rechtsprechung ausgezeichnet hatte[3091]. Zweifelhaft ist darüber hinaus auch die Auseinandersetzung mit der Qualifikation der Klägerin, die sich insbesondere durch ein höheres Dienstalter, verschiedene Diplome sowie die bereits tatsächlich seit ca. zehn Jahren ausgeübte Tätigkeit als Gruppenleiterin ausgezeichnet hatte. Unabhängig von der Frage, ob ein höheres Dienstalter als Hilfskriterium bei Beförderungen in der Regel mittelbar diskriminierend wirkt[3092], war im vorliegenden Fall die umgekehrte Situation eingetreten, daß eine Frau ein höheres Dienstalter sowie verschiedene für die zu besetzende Stelle beachtliche Qualifikationen nachweisen konnte. Der Rückgriff der Anstellungsbehörde auf die angeblich besseren Managementfähigkeiten des männlichen Konkurrenten, die laut klägerischem Vortrag von der Stellenbeschreibung nicht gefordert waren, lassen den Schluß zu, daß es sich hierbei um einen nachgeschobenen Grund gehandelt haben könnte, um eine bessere Qualifikation des Mannes konstruieren zu können.

Wird an dieser Stelle das Modell der strukturellen Diskriminierung aktiviert, läßt sich unschwer erkennen, daß Frauen im allgemeinen eine höhere Qualifikation mitbringen müssen, um überhaupt Chancen auf eine qualifizierte Stelle zu haben[3093] und daß schließlich hohe Qualifikationen gleichwohl zur Ablehnung führen können, da entweder das Argument der Überqualifikation oder ein anderes Qualifikationsprofil im Rahmen persönlicher Eignung und Befähigung aufgegriffen wird (hier die Managementfähigkeiten), um sich doch für den Mann entscheiden zu können[3094]. Pfarr kommt deshalb auch zu dem Schluß, daß die argumentative Mühe relativ gering ist, eine bessere Qualifikation des Mannes über den sehr weit gefaßten Eignungsbegriff im Hinblick auf Führungseigenschaften, Teamfähigkeit etc. festzustellen[3095]. Da der Anstellungsbehörde bei der Beförderungs- und Einstellungsentscheidung für die Bewertung der dienstlichen Gesichtspunkte und der Befähigung der Bewerber für die ausgeschriebene Stelle

---

3090 Vgl. EuGH v. 12.02.1987, S. 758 Bonino/Kommission
3091 Vgl. nur EuGH v. 13.05.1986, Slg. 1986, S. 1607 Rs. 170/84 Bilka Kaufhaus GmbH/Weber von Hartz (zur Definition der mittelbaren Diskriminierung) sowie EuGH v. 10.04.1984, Slg. 1984, S. 1891 Rs. 14/83 Colson, Kamann/Land Nordrhein-Westfalen (zur Höhe des Schadensersatzanspruchs aus § 611a BGB a.F.)
3092 Vgl. hierzu Buglass/Heilmann, AuR 1992, S. 353; Schiek, WSI-Mitteilungen 1996, S. 341 (S. 347); dieselbe, AuR 1996, S. 128 f.
3093 Vgl. nur Francke/Sokol/Gurlit, S. 8 f.
3094 Siehe hierzu auch Pfarr, Anm.zu BAG AP Nr. 193 zu Art. 3 GG
3095 Ebenda

ein weiter Beurteilungsspielraum zukommt[3096], beschränkt sich die Kontrolle des EuGH auf die Prüfung, ob sich die Anstellungsbehörde bei ihrer Bewertung in vernüftigen Grenzen bewegt und ihr Ermessen nicht offensichtlich fehlerhaft ausgeübt hat[3097].

Der weite Beurteilungsspielraum der Verwaltung bei der Beurteilung von Eignung und Befähigung einer Frau führte im vorliegenden Fall offenbar auch zur Anknüpfung an einen Aspekt, der sich im Diskriminierungsgeflecht der strukturellen Diskriminierung wiederfinden läßt. Im Verfahren Bonino/Kommission wurden die Managementfähigkeiten der Klägerin zum Dreh- und Angelpunkt für die Gruppenleiterposition, ohne daß dieses zuvor in der Stellenausschreibung oder den Bewerbern bekanntgegeben worden war. Auch der EuGH mußte einräumen, daß die Klägerin als besser qualifiziert erscheinen konnte als ihr männlicher Konkurrent, gestand aber der Anstellungsbehörde ohne weiteres den entsprechend weiten Beurteilungsspielraum bei der Entscheidung zu, welchen Kriterien für die Stelle und den jeweiligen Bewerbern ausschlaggebendes Gewicht beizumessen war.

Die der strukturellen Diskriminierung eigene Vorurteilsstruktur aufgrund tradierter Rollenvorverständnisse der Personalentscheider hat hier im Reflex auch die Klägerin getroffen [3098], obwohl die Klägerin bereits im Vorfeld der Erprobungsphase tatsächlich in der Position der Gruppenleiterin gearbeitet hatte und außerberufliche Zwänge hier offenbar keine Einschränkungen der Leistungsfähigkeit hatten erkennen lassen. So muß im Verfahren Bonino/Kommission auch davon ausgegangen werden, daß die Klägerin auf der Grundlage von (schwer nachweisbaren) strukturellen Diskriminierungsmechanismen einer besonders kritischen Prüfung ihrer fachlichen Qualifikation[3099] und ihrer Eignung und Befähigung ausgesetzt gewesen war.

Das Dilemma eines Gerichts, daß sich bei der Überprüfung von Beförderungs- und Einstellungsentscheidungen von Behörden nur auf eine Ermessensfehlerhaftigkeit und die Frage nach der Einhaltung vernünftiger Grenzen bei der Beurteilung der Befähigung und Eignung der Bewerber beschränkt[3100], führt hier wiederum im Umkehrschluß zur (notgedrungenen) Anerkennung einer besseren Qualifikation des Mannes, da sich das Gericht nicht mit seiner eigenen Beurteilung an die Stelle der Anstellungsbehörde setzen darf[3101]. Deshalb war der

---

3096 Vgl. EuGH v. 04.02.1987, Slg. 1987, S. 529 (S. 544) Rs. 324/85 Bouteiller/Kommission
3097 EuGH v. 12.02.1987, S. 457 Bonino/Kommission
3098 Vgl. auch LAG Bremen v. 08.07.1992, RiA 1993, S. 82 (S. 84)
3099 Ebenda
3100 Vgl. hierzu auch BAG v. 22.06.1993, NZA 1994, S. 77 (S. 78)
3101 EuGH v. 12.02.1987, S. 757 Bonino/Kommission

EuGH im Verfahren Bonino/Kommission auch äußerst vorsichtig, als er eine mögliche höhere Qualifikation der Klägerin mit dem Hinweis auf die Beurteilung während der Erprobungsphase und die Managementfähigkeiten des männlichen Konkurrenten abtat[3102]. Wenn aber eine höhere Qualifikation der Klägerin zumindest angedacht wurde, spricht vieles dafür, daß beide Bewerber zumindest als gleichqualifiziert anzusehen waren und daß die Auseinandersetzung mit dem Vorrang von Frauen gerade vor dem Hintergrund des statistischen Ungleichgewichts von Frauen und Männern in der Gruppenleiterfunktion der Sonderlaufbahn Sprachendienst hätte geführt werden müssen, auch und insbesondere wegen einer Inhalts- und Grenzenbestimmung des allgemeinen Grundsatzes der Gleichbehandlung von Männern und Frauen, dessen Ausfüllungsbedürftigkeit hier nahe gelegen hätte.

Schließlich ist noch auf die Schlußanträge des im Verfahren beteiligten Generalanwalts Darmon vom 22.01.1987[3103] einzugehen, der zu dem Schluß kam, daß die Klägerin und ihr männlicher Konkurrent anhand gleicher Kriterien beurteilt worden seien und somit auch die Chancengleichheit gewahrt geblieben wäre. Die klägerische Auffassung, die Auswahl des Mannes habe auf geschlechtsspezifischen Vorurteilen beruht, lehnte er unter Hinweis auf die fehlenden konkreten Angaben durch die Klägerin ab, da der Klägerin im übrigen eine Gruppenleiterstelle in einem anderen Bereich angeboten worden sei[3104]. Er verwies dabei auch auf das Urteil des EuGH in der Rechtssache Huybrechts/Kommission vom 06.05.1969[3105], demnach die Klägerin eine Benachteiligung aufgrund ihres Geschlechts durch die Anstellungsbehörde hätte beweisen können müssen. Einen möglichen Anspruch der Klägerin auf Vorrang bei gleicher bzw. gleichwertiger Qualifikation wies er mit dem Argument zurück, daß eine solche im vorliegenden Fall nicht vorgelegen habe und es sich um ein nach der Verfahrensordnung des Gerichtshofs unzulässiges neues Angriffs- und Verteidigungsmittel gehandelt habe[3106]. Einer Auseinandersetzung mit dem statistischen Ungleichgewicht von Frauen in der Funktion der Gruppenleitung stellte er sich nicht, so daß die Problematik der strukturellen Diskriminierung als Ursache des Befundes und Möglichkeiten des Umgangs im Rahmen des Grundsatzes der Gleichbehandlung von Männern und Frauen auch nicht weiter verfolgt wurden.

---

3102  Ebenda
3103  Slg. 1987, S. 748 Rs. 233/85 Bonino/Kommission
3104  GA Darmon, S. 753 Bonino/Kommission
3105  Slg.1969, S. 85 Rs. 21/68
3106  GA Darmon, S. 753 f. Bonino/Kommission

*b) Die Entscheidung Delauche/Kommission*

In einem zweiten Verfahren hatte sich der EuGH wiederum mit der Frage auseinanderzusetzen, ob einer Beförderungsbewerberin bei gleicher Eignung und Unterrepräsentation von Frauen in der jeweiligen Laufbahngruppe ein Vorrang einzuräumen war[3107]. Der EuGH wies die Klage u.a. mit der Begründung ab, daß die Klägerin im Vergleich mit ihrem männlichen Konkurrenten für die Besetzung des fraglichen Dienstpostens nicht gleich geeignet gewesen wäre – die Prüfung eines Vorrangs des unterrepräsentierten Geschlechts hatte sich damit erledigt[3108].

Die Klägerin hatte sich auf die Planstelle eines Abteilungsleiters für den Bereich „Verwaltungsrechtliche und finanzielle Ansprüche" in der Besoldungsgruppe A2, A3 beworben und wurde mit zwei männlichen Bewerbern in die engere Wahl gezogen. Ernannt wurde schließlich einer der beiden Männer[3109]. Mit ihrer Klage berief sie sich u.a. auf eine Verletzung des Grundsatzes der Gleichbehandlung von Männern und Frauen, der impliziere, daß dem Bewerber, der dem unterrepräsentierten Geschlecht angehöre, bei gleicher Eignung ein Vorrang zukomme. Frauen seien in der fraglichen Besoldungsgruppe in der Funktion der Abteilungsleiterin stark unterrepräsentiert – in den Besoldungsgruppen A3, A2 und A1 befänden sich nach einer von der Klägerin vorgelegten Statistik der Kommission weniger als 2 % Frauen[3110].

Dem hielt die beklagte Kommission entgegen, daß bei Anerkennung eines Prioritätsrechtes für das unterrepräsentierte Geschlecht der Gleichbehandlungsgrundsatz zu einer Ungleichbehandlung führe und ein solches Vorrangrecht auch nirgends im positiven Gemeinschaftsrecht aufgeführt sei. Eine gesetzgeberische Entwicklung auf diesem Gebiet könne die Kommission nicht vorwegnehmen[3111]. Auch sei die Kommission nicht der Auffassung gewesen, daß die Klägerin über die gleiche Eignung wie ihr männlicher Konkurrent für den in Rede stehenden Dienstposten verfügt habe[3112].

Dagegen wehrte sich die Klägerin mit drei Argumenten: Zum einen habe sie über bessere Kenntnisse der in der Stellenausschreibung geforderten statutarischen Regelungen sowie Probleme der Personalverwaltung verfügt und zum anderen über ihre bisherigen Beurteilungen gezeigt, daß sie die vom Anforderungsprofil der zu besetzenden Stelle verlangte Führungseigenschaft besit-

---

3107 EuGH v. 16.12.1984, Slg. 1987, S. 5345 Rs. 111/86 Delauche/Kommission
3108 EuGH v. 16.12.1987, S. 5360 f. Delauche/Kommission
3109 EuGH v. 16.12.1984, S. 5346 Delauche/Kommission
3110 EuGH v. 16.12.1987, S. 5347 f. Delauche/Kommission
3111 EuGH v. 16.12.1987, S. 5348 Delauche/Kommission
3112 Ebenda

ze.Versicherungsmathematische Kenntnisse, die den Ausschlag für die Beförderung des Mannes gegeben hätten, seien weder von der Stellenausschreibung verlangt worden, noch seien sie für die Abteilungsleiterstelle relevant[3113]. Schließlich berief sich die Kägerin auf ihre Mobilität, die sich in mehreren Wechseln in der dienstlichen Verwendung ihrer Person gezeigt habe. Im Gegensatz dazu habe ihr Konkurrent immer in derselben Verwaltungseinheit gearbeitet, ohne einen bemerkenswerten Wechsel in seiner dienstlichen Verwendung nachweisen zu können[3114]. Auch führte die Klägerin ihr zehn Jahre höheres Lebensalter, ihre vierzehn Jahre längere Dienstzeit bei der Kommission und ihre vier Jahre höhere Dienstzeit in der Besoldungsgruppe A4 gegenüber ihrem männlichen Konkurrenten an, die für ihre Beförderung gesprochen hätte[3115]. Um dem Grundsatz der Gleichbehandlung der Geschlechter zur tatsächlichen Durchsetzung zu verhelfen, wäre eine Begründungspflicht der Anstellungsbehörde notwendig gewesen, wenn die Umstände die Vermutung einer frauenfeindlichen Diskriminierung nahelegten, da die abgewiesene Bewerberin anderenfalls nicht in der Lage sei, den Beweis für ein derartiges Vorgehen zu erbringen[3116].

Die Kommission hielt das Dienst- und Lebensalter für zweitrangige Kriterien der Auswahl und verwies auf das Urteil des EuGH vom 12.02.1987 in Sachen Bonino/Kommission[3117]. Auch vertrat sie die Auffassung, daß ihr bei Beförderungen ein weiter Ermessensspielraum zustände und daß ihr kein Ermessensfehler bei der Besetzung der fraglichen Stelle mit dem Mann unterlaufen sei, da er auf dem Gebiet der Versicherungsmathematik und seiner beachtlichen Eignung zur Personalführung aufgefallen und ausgewiesen sei, so daß er damit als der geeignetste Bewerber für den Dienstposten zu befördern gewesen sei[3118].

Die Klägerin hatte schließlich vorgetragen, daß sie sich bereits in der Vergangenheit sechsmal um einen Dienstposten der Besoldungsgruppe A3 beworben hätte und jedesmal ein Mann befördert worden wäre. Ihrer Ansicht nach ging dieses Verhalten der Anstellungsbehörde auf eine Diskriminierung aufgrund des Geschlechts zurück, da in ihren Beurteilungen regelmäßig ihre Eignung zur Personalführung hervorgehoben worden sei, die sie zudem als vorübergehende oder stellvertretende Abteilungsleiterin unter Beweis gestellt habe[3119].

Dem setzte die Kommission entgegen, daß die Klägerin im Verlauf ihrer langjährigen Tätigkeit zahlreiche Beförderungen durchlaufen habe und es nor-

---

3113 EuGH v. 16.12.1987, S. 5349 Delauche/Kommission
3114 Ebenda
3115 EuGH v. 16.12.1987, S. 5350 Delauche/Kommission
3116 Ebenda
3117 Ebenda
3118 EuGH v. 16.12.1987, S. 5351 Delauche/Kommission
3119 Ebenda

mal sei, daß sich der Beförderungsrhythmus verlangsame, je höher die betreffende Person in den Besoldungsgruppen aufsteige. Auch würden sich viel weniger Frauen um höhere Dienstposten bewerben, so daß deshalb eine größere Wahrscheinlichkeit für die Beförderung eines Mannes spräche, ohne daß dieses auf eine frauenfeindliche Diskriminierung zurückgehe[3120].

Genau wie im Verfahren Bonino/Kommission lehnte der EuGH im vorliegenden Fall eine Auseinandersetzung mit einem eventuellen Anspruch von Frauen auf vorrangige Berücksichtigung bei Beförderungen unter der Voraussetzung gleicher Eignung und Unterrepräsentation ab, da der männliche Konkurrent im dienstlichen Interesse besser für die zu besetzende Stelle qualifiziert gewesen sei[3121]. Der EuGH folgte in seinem Urteil unter Hinweis auf seine Ausführungen im Verfahren Bonino/Kommission auch dem Vorbringen der Kommission, daß sich aus dem Grundsatz der Gleichbehandlung von Männern und Frauen keine gesonderte Begründungspflicht für Beförderungsverfügungen ergäbe; auf die Schwierigkeiten einer abgewiesenen Bewerberin, den Beweis für eine geschlechtsbedingte Diskriminierung zu erbringen ohne diese Begründung, ging der EuGH nicht ein[3122]. Das Vorbringen der Klägerin, daß ihre wiederholte Ablehnung auf Beförderung in die Besoldungsgruppe A3 durch die Kommission nur mit dem eindeutigen Willen der Anstellungsbehörde erklärbar sei, Ernennungen von Frauen auf dieser Hierarchieebene zu verhindern, wies der EuGH mit der Begründung zurück, daß er seine Kontrolle auf die fehlerhafte Ausübung des Ermessens durch die Anstellungsbehörde zu beschränken habe. Auch könne im Zusammenhang mit einer Verletzung des Gleichbehandlungsgrundsatzes nicht festgestellt werden, daß die Behörde ihr weites Ermessen fehlerhaft ausgeübt oder sich von unsachlichen Erwägungen habe leiten lassen, denn der männliche Konkurent sei aufgrund seiner Qualifikationen der am besten geeignete Bewerber für den fraglichen Dienstposten gewesen[3123]. Die klägerische Rüge, daß die Kommission keine praktischen Maßnahmen ergriffen habe, Diskriminierungen aufgrund des Geschlechts von Frauen bei Beförderungen zu verhindern, habe sich laut EuGH nur auf die allgemeine Politik bei Einstellungen und Beförderungen von Frauen bezogen; ein persönliches Interesse der Klägerin, die Tätigkeit der Kommission auf dem Gebiet der Gleichbehandlung zu kritisieren, sei von ihr nicht nachgewiesen worden[3124]. Der EuGH wies demnach die Klage als unbegründet ab.

---

3120 Ebenda
3121 EuGH v. 16.12.1987, S. 5360 f. Delauche/Kommission
3122 Vgl. EuGH v. 16.12.1987, S. 5361 f. Delauche/Kommission
3123 EuGH v. 16.12.1987, S. 5362 f. Delauche/Kommission
3124 EuGH v. 16.12.1987, S. 5364 Delauche/Kommission

Auch im Verfahren Delauche/Kommission ist die fehlende Auseinandersetzung mit den Ursachen der Unterrepräsentanz von Frauen in den Besoldungsgruppen A2 und A3 auffällig. Maßnahmen der Gegensteuerung, die ihren Ausdruck in einem Prioritäts- oder Vorrrangrecht bei gleicher Qualifikation und Unterrepräsentation im Rahmen des Grundsatzes der Gleichbehandlung finden könnten, wurden sowohl im Verfahren Bonino/Kommission als auch im vorliegenden Fall nicht diskutiert, sondern mit dem Hinweis auf die bessere Eignung des männlichen Bewerbers ausgeblendet. Fakt ist aber in beiden Verfahren, daß sich die bessere Eignung des Mannes immer innerhalb des der Anstellungsbehörde eingeräumten weiten Beurteilungsspielraums bewegte und diese Feststellung beide Male auf Kriterien gestützt wurde, die den Bewerberinnen weder bekannt waren, noch aus der Stellenausschreibung hervorgingen.

Im Fall Delauche/Kommission kam hinzu, daß sich die Klägerin bereits im Vorfeld ihrer Bewerbung um die ausgeschriebene Stelle sechsmal um Dienstposten der Besoldungsgruppe A3 beworben hatte, ohne dabei erfolgreich gewesen zu sein. Mit der Klägerin kann dies durchaus als Indiz für eine Diskriminierung aufgrund des Geschlechts gewertet werden, die im Bereich struktureller Diskriminierung anzusiedeln ist, denn die Entscheidung der Anstellungsbehörde, jedes Mal einen Mann zu befördern, kann kaum anders als mit tradierten Rollenvorverständnissen bezüglich der Besetzung einer Leitungsposition erklärt werden. Hier ist auch zu berücksichtigen, daß die beiden Klägerinnen Bonino und Delauche ausgewiesenermaßen die erforderlichen Qualifikationen und Eignungsanforderungen des jeweiligen Dienstpostens in höchstem Maße erfüllten und den Ausschlag jeweils ein Kriterium gab, das nicht transparent war und zudem später hinzugesetzt worden war. Die Möglichkeit zu einem solchen Vorgehen wird durch den weiten Beurteilungs- und Ermessensspielraum der Anstellungsbehörde geschaffen, der lediglich einer eingeschränkten gerichtlichen Kontrolle zugänglich ist[3125] und ausschließlich die Überprüfung der Einhaltung allgemeingültiger Bewertungsmaßstäbe, Beachtung aller wesentlichen Umstände des Einzelfalles sowie ein fehlerfreies Verfahren zuläßt[3126].

Wird nun das Konzept struktureller Diskriminierung in Zusammenhang mit dem weiten Beurteilungsspielraum gesetzt, in dessen Rahmen sich auch das Eignungskriterium des Stellenbewerbers bewegt, läßt sich unschwer nachvollziehen, daß bessere Qualifikationen von Männern aufgrund von nicht nachprüfbaren Ge-

---

[3125] Vgl. EuGH v. 23.10.1986, Slg.1986, S. 3131 Rs. 26/85 Vaysse/Kommission sowie EuGH v. 21.04.1983, Slg. 1983, S. 1245 Rs. 282/81 Ragusa/Kommission; vgl. auch BAG v. 22.06.1993, NZA 1994, S. 77 (S. 78) im Verfahren Kalanke/ Freie Hansestadt Bremen
[3126] Vgl. BAG v. 22.06.1993, S. 78

sichtpunkten wie z.B. Führungseigenschaften oder Durchsetzungsfähigkeit[3127], die traditionell im Rollenverständnis Männern eher zugeschrieben werden als Frauen, zur Einstellung bzw. Beförderung männlicher Konkurrenten führen. Für die strukturelle Diskriminierung spielt es dabei keine Rolle, ob den mit der Personalentscheidung betrauten Personen die „Ausnutzung" des weiten Beurteilungsspielraums und die Anwendung des weiten Eignungsbegriffs in eine bestimmte Richtung, nämlich den jeweiligen Mann einzustellen, bewußt ist; vielmehr ist hier gerade die unbewußte Verwertung gesellschaftlich geprägter Rollenverständnisse entscheidend, die sich in der subjektiven Beurteilung der geeignetsten Person für den fraglichen Dienstposten wiederspiegelt, ohne die die wiederholte Ablehnung der Beförderung der Klägerin Delauche nicht erklärbar ist. Die vom EuGH in beiden Verfahren abgelehnte gesonderte Begründungspflicht für die Abweisung einer Frau im Hinblick auf Führungspositionen hätte vielleicht die Entscheidung für die Besetzung der fraglichen Stellen mit einem Mann nicht anders ausfallen lassen, jedoch der Anstellungsbehörde zumindest eine eingehendere Beschäftigung mit der erforderlichen Eignung und der Unterrepräsentation von Frauen in leitenden Funktionen abverlangt. Auch hätte eine Begründungspflicht die Verfahren insgesamt transparenter gestaltet, denn der schwierig zu führende Nachweis struktureller Diskriminierung bedarf der Transparenz, um im Umkehrschluß zu einer Erhöhung des Frauenanteils auf der Führungsebene beider öffentlicher Dienste beizutragen. Ein von beiden Klägerinnen vorgetragenes statistisches Ungleichgewicht des Frauenanteils in der jeweiligen Position (im Verfahren Bonino/Kommission lag der Frauenanteil bei 28 %, im Verfahren Delauche/Kommission bei weniger als 2 %) reichte hier nicht aus[3128], denn beide Verfahren belegen, daß eine faktische Unterrepräsentation von Frauen nicht ausreichend für eine Auseinandersetzung des EuGH mit einem eventuellen Vorrang- bzw. Prioritätsrecht von Frauen auf der Grundlage des Gleichbehandlungsgrundsatzes war. Darüber hinaus bot das statistische Ungleichgewicht dem EuGH auch keinen Anlaß, die Ursachen dieses Befundes im Hinblick auf Diskriminierungen aufgrund des Geschlechts zu untersuchen, die eben nicht in unmittelbarer, verdeckter oder mittelbarer Diskriminierung wiederzufinden waren.

Lediglich Generalanwalt Darmon räumte im Verfahren Delauche/Kommission ein, daß die starke statistische Unterrepräsentation von Frauen insbesondere in den Besoldungsgruppen A4 und höher besorgniserregend sei; daß Bedürfnis nach Maßnahmen der Gegensteuerung in Form eines Vorrangrechts, das er unter Bezugnahme auf das amerikanische Recht als „affirmative action" verstand, je-

---

3127 Vgl. hierzu Pfarr, Anm. zu BAG AP Nr. 193 zu Art. 3 GG
3128 Anders Benda, S. 8

doch seiner Auffassung nach nicht durch die Rechtsprechung entwickelt werden könnte[3129]. Für den Generalanwalt waren hier verschiedene Möglichkeiten denkbar, indem er konkrete Zielvorgaben zur Erhöhung des Frauenanteils oder ein Quotensystem als eventuell geeignete Mittel ansah, die Einführung solcher Regelungen aber dem Gesetzgeber vorbehalten sei[3130]. Da der Gesetzgeber bislang keine speziellen Vorrangregelungen zugunsten von Frauen im EÖD geschaffen hatte, war die Klage auch nach Meinung des Generalanwalts abzuweisen[3131].

*c) Die Entscheidung Frederiksen/Parlament*

Im Verfahren Frederiksen/Parlament hatte sich das Gericht 1. Instanz (EuG) mit der Frage nach der Aufhebung einer bereits erfolgten Beförderung einer Frau als Sprachberaterin in der dänischen Übersetzungsabteilung beim Europäischen Parlament zu beschäftigen. Im Ergebnis gab das Gericht der Klage des männlichen Beamten insbesondere mit der Begründung statt, daß die Beurteilung der Verdienste nach Art. 45 BSt des Klägers nicht Gegenstand einer objektiven und genauen Abwägung seiner Leistungen im Hinblick auf die Anforderungen der Stellenausschreibung gewesen seien[3132]. Dabei hatte das EuG auch Gelegenheit, sich zu der Frage zu äußern, ob im Fall des Vorliegens einer Unterrepräsentation von Frauen in der Sprachberaterposition der Verwirklichung der Chancengleichheit von Mann und Frau ein gleichrangiges Gewicht neben den Abwägungen aus Art. 45 BSt zukomme und in der Konsequenz zur Beförderung der Frau führen könne.

Auf die in Rede stehende Position in der Sonderlaufbahn Sprachendienst, die der Besoldungsgruppe LA3 zugeordnet war, hatten sich drei Beamte beworben, darunter der Kläger und als einzige die schließlich beförderte Frau[3133]. Während der dritte (männliche) Bewerber aufgrund seines niedrigeren Dienst- und Beförderungsdienstalters gegenüber der Frau und dem Kläger aus dem Beförderungsverfahren ausgeschieden war, lagen die Bewerberin und der Kläger hier in etwa gleichauf[3134]. Aus einem Vermerk der Generaldirektorin der Generaldirektion VII an den Generaldirektor Verwaltung, Personal und Finanzen vom 10.03.1989,

---

3129 GA Darmon v. 19.11.1987, Slg. 1987, S. 5353 (S. 5336) Rs. 111/86 Delauche/Kommission
3130 GA Darmon v. 19.11.1987, S. 5356 f. Delauche/Kommission
3131 GA Darmon v. 19.11.1987, S. 5357 Delauche/Kommission
3132 EuG v. 11.12.1991, Slg. 1991, S. 1403 (S. 1436 f.) Rs. T-169/89 Frederiksen/Parlament
3133 EuG v. 11.12.1991, S. 1408 Frederiksen/Parlament
3134 EuG v. 11.12.1991, S. 1412 Frederiksen/Parlament

in dem die Beförderung der Frau vorgeschlagen worden war, ging u. a. hervor, daß neben dem Eignungsvergleich der drei Bewerber auch die Situation der Anteile von Männern und Frauen auf Leitungsposten in der Direktion Übersetzung eine Rolle spielen sollte, denn zum damaligen Zeitpunkt waren von 21 Dienstposten in der Besoldungsgruppe LA3 lediglich 3 von Frauen besetzt[3135]. Vor dem Hintergrund dieser Unterrepräsentation (14,28 %) und dem beim Europäischen Parlament bestehenden Aktionsprogramm zur Herstellung von mehr Ausgewogenheit (PAR-PE) zur Förderung der Chancengleichheit von Mann und Frau wurde die Bewerberin für die Beförderung vorgeschlagen – ihre derzeitige Teilzeitbeschäftigung aus familiären Gründen zur Betreuung kleiner Kinder sah die Generaldirektorin dabei als unerheblich an[3136].

Demgegenüber hatte der Leiter der Direktion Übersetzung und Terminologie in seiner zuvor erfolgten Stellungnahme angesichts der drei Bewerber aufgrund des Eignungsprofils den Kläger zur Beförderung empfohlen, was er im Anschluß an den Vermerk der Generaldirektorin dahingehend konkretisierte, daß die Teilzeitbeschäftigung der Bewerberin dem Anforderungsprofil der Aufgabe eines Sprachberaters nicht gerecht werde[3137]. Der Leiter der dänischen Übersetzungsabteilung setzte dieser Stellungnahme etwas später hinzu, daß die vorgeschlagene Bewerberin nicht die formellen Anforderungen der Stelle erfülle, denn in der Stellenausschreibung seien u.a. Kenntnisse der bei der Verwaltungsarbeit zum Einsatz kommenden EDV-Techniken gefordert gewesen, die für die Art der auszuübenden Tätigkeit mittel- und langfristig unerläßlich seien[3138].

Im Zuge der Ernennung der Bewerberin zur Sprachberaterin der Besoldungsgruppe LA3 legte der Kläger Beschwerde ein, auf die die Generaldirektorin anläßlich einer Anfrage des Juristischen Dienstes des Europäischen Parlaments mit einer Erklärung reagierte, demnach die Tätigkeit eines Sprachberaters keinesfalls mit der eines EDV-Experten gleichgestellt werden dürfte und auch der Beförderungsausschuß bei der Festlegung der Auswahlkriterien die Kenntnisse der EDV-Techniken als nachrangig angesehen hatte. Außerdem verfüge die Bewerberin über einen Mindeststandard an EDV-Kenntnissen, die den Anforderungen der Arbeit genügend gerecht werden würden[3139].

Das Gericht 1. Instanz beschloß nach Erhebung der Klage die Einholung eines Sachverständigengutachtens zur Frage, welche Kriterien bei der Würdigung der EDV-Kenntnisse ausschlaggebend seien und inwieweit diese Kriterien von

---

3135 EuG v. 11.12.1991, S. 1412 f. Frederiksen/parlament
3136 EuG v. 11.12.1991, S. 1413 Frederiksen/Parlament
3137 EuG v. 11.12.1991, S. 1410 ff. Frederiksen/Parlament
3138 EuG v. 11.12.1991, S. 1414 Frederiksen/Parlament
3139 EuG v. 11.12.1991, S. 1417 Frederiksen/Parlament

der beförderten Bewerberin und dem Kläger erfüllt würden[3140]. Auf der Grundlage des Sachverständigengutachtens kam das Gericht zu der Überzeugung, daß die EDV-Kenntnisse der Frau im Rahmen der zulässigen gerichtlichen Überprüfung der objektiven Erfüllung der von der Stellenausschreibung geforderten Kriterien nicht als ausreichend für die auszuübende Tätigkeit anzusehen waren, denn die Anstellungsbehörde habe in bezug auf den Einsatz der EDV in der Verwaltungsarbeit ein effektives Bedürfnis gehabt[3141]. Es kam zu dem Schluß, daß der Anstellungsbehörde nicht nur hinsichtlich der höheren EDV-Kenntnisse des Klägers ein objektiver Beurteilungsfehler unterlaufen sei, sondern auch bei der Bewertung, daß beide Beförderungsaspiranten gleich gute Leistungsbeurteilungen vorzuweisen gehabt hätten[3142]. Schließlich ging das EuG nur äußerst knapp auf das Anliegen der Verwirklichung der Chancengleichheit von Mann und Frau beim Europäischen Parlament ein, ohne sich jedoch mit dem tatsächlichen Ungleichgewicht der Männer und Frauen in der Position der Sprachberater der Besoldungsgruppe LA3 auseinanderzusetzen. Nach seiner Auffassung habe die Generaldirektorin diesem Gesichtspunkt im Rahmen der Abwägung der Verdienste der Bewerber zumindest ein gleichrangiges Gewicht beigemessen, auch wenn später in den schriftlichen Erklärungen und der mündlichen Verhandlung vor Gericht immer wieder betont worden sei, daß dieses Kriterium für die erfolgte Beförderungsentscheidung zugunsten der Frau weder maßgeblich noch von der Anstellungsbehörde berücksichtigt worden sei[3143]. Vor diesem Hintergrund kam das Gericht 1. Instanz zu dem Ergebnis, daß der hier vorliegende Mangel an Objektivität und Genauigkeit in der Bewertung der Leistungsbeurteilungen und Erfüllung des Anforderungsprofils der ausgeschriebenen Stelle von der Bewerberin durch die Anstellungsbehörde den rechtlichen Rahmen der zuvor festgelegten Stellenausschreibungskriterien gesprengt habe und deshalb die getroffene Beförderungsentscheidung aufzuheben war[3144].

Unabhängig von der Frage, ob die Leistungen der Bewerberin und des Klägers tatsächlich gleich zu bewerten waren, verdeutlicht diese Entscheidung, wie gering das Interesse und Engagement für die effektive Durchsetzung faktischer Gleichberechtigung zwischen den Geschlechtern insbesondere mit Blick auf Führungspositionen im EÖD ist. Das EuG hatte das von der Generaldirektorin angeführte statistische Ungleichgewicht der Männer- und Frauenanteile in der Besoldungsgruppe LA3 noch nicht einmal aufgegriffen, um sich mit den Ursachen dieses Befundes auseinanderzusetzen. Auf der Basis der Anerkennung

---

3140 EuG v. 11.12.1991, S. 1421 f. Frederiksen/Parlament
3141 EuG v. 11.12.1991, S. 1434 f. Frederiksen/Parlament
3142 EuG v. 11.12.1991, S. 1436 f. Frederiksen/Parlament
3143 EuG v. 11.12.1991, S. 1437 Frederiksen/Parlament
3144 Ebenda

struktureller Diskriminierung hätte vermieden werden können, daß dem ursprünglich nachrangigen Aspekt der EDV-Kenntnisse in der Stellenbeschreibung im Endeffekt eine sehr viel größere Bedeutung zugesprochen wurde, als sie im Urteil des EuG zum Ausdruck gekommen ist. So muß sogar festgestellt werden, daß für das Gericht 1. Instanz die EDV-Kenntnisse der beiden Bewerber im Vordergrund der Entscheidung standen, ohne daß dieses eine Rechtfertigung in der Stellenausschreibung hätte finden können. Wenn sich die gerichtliche Nachprüfung einer Beförderungsverfügung aber auf die Frage zu beschränken hat, ob die Anstellungsbehörde die sich selbst durch die Stellenausschreibung gesetzten Grenzen ermessensfehlerhaft überschritten hat[3145], muß dem EuG an dieser Stelle eine Übertretung seiner eigenen Befugnisse bescheinigt werden, denn es hat den EDV-Kenntnissen ausschlaggebendes Gewicht beigemessen. Auch zeigt sich hier wiederum ein struktureller Diskriminierungsmechanismus. Denn das Abstellen auf ein für die auszuübende Tätigkeit eines Sprachberaters klar nachrangiges Kriterium, das zudem innerhalb des Erklärungsmusters der strukturellen Diskriminierung traditionell häufiger von Männern erfüllt wird, weil sie sich aufgrund geschlechtsspezifischer Sozialisation eher für technische bzw. computerunterstützte Erwerbsbereiche interessieren, zeigt eine (unbewußte) Vorverständnisquote zugunsten des männlichen Bewerbers[3146].

Das Gericht hat sich trotz des signifikanten Ungleichgewichts von Männern und Frauen einer Diskussion der Ursachen entzogen, daß eigene Verhalten (unzulässige Überbewertung der EDV-Kenntnisse durch die Einholung eines Sachverständigengutachtens) nicht hinterfragt und die beförderte Bewerberin letztlich in die Rolle gedrängt, ungleich viel besser als ihr männlicher Konkurrent zu sein, um die begehrte Führungsposition zu erhalten. Selbst wenn die Entscheidung des EuG im Ergebnis gleich ausgefallen wäre, weil die Einschätzung der Generaldirektorin, daß der Kläger und die weibliche Bewerberin anhand der Leistungsbeurteilungen gleich qualifiziert gewesen seien, zu undifferenziert war und ein objektiver Beurteilungsfehler hier wenigstens vertretbar gewesen wäre, muß die Entscheidung insgesamt als ignorant gegenüber den verschiedenen Gleichstellungsbemühungen des Europäischen Parlaments bezeichnet werden. Auch die Diskussion um die Teilzeitfähigkeit der Position eines Sprachberaters im Vorfeld der gerichtlichen Entscheidung, auf die das EuG nicht mehr eingegangen war, kann in diesem Zusammenhang als mangelnde Akzeptanz von Frauenförderung allgemein und männlich geprägte Vorverständnisse in bezug auf die mit einer Führungsposition verbundenen Eigenschaften des Stelleninhabers bewertet werden.

---

3145  Vgl. auch EuGH v. 30.101974, Slg. 1974, S. 1099 Rs. 188/73 Grassi/Rat
3146  Vgl. dazu Francke/Sokol/Gurlit, S. 11

## 1.3. Entscheidung des EuGH in der Rechtssache Kalanke/Freie Hansestadt Bremen

Erstmals im Jahr 1995 hatte der EuGH über die Frage zu entscheiden, ob eine nationale (gesetzliche) Vorrangregelung, die Frauen bei gleicher Qualifikation und Unterrepräsentation die bevorzugte Beförderung einräumte, mit Gemeinschaftsrecht, insbesondere Art. 2 Abs. 4 der Richtlinie 76/207/EWG (a.F.) zu vereinbaren war[3147]. Der Kalanke-Entscheidung vorausgegangen war der Vorlagebeschluß des BAG vom 22.06.1993, daß den EuGH um Vorabentscheidung ersuchte, ob § 4 Abs. 2 BremLGG (a.F.) von Art. 2 Abs. 1 und Abs. 4 der Gleichbehandlungsrichtlinie gedeckt sei.

Der EuGH lehnte hier die Vereinbarkeit der Bremischen Vorrangregelung für Beförderungen zugunsten von Frauen mit der Begründung ab, daß eine nationale Regelung, die Frauen absolut und unbedingt den Vorrang vor männlichen Mitbewerbern einräume, über eine Förderung der Chancengleichheit hinausgehe und die Grenzen der in Art. 2 Abs. 4 der Richtlinie (a.F.) enthaltenen Ausnahmebestimmung überschreite[3148]. Darüber hinaus setze die Bremische Vorrangregelung an die Stelle der von Art. 2 Abs. 4 vorgesehenen Förderung der Chancengleichheit das Ergebnis durch die Prämisse, daß in allen Vergütungsgruppen und auf allen Funktionsebenen der einzelnen Dienststellen mindestens genauso viele Frauen wie Männer vertreten sein sollten, denn zu diesem Ergebnis könne allein die Verwirklichung der Chancengleichheit führen[3149].

Das BAG hatte dem EuGH im Hinblick auf die strukturelle Diskriminierung u.a. dargelegt, daß § 4 Abs. 2 BremLGG zur zukünftigen Überwindung der traditionellen Zuweisung bestimmter beruflicher Tätigkeiten an Frauen und der Konzentration von Frauenarbeit auf hierarchisch untergeordneten Positionen beitrage, um den heute geltenden Maßstäben von Gleichstellung gerecht zu werden[3150]. Der EuGH nahm diese Ausführungen zum Anlaß, sich mit den Zielsetzungen der Gleichbehandlungsrichtlinie unter Bezugnahme auf den Grundsatz der Gleichbehandlung von Männern und Frauen auseinanderzusetzen, da die Verwirklichung dieses Grundsatzes nach Art. 1 Abs. 1 der Richtlinie u.a. auch beim Zugang zur Beschäftigung einschließlich des beruflichen Aufstiegs ansetze und außerdem gemäß Art. 2 Abs. 1 beinhalte, daß keine unmittelbare Diskriminierung wegen des Geschlechts erfolgen dürfe[3151].

---

3147  EuGH v. 17.10.1995, Slg. 1995, S. 3051 Rs. C-450/93 Kalanke/Freie Hansestadt Bremen
3148  EuGH v. 17.10.1995, S. 3078 Kalanke/Freie Hansestadt Bremen
3149  Ebenda
3150  BAG v. 22.06.1993, S. 81
3151  EuGH v. 17.10.1995, S. 3076 Kalanke/Freie Hansestadt Bremen

Schon im Jahr 1988 hatte der EuGH in bezug auf Art. 2 Abs. 4 der Gleichbehandlungsrichtlinie festgestellt, daß diese Bestimmung den bestimmten und begrenzten Zweck verfolge, Maßnahmen zuzulassen, die nach dem äußeren Erscheinungsbild diskriminierend (für Männer) wirken, tatsächlich aber in der sozialen Wirklichkeit bestehende faktische Ungleichheiten beseitigen oder verringern helfen sollten[3152]. Unter Rückgriff auf diese Entscheidung sah der EuGH im Rahmen des Art. 2 Abs. 4 Maßnahmen der Mitgliedstaaten als zulässig an, die Frauen beim Zugang zur Beschäftigung und beim beruflichen Aufstieg speziell begünstigen und ihre Fähigkeiten verbesserten, auf dem Arbeitsmarkt konkurrenzfähiger zu sein sowie unter den gleichen Voraussetzungen wie Männer ihre berufliche Laufbahn verwirklichen zu können[3153].

Auf die vom BAG in seinem Vorlagebeschluß angesprochenen Ursachen faktischer Unterrepräsentation i.S.v. struktureller Diskriminierung, denen laut BAG im Wege der Anwendung von leistungsabhängigen Vorrangregelungen entgegengesteuert werden könnte, ging der EuGH nur am Rande ein: Er bezog sich hier auf die Empfehlung des Rates 84/635/EWG vom 13.12.1984 zur Förderung positiver Maßnahmen für Frauen[3154], die in ihrer dritten Begründungserwägung festgestellt hatte, daß die bislang geltenden rechtlichen Bestimmungen nicht ausreichend seien, um alle faktisch bestehenden Ungleichheiten zu beseitigen, wenn nicht über ein gemeinsames Zusammenwirken der Regierungen, Sozialpartner und sonstiger Stellen gegen Benachteiligungen der Frauen in der Arbeitswelt, die durch Einstellungen, Verhaltensmuster und Gesellschaftsstrukturen bedingt sind, vorgegangen wird.

Gleichwohl blieb der EuGH dabei, daß die in Art. 2 Abs. 4 der Gleichbehandlungsrichtlinie (a.F.) enthaltene Ausnahmeregelung vom individuellen Recht des einzelnen auf Gleichbehandlung eng auszulegen sei[3155], so daß er im Ergebnis § 4 Abs. 2 BremLGG (a.F.) als Regelung ablehnte, die Frauen bei gleicher Qualifikation absolut und unbedingt den Vorrang einräumte, insbesondere weil sie über die Grenzen der Ausnahmeregelung des Art. 2 Abs. 4 hinausginge

---

3152 EuGH v. 25.10.1988, Slg. 1988, S. 6315 (S. 6336) Rs. 312/86 Kommission/Frankreich
3153 EuGH v. 17.10.1995, S. 3077; hinzuweisen ist im Zusammenhang mit der Entscheidung Kommission/Frankreich aber darauf, daß sich der EuGH hier gegen die in Rede stehenden französischen Regelungen aussprach, da diese den Schutz von Frauen in ihrer Eigenschaft als ältere Arbeitnehmerinnen oder als Elternteil betrafen und diese Eigenschaften sowohl von Männern als auch von Frauen erfüllt werden konnten, vgl. EuGH v. 25.10.1988, S. 6336 f. Kommission/Frankreich
3154 ABl.EG Nr. L 331, S. 34
3155 EuGH v. 17.10.1995, S. 3078 Kalanke/Freie Hansestadt Bremen

und keine Förderung der Chancengleichheit bewirke, sondern gleich das Ergebnis an ihre Stelle setze[3156].

In Anbetracht der vom BAG gemachten Ausführungen und der Empfehlung des Rates 84/635/EWG wäre die vom EuGH propagierte enge Auslegung des Art. 2 Abs. 4 der Richtlinie (a.F.) jedoch durchaus erweiterbar gewesen, zumal das BAG auch darauf abstellte, daß die betreffende Vorrangregelung verfassungskonform dahingehend auszulegen sei, daß in bestimmten Härtefällen von der grundsätzlichen Bevorzugung der Frau abgewichen werden könnte[3157].

Neben der vielfachen Kritik, die dieses Urteil in der juristischen Literatur erfahren hat[3158], ist im Zusammenhang mit der Auseinandersetzung zur strukturellen Diskriminierung, die der EuGH lediglich am Rand streifte, auch auf die Ausführungen des Generalanwalts Tesauro in seinen Schlußanträgen vom 06.04.1995[3159] einzugehen: Er lieferte dem EuGH den Zusammenhang zwischen der Empfehlung des Rates 84/635/EWG vom 13.12.1984 zur Förderung positiver Maßnahmen für Frauen und der Interpretation von Art. 2 Abs. 4 der Gleichbehandlungsrichtlinie, demnach die Mitgliedstaaten zur Beseitigung der tatsächlich bestehenden Ungleichheiten von Frauen, zur Förderung der Bewerbung, der Einstellung und den beruflichen Aufstieg aufgerufen wurden, die Generalanwalt Tesauro durch positive Maßnahmen zur Verwirklichung der Chancengleichheit von benachteiligten Gruppen zunächst anerkannte[3160]. Dabei verstand er die Chancengleichheit als Schaffung gleicher Voraussetzungen für die Ausgangssituation beider Geschlechter und sah in § 4 Abs. 2 BremLGG dagegen eine gerechte Verteilung der Arbeitsplätze auf Männer und Frauen in rein numerischer Hinsicht, also eine „Gleichheit hinsichtlich des Ergebnisses", die seiner Ansicht nach weder dem Sinn noch dem Zweck des Art. 2 Abs. 4 der Richtlinie entsprechen konnte[3161]. Die bevorzugte Behandlung von Frauen sah er begründet in der allgemeinen Benachteiligung, die sich aus historisch ableitbaren Diskriminierungen sowie den tatsächlichen Schwierigkeiten aus der Wahrnehmung einer Doppelrolle (Berufstätigkeit und Mutterschaft) ergäbe, die insbesondere ihren

---

3156 Ebenda
3157 Vgl. BAG v. 22.06.1993, NZA 1994, S. 82
3158 Vgl. nur Dieball/Schiek, EuroAS 1995, S. 185; Colneric, Anm.zu EuGH v. 17.10.1995, Streit 1995, S. 168; Rust, Anm. zu EuGH v. 17.10.1995, NJ1996, S.102; Graue, Anm.zu EuGH v. 17.10.1995, RiA 1996, S. 80; Fuchsloch, FuR 1996, S. 87; Plett, Ansprüche 1/1996, S. 10; das Urteil grundsätzlich befürwortend Scholz/Hofmann, Anm.zu EuGH v. 17.10.1995, WiB 1995, S. 951; Loritz, Anm. zu EuGH v. 17.10.1995, EuZW 1995, S.763; Starck, Anm.zu EuGH v. 17.10.1995, JZ 1996, S. 197
3159 Slg.1995, S. 3053 Kalanke/Freie Hansestadt Bremen
3160 GA Tesauro v. 06.04.1995, S. 3054, 3057 Kalanke/Freie Hansestadt Bremen
3161 GA Tesauro v. 06.04.1995, S. 3060 Kalanke/Freie Hansestadt Bremen

Ausdruck in der historisch unterschiedlichen sozialen und kulturellen Situation wie z.B. der Schul- und Berufsausbildung fände und die Marginalisierung auf dem Arbeitsmarkt aufrechterhielte[3162]. Art. 2 Abs. 4 der Gleichbehandlungsrichtlinie räume deshalb nur positive Maßnahmen ein, die bei der Schulwahl und der Berufsausbildung ansetzen würden[3163]. Auch unter der Empfehlung des Rates 84/635/EWG bewertete der Generalanwalt positive Maßnahmen zugunsten von Frauen nicht anders, auch wenn „positive Maßnahmen" hier nicht definiert wurden. So konnte er sich spezielle Vergünstigungen für Frauen zum Ausgleich von Benachteiligungen in der beruflichen Laufbahn und/oder zur Erleichterung der Berufstätigkeit allenfalls in Form von Zulagen für Mütter für die Kosten der Kinderbetreuung o.ä. vorstellen[3164].

Tesauro's Auffassungen zu den Ursachen faktischer Benachteiligung von Frauen auf dem Arbeitsmarkt kritisierte insbesondere Sporrer[3165], insbesondere die alleinige Bezugnahme auf die historische Diskriminierung und die Doppelrolle der Frauen. Nach ihrer Ansicht negierte der vorliegende Schlußantrag ein aktuelles Problem, das nicht allein in der Doppelrolle und historischen Diskriminierungen begründet sei , sondern vielmehr ihren Ursprung in einer vorurteilsbehafteten Personalpolitik fände. Internalisierte Vorstellungen und häufig schwer vergleichbare Tätigkeiten von Frauen und Männern führten zur unterschiedlichen Bewertung der Arbeitsleistung von Frauen, die in der Zuweisung tendenziell untergeordneter und zuarbeitender Tätigkeiten sowie mangelndem Zutrauen in ihre Kompetenz mündeten – ihr beruflicher Anforderungsdruck läge daher um vielfaches höher als der von Männern[3166]. Schließlich belege das biologische Kriterium der Schwangerschaften und eventuellen familiären Präferenzen eine soziale Folge, nämlich die vorzugsweise Einstellung von Männern, da Arbeitgeber im Zusammenspiel mit den o.g. Vorstellungen und Rollenzuschreibungen weniger in die Aus- bzw. Weiterbildung von Frauen investierten oder auch der Meinung seien, daß Frauen weniger als Männer den Betriebsinteressen zur Verfügung ständen[3167].

Eine Bestätigung dieses Ansatzes von struktureller Diskriminierung fand sich zudem schon bei Fuchsloch[3168], die sich explizit gegen die Annahme wendete, daß der zahlenmäßig geringe Anteil von Frauen in qualifizierten Positionen primär darauf zurückginge, daß früher nur wenige Frauen in diesen Tätigkeitsberei-

---

3162 GA Tesauro v. 06.04.1995, S. 3063 Kalanke/Freie Hansestadt Bremen
3163 Ebenda
3164 GA Tesauro v. 06.04.1995, S. 3064 Kalanke/Freie Hansestadt Bremen
3165 DRdA 1995, S. 442 (S. 443 f.)
3166 Sporrer, S. 444
3167 Ebenda
3168 NVwZ 1991, S. 442 (S. 444)

chen anzutreffen gewesen seien, so daß sie deshalb z.Z. auch keine höheren Positionen wahrnehmen könnten. Sie bezog sich hier gerade auf Bereiche wie den Schuldienst, die Erziehungs- und Krankenpflege, in denen seit Jahren ein überproportional hoher Frauenanteil zu finden sei, der sich jedoch nicht auf der Führungsebene wiederspiegele[3169]. Für sie war ähnlich wie für Sporrer strukturelle Diskriminierung ein komplexer und vielschichtiger Vorgang[3170], der sich jedoch nicht in den negativen Präferenzentscheidungen der Frauen für Führungspositionen und der Widmung der Kindererziehung erschöpfe[3171].

Schließlich wies Sporrer in ihrer Auseinandersetzung mit den Schlußanträgen des Generalanwalts Tesauro auch darauf hin, daß die von ihm forcierte Gegenüberstellung von Chancen- und Ergebnisgleichheit i.S.d. Gleichbehandlungsrichtlinie 76/207/EWG nicht auf eine hypothetische, sondern auf die tatsächliche Gleichheit der Berufschancen gegründet sei, die sich in effektiven Diskriminierungsverboten und Verfahren zur Durchsetzung der in ihr verankerten Rechte zeigen müsse[3172]. Vorrangregelungen wie die Bremische Quote aus § 4 Abs. 2 BremLGG (a.F.) intendierten ihrer Auffassung nach nicht ein bestimmtes Ergebnis, sondern würden den oben beschriebenen Diskriminierungsmechanismen entgegensteuern, da die Unterrepräsentation nicht das Hindernis für Frauen beim beruflichen Zugang und Aufstieg schlechthin darstelle, sondern ein eindeutiges Indiz für die schwer nachweisbaren Strukturen der Diskriminierung sei[3173].

Eine isolierte Betrachtungsweise, die lediglich auf die quantitative Anknüpfung der Bremer Vorrangregelung zur Erreichung eines Frauenanteils von 50 % in allen Verwaltungsbereichen abstellt[3174], geht hier deshalb fehl, da sie strukturelle Diskriminierungsmechanismen ausblendet und im übrigen die sowohl vom Generalanwalt als auch vom EuGH herangezogene Empfehlung des Rates 84/635/EWG (bewußt) mißversteht, da diese die direkte Förderung von Frauen im Fall der Unterrepräsentation beim beruflichen Aufstieg und der Einstellung nahelegt. Schließlich ist in diesem Zusammenhang wiederum ein Blick auf die zum Zeitpunkt des Kalanke-Urteils für den EÖD in der Kommission bereits in Kraft getretenen zwei Aktionsprogramme zur Förderung der Chancengleichheit

---

3169 Fuchsloch, S. 444
3170 Siehe hierzu auch die Untersuchung von Pfarr, Quoten und Grundgesetz, S. 184 ff.
3171 So aber Sachs, NJW 1989, S. 553 (S. 557)
3172 Sporrer, S. 445 f.
3173 Sporrer, S. 446
3174 Ebenda

zwischen Männern und Frauen[3175] zu werfen, die, wenn auch sehr vorsichtig, Art. 2 Abs. 4 der Richtlinie 76/207/EWG (a.F.) in Richtung einer prozentualen Steigerung des Frauenanteils in den Bereichen, in denen eine Unterrepräsentation gegeben ist, interpretierten. So sah sowohl das 1. als auch das 2. Aktionsprogramm in Form einer Sollvorschrift die Erhöhung des Frauenanteils durch bevorzugte Einstellung bzw. Beförderung bei gleicher oder annähernd gleicher Qualifikation vor. Die von Generalanwalt Tesauro vorgeschlagenen Maßnahmen zur Verwirklichung der Chancengleichheit können demnach lediglich flankierenden Charakter haben, da selbst für das eigene Personal der Gemeinschaft Vorrangregelungen im Rahmen von Art. 2 Abs. 4 der Gleichbehandlungsrichtlinie (a.f.) als zulässig und notwendig angesehen wurden.

Das BAG setzte schließlich mit Urteil vom 05.03.1996[3176] die Kalanke-Entscheidung des EuGH um und erklärte den streitigen § 4 Abs. 2 BremLGG (a.F.) für unvereinbar mit dem Recht der Europäischen Gemeinschaft. Damit war die vom EuGH als "automatisch" bezeichnete Vorrangregelung des § 4 Abs. 2 BremLGG auf Auswahlentscheidungen bei Beförderungen (und Einstellungen) nicht mehr anwendbar. Das BAG widersprach in seiner Entscheidung jedoch der Auffassung des Generalanwalts, daß eine Förderung der Chancengleichheit nur im Vorfeld der Einstellung oder Beförderung zulässig sei, weil anderenfalls durch die Frauenförderung das Ergebnis selbst geregelt würde. Nach Ansicht des BAG war diese Differenzierung zwischen Ergebnis und Chance unangebracht, da sie faktisch bei einer Auswahlentscheidung, die konkret durch Umstände, Erwartungen und Vorurteile beeinflußt werde, welche typischerweise die Chancen von Frauen verringerten, nicht durchhaltbar sei. Damit stellte das BAG klar, daß Frauenförderung durch Vorrangregelungen bei gleicher Qualifikation eines männlichen und weiblichen Bewerbers nach wie vor zulässig ist, sofern diese eine Härtefallklausel enthalten[3177], denn die Grenzen zwischen Ergebnis und Chance gestalten sich als fließend. Hinzu kam, daß selbst der EuGH die „automatische Bevorzugung" durch die Regelung des § 4 Abs. 2 BremLGG mit absolutem und unbedingtem Vorrang definierte[3178], so daß sich hieraus eine Beschränkung der EuGH-Entscheidung auf Quotenregelungen ohne Härtefallklausel ergab[3179].

---

3175  1. Aktionsprogramm (1988-1990) v. 08.03.1988; 2. Aktionsprogramm positiver Maßnahmen der Kommission für das weibliche Personal (1992-1996) v. 16.09.1992, vgl. Anhang 3 und 4, S. 741 und 755
3176  AP Nr. 226 zu Art. 3 GG
3177  Vgl. Fuchsloch, FuR 1996, S. 87 (S. 88); Schiek, Anm. zu BAG v. 05.03.1996, AP Nr. 226 zu Art. 3 GG
3178  EuGH v. 17.10.1995, S. 3077 f. (Rn. 16, 22) Kalanke/freie Hansestadt Bremen
3179  So auch Schiek,Anm. zu BAG v. 05.03.1996, AP Nr. 226 zu Art. 3 GG

Mit Schiek[3180] ist der vom Generalanwalt aufgestellte Gegensatz von Ergebnis- und Chancengleichheit Ausdruck eines (sehr) formalen Verständnisses von Chancengleichheit, demzufolge berufliche Chancen Ergebnis eines Wettlaufs sind, durch den Frauen nur bis zu einer „imaginären Startlinie" hin gefördert werden dürfen. Sind die Grenzen zwischen Ergebnis und Chancen aber fließend, wie das BAG richtig erkannt hatte und werden darüber hinaus typischerweise Frauen treffende Umstände, Erwartungs- und Vorurteilshaltungen als komplexer Vorgang von struktureller Diskriminierung begriffen, die das BAG jedoch nur äußerst knapp mit einem Satz in seine Überlegungen einfließen ließ, sind soziale und berufliche Integrationsprozesse mit den Mitteln des Rechts nicht mehr mit einem „Wettlauf" zu erklären[3181]. So muß als Maßstab der Chancengleichheit das Ergebnis gelten, denn eine gerechte Verteilung von Chancen auf dem Arbeitsmarkt läßt sich nur am Ergebnis (Erhöhung des Frauenanteils in allen beruflichen Bereichen bis hin zum Anteil der Männer oder bis zur Höhe ihrer prozentualen Teilhabe am Arbeitsmarkt allgemein) tatsächlich feststellen[3182]. Der Ansatz Tesauros, den Anwendungsbereich des Art. 2 Abs. 4 der Gleichbehandlungsrichtlinie (a.F.) auf die mitgliedstaatliche Einflußnahme auf Berufswahl, Berufsausbildung und Familienförderung zu beschränken und die Unterrepräsentanz von Frauen in qualifizierten Positionen mit einer schlechteren Berufs- und Schulbildung zu erklären, wird nach allem weder vom EuGH noch vom BAG geteilt[3183]. Zwar sind die Hinweise des EuGH zur Qualifikationsförderung von Frauen[3184] auch dahingehend zu verstehen, daß Frauen noch nicht den gleichen Qualifikationsstandard wie Männer als Ursache ihrer Unterrepräsentation in Führungspositionen erreicht haben[3185], jedoch geht er bereits in Randnr. 20 seiner Entscheidung auf die Empfehlung des Rates 84/635/EWG ein, die ausdrücklich Einstellungen, Verhaltensmuster und Gesellschaftsstrukturen in ihrer dritten Begründungserwägung als Ursachen der faktischen Benachteiligung von Frauen im Beruf benennt, so daß die Anerkennung struktureller Diskriminierung durch den EuGH hierin mittelbar enthalten ist, die letztendlich auch über effektivere Mittel der Gegensteuerung verfügen muß als nur die Einflußnahme auf Berufs- und Schulbildung. Damit ist auch der EuGH über das Verständnis seines Generalanwalts von zulässiger Frauenförderung und Förderung der Chancengleichheit

---

3180 Ebenda
3181 Ebenda
3182 Ebenda
3183 In dieselbe Richtung auch Fuchsloch, FuR 1996, S. 87 (S. 91); vgl. auch Zumstein, Interview mit Richter am EuGH Hirsch, DJB-Info 12/1995, S. 1 (S. 2)
3184 EuGH v.17.10.1995, S. 3077 Rn. 19 Kalanke/Freie Hansestadt Bremen
3185 Fuchsloch, FuR 1996, S. 87 (S. 91)

hinausgegangen, ohne allerdings den mittelbar angerissenen Tatbestand der strukturellen Diskriminierung konsequent zu Ende zu denken.

## 1.4. Zwischenergebnis

Die im Vorfeld der Marschall-Entscheidung des EuGH gefällten Entscheidungen verdeutlichen, daß es auf deutscher Ebene insbesondere durch die Rechtsprechung des LAG Bremen und des BAG, aber auch des VG Bremen, bereits recht weitgehende Überlegungen zu den Ursachen des faktischen Gleichberechtigungsdefizits von Frauen vor allem in den Führungspositionen des öffentlichen Dienstes gegeben hat. Diese Ansätze mündeten allesamt ausdrücklich oder implizit (VG Bremen) in der Anerkennung des strukturellen Diskriminierungsgeflechts und der Erkenntnis, dieses durch Maßnahmen der Gegensteuerung aufzulösen. Den kollektiven, sprich gruppenbezogenen, Charakter der leistungsabhängigen Vorrangregelung des BremLGG stellte speziell das LAG Bremen heraus, was vom BAG jedoch nur sehr knapp abgehandelt wurde. Im übrigen taten sich die deutschen Gerichte der Arbeits- und Verwaltungsgerichtsbarkeit schwer mit der Auseinandersetzung der Ursachen weiblicher Unterrepräsentanz im öffentlichen Dienst - sie fand keine oder eine ablehnende Erwähnung.

Im EÖD konnte gezeigt werden, daß die Auseinandersetzung mit der signifikanten Unterrepräsentation von Frauen in den jeweils angestrebten Führungspositionen in allen drei untersuchten Verfahren ganz ausblieb. Lediglich der am Verfahren Delauche/Kommission beteiligte Generalanwalt Darmon hatte eingeräumt, daß das statistische Ungleichgewicht von Männern und Frauen in der Laufbahn- und Besoldungsgruppe A4 und aufwärts besorgniserregend sei und damit auch ein Bedürfnis nach positiven Maßnahmen zur Förderung von Frauen bestände, die er allerdings aufgrund der fehlenden gesetzlichen Rechtsgrundlage ablehnte. Im Fall Frederiksen/Parlament ging das EuG sogar so weit, die bereits erfolgte Beförderung einer Frau in die Besoldungsgruppe LA3 der Sonderlaufbahn Sprachendienst wieder aufzuheben. Die bevorzugte Berücksichtigung von Frauen bei gleicher oder unter Umständen sogar höher erscheinender Qualifikation gegenüber dem männlichen Konkurrenten wurde durchweg abgelehnt, da der Grundsatz der Gleichbehandlung der Geschlechter inhaltlich kein Prioritätsrecht von Frauen hergäbe. Auffällig war in diesen drei ausgewerteten Entscheidungen zum EÖD auch, daß jedesmal ein Auswahlkriterium im Vordergrund stand, daß von den Klägerinnen Bonino und Delauche bzw. der beförderten Frau im Fall Frederiksen nicht erfüllt werden konnte oder aufgrund der subjektiven Einschätzung der Anstellungsbehörde während der Erprobungsphase in Sachen Bonino zur Ablehnung der Klägerin führte, auch wenn der Klage im letztgenannten Verfahren schließlich aus anderen Gründen stattgegeben worden war. Ob es sich nun um die höheren Managementfähigkeiten, Kenntnisse der Versicherungsmathematik oder der EDV der Männer handelte – es entstand regelmäßig der Eindruck, daß diese Gesichtspunkte in (unbewußt?) strukturell diskriminierender Weise zur Anwendung kamen und gleichzeitig eine Auseinandersetzung mit der kollektiv die Gruppe der weiblichen Bediensteten im EÖD treffenden Problematik der strukturellen Diskriminierung umgangen wurde.

Erst in der Entscheidung Kalanke/Freie Hansestadt Bremen deutete sich von Seiten des EuGH an, daß er im Rahmen seiner Ausführungen zur Empfehlung 84/635/EWG des Rates zur Förderung positiver Maßnahmen für Frauen zumindest mittelbar die strukturelle Diskriminierung als Ursache faktischer Unterrepräsentanz von Frauen im Arbeitsleben angedacht hatte, ohne dabei jedoch die Zulässigkeit der leistungsabhängigen Vorrangregelung ohne Härtefallklausel des BremLGG (a.F.) anzuerkennen. Im übrigen hatte der EuGH hier noch einmal betont, daß die in Art. 2 Abs. 4 der Richtlinie 76/207/EWG (a.F.) verankerte Möglichkeit, nationale Maßnahmen zuzulassen, die zwar dem Anschein nach diskriminierend sind, tatsächlich aber in der sozialen Wirklichkeit bestehende faktische Ungleichheiten beseitigen oder verringern sollen und dabei als spezifische Begünstigung von Frauen darauf ausgerichtet sind, ihre Fähigkeiten zu verbessern, auf dem Arbeitsmarkt mit anderen zu konkurrieren und unter den gleichen Bedingungen wie Männer eine berufliche Laufbahn zu verwirklichen, als **Ausnahme** von dem in der Richtlinie enthaltenen Recht auf Gleichbehandlung eng auszulegen sind[3186]. Dies festzuhalten ist letztlich von entscheidender Bedeutung für den mit dem Marschall-Urteil des EuGH eingeleiteten Rechtsprechungswandel, der einen grundsätzlich anderen Blick auf spezifische Frauenfördermaßnahmen zuläßt.

## 2. Entscheidung des EuGH in der Rechtssache Marschall/Land Nordrhein-Westfalen

Hier hatte sich der EuGH ein zweites Mal mit der Frage nach der Zulässigkeit einer deutschen Vorrangregelung zugunsten von Frauen bei gleicher Qualifikation mit männlichen Konkurrenten zu beschäftigen[3187]. Das VG Gelsenkirchen hatte den EuGH mit Beschluß vom 21.12.1995[3188] um Vorabentscheidung er-

---

3186 EuGH v. 17.10.1995, S. 3077 f. Kalanke/Freie Hansestadt Bremen
3187 EuGH v. 11.11.1997, Slg. 1997, S. 6363 Rs. C-409/95 Marschall/Land Nordrhein-Westfalen
3188 EuZW 1996, S. 223

sucht, ob die nordrhein-westfälische Quoten- oder Vorrangregelung in § 25 Abs. 5 S. 2 LBG NW, die eine ausdrückliche Härtefallklausel enthält, mit Art. 2 Abs. 1 und 4 der Richtlinie 76/207/EWG (a.F.) zu vereinbaren sei. Das VG Gelsenkirchen hielt eine solche Vorrangregelung für unvereinbar mit Gemeinschaftsrecht, wobei es sich insbesondere auf die Ausführungen des Generalanwalts Tesauro im Kalanke-Verfahren stützte.

Der EuGH kam zu dem Ergebnis, daß eine Vorrangregelung, die bei gleicher Qualifikation dem unterrepräsentierten Geschlecht bei Beförderungen den Vorrang einräumt, sofern nicht in der Person des männlichen Mitbewerbers liegende Gründe überwiegen, mit Art. 2 Abs. 1 und 4 der Richtlinie 76/207/EWG (a.F.) zu vereinbaren sei. Allerdings dürfe eine solche Regelung gegenüber den weiblichen Bewerbern keine diskriminierende Wirkung zeigen[3189]. Der EuGH war in seinen Entscheidungsgründen ebenfalls der Auffassung, daß eine Vorrangregelung mit Härtefallklausel den männlichen Bewerbern in jedem Einzelfall eine objektive Beurteilung aller ihre Person betreffenden Kriterien garantiere und zudem sicherstelle, daß die bevorzugte Berücksichtigung der Frauen dann entfalle, wenn eines oder mehrere Kriterien zugunsten des Mannes überwögen[3190]. Welcher Art diese Kriterien zugunsten eines Mannes sein könnten, der die gleiche Qualifikation besäße wie die jeweilige Mitbewerberin, konkretisierte der Gerichtshof jedoch nicht. Allerdings führte das im vorliegenden Verfahren beklagte Land Nordrhein-Westfalen hierzu aus, daß bei gleicher Qualifikation Arbeitgeber auf der Grundlage traditioneller, Frauen faktisch benachteiligender Beförderungskriterien wie das Lebensalter, das Dienstalter oder daß der Mann alleinverdienender Familienvater sei, zur vorrangigen Beförderung des Mannes neigen würden[3191]. Zu diesen traditionellen Beförderungskriterien solle die mit § 25 Abs. 5 S. 2 LBG NW geschaffene Regelung ein Gegengewicht schaffen, ohne diese dabei gänzlich zu verdrängen[3192].

Die abgegebenen Stellungnahmen der finnischen, norwegischen und schwedischen Regierungen verdeutlichten, daß diese Vorrangregelung den Zugang von Frauen in verantwortungsvolle Positionen fördern und zur Herstellung eines Gleichgewichts von Männern und Frauen auf den Arbeitsmärkten beitragen könne, die z.Z. noch geschlechtsspezifisch abgeschottet seien und zur Folge hätten, daß Frauen in der Hauptsache in den unteren Bereichen der beruflichen Hierarchien anzutreffen wären[3193]. Die finnische Regierung vertrat darüber hinaus die Ansicht, daß Maßnahmen auf Gebieten der Berufswahl und Berufsaus-

---

3189   EuGH v. 11.11.1997, S. 6394 f. Marschall/Land Nordrhein-Westfalen
3190   Ebenda
3191   EuGH v. 11.11.1997, S. 6386 Marschall/Land Nordrhein-Westfalen
3192   EuGH v. 11.11.1997, S. 6389 Marschall/Land Nordrhein-Westfalen
3193   Ebenda

bildung zugunsten von Frauen sowie solche zur Erleichterung der Vereinbarkeit von beruflichen und familiären Pflichten allein keine ausreichende Basis für die Beendigung des geschlechtsspezifisch geteilten Arbeitsmarktes darstellten[3194].

Der EuGH nahm diese Ausführungen zum Anlaß, klarzustellen, daß trotz gleicher Qualifikation gleichwohl die Tendenz bestehe, Männer bevorzugt vor Frauen zu befördern, wobei er die Gründe in Vorurteilen und stereotypen Rollenvorstellungen über die beruflichen Fähigkeiten von Frauen, z.B. durch häufigere Laufbahnunterbrechungen, geringere Flexibilität hinsichtlich der Arbeitszeiten aufgrund häuslicher und familiärer Pflichten sowie häufigere Ausfallzeiten wegen Schwangerschaften und Stillzeiten, sah[3195]. Daraus schloß er, daß gleiche Qualifikation nicht gleichbedeutend mit gleichen Chancen sei[3196].

Mit diesen Überlegungen muß dem EuGH eine kurze, aber gelungene Einschätzung der Ursachen weiblicher Unterrepräsentation i.S.d. Anerkennung struktureller Diskriminierungsmechanismen bescheinigt werden. Im Gegensatz zur Kalanke-Entscheidung beschränkte sich der EuGH hier aber nicht auf die Empfehlung des Rates 84/635/EWG, um die Gründe der Unterrepräsentation von Frauen nachzuvollziehen[3197]. Der EuGH setzte sich in seinem Urteil auch über die sowohl von Generalanwalt Tesauro als auch von Generalanwalt Jacobs, der in seinen Schlußanträgen vom 15.05.1997 in die gleiche Richtung wie sein Vorgänger Tesauro argumentiert hatte[3198], vertretene These hinweg, daß die gleiche Qualifikation eines Mannes und einer Frau definitionsgemäß zu gleichen Beförderungschancen führe[3199].

Die Kritik zum Marschall-Urteil, das Vorrangregelungen mit Härtefallklausel als zulässig erachtete, wendete sich vor allen Dingen gegen die vom EuGH anerkannte strukturelle Diskriminierung, denen Vorrangregelungen im obigen Sinne entgegensteuern helfen sollen: So wurde u.a. argumentiert, daß nicht etwa Vorurteile und stereotype Rollenzuschreibungen den Ausschlag für die häufigere Beförderung eines Mannes gäben, sondern vielmehr auf einem realen wirtschaftlichen Hintergrund beruhten, da gerade Schwangerschaften, Geburten, Stillzeiten, häufigere Ausfallzeiten aufgrund familiärer Verpflichtungen u.ä. zur Erhöhung sozialversicherungsrechtlicher und organisatorischer Kosten der Arbeitgeber beitrügen, die in der Folge zur Ablehnung einer Bewerberin führen

---

3194 Ebenda
3195 EuGH v. 11.11.1997, S. 6392 Marschall/Land Nordrhein-Westfalen
3196 Ebenda
3197 So auch Suhr, EuGRZ 1998, S. 121 (S. 126)
3198 Slg.1997, S. 6345 Rs. C-409/95 Marschall/Land Nordrhein-Westfalen
3199 GA Tesauro v. 06.07.1995, S. 3060 Kalanke/Freie Hansestadt Bremen; GA Jacobs v. 15.05.1997, S. 6373 Marschall/Land Nordrhein-Westfalen

könnten[3200]. Auch hätte ein Arbeitgeber bei der Ausschreibung eines Arbeitsplatzes nicht primär sozialpolitische Motive, da er sich schließlich dem globalen Wettbewerb zu stellen habe[3201].

Diese Feststellungen sind in ihrer Allgemeingültigkeit sicherlich richtig, nur verkennen sie die diffizilen Hintergründe in den Bereichen qualifizierter und verantwortungsvoller Arbeit: Wie bereits das LAG Bremen in seinem Urteil vom 08.07.1992[3202] erkannt hatte, trifft ein Reflex dieser Überlegungen auch die ältere, ungebundene Frau, die weder Kinder hat noch welche erwarten kann. Die besonders kritische Überprüfung der Qualifikation einer Bewerberin im Rahmen der Eignung und fachlichen Leistung[3203] geht nicht auf das in jedem Arbeitsverhältnis vorausgesetzte persönliche Vertrauensverhältnis allein zurück[3204]; vielmehr basiert dieses gerade auf den vom EuGH anerkannten Vorurteilen und tradierten Rollenzuschreibungen, die weniger mit der Gebärfähigkeit und eventuellem Kinderwunsch der jeweiligen Frau zu tun haben, als mit dem dahinterstehenden strukturellen Diskriminierungsmechanismus, der Männern mehr Kompetenz und höhere persönliche Einsatzbereitschaft im Beruf zutraut. Erinnert sei nur daran, daß beide Geschlechter zur Betreuung eines oder mehrerer Kinder Elternurlaub in Anspruch nehmen können und das Arbeitgeber zumindest in der heutigen Zeit nicht mehr per se davon ausgehen können, daß Männer diese Möglichkeit nicht in Anspruch nehmen, da klassische Familienstrukturen langsam im Entwicklungsprozeß der letzten Jahre aufzubrechen beginnen. Die „frauenfreundliche" Auslegung"[3205] der nordrhein-westfälischen Vorrangregelung mit Härtefallklausel im Hinblick auf Art. 2 Abs. 4 der Richtlinie 76/207/EWG (a.F.) durch den EuGH im Marschall-Verfahren ist auch nicht Ergebnis eines juristischen Beurteilungsfehlers[3206], sondern eine konsequente Weiterentwicklung des Denkansatzes zur Vereinbarkeit von Vorrangregelungen zugunsten von Frauen mit Gemeinschaftsrecht und zwar auf der Basis einer differenzierteren Betrachtungsweise und Sicht auf die Gründe faktischer Unterrepräsentanz. So sah der EuGH auch, daß strukturelle Diskriminierungsmechanismen, die in die Personalauswahl einfließen, nicht allein mit dem Verbot der mittelbaren Diskriminierung in den Griff zu bekommen sind[3207].

---

3200 Abele, Anm. zu EuGH v. 11.11.1997, EuZW 1997, S. 758
3201 Ebenda
3202 RiA 1993, S. 82 (S. 84)
3203 Ebenda
3204 Abele, S. 758
3205 Goergens, AiB 1998, S. 124 (S. 125)
3206 Lenz, NJW 1998, S. 1619 (S. 1620)
3207 Schiek, Der PersR 1998, S. 96 (S. 99)

Mittelbar diskriminierenden Personalauswahlkriterien, die die nordrhein-westfälische Regierung im Marschall-Verfahren als traditionelle Hilfskriterien wie das Dienst-und Lebensalter sowie den Status des alleinverdienenden Familienvaters weiterhin bei Beförderungsauswahlen neben der Vorrangregelung des § 25 Abs. 5 S. 2 LBG NW gelten lassen wollte, erteilte der EuGH eine Absage[3208], ohne diese konkret zu benennen, indem festhielt, daß Härtefallkriterien zugunsten eines Mannes nicht ihrerseits wiederum einen diskriminierenden Charakter für die abgewiesene Frau haben dürften. Obwohl der EuGH in der Sache dem Generalanwalt Jacobs nicht folgte, sah er wie der Generalanwalt in der Anwendung traditioneller Hilfskriterien[3209] einen Verstoß gegen die Gleichbehandlungsrichtlinie und Art. 5, 189 EGV a.F.[3210] . Bei korrekter Anwendung dieser vom EuGH gesetzten Prämissen sind konkrete Härtefallentscheidungen zugunsten eines Mannes im Rahmen der Personalauswahl weitgehend in den Hintergrund gedrängt[3211].

Auch hatte der EuGH gut einen Monat vor seinem Marschall-Urteil entschieden, daß die Kürzung des Dienstalters einer Frau aufgrund familienbedingter Teilzeitarbeit eine mittelbare Diskriminierung darstelle, die überwiegend Frauen benachteilige und deshalb einer objektiven Rechtfertigung bedürfe[3212]. In dieselbe Richtung wie die Entscheidung Gerster/Freistaat Bayern ging die vom EuGH am gleichen Tag entschiedene Rechtssache Kording/Senator für Finanzen[3213]. Auch in der vorliegenden Rechtssache räumte der EuGH ein, daß das Dienstalter einhergehe mit der dienstlichen Erfahrung, die den Arbeitnehmer im allgemeinen zu einer besseren Erfüllung seiner Aufgaben befähige, jedoch der objektive Charakter des Dienstalterskriteriums von allen Umständen des Einzelfalles sowie von den Beziehungen zwischen der Art der ausgeübten Tätigkeit und der Erfah-

---

3208 Ebenda
3209 GA Jacobs v. 15.05.1997, S. 6366 f., 6376 f. Marschall/Land Nordrhein-Westfalen
3210 So auch Pape, AuR 1998, S. 14 (S. 15).
3211 Goergens, S. 125; anders dagegen Sachs, Anm. zu EuGH v. 11.11.1997, DVBl. 1998, S. 184 (S. 185), der die bevorzugte Berücksichtigung einer Frau in der Praxis als kaum mehr relevant bezeichnet, da diese nur noch ein sog. "Hilfs-Hilfskriterium" darstelle neben allen anderen qualifikationsbezogenen sowie qualifikationsunabhängigen Kriterien, wobei er gerade hier übersieht, daß traditionelle Hilfskriterien eben nicht mehr angewandt werden dürfen, da sie eine mittelbare Diskriminierung aufgrund des Geschlechts implizieren; kritisch hierzu auch Suhr, S. 127, der in seinem Verständnis des Marschall-Urteils zu dem Ergebnis kommt, daß der EuGH der Vorrangregelung auch bei Eingreifen von Hilfskriterien zugunsten des Mannes einen nennenswerten Anwendungsbereich belassen wollte
3212 EuGH v. 02.10.1994, Slg. 1997, S. 5253 (S. 5288) Rs. C-1/95 Gerster/Freistaat Bayern
3213 EuGH v. 02.10.1997, Slg. 1997, S. 5289 Rs. C-100/95 = NZA 1997, S. 1221

rung abhänge, die die Ausübung dieser Tätigkeit nach einer bestimmten Anzahl von geleisteten Arbeitsstunden verschaffe[3214]. Der EuGH hat hier nochmals deutlich gemacht, daß die pauschale Annahme vieler Behörden, daß Teilzeitgegenüber Vollzeitbeschäftigung längere Beschäftigungszeiten erforderlich mache, um eine Beförderung oder den Zugang zu einem bestimmten Beruf zu erreichen, in dieser Allgemeinheit nicht haltbar und als Rechtfertigungsgrund für Ungleichbehandlungen wenig tauglich ist[3215].

Eine objektive Rechtfertigung der mittelbaren Diskriminierung durch das Dienstalterskriterium kann aber nur darin liegen, wenn faktisch mit einer Vollzeitbeschäftigung gleichzeitig eine Qualifikationssteigerung im Unterschied zur Teilzeitbeschäftigung verbunden ist[3216]. Das ein höheres Dienstalter jedoch immer mit einer höheren Eignung und Qualifikation einhergeht, fand schon Schiek in ihrer Besprechung des BAG-Urteils vom 05.03.1996 im Kalanke-Verfahren[3217] für sehr fraglich, denn eine solche Eignungssteigerung findet ihrer Auffassung nach immer schon ihren Niederschlag in den dienstlichen Beurteilungen. Auch basiert die dienstaltersbedingte Beförderung auf der Vermutung, daß eine längere Praxis mit einem Zuwachs an Erfahrung einhergehe[3218], die aber in dieser Form nicht generalisierungsfähig ist und dem Leistungsprinzip im öffentlichen Dienst abträglich sein bzw. sogar widersprechen kann[3219].

Hinzu kommt, daß für den deutschen Rechtsraum sowohl das BGleiG (§ 9 Abs. 2) als auch verschiedene Landesgesetze zur Frauenförderung (§ 8 Abs. 3, 4 BerlLGG, § 9 Abs. 1 BraLGG, § 4 Abs. 3 BremLGG, § 9 Abs. 1 HambGstG etc.) bestimmte Hilfskriterien wie u.a. berufliche Ausfallzeiten wegen Kinderbetreuung, häuslicher Pflege, Lebensalter, Familienstand, Einkommenssituation des Partners oder der Partnerin und Teilzeitbeschäftigungen von der Anwendung bei Personalentscheidungen ausgenommen haben. Mit Suhr[3220] ist deshalb davon auszugehen, daß der EuGH der Vorrangregelung zugunsten einer Frau keinen subsidiären Charakter zuweisen wollte, wie dies etwa Sachs in die EuGH-Entscheidung im Marschall-Verfahren hineininterpretiert hat[3221], sondern vielmehr der nordrhein-westfälischen Vorrangregelung auch nach der Intention des Landesgesetzgebers Gleichrangigkeit neben den anderen Hilfskriterien zukom-

---

3214 EuGH v. 02.10.1997, S. 5299 Kording/Senator für Finanzen
3215 So auch Dötsch, AuA 1999, S. 122 (S. 124)
3216 So auch Schiek, Der PersR 1998, S. 96 (S. 97)
3217 AP Nr. 226 zu Art. 3 GG
3218 Battis, ZBR 1996, S. 193 (S. 195)
3219 Battis/Schulte-Trux/Weber, S. 1167
3220 Suhr, S. 128
3221 Vgl. Sachs, Anm. zu EuGH v. 11.11.1997, DVBl. 1998, S. 184 (S. 185)

men sollte, damit sie letztlich auch ein tatsächlich wirksames Gegengewicht zur tendenziellen Bevorzugung des Mannes bilden kann.

Welche Kriterien nun aber diskriminierungsfrei den Ausschlag zur Beförderung eines Mannes geben könnten, blieb nach dem Marshall-Urteil des EuGH letztlich unklar, denn einerseits traf der EuGH hierzu keine Aussagen und andererseits kamen mit der Ratifikation des Vertrages von Amsterdam gemäß Art.136 EGV die in den Art.16 und 17 der ESC geschützten sozialen Grundrechte der Familien mit Kindern als Bezugsrahmen für das Europäische Arbeits- und Sozialrecht zum Tragen. Das bedeutet, daß Vorrangregelungen zugunsten von Frauen ohne Kinder dann entfallen könnten, wenn ihnen ein gleichqualifizierter Mann mit Kindern gegenüberstände[3222]. Dies wiederum geht aber in die Richtung der traditionellen Hilfskriterien (alleinerziehender Vater mit einem oder mehreren Kindern), die der EuGH sowie der Generalanwalt Jacobs bereits abgelehnt hatten.

Einen Ausweg bieten hier nur die von Schiek[3223] angestellten Überlegungen, daß sozialpolitische Ziele nur Geltung auf dem Gebiet der Einstellung beanspruchen können, da die Annahme, daß der alleinverdienende Familienvater stärker auf die jeweilige Stelle angewiesen ist als die kinderlose Konkurrentin, im Bereich der Beförderung keine Rolle spielt, da beide Bewerber bereits einen Arbeitsplatz innehaben[3224]. Aber auch für Einstellungen kann aus folgenden Gründen nichts anderes gelten[3225]: Wird die vom EuGH anerkannte strukturelle Diskriminierung von Frauen in die Überlegungen einbezogen, ist die bevorzugte Einstellung des alleinverdienenden Familienvaters ein Geschlechtsrollenstereotyp, d.h. es fällt eine Rollenzuschreibung derart stark ins Gewicht, daß sie im Reflex auch die ältere, ungebundene, kinderlose und keinen Kinderwunsch habende Frau treffen würde.

Das bedeutet schließlich, daß nach der am 01.05.1999 erfolgten Ratifikation des Amsterdamers Vertrages durch die Mitgliedstaaten bei Anwendung einer zulässigen Vorrangregelung mit Härtefallklausel in eine Abwägung der verschiedenen sozialpolitischen Zielsetzungen im gemeinschaftsrechtlichen Arbeits- und Sozialrecht einzutreten ist, denn der Art. 141 Abs. 4 EGV sieht vor, daß die Mitgliedstaaten zur effektiven Gewährleistung der vollen Gleichstellung von Männern und Frauen im Arbeitsleben, zur Erleichterung der Berufstätigkeit des unterrepräsentierten Geschlechts oder zur Verhinderung bzw. zum Ausgleich von Benachteiligungen in der beruflichen Laufbahn spezifische Vergünstigun-

---

3222 Vgl. Coen, Anm. zu EuGH v. 11.11.1997, EuroAS 1998, S. 13 (S. 14)
3223 Schiek, Der PersR 1998, S. 96 (S. 99)
3224 Vgl. auch BAG v. 05.03.1996, AP Nr. 226 zu Art. 3 GG
3225 In diese Richtung auch Schiek, Der PersR 1998, S. 96 (S. 99)

gen beibehalten oder beschließen können. Außerdem wird in Art. 2 und 3 Abs. 2 EGV die Gemeinschaft ausdrücklich auf das Ziel der Gleichstellung von Männern und Frauen verpflichtet – die Gleichstellungspolitik der Europäischen Gemeinschaft ist damit als Querschnittsaufgabe in allen Bereichen der EG angesiedelt[3226].

Die andere im Zusammenhang mit Vorrangregelungen aufgeworfene Frage ist, ob derartige Regelungen tatsächlich zu einer effektiven Steigerung des Frauenanteils in qualifizierten Positionen des Arbeitslebens und hier des öffentlichen Dienstes der Europäischen Gemeinschaft und Deutschlands beitragen können[3227]. Generalanwalt Jacobs hatte in seinen Schlußanträgen unter Bezugnahme auf die Stellungnahme des Landes Nordrhein-Westfalen ausgeführt, daß Vorrangreglungen unabhängig vom Vorliegen einer Härtefallklausel bislang eine „bemerkenswert geringe Wirkung gehabt hätten"[3228]. Im Sitzungsbericht zur Rechtssache C-409/95 Marschall/Land Nordrhein-Westfalen führte das beklagte Land außerdem aus, daß der Anteil der Beamtinnen im höheren Dienst und Richterinnen bei 8,5 % liege und die Anwendung leistungsabhängiger Quoten der vorliegenden Art in einem Zeitraum von vier bis acht Jahren zu einer Steigerung des Frauenanteils von weniger als 1 % geführt habe. Ob eine solche Politik zur Verbesserung der Situation der Frauen am Arbeitsmarkt wünschenswert oder angemessen ist, ließ Generalanwalt Jacobs dahingestellt sein[3229].

Coen sah ein wirkungsvolleres Mittel zur Steigerung des Frauenanteils im Bereich der Erwerbsarbeit durch die Verpflichtung der Mitgliedstaaten, ein angemessenes Angebot an Versorgungseinrichtungen, z.B. im Bereich der Kinderbetreuung, zu schaffen, um somit Frauen und Männern zu einem leichteren Arbeitsmarktzugang und Verbleib im Erwerbsleben zu verhelfen[3230]. Schließlich verwies er auch darauf, daß die Mitgliedstaaten zukünftig ein besonderes Augenmerk auf die Männer und Frauen zu werfen hätten, die nach einer familienbedingten Unterbrechung ihrer beruflichen Laufbahn in den Beruf zurückkehren wollten[3231]. Seiner Ansicht nach war die bessere Vereinbarkeit von Familie und Beruf durch verstärkte Maßnahmen auf dem Gebiet der Kinderbetreuungsmöglichkeiten und sonstiger Familienangehöriger ein geeigneteres Mittel, den Frauenanteil im Berufsleben zu erhöhen als durch sog. Quotengesetze[3232].

---

3226 Vgl. auch Bericht der Europakommission des DJB zum 32. Kongreß des DJB in Augsburg v. 11. bis 13.09.1997 in DJB Dokumentation, S. 39 (S. 43)
3227 Coen, S. 15
3228 GA Jacobs v. 15.05.1997, S. 6379 Marschall/Land Nordrhein-Westfalen
3229 GA Jacobs v. 15.05.1997, S. 6378 f. Marschall/Land Nordrhein-Westfalen
3230 Coen, S. 15
3231 Ebenda
3232 Ebenda

Hier ist zuzugeben, daß Versorgungseinrichtungen zur Betreuung von Kindern gerade in Deutschland, insbesondere im Hinblick auf die zeitliche Unterbringung, erheblichen Nachholbedarf im Vergleich z.B. zu Frankreich haben, da Kindergärten und Schulen überwiegend nachmittags geschlossen sind[3233]. Jedoch sind Maßnahmen zur besseren Vereinbarkeit von Familie und Beruf nur ein Rahmenbedingungen schaffender Aspekt speziell für Mütter (und in selteneren Fällen für Väter), um überhaupt eine Basis für einen Wiedereinstieg in den Beruf bzw. Einstieg ins Erwerbsleben zu haben. Eine Lösung des Problems der strukturellen Diskriminierung bietet dieser Ansatz von Coen allerdings nicht, denn er verspricht eher, Frauen in ihrer Doppelrolle als berufstätige Mutter festzuhalten, was wiederum in das System der strukturellen Diskriminierung paßt. Es bietet darüber hinaus auch keinen Lösungsansatz dafür, Frauen mit höheren Bildungs- und Berufsabschlüssen in qualifizierte und verantwortungsvolle Positionen zu bringen, denn Coen's Überlegungen klammern strukturelle Diskriminierungen in Personalentscheidungen aus. Eine wirklich effektive Lösung des Problems der Unterrepräsentanz von Frauen kann daher nur in einer Vielzahl von Maßnahmen und Regelungen gesehen werden, die zum einen Vorrangregelungen mit Härtefallklausel beinhalten, zum anderen sich auch verstärkt der Verbesserung der Kinderbetreuungsmöglichkeiten widmen. Weitere Maßnahmen müssen aber hinzukommen, die in den verschiedenen Frauenförder- bzw. Gleichstellungsgesetzen auch bereits Eingang gefunden haben, wie z.B. der Ausschluß mittelbar diskriminierender Auswahlkriterien.

Für den EÖD hatte schon Generalwalt Jacobs in seinen Schlußanträgen zum Marschall-Verfahren darauf hingewiesen, daß die Gemeinschaftsorgane bei Einstellungen regelmäßig die sonst geltende Altersgrenze von 35 Jahren bei Bewerbern heraufsetzen, die mindestens ein Jahr wegen der Betreuung eines oder mehrerer Kinder mit ihrer Berufstätigkeit ausgesetzt haben[3234].

Festhalten läßt sich demzufolge, daß effektive Mittel zur Steigerung des Frauenanteils in qualifizierten Positionen nur in einem Konglomerat verschiedener Maßnahmen und rechtlich verbindlicher Regelungen zu finden sind, die sich aufeinander beziehen und ineinander greifen. Das gender mainstreaming ist ein weiterer Ansatz, der parallel hierzu Wirkung verspricht. Nur auf diese Weise kann zukünftig ein Abbau struktureller Diskriminierungsmechanismen erreicht werden

Ein letzter bislang noch unerwähnt gebliebener Gesichtspunkt muß noch berücksichtigt werden: Aus Anlaß des Kalanke-Urteils hatte die Kommission im Jahr 1996 eine Änderung des sowohl im Kalanke- als auch im Marschall-Ver-

---

3233 Ähnlich Coen, S. 15
3234 GA Jacobs v. 15.05.1997, S. 6378 Marschall/Land Nordrhein-Westfalen

fahren streitbefangenen Art. 2 Abs. 4 der Richtlinie 76/207/EWG vorgeschlagen, die eine begriffliche Konkretisierung der „Maßnahmen zur Förderung der Chancengleichheit" beinhaltete. Der Kommissionsvorschlag verstand derartige Maßnahmen auch als Vorzugsregelungen beim Zugang zur Beschäftigung oder zum beruflichen Aufstieg zugunsten eines Mitglieds des unterrepräsentierten Geschlechts, soweit diese die Bewertung der besonderen Umstände eines Einzelfalls nicht ausschließen[3235]. Im Gegensatz zu der von der Kommission vertretenen Auffassung, daß ihr Änderungsvorschlag lediglich erklärender Art sei und daß das Kalanke-Urteil allen anderen positiven Maßnahmen zur Förderung von Frauen einschließlich der Vorrangregelungen mit Härtefallklausel keine Absage erteilt habe, vertrat Generalanwalt Jacobs die Ansicht, daß es dem Kommissionsvorschlag an Klarheit und genauer Bestimmung seines Anwendungsbereichs fehle[3236].

Auch das Europäische Parlament lehnte in seinem Bericht über den Kommissionsvorschlag zur Änderung der Richtlinie 76/207/EWG diesen u.a. wegen der Möglichkeit ab, daß dieser vor allem im Hinblick auf die Formulierung der „individuellen Umstände" zugunsten eines Mannes nicht nur zu einer Verwässerung der bestehenden Richtlinie beitragen, sondern auch noch mehr Ungewißheit heraufbeschwören könne, als es das Kalanke-Urteil bereits getan habe[3237]. Hinzu kam aus der parlamentarischen Perspektive auf das Marschall-Urteil, daß der EuGH hier das grundlegende politische Ziel der Unterstützung und Begleitung der faktischen und konkreten Gleichheit der Geschlechter durch positive Maßnahmen in ihren verschiedenen Formen erkannt hatte und deshalb auch aus dem Blickwinkel der faktischen und/oder strukturellen Ungleichheit auf dem Arbeitsmarkt argumentiert hatte[3238]. Zwar wurde nach seiner Auffassung bis zum Inkrafttreten des Amsterdamer Vertrags die Verwirklichung der tatsächlichen Gleichberechtigung von Männern und Frauen auf Gemeinschaftsebene nur durch Ausnahmegewährung von einem individuellen Recht auf Gleichbehandlung bestimmt (Art. 2 Abs. 4 der Richtlinie 76/207/EWG a.F.), jedoch würde mit Art. 2 und 3 EGV die Gleichheit der Geschlechter als politische Aufgabe und Ziel der

---

[3235] Art. 1 des Vorschlags für eine Richtlinie des Rates zur Änderung der Richtlinie 76/207/EWG zur Verwirklichung des Grundsatzes der Gleichbehandlung von Männern und Frauen hinsichtlich des Zugangs zur Beschäftigung, zur Berufsbildung und zum beruflichen Aufstieg sowie in bezug auf die Arbeitsbedingungen, KOM (96) 93 endg. v. 27.03.1996 = ABl.EG Nr. C 179, S. 8 v. 22.06.1996

[3236] GA Jacobs v. 15.05.1997, S. 6380 Marschall/Land Nordrhein-Westfalen; zur Kritik an der Kommission auch Hasselbach, NZA 1996, S. 1308 (S. 1310)

[3237] Europäisches Parlament, Sitzungsdokumente v. 27.01.1999, A4-0038/99, PE 225.922/end, S. 8

[3238] Europäisches Parlament, Sitzungsdokumente v. 27.01.1999, S. 9

Gemeinschaft als kollektives Recht niedergelegt werden, was im Kommissionsvorschlag keinen Ausdruck gefunden habe, weil die dem Vorschlag immanente Auslegung der Gleichheit dem Art. 2 Abs. 4 der Richtlinie seinen Charakter als individuelles Recht durch Ausnahmegewährung belasse[3239].

Angesichts dieses Hintergrundes kam das Europäische Parlament schließlich auch zu der Schlußfolgerung, daß sich eine Änderung des Art. 2 Abs. 4 der Richtlinie 76/207/EWG erübrige, da er für die Herbeiführung einer Entscheidung wie das Marschall-Urteil ausreiche und im Falle einer Änderung der Gleichbehandlungsrichtlinie auch das progressivere Denken in bezug auf die Gleichberechtigung der Geschlechter in Art. 141 EGV den Mitgliedstaaten ausdrücklich gestatte, zur Erleichterung der Berufstätigkeit des unterrepräsentierten Geschlechts spezifische Vergünstigungen beizubehalten oder zu beschließen[3240].

Damit muß auch die Argumentation von Generalanwalt Jacobs zurückgewiesen werden, daß in dem zum derzeitigen Zeitpunkt noch in der Planung befindlichen Art. 141 EGV keine große Hilfe für die Frage nach der Vereinbarkeit der nordrhein-westfälischen Vorrangregelung mit Härtefallklausel mit Art. 2 Abs. 4 der Richtlinie zu finden gewesen sein soll, denn seiner Ansicht nach stellte Art. 119 EGV a.F. (Art. 141 EGV) ausschließlich eine Vorschrift zur Sicherung der Entgeltgleichheit von Mann und Frau dar[3241]. Im übrigen ergibt sich aus der Erklärung Nr. 28 zu Art. 119 Abs. 4 EGV, die die Regierungskonferenz der Schlußakte zum Vertrag von Amsterdam beigefügt hatte und der dann am 02.10.1997 von den Mitgliedstaaten unterzeichnet worden war[3242], daß die Maßnahmen der Mitgliedstaaten auf der Grundlage von Art. 119 Abs. 4 EGV in erster Linie der Verbesserung der Lage der Frauen im Arbeitsleben dienen sollten. Hier wird nicht nur wiederum die Gruppe der Frauen und demnach das kollektive Element der effektiven Gewährleistung der vollen Gleichstellung von Männern und Frauen im Arbeitsleben angesprochen, sondern gleichzeitig auch deutlich, daß das fünf Wochen später gefällte Marschall-Urteil des EuGH maßgeblich von der Unterzeichnung des Amsterdamer Vertrags mitbeeinflußt worden ist.

Der EuGH hat im Ergebnis mit seinem Marschall-Urteil vom 11.11.1997 die durch den Vertrag von Amsterdam vorgezeichnete Linie der aktiven Gleichstellungspolitik der Mitgliedstaaten[3243] aufgegriffen und ohne expliziten Hinweis auf den gerade unterzeichneten Vertrag von Amsterdam diesen in seine Entscheidung miteingearbeitet. Dies verdeutlicht sich insbesondere in seinen Aus-

---

3239   Ebenda
3240   Europäisches Parlament, Sitzungsdokumente v. 27.01.1999, S. 8, 10
3241   GA Jacobs v. 15.05.1997, S. 6380 Marschall/Land Nordrhein-Westfalen
3242   ABl.EG Nr. C 340, S. 1 = BR-Drs. Nr. 784/97
3243   Suhr, S. 128

führungen zur strukturellen Diskriminierung, der Frauen regelmäßig ausgesetzt sind und die er dahingehend bewertete, daß zwei Bewerber verschiedenen Geschlechts trotz gleicher Qualifikation keine gleichen Chancen auf dem Arbeitsmarkt hätten, so daß Vorrangregelungen mit Härtefallklausel ein Gegengewicht zu den nachteiligen Auswirkungen stereotyper Einstellungen und Verhaltensmuster über die Rolle der Frau im Erwerbsleben bilden und damit faktische Ungleichheiten verringern helfen können[3244]. Auch der Neufassung des Art. 141 EGV geht es wortlautgemäß um die „effektive Gewährleistung der vollen Gleichstellung von Männern und Frauen im Arbeitsleben", das damit weit über die von Generalanwalt Jacobs in Art. 119 EGV a.F. ausschließlich gesehene Entgeltgleichheit hinausgeht und weitere gemeinschaftsrechtliche Regelungen auf dem Gebiet der Gleichbehandlung der Geschlechter in Arbeits- und Beschäftigungsfragen erwarten läßt[3245].

### 3. Der Rechtsprechungszeitraum im unmittelbaren Vorfeld und nach dem Marschall-Urteil des EuGH

Die sowohl auf das Kalanke- als auch auf das Marschall-Urteil ergangenen Entscheidungen der deutschen Verwaltungs- und Arbeitsgerichtsbarkeit lassen sich in zwei Gruppen einteilen: Während die Verwaltungsgerichte durchgängig die Anwendbarkeit von spezifischen Vorrangregelungen zugunsten von Frauen im öffentlichen Dienst ablehnten, lagen die Arbeitsgerichte auf der Rechtsprechungslinie des EuGH und hielten Quotenbestimmungen der Landesgleichstellungsgesetze mit Härtefallklausel für zulässig[3246]. Die im folgenden untersuchten Entscheidungen verdeutlichen, daß die Anerkennung struktureller Diskriminierungsmechanismen, auf deren Grundlage sich Frauenförderungsmaßnahmen und insbesondere die streitigen Vorrangregelungen bewegen, weder selbstverständlicher geworden ist, noch das sie in die Urteile miteingearbeitet wurden. Hinzuweisen ist darauf, daß für den EÖD in diesem Zeitraum bislang keine Entscheidung zur Handhabung positiver Frauenfördermaßnahmen, z.B. bei der Kommission aus dem 3. Aktionsprogramm für die Chancengleichheit von Mann und Frau in der Europäischen Kommission (1997 – 2000), ergangen ist.

---

3244 EuGH v. 11.11.1997, S. 6392 Marschall/Land Nordrhein-Westfalen
3245 Dötsch, S. 122
3246 Vgl. auch Suhr, S. 124 m.w.N.

*3.1. Ausgewählte Entscheidungen der deutschen Verwaltungs- und Arbeitsgerichtsbarkeit*

*a) Die Verwaltungsgerichte*

*aa) Die Beschlüsse des VG und OVG des Saarlandes unter Berücksichtigung des Vorlagebeschlusses des Hess.StGH an den EuGH in der Rechtssache Badeck u.a./Hess. Ministerpräsident*

Mit Beschluß vom 21.01.1997 hatte das VG des Saarlandes[3247] dem Antrag eines männlichen Beamten auf einstweilige Untersagung des Vollzugs einer Beförderungsentscheidung in ein Amt der Besoldungsgruppe A10 bei der Finanzverwaltung des Saarlandes stattgegeben. Dem Antragsteller sollten aufgrund von § 13 des Gesetzes Nr. 1371 des Saarlandes drei gleichqualifizierte Bewerberinnen vorgezogen werden, da in der Besoldungsgruppe A10 der saarländischen Finanzämter derzeit lediglich 39 % Frauen vertreten waren[3248].

Nach Auffassung des VG Saarland war es mit dem individuellen Grundrecht aus Art. 3 Abs. 2 GG sowie dem grundrechtsgleichen Art. 33 Abs. 2 GG nicht zu vereinbaren, wenn in einer konkreten Wettbewerbssituation zwischen Mann und Frau grundsätzlich die Frau bevorzugt und der Mann benachteiligt werde, weil letzterer nicht der Gruppe der benachteiligten Frauen angehöre, was nur auf eine pauschale gesetzgeberische Annahme zurückginge[3249]. Das VG Saarland widersprach auch deutlich der vom BAG vertretenen Meinung in seinem Vorlagebeschluß an den EuGH in Sachen Kalanke/Freie Hansestadt Bremen vom 22.06.1993[3250], demnach der quotenmäßigen Bevorzugung von Frauen eine zulässige typisierende Betrachtungsweise zugrundeliege, die der Beseitigung verdeckter geschlechtsspezifischer Benachteiligungen von Frauen diene, die insbesondere in Führungspositionen deutlich unterrepräsentiert seien. Im Ergebnis würde damit laut VG Saarland ein „Gruppenrecht" der Frauen „insgesamt" über das individuelle Abwehr- und Teilhaberecht des Grundrechtsträgers aus Art. 3 Abs. 2 und 3 GG gestellt[3251].

Unter Berufung auf den Beschluß des OVG Münster vom 20.09.1995[3252] erklärte das VG Saarland weiterhin, daß hiermit einerseits der männliche Mitbe-

---

3247   Az.: 12 F 94/96; abgedruckt auch bei Bertelsmann/Colneric/Pfarr/Rust, HzF, Bd. 3, T 1, 37c
3248   VG Saarland v. 21.01.1997, S. 4
3249   VG Saarland v. 21.01.1997, S. 9
3250   AP Nr. 193 zu Art. 3 GG = NZA 1994, S. 77
3251   VG Saarland v. 21.01.1997, S. 10
3252   ZBR 1996, S. 495

werber als Mittel zur Erreichung eines gesellschaftspolitischen Ziels (gleicher Anteil von Frauen und Männern in dem jeweiligen Beförderungsamt der Laufbahn) eingesetzt würde und andererseits die unzulässige Diskriminierung von Männern aufgrund ihrer Geschlechtszugehörigkeit gerade darin liege, daß der einzelne Mann das Unrecht ausgleichen solle, das Frauen allgemein in der Vergangenheit und unter anderen gesellschaftlichen Vorstellungen erlitten hätten[3253]. Mit diesem Verständnis von Art. 3 Abs. 2 und 3 GG als ausschließlich individuelles Grundrecht[3254] kam das VG Saarland dann auch zu dem Schluß, daß selbst die Neufassung von Art. 3 Abs. 2 GG von 1994 die pauschalierende Benachteiligung männlicher Bewerber durch § 13 Gesetz Nr. 1371 nicht decke[3255]. Hier argumentierte das VG Saarland weiter, daß es § 13 Gesetz Nr. 1371 nicht um die Angleichung der realen Lebensverhältnisse von Männern und Frauen gehe[3256], weil dieses sich nur auf die Gruppe der Männer und Frauen beziehen könne, § 13 demgegenüber aber an die einzelne Person anknüpfe[3257]. Auf eine Auseinandersetzung mit der Kalanke-Entscheidung des EuGH vom 17.10.1995 verzichtete das VG Saarland hier gänzlich.

Gerade die Ausführungen zur Neufassung des Art. 3 Abs. 2 GG als Staatszielbestimmung, die auf die Angleichung der realen Lebensverhältnisse von Männern und Frauen zielt und sich nicht in der Beseitigung von Rechtsnormen erschöpft, die Vor- und Nachteile an die Geschlechtszugehörigkeit knüpfen, sondern vielmehr auch Maßnahmen zur Erreichung der tatsächlichen Gleichberechtigung zuläßt, lassen deutliche Widersprüche erkennen: Einerseits wird Art. 3 Abs. 2 und 3 GG ausschließlich als individuelles Grundrecht einzelner Personen begriffen, andererseits wird insbesondere die Neufassung des Art. 3 Abs. 2 GG durch den hinzugefügten Satz 2 als Staatszielbestimmung anerkannt. Allerdings verbietet es sich wegen des aus dem Rechtsstaatsprinzip erwachsenden Gebotes der Rechtssicherheit, aus dem Individualgrundrecht und der Staatszielbestimmung eine Mischform zu konstruieren[3258], wie es das VG Saarland hier versucht hat. Hinzu kommt, daß schon der Wortlaut von Art. 3 Abs. 2 GG gegen die ausschließliche Auslegung als Individualgrundrecht spricht, denn Art. 3 Abs. 2 GG spricht sowohl in Satz 1 als auch in Satz 2 von „Männern und Frauen". Die Verwendung des Plurals muß an dieser Stelle auch als bewußte gesetzgeberische Entscheidung verstanden werden, die die Geschlechtergruppen im Hinblick auf

---

[3253] VG Saarland v. 21.01.1997, S. 10
[3254] Ebenda
[3255] VG Saarland v. 21.01.1997, S. 11
[3256] Vgl. BVerfGE 89, S. 276 (S. 285)
[3257] Ebenda
[3258] Vgl. auch Schumann, Faktische Gleichberechtigung, S. 70

die Erreichung tatsächlicher Gleichberechtigung gegenübergestellt wissen wollte[3259].

Hinzu kommt, daß Art. 3 Abs. 2 S. 2 GG tatsächlich als Staatszielbestimmung den Auftrag an den Staat „für die Zukunft die Gleichberechtigung der Geschlechter durchzusetzen"[3260] zusätzlich unterstreichen soll[3261]. Staatszielbestimmungen gehören jedoch dem objektiven Recht an und lassen keinen Raum für einklagbare, subjektive Ansprüche des einzelnen[3262]. Zwar kann im Rahmen der wörtlichen Auslegung, insbesondere auch mit Blick auf andere Grundrechtsartikel, eingeräumt werden, daß sich der Charakter eines Individualgrundrechts nicht zwangsläufig in einer personalen und zuordnenden Formulierung verdeutlicht, jedoch vermittelt Art. 3 Abs. 2 S. 2 GG weder der einzelnen Frau noch dem einzelnen Mann ein subjektiv einklagbares Recht auf Gleichberechtigung, sondern hier ist der Staat als Subjekt angesprochen, aktiv in den Prozeß zur Förderung des Gleichstellungsziels und zur Beseitigung bestehender Nachteile einzutreten[3263].

Im Zusammenhang mit Art. 3 Abs. 2 GG erkennt das VG Saarland zwar, daß es weniger um die Lösung eines rechtlichen Problems als vielmehr eines gesellschaftlichen Problems geht, folgert dann aber, daß § 13 Gesetz Nr. 1371 nicht die Angleichung der realen Lebensverhältnisse von Frauen und Männern im Sinn habe, da er sich lediglich auf individuelle Personen und nicht auf „Gruppen" je nach Geschlechtszugehörigkeit beziehe[3264]. Sicherlich sind von einer Einstellungs- oder Beförderungsentscheidung Einzelpersonen betroffen, jedoch geht es § 13 Gesetz Nr. 1371 um die Anhebung des Frauenanteils in einer Besoldungsgruppe der jeweiligen Laufbahn bis auf 50 %, der ein zahlenmäßiges Gleichgewicht zwischen der Gruppe der Frauen und der Gruppe der Männer in den verschiedenen Positionen des öffentlichen Dienstes schaffen will, um die Lebensverhältnisse, zu denen gerade auch die Berufstätigkeit und die Position sowie die Chancen auf dem Arbeitsmarkt gehören, beider Geschlechter aneinander anzupassen. Es kann demnach im Hinblick auf Art. 3 Abs. 2 GG nicht die Rede davon sein, daß der als Staatszielbestimmung gefaßte Satz 2 eine derartige Regelung wie § 13 Gesetz Nr. 1371 nicht erfasse[3265], denn ihm geht es gerade

---

3259 Vgl. auch Pfarr, Quoten und Grundgesetz, S. 34; so auch Schiek in Schiek u.a., S. 453 Rn. 782
3260 BVerfGE 85, S. 191 (S. 207)
3261 BT-Drs. 12/6000, S. 50
3262 Sacksofsky, Anhörung der GVK zur Änderung des Art. 3 GG v. 05.11.1992 in Limbach/Eckertz-Höfer (Hrsg.), S. 208
3263 Schumann, S. 64 f.; Brohm, JZ 1994, S. 213 (S. 219)
3264 VG Saarland v. 21.01.1997, S. 11
3265 Ebenda

um die Lösung eines gesellschaftlichen Problems, welches sich in den strukturellen Diskriminierungsmechanismen gegenüber Frauen verdeutlichen läßt. Vorrangregelungen sind ein Mittel der Gegensteuerung zu strukturellen Diskriminierungsmechanismen, die bislang noch die Herstellung bzw. Durchsetzung faktischer Gleichberechtigung verhindern. Umso notwendiger wäre es für das VG Saarland gewesen, strukturelle Diskriminierung als Grundlage des von ihm benannten gesellschaftlichen Problems zu sehen und sich einer Auseinandersetzung zu stellen.

So vermittelt der vorliegende Beschluß einen „halbfertigen" Eindruck, denn ihm fehlt nicht nur diese Auseinandersetzung, sondern auch das Eingehen auf das Urteil des EuGH vom 17.10.1995 in der Rechtssache Kalanke/Freie Hansestadt Bremen. Zu einer Berücksichtigung der EuGH-Rechtsprechung war das VG Saarland jedoch aufgrund des in Art. 10 EGV enthaltenen Grundsatzes des gemeinschaftsfreundlichen Verhaltens verpflichtet, der alle staatlichen Organe und damit auch die nationalen Gerichte an die vom EuGH vorgegebene Auslegung europäischen Rechts bindet.

Die gegen diesen Beschluß des VG Saarlands eingelegte Beschwerde der Oberfinanzdirektion Saarbrücken führte zu einem ablehnenden Beschluß durch das OVG des Saarlandes vom 14.07.1997[3266]. Im Gegensatz zum VG Saarland stellte das OVG nicht allein auf die Vorrangregelung des § 13 Gesetz Nr. 1371 ab, sondern ebenfalls auf die von § 12 Abs. 4 Gesetz Nr. 1371 ausdrücklich abgelehnten Qualifikations- bzw. Hilfskriterien des Dienst- und Lebensalter sowie den Zeitpunkt der letzten Beförderung. Der hier betroffene männliche Mitbewerber hatte ein mehr als zehn Jahre höheres Lebensalter aufgewiesen[3267]. Das OVG bezweifelte insbesondere die Vereinbarkeit des § 13 mit Art. 2 Abs. 1 und 4 der Gleichbehandlungsrichtlinie 76/207/EWG (a.F.) und setzte sich in diesem Zusammenhang auch mit dem Kalanke-Urteil auseinander[3268]. Zwar erkannte das OVG den wesentlichen Unterschied zwischen § 4 BremLGG a.F. und § 13 Gesetz Nr. 1371, der in der nicht vorhandenen Härtefallklausel der bremischen Regelung lag, doch führte diese Erkenntnis nicht zu einer anderen Auslegung des Kalanke-Urteils in bezug auf die streitige saarländische Bestimmung. Vielmehr ging das OVG des Saarlandes unter Rückgriff auf den Beschluß des OVG Münsters vom 19.12.1995[3269] davon aus, daß dem Kalanke-Urteil nichts dazu zu entnehmen sei, daß eine Härtefallklausel der Vorrangregelung die gemeinschaftsrechtlich unzulässige Automatik nehmen könne[3270].

---

3266 Az.: 1 W 18/97; abgedruckt auch bei Bertelsmann/Colneric/Pfarr/Rust, T 1, 40
3267 OVG des Saarlandes v. 14.07.1997, S. 3
3268 OVG des Saarlandes v. 14.07.1997, S. 4 f.
3269 ZBR 1996, S. 95
3270 OVG des Saarlandes v. 14.07.1997, S. 6

Eine weitere Stütze für diese Argumentation fand das OVG schließlich auch in den Schlußanträgen des Generalanwalts Jacobs in der Rechtssache Marschall/Land Nordrhein-Westfalen, der der Öffnungs- oder Härtefallklausel der nordrhein-westfälischen Vorrangregelung einen gegen die Richtlinie 76/207/EWG verstoßenden diskriminierenden Charakter bescheinigt hatte[3271]. Nach Ansicht des OVG des Saarlandes bewirkte die Neufassung von Art. 3 Abs. 2 GG zwar einen Vergleich der tatsächlichen Situation der Geschlechter, ohne dabei aber die Gleichberechtigung durch die Gleichstellung zu ersetzen[3272]. So sah das OVG auch keineswegs eine faktische Benachteiligung des weiblichen Geschlechts als gegeben an, wenn ihr Zahlenanteil in einer Dienststelle je Besoldungsgruppe unter 50 % liege. Außerdem könne ein geringer Frauenanteil auf die in der Vergangenheit liegenden schlechteren Zugangschancen für Frauen zurückgehen und einer benachteiligten älteren Frauengeneration sei im übrigen nicht damit gedient, wenn im heutigen öffentlichen Dienst aufstrebende (junge) Frauen gegenüber Männern begünstigt würden, denn es handele sich hierbei nicht um einen Ausgleich erlittener Nachteile i.S.d. Rechtsprechung des BVerfG zum niedrigeren Rentenalter von Frauen[3273] und zum Nachtarbeitsverbot für Frauen[3274].

So kam das OVG zu dem Schluß, daß der vorliegenden Quotenregelung eine deutlich stärkere Ungleichbehandlung der Geschlechter innewohne, als den vom BVerfG entschiedenen Fällen, da die Bevorzugung von Frauen unmittelbar auf Kosten einzelner Männer gehe[3275]. Schließlich war das OVG der Auffassung, daß Art. 3 Abs. 2 GG keine leistungsabhängigen Vorrangregelungen zugunsten von Frauen gebieten würde, da tatsächlich bestehende Nachteile auch auf andere Weise, z.B. durch individuelle Förderungsmaßnahmen, beseitigt werden könnten[3276].

Im Hinblick auf den Beschluß des OVG Münsters vom 19.12.1995[3277], auf den sowohl das OVG des Saarlandes als auch das VG Saarland ständig zurückgegriffen hatten, muß mit Fuchsloch von einer „offenkundigen Fehlinterpretation" des Kalanke-Urteils des EuGH ausgegangen werden[3278]. Immerhin ent-

---

3271 OVG des Saarlandes v. 14.07.1997, S. 7
3272 OVG des Saarlandes v. 14.07.1997, S. 9
3273 BVerfGE 74, S. 163 (S. 180)
3274 BVerfGE 85, S. 191, demnach faktische Nachteile, die typischerweise Frauen treffen, aufgrund des Gleichberechtigungsgebots durch begünstigende Regelungen ausgeglichen werden können
3275 OVG des Saarlandes v. 14.07.1997, S. 10
3276 OVG des Saarlandes v. 14.07.1997, S. 11
3277 ZBR 1996, S. 95
3278 Fuchsloch, FuR 1996, S. 87 (S. 89)

spricht die dem Beschluß des OVG Münsters zugrundeliegende nordrhein-westfälische Vorrangregelung mit Härtefallklausel aus § 25 Abs. 2 LBG NW dem Wortlaut des § 13 Gesetz Nr. 1371 im wesentlichen, was das OVG des Saarlandes auch als Begründung für die Anwendung des Beschlusses auf seinen Sachverhalt annahm[3279].

Obwohl das OVG hier erkannt hatte, daß beide Regelungen sich von der im Kalanke-Verfahren streitigen Bremer Vorrangregelung durch die Härtefallklausel unterschieden und dieses auch offensichtlich der Ansatz des EuGH für die von ihm herausgearbeitete „Automatik" in bezug auf Quotenbestimmungen ohne Härtefallklausel war[3280], mochte es sich nicht tiefergehend mit den Ursachen faktisch vorherrschender Benachteiligungen von Frauen auseinandersetzen. Stattdessen übersah es die selbst vom Generalanwalt Jacobs im Marschall-Verfahren bezeichneten Mechanismen struktureller Diskriminierung und tat Vorrangregelungen mit dem sehr schwachen Argument ab, daß ältere Frauengenerationen nichts mehr von einer Bevorzugung jüngerer Frauen im öffentlichen Dienst hätten, sofern ihnen lediglich ein Kompensationscharakter für in der Vergangenheit erlittene Nachteile zugebilligt würde. Auch an dieser Stelle übersah das OVG, daß insbesondere die Neufassung von Art. 3 Abs. 2 S. 2 GG ausdrücklich auf die Zukunft mit seiner Formulierung gerichtet ist, daß „der Staat (...) die tatsächliche Durchsetzung der Gleichberechtigung von Frauen und Männern" fördert. Dies ergibt sich im übrigen nicht nur aus der Entscheidung des BVerfG zum Nachtarbeitsverbot[3281], sondern auch aus den Beratungen des Bundestages zur Neufassung des Art. 3 Abs. 2 GG[3282]. Schließlich kann es nach den Auseinandersetzungen in der Literatur und Rechtsprechung mit dem Problem der strukturellen Diskriminierung auch dem OVG des Saarlandes nicht verborgen geblieben sein, daß die Gründe für berufliche Hindernisse nicht allein auf die Doppelrolle und historische Benachteiligung der Frau zurückgehen, die dann auch nur Kompensations- bzw. Ausgleichsregelungen notwendig und zulässig erscheinen lassen. Berufliche Hindernisse für Frauen lassen sich insbesondere in einer vorurteilsbehafteten Personalpolitik verorten, die schließlich zur willkürlichen Stellenbesetzung mit einem Mann führen kann[3283]. Sachlicher Anknüpfungspunkt für frauenbevorzugende Maßnahmen kann demnach auch nicht die generelle Absicht personalentscheidender Organe sein, daß Frauen in bestimmten Bereichen des Arbeitsmarktes aufgrund einer historisch unterschiedlichen

---

3279 OVG des Saarlandes v. 14.07.1997, S. 6
3280 Vgl. auch Zumstein, Interview mit dem Richter am EuGH Hirsch, DJB-Info 12/1995, S. 1 f.
3281 BVerfGE 85, S. 191 (S. 207)
3282 BT-Drs. 12/6000, S. 50
3283 Schumann, S. 118; Sporrer, S. 444

sozialen und kulturellen Situation marginalisiert sind[3284], sondern es reicht vielmehr aus, daß bewußte und/oder unbewußte Handlungen der Personalentscheider häufig diskriminierende Auswirkungen auf Frauen haben, da eine generell diskriminierende Absicht schließlich auch kaum nachweisbar wäre[3285].

Das OVG des Saarlandes wendete sich in seinem Beschluß ebenfalls ausdrücklich gegen die im Vorlagebeschluß des Hess.StGH an den EuGH zur Frage der Vereinbarkeit des Hessischen Gleichstellungsgesetzes mit Art. 2 Abs. 1 und 4 der Richtlinie 76/207/EWG[3286] geäußerte Ansicht, daß § 7 BRRG, der als Rahmenvorschrift für die Landesbeamtengesetzgebung ein Anknüpfungsverbot u.a. an das Merkmal Geschlecht aufstellt, in seinem Anwendungsbereich nicht weiter reichen dürfe als das Anknüpfungsverbot aus Art. 3 Abs. 3 GG, das durch das Spannungsverhältnis zu Art. 3 Abs. 2 GG begrenzt werde[3287]. Das OVG meinte, daß § 7 BRRG nicht entgegen seinem klaren Wortlaut verfassungskonform dahingehend ausgelegt werden könne, daß er im Rahmen des Staatsziels aus Art. 3 Abs. 2 S. 2 GG die tatsächliche Durchsetzung der Gleichberechtigung durch Quotenregelungen zulässig werden lasse, denn bestehende Nachteile von Frauen könnten auch durch individuelle Fördermaßnahmen beseitigt werden[3288].

Auch hier ist festzuhalten, daß ausschließlich individuelle Maßnahmen wiederum am Problem struktureller Diskriminierung vorbeigehen. Ein gesellschaftlich tief verwurzeltes „System" struktureller Benachteiligung kann schon vom Ansatz her nicht durch einzelne Fördermaßnahmen für Einzelpersonen bewältigt werden, sondern muß vielmehr über ein umfangreiches Bündel verschiedener umfassender Maßnahmen wirken, die nicht nur die einzelne Frau im Blick haben.

Dies geht auch aus den Ausführungen des Hessischen Ministerpräsidenten in einem Normenkontrollverfahren, welches 46 Abgeordnete des Hessischen Landtags zur Vereinbarkeit des Hessischen Gleichberechtigungsgesetzes (HGlG) mit der Hessischen Verfassung beim Staatsgerichtshof des Landes Hessen angestrengt hatten, hervor: Nach seinen Erklärungen hätte der Gesetzgeber das Problem struktureller Benachteiligung von Frauen im öffentlichen Dienst ernstzunehmen und dürfe es weder herunterspielen noch leugnen, wobei es auch nicht um die Durchsetzung „numerischer Gruppengerechtigkeit" gehe, sondern um eine Frauenförderung im Rahmen des verfassungsmäßigen Gleichstellungsauftrages aus Art. 3 Abs. 2 S. 2 GG, der auch die Landesgesetzgeber verpflichte[3289]. Er

---

3284 So aber GA Tesauro v. 06.04.1995, S. 3063 Kalanke/Freie Hansestadt Bremen
3285 Sporrer, S. 444
3286 Hess.StGH v. 16.04.1997, Az.: 8 St. 1202, S. 29 = EuGRZ 1997, S. 213
3287 OVG des Saarlandes v. 14.07.1997, S. 11
3288 Ebenda
3289 Hess.StGH v. 16.04.1997, S. 19 f.

war auch der Ansicht, daß die gesetzgeberische Konzeption des HGlG insbesondere einer Verhältnismäßigkeitsprüfung, respektive der Geeignetheit, Erforderlichkeit und Zumutbarkeit, standhalten müßte, dem eine vorübergehende maßvolle Chancengleichheit für Einzelpersonen jedoch noch gerecht werden würde. So dürften gesetzliche Regelungen auch an den Begriff der „Unterrepräsentation" anknüpfen[3290].

Dem stimmte der Hess.StGH ausdrücklich zu, da er dem Anknüpfungsmerkmal der „Unterrepräsentation" eine indizierende Wirkung für Benachteiligungen zusprach und die Bedeutung dieses Kriteriums gerade in einem Zusammenspiel mit Vorschriften, die Handlungsvorgaben und konkrete Maßnahmen bezeichnen, sah[3291]. Auch beanstandete der Hess.StGH die gesetzgeberische Einschätzung nicht, demnach trotz formaler Rechtsgleichheit und der Verankerung des Gleichberechtigungsgebotes in Art. 3 GG speziell im Erwerbsleben kein gleichberechtigter Zugang von Frauen zu gut bezahlten und qualifizierten Positionen bestehe[3292]. Eine Stütze dafür sah er auch in der Empfehlung des Rates 84/635/EWG vom 13.12.1984, derzufolge die geltenden Rechtsvorschriften über die Gleichbehandlung als nicht ausreichend angesehen wurden, um die faktisch bestehenden Ungleichheiten in der Arbeitswelt zu beseitigen, wenn nicht die Regierungen, die Sozialpartner und sonstige beteiligte Stellen gleichzeitig tätig werden würden, um diese Benachteiligung der Frauen, die durch Einstellungen, Verhaltensmuster und Gesellschaftsstrukturen verursacht werden, abzubauen. Der Hess.StGH erkannte darin auch den Bezug zu strukturellen Diskriminierungsmechanismen als gruppenbezogenes Problem, die eine statistische Komponente beinhalten und sich insbesondere daraus ergäben, daß Frauen in verantwortungsvollen und einflußreichen Positionen u.a. im öffentlichen Dienst nicht entsprechend ihrem Bevölkerungsanteil vertreten und somit unterrepräsentiert seien[3293].

So läßt der Rückgriff des OVG des Saarlandes auf § 7 BRRG schließlich ebenfalls unberücksichtigt, daß diese Vorschrift als Rahmenvorschrift für Auswahlentscheidungen im öffentlichen Dienst ausfüllungsbedürftig und ausfüllungsfähig ist. Rahmengesetze i.S.d. Art. 75 GG müssen jedenfalls auf eine solche Ausfüllung hin angelegt sein und daneben dem Landesgesetzgeber Raum in der sachlichen Rechtsgestaltung belassen, der sich jedoch nicht nur darauf zu beschränken hat, daß er zwischen vorgegebenen rechtlichen Möglichkeiten auszuwählen hat[3294]. Das bedeutet, daß § 7 BRRG einer politischen Gestaltungsent-

---

3290 Hess.StGH v. 16.04.1997, S. 20
3291 Hess.StGH v. 16.04.1997, S. 38
3292 Hess.StGH v. 16.04.1997, S. 37
3293 Hess.StGH v. 16.04.1997, S. 37
3294 BVerfGE 4, S. 115 (S. 129)

scheidung bedarf, die außerdem auch nicht im Vorfeld durch die Verfassung in einem bestimmten inhaltlichen Sinn festgelegt ist[3295]. § 7 BRRG ist folglich immer im Zusammenhang mit Art. 33 Abs. 2 GG, Art. 3 Abs. 2 und 3 GG zu sehen, deren Auslegung auch seine Anwendung betrifft, da er sie konkretisiert[3296]. Eine, wie vom OVG des Saarlandes versuchte, isolierte Betrachtungs- und Anwendungsweise von § 7 BRRG[3297] verbietet sich damit. Das heißt aber auch, daß § 7 BRRG nicht losgelöst von der strukturellen Diskriminierung einer Geschlechtergruppe gesehen werden kann, denn Art. 3 Abs. 2 GG bezieht sich auch auf die Berücksichtigung faktischer und im gesellschaftlichen Bereich liegender Benachteiligungen[3298].

*bb) Der Beschluß des VG Schleswig unter Berücksichtigung des Vorlagebeschlusses des Hess.StGH an den EuGH*

Auch das VG Schleswig lehnte in seinem Beschluß vom 19.09.1997[3299] die Zulässigkeit einer Beförderungsentscheidung durch das Innenministerium des Landes Schleswig-Holstein zur Polizeihauptkommissarin nach Maßgabe des § 5 des schleswig-holsteinischen Gleichstellungsgesetz (GstG) ab.

Unter Berufung auf ein früheres Urteil derselben Kammer des VG Schleswig vom 16.03.1995[3300] kam das Gericht zu dem Ergebnis, daß die Auflösung der durch gleich qualifizierte Bewerber und Bewerberinnen entstehenden „Patt-Situation" nicht mit Hilfe des Hilfskriteriums „Geschlecht" erreicht werden könne, da eine vorrangige Berücksichtigung der weiblichen Bewerberinnen aufgrund § 5 GstG gegen Art. 33 Abs. 2, Art. 3 Abs. 2 und 3 GG sowie § 7 BRRG verstoßen würde[3301]. In seiner ablehnenden Begründung stützte sich das Gericht besonders auf das 2. Gleichberechtigungsgesetz des Bundes vom 24.06.1994[3302], das für Frauen in der Bundesverwaltung und in den Bundesgerichten bei gleicher Eignung keine vorrangige Berücksichtigung vorgesehen hatte. Da der Bundesgesetzgeber § 7 BRRG und den gleichlautenden § 8 Abs. 1 BBG durch das 2. Gleichberechtigungsgesetz nicht geändert habe, habe er auch nicht das Differenzierungsverbot nach dem Geschlecht aufheben wollen[3303]. Schließlich habe der

---

3295 Benda, S. 210 f.
3296 Schiek in Schiek u.a., S. 452 Rn. 779
3297 Vgl. OVG des Saarlandes v. 14.07.1997, S. 10 f.
3298 Kokott, NJW 1995, S. 1049
3299 Az.: 11 B 57/97; abgedruckt auch bei Bertelsmann/Colneric/Pfarr/Rust, T 1, 44
3300 Az.: 11 B 32/95; abgedruckt auch bei Bertelsmann/Colneric/Pfarr/Rust, T 1, 19
3301 VG Schleswig v. 19.09.1997, S. 7
3302 BGBl. I, S. 1406
3303 VG Schleswig v. 19.09.1997, S. 9

Landesgesetzgeber wegen § 7 BRRG auch nicht die Kompetenz, gesetzliche Regelungen zu schaffen, die das Differenzierungsverbot aus § 7 BRRG unbeachtet ließen[3304]. Schließlich sah das VG Schleswig in Art. 3 Abs. 2 GG ein Staatsziel, daß Maßnahmen zur Beseitigung eines rein gesellschaftlichen Problems zulässig werden ließe, jedoch verwende sowohl Art. 3 Abs. 2 GG als auch das 2. Gleichberechtigungsgesetz des Bundes (a.F.) den Begriff der Gleichberechtigung und nicht den der Gleichstellung. Daraus ließe sich der Schluß ziehen, daß der Gesetzgeber nicht ein von der Einzelperson unabhängiges Gruppenrecht i.S.d. Gleichstellungsbegriffs schaffen wollte, welches zudem der Systematik der Grundrechte als Abwehr- und Teilhaberechte zuwiderlaufen würde, sondern vielmehr den individuellen Grundrechtscharakter von Art. 3 Abs. 2 und 3 GG erhalten wissen wollte[3305]. Deshalb habe weder die Gleichstellung noch die Kompensation von geschlechtsspezifischen Merkmalen eine Grundlage in Art. 3 Abs. 2 und 3 GG[3306]. Diese Auslegung von Art. 3 Abs. 2 und 3 GG könne darüber hinaus auch der Rechtsprechung des BVerfG entnommen werden, insbesondere der Altersruhegeld-[3307], der Nachtarbeitsverbot-[3308] und der Erziehungszeitenentscheidung[3309]. Eine Kompensation von Nachteilen durch begünstigende Regelungen sei demnach dann möglich, wenn Nachteile ausgeglichen werden sollten, die typischerweise Frauen träfen[3310]. Der Ausgleich von strukturellen Erscheinungen in der Gesellschaft in bezug auf die Verhältnisse von Männern und Frauen wäre ein gesellschaftspolitisches Problem und nicht über das Individualgrundrecht aus Art. 3 Abs. 2 GG zu lösen[3311]. Eine Kompensation struktureller Diskriminierung von Frauen im öffentlichen Dienst sei damit verfassungsrechtlich unzulässig[3312]. Auf die Kalanke-Entscheidung des EuGH ging das VG Schleswig lediglich mit einem Satz ein – auch hieraus folgerte es, daß seine Rechtsauffassung zur schleswig-holsteinischen Vorrangregelung durch die EuGH-Rechtsprechung gedeckt sei[3313].

Zur Frage der Unzulässigkeit von Kompensationsmaßnahmen zum Ausgleich struktureller Diskriminierung als gesellschaftspolitisches Problem muß darauf hingewiesen werden, daß die Materialien zur Neufassung des Grundgesetzes

---

3304    Ebenda; so auch Becker, RiA 1991, S. 290 (S. 295)
3305    VG Schleswig v. 19.09.1997, S. 10
3306    Ebenda
3307    BVerfGE 74, S. 163
3308    BVerfGE 85, S. 191
3309    BVerfGE 87, S. 1
3310    VG Schleswig v. 19.09.1997, S. 11
3311    Ebenda
3312    Ebenda
3313    Ebenda

nichts darüber hergeben, daß dem Gesetzgeber angesichts fortbestehender struktureller Diskriminierung von Frauen im öffentlichen Dienst versagt bleiben sollte, in Zukunft Gegenmaßnahmen zu ergreifen, wie z.B. Vorrangregelungen mit Härtefallklausel, die die verfestigten tradierten Strukturen im Geschlechterverhältnis aufbrechen helfen können[3314].

Darüber hinaus ist noch einmal zu vergegenwärtigen, daß die Neufassung des Art. 3 Abs. 2 GG als Staatszielbestimmung gerade auf die Durchsetzung faktischer Gleichberechtigung zielt und damit die Angleichung der Lebensverhältnisse von Männern und Frauen bewirkt werden soll. Wird auf die vom VG Schleswig angeführte Altersruhegeldentscheidung des BVerfG zurückgegriffen, so muß auch berücksichtigt werden, daß das BVerfG hier zum ersten Mal faktische, gesellschaftlich begründete und die Gruppe der Frauen treffende Umstände in die Auslegung des Gleichberechtigungsgebots miteinbezogen hat[3315]. Im Beschluß des VG Schleswig klingt ein Verständnis von Art. 3 Abs. 2 und 3 GG durch, das beiden Absätzen ein und dieselbe inhaltliche Aussage und Bedeutung zuweist[3316]. Dem kann insbesondere auf der Grundlage der Entscheidung des BVerfG zum Nachtarbeitsverbot für Arbeitnehmerinnen nicht gefolgt werden, da der Regelungsgehalt des Art. 3 Abs. 2 GG bereits nach der alten Fassung über das in Art. 3 Abs. 3 GG enthaltene Diskriminierungsverbot nach dem Geschlecht hinausging und das in Absatz 2 aufgestellte Gleichberechtigungsgebot auch auf die gesellschaftliche Wirklichkeit erstreckte[3317]. Auch wenn dem Art. 3 Abs. 2 GG vor diesem Rechtsprechungshintergrund kein grundsätzlich neuer Charakter zukommt und die Neufassung eher als Bestätigung dieser Rechtsprechungslinie aufzufassen ist[3318], kann sie wichtige Impulse für Frauenfördermaßnahmen geben[3319], die zusätzlich zu einem breiteren Verständnis der Ursachen weiblicher Benachteiligung im Bereich der Beförderung und Einstellung im öffentlichen Dienst beitragen kann, zumal strukturelle Diskriminierungsmechanismen (wenn die Gerichte sie nicht einfach ignorieren) damit auch als Begrifflichkeit selbstverständlicher in die Auseinandersetzung der mit Vorrangregelungen befaßten Gerichte einfließen können. So kann Frauenförderung nach der Neufassung von Art. 3 Abs. 2 GG schließlich besser begründet werden und in größerem Umfang zulässig sein[3320].

---

3314 So auch Schiek in Schiek u.a., S. 251 Rn. 51
3315 Kokott, NJW 1995, S. 1049 (S. 1050)
3316 Vgl. VG Schleswig v. 19.09.1997, S. 10
3317 BVerfGE 85, S. 191
3318 Kokott, NJW 1995, S. 1049 (S. 1051)
3319 Sacksofsky in Limbach/Eckertz-Höfer (Hrsg.), S. 97
3320 Kokott, NJW 1049 (S. 1051)

Auch das Argument, daß die Verwendung des Begriffs der Gleichberechtigung im Gegensatz zur Gleichstellung in Art. 3 Abs. 2 GG den ausschließlich individuellen Grundrechtscharakter dieser Verfassungsnorm verdeutliche, vermag nicht zu überzeugen. Schon im Hinblick auf die alte Fassung von Art. 3 Abs. 2 GG wurde aufgrund des Normtextes „Männer und Frauen sind gleichberechtigt" auf eine gruppenbezogene Sichtweise der Norm hingewiesen, denn als Subjekt benannte schon Art. 3 Abs. 2 GG a.F. Männer und Frauen als Gruppen[3321], die in ein gleichberechtigtes Verhältnis zueinander gebracht werden sollten.

Die von Sacksofsky schon zu Art. 3 Abs. 2 GG a.F. vertretene Auffassung vom Dominierungsverbot, das u.a. die Verwendung des Merkmals Geschlecht im Zusammenhang mit der durch dieses Kriterium konstituierten Gruppe verbietet und sich der Gruppenbezug nicht aus individualisierten, auf die Persönlichkeit der einzelnen diskriminierten Person bezogenen Gründen ergibt, sondern aus den abwertenden und vorurteilsbehafteten Ansichten, die gegenüber seiner Gruppe bestehen, die auf die Einzelperson übertragen werden, führt zu der Erkenntnis, daß eine derartige Diskriminierung aus der Sicht des betroffenen Einzelnen nicht ausreichend gelöst werden kann. Ein individualisierter verfassungsrechtlicher Schutz greift hier nicht weit genug, weil es sich insgesamt um ein kollektives Problem der Gruppe handelt, das folglich auch einer kollektiven Lösung zuzuführen ist[3322]. Unabhängig davon, ob sich nun einem Verständnis von Art. 3 Abs. 2 GG als Dominierungsverbot i.S.v. Sacksofsky angeschlossen wird oder nicht, ist der Ansatz eines gruppenbezogenen Verständnisses von Art. 3 Abs. 2 S. 1 GG, der durch die Staatszielbestimmung aus Satz 2 noch einmal verstärkt wird, zur Auflösung des strukturellen Diskriminierungsgeflechts notwendig, das nur im statistischen Gruppenvergleich erkenn- und nachweisbar ist. Gestützt wird diese Auffassung durch das Argument, daß Art. 3 Abs. 2 GG auch in seiner Neufassung die Pluralform „Männer und Frauen" verwendet.

Unter Zugrundelegung dieses kollektiven Ansatzes kann die Herstellung und Durchsetzung tatsächlicher Gleichberechtigung von Männern und Frauen nicht mehr begrifflich von der Gleichstellung getrennt werden. Wenn sich, wie das BVerfG in der Nachtarbeitsentscheidung ausgeführt hat, das Gleichberechtigungsgebot auch auf die gesellschaftliche Wirklichkeit erstreckt[3323] und Art. 3 Abs. 2 S. 2 GG die Förderung der tatsächlichen Durchsetzung der Gleichberechtigung sowie die Beseitigung bestehender Nachteile beinhaltet, ist im Ergebnis die Durchsetzung der Gleichberechtigung eine faktische Gleichstellung, die sich

---

3321　Vgl. Sacksofsky, Das Grundrecht auf Gleichberechtigung, 1. Aufl. 1991, S. 322
3322　Sacksofsky, S. 312 f.
3323　BVerfGE 85, S. 191

nicht darauf beschränkt, daß Frauen gleiche Rechte haben bzw. das Recht sie gleich behandelt (sog. formale Rechtsgleichheit), sondern vielmehr auch die Erreichung einer gleichberechtigten gesellschaftlichen Position, die ihnen auf dem Arbeitsmarkt eine von strukturellen Diskriminierungsmechanismen freie Stellung garantiert. Denn die Gleichstellung und/oder Gleichberechtigung zielt auf die Überwindung der sozialen Kluft zwischen den Geschlechtern[3324], die sich auch mit der Staatszielbestimmung in Art. 3 Abs. 2 S. 2 GG deckt. Im übrigen handelt es sich bei der Differenzierung nach Gleichberechtigung einerseits und Gleichstellung andererseits um ein Scheingefecht[3325], das vor allem auf Gemeinschaftsebene durch die flexible Verwendung verschiedener Begriffe deutlich wird.

Das Gleichberechtigung begrifflich nicht von der Gleichstellung i.S.d. Beschlusses des VG Schleswig vom 19.09.1997 zu trennen ist, ergibt sich aus einem weiteren Gesichtspunkt: Verschiedene Länder haben in ihren Landesverfassungen, so auch in der Verfassung des Landes Schleswig-Holstein (Art. 6 LV) einen Gleichstellungsauftrag verankert[3326], demnach das Land die rechtliche und tatsächliche Gleichstellung von Männern und Frauen zu fördern hat. Auch der Hess.StGH ging in seinem Beschluß vom 16.01.1997 unter Rückgriff auf die Sitzung der Verfassungsberatenden Landesversammlung Groß-Hessen vom 20.08.1946 davon aus, daß Art. 1 der Hessischen Landesverfassung dem Ziel der Gleichstellung der Geschlechter verpflichtet ist[3327]. Der Hess.StGH verneinte in diesem Zusammenhang auch eine Begrenzung des Art. 1 der Hessischen Landesverfassung auf ein reines Diskriminierungsverbot im engsten Sinne, denn Entstehungsgeschichte, die systematische und teleologische Auslegung sowie die Notwendigkeit der Einbeziehung der gesellschaftlichen Wirklichkeit würden den Bedeutungsgehalt der Verfassungsnorm, die sich vom Wortlaut her mit Art. 3 Abs. 1 und 3 GG sowie vom sachlichen Inhalt her mit Art. 3 Abs. 2 GG decke, in unzulässiger Weise verkürzen[3328]. Diese Auslegung des Art. 1 Hess.LV geht damit in dieselbe Richtung wie der von Sacksofsky in bezug auf Art. 3 Abs. 2 GG vertretene rechtstheoretische Ansatz. Genau wie Sacksofsky[3329] ordnete auch der Hess.StGH Art. 3 Abs. 3 GG als Differenzierungsverbot ein[3330], was wiederum Bestätigung in der Entscheidung des BVerfG zum Nachtarbeitsverbot

---

3324 Hering in Limbach/Eckertz-Höfer, S. 188
3325 Vgl. Vogel in FS für Benda, S. 417 f.; Sacksofsky, Das Grundrecht auf Gleichberechtigung, 2. Aufl. 1996, S. 400
3326 Sacksofsky in Limbach/Eckertz-Höfer (Hrsg.), S. 206, 216
3327 Hess.StGH v. 16.04.1997, S. 35
3328 Hess.StGH v. 16.04.1997, S. 34 f.
3329 Sacksofsky, S. 322
3330 Hess.StGH v. 16.04.1997, S. 34

finden konnte. Hier hatte das BVerfG das Verbot, wegen des Geschlechts rechtliche Differenzierungen vorzunehmen, ausdrücklich dem Schutzbereich des Art. 3 Abs. 3 GG zugewiesen[3331].

Vor diesem Hintergrund kann der Beschluß des VG Schleswig vom 19.09.1997 bei der Auslegung von Art. 3 Abs. 2 und 3 GG nur als Verfolgung eines abwehrrechtlichen Ansatzes und Verständnisses von der Systematik der Grundrechte lediglich als Abwehr- und Teilhaberechte des einzelnen gegenüber unzulässigen Ungleichbehandlungen durch den Staat[3332] angesehen werden[3333]. Er läßt, abgesehen von der Rücksichtnahme auf die nicht veränderlichen biologischen Unterschiede zwischen den Geschlechtern[3334], keinen Raum für die Anerkennung struktureller Diskriminierung als Ursache faktischer Unterrepräsentation von Frauen, die im Rahmen von Art. 3 Abs. 2 GG n.F. gerade durch Angleichung der realen Lebensverhältnisse von Männern und Frauen gelöst werden soll. Die Erstreckung des Gleichberechtigungsgebots auf die gesellschaftliche Wirklichkeit i.S.d. Nachtarbeitsentscheidung des BVerfG wird hier ausgeblendet, was das VG Schleswig auch ohne weiteres zugibt, wenn es die Kompensation struktureller Erscheinungen als gesellschaftspolitisches Problem und als nicht von Art. 3 Abs. 2 GG erfaßt ansieht[3335]. Daß dieser Ansatz außerdem ganz und gar nicht mit der europarechtlich vorgezeichneten Linie in Einklang steht, bedarf keiner weiteren Erläuterung.

*cc) Der Beschluß des VG Berlin*

Mit Beschluß vom 03.12.1997 hatte das VG Berlin[3336] dem Polizeipräsidenten des Landes Berlin im Wege der einstweiligen Verfügung untersagt, die weibliche Konkurrentin auf der Grundlage des § 8 Abs. 2 BerlLGG zur Polizeihauptkommissarin zu befördern.

Das VG Berlin meldete Zweifel an der Vereinbarkeit des § 8 Abs. 2 BerlLGG mit § 7 BRRG und Art. 33 Abs. 2 GG an. Das VG Berlin machte geltend, daß für die Beförderung eines Mannes besondere Gründe sprechen müßten, um sich aufgrund der Wahrung der Einzelfallgerechtigkeit gegen weibliche Mit-

---

3331 Vgl. hierzu auch Fuchsloch/Weber, AuR 1994, S. 409 (S. 415)
3332 Vgl. VG Schleswig v. 19.09.1997, S. 10
3333 Zu den grundrechtsdogmatischen Ansätzen des Gleichberechtigungsgebots Ebsen, Jura 1990, S. 515 (S. 517 ff.)
3334 So auch Ebsen., S. 517
3335 Vgl. VG Schleswig v. 19.09.1997, S. 11
3336 Az.: VG 7 A 690/96; abgedruckt auch bei Bertelsmann/Colneric/Pfarr/Rust, T 1, 42

bewerberinnen durchsetzen zu können[3337], da § 8 Abs. 2 BerlLGG offensichtlich auch nicht an biologische und funktionale Unterschiede der Geschlechter anknüpfe[3338]. So sah das VG Berlin in der aus § 8 Abs. 2 BerlLGG erwachsenden Differenzierung das Bedürfnis nach einer bundesgesetzlichen Regelung. Auch das mit der Neufassung von Art. 3 Abs. 2 GG normierte Staatsziel zur Angleichung der realen Lebensverhältnisse von Männern und Frauen stehe einer Regelung wie § 8 Abs. 2 BerlLGG entgegen, da eine Frauenförderung in Form einer starren Quote vermieden werden sollte und bewußt auf den Begriff der Gleichstellung verzichtet worden sei[3339]. Ähnlich wie das VG Schleswig im Beschluß vom 19.09.1997 war das VG Berlin der Ansicht, daß die unterbliebene Änderung des § 7 BRRG durch das 2. Gleichberechtigungsgesetz des Bundes von 1994 und die Neufassung von Art. 3 Abs. 2 GG gegen die Vereinbarkeit derartiger Vorrangregelungen mit nationalem Recht spreche[3340].

Besonderes Augenmerk gilt hier aber den Ausführungen des VG Berlin zum Kalanke- und Marschall-Urteil des EuGH: Das Gericht vertrat nämlich die Auffasung, daß beide Entscheidungen nichts dafür hergeben würden, ob eine Regelung wie die des BerlLGG an nationalem Recht scheitere[3341]. Prüfungsmaßstab des EuGH sei lediglich die Vereinbarkeit jener Vorrangregelung mit Gemeinschaftsrecht gewesen. Hinzu komme, daß die Marschall-Entscheidung des EuGH nur dann auf den vorliegenden Fall anwendbar sei, wenn die Richtlinie 76/207/EWG Regelungen wie § 8 Abs. 2 BerlLGG zwingend vorschreibe. Dieses sei aber weder dem in Art. 2 Abs. 1 der Richtlinie verankerten Grundsatz der Gleichbehandlung noch Art. 2 Abs. 4 der Richtlinie (a.F.) zu entnehmen[3342].

Der vorliegende Beschluß des VG Berlin trifft in mehrfacher Hinsicht fehlerhafte Aussagen, wobei die letzte zur Anwendung und Berücksichtigung des Gemeinschaftsrechts und der Entscheidung des EuGH am schwersten wiegt. Zunächst ist festzuhalten, daß sich im Zusammenhang mit der Neufassung des Art. 3 Abs. 2 GG aus den maßgeblichen Überlegungen der Gemeinsamen Verfassungskommission (GVK) nur herleiten läßt, daß Art. 3 Abs. 2 GG keine starren

---

3337 VG Berlin v. 03.12.1997, S. 3
3338 Diese hatte das BVerfG in ständiger Rechtsprechung als Grund für Differenzierungen nach dem Geschlecht zugelassen, vgl. BVerfGE 10, S. 59 (S. 74); BVerfGE 52, S. 369 (S. 374); BVerfGE 68, S. 384 (S. 390); allerdings ist in bezug auf die funktionalen, d.h. arbeitsteiligen, Unterschiede zu beachten, daß Art. 3 Abs. 2 GG gerade die Verfestigung tradierter Rollenverteilungen verhindern soll, so daß in der Literatur die Verwendung „funktionaler Unterschiede" zu Recht abgelehnt wird, vgl. Jarass in Jarass/Pieroth, Art. 3 Rn. 57 m.w.N.
3339 VG Berlin v. 03.12.1997, S. 3 f.
3340 VG Berlin v. 03.12.1997, S. 4
3341 Ebenda
3342 VG Berlin v. 03.12.1997, S. 4 f.

Quoten als Frauenförderungsmaßnahme zulassen sollte[3343]. Damit liegt § 8 Abs. 2 BerlLGG nicht nur vollkommen auf der Linie der Beratungen der GVK, sondern entspricht auch dem Marschall-Urteil des EuGH, der ausdrücklich Vorrangregelungen mit Härtefallklausel, zu denen die in Rede stehende Berliner Vorschrift gehört, als vereinbar mit Art. 2 Abs. 1 und 4 der Gleichbehandlungsrichtlinie (a.F.) erklärte. Als starre Quoten sind nur solche Bestimmungen anzusehen, die wie § 4 Abs. 2 BremLGG a.F. im Kalanke-Verfahren weiblichen Bewerberinnen bei gleicher Qualifikation automatisch den Vorrang einräumen, sofern sie unterrepräsentiert sind[3344]. Gerade diesen Automatismus der Bremer Regelung hatte die dem Marschall-Verfahren zugrunde liegende nordrheinwestfälische Vorschrift in § 25 Abs. 5 S. 2 des Beamtengesetzes NRW nicht aufzuweisen, so daß der EuGH hier auch die Vereinbarkeit mit der Richtlinie 76/207/EWG anerkannte[3345].

Hinzu kommt, daß das VG Berlin das Verhältnis von Gemeinschafts- und nationalem Recht offenbar verkannt hat, denn dem Gemeinschaftsrecht kommt Vorrang vor nationalem Recht zu[3346]. Bereits in der grundlegenden Entscheidung Costa/E.N.E.L. hatte der EuGH klargestellt, daß die durch den EWG-Vertrag geschaffene eigene Rechtsordnung der Gemeinschaft in die Mitgliedstaaten implementiert wird und somit auch von den nationalen Gerichten anzuwenden ist[3347]. Schließlich ergibt sich die Bindung nationaler Gerichte an das Gemeinschaftsrecht sowie an die vom EuGH vorgezeichnete Auslegung ebenfalls aus dem Grundsatz des gemeinschaftsfreundlichen Verhaltens nach Art. 10 EGV, demnach alle staatlichen Organe und damit auch die Gerichte verpflichtet sind, das nationale Recht unter Ausschöpfung vorhandener Regelungsspielräume so auszulegen, daß es mit dem Gemeinschaftsrecht und der dazu ergangenen Rechtsprechung des EuGH in Einklang steht[3348].

Im Hinblick auf § 8 Abs. 2 BerlLGG hätte das VG Berlin das Marschall-Urteil des EuGH anwenden müssen, denn die dort enthaltene Vorrangregelung mit Härtefallklausel steht nicht im Widerspruch zum Gemeinschaftsrecht. Dabei ist es auch unerheblich, daß die Richtlinie 76/207/EWG in Art. 2 Abs. 4 (a.F.) Frauenförderregelungen wie § 8 Abs. 2 BerlLGG nicht zwingend vorschreibt. Entscheidend ist vielmehr, daß sich der Landesgesetzgeber für den Erlaß einer

---

3343  BT-Drs. 12/6000, S. 50
3344  EuGH v. 17.10.1995, S. 3052 Kalanke/Freie Hansestadt Bremen
3345  EuGH v. 11.11.1997, S. 6364 Marschall/Land Nordrhein-Westfalen
3346  Schweitzer/Hummer, S. 265 Rn. 851 f.
3347  EuGH v. 15.07.1964, Slg. 1964, S. 1251 (S. 1269) Rs. 6/64 Costa/E.N.E.L.
3348  Vgl. Schiek, Europäisches Arbeitsrecht, S. 36; Art. 10 Abs. 1 des Teils I der Europäischen Verfassung legt den Vorrang des Gemeinschaftsrechts vor dem Recht der Mitgliedstaaten nunmehr auch verbindlich auf Verfassungsebene fest

solchen Bestimmung entschieden hat, die mit Gemeinschaftsrecht übereinstimmt und der Anwendungsvorrang des Europarechts sowohl die Zulässigkeit der o.g. Vorrangregelung als auch die Rechtmäßigkeit einer auf ihrer Grundlage ergangenen Beförderungsentscheidung bedingt.

Dem VG Berlin ist vor diesem Hintergrund eine bewußte Mißachtung der EuGH-Rechtsprechung, insbesondere der Marschall-Entscheidung vom 11.11.1997, zu unterstellen. Eine Auseinandersetzung mit der strukturellen Diskriminierung von Frauen fehlt dem vorliegenden Beschluß vollkommen. Aufgrund der (rechtsfehlerhaften) Ablehnung der Anwendung des Marschall-Urteils des EuGH war diese jedoch auch nicht erwartbar.

*dd) Folgebeschlüsse deutscher Verwaltungsgerichte*

In drei weiteren Verfahren vor deutschen Verwaltungsgerichten[3349] wird ebenfalls eine Mißachtung des Marschall-Urteils des EuGH deutlich, die sich jedoch im Unterschied zum VG Berlin vom 03.12.1997 auf den Gesichtspunkt des Dienstalters stützen, das als eigentlich geschlechtsneutrales Kriterium auf Frauen eine mittelbar diskriminierende Wirkung haben kann und sich gleichzeitig in den Rahmen struktureller Diskriminierung einpassen läßt. Zwei weitere Verfahren des OVG Rheinland-Pfalz[3350] und des OVG NW[3351] gehen an dieser Stelle einen Sonderweg, weil sie grundsätzlich die Zulässigkeit einer leistungsabhängigen Vorrangregelung mit Härtefallklausel anerkennen, letztendlich aber ebenfalls zu einer Verkennung der EuGH-Rechtsprechung beitragen.

Mit Beschluß vom 19.01.1998 hatte das OVG des Saarlandes in Fortsetzung seines Beschlusses vom 14.07.1997 den § 13 Gesetz Nr. 1371 des Saarlandes wiederum für nicht vereinbar mit Art. 2 der Richtlinie 76/207/EWG, Art. 3 GG und § 7 BRRG erklärt[3352]. Durch das zwischenzeitlich ergangene Marschall-Urteil des EuGH vom 11.11.1997 sah sich das OVG bezüglich seiner bereits im Beschluß vom 14.07.1997 vorgebrachten Überlegungen zu § 13 Gesetz Nr. 1371 bestätigt, denn die in § 13 enthaltene Öffnungs- bzw. Härtefallklausel biete keine Gewähr für eine Berücksichtigung aller in der Person des Bewerbers liegender, Frauen nicht diskriminierender Auswahlkriterien. Da § 12 Abs. 4 Gesetz Nr.

---

3349 OVG des Saarlandes v. 19.01.1998, Az.: 12 F 197/97, abgedruckt auch bei Bertelsmann/ Colneric/Pfarr/Rust, T 1, 45; VG Gelsenkirchen v. 04.02.1998, Az.: 1 L 4346/97, abgedruckt auch bei Bertelsmann/Colneric/Pfarr/Rust, T 1, 46 sowie OVG Schleswig v. 06.03.1998, Az.: 3 M 34/97, abgedruckt auch bei Bertelsmann/Colneric/Pfarr/Rust, T 1, 47 sowie NVwZ-RR 1999, S. 261
3350 OVG Rheinland-Pfalz v. 29.06.1999, DVBl. 1999, S. 1445
3351 OVG NW v. 29.05.1998, RiA 1999, S. 144
3352 OVG des Saarlandes v. 19.01.1998, S. 3

1371 das Dienst- und Lebensalter als leistungsunabhängige Gesichtspunkte bei Beförderungsentscheidungen zwischen männlichen und weiblichen Bewerbern ausschließe, könne keines dieser Kriterien i.S.d. Tenors des Marschall-Urteils den Wegfall des Frauenvorrangs bewirken, wenn sie zugunsten des männlichen Konkurrenten sprächen[3353]. § 13 des Gesetzes verstoße damit weiterhin gegen Gemeinschaftsrecht[3354].

Auch in dem Verfahren des VG Gelsenkirchen vom 04.02.1998 ging es um die Besetzung einer Beförderungsstelle auf der Grundlage von § 25 Abs. 5 S. 2 des Landesbeamtengesetzes NRW, der gerade Gegenstand des Marschall-Verfahrens vor dem EuGH war. Das VG Gelsenkirchen ging im Hinblick auf die hier in Rede stehende Beförderungsentscheidung des Landes Nordrhein-Westfalen, eine gleichqualifizierte Frau als Studienrätin nach Besoldungsgruppe A14 zu befördern und nicht ihren Mitbewerber, davon aus, daß sich das Land Nordrhein-Westfalen bei der Anwendung der nordrhein-westfälischen Vorrangregelung nicht ausreichend an den Vorgaben des EuGH orientiert habe[3355]. Nach Auffassung des VG Gelsenkirchen habe das Land bei seiner Beförderungsentscheidung insbesondere die vom EuGH im Marschall-Urteil verlangte Einzelfallprüfung zugunsten des männlichen Konkurrenten, sprich sämtliche in Betracht kommenden Hilfskriterien und nicht nur den Gesichtspunkt der Frauenförderung, in die Auswahlentscheidung miteinzubeziehen gehabt[3356]. Zwar räumte das Gericht ein, daß es nach dem Marschall-Urteil des EuGH nicht mehr von einer Verfassungswidrigkeit des Hilfskriteriums Frauenförderung ausgehen könne, jedoch habe das Land bei seiner Auswahlentscheidung diesem Aspekt ein zu großes Gewicht beigemessen, so daß andere Hilfskriterien wie das um acht Jahre höhere Lebensalter des konkurrierenden Mannes nicht ausreichend berücksichtigt worden seien[3357]. Für diese Annahme spräche, daß das beklagte Land vorgetragen habe, daß sich in der Verwaltungspraxis nur krasse, ins Auge fallende Sachverhalte zugunsten des Mannes auswirken könnten[3358]. Das VG Gelsenkirchen war der Ansicht, daß die Härtefallklausel des § 25 Abs. 5 S. 2 LBG NW nach der Auslegung des EuGH keine bloße Härteregelung darstelle, sondern vielmehr ergebnisoffen die Einbeziehung aller relevanten Hilfskriterien fordere, die dann einzelfallbezogen zu gewichten seien[3359]. Nur wenn sich bei beiden Bewerbern keine deutlichen Unterschiede abzeichneten, wollte das VG Gelsen-

---

3353 OVG des Saarlandes v. 19.01.1998, S. 4
3354 Ebenda
3355 VG Gelsenkirchen v. 04.02.1998, S. 3
3356 VG Gelsenkirchen v. 04.02.1998, S. 5
3357 VG Gelsenkirchen v. 04.02.1998, S. 4 f.
3358 VG Gelsenkirchen v. 04.02.1998, S. 5
3359 Ebenda

kirchen die Vorrangregelung gelten lassen[3360]. Schließlich kam das Gericht zu dem Ergebnis, daß das sehr viel höhere Dienst- und Lebensalter des männlichen Bewerbers im vorliegenden Fall zu seiner Beförderung habe führen müssen, denn eine Beförderung der Konkurrentin sei vor diesem Hintergrund auch nur dann zulässig gewesen, wenn sie in ihrer beruflichen Entwicklung aus der sozialen Wirklichkeit erwachsende Ungleichheiten gegenüber männlichen Kollegen erfahren hätte[3361]. Ihre Berufstätigkeit sei jedoch nur durch einen Erziehungsurlaub von neun Monaten unterbrochen gewesen, so daß damit keine Veranlassung bestanden habe, von etwaigen Ungleichbehandlungen in ihrer beruflichen Entwicklung auszugehen[3362].

In dem Beschluß des OVG Schleswig vom 06.03.1998 wies das Gericht die Beschwerde des Innenministeriums des Landes Schleswig-Holstein gegen den Beschluß des VG Schleswig vom 19.09.1997 mit der Begründung zurück, daß aus dem Marschall-Urteil des EuGH vom 11.11.1997 folge, daß „alle die Person der Bewerber betreffenden Kriterien", d.h. alle Hilfskriterien leistungsferner oder leistungsfremder Art, in Form einer Einzelprüfung auf die jeweils kokurrierenden Bewerber und Bewerberinnen anzuwenden seien[3363]. Grundsätzlich seien dabei alle sachgemäßen Kriterien heranzuziehen, wobei es auch keine Anhaltspunkte dafür gäbe, daß der EuGH lediglich soziale Kriterien und nicht die allgemein anerkannten Hilfskriterien wie das Dienst- und das Lebensalter anerkannt wissen wollte[3364]. Unter Bezugnahme auf die im Marschall-Verfahren abgegebene Stellungnahme des Landes Nordrhein-Westfalen ging das OVG Schleswig insbesondere hinsichtlich der Aussage des Landes zur Härtefallklausel davon aus, daß diese der Verwaltung trotz der Vorrangregelung die Möglichkeit einräumen sollte, männliche Bewerber aufgrund traditioneller und anderer Beförderungskriterien auswählen zu können und daß sich der EuGH im wesentlichen auf diese Aussagen in seiner Urteilsbegründung gestützt habe, da er sich nicht explizit davon distanziert hätte[3365].

Traditionelle Hilfskriterien wie z.B. das Dienst- und Lebensalter der Beförderungsbewerber seien demzufolge weiter anwendbar, auch wenn sie gegenüber den weiblichen Bewerberinnen keine diskriminierende Wirkung i.S.d. EuGH haben dürften. Daraus folge für die Personalauswahl zuständige Stelle nur, daß sie auf den konkreten Einzelfall und die jeweiligen speziellen Umstände bei der Auswahlentscheidung abzustellen habe, wobei sie alle Kriterien heranzuziehen,

---

3360 Ebenda
3361 Ebenda
3362 VG Gelsenkirchen v. 04.02.1998, S. 5 f.
3363 OVG Schleswig v. 06.03.1998, S. 7
3364 OVG Schleswig v. 06.03.1998, S. 7 f.
3365 OVG Schleswig v. 06.03.1998, S. 8

zu bewerten und zu gewichten habe[3366]. Wenn eines dieser Kriterien zugunsten des Mannes überwiege, entfalle damit auch der Frauenvorrang[3367].

Im Zusammenhang mit der in § 6 GstG Schleswig-Holstein verankerten Öffnungs- bzw. Härtefallklausel kam das Gericht zu dem Ergebnis, daß sie nicht den vom EuGH geforderten umfassenden Voraussetzungen an eine Öffnungsklausel entspräche, da auch eine richtlinienkonforme Auslegung dieser Vorschrift am Wortlaut der nationalen Gesetzesnorm und am Willen des Gesetzgebers scheitere[3368]. Die Verwendung unbestimmter Rechtsbegriffe in § 6 GstG wie „schwerwiegende Gründe" und „unzumutbare Härte" sowie die im Text der Vorschrift vorgenommene Anknüpfung an das Gleichstellungsgebot für Frauen ergäbe einen äußerst eng gefaßten Anwendungsbereich der Härtefallklausel, der die grundsätzliche Berücksichtigung aller traditionellen, nicht diskriminierenden Hilfskriterien innerhalb einer regelhaften Einzelfallprüfung gerade nicht gebieten würde[3369].

Schließlich verdeutliche auch der gesetzgeberische Wille bei Erlaß des GstG, daß allein der Gesichtspunkt der Gleichbehandlung von Frauen und Männern als Entscheidungshilfe bei gleicher Eignung, Befähigung und fachlicher Leistung ausschlaggebend sein und nicht mehr auf das Dienstalter zurückgegriffen werden sollte, sofern in der jeweiligen Laufbahn und Besoldungsgruppe eine Unterrepräsentanz von Frauen vorläge[3370]. Das Dienst- und Lebensalter der Bewerber spiele im Rahmen der Härtefallregelung keine Rolle, was sich ebenfalls aus § 8 Abs. 3 GstG ergäbe, denn das Dienst- und Lebensalter dürfe bei der Feststellung von Eignung, Befähigung und fachlicher Leistung nur dann berücksichtigt werden, wenn es zur Erweiterung der beruflichen Kenntnisse beigetragen habe und gleichzeitig die Vorrangregelungen aus §§ 3 bis 6 GstG gewährleistet seien[3371]. Im Gegensatz zur nordrhein-westfälischen Vorrangregelung solle das Beförderungskriterium „Frau" hier nicht nur ein Gegengewicht zu den traditionellen Hilfskriterien bilden, sondern führe vielmehr dazu, daß die für die Personalauswahl zuständige Stelle keine Möglichkeit mehr habe, den männlichen Bewerber auf ihrer Grundlage zu befördern[3372].

Zweifel hatte das OVG Schleswig dann doch an seiner Interpretation der in § 6 GstG verankerten Härtefallklausel, da es zumindest erkannte, daß die fehlende Konkretisierung durch den EuGH, welche die Person der Bewerber betref-

---

3366  OVG Schleswig v. 06.03.1998, S. 8 f.
3367  OVG Schleswig v. 06.03.1998, S. 9
3368  Ebenda
3369  OVG Schleswig v. 06.03.1998, S. 10
3370  Ebenda
3371  OVG Schleswig v. 06.03.1998, S. 11
3372  Ebenda

fenden Kriterien eigentlich noch berücksichtigungsfähig sein dürften, unter Umständen einen weiteren Klärungsbedarf vor dem EuGH nach sich ziehen könnte[3373].

Eine etwas andere Herangehensweise an die leistungsabhängige Vorrangregelung mit Härtefallklausel des nordrhein-westfälischen LBG lag dem Beschluß des OVG NW vom 29.05.1998 zugrunde: Der Beschluß stellte klar, daß nach dem Marschall-Urteil des EuGH keine durchgreifenden Bedenken mehr gegen die Vereinbarkeit der Vorrangregelung mit höherrangigem Recht, insbesondere Art. 3 Abs. 2 und 3, Art. 33 Abs. 2 GG, § 7 BRRG sowie die Richtlinie 76/207/ EWG (a.F.), beständen. Insoweit revidierte das Gericht auch seine bisherige Rechtsprechung zu diesem Themenkomplex[3374]. Der Beschluß wendete sich allerdings gegen die landesgesetzgeberische Auffassung, daß im Zusammenhang mit dem Marschall-Urteil lediglich schwerwiegende soziale Gründe in der Person des männlichen Mitbewerbers die bevorzugte Berücksichtigung der weiblichen Bewerber beseitigen könnten, denn der EuGH habe gerade betont, daß die Richtlinie 76/207/EWG den männlichen Bewerbern in jedem Einzelfall die objektive Beurteilung ihrer Bewerbung garantiere, bei der alle die Person der Bewerber betreffenden Kriterien berücksichtigt würden und der Frauenvorrang entfiele, wenn eines oder mehrere Kriterien zugunsten des Mannes sprächen[3375]. Im übrigen sei die frühere Rechtsprechung des OVG NW zutreffend davon ausgegangen, daß es dem in Art. 3 Abs. 2 S. 2 GG normierten Staatsziel um die Angleichung der realen Lebensverhältnisse von Männern und Frauen gehe, die sich auf die individuelle Person und nicht auf „Gruppen" je nach Geschlechtszugehörigkeit beziehe. So gehe eine aus gesellschaftspolitischen Gründen vorgenommene pauschale Bevorzugung der Gruppe der Frauen über die Angleichung der realen Lebensverhältnisse beider Geschlechter hinaus, denn dies beschränke sich seinem Sinngehalt nach auf die jeweilige konkrete Einzelsituation[3376]. Demnach verbiete es sich, das Gleichberechtigungsgrundrecht von einem Individualrecht in ein Gruppenrecht umzuwandeln[3377]. Da der EuGH in seinem Marschall-Urteil aber auf die Gewährleistung der objektiven Beurteilung der Bewerber in jedem Einzelfall rekurriert habe, wäre eine so verstandene und angewendete leistungsabhängige Vorrangregelung mit Härtefallklausel mit Art. 3 Abs. 2 GG zu vereinbaren, weil die Geschlechtszugehörigkeit lediglich ein weiteres Auswahlkriterium darstelle, um eine in der sozialen Wirklichkeit bestehende faktische Un-

---

3373 Ebenda
3374 OVG NW v. 29.05.1998, RiA 1999, S. 144 (S. 145)
3375 Ebenda
3376 OVG NW v. 29.05.1998, S. 145 f.
3377 OVG NW v. 29.05.1998, S. 146

gleichheit zu verringern[3378]. Eher beiläufig wies das OVG NW darauf hin, daß hier auch ein Rückgriff auf die Auswahlkriterien des Dienst- und Lebensalters des Antragstellers keine zu seinen Gunsten ausfallende Entscheidung begründen könne[3379].

Auch das OVG Rheinland-Pfalz erklärte in seinem Beschluß vom 29.06 1999, daß es grundsätzlich von der Vereinbarkeit der leistungsabhängigen Vorrangregelung mit Härtefallklausel in §§ 7 Abs. 1, 9 LGG Rheinland-Pfalz vor dem Hintergrund des Marschall-Urteils ausgehe, jedoch erst nach Ausschöpfung aller Hilfskriterien wie etwa die vorletzten dienstlichen Beurteilungen, das Beförderungsdienstalter, das allgemeine Dienstalter oder das Vorliegen einer Schwerbehinderung[3380]. Unter Bezugnahme auf die Beschlüsse des OVG Schleswig-Holstein vom 06.03.1998 und des OVG NW vom 29.05.1998 sowie die Anmerkung von Sachs zum Marschall-Urteil[3381], der das Hilfskriterium der Geschlechtszugehörigkeit als nachrangigstes aller Hilfskriterien (sog. Hilfs-Hilfskriterium) bezeichnet hatte, kam das Gericht zu dem Schluß, daß noch vor Anwendung der Quotenregelung die Berücksichtigung des höheren Dienstalters des Antragstellers nicht von vornherein unzulässig wäre, so daß dem Antrag auf Erlaß der einstweiligen Anordnung durch den auf der Quotenregelung beruhenden Auswahlfehler der Behörde im Ergebnis stattzugeben sei[3382].

Die hier dargestellten Beschlüsse haben eines gemeinsam: Alle Gerichte stützen sich auf das traditionelle Hilfskriterium des Dienstalters[3383]. Im Tenor des Marschall-Urteils hatte der EuGH ausgeführt, daß eine Vorrangregelung zugunsten von Frauen dann mit Art. 2 Abs. 1 und 4 der Richtlinie 76/207/EWG (a.F.) in Einklang stehe, wenn sie über eine Öffnungsklausel verfüge, die den Frauenvorrang entfallen lasse, wenn eines oder mehrere Kriterien zugunsten des Mannes überwögen und diese ihrerseits keine diskriminierende Wirkung gegenüber Frauen hätten[3384]. Auch wenn der EuGH nicht konkret die einzelnen Kriterien benannte, die sich zugunsten eines Mannes auswirken könnten, so ist der Nachsatz des EuGH zur Härtefallklausel, daß solche Kriterien Frauen gegenüber diskriminierungsfrei sein müßten, nur als Bezugnahme auf das in der Gleichbe-

---

3378 Ebenda
3379 Ebenda
3380 OVG Rheinland-Pfalz v. 29.06.1999, DVBl. 1999, S. 1445
3381 Sachs, Anm. zu EuGH v. 11.11.1997, DVBl. 1998, S. 184 f.
3382 OVG Rheinland-Pfalz v. 29.06.1999, S. 1446
3383 Vgl. auch DJB Pressemitteilung v. 06.04.1998 des Arbeitsstabes Öffentliches Dienstrecht, S. 1 = djb-info 2/1998, S. 8 (verkürzte Fassung)
3384 EuGH v. 11.11.1997, S. 6393 (Rn. 33) Marschall/Land Nordrhein-Westfalen

handlungsrichtlinie verankerte Verbot der mittelbaren Diskriminierung zu verstehen[3385].

Eine mittelbare Diskriminierung von Frauen liegt aber nachweislich in dem Dienstalterskriterium[3386]. Sowohl in der Rechtssache Gerster/Freistaat Bayern als auch in dem Verfahren Kording/Senator für Finanzen hatte der EuGH zwar eingeräumt, daß das Dienstalter Hand in Hand mit der dienstlichen Erfahrung gehe, die den Arbeitnehmer grundsätzlich befähige, seine Aufgaben besser zu erfüllen, doch hänge der objektive Charakter des Dienstalterskriteriums von allen Umständen des Einzelfalles und speziell davon ab, welche Beziehungen zwischen der Art der ausgeübten Tätigkeit und der Erfahrung bestehen, die die ausgeübte Tätigkeit nach einer bestimmten Anzahl von geleisteten Arbeitsstunden verschafft[3387].

Beide Entscheidungen decken sich mit der Formulierung in § 8 Abs. 3 des schleswig-holsteinischen GstG, demnach das Dienstalter nur dann in die Auswahlentscheidung einfließen darf, wenn es tatsächlich zu einer Erweiterung der beruflichen Kenntnisse beigetragen hat. An dieser Stelle setzte aber u.a. die Kritik des OVG Schleswig im Beschluß vom 06.03.1998 an, das die nachrangige Bedeutung des Dienstalters nicht anerkennen mochte und im übrigen in Auslegung des Marschall-Urteils zu einer umgekehrten Schlußfolgerung kam, derzufolge der Frauenvorrang erst nach Ausschöpfung aller traditionellen Hilfskriterien zum Tragen käme[3388].

Auch das VG Gelsenkirchen war in seinem Beschluß vom 04.02.1998 der Auffassung, daß die Marschall-Entscheidung des EuGH im Hinblick auf die nordrhein-westfälische Härtefallklausel die „ergebnisoffene Einbeziehung aller jeweils relevanten Hilfskriterien mit anschließender einzelfallbezogener Gewichtung" verlange und das die nachrangige Berücksichtigung traditioneller Hilfskriterien hinter dem Kriterium des Frauenvorrangs nur dann zum Tragen kommen könnte, wenn die jeweilige Bewerberin speziell in ihrer beruflichen Entwicklung aus der sozialen Wirklichkeit resultierende Ungleichbehandlungen erlebt hätte[3389]. Das die Wahrnehmung von Elternurlaub unabhängig von seiner Länge für das Eingreifen einer Vorrangregelung mit Härtefallklausel keine Rolle spielt, wurde vom VG Gelsenkirchen schlichtweg verkannt. Die dahinterstehende Ansicht, daß durch Kompensationsmaßnahmen nur individuell nachweisbare

---

3385 So auch DJB Pressemitteilung v. 06.04.1998, S. 2
3386 Vgl. auch EuGH v. 02.10.1997, S. 5288 Rs. C-1/95 Gerster/Freistaat Bayern sowie EuGH v. 02.10.1997, S. 5301 Rs. C-100/95 Kording/Senator für Finanzen
3387 EuGH v. 02.10.1997, S. 5286 Gerster/Freistaat Bayern sowie EuGH v. 02.10.1997, S. 5299 Kording/Senator für Finanzen
3388 OVG Schleswig v. 06.03.1998, S. 10 f.
3389 VG Gelsenkirchen v. 04.02.1998, S. 6

berufliche Nachteile, so z.B. durch Erziehungszeiten oder Sonderurlaub zur Betreuung von Kindern oder anderen Angehörigen, ausgeglichen werden könnten[3390], ignoriert das Bestehen struktureller Diskriminierung von Frauen.

Hinzu kommt eine weitere Überlegung: Wenn die Inanspruchnahme von Elternurlaub ähnlich wie die Teilzeitbeschäftigung in der Hauptsache Frauen trifft[3391], führt die Verkürzung des Dienstalters durch Elternurlaub in Übertragung der EuGH-Rechtsprechung in Sachen Gerster und Kording zu einer mittelbaren Diskriminierung von Frauen, zumal sich die Qualifikationssteigerung durch ein höheres Dienstalter regelmäßig bereits in einer besseren Beurteilung niederschlägt[3392] und das Qualifikationspatt als Voraussetzung des Eingreifens der Vorrangregelung mit Härtefallklausel gar nicht erst entstehen kann. Außerdem ist eine doppelte Berücksichtigung der dienstaltersbedingten Qualifikationssteigerung, also einmal innerhalb der Beurteilung und schließlich als ausschlaggebendes Hilfskriterium bei der Konkurrenz eines männlichen Bewerbers und einer Bewerberin, nicht zulässig[3393].

Die fehlenden Konkretisierungen des EuGH im Marschall-Urteil zur Anwendung der Härtefallklausel erfordern einen Rückgriff auf die Schlußanträge des Generalanwalts, der nach Art. 222 EGV den EuGH bei der Erfüllung seiner in Art. 220 EGV bestimmten Aufgaben zu unterstützen hat. Den Schlußanträgen kommt dabei die Funktion einer besonderen Erkenntnisquelle zu, die sich inhaltlich als Rechtsgutachten intensiv und kritisch mit der Rechtsprechung und Literatur auseinandersetzt. Da die Schlußanträge zudem mit der „Autorität des Amtes" ausgestattet sind, kommt ihnen darüber hinaus auch ein Vorrang vor anderen juristischen Werken zu[3394]. Selbst wenn der EuGH den Schlußanträgen des Generalanwalts nicht folgt, ergeben sich aus ihnen rechtliche Argumente für abweichende bzw. gegenteilige Meinungen in der juristischen Praxis[3395]. Ansonsten vermitteln sie aufgrund ihrer Ausführlichkeit im Gegensatz zu den zumeist recht kurz gefaßten Entscheidungsgründen des EuGH weitere Anhaltspunkte über die Motive und Hintergründe des Urteils[3396]. Der im Marschall-Verfahren beteiligte Generalanwalt Jacobs, dessen Schlußanträgen vom 15.05.1997 der EuGH im Ergebnis nicht gefolgt war, vertrat jedoch im Hinblick auf die traditionellen Hilfskriterien wie das Dienst- und Lebensalter sowie die Anzahl der un-

---

3390 So etwa Hofmann, FamRZ 1995, S. 257 (S. 259) zur Neufassung des Art. 3 Abs. 2 GG
3391 Vgl. DJB Pressemitteilung v. 06.04.1998, S. 2
3392 Vgl. Schiek, Anm. zu BAG v. 05.03.1996, AP Nr. 226 zu Art. 3 GG
3393 DJB Pressemitteilung v. 06.04.1998, S. 2
3394 Krück in Von der Groeben/Thiesing/Ehlermann (Hrsg.), Art. 166 Rn. 9, 14
3395 Krück in Von der Groeben/Thiesing/Ehlermann (Hrsg.), Art. 166 Rn. 14
3396 Ebenda

terhaltsberechtigten Angehörigen die Ansicht, daß die Anwendung dieser Kriterien gegen Art. 2 Abs. 1 und Art. 3 Abs. 1 der Richtlinie 76/207/EWG verstoße, die eine unmittelbare und mittelbare Diskriminierung aufgrund des Geschlechts bei den Bedingungen des Zugangs einschließlich der Auswahlkriterien zu den Beschäftigungen oder Arbeitsplätzen explizit verbieten[3397]. Den Entscheidungsgründen des EuGH läßt sich an keiner Stelle entnehmen, daß er in diesem Punkt nicht der Auffassung des Generalanwalts gefolgt wäre. Dies ergibt sich einerseits aus der (sehr pauschalen) Formulierung zur Härtefallklausel, daß Kriterien zugunsten eines männlichen Bewerbers keine diskriminierende Wirkung für weibliche Bewerberinnen haben dürften und andererseits aus der Auseinandersetzung mit struktureller Diskriminierung von Frauen, die sich aus Vorurteilen und stereotypen Vorstellungen über die Rolle und Fähigkeiten der Frau im Berufsleben ergeben, die selbst bei gleicher Qualifikation von Mann und Frau tendenziell zur Beförderung des Mannes führen und dem eine Vorrangregelung mit Härtefallklausel entgegenzuwirken verspricht[3398]. Eine entschiedene Distanzierung von der Stellungnahme des Landes Nordrhein-Westfalen zu den traditionellen Hilfskriterien, wie sie das OVG Schleswig in seinem Beschluß vom 06.03.1998 gefordert hatte, bedurfte es nicht, da der EuGH in der Vorrangregelung ein Gegengewicht zu den strukturell diskriminierenden Einstellungen und Verhaltensmustern sah und nicht in einem einzelnen Hilfskriterium[3399]. Darüber hinaus spricht auch die Bedeutung der Schlußanträge des Generalanwalts dafür, daß der EuGH traditionelle Hilfskriterien im Rahmen der Härtefallklausel gerade nicht angewandt wissen wollte und die pauschale Formulierung zu den „diskriminierungsfreien Kriterien" einen gewissen Spielraum eröffnen sollte, welcher Art diese zugunsten eines Mannes wirkenden Gesichtspunkte sein könnten. Daß das Dienstalter hier eben kein anwendbares Kriterium sein darf, ergibt sich im übrigen aus den gut einen Monat früher entschiedenen Urteilen Gerster/Freistaat Bayern sowie Kording/Senator für Finanzen, zu denen sich der EuGH schwerlich in Widerspruch hätte setzen können.

Schließlich ist zu beachten, daß dem EuGH im Marschall-Verfahren sehr daran gelegen war, strukturelle Diskriminierung als Ursache weiblicher Unterrepräsentanz im öffentlichen Dienst herauszustellen und damit auch den entscheidenden Grund für Vorrangregelungen zu liefern. Insoweit muß gerade dem Beschluß des OVG NW vom 29.05.1998 eine gewisse Widersprüchlichkeit bescheinigt werden, wenn es einerseits die Individualität der Angleichung der realen Lebensverhältnisse von Männern und Frauen betont, die die Umdeutung des

---

3397 GA Jacobs v. 15.05.1997, S. 6376 f. Marschall/Land Nordrhein-Westfalen
3398 EuGH v. 11.11.1997, S. 6392 f. Marschall/Land Nordrhein-Westfalen
3399 Vgl. EuGH v. 11.11.1997, S. 6392 Marschall/Land Nordrhein-Westfalen

Grundrechts auf Gleichberechtigung in ein Gruppenrecht nicht zulasse, andererseits aber die durch die nordrhein-westfälische Vorrangregelung hervorgerufene Benachteiligung männlicher Bewerber als hinnehmbar ansieht, um das Ziel der Verringerung der in der sozialen Wirklichkeit bestehenden faktischen Ungleichheiten zu erreichen. Das Postulat der Angleichung der realen Lebensverhältnisse beider Geschlechter verfolgt gerade eine gesellschaftspolitische Aufgabe, nämlich strukturelle Diskriminierung von Frauen, die nur am statistischen Gruppenvergleich ablesbar ist, abzubauen. Schon die eigene Formulierung im Plural hätte dem OVG NW im Zusammenhang mit seinen Ausführungen zum Individualrecht auf Gleichberechtigung zu denken geben müssen. Hinzu kommt, daß auch dieser Beschluß trotz seines positiven Ausgangs für die weibliche Bewerberin daran krankt, daß er die Auswahlkriterien des Dienst- und Lebensalters höher gewichtet als den Gesichtspunkt der Frauenförderung.

Insgesamt erwachsen auch traditionelle Hilfskriterien wie das Dienst- und Lebensalter, auf die die o.g. Beschlüsse der Verwaltungsgerichte abgestellt haben, u.a. aus strukturellen Diskriminierungsmechanismen – hier ist es nicht erforderlich, daß sich diese in der Praxis des öffentlichen Dienstes bewußt entwickelt haben, denn es handelt sich zunächst um geschlechtneutrale Aspekte der Auswahlentscheidung. Erst bei näherer Betrachtung kommt ihnen die mittelbar diskriminierende Wirkung zu, die der EuGH mit den Urteilen Gerster und Kording auch als Verstoß gegen die Gleichbehandlungsrichtlinie bezeichnet hatte. Sie verfestigen die in der sozialen Wirklichkeit für Frauen bestehenden faktischen Ungleichheiten, die Vorrangregelungen gerade verringern helfen sollen.

Mittelbar diskriminierende Regelungen oder Verfahrensweisen lassen sich jedoch in das umfassende System struktureller Diskriminierung einordnen, die damit auch strukturell wirkende Gegenmaßnahmen i.S.d. vom EuGH postulierten Gegengewichts zu den benachteiligenden Auswirkungen für weibliche Bewerberinnen aus den Vorurteilen und Verhaltensmustern weiblicher Erwerbstätigkeit gegenüber notwendig machen. Weder das OVG Schleswig noch das OVG des Saarlandes haben sich dieser Auseinandersetzung gestellt und strukturelle Diskriminierung von Frauen in ihre Überlegungen einfließen lassen. Sowohl der EuGH als auch Generalwalt Jacobs haben hier deutliche Hinweise und Vorgaben gegeben, denn beide sind dem Problem nicht ausgewichen. Das die Verwaltungsgerichte nicht nur diese Vorgaben in bezug auf die strukturelle Diskriminierung mißachtet haben, sondern auch die EuGH-Urteile vom 02.10.1997 in Sachen Gerster und Kording zur mittelbar diskriminierenden Wirkung des Dienstalterskriteriums übersehen haben, die Generalanwalt Jacobs im Marshall-Verfahren zudem noch bestätigt hat, läßt sich nur damit erklären, daß die Verwaltungsrichter hier bewußt ein falsches Verständnis des Marshall-Urteils forciert haben, um die jeweilige landesgesetzliche Vorrangregelung mit Härtefallklausel umgehen zu können bzw. in ihrer Wirkung zu schmälern. Die vom VG Gelsenkirchen vorgenommene Differenzierung nach der Länge des in Anspruch genommenen Elternurlaubs durch die Frau neben dem Rückgriff auf das Dienst- und Lebensalter des gleichqualifizierten Mannes zeigt einen zusätzlichen strukturellen Diskriminierungsmechanismus auf: Im Marschall-Urteil hatte der EuGH die Anwendung der Härtefallkausel nicht von einer bestimmten individuellen Biographie der betroffenen Frau abhängig gemacht, sondern gerade an die Vorurteile und stereotypen Vorstellungen über die Rolle und Fähigkeiten der Frau im Erwerbsleben angeknüpft, die sich damit auch nicht auf den Vergleich von Einzelpersonen beziehen, sondern auf das statistisch nachweisbare Mißverhältnis der Geschlechtergruppen in den jeweiligen Laufbahnen und Besoldungsgruppen des öffentlichen Dienstes. Soll eine Vorrangregelung zugunsten von Frauen nur dann zur Anwendung kommen, wenn sie eine bestimmte, Frauen zugeschriebene Biographie erfüllt, nämlich mindestens zwei oder drei Jahre aus dem Beruf wegen Elternurlaubs auszuscheiden, führt dieses im Ergebnis wieder zu einer Verfestigung stereotyper Rollenzuschreibungen, die durch Frauenfördermaßnahmen gerade aufgebrochen werden sollen[3400].

Die damit von der Marschall-Entscheidung abweichenden Beschlüsse der Verwaltungsgerichte hätten schließlich auch eine erneute Vorlage an den EuGH notwendig gemacht[3401], um eine konkrete Aussage des EuGH darüber zu erhalten, welcher Art diskriminierungsfreie Härtefallgründe zugunsten eines Mannes sein können. Das Dienstalter, aber auch das Lebensalter eines konkurrierenden Mannes können einen Härtefall im Rahmen einer Vorrangregelung nach allem jedoch nur begründen, wenn sie tatsächlich zu einer Qualifikationssteigerung beigetragen haben und sich außerdem nicht bereits in den regelmäßigen Beurteilungen wiederfinden.

*b) Die Arbeitsgerichte*

Im Anschluß an das Kalanke-Urteil des EuGH vom 17.10.1995 beschäftigten sich sowohl das Arbeitsgericht Berlin mit Urteil vom 10.01.1996[3402] als auch das LAG Berlin mit Urteil vom 08.08.1996[3403] mit der Zulässigkeit des § 8 Abs. 2 des Landesgleichstellungsgesetzes Berlin (BerlLGG).

Das ArbG Berlin bestätigte im Urteil vom 10.01.1996 die Vereinbarkeit des § 8 Abs. 2 BerlLGG im Hinblick auf die Beförderung der Klägerin zur Verwal-

---

3400  Vgl. auch DJB Pressemitteilung v. 06.04.1998, S. 3
3401  Ebenda
3402  AuR 1996, S. 156
3403  AuR 1997, S. 122

tungsleiterin mit Art. 3 Abs. 2 und 3 GG. Unter Berufung auf den Vorlagebeschluß des BAG vom 22.06.1993 beim EuGH in Sachen Kalanke/Freie Hansestadt Bremen ging das Gericht davon aus, daß der systematische Zusammenhang von Art. 3 Abs. 2 und 3 GG für einen weitergehenden Regelungsgehalt des Art. 3 Abs. 2 GG spreche, der ein eigenständiges und auf Gleichberechtigung gerichtetes Prinzip beinhalte, das sich nicht in einem Diskriminierungsverbot wegen des Geschlechts erschöpfe[3404]. Darüber hinaus vertrat das ArbG Berlin die Auffassung, daß § 8 Abs. 2 BerlLGG nicht in Widerspruch zu Art. 2 Abs. 1 und 4 der Richtlinie 76/207/EWG (a.F.) stände, da dem Kalanke-Urteil des EuGH vom 17.10.1995 lediglich zu entnehmen sei, daß es sich auf die dort streitige Regelung des § 4 Abs. 2 BremLGG (a.F.) beziehe, die Frauen bei Ernennungen und Beförderungen einen absoluten und unbedingten Vorrang einräume[3405]. Auf § 8 Abs. 2 BerlLGG sei diese EuGH-Entscheidung wegen der fehlenden Identität beider Regelungen nicht zu übertragen[3406]. Schließlich lasse die Berliner Vorrangregelung auch eine Auswahlentscheidung zugunsten des männlichen Konkurrenten zu, denn sie verhindere nur, daß ein Arbeitgeber weiterhin einen Mann auswähle, ohne sich von Gerechtigkeitsüberlegungen und einer Einzelfallabwägung leiten zu lassen[3407]. Damit deckte sich aus Sicht des Gerichts § 8 Abs. 2 BerlLGG mit der vom EuGH vorgegebenen Auslegung des Art. 2 Abs. 1 und 4 der Gleichbehandlungsrichtlinie[3408].

Auch das LAG Berlin ging in seinem Urteil vom 08.08.1996 von der Vereinbarkeit des § 8 Abs. 2 BerlLGG mit Art. 3 Abs. 2 und 3 GG aus. Art. 33 Abs. 2 GG sah es von der Vorrangregelung als nicht berührt an. Nach seiner Ansicht verstieß die streitige Vorschrift darüber hinaus auch nicht gegen Art. 2 Abs. 1 und 4 der Richtlinie 76/207/EWG (a.F.), da sie Frauen keinen automatischen Vorrang einräume, sondern vielmehr die Wahrung der Einzelfallgerechtigkeit und demnach die Berücksichtigung sozialer Belange des männlichen Konkurrenten bei der Auswahlentscheidung vorschreibe[3409]. Der dem öffentlichen Arbeitgeber gewährte Beurteilungsspielraum sei im übrigen ausreichend gesichert durch die Erkenntnisse aus den Vorstellungsgesprächen und den Beurteilungen der Bewerber, so daß der Klägerin damit die Beförderungsstelle zu übertragen sei[3410].

---

[3404] ArbG Berlin v. 10.01.1996, S. 156
[3405] ArbG Berlin v. 10.01.1996, S. 156 f.
[3406] ArbG Berlin v. 10.01.1996, S. 157
[3407] Ebenda
[3408] Ebenda
[3409] LAG Berlin v. 08.08.1996, S. 122
[3410] Ebenda

Beiden Urteilen ist gemeinsam, daß sie relativ kurz gehaltene Ausführungen zur Vereinbarkeit der Berliner Vorrangregelung mit Art. 3 Abs. 2 und 3 GG sowie Art. 2 Abs. 1 und 4 der Gleichbehandlungsrichtlinie (a.f.) machen. Auf der Grundlage des Kalanke-Urteils waren beide Gerichte der Ansicht, daß § 8 Abs. 2 BerlLGG im Unterschied zu § 4 Abs. 2 BremLGG (a.F.) der Auslegung des EuGH von Art. 2 Abs. 1 und 4 der Richtlinie 76/207/EWG entspricht, da die Berliner Vorschrift eine Wahrung der Einzelfallgerechtigkeit zugunsten männlicher Mitbewerber fordert und somit eine Beachtung und Einbeziehung sozialer Gesichtspunkte in die Auswahlentscheidung verbindlich festlegt, die von § 4 Abs. 2 BremLGG a.f. gerade nicht vorgesehen war.

Beide Urteile decken sich ebenfalls mit der Entscheidung des BAG vom 05.03.1996 im Anschluß an das Kalanke-Urteil, denn es ging genau wie das ArbG Berlin davon aus, daß der EuGH im Hinblick auf Vorrangregelungen mit Härtefallklausel keine Aussagen getroffen habe[3411]. Eine allgemeine Beurteilung und Beanstandung von Vorrangregelungen zugunsten von Frauen durch den EuGH sah das BAG hierin nicht, so daß sich das Kalanke-Urteil auch nur auf automatisch wirkende Vorschriften beziehen könne[3412]. Dies ergäbe sich insbesondere daraus, daß der EuGH in bezug auf die Wirkung der Quotenregelung ausgeführt habe, daß ihr Ergebnis über die bloße Förderung der Chancengleichheit hinausgehen könne, wenn ein zu großer Einfluß auf das Auswahlergebnis stattfände. Dieses beziehe sich allerdings nur auf automatisch wirkende Bestimmungen, da der EuGH lediglich die Formulierung „eine solche Regelung" gebraucht habe[3413].

Im Unterschied zum BAG-Urteil in Sachen Kalanke vernachlässigten beide Gerichte jedoch ein Eingehen auf die strukturelle Diskriminierung von Frauen als Ursache ihrer Unterrepräsentanz in höheren Positionen des öffentlichen Dienstes. Auch wenn die BAG - Überlegungen hierzu recht knapp gefaßt waren, ergibt sich aus ihnen eine Anerkennung und Verwertung struktureller Diskriminierungsmechanismen, die Vorrangregelungen ein stärkeres Gewicht verleihen und zu einer besseren Begründbarkeit ihrer Zulässigkeit führen. Außerdem führt

---

[3411] BAG v. 05.03.1996, AP Nr. 226 zu Art. 3 GG
[3412] Ebenda
[3413] Ebenda; in die gleiche Richtung Dieball/Schiek, EuroAS 1995, S. 185 ( S. 186 f.), die weiterhin in diesem Zusammenhang von einem obiter dictum ausgehen; vgl. auch Colneric, BB 1996, S. 265 (S. 268); die Europäische Kommission geht in ihrer Mitteilung an den Rat und das Europäische Parlament über die Auslegung des Urteils des EuGH vom 17.10.1995 in der Rechtssache C-450/93 Kalanke/Freie Hansestadt Bremen, KOM (96), 88 endg., S. 9 davon aus, daß sich das Kalanke-Urteil lediglich auf automatische Vorrangregelungen zugunsten von Frauen bezieht

die Auseinandersetzung mit struktureller Diskriminierung zu einer zusätzlichen Sensibilisierung anderer Gerichte, die zudem den Radius von Entscheidungsgründen erweitert. Folge daraus ist u.a., daß selbst Gerichte, insbesondere der Verwaltungsgerichtsbarkeit, die durchweg die Zulässigkeit von Vorrangregelungen mit Härtefallklausel ablehnen, sich dem Problem stellen müssen bzw. in erhebliche Schwierigkeiten bei der Begründung ihrer ablehnenden Haltung kommen.

Insgesamt betrachtet liegen jedoch sowohl das ArbG Berlin als auch das LAG Berlin auf der vom EuGH und dem BAG vorgezeichneten Linie, die der EuGH schließlich auch in seinem Marschall-Urteil vom 11.11.1997 bestätigt hat.

*c) Zwischenergebnis*

Die im unmittelbaren Vorfeld und kurz nach dem Marschall-Urteil des EuGH ergangenen Entscheidungen der deutschen Verwaltungs- und Arbeitsgerichtsbarkeit lassen sich in zwei Gruppen aufteilen: Während die Verwaltungsgerichte durchweg die Vereinbarkeit von leistungsabhängigen Vorrangregelungen mit Härtefallklausel zugunsten von Frauen mit Art. 3 Abs. 2 und 3 GG sowie Art. 2 Abs. 1 und 4 der Richtlinie 76/207/EWG (a.F.) abgelehnt hatten oder ihnen zumindest die entscheidende Bedeutung für die Auswahlentscheidung absprachen, befürworteten die Arbeitsgerichte spezifische Frauenfördermaßnahmen. Das Eingehen auf das existierende faktische Gleichberechtigungsdefizit von Frauen im öffentlichen Dienst, insbesondere strukturelle Diskriminierungsmechanismen, fiel insgesamt für beide Gerichtszweige eher mager aus, wobei auch hier innerhalb der Verwaltungsgerichtsbarkeit gewisse Unterschiede deutlich geworden sind.

So zog z.B. das OVG des Saarlandes in seinem Beschluß vom 14.07.1997 einen offenkundigen Fehlschluß, indem es auf der Basis der Entscheidungen des BVerfG zum vorgezogenen Rentenalter von Frauen und zum Nachtarbeitsverbot für Arbeiterinnen argumentierte, daß ältere Frauengenerationen nichts mehr von der Bevorzugung jüngerer Frauen durch Vorrangregelungen mit oder ohne Härtefallklausel hätten und das diese folglich auch keine Kompensationsmaßnahmen für in der Vergangenheit erlittene berufliche Nachteile von Frauen oder ihrer Doppelrolle darstellten. Obwohl das Gericht den Unterschied des saarländischen § 13 Gesetz Nr. 1371 zur Bremer Regelung a.F. sah, ging es den Ursachen faktischer Benachteiligung von Frauen nicht weiter nach und beschränkte sich auf die Feststellung, daß diese historisch bedingt und auf die Doppelrolle von berufstätigen Frauen mit Familie rückführbar seien. Die Gleichberechtigung zwischen den Geschlechter war ihm zufolge auch durch individuelle Fördermaßnahmen gemäß Art. 3 Abs. 2 GG, der schließlich nicht von einer ergebnisbezogenen Gleichstellung spräche, herstellbar.

Fehlerhaft gestalteten sich darüber hinaus die beiden Beschlüsse des VG Schleswig vom 19.09.1997 und des VG Berlin vom 03.12.1997. Für das VG Berlin fiel besonders die Verkennung des Verhältnisses von Gemeinschafts- und nationalem Recht negativ ins Gewicht, denn es verzichtete (bewußt) auf die kurz zuvor ergangene Marschall-Entscheidung des EuGH, an die es aber über Art. 10 EGV in der Auslegung nationalen Rechts gebunden gewesen wäre. Während das VG Schleswig wenigstens strukturelle Diskriminierungen von Frauen als gesellschaftliches Problem erwähnte, es allerdings nicht als Aufgabe des Rechts ansah, diese einer Lösung zuzuführen, verzichtete das VG Berlin gänzlich auf eine diesbezügliche Auseinandersetzung.

In drei Folgebeschlüssen deutscher Verwaltungsgerichte (OVG des Saarlandes vom 19.01.1998, VG Gelsenkirchen vom 04.02.1998 und OVG Schleswig vom 06.03.1998) wurde nicht nur eine Mißachtung des Marschall-Urteils deutlich, sondern auch das Abstellen auf ein mittelbar diskriminierendes Auswahlkriterium, das Dienst- und Lebensalter der Beförderungsbewerber/innen, was Generalanwalt Jacobs in seinen Schlußanträgen vom 15.05.1997 gerade als Verletzung der Gleichbehandlungsrichtlinie qualifiziert hatte. Einer Auseinandersetzung mit den Vorgaben des EuGH zur strukturellen Diskriminierung als Ursache des faktischen Gleichberechtigungsdefizits stellten sich vor allem das OVG Schleswig und das OVG des Saarlandes nicht. Das VG Gelsenkirchen rekurrierte außerdem auf individuell nachweisbare berufliche Nachteile der einzelnen Frau für die Anwendung der leistungsabhängigen Vorrangregelung, die es angesichts des lediglich kurzen Elternurlaubs der Beförderungsbewerberin ablehnte. Auch dieses Vorgehen der Reduzierung faktischer Ungleichheiten auf individuell erlittene Nachteile in der beruflichen Laufbahn ignorierte die Existenz struktureller Diskriminierung. Auch das OVG NW verwickelte sich in seiner Entscheidung vom 29.05.1998 im Hinblick auf die in der sozialen Wirklichkeit faktisch bestehenden Ungleichheiten für Frauen in Widersprüche. Bei seinen Aussagen zur Vorrangigkeit der Hilfskriterien Dienst- und Lebensalter ließ das Gericht genau wie das OVG Rheinland-Pfalz vom 29.06.1999 die Schlußanträge des Generalanwalts Jacobs sowie die EuGH-Entscheidungen in den Verfahren Gerster und Kording außer Acht. Diese Höhergewichtung der traditionellen Hilfskriterien kann letztlich nur der Abwertung geschlechtsspezifisch ansetzender Frauenförderung dienen, wie es auch bei Sachs unmißverständlich zum Ausdruck kommt, wenn er von der verbleibenden geringen praktischen Relevanz leistungsabhängiger Vorrangregelungen mit Härtefallklausel spricht[3414].

---

3414 Sachs, Anm. zu EuGH v. 11.11.1997, DVBl. 1998, S. 184 (S. 185)

Im Vergleich zur Verwaltungsgerichtsbarkeit, die sich auch noch nach dem Marschall-Urteil bewußt gegen eine Auseinandersetzung mit der strukturellen Diskriminierung sperrte, konnte die Arbeitsgerichtsbarkeit schon vor Marschall differenzierter mit dem Kalanke-Urteil umgehen: Sowohl das Arbeitsgericht Berlin vom 10.01.1996 als auch das LAG Berlin vom 08.08.1996 unterschieden nach der (unzulässigen) Bremer Vorrangregelung a.F. einerseits und der Berliner Quote mit Härtefallklausel andererseits, der der EuGH mit seinem Urteil vom 17.10.1995 gerade keine Absage erteilt hätte, da die Härtefallklausel der leistungsabhängigen Vorrangregelung den mit der Richtlinie 76/207/EWG (a.F.) unvereinbaren Automatismus nähme. Damit lagen beide Urteile nicht nur auf der Linie der Entscheidung des BAG vom 05.03.1996, sondern bewegten sich auch im Einklang mit dem über ein Jahr später gefällten Marschall-Urteil. Allerdings gingen weder das Arbeitsgericht noch das Landesarbeitsgericht Berlins auf die strukturelle Diskriminierung ein.

Eine andere Herangehensweise an die Problematik der strukturellen Diskriminierung zeigte sich dagegen beim Hess.StGH in seinem Vorlagebeschluß an den EuGH vom 16.01.1997: Er erkannte in der Unterrepräsentanz von Frauen ein Indiz für existierende Benachteiligungen und beanstandete dabei auch nicht die Einschätzung des hessischen Landesgesetzgebers bei der Schaffung des HGlG, daß trotz formaler Rechtsgleichheit von Männern und Frauen und der Verankerung der Gleichberechtigung und des Diskriminierungsverbots in Art. 3 GG in der gesellschaftlichen Realität Frauen gegenüber Männern benachteiligt seien und das insbesondere in verantwortungsvollen Positionen. Er nahm weiterhin Bezug auf die Empfehlung des Rates zur Förderung positiver Maßnahmen für Frauen – Empfehlung 84/635/EWG -, in der es u.a. heißt, daß die geltenden Rechtsvorschriften über die Gleichbehandlung, die zur Stärkung der Rechte des Einzelnen erlassen wurden, nicht ausreichen, um die Benachteiligung von Frauen in der Arbeitswelt zu beseitigen, die durch Einstellungen, Verhaltensmuster und Strukturen in der Gesellschaft verursacht werden. Damit schloß der Hess.StGH auf den Bestand struktureller Diskriminierung von Frauen als gruppenbezogenes Problem, dem eine statistische Komponente zu eigen sei. Ergäbe der statistische Gruppenvergleich eine Unterrepräsentanz von Frauen, sei auch die Benachteiligung indiziert, die allerdings erst im Zusammenspiel mit konkreten Vorschriften und Handlungsvorgaben an Bedeutung gewinne[3415]. Aus dieser Perspektive heraus waren für das Gericht auch und vor allem die hessischen Zielvorgabenregelungen zur Erhöhung des Frauenanteils in bestimmten Berei-

---

3415 Vgl. Hess.StGH v. 16.04.1997, S. 37 f.

chen weiblicher Unterrepräsentation des öffentlichen Dienstes des Landes innerhalb eines vorgegebenen Zeitraums legitimierbar[3416].

In diesem Vorlagebeschluß an den EuGH hatte der Hess.StGH genau den Aspekt getroffen, den der EuGH einige Monate später im Marschall-Urteil zum Ausgangspunkt seiner Argumentation bezüglich der leistungsabhängigen Vorrangregelung mit Härtefallklausel genommen hatte. In der Ausführlichkeit der Auseinandersetzung mit der strukturellen Diskriminierung als gruppenbezogenes Problem, das durch individuelle Fördermaßnahmen nicht in den Griff zu bekommen ist, deckte sich dieser Vorlagebeschluß insbesondere mit dem Urteil des LAG Bremen vom 08.07.1992 im Kalanke-Verfahren. Darüber hinaus bildet dieser Vorlagebeschluß gleichzeitig die Überleitung zu dem Urteil des EuGH vom 28.03.2000 in der Rechtssache Badeck u.a./Hess.Ministerpräsident, in dem der EuGH positiv über diese Vorlage des Hess.StGH entschieden hat.

### 3.2. Entscheidung des EuGH in der Rechtssache Badeck u.a./Hess. Ministerpräsident

Mit seinem Urteil vom 28.03.2000 im Verfahren Badeck u.a./Hess. Ministerpräsident hatte der EuGH das Vorabentscheidungsersuchen des Hess.StGH vom 16.04.1997 positiv entschieden[3417].

Auf dem Prüfstand des Gemeinschaftsrechts stand das Hessische Gleichberechtigungsgesetz (HGlG) aus dem Jahr 1993, das von 46 Abgeordneten des Hessischen Landtags im Wege eines Normenkontrollverfahrens beim Hess.StGH hinsichtlich seiner Vereinbarkeit mit der Hessischen Landesverfassung, Art. 33 Abs. 2, 3 Abs. 2 und 3 GG sowie der Richtlinie 76/207/EWG (a.F.) in der Auslegung durch das Kalanke-Urteil des EuGH in Zweifel gezogen worden war. Im Vordergrund des Normenkontrollverfahrens standen vor allen Dingen die Vorschriften des HGlG, die im Rahmen eines Frauenförderplans für jeweils zwei Jahre verbindliche Zielvorgaben zur Erhöhung des Frauenanteils in den Bereichen ihrer Unterrepäsentation bei Beförderungen und Einstellungen vorsahen[3418]. Daneben waren auch die Regelungen zu Auswahlentscheidungen aus § 10 HGlG umstritten, die u.a. positive und negative Auswahlkriterien zur Ver-

---

3416  Hess.StGH v. 16.04.1997, S. 38
3417  Da bereits auf dieses Urteil und die Schlußanträge des Generalanwalts Saggio vom 10.06.1999 im Zusammenhang mit dem Gemeinschaftsgrundrecht der Gleichbehandlung der Geschlechter eingegangen worden ist, können sich die folgenden Ausführungen auch auf die wesentlichen Aussagen der Entscheidung zur strukturellen Diskriminierung von Frauen beschränken
3418  Vgl. § 5 Abs. 3 und 4 HGlG; für den Wissenschaftsbereich § 5 Abs. 7 HGlG

fügung stellen sowie die Quotierungsvorschriften zum Vorstellungsgespräch[3419], zur Vergabe von Ausbildungsplätzen[3420], und zur Besetzung von Gremien[3421].

Im Unterschied zur bisher untersuchten Rechtsprechung wurden hier nicht nur leistungsabhängige Vorrangregelungen mit oder ohne Härtefallklausel auf ihre Vereinbarkeit mit deutschem und europäischem Recht der Prüfung unterzogen, sondern Zielvorgaben als flexible Ergebnisquoten sowie die innerhalb einer Auswahlentscheidung berücksichtigungsfähigen Auswahlkriterien, deren Konkretisierung der EuGH im Marschall-Urteil vom 11.11.1997 noch hatte vermissen lassen.

Unter Bezugnahme auf seine Entscheidungen Kalanke und Marschall stellte der EuGH im vorliegenden Verfahren noch einmal die Kernpunkte dieser beiden Urteile heraus, wobei er auch hervorhob, daß für seine Überlegungen in Sachen Marschall maßgeblich gewesen sei, daß selbst bei gleicher Qualifikation die Tendenz bestehe, männliche Bewerber vorrangig vor weiblichen Bewerbern zu befördern (oder einzustellen), was mit einer Reihe von Vorurteilen und stereotypen Vorstellungen über die Rolle und Fähigkeiten der Frau im Erwerbsleben zusammenhänge und daß aus diesem Grund allein die Tatsache, daß zwei Bewerber unterschiedlichen Geschlechts seien, nicht bedeute, daß sie gleiche Chancen hätten[3422]. Vor diesem Hintergrund habe er im Gegensatz zur streitbefangenen Vorschrift des Kalanke-Urteils in der Marschall-Entscheidung festgestellt, daß eine leistungsabhängige Vorrangregelung zugunsten des unterrepräsentierten Geschlechts mit Gemeinschaftsrecht vereinbar sei, wenn die Bewerberinnen keinen automatischen und unbedingten Vorrang eingeräumt bekämen und die Bewerbungen außerdem Gegenstand einer objektiven Beurteilung seien, bei der die besondere persönliche Lage aller Bewerber berücksichtigt werde[3423].

Nach der Prüfung der Merkmale der im HGlG verankerten Zielvorgabenregelung kam der EuGH zu dem Schluß, daß diese Vorschrift weder einheitlich für alle Bereiche und Dienststellen eine konkrete Quote festlege (da den Besonderheiten in jedem Bereich Rechnung getragen werden solle), noch daß das HGlG automatisch das Ergebnis jeder einzelnen Auswahlentscheidung in einer qualifikatorischen Patt-Situation zwingend zugunsten der Bewerberin vorgäbe[3424]. Hinzu käme, daß die in § 10 Abs. 1 bis 3 HGlG enthaltenen Auswahlkriterien zwar geschlechtsneutral formuliert seien, im allgemeinen aber eher Frauen be-

---

3419 Vgl. § 9 HGlG
3420 Vgl. § 7 HGlG
3421 Vgl. § 14 HGlG
3422 EuGH v. 28.03.2000, Slg. 2000, S. 1902 Rn. 21 ff. Rs. C-158/97 Badeck u.a./Hess. Ministerpräsident
3423 EuGH v. 28.03.2000, Rn. 22 f. Badeck u.a./Hess. Ministerpräsident
3424 EuGH v. 28.03.2000, Rn. 28 Badeck u.a./Hess. Ministerpräsident

günstigten als Männer und damit offenkundig eine materielle und nicht nur formale Gleichheit herbeiführen wollten, indem sie in der sozialen Wirklichkeit auftretende faktische Ungleichheiten verringerten[3425]. Folglich sei die Zielvorgabenregelung auch nicht absolut und unbedingt i.S.d. Kalanke-Urteils und damit ebenfalls mit Art. 2 Abs. 1 und 4 der Richtlinie 76/207/EWG (a.F.) vereinbar[3426]. Gleiches gelte im übrigen für die verbindliche Zielvorgabe im Wissenschaftsbereich, die sich bei der Besetzung der wissenschaftlichen Hilfskraftstellen an der Anzahl der Absolventinnen, weiblichen Promovierten und Studierenden eines Fachbereichs orientiere und deshalb keinen absoluten zahlenmäßigen Höchstsatz für eine vorrangige Berücksichtigung beinhalte[3427].

Im Hinblick auf die starre Ausbildungsplatzquote aus § 7 Abs. 1 HGlG, die der EuGH ebenfalls als vereinbar mit Art. 2 Abs. 1 und 4 der Gleichbehandlungsrichtlinie (a.F.) ansah, betonte er im besonderen Maße die im Vorlagebeschluß des Hess.StGH referierte Auffassung des Landesgesetzgebers, daß Frauen trotz des Gleichberechtigungsgebots aus Art. 3 GG in der gesellschaftlichen Realität weiterhin gegenüber Männern benachteiligt würden und trotz formaler Rechtsgleichheit besonders im Erwerbsleben keinen gleichberechtigten Zugang zu qualifizierten Positionen hätten. Angesichts einer neueren, aber konstanten Entwicklung, derzufolge junge Frauen in der Schule erfolgreicher seien als junge Männer, müsse dies als untragbare Ungerechtigkeit empfunden werden[3428]. Auch hier sah der EuGH keine absolut starre Vorrangregelung gegeben, weil gemäß § 7 Abs. 2 HGlG auch mehr als die Hälfte der Ausbildungsplätze mit Männern besetzt werden könnten, wenn nicht genügend Frauen zur Erfüllung der Quote vorhanden seien[3429]. Außerdem sei die fragliche Regelung Teil eines begrenzten Konzepts zur Verwirklichung der Chancengleichheit, die Frauen auf dem Arbeitsmarkt dazu verhelfen würde, im Wettbewerb um Arbeitsplätze besser zu bestehen und unter den gleichen Bedingungen wie Männer eine berufliche Laufbahn zu verfolgen[3430].

Auch die Quotierung der Vorstellungsgespräche erklärte der EuGH als gemeinschaftsrechtlich zulässig. Er schloß sich hier den Schlußanträgen seines Generalanwalts an, der in Randnummer 41 klargestellt hatte, daß mit der in Rede stehenden Vorschrift kein bestimmtes Resultat für Einstellungen oder Beförderungen angestrebt werde, sondern qualifizierten Frauen nur zusätzliche Chancen zur Erleichterung des Eintritts in die Arbeitswelt und den beruflichen Aufstieg

---

3425 EuGH v. 28.03.2000, Rn. 32 Badeck u.a./Hess. Ministerpräsident
3426 EuGH v. 28.03.2000, Rn. 36, 38 Badeck u.a./Hess. Ministerpräsident
3427 EuGH v. 28.03.2000, Rn. 39, 42, 44 Badeck u.a./Hess. Ministerpräsident
3428 EuGH v. 28.03.2000, Rn. 49 Badeck u.a./Hess. Ministerpräsident
3429 EuGH v. 28.03.2000, Rn. 51 Badeck u.a./Hess. Ministerpräsident
3430 EuGH v. 28.03.2000, Rn. 52, 54 Badeck u.a./Hess. Ministerpräsident

geboten würden[3431]. Schließlich sah der EuGH auch in der als Soll-Vorschrift gefaßten Bestimmung zur Besetzung von Gremien keinen Verstoß gegen Gemeinschaftsrecht[3432].

Der EuGH hat im vorliegenden Verfahren die jeweils fraglichen Maßnahmen der Frauenförderung im Lichte der vom Marschall-Urteil getroffenen Aussagen zu strukturellen Diskriminierungsmechanismen, denen Frauen im Erwerbsleben ausgesetzt sind, interpretiert und beurteilt. Insbesondere hinsichtlich der von § 10 Abs. 1 bis 3 HGlG vorgesehenen positiven und negativen Auswahlkriterien bezog sich der Gerichtshof auf die Verwirklichung der materiellen neben der formalen rechtlichen Gleichheit der Geschlechter. Er stellte dabei noch einmal klar, daß die Herstellung materieller Gleichheit durch die Verringerung der in der sozialen Wirklichkeit auftretenden faktischen Ungleichheiten u.a. mit Hilfe der dem HGlG zufolge berücksichtigungsfähigen und ausgeschlossenen Auswahlkriterien erreicht werden könne. Damit sind insgesamt auch die Beschlüsse der deutschen Verwaltungsgerichte hinfällig, die traditionelle Hilfskriterien wie das Dienst- und Lebensalter der Beförderungsbewerber höher gewichteten als den Gesichtspunkt der Frauenförderung, denn ihnen kommt nur noch dann eine gesonderte Bedeutung zu, wenn sie für die Qualifikation der Bewerber/innen tatsächlich wesentlich sind[3433]. Diskriminierungsfrei für Frauen und demnach von höherem rechtlichen Rang sind in diesem Verständnis lediglich Kriterien wie z.B. die langanhaltende Arbeitslosigkeit, die Schwerbehinderung, die freiwillige Verpflichtung zum Wehrdienst von mindestens zwölf Jahren oder die Rückkehr aus einer familiär bedingten Teilzeitarbeit auf einen Vollzeitarbeitsplatz etc., die den Aspekt der Frauenförderung zurückdrängen können[3434].

Auf die von den Antragstellern und dem Landesanwalt Hessens ins Feld geführte Argumentation, daß die in Rede stehenden Frauenfördermaßnahmen keine individuelle Zielrichtung hätten und darüber hinaus auch nicht an eine konkrete Benachteiligung der weiblichen Arbeitnehmer in Beruf und Gesellschaft anknüpften, ging der EuGH nicht mehr gesondert ein. Vielmehr beschränkte er sich hier auf die Aussagen des Hess.StGH in seinem Vorlagebeschluß, demnach dem statistisch nachweisbaren Merkmal der Unterrepräsentanz eine Indizwirkung hinsichtlich des Vorliegens einer Benachteiligung von Frauen als Gruppe zukäme; diese durch die Unterrepräsentanz indizierte Benachteiligung aber im Einzelfall widerlegbar sei, da sie sowohl bei der Festlegung der Zielvorgaben im

---

3431 EuGH v. 28.03.2000, Rn. 60 Badeck u.a./hess. Ministerpräsident
3432 EuGH v. 28.03.2000, Rn. 66 Badeck u.a./Hess. Ministerpräsident
3433 EuGH v. 28.03.2000, Rn. 31 Badeck u.a./Hess. Ministerpräsident
3434 EuGH v. 28.03.2000, Rn. 35 Badeck u.a./Hess. Ministerpräsident

Frauenförderplan als auch bei der einzelnen Auswahlentscheidung berücksichtigt werden könne[3435].

Auch im Hinblick auf die Ausbildungsplatzquote des HGlG berief sich der EuGH auf die Gesetzesbegründung durch den hessischen Gesetzgeber, um wiederum die individualisierte Sichtweise der Antragsteller auf die Problematik der faktischen Benachteiligung von Frauen auszuhebeln, denn den kontinuierlich besseren Leistungen junger Frauen in der Schule korrespondiere gerade nicht ein gleichberechtigter Zugang zu qualifizierten Positionen. So gehöre die Ausbildungsplatzquote zu den Maßnahmen, die die Ursachen der geringeren Zugangschancen beseitigen sollten und außerdem bei der Berufswahl und Berufsausbildung ansetzten. Ähnlich argumentierte er hinsichtlich der Vorstellungsgespräche, denn die mit der fraglichen Regelung zusätzlich eröffneten Chancen gewährleisteten, daß Frauen bei gleicher (oder besserer) Qualifikation auch tatsächlich zu Vorstellungsgesprächen eingeladen würden.

An diesen Beispielen aus dem Urteil des EuGH vom 28.03.2000 verdeutlicht sich, daß der Gerichtshof der Sichtweise seines Generalanwalts im Hinblick auf die Herstellung materieller Gleichheit der Geschlechter gefolgt ist, wenn der Staat über die bloße Beachtung der formellen Gleichheit faktische Schwierigkeiten einer bestimmten Bevölkerungsgruppe in der sozialen Wirklichkeit nicht beseitigen oder verringern könne[3436]. Während sich Saggio sehr ausführlich mit dem Verhältnis materieller und formeller Gleichheit der Geschlechter auseinandersetzte und immer wieder den gruppenbezogenen Charakter positiver Maßnahmen der vorliegenden Art betonte, deren Notwendigkeit er aus der sozialen Benachteiligung von Frauen zog, die auf der Basis der materiellen Gleichheit als Gruppe einer gerechteren und gleichberechtigten Neupositionierung in sozialer Hinsicht zugeführt werden müßten[3437], waren die Aussagen des EuGH eher dürftig. Das ändert jedoch nichts daran, daß sie im Kern der Argumentation des Generalanwalts und des Hess.StGH entsprachen.

Damit hat der EuGH die Verwirklichung materieller Gleichheit von Männern und Frauen im Sinne einer gruppenbezogenen Sichtweise auf die Problematik faktischer, struktureller und sozialer Ungleichheiten von Frauen im Erwerbsleben und hier speziell im öffentlichen Dienst anerkannt und in Fortsetzung des Marschall-Urteils gefestigt. In Zukunft sind folglich positive Maßnahmen zur Förderung von Frauen regelmäßig im Lichte struktureller Diskriminierung auszulegen und anzuwenden, für die die statistisch nachweisbare Unterrepräsenta-

---

3435 Vgl. Hess.StGH v. 16.04.1997, S. 38
3436 GA Saggio, Schlußanträge v. 10.06.1999, Slg. 2000, S. 1877 Rn. 26 ff. Rs. C-158/97 Badeck u.a./Hess.Ministerpräsident
3437 GA Saggio, Rn. 27 Badeck u.a./Hess. Ministerpräsident

tion von Frauen ein Indikator ist. Dabei ist zu beachten, daß der statistischen Komponente immer ein gruppenbezogener Ansatz innewohnt, wie es insbesonder der Hess.StGH hervorgehoben hat.

Hinzuweisen ist noch darauf, daß sich der EuGH im Verfahren Badeck u.a./ Hess. Ministerpräsident nicht wie sein Generalanwalt mit Art. 141 Abs. 4 EGV auseinandergesetzt hat, weil er der Ansicht war, daß eine Auslegung dieser Vorschrift nur dann erforderlich gewesen wäre, wenn er zu dem Ergebnis gekommen wäre, daß Art. 2 der Richtlinie 76/207/EWG (a.F.) den fraglichen Bestimmungen des HGlG entgegenstände[3438]. Da er im Ergebnis die Vereinbarkeit der streitbefangenen Vorschriften mit Art. 2 Abs. 1 und 4 der Richtlinie angenommen hatte, erübrigte sich aus seiner Sicht auch ein Eingehen auf Art. 141 Abs. 4 EGV[3439].

An dieser Stelle wären vor allen Dingen vor dem Hintergrund der Aussagen des Generalanwalts Saggio, der davon ausging, daß weder Art. 2 Abs. 4 der Richtlinie (a.F.) noch Art. 141 Abs. 4 EGV Ausnahmecharakter hätten und von daher auch nicht (mehr) eng auszulegen seien, da die Verwirklichung materieller Gleichheit, auf der positive Maßnahmen zugunsten von Frauen beruhten, auch nicht die Ausnahme von der formellen Gleichheit darstellte[3440], klarstellende Äußerungen des EuGH wünschenswert gewesen[3441]. Immerhin hatte er noch im Marschall-Urteil vom 11.11.1997 betont, daß Art. 2 Abs. 4 der Richtlinie (a.F.) eine Ausnahme von dem in der Richtlinie verankerten Recht auf individuelle Gleichbehandlung beinhalte[3442]. Auf diesen Gesichtspunkt ist er in der vorliegenden Entscheidung nicht eingegangen, so daß angesichts der übrigen Äußerungen, die sich weitestgehend mit der Meinung des Generalanwalts decken[3443], zumindest implizit davon ausgegangen werden kann, daß der EuGH nicht grundsätzlich anderer Ansicht war. Auf die schon im Zusammenhang mit dem allgemeinen Rechtsgrundsatz der Gleichbehandlung angedachte Möglichkeit, daß Art. 2 Abs. 4 der Richtlinie 76/207/EWG mit dem Inkrafttreten des Amsterda-

---

3438  EuGH v. 28.03.2000, Rn. 14 Badeck u.a./Hess. Ministerpräsident
3439  EuGH v. 28.03.2000, Rn. 67 Badeck u.a./Hess. Ministerpräsident
3440  GA Saggio, Rn. 26 Badeck u.a./Hess. Ministerpräsident
3441  In diese Richtung auch Pirstner, Anm. zu EuGH v. 28.03.2000, EuZW 2000, S. 479, die die Tatsache, daß der EuGH die Zielvorgabenregelung des HGlG unter Art. 2 Abs. 4 der Richtlinie 76/ 207/ EWG subsumiert als Indiz für ein Abgehen von der engen Auslegung dieser Vorschrift wertet
3442  EuGH v. 11.11.1997, S. 6392 Marschall/Land Nordrhein-Westfalen; EuGH v. 17.10.1995, S. 3078
Kalanke/Freie Hansestadt Bremen
3443  Mit Ausnahme seiner Haltung zur Gremienregelung, die GA Saggio abgelehnt, der EuGH aber befürwortet hatte, vgl. GA Saggio, Rn. 42 Badeck u.a./Hess. Ministerpräsident

mer Vertrags überflüssig geworden oder gar gestrichen werden könnte[3444], stellte der EuGH nicht ab, sondern prüfte nur Art. 2 Abs. 4, den er unabhängig von der Frage nach seinem eventuell nach wie vor bestehenden Ausnahmecharakter bereits als ausreichende Rechtsgrundlage für die Anerkennung der Zulässigkeit der hessischen Regelungen auf der Grundlage des Gemeinschaftsrechts ansah. Mit der Änderungsrichtlinie 2002/73/EG vom 23.09.2002[3445] wurde Art. 2 Abs. 4 der Gleichbehandlungsrichtlinie schließlich aufgehoben, denn Art. 141 Abs. 4 EGV hat diese Richtlinienbestimmung mit Ausnahmecharakter tatsächlich vollkommen abgelöst.

Insgesamt hat sich mit der Entscheidung Badeck u.a./Hess.Ministerpräsident die Perspektive auf die Notwendigkeit und Zulässigkeit positiver Maßnahmen zur Förderung von Frauen als Gruppe gegenüber dem Marschall-Urteil noch einmal verstärkt, was insbesondere ein Verdienst des Generalanwalts Saggio ist, der dem EuGH für seine Entscheidung die wissenschaftlich vertiefte Basis lieferte. Wichtig zu sehen ist auch, daß die drei Urteile Kalanke, Marschall und Badeck u.a. eine Rechtsprechungslinie in bezug auf die Akzeptanz und Umsetzung des strukturellen Diskriminierungsgeflechts in Form der auf die Gruppe der Frauen bezogenen positiven Fördermaßnahmen bilden. Während der EuGH im Kalanke-Urteil nur mittelbar durch die Heranziehung der Empfehlung 84/635/ EWG des Rates die bestehende strukturelle Diskriminierung andachte, dann aber die daraus zu ziehenden notwendigen Konsequenzen vermissen ließ, hatte er sich im Marschall-Urteil nicht nur auf eine Auseinandersetzung eingelassen, sondern aus dieser unmittelbaren und ausdrücklichen Anerkennung der faktischen, strukturellen sowie konkreten Ungleichheit auf dem Arbeitsmarkt auch die richtigen Schlüsse gezogen. Damit hat er der vom gerade unterzeichneten Vertrag von Amsterdam besonders betonten grundlegenden Bedeutung der Politik der Chancengleichheit der Geschlechter als prioritäre Aufgabe und Zielsetzung der Gemeinschaft einen zusätzlichen Impuls gegeben. Mit dem Urteil vom 28.03.2000 hat er schließlich diese Linie eingehalten und gefestigt, so daß nunmehr für die deutschen Verwaltungsgerichte mehr als deutlich geworden ist, daß ihre ablehnende Haltung zur geschlechtsspezifischen Frauenförderung gemeinschaftsrechtlich keinen Bestand hat. Für die Annahme einer europarechtlichen Lockerung der Anforderungen an Frauenförderung durch leistungsabhängige Vorrangregelungen und Zielvorgaben innerhalb eines Frauenförderplans bietet diese Rechtsprechungslinie des EuGH jedoch keinen Anlaß[3446], weil sie auf kla-

---

3444 So Europäisches Parlament, Sitzungsdokumente v. 27.01.1999, S. 10
3445 Richtlinie 2002/73/EG des Europäischen Parlaments und des Rates zur Änderung der Richtlinie 76/207/EWG, ABl.EG Nr. L 269, S. 15
3446 So aber Sachs, Anm. zu EuGH v. 28.03.2000, JuS 2000, S. 812 (S. 813)

ren Konkretisierungen beruht. Auch der Versuch, über eine Zurückverlagerung der Problematik auf das nationale Verfassungsrecht zu einer eingeschränkteren geschlechtsspezifisch ansetzenden Frauenförderung zu gelangen[3447], muß vor dem Hintergrund des sich speziell durch den Vertrag von Amsterdam immer mehr angleichenden Grundrechtsverständnisses der Geschlechtergleichbehandlung scheitern. Dies gilt umso mehr mit Blick auf die zukünftige Europäische Verfassung, die in Art. 21 und 23 der Grundrechte-Charta als Teil II der Verfassung explizit auf die einschlägigen Normen des EGV zurückgeht[3448] und das Grundrecht auf Nichtdiskriminierung wegen des Geschlechts sowie auf Gleichheit von Männern und Frauen in Verzahnung und wechselseitiger Einflußnahme mit EGV, Richtlinien, Empfehlungen, Aktionsprogrammen, EMRK, ESC, Verfassungen der Mitgliedstaaten usw. tatsächlich zu einem verfassungsrechtlich gewährleisteten europäischen Grundrecht auf Herstellung faktischer Gleichberechtigung zwischen Frauen und Männern wird.

*3.3. Entscheidung des EuGH in der Rechtssache Abrahamsson, Anderson/ Fogelqvist*

Mit Datum vom 06.07.2000 hat der EuGH schließlich das schwedische Vorlageverfahren Abrahamsson, Anderson/Fogelqvist[3449] entschieden, in dem es wieder um die Vereinbarkeit einer Vorrangregelung zugunsten von Frauen mit Art. 2 Abs. 1 und 4 der Richtlinie 76/207/EWG (a.F.) und Art. 141 Abs. 4 EGV ging. Im Unterschied zu den vorangegangenen Urteilen hatte sich der EuGH hier mit einer nationalen Vorschrift im Hochschulbereich zu beschäftigen. Für die Besetzung von Professoren- und Hochschulassistentenstellen hatten einige schwedische Universitäten und Hochschulen bei den Bestrebungen zur Förderung der Gleichstellung im Arbeitsleben gesondert zugewiesene Mittel erhalten, um Bewerber des unterrepräsentierten Geschlechts einstellen zu können. Der oder die Bewerber/in brauchte dabei nur hinreichende Qualifikationen für die ausgeschriebene Stelle, sofern dies erforderlich war, um den Bewerber des unterrepräsentierten Geschlechts auszuwählen. Einschränkend formulierte § 3 der in Rede stehenden Hochschulverordnung, daß diese positive Diskriminierung entfiele, wenn der Unterschied zwischen den Qualifikationen der Bewerber so groß wäre,

---

3447 Ebenda
3448 Vgl. Fischer, Der Vertrag von Nizza, S. 531 f.
3449 EuGH v. 06.07.2000, Slg. 2000, S. 5562 Rs. C-407/98

daß sich daraus ein Verstoß gegen das Erfordernis der Sachgerechtigkeit bei der Einstellung ergäbe[3450].

Ausgangspunkt des dem EuGH vorgelegten Rechtsstreits war die Ausschreibung einer Professur für Hydrosphärologie an der Universität Göteborg, in der ausdrücklich auf die Möglichkeit der positiven Diskriminierung i.S.d. zitierten Vorschriften der Hochschulverordnung hingewiesen worden war[3451]. Die vom Berufungsausschuß daraufhin erstellte Berufungsliste enthielt an erster Stelle eine Frau, an zweiter Position Herrn Anderson und an dritter Stelle Frau Fogelqvist. Nachdem die an erster Stelle stehende Frau ihre Bewerbung zurückgezogen hatte, wurde der Berufungsausschuß erneut mit der Stellenbesetzung, insbesondere mit Blick auf die Gleichstellung von Männern und Frauen, befaßt. Der Ausschuß erklärte dabei, daß er bereits in seiner ersten Auswahlentscheidung die Gleichberechtigung berücksichtigt habe und daß der Unterschied zwischen Herrn Anderson und Frau Fogelqvist als erheblich einzuschätzen sei. Allerdings sei es insgesamt auch schwierig, die Tragweite der maßgeblichen Verordnungsbestimmungen festzustellen. Der Rektor der Universität berief schließlich Frau Fogelqvist auf den Lehrstuhl. Gleichzeitig wies er auf die Geltung der Gleichstellungsverordnung hin und teilte außerdem mit, daß er den Unterschied zwischen dem Bewerber Anderson und der Bewerberin Fogelqvist für nicht so erheblich halte, als daß die positive Diskriminierung der Frau gegen das Sachgerechtigkeitserfordernis verstoße.

Zwei der Bewerber, u.a. auch Herr Anderson, legten gegen diese Entscheidung Beschwerde beim Beschwerdeausschuß für Hochschulangelegenheiten der Universität ein. Nach Ansicht des Beschwerdeausschusses waren sowohl der Bewerber Anderson als auch die ausgewählte Konkurrentin die qualifiziertesten Bewerber. Jedoch habe der Mann eine deutlich höhere wissenschaftliche Befähigung als die Frau, ihre pädagogischen Fähigkeiten seinen ungefähr gleich zu beurteilen und nur in bezug auf die nicht entscheidende administrative Befähigung habe die Bewerberin einen geringen Vorsprung[3452]. Da den wissenschaftlichen Verdiensten bei der Gesamtbeurteilung aber eine besondere Bedeutung zukomme, könne der administrative Vorsprung der Frau die Überlegenheit des Mannes auf wissenschaftlichem Gebiet nicht ausgleichen, so daß sich damit die Frage stelle, ob denn die Zugehörigkeit der Bewerberin zum unterrepräsentierten Geschlecht bei einer Beurteilung i.S.d. Gleichstellungsverordnung den wissenschaftlichen Vorsprung des Mannes wett machen könne[3453]. Darüber hinaus

---

3450 EuGH v. 06.07.2000, Rn. 14 Abrahamsson, Anderson/Fogelqvist
3451 Der Sachverhalt ist in EuGH v. 06.07.2000, Rn. 16 bis 21 wiedergegeben
3452 EuGH v. 06.07.2000, Rn. 23 Abrahamsson, Anderson/Fogelqvist
3453 EuGH v. 06.07.2000, Rn. 24 Abrahamsson, Anderson/Fogelqvist

stellte der Beschwerdeausschuß fest, daß die Beschränkung der bevorzugten Berücksichtigung einer Frau bei hinreichender Qualifikation auf die Beachtung des Sachgerechtigkeitserfordernisses wohl dahingehend zu verstehen sei, daß das Ziel der Gleichstellung gegenüber dem Wunsch nach möglichst effizienter Wahrnehmung gesellschaftlich wichtiger Aufgaben wie die Forschung und Hochschulausbildung abgewogen werden müsse. D.h. für das Sachgerechtigkeitserfordernis, daß eine positive Diskriminierung dann unzulässig wäre, wenn die Gefahr eines spürbaren Effizienzverlustes in den genannten Aufgabenbereichen bestehe, sofern nicht der bestqualifizierteste Bewerber ausgewählt werde. Die Auswahl der Konkurrentin Fogelqvist lasse aber unter diesem Aspekt keinen klaren Verstoß gegen das Sachgerechtigkeitserfordernis erkennen[3454].

Da die Urteile des EuGH in den Rechtssachen Kalanke und Marschall keine eindeutige Antwort auf die Frage gäben, ob die von der schwedischen Hochschulverordnung in § 3 vorgesehene positive Diskriminierung mit der Ausnahmebestimmung des Art. 2 Abs. 4 der Richtlinie 76/207/EWG (a.F.) zu vereinbaren sei, müsse in dieser Angelegenheit die Vorabentscheidung des EuGH eingeholt werden[3455]. Der Beschwerdeausschuß wollte ferner wissen, ob eine solche positive Diskriminierung auch dann unzulässig wäre, wenn sie nur für die Besetzung einer von vornehrein festgelegten begrenzten Zahl von Stellen oder von Stellen gelte, die im Rahmen eines von einer bestimmten Hochschule beschlossenen Programms zur positiven Diskriminierung geschaffen worden seien[3456]. Neben der dritten Vorlagefrage, die sich auf die Vereinbarkeit der in der schwedischen Verwaltungspraxis gebräuchlichen leistungsabhängigen Vorrangregelung zugunsten des unterrepräsentierten Geschlechts bezog, wollte der Ausschuß noch wissen, ob es für die Beurteilung der Vorlagefragen darauf ankomme, ob die in Rede stehende Vorschrift der Hochschulverordnung auf niedrigere Stellen der Eingangsstufe oder auf die höchsten Stellen der Endstufe in einer Behörde anwendbar sei[3457].

Der EuGH kam unter Rückgriff auf seine Entscheidungen Kalanke, Marschall und Badeck u.a. zu der Einschätzung, daß die fragliche schwedische Verordnungsbestimmung im Unterschied zu diesen Urteilen nicht an die gleiche Qualifikation der Bewerber anknüpfe, da bereits eine hinreichende Qualifikation in bezug auf die Anforderungen der zu besetzenden Stelle ausreichend sei[3458]. Er erinnerte dabei noch einmal an seine Aussagen zu positiven und negativen Auswahlkriterien im Urteil Badeck u.a. wie das Dienst- und Lebensalter, Teilzeitbe-

---

3454 EuGH v. 06.07.2000, Rn. 25 Abrahamsson, Anderson/Fogelqvist
3455 EuGH v. 06.07.2000, Rn. 26 Abrahamsson, Anderson/Fogelqvist
3456 EuGH v. 06.07.2000, Rn. 27 Abrahamsson, Anderson/Fogelqvist
3457 Ebenda
3458 EuGH v. 06.07.2000, Rn. 45 f. Abrahamsson, Anderson/Fogelqvist

schäftigungen, Beurlaubungen, Verzögerungen beim Abschluß der Ausbildung wegen der Betreuung von Kindern oder Angehörigen etc., die bei der Qualifikationsbeurteilung trotz geschlechtsneutraler Formulierung eher Frauen begünstigten und offensichtlich auf die Herstellung einer materiellen und nicht nur formalen Gleichheit ausgerichtet seien. Auf diese Weise würden solche Kriterien im Einklang mit Art. 141 Abs. 4 EGV Benachteiligungen in der beruflichen Laufbahn des unterrepräsentierten Geschlechts verhindern bzw. ausgleichen helfen[3459]. Die Anwendung dieser Kriterien müßte jedoch in transparenter und nachprüfbarer Weise geschehen, um willkürliche Qualifikationsbeurteilungen der Bewerber auszuschließen.

In Übertragung auf das schwedische Auswahlverfahren kam der EuGH zu der Überzeugung, daß die Vorrangregelung der Hochschulverordnung keine Qualifikationsbeurteilung nach eindeutigen und klaren Kriterien eröffne[3460]. Vielmehr müßte die bevorzugte Berücksichtigung des unterrepräsentierten Geschlechts bei hinreichender Qualifikation als unzulässige Automatik eingestuft werden, weil die einzige Einschränkung der Vorrangregelung, daß der Unterschied zwischen den Qualifikationen der Bewerber nicht gegen das Sachgerechtigkeitserfordernis verstoßen dürfe, sich in seiner Tragweite nicht genau bestimmen ließe. So beruhe die Auswahl eines Bewerbers unter den Personen mit hinreichender Qualifikation letztlich allein auf seiner Zugehörigkeit zum unterrepräsentierten Geschlecht, was auch gelte, wenn seine Qualifikation geringer sei als die eines Bewerbers des anderen Geschlechts. Hinzu komme, daß die Bewerbungen nicht Gegenstand einer objektiven Beurteilung seien, bei der die besondere persönliche Lage aller Bewerber berücksichtigt werde[3461]. Schließlich könne auch Art. 141 Abs. 4 EGV eine solche Auswahlmethode nicht rechtfertigen, weil sie außer Verhältnis zu dem von der Vorschrift verfolgten Ziel stände[3462]. Darüber hinaus könnten weder Art. 2 Abs. 4 der Gleichbehandlungsrichtlinie (a.F.) noch Art. 141 Abs. 4 EGV eine Regelung rechtfertigen, die für die Besetzung einer von vorneherein festgelegten Stellenzahl gelte oder innerhalb eines von von der Hochschule besonders beschlossenen Programms über die Zulassung positiver Diskriminierung. Denn diese Beschränkung des Anwendungsbereichs der Vorschrift ändere nichts an ihrem absoluten und unverhältnismäßigen Charakter[3463].

Im Hinblick auf die schwedische Verwaltungspraxis der Anwendung einer leistungsabhängigen Vorrangregelung zugunsten des unterrepräsentierten Ge-

---

3459 EuGH v. 06.07.2000, Rn. 47 f. Abrahamsson, Anderson/Fogelqvist
3460 EuGH v. 06.07.2000, Rn. 49 f. Abrahamsson, Anderson/Fogelqvist
3461 EuGH v. 06.07.2000, Rn. 52 f. Abrahamsson, Anderson/Fogelqvist
3462 EuGH v. 06.07.2000, Rn. 54 f. Abrahamsson, Anderson/Fogelqvist
3463 EuGH v. 06.07.2000, Rn. 57 ff. Abrahamsson, Anderson/Fogelqvist

schlechts wiederholte der EuGH seine Ausführungen im Marschall-Urteil vom 11.11.1997, indem er noch einmal betonte, daß die gemeinschaftsrechtliche Zulässigkeit davon abhinge, daß die Bewerbungen Gegenstand einer objektiven Beurteilung seien, die auch die besondere persönliche Lage der Bewerber in die Auswahlentscheidung miteinbeziehe[3464]. Schließlich stellte der EuGH auch klar, daß die Anwendung des Gleichbehandlungsgrundsatzes der Geschlechter beim Zugang zur Beschäftigung nicht von der Einstufung der zu besetzenden Stelle abhänge[3465].

Mit dieser Entscheidung hat der EuGH die in den Urteilen Kalanke, Marschall und Badeck u.a. erarbeiteten Grundsätze zur Zulässigkeit geschlechtsspezifischer Frauenförderung durch leistungsabhängige Vorrangregelungen mit Härtefallklausel und Zielvorgaben, positive und negative Auswahlkriterien noch einmal bestätigt. Es bleibt durch das vorliegende Urteil dabei, daß Voraussetzung der bevorzugten Berücksichtigung von Frauen im öffentlichen Dienst bei Einstellungen und/oder Beförderungen die gleiche bzw. fast gleichwertige Qualifikation ist und zusätzlich die besondere persönliche Lage der gleichqualifizierten Bewerber eine entscheidende Rolle spielen kann, wenn sie nicht ihrerseits diskriminierenden Charakters für Frauen i.S.d. Marschall-Entscheidung ist. Folglich genügt eine **hinreichende Qualifikation** der Bewerberin nicht, um die Anwendung einer nationalen Vorrangregelung auszulösen, die mit Gemeinschaftsrecht vereinbar wäre. Dies gilt selbst dann, wenn die Qualifikationsunterschiede zwischen der hinreichend qualifizierten Bewerberin und dem besser qualifizierten Bewerber nicht gegen das Sachgerechtigkeitserfordernis verstoßen würden. Das bedeutet, daß die Auswahl der Frau auch dann unzulässig ist, wenn sie nicht zu einem spürbaren Effizienzverlust auf dem Gebiet der Forschung und der Hochschulausbildung führt. Es spielt dabei keine Rolle, ob sich die Vorrangregelung auf eine von vornherein begrenzte Stellenzahl im Rahmen eines besonderen Hochschulfrauenförderplans bezieht – unerheblich ist außerdem, ob es sich um hoch oder niedrig eingestufte Stellen einer Laufbahn handelt.

Der EuGH hat sich mit seinem Urteil zumindest in der Begründetheit auch den Schlußanträgen seines Generalanwalts vom 16.11.1999 angeschlossen, der ebenfalls auf die Urteile Kalanke, Marschall und Badeck u.a. eingegangen war und klargestellt hatte, daß das fragliche Verfahren der schwedischen Hochschulverordnung eindeutig einen absoluten und bedingungslosen Charakter aufzuweisen habe und außerdem eine sichere Arbeitsplatzreserve für Frauen schaffe[3466].

---

3464  EuGH v. 06.07.2000, Rn. 60 f. Abrahamsson, Anderson/Fogelqvist
3465  EuGH v. 06.07.2000, Rn. 63 f. Abrahamsson, Anderson/Fogelqvist
3466  GA Saggio, Schlußanträge v. 16.11.1999, Slg. 2000, S. 5542 Rn. 24 bis 26, 28 f. Rs. C-407/98 Abrahamsson, Anderson/Fogelqvist

Ein solches Verfahren entleere die Bedeutung des Auswahlprinzips, wenn die Entscheidungskriterien keinen verstärkten Vergleich mehr zwischen den verschiedenen Bewerbern zuließen, gleichzeitig aber die Eignung der bevorzugten Bewerber quasi die Funktion der Stellenbesetzung übernähme[3467]. Auf die Vorschrift des Art. 141 Abs. 4 EGV ging der Generalanwalt nicht mehr gesondert ein, was sich möglicherweise damit erklärt, daß er im Unterschied zum EuGH dem schwedischen Beschwerdeausschuß für Hochschulangelegenheiten die Gerichtseigenschaft gemäß Art. 234 EGV abgesprochen hatte[3468] und für ihn folglich die Vorlagefragen schon an der Zulässigkeit scheiterten. Aus diesem Grund hatte er auch nur noch hilfsweise Stellung zur Begründetheit genommen.

Insgesamt liegt das Urteil damit auf der Linie der bisher ergangenen Entscheidungen des EuGH zu positiven Maßnahmen. Es deckt sich darüber hinaus mit der Einstellung der Kommission und den Rechtsvorschriften der meisten Mitgliedstaaten, die positive (frauenfördernde) Maßnahmen zur Steigerung des Frauenanteils in den Bereichen des Arbeitslebens anwenden, in denen Frauen nach wie vor unterrepräsentiert sind[3469]. Der absolute und automatische Vorrang für Bewerber des unterrepräsentierten Geschlechts, die zwar eine ausreichende, aber niedrigere Qualifikation mitbringen als ihre Mitbewerber, stellt demnach einen Verstoß gegen den Grundsatz der Gleichbehandlung von Männern und Frauen dar[3470]. Immerhin ergibt sich die Absolutheit und Unbedingtheit der schwedischen Vorrangregelung aus der Tatsache, daß die am besten qualifizierte Person die ausgeschriebene Stelle dann nicht bekommt, wenn die Auswahlentscheidung im Rahmen der Förderung der Gleichstellung der Geschlechter im Arbeitsleben erfolgt. D.h., daß das ansonsten geltende Leistungsprinzip hier außer Anwendung bleibt[3471]. Das hat auch Generalanwalt Saggio in seinen Schlußanträgen vom 16.11.1999 hervorgehoben, indem er auf das deutliche Risiko der Reduzierung des Leistungsniveaus durch ein solches Verfahren abstellte[3472].

Damit sind im Ergebnis Vorrangregelungen bei Einstellungen und Beförderungen unzulässig, die an eine ausreichende Qualifikation für die jeweilige Stelle anknüpfen – auf diese Weise hat der EuGH auch sogenannten Mindest(qualifika-

---

3467 GA Saggio, Rn. 28 Abrahamsson, Anderson/Fogelqvist
3468 GA Saggio, Rn. 35 Abrahamsson, Anderson/Fogelqvist
3469 Vgl. Erklärung der Kommission zum Urteil Abrahamsson, Anderson/Fogelqvist v. 06.07. 2000; homepage des info Frauen Europas, http://europa.eu.int/comm/employment_social/equ_opp/index_de.htm
3470 Ebenda
3471 Ebenda
3472 GA Saggio, Rn. 28 Abrahamsson, Anderson/Fogelqvist

tions)quoten³⁴⁷³ eine Absage erteilt, sofern sie sich nicht auf Ausbildungsplätze und Vorstellungsgespräche beziehen³⁴⁷⁴. Gleichzeitig markiert das vorliegende Urteil vom 06.07.2000 aber auch eine Obergrenze zulässiger Frauenförderung zur Herstellung faktischer Gleichberechtigung zwischen den Geschlechtern durch Vorrangregelungen: Das Leistungsprinzip, d.h. die Anknüpfung an die gleiche bzw. gleichwertige Qualifikation muß in jedem Fall gewahrt bleiben und darf nicht unterschritten werden. Die Reservierung einer, wenn auch zahlenmäßig begrenzten, bestimmten Stellenzahl zugunsten von Frauen im Rahmen eines (hochschulinternen) Frauenförderprogramms ist nicht mit dem Grundsatz der Gleichbehandlung von Männern und Frauen zu vereinbaren.

### 4. Zwischenergebnis

Die These des Europäischen Parlaments, daß das Marschall-Urteil des EuGH vom 11.11.1997 eine neue und andere Blickrichtung auf die Problematik des faktischen und strukturell bedingten Gleichberechtigungsdefizits von Frauen auf dem Arbeitsmarkt und hier im öffentlichen Dienst vermittelt hat, die die Gruppe der Frauen in ihrer Gesamtheit betrachtet und damit auch das kollektive Element dieser nur am statistischen Gruppenvergleich ablesbaren Diskriminierungsform in den Vordergrund rückt³⁴⁷⁵, hat sich mit dem Urteil Badeck u.a./Hess. Ministerpräsident nicht nur bestätigt, sondern auch zu einem höchstrichterlichen „Wandel" in der Linie der Rechtsprechung verdichtet. Die Entscheidung Abra-

---

3473 Zum Begriff Pfarr, Quoten und Grundgesetz, S. 203 sowie Francke/Sokol/Gurlit, S. 23
3474 In seinem Urteil v. 28.03.2000, Slg. 2000, S. 1902 Rn. 45 ff. Badeck u.a./Hess. Ministerpräsident hatte der EuGH die aus § 7 HGlG folgende Mindestquote zugunsten von Frauen bei der Vergabe von Ausbildungsplätzen als vereinbar mit Gemeinschaftsrecht angesehen, weil sie lediglich der Erlangung einer Qualifikation dienten, die erst später den Zugang zu qualifizierten Tätigkeiten im öffentlichen Dienst eröffneten und außerdem im beruflichen Wettbewerb Frauen dazu verhelfen könnten, auf dem Arbeitsmarkt besser zu bestehen und unter den gleichen Bedingungen wie Männer eine berufliche Laufbahn einzuschlagen; in Rn. 56 ff. desselben Urteils hatte der Gerichtshof zu der in § 9 HGlG enthaltenen Regelung, demnach mindestens ebenso viele Frauen wie Männer oder alle Bewerberinnen zum Vorstellungsgespräch einzuladen sind, sofern sie die gesetzlich oder sonst vorgesehenen Voraussetzungen für die jeweilige Stelle erfüllen, ausgeführt, daß mit dieser Vorschrift kein bestimmtes Resultat hinsichtlich der Einstellung oder Beförderung angestrebt, sondern vielmehr qualifizierten Frauen eine zusätzliche Chance geboten werde, die ihnen den Zugang in die Arbeitswelt und den Aufstieg erleichtern solle
3475 Europäisches Parlament, Sitzungsdokumente v. 27.01.1999, S. 9

hamsson, Anderson/Fogelqvist bringt in diesem Verständnis nichts grundsätzlich Neues – hier hat der EuGH vielmehr die Gelegenheit genutzt, seine bisherige Rechtsprechungslinie[3476] weiterzuführen und gleichzeitig mit der Wahrung des Leistungsprinzips im Auswahlverfahren eine Obergrenze zulässiger Vorrangregelungen mit direktem Einfluß auf die Stellenbesetzung formuliert.

Wird die Kalanke-Entscheidung jedoch nicht als Bruch in der Kette der frauenfreundlichen Rechtsprechung des EuGH begriffen[3477], da sich hier schon mittelbar abzeichnete, daß die restriktive Haltung zu spezifischen Frauenfördermaßnahmen kaum haltbar sein würde, weil die verschiedenen Initiativen auf Gemeinschaftsebene wie die Empfehlung 84/635/EWG des Rates oder das 4. Mittelfristige Aktionsprogramm (1996 – 2000) von Dezember 1995 etc. explizit auf die Verwirklichung faktischer Gleichberechtigung der Geschlechter im Erwerbsleben und in der Gesellschaft zugeschnitten sind, ist weder das Marschall-Urteil noch das Urteil Badeck u.a. vollkommen neu oder anders. Vielmehr läßt sich hier zeigen, wie sehr es auf ausdrückliche und klarstellende Aussagen von Seiten des EuGH ankommt, um eine gesellschaftliche Entwicklung in der Rechtsprechung umzusetzen, die im Zusammenhang mit der Kalanke-Entscheidung noch im Dunkeln geblieben ist[3478]. Auch Suhr betonte, daß das Marschall-Urteil nachträglich das Verständnis der Kalanke-Entscheidung erleichterte und die grundsätzliche Klärung darin bestand, den aus der sozialen Wirklichkeit gewonnenen Befund der Existenz struktureller Diskriminierung zum Ausgangspunkt für die Beantwortung der Frage nach der Zulässigkeit spezifischer Frauenförderung zu nehmen[3479].

---

[3476] Auch Pirstner, Anm. zu EuGH v. 28.03.2000, EuZW 2000, S. 479 f. geht von einer Entscheidungslinie des EuGH aus
[3477] Immerhin vertrat nicht nur die Kommission in ihrer Mitteilung an den Rat und das Europäische Parlament über die Auslegung des Urteils des EuGH v. 17.10.1995 in der Rechtssache C-450/93 Kalanke/Freie Hansestadt Bremen, KOM (96) 88 endg. auf S. 9 die Ansicht, daß diese Entscheidung lediglich die bremische, absolut und unbedingt wirkende Vorrangregelung a.F. betraf und andere, flexiblere Quotensysteme nach wie vor mit Gemeinschaftsrecht zu vereinbaren seien, sondern auch der am Kalanke-Urteil beteiligte deutsche Richter am EuGH Hirsch bestätigte, daß dieses die maßgeblichen Erwägungen des Gerichtshofs gewesen seien, vgl. Zumstein, Interview mit Richter am EuGH Hirsch, DJB-Info 12/1995, S. 1 f.; so auch Rust, Anm. zu EuGH v. 17.10.1995, NJ 1996, S. 102 (S. 103 f.), die sich ebenfalls auf die Heranziehung der Empfehlung 84/635/EWG durch den EuGH stützt
[3478] Ähnlich Plett, Ansprüche 1/1996, S. 10 (S. 16), die den EuGH-Richtern hinsichtlich der Existenz und den Folgen struktureller Diskriminierung Blindheit vorgeworfen hatte
[3479] Suhr, S. 126 f.

Das nach wie vor in der deutschen Verwaltungsgerichtsbarkeit bewußte Fehlinterpretationen der Urteile des EuGH sowie Mißverständnisse hinsichtlich der Bindung nationaler Gerichte an das Gemeinschaftsrecht und die Entscheidungen des EuGH bestehen, kann nur als rechtspolitische Unwilligkeit gewertet werden, sich der Problematik struktureller Diskriminierung von Frauen auf dem Arbeitsmarkt und im öffentlichen Dienst zu stellen.

Zwar sind die Arbeitsgerichte nicht in der Ausführlichkeit wie das LAG Bremen in seinem Urteil vom 08.07.1992[3480] auf das Bestehen struktureller Diskriminierung von Frauen im öffentlichen Dienst eingegangen, das sie an einer gleichberechtigteren Teilhabe insbesondere an qualifizierten und leitenden Positionen hindert, doch läßt sich durchgängig feststellen, daß sie die Notwendigkeit und Zulässigkeit leistungsabhängiger Vorrangregelungen mit Härtefallklausel anerkannten und darüber hinaus auch bereit waren, die Unterschiede zur im Kalanke-Verfahren streitbefangenen Bremer Vorschrift a.F. herauszuarbeiten, selbst wenn sie dem Aspekt struktureller Diskriminierung keine gesonderte Aufmerksamkeit schenkten[3481]. Damit hat die deutsche Arbeitsgerichtsbarkeit bereits im Vorfeld der Urteile Marschall und Badeck u.a. der grundlegenden gesellschaftlichen Bedeutung der Durchsetzung tatsächlicher Gleichberechtigung von Frauen und Männern, wie sie von Art. 3 Abs. 2 GG und insbesondere Art. 2 und 3 Abs. 2 EGV gefordert wird, Rechnung getragen. Besonders hervorzuheben ist in diesem Zusammenhang noch einmal der Vorlagebeschluß des Hess.StGH an den EuGH in Sachen Badeck u.a., denn er steht dem Urteil des LAG Bremen aus dem Jahr 1992 an Ausführlichkeit und Auseinandersetzungsbereitschaft in nichts nach. Auch er hat einen entscheidenden Beitrag zur Verfestigung der mit dem Marschall-Urteil klargestellten Rechtsprechungslinie des EuGH geleistet.

Im EÖD ist mit den bislang gefällten Entscheidungen Bonino/Kommission[3482], Delauche/Kommission[3483] und Frederiksen/Parlament[3484] aus den Jahren 1987 und 1991 ein eher unrühmliches Kapitel der Dienstrechtsprechung eingeleitet worden, denn allen drei Urteilen fehlte die Auseinandersetzung mit der offensichtlichen Unterrepräsentanz von Frauen in den angestrebten Führungspositionen, obwohl die Klägerinnen im Fall Bonino und Delauche eindeutiges Zahlenmaterial beigebracht hatten. Die verschiedenen Gemeinschaftsinitiativen zur Verbesserung der Situation der weiblichen Bediensteten im EÖD und zur

---

3480   RiA 1993, S. 82
3481   Vgl. ArbG Berlin v. 10.01.1996, AuR 1996, S. 156; LAG Berlin v. 08.08.1996, AuR 1997, S. 122
3482   EuGH v. 12.02.1987, Slg. 1987, S. 739 Rs. 233/85
3483   EuGH v. 16.12.1987, Slg. 1987, S. 5345 Rs. 111/86
3484   EuG v. 11.12.1991, Slg. 1991, S. 1403 Rs. T-169/89

Verwirklichung des Gemeinschaftsgrundrechts der Gleichbehandlung von Männern und Frauen konnten nichts daran ändern, daß der EuGH weder eine Verletzung noch eine konkrete Präzisierung des Inhalts des Gemeinschaftsgrundrechts vornahm. Er wies die Beschäftigung mit dem faktischen Gleichberechtigungsdefizit von Frauen in der jeweiligen Laufbahn- und Besoldungsgruppe sowohl in der Kommission als auch beim Europäischen Parlament in allen drei Verfahren mit dem Argument zurück, daß den betroffenen Frauen die gleiche Qualifikation mit den männlichen Konkurrenten gefehlt habe und stellte außerdem ausnahmslos auf Auswahlkriterien ab, die den Frauen entweder durch die Stellenausschreibung nicht bekannt bzw. in der Erprobungsphase nicht transparent geworden waren (Kenntnisse der Versicherungsmathematik, Managementfähigkeiten) oder er bewertete ein für die ausgeschriebene Stelle nachrangiges Kriterium wie die EDV-Kenntnisse im Fall Frederiksen über. Hinzu kommt, daß diese drei jeweils in den Vordergrund geschobenen Auswahlkriterien im Erklärungsmuster der strukturellen Diskriminierung von Frauen traditionell und bedingt durch geschlechtsspezifische Sozialisation häufiger von Männern als von Frauen erfüllt werden oder aber über Geschlechtsrollenvorverständnisse der Personalentscheider eher mit Männern in Verbindung gebracht werden wie z.B. die höheren Managementfähigkeiten des männlichen Konkurrenten im Verfahren Bonino/Kommission. Damit hatten sich sowohl der EuGH als auch das Gericht 1. Instanz nicht nur gegen eine Auseinandersetzung mit der bestehenden strukturellen Diskriminierung im EÖD gesperrt – schwerer wiegt, daß hier sogar selbst wiederum strukturell diskriminierend vorgegangen wurde und in der Folge eine klare Aussage zu einem eventuellen Prioritätsrecht von Frauen bei Einstellungen und Beförderungen umgangen werden konnte. Lediglich der am Verfahren Delauche/Kommission beteiligte Generalanwalt Darmon näherte sich in seinen Schlußanträgen vom 19.11.1987[3485] einer Auseinandersetzung mit den Ursachen der Unterrepräsentanz von Frauen im EÖD an, lehnte dann aber die von ihm als „affirmative action" verstandenen Vorrangregelungen zugunsten von Frauen mangels einer Rechtsgrundlage im Gemeinschaftsrecht ab.

An dieser Stelle bleibt zu hoffen, daß mit der Gleichbehandlungsverordnung Nr. 781/98 des Rates vom 15.04.1998 zur Änderung des BSt und der Beschäftigungsbedingungen für die sonstigen Bediensteten der Gemeinschaft, die in Art. 1a Abs. 2 BSt eine dem Art. 141 Abs. 4 EGV entsprechende Vorschrift verankert hat, für die zukünftige Dienstrechtsprechung im EÖD alle Zweifel darüber ausgeräumt sind, daß spezifische Vergünstigungen zugunsten des unterrepräsentierten Geschlechts in der jeweiligen Laufbahn und Besoldungsgruppe eines

---

[3485] GA Darmon, Schlußanträge v. 19.11.1987, Slg. 1987, S. 5353 (S. 5355 f.) Rs. 111/86

Gemeinschaftsorgans, sei es nun in Form von leistungsabhängigen Vorrangregelungen mit Härtefallklausel oder Zielvorgaben, zulässig und vor dem Hintergrund des Gemeinschaftsgrundrechts der Gleichbehandlung von Frauen und Männern auch notwendig sind, um eine effektive Gleichberechtigung in Zukunft zu gewährleisten. Dies gilt umso mehr, seitdem mit der Implementation der Grundrechte-Charta in die Europäische Verfassung über Art. 51 Abs. 1 der Charta die verfassungsrechtliche Verpflichtung der Gemeinschaftsorgane auf die Charta und somit auch Art. 21 Abs. 1 und 23 ausdrücklich festgeschrieben ist.

Zu berücksichtigen ist außerdem, daß die Kommission in ihrem Dritten Aktionsprogramm für die Chancengleichheit von Mann und Frau in der Europäischen Kommission (1997 – 2000) ausdrücklich auf das Kalanke-Urteil des EuGH Bezug genommen hat und dieses damit in seiner Übertragbarkeit auf den EÖD anerkannt und für anwendbar erklärt hat[3486]. Gleiches muß auch für die Entscheidungen Marschall, Badeck u.a. sowie Abrahamsson gelten. Die klarstellende Argumentation des EuGH in bezug auf die Zulässigkeit leistungsabhängiger Vorrangregelungen mit Härtefallklausel und Zielvorgaben sowie die in diesen Urteilen als Ausgangspunkt der Überlegungen genommene (neue) Blickrichtung auf die faktischen, strukturellen und sozialen Ungleichheiten der Gruppe der Frauen im Arbeitsleben beansprucht demnach auch Gültigkeit im EÖD. Im übrigen können sich die Gemeinschaftsorgane im Verhältnis zu den eigenen Bediensteten auch schwerlich in Widerspruch zu der Politik setzen, die den Mitgliedstaaten im Bereich der Chancengleichheit von Mann und Frau empfohlen wird[3487]. In diesem Sinne beeinflussen schließlich auch die nicht zum Dienstrecht der Gemeinschaft ergangenen Entscheidungen des EuGH in Sachen Kalanke, Marschall, Badeck u.a. sowie Abrahamsson maßgeblich die Weiterentwicklung und Durchsetzung der Frauenförderung im EÖD.

---

3486 Vgl. Anhang 5, S. 774
3487 Vgl. Anhang 5, S. 769; ähnlich auch 2. Aktionsprogramm 1997-2000 für die Chancengleichheit beim Europäischen Parlament, das auf die Vorreiterrolle des EÖD auf dem Gebiet der Chancengleichheit von Männern und Frauen hinweist, vgl. Anhang 2, S. 729

# Gesamtergebnis und Perspektiven der Herstellung faktischer Gleichberechtigung

In den vorangegangenen Kapiteln konnte gezeigt werden, daß der deutsche und der europäische öffentliche Dienst vom Aufbau und den Grundprinzipien her vergleichbar sind. Auch auf dem Gebiet der Frauenförderung, die der Durchsetzung faktischer Gleichberechtigung zwischen den Geschlechtern dient, sind vielfältige Ähnlichkeiten feststellbar. In beiden öffentlichen Diensten sind die Ausgangsbedingungen insbesondere für eine geschlechtsspezifisch ansetzende Förderung von Frauen dieselben, weil die statistisch nachgewiesenen Ungleichgewichte der Männer- und Frauenanteile u.a. im höheren Dienst und Führungspositionen eine Indizwirkung in bezug auf das Vorliegen struktureller Diskriminierung haben, denn die signifikante Unterrepräsentanz von Frauen in dieser Laufbahn, aber auch die Konzentration von Frauen im mittleren Dienst als traditionelle Frauendomäne, erfordert Maßnahmen der Gegensteuerung, um dem Gleichberechtigungspostulat der effektiven Durchsetzung faktischer Gleichheit von Männern und Frauen in beiden Rechtsordnungen gerecht zu werden.

Das bedeutet gleichzeitig, daß strukturelle Diskriminierung und die Forderung nach faktischer Gleichberechtigung auf einer Ebene als Gegenpole fungieren; sie stellen sich als abhängige Größen voneinander dar. Im Unterschied dazu sind die normierbaren Verbote der unmittelbaren und mittelbaren Diskriminierung Gewährleistungen der rechtlichen, d.h. formalen Gleichheit der Geschlechter, die jedoch nicht ausreichen, um eine gleichberechtigte Teilhabe von Frauen in allen gesellschaftlichen Bereichen, vor allem im Arbeitsleben, zu verwirklichen. Damit stehen die geschlechtsbedingten Diskriminierungsverbote und ihr Gegenpol, die Gewährleistung rechtlicher Gleichheit, derzeit im Rang unter der materiellen Gleichheit, die sich aus dem Gegenpolpaar strukturelle Diskriminierung einerseits und Forderung nach faktischer Gleichberechtigung andererseits zusammensetzt[3488].

Dies führt auf der verfassungsrechtlichen Ebene zu der Feststellung, daß sich das Gemeinschaftsgrundrecht der Gleichbehandlung der Geschlechter immer mehr einem inhaltlichen Verständnis annähert, das vor allem durch die progres-

---

[3488] Vgl. auch GA Saggio, Schlußanträge v. 10.06.1999, Slg. 2000, S. 1877 Rn. 26 f. Rs. C-158/97 Badeck u.a./Hess. Ministerpräsident; die materielle Gleichheit bewegt sich zunächst auf einer Rangstufe mit der formalen Gleichheit, überwiegt jedoch durch die Herstellung praktischer Konkordanz zwischen den konfligierenden Rechtsgütern solange, bis die faktische Gleichberechtigung hergestellt ist

siven Literaturstimmen zu Art. 3 Abs. 2 GG getragen wird und sich in einem gruppenbezogenen Ansatz wiederspiegelt: Ihm geht es um die faktische Neupositionierung der diskriminierten Geschlechtsgruppe in sozialer Hinsicht, wenn die Gewährleistung rechtlicher Gleichheit durch den Staat nicht ausreicht, um faktische Gleichberechtigung zu verwirklichen. Dieses kollektive Element, das dem materiellen Gehalt bzw. der objektiv-rechtlichen Dimension sowohl des Gemeinschaftsgrundrechts als auch dem Grundrecht auf Gleichberechtigung der Geschlechter aus Art. 3 Abs. 2 GG zuzuordnen ist, ist auch die Basis der Beseitigung des Frauen treffenden strukturellen Diskriminierungsgeflechts. Die an die Beseitigung des faktischen Gleichberechtigungsdefizits von Frauen anknüpfenden Fördermaßnahmen sind deshalb nicht auf Regelungen beschränkt, die Frauen in der Ausgangssituation der Bewerbung um einen Arbeitsplatz oder eine Beförderungsstelle gleiche Chancen vermitteln, wie etwa die Beeinflussung der Schul- und Berufswahl, Flexibilisierung der Arbeitszeiten, Zuschüsse zu den Kinderbetreuungskosten etc.[3489]. Solche Fördermaßnahmen können vielmehr konkret auf die soziale Eingliederung von Frauen hinzielen, indem sie ihnen einen tatsächlichen Vorrang bei Einstellungen und Beförderungen einräumen[3490].

D.h. aber auch, daß die zulässigen Frauenfördermaßnahmen zur Verwirklichung faktischer Gleichberechtigung in beiden öffentlichen Diensten **mindestens** den Anforderungen an die Schaffung gleicher Ausgangsbedingungen in der Bewerbungssituation gerecht werden müssen, was über die Berufstätigkeit beider Geschlechter flankierende Maßnahmen der Verbesserung der Vereinbarkeit von Beruf und Familie, berufliche und schulische Bildung sowie die Institution der Frauen- oder Gleichstellungsbeauftragten als Sicherungs- und Kontrollinstrument für die tatsächliche Anwendung der vorgesehenen Fördermaßnahmen sicherzustellen ist. Darüber hinaus sind auch spezifische Frauenfördermaßnahmen wie leistungsabhängige Vorrangregelungen mit Härtefallklausel und Zielvorgabenregelungen innerhalb eines Frauenförderplans vom Gemeinschaftsgrundrecht[3491] und Art. 3 Abs. 2 GG gedeckt, was sich speziell aus der Rechtsprechungslinie des EuGH in den Verfahren Marschall/Land Nordrhein-Westfalen und Badeck u.a./Hess. Ministerpräsident ergibt. Auf nationaler Ebene korrespondieren dieser Rechtsprechungslinie insbesondere der Vorlagebeschluß des Hess.StGH an den EuGH vom 16.04.1997 sowie das Urteil des BAG vom

---

3489 Vgl. u.a. GA Tesauro, Schlußanträge v. 06.04.1995, Slg. 1995, S. 3053 (S. 3061) Rs. C-450/93 Kalanke/Freie Hansestadt Bremen
3490 Vgl. GA Saggio, Schlußanträge v. 10.06.1999, Slg. 2000, S. 1877 Rn. 27 Rs. C-158/97 Badeck u.a./Hess. Ministerpräsident
3491 Dies findet nunmehr in Art. 21 Abs. 1 und Art. 23 der Grundrechte-Charta als Teil II der Europäischen Verfassung seinen verfassungsrechtlich geschriebenen Niederschlag, vgl. Europäischer Konvent v. 12.06.2003, CONV 797/1/03

05.03.1996. Die Obergrenze zulässiger Frauenförderung durch Vorrangregelungen ergibt sich nunmehr aus der Entscheidung Abrahamsson, Anderson/Fogelqvist vom 06.07.2000, die klargestellt hat, daß bei Einstellungen (und Beförderungen) in jedem Fall das Leistungsprinzip gewahrt bleiben muß[3492] und darüber hinaus auch eine zahlenmäßig begrenzte Reservierung von Stellen zugunsten von Frauen durch ein Hochschulfrauenförderprogramm gemeinschaftsrechtlich unzulässig ist. Ausgenommen hiervon sind lediglich sogenannte Ausbildungsplatzquoten und Vorstellungsgespräche, da sie erst in die Lage versetzen, später im beruflichen Wettbewerb mit Männern auch tatsächlich qualifizierte Positionen zu erlangen bzw. Frauen eine zusätzliche Chance auf den Erhalt eines Arbeitsplatzes bieten, ohne dabei aber ein bestimmtes Einstellungs- oder Beförderungsergebnis herbeizuführen[3493].

Mit dem EGV i.d.F.d. Vertrags von Amsterdam, der auch zu entsprechenden Änderungen im BSt und den BSB für die Bediensteten der Gemeinschaft durch die Gleichbehandlungsverordnung Nr. 781/98 vom 07.04.1998 beigetragen hat, ist die Gleichstellung von Männern und Frauen in der EG und im EÖD zu einer prioritären Aufgabe der Gemeinschaftsaktivitäten geworden. Eine ähnliche Entwicklung hat sich auf deutscher Ebene mit der Aufnahme der Staatszielbestimmung in Art. 3 Abs. 2 S. 2 GG im Jahr 1994 vollzogen, die den Staat explizit auf die Förderung der tatsächlichen Durchsetzung der Gleichberechtigung von Frauen und Männern sowie das Hinwirken auf die Beseitigung bestehender Nachteile verpflichtet. Über die festgestellte Parallelität des Art. 3 Abs. 2 S. 2 GG als Staatszielbestimmung und Art. 3 Abs. 2 EGV als Vertragszielbestimmung eröffnet sich gleichzeitig eine neue Perspektive für die Verwirklichung faktischer Gleichberechtigung der Geschlechter, die in dem Ansatz des im EGV verankerten „gender mainstreaming" liegt. Die systematische Einbeziehung der Dimension der Chancengleichheit der Geschlechter in alle Politik- und Aufgabenbereiche und Maßnahmen der Gemeinschaft, die die jeweilige Situation, Prioritäten und Bedürfnisse von Frauen und Männern bereits in der Planungsphase der verschiedensten Rechtsakte, Konzepte und Maßnahmen am Ziel der Gleichstellung

---

3492 Nicht geteilt werden kann deshalb die von Pirstner, Anm. zu EuGH v. 28.03.2000, EuZW 2000, S. 479 (S. 480) vertretene Ansicht, daß die „gleiche Qualifikation" nicht zu den vom EuGH geforderten Bedingungen an eine Vorrangregelung gehört, denn GA Saggio hat in seinen Schlußanträgen v. 16.11. 1999, Rn. 28 Rs. C-407/98 Abrahamsson, Anderson/Fogelqvist mehr als deutlich gemacht, daß die Bedeutung des Leistungsprinzips nicht entleert werden dürfte, weil anderenfalls das Risiko der Reduzierung des Leistungsniveaus bestände, wenn der bestqualifizierteste Bewerber nicht ausgewählt würde
3493 EuGH v. 28.03.2000, Slg. 2000, S. 1902 Rn. 52 ff., 60 ff. Badeck u.a./Hess. Ministerpräsident

von Männern und Frauen ausrichtet und schließlich in der darauffolgenden Durchführung, Begleitung und Bewertung der betreffenden Maßnahmen die Auswirkungen auf beide Geschlechter berücksichtigt[3494], ist auch mit Art. 3 Abs. 2 GG vereinbar[3495]. Damit ist das bereits im Dritten Aktionsprogramm zur Förderung der Chancengleichheit von Männern und Frauen in der Europäischen Kommission (1997 – 2000) enthaltene „gender mainstreaming", das zur Gewährleistung der Gleichbehandlung von männlichen und weiblichen Bediensteten in der Kommission in jeder Phase der Gleichstellungsaktivitäten beitragen soll[3496], auch ein für die Frauenförderung im deutschen öffentlichen Dienst gangbarer Weg[3497], den gesetzlich bislang nur das BGleiG vom 30.11.2001 in seinem § 2 festgeschrieben hat.

Obwohl die Weiterentwicklung der effektiven Durchsetzung der vollen Gleichstellung von Männern und Frauen im Arbeitsleben insbesondere durch Art. 141 Abs. 4 EGV verstärkt wurde und in Art. 1a Abs. 2 BSt seinen Niederschlag gefunden hat, bleibt der EÖD hinter den von den Frauenförder- und Gleichstellungsgesetzen des Bundes und der Länder vorgesehenen spezifischen Maßnahmen der Frauenförderung zurück. Die Ursache dafür liegt zum einen darin, daß bislang nur zwei Gemeinschaftsorgane (Europäisches Parlament, Kommission) durch den Erlaß verwaltungsinterner Aktionsprogramme die Förderung ihrer Beamtinnen und sonstigen weiblichen Bediensteten vorangetrieben haben. Zum anderen liegt es aber auch an der Rechtsqualität der Aktionsprogramme, die als verwaltungsinterne Richtlinien mit programmatischem Gehalt eingestuft wurden und die lediglich einen Verhaltensnormcharakter mit Hinweis auf die von den Behörden zu verfolgende Praxis beinhalten und bei Abweichun-

---

3494 Vgl. info Frauen Europas, März – April 1998, Nr. 78, Brüssel, S. 2
3495 Ähnlich Weg, Gender Mainstreaming als gleichstellungsfördernde Politikmethode, 2001, S. 3
3496 Vgl. Anhang 5, S. 767, 772 f.; vgl. auch Mitteilung der Kommission für eine Rahmenstrategie der Gemeinschaft zur Förderung der Gleichstellung von Frauen und Männern (2001-2005) v. 07.06.2000, KOM (2000) 335 endg., S. 3, 10, durch die Entscheidung des Rates 2001/51/EG v. 20.12.2000 über ein (5.) Aktionsprogramm der Gemeinschaft betreffend die Gemeinschaftsstrategie für die Gleichstellung von Frauen und Männern, ABl.EG Nr. L 17, S. 22, verbindlich umzusetzen ist
3497 Strategien zur Umsetzung des „gender mainstreaming" Konzepts in der öffentlichen Verwaltung zeigt das bei Kuppe/Körner in Peters/Bensel (Hrsg.), S. 95 (S. 100 ff.) dokumentierte Pilotprojekt in der Landesverwaltung Sachsen-Anhalt von Februar 2000 sowie Stiegler, Wie Gender in den Mainstream kommt, Konzepte, Argumente und Praxisbeispiele zur EU-Strategie des Gender Mainstreaming, 2000

gen der Verwaltung nur eine Begründungspflicht auferlegen[3498]. Dem stehen auf deutscher Seite gesetzliche Regelungen zur Frauenförderung im öffentlichen Dienst gegenüber, die als Rechtsnormen nicht nur von größerem Gewicht in der Normenhierarchie sind, sondern zu ihrer Einhaltung in jedem Fall verpflichten, sofern es sich nicht um Ermessensvorschriften handelt.

Allerdings konnte am Beispiel der Kommission auch gezeigt werden, daß die Anwendung der dienststellenintern festzulegenden Zielvorgaben zur Erhöhung des Frauenanteils in den Bereichen ihrer Unterrepräsentanz zu einem erkennbaren Anstieg des Frauenanteils auf fast 20 % bis Ende 1999 in der Laufbahn des höheren Dienstes und den Führungspositionen geführt hat. Eine ähnliche Entwicklung hat sich beim Europäischen Parlament vollzogen. Leistungsabhängige Vorrangregelungen mit Härtefallklausel alleine, die einen individuellen Anspruch auf Einstellung und/oder Beförderung hergeben, haben demgegenüber keine ins Gewicht fallenden Erfolge verbuchen können. Dies läßt den (vorsichtigen) Schluß zu, daß trotz der Unterschiedlichkeit in der Rechtsqualität, die Flexibilität der Zielvorgabenregelungen offensichtlich näher am Ziel der Durchsetzung faktischer Gleichberechtigung der Geschlechter ist.

Schließlich verdeutlicht die Dienstrechtsprechung, daß zumindest die deutsche Arbeitsgerichtsbarkeit kontinuierlich von der Zulässigkeit spezifischer Frauenfördermaßnahmen ausgeht, die eine wesentliche Absicherung durch den EuGH in den Entscheidungen Marschall/Land Nordrhein-Westfalen und Badeck u.a./Hess. Ministerpräsident erfahren hat. Dagegen weigerte sich das Gericht 1. Instanz im Verfahren Frederiksen/Parlament[3499], daß bereits bestehende Aktionsprogramm zur Herstellung von mehr Ausgewogenheit (PAR-PE) beim Europäischen Parlament als ausreichende Grundlage für die Aufrechterhaltung der streitigen Beförderungsentscheidung zugunsten einer Frau in die Führungsposition einer Sprachberaterin anzuerkennen. Ein vergleichbares Verhalten tritt bei einem Großteil der deutschen Verwaltungsgerichte zu Tage, die die gesetzlich geregelten leistungsabhängigen Vorrangregelungen mit Härtefallklausel bisher abgelehnt haben. Die darin liegende grobe Mißachtung des Marschall-Urteils des EuGH, das durch die Entscheidung Badeck u.a./Hess. Ministerpräsident zusätzlich gefestigt worden ist, bedarf hier einer entschiedenen Kehrtwende, um nicht auf Dauer europarechtswidrig zu sein. Immerhin sind nicht nur die Mitgliedstaaten, sondern auch die nationalen Verwaltungen und Gerichte an das Gemeinschaftsrecht und die EuGH-Judikate gebunden. Diese EuGH-Rechtsprechung wird aber auch Konsequenzen für die Zukunft der Frauenförderung im EÖD und

---

3498 Vgl. EuGH v. 30.01.1974, Slg. 1974, S. 81 (S. 89) Rs. 148/73 Louwage und Moriame-Louwage/Kommission
3499 EuG v. 11.12.1991, Slg. 1991, S. 1403 Rs. T-169/89

die diesbezügliche Dienstrechtsprechung haben, denn sowohl die Kommission als auch das Parlament beziehen sich in ihren Aktionsprogrammen auf die vom EuGH aufgestellten Grundsätze. Zu beachten ist außerdem, daß die Gemeinschaftsorgane ebenso wie die Mitgliedstaaten an das Gemeinschaftsgrundrecht der Gleichbehandlung der Geschlechter gebunden sind[3500], in das daß Primär- und Sekundärrecht der Gemeinschaft einfließt. Über diesen Zwischenschritt gelten auch die vom EuGH entwickelten Maßstäbe zum nationalen Recht im EÖD, was demnach gleichermaßen für die Auslegung und Anwendung des Art. 1a Abs. 2 BSt Geltung beansprucht. Auf diese Weise kann auch die von der Beweislastrichtlinie 97/80/EG zur Verfügung gestellte Beweiserleichterung für die im Auswahlverfahren diskriminierten Bewerberinnen in beiden öffentlichen Diensten einen entscheidenden Beitrag zu mehr Transparenz bei Einstellungen und Beförderungen leisten, denn aus ihr resultiert letztlich eine gesteigerte Begründungspflicht ablehnender Auswahlentscheidungen.

Im Ergebnis bleibt festzuhalten, daß die Verzahnung der europäischen und deutschen Rechtsordnung zur wechselseitigen Einflußnahme auf dem Gebiet der Frauenförderung veranlaßt, um tatsächlich in Zukunft die faktische Gleichberechtigung der Geschlechter zu verwirklichen. Positive Maßnahmen zugunsten von Frauen sowie der strukturorientierte Ansatz des „gender mainstreaming" bilden hier ein Konglomerat notwendiger und zulässiger Maßnahmen, das strukturelle Diskriminierung von Frauen in allen gesellschaftlichen Bereichen aufzubrechen vermag. Die Vorbildfunktion des öffentlichen Dienstes bedingt dabei gleichzeitig die federführende Rolle u.a. auch für die Privatwirtschaft, mit der massiven Durchsetzung faktischer Gleichberechtigung im Wege der Annahme und Anwendung dieser Komponenten ernst zu machen. Der deutsche und der europäische öffentliche Dienst können dabei insgesamt erheblich voneinander profitieren, was die begründete Hoffnung auf die Durchsetzung faktischer Gleichberechtigung von Männern und Frauen zuläßt, die keiner Frauenförderung mehr bedarf.

---

[3500] Art. 51 Abs. 1 der Grundrechte-Charta, die als Teil II Bestandteil der Europäischen Verfassung ist, bestimmt nunmehr auch auf verfassungsrechtlich abgesicherter Ebene die Bindung der Gemeinschaftsorgane an die Grundrechte-Charta

# ANHANG

**Anhang 1**

EUROPÄISCHES PARLAMENT

Förderung der Chancengleichheit zwischen Männern und Frauen

Aktionsprogramm zur Herstellung von mehr Ausgewogenheit (PAR-PE)

Ausschuß für Chancengleichheit für Männer und Frauen
Die Vorsitzende

Luxemburg, im Dezember 1990

*An Baron Crespo, Präsident des Europäischen Parlaments*
*Frau Christine M. Crawley, Vorsitzende des Ausschusses für die Rechte der Frau*
*Herrn Vinci, Generalsekretär*
*Herrn van den Berge, Generaldirektor für Personal, Haushalt und Finanzen*
*die Beamten und Bediensteten des Generalsekretariats des Europäischen Parlaments*

Der Ausschuß für Chancengleichheit für Männer und Frauen (COPEC) hat ein erstes Aktionsprogramm ausgearbeitet, das eine ausgewogenere Aufteilung zwischen weiblichem und männlichem Personal innerhalb des Generalsekretariats des Europäischen Parlaments ermöglichen soll.

Nach 18 Monaten wird in einem Zwischenbericht eine erste Bewertung der eingetretenen Veränderungen vorgenommen. Man muß sich darüber im klaren sein, daß es eines längeren Zeitraums bedarf, um eine optimale Situation zu erreichen. Dennoch gebe ich meinem Wunsch Ausdruck, daß sich die Vertretungsquoten von Männern und Frauen in allen Laufbahnen soweit wie möglich einander annähern, selbst wenn dies hieße, daß einige feste Gewohnheiten geändert werden müssen. Aber sollte sich das Europäische Parlament denn nicht zum Motor der Politik der Chancengleichheit machen und bei seinen eigenen Dienststellen mit gutem Beispiel vorangehen?

Carmen G. de Enterria

## Förderung der Chancengleichheit zwischen Männern und Frauen

Aktionsprogramm zur Herstellung von mehr Ausgewogenheit (PAR-PE)

### I. Begründung

Die Gemeinschaftspolitik zur Förderung der Chancengleichheit zwischen Männern und Frauen stellt eine – und zwar die zuletzt eingeleitete – Phase eines Prozesses dar, dessen Ausgangspunkt sich in Artikel 119 des Vertrags von Rom findet, der den Grundsatz **„des gleichen Entgelts bei gleicher Arbeit"** festschreibt.

Dieser Grundsatz führte zur Ausarbeitung von Gemeinschaftsrichtlinien über die Gleichbehandlung in folgenden Bereichen:
1) - Löhne (ABl. Nr. L 45 vom 19.02.75)
2) - Zugang zur Beschäftigung (ABl. Nr. L 39 vom 14.02.76)
   - beruflicher Aufstieg
   - Zugang zur Berufsbildung
   - Arbeitsbedingungen, und
3) - soziale Sicherheit (ABl. Nr. L 6 vom 10.01.79)

Was das Beamtenstatut betrifft, so ist klar, daß es für das Personal der Institution keinerlei Probleme hinsichtlich der Anwendung der in der ersten und dritten Richtlinie verankerten Grundsätze gibt, da die Modalitäten der Entlohnung und der sozialen Sicherheit für alle Beamten dieselben sind.

Was dagegen die zweite Richtlinie[1] betrifft, die sich auf die Gleichbehandlung hinsichtlich des Zugangs zur Beschäftigung, zum beruflichen Aufstieg, zur Be-

---

1   ABl. Nr. L 39 v. 14.02.1976

rufsbildung sowie auf die Arbeitsbedingungen bezieht, so sehen sich unsere Beamtinnen täglich mit Problemen konfrontiert.

Da diese Richtlinie in Artikel 2 Absatz 4 **„Maßnahmen zur Förderung der Chancengleichheit für Männer und Frauen"** vorsieht, ist die Zielrichtung für die zur Überwindung dieser Schwierigkeiten zu treffenden Maßnahmen von vorneherein eindeutig abgesteckt.

Die zu verfolgende Linie ist umso eindeutiger, als die Kommission in ihrem ersten Programm zur Förderung der Chancengleichheit zwischen Männern und Frauen (in dessen Anhang auch spezielle Maßnahmen zugunsten der Beamtinnen dieser Institution genannt werden) in der Präambel dieses Programms erklärt, daß sie damit auf die zahlreichen Appelle des Europäischen Parlaments reagiere.

Die Rechtfertigung für die besonderen Maßnahmen wird ferner auch in der Präambel zur Empfehlung des Rates vom Dezember 1984[2] untermauert, wo es heißt: **„Die geltenden Rechtsvorschriften über die Gleichbehandlung ... reichen nicht aus, um alle faktischen Ungleichheiten zu beseitigen, wenn nicht die Regierungen, die Sozialpartner und sonstige beteiligte Stellen gleichzeitig tätig werden, um gegen die Benachteiligung der Frauen in der Arbeitswelt vorzugehen, die durch Einstellungen, Verhaltensmuster und Strukturen verursacht wird."**

Ferner sollte darauf hingewiesen werden, daß das Europäische Parlament am 18.Juni 1987 eine Entschließung annahm[3], in der es fordert: **„Es ist ein Programm von positiven Aktionen mit ausführlichen konkreten Zielsetzungen auszuarbeiten, wonach die Zahl der Frauen in den Besoldungsgruppen, in denen Frauen unterrepräsentiert sind, jährlich mindestens um 10% steigt."**

Es mag dahingestellt sein, inwieweit eine Empfehlung einen verbindlichen Charakter hat. Dennoch ist klar, daß angesichts der Empfehlung des Rates zur Förderung der Chancengleichheit die Gemeinschaftsorgane als Arbeitgeber dazu aufgerufen sind, nicht nur die Empfehlung des Rates in die Tat umzusetzen, sondern sich auch der Vorbildfunktion, die sie in diesem Bereich zu erfüllen haben, bewußt sein müssen.

---

2 ABl. Nr. L 331 v. 19.12.1984
3 ABl. Nr. C 190 v. 20.07.1987

Eine Feststellung muß hier getroffen werden: Jeder Beamte des Europäischen Parlaments besitzt seinen Arbeitsplatz dank seiner Fähigkeiten und seiner beruflichen Qualifikationen, die es ihm ermöglichen, ein Auswahlverfahren zu bestehen und als Beamter eingestellt zu werden. Das Organ hat ein naheliegendes Interesse daran, das menschliche Potential, über das es verfügt, voll auszuschöpfen.

Der Kommission gelang es, im Rahmen und unter Beachtung des (gemeinsamen) Beamtenstatuts und als Antwort auf die Forderungen des Europäischen Parlaments ein Programm von positiven Aktionen (PPA) zu verabschieden. Nachdem auch der Ministerrat und das Europäische Parlament der Durchführung dieser positiven Aktionen zugestimmt haben, darf man davon ausgehen, daß diese Politik Teil der „gemeinschaftlichen Errungenschaften" auf dem Gebiet der Chancengleichheit zwischen Männern und Frauen ist und nicht mehr in Frage gestellt werden kann.

Der Zeitpunkt ist demnach gekommen, wo die verantwortlichen Stellen des Europäischen Parlaments (dessen politischer Wille hinsichtlich seines weiblichen Personals aus den wiederholten Entschließungen seines Plenums deutlich hervorgeht) sich gezwungen sehen, unverzüglich die gebotenen Maßnahmen einzuleiten, um die Unausgewogenheit der Vergangenheit zu beseitigen und so rasch wie möglich eine echte Politik der Chancengleichheit zwischen Männern und Frauen zu verwirklichen.

## II. Aktionsprogramm zur Herstellung von mehr Ausgewogenheit (PAR-PE)

Aufgrund des gegenwärtig in den Laufbahngruppen A, C und D bestehenden Ungleichgewichts, erscheint die Festlegung eines Programms zur Herstellung von mehr Ausgewogenheit notwendig, das zwei Seiten umfassen muß:

A. Aktionen nach außen

Diese Aktionen betreffen die Personaleinstellungspolitik des Organs in bezug auf die Auswahl- und Neueinstellungsverfahren und sollten mittel- oder langfristig zu einer Erhöhung der Zahl der weiblichen Beamten in den Laufbahngruppen A und D und der Zahl der männlichen Beamten in der Laufbahngruppe C führen, da in diesen drei Laufbahngruppen das unausgewogene Verhältnis zwischen Männern und Frauen an deutlichsten ist.

B.  Aktionen im Inneren

Diese Aktionen sind auf ein ausgewogeneres Verhältnis zwischen Männern und Frauen beim jetzigen Personal gerichtet und sollten es mittel- oder langfristig ermöglichen, die in der Laufbahngruppe A derzeit bestehenden gröbsten Mißverhältnisse, insbesondere in bezug auf Stellen, die mit hoher Verantwortung verbunden sind, zu beseitigen, und die Aufstiegsmöglichkeiten und Karrierechancen in den anderen Laufbahngruppen zu verbessern.

Diese Aktionen können zugleich von vorübergehender und endgültiger Natur sein, d.h., daß sie zum einen für das Ingangbringen des Prozesses der Herstellung von mehr Ausgewogenheit unerläßlich sind und andererseits in entsprechend angepaßter Form wieder zu den Maßnahmen zählen, die zur Aufrechterhaltung dieses Gleichgewichtes erforderlich sind.

A.  Aktionen nach außen

- **Für den Bereich der allgemeinen Auswahlverfahren**

- Förderung der Teilnahme weiblicher Bewerber durch auf die Frauen zielende Öffentlichkeitsarbeit (Beispiele: Artikel in Fachzeitschriften, Kontakte zu den für Bildung und Förderung der Chancengleichheit zuständigen nationalen Instanzen sowie zu Berufsorganisationen und/oder sonstigen Stellen in den einzelnen Mitgliedstaaten, Auftrag an die Informationsbüros, diesen Punkt bei ihren Kampagnen zur Sensibilisierung für europäische Fragen zu berücksichtigen).

- Besondere Hinweise in den öffentlichen Ausschreibungen der Auswahlverfahren darauf, daß es Ausnahmeregelungen bei der Altersgrenze insbesondere für Frauen im Hinblick auf ihre Wiedereingliederung in das Berufsleben gibt.

- Überprüfung der Konzeption der einzelnen Prüfungen mit dem Ziel, die beruflichen Anforderungen und die Art der Prüfungen besser in Einklang zu bringen.

- Gewährleistung einer ausgewogenen Zusammensetzung der Prüfungsausschüsse für die Auswahlverfahren durch eine mehr oder weniger gleiche zahl von Beamten beiderlei Geschlechts.

- Vorbereitung und Sensibilisierung der Prüfungsausschüsse für die Politik der Chancengleichheit und die damit verbundenen Verfahren durch Ad hoc-Ausbildungskurse.

- **In bezug auf das Einstellungsverfahren**

- Festlegung eines Verfahrens für den Abruf der Reservelisten, das ein ausgewogeneres Verhältnis in den Laufbahngruppen gewährleistet, in denen Frauen unterrepräsentiert sind (Beispiel: Alle im Auswahlverfahren erfolgreichen Bewerber sollten unabhängig von ihrem Geschlecht vor Beginn des Abrufs der Reserveliste zu Einstellungsgesprächen eingeladen werden; bei mehreren Bewerbern mit annähernd gleichen Fähigkeiten sollte der Einstellung einer Frau der Vorzug gegeben werden).

B. Aktionen im Inneren

Diese Aktionen umfassen vier Aspekte:

- die Laufbahnpolitik, und insbesondere die Beurteilung
- die berufliche Bildung
- die soziale Infrastruktur, und
- die Anpassung der Arbeitszeit.

## 1. Laufbahnpolitik

Da diese Aktionen darauf abzielen, ein ausgewogeneres Verhältnis zwischen Männern und Frauen vor allem bei den höheren Besoldungsgruppen herzustellen, ist während einer Übergangszeit besonderes Augenmerk darauf zu legen, daß die Frauen zur Übernahme von mit Verantwortung verbundenen Aufgaben ermutigt werden.

Im Hinblick darauf

*(a) werden die Dienststellenleiter aufgefordert,*

- den Beamtinnen Verantwortungen zu übertragen, die es ihnen ermöglichen, an Ort und Stelle die für einen normalen weiteren Verlauf ihrer Karriere unerläßlichen Kenntnisse und Erfahrungen zu gewinnen,

- sicherzustellen, daß die den Beamtinnen übertragenen Aufgaben ihrer Fähigkeit und ihrer Besoldungsgruppe entsprechen, um jede Beschäftigung unter Wert zu vermeiden,

- beim Freiwerden einer Stelle alle zugelassenen Bewerber unabhängig von ihrem Geschlecht zu einem Gespräch einzubestellen, insbesondere wenn es dabei um Besoldungsgruppen geht, in denen Frauen unterrepräsentiert sind.

*(b) die verantwortlichen Stellen des Europäischen Parlaments werden aufgefordert,*

- mit besonderer Aufmerksamkeit die berufliche Entwicklung des weiblichen Personals im Vergleich zum männlichen Personal zu verfolgen, insbesondere durch eine periodische Bewertung der die Frauen betreffenden Personalverwaltung in den Generaldirektionen anläßlich der Erstellung der Beurteilungsberichte;

- die periodische Durchführung von internen Auswahlverfahren zwecks Aufstieg in die nächsthöhere Laufbahngruppe nach einem zuvor festgelegten Zeitplan zu gewährleisten;

- dem weiblichen Personal die erforderlichen Chancen zu einer Berufsausbildung zu bieten, die es ihm ermöglicht, im Zuge eines Auswahlverfahrens in die nächsthöhere Besoldungsgruppe aufzusteigen;

- die Vorsitzende des Ausschusses für Chancengleichheit zwischen Männern und Frauen zu beauftragen, zwei Mitglieder[4] als Mitglieder des Beratenden Beförderungsausschusses zu benennen, um ihn so in die Lage zu versetzen, aktiv an den Beförderungsverfahren mitzuwirken und die Laufbahn-

---

4 zur Gewährleistung der Parität im Beratenden Beförderungsausschuß:
 - ein Mitglied als Vertreter der Verwaltung,
 - ein Mitglied als Vertreter des Personalrats.

entwicklung der weiblichen Beamten genauestens zu verfolgen, die sozusagen das Spiegelbild der in den Generaldirektionen unternommenen Anstrengungen zur Herstellung eines ausgewogeneren Personalverhältnisses sein wird.

**2. Berufliche Bildung**

Um den Frauen die Möglichkeit zu eröffnen, ihre Fähigkeiten besser einzusetzen oder neue Kenntnisse zu erwerben, bedarf es ihnen gegenüber einer aktiveren Bildungspolitik. Die von der Dienststelle Berufliche Fortbildung erstellten Statistiken belegen,

- daß sich die Teilnahme der Frauen an der beruflichen Bildung auf die Sprachkurse und auf einige Kurse im Zusammenhang mit der Einführung der Textverarbeitung konzentriert, und

- daß sich die Tendenz, eher Männer als Frauen für die von den Dienststellen beantragten Kurse oder für externe Kurse zu benennen, (Informatik u.ä.), noch verstärkt hat.

Demnach wäre es notwendig,

- die weiblichen Beamten dazu zu ermutigen, auch an Fortbildungskursen teilzunehmen, die nicht in direktem Zusammenhang mit der von ihnen verrichteten Tätigkeit stehen;

- die ihnen so gewährten Bildungskurse als „im Interesse der Dienststelle liegend" einzustufen, da qualifiziertes und mobiles Personal dem Organ nur von Nutzen sein kann;

- die verantwortlichen Stellen des Parlaments aufzufordern, innerhalb der Dienststelle Berufliche Fortbildung ein Gremium einzurichten, das interessierte Beamte bei der Erstellung individueller Fortbildungsprogramme berät;

- die Dienststellenleiter für die Chancengleichheit zu sensibilisieren, und dazu zu bewegen, daß sie von Frauen aus eigenem Antrieb angestrebten Berufsfortbildungsmaßnahmen keine Hindernisse in den Weg legen, sondern vielmehr solche Initiativen als ein Verdienstkriterium betrachten;

- verbindlich festzulegen, daß die Verweigerung der Genehmigung einer Teilnahme an einem Fortbildungskurs unabhängig von der Form der Verweigerung durch die vorgesetzten Stellen begründet werden muß und daß die Gründe dem Betreffenden mitzuteilen sind;

- Maßnahmen in dem Sinne fortzusetzen, daß Kurse zur Sensibilisierung für die Chancengleichheit insbesondere für die Dienststellenleiter durchgeführt werden, und zwar langfristig in allen Laufbahngruppen.

## 3. Soziale Infrastruktur

Zur Durchführung dieses Aktionsprogramms zur Stellenumverteilung bedarf es mehrerer Begleitmaßnahmen, wenn das berufliche Fortkommen der weiblichen Beamten wirklich gefördert werden soll, indem man für sie die Voraussetzungen schafft, Berufs- und Familienleben miteinander in Einklang bringen zu können.

Ziel dieser Maßnahmen muß es insbesondere sein,

- insbesondere bei den männlichen Beamten darauf hinzuwirken, daß sie Elternschaftsurlaub und Urlaub aus familiären Gründen stärker in Anspruch nehmen, um die Last der Verantwortung für die Familie besser auf beide Elternteile zu verteilen,

- die Einrichtungen für Kinderaufnahme und -betreuung am Arbeitsort der Eltern zu verbessern, insbesondere in bezug auf die Tages- und/oder Nachtbetreuung von Kleinkindern (beispielsweise während der Dienstreisen),

- das Problem der Betreuung älterer Menschen zu untersuchen,

- das Augenmerk auf die Voraussetzungen für eine gute Arbeitsumwelt und auf die Achtung der Würde der Frau am Arbeitsplatz zu legen, was für das reibungslose Funktionieren und die Effizienz der Dienststellen nur förderlich sein kann,

- die Arbeit so zu organisieren, daß die weiblichen Beamten im Beruf Verantwortungsträgerinnen sein können, ohne mit ihren Verpflichtungen gegenüber der Familie in Konflikt zu geraten, beispielsweise dadurch, daß Sitzungen nicht zu Zeiten angesetzt werden, die sich nicht mit den Öffnungszeiten von Kinderkrippen, Kinderbetreuungseinrichtungen oder Schulen in Einklang bringen lassen.

## 4. Anpassung der Arbeitszeit

Wie in der Entschließung des Europäischen Parlaments vom Juni 1987 unterstrichen wird, besteht eine der bedeutendsten Maßnahmen für die Integration der Frauen in einer größeren Flexibilität ihrer Arbeitszeit. Zwar ist nicht zu verkennen, daß die besonderen Arbeitsbedingungen des Europäischen Parlaments aufgrund der Tagungen durch ein gewisses unvermeidliches starres Schema gekennzeichnet sind, doch wäre es möglich, die Arbeit außerhalb der Tagungen flexibler zu gestalten, um es den Beamten, insbesondere denen mit Kindern, zu ermöglichen, ihre Verantwortung für die Familie und im Beruf besser miteinander in Einklang zu bringen.

Eine solche größere Flexibilität könnte ansetzen:

- bei der Tagesarbeitszeit, ohne Kontrollen mit Strafmaßnahmen, jedoch mit Überwachung auf der Ebene der Dienststellen;

- bei der Zahl der monatlich geleisteten Arbeitsstunden (entsprechend dem bereits von den anderen Institutionen eingeführten System) im Wege einer weiter gefaßten Auslegung der Statutsvorschriften.

Die verantwortlichen Stellen des Europäischen Parlaments haben darauf zu achten, daß sich die Halbtagsbeschäftigung aus Familiengründen – oder aus allen anderen Gründen, deren Definition flexibler zu gestalten wäre -, auf die normale Entwicklung der beruflichen Laufbahn des Beamten, der diese Regelung in Anspruch nimmt, nicht negativ auswirkt.

## III. Verfolgung der Durchführung und Kontrolle des Aktionsprogramms zur Herstellung von mehr Ausgewogenheit

Die Kontrolle über die Durchführung des Programms (PAR-PE) sollte von einem hohen, von der Einstellungsbehörde zu benennenden Beamten wahrgenommen werden, dem es obliegt, in enger Zusammenarbeit mit dem COPEC (Ausschuß für Chancengleichheit) die Koordinierung des Aktionsprogramms zur Herstellung von mehr Ausgewogenheit zu gewährleisten.

IV. Durchführungsdauer

Die Dauer der Durchführung dieses Aktionsprogramms zur Herstellung von mehr Ausgewogenheit beträgt zweieinhalb Jahre.

Eine Zwischenbilanz wird im Dezember 1991 vorgelegt.

Anhang 2

# *Egalite´des chances*

## au Parlement européen

Programme d'action

Parlement Européen

COPEC

Egalité des chances entre les femmes et les hommes

**Deuxième programme d'action 1997-2000**
**Comité „Egalité des chances entre les hommes et les femmes"**
**Elaboré par le COPEC en collaboration avec L`Unité „Egalité des chances"**

Composition du COPEC 1996:

Juana Lahousse-Juárez, Présidente
Cari Correa, Secrétaire exécutive
Maria Domenica Cerrone
Odile Dussaussois
Anne-Francoise Holl
Kristin Pennera
Ezio Perillo
Janet Pitt
Christa Schwan
Catherine Sergent

Unité „Egalité des chances":

Mignon Houben
Maria Luisa González

Nous remercions les anciens membres qui ont participé à l'elaboration de ce programme

---

INDEX

**AVANT-PROPOS**

**INTRODUCTION**

**CONDITION DE TRAVAIL ET INFRASTRUCTURES SOCIALES**
Protection de la dignité
Horaire de travail
Travail à temps partiel
Télétravail
Congé de convenance personelle
Individualisation des droits
Accueil des enfants

**CARRIERE**
Recrutement
Gestion des carrière
Formation professionelles
Femmes aux postes de décision
Comité

**ACTIONS A MENER** (récapitulatif)

## AVANT-PROPOS

Le COPEC est heureux de vous présenter son deuxième Programme d'Actions qui couvre la période 1997-2000.

Sa structure est le reflet du souci qui nous anime, à savoir l'identification des problèmes existants et la recherche de solutions. A cet égard, force nous est de constater que malgré les actions entreprises et les progrès enregistrés, la proportion de femmes présentes aux différents niveaux de la hiérarchie demeure inversement proportionnelle au grade.

Dans ce contexte, le COPEC attache une importance toute particulière au rôle de la Formation professionnelle. Bien comprise et doée de moyens suffisants, elle apparait comme moteur essentiel de mobilité et de rééquilibrage de la proportion hommes – femmes dans l'ensemble des services de l'Institutions.

Le Parlement européen a toujours fait preuve d'un esprit novateurs. Aujourd'hui plus que jamais, après l'adoption le 15. novembre 1996 du rapport l'arrive sur l'égalité de traitement entre les hommes et les femmes dans la fonction publique, il se doit être à l'écoute et d'encourager les initiatives visant une meilleure planification de déroulement des carrières dans le respect le plus absolu de ce principe d'égalité de traitement.

A nous donc d'oeuvrer ensemble afin que les actions positives se concrétisent et qu'aucun soubresaut ne vienne freiner notre action.

**Juana Lahousse-Juárez**

---

## INTRODUCTION

Un premier Programme d'actions de rééquilibrage (1991-1993) a été adopté par le COPEC. A la fin de cette période un bilan a été élaboré par l'Unité „égalité des chances" de DG V, qui a également publié un bilan évolutif couvrant la période 1990-1994. Ces documents mettent en évidence les améliorations réalisées dans certains domaines et/ou les efforts à soutenir dans d'autres.

Le présent Programme couvre le période 1997-2000. Il se distingue du premier PAR-PE car il est fait état des expériences acquises en la matière au sein de notre Institution et des progrès enregistrés à cet égard dans notre société.

Le Traité de Maastricht, signé en 1992, mentionne des „mesures prévoyant des avantages spécifiques" à l'égard les femmes. En 1994, lors des élections directes au Parlement européen, la présence féminine s'est accrue. Elle est passés de 21 % à 26 %: ceci prouve un plus grand intérêt de la part des femmes pour la vie politique ainsi qu'une prise de conscience plus générale de nos pays de voir s'établir un certain équilibre entre des valeurs féminines et masculines. La Conférence de Pélcin de septembre 1995 a certainement contribué à une plus grande conscience de nécessité d cet équilibre. On peut croire, par ailleurs, que les nouveaux Etats membres scandinaves, ou il existe un meilleur équilibre femmes/hommes, exerceront une influence positive. Au sein du Secrétariat général de notre Institutions le Bureau a procédé, au courant de l'année 1995, à la nomination de deux Directeurs généraux et de six Directeurs dont une seule femme. Parmi les treize Chefs de division nommés figurent trois femmes. La restructuration du Secrétariat général, décidée par le Bureau le 12. mars 1996, ne s'est pas traduite par une meilleure application du principe de l'égalité des chances. En effet, pendant cette année quatre Directeurs et trois Chefs de division ont été nommés, parmi lesquels aucune femme.

La fonction publique européenne devrait jouer un rôle d'avant-garde. Une proposition de modification du Statut visant à promouvoir, in concreto, l'égalité des chances entre femmes et hommes devrait être prochainement approuvée par le Conseil. Non seulement le Parlement européen s'est prononcé dans ce sens, mais le Présedent Hänsch s'est déclaré en faveur d'une présence majeure des femmes dans le management de l'institution.

Nous restons persuadé(e)s que cet engagement se concrétisera enfin lors de la dexième moitié de cette législature. Ainsi, les différentes actions proposées dans ce document s'inscrivent dans le cadre d'une prise de conscience plus large de la valorisation de l'élément féminin.

## CONDITIONS DE TRAVAIL ET INFRASTRUCTURES SOCIALES

### Protection de la dignité de la femme et de l'homme au travail

**Situation actuelle**

Une première étape très importante a été franchie: certains Etats membres et Institutions européennes ont voulu se conformer aux dispositions du code de pratique communautaire visantà combattre le harcèlement sexuel. A ce titre, une communication au personnel a été diffusée, le 30.01.95, par M. Vinci, Secrétaire général du Parlement européen, dans laquelle il est affirmé expressément que la dignité des femmes et des hommes – fonctionnaires, autres agents, stagiaires ou assistants – travaillant au Parlement européen doit être respectée et protégée, que tout acte de harcèlement sexuel sera sanctionné de manière appropriée, et que l'institution doit défendre les droits des victimes.

**Objectif**

Ètablir une ambiance de travail où est respectée la dignité de chacun.

**Actions**
* Organiser, à titre préventif, des conférences/débats sur les différents aspects du harcèlement sexuel

* Assurer un suivi approprié des cas éventuels

* Organiser des cours de sensibilisation dans le cadre de la formation professionnelle

**Horaire de travail**
**Situation actuelle**

Deux options sont actuellement possibles: la pause du déjeuner peut être prise d'une heure ou de deux heures. Le montant des heures prestées par semaine est le 37 h 30.

**Objectif**

Prévoir d'autres possibilités de modulation de l'horaire de travail afin de permettre à chacun, dans la mesure du possible, de concilier ses responsabilités professionnelles et personnelles.

**Actions**

* Organiser au niveau des services des journées de travail à horaire modulable

* Eviter que les réunions internes dépassent l'horaire de travail normal

* Elaborer une réglementation interne prévoyant une réduction du temps de travail pour une mère allaitante

**Travail à temps partiel**
**Situation actuelle**

Les statistiques figurant au rapport 1995 de l'Unité montrent que 10 % des femmes et 1 % des hommes optent ce régime. La quasi-totalité des demandes ont été satisfaites en dernier ressort, malgré les difficultés liées à l'organisation des remplacements en raison du multilinguisme et des différents lieux de travail. L'impact négatif que ce régime pouffait avoir sur le déroulement de la carrière toucherait surtout les femmes, puisqu'elles constituent la population la plus intéressée par le travail à temps partiel. D'ailleurs, la proposition de directive de la Commission de 1981 sur ce sujet , n'a toujours pasété adoptée, ce qui montre à la fois la difficulté de régler les différents problèmes liés à ce régime, mais aussi le manque d'intérêt pour la recherche même d'une solution.

**Objectif**

Promouvoir le régime de travail à temps partiel.

**Actions**
* Améliorer l'information sur les avantages offerts par le travail à temps partiel tant pour les hommes que pour les femmes

* Engager des effectifs pour compenser les ¾ temps

* Etendre à la catégorie A le renfort de personnel nécessaire pour tout travail à temps partiel

* Sensibiliser les chefs de service et les notateurs

**Télétravail**
**Situation actuelle**

Une décision instituant, à titre d'essai, un régime de travail à domicile pour les linguistes affectés à la Direction de la Traduction a été adoptée le 4. octobre 1995. Depuis le 1er octobre 1996 seize fonctionnaires l'ont mise en application, dont 9 femmes.

**Objectifs**

Associer le COPEC aux travaux d'évaluation, au sens de l'article 11 de cette décision et élargir la possibilité du télétravail en tant que mesure permettant de concilier des responsabilités professionnelles et personnelles.

## Actions
Veiller à ce que:
* ce régime ne soit pas une mesure discriminatoire et ne nuise pas à la promotion

* l'égalité de la charge de travail soit assurée

* les personnes travaillant sous ce régime ne soient pas isolées

* les acquis sociaux soient maintenus (crèche, garderie etc.)

* la couverture d'assurance soit claire

* les droits statutaires de l'individu soient sauvegardés

**Congé de convenance personnelle – CCP**
**Situation actuelle**

Au Parlement européen, trois fois plus de femmes que d'hommes demandent un CCP.

Dans un grand nombre d'Etats membres, les conditions de congé parental sont beaucoup plus favorables que celles prévues par l'actuel libellé de l'article 40 du Statut. Par ailleurs, le 3. juin 1996, le Conseil a adopté la directive concernant l'accord-cadre sur le congé parental. Le Statut sera adapté aux conditions de cette directive.

**Objectifs**

Prévoir des modalités spécifiques d'application du CCP telles que le congé parental (pour enfants) et le congé familial (pour maladie grave ou de longue durée d'un proche conjoint, partenaire, père, mère, frère ...).

**Actions**
* Réviser l'Article 40 du Statut: faire la distinction entre un congé parental, un congé familial et autres formes de CCP

* Sensibiliser les pères au congé parental et au congé familial

* Pour les modalités de congé parental et de congé familial

* Prise en considération de l'expérience acquise durant ces congés, notamment lorsqu'il s'agit de l'avancement d'échelon

**Individualisation des droits**
**Situation actuelle**

Depuis l'adoption du Statut, le rôle des femmes et des hommes a evolué. Nous sommes passés du schéma rigide de la distribution des responsabilités à un système de partage. Selon le quatrième programme d'action communautaire à moyen terme sur l'égalité des chances entre hommes et femmes (1996-2000) la Commission fera en 1997 une communication sur l'individualisation des droits. En ce qui concerne le Statut des fonctionnaires la limitation de la durée de la pension alimentaire en cas de divorce est l'une des lacunes des dispositions statutaires actuelles qu'il faudrait combler. Une résolution votée par le Parlement le 21.1.1994 „demande à la Commission de donner l'exemple en complétant dans ce domaine le statut des fonctionnaires des CE".

**Objectifs**

Assurer, au niveau des dispositions statutaires, l'individualisation des droits.

**Actions**
* Inciter la Commission à prendre des initiatives à ce sujet

**Accueil des enfants**
**Situation actuelle**

Malgré certains progrès, les infrastructures d'accueil des enfants sont encore nettement insuffisantesa Bruxelles et à Luxembourg, que ce soit au niveau des crèches, des garderies ou des écoles européennes.

**Objectifs**

Améliorer, dans les différents lieux et services concernés, l'accueil des enfants.

**Actions**
* Inciter le Parlement, en tant qu'autorité budgétaire, à accorder les crédits nécessaire

* Renforcer les mesures concernant l'accueil des enfants et promouvoir l'élaboration d'un projet pédagogique cohérent

* Favoriser une prise de conscience à tous les niveaux l'accueil des enfants ne relève pas seulement de la responsabilité des mères!

* Demander aux Institutions de tenir compte de l'avis des associations de parents

## Carriere

Si, au regard du nombre total de fonctionnaires de l'Institution, les femmes sont majoritaires (54 %), on doit constater que leur présence par catégorie n'est pas équilibrée: presque deux tiers (!) du personnel féminin travaille dans la catégorie C et il n'y a presque pas de femmes dans les hauts grades. Plus on monte dans la pyramide hiérarchique, moins on trouve de femmes. Afin de remédier à cette situation de déséquilibre, certaines mesures temporaires pourraient être envisagées comme, par exemple, une priorité sous certaines conditions. En ce sens, le Parlement a adopté en novembre 1993 un amendement à la proposition de la Commission visant à modifier comme suit le Statut des fonctionnaires:

> „Lorsque plusieurs candidats sont reconnus également aptes à occuper un emploi et qu'il existe, pour les emplois du niveau en cause, une forte sousreprésentation de l'un des deux sexes, la préférence doit être donnée au candidat appartenant au sexe sous-représenté. Lorsque plusieurs fonctionnaires justifiant d'un minimum d'ancienneté dans leur grade, étant reconnus comme ayant comparativement des mérites égaux, et qu'il existe pour le grade de la catégorie en cause, une forte sousreprésentation de l'un des deux sexes, la préférence doit être donnée au fonctionnaire appartenant au sexe sous-représenté."

Cette mesure s'inspire des dispositions figurant déjà dans de nombreuses sources de droit telles que la Convention de L'UNO sur l'élimination de toutes les formes de discrimination à l'égard des femmes de 1979 (art. 4 § 1), la directive 76/207 relative à la mise en du principe de l'égalité de traitement entre hommes et femmes en ce qui concerne l'accès à l'emploi, à la formation et à la promotion professionnelles, et les conditions de travail (art. 2 § 4), la recommandation 84/635 sur les actions positives et l'accord sur la politique sociale annexé au traité de Maastricht de 1992 (art. 6). Par ailleurs, un récent arrêt de la Cour de Justice n'a déclaré illégal qu'un droit de priorité „automatique et inconditionel", ce qui n'exclurait pas une priorité dans des cas spécifiques.

Dans une communication au personnel, signée le 18. Octobre 1995, le Directeur général du Personnel expose les procédures applicables dans le domaine des promotions: parmi les critères de promotion figure „à égalité de mérite, la préférence est donnée aux femmes pour les catégories où elles sont déficitaires."

La fonction de secrétaire est en évolution à cause de l'utilisation croissante des nouvelles technologies. Les secrétaires ressentent un manque de reconnaissance de leurs qualités professionelles. Elles ont constitué une délégation auprès du Comité du Personnel, afin d'examiner les mesures concrètes visant réorientation professionnelle de cette catégorie.

La mobilité horizontale n'est pas satisfaisante. Cependant, on peut se féliciter de la réactivation de la bourse d'échange de postes.

Afin d'assurer un meilleur équilibre des femmes et des hommes à tous les niveaux de la hiérarchie, il est important de sensibiliser les Directeurs généraux aux actions qui touchent les domaines du recrutement, de la gestion des carrières, la présence des femmes au niveau décisionnel, la participation de celles-ci dans les divers comités ainsi que la formation professionnelle.

---

**Recrutement**
**Situation actuelle**

Bien que le recrutement de femmes dans l'ensemble des catégories dépasse 50 %, on remarque qu'elles restent encore nettement sous-représentées dans les catégories A et D.

On constate par ailleurs que lors des épreuves écrites des concours telles que corcues actuellement, les femmes obtiennent des résultats nettement inférieurs à ceux des hommes.

**Objectif**

Assurer, lors du recrutement du personnel, un meilleur équilibre hommes/femmes.

## Actions

* Assurer la parité hommes/femmes dans la composition des jurys; encourager les femmes à y siéger

* Assurer que les textes des épreuves écrites des concours soient respectueux de l'égalité des chances entre les femmes et les hommes

* En cas de lauréats ex aequo, recommander le recrutement du lauréat du sexe nettement sous-représenté

* Revoir les modalités des dérogations à la limite d'âge dans les concours pour les personnes ayant pris soin de leurs enfants

**Gestion des carrières**
**Situation actuelle**

D'une façon générale, les structures rigides de notre Institution entravent les possibilités de mobilité du personnel. C'est le cas de nombreuses secrétaires cloisonnées dans leurs catégorie, mais la situation est également difficile pour un grand nombre de collègues de catégorie B et D au dernier échelon de leur grade.

**Objectif**

Veiller à un meilleur équilibre, lors des promotion, entre les femmes et les hommes.

## Actions

* Encourager la mobilité horizontale, afin de diversifier les qualités professionnelles de chacun

* Sensibiliser les notateurs

* En cas de candidats ex aequo dans une même catégorie, recommander la promotion du candidat du sexe nettement sous-représenté

* Encourager les femmes à participer à des concours internes afin de faciliter la mobilité verticale

* Mener une réflexion sur le rôle des secrétaires et leur place dans l'Institution

* Veiller à ce que soient convoqués systématiquement tous les candidats aux postes internes à pourvoir

* Procéder à une évaluation annuelle des promotions de femmes par DG

**Formation Professionnelle**
**Situation actuelle**

Femmes participent de préférence à des cours de langues et d'informatique. Ces cours, certes utiles, ne favorisent pas nécessairement de nouvelles orientations professionnelles. Par ailleurs, la participation à d'autres cours de formation professionnelle est souvent rendue difficile par les supérieurs hiérarchiques. La possibilité de recours auprès du Comité Consultatif pour le perfectionnement professionnel devrait être davantage exploitée.

**Objectif**

Offrir aux femmes des perspectives de carrière en favorisant de nouvelles orientations professionelles – sensibiliser les femmes à l'intérêt que la formation permanente représente pour leur carrière et promouvoir leur participation – mettre en place une politique cohérente de formation professionnelle qui tienne compte de l'évolution de l'Institution.

## Actions

* Modifier l'article 24 du Statut et définir la formation professionnelle comme un droit

* Encourager la participation aux cours destinés à favoriser l'égalité des chances

* Mettre en place un service d'orientation assurant une double mission:
    - de conseil et d'information en formation
    - d'étude de plans de carrière individuels à partir de bilans d'aptitude personnalisés

* Assurer le suivi des cas de refus des superieurs hiérarchiques et encourager des recours éventuels, notamment auprès du Comité de perfectionnement professionnel

* Inclure un chapitre „égalité des chances" dans tous les cours de management et dans les cours pour les membres de jurys

**Femmes aux postes de décision**
**Situation actuelle**

Même si le nombre de femmes qui occupent des postes de responsabilité au sein du Secrétariat général du Parlement européen augmente, il reste encore assez réduit. On est passé de 9 % de femmes dans la catégorie A en 1975, à 13 % en 1981 et à 17,3 % en 1995. Il faut remarquer, en outre, le charactère pyramidal net dans cette catégorie, les grades A 3, mais surtout A 2 et A 1 restant presque exclusivement l'apanage des fonctionnaires masculins.

Dans sa résolution sur „les femmes dans la prise de décision" adoptée le 11. Février 1994, le Parlement „presse les Institutions européennes, en qualité d'employeurs, de se fixer des objectifs chiffés pour le recrutement de femmes et pour la proportion de femmes à des fonctions dirigeantes, et, si ces objectifs ne sont pas atteints pour l'an 2000, d'appliquer un système de quotas".

**Objectif**

Atteindre pour l'an 2000 les chiffres suivants:
40 % des recrutements et – 30 % des effectifs de femmes dans la catégorie A répartis selon mêmes taux dans les grades

## Actions
* Prendre en considération ces chiffres lors de chaque décision de recrutement et de promotion dans la catégorie A
* Approfondir, dans les organes compétents, l'examen de la hiérarchisation traditionnelle des emplois

**Comités**
**Situation actuelle**

Bien que 54 % des fonctionnaires du Parlement européen soient des femmes, la composition des différents comités et organes internes de l'Institution montre une présence nettement plus élevée d'hommes que de femmes.

**Objectif**

Assurer une participation plus élevée de femmes dans les comités et organes internes

**Actions**
* Sensibiliser le personnel de tous les niveaux à la nécessité d'une composition paritaire entre femmes et hommes

* Encourager les femmes à siéger dans les comités et veiller à ce que des cours de formation soient organisés

## Actions à mener

### Recapitulatif

* Encourager le respect de la dignité de la personne sur le lieu de travail
* Créer une plus grande flexibilité de l'horaire de travail
* Améliorer l'accès et l'acceptation du régime de travail à temps partiel
* Veiller à l'application non-discriminatoire du régime de télétravail
* Prévoir le congé parental et/ou familial
* Individualisation des droits: modifier le Statut
* Accorder des crédits nécessaires à l'accueil des enfants et améliorer les structures
* Assurer, lors du recrutement, un meilleur équilibre femmes/hommes
* Veiller un meilleur équilibre femmes/hommes dans les promotions
* Etablir des plans personnalisés de formation professionnelle
* Arriver pour l'an 2000 à 40 % des recrutements et 30 % des effectifs de femmes dans la catégorie A
* Encourager la participation des femmes aux comités.

# Anhang 3

Administrative notices

Positive action programme for female staff of the Commission

Commission decision, March 8, 1988

> Commission decision introducing a positive action programme (P.A.P.) for female staff for a three-year period (1988/1990) of 8 March 1988 (Min 910)

**Commission decision introducing a positive action programme (P.A.P.) for female staff for a three-year period (1988/90) of 8 March 1988 (Min 910)**

*EXPLANATORY MEMORANDUM*

In 1976, following the line laid down in Article 119 of the Treaty and the 1975 directive on equal pay, the Commission's commitment to a policy of promoting equal opportunities for men and women led for the first time to a Community directive.

The purpose of the directive was to put the principle of equal treatment of the sexes as regards working conditions and access to employment, vocational training and promotion into effect in the Member States.

There has been no let up in the Community's efforts since then. These have borne fruit both at Community level and within the institutions themselves[5], which are keen to bring their staff policy as regards employment in general and equal opportunities in particular into line with the approach the Community has been urging the Member States to adopt.

---

5   Annex I: main stages in the development of Community policy on equal opportunities for men and women

Figures for the Commission confirm that the situation is beginning to improve:

- Percentage of woman in Category A:[6]

|  1982 | 1987 |
|---|---|
| 8.5% | 9.8% |

- Number of female Heads of Division or heads of Specialized Department (percentages in brackets):

|  | 1982 | 1987 |
|---|---|---|
| Head of Division | 2 (0.6 %) | 11 (3 %) |
| Head of Specialized Department | 4 (4.8 %) | 4 (3.8 %) |

This trend has been encouraged by a number of measures taken by the Commission, as an employer, over the last ten years. However, the Commission considers that a positive action programme is required to consolidate the gains achieved and confirm its commitment to a global strategy aimed at equal numbers of female staff enjoying equal opportunities, equal treatment and equal chances of promotion.

The programm lays down short-term priorities, including target figures, for the next three years, based on the following principles:

- The present situation[7] reveals a structural imbalance although there are signs that this is being redressed. If this development could be encouraged by appropriate measures, there could be knock-on effect.

- The goal will have been achieved when equal opportunities flow from the normal management of resources and special measures are no longer needed.

- Any short-term target should be understood as a means to an end, a stage on the way to achieving the long-term objective.

---

6  Percentages of Category A staff including the EAC. If the EAC were excluded, the figure for 1987 would be 10.5%.
7  Annex II: statistical tables showing:
   - Percentages of men and women by category and by grade in 1987
   - Numbers of officials and temporary staff in Category A by grade in 1987

*What form should a positive action programme take?*

The three-year positive action programme which the Commission is proposing should:

- use transitional positive measures to reduce the most serios and most glaring imbalances which have built up over the years;

- use positive measures to eliminate obstacles in structures, procedures, attitudes and behaviour and make up for past shortcomings;

- involve action to redress the accumulated balance to such an extent that continued, irreversible progress towards the long-term objective can be guaranteed.

*Why now?*

The Commission considers that it needs a positive action programme now:

- because of the undertakings it gave to the European Parliament during the debate on the resulution on the situation of women in the institutions of the European Communities tabled by Mrs van den Heuvel and adopted on 18 June 1987 when Mr De Clercq undertook on the Commission's behalf to present a positive action programme with target figures to the Commission before the end of the year;

- because the modernization programme launched in 1985 as a global strategy for improving management of all its resources, especially human resources, provides an ideal framework for special transitional measures to improve management of the specific resource represented by the potential of its female staff;

- because at political and administrative level the institution has reached the degree of awareness, openness and grasp of the problem which is required for implemen-tation of a positive action programme for its female staff;

- because the trend towards an improvement in the situation means that action limited in time to redress the accumulated imbalance has a good chance of leading to permanent equilibrium.

It is therefore proposed that the Commission should:

- adopt the attached three-year action programme (1988-1990);

- instruct Directorates-General and departments to apply it with the help and collaboration of DG IX;

- request the Commisioner responsible for Personnel and Administration to take all the implementing and monitoring measures required by this decision, to report back at regular intervals, notably at the end of the first phase of the programme, and to make whatever proposals for amendments that prove necessary.

## THE POSITIVE ACTION PROGRAMME

### I - Objectives

The objectives of the positive action programme are:

- to increase the number of female officials in the categories where women are under-represented, particularly Category A;

- to increase the number of female officials in management posts and posts of responsibility, particularly in Category A;

- to improve promotion possibilities and carreer prospects for women in Categories B and C;

- to increase the number of female officials in scientific and technical posts.

### II - Priorities

Priority will be given to the categories where the imbalance is most acute and within these categories to action designed to remedy the most glaring distortions.

1. Category A

The Commission considers that the number of women in this category should be considerably increased.

1.1 To promote a continued increase in the number of female A staff, the Commission has set itself the target of ensuring that by 1990 between 30 % and 50 % of new recruits paid from administrative and research appropriations (new posts and replacement staff) will be women.

This should lead to an increase of between 170 and 270 female A staff by 1990 (the figure at the end of 1987 was 334).

This would raise to an percentage of female A staff to between 13.9 % and 16.7 % by 1990 (the figure at the end of 1987 was 9.8%).[8]

The lower percentage figure (13.9 %) would involve annual increase of over 10 % in the number of women in Category A, which is in line with Parlia-ment's recommendation.

1.2 To increase the number of women in the upper levels of Category A occupying middle management posts and posts of responsibility the Commission:

    1.2.1 will pay particular attention to A1 and A2 posts;

    For this reason and in view of the fact that the small number of female A3s (11 in December 1987) might prove an obstacle in the short term, the Commission does not rule out the possibility of filling A1 and A2 posts by appointing female officials who are not eligible for promotion to those grades in the absence of valid applications from officials who are;

    1.2.2 sets itself as a minimum target the appointment of three women to A2 posts by 1990;

    1.2.3 sets itself as a further minimum target the doubling of the number of female A3s from 11 in 1987 to at least 22 in 1990;

---

[8] Percentage of A staff (estimate) in 1990 including EAC.

1.2.4 encourages ist Members to ensure increased representation of women in Category A posts in their Offices, particularly as Chefs de cabinet and Deputy Chefs de cabinet;

1.2.5 encourages Directors-General to offer women the possibility of assignment to posts of responsibility, particularly as Assistants, Heads of Specialized Departments and Deputy Heads of Division, when there are female applicants with qualifications equivalent to those of the male applicants.

2. Categories LA, B, C and D

2.1 The Commission considers that the numbers of men and women in categories C and D should be brought into balance by increasing the number of men in Category C and the number of women in Category D.

2.2 For categories LA, B, C and D the Commission intends to give priority to measures to improve career prospects for women.

Particular attention will be paid to training and the upgrading of duties to guarantee equal opportunities for career development within each category and equal access to higher categories.

To this end, the Commission intends:

2.2.1 to hold regular internal competitions to permit movement between services and categories;

2.2.2 to offer greater access to training for officials, paticularly women, who have completed, undertaken or resumed higher studies on their own initiative by allowing them to attend Commission training programmes corresponding to their educational qualifications;

2.2.3 to consider the possibility, in the case of internal competitions for movement between categories, of admitting officials in any category who have aquired the necessary qualifications since recruitment (e.g. the possibility of C and D officials, sitting A competitions and D officials sitting B competitions).

3. In all categories the Commission intends to increase the number of women assigned to scientific, technical and technological duties and to examine the impact of new technologies and on the employment of women.

III. Means of action

4. The Commission considers that its positive action programme should be implemented within the context of the Staff Regulations and involve transitional or permanent measures in the following areas:
   - recruitment;
   - career policy;
   - training;
   - flanking measures and social infrastructure;
   - information and consciousness raising to change attitudes.

   On recruitment and career policy, the principle will be applied that, if qualifications and/or merit are equal, preference will be given to women, for as long as any imbalance exists.

5. Recruitment

5.1. The Commission wishes to encourage applications from women so as to ensure that enough are successful in competitions to enable it to achieve the target set in 1 above. For this reason, and in accordance with the new guidelines designed to improve the programming and frequency of competitions, the Commission will:

   - encourage applications from women through special campaigns (e.g. via newspapers, specialist journals and TV programmes);
   - ensure that all advertisements of competition state that "The Commission policy is to provide equal opportunity for its male and female staff";
   - urge female staff to come forward as possible members of selection boards;
   - ensure that selection boards, with members of both sexes, are given special training courses to make aware of procedures and policies.

5.2. At the recruitment stage the Commission will:

- pay particular attention to Directorates-General where the percentage of women is below the Commission average;
- ensure that the lists of suitable candidates from open reserve competitions for Categories A, B and D, are used quickly, particular attention being paid to female candidates;
- provide special assistance to young officials in general and women in Category A in particular during the months immediately following recruitment to enable them to overcome any barriers to their integration.

6. Career policy

6.1 The Commission requests those in charge of departments:

- to assign female officials to duties which will lead to posts of responsibility, providing them with an opportunity of acquiring the practical knowledge and experience essential to normal career development and giving them the indirect training required for access to higher categories;
- to do all they can ensure that no obstacles are placed in the way of the career development of female officials;
- to ensure that women are assigned to duties commensurate with their abilities and grade, thereby avoiding under-employment.

6.2. The Commission will monitor the professional development of its female staff more closely than that of its male staff in a number of ways including:

- periodic assessment, in the context of promotions and staff reports exercises, of how female staff are managed in Directorates-General;
- periodic assessment of the effect of measures to promote mobility;
- statistical summaries of the various phases of the promotion procedure, with particular reference to the fast stream.

6.3. The Directorate-General for Personnel and Administration ist instructed to produce the statistical summaries referred to at 6.2.

7. Training

7.1. As far as training is concerned, the Commission would stress the importance of highlighting equal opportunities and personal development in the context of its management and modernization programme. Heightened awareness is particularly important for Assistants to Directors-General and those responsible for te management and training of staff.

7.2. The Commission will encourage the continued implementation of existing measures and activities planned under the equal opportunities programme following an in-depth analysis of needs and measures to promote continuing and modular training designed to promote professional and personal development.

8. Flanking measures and social infrastructure

If the positive action programme is to succeed, the Commission considers it essential that flanking measures should be implemented to assist and encourage staff to combine their professional and family commitments more satisfactorily.

These include:

- improved child-care and child-minding services and continued study of the problems of caring for the elderly;
- improved organization of work and adjustment of working hours for staff of both sexes;
- introduction for both sexes of parental leave and leave for family reasons;
- provision of good working conditions and safeguards for the dignity of women at work with a view to improving operational efficiency.

9. Information and consciousness raising

The Commission considers that its own staff, the European Parliament and the other institutions should be adequately informed about its positive action programme. This information should be accompanied by a consciousness raising campaign to demonstrate the need for transitional measures to make up for past shortcomings.

I.V. Implementation and monitoring of the positive action programme

This will be carried out by a senior official in DG IX, responsible for coordination of the positive action programme, in close collaboration with the Equal Opportunities Comittee, which will act as a supervisory body.

Annex 1

## MAIN STAGES IN THE DEVELOPMENT OF COMMUNITY POLICY ON EQUAL OPPORTUNITIES FOR MEN AND WOMEN

I – At Community Level

1975: Council Directive 75/117/EEC of 10 February – OJ L 45 of 19 February 1975, p. 19.
On the approximation of the laws of the Member States relating to the application of the principle of equal pay for men and women.

1976: Council Directive 76/207/EEC of 9 February 1976 – OJ L 39 of 14 February 1976, p. 40
on the implementation of the principle of equal treatment for men and women as regards access to employment, vocational training and promotion, and working conditions.

1982: Council Resolution of 12 July 1982 – OJ C 186 of 21 July 1982, p. 3
Action Programme on the promotion of equal opportunities for women (1982 to 1985) (Annex on women in the Community institutions).

1984: Council Recommendation of 13 December 1984 – OJ L 331 of 19 december 1984 p. 34 on the promotion of positive action for women.

1985: Equal opportunities for women – Second medium-term Community programme (1986-1990)
COM (85) 801 final of 19 December 1985
(Annex on the continuation and strengthening of positive action at the level of Commission staff policy).

1986: Second Council Resolution of 24 July 1986 – OJ C 203 of 12 August 1986, p. 2 on the promotion of equal opportunities for women.

1987: Commission Recommendation of 24 November 1987 – OJ L 342 of 4 December 1987, p. 35
on vocational training for women.

II – <u>Within the Community institutions</u>

1978: Establishment within the Commission of a working party on equal treatment for male and female staff.

1980: Approval by the Commission of a number of the workings party's recommendations

1982: Council Resolution on the Action Programme (1982 to 1985) Annex II – OJ C 186 of 21 July 1982, p. 3
on the promotion of equal opportunities for women within the Community institutions and bodies.

1983: Commission decision setting up the Equal Opportunities Committee (COPEC) Administrative Notices No 424 of 13 December 1983
Equal Opportunities Committee: a central body to provide stimulus, coordination, follow-up and monitoring

1984: European Parliament resolution of 17 January 1984 tabled by Ms Lenz on the situation of women in Europe – Women in the Community institutions PE 106 207 fin/Ann, p. 27

1985: Annex to the second medium-term Community programme (1986-1990)
COM (95) 801 final of 19 Decmeber 1985
Continuation and strengthening of positive action at the level of Commission staff policy.

1986: Report by outside sociologists Monique Chalude, Robin Chater and Jacqueline Laufer on equal opportunities within the Commission.

1987: 8 March
Mr Delors and Mr Christophersen undertake to adopt a programme of concrete measures (i.e.a. positive action programme) for Commission staff by the end of the year.

18 June
Resolution on the situation of women in the institutions of the European Communities tabled by Mrs Van der Heuvel and adoptet by the Parliament on 18 June 1987

During the debate, Mr de Clerq undertook, on the Commission's behalf, to present a "positive action programme" to the Commission before the end of the year to remedy the unsatisfactory situation of female staff at the Commission.

Mr de Clerq stated that the Commission had no objection to a target figure for women in categories or career brackets in which they were underrepresented.

2 February 1988

Annex II

## STATISTICAL ANNEX

At 31 December 1987 the number and percentages of men and women paid from the administrative and research appropriations* in each category at the Commission was as shown in the three tables below:

**Table 1**

|  |  | A | LA | B | C | D | TOTAL |
|---|---|---|---|---|---|---|---|
| **Men** | (number) | 2 832 | 718 | 1 471 | 806 | 536 | 6 363 |
| **Women** | (number) | 334 | 683 | 901 | 3 275 | 144 | 5 337 |
| **Men** | (%) | 89,45 | 51,25 | 62,02 | 19,75 | 78,82 | 54,38 |
| **Women** | (%) | 10,55 | 48,75 | 37,98 | 80,25 | 21,18 | 45,62 |

The Figures below show how the proportion of men and women varies from category to category and grade to grade.    * Joint Research Centres excluded

**Table 2** Percentage of men and women by category and by grade

| Category | | Grade | | | | | | | |
|---|---|---|---|---|---|---|---|---|---|
| | | 1 | 2 | 3 | 4 | 5 | 6 | 7 | 8 |
| A: | Men | 98 | 100 | 97 | 93 | 88 | 85 | 81 | 80 |
| : | Women | 2 | 0 | 3 | 7 | 12 | 15 | 19 | 20 |
| LA: | Men | - | - | 84 | 62 | 54 | 49 | 44 | 37 |
| : | Women | - | - | 16 | 38 | 46 | 51 | 56 | 63 |
| B: | Men | 73 | 58 | 64 | 52 | 65 | - | - | - |
| : | Women | 27 | 42 | 36 | 48 | 35 | - | - | - |
| C: | Men | 17 | 19 | 21 | 21 | 21 | - | - | - |
| | Women | 83 | 81 | 79 | 79 | 79 | - | - | - |
| D: | Men | 94 | 77 | 68 | - | - | - | - | - |
| | Women | 6 | 23 | 32 | - | - | - | - | - |

Officials and temporary staff paid from the administrative appropriations.

**Table 3** Numbers of officials and temporary staff in Category A by grade

Positions at 31 December 1987

|  | A1 | A2 | A3 | A4 | A5 | A6 | A7 | A8 | TOTAL |
|---|---|---|---|---|---|---|---|---|---|
| Administrative and research Appropriations * | | | | | | | | | |
| Men | 45 | 143 | 337 | 768 | 630 | 455 | 380 | 74 | 2832 |
| Women | 1 | 0 | 11 | 54 | 84 | 78 | 87 | 19 | 334 |
| TOTAL | 46 | 143 | 348 | 822 | 714 | 533 | 467 | 93 | 3166 |

Joint Research Centres excluded

# Anhang 4

**(Zweites Programm positiver Aktionen der Kommission zur Förderung ihrer weiblichen Bediensteten 1992-1996)**

Die Beseitigung aller bestehenden Ungleichheiten ist eine der Voraussetzungen für die Verwirklichung der Europäischen Union. Vor diesem Hintergrund war die Verwaltung gefordert, ein Modell für die Modernisierung ihrer Dienststellen zu entwickeln.

Ich freue mich, das neue Programm positiver Aktionen (1992-1996) vorstellen zu können, in dem erneut und in noch größerem Maße zum Ausdruck kommt, wie sehr es Wille und Anliegen der Kommission ist, bei ihren Bediensteten eine echte Politik der Chancengleichheit auf dem Gebiet der Beschäftigung zu verfolgen. Eine effiziente Verwaltung der Humanressourcen ist ohne die „Gleichheits-Dimension" nicht denkbar.

Ich zähle darauf, daß Sie alle – Männer wie Frauen – diese Herausforderung annehmen werden. Dafür danke ich Ihnen schon heute.

A. CARDOSO E CUNHA

## A. Sachverhalt

1. In einer Zeit, in der sich die Gesellschaft im Umbruch befindet, in der sich die Arbeitsplätze und die Qualifikationen, die Techniken und die Denkweisen wandeln, ist das Personalmanagement ein unverzichtbares und tragendes Element jeglicher Strategie auf diesem Gebiet.

   Von entscheidender Bedeutung sind in diesem Zusammenhang die Politik der Chancengleichheit von Frauen und Männern und die Durchführung entsprechender positiver Aktionen: sie sind nicht nur eine Antwort auf ein ethisches Gebot, sondern stellen auch eine wirtschaftliche Herausforderung dar. Die gegenwärtigen Veränderungen in den Unternehmen und Organisationen können der Schlüssel zum Fortschritt sein, sofern eine angemessene Politik der Chancengleichheit betrieben wird, die eine bessere Nutzung des Leistungspotentials der Beschäftigten, insbesondere der Frauen gewährleistet. Voraussetzung dafür sind neue Denkmuster und Verhaltensweisen, aufgrund derer sich tiefgreifende Veränderungen hinsichtlich der Arbeitsorganisation, der Arbeitsbedingungen und des Arbeitsklimas verwirklichen lassen. Ein solche Politik muß außerdem so angelegt sein, daß Männer und Frauen ihre Pflichten in Familie und Beruf besser miteinander in Einklang bringen können.

2. Den Rahmen für die Politik der Gemeinschaft zur Verwirklichung der Chancengleichheit bilden – auf der Grundlage von Artikel 119 des EWG-Vertrags – die Richtlinien über das gleiche Entgelt (1975) und über die Gleichbehandlung (1976), die Empfehlungen des Rates zur Förderung positiver Maßnahmen für Frauen (1984), die Entschließung des Rates über den Schutz der Würde von Frauen und Männern am Arbeitsplatz (1990) und über die Kinderbetreuung (1991) sowie die Richtlinie über Maßnahmen zur Verbesserung der Sicherheit und des Gesundheitsschutzes von schwangeren und stillenden Frauen am Arbeitsplatz (1992).

Auch in ihren eigenen Organen verfolgt die Gemeinschaft diese Politik. So wurde bereits in den ersten beiden Aktionsprogrammen zur Förderung der Chancengleichheit der Frauen (1982-1985 bzw. 1986-1990) die Lage der Frauen in den Gemeinschaftsorganen untersucht und die Durchführung positiver Maßnahmen im Rahmen der Personalpolitik der Kommission gefordert.

Im dritten Aktionsprogramm wird hervorgehoben, wie außerordentlich wichtig positive Aktionen sind, da sie gezielt die Erwerbstätigkeit der Frauen fördern und ihnen den Zugang zu Berufen erleichtern sollen, in denen sie unterrepräsentiert sind.

Auch in diesem Punkt muß die Kommission die Politik, die sie den Mitgliedstaaten empfiehlt, in ihrer eigenen Verwaltung umsetzen. Daher hat sie mit Beschluß vom 8. März 1988 ein Programm für positive Aktionen (PPA) zugunsten ihrer weiblichen Bediensteten für den Zeitraum 1988-1990 angenommen.

Wie die Ergebnisse dieses Programms zeigen, sind die strukturellen Ungleichgewichte bei der Verteilung von Frauen und Männern in den einzelnen Laufbahngruppen und in den Führungspositionen noch immer nicht behoben.

Um die Teilnahme von Frauen an externen Auswahlverfahren und somit ihre Einstellung zu fördern, sind fortgesetzte Sensibilisierungsmaßnahmen außerhalb der Kommission erforderlich. Innerhalb der Kommission kann das Programm für positive Aktionen nur dann ein Erfolg werden, wenn auf allen Verantwortungsebenen Aufklärungsarbeit erfolgt.

3. Ein Programm für positive Aktionen, das einen größeren Frauenanteil, die Förderung des beruflichen Aufstiegs von Frauen und eine bessere Vereinbarkeit von beruflichen und familiären Pflichten zum Ziel hat, muß integrierter Bestandteil der Personalpolitik der Kommission sein. Ein derartiges Programm kann Anlaß sein, die Einstellungs- und Beförderungspolitik für alle zu verbessern und die sozialen Infrastrukturen zu überdenken. Im Sinne der Dezentralisierung des Personalmanagements in der Kommission muß parallel zu diesem Programm auf ein verstärktes Engagement aller Generaldirektionen für die Ziele der Chancengleichheit hingearbeitet werden.

Der Kommission wird daher vorgeschlagen, ein zweites Fünfjahresprogramm zur Verwirklichung der Chancengleichheit von Frauen und Männern in der Kommission mit folgenden Maßnahmen anzunehmen.

## B. VORGESCHLAGENE MASSNAHMEN

Die im folgenden beschriebenen Aktionen sind nicht als punktuelle Maßnahmen, sondern als Bestandteile einer kohärenten Strategie konzipiert, mit der Ungleichheitsfaktoren beseitigt werden sollen.

1. <u>Personal</u> – Einstellungen und Auswahlverfahren

Die Entwicklung des Personalbestands der Kommission von 1987 bis 1990 zeigt, daß der Frauenanteil in den Laufbahngruppen A, B und D noch weiter erhöht werden muß.

Daher wird der Kommission vorgeschlagen, entsprechend den neuen Orientierungen für die Einstellungspolitik folgende positive Maßnahmen durchzuführen:

a) Förderung der Bewerbung von Frauen durch Sensibilisierungsmaßnahmen in den Mitgliedstaaten.

b) Verstärkte Einstellung auf der Grundlage von A 8-Auswahlverfahren (allgemeine Verwaltungstätigkeiten), da hier ein größerer Anteil an Bewerberinnen zu verzeichnen ist (Erhöhung des relativen Anteils von A 8-Einstellungen im Vergleich zu den A 7-Einstellungen).

Zu diesem Zweck alljährlich (erstmals im Herbst 1992) Durchführung eines allgemeinen A 8-Auswahlverfahrens entsprechend dem grundsätzlichen Kommissionsbeschluß vom Juli 1991 und Berücksichtigung des Bedarfs an zusätzlichen A 8-Stellen im Rahmen der künftigen Haushaltsverfahren.

c) Im Hinblick auf künftige Auswahlverfahren und unabhängig von deren Kategorie, umfassende Überarbeitung des derzeitigen Auswahlverfahrens (Multiple-choice-Fragen, logisches Denken und Sprachtest), um der Vielfalt der Kulturen und individuellen Qualifikationen der Bewerber besser Rechnung zu tragen.

d) Systematische Überprüfung der Akten aller erfolgreichen Bewerberinnen, die in eine Eignungsliste aufgenommen wurden (dies gilt insbesondere für die derzeit geltenden Eignungslisten); Einhaltung der für jede Laufbahngruppe quantifizierten Zielvorgaben in den einzelnen Generaldirektionen.

Die einzelnen Maßnahmen sollen einer Bewertung unterzogen werden. Für jede Eignungsliste teilt die Verwaltung allen Generaldirektionen mit, welche erfolgreichen Bewerberinnen nicht berücksichtigt wurden, und weist sie auf die Geltungsdauer der betreffenden Eignungsliste hin.

e) Förderung der systematischen Beteiligung von Frauen an Prüfungsausschüssen, Beförderungsausschüssen und Auslese-Unterausschüssen durch Anreizmechanismen und gegebenenfalls entsprechende Vorbereitungsmaßnahmen.

2. Berufliche Entfaltung - Aufstiegschancen und Fortbildungsmöglichkeiten

Die beruflichen Entwicklungsperspektiven und Fortbildungsmöglichkeiten für Frauen bedürfen bei der Kommission in allen Laufbahngruppen einer Verbesserung. Solange noch ein Rückstand aufzuholen ist, muß das im ersten Programm für positive Aktionen vorgesehene Prinzip, Frauen bei der Einstellung, Beförderung und Besetzung von Führungspositionen bei gleicher Qualifikation und/oder gleichen Verdiensten den Vorzug zu geben, weiterhin Gültigkeit haben. Der

Kommission wird daher vorgeschlagen, folgende Maßnahmen in Angriff zu nehmen:

a) Es ist eine Verwaltungsstelle zur Beratung der Frauen in Fragen der Fortbildung und der beruflichen Aufstiegsmöglichkeiten einzurichten;

b) die Zahl der Frauen in Führungspositionen muß erhöht werden;

c) die Generaldirektionen müssen im Rahmen der jährlichen Beförderungsverfahren in der Weise sensibilisiert werden, daß sie die persönlichen Verdienste jedes beförderungswürdigen Beamten angemessen berücksichtigen, dabei aber eine ausreichende Zahl von Frauen vorschlagen; die Vorsitzenden der Beförderungsausschüsse haben darauf zu achten, daß eine ausreichende Zahl von Frauen befördert wird; sie werden zu diesem Zweck aufgefordert, Verfahrensregeln für die Beförderung der Beamten aller Laufbahngruppen aufzustellen;

d) das Aufsteigen in den Dienstaltersstufen und die Beförderung müssen auch während des Urlaubs aus persönlichen Gründen zur Kindererziehung und anderen familiären Gründen gewährleistet sein. Zu diesem Zweck muß unverzüglich eine Änderung von Art. 40 Absatz 3 des Statuts vorgesehen werden;

e) bei Auswahlverfahren zum Aufstieg in eine höhere Laufbahngruppe müssen weibliche Bedienstete unter anderem durch gezielte Fortbildungsaktionen zur Teilnahme ermutigt werden;

f) es ist dafür Sorge zu tragen, daß der Aspekt der Chancengleichheit in sämtlichen Fortbildungsmaßnahmen berücksichtigt wird; im Rahmen der von der Kommission 1991 verabschiedeten neuen Fortbildungspolitik muß eine ständige Überwachung und regelmäßige Evaluierung der für weibliche Bedienstete vor allem der Laufbahngruppen B, C und D vorgesehenen Aktionen sichergestellt werden;

g) die Verwaltung muß angewiesen werden, der Kommission bis 1994 eine Studie über die Entwicklung der Aufgaben der Laufbahngruppe B vorzulegen, um ein besseres Gleichgewicht zwischen Männern und Frauen bei der beruflichen Entfaltung der Bediensteten dieser Laufbahngruppen zu ermöglichen;

h) die Verwaltung muß angewiesen werden, im Verlauf des Jahres 1992 einen Bericht über die Lage des Sekretariatspersonals vorzulegen, der Vorschläge für die konkreten Maßnahmen zur Verbesserung der Arbeitsbedingungen enthalten muß, um eine bessere Entsprechung zwischen den Bedürfnissen des Organs und den Fähigkeiten der Bediensteten dieser Laufbahngruppe herzustellen;

i) des weiteren sollten für alle Laufbahngruppen Untersuchungen mit dem Ziel durchgeführt werden, ein alle Laufbahngruppen umfassendes Konzept auszuarbeiten, das sich auf Aufgabenprofile stützen würde, die den Qualifikationen des Personals und dem Bedarf des Organs stärker Rechnung tragen.

3. Zielvorgabe für das gesamte Organ und Einzelziele nach Generaldirektionen

Der Kommission wird vorgeschlagen, auf der Grundlage einer **Schätzung** der verfügbaren Stellenzahl für drei Jahre **Eckwerte** für das gesamte Organ festzulegen und davon ausgehend **Einzelziele** für die Generaldirektionen zu bestimmen, wobei alle Generaldirektionen ermutigt werden müssen, ihre Bemühungen fortzusetzen. Ferner müssen diejenigen Generaldirektionen ermittelt werden, in denen größere Anstrengungen in Form genau definierter punktueller Aktionen erforderlich sind.

Die insgesamt zu erreichende Prozentzahl des Frauenanteils hängt von einem Faktor ab, der sich dem Einfluß der Kommission entzieht, d.h. der Bewilligung von Planstellen im Rahmen des jeweiligen Haushaltsplans. Wenn daher aus konjunkturell bedingten Gründen die Haushaltsmittel wesentlich niedriger oder höher ausfallen, kann dies den angestrebten Prozentsatz beeinflussen, wodurch gegebenenfalls eine Korrektur des Anteils der mit Frauen zu besetzenden Stellen erforderlich wird.

Wenn man daher die Bilanz des ersten PPA für weibliche Bedienstete der Laufbahngruppe A berücksichtigt (11,6 % im Jahr 1990) und von einer schrittweisen Anhebung dieses Anteils um +/- 200 verfügbare Stellen pro Jahr (neue Stellen und turnover) ausgeht, könnte man für 1994 in der Laufbahngruppe A als Eckwert einen Gesamtanteil von 14 % festlegen.

Praktisch bedeutet dies, daß von ungefähr 600 im Zeitraum 1992-1994 (drei Jahre) verfügbaren Stellen der Laufbahngruppe A **wenigstens 30 % mit Frauen** besetzt sein müssen. Dieses Ziel dürfte bis 1994 erreicht werden, wenn jährlich +/- 60 Stellen mit Frauen besetzt werden.

Für die übrigen Laufbahngruppen, einschließlich der Sonderlaufbahn LA, werden die Ziele – unter Berücksichtigung der spezifischen Probleme der einzelnen Laufbahngruppen – nach ähnlichen Erwägungen festgelegt.

Der Kommission wird daher vorgeschlagen, für 1994 die folgenden Zielvorgaben festzusetzen, wobei der zu Beginn des obigen Punktes 2 erwähnte Grundsatz zu berücksichtigen ist:

- **In der Laufbahngruppe A** muß die Kommission sicherstellen, daß bis Ende 1994 der Gesamtanteil des weiblichen Personals 14 % der gesamten Laufbahngruppe ausmacht. Dies bedeutet, daß bei der Stellenbesetzung jährlich **30 %** der verfügbaren Stellen mit Frauen besetzt werden müssen.

- Im Rahmen der Dezentralisierung der Verwaltung des Humankapitals wird **jede Generaldirektion** angehalten, sicherzustellen, daß wenigstens **30 %** ihrer verfügbaren Stellen mit Frauen besetzt werden. Diejenigen Generaldirektionen, deren weibliches Personal weniger als 9 % aller Beschäftigten der Laufbahngruppe ausmacht, müssen eine zusätzliche Anstrengung unternehmen.

- Führungspositionen: **Gesamtziel** für das ganze Organ ist es, 10 % der Führungspositionen mit Frauen zu besetzen (am 8.9.92 betrug ihr Anteil dagegen 8,98 %).

- Die Absicht, Stellen in der Laufbahngruppe A verstärkt mit Frauen zu besetzen, sollte auch bei den Führungspositionen zum Ausdruck kommen.

- **In der Sonderlaufbahn Sprachendienst (LA)** – Übersetzungsdienst und Gemeinsamer Dolmetscher-Konferenzdienst – muß das gegenwärtige Gleichgewicht aufrechterhalten werden, außer im Falle der Führungspositionen, wo der Frauenanteil durch entsprechende Beförderungen erhöht werden muß.

- **In der Laufbahngruppe B** beträgt der anzustrebende Satz für das gesamte Organ **39 %** (gegenüber 37,04 % am 8.9.92). Um dieses Ziel zu erreichen, wird die Verwaltung nach dem für die Laufbahngruppe A vorgesehenen

Konzept vorgehen. Darüber hinaus sind Überlegungen hinsichtlich der B*-Stellen vorgesehen.

- **In der Laufbahngruppe C**, wo die Stellen seit jeher überwiegend mit Frauen besetzt sind, wird der Männeranteil zu erhöhen sein. Gleichzeitig ist die berufliche Weiterentwicklung der Beschäftigten sowie eine genauere Entsprechung von Besoldungsgruppe und Aufgabe anzustreben.

- **In der Laufbahngruppe D** liegt der Frauenanteil bereits seit einigen Jahren unverändert bei etwa 23 %. Die Verwaltung ist bestrebt, ihn bis Ende 1996 auf 25 % zu erhöhen. Bis Ende der 90er Jahre soll er im Rahmen der „job evaluation" und durch die Umwandlung von Planstellen auf 30 % steigen.

4. Umsetzungsmassnahmen

Wie von der Kommission bereits für die neue Weiterbildungspolitik beschlossen, werden die Generaldirektionen bzw. Dienststellen auch für dieses Programm in enger Zusammenarbeit mit der Verwaltung Maßnahmen vereinbaren, in denen die Einzelziele, die sie im Rahmen der globalen Zielvorgabe erreichen müssen, festgelegt sind.

Diese Maßnahmen beinhalten:

a) eine quantitative und qualitative Analyse der Lage in jeder GD;

b) einen kohärenten Aktionsplan zur Förderung einer größeren Ausgewogenheit zwischen Frauen und Männern;

c) eine Bewertung in regelmäßigen Abständen.

Zur Durchführung dieser Vereinbarungen können innerhalb der großen Generaldirektionen begleitende Ausschüsse geschaffen werden.

Im November 1993, 1994 und 1995 wird jede Generaldirektion/Dienststelle eine Bewertung vornehmen und ihre Ergebnisse der Verwaltung übermitteln. Diese erarbeitet für die gesamte Kommission eine Bewertung hinsichtlich der Erreichung des Gesamtzieles. Davon ausgehend werden die Generaldirektoren und Abteilungsleiter auf einer unter dem Vorsitz des Generalsekretärs stattfindenden Jahressitzung Bilanz ziehen und der Kommission gegebenenfalls eine Revision vorschlagen. Bei Programmablauf wird der Kommission eine allgemeine Bilanz vorgelegt. Diejenigen Generaldirektionen, die nicht in der Lage waren, die obengenannten Zielvorgaben zu erreichen, müssen einen ausführlichen Bericht über die Schwierigkeiten erstellen, auf die sie bei ihren Bemühungen gestoßen sind.

5. Flankierende Maßnahmen und soziale Infrastruktur

Um ein Arbeitsklima zu schaffen, das der Chancengleichheit förderlich ist und es dem Personal ermöglicht, die beruflichen und familiären Pflichten möglichst weitgehend miteinander in Einklang zu bringen, wird der Kommission folgendes vorgeschlagen:

- Umsetzung der kürzlich von ihr verabschiedeten praktischen Verhaltensregeln zum Schutz der Würde von Frauen und Männern am Arbeitsplatz;

- Umsetzung der Richtlinie des Rates zur Verbesserung der Sicherheit und des Gesundheitsschutzes von schwangeren und stillenden Frauen am Arbeitsplatz in den Dienststellen der Kommission;

- Berücksichtigung des künftigen Bedarfs an Krippen- und Kindertagesstättenplätzen bis 1996;

- Stärkung und Ausweitung der Haushalts- und Pflegehilfe („aides familiales") im Fall der Erkrankung der Kinder bzw. sonstiger unterhaltsberechtigter Personen;

- umfassendere Genehmigung von Anträgen auf Teilzeitarbeit aus familiären Gründen, wobei die betroffenen Dienststellen Ersatzpersonal erhalten;

- Änderung der geltenden Regelung für die Wiedereingliederung nach einem Urlaub aus persönlichen Gründen aus familiärem Anlass, damit im Anschluß an diesen sofort Teilzeitarbeit möglich ist. In diesem Zusammenhang muß dafür gesorgt werden, daß die Generaldirektionen bei der Besetzung freier Stellen Anträge auf Wiedereingliederung nach einem solchen Urlaub aus familiären Gründen gegenüber anderen Anträgen auf Wiedereingliederung nach einem nicht familienbedingten Urlaub aus persönlichen Gründen bevorzugt behandeln. Für die betroffenen Generaldirektionen muß Ersatzpersonal vorgesehen werden.

6. Information und Aufklärung

Es ist unerläßlich, daß das Programm im Organ als Instrument zur Modernisierung des Personalmanagements angesehen wird.

Um dies zu erreichen, wird der Kommission vorgeschlagen, dem Personal, der Hierarchie und insbesondere den Frauen die einzelnen Maßnahmen des Programms unter Einsatz von neuen Medien und sonstigen innovatorischen Informationsmitteln und -techniken vorzustellen.

## C. SCHLUSSFOLGERUNGEN

Angesichts der vorstehenden Erwägungen wird der Kommission vorgeschlagen:

- das zweite Programm für die Chancengleichheit zwischen Frauen und Männern bei der Kommission für einen Zeitraum von fünf Jahren (1992-1996) anzunehmen;

- die notwendigen Maßnahmen zu treffen, um sicherzustellen, daß mit Hilfe des Programms sowohl innerhalb als auch außerhalb der Kommission ein spürbarer Bewußtseinswandel bewirkt wird;

- die Generaldirektion Personal und Verwaltung zu beauftragen, die in dieser Mitteilung genannten Aktionen durchzuführen und zu koordinieren;

- die Generaldirektionen und Dienststellen anzuweisen, bei der Besetzung freier Planstellen die für jede Laufbahngruppe festgesetzten Prozentzahlen zu berücksichtigen;

- die Verwaltung und die Generaldirektionen bzw. Dienststellen zu beauftragen, im Rahmen des neuen Weiterbildungsprogramms für eine regelmäßige Kontrolle und Bewertung der für Frauen durchgeführten Maßnahmen zu sorgen;

- die Generaldirektionen bzw. Dienststellen sowie die Verwaltung zu beauftragen, zwecks Korrektur oder Beibehaltung der Zielvorgaben die im Programm vorgesehenen regelmäßigen Kontrollen und Bewertungen vorzunehmen;

- den Generalsekretär zu beauftragen, gemeinsam mit der Verwaltung die Generaldirektoren und Abteilungsleiter am Ende eines jeden Jahres zu einer Sitzung zusammenzurufen, mit dem Ziel, eine Gesamtbewertung vorzunehmen und der Kommission gegebenenfalls Änderungsvorschläge zu unterbreiten.

Brüssel, 16.09.1992

# Anhang 5

## Drittes Aktionsprogramm für die Chancengleichheit von Männern und Frauen in der Kommission (1997 –2000)

### Begründung

Das zweite Programm positiver Aktionen der Europäischen Kommission zur Förderung ihrer weiblichen Bediensteten endete nach einer fünfjährigen Laufzeit am 31.Dezember 1996.

Es umfaßte eine Reihe von Maßnahmen und Aktionen und insbesondere genaue Zahlenvorgaben zur Anhebung des Anteils der Frauen in den Laufbahngruppen, in denen sie unterrepräsentiert sind, zur Förderung ihrer beruflichen Weiterentwicklung und zur Durchführung flankierender Maßnahmen, die es dem Personal ermöglichen sollen, berufliche und familiäre Verpflichtungen miteinander in Einklang zu bringen.

Nach Ablauf der fünf Jahre ist die Bilanz durchaus positiv; dies gilt vor allem für die Laufbahngruppe A, auf die sich die jüngste EU-Erweiterung äußerst günstig ausgewirkt hat. Bei dieser Laufbahngruppe ist ebenso wie bei den Führungspositionen eine nennenswert Zunahme des Frauenanteils zu verzeichnen: Während der Frauenanteil in der Laufbahngruppe A Anfang 1992 noch 11,5 % betrug, erreichte er Ende 1996 bereits 17 %; im mittleren Management lag der Frauenanteil zu Beginn des Programms bei 9 % gegenüber nunmehr 12,5 %. Hatten 1992 lediglich fünf Frauen Führungspositionen (A1/A2) inne, so sind mittlerweile bei der Kommission immerhin 18 Generaldirektoren- bzw. Direktorenposten mit Frauen besetzt.

In den Laufbahngruppen LA und C, in denen Männern traditionell unterrepräsentiert sind, hat der Frauenüberschuß geringfügig zugenommen; bei den Laufbahngruppen B und D blieb das Programm nahezu wirkungslos.

Die Vereinbarkeit von beruflichen und familiären Verpflichtungen war ein zentrales Anliegen der Verwaltung. Die Einrichtung einer weiteren Kinderkrippe im Jahr 1995 in Brüssel sowie die Verbesserung der Kinderbetreuungsmöglichkeiten in Luxemburg haben dazu beigetragen, daß alle Betroffenen, Frauen wie Männer, ihre Pflichten in Familie und Beruf besser miteinander in Einklang bringen konnten. Im Hinblick auf dieses Ziel haben sich darüber hinaus auch

Teilzeitarbeit und Urlaub aus persönlichen (familiären) Gründen als praktikable Lösungen erwiesen.

Dennoch gibt es immer noch Hindernisse für die Verwirklichung der Chancengleichheit bei der Kommission, zu denen bestimmte mentalitätsbedingte Denkschemata, eine von Männern beherrschte Arbeitskultur und nicht zuletzt ein erheblicher Mangel an Engagement bei den für die konkrete Umsetzung dieser Politik Verantwortlichen gehören.

Nunmehr gilt es, die durch die bisherigen Programme erreichten Fortschritte zu konsolidieren und auszubauen und den Ansatz nach Maßgabe der von der Kommission unionsweit geführten Politik zu verändern.

Die Kommission hat in der Mitteilung „Einbindung der Chancengleichheit in sämtliche politische Konzepte und Maßnahmen der Gemeinschaft" die neuen Leitlinien für die Berücksichtigung geschlechtsspezifischer Aspekte festgelegt. Dieser Ansatz („Mainstraming") bildet die eigentliche Grundlage des „Vierten mittelfristigen Aktionsprogramms der Gemeinschaft für die Chancengleichheit von Männern und Frauen", das der Recht im Dezember 1995 angenommen hat.

Die Kommission wird diese Leitlinien auch im eigenen Hause umsetzen. Zur Förderung der Chancengleichheit sind nicht nur „kompensatorische" Maßnahmen für Frauen („positive Aktionen"), sondern auch strukturspezifische, laufbahnspezifische und bereichsübergreifende Maßnahmen notwendig, die die unterschiedlichen Situationen und Erfordernisse von Frauen und Männern berücksichtigen („Mainstreaming").

Dieser neue Ansatz erfordert eine stärkere Beteiligung der weiblichen und männlichen Bediensteten in allen Generaldirektionen und ein echtes Engagement der Vorgesetzten. Die stärkere Einbindung der Generaldirektionen und Dienststellen im Zuge dezentraler Verwaltungsmaßnahmen durch genau definierte und spezifische Zielvorgaben sowie die Einrichtung eines programmbegleitenden Monitoring sollen bewirken, daß die Benachteiligung der weiblichen Bediensteten abgebaut und die Chancengleichheit von Frauen und Männern bei der Kommission gefördert wird.

Schlußfolgerung

Es ist ebenso sinnvoll wie wichtig, daß die Kommission ein neues „Aktionsprogramm für die Chancengleichheit" annimmt, das ihre politische Entschlossenheit und das Engagement der gesamten Führungsebene zum Ausdruck bringt, die Chancengleichheit, die bereits vom Europäischen Rat auf seinen Tagungen in Essen, Cannes und Madrid zu einer politischen Priorität wurde, zu verwirklichen.

## Drittes Aktionsprogramm für die Chancengleichheit von Mann und Frau in der Europäischen Kommission

**1997 – 2000**

| Kontext |
|---|

1. Die Chancengleichheit von Mann und Frau gehört zu den tragenden Grundsätzen jeder demokratischen Gesellschaft. Der Europäische Rat hat auf seinen Tagungen in Essen, Cannes und Madrid bereits nachdrücklich darauf hingewiesen, daß die Verwirklichung der Chancengleichheit neben der Bekämpfung der Arbeitslosigkeit zu den vorrangigen Aufgaben der Europäischen Union und ihrer Mitgliedstaaten gehört. Auf der Weltfrauenkonferenz der Vereinten Nationen in Peking im Jahre 1995 wurde die Verwirklichung der Chancengleichheit ebenfalls zur zentralen Priorität erklärt.

2. Die Förderung der Chancengleichheit darf sich nicht auf das Streben nach rein rechnerischen Paritäten beschränken, sondern erfordert vielmehr neben frauenspezifischen Maßnahmen („positive Aktionen") weitere Maßnahmen, die die geschlechtsspezifischen Aspekte sowie die besonderen Lebensverhältnisse, Situationen und Bedürfnisse von Frauen und Männern in allen Politikbereichen und Aktionen berücksichtigen. Aus diesem Grund hat die Kommission das Prinzip des „Mainstreaming" zum Mittelpunkt des „Vierten mittelfristigen Aktionsprogramms für die Chancengleichheit von Männern und Frauen (1996-2000)" gemacht, das vom Rat im Dezember 1995 beschlossen wurde.

3. Dieser globale und sektorübergreifende Ansatz setzt eine verstärkte Mobilisierung voraus. Die neue Kommission hat daher bereits zu Beginn ihres Mandats eine Gruppe von Kommissionsmitgliedern unter Verantwortung von Präsident SANTER damit beauftragt, Impulse für weitere Überlegungen zu geben und dafür Sorge zu tragen, daß die Chancengleichheit von Mann und Frau bei allen Maßnahmen der Gemeinschaft berücksichtigt wird. Darüber

hinaus wurde eine interdirektionale Gruppe mit dem Ziel eingesetzt, die Einbeziehung dieser Dimension in die Politiken und Maßnahmen der Generaldirektionen zu beobachten.

### Kommission und Chancengleichheit: Bilanz

4. Die Kommission setzt die Politik, die sie den Mitgliedstaaten empfiehlt, nicht zuletzt auch im eigenen Hause um. Sie hat daher bereits zwei Programme für positive Aktionen für die Jahre 1988-1990 bzw. 1992-1996 verabschiedet. Beide Programme haben in manchen Bereichen bereits zu Fortschritten geführt und darüber hinaus deutlich werden lassen, welche Bereiche weitere positive Aktionen oder umfassendere Maßnahmen erfordern. Die Kommission steht nunmehr vor der schwierigen Aufgabe, den Grundsatz der Chancengleichheit bei ihren personalpolitischen Maßnahmen anzuwenden und die Dimension der Geschlechter bei Fragen der Einstellung, Fortbildung usw. entsprechend ihren politischen Leitlinien zu berücksichtigen.

5. Bei der 1996 vorgenommenen Bewertung der Auswirkung beider Programme auf die Verwirklichung der Chancengleichheit bei der Kommission wurde ermittelt, welche Fortschritte bisher erreicht werden konnten und inwieweit sich die Programme positiv auf die personalpolitischen Entscheidungen ausgewirkt haben:

- Auch wenn von der Möglichkeit, Frauen bei der Einstellung und Beförderung bei gleicher Qualifikation und/oder gleichen Verdiensten bevorzugt zu behandeln, nicht automatisch Gebrauch gemacht wurde, kam es in der Laufbahngruppe A sowie in den Führungspositionen zu nennenswerten Veränderungen des Frauenanteils, die durch die von der Kommission unter Berücksichtigung der erweiterungsbedingten Prioritäten festgelegten jährlichen Zielvorgaben begünstigt wurden. Während 1992 der Frauenanteil in der Laufbahngruppe A noch bei 11,5 % lag, erreichte er Ende 1996 bereits 17 %; im mittleren Management betrug er 1992 nur etwa 9 %, nach Ablauf des Zweiten Programms positiver Aktionen jedoch bereits 12,5 %.

  Durch die verstärkte Einstellung von Frauen in der Laufbahngruppe A in den betreffenden fünf Jahren hat sich der Anteil der Frauen Ende 1996 in der Eingangsbesoldungsgruppe A8 auf 34,5 % erhöht. Die weitere Umsetzung dieser Strategie dürfte zusammen mit einer ausgewogenen Beförderung von Frauen in den kommenden Jahren zu einer stärkeren Präsenz der Frauen auf höherer Ebene führen.

- Einige Maßnahmen, darunter die Einrichtung einer weiteren Kinderkrippe in Brüssel und die Verbesserung entsprechender Einrichtungen in Luxemburg, sollten den Beschäftigten ermöglichen, ihre beruflichen und familiären Verpflichtungen miteinander in Einklang zu bringen.

- Derzeit wird eine Änderung des Artikels 1 des Statuts der Beamten bzw. der Beschäftigungsbedingungen der sonstigen Bediensteten vorbereitet, um die Gleichbehandlung als tragenden Grundsatz im Statut zu verankern.

- Für das gesamte Personal wurde ein Leitfaden über den Schutz der Würde des Menschen am Arbeitsplatz erstellt, um den 1991 von der Kommission für die Mitgliedstaaten verabschiedeten praktischen Verhaltensregeln auch innerhalb der Kommission Geltung zu verschaffen.

6. Bei der Bewertung konnten auch einige Bereiche ermittelt werden, in denen das Programm wirkungslos blieb; dies gilt insbesondere für die Laufbahngruppen B und D (der Frauenanteil beträgt hier unverändert 37,6 % bzw. 23 %) sowie für die Besoldungsgruppen LA6/LA7 und die Laufbahngruppe C, in denen bereits vorhandene Frauenüberschuß geringfügig zugenommen hat. Schließlich wurde deutlich, welche Hindernisse einer Verwirklichung der Chancengleichheit bei der Kommission vor allem im Wege stehen: mentalitätsbedingte Denkschemata, eine von Männern beherrschte Arbeitskultur und nicht zuletzt ein erheblicher Mangel an Engagement bei den für die Umsetzung der Maßnahmen Verantwortlichen.

Folglich wird der Kommission vorgeschlagen, ein drittes Aktionsprogramm für die Chancengleichheit von Männern und Frauen für den Zeitraum 1997-2000 zu genehmigen.

## Drittes Aktionsprogramm: umfassender Ansatz und weitreichende Ziele

7. Das neue Programm wird sowohl an die unionsweite Politik der Chancengleichheit als auch an die neue Personalpolitik der Kommission anknüpfen

und durch die Veränderung der internen Verfahren dazu beitragen, die bisherigen Fortschritte systemimmanent zu konsolidieren. Dabei geht es in erster Linie um folgende Ziele:

(a) **Entwicklung einer Arbeitskultur, bei der frauen- und männerspezifische Werte sowie die geschlechtsspezifischen Unterschiede durch Sensibilisierung, Information und Dialog auf allen ebenen Berücksichtigung finden;**

(b) **Neuausrichtung der verschiedenen Bereiche der Personalpolitik sowie der die Arbeitskultur und -organisation bestimmenden Grundsätze an die Erfordernisse der Chancengleichheit;**

(c) **Ausgewogenen Verteilung der Verantwortung, Beteiligung der Frauen am Entscheidungsprozeß und Förderung ihrer beruflichen Weiterentwicklung in allen Laufbahngruppen.**

### Maßnahmen

8. Zur Erreichung der oben genannten Ziele sind folgende Maßnahmen erforderlich:

- strukturelle Anpassung der Personalpolitik,
- laufbahngruppenspezifische Maßnahmen,
- horizontale Sozialmaßnahmen, damit berufliche und familiäre Verpflichtungen besser miteinander in Einklang gebracht werden können.

Diese Verwaltungsmaßnahmen werden dezentral durchgeführt: Die Generaldirektion Personal gibt die entsprechenden Leitlinien, vor und wird in ihrem Zuständigkeitsbereich tätig, während die übrigen Generaldirektionen und Dienste im Rahmen ihrer jeweiligen Befugnisse für die konkrete Umsetzung der Leitlinien Sorge tragen.

**Horizontale Maßnahmen**

9. Diese Maßnahmen haben folgende Ziele:

*(a) stärkere Sensibilisierung des Personals für eine umfassende Verwirklichung der Chancengleichheit in allen Bereichen durch*

- Sensibilisierung und Information der Vorgesetzten durch Seminare, Sitzungen und Konferenzen in allen Generaldirektionen,
- Verbesserte Definition und männerorientierte Vermittlung der Problematik durch den Dialog zwischen Männern und Frauen im Rahmen gezielter Fortbildungsmaßnahmen,
- Konzeption von Pilotmaßnahmen in den Generaldirektionen und Informationsaustausch über „vorbildliche Verfahrensweisen",

*(b) Entwicklung eines Arbeitsumfelds, das jedem ermöglicht, berufliche und familiäre Verpflichtungen besser miteinander in Einklang zu bringen, durch:*

- Flexible Arbeitsorganisation und flexible Arbeitszeiten: so sollte auf Sitzungstermine zu später Stunde zugunsten eines „kondensierten Arbeitstags" verzichtet werde,

- Durchführung von Modellvorhaben innerhalb der GD: u.a. Intensivierung des internen Dialogs der Dienste und Laufbahngruppen sowie des dienst- und laufbahngruppenübergreifenden Dialogs durch Diskussionsforen, Aufgabenteilung und –rotation entsprechend den Arbeitsmodalitäten und Kompetenzen,

- Einsicht der Dienststellen in die Notwendigkeit, Personalausfall infolge Teilzeitarbeit und Mutterschaftsurlaub durch die Einstellung von Aushilfskräften aufzufangen,

- Änderung des Statuts der Beamten und der Beschäftigungsbedingungen der sonstigen Bediensteten mit dem Ziel, den Anspruch auf und die Bedingungen für die Gewährung von Erziehungsurlaub festzuschreiben.

Für die Durchführung der unter Buchstabe a und b (Gedankenstriche 1-3) genannten Maßnahmen sind die einzelnen Generaldirektionen zuständig. Die GD IX ist für Buchstabe b (letzter Gedankenstrich) zuständig und arbeitet mit den übrigen Generaldirektionen bei den genannten Maßnahmen zusammen.

**Strukturelle Maßnahmen**

10. Das Programm knüpft in diesem Bereich vor allem an den allgemeinen Grundsatz des „Mainstreaming" und damit an die systematische Einbezie-

hung der Dimension der Chancengleichheit von Männern und Frauen in die Politiken der Kommission an. Durch die vorgeschlagenen Maßnahmen sollen die in den verschiedenen Bereichen der Personalverwaltung bereits bestehenden Mechanismen weiterentwickelt werden, um in jeder Phase die Gleichbehandlung von Frauen und Männern zu gewährleisten:

*a) Auswahlverfahren:*

Die GD IX trägt dafür Sorge, daß

- im Rahmen der Werbe- und Informationskampagnen für externe Auswahlverfahren gezielt Frauen angesprochen werden und in den entsprechenden Ausschreibungen systematisch auf die von der Kommission geführte Politik der Chancengleichheit hingewiesen wird,

- bei den Auswahlprüfungen jegliche Diskriminierung ausgeschlossen wird und die geschlechtsbedingten Spezifika bei den Prüfungsgesprächen Berücksichtigung finden,

- die Mitglieder der Prüfungsausschüsse durch Fortbildungsmaßnahmen für die Implikationen der Chancengleichheit sensibilisiert werden und Frauen und Männer in ausgewogenen Verhältnis in den Prüfungsausschüssen vertreten sind.

*b) Einstellungsverfahren und Ausschöpfung der Eignungslisten:*

- Die Generaldirektionen und Dienststellen tragen ihrerseits dafür Sorge, daß

- bei den der Einstellung vorausgehenden Vorstellungsgesprächen Frauen in den Auswahlausschüssen vertreten sind,

- die Bewerbungsakten der erfolgreichen Teilnehmerinnen sorgfältig geprüft und Frauen und Männern in einem ausgewogenen Verhältnis Einstellungsangebote unterbreitet werden.

*c) Aufstiegschancen und Fortbildung:*

- Die Generaldirektionen, Dienststellen und Beförderungsausschüsse tragen dafür sorge, daß eine ausreichende Zahl von Frauen für eine Beförderung vorgeschlagen wird.

- Die Generaldirektionen und Dienststellen berücksichtigen bei der Erstellung von Fortbildungsplänen den spezifischen Bedarf des weiblichen Personals.

- Die GD IX gewährleistet nach Maßgabe der verfügbaren Haushaltsmittel, daß regelmäßig Auswahlverfahren für den Wechsel in eine höhere Laufbahngruppe durchgeführt und die weiblichen Bediensteten zu Teilnahme an diesen Auswahlverfahren gezielt aufgefordert werden.

- Die GD IX achtet darauf, daß entsprechend dem Bedarf in den verschiedenen Laufbahngruppen gezielte Fortbildungsmaßnahmen zur Weiterentwicklung des Leistungspotentials der Frauen in den Bereichen Personalmanagement, Finanzmanagement, Bürokommunikation und Verwaltung etc. durchgeführt werden. Die GD IX berücksichtigt bei der Planung und Durchführung der Fortbildungsmaßnahmen auch das Teilzeitpersonal.

11. Nach dem Kalanke-Urteil (Oktober 1995) kann bei der Einstellung, Beförderung und Besetzung von Führungspositionen Frauen weiterhin der Vorzug gegeben werden, wenn sie über gleiche Verdienste und/oder Qualifikationen wie die männlichen Bewerber verfügen; dies gilt besonders für Laufbahngruppen und/oder Tätigkeiten, in denen Frauen unterrepräsentiert sind. Ob jedoch von dieser Möglichkeit tatsächlich Gebrauch gemacht wird, liegt im Ermessen der zuständigen Stelle.

**Laufbahnspezifische Maßnahmen**

12. Die Ergebnisse der bisherigen Programme haben gezeigt, daß je nach Laufbahngruppe andere Probleme auftreten und andere Lösungen erforderlich werden. Folglich ist es Aufgabe der GD IX:

    a) zu gewährleisten, daß Frauen in der Laufbahngruppe A sowie im mittleren und gehobenen Management, insbesondere in den Bereichen Wissenschaft und Forschung, nicht länger unterrepräsentiert sind. Zu diesem Zweck sind folgende Maßnahmen erforderlich:

- Festlegung jährlicher Zielvorgaben für die Einstellung von Frauen und ihre Ernennung in Positionen des mittleren und des gehobenen Managements, auch im Forschungsbereich, sowie auf Dienstposten des mittleren Managements, auch im Forschungsbereich, sowie auf Dienstposten des mittleren Managements der Sonderlaufbahn Sprachendienst, die nach Maßgabe der verfügbaren Haushaltsmittel soweit möglich zu erreichen sind,

- Fortsetzung der Bemühungen um eine verstärkte Teilnahme von Frauen an Auswahlverfahren mit dem Ziel, längerfristig den Anteil der Frauen im Hinblick auf die Besetzung von Führungspositionen zu erhöhen;

b) Für ein kontinuierliches Monitoring der beruflichen Weiterentwicklung der beschäftigten Frauen und Männer zu sorgen, indem sie

- die verschiedenen Tätigkeiten des Personals der Laufbahngruppe C erfaßt und Änderungen der Art der jeweiligen Tätigkeit ermittelt, die sich infolge des technischen Fortschritts in den Bereichen Bürokommunikation und Datenverarbeitung entwickelt haben (die Ergebnisse einer entsprechenden Untersuchung werden im April/Mai 1997 vorliegen), und daraufhin

- bei jedem Verfahren zur Besetzung von C-Stellen die einzelnen Aufgabenbereiche (Archiv, EDV-Help-Desk, Sitzungssekretariat usw.) genau angibt, um die Bewerber(innen) gezielter auswählen zu können und mehr Bewerbungen von Männern zu erhalten,

- Studien zur Entwicklung der Tätigkeiten in den Laufbahngruppen B und D durchgeführt und geeignete Maßnahmen trifft, um die strikte Aufgabentrennung aufzuheben.

**Umsetzungsmöglichkeiten**

13. Verantwortlich für die Umsetzung des Dritten Aktionsprogramms für die Chancengleichheit von Männern und Frauen sind

a) **die Generaldirektion für Personal und Verwaltung:**

- Sie schlägt politische Leitlinien für die verschiedenen Ziele und Bereiche des Programms vor.

- Sie leitet Maßnahmen zur kontinuierlichen Überwachung und Bewertung des Programms in die Wege.

- Sie informiert über den Sachstand des Programms und die Sensibilisierung des Personals.

b) **alle Generaldirektionen und Dienststellen:**

- Sie legen konkrete Maßnahmen und GD-spezifische Ziele fest, die im Rahmen des Programms der Kommission dazu beitragen sollen, der Dimension der Geschlechter im täglichen Arbeitsablauf Rechnung zu tragen. Zu diesem Zweck bestimmen die GD Angehörige des Managements, die in Zusammenarbeit mit der GD IX die Durchführung der betreffenden Maßnahmen überwachen.

**Programmbegleitung und –bewertung**

14. Die Generaldirektionen und Dienststellen erstellen Ende 1998 einen Zwischenbericht über die Umsetzung des Programms, auf dessen Grundlage die Verwaltung für das ganze Organ eine Gesamtbewertung des Sachstands des Programms vornehmen wird. Bei Programmablauf wird von der Verwaltung unter Berücksichtigung der Bilanzen der Generaldirektionen und Dienststellen ein Abschlußbericht erstellt, der dem Generalsekretär der Kommission übermittelt wird.

Der Paritätische Ausschuß für Chancengleichheit nimmt aufgrund des ihm von der Kommission übertragenen Mandats regelmäßig eine Bewertung der Umsetzung des Programms vor und gibt vor Annahme jedes von der Kommission erstellten Programmberichts eine Stellungnahme ab.

| Anwendungsbereich des Dritten Aktionsprogramms |
|---|

15. Das obige Programm gilt für alle Bediensteten, auf die das Statut Anwendung findet, einschließlich der aus Verwaltungs- und Forschungsmitteln besoldeten Bediensteten auf Zeit und Hilfskräfte.

| Schlußfolgerungen |
|---|

16. Angesichts der vorstehenden Erwägungen wird der Kommission vorgeschlagen,

das dritte Aktionsprogramm für die Chancengleichheit von Männern und Frauen in der Kommission für einen Zeitraum von vier Jahren (1997-2000) zu **genehmigen**;

die Generaldirektion für Personal und Verwaltung **anzuweisen**, geschlechtsspezifische Aspekte in den verschiedenen Bereichen der Personalpolitik zu berücksichtigen;

die Generaldirektoren und die Dienststellenleiter **anzuweisen**, den jährlichen Zielvorgaben der Kommission für die Einstellung und Ernennung von Frauen Rechnung zu tragen;

die Generaldirektionen und Dienststellen sowie die Verwaltung **anzuweisen**, die vorgesehenen regelmäßigen Überprüfungen und Bewertungen des Programms vorzunehmen und dem Paritätischen Ausschuß für die Chancengleichheit im Ergebnis zu übermitteln;

den Generalsekretär zu **beauftragen**, gemeinsam mit der Verwaltung regelmäßig Sitzungen der Generaldirektoren und der Dienststellenleiter anzuberaumen, um diese über die allgemeine Entwicklung der Lage informieren.

### Zusammenfassung

Das dritte „Aktionsprogramm für die Chancengleichheit von Männern und Frauen in der Kommission (1997-2000)" folgt auf das zweite „Programm positiver

Aktionen der Kommission zur Förderung ihrer weiblichen Bediensteten", dessen Laufzeit am 31.Dezember 1996 endete.

Durch dieses dritte Programm sollen die im Rahmen der bisherigen Programme erzielten Fortschritte gefestigt und ausgebaut werden, wobei ein doppelter Ansatz zugrunde gelegt wird: Zum einen sollen geschlechtsspezifische Aspekte in den verschiedenen Bereichen der Personalpolitik berücksichtigt werden, zum anderen sollen punktuell laufbahnspezifische „positive Aktionen" durchgeführt werden. Dies entspricht der Zielsetzung des von der Kommission im Dezember 1995 beschlossenen vierten Aktionsprogramms der Gemeinschaft (1996-2000) sowie der Mitteilung der Kommission an den Rat vom Februar 1996 „Einbindung der Chancengleichheit in sämtliche politischen Konzepte und Maßnahmen der Gemeinschaft".

Im dritten Aktionsprogramm werden allgemeine Leitlinien festgelegt, die von der Verwaltung in den verschiedenen Bereichen des Personalmanagements dezentral umzusetzen sind; das Programm setzt eine stärkere Einbeziehung der Generaldirektionen voraus, deren Aufgabe es sein wird, entsprechend den jeweiligen Gegebenheiten spezifische Maßnahmen und Ziele festzulegen.

## RECHT DER ARBEIT UND DER SOZIALEN SICHERHEIT

Band 1 Ulrike Wagner: Mitbestimmung bei Bildschirmtechnologien. 1985.

Band 2 Karin Dierks: Zwischen Arbeits- und Sozialrecht. Beschäftigungsverhältnisse in der Werkstatt für Behinderte. 1986.

Band 3 Inge Böttcher: Gemeinsame Ausübung eines Zurückbehaltungsrechts. 1986.

Band 4 Gabriele Peter: Frauendiskriminierung durch Teilzeitbeschäftigung. Insbesondere bei betrieblichen Sozialleistungen und der Vergütung von Überstunden. 1988.

Band 5 Uwe Schumacher: Rechtsfragen der Teleprogrammierung. Statusrechtliche Einordnung und urheberrechtlicher Schutz. 1989.

Band 6 Nashrine Ismail: Recht und Praxis bei der Bekämpfung illegaler Arbeitnehmerüberlassung. 1991.

Band 7 Karen Klöver: Der Sozialplan im Konkurs. Schutz der Sozialplangläubiger im Konkurs und alternative Regelungsmöglichkeiten in einem neuen Insolvenzrecht. 1993.

Band 8 Andrea Rudolph: Die Kooperation von Strafrecht und Sozialhilferecht bei der Disziplinierung von Armen mittels Arbeit. Vom Arbeitshaus bis zur gemeinnützigen Arbeit. 1995.

Band 9 Wolfgang Däubler: Rechtsexport. Die Einführung des bundesdeutschen Arbeitsrechts im Gebiet der früheren DDR. 1996.

Band 10 Ines Kalisch: Die Entwicklung des Verbots der mittelbaren Diskriminierung wegen des Geschlechts im Sozialrecht. Grundlagen, Analyse und exemplarische Anwendung auf Gesetze im Rentenrecht. 1999.

Band 11 Matthias Hirschfeld: Die Dienstgemeinschaft im Arbeitsrecht der evangelischen Kirche. Zur Legitimitätsproblematik eines Rechtsbegriffs. 1999.

Band 12 Véronique Demarne: Anwendung nationaler Tarifverträge bei grenzüberschreitenden Arbeitsverhältnissen. Ein deutsch-französischer Vergleich (Avec résumé et conclusions en français). 1999.

Band 13 Alexander Scharf: Das Arbeitsrecht der Russischen Föderation und der Republik Belarus. 1999.

Band 14 José João Abrantes: Contrat de travail et droits fondamentaux. Contribution à une dogmatique commune européenne, avec référence spéciale au droit allemand et au droit portugais. 2000.

Band 15 Oliver Tieste: Karôshi, ein japanisches Phänomen? Ursachen und rechtliche Hintergründe für den Tod am Arbeitsplatz. Eine rechtsvergleichende Studie. 2000.

Band 16 Detlev Reichelt: Die arbeitsrechtliche Stellung der Rote-Kreuz-Schwestern. Eine Untersuchung zur Arbeitnehmereigenschaft mitarbeitender Vereinsmitglieder und Gesellschafter am Beispiel der Krankenschwestern der Schwesternschaften vom Deutschen Roten Kreuz e.V. 2000.

Band 17 Herbert Böker: Tarifunterschreitung durch Betriebsvereinbarung und Arbeitsvertrag. 2001.

Band 18 Tatjana Aigner: Antworten auf Arbeitnehmerfehlverhalten. Reaktionen, Interventionen und Sanktionen in Österreich und Deutschland. 2002.

Band 19 Alexandra Nöth: Materieller und prozessualer Rechtsschutz gegen sexuelle Belästigung am Arbeitsplatz in den USA, Europa und Deutschland. 2003.

Band 20 Oliver Tieste: Der Tod durch Überarbeitung. Arbeits- und sozialversicherungsrechtliche Hintergründe. Materiellrechtliche, epidemiologische und betriebliche Rahmenbedingungen des Karôshi-Phänomens in Japan und Deutschland. 2003.

Band 21 Bettina Graue: Der deutsche und europäische öffentliche Dienst zwischen rechtlicher und faktischer Gleichberechtigung der Geschlechter. Ein rechtssystematischer Vergleich zur Frauenförderung in beiden öffentlichen Diensten unter besonderer Berücksichtigung des Gemeinschaftsgrundrechts der Gleichberechtigung von Männern und Frauen. 2004.